《中国货币政策执行报告》增刊

中国区域金融运行报告（2020）

中国人民银行货币政策分析小组

中国金融出版社

责任编辑：童祎薇
责任校对：潘　洁
责任印制：程　颖

图书在版编目（CIP）数据

中国区域金融运行报告.2020/中国人民银行货币政策分析小组编.—北京：中国金融出版社，2020. 8

ISBN978-7-5220-0742-7

Ⅰ.①中… Ⅱ.①中… Ⅲ.①区域金融—研究报告—中国—2020 Ⅳ.①F832.7

中国版本图书馆CIP数据核字（2020）第146808号

中国区域金融运行报告.2020
ZHONGGUO QUYU JINRONG YUNXING BAOGAO.2020

出版
发行　中国金融出版社

社址　北京市丰台区益泽路2号
市场开发部　（010）66024766，63805472，63439533（传真）
网上书店　http://www.chinafph.com
　　　　　（010）66024766，63372837（传真）
读者服务部　（010）66070833，62568380
邮编　100071
经销　新华书店
印刷　北京市松源印刷有限公司
尺寸　210毫米×285毫米
印张　41.25
字数　1048千
版次　2020年8月第1版
印次　2020年8月第1次印刷
定价　218.00元
ISBN978-7-5220-0742-7

本书执笔人

总负责：刘国强

总　纂：孙国峰

审　稿：吕　政

统　稿：李文喆

参与此项工作：郑志丹　穆争社　史蓉菊　邱潮斌　黄海涛
徐　琨　李　航　时昱旻　刘　页　赵　北
刘定远　杨　琴　王金明　张淳奕

主报告执笔：中国人民银行货币政策分析小组
中国人民银行南京分行货币政策分析小组

分报告执笔：中国人民银行上海总部，各分行、营业管理部、省会（首府）城市中心支行，深圳市中心支行货币政策分析小组

目 录

《中国区域金融运行报告（2020）》主报告

表

图

《中国区域金融运行报告（2020）》分报告

《中国区域金融运行报告（2020）》
主报告

内容摘要

2019年，世界经济增长持续放缓，仍处在国际金融危机后的深度调整期。我国经济进入高质量发展阶段，结构性、体制性、周期性问题相互交织。面对国内外风险挑战明显上升的复杂局面，各地区落实党中央、国务院决策部署，坚持稳中求进工作总基调，坚持以供给侧结构性改革为主线，推动高质量发展，扎实做好“六稳”工作，保持经济社会持续健康发展。各地区经济运行总体平稳，结构持续优化，发展质量稳步提升，三大攻坚战取得关键进展。中国人民银行坚持金融服务实体经济的根本要求，实施稳健的货币政策，加强逆周期调节，在多重目标中寻求动态平衡，保持货币信贷合理增长，推动信贷结构持续优化，以改革的办法疏通货币政策传导，为实现“六稳”和经济高质量发展营造了适宜的货币金融环境。

全年，东部、中部、西部和东北地区生产总值加权平均增长率分别为6.2%、7.3%、6.7%和4.5%，东部地区对全国经济的拉动和引领作用明显，中西部地区经济占比持续提升，东北地区经济新动能加速发展壮大。具体来看，东部地区经济总量继续走在全国前列，高技术产业投资和重大战略投资保持快速增长，第三产业增加值对经济增长的贡献率持续提升；存贷款稳步增长，普惠小微贷款增长较快，实体经济融资成本明显下降；表外融资规模持续收缩，直接融资积极发展；金融风险防控有序推进，资产质量改善。中部地区产业结构持续调整优化，第三产业对经济增长的支撑作用稳步提升，国有资本加大了对支柱产业和战略性新兴产业的支持；金融业运行稳健，社会融资规模和信贷总量较快增长，社会融资结构进一步优化，金融供给侧结构性改革深化。西部地区转型升级加快推进，各项经济指标稳中有进，制造业和新兴产业加快发展，服务业占比显著提升；“一带一路”经贸合作深入推进，实际利用外资快速增长；融资总量合理增长，乡村振兴、精准扶贫等领域信贷支持力度持续提升。东北地区经济筑底企稳，农业生产平稳增长，工业经济稳中有进，去产能工作有序推进，经济新动能加速发展；信贷结构进一步优化，对区域经济重点领域和薄弱环节的支持力度不断增强。

2019年，区域经济金融运行主要呈现以下特点：一是产业转型升级加快推进，区域经济结构继续优化。第三产业的贡献率比第二产业高22.6个百分点，在国民经济中的“稳定器”作用进一步增强。东部、中部、西部地区第三产业增加值占比较上年分别提高1.9个、2.4个、2.6个百分点。二是投资结构继续改善，制造业和新兴产业投资快速增长。东部地区投资比上年增长4.1%，固定资产投资结构优化，高技术产业投资快速增长，重大战略投资显著增加。西部地区固定资产投资加快增长，基建投资持续回落，制造业投资加力提效。三是对外贸易增长放缓，利用外资继续扩大。对“一带一路”沿线国家进出口总额比上年增长10.8%，对美进出口总额比上年减少10.7%。中西部进出口总额增速显著加快，东部地区进出口总额增速有所下降。自贸试验区引资作用增强。四是区域新旧动能转换加快，供给侧结构性改革继续深化。东部地区积极促进结构调整和新旧动能转换，步入了以科技创新为主导的发展新阶段。西部地区全年化解煤炭过剩产能近1800万吨，宁夏淘汰电石、建材等落后产能409万吨。东北三省全年共减轻企业和个人负担1291.8亿元，关闭煤矿、淘汰落后产能及落后煤电机组工作持续推进。东部、中部和西部地区工业企业资产负债率较上年有所下降。五是城市群协同发展态势良好，核心区域引领作用不断加强。各地围绕制度创新、营商环境优化、人才培养等方面推进创新发展，京津冀、长三角地区和粤港澳大湾区（不含港澳）对全国经济增长贡献率升至

43.1%。六是推进金融供给侧结构性改革，金融切实服务实体经济。东部、中部和西部地区各项贷款增速分别较上年末下降0.6个、0.3个和1.2个百分点，东北地区增速较上年末上升1.4个百分点。各地区民营企业和制造业融资条件明显改善，普惠小微贷款“量增、面扩、价降”。新机制下LPR报价稳中有降，各地区贷款利率显著下行。七是金融体系结构优化稳步推进，银行业金融机构总体稳健。东部、中部、西部地区地方法人银行资本充足率分别较上年末提高0.3个、0.1个和0.7个百分点，东北地区较上年末下降0.2个百分点。东部、中部、东北地区金融资产质量向好，不良率分别较年初下降0.15个、0.26个和0.05个百分点，西部地区不良率较年初上升0.39个百分点。债券融资环境有所改善，违约风险下降，股权质押风险明显缓解。

2020年，突如其来的新冠肺炎疫情对我国经济社会发展带来前所未有的冲击，国际疫情持续蔓延，世界经济严重衰退，产业链供应链循环受阻，国际贸易投资萎缩，不稳定不确定因素显著增多。但新冠肺炎疫情的影响是总体可控的，短期面临的巨大挑战改变不了中国经济稳中向好、长期向好、高质量发展的基本面。在党中央坚强领导下，我国经济展现出巨大韧性。各地区将坚持新发展理念，以“一带一路”建设、京津冀协同发展、长江三角洲一体化发展、粤港澳大湾区建设等重大战略为引领，促进区域间相互融通互补，塑造更高质量、更有效率、更加公平和更可持续的区域协调发展新格局。人民银行将坚持以习近平新时代中国特色社会主义思想为指导，坚决贯彻执行党中央、国务院决策部署，紧扣全面建成小康社会目标任务，统筹推进疫情防控和经济社会发展工作，坚持新发展理念，扎实做好“六稳”工作，全面落实“六保”任务，确保完成决战决胜脱贫攻坚目标任务，全面建成小康社会。稳健的货币政策要更加灵活适度，加强逆周期调节，把支持实体经济恢复发展放到更加突出的位置，运用总量和结构性政策，保持流动性合理充裕，引导广义货币供应量和社会融资规模增速明显高于上年。强化对稳企业的金融支持，创新直达实体经济的货币政策工具，推动企业便利获得贷款，推动利率持续下行，鼓励银行大幅增加小微企业信用贷、首贷、无还本续贷，提高中小微企业贷款可获得性，支持实体经济特别是中小微企业渡过难关。

第一部分　区域经济金融运行概况

2019年，各地区[①]坚持以习近平新时代中国特色社会主义思想为指导，坚持稳中求进工作总基调，深化供给侧结构性改革，打好三大攻坚战，扎实做好“六稳”工作。总体看，各地区经济运行总体平稳，经济结构持续优化，高质量发展扎实推进，创新驱动发展效应进一步显现，区域发展协调性进一步增强。各地区金融运行总体稳健，社会融资规模合理增长，融资结构进一步优化，重大风险有效防控，金融对实体经济的支持力度不断加大。

一、区域经济运行总体情况

2019年，全国国内地区生产总值99.1万亿元，比上年增长6.1%。分区域看，区域协调发展扎实推进，东部、中部、西部和东北地区对经济增长贡献率分别为49.9%、24.9%、21.6%和3.6%，其中，东部地区比近五年平均水平下降2.1个百分点，贡献率波动下行。中部地区比近五年平均水平上升2.8个百分点，贡献率平稳上行。西部、东北地区则保持窄幅波动，分别比近五年平均水平下降0.1个和0.7个百分点。

（一）创新发展取得新进展，核心区域引领作用不断加强

1. 创新发展取得新进展。北京加快全国科技创新中心建设，推出“科创30条”。长三角G60科创走廊建设升级，实现县级以上行政服务中心“一网通办”全覆盖。粤港澳大湾区加快建设具有全球影响力的国际科技创新中心，支持港澳高校和科研机构参与广东科技计划项目，首次实现广东财政科研资金跨境港澳使用，广深港澳科技创新走廊建设稳步推进。

2. 核心区域经济引领作用加强。经济发展的空间结构发生深刻变化，中心城市和重要城市群正在成为承载发展要素的主要空间形式，对经济支撑作用有所加强。2019年，京津冀、长三角地区和粤港澳大湾区（不含港澳）对全国经济增长贡献率为43.1%，比上年上升0.5个百分点。

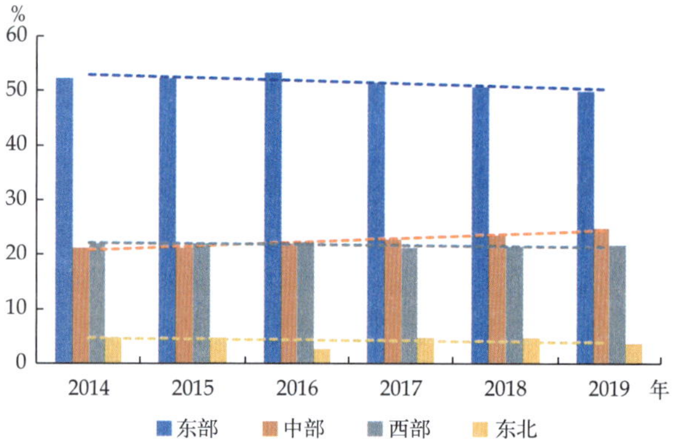

数据来源：各省（自治区、直辖市）统计局，中国人民银行工作人员计算。

图1　2014~2019年各地区经济增长贡献率变化情况

表1　2019年各地区地区生产总值比重和增长率

	占比（%）	比上年增减（百分点）	增长率（%）	比上年增减（百分点）
东部	51.9	-0.7	6.2	-0.5
中部	22.2	1.1	7.3	-0.5
西部	20.8	0.7	6.7	-0.7
东北	5.1	-1.1	4.5	-0.6

数据来源：各省（自治区、直辖市）统计局，中国人民银行工作人员计算。

① 全国各地区包括东部地区、中部地区、西部地区和东北地区。东部地区包括北京、天津、河北、上海、江苏、浙江、福建、山东、广东、海南等10个省（直辖市）；中部地区包括山西、安徽、江西、河南、湖北、湖南等6个省；西部地区包括内蒙古、广西、重庆、四川、贵州、云南、西藏、陕西、甘肃、青海、宁夏、新疆等12个省（自治区、直辖市）；东北地区包括辽宁、吉林、黑龙江等3个省。

（二）三大需求保持平稳，新动能新消费成为新增长点，人口继续向东部地区集聚

1. 投资增长总体保持平稳，东、中、东北地区基础设施投资加快增长，中、西部房地产开发投资增速上升。2019年，随着稳投资的各项改善措施逐步落实，固定资产投资运行总体平稳，全年固定资产投资（不含农户）55.1万亿元，增长5.4%。中西部投资增速有所加快。东部、中部和西部地区投资比上年分别增长4.1%、9.5%和5.6%，其中，中、西部地区投资增速比上年分别加快0.2个和0.7个百分点，东北地区则下降3.0%，但降幅比上年收窄0.7个百分点。投资结构不断优化，新动能投资快速壮大，全年高技术产业投资比上年增长17.3%，比上年加快2.4个百分点。短板领域投资持续发力，基础设施投资总体平稳，比上年增长3.8%，增速与上年持平。其中，东、中部和东北地区基础设施投资分别比上年增长6.5%、11.4%和6.1%，比上年分别加快2.9个、1.6个和19.5个百分点。西部地区基础设施投资比上年增长0.7%，比上年回落4.7个百分点。在消费转型升级的带动下，与消费直接相关的计算机、通信和其他电子设备制造业（16.8%），教育（17.7%）投资增长较快，明显快于全国固定资产投资平均增速。东部和东北地区制造业投资增速比上年分别下降2.3%和19.9%，中、西部制造业投资则比上年分别增长11.1%和8.9%。房地产开发投资增长加快。2019年全国房地产开发投资13.2万亿元，比上年增长9.9%，增速比上年加快0.4个百分点。中、西部房地产开发投资比上年分别增长9.6%和16.1%，增速比上年分别加快4.2个和7.2个百分点，东部和东北地区增速比上年分别回落3.2个和9.3个百分点。民间投资增速有所回落。2019年全国民间固定资产投资31.1万亿元，比上年增长4.7%，增速比上年回落4个百分点。东部和东北地区民间投资比上年分别下降0.9%和13.0%，中、西部民间投资比上年分别增长10.8%和9.4%。

表2 2019年各地区基础设施、制造业、房地产开发投资加权平均增长率

	基础设施投资（%）		制造业投资（%）		房地产开发投资（%）	
		比上年增减（百分点）		比上年增减（百分点）		比上年增减（百分点）
东部	6.5	2.9	-2.3	-9.1	7.7	-3.2
中部	11.4	1.6	11.1	-9.2	9.6	4.2
西部	0.7	-4.7	8.9	0.3	16.1	7.2
东北	6.1	19.5	-19.9	-24.5	8.2	-9.3

数据来源：各省（自治区、直辖市）统计局，中国人民银行工作人员计算。

2. 消费增长较快，新兴零售业态快速发展。2019年，社会消费品零售总额41.2万亿元，比上年增长8.0%。其中，东部、中部、西部和东北地区社会消费品零售总额分别比上年增长7.1%、10.2%、7.7%和5.5%。消费领域繁荣发展，亮点频出。2019年是5G商用元年，信息消费实现高速增长。随着乡村振兴战略稳步推进，乡村市场消费潜力得到释放，全年乡村消费品零售额比上年增长9.0%，增速快于城镇1.1个百分点。新兴零售业态快速发展，网上零售额比上年增长19.5%。传统零售业态加速转型升级，积极推进线上线下融合发展，直播电商、社交电商、生鲜电商等新业态快速壮大，天猫“双十一”期间，超过10万商家开通直播，超过50%的商家通过直播获得新增长。服务性消费支出占比继续提高。2019年，全国居民人均消费支出实际增长5.5%，服务性消费支出占比为45.9%，比上年提高1.7个百分点。

表3 2019年各地区社会消费品零售总额比重和增长率

	占比（%）		加权平均增长率（%）	
		比上年增减（百分点）		比上年增减（百分点）
东部	51.1	-0.3	7.1	-1.1
中部	22.1	0.5	10.2	-0.2
西部	18.7	0.0	7.7	-1.6
东北	8.1	-0.2	5.5	-0.6

数据来源：各省（自治区、直辖市）统计局，中国人民银行工作人员计算。

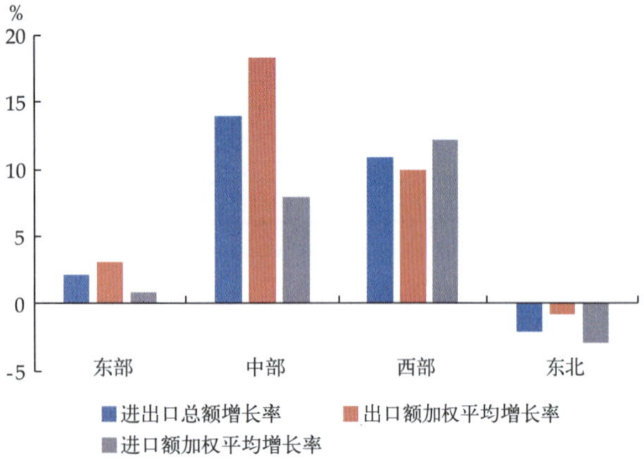

数据来源：各省（自治区、直辖市）统计局，中国人民银行工作人员计算。

图 2　2019 年各地区进出口总额和进出口增速

3. 对外贸易增长放缓，利用外资继续扩大。 进出口规模扩大。2019 年，全国货物进出口总额 31.6 万亿元，比上年增长 3.4%，增速比上年回落 6.3 个百分点。分地区看，东部、中部、西部和东北地区货物进出口总额同比分别增长 2.0%、13.9%、10.8% 和下降 2.2%。出口商品进一步向价值链高端迁移，全国机电产品出口占比 58.4%，集成电路、汽车整车等高质量高技术高附加值产品出口同比分别增长 25.3% 和 8.2%。民营企业成为我国第一大外贸主体，进出口增长 11.4%，占货物进出口总额的 42.7%。国际市场布局更加多元，与“一带一路”国家进出口增长 10.8%，占比提高 2 个百分点至 29.4%；对欧盟、东盟、拉美、非洲进出口分别增长 8%、14.1%、8% 和 6.8%。其中，重庆、湖北等省市对东盟国家进出口增速超 30%；福建、广东、江苏等东部省份对欧盟进出口占比稳步提升；以“一带一路”沿线国家为主要贸易伙伴的云南和新疆进出口额比上年分别增长 17.9% 和 23.8%。

利用外资稳定增长。在全球跨境投资大幅下降的情况下，2019 年我国实际使用外商直接投资金额 9415 亿元，同比增长 5.8%，新设外资企业超过 4 万家，保持第二大外资流入国地位。其中，“一带一路”沿线国家对华直接投资新设立企业同比增长 24.8%，对华直接投资金额增长 36%。自贸试验区引资作用增强。2019 年新设 6 个自贸试验区和增设上海自贸区临港新片区，18 个自贸区落地外资企业 6242 家、利用外资 1436 亿元，占全国比重均超过 15%。

4. 东部、西部地区人口继续净流入，中部地区人口转为净流出。 2019 年，东部地区人口净流入[①]154.5 万人，比上年增加 26 万人。西部地区净流入 38.7 万人，中部、东北地区分别净流出 33.9 万人和 33.1 万人。分省份看，人口净流入超过 10 万的省份由高往低依次为浙江、广东、新疆和重庆，净流出超过 10 万的省份由高往低依次为山东、黑龙江、湖北、江西和吉林。

（三）区域经济结构继续优化，房地产市场平稳运行

1. 三次产业平稳发展，第三产业继续发挥稳定器作用。 三次产业升级发展，发展水平继续提升。2019 年，三次产业增加值占 GDP 比重分别为 7.1%、39.0% 和 53.9%，其中，第一、三产业比重分别比上年提高 0.1 个、0.6 个百分点，经济结构持续优化。农业基础地位巩固，全年粮食总产量 13277 亿斤，创历史新高。工业生产增长平稳，全年规模以上工业增加值比上年增长 5.7%，保持在合理区间运行，其中，中部、西部第二产业保持较快增长，比上年分别增长 7.6% 和 6.7%。服务业在国民经济中的“稳定器”作用进一步增强，第三产业对国内地区生产总值增长贡献率比第二产业高 22.6 个百分点。分地区看，除东北地区外，第三产业在地区生产总值中占比均有所上升。东、中、西部第三产业在地区生产总值中占比分别为 56.5%、50.0% 和 51.1%，比上年分别上升 1.9 个、2.4 个和 2.6 个百分点，东北地区第三产业占比为 52.4%，比上年下降 0.6 个百分点。

① 人口净流入根据常住人口增量和人口自然增长的差值估算。

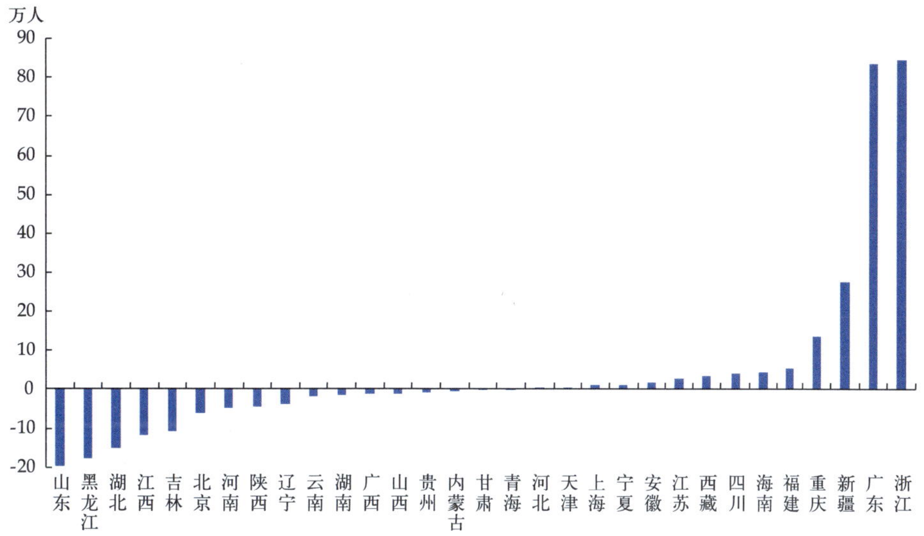

数据来源：各省（自治区、直辖市）统计局，中国人民银行工作人员计算。

图 3　2019 年各省（自治区、直辖市）常住人口净流入

表 4　2019 年三次产业的地区分布和各地区三次产业的比重、增长率

单位：%

	东部	中部	西部	东北
	三次产业的地区分布			
第一产业	33.3	25.4	31.9	9.4
第二产业	51.6	23.7	20.2	4.5
第三产业	54.5	20.7	19.8	5.0
	各地区三次产业比重			
第一产业	4.6	8.2	11.0	13.2
第二产业	38.9	41.8	37.9	34.4
第三产业	56.5	50.0	51.1	52.4
地区生产总值	100.0	100.0	100.0	100.0
	各地区三次产业的加权平均增长率			
第一产业	2.1	2.9	4.4	2.8
第二产业	4.9	7.6	6.7	4.3
第三产业	7.5	7.8	7.3	5.1
地区生产总值	6.2	7.3	6.7	4.5

数据来源：各省（自治区、直辖市）统计局，中国人民银行工作人员计算。

2. 供给侧改革深入推进，经济动能持续增强。2019 年，各地区按照党中央决策部署，继续加大推进供给侧结构性改革的力度，紧密围绕“巩固、增强、提升、畅通”八字方针，巩固“三去一降一补”成果。结构性去产能、系统性优产能深入推进。全年全国工业产能利用率为 76.6%，比上年末提高 0.1 个百分点。河北、安徽、辽宁等地去产能任务超额完成；黑龙江、云南等地区深入开展国企改革，加快推进“僵尸企业”出清。商品房库存进一步减少。2019 年末，商品房待售面积 49821 万平方米，比上年末减少 2593 万平方米。工业企业杠杆率持续下降。2019 年末，规模以上工业企业资产负债率为 56.6%，比上年末下降 0.2 个百分点。补短板力度持续加大。全年教育、生态保护和环境治理业固定资产投资分别比上年增长 17.7% 和 37.2%。各地区“放管服”改革持续深化，微观主体活力不断增强。全年新登记市场主体 2377 万户，年末市场主体总数达 1.2 亿户。私营企业和小型企业利润保持增长。近年来，国家出台了减税降费、简政放权、创新支持、金融扶持等一系列促进民营、小微企业发展的政策措施，为民营、小微企业发展创造了良好环境。2019 年，私营企业和小型企业利润比上年分别增长 2.2% 和 5.0%，呈现稳定增长态势。新兴产业盈利状况较好。2019 年，高技术制造业和战略性新兴产业利润比上年分别增长 4.8% 和 3.0%，分别比规上工业企业高 8.1 个、6.3 个百分点。

3. 商品房销售面积有所减少。2019 年，全

国商品房销售面积同比下降0.1%，增幅比上年下降1.4个百分点。分地区看，东部、中部和东北地区商品房销售面积比上年分别下降1.5%、1.3%和5.3%，西部地区则比上年增长4.4%。

商品房销售额增速有所回落。2019年，全国商品房销售额16.0万亿元，比上年增长6.5%，增速比上年回落5.7个百分点。分地区看，东部、中部、西部和东北地区商品房销售额比上年增长5.8%、4.9%、10.8%和2.8%，增速比上年分别回落0.7个、13.2个、12.6个和4.2个百分点。房价涨幅有所下降。2019年12月，全国70个大中城市新建商品住宅销售和二手住宅销售价格分别同比上涨6.8%和3.7%，涨幅较上年同期分别下降3.7个和4个百分点。

房地产贷款增速平稳回落。2016年以来，人民银行按照党中央、国务院关于房地产市场平稳健康发展长效机制的部署要求，会同相关管理部门围绕“稳地价、稳房价、稳预期”目标，采取措施抑制资金过度流入房地产，取得了比较明显的效果。2019年末，全国主要金融机构（含外资）房地产贷款、个人住房贷款余额分别比上年增长14.8%和16.7%，增速分别比上年回落5.2个、1.1个百分点。分地区看，东部、中部、西部和东北地区房地产贷款分别比上年增长13.6%、17.3%、16.1%和12.5%，增幅比上年均出现不同程度回落，东部、中部、西部和东北地区个人住房贷款余额分别比上年增长14.4%、20.3%、20.7%和16.8%，基本保持平稳。

表5　2019年各地区商品房销售面积、销售额增长率

单位：%

	商品房销售面积		商品房销售额	
		比上年增减（百分点）		比上年增减（百分点）
东部	-1.5	3.5	5.8	-0.7
中部	-1.3	-8.1	4.9	-13.2
西部	4.4	-2.5	10.8	-12.6
东北	-5.3	-0.9	2.8	-4.2

数据来源：国家统计局，中国人民银行工作人员计算。

表6　2019年12月70个大中城市住宅销售价格指数同比涨幅分布

单位：%

	新建商品住宅销售价格指数			二手住宅销售价格指数		
	涨幅超10%（不含）城市占比	涨幅0~10%城市占比	同比下降城市占比	涨幅超10%（不含）城市占比	涨幅0~10%城市占比	同比下降城市占比
东部	14.3	85.7	0.0	3.6	75.0	21.4
中部	18.8	75.0	6.3	0.0	56.3	43.8
西部	44.4	50.0	5.6	16.7	66.7	16.7
东北	25.0	75.0	0.0	25.0	75.0	0.0
全国	24.3	72.9	2.9	8.6	68.6	22.9

数据来源：国家统计局，中国人民银行工作人员计算。

表7　2019年末房地产、个人住房贷款余额同比增长率

单位：%

	房地产贷款余额增长率		个人住房贷款余额增长率	
		比上年增减（百分点）		比上年增减（百分点）
东部	13.6	-4.5	14.4	-0.1
中部	17.3	-8.3	20.3	-3.7
西部	16.1	-4.8	20.7	-0.9
东北	12.5	-3.3	16.8	-0.4

数据来源：中国人民银行。

（四）财政收支平稳增长，减税降费政策成效显现

地方财政收入呈现“三增一降”。2019年，东部、中部、西部和东北地区财政收入加权平均增速分别为3.5%、4.6%、2.8%、-2.1%，增速分别比上年下降3.4个、3.4个、4.1个、8.1个百分点。各地区财政支出稳定增长，增速呈现“两增两降”，中部、东北地区财政支出加权平均增速分别为10.4%、6.5%，增速分别比上年上升0.9个、2.3个百分点，东部、西部地区财政支出加权平均增速分别为7.3%、8.5%，增速分别比上年下降1.6个、0.4个百分点。

表 8　2019 年地方财政一般预算收入、支出增长率

单位：%

	地方财政一般预算收入增长率		地方财政一般预算支出增长率	
		比上年增减（百分点）		比上年增减（百分点）
东部	3.5	-3.4	7.3	-1.6
中部	4.6	-3.4	10.4	0.9
西部	2.8	-4.1	8.5	-0.4
东北	-2.1	-8.1	6.5	2.3

数据来源：各省（自治区、直辖市）统计局，中国人民银行工作人员计算。

减税降费政策成效显现。2019 年，各地区在支持小微企业发展、鼓励研发创新、深化“放管服”改革等方面出台多项政策，加大实施减税降费政策力度，全年减税降费超过 2.3 万亿元。其中，江苏新增减税降费 2200 亿元，惠及超过 350 万家企业和 2700 万人；北京、深圳和山东等省市分别为企业减免税费 1800 亿元、1100 亿元和 1500 亿元。

（五）居民消费价格涨幅扩大，工业生产者价格继续回落

2019 年，全国居民消费价格（CPI）同比上涨 2.9%，涨幅比上年扩大 0.8 个百分点，主要受食品价格尤其是猪肉价格较快上涨所拉动。按算术平均计算，2019 年，东部、中部、西部、东北地区居民消费价格分别同比上涨 2.9%、2.8%、2.8% 和 2.7%，涨幅同比分别扩大 0.8 个、0.8 个、0.7 个和 0.5 个百分点。

工业生产者出厂价格（PPI）同比下降 0.3%，比上年回落 3.8 个百分点，其中，生产资料价格是 PPI 下降的主要原因。受石油、天然气、煤炭等大宗商品价格大幅度震荡走低、金属相关行业下游价格下行等因素影响，部分能源省份 PPI 降幅较大。

（六）就业形势整体稳定，东部地区依旧是吸纳就业的主力

2019 年，全国城镇调查失业率走势平稳，全年保持在 5.0%~5.3% 之间。2019 年是就业优先政策全面发力的一年，减税降费降低企业负担，开展大规模职业技能培训，着力做好重点群体就业，“双创”带动市场主体数量保持较快增长，充分发挥政策兜底作用，有力保障和稳定了就业。第四季度末，百城公共就业服务机构求人倍率为 1.27，招聘岗位明显高于求职人数，劳动力市场就业机会充足。分地区看，2019 年，东部、中部和西部地区城镇新增就业占全国新增的比例分别为 44.1%、25.0% 和 23.6%，比上年分别提高 0.3 个、0.3 个、0.1 个百分点，东北地区占比为 7.2%，比上年下降 0.7 个百分点。城镇新增就业人数超百万的省份从高到低依次为江苏、广东、山东、河南和浙江。东部地区依旧是吸纳就业的主力。中部地区依托土地和人口红利，通过不断承接东部沿海地区劳动密集型产业转移，支撑新增就业人数保持稳定。

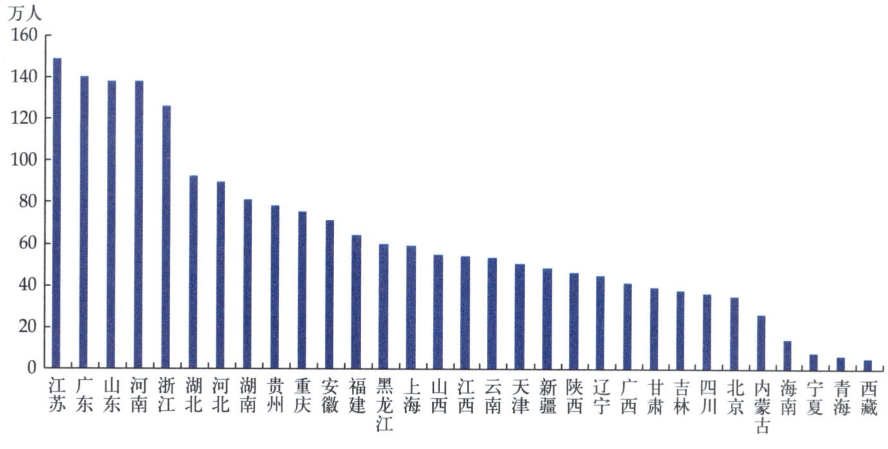

数据来源：各省（自治区、直辖市）统计局。

图 4　2019 年各省（自治区、直辖市）城镇新增就业人数

二、区域金融运行总体情况

（一）金融服务实体经济力度持续增强

2019年，人民银行实施稳健的货币政策，强化逆周期调节，在多重目标中寻求动态平衡，紧紧把握金融供给侧结构性改革主线，完善宏观审慎政策框架，发挥结构性货币政策精准滴灌作用，改革完善贷款市场报价利率（LPR）形成机制，以永续债发行作为突破口助力银行补充资本，增强银行体系发展韧性和服务实体经济能力，为实现"六稳"和经济高质量发展营造了适宜的货币金融环境。

1. 社会融资规模适度增长，直接融资占比提升。2019年末，全国社会融资规模存量为251.3万亿元，同比增长10.7%，比上年末提高0.4个百分点；2019年全国社会融资规模增量为25.6万亿元，比上年多3.1万亿元。分地区看，东部、中部、西部和东北地区社会融资规模增量占全国的比重分别为57.0%、20.1%、19.1%、3.8%。分结构看，东部、中部、西部和东北地区表内贷款占社会融资规模增量的比重分别为66.2%、69.8%、64.8%和81.6%。表外业务规模继续下降，但降幅收窄。2019年全国社会融资规模中表外融资减少1.8万亿元，同比少减1.2万亿元。东部、中部、西部和东北地区表外融资减少量占比分别为58.8%、13%、16.7%和11.4%。

表9　2019年各地区社会融资规模增量占比

单位：%

	东部	中部	西部	东北	合计
地区社会融资规模	57.0	20.1	19.1	3.8	100.0
其中：人民币贷款	56.5	20.4	18.4	4.7	100.0
外币贷款（折合人民币）	121.7	-47.4	10.0	15.7	100.0
委托贷款	63.7	13.0	13.7	9.6	100.0
信托贷款	115.9	-6.5	10.0	-19.4	100.0
未贴现银行承兑汇票	-88.2	54.6	46.6	87.0	100.0
企业债券	73.0	14.3	12.8	-0.1	100.0
非金融企业境内股票融资	72.5	12.0	13.9	1.6	100.0
政府债券	40.8	23.4	29.9	5.9	100.0

数据来源：中国人民银行上海总部、各分行、营业管理部、省会（首府）城市中心支行。

表10　2019年各地区社会融资规模增量结构分布

单位：%

	东部	中部	西部	东北	全国
人民币贷款	67.1	68.7	65.1	83.3	67.6
外币贷款（折合人民币）	-0.9	1.0	-0.2	-1.8	-0.4
委托贷款	-4.1	-2.4	-2.6	-9.1	-3.6
信托贷款	-3.0	0.5	-0.8	7.5	-1.5
未贴现银行承兑汇票	1.1	-1.9	-1.7	-15.9	-0.7
企业债券	18.3	10.2	9.6	-0.3	14.3
非金融企业境内股票融资	1.9	0.9	1.1	0.6	1.5
政府债券	9.7	15.7	21.1	20.8	13.5
其他	10.0	7.3	8.5	14.7	9.3
合计	100.0	100.0	100.0	100.0	100.0

数据来源：中国人民银行上海总部、各分行、营业管理部、省会（首府）城市中心支行。

债券发行规模稳步扩大，各地融资工具不断丰富。2019年，全国累计发行各类债券45.3万亿元，年末债券余额同比增长15.1%。其中，公司信用类债券发行额同比增加2.9万亿元。分地区看，东部、中部、西部和东北地区企业债券分别同比多增4126亿元、1776亿元、2529亿元和269亿元。民营企业信用风险缓释工具支持民营企业发债取得新进展。浙江民营企业债务融资工具发行605亿元，债券融资支持工具支持的民企债券发行额167亿元，均居全国第一。围绕扶贫、创业、绿色发展等重点领域，新疆、四川、宁夏、甘肃等西部地区发行债务融资工具补充资金缺口，四川“双创”专项债务融资工具累计发行量占全国总量的21.6%。资产证券化产品范围扩展，海南发行全国首单土地租金资产证券化产品、设立全国首单省级人才租赁住房REITs，广东发行全国首单专利许可知识产权证券化产品。

2. 各项贷款较快增长，东部和中部地区贷款比重持续提高。2019年末，全国金融机构本外币各项贷款余额同比增长11.9%，比上年末下降1个百分点；比2019年初增加16.8万亿元，同比多增6987亿元。分地区看，2019年末，东部、中部和西部地区各项贷款增速分别较上年末下降0.6个、0.3个和1.2个百分点，东北地区增速较上年末上升1.4个百分点。从地区占比看，2019年末，东部、中部地区贷款占比分别较上年末提高0.1个和0.4个百分点，连续两年上升；西部、东北地区占比分别较上年末下降0.3个和0.2个百分点。为提高资产流动性，各金融机构当年发行信贷资产支持证券9634.6亿元、核销贷款1.1万亿元，同比分别增加316.2亿元、396亿元，一定程度上抵减了贷款增量。

居民消费贷款增长高位趋缓，非金融企业中长期贷款增长加快。2019年末，全国居民消费贷款同比增长16.3%，比上年下降3.6个百分点，带动住户部门全部贷款增速回落。东部、中部和西部地区住户部门本外币消费贷款分别同比增长16.7%、22.5%和9.4%，比上年分别回落0.9个、0.9个和12.4个百分点；东北地区本外币消费贷款同比增长22%，比上年提高7.5个百分点。引导金融机构加大对国民经济重点领域和薄弱环节的支持力度。2019年，全国新增非金融企业中长期贷款5.9万亿元，比上年多2800亿元；2019年末，制造业中长期贷款余额同比增长14.9%，增速创2012年以来新高。东部、中部地区制造业中长期贷款同比增速分别高于全国平均水平1.2个、0.4个百分点。金融支持深化供给侧结构性改革成效明显，东部、中部、西部和东北地区六大高耗能行业中长期贷款余额占全部中长期贷款的比重较上年分别下降0.3个、0.4个、1.1个和0.4个百分点。

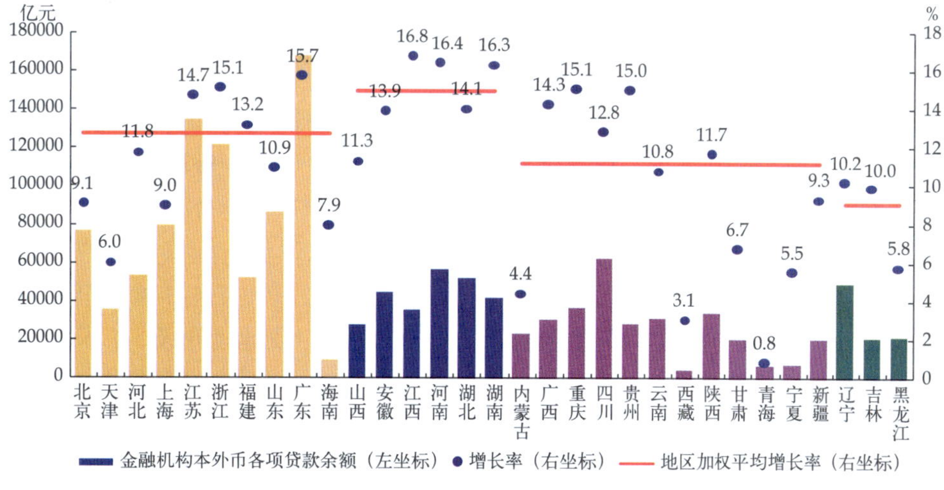

数据来源：中国人民银行上海总部、各分行、营业管理部、省会（首府）城市中心支行。

图5 2019年末各地区金融机构本外币各项贷款余额及增长率

3. 信贷结构持续优化，各地区信贷资源配置进一步向国民经济重点领域和薄弱环节倾斜。普惠口径小微贷款[①]快速增长。各地区中小微企业支持政策加码，通过凝聚跨部门工作合力、加快特色融资模式复制推广等方式扎实推进民营和小微企业金融服务。普惠小微贷款“量增、面扩、价降”，2019年普惠小微贷款增加2.1万亿元，是上年增量的1.7倍；年末余额增速为23.1%，比上年提高7.9个百分点；支持小微经营主体户数同比增长26.4%。北京、辽宁、重庆普惠小微企业贷款余额分别同比增长32.4%、29.3%、24.1%。

金融支持乡村振兴力度加大。各地区乡村振兴领域信贷支持政策相继落地，积极满足“三农”领域多元化融资需求。2019年，在支农再贷款撬动下，东部、中部、西部和东北地区本外币涉农贷款分别同比增长9.1%、9.3%、5.2%和2.1%，东部和东北地区增速分别较上年高4.4个和3.6个百分点。扎实推进金融精准扶贫。积极发挥扶贫再贷款的撬动作用，促进金融资源向“三区三州”等深度贫困地区倾斜。2019年末，西部地区金融精准扶贫贷款余额为2.2万亿元，约占各地区总量的六成。四川深度贫困地区产业精准扶贫贷款余额同比增长37.6%，高于全省产业精准扶贫贷款平均增速5.9个百分点。贵州在贫困地区开展农村产业革命金融支持行动，产业精准扶贫贷款余额同比大幅增长48%。

房地产贷款增速平稳回落。房地产贷款增速由2016年末的27.0%降至2019年末的14.8%。受发行地方政府专项债置换保障房开发贷款影响，2019年末，全国保障性住房开发贷款余额同比增速降至6.7%，比上年回落22.8个百分点。

4. 新机制下LPR报价稳中有降，各地区贷款利率显著下行。2019年，人民银行改革完善LPR形成机制，通过改革的方法疏通货币政策传导渠道，打破贷款利率隐性下限，年末金融机构新发放贷款中运用LPR定价的占比已达九成，促进贷款利率明显下降。12月，全国金融机构新发放一般贷款加权平均利率为5.74%，同比下降0.17个百分点；市场流动性总体充裕，票据融资加权平均利率为3.26%，同比下降0.58个百分点；新发放企业贷款加权平均利率为5.12%，较LPR改革前的7月下降0.2个百分点，为2017年第二季度以来最低点，降幅明显超过LPR降幅。分地区看，12月，东部、中部、西部和东北地区新发放人民币一般贷款加权平均利率分别为5.63%、6.14%、5.93%和6.07%，同比分别下降0.16个、0.04个、0.27个和0.20个百分点。LPR改革与结构性货币政策等形成合力，共同促进小微企业贷款利率稳步下行。12月，东部、中部、西部和东北地区新发放小微企业贷款利率同比分别下降0.28个、0.18个、0.19个和0.23个百分点。

表11　2019年各地区人民币一般贷款加权平均利率

单位：%

	东部	中部	西部	东北
3月	5.83	6.38	6.25	6.21
6月	5.78	6.25	6.17	6.45
9月	5.84	6.30	6.06	6.41
12月	5.63	6.14	5.93	6.07

数据来源：中国人民银行上海总部、各分行、营业管理部、省会（首府）城市中心支行。

5. 金融基础设施建设深入推进，营商环境持续改善。推动金融领域“放管服”改革，提升便民惠民水平。北京在全国率先实现动产担保的统一登记查询，全面推广电子营业执照在开户环节应用，上线注销企业在线销户预约系统，显著提升企业金融服务便利度。浙江、江苏率先试点取消企业银行账户许可，企业开户时间由平均3个工作日缩短至1个工作日内。江苏、福建分别建设升级“江苏政银易企通”“福建省银政通系统”，促进账户监测与监管质效显著提升。以平台搭建为突破口，持续推进信用体系建设。广东搭建中小微企业信用信息和

①包括单户授信1000万元以下小微企业贷款及个体工商户、小微企业主经营贷款。

融资对接平台“粤信融”，累计撮合银企融资对接6万笔、金额1.1万亿元。江苏推动全国首家“小微企业数字征信实验区”落地苏州。山东成为全国首个通过应收账款融资服务平台在省市县三级实现政府采购线上融资的省份。黑龙江搭建跨地域、跨系统、跨业务农业农村信用信息数据共享平台“智慧乡村”，2019年末已覆盖全省各地市县。2019年末黑龙江省建档立卡贫困户开展信用评定覆盖率达93.4%。

移动支付业务快速发展，支付环境持续优化。福建在全国首先推出云闪付惠台利民项目、银联便民移动缴费业务，形成联合国“民富中心”建设、深化海上移动银行建设等农村支付服务特色方案。广东省开展银行卡助农取款综合服务示范点建设，2019年末存量助农取款服务点2.4万个，金融服务行政村覆盖率、农村地区银行网点支付清算系统覆盖率均达100%。

（二）金融机构负债保持平稳，各项存款加快增长，存款结构持续优化

1. 各项存款加快增长，东部地区存款比重提高。2019年末，全国金融机构本外币各项存款余额同比增长8.6%，比上年末提高0.8个百分点。各地区同比增速普遍回升，东部地区回升快于全国1.3个百分点。东部各项存款余额占全国的比重较上年末提高0.6个百分点，中部、西部和东北地区占比分别下降0.1个、0.4个和0.1个百分点。

2. 住户部门存款稳定性增强，非金融企业存款增速低位企稳。随着互联网金融整治深入推进，理财产品打破刚兑、收益率与银行存款利差缩小，居民资金趋向回流银行体系，住户存款增长较快。2019年，本外币住户存款余额同比增长13.4%，占各项存款余额的41.4%，占比连续两年提高。其中，住户定期及其他存款同比增长15.4%，快于活期存款5.3个百分点。非金融企业存款增速低位运行，活期存款增速止跌回升。2019年末，本外币非金融企业存款同比增长5.4%，比上年末提高2.4个百分点；占各项存款余额的31.3%，连续三年下降。企业活期存款同比增长2.5%，上年同期为下降0.8%；增长主要集中在东部地区，同比增长5.5%。

3. 大额存单持续稳定增长，结构性存款规模趋降。规范整顿存款创新产品，“开正门、堵偏门”，引导大额存单等市场化定价存款产品有序发展，提升主动负债能力。2019年，全国金融机构大额存单发行总量12万亿元，同比增加2.8万亿元。分地区看，东部、中部、西部和东北地区大额存单余额占比分别为60.7%、16.7%、14.4%和8.2%。自2019年10月份强化结构性存款业务管理以来，结构性存款余额规模趋降。

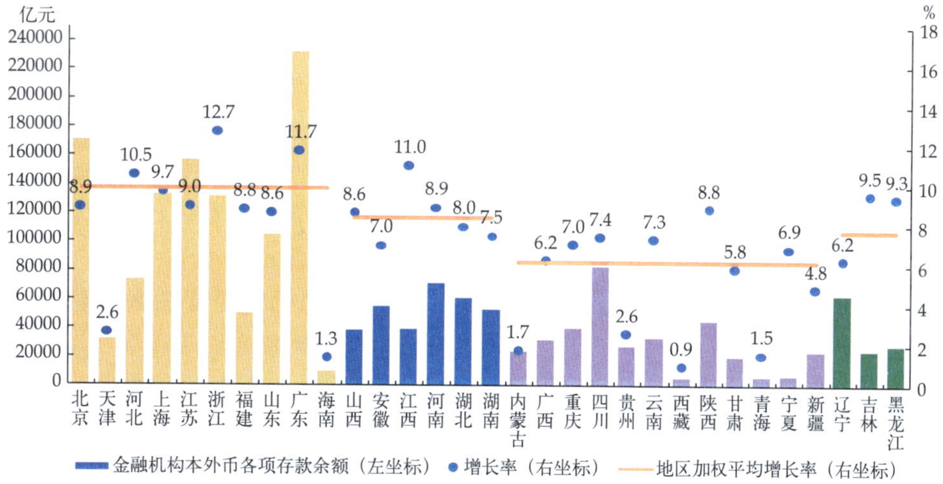

数据来源：中国人民银行上海总部、各分行、营业管理部、省会（首府）城市中心支行。

图6　2019年末各地区金融机构本外币各项存款余额及增长率

表 12　2019 年末金融机构本外币存贷款余额占比地区分布

单位：%

	东部	中部	西部	东北	地区合计
本外币各项存款余额	58.6	16.9	18.4	6.1	100.0
其中：住户存款	49.8	20.6	21.1	8.5	100.0
结构性存款	56.4	15.6	15.5	12.4	100.0
个人大额存单	55.2	18.5	16.2	10.0	100.0
非金融企业存款	65.7	14.6	15.4	4.3	100.0
非金融企业活期存款	57.6	18.5	19.6	4.3	100.0
结构性存款	80.1	8.5	8.3	3.1	100.0
非金融企业大额存单	75.3	11.9	9.2	3.5	100.0
非银行业金融机构存款	77.3	8.8	10.0	4.0	100.0
其中：外币存款（亿美元）	62.7	17.4	17.8	2.1	100.0
本外币各项贷款余额	55.4	17.6	20.8	6.2	100.0
其中：短期贷款	60.4	16.3	15.4	7.9	100.0
中长期贷款	52.8	18.4	23.3	5.5	100.0
非金融企业及机关团体中长期贷款	48.7	19.6	25.7	6.0	100.0
票据融资	49.5	17.8	25.8	6.9	100.0
消费贷款	61.4	18.1	15.8	4.7	100.0
其中：外币贷款（亿美元）	48.9	24.0	25.4	1.7	100.0

数据来源：中国人民银行上海总部、各分行、营业管理部、省会（首府）城市中心支行。

（三）信用风险总体可控，银行业金融机构运行更加稳健

1. 金融资产质量总体稳定，重点领域风险可控。不良贷款率微升，各地区信贷资产质量有所分化。2019 年，全国商业银行不良贷款余额 2.4 万亿元，不良率 1.86%。分地区看，东部地区不良贷款率略有下降，较年初下降 0.15 个百分点；东北地区加大不良风险处置力度，金融风险趋于收敛，不良率较年初下降 0.05 个百分点；中部地区金融资产质量向好，不良率较年初下降 0.26 个百分点；西部地区资产质量略有承压，不良率较年初上升 0.39 个百分点。资产质量下迁压力有所缓解，全国商业银行关注类贷款占比 2.9%，同比下降 0.2 个百分点，其中，东部和东北地区关注类贷款占比分别较上年末提高 0.6 个和 3.8 个百分点，中部和西部关注类贷款占比分别下降 2.6 个和 0.4 个百分点。重点金融机构风险处置取得突破性进展，稳妥有序推进包商银行风险处置，积极推进恒丰银行、锦州银行改革重组。

债券融资环境趋于改善，违约风险收敛企稳。随着“六稳”政策持续发力，国内宏观经济保持企稳向好发展趋势，债券违约风险有所收敛。2019 年，全国新增违约债券规模较上年末增长 5.13%，增幅较 2018 年大幅回落，新发行公司信用债的中债市场隐含评级平均较 2018 年上升 0.16 级。各地区通过完善配套政策、加强风险管理，不断提升市场应对和化解债券违约风险的能力。江苏、四川等地区积极完善风险应对机制，持续强化监测力度，及时预警和化解风险苗头。陕西积极运用信用风险缓释工具有效对冲民营企业债券投资人风险，全年实现债券违约事件“零”发生。

信用环境持续改善，股权质押风险明显缓解。2019 年以来，为帮助民企上市公司缓解股权质押风险，各地区积极出台相关政策，通过多种途径解决民营企业流动性困难，并取得明显成效。深圳市出台促进上市公司健康稳定发展的若干措施，安排数百亿元规模的专项资金，用于降低深圳上市公司股权质押风险。2019 年，全国共有 238 家 A 股公司涉及纾困，上市公司流动性风险有所缓解。至 2019 年末，市场质押股数 5806 亿股，占总股本的为 8.3%，较 2018 年市场质押数和质押占比高点分别回落 650.2 亿股和 1.8 个百分点[①]。

2. 金融机构经营总体稳健，服务实体经济能力进一步增强。2019 年末，全国银行业总资产同比增长 8.1%，较上年末提升 1.9 个百分点。其中，商业银行贷款占总资产比重已回升

① 数据来源：中国证券登记结算有限责任公司。

至54.1%，资金空转明显减少。地方法人银行经营总体稳健，风险抵补能力逐步改善。从资本充足率看，全国银行业资本充足率14.64%，较年初提升0.44个百分点。其中，东部、中部和西部地区地方法人银行资本充足率分别较上年末提高0.3个、0.12个和0.7个百分点，东北地区较上年末下降0.2个百分点。地方法人银行外源性资本补充渠道不断拓宽，如浙江、山东、安徽省推动中小银行发行永续债，优化资本结构；陕西积极支持法人银行发行资本补充债券，推动长安银行成功发行15亿元二级资本债券；广西推动法人金融机构补充资本115.5亿元。

地方法人金融机构改革深入推进，服务实体经济能力不断增强。近年来，国有银行服务重心进一步下沉，小微金融服务领域竞争更加充分。各地通过深化改革，不断推动地方法人银行服务触角向下、向小、向农延伸，有效拓展金融服务广度。人民银行营管部创新启动零信贷银企对接活动，联合北京市政府有关部门梳理企业名录，组织银行为近6万户无贷款户提供精准服务。辽宁、黑龙江积极推进农信社改制，服务东北老工业基地振兴能力不断提升。江苏、浙江稳步推动地方民营银行发展，丰富地方金融业态，机构体系持续优化。

（四）金融业对外开放稳步推进，跨境人民币业务保持增长

1. 金融业扩大开放稳步推进。2019年，银行业、证券业和保险业继续深化对外开放，外资企业征信、信用评级、银行卡清算和非银行支付业务先后放开准入。中国股市、债市被纳入主要国际指数，推动“沪伦通”落地，推出以人民币计价的国际原油期货，人民币国际化和跨境使用取得新进展，金融支持“一带一路”建设力度加大。分地区看，东部地区率先推进，成效显著。北京落实金融领域开放改革三年行动计划，支持标普中国、贝宝（PayPal）等外资金融企业在京发展，环球同业银行金融电讯协会（SWIFT）在京设立全资中国法人机构，成为外资金融机构入驻聚集地。上海深入推进国际金融中心建设，21个金融业对外开放项目落地，摩根大通证券、野村东方国际证券成为首批外资控股证券公司。深圳加快证券行业对外开放步伐，中信证券和招商证券获得结售汇业务试点资格。中西部地区金融开放门户建设有序跟进，广西面向东盟推出131项金融改革举措，中国—东盟金融城累计入驻金融机构57家，中银香港、中国太平保险等区域性金融总部入驻运营。

表13 2019年各地区跨境人民币业务分布

单位：%

	东部	中部	西部	东北	全国
跨境人民币结算额	94.3	1.4	3.3	1.0	100.0
其中：经常项下结算额	89.6	2.8	5.6	2.0	100.0
资本项下结算额	95.9	0.9	2.2	1.0	100.0
其中：直接投资额	93.7	2.3	3.0	1.0	100.0
其他	79.3	4.5	13.1	3.1	100.0

数据来源：中国人民银行上海总部、各分行、营业管理部、省会（首府）城市中心支行。

2. 跨境人民币业务保持增长，区域改革创新纵深推进。2019年，跨境人民币收付金额合计19.7万亿元，同比增长23%。其中，经常项目下跨境人民币收付金额合计6万亿元，同比增长18%；资本项目下人民币收付金额合计13.6万亿元，同比增长26%。各地区积极推动的人民币跨境贸易投融资便利化取得新进展。上海、广东、天津、福建等地区依托自贸区建设，取消部分外汇管理行政许可申请材料，在自贸区内进一步优化营商环境，促进贸易投资自由化、便利化。广东、四川、重庆、广西、陕西、新疆等地区人民银行分支机构持续推进跨境贸易金融区块链平台建设，有效满足区域跨境贸易融资服务需求。

第二部分　各区域板块经济金融运行情况分析

一、东部地区经济金融运行情况

2019 年，在以习近平同志为核心的党中央坚强领导下，东部地区扎实推进"五位一体"总体布局、"四个全面"战略布局实施，坚持稳中求进工作总基调，深化供给侧结构性改革，经济总量保持领先，产业结构持续优化，创新动能不断积聚，经济增长活力提升。认真贯彻落实稳健的货币政策，加强逆周期调节和政策引导，存、贷款量速齐升，信贷结构优化，实体经济融资成本下降，服务实体经济效能增进，金融风险防控有序推进，金融改革创新取得积极进展，为实现"六稳"和东部地区经济社会持续健康、高质量发展营造了适宜的货币金融环境。

（一）东部地区经济运行情况

经济总量保持领先，产业结构持续优化。东部地区作为全国经济发展的"龙头"，引领作用明显。2019 年，东部地区实现地区生产总值 51.1 万亿元，同比增长 6.2%，高于全国平均水平 0.1 个百分点，拉动全国经济增长 3.2 个百分点，地区生产总值占全国比重达 51.9%。2019 年，东部地区三次产业增加值比例为 4.6 : 38.9 : 56.5，第三产业占比较上年提高 1.9 个百分点，比重高于全国平均水平 2.6 个百分点。服务业支撑作用进一步增强，东部地区第三产业增加值对经济增长的贡献率约 67.4%，较上年提高 9.7 个百分点，高于全国平均水平 7.4 个百分点，其中北京市、山东省、海南省第三产业增加值对经济增长的贡献率分别达 87.8%、78.2%、75.6%。

消费市场增长趋缓，消费升级态势明显。2019 年，东部地区实现社会消费品零售总额 20.8 万亿元，同比增长 7.1%，较上年下降 1.1 个百分点，低于全国平均水平 0.9 个百分点，占全国的比重为 51.1%，较上年下降 0.3 个百分点。消费结构持续升级，如北京服务性消费对总消费增长的贡献率达到 72.7%，浙江智能手机、可穿戴智能设备零售额分别增长 124.0% 和 85.1%，福建限额以上新能源汽车零售额同比增长 126.1%。网络零售增长较快，浙江、福建和北京限额以上批发和零售业通过公共网络实现的商品零售额同比分别增长 25.6%、24.1% 和 23.1%。

数据来源：国家统计局和《中国统计摘要》，中国人民银行工作人员计算。

图 7　1999~2019 年东部地区经济增长情况

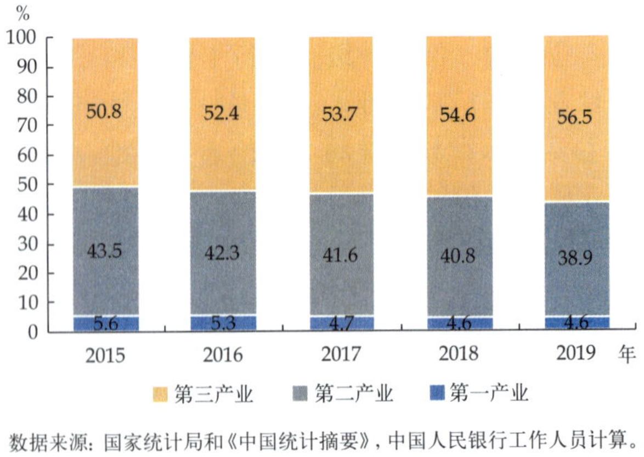

数据来源：国家统计局和《中国统计摘要》，中国人民银行工作人员计算。

图 8　2015~2019 年东部地区三次产业结构

外贸进出口增速有所回落，“一带一路”沿线国家进出口增长较快。2019年，外部风险挑战加剧，中美贸易摩擦影响进一步显现，东部地区货物进出口总额增速及全国占比进一步回落。2019年，东部地区货物进出口总额25.4万亿元，同比增长2.0%，较上年回落6.8个百分点，占全国的比重为80.6%，较上年下降1.2个百分点。其中，进口总额和出口总额同比分别增长0.8%和3.0%，分别较上年回落12个和3个百分点。对“一带一路”沿线国家进出口增长较快，河北、浙江、福建和山东四省对“一带一路”沿线国家外贸进出口总额同比分别增长18.1%、16.8%、16.3%和15.9%。

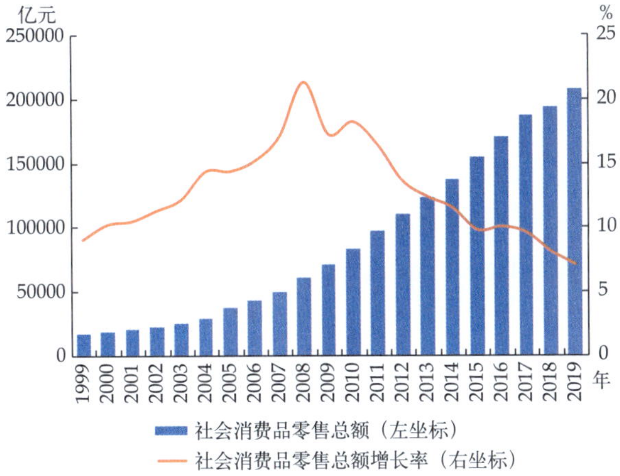

数据来源：国家统计局和《中国统计摘要》，中国人民银行工作人员计算。

图9　1999~2019年东部地区消费增长情况

创新动能不断积聚，新产业新模式新产品快速发展。2019年，东部地区积极促进结构调整和动力转换，区域发展步入了以科技创新为主导的新阶段。市场主体较为活跃，新主体不断增加，广东省、山东省和江苏省新登记市场主体分别为221万户、216.8万户和184.1万户，三者合计占全国的26.2%。部分新产业发展优势明显，东部地区规模以上文化及相关产业企业营业收入占全国的比重为73.5%。新商业模式蓬勃发展，江苏省数字经济规模达4万亿元，广东省跨境电商进出口增长45.8%。新产品产量快速增长，如天津市服务机器人增长85.8%，广东省动车组、3D打印设备分别增长383.3%和215.2%。

财政收入小幅增长，减税降费成效显著。2019年，东部地区地方财政一般预算收入同比增长3.5%，增速比上年回落3.4个百分点，占全国的比重达57.4%。地方财政一般预算支出同比增长7.3%，增速比上年回落1.6个百分点，占全国的比重达41.7%。减税降费成效显著，东部地区减税降费合计超过1.4万亿元，其中上海、浙江、江苏、广东四省市减税降费均超过2000亿元，江苏减税降费惠及350万家企业、2700万人以上，福建省减轻企业负担超过900亿元，北京市小微企业普惠性税费减免70亿元。民生类财政支出明显增加，东部地区八项民生支出[①]合计57131.9亿元，同比增长8.6%，其中天津市、福建省节能环保支出分别增长264.5%和45.7%，浙江省城乡社区支出增长40.5%。

（二）东部地区金融运行情况

银行业金融服务体系进一步健全，可持续发展能力增强。2019年末，东部地区银行业资产规模保持较快增长，资产总额为143.7万亿元，同比增长9.0%。银行业金融机构网点数量9.1万个，较上年小幅回落0.6%。银行从业人员180.9万人，同比增长3.8%。其中东部法人金融机构2215家，较上年增长24.2%。通过发行永续债、优先股和引入战略投资者等方式，拓宽外源性资本补充渠道，地方法人金融机构资本实力明显增强，2019年末资本充足率为15.0%，同比提高0.3个百分点；流动性比例为66.0%，流动性总体充裕。2019年实现净利润同

①包括一般公共预算支出中的一般公共服务、公共安全、教育、科学技术、社会保障和就业、卫生健康、节能环保和城乡社区支出。

比增长10.2%。

表14　2018~2019年东部地区银行业金融机构概况

单位：个、人、亿元

年份	营业网点			法人机构
	机构个数	从业人数	资产总额	
2018	91038	1742543	1318496	1783
2019	90504	1808616	1436805	2215

数据来源：各地银保监局，中国人民银行工作人员计算。

保险业稳步发展，社会保障服务能力提高。2019年，东部地区保险公司原保险保费收入2.3万亿元，同比增长16.2%，增速比上年提高6.3个百分点。支付各类赔款及给付0.7万亿元，同比增长6.9%，较上年提高4.5个百分点。各地保险业助推经济发展与保障民生。福建省承担风险总额增长44.7%；上海市赔付支出增速比上年提高6.7个百分点；浙江省政策性小额贷款保证保险共支持12253家次小微企业获得银行贷款；山东省累计为"利奇马"台风受灾群众支付保险赔款13.3亿元；江苏省农险率先提出保费补贴前置模式；北京市以债权投资计划形式投资重点项目1937.8亿元。

存款增速回升明显，住户存款拉动突出。2019年末，东部地区本外币各项存款余额为109.4万亿元，同比增长9.8%，增速比上年末提高2.6个百分点，增速自2009年以来首次超全国平均水平，余额占全国比重为58.6%，同比上升0.6个百分点。广东省存款余额和新增额位居全国第一，浙江省存款增速位居全国第一。居民资金逐步回流储蓄，住户存款增长较快，余额同比增长14.1%，较上年末提高2.6个百分点。结构性存款发展趋缓，大额存单保持较快增长，2019年，结构性存款新增0.2万亿元，同比少增1.6万亿元，大额存单新增2.7万亿元，同比多增1.3万亿元。

贷款增长稳中有进，信贷结构优化。2019年，东部地区加强逆周期调节，信贷对实体经济支持进一步增强。2019年末，本外币各项贷款余额为82.0万亿元，同比增长12.7%，余额占全国比重为55.4%，较上年末提高0.1个百分点。广东省贷款余额和新增额位居全国第一。在增总量的同时，积极发挥结构性货币政策的精准滴灌作用，信贷结构呈现积极变化。东部地区小微企业贷款、涉农贷款同比分别增长5.1%、9.1%，增速较上年末分别提高0.2个、4.4个百分点。

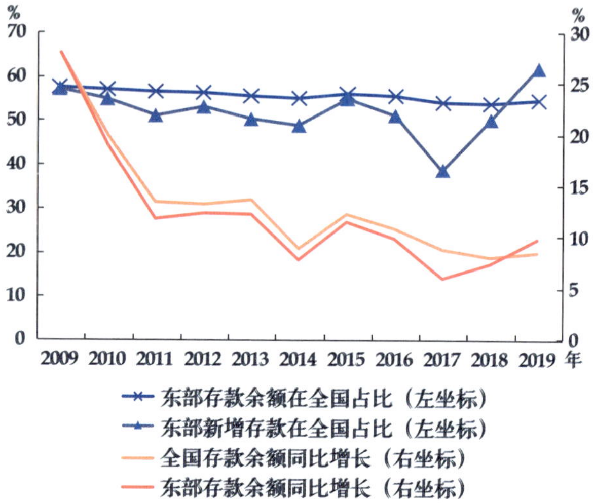

注：2015年以前为老口径数据。

数据来源：中国人民银行。

图10　2009~2019年东部地区人民币存款情况

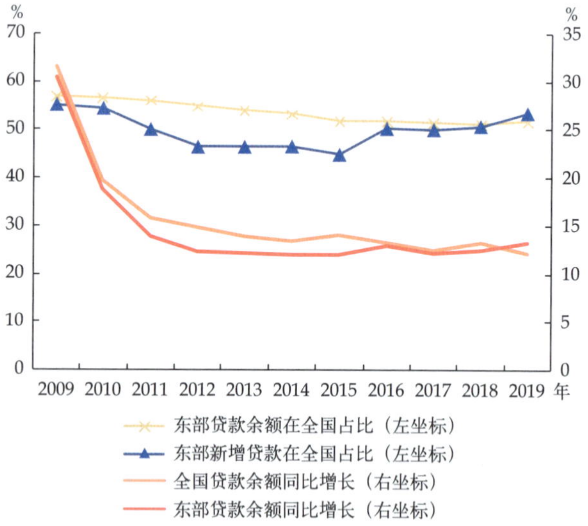

注：2015年以前为老口径数据。

数据来源：中国人民银行。

图11　2009~2019年东部地区人民币贷款情况

社会融资规模适度增长，直接融资同比多

增。2019年，东部地区社会融资规模增量为13.4万亿元，同比多增2.4万亿元，占全国的比重为57.0%。其中，本外币贷款增加8.8万亿元，同比多增1.0万亿元，占东部地区社会融资规模增量的66.2%。表外融资规模持续收缩，2019年减少0.8万亿元，同比少减0.8万亿元。直接融资积极发展，企业债券净融资2.4万亿元，同比多增0.4万亿元，占全国企业债券净融资增量的72.9%；非金融企业境内股票融资0.3万亿元，占全国各地股票融资增量的72.5%。

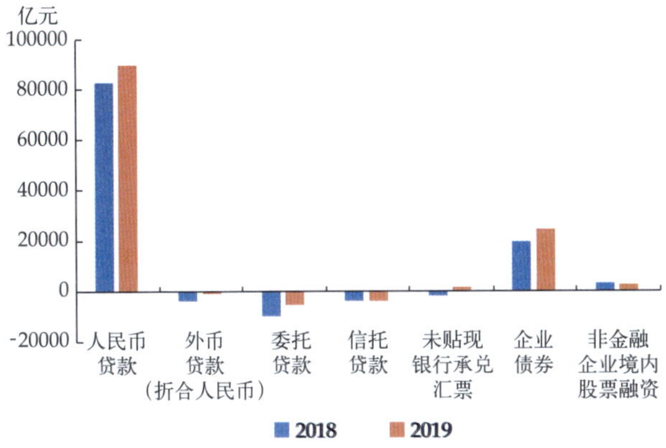

数据来源：中国人民银行。

图12 2018~2019年东部地区社会融资规模增量①

政策引导效果显著，实体经济融资成本明显下降。2019年，东部地区综合运用多种货币政策工具，稳步推进贷款市场报价利率（LPR）改革，积极引导金融机构贷款利率下行。2019年12月，东部地区金融机构人民币一般贷款加权平均利率（以下简称“贷款利率”）为5.63%，同比下降0.16个百分点，其中，海南省贷款利率同比下降0.48个百分点。12月，东部地区执行LPR减点的贷款占全部贷款比重为24.7%，较全国平均水平高4.2个百分点，占全国LPR减点的贷款比重达78.5%。12月，东部地区普惠小微贷款利率同比下降0.41个百分点，降幅分别较全国平均降幅和东部一般贷款利率降幅大0.09个和0.24个百分点。

有序推进金融风险防控，资产质量显著改善。2019年，东部地区资产质量呈现向好态势。2019年末，银行业不良贷款率为1.4%，较年初下降0.15个百分点，低于全国平均水平0.46个百分点。各地有序推进不良贷款处置、金融风险防控工作。北京市率先建立省级金融监管协调机制，凝聚监管合力；山东省加快推进重点企业风险处置，组建债委会1103家，全年处置不良贷款2843.5亿元；深圳市在营P2P网贷机构的数量、借贷余额、出借人数均下降90%以上，有效规范了网贷市场秩序。

金融改革创新取得积极进展，金融活力持续增强。2019年，东部地区积极推进金融改革创新，区域百花齐放格局初步形成，金融改革服务实体经济成效日益显现。科创板正式开市，截至年末，受理发行上市申请205家，已上市70家；山东、江苏、河北自由贸易试验区获批，天津、海南、广东FT账户成功落地；天津市启动OTC科创专板；上海市推动21个金融业对外开放项目落地，首批外资控股证券公司落户上海，“沪伦通”、沪深300股指期权等一批金融创新产品成功推出。

二、中部地区经济金融运行情况

2019年，中部地区继续深化供给侧结构性改革，重点领域改革向纵深推进。经济保持较快增长态势，经济总量占比进一步提升。产业结构持续调整优化，第三产业对经济增长的支撑作用稳步提升。2019年，中部地区加强逆周期调节，金融业运行总体稳健，社会融资规模和信贷总量较快增长，社会融资结构进一步优化。金融领域改革创新进一步深化，金融服务供给侧结构性改革能力进一步提升，金融生态环境持续改善，金融有力托举中部地区经济高质量发展。

①2019年12月起，人民银行进一步完善社会融资规模统计，将“国债”和“地方政府一般债券”纳入社会融资规模统计，与2018年原有“地方政府专项债券”合并为“政府债券”指标，故未列示，下同。

（一）中部地区经济运行情况

2019 年，中部地区实现地区生产总值 21.9 万亿元，同比增长 7.3%，增速比上年回落 0.5 个百分点，高于全国平均水平 1.2 个百分点；中部地区生产总值占全国的比重为 22.2%，比上年提高 1.1 个百分点。

投资较快增长，投资结构调整优化。2019 年，中部地区固定资产投资（不含农户）同比增长 9.5%，增速比上年加快 0.2 个百分点；在全国的占比为 28.0%，较上年提高 0.1 个百分点。基础设施投资较快增长，对稳投资发挥了主导作用。民间投资增速回落，但仍保持较快增长。制造业内部投资结构调整优化，高技术产业投资增长加快。如江西工业技改投资增长 45.6%；高新技术产业投资增速高于全部投资 1.6 个百分点；高耗能行业投资增速比上年回落 2.3 个百分点。

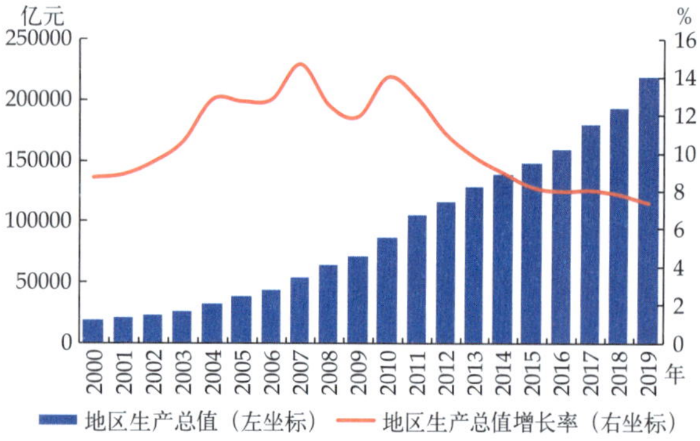

数据来源：国家统计局和《中国统计摘要》，中国人民银行工作人员计算。

图 13　2000~2019 年中部地区经济增长情况

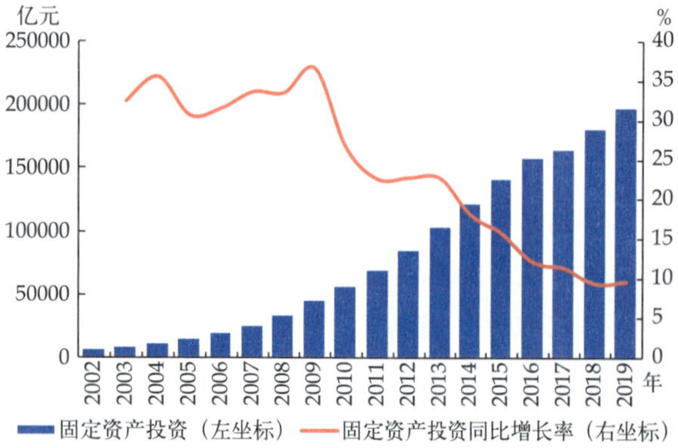

数据来源：国家统计局和《中国统计摘要》，中国人民银行工作人员计算。

图 14　2002~2019 年中部地区固定资产投资及其增长情况

消费保持平稳增长，消费升级态势明显。2019 年，中部地区实现社会消费品零售总额 9 万亿元，区域消费在全国占比 22.1%，较上年提高 0.5 个百分点。消费升级类商品增势较好，江西限额以上企业中西药品类、化妆品类、建筑及装潢材料类、文化办公用品类商品零售额同比分别增长 24.6%、23.6%、15.4% 和 14.7%；山西、湖南智能家电和音响器材、智能手机、新能源汽车零售额快速增长；湖南文化娱乐体育健康类商品零售额增速同比提高 14.6 个百分点；江西、山西旅游总收入同比分别增长 18.6%、19.3%。

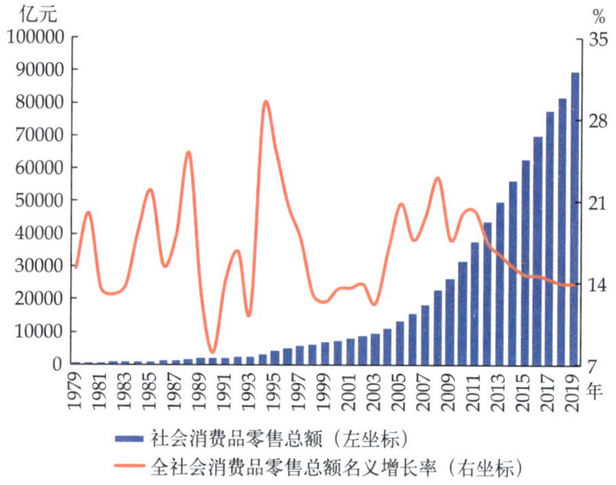

数据来源：国家统计局和《中国统计摘要》，中国人民银行工作人员计算。

图 15　1979~2019 年中部地区消费增长情况

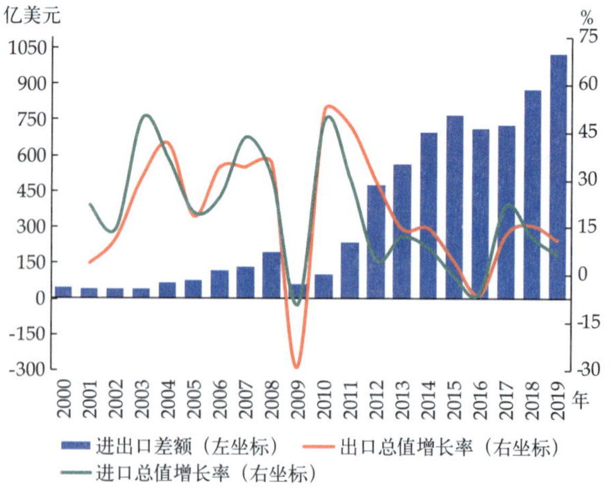

数据来源：国家统计局和《中国统计摘要》，中国人民银行工作人员计算。

图 16　2000~2019 年中部地区对外贸易情况

进出口转型明显，外商投资走势分化。2019年，中部地区货物贸易出口额同比增长18.3%，增速比上年提高4.9个百分点；进口额同比增长7.9%，增速比上年回落2.2个百分点。2019年，中部地区继续保持进出口差额顺差态势，全年实现顺差4754.6亿元，比上年扩大1499.8亿元。中美经贸摩擦以来，中部地区涉外企业加大了对“一带一路”沿线国家及韩国、东南亚地区销售市场的开发，山西、河南对东盟、“一带一路”沿线国家贸易额持续保持较快增长。2019年，中部地区各省对外资的吸纳能力出现分化，湖南、河南全年实际吸收外商投资保持同比增长态势，且增速提高；安徽、江西全年实际吸收外商投资同比增速较上年回落；山西全年实际吸收外商投资较上年呈现负增长。

产业结构持续调整优化，第三产业对经济增长的支撑作用稳步提升。2019年，中部地区三次产业分别实现增加值1.8万亿元、9.1万亿元和10.9万亿元。三次产业结构为8.2∶41.8∶50.0，分别比上年下降0.2个、2.2个百分点和上升2.4个百分点。2019年，中部地区第三产业增加值占比进一步提升，新型服务业，尤其是互联网及其相关服务业、商务服务业、软件和信息技术服务业增势良好，对经济增长的贡献稳步提升，如河南服务业对GDP增长的贡献率达45.6%，高于工业贡献率1.8个百分点。

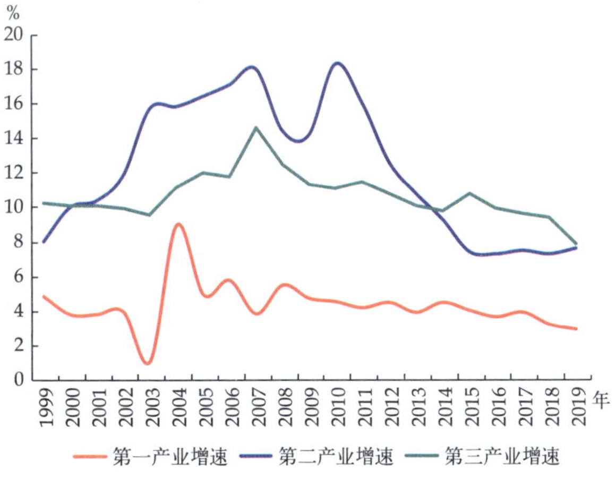

数据来源：国家统计局和《中国统计摘要》，中国人民银行工作人员计算。

图17 1999~2019年中部地区三次产业增长情况

供给侧结构性改革进一步深化，重点领域改革向纵深推进。2019年，江西实现关闭煤矿27处、退出煤炭产能127万吨。安徽退出煤炭过剩产能165万吨，实施亿元以上重点技术改造项目1080项。山西退出钢铁产能175万吨，关停淘汰焦炭产能1192万吨。湖南关停取缔“散乱污”企业1563家、不安全小煤矿48处。国资国企改革不断深化，国有资本加速向支柱产业和战略性新兴产业集聚。山西市场化处置省属“僵尸企业”115户，汾酒集团酒类资产实现整体上市。湖南创新型省份建设加快，全年实施115个重大科技创新项目，全省技术合同交易额增长74%，专利申请量、专利授权量、有效发明专利拥有量分别增长12.3%、11.7%和14.9%。安徽伴随过剩产能出清、优质产能释放，传统行业转型升级进度加快，全年推广应用工业机器人5100台，新增智能工厂和数字化车间120个，“皖企登云”企业达5100家。2019年，中部地区全面落实降成本政策，企业生产成本有所下降，如安徽全年规模以上工业企业每百元营业收入中成本同比下降0.2元。

（二）中部地区金融运行情况

2019年，中部地区加强逆周期调节，金融业运行总体稳健，社会融资规模和信贷总量保持较快增长，社会融资结构进一步优化。金融领域改革创新进一步深化，金融服务供给侧结构性改革能力进一步提升。金融业坚持业务发展与风险防范并重，金融资产质量有所好转，金融生态环境持续改善，金融托举中部经济高质量发展。

银行体系进一步优化，资产规模稳步增长。2019年末，中部地区银行业金融机构网点数量5.4万个，比2018年增加300个，其中地方法人金融机构1115个；银行从业人员81.1万人。全年新设民营银行1家、财务公司1家和村镇银行4家，初步形成了种类齐全、适度竞争的金融体系，金融产品与服务创新的能力不断增强，特别是区域性中小银行发展提速，服务地方经济发展的能力持续提高。银行业资产规模稳步增长，2019 年末，中部地区银行业金融机构总资产 40.4 万亿元，同比增长 9%；法人金融机构资产增幅高于平均水平。

表 15　2018~2019 年中部地区银行业金融机构概况

单位：个、人、亿元

年份	营业网点			法人机构
	机构个数（个）	从业人数（人）	资产总额（亿元）	
2018	53335	817034	370676.0	1124
2019	53635	811073	403563.0	1115

数据来源：各地银保监局，中国人民银行工作人员计算。

存款保持较快增长，住户存款增加较多。2019 年末，中部地区本外币各项存款余额 31.6 万亿元，同比增长 8.4%，较 2018 年提高 0.5 个百分点。分存款类型看，住户存款同比多增明显，非金融企业存款增长明显放缓。分省份看，除安徽外，其余省份全年新增存款均保持同比多增态势。区域梯次发展、人口红利等因素支撑存款持续平稳增长，如河南存款增速较快的地区大多分布在传统农业区和经济欠发达区域，且新增存款同比多增的地区均集中在常住人口 500 万人以上的城市。

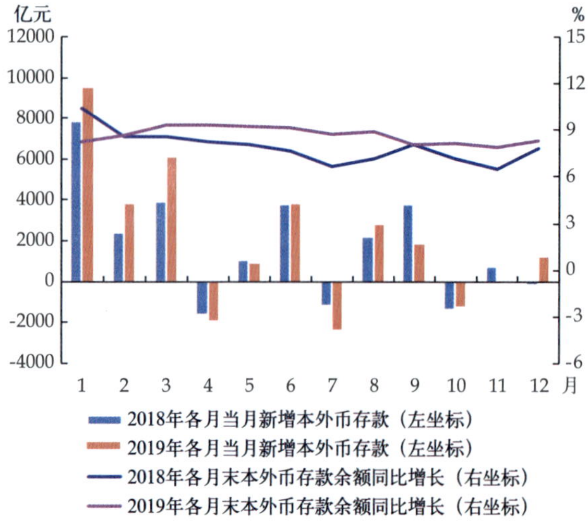

数据来源：中国人民银行。

图 18　2018~2019 年中部地区本外币存款增长情况

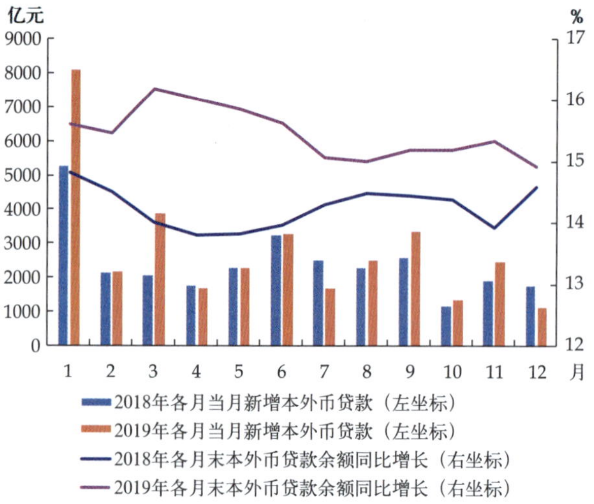

数据来源：中国人民银行。

图 19　2018~2019 年中部地区本外币贷款增长情况

各项贷款同比多增，对实体经济高质量转型发展支持力度增强。2019 年，中部地区本外币各项贷款新增 3.3 万亿元，同比多增 0.4 万亿元。分期限看，短期贷款继续保持快速增长，年末余额同比增长 10.5%，较年初新增 5915.5 亿元，同比多增 2790.4 亿元；票据融资大幅增长，年末余额同比增长 37.2%，较年初新增 3507.8 亿元，同比多增 717.5 亿元；中长期贷款平稳增长，年末余额同比增长 15.5%，较上年下降 1.6 个百分点，较年初新增 23124.6 亿元，同比多增 868.2 亿元。信贷结构继续优化。2019 年，中部地区全年涉农贷款、小微企业贷款、制造业贷款分别同比增速为 9.2%、8.6% 和 5.8%，其中制造业贷款全年新增 1132.1 亿元，同比多增 790.1 亿元，同比增速较上年提高 4 个百分点。山西“转型综改”领域新增贷款 893.3 亿元，金融对实体经济高质量转型发展支持力度增强；江西先进制造业和高技术制造业贷款增速分别高于各项贷款增速 3.8 个和 15.8 个百分点；河南地方法人金融机构创新信贷产品，推出光伏扶贫金融服务、普惠专利贷、普惠科技贷等，着力破解符合环保政策但担保方式不足的问题，加强对绿色环保产业的支持；湖北差别化住房信贷政策有效实施，个人住房贷款增速持续回落，较上年同期下降 4.1 个百分点，较同期住户部门贷款增速低 2.8 个百分点。

市场利率向贷款利率传导效率提升，贷款利率有所下行。随着贷款市场报价利率（LPR）改革深入推进，市场利率下行向信贷利率的传导加快。2019 年 12 月，中部地区金融机构新发放一般贷款加权平均利率为 6.14%，同比下降 0.04 个百分点，LPR 改革效果逐步显现。分企业类型看，中部六省大、中、小和微型企业人民币贷款加权平均利率总体下行，除湖南外，河南、安徽、湖北、江西、山西 5 省 12 月新发放小微企业贷款加权平均利率较 7 月分别回落 0.06 个、0.26 个、0.23 个、0.27 个、0.11 个百分点。

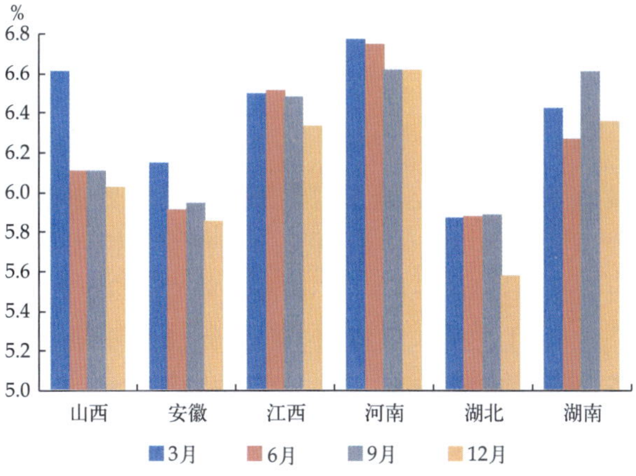

数据来源：中国人民银行。

图 20　2019 年中部地区人民币一般贷款加权平均利率

社会融资规模同比多增，企业直接融资持续改善。2019 年，中部地区社会融资规模增量 4.7 万亿元，比上年多增 1.2 万亿元。其中，本外币贷款增量 3.3 万亿元，占中部地区社会融资规模的 69.8%；企业债券、非金融企业境内股票融资增量 5208.3 亿元，占中部地区社会融资规模增量的 11.1%；委托贷款、信托贷款、未贴现银行承兑汇票减少 1784.0 亿元，同比少减 2391.9 亿元。

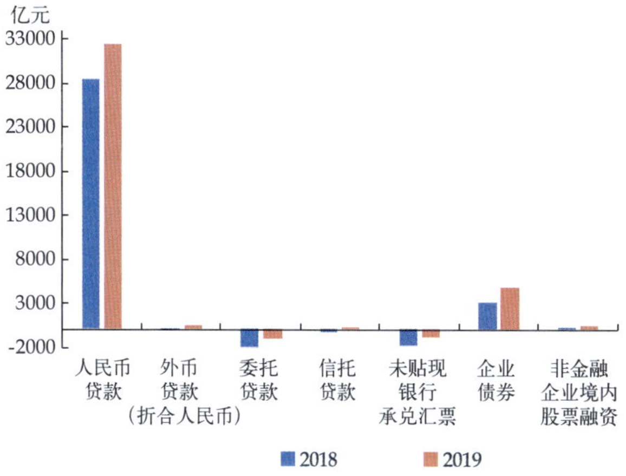

数据来源：中国人民银行。

图 21　2018~2019 年中部地区社会融资规模增量

三、西部地区经济金融运行情况

2019 年，西部地区紧抓“一带一路”建设、西部大开发、长江经济带发展等重大战略机遇，持续推进产业结构调整和对外开放，经济向高质量发展稳步迈进。金融对实体经济的支持力度持续稳固，民营和小微企业、制造业、脱贫攻坚、产业转型升级等领域金融支持力度加大，实体经济融资成本进一步下降，金融改革持续推进，金融风险防范化解取得新进展。2020 年，西部地区将深入贯彻落实中共中央、国务院《关于新时代推进西部大开发形成新格局的指导意见》，进一步加快基础设施建设，优化营商环境，培养和吸引高素质人才，加快产业转型升级，推动形成西部大开发新格局。

（一）西部地区经济运行情况

2019 年，西部地区实现地区生产总值 20.5 万亿元，加权平均增长 6.7%，增速较上年放缓 0.7 个百分点。区域经济总量占全国的比重为 20.8%，较上年提高 0.7 个百分点。

投资结构调整优化，制造业和新兴产业投资快速增长。2019 年，西部地区固定资产投资（不含农户）同比增长 5.6%，增速较上年提高 0.7 个百分点。基建投资持续回落，制造业投资加力提效。贵州制造业投资同比增长 19.3%；宁夏制造业投资占工业投资的比重由上年的53.6%提高至61.8%；陕西工业投资增长11.5%，创近6年来最好水平；内蒙古制造业技改投资和工业技改投资分别增长33.4%、26.1%。新兴产业投资保持快速增长。青海战略性新兴产业投资增长26%；重庆高技术制造业投资增长18%，广西高技术产业投资增长27%。

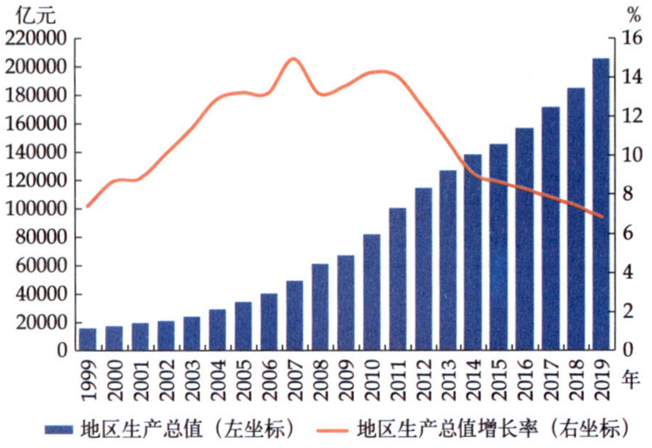

数据来源：国家统计局网站和《中国统计摘要》，中国人民银行工作人员计算。

图22 1999~2019年西部地区经济增长情况

“一带一路”经贸合作深入推进，实际利用外资快速增长。西部9省区市共同签署合作共建“陆海新通道”协议，实现“一带一路”和长江经济带有机衔接；四川对“一带一路”沿线国家进出口额同比增长20%，占全省出口比重为29.3%，提升1.5个百分点；宁夏成功举办第四届中阿博览会，推动内陆开放型经济实验区建设；陕西中欧班列“长安号”开行2133列，运送货物总重达180.2万吨，分别达上年的1.7倍和1.5倍。利用外资快速增长。陕西新设外商投资企业323家，同比增长14.1%，实际利用外资77.3亿美元，同比增长12.9%；重庆实际利用外资超过100亿美元，外商投资主体增至6000余户；广西实际利用外资11.1亿美元，同比增长142%。

产业转型升级加快推进，服务业占比显著提升。2019年，西部地区第三产业的比重为51.1%，较上年提高2.6个百分点，10个省份第三产业占比超过50%。新兴产业加快发展。内蒙古稀土深加工产业产值占稀土行业的比重达67.7%；贵州数字经济占比达到20%，增速连续4年居全国第一；宁夏煤化工、装备制造业增加值分别增长30.1%和22.2%；重庆全年实施智能化改造项目1280个，建成数字化车间和智能工厂140个。现代服务业发展向好。青海邮政业务和电信业务分别增长13.3%和49.7%；广西互联网和相关服务业、软件和信息技术服务业营业收入分别增长50.4%和23.0%。西部地区文旅市场持续扩大。贵州旅游业持续“井喷”，接待入黔游客人次和旅游收入分别增长17.2%和30.1%；重庆旅游总收入增长32.1%，文化产业增加值增长10%；西藏累计接待国内外游客人次和旅游总收入同比分别增长19.1%、14.1%。

供给侧结构性改革深入推进，“三去一降一补”取得新进展。“去产能、去库存、去杠杆”稳妥推进。西部地区全年化解煤炭过剩产能近1800万吨；宁夏淘汰电石、建材等落后产能409万吨；内蒙古规上工业企业资产负债率较上年降低2.3个百分点，商品房待售面积同比下降13.9%。“降成本”力度加大。重庆为企业减负降本1000亿元左右，工程建设项目审批时限压缩50%以上；新疆涉企经营服务性收费项目缩减幅度达45.8%；广西减税降费403.6亿元，全社会用电成本节省超100亿元，企业融资服务费累计减少6900万元。“补短板”持续发力。青海14.6万户、53.9万建档立卡贫困人口全部脱贫；云南实现136.8万贫困人口净脱贫，3005个贫困村出列，31个贫困县脱贫摘帽，“两不愁三保障”突出问题基本解决，2019年末贫困发生率降至1.32%；贵州全面实施“六网会战”，累计完成公路水路固定资产投资1207亿元，高速公路通车里程突破7000公里；四川重大项目提质增效，京东方第6代低温多晶硅生产线等161个项目加快建设。

减税降费效应显现，民生等重点领域财政支出力度增强。2019年，西部地区财政收入同比增长2.8%，较上年下降4.1个百分点，减税降费政策取得明显成效；财政支出同比增长8.5%，较上年下降0.4个百分点。积极财政政策有效落实，对民生等重点领域的支出加力提效。

广西民生领域支出4691.6亿元，占一般公共预算支出的80.2%；新疆扎实做好“六稳”工作，用于保障和改善民生的支出占比达到70%以上；西藏7项民生相关支出同比增长17.3%，占一般公共预算支出的64.6%；贵州9项民生类重点支出增长17.5%，其中，农林水支出增长42.6%、节能环保支出增长45.3%。

生态环境持续改善，绿色发展质效提升。大力发展清洁能源。新疆清洁能源发电量同比增长11.7%，占比较上年上升0.8个百分点。甘肃清洁能源发电量同比增长7.4%，占规模以上工业发电量的46.9%，比上年提高2.3个百分点。长江、黄河上游保护齐抓共管。重庆开展“两江四岸”治理提升，实施“清水绿岸”工程，长江干流重庆段水质总体为优；青海出台“中华水塔”保护行动纲要，水源涵养量年均增幅达6%以上，长江、干流水质稳定在Ⅰ类，黄河干流水质稳定在Ⅱ类以上。生态修复积极开展。新疆完成造林214.2万亩，治理沙化土地524.9万亩；内蒙古完成营造林1363万亩，治理水土流失944万亩；广西城市黑臭水体消除率超过90%，森林覆盖率62.5%，石漠化治理成效居全国首位。

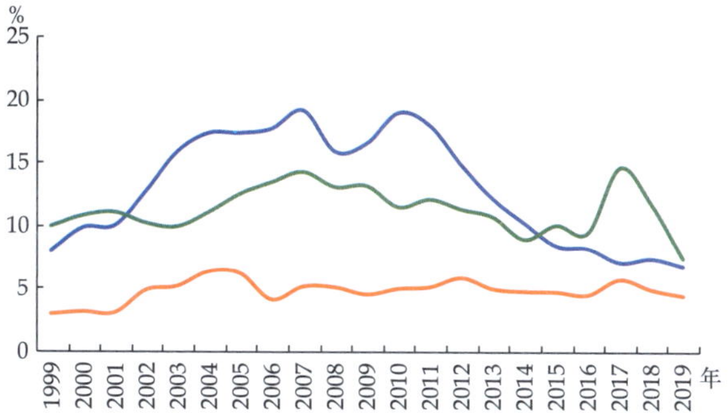

数据来源：国家统计局网站和《中国统计摘要》，中国人民银行工作人员计算。

图23 1999~2019年西部地区三次产业增长情况

（二）西部地区金融运行情况

金融机构规模稳健增长，金融供给更加优化。2019年末，西部地区银行业金融机构家数、从业人员数分别达6.0万个、95.0万人，资产总额46.1万亿元。金融改革有序推进，金融供给更加优化。渤海银行进驻广西、浙商银行进驻贵州；青海29家农信社完成农村商业银行改革；贵州已组建农村商业银行57家、村镇银行84家，基本实现全省所有县、市、区村镇银行全覆盖。中小银行资本补充速度加快。广西北部湾银行、桂林银行和广西农村合作金融机构分别增资扩股78亿元、19.5亿元和18亿元，陕西长安银行发行15亿元二级资本债券，资本实力提升；西安银行、重庆农商行成功A股上市，资本补充渠道进一步丰富。

融资总量合理增长，支持经济发展薄弱环节力度增强。2019年，西部地区实现社会融资规模增量4.5万亿元。其中，政府债券增量占比21.1%。民营、小微、制造业企业信贷融资有所改善。陕西小微企业贷款快速增长，普惠小微贷款余额较年初增长22.6%，高于各项贷款增速10.9个百分点；广西民营企业贷款增量占全部企业贷款的32.8%，占比提高20.7个百分点，制造业中长期贷款余额占制造业贷款的20.9%，占比提高2.8个百分点。金融服务乡村振兴提质增效。贵州涉农贷款余额1.2万亿元，同比增长12.0%。金融精准扶贫纵深推进。陕西产业精准扶贫贷款同比增长60.2%，全年累计发放建档立卡贫困人口贷款116.9万笔，同比增长82.4%。优化信贷结构助推经济转型取得新进展。四川深入推进绿色金融创新试点，绿色信贷余额5955.9亿元，同比增长15.3%；重庆启动商业价值信用贷款试点，累计为1600家中小企业提供授信支持。

表16 2018~2019年西部地区银行业金融机构概况

单位：个、人、亿元

时间	营业网点			法人机构
	机构个数	从业人数	资产总额	
2018	60750	975137	435385.0	1430
2019	60494	950468	461031.0	1808

数据来源：各地银保监局，中国人民银行工作人员计算。

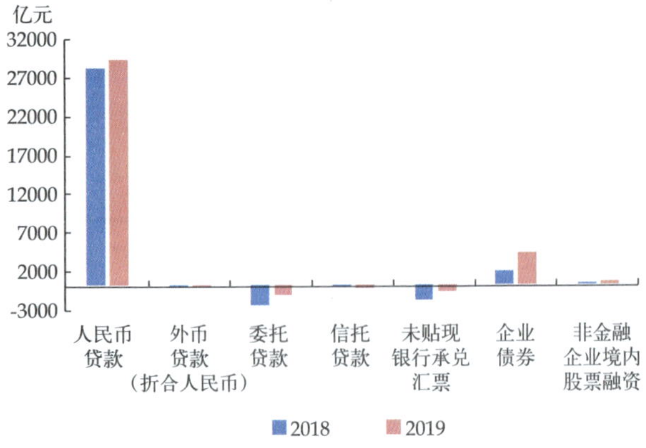

数据来源：中国人民银行。

图 24　2018~2019 年西部地区社会融资规模增量

LPR 改革引导贷款利率明显下行，实体经济融资成本进一步降低。一是改革完善 LPR 促进降低贷款实际利率的效果显著。2019 年 12 月，西部地区人民币一般贷款加权平均利率为 5.93%，较上年同期下降 0.27 个百分点。二是 LPR 推广运用速度较快。陕西 2019 年 12 月份地方法人金融机构全部新增贷款（不包括特种贷款等）100% 参照 LPR 定价；广西农村合作金融机构 2019 年 10 月新增贷款运用 LPR 占比达八成，提前 5 个月完成考核目标。三是货币政策工具引导作用充分发挥。新疆 2019 年四季度金融机构借用支农再贷款发放的涉农贷款利率低于其自有资金发放的同类贷款利率 2.3 个百分点；广西银行业金融机构全年运用再贷款、再贴现资金办理的贷款和贴现加权平均利率为 3.91%，为企业节约利息成本 1.72 亿元。四是房地产贷款利率保持稳定。2019 年 12 月，西部地区个人住房贷款加权平均利率为 5.67%，与上年同期基本持平。

证券保险业稳步发展，市场融资和风险保障功能有效发挥。2019 年末，西部地区境内上市公司家数 525 家，当年实现国内股票融资 782.5 亿元，国内债券融资 14767.0 亿元；保费收入和保险赔付支出分别为 8358.0 亿元和 2670.2 亿元。证券期货经营机构经营效益明显提升。甘肃 2019 年证券公司交易额同比增长 28.7%，净利润同比增长 123.3%；陕西 3 家法人证券公司营业收入、净利润同比分别增长 55.7% 和 150.1%。保险业对薄弱环节保障力度增强。贵州保险业助推金融精准扶贫成效显著，开办农业保险、大病保险、“两保一孤”保险、“防贫保”等保险扶贫项目 125 个，共计为 302 万户次、628.6 万人次提供风险保障 2259 亿元；宁夏在 14 个高危行业领域推行安全生产责任强制险，为 783 家企业提供保险保障 39.6 亿元，为 883 家次企业赔付 4151 万元；重庆应对 2019 年非洲猪瘟疫情赔付支出增长 112.5%，有效支持生猪复产复供。

金融风险逐步收敛，重点领域风险化解取得进展。银行业金融机构资产质量有所改善。陕西、宁夏、广西、云南、贵州、四川 6 省（自治区）金融机构不良贷款率有所下降。金融机构流动性风险有效防范。四川建立地方法人银行流动性风险统筹协调和快速反应机制，地方法人银行流动性总体稳健，2019 年末流动性比例同比上升 1.2 个百分点。互联网金融风险逐步化解。陕西省持续开展 P2P 网贷平台专项整治，目前辖内网贷平台机构的业务总体规模、违规业务量连续实现“三降”目标；四川省网贷领域机构数量、存量业务、参与人数分别较年初下降 60.6%、79.5%、87.3%。强化债券市场风险监测。陕西省积极运用信用风险缓释工具有效对冲民营企业债券投资人风险，省内企业在银行间市场未发生违约风险事件。

四、东北地区经济金融运行情况

2019 年，东北地区经济筑底企稳，经济增速有所回升，农业生产再创新高，工业经济稳中有进，制造业高质量发展，经济新动能加速发展壮大。金融运行总体平稳，银行业资产规模稳步提高，信贷投放“量增价降”，信贷结构进一步优化，证券保险业发展取得新进展。

（一）东北地区经济运行情况

2019 年，东北地区经济增速有所回升。全年实现地区生产总值 5 万亿元，同比增长 4.5%；区域经济总量占全国的比重为 5.1%，比上年下降 0.4 个百分点。

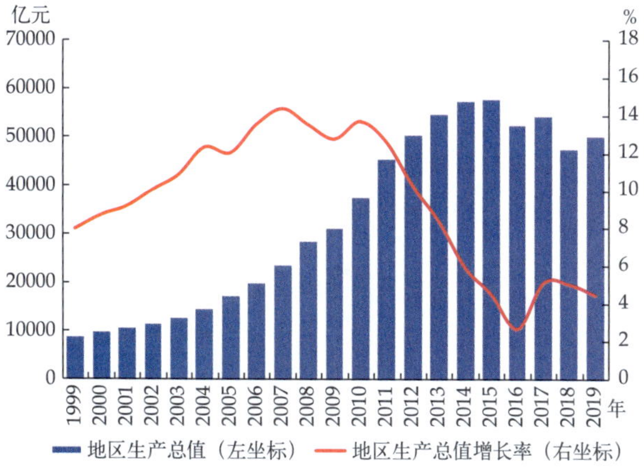

数据来源：国家统计局网站和《中国统计摘要》，中国人民银行工作人员计算。

图 25　1999~2019 年东北地区经济增长情况

三次产业优化升级。农业生产再创新高，国家粮食安全“压舱石”的地位进一步巩固。2019 年，东北地区粮食总产量达到 2762.2 亿斤，创历史新高。其中，黑龙江省粮食产量连续 9 年居全国首位，绿色有机食品认证面积 8120 万亩、产量 1660 万吨，均位居全国第一。工业经济稳中有进，制造业高质量发展。2019 年，辽宁、吉林和黑龙江规模以上工业增加值分别上升 6.7%、3.1% 和 2.8%。其中，吉林和黑龙江新能源汽车产量分别增长 3 倍和 1.8 倍，一汽集团汽车市场占有率从 12.3% 提升到 13.6%；辽宁举办 2019 年工业互联网全球峰会，5 个项目入选国家工业互联网 APP 优秀解决方案，同时制定实施工业互联网创新发展三年行动计划，推出一批工业互联网项目，华为锦州云计算数据中心启动运行，恒大新能源汽车开工建设。

第三产业占比不断提升，现代服务业加快发展。2019 年，东北地区三次产业的比重分别为 13.2%、34.4% 和 52.4%，分别比上年上升 2.3 个、下降 1.7 个和下降 0.6 个百分点。网上消费增长强劲，辽宁、吉林和黑龙江限额以上单位网上零售额分别增长 22.4%、30% 和 18.6%。寒地冰雪经济、避暑休闲等旅游业成为新增长点。2019 年，吉林省旅游业接待人次和总收入分别增长 12.5% 和 17.1%；黑龙江接待人次和实现旅游收入分别增长 19% 和 19.6%。

供给侧结构性改革取得成效。去产能工作有序推进，2019 年辽宁完成 15 万千瓦落后煤电机组关停任务；吉林原煤产量下降 23.7%，铁合金产量下降 75.6%；黑龙江两年累计关闭煤矿 256 个，淘汰落后产能 1805 万吨，淘汰落后煤电机组 27.5 万千瓦。减税降费力度持续加大，东北三省全年共减轻企业和个人负担 1291.8 亿元。经济新动能加速发展壮大，科技创新能力不断提升，辽宁开展科技创新引领产业振兴专项行动，19 项科研成果荣获国家科技奖，获奖数量创十年来新高；转移转化科技成果超 3000 项，高新技术企业超 5000 户，科技型中小企业突破 7500 户，瞪羚、独角兽企业达到 134 户。

（二）东北地区金融运行情况

银行业发展总体平稳。2019 年末，东北地区共有银行业金融机构网点 2.2 万个，从业人员 39.6 万人，资产总额 15.9 万亿元，机构个数、资产总额同比分别增长 2.1%、5.1%。其中，地方法人金融机构 412 家，资产规模 7.3 万亿元，同比增长 4.1%。

信贷投放“量增价降”，信贷结构进一步优化。2019 年末，东北地区本外币各项存款余额 11.5 万亿元，同比增长 7.7%，增速较上年提升 2.2 个百分点。住户存款增长较快，全年增长 15.4%，高于本外币存款增速 7.7 个百分点，其中个人大额存款增速达到 48.7%。本外币各项贷款余额 9.2 万亿元，同比增长 9.1%，增速较上年提升 2.1 个百分点。其中，中长期贷款和消费贷款保持较快增速，全年分别增长 11.5% 和 22%，分别高于本外币各项贷款增速 2.4 个和 12.9 个百分点。2019 年 12 月，东北地区金融机构新发放人民币一般贷款加权平均利率为 6.07%，较上年末下降 0.20 个百分点。其中，小微企业贷款加权平均利率为 6.58%，较上年末下降 0.23 个百分点。信贷投向不断优化，对区域经济重点领域和薄弱环节的支持力度不断增强。制造业中长期贷款同比增长 3.1%；小微企业贷款同比增长 11.2%，其中普惠小微企业贷款同比增长 25.8%。

表 17　2018~2019 年东北地区银行业金融机构概况

单位：个、人、亿元

年份	营业网点			法人机构
	机构个数	从业人数	资产总额	
2018	21275	398171	151228.0	411
2019	21726	396024	158919.0	414

数据来源：各地银保监局，中国人民银行工作人员计算。

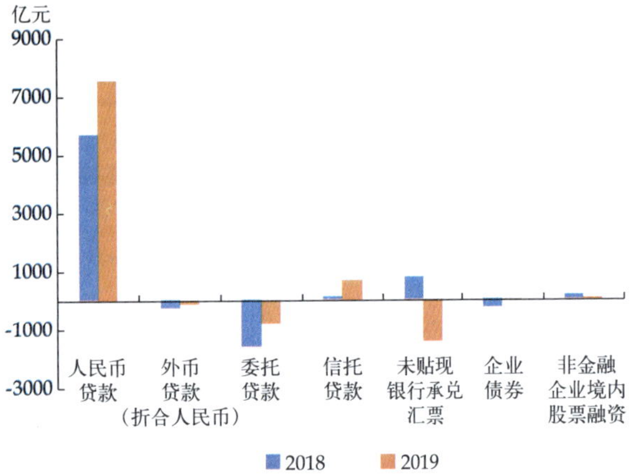

数据来源：中国人民银行。

图 26　2018~2019 年东北地区社会融资规模增量

社会融资规模以贷款为主，直接融资市场有所恢复。2019 年，东北地区社会融资规模增量为 9003.8 亿元，比上年多增 2480.4 亿元。其中，人民币贷款占社会融资规模的比重为 83.3%，全年增加 7503.6 亿元，同比多增 1834.8 亿元。债券市场融资有所上升，2019 年共发行非金融企业债务融资工具 112 只，发行金额 1227.8 亿元，同比增长 8.3%。

证券保险业发展取得新进展。大连商品交易所新增粳米、苯乙烯期货和玉米、铁矿石期权 4 个交易品种。2019 年，各交易品种累计成交金额 63.2 万亿元，同比增长 21.2%，累计成交量同比增长 25.2%。企业科创板上市取得突破，新光光电、芯源微电子成功挂牌，锦州神工半导体通过审核；飞鹤乳业在港交所成功上市。保费收入回升明显，农业保险助农创新。2019 年，东北地区原保险保费收入 2921.5 亿元，同比增长 7.5%，增速较上年提高 12.1 个百分点。黑龙江出台大豆保险新政策，政策性大豆保险费率由 9.6% 下调至 8%，垦区内大豆保险费率由最高 11.76% 统一降至 10%。

五、主要经济圈与城市群发展

（一）三大主要经济圈经济发展稳中有进

2019 年，长三角、珠三角、京津冀经济圈[①]坚持推进供给侧结构性改革，稳步提升区域经济发展质量；深入推进国家重大战略落实，不断提升经济开放水平；加快区域经济协同向纵深发展，拓宽地区经济发展空间。

经济发展稳步增长，第三产业发展动力持续提升。2019 年，长三角、珠三角、京津冀经济圈共实现地区生产总值 40.8 万亿元，同比增长 6.4%，较上年同期下降 0.3 个百分点，较全国 GDP 增速高 0.3 个百分点。其中，长三角、珠三角经济圈均增长 6.4%，高于全国增速 0.3 个百分点；京津冀经济圈增长 6.1%，与全国增速持平。产业结构持续优化，三大经济圈第三产业增加值比重和增速分别为 58.1% 和 7.4%，较全国水平高 4.2 个和 0.5 个百分点。其中，京津冀经济圈第三产业占比最高，为 66.8%，同比提升 5.5 个百分点。

供给侧结构性改革成效显现，发展新动能加快积聚。三大经济圈供给侧结构性改革成效不断显现。长三角经济圈加快产业向全球价值链中高端攀升。浙江聚焦数字经济，着力培育发展新动能，规模以上工业中数字经济核心产业增加值同比增长 15%；上海培育发展先进制造业集群，创建人工智能创新应用先导区，战略性新兴产业制造业部分产值占规模以上工业总产值的比重提高到 32.4%；安徽举办 2019 年度世界制造业大会，共签约项目 638 个、投资

① 长三角经济圈指上海市、江苏省、浙江省和安徽省；珠三角经济圈指广东省 9 个地级市，分别是广州市、深圳市、珠海市、佛山市、惠州市、肇庆市、江门市、中山市和东莞市；京津冀经济圈指北京市、天津市和河北省。

总额7351亿元，较上年同期分别增长46%、64%。京津冀经济圈产业分工格局日趋明朗。北京产业高端化趋势明显，文化中心和科技创新中心定位愈加凸显。2019年北京高技术制造业、战略性新兴产业对规模以上工业增长的贡献率分别为74.7%和58.9%。河北先进制造业迅猛发展，第二产业优势明显，2019年工业战略性新兴产业增加值保持两位数以上的增速。珠三角经济圈加快以制造业为主体的实体经济转型升级。依托广东"制造业十九条""科技创新十二条"等政策，持续加强理论基础与应用基础研究，支持制造业转型升级。2019年，广东区域创新综合能力保持全国第一，有效发明专利量、PCT国际专利申请量稳居全国首位。

表18　2019年三大经济圈产业结构

单位：%

	长三角	珠三角	京津冀	全国
	产业结构			
第一产业	4.0	1.6	4.5	7.1
第二产业	40.6	41.3	28.7	39.0
第三产业	55.4	57.1	66.8	53.9
	增长率			
第一产业	2.0	3.6	1.4	3.1
第二产业	5.6	5.1	4.5	5.7
第三产业	7.4	7.6	7.3	6.9

数据来源：各省（自治区、直辖市）统计局，中国人民银行工作人员计算。

国家重大战略深入推进，经济在全面对外开放中更具活力。三大经济圈推进全方位对外开放，贯彻新发展理念，做好"一带一路"建设与自贸区建设相互配合，不断提升区域经济开放水平。上海、江苏、浙江自贸试验区签署了《上海江苏浙江自由贸易试验区联动发展战略合作框架协议》。上海自贸试验区临港新片区制定实施特殊支持政策，赋予浦东新区更大改革自主权，进一步推动浦东新区改革开放和高质量发展。江苏启动实施"五大计划"专项行动，江苏中阿（联酋）产能合作示范园产业及科技合作项目、柬埔寨西港特区产业升级及社会发展合作项目成功列入第二届"一带一路"国际合作高峰论坛成果清单；浙江扎实推进宁波"一带一路"综合试验区、17+1经贸合作示范区和义乌国际贸易综合改革试验区建设，"一带一路"捷克站、迪拜站和12个境外经贸合作区建设稳步推进。广东加快建立与国际接轨的投资贸易规则体系，出台外贸高质量发展32项措施，多渠道开拓国际市场。制定广东自贸试验区对港澳跨境服务贸易负面清单，推进商事登记确认制改革试点，获批复制自由贸易账户体系，累计向全国复制推广38项改革创新经验。在珠三角地区，惠州市埃克森美孚、中海壳牌三期等重大外资项目顺利推进，GE海上风电制造基地正式开工。深圳市支持自贸区发展，推动更高水平贸易投资便利化试点落地前海蛇口片区。便利优质企业使用跨境人民币结算，不断扩大跨境人民币资产转让试点规模。广州、珠海等市出台QFLP试点管理办法，引导港澳股权投资企业投资大湾区长期项目，促进内地与港澳地区股权投资市场联动和发展。

表19　2019年三大经济圈主要经济指标

单位：%

	长三角	珠三角	京津冀	全国
	占全国比重			
地区生产总值	23.9	8.8	8.5	100.0
固定资产投资	24.8	5.8	10.1	100.0
社会消费品零售总额	21.7	7.3	8.7	100.0
一般公共预算收入	15.1	6.8	6.3	100.0
实际利用外资	55.5	15.9	21.2	100.0
货物进出口总额	34.5	21.6	12.7	100.0
进口总额	31.1	18.9	20.6	100.0
出口总额	37.4	23.9	6.1	100.0
	增长率			
地区生产总值	6.4	6.4	6.1	6.1
固定资产投资	7.4	12.3	6.2	5.1
社会消费品零售总额	7.6	7.3	5.6	8.0
一般公共预算收入	3.7	3.4	4.9	3.8
实际利用外资	-2.4	1.3	-8.3	2.4
货物进出口总额	1.9	-0.5	3.1	3.4
进口总额	-1.2	-3.1	3.4	1.6
出口总额	4.1	1.3	2.2	5.0

数据来源：各省（自治区、直辖市）统计局，中国人民银行工作人员计算。

区域协同发展纵深推进，地区经济发展空间不断拓宽。上海、江苏、浙江、安徽协同推进长三角区域一体化，签署长三角地区市场体系一体化建设合作备忘录，制定落实长三角一体化发展规划纲要，全面推进城乡区域、科创产业、基础设施、生态环境、公共服务、体制机制等“六个一体化”。珠三角经济圈狠抓重大基础设施建设，强化交通基础设施先导作用，重点加强联通“一核”“一带”“一区”的高快速交通体系建设，加快形成世界级机场群、港口群。珠三角充分发挥利好叠加的“双区驱动效应”，粤港澳大湾区建设取得积极进展，深圳先行示范区建设扎实推进。广东出台贯彻落实《粤港澳大湾区发展规划纲要》的实施意见和三年行动计划，依托“湾区通”工程，大力推动三地规则衔接；广东出台支持深圳建设先行示范区若干重大措施，同时，支持广州实现老城市新活力和“四个出新出彩”，赋予两市更大改革发展自主权，中心城市的核心引擎作用进一步增强。京津冀经济圈多元合作不断深入。北京市级机关正式迁入城市副中心行政办公区，通州区与河北北三县协同发展提速；中国（河北）自由贸易试验区大兴机场片区正式挂牌，成为我国首个跨省自贸区；河北雄安新区转入大规模实质建设阶段，大批知名科技企业在新区布局业务，230多家京企落户新区。截至2019年末，北京中关村企业在津冀设立分支机构累计超8000家，北京流向津冀技术合同成交额累计超990亿元。天津滨海—中关村科技园园区注册企业1443家，其中来自北京企业280余家。

（二）区域城市群建设情况

区域合作不断加深。2019年，成渝城市群签署“2+16”系列工作方案（协议），达成《深化川渝合作推进成渝城市群一体化发展重点工作方案》《关于合作共建中新（重庆）战略性互联互通示范项目“国际陆海贸易新通道”的框架协议》2项文件及16个专项合作方案，深入推进成渝城市群一体化发展。北部湾城市群出台《广西北部湾经济区北钦防一体化发展规划（2019—2025年）》《关于实施强首府战略的若干意见》，审批通过《两湾产业融合发展先行试验区（广西·玉林）发展规划》，与粤港澳大湾区、珠江—西江经济带联动加强。关中平原城市群制定《2019年推进关中平原城市群建设行动计划》，推动西安国际港务区和西咸新区空港新城加快编制枢纽建设实施方案，推进实现城市群内交通“一卡通”。

内联外通日趋紧密。北部湾城市群推动南宁—防城港—钦州—北海公交化城际高铁开行，多条高速铁路开工建设，钦州国际集装箱干线港、防城港大宗商品集散枢纽港、北海铁山港综合航运岗和国际游轮码头建设加快。关中城市群加快完善以西安为中心的“米”字形高速铁路网、高速公路网，加快建设国际枢纽机场和互联网骨干直联点，全国综合交通物流枢纽地位更加凸显。海峡西岸城市群基础设施不断完善，平潭海峡公铁大桥正式合龙即将通车，福州至长乐机场城际铁路及双龙铁路开工建设，福建形成“两纵三横”综合交通运输大通道。

开放合作不断扩大。关中城市群参与“一带一路”建设成果丰硕，陕西、甘肃等9省区市共同签署合作共建“陆海新通道”协议；中欧班列“长安号”开行量、重箱率、货运量位居全国前列，西安入选2019年国家物流枢纽建设名单并成功举办2019年欧亚经济论坛；甘肃国际货运班列发运车数增长50%以上，新开运“金张掖”号中欧货运班列，对“一带一路”沿线国家进出口占到外贸总值的一半以上。北部湾城市群有序推进面向东盟的金融开放门户、防城港边境旅游试验区等一批重大平台建设，中马钦州产业园区开创“两国双园”国际产能合作新模式，中国—东盟港口城市合作网络不断完善。海峡西岸城市群成为两岸交流合作前沿平台，积极落实惠台利民政策，福建全面推开台资企业资本项目便利化试点政策，实际使用台资增长8.1%。

特色产业集群发展壮大。北部湾城市群招商引资取得突破，北部湾经济区招商引智（深圳）

推介会成功举办，在完善产业配套和引入高科技行业等领域签订项目合作协议 16 个，投资金额达 237 亿元。海峡西岸城市群经济总量持续较快增长，福州、厦门等五个中心城市群地区生产总值占海峡西岸城市群超过 50%；福建制造业高质量发展加快，产值超千亿元的产业集群达 18 个，新型显示、集成电路、半导体照明等实现全产业链发展。关中城市群重点优化提升集成电路、新型显示等七大产业链，培育新一代信息技术、机器人等新兴产业链，探索“总部 + 基地”“研发 + 生产”等经济模式，在人工智能、智能制造等领域建设 10 个跨区域产业联盟，建设军民融合创新高地，大力发展飞地经济。

绿色发展持续推进。中原城市群发展绿色发展方式和生活方式，推动许昌成为全国“无废城市”建设试点城市，探索将固体废物环境影响降至最低的城市发展模式。关中城市群绿色发展不断推进，陕西初步划定全省生态保护红线面积占全省土地面积的 24.43%，甘肃天水市确定了构建渭河流域绿色生态廊道，建设好城市群生态节点的整体思路。成渝城市群推动生态环境联防联控，重庆市开展国家山水林田湖草生态保护修复工程试点，治理水土流失面积 1426 平方公里，全市森林覆盖率达到 50.1%。

（三）自贸区建设情况

自 2013 年上海自贸区先行先试开始，至 2019 年底，全国 18 个自贸区已形成东西南北中全面协调、陆海统筹的开放格局，为各区域板块迎来了前所未有的对外交流窗口，改革开放领域和力度不断拓宽拓深，改革重心也从贸易便利化，到各个领域要素流动自由化。

制度创新成效显著，营商环境不断优化。自贸区成立以来，在投资管理、贸易便利化和事中事后监管方面已形成一批成功经验并向全国复制推广。福建自贸区平潭片区推动投资便利化改革，率先试行企业开办全程网上办，实现了内资企业设立全程“网上办”“无纸化”“零见面”，实现从企业登记到项目投资审批、信用监管等全监管链条便利化。重庆自贸区探索权限下放“基层点菜”，41 项市级管理权限下放到各片区，在全国率先推出“全程电子退库系统”，多措并举服务自贸试验区企业和人员，累计服务外籍人才 15010 人次，服务满意度达 99.85%。河南自贸区在全国率先试行“一枚印章管审批、一支队伍管执法、一个专网搞服务”的“三个一放管服”改革新模式，实现“网上可办”和“一网通办”100% 达标。

依托产业基础，鼓励企业“走出去”“引进来”。陕西自贸区西安经开区依托汽车、装备制造、新能源、现代服务业等产业基础，支持企业“走出去”开拓市场，区内多家企业在“一带一路”沿线十多个国家投资设厂。同时，陕西自贸区中欧合作产业园起步区已聚集了欧洲世界 500 强企业的 9 个项目，多类产品出口到瑞士、芬兰、新加坡、墨西哥等多个国家。

对口协作助力自贸区协同发展。2019 年 11 月 30 日，黑龙江自贸区与广东自贸区签署合作框架协议。根据框架协议，对口片区将围绕推进改革创新经验复制推广、推进改革创新系统集成、建立人才交流合作机制、推进科技成果转化共享、推进贸易便利化领域合作、推动优势产业合作发展、支持跨区域金融产业合作、支持物流企业良性互动优势互补等方面展开合作。

深化金融供给侧改革，助力贸易投资便利化。上海自贸区积极开展本外币合一跨境资金池试点、境内贸易融资资产跨境转让、支持跨国公司设立区域资金管理中心等，自由贸易（FT）账户成功经验被复制到全国主要自贸区。浙江自贸区推动油品贸易跨境人民币便利化结算机制建设，提升大宗商品跨境贸易金融服务水平，创新“仓单通”产品，完成国内自贸区首单大宗商品仓单质押融资业务。重庆推动银行依托西部陆海新通道开展“口岸易通”等陆上贸易供应链金融服务，鼓励银行探索开展铁路提单融资，目前已签发铁路提单信用证 45 单，重庆陆上贸易结算被国务院纳入支持自贸区深化改革创新措施予以推广。广东、江苏自贸区支持开展外商投资股权投资企业（QFLP）试点，引导境外股权投资企业投资长期项目，促进境内外股权投资市场联动和发展。江苏自贸区跨国公司跨境资金集中运营业务试点工作，大幅提高了跨国公司集团资金使用效率，为企业跨境投融资活动节约了大量的资金成本和时间成本。

为周边经济合作提供便捷金融服务。云南自贸区推动边境贸易便利化、规范化，上线运行云南境外边民银行账户信息平台。广东自贸区打造大湾区移动支付无障碍示范区。为珠港澳大桥打造了“银联移动支付应用平台”，推出珠海横琴莲花大桥穿梭巴士、广深城际铁路等多个特色项目，保障了大湾区人员往来和车辆通行。推动港澳版“云闪付”APP落地，香港微信及支付宝电子钱包在内地使用，丰富港澳居民在大湾区支付选择。

六、区域金融改革创新与对外开放情况

按照党中央、国务院统一部署，人民银行根据各区域金融特色定位和发展侧重，在具备条件的地区有针对性地开展一系列区域金融改革试点，布局涵盖东部沿海发达地区、中部工业化转型地区、西部欠发达地区、民族和边疆地区，内容涉及金融对外开放、绿色金融、普惠金融等领域。2019年，各区域金融改革试点地区坚持服务宏观政策大局，坚持金融服务实体经济的根本要求，与时俱进、协同发展，形成了一批可复制、可推广的好经验、好方法，并积极推广，增加了金融服务改革开放和经济高质量发展的能力。

（一）金融对外开放不断深化

上海自贸区积极打造金融对外开放高地，不断提升贸易投资便利化和自由度，出台自贸区外汇管理改革试点实施细则（4.0版）和资本项目收入结汇支付便利化试点实施细则。广东、天津、海南、重庆深入推进金融开放政策先行先试，广东支持开展外商投资股权投资企业（QFLP）试点；天津推进全国首个融资租赁公司外债便利化试点；粤津琼三地复制上海经验，推动自由贸易（FT）账户体系先后成功落地。江苏、浙江、河北、福建等地不断提高跨境人民币贸易投资便利化水平，优化金融管理和金融服务。重庆、广西、河南、陕西、四川等地以金融制度创新为核心，以支持实体经济贸易投融资便利化为导向，在国际贸易“单一窗口”金融服务功能完善、跨境金融区块链服务平台建设等不同领域开展积极探索。

（二）绿色金融改革试点成效初显

2019年，各试点省份以金融创新推动绿色产业发展为主线，以制度创新为重点，结合自身金融业发展水平、区位优势以及产业结构特点，初步形成了不同区域、不同经济发展水平、不同资源禀赋下的绿色金融服务体系，为金融支持生态文明建设和推动经济向绿色化转型积累了经验。广东侧重培育市场机制，出台碳排放权抵（质）押融资、林业碳汇生态补偿机制两份实施方案，并在全省推广应用。浙江湖州侧重市场化激励政策，发布绿色企业、绿色银行认定标准，探索制定绿色项目认定标准，并创新建立差别化绿色贷款贴息机制，对“深绿、中绿、浅绿”的企业和项目分别给予12%、9%和6%绿色贷款贴息。江西推出拉手理财、绿色家园贷、洁养贷等专项创新绿色金融产品，支持垃圾分类前端源头治理、后端转运处置和畜禽养殖废弃物处置及资源化利用。新疆绿色项目库升级扩容，纯绿项目近400个、总投资近2000亿元，覆盖地区由试验区扩展到伊犁、阿勒泰、石河子、乌鲁木齐等10地市。

（三）农村金融、小微企业、普惠金融改革试验区改革深入推进

浙江台州发布小微企业信用保证基金运行规范和小微金融指数规范两项金融标准；信用信息共享平台银企融资对接功能上线，发挥“信息母港”功能；法人银行发行永续债、小微金融债等增强银行业支持小微企业金融能力。河南持续深化完善以数字普惠金融综合服务平台

为核心，金融服务体系、普惠授信体系、信用信息体系、风险防控体系为主要内容的“一平台四体系”普惠金融兰考模式，并在全省推广。四川农村金融综合改革向纵深发展，围绕产权改革创新金融服务，推动农村产权融资由点拓面。吉林在货币政策工具运用、农村征信体系建设、金融扶贫、金融支持乡村振兴、农村结算服务、金融消保六大领域全面推进，农村金融改革试点取得良好效果。

（四）金融推动创新驱动持续加快

陕西以打造科技金融典型示范区和强化政策引导为抓手，深化军民融合和科技创新金融服务，推动多家银行设立专营机构、创新专项金融产品，提升金融服务水平，为军民融合和科技创新企业提供专业化的支持。河北推动知识产权抵（质）押融资模式创新；调整信贷结构，推动经济新旧动能转换和产业转型升级，助力石保廊全面创新改革试验区取得新成效。北京全力推进大数据战略，建设“五位一体”的大数据平台，率先开展金融科技创新监管试点，中国版“监管沙箱”成功落地。四川核心企业应收账款质押融资模式深入推广，专利权质押融资和中小企业商标融资机制逐渐成熟；金融科技工具深度运用，面向中小企业的“一站式”投融资信息服务平台蓬勃发展。

（五）国家级金融综合改革试验区改革稳步推进

广东统筹推进珠江三角区域金融综合改革和粤港澳大湾区金融改革创新，着力深化粤港澳金融合作，促进各项区域金融改革充分发挥协同效应。青岛财富管理金融综合改革试验区在财富管理机构引进、产品创新等方面取得进展，发布 2019 中国财富管理金家岭指数，“财富青岛”影响力稳步提升。温州金融综合改革持续深化，获批国家深化民营和小微企业金融服务综合改革试点，不断建立健全民营企业融资传导机制，大力开展首贷户拓展工作，有力推动民营金融领域创新探索。江苏泰州创新形成“线上 + 线下”全链条企业融资服务新模式，实现融资流程集成化和金融产品多元化，为金融支持传统产业链转型升级提供了实践经验。

第三部分　区域经济金融展望

新冠肺炎疫情对我国经济社会发展带来前所未有的冲击，但新冠肺炎疫情的影响是总体可控的，短期面临的巨大挑战改变不了中国经济稳中向好、长期向好、高质量发展的基本面。我国既有改革开放以来积累的雄厚物质技术基础，又有超大规模的市场优势和内需潜力，还有庞大的人力资本和人才资源。近年来，三大攻坚战取得关键进展，供给侧结构性改革继续深化，经济增长保持韧性，就业形势总体稳定。但也要看到世界经济严重衰退，国内外风险挑战明显增加。国际疫情持续蔓延，产业链供应链循环受阻，国际贸易投资萎缩，不稳定不确定因素显著增多。国际金融市场“黑天鹅”事件频发，主要国家货币政策集体步入零利率区间。我国防范疫情输入和国际经济风险的压力不断加大，复工复产和经济社会发展面临新的困难，结构性、体制性、周期性问题相互交织，经济发展面临的挑战前所未有。当前，必须充分估计困难、风险和不确定性，切实增强紧迫感，抓实经济社会发展各项工作。

2020 年是全面建成小康社会和“十三五”规划收官之年，各地区将紧扣全面建成小康社会目标任务，统筹推进疫情防控和经济社会发展工作，在疫情防控常态化前提下，坚持稳中求进工作总基调，坚持新发展理念，扎实做好“六稳”工作，全面落实“六保”任务，确保完成决战决胜脱贫攻坚目标任务，全面建成小康社会。

中国人民银行将坚持以习近平新时代中国特色社会主义思想为指导，坚决贯彻落实党中央、国务院部署，稳健的货币政策更加灵活适度，根据疫情防控和经济形势的阶段性变化，把握好政策力度、重点和节奏。加强货币政策逆周期调节，把支持实体经济恢复发展放到更加突出的位置，运用总量和结构性政策，保持流动性合理充裕，引导广义货币供应量和社会融资规模增速明显高于上年。强化对稳企业的金融支持，创新直达实体经济的货币政策工具，推动企业便利获得贷款，鼓励银行大幅增加小微企业信用贷、首贷、无还本续贷，提高中小微企业贷款可获得性，支持实体经济特别是中小微企业渡过难关。处理好稳增长、保就业、调结构、防风险和控通胀的关系，保持物价水平基本稳定，多渠道做好预期引导工作。持续深化 LPR 改革，有序推进存量浮动利率贷款定价基准转换，疏通货币政策传导机制，引导贷款市场利率下行。

东部地区区位优势明显、产业基础雄厚，对全国经济发展发挥“稳定器”作用和重要引领作用，供给侧结构性改革持续深化，依托科技、人才优势，创新动能不断积聚，步入了以科技创新为主导的新阶段。金融基础设施相对完善，各类金融改革试点取得阶段性成果，实体经济融资环境有所改善。展望 2020 年，随着长三角区域一体化战略进入实质落实阶段、粤港澳大湾区和京津冀协同发展深入推进，东部地区将在经济转型升级和改革创新方面引领中国高质量发展。东部地区实体经济融资成本将进一步下降，金融服务实体经济能力不断增强，金融风险防控有序推进，金融改革创新取得积极进展，为实现“六稳”和东部地区经济社会持续健康高质量发展营造适宜的货币金融环境。

中部地区发展基础良好并拥有人口规模和市场潜力优势，在承接全国产业梯度转移中，发挥着承东启西、连接南北的桥梁纽带作用，主要经济指标增速继续领跑全国。金融供给侧改革不断深化，对实体经济高质量转型发展支持力度增强。但也面临经济结构不优、供给质量不高、资源环境约束越来越紧等问题。展望

2020年，中部地区崛起势头正劲，发展大有可为，将把握新兴产业布局和转移的历史机遇，加强供给侧结构性改革，实施好创新驱动发展战略，优化营商环境并扩大高水平开放，进一步推动制造业高质量发展和提高关键领域自主创新能力。中部地区金融部门将加强逆周期调控，深化金融供给侧改革，持续改善金融生态环境，有力托举中部经济高质量发展。

西部地区积极落实推进西部大开发形成新格局，紧抓“一带一路”建设、西部大开发、长江经济带发展等重大战略，持续推进产业结构调整和对外开放，经济向高质量发展稳步迈进，形成大保护、大开放、高质量发展的新格局，推动经济发展质量变革、效率变革、动力变革。金融机构规模稳健增长，金融供给侧结构性改革深化，支持经济发展薄弱环节力度增强。展望2020年，“陆海新通道”协议覆盖范围进一步扩大，西部地区与“一带一路”和长江经济带衔接更加紧密，区域发展潜力将进一步提升。西部地区将抢抓构建新时代向西开放新格局和“一带一路”建设重要机遇，注重发挥西部的区位优势、资源优势以及后发优势，深入推进供给侧结构性改革，促进西部地区经济高质量发展。西部地区还将聚焦“三区三州”等深度贫困地区，落实脱贫攻坚方案，确保完成决战决胜脱贫攻坚目标任务。金融业将进一步优化金融资源配置，提升金融支持实体经济水平；加大金融扶贫力度，提升精准脱贫功效；进一步扩大金融对外开放，助推“一带一路”核心区建设。

东北地区供给侧结构性改革取得成效，积极推动国有企业等重点领域改革，加快传统产业转型升级，落后产能逐步淘汰，为新动能培育腾挪出更大空间。农业生产平稳增长，国家粮食安全“压舱石”的地位进一步巩固。但经济发展不利因素也不容忽视，人口、资金持续外流，将制约东北经济增长潜力。制造业投资和民间投资下降，对东北振兴老工业基地和增强民间经济活力形成制约。展望2020年，随着《中共中央 国务院关于支持东北地区深化改革创新推动高质量发展的意见》的有效落实，东北地区营商环境将进一步优化，原有科研优势将转化为科技创新优势，深度融入“一带一路”，推进高水平开放合作。金融业将继续深化供给侧结构性改革，加大对农业现代化、工业转型升级等领域的支持，着力推动完善防范化解金融风险长效机制建设，用改革的办法推进金融业高质量发展。

专题1 实施LPR改革 畅通货币政策传导

按照国务院决策部署，2019年8月17日中国人民银行发布改革完善贷款市场报价利率（LPR）形成机制公告，推动贷款利率市场化，用改革的方法促进降低融资成本。经过持续推进，LPR改革取得了一系列重要进展，货币政策传导渠道不断畅通。

一、LPR改革实施情况

（一）金融机构加大LPR定价推广运用，新发放贷款中运用LPR的占比已达到九成

人民银行宣布完善LPR形成机制以来，一系列的改革措施提高了银行贷款定价的自主权，推动银行改进经营行为，坚决打破贷款利率隐性下限，疏通市场化利率传导渠道。各类型银行积极有序运用LPR定价，地方法人金融机构LPR定价贷款占比不断提高。2020年初对各地区分支行和有代表性的150家地方法人金融机构（其中城商行38家、农商行62家、村镇银行50家）开展的抽样调查显示，城商行、农商行、村镇银行2019年12月新发放贷款中运用LPR的占比已分别达到92.0%、86.1%和94.5%。

（二）LPR改革后市场利率向贷款利率的传导效率提升明显

LPR下降效果有效传导至贷款利率。2019年初至7月，新发放企业贷款加权平均利率在5.30%附近波动，LPR改革后贷款利率下降明显，12月新发放企业贷款加权平均利率为5.12%，较LPR改革前的7月下降近0.2个百分点，降至2017年第二季度以来最低点，降幅明显超过LPR降幅，反映LPR改革增强金融机构自主定价能力、提高贷款

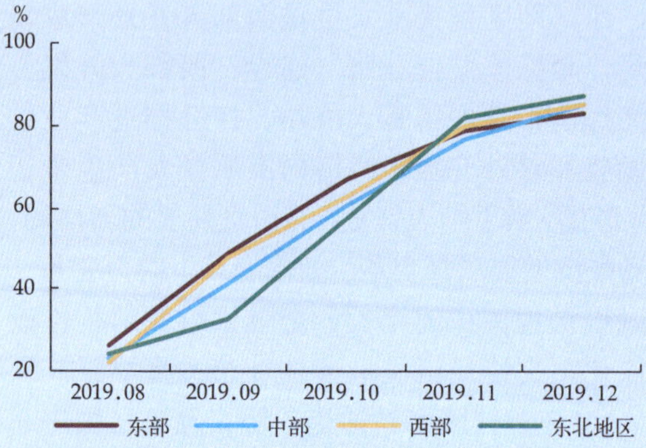

数据来源：抽样调查，中国人民银行工作人员计算。

图27 2019年8~12月各地区新发放贷款中LPR运用占比变化

市场竞争性、促进贷款利率下行的作用正在发挥。个人住房贷款加权平均利率保持基本稳定，12月新发放个人住房贷款加权平均利率为5.62%，较9月上升0.07个百分点。

分区域看，各地区一般贷款利率均有所下行，企业贷款利率水平低于一般贷款利率。调查显示，2019年12月，东、中、西部和东北地区新发放一般贷款加权平均利率分别为5.63%、6.14%、5.93%和6.07%，分别同比下降0.16个、0.04个、0.27个和0.2个百分点；新发放企业贷款加权平均利率分别为4.97%、5.54%、5.26%和5.74%，均低于一般贷款加权平均利率。

（三）金融机构全面运用LPR定价还面临一些困难

一是金融机构内部定价尚未充分参考LPR。内部资金转移定价（FTP）是金融机

构根据外部定价基准和自身经营导向制定的内部资金价格。FTP的建立和运用，一方面有助于金融机构核算业务成本与收益，管理资产负债规模和结构，另一方面对疏通利率传导渠道具有重要作用。近年来，我国金融机构已逐步建立起内部资金转移定价体系，在LPR改革后也积极探索在内部定价中嵌入LPR，但总体上仍处于起步阶段。二是一些较小的地方法人机构自主定价能力不足。一些村镇银行、农信社等小法人机构采取跟随市场定价，确定贷款利率之后倒算相应的LPR加点幅度，与全面运用LPR的要求还有差距。三是利率风险上升但风险对冲工具不足。贷款以LPR加点方式发放后，加点幅度相对固定，在LPR变化频率加大后，贷款利率随市场波动的频度和幅度相应加大，金融机构面临的利率风险相对上升。而目前挂钩LPR衍生品市场仍处于初期，大部分地方法人银行未获得利率衍生品交易资格，缺乏有效的风险对冲工具。以山东为例，仅4家地方法人银行获得了利率衍生品业务资格。

二、LPR改革对金融机构经营的影响

（一）转换贷款定价惯性思维，积极向实体经济让利

LPR改革后贷款定价市场化程度进一步提高，金融机构适应利率市场化深化步伐，贷款定价主动参考LPR市场报价，低于0.9倍贷款基准利率的占比不断提高，贷款利率隐性下限有效打破。随着贷款收益率下降，金融机构降低了对短期利润增长的过高要求，不断向实体经济让利，降低企业融资成本，畅通经济金融良性循环。

（二）利率下降传导至存款端存在时滞

LPR改革引导贷款利率下行，可通过贷款创造存款的货币创造机制传导至银行负债端，带动存款利率下行，但传导存在一定时滞，金融机构负债成本稳中略降。受存款分布不均的结构性因素影响，一些小法人银行采取“以价补量”的方式稳定存款，高成本存款增长较快，综合负债成本难以降低甚至有所上升。2019年下半年，样本城商行、农商行、村镇银行存款付息率中位数分别为2.61%、1.85%和1.70%，较上半年上升0.07个、0.24个和0.24个百分点，利差收窄压制存款利率上行的压力初步形成。随着贷款利率进一步下降，最终会导致存款利率下降。

三、金融机构适应改革采取的措施

主动提升贷款定价能力。金融机构通过推进系统开发，合同文本修订，加强FTP建设，完善存贷款利率定价、内部资金转移定价等管理，加快LPR在贷款定价中的推广应用，进一步理顺利率传导机制。

多措并举应对利差收窄压力。主动加强重定价周期管理，加强客户群体分类选择，适度提升风险偏好增加小微企业贷款投放，控制高成本负债，加快发展中间业务产品，保持利差稳定。从调查样本看，2019年城商行、农商行存贷款利差总体维持稳定，2019年下半年，城商行、农商行存贷款利差中位数分别为3.24%、3.4%，与上半年基本持平。

利率风险管理意识明显提高。通过提高与市场化利率关联度高的负债占比，适当拉长贷款期限，延长重定价周期等方式，加强利率风险管理。不断完善利率风险监测分析，优化压力测试，积极探索运用衍生品等工具对冲利率风险。

总体看，LPR改革取得了一系列良好成效。下一步，要加强定价能力培育，建立市场化的内部资金转移定价体系，将LPR内嵌到内部价格传导机制，增强参照LPR定价能力，持续提升利率风险管理水平；要深化LPR改革，完善LPR传导机制，推进存量浮动利率贷款定价基准转换，疏通货币政策传导；要发挥好市场利率定价自律机制作用，维护公平定价秩序，严格落实明示贷款年化利率的要求，切实保护金融消费者权益。

专题2 缓解小微、民营企业融资难融资贵

2019年，中国人民银行坚持金融服务实体经济的根本要求，实施稳健的货币政策，保持流动性合理充裕。同时，着力疏通货币政策传导，运用结构性货币政策工具精准滴灌，加强结构调整，加大对小微、民营企业的金融支持力度。中国人民银行对全国957家企业问卷调查①显示，小微、民营企业融资难融资贵得到有效缓解。

一、人民银行多措并举改善小微、民营企业融资环境

（一）着力缓解流动性、利率和资本三大约束，增强银行信贷投放能力

2019年，三次降低存款准备金率，为金融机构支持实体经济提供2.7万亿元长期资金；以永续债为突破口助力银行补充资本，全年银行共发行永续债5696亿元；疏通货币政策传导，改革完善贷款市场报价利率（LPR）形成机制，推进存量浮动利率贷款定价基准转换，坚决打破贷款利率隐性下限，促进社会综合融资成本降低。

（二）运用结构性货币政策精准滴灌，持续加大结构调整力度

构建“三档两优”存款准备金框架，将普惠金融定向降准中的小微企业贷款考核标准由“单户授信小于500万元”调整为“单户授信小于1000万元”，扩大普惠金融定向降准优惠政策覆盖面；充分发挥再贷款、再贴现等工具的牵引带动作用，引导金融机构扩大对小微、民营企业等领域信贷投放；充分发挥宏观审慎评估（MPA）的结构引导作用，对民营企业融资、小微企业融资等情况进行专项考核；创新并运用定向中期借贷便利（TMLF），利率较中期借贷便利（MLF）优惠，支持大型商业银行、股份制商业银行向小微、民营企业提供长期稳定资金。

（三）打通金融服务企业“最后一公里”

一是开展走访企业专项行动。如广东、浙江、福建、安徽等10余个省份人民银行纷纷开展专项行动，“一企一策”切实解决企业融资难题。二是破冰“首贷”堵点。如济南分行开展“民营和小微企业首贷培植行动”，2019年共培植山东3.9万家民营和小微企业首次获得贷款540亿元，贷款加权平均利率5.88%。三是组织金融机构公开服务承诺并接受外部评价。如杭州中支组织浙江金融机构签署《深化民营和小微企业金融服务承诺书》，开展“万家民企评银行”活动，评出省、市、县100家“民企最满意银行”，强化激励约束。四是搭建各类企业融资对接平台。如南京分行搭建“江苏省综合金融服务平台”，广州分行深化“广东省中小微企业信用信息和融资对接平台”应用等，实现中小微企业全覆盖、融资一键对接、金融服务一站提供、征信一次性查询等功能；石家庄中支在全国率先创设“河北省小额票据贴现管理中心及分中心”，有效满足民营和小微企业票据融资需求。

二、小微、民营企业融资环境明显改善

2019年，金融对小微、民营企业支持力度明显加大，全国民营企业贷款、普惠小微贷款增量分别是上年的1.4倍、1.7倍。从样本调查情况看，小微、民营企业融资获得感、满足感逐步提高，融资成本稳中有降。

① 本专题分析基于2020年2月全国范围内的957家样本企业调查。从企业规模看，小微企业629家，占比66%；从企业所有制看，民营企业732家，占比76%，小微、民营企业合计（剔除重复企业后，下同）804家，占比84%；从成立时间看，成立5年以上的企业781家，占比82%；从经营情况看，经营正常或可持续的企业950家，占比99%；从行业分布看，采矿业、制造业、建筑业、服务业企业分别占比1%、52%、10%、37%。

（一）企业贷款广度和深度有所提高

95% 的企业通过银行贷款融资[①]，票据融资占比 18%，其余渠道占比均不足 5%，民间融资 4%、股票 2%、债券 1%、风险投资 1%。小微、民营企业获得银行贷款广度和深度有所提高，获贷企业数量同比增长 11%，银行贷款余额占全部融资余额平均比重达 87%，较上年末提高 10 个百分点。

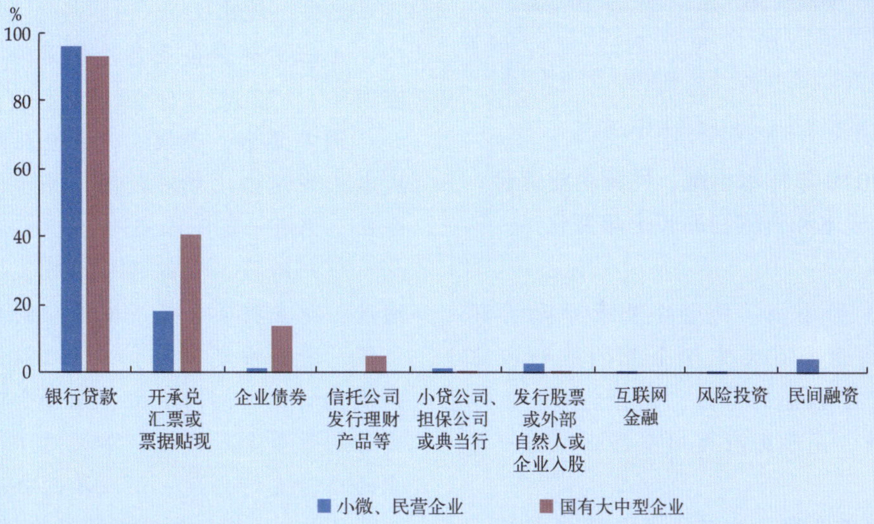

数据来源：抽样调查，中国人民银行工作人员计算。

图 28　2019 年样本小微、民营企业外部融资渠道使用占比

（二）融资可得性明显改善

在调查中，认为总体融资难度较 2018 年明显下降、有所下降、基本不变、有所上升的企业占比分别为 17%、37%、41%、5%。认为获得银行贷款难度较 2018 年明显下降、有所下降、基本不变、有所上升的企业占比分别为 15%、43%、37%、5%。

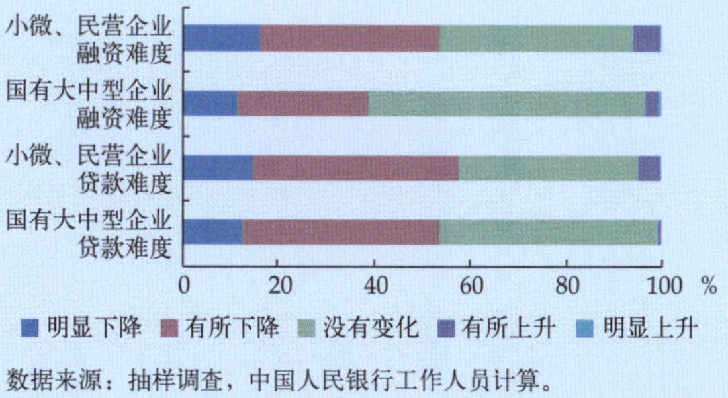

数据来源：抽样调查，中国人民银行工作人员计算。

图 29　2019 年样本小微、民营企业融资和贷款难度较上年变化

反映融资需求满足程度超过、基本满足、略低于、远低于实际需求的企业占比分别为 5%、75%、17%、3%。企业授信额度使用率整体较高，用信率为 80% 以上、50%~80%、50% 以下区间的企业占比分别为 81%、15%、4%。

（三）融资成本稳步下降

企业综合融资成本较 2018 年明显下降、有所下降、基本不变的企业占比分别为 10%、32%、48%，另有 8% 和 2% 的企业反映有所上升和明显上升。综合融资成本区间在 6% 以下、6%~8%、8%~10%、10% 以上的企业占比分别为 53%、36%、7%、4%。银行贷款利率较上年下降的企业占比为 37%，较上年基本持平的企业占比为 58%，总体稳中有降。

---

①企业可同时选择多种渠道融资，因此各渠道加总百分比超过 100%。

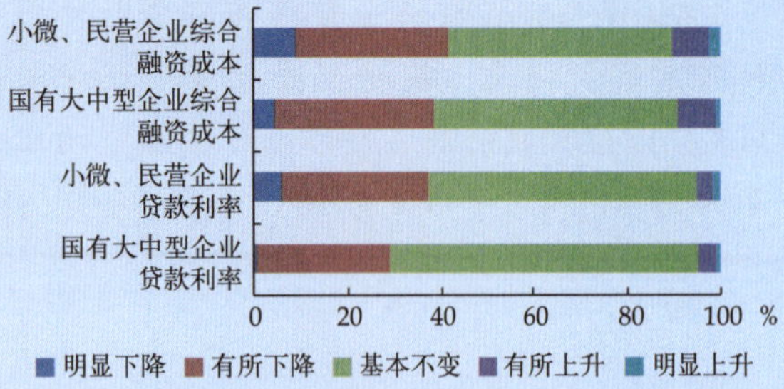

数据来源：抽样调查，中国人民银行工作人员计算。

图 30　2019 年样本小微、民营企业综合融资成本和贷款利率较上年变化

有 54% 的小微、民营企业表示融资环境改善，高于国有大中型企业的这一占比（39%）；有 42% 的小微、民营企业表示融资成本下降，高于国有大中型企业的这一占比（39%）。

三、当前小微、民营企业融资仍需关注的问题

（一）融资渠道有待拓宽

调查显示，小微、民营企业目前主要通过银行贷款融资，依赖程度加深，2019 年底，银行贷款占小微、民营企业全部融资的平均比重为 87.2%。融资担保机制也有待完善。

（二）金融服务质效有待进一步优化

受信息不对称等因素影响，商业银行拓展小微、民营企业首贷户的能力还有待加强。部分金融机构在服务小微、民营企业方面存在“掐尖”现象。

（三）部分企业息外费用仍有一定下降空间

调查显示，小微、民营企业的贷款综合成本中费用占比相对较高，高于国有大中型企业，仍有一定下降空间。

下一阶段，稳健的货币政策要更加灵活适度，把支持实体经济发展放到更加突出的位置，进一步发挥货币信贷政策促进经济结构调整的作用，为小微、民营企业融资营造良好的货币金融环境。加大对小微、民营企业的信贷支持力度。用改革的办法疏通货币政策传导，发挥好贷款市场报价利率（LPR）引导降低企业融资成本的作用，完善金融机构“敢贷、愿贷、会贷”的制度环境，提高小微、民营企业信贷获得感、满意度。丰富多层次资本市场，增强债券市场融资功能，丰富债券风险缓释工具，为小微、民营企业直接融资创造更好条件。

专题 3 金融精准扶贫取得长足进展

党的十八大以来，以习近平同志为核心的党中央把脱贫攻坚摆在治国理政的突出位置，打响精准扶贫精准脱贫攻坚战。2016年，中国人民银行等七部委联合下发《关于金融助推脱贫攻坚的实施意见》，对金融精准扶贫工作进行全面部署。四年来，全国各地在推进金融精准扶贫工作中做了大量探索，在制度设计、管理机制、金融产品等方面进行了积极创新，切实解决了金融扶贫“扶持谁”“谁来扶”“怎么扶”的问题，推动金融精准扶贫工作取得长足进展，对促进贫困地区经济发展和贫困人口脱贫起到了举足轻重的作用。

一、建立完善统筹协调推进机制，推动金融精准扶贫工作有序开展

一是构建工作协调机制。金融精准扶贫形成了人民银行牵头，银保监、证监、发改、扶贫、财政、金融机构等参与的工作联动机制，贫困地区建立了省市县党政领导负总责，人民银行分支机构牵头，地方发改、财政、扶贫、产业等多部门配合，银、证、保等金融机构广泛参与的工作协调机制，并将金融精准扶贫列入对贫困县党政目标考核体系。

二是建立信息共享机制。人民银行会同金融监管部门及扶贫办建立了金融扶贫信息共享机制，开发金融精准扶贫信息系统，全面反映贫困地区和贫困人口贷款信息。

三是建立监测评估机制。人民银行按照精准穿透原则建立金融精准扶贫贷款专项统计制度，将统计对象分为个人贷款、产业贷款和项目贷款三个层次；建立金融精准扶贫政策效果评估机制，促进金融扶贫常态化、长效化。

二、强化扶贫再贷款支持作用，引导低成本资金投入扶贫领域

2016年，人民银行创设扶贫再贷款工具，专门用于支持贫困地区发展特色产业和贫困人口创业就业，人民银行分支机构精心组织实施，强化扶贫再贷款对贷款投向和利率双引导作用，调动金融机构参与扶贫的积极性，引导低成本资金投入扶贫开发领域。2019年，人民银行设立专项扶贫再贷款支持中国农业发展银行、中国农业银行、中国邮政储蓄银行扩大对“三区三州”的信贷投放，降低“三区三州”融资成本，促进实现精准扶贫、精准脱贫目标。贵州探索“一次授信、循环使用”“扶贫再贷款资金+匹配自有资金”杠杆化运作等模式，提升扶贫再贷款使用效果。四川创新“扶贫再贷款+个人精准扶贫贷款/产业带动贷款”模式，实行投向、利率双引导，有效缓解金融机构运用自有资金为贫困户发放优惠利率贷款带来的利润薄或成本“倒挂”问题，切实降低金融精准扶贫贷款利率。新疆维吾尔自治区创新引入第三方金融机构合格担保品质押方式，为合格担保品不足的地方法人金融机构提供质押增信，破解地方法人金融机构因缺乏合格担保品无法申请扶贫再贷款的掣肘瓶颈。

三、加强三个领域精准对接，提升贫困地区金融精准扶贫针对性和有效性

一是精准创新金融产品和金融服务模式，满足建档立卡贫困户多样化金融需求。各地金融机构创新扶贫金融产品和服务方式，精准对接贫困群众的金融服务需求，增加贫困地区有效金融供给。济南市创新“一户一档”和“分片域融资需求对接”模式，组织金融机构动态摸排和对接建档立卡贫困户信贷需求。四川省创新“分片包干、整村推进”和“金融精准扶贫银行—村组双向联络员”制度，逐村落实金融机构对建档立卡贫困户的评级、授信和放贷责任，实现建档立卡贫困户评级100%全覆盖。江西省银行机构针对建档立卡贫困户发展生产需要，因地制宜开发油茶贷、脐橙贷、光伏贷、乡村旅游贷等百余种信贷产品，打造“三位一体”“金融+扶贫车间”等几十种扶贫模式。

二是精准对接产业扶贫，牵紧产业扶贫的牛鼻子。各地区结合区域发展实际，推动金融、财政等资源有效结合，促进金融扶贫与产业扶贫融合发展，带动贫困群众发展生产、脱贫致富。四川省创新“政担银企户”产业扶贫模式，通过政府分险、担保增信、财政贴息、银行让利、企业带动的形式，引导金融机构累计向3000余个产业扶贫经营主体提供信贷支持26亿元。济南市创新产业链扶贫金融模式，推广“大棚贷”“助养贷”等系列信贷产品，探索出“银行+龙头公司+基地（合作社）+贫困农户”的支持模式。贵州省创新“一县一业”贷款产品，发挥扶贫再贷款结构性引导作用，通过“杠杆化”运作模式，撬动金融机构自有资金，积极支持茶叶、食用菌等12个农业特色优势产业发展。

三是精准聚焦短板弱项，培育壮大扶贫项目。各地区结合辖区实际，积极对接扶贫项目资金需求，指导金融机构为贫困地区道路交通、安全饮水、环境整治等基础设施建设提供金融支持。发挥好政策性、开发性金融机构作用，保证贫困地区易地扶贫搬迁项目贷款需求。山西积极推动PPP专项行动，建立PPP扶贫项目调度机制，指导国家开发银行山西省分行发放PPP项目扶贫贷款36.43亿元，重点支持17个贫困县的农村公路、人居环境整治、医疗卫生、水利工程等项目。广西出台《关于加强金融支持易地扶贫搬迁后续产业发展和就业创业的通知》，引导辖内金融机构加大对易地扶贫搬迁安置点龙头企业、产业园区、特色农业等开发建设的支持力度，带动搬迁点贫困户脱贫。

截至2019年末，全国27个省（自治区、直辖市）金融精准扶贫贷款余额36077亿元，年均增长率17.28%，其中，建档立卡贫困人口及已脱贫人口贷款余额5694亿元，年均增长率21.9%；产业精准扶贫贷款余额11918亿元，年均增长率27.39%。

专题 4 区域房地产市场发展情况

2019 年，区域房地产市场及房地产信贷运行总体平稳，多主体供给、多渠道保障、租购并举的住房供应体系构建持续推进。个别热点城市供需矛盾仍然突出，区域分化特征进一步显现。下一步，坚持房子是用来住的、不是用来炒的定位和“不将房地产作为短期刺激经济的手段”要求，保持房地产金融政策的连续性、一致性、稳定性。

一、2019 年区域房地产市场及信贷运行情况

商品住宅价格总体趋稳。2019 年，一线城市新建商品住宅、二手住宅价格指数稳中微升。新建商品住宅、二手住宅指数单月同比涨幅最高分别为 4.9%、1.7%。二、三线城市新建商品住宅、二手住宅价格指数涨幅明显回落。

一线城市土地市场回归理性。2019 年，一线城市成交住宅用地 290 宗，同比增加 40 宗。土地平均溢价率 7.43%，同比微涨 0.27 个百分点，比 2015~2019 年平均溢价率低 12.3 个百分点。①

区域分化特征进一步显现。2019 年，全国商品住宅销售面积同比增长 1.5%，同比下降 0.7 个百分点，销售增速进一步放缓。个别热点城市房价上涨压力仍存。

多个热点地区房地产贷款新增占比持续回落。2019 年，深圳市房地产贷款新增额在全部贷款新增额中的占比为 26.4%，同比下降 14.9 个百分点；天津市房地产贷款新增额在全部贷款新增额中的占比为 35.8%，同比下降 7.7 个百分点；浙江房地产贷款新增额在全部贷款新增额中的占比为 31.4%，同比下降 10 个百分点。个人住房贷款首付比例处于稳健水平。北京、上海、广州、深圳、天津等城市以及浙江 2019 年新发放个人住房贷款平均首付款比例均在 40% 以上。其中，北京、上海个人住房贷款平均首付比例在 50% 左右。

二、各地落实房地产长效管理机制的主要做法

一是加大多渠道供应。北京市共有产权住房政策有效满足无房家庭基本住房需求。2017 年 9 月政策出台以来，累计供应逾 7 万套房源；针对共有产权住房购房人执行差异化住房信贷政策。北京、海南等多地出台关于支持和规范住房租赁市场发展相关政策文件。北京金融资产交易所发布《北京金融资产交易所住房租赁企业股权交易服务指引》，选取北京、上海、苏州、无锡等四个城市优质住房租赁企业作为首批服务对象，积极探索推动住房租赁企业开展房地产投资信托基金（REITs）试点。

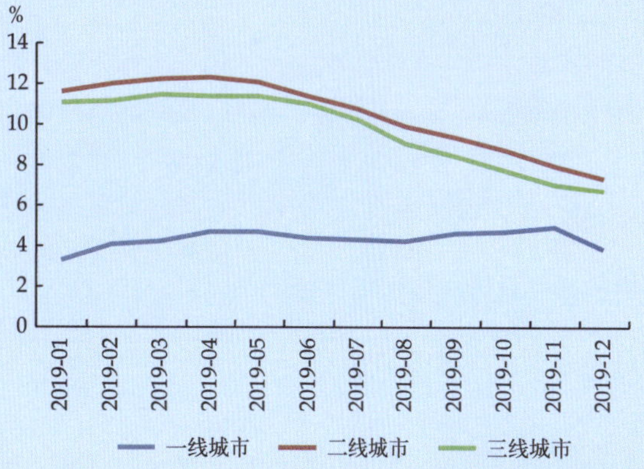

数据来源：国家统计局，中国人民银行工作人员计算。

图 31 2019 年分区域新建商品住宅价格指数同比变化

①数据来源：中国指数研究院。

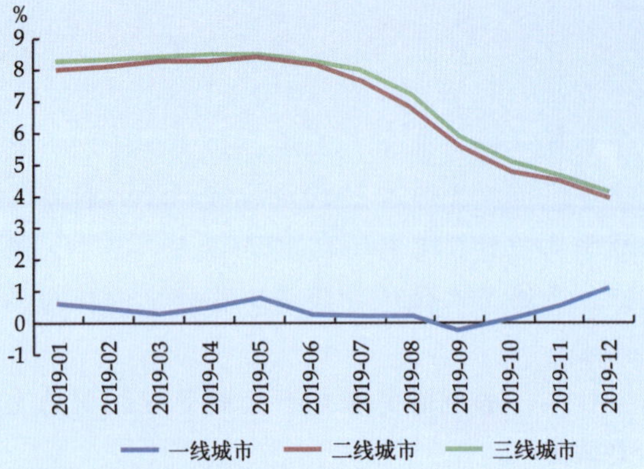

数据来源：国家统计局，中国人民银行工作人员计算。

图 32　2019 年分区域二手住宅价格指数同比变化

二是合理引导住房需求。各地保持房地产金融政策连续性、一致性、稳定性，从严落实差别化住房信贷政策和月供收入比政策，合理控制个人购房贷款增量，推动个人住房贷款利率定价基准平稳转换，加强消费贷及其他无抵押信用贷款的管理。

三、落实房地产金融长效管理机制面临的挑战

一是完善住房保障体系，发展和规范住房租赁市场。目前，“租购并举”的住房体系建设还有待完善，租赁住房区位、配套与居民住房需求不完全匹配，租赁市场对于缓解市场供需矛盾的积极作用还没有得到充分发挥，住房租赁的规划、土地、税收、金融等支持政策有待进一步完善。

二是保持房地产市场平稳健康发展。保持房地产市场稳定，是对宏观经济平稳健康发展的重要贡献。当前，仍需警惕个别城市房价上涨较快、房地产市场过热对居民消费的影响。

下一步，要坚持房子是用来住的、不是用来炒的定位和“不将房地产作为短期刺激经济的手段”要求，保持房地产金融政策的连续性、一致性、稳定性。坚持因城施策，紧紧围绕稳地价、稳房价、稳预期的目标，完善长效管理调控机制，促进房地产市场平稳健康发展。完善住房保障体系，着力培育和发展住房租赁市场。

专题5 金融支持长三角一体化发展

2019年，面对国内外风险挑战明显上升的复杂局面，长三角地区全面落实长三角一体化发展国家战略，坚持稳中求进工作总基调，落实高质量发展要求，经济增长保持韧性，深入实施创新驱动发展战略，新旧动能加快转换，经济结构持续优化。金融运行总体平稳，信贷投向结构持续优化，金融一体化进程加快推进，支持长三角G60科创走廊先进制造业高质量发展，绿色金融支撑经济绿色转型能力持续提升，已初步形成功能互补、优势叠加的区域金融发展新格局，金融支持长三角高质量一体化发展取得明显成效。

一、长三角经济金融运行情况

（一）经济增长稳中有进，结构质量持续优化

2019年，长三角地区坚持稳中求进工作总基调，落实高质量发展要求，经济总体保持平稳态势，运行在合理区间，经济结构持续优化升级。2019年，长三角地区生产总值合计23.7万亿元，约占全国的23.9%，同比增长6.4%，高于全国增速0.3个百分点；工业投资引领固定资产投资增长，如上海六个重点工业行业投资同比增长24.2%，江苏高新技术产业投资同比增长23.3%；服务经济支撑作用进一步增强，新消费呈现引领态势，全年长三角地区第三产业增加值同比增长7.4%，占长三角地区生产总值比重达55%，社会消费品零售总额8.9万亿元，增长7.6%，约占全国的21.7%；深入实施创新驱动发展战略，新旧动能加快转换，以数字经济、高新技术产业为主的新动能加快培育，如上海战略性新兴产业制造业部分产值占全市规模以上工业总产值比重提高到32.4%，江苏大力发展13个先进制造业集群，有6个入围全国制造业集群培育对象，占全国的1/4，浙江规模以上工业中，数字经济核心产业增加值同比增长15%。

（二）金融运行总体平稳，支持实体经济力度加大

2019年，长三角地区人民银行分支机构坚持贯彻落实稳健的货币政策，适时加强逆周期调节，货币信贷和社会融资规模适度增长，金融对实体经济尤其是民营、小微企业的支持进一步加大。12月末，长三角地区本外币各项存款余额为47.6万亿元，占全国比重为24.0%，同比增长9.9%，比全国高1.3个百分点；各项贷款余额为38.2万亿元，占全国比重为24.1%，同比增长13.5%，比全国高1.6个百分点；社会融资规模增量累计6.2万亿元，同比多增1.4万亿元。普惠小微贷款、涉农贷款和绿色信贷增长较快，截至12月末，余额分别同比增长42.4%、11.8%和29.6%。

二、金融支持长三角一体化发展初显成效

2019年，长三角地区以党中央印发的《长江三角洲区域一体化发展规划纲要》为重要指导，人民银行与地方政府部门相互对接，凝聚共识、形成合力，初步形成功能互补、优势叠加的区域金融发展新格局，金融支持长三角一体化发展初显成效。

（一）金融一体化进程不断推进

一是建立金融合作机制，完善制度安排和组织框架。2019年初，人民银行上海总部牵头筹备建立"金融服务长三角高质量一体化发展合作机制"，合作机制由党委理论学习中心组联学会、协调委员会、秘书处和专题工作组四个层次组成，并编发工作简报作为工作载体。4月22日，在沪召开合作机制第一次协调委员会会议，审议通过了各项工作机制及年度工作计划，确定了加强长三角经济金融数据统计共享与分析等首批12项专

题合作工作，合作机制正式启动。

二是搭建经济金融数据共享平台，提升信息支撑作用。2019年，建立长三角金融数据和经济金融运行情况发布平台和长三角一体化重大问题联合课题研究工作机制，形成长三角经济金融分析研究合力，对金融支持长三角高质量发展起到积极信息支撑和政策参谋作用。实现按月向社会发布长三角货币信贷运行情况统计数据，并按半年度撰写《长三角金融运行分析报告》。

三是强化金融监管合作，联合防范金融风险。2019年，三省一市人民银行分支机构在金融稳定、金融消费者权益保护、反洗钱可疑交易合作机制等方面深入合作，金融风险联合防范机制初步建立。建立了反洗钱监管信息共享机制和联合工作机制，就非法集资、网络赌博、虚开增值税发票等共6起涉众型洗钱线索开展了可疑交易联合分析研判，提升移送线索的质量；长三角地区金融消费纠纷非诉解决机制正式落地，三省一市人民银行分支机构签署合作备忘录，建立了调解专家人才共享机制、信息交流预警机制、典型案例会诊制度等，探索在线纠纷解决机制，运用“中国金融消费纠纷调解网”，完成长三角地区跨区域调解“第一单”，助力防范化解区域金融风险；制定了《长三角金融稳定季度指数和重大风险事件共享方案》，按季度根据宏观经济和金融机构两大方面共23个指标数据，编制长三角金融稳定季度指数，共享各地区重大风险事件，加强长三角区域金融稳定信息共享。

四是跨区域金融合作平台搭建，资源配置效率不断提高。三省一市人民银行分支机构制定了《再贷款再贴现支持长三角高质量一体化发展实施方案》，将再贷款再贴现支持企业范围覆盖到整个长三角区域。截至2019年12月末，共发放14.4亿元跨区域的再贷款再贴现用于支持长三角一体化发展，涉及沪苏浙皖企业1347家。推动中债估值中心在上海成功发布中债长三角系列债券指数，是全市场首个全面表征长三角地区债券市场的系列债券指数，将有效引入长三角一体化发展优质增量资金，引领区域内产业升级改造，扩大长三角地区投资者群体。

（二）金融支持长三角经济发展提质增效

一是金融支持长三角G60科创走廊先进制造业高质量发展。建设长三角G60科创走廊是推动长三角高质量一体化发展的重要载体，是落实长三角区域一体化发展这一国家战略的重要组成部分。2019年11月8日，由人民银行上海总部倡议推动、G60科创走廊九城市与有关金融机构共同研究形成的《金融支持长三角G60科创走廊先进制造业高质量发展综合服务方案》正式发布，聚焦长三角G60科创走廊重大科技创新及研发项目，重点支持人工智能、集成电路等七大领域科创与制造业企业，从缓解融资难、融资贵、融资不适配和信息不对称等方面，针对性地提出15条具体举措。工商银行总行等12家金融机构与G60联席办就方案落实签署合作协议。

二是稳步推进长三角地区征信体系建设优化融资环境。充分发挥人民银行征信中心作用，加强长三角信用体系建设，打造“信用长三角”，推进征信供给持续优化。全国首家“小微企业数字征信实验区”落地苏州，“政府＋市场”双轮驱动、征信促推小微融资的“苏州模式”持续深化并复制推广，有效改善小微企业融资环境。2019年末，江苏企业综合信息管理系统已为250.7万户企业建立信用档案，入库贷款余额7.9万亿元。浙江金融信用信息基础数据库覆盖面不断扩大，截至2019年末，共收录了浙江3947.6万自然人和163.7万户企业的信用信息，月均查询量808.6万次，有效缓解信息不对称，促进信息主体尤其是小微企业融资发展。

三是提升绿色金融支持高质量发展和绿色转型的能力。长三角贯彻落实党中央、国务院关于坚持绿色发展，推进生态文明建设的要求，进一步提升绿色金融支持长三角高质量发展和绿色转型的能力。截至2019年12月末，长三角地区本外币绿色贷款余额2.0万亿元，同比增长29.6%，比同期非金融企业贷款增速高18.3个百分点；全年累计增加3459.5亿元，占同期非金融企业贷款增量的14.5%。

三、2020年重点工作展望

2020年，沪苏浙皖将深入实施长三角一体化发展三年行动计划，聚焦重点领域、重点区域、重大项目和重大平台，深化分工合作，形成合力共同持续推动长三角一体化发展。三省一市人民银行分支机构将认真贯彻落实党中央印发的《长江三角洲区域一体化发展规划纲要》，以及人民银行等五部门印发的《关于进一步加快推进上海国际金融中心建设和金融支持长三角一体化发展的意见》，继续发挥长三角合作机制的积极作用，深化沪苏浙皖合作分工，在深入推进原有专题工作的基础上，拟在支付结算一体化、金融支持科创企业、构建长三角征信体系、建设长三角绿色金融服务平台等方面启动新一批专题工作，加快推动《金融支持长三角G60科创走廊先进制造业高质量发展综合服务方案》落地实施，并继续深化、拓展相关具体措施，进一步发挥好金融对长三角G60科创走廊建设的支持作用，切实推动金融支持长三角一体化发展取得新成效。

中国人民银行南京分行货币政策分析小组

总　纂：郭新明　谢　宁

统　稿：陈涤非　严仕锋　李晓斌　谢　姗　黄静宇

执　笔：程秋君　鲍奕晓　杨司建　龙腾云　陆雯婕　李淑宁
朱晨露　熊　健　陈　昆

提供材料的还有：戴晓东　李　艳　季　伟　束　斌　王琦玮
殷　冉　王维全　张　明　唐成伟　厉华威
张庭溪　胡俊伟

专题及各区域板块经济金融运行部分执笔人（排名不分先后）

中国人民银行天津分行货币政策分析小组　徐　刚　孙坤鑫

中国人民银行郑州中心支行货币政策分析小组　徐红芬　许艳霞

中国人民银行西安分行货币政策分析小组　张德进　唐海涛

中国人民银行沈阳分行货币政策分析小组　赵　越　刘承洋

中国人民银行广州分行货币政策分析小组　肖　跃　黄载良

中国人民银行重庆营业管理部货币政策分析小组　古　旻　王　红　罗　杰　王志益

中国人民银行杭州中心支行货币政策分析小组　楼　航　周　能

中国人民银行成都分行货币政策分析小组　曾　好　宋晓丹

中国人民银行营业管理部货币政策分析小组　余　剑　吕潇潇

中国人民银行上海总部货币政策分析小组　赵　莹　向　坚

2019 年各地区主要经济金融指标比较表

2019 年各地区主要经济指标比较表（Ⅰ）

地区	地区生产总值（亿元）				固定资产投资额（不含农户）（亿元）		社会消费品零售总额（亿元）	外贸进出口（亿元）				实际利用外商直接投资（亿美元）	地方财政收支（亿元）		
		第一产业	第二产业	第三产业		房地产开发投资		总额	进口	出口	差额（出口－进口）		差额（收入－支出）	一般公共预算收入	一般公共预算支出
北京	35371.3	113.7	5715.1	29542.5	—	3838.4	12270.1	28663.5	23495.7	5167.8	-18327.9	142.1	-1591.2	5817.1	7408.3
天津	14104.3	185.2	4969.2	8949.9	—	2727.8	5516.1	7346.0	3017.8	4328.2	1310.4	47.3	-1098.5	2410.3	3508.7
河北	35104.5	3518.4	13597.3	17988.8	—	4347.1	17934.2	4001.6	1631.3	2370.3	739.0	98.5	-4571.0	3742.7	8313.7
山西	17026.7	824.7	7453.1	8748.9	—	1656.5	7909.2	1446.9	806.9	640.0	-166.9	13.6	-2365.6	2347.6	4713.1
内蒙古	17212.5	1863.2	6818.9	8530.5	—	1042.0	7610.6	1095.7	718.9	376.8	-342.1	20.6	-3038.2	2059.7	5097.9
辽宁	24909.5	2177.8	9531.2	13200.4	—	2834.0	15008.6	7255.1	4125.3	3129.8	-995.5	33.2	-3109.5	2652.0	5761.4
吉林	11726.8	1287.3	4134.8	6304.7	—	1315.5	7777.2	1302.2	978.2	324.0	-654.2	8.5	-2816.6	1116.9	3933.4
黑龙江	13612.7	3182.5	3615.2	6815.0	—	958.0	9898.4	1865.9	1516.5	349.4	-1167.1	5.4	-3748.9	1262.6	5011.6
上海	38155.3	103.9	10299.2	27752.3	—	4231.4	13497.2	34046.8	13720.9	20325.9	6605.0	190.5	-1014.2	7165.1	8179.3
江苏	99631.5	4296.3	44270.5	51064.7	—	12009.4	35291.2	43379.7	16171.1	27208.6	11037.5	261.2	-3771.3	8802.4	12573.6
浙江	62351.7	2097.0	26567.0	33688.0	—	10683.0	27176.4	30831.9	7762.0	23070.0	15308.0	135.6	-3005.0	7048.0	10053.0
安徽	37114.0	2915.7	15337.9	18860.4	—	6670.5	13377.7	4693.0	1917.0	2776.0	859.0	179.4	-4208.5	3182.5	7391.0
福建	42395.0	2596.2	20581.7	19217.0	—	5673.1	15749.7	13306.7	5028.8	8277.9	3249.0	46.3	-2044.5	3052.7	5097.3
江西	24757.5	2057.6	10939.8	11760.1	—	2239.1	8421.6	3511.9	1015.5	2496.5	1481.0	135.8	-3916.1	2486.5	6402.6
山东	71067.5	5116.4	28310.9	37640.2	—	8614.9	35770.6	20420.9	9290.6	11130.4	1839.8	146.9	-4210.2	6526.6	10736.8
河南	54259.2	4635.4	23605.8	26018.0	—	7464.6	22733.0	5711.6	1957.0	3754.6	1797.7	187.3	-6134.7	4041.6	10176.3
湖北	45828.3	3809.1	19098.6	22920.6	—	5111.7	20224.2	3943.6	2484.9	1458.7	-1026.2	129.1	-4579.3	3388.4	7967.7
湖南	39752.1	3647.0	14947.0	21158.2	—	4445.5	17239.5	4342.2	1266.1	3076.1	1810.0	181.0	-5084.8	3007.0	8091.8
广东	107671.1	4351.3	43546.4	59773.4	—	15852.2	42664.5	71436.8	28057.4	43379.3	15321.9	223.3	-4662.7	12651.5	17314.1
广西	21237.1	3387.7	7077.4	10772.0	—	3814.4	8873.0	4694.7	2097.6	2597.2	499.6	11.1	-4037.1	1811.9	5849.0
海南	5308.9	1080.4	1099.0	3129.5	—	1336.2	1808.3	905.9	562.2	343.7	-218.4	15.1	-1045.0	814.1	1859.1
重庆	23605.8	1551.4	9496.8	12557.5	—	4439.3	8667.3	5792.8	2079.9	3712.9	1633.1	23.7	-2712.9	2134.9	4847.8
四川	46615.8	4807.2	17365.3	24443.3	—	6573.2	20144.3	6765.9	2873.6	3892.3	1018.7	89.8	-6278.9	4070.7	10349.6
贵州	16769.3	2280.6	6058.5	8430.3	—	2990.8	4174.2	453.6	126.4	327.1	200.7	6.8	-4154.0	1767.4	5921.4
云南	23223.8	3037.6	7961.6	12224.6	—	4151.4	7539.2	2323.7	1286.5	1037.2	-249.3	7.2	-4696.6	2073.5	6770.1
西藏	1697.8	138.2	635.6	924.0	—	129.6	649.3	48.8	11.3	37.5	26.2	0.3	-1958.9	222.0	2180.9
陕西	25793.2	1990.9	11980.8	11821.5	—	3903.7	9598.7	3515.8	1642.5	1873.3	230.8	77.3	-3433.8	2287.7	5721.6
甘肃	8718.3	1050.5	2862.4	4805.4	—	1257.9	3692.4	379.9	248.5	131.4	-117.1	0.8	-3106.5	850.2	3956.7
青海	2966.0	301.9	1159.8	1504.3	—	406.3	880.8	37.2	17.0	20.2	3.2	0.7	-1581.6	282.1	1863.7
宁夏	3748.5	279.9	1584.7	1883.8	—	403.1	984.5	240.6	91.7	148.9	57.2	2.5	-1014.9	423.6	1438.4
新疆	13597.1	1781.8	4795.5	7019.9	—	1074.0	3361.6	1640.9	390.6	1250.3	859.7	3.3	-3691.5	1577.6	5269.1

数据来源：国家统计局《中国统计摘要》，各省、自治区、直辖市《国民经济和社会发展统计公报》及统计局。

2019 年各地区主要经济指标比较表（Ⅱ）

地区	地区生产总值同比增长（%）				规模以上工业增加值同比增长（%）	固定资产投资（不含农户）同比增长（%）		社会消费品零售总额同比增长（%）	外贸进出口同比增长（%，亿元口径）			实际利用外商直接投资金额同比增长（%，美元口径）	地方财政收支同比增长（%）		各类价格指数同比增长（%）			
		第一产业	第二产业	第三产业			房地产开发投资		总额	进口	出口		收入	支出	居民消费价格指数	农业生产资料价格指数	工业生产者购进价格指数	工业生产者出厂价格指数
北京	6.1	-2.5	4.5	6.4	3.1	-2.4	-0.9	4.4	5.4	5.3	6.1	-17.9	0.5	-0.8	2.3	—	-0.4	-0.4
天津	4.8	0.2	3.2	5.9	3.4	13.9	12.5	-0.3	-9.1	-5.9	-11.2	3.0	14.4	13.1	2.7	—	-1.2	-0.7
河北	6.8	1.6	4.9	9.4	5.6	6.1	-2.9	8.4	12.6	24.4	5.7	8.4	6.5	7.6	3.0	3.1	2.1	0.2
山西	6.2	2.1	5.7	7.0	5.3	9.3	20.3	7.8	5.7	0.4	14.6	-42.5	2.4	10.0	2.7	4.7	1.1	-0.3
内蒙古	5.2	2.4	5.7	5.4	6.1	6.8	18.0	4.1	5.9	9.5	-0.4	-34.8	10.9	5.5	2.4	2.0	1.1	2.1
辽宁	5.5	3.5	5.7	5.6	6.7	0.5	9.0	6.1	-4.0	-5.0	-2.6	-32.1	1.4	7.9	2.4	3.6	0.8	-0.5
吉林	3.0	2.5	2.6	3.3	3.1	-16.3	11.9	3.4	-4.5	-5.7	-0.6	21.2	-10.0	3.8	3.0	8.3	-0.8	-1.1
黑龙江	4.2	2.4	2.7	5.9	2.8	6.3	1.4	6.2	6.7	4.2	18.8	15.6	-1.6	7.2	2.8	5.6	0.3	-1.8
上海	6.0	-5.0	0.5	8.2	0.4	5.1	4.9	6.5	0.1	0.4	-0.1	10.1	0.8	-2.1	2.5	—	-1.3	-1.2
江苏	6.1	1.3	5.9	6.6	6.2	5.1	9.4	6.2	-1.0	5.7	2.1	2.1	2.0	7.9	3.1	4.2	-2.8	-1.1
浙江	6.8	2.0	5.9	7.8	6.6	10.1	7.4	8.7	8.1	5.8	9.0	8.7	6.8	16.5	2.9	2.9	-2.9	-1.1
安徽	7.5	3.2	8.0	7.7	7.3	9.2	11.7	10.6	14.3	10.8	16.7	5.5	4.4	12.5	2.7	2.3	-0.1	0.3
福建	7.6	3.5	8.3	7.3	8.8	5.9	14.8	10.0	7.8	6.3	8.7	-0.5	1.5	5.5	2.6	2.2	-1.0	0.6
江西	8.0	3.0	8.0	9.0	8.5	9.2	3.0	11.3	11.1	8.2	12.3	8.0	4.8	13.0	2.9	5.5	-1.8	-1.1
山东	5.5	1.1	2.6	8.7	1.2	-8.4	14.1	6.4	5.8	6.4	5.3	18.6	0.6	6.3	3.2	7.6	-0.8	-0.3
河南	7.0	2.3	7.5	7.4	7.8	8.0	6.4	10.4	3.6	1.2	4.9	4.6	7.3	10.4	3.0	3.8	1.2	0.2
湖北	7.5	3.2	8.0	7.8	7.8	10.6	8.9	10.3	13.1	10.3	18.2	8.1	2.5	9.8	3.1	3.0	-0.7	0.2
湖南	7.6	3.2	7.8	8.1	8.3	10.1	12.7	10.2	41.2	20.4	51.9	11.8	5.1	8.2	2.9	2.5	0.2	-0.4
广东	6.2	4.1	4.7	7.5	4.7	11.1	10.0	8.0	-0.2	-2.9	1.6	1.0	4.5	10.1	3.4	4.1	-0.8	0.2
广西	6.0	5.6	5.7	6.2	4.5	9.5	27.0	7.0	14.4	8.7	19.4	142.0	7.8	10.1	3.7	4.6	-0.5	-0.7
海南	5.8	2.5	4.1	7.5	4.2	-9.2	-22.1	5.3	6.8	2.1	15.4	106.1	8.2	9.9	3.4	4.3	3.1	-2.6
重庆	6.3	3.6	6.4	6.4	6.2	5.7	4.5	8.7	11.0	13.8	9.4	-27.2	-5.8	6.8	2.7	—	0.1	-0.2
四川	7.5	2.8	7.5	8.5	8.3	8.6	15.4	10.4	13.8	9.9	16.8	42.3	4.1	6.6	3.2	9.0	0.6	0.4
贵州	8.3	5.7	9.8	7.8	9.6	1.0	27.3	5.1	-9.5	-22.6	-3.1	-84.9	2.3	17.7	2.4	3.2	-0.6	-0.2
云南	8.1	5.5	8.6	8.3	8.1	8.5	27.8	10.4	17.9	14.6	22.4	-31.8	4.0	11.4	2.5	3.9	-1.0	0.0
西藏	8.1	4.6	7.0	9.2	3.0	2.1	39.9	8.7	2.6	-40.4	31.1	-66.7	-3.6	10.7	2.3	0.2	—	-1.1
陕西	6.0	4.4	5.7	6.5	5.2	2.5	10.4	7.4	0.1	14.5	-9.8	12.9	2.0	7.9	2.9	3.3	0.3	0.8
甘肃	6.2	5.8	4.7	7.2	5.2	6.6	12.7	7.7	-3.9	-0.4	-10.0	62.8	-2.4	4.9	2.3	1.1	-1.0	-1.7
青海	6.3	4.6	6.3	6.5	7.0	5.0	15.5	5.4	-22.7	-0.1	-35.1	1420.0	3.4	13.1	2.5	3.5	-1.8	-1.5
宁夏	6.5	3.2	6.7	6.8	7.6	-10.3	-10.3	5.2	-3.3	33.4	-17.3	17.2	-3.0	1.4	2.1	4.0	-2.5	-0.6
新疆	6.2	5.3	3.7	8.1	4.7	2.5	3.9	5.5	23.8	65.1	14.8	61.3	3.0	5.1	1.9	2.6	0.0	-1.5

数据来源：国家统计局《中国统计摘要》，各省、自治区、直辖市《国民经济和社会发展统计公报》及统计局。

2019 年全国 35 个大中城市新建住宅销售价格指数同比增长

单位：%

地区	1 月	2 月	3 月	4 月	5 月	6 月	7 月	8 月	9 月	10 月	11 月	12 月
北京	2.8	2.9	3.2	3.5	3.9	3.9	4.3	4.8	4.7	4.3	5.4	4.8
天津	1.1	1.4	1.8	2.4	2.1	2.2	1.9	1.8	1.7	1.3	1.6	1.4
石家庄	15.5	16.6	17.3	17.6	17.5	18.3	16.0	16.6	16.3	13.1	11.5	9.5
太原	11.7	12.6	12.4	11.6	11.2	11.2	10.0	8.9	8.3	7.7	6.4	4.6
呼和浩特	22.6	23	22.8	22.3	21.4	22.2	20.3	19.5	17.8	18.7	17.1	15.9
沈阳	12.2	12.3	12.7	12.5	11.7	11.3	10.5	10.1	9.7	9.4	9.3	9.3
大连	12.5	13.3	13.7	13.2	12.9	12.2	12.2	11.7	10.7	10.2	8.9	8.2
长春	11.9	12.7	11.8	11.4	10.6	10.2	9.4	9.5	10.3	10.7	9.8	9.4
哈尔滨	15.3	15.2	15.2	14.6	14	13.7	11.7	11.6	11.2	10.5	10.2	10.1
上海	0.9	1.5	1.2	1.5	1.7	2.0	1.9	2.2	2.7	3.0	2.8	2.3
南京	1.7	1.8	2.3	3.0	4.0	4.3	5.7	5.4	5.8	5.7	4	4.1
杭州	6	6.6	6.6	7.7	8.5	9.1	8.8	8.2	8.2	6.7	5.8	5
宁波	6.2	6.7	7.6	7.1	7.8	8.4	8.2	7.2	7.5	7.8	7.8	8.3
合肥	4.8	6	6.7	7.4	7.4	7.7	7.8	6.9	5.7	4.8	4.1	3.9
福州	8.7	8.9	9.8	10.6	12.9	10.8	9.9	8.1	7.4	6.6	4.7	4.2
厦门	-0.3	0	0.7	1.1	0.4	1.2	2.6	3.6	3.3	2.7	2.9	3.9
南昌	9.9	10.3	10.3	10.9	10.7	9.2	7.8	6.6	6.4	5.9	3.9	3.5
济南	15.7	16.4	17.2	18.2	18.3	14.5	11.6	8.2	6.4	4.6	2.1	0.5
青岛	13.9	14.2	14.3	14.7	13.2	10.8	9.3	8.1	7.8	7	5.1	4.2
郑州	10	9.9	10.5	10.4	8.9	7.5	6.4	5.1	4.8	3.8	2.4	1.7
武汉	11.2	12.5	13.4	14.8	14.8	14.6	14.6	14.3	14.9	13.2	12.2	11.8
长沙	11.3	11.3	11	10.9	10.2	8.8	6.1	4.3	3.8	3.8	3.9	4.5
广州	9.7	11.3	11.9	13.3	12.2	10.5	10.2	9.4	9	8.7	8.1	4.7
深圳	-0.1	0.5	0.3	0.7	1.2	1.3	0.9	0.6	2	2.9	3.3	3.6
南宁	10	10.4	10.8	11.5	11.6	10.1	9.7	10.3	12.2	14.1	13.9	12.7
海口	20.7	18.8	16.9	15.7	14.7	11.6	10.1	9.1	9.4	9.8	9.2	8
重庆	11.8	12.2	12.1	12.2	13.3	12.1	11.7	10.3	9.7	9	8.4	8.1
成都	13.4	14.2	14.7	15.4	13.4	13	13.3	12.8	12.8	12.5	11.5	10.6
贵阳	19.4	20.5	20.6	20.1	20.5	20.1	19.4	17.7	15	10.2	7.5	6.5
昆明	15.7	16.2	16.2	16.8	16.5	15.7	13.5	13.2	12.3	12.5	12.4	11.1
西安	23.5	24.2	24.4	23.8	24.4	25.2	25.3	22.3	16	15.6	14.7	14.2
兰州	11.2	10.9	10.6	10.2	10.1	9.1	9	7.7	6.7	5.2	5.5	4.9
西宁	11.8	13.5	14.6	15.3	15.7	13.3	14	13.2	12.3	14.3	14.2	13.8
银川	9.3	9.5	9.4	9.4	9.6	9.1	8.5	8.6	9.5	10.1	11.9	12.3
乌鲁木齐	9.7	8.9	8.4	7.9	6.5	6.5	6.4	4.5	4.2	3.7	1.8	1.5

注：从 2011 年 1 月起，国家统计局开始实施《住宅销售价格统计调查方案》，对数据来源渠道、指标设置、计算方法等影响价格指数计算的主要因素都进行了调整。

数据来源：国家统计局。

2019 年末各省、自治区、直辖市主要存贷款指标

地区	本外币						人民币							
	金融机构各项存款		金融机构各项贷款				金融机构各项存款				金融机构各项贷款			
	余额（亿元）	比年初（亿元）	余额（亿元）	短期	中长期	比年初（亿元）	余额（亿元）	住户存款	非金融企业存款	比年初（亿元）	余额（亿元）	个人消费贷款	房地产贷款	比年初（亿元）
北京	171062.3	13922.4	76875.6	23819.5	46756.1	6232.9	164349.5	37309.7	57823.6	13874.7	73575.9	15623.5	18087.4	6653.5
天津	31788.8	795.8	36141.3	8005.2	21558.9	2026.1	30699.8	12639.6	12772.4	779.7	34874.0	8432.2	9075.6	2304.6
河北	73216.3	6946.5	53788.5	16480.9	34311.4	5324.9	72884.5	46558.5	14094.2	6950.1	53448.1	15249.7	16785.0	5356.1
山西	38381.4	3041.4	28119.4	9129.1	16824.9	2862.9	37870.6	22545.0	9301.6	2870.9	27746.2	3846.8	4462.5	2578.9
内蒙古	23743.4	394.9	23178.1	7147.2	14838.9	879.4	23645.1	13587.3	5178.6	377.5	23085.1	3790.3	4656.4	897.1
辽宁	62697.4	3662.7	49582.6	16397.9	28999.6	4484.3	61904.0	35783.2	14978.5	3767.5	48653.8	9080.0	2772.2	4633.3
吉林	24153.8	2082.7	20884.4	6947.9	13231.7	1756.2	24019.4	14442.4	5154.9	2077.9	20863.6	5018.2	5003.5	1772.6
黑龙江	27868.3	2370.8	21506.6	9114.9	10697.0	1090.5	27716.7	18056.1	4377.0	2384.0	21370.0	4202.6	4879.1	1124.0
上海	132820.3	11679.9	79843.0	19122.2	47586.3	5609.8	123330.1	31727.7	52645.5	10687.6	73823.7	22393.4	22783.3	5297.8
江苏	157139.7	12881.8	135139.7	43433.5	82761.7	17063.6	152837.3	57759.2	55032.8	13089.6	133329.9	39396.2	45194.0	17346.8
浙江	131298.5	14727.5	121750.6	47506.2	67577.7	15807.6	128258.1	53132.7	43681.8	14473.5	120289.3	34831.6	33628.0	16023.4
安徽	54786.8	3576.1	44940.7	11847.5	29574.9	5315.5	54377.9	26113.8	15071.4	3689.2	44289.3	14304.8	17042.3	5301.9
福建	49836.4	4009.3	52640.8	16815.2	32412.6	5819.2	48754.9	20954.9	14338.2	4063.2	51396.6	18930.4	16269.9	5905.2
江西	39175.4	3877.1	35696.8	9604.0	23772.0	5034.1	38952.5	19665.9	11478.0	3875.5	35493.8	10100.3	12268.7	5040.0
山东	104738.9	8271.1	86325.6	29099.1	50914.6	8149.4	102676.4	55232.1	30462.8	8323.6	83703.0	23338.7	28454.2	8458.7
河南	70771.0	5766.6	56893.6	17446.1	36368.5	7752.4	69508.7	40513.6	16904.3	5619.7	55659.0	17248.5	19745.6	7553.9
湖北	60537.5	4446.4	52242.6	9351.7	37937.5	6207.2	59747.7	59709.7	17446.0	4362.0	50664.0	13695.9	17969.3	6094.1
湖南	52660.4	3658.5	42415.4	9501.2	31240.9	5829.8	52312.5	28299.9	12852.6	3607.7	42159.4	11641.0	13623.6	5822.8
广东	232458.6	24348.2	167994.6	42219.7	113011.5	21930.3	222962.4	77943.9	82738.8	23328.9	162378.4	60445.7	61321.9	22387.1
广西	31646.0	1883.2	30497.4	5709.6	23308.8	3691.2	31505.0	16939.2	8039.0	1912.1	29988.5	9649.0	9905.3	3727.5
海南	9737.8	123.5	9521.1	1472.0	7463.9	634.4	9645.8	4495.2	2745.0	93.5	8596.4	2208.2	3125.7	659.3
重庆	39483.2	2573.1	37105.0	6764.9	27714.2	4766.6	37953.1	17860.4	10416.7	2279.0	36233.2	4421.8	13773.6	4717.0
四川	83121.8	5729.2	62493.8	11437.0	47987.1	6754.2	81783.7	43214.2	19337.3	5693.6	61089.0	1618.7	19055.0	6643.9
贵州	27221.8	672.1	28533.3	4880.5	23041.4	3470.7	27170.6	11527.3	8259.1	690.1	28448.7	5918.0	7574.5	3470.7
云南	32985.4	2237.8	31565.0	6254.8	22134.8	2961.2	32821.3	15888.5	8108.6	2260.6	31201.0	6983.5	7630.5	2997.9
西藏	4979.5	44.9	4695.5	397.7	3812.8	139.7	4973.9	960.2	1149.3	45.5	4695.2	399.0	260.4	139.3
陕西	44536.7	3598.1	34337.1	6723.7	25130.7	3516.5	44225.4	23305.1	12818.0	3647.1	34113.2	7844.6	2072.9	3521.7
甘肃	19768.5	1085.4	20677.9	5445.5	13537.3	1225.9	19717.0	11150.2	4927.2	1143.8	20424.3	2694.5	4021.5	1249.7
青海	5858.7	86.7	6690.0	1183.5	4514.9	33.2	5846.6	2463.9	1416.7	90.9	6639.8	620.4	860.6	35.5
宁夏	6460.4	413.2	7427.6	2006.8	4572.0	358.8	6443.4	3446.1	1377.6	414.0	7216.8	1427.9	1346.2	379.1
新疆	23454.7	1058.7	20525.6	5375.3	12140.5	1635.1	23293.0	10342.7	5903.8	1263.8	19960.1	2872.9	3820.8	1640.9

数据来源：中国人民银行各分行、营业管理部、省会（首府）城市中心支行。

《中国区域金融运行报告（2020）》
分报告

北京市金融运行报告（2020）

中国人民银行营业管理部货币政策分析小组

[内容摘要] 2019年，面对国内外严峻复杂的经济环境，北京市坚持以习近平新时代中国特色社会主义思想为指导，坚持稳中求进工作总基调，以创新和改革开放双轮驱动，深入推进供给侧结构性改革，首都经济平稳增长与质量提升互促共进。

北京市经济总体保持平稳运行，高质量发展扎实推进。全年实现地区生产总值35371.3亿元，同比增长6.1%。一是三大需求协调发展，经济运行稳中向好。固定资产投资结构进一步优化，重点行业、民生领域投资增势较好，租赁和商务服务业，文化、体育和娱乐业，卫生和社会工作，科学研究和技术服务业投资分别增长1.6倍、77%、49%和27%。居民收入稳步增加，服务性消费增势良好，全市实现市场总消费额同比增长7.5%，服务性消费增长10.2%。外贸规模创历史新高，进出口总额同比增长5.5%。二是产业转型升级持续推进，供给侧结构性改革成效显著。三次产业增加值比例为0.3∶16.2∶83.5，第三产业比重进一步提升，对经济增长的贡献率达到87.8%，金融、信息服务、科技服务等优势行业持续发挥带动作用。规模以上高技术制造业增加值增长9.3%，对规模以上工业增长的贡献率为74.7%，发挥了重要引领作用，工业生产效率和能源利用效率持续提升。三是消费价格温和上涨，生产价格总体平稳。居民消费价格同比上涨2.3%，低于上年同期0.2个百分点，连续6年保持在3%以下的较低水平，工业生产者出厂价格和购进价格均比上年下降0.4%。四是财政收支平稳运行，财税改革取得成效。北京市共完成一般公共预算收入5817亿元，一般公共预算支出7031亿元，全面落实减税降费政策方针，在地方权限范围内顶格实施小微企业普惠性税收减免政策，全年新增减税降费约1800亿元。五是房地产市场保持稳定，科技、文化及相关产业持续增长。全年新建商品住房价格同比上升4.8%，二手房住房价格同比下降0.5%，商品住房成交套数同比增长4.9%。全市新经济增加值同比增长7.5%，占地区生产总值的36%，新一代信息技术、人工智能和新材料产业增势良好，"文化+互联网"领域收入同比增长22%，新设科技服务业和文体娱乐业企业占新设企业的近五成。

2019年，北京市金融运行整体平稳，辖内货币信贷保持较快增长，围绕经济发展大局，创新支持民营和小微企业发展，不断提升金融服务和管理水平，加强重点领域风险防控，助力优化北京营商环境，有力促进了首都经济高质量发展。一是银行业稳健发展，存贷款保持平稳增长。人民币存款余额同比增长9.3%，比全国高0.6个百分点；人民币贷款余额同比增长10.2%，其中，非金融企业及机关团体贷款余额同比增长11.2%。重点领域贷款增长显著，高新技术产业、文化及相关产业贷款余额分别同比增长19.2%、23.4%，普惠小微企业贷款余额同比增长32.4%，比全国高6个百分点。通过开展零信贷企业银企对接活动，助力解决企业首贷难问题。LPR改革成效显著，贷款利率显著下降。12月普惠小微企业贷款加权平均利率为5.88%，同比下降80个基点。风险管控较为扎实，辖区银行业年末贷款不良率为0.55%。二是证券期货业发展整体稳健，市场融资规模有所下降。2019年末，北京市共有法人证券公司18家，法人期货公司19家，法人基金管理公司19家，证券营业部544家。境内上市公司总数为334家，较上年新增18家，上市公司通过沪深证券交易所筹集资金3861亿元，同比增加1159亿元。三是保险市场逐步回归本源，社会服务功能进一步增强。2019年，累计实现保费收入2076.5亿元，同比增长15.8%。其中，人身险保费1621.6亿元，同比增长18.3%，财产险保费454.9亿元，同比增长

7.6%。启动保险业支持养老、家政、托幼等社区家庭服务试点，保险机构以债权投资计划形式投资北京市重点项目1937.8亿元。四是社会融资结构持续优化，金融创新步伐加快。企业直接融资规模占社会融资规模的51%，同比上升9.4个百分点。银行等金融机构创设信用风险缓释凭证，服务4家民营企业发债融资22.9亿元，在京津冀地区首次发行私募“双创”债。五是金融科技监管试点顺利开展，金融扩大开放稳步推进。在全国率先开展金融科技创新监管试点，完善46个金融科技应用项目，数量居试点城市之首；率先探索人工智能在外汇管理领域应用，开展跨境金融区块链服务平台试点；率先实施对外承包工程境外外汇资金集中管理及跨境人民币结算便利化政策。六是金融便民程度不断提升，金融管理手段持续优化。着力提升金融服务便民惠民水平，在全国率先实现动产担保的统一登记、查询，取消企业银行账户许可，率先开创“线上＋线下”企业征信服务新模式，着力推动移动支付便民示范工程建设。

2020年，北京市将继续坚持新发展理念，坚持以供给侧结构性改革为主线，继续大力加强“四个中心”功能建设、提高“四个服务”水平，抓好“三件大事”，打好三大攻坚战，扎实推动首都高质量发展。人民银行营业管理部将坚持以习近平新时代中国特色社会主义思想为指导，全面贯彻党的十九大和十九届二中、三中、四中全会及中央经济工作会议精神，深入贯彻习近平总书记对北京重要讲话精神，增强“四个意识”、坚定“四个自信”、做到“两个维护”，紧扣全面建成小康社会目标任务和“十三五”规划收官，推进落实金融供给侧改革，落实好稳健的货币政策要更加灵活适度，深化金融改革开放，做好金融管理和服务，着力推进首都经济金融持续高质量发展，坚决打赢防范化解重大风险攻坚战，维护首都金融安全稳定。

一、金融运行情况

2019年，北京市金融业保持平稳运行，社会融资结构持续优化，重点领域信贷增速保持较快增长，金融基础设施建设不断完善，金融生态环境持续优化。银行业、证券业发展整体稳健，保险市场逐步回归本源，社会服务功能进一步增强。

（一）银行业稳健发展，存贷款保持平稳增长

1.银行业金融机构资产规模进一步扩大，利润有所下降。2019年末，北京市银行业金融机构资产总额26.3万亿元，同比增长8.6%；实现利润2589.2亿元，同比下降4.9%，较上年同期下降9.9个百分点；银行业金融机构数量有所增加，2019年末机构网点总数减少45家；法人金融机构数量比上年增加1家；从业人数同比增长5.1%。

表1　2019年北京市银行业金融机构情况

机构类别	营业网点			法人机构（个）
	机构个数（个）	从业人数（人）	资产总额（亿元）	
一、大型商业银行	1797	53089	98005	0
二、国家开发银行和政策性银行	18	912	18737	0
三、股份制商业银行	813	25357	52671	0
四、城市商业银行	425	11951	30584	1
五、城市信用社	—	—	—	—
六、小型农村金融机构	673	9224	9579	1
七、财务公司	75	5264	37316	73
八、信托公司	12	4098	1607	12
九、邮政储蓄银行	574	3360	3667	0
十、外资银行	115	4306	3783	9
十一、新型农村金融机构	40	818	278	11
十二、其他	18	4347	6271	14
合　计	4560	122726	262498	121

注：营业网点机构数据不包括国家开发银行和政策性银行、大型商业银行、股份制商业银行金融机构总部；大型商业银行包括中国工商银行、中国农业银行、中国银行、中国建设银行和交通银行；小型农村金融机构指农村商业银行；新型农村金融机构包括村镇银行、贷款公司和农村资金互助社；“其他”包含金融租赁公司、汽车金融公司、货币经纪公司、消费金融公司等。

数据来源：中国人民银行营业管理部、北京银保监局、北京市地方金融监督管理局。

2. 人民币存款保持较高增速，外币存款有所减少。2019 年末，北京市金融机构人民币存款余额同比增长 9.3%，比全国高 0.6 个百分点，与上年同期持平，全年新增额为近四年最高。非金融企业和住户存款保持较快增长，是拉动人民币存款增长的主要部分。2019 年末，非金融企业存款余额同比增长 6.8%，较上年同期高 5.5 个百分点，同比多增 2870.9 亿元；住户部门存款余额同比增长 14.8%，较上年同期高 2.6 个百分点，同比多增 1222.3 亿元。受中美贸易摩擦及汇率影响，外币存款有所减少。2019 年以来，北京市金融机构外币存款余额同比增速转为负值，9 月起外币存款余额逐月回升，降幅从 8 月的 12.1% 收窄至年末的 0.9%。

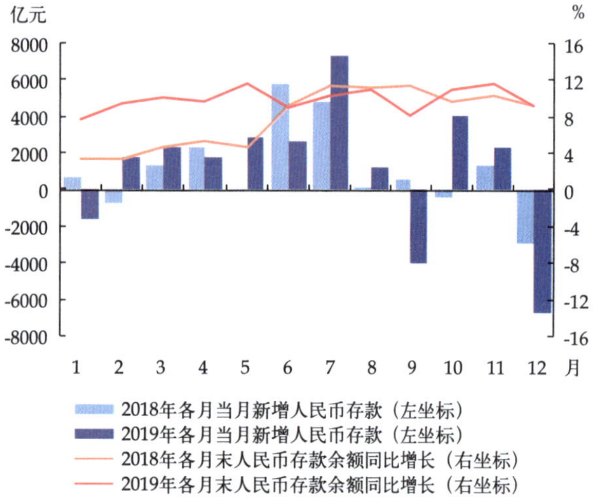

数据来源：中国人民银行营业管理部。

图 1　2018~2019 年北京市金融机构人民币存款增长变化

3. 人民币贷款保持较快增长，重点领域信贷支持持续加强。2019 年末，北京市金融机构人民币贷款余额同比增长 10.2%，其中，非金融企业及机关团体贷款余额同比增长 11.2%，住户贷款余额同比增长 7%；外币贷款余额同比减少 12.7%，降幅较上年同期扩大 7 个百分点。

重点领域贷款增长显著。2019 年末，北京市中资银行高新技术产业人民币贷款余额同比增长 19.2%，文化及相关产业人民币贷款余额同比增长 23.4%。北京市金融机构全口径小微企业人民币贷款余额同比增长 14.1%；普惠小微人民币贷款余额同比增长 32.4%，增速比同期各项贷款高 22.2 个百分点，比全国高 6 个百分点。

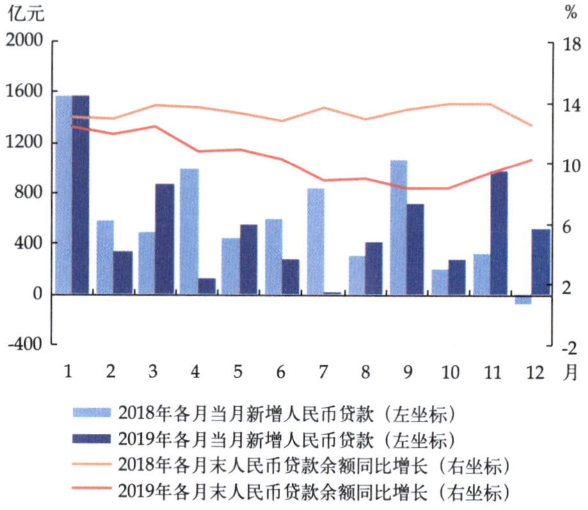

数据来源：中国人民银行营业管理部。

图 2　2018~2019 年北京市金融机构人民币贷款增长变化

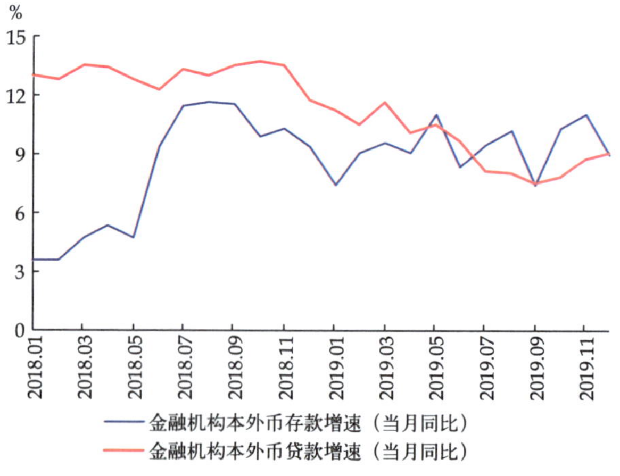

数据来源：中国人民银行营业管理部。

图 3　2018~2019 年北京市金融机构本外币存、贷款增速变化

4. 表外业务增速略有回升，部分影子银行特征业务降幅明显。2019 年末，北京地区银行业金融机构表外业务（剔除托管资产）余额同比增长 7.7%，较上年同期高 2.6 个百分点，主要是受承诺类业务较快增长影响，而委托贷款、委托投资，特别是金融机构委托投资均有所下降。北京辖内银行理财产品规模有序压降，2019 年末，理财产品余额同比下降 1.2%。

5. LPR 改革成效显著，人民币贷款利率显著下降。2019 年 1~11 月，北京地区金融机构一般贷款加权平均利率保持在 4.9%~5.2% 的低利率水平区间内平稳运行，12 月降至本年低点 4.5928%。2019 年小微企业贷款利率震荡下行、降幅明显，12 月普惠小微贷款加权平均利率为 5.8839%，同比下降 80 个基点。人民币活期存款利率走势平稳，定期存款利率稳中略升，美元存款利率稳中略降。北京地区深入推动 LPR 改革，执行 LPR 减点的贷款占比持续上升，有效打破贷款利率隐性下限，切实降低企业综合融资成本。

表 2　2019 年北京市金融机构人民币贷款各利率区间占比

（LPR 改革前）　　　　单位：%

月份		1月	2月	3月	4月	5月	6月	7月
合计		100.0	100.0	100.0	100.0	100.0	100.0	100.0
下浮		49.3	52.3	47.1	49.1	51.7	52.8	54.6
基准		15.7	14.6	16.1	15.6	13.4	14.7	13.3
上浮	小计	35.0	33.0	36.9	35.3	34.9	32.5	32.0
	(1.0，1.1]	8.1	8.3	7.5	7.4	8.0	7.5	5.8
	(1.1，1.3]	10.2	8.1	11.7	10.3	9.7	10.1	9.6
	(1.3，1.5]	3.9	3.2	4.2	3.3	4.2	4.2	3.7
	(1.5，2.0]	9.0	9.2	9.8	10.2	9.0	7.4	9.4
	2.0 以上	3.8	4.2	3.7	4.0	4.0	3.3	3.7

（LPR 改革后）

月份		8月	9月	10月	11月	12月
合计		100.0	100.0	100.0	100.0	100.0
LPR 减点		46.4	45.9	47.2	51.5	60.0
LPR		0.4	0.5	1.0	1.6	1.2
LPR 加点	小计	53.3	53.7	51.9	46.9	38.8
	(LPR，LPR+0.5%)	19.8	20.0	17.9	16.4	16.0
	[LPR+0.5%，LPR+1.5%)	15.5	16.6	15.5	12.9	10.9
	[LPR+1.5%，LPR+3%)	6.1	5.9	5.5	6.5	4.7
	[LPR+3%，LPR+5%)	7.1	6.7	8.0	6.6	4.6
	LPR+5% 及以上	4.7	4.6	5.1	4.5	2.7

数据来源：中国人民银行营业管理部。

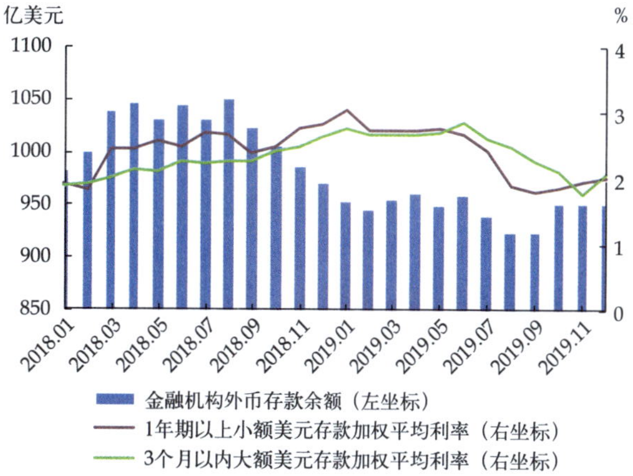

数据来源：中国人民银行营业管理部。

图 4　2018~2019 年北京市金融机构外币存款余额及外币存款利率

6. 信贷资产质量有所下降，但不良贷款率仍处于较低水平。2019 年末，辖内银行业金融机构不良贷款余额 564.0 亿元，同比增长 76.8%；不良贷款率 0.55%，同比上升 0.21 个百分点，较全国低 1.26 个百分点。法人银行类金融机构拨备覆盖率 252.8%，同比下降 16.0 个百分点。2019 年辖内银行业金融机构累计实现利润 2589.2 亿元，同比下降 4.8%，增速同比下降 9.9 个百分点。

7. 法人银行整体流动性较好，资本充足水平上升。2019 年末，辖内法人银行流动性比例为 65.09%，同比上升 3.8 个百分点；平均贷存比为 78.1%，较年初上升 2.5 个百分点。辖内法人银行资本充足率 13.8%，同比上升 0.3 个百分点；杠杆率 7.0%，同比上升 0.1 个百分点。随着政策支持力度上升，优先股、永续债等外源性资本补充渠道不断拓宽。

8. 人民币跨境使用稳步发展。2019 年，北京地区跨境人民币结算 2.7 万亿元，同比增长超两成，业务笔数 18.4 万笔。自 2010 年 6 月 23 日试点启动至 2019 年末，北京地区跨境人民币收付涉及的国家和地区已达 242 个。2019 年，北京地区经常项目人民币收付 7009.6 亿元，资本与金融项目人民币收付 19807.6 亿元。北京地区已有 120 家跨国企业集团开展跨境双向人民币资金池业务，累计归集跨境收入 3691.9 亿元，跨境支出3251.1亿元；北京地区银行已累计为境外93个国家和地区的参加行开立人民币同业往来账户917个，为非居民机构开立人民币结算账户1142个。

专栏1　零信贷银企对接助力解决企业首贷难问题

2019年，为进一步贯彻党中央、国务院深化民营和小微企业金融服务的精神，落实人民银行总行相关工作要求，促进金融与实体经济良性互动发展，中国人民银行营业管理部联合北京银保监局启动“访企业问需求——零信贷企业银企对接活动”。对接活动主要面对尚未获得银行贷款的民营和小微企业，运用信息化手段，引导辖内银行下沉服务重心、送金融服务上门，推动解决企业首贷难题。12月1日，“北京市银企对接系统”正式上线。

一、主要做法

一是部门联动，形成政策合力。通过金融管理部门会同地方政府部门梳理企业名录，为企业特别是首贷企业提供精准服务。金融管理部门组织银行机构走访企业，了解企业需求，宣讲金融政策，提供金融服务。银企对接活动已覆盖超5.6万户企业，包括3.5万户尚未获得银行贷款的高新技术企业、7900户全部市级文创产业园的入驻企业，以及1.3万户经济技术开发区的无贷户企业。

二是科技赋能，实现无缝对接。为提高银行走访效率和精准度，人民银行营业管理部开发建设了“北京市银企对接系统”。依托对接系统导入企业名录和基本信息、促成银企线上“无缝对接”，实现了政府资源、银行资源与企业需求的有机对接。同时，通过对接系统分配银行基本任务量、限定企业走访时间、记录走访情况、统计走访效果，着力打通金融服务实体经济的“最后一公里”。上线“企业融资需求填报系统”（www.bjfindata.cn），旨在进一步提升银企对接质效。

三是督导激励，提升行动质效。金融管理部门运用信息化手段动态跟踪银企对接进程，定期开展窗口指导和通报考核，督导银行充分摸排名录内企业的融资意愿和需求，实现银企服务关系和服务渠道的“两个转变”：由企业上门寻求贷款变为银行主动提供服务，强化银行对企业的金融服务意识；由单独对接零散客户变为主动集中宣传金融政策，为企业营造融资发展良好环境。

四是广泛宣传，营造良好氛围。人民银行营业管理部、市经济和信息化局、市金融监管局、市科委、开发区管委会、中关村管委会等多部门宣传推广，提升企业对活动的认知度和认同感。充分发挥银行自身宣传渠道优势，指导银行运用宣传海报、小册子、二维码、微信公众号等方式加强宣传。北京银行、北京农商银行等纷纷以服务首贷企业为着力点，开展互联网、移动互联网、楼宇传媒等多种形式的宣传。

二、取得成效

一是有力推动辖内民营和小微企业信贷扩面增量。“北京市银企对接系统”上线以来，各银行累计走访企业25971户，为487家企业提供融资支持，总金额40亿元。银行金融服务呈现多样化特点，融资产品包括流动资金贷款、票据贴现、小企业主贷款、个人经营性贷款、保证贷款、委托贷款及融资性保函等多种形式。

二是进一步营造支持民营和小微企业融资的良好氛围。从实际效果看，企业获取金融服务信心增强，一些企业得知自己在政府推荐的银企对接名录内感到“原来享受正规的金融服务并没有那么难”。还有一些企业虽暂无资金需求，但和银行建立了联系，为后期双方合作打下基础。

三、下一步工作思路

一是积极对接北京市首贷中心建设工作。发挥平台优势，助力北京市首贷中心建设。首贷中心受理企业融资需求后，可以通过“北京市银企对接系统”向银行推送。金融管理部门通过系统对银企对接情况实时监测并开展回访抽查，督导银行提升服务质效。

二是进一步扩大银企对接范围。持续优化对接平台功能，不断扩大对接范围和领域，打造信贷、票据、债券业务多元化的投融资对接体系。加大与市文化主管部门及东城区对接，将更多文创类企业纳入企业名录库，进一步支持全国文化中心建设和国家文化金融合作示范区建设。同时，加强与其他各区政府部门的合作，梳理分区待访企业名单，按区扎实推进。

三是下沉宣传重心提升企业参与度。人民银行营业管理部将积极争取更多部门支持，下沉宣传重心、从市、区、园区、行业协会等多层面进行推广宣传，降低银行首次走访企业的难度，使企业广泛知晓、积极参与。

四是进一步发挥政策性融资担保的作用。联合市区相关部门引导政策性融资担保机构积极参与，优化业绩考核目标，简化担保手续，与银行尽调“合并同类项”，以进一步降低融资担保费率。

（二）证券期货业发展整体稳健，市场融资规模有所下降

1. 证券期货机构数量稳步增长，对外开放进程有序推进，外币服务能力显著提升。2019年末，北京地区法人证券公司18家，法人期货公司19家，法人基金管理公司19家，数量均与上年相同；证券营业部544家，期货分支机构108家，分别比上年增加1家和4家。证券从业人员34538人（包括辖区证券公司在全国下设营业部的证券从业人员），较上年减少1248人。2019年，大和证券、瑞信方正证券、高盛高华证券等外资企业增持股权至51%或在京新设合资公司获证监会正式受理；迈凯希金融公司、韩国投资证券、日本日兴证券先后设立北京代表处，外资证券公司类代表处呈现放量增长态势；中金公司、中信建投证券结售汇业务资格申请获得证监会无异议函，地区本外币服务能力有效提高。

2. 证券公司营业收入明显上升，期货公司资本稳步提升。2019年，北京地区18家证券公司营业收入499.4亿元，同比增长32.1%。2019年末，北京地区19家期货公司总资产782亿元，同比增长11.7%；净资本153亿元，同比增长3.4%；客户保证金606亿元，同比增长14.8%，全国占比13%。截至2019年末，北京地区基金公司管理公募基金产品1390只，同比增长19.2%；基金资产净值合计32027.9亿元，同比增长8.5%。

3. 新三板挂牌公司数量减少，股票融资总额下降。2019年末，北京地区新三板挂牌公司共计1190家，同比下降17.4%；挂牌公司总市值5283.7亿元，同比下降12.9%。2019年北京地区新三板挂牌公司共定向发行79家次，募集资金40.99亿元，同比下降50.6%，次数和规模分别占全市场的12.4%和15.5%，居全国第二。

表3　2019年北京市证券业基本情况

项目	数量
总部设在辖内的证券公司数（家）	18
总部设在辖内的基金公司数（家）	19
总部设在辖内的期货公司数（家）	19
年末境内上市公司数（家）	334
当年国内股票（A股）筹资（亿元）	3861
当年发行H股筹资（亿元）	—
当年国内债券筹资（亿元）	6974.7
其中：短期融资券筹资额（亿元）	-72.1
中期票据筹资额（亿元）	2239.8

注：证券公司家数为法人机构数量，国内股票（A股）筹资额包含金融企业A股筹资，债券筹资为社会融资规模中企业债券融资额。

数据来源：中国人民银行营业管理部、中国证券监督管理委员会北京监管局。

（三）保险市场逐步回归本源，社会服务功能进一步增强

1. 保险行业稳步发展，机构经营总体稳健。2019 年末，北京地区共有保险总公司 45 家。其中，财产险公司 14 家、人身险公司 31 家；保险专业中介法人机构 392 家。保险深度 5.9%，同比提高 0.45 个百分点；保险密度 9640.4 元/人，同比提高 16.3%。在监管趋严背景下，保险公司风险防范意识和能力增强，市场秩序好转。2019 年，北京地区财产险公司综合费用率 35.6%，同比下降 4.7 个百分点；人身险公司退保率 5.6%，同比下降 1.6 个百分点；除 2 家人身险公司外，北京地区法人保险公司偿付能力均满足监管要求。

2. 保费收入平稳较快增长，业务结构持续优化。2019 年，北京地区保险公司实现原保险保费收入 2076.5 亿元，同比增长 15.8%；累计赔付支出 719 亿元，同比增长 14.2%。其中，财产险保费收入 454.9 亿元，同比增长 7.6%；人身险公司实现保费收入 1621.6 亿元，同比增长 18.3%。财产险公司非车险业务占比 47.7%，同比上升 6.9 个百分点。期缴型、长期型等保障程度较高的人身险业务增长较快，同比上升 3 个百分点；长期健康险业务占比 17.4%，同比上升 0.3 个百分点。

3. 保险业社会服务范围扩大，保障功能进一步增强。2019 年，北京启动农业保险承保全流程电子化改革试点，累计提供风险保障 67.3 亿元。力推工程质量潜在缺陷保险、关税保证保险等险种，累计提供风险保障 118.3 亿元。在全国首推车险“互碰快赔”机制，减少事故车辆占路时长。启动保险业支持养老、家政、托幼等社区家庭服务试点，石景山区长期护理保险试点已覆盖 30 万人群，保险业参与的老年人意外险、失独家庭保障等政府保险合作项目服务约 231 万人次。2019 年，北京地区保险机构以债权投资计划形式投资北京市重点项目 1937.8 亿元。

表 4　2019 年北京市保险业基本情况

项目	数量
总部设在辖内的保险公司数（家）	45
其中：财产险经营主体（家）	14
人身险经营主体（家）	31
保险公司分支机构（家）	112
其中：财产险公司分支机构（家）	49
人身险公司分支机构（家）	63
保费收入（中外资，亿元）	2077
其中：财产险保费收入（中外资，亿元）	455
人身险保费收入（中外资，亿元）	1622
各类赔款给付（中外资，亿元）	719
保险密度（元/人）	9640.4
保险深度（%）	5.9

数据来源：中国银行保险监督管理委员会北京监管局。

（四）社会融资结构持续优化，金融创新步伐加快

1. 社会融资结构持续优化，直接融资占比上升。2019 年，北京地区社会融资规模增加 1.46 万亿元，其中，人民币贷款新增 6489.4 亿元，占地区社会融资规模增量的 44.4%；企业债券净融资 6974.7 亿元，占地区社会融资规模增量的 47.7%；境内股票融资 485.5 亿元，企业直接融资占比 51%，较上年上升 9.4 个百分点；委托贷款、信托贷款和未贴现银行承兑汇票共减少 4314.6 亿元。

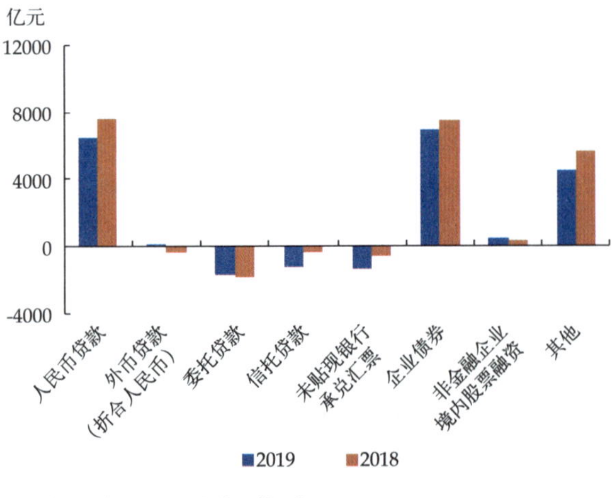

数据来源：中国人民银行营业管理部。

图 5　2018~2019 年北京地区社会融资规模分布结构

2. 多个金融市场创新产品在京落地。一是民营企业债券融资支持工具推广使用，辖内银行、中债信用增进公司等机构创设5.8亿元信用风险缓释凭证（CRMW），支持北京地区4家民营企业在银行间市场发债融资22.9亿元，其中国泰君安为19京东ABN001创设信用风险缓释凭证是银行间首单成功落地的ABN+CRMW模式。二是北京地区“双创”债务融资工具推广使用，北京未来科学城发展集团在银行间市场发行2笔总规模4.8亿元的私募双创债券，这是京津冀地区首单私募双创债。三是市属企业在银行间市场发展融资稳步推进，2019年，北京市65家市属企业在银行间市场发行债券212只，募集资金2736.1亿元。

3. 票据市场运行总体平稳，贴现票据金额和贴现余额均大幅增长。2019年，北京市金融机构累计签发银行承兑汇票金额同比增长20.7%，累计贴现票据金额同比增长109.6%。2019年末，银行承兑汇票余额同比增长28.6%，票据贴现余额同比增长116.6%。北京地区票据贴现和转贴现利率下行趋势明显。

表5　2019年北京市金融机构票据业务量统计

单位：亿元

季度	银行承兑汇票承兑		贴现			
			银行承兑汇票		商业承兑汇票	
	余额	累计发生额	余额	累计发生额	余额	累计发生额
1	6885	2452	4269	7634	687	853
2	6798	4984	4283	15406	840	1641
3	6997	7620	4140	22127	828	2264
4	7367	10991	4861	28070	695	2903

数据来源：中国人民银行营业管理部。

表6　2019年北京市金融机构票据贴现、转贴现利率

单位：%

季度	贴现		转贴现	
	银行承兑汇票	商业承兑汇票	票据买断	票据回购
1	3.5341	5.1695	3.5594	2.5266
2	3.5480	5.1047	3.6018	2.3335
3	3.0913	4.4848	3.1688	2.3887
4	3.0232	4.3816	2.9792	2.5053

数据来源：中国人民银行营业管理部。

4. 地方债发行规模增加，政府负债率保持稳定。2019年末，北京市地方政府债券余额4959.4亿元，其中，一般债务余额2113.5亿元、专项债务余额2845.9亿元。2019年，北京市地方政府负债率为14.0%，较2018年提高1.0个百分点。2019年，北京市政府共发行债券1401.5亿元，全部采用公开招标方式发行，较2018年增加756.6亿元。

（五）金融科技监管试点顺利开展，金融扩大开放稳步推进

2019年，营业管理部以“金融科技”为切入点，全面助力北京科创中心建设。在全国率先开展金融科技创新监管试点，有序推进金融科技应用试点，完善金融科技应用配套政策、制度和标准，微捷贷、快审快贷等46个金融科技应用试点项目数量居10个试点城市之首。积极建设“数字外管”，在全国率先探索人工智能在外汇管理领域应用，开展跨境金融区块链服务平台试点，切实提升防范与打击外汇违法违规行为效能。

围绕金融业服务业扩大开放，助推首都对外开放新格局加快形成。落实金融领域开放改革三年行动计划，推动标普中国、贝宝（PayPal）等外资金融企业在京发展，环球同业银行金融电讯协会（SWIFT）在京设立全资中国法人机构，北京成为外资金融机构入驻聚集地。推动货物贸易外汇收支便利化试点落地，优化拓展中关村示范区资本项目便利化政策，进一步提升首都贸易投资便利化水平。在全国率先实施对外承包工程境外外汇资金集中管理及跨境人民币结算便利化政策，创新驱动金融支持“一带一路”建设发展。积极推进人民币国际化，落地实施优质诚信企业跨境人民币结算便利化方案。

（六）金融便民程度不断提升，金融管理手段持续优化

2019年，中国人民银行营业管理部创新开展多项全国率先工作，着力提升金融服务便民惠民水平，助力首都营商环境持续优化。在全

国率先实现动产担保的统一登记查询，显著提升企业获得信贷便利度。作为全国首批试点省市，取消企业银行账户许可，企业开户平均时间缩短至 1 天。向社保、公积金、税务等部门共享账户信息，全面推广电子营业执照在开户环节应用，上线注销企业在线销户预约系统。在全国率先开创“线上 + 线下”企业征信服务新模式，覆盖辖区近五成企业。着力推动移动支付便民示范工程建设，北京 3 万余辆公交车实现联网通用移动支付全覆盖。充分发挥金融服务乡村振兴和脱贫攻坚的支撑作用，三年累计消除金融空白村 1917 个，实现村级金融服务全覆盖。

2019 年，中国人民银行营业管理部全面从严强化金融管理，坚定守住首都金融稳定防线。在全国率先建立省级金融监管协调机制，推动各金融监管部门形成合力。在全国率先开展企业工商登记涉金融字样前置管理，助力 244 家金融服务类企业落户北京。发起设立市金融纠纷人民调解委员会暨市金融业公共法律服务中心，在源头化解金融消费领域社会矛盾，调解成功率达 94.4%。充分发挥反洗钱职能优势，全面助推扫黑除恶专项斗争，实现全国首例房地产业反洗钱可疑交易报告。建立全国首个省级警银联合办公室，严厉打击地下钱庄和网络炒汇。强化货币管理，开出全国首张互联网上非法使用人民币图样罚单。在全国率先建立金融消保监管协调和金融广告治理协作机制，编排全国首部金融消保主题话剧，全面提升首都金融消费生态。

二、经济运行情况

2019 年，面对错综复杂的内外部环境，北京市坚持稳中求进工作总基调，深入推进供给侧结构性改革，经济总体保持平稳运行，高质量发展扎实推进。2019 年全市地区生产总值为 35371.3 亿元，同比增长 6.1%。

（一）三大需求协调发展，经济运行稳中向好

2019 年，北京市坚定不移贯彻中央稳中求进的工作总基调，实现经济平稳增长与质量提升互促共进。从三大需求看，投资有效性增强，服务性消费增势较好，外贸规模创历史新高。

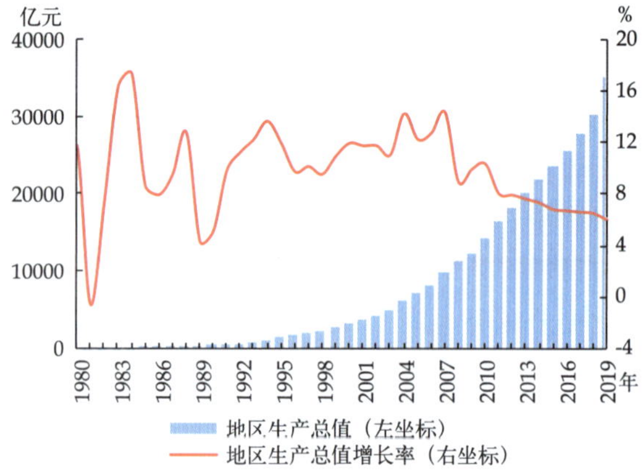

数据来源：北京市统计局。

图 6　1980~2019 年北京市地区生产总值及其增长率

1. 投资总量低位运行，结构进一步优化。 2019 年，北京市固定资产投资（不含农户）同比下降 2.4%，其中，房地产开发投资下降 0.9%。分产业看，三大产业完成投资增速分别为 20.6%、-9.0% 和 -2.3%。符合首都发展方向的行业投资较快增长，投资结构进一步优化，重点行业、民生领域投资增势较好，租赁和商务服务业，文化、体育和娱乐业，卫生和社会工作，科学研究和技术服务业投资分别增长 1.6 倍、77.0%、49.0% 和 27.0%。

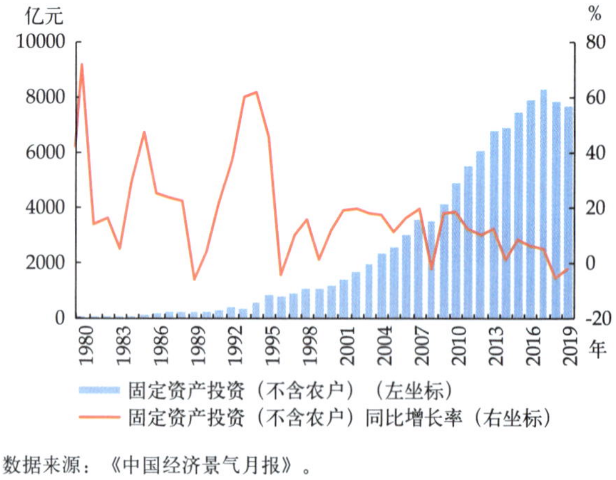

数据来源：《中国经济景气月报》。

图 7　1980~2019 年北京市固定资产投资（不含农户）及其增长率

2. 居民收入稳步增加，服务性消费增势较好。2019 年，全市城乡居民收入增长总体稳定，居民人均可支配收入实际增长 6.3%，与经济增长基本同步。全年实现市场总消费额同比增长 7.5%。服务性消费增势较好，全年服务性消费额增长 10.2%，占市场总消费的 55.1%，对总消费增长的贡献率达到 72.7%，成为带动消费增长的主要力量。商品性消费意愿增强，全年实现社会消费品零售总额增长 4.4%，较上年同期高 1.9 个百分点。

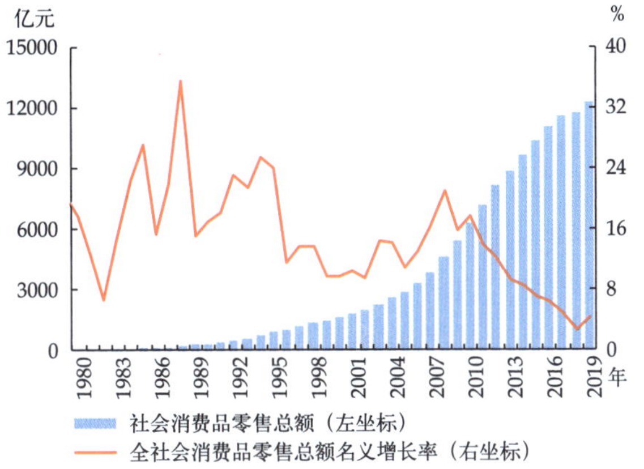

数据来源：北京市统计局。

图 8　1980~2019 年北京市社会消费品零售总额及其增长率

3. 外贸规模创历史新高。2019 年，北京地区进出口总值 28669.4 亿元，同比增长 5.5%，高于全国进出口增速 2 个百分点。其中，出口同比增长 6.0%，进口同比增长 5.4%。

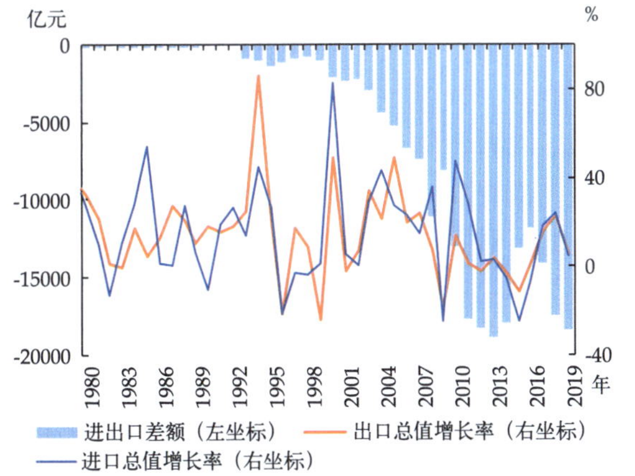

数据来源：北京市统计局。

图 9　1980~2019 年北京市外贸进出口变动情况

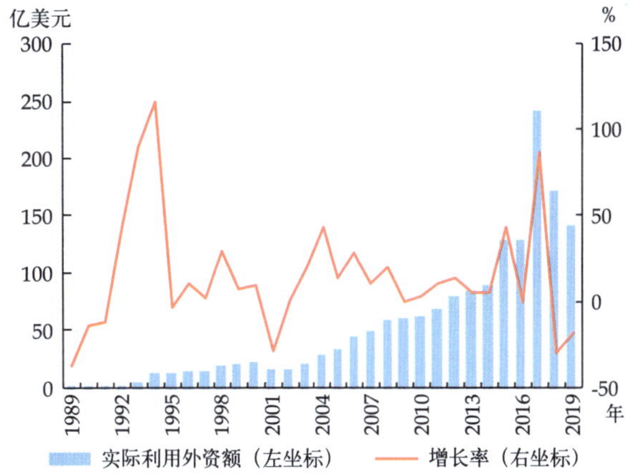

数据来源：北京市统计局。

图 10　1989~2019 年北京市实际利用外资额及其增长率

（二）产业转型升级持续推进，供给侧结构性改革成效显著

2019 年，北京市第一、二、三产业分别实现增加值 113.7 亿元、5715.1 亿元、29542.5 亿元。三次产业构成比为 0.3 : 16.2 : 83.5，与上年的 0.4 : 18.6 : 81.0 相比，第三产业比重进一步提高。

1. 传统种养业产量缩减，农业生态功能增强。2019 年，北京市农林牧渔业总产值 281.7 亿元，同比下降 5.1%。其中，种植业总产值同比下降 10.8%；牧业总产值同比下降 31.5%，产品出栏量大幅下降，生猪出栏头数同比下降 83.3%；渔业总产值同比下降 14.1%；林业在新一轮百万亩造林工程拉动下同比增长 21.6%，延续大幅增长态势。设施农业中高效益品种占比增加，盆栽观叶植物、园林水果、瓜果类和花卉苗木等高效益品种占设施农业产值的比重为 34.5%，比上年提高 6.4 个百分点；民俗旅游人均消费实现增长，民俗旅游接待实现收入 14.4 亿元，同比增长 5.4%；人均消费 75.1 元，同比增长 9.5%。

2. 工业生产增势稳定，提效降耗质量优化。2019 年，全市规模以上工业增加值按可比价格计算，增长 3.1%。高精尖产业引领工业高质量发展，规模以上工业高技术制造业增加值增长 9.3%，高于平均水平 6.2 个百分点，对规模以上工业增长的贡献率为74.7%，发挥了重要引领作用。重点行业中，医药制造业增长6.2%；计算机、通信和其他电子设备制造业增长9.9%；汽车制造业增长2.7%；通用设备制造业下降7.7%；专用设备制造业增长8.5%；电力、热力生产和供应业增长8.2%。工业生产效率和能源利用效率持续提高，1~11月，规模以上工业企业劳动生产率为48.9万元/人，同比提高4万元/人，单位增加值能耗下降2.8%。

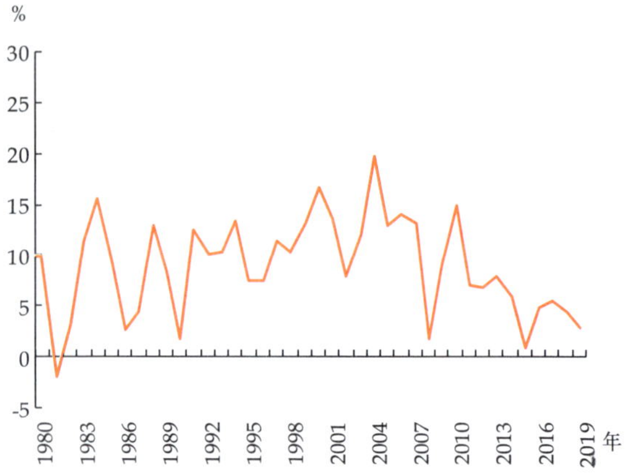

数据来源：北京市统计局。

图11　1980~2019年北京市规模以上工业增加值实际增长率

3.第三产业发挥压舱石作用，扩大开放稳步推进。2019年，全市第三产业增加值比上年增长6.4%，高于地区生产总值增速0.3个百分点，对经济增长的贡献率达到87.8%。金融、信息服务、科技服务等优势行业持续发挥带动作用。1~11月，规模以上金融业，信息传输、软件和信息技术服务业，科学研究和技术服务业法人单位收入占第三产业收入的比重合计为36.6%，同比提高3.6个百分点。高技术服务业和现代服务业快速增长。1~11月，规模以上现代服务业和高技术服务业法人单位收入分别增长8.2%和10.0%，较服务业平均水平分别高出2.9个和4.7个百分比。服务业扩大开放稳步推进。1~11月，服务业扩大开放七大领域规模以上法人单位实现收入5.4万亿元，同比增长9.7%，高于规模以上服务业法人单位收入增速4.4个百分点。

4.供给侧改革不断深化，城市规划发展取得进展。科技创新中心建设全面加速，发布实施新时代深化科技体制改革30条政策措施。全面落实新一轮服务业扩大开放综合试点方案，统筹推进相关政策落地。副中心城市框架有序拉开，落实副中心控制性详细规划实施方案，出台副中心规划设计导则。疏解整治促提升专项行动深入推进，退出一般制造业企业399家，疏解提升市场和物流中心66个，拆除违法建设腾退土地5706公顷，“留白增绿”完成绿化1686公顷。

5.生态保护持续加强，城乡环境持续美化。细颗粒物年均浓度继续大幅下降，市民蓝天幸福感进一步增强。深入实施美丽乡村建设三年行动计划，启动“百村示范、千村整治”工程，完成300个村污水治理、839座农村公厕改造任务，农村人居环境明显改善。完成新一轮百万亩造林绿化25.8万亩，全市森林覆盖率达到44%。有序开展垃圾分类，生活垃圾分类示范片区创建率达到60%，新增垃圾处理能力4500吨/天。

（三）消费价格温和上涨，生产价格总体平稳

1.居民消费价格稳中有升，涨幅温和可控。受非洲猪瘟影响，食品价格上涨较快，2019年，全市居民消费价格总水平同比上涨2.3%，涨幅比上年下降0.2个百分点。八大类商品和服务项目价格“六升二降”：食品烟酒类价格上涨5.2%，衣着类价格上涨1.9%，居住类价格上涨1.3%，教育文化和娱乐类价格上涨1.0%，医疗保健类价格上涨8.4%，其他用品和服务类价格上涨3.2%；生活用品及服务类价格下降0.3%，交通和通信类价格下降2.8%。

2.工业生产出厂价格和购进价格小幅下降。除2018年外，工业生产价格持续了2015年以来的下降趋势。2019年，全市工业生产者出厂价格比上年下降0.4%，购进价格比上年下降0.4%。

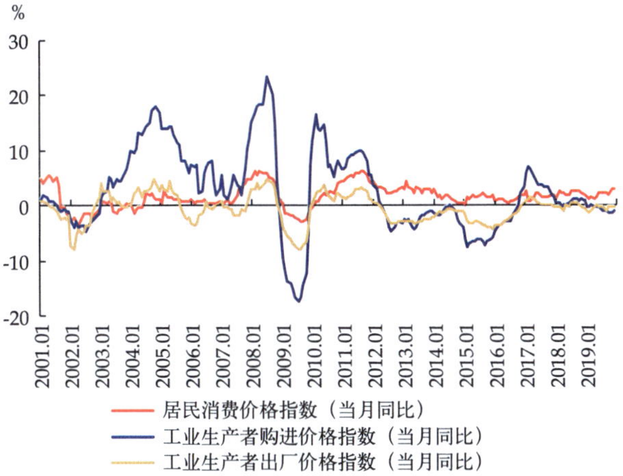

数据来源：北京市统计局。

图 12　2001~2019 年北京市居民消费价格指数和工业生产者价格指数变动趋势

3. 劳动力成本增长平稳，社会保障水平进一步提高。2019 年，北京市居民人均工资性收入 41214 元，同比增长 9.4%。社会保障水平进一步提高，四项社会保险待遇标准联动调整：企业退休职工基本养老金平均水平从每月 3980 元提高至 4157 元，涨幅为 4.4%；失业保险金每档增加 244 元；企业最低工资标准增长 3.8%。

4. 资源性产品价格改革继续深化，利用价格杠杆促进资源节约。2019 年，北京市继续推进资源性产品价格改革，深入落实首都城市战略定位，充分发挥价格杠杆作用。一是为有效传递和落实国家降低一般工商业电价的措施，确保降价成果惠及终端用户，2019 年 5 月 1 日起，一般工商业用户电度电价每千瓦时下调 0.93 分；2019 年 7 月 1 日起，再下调 2.63 分。二是为促进优化营商环境，减轻企业负担，2019 年 5 月 1 日起，工商业用气销售价格下调 0.1 元 / 立方米；发电用气销售价格下调 0.08 元 / 立方米。

（四）财政收支平稳运行，财税改革取得成效

2019 年，北京市财政收支平稳运行。全市一般公共预算收入 5817 亿元，增长 0.5%。其中，受信息服务业、金融业增长较好带动，增值税增长 2.5%；受提高研发费用加计扣除比例、小微企业普惠性税收减免以及企业利润下降等因素影响，企业所得税下降 5.5%；受个人所得税减税政策影响，个人所得税下降 25.3%。全市一般公共预算支出 7031.0 亿元，增长 0.3%。

围绕全面落实国家新出台减税降费政策方针，加大减税降费力度，深化财税体制改革，取得良好成效。实施增值税降率政策和个人所得税改革，并在地方权限范围内顶格实施小微企业普惠性税收减免政策，全年新增减税降费约 1800 亿元，切实减轻了企业和社会负担。加强财政监督管理，积极防范化解财政金融风险，出台防范化解政府债务风险实施方案，实现财政的安全运行，保障首都各项重点工作的推进。

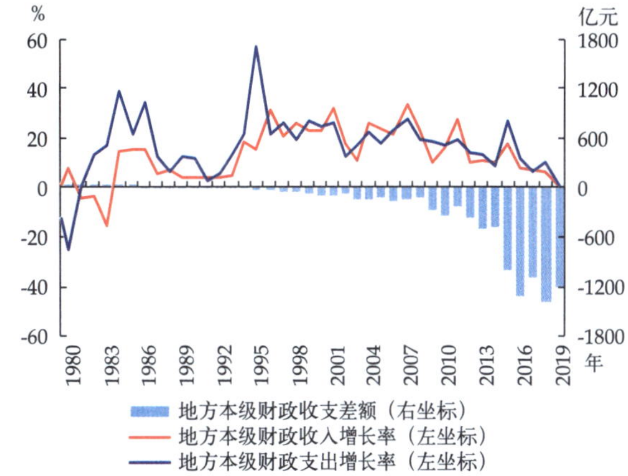

数据来源：北京市统计局。

图 13　1980~2019 年北京市财政收支状况

专栏 2　北京市全国科技创新中心建设取得积极成效

2019 年，北京市将“全力推进全国科技创新中心建设，加快构建高精尖经济结构”作为重点工作全力推进，突破制约科技创新的制度藩篱，充分发挥中关村先行先试制度优势，为科技创新护航开路，取得了丰硕的成果。

一、服务国家创新战略，强化科技创新战略布局

建立基础研究长期稳定支持机制，增强高校科技创新能力，提升前沿学科交叉和融合创新水平。积极承接国家重大科技任务，加快培育量子信息、网络空间安全等领域国家实验室。深入对接国家科技创新2030重大项目、重点研发计划和创新基地建设，聚焦5G、人工智能、医药健康等关键方向，精心组织推进创新攻关，更好服务国家创新战略需求。

二、建设“三城一区”主平台，区域联动取得新进展

坚持产城融合，完善管理体制和市场化服务机制，推动功能与科学、项目、产业等同步规划建设。中关村科学城系统布局基础前沿和关键核心技术，怀柔科学城综合性国家科学中心建设提速，未来科学城央企创新要素聚集效应逐步显现，北京经济技术开发区完成扩区，中关村示范区加大先行先试力度。

三、深化科技体制改革，提升科技创新治理体系和能力建设

立足全国科技创新中心城市战略定位和发展需求，发布《北京市促进科技成果转化条例》，调动各方主体科技成果转化的积极性，破解权属改革难题，进一步完善科技成果转化的法治环境。发布“科创30条”，聚焦科技创新战略布局、提升原始创新能力、构建高精尖经济结构以及实现首都高质量发展等重点领域和关键环节，强化科技创新中心功能、高精尖经济结构构建、前沿基础研究三个指向。

四、集聚培养顶尖人才，激发人才资源的积极性和创造性

一是优化人才培养机制。鼓励高等学校在人工智能、集成电路、云计算、转化医学与精准医学等领域设置新兴学科，加强高精尖产业高技能人才及专业管理人才培养。二是优化人才评价机制，推行代表作评价制度。三是优化因公出国（境）审批机制，优化科研人员因公出国审查、审批、备案等工作流程。四是优化外籍人才引进及服务机制，在工作居留许可办理、养老保险缴纳、子女入学等方面持续改进服务，在“三城一区”等区域建立外籍人才一站式综合服务平台。

五、加强高精尖产业发展顶层设计，构建高精尖经济结构

细化明确各区发展重点，强化市级统筹调度，奔驰新能源汽车、燕东集成电路生产线、小米未来工厂、国家网络安全产业园区等一批重点项目落地实施。加快应用场景建设，发布首批10项重大应用场景和20项央企应用场景项目。以新一代信息技术与医药健康为引领，塑造高精尖产业发展新动能。5G商用步伐加快，实施智能网联汽车创新发展行动方案，全产业链布局医药健康产业体系，重点培育“AI+健康”新兴产业，支持创新医疗器械应用推广。

六、聚焦中关村创新引领，加大金融支持力度

中关村示范区作为创新创业集聚地和战略产业策源地，是北京建设“科技创新中心”的主阵地。人民银行以全国科技创新中心建设为金融服务重点，全面落实各项科技金融政策，促进金融和科技深层次融合。一是强化政策引领，推动形成科创型企业特色金融服务体系。二是强化创新引领，启动助推科技金融发展的“新引擎”。创新设立“中关村示范区再贴现窗口”，实现货币政策的精准滴灌，进一步疏通货币信贷政策传导机制。三是强化科技引领，以金融科技提升小微企业服务效率。

展望2020年，北京市将在承接国家重大科技任务、建设“三城一区”主平台、构建高精尖经济结构、深化科技体制改革、推动开放创新合作等方面持续发力，努力建设具有全球影响力的科技创新中心。

（五）房地产市场继续保持稳定，科技、文化及相关产业持续增长

1. 房地产市场延续平稳发展势态。2019 年，北京市完成房地产开发投资 3838.4 亿元，比上年下降 0.9%，其中，住宅完成投资 2039.8 亿元，同比增长 0.7%。

北京土地出让市场继续降温。2019 年北京土地出让 58 宗，成交金额 1672 亿元，较 2018 年下降6%，平均溢价率9.2%，较上年下降4.5个百分点。全市房地产开发投资下降 0.9%。商品房销售面积 938.9 万平方米，同比增长 34.9%，其中，保障性住房销售面积 350.1 万平方米，同比增长 58.0%。

商品房施工、新开工、竣工面积有所下降，销售面积回升。2019 年，北京市商品房施工面积 12515.0 万平方米，同比下降 3.5%；新开工面积 2073.2 万平方米，同比下降 10.7%；竣工面积 1343.3 万平方米，同比下降 13.8%。商品房销售面积 938.6 万平方米，同比增长 34.9%，其中，住宅销售面积 789.0 万平方米，同比增长 49.8%。

商品住房成交规模增长，全年成交 20.2 万套，同比增长 4.9%。新建商品住房成交 5.9 万套，增长 47.5%；二手住房成交 14.3 万套，减少 6.0%。2019 年，新建商品住房价格整体呈上升趋势，全年新建商品住房价格指数累计上涨 4.8%；二手房住房价格全年同比下降 0.5%。

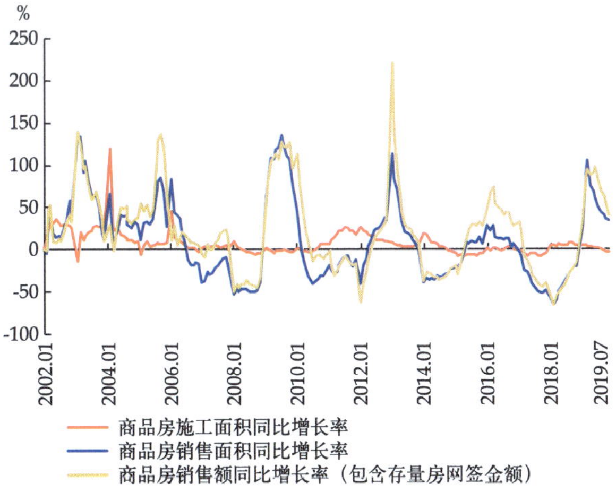

数据来源：北京市统计局。

图 14　2002~2019 年北京市商品房施工和销售变动趋势

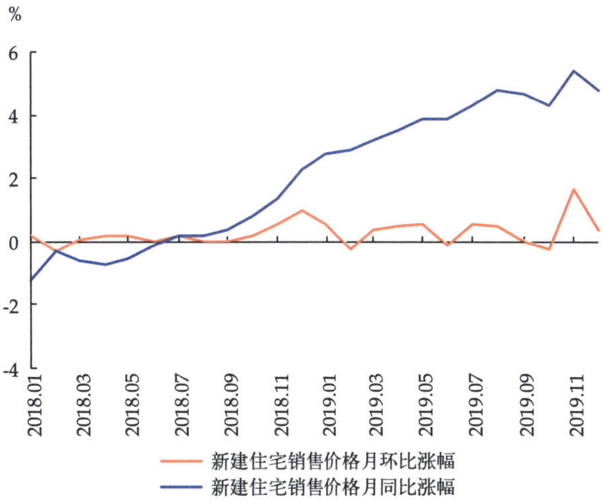

数据来源：北京市统计局。

图 15　2018~2019 年北京市新建住宅销售价格变动趋势

有效保障政策性住房的供给。全市启动公租房配租 1.45 万套，累计推进共有产权住房项目 68 个，申购项目 46 个、4.5 万套。确定集体土地租赁住房试点项目 68 个，累计开工 29 个项目、4.2 万套。

保障性住房开发贷款增速高于房地产开发贷款，个人住房贷款增速回升，占各项贷款比重提升。2019 年末，本外币房地产开发贷款余额 6221.4 亿元，同比增长 7.3%，其中保障性住房开发贷款同比增长 10.1%。个人住房贷款余额 10417.4 亿元，同比增长 4.9%；比年初增加 494.0 亿元，占各项贷款新增额的比例为 7.8%，较上年提高 4.4 个百分点。

2. 科技引领经济加快转型。第一，“双创”服务保障进一步增强。截至 2019 年底，全市拥有孵化机构 500 余家，服务“十大高精尖产业”的技术服务机构占到 95.6%。第二，中关村创新引领作用更加突出。从创新投入来看，1~11 月，中关村规模以上高新技术企业研究开发费用合计 2162.3 亿元，同比增长 16.1%，增速高于总收入增速，在总收入中占比是 4%，比上年同期提高了 0.1 个百分点。从创新产出来看，1~11 月，中关村企业专利申请量 8.4 万件，占全市企业专利申请量的 57.5%，其中发明专利申请量 5.1 万件，占全市企业发明专利申请量的 65.9%。从创

新驱动效果来看，1~11月中关村企业实现总收入5.4万亿元，同比增长13.8%，增速同比提高了0.8个百分点。第三，新动能加快成长。科技创新培育了新兴动能。2019年全市新经济增加值为12765.8亿元，同比增长7.5%，占全市地区生产总值的比重达到36.1%。

3.文化及相关产业继续保持快速发展。2019年，规模以上文化产业法人单位从业人员59.4万人，实现收入1.28亿元，同比增长8.2%，逐渐成为助推首都经济高质量发展的重要引擎。

三、预测与展望

2020年是全面建成小康社会和“十三五”规划收官之年，既是决胜期，也是攻坚期。虽然面临的国内外形势复杂严峻，经济下行压力持续加大，但我国发展仍处于并将长期处于重要战略机遇期。新冠肺炎疫情对中国经济造成一定影响，但总体可控，中国经济稳中向好、长期向好、高质量发展的基本面没有改变。预计北京经济持续平稳运行在合理区间，结构进一步优化。

从国际环境看，国际疫情持续蔓延，世界经济下行风险加剧，不稳定不确定因素显著增多，发达经济体经济增速面临下跌，新兴市场经济体经济增速或将继续下跌，全球经济金融发展面临较大挑战。从国内环境看，在党中央坚强领导下，我国经济展现出巨大韧性，在常态化疫情防控中经济社会运行逐步趋于正常，复工复产正在逐步接近或达到正常水平，总供求基本平衡；财政政策更加积极有为，稳健的货币政策更加灵活适度，全社会流动性合理充裕，结构性货币政策积极有效，金融体系总体健康。

从自身发展看，2020年北京将更好履行首都职责，继续大力加强“四个中心”功能建设，提高“四个服务”水平，抓好“三件大事”，打好三大攻坚战，扎实推进高质量发展，统筹做好稳增长、促改革、调结构、惠民生、防风险、保稳定各项工作，实现既定的经济社会发展目标。首都治理体系不断完善，高质量推进新版城市总体规划实施，建设国际一流的和谐宜居之都；紧抓疏解北京非首都功能“牛鼻子”不放松，更好实现京津冀协同发展。发挥科技创新引领作用，建设具有全球影响力的科技创新中心，聚焦服务国家重大科技任务的同时，“三城一区”主平台更好发挥支撑引领作用，产业发展驱动力不断提升。产业结构方面，发挥服务业扩大开放综合试点与自由贸易试验区政策叠加优势，聚焦高端专业服务业、数字贸易等重点领域，服务业发展水平和服务贸易竞争能力进一步提升；更大力度促进高精尖产业发展，实施制造业数字化、智能化、绿色化改造提升计划，符合首都功能定位的5G、人工智能、医药健康等产业在疫情后将迎来更大发展机遇。

从需求动力看，强化民生导向，加快交通、新型基础设施、基本公共服务等领域投资，加强城市更新和存量住房改造提升，推进老旧小区改造等建设，有助于增加有效投资。随着有序复工复产，在加快推进副中心行政办公区二期、副中心站综合交通枢纽建设，启动轨道交通大兴机场线北延工程、加快丽泽城市航站楼建设，完工北京冬奥会、冬残奥会竞赛场馆建设等系列重大项目带动下，预计2020年投资缓中趋稳。消费方面，深化消费领域供给侧结构性改革，启动商务中心区等商圈改造、支持首店首发、扩大夜间经济等措施，并推动形成商业、文化、娱乐等多元业态行业融合发展的消费生态系统，消费对经济增长的基础作用将进一步提升。紧扣“七有”“五性”，让人民群众有更多获得感、幸福感、安全感的同时，也有助于进一步释放消费潜力。疫情期间旅游、住宿餐饮等线下消费受影响较大，但预计随着系列政策出台，消费作为对冲疫情影响的重要着力点之一，将在疫情后迎来转型升级和反弹。

从金融运行情况看，2020年，北京金融业将以新发展理念更好发挥对疫情防控工作和实体经济的支持作用。加大逆周期调节力度，把疫情防控作为当前最重要的工作来抓，加大货币信贷支持，有效缓解疫情对经济的影响，稳定市场预期；加强信贷政策结构性引导，持续加大对首都优势产业、重点领域及薄弱环节的支持力度。金融机构和相关部门形成合力，持续优化银企对接平台建设，创新发挥续贷受理中心功能，建成运营首贷服务中心，推进供应链融资，开展知识产权保险试点，切实提高金融服务民营小微企业能力。各监管部门协调配合，加强对高精尖重点产业的综合金融服务，推动新三板深化改革措施加快落地，做好企业赴科创板等境内外上市工作，提升直接融资比重。同时，加强国家金融管理中心建设，不断拓展金融业全方位对外开放格局，吸引更多国际金融机构在京落地；积极推进金融科技应用试点和金融科技创新监管试点；完善地方金融监管制度，坚决防范和打击非法集资，继续做好互联网金融风险专项整治，牢牢守住不发生系统性金融风险的底线。预计 2020 年，北京社会融资规模将适度增长，融资结构进一步优化。

2020 年，人民银行营业管理部将坚持以习近平新时代中国特色社会主义思想为指导，全面贯彻党的十九大，十九届二中、三中、四中全会和中央经济工作会议精神，深入贯彻习近平总书记对北京重要讲话精神，增强“四个意识”、坚定“四个自信”、做到“两个维护”，紧扣全面建成小康社会目标任务和“十三五”规划收官，推进落实金融供给侧改革，落实好稳健的货币政策要更加灵活适度，深化金融改革开放，做好金融管理和服务，着力推进首都经济金融持续高质量发展，坚决打赢防范化解重大风险攻坚战，维护首都金融安全稳定。

中国人民银行营业管理部货币政策分析小组

总　纂：杨伟中　贺同宝

统　稿：余　剑　王丝雨　周林燊

执　笔：童怡华　杨　燚　吕潇潇　周　凯　孙　昱　王昀润　康小宇　张　岩　赵伟欣　张素敏　李　媛　朱琳琳　杨小玄　高　菲　徐　珊　刘亚威　陈莉莉

提供材料的还有：周　丹　赵晓英　张　丹　张英男　单　方　张　煜　何鲁泽　李翰林　宁　可　王　芳　盖　静　李赫楠　陈百惠

附录

（一）2019年北京市经济金融大事记

1月31日，国务院批复《全面推进北京市服务业扩大开放综合试点工作方案》。

3月29日，北京市首次通过商业银行柜台发行地方政府债券20亿元。

4月28日，北京市正式启动动产担保统一登记系统试点并全面取消企业银行账户许可。

5月28日，中国人民银行营业管理部举办全面深化北京民营和小微企业金融服务推进会暨专题展，发布《全面深化北京民营和小微企业金融服务行动方案（2019~2020年）》，举行“‘京创通’科创型民营和小微企业专项再贴现支持工具合作意向书”签字仪式。

7月11日，中国人民银行营业管理部举办北京地区企业征信服务创新试点启动仪式，在营业管理部服务大厅布设第一台企业信用报告自助查询机。

8月22日，全国首家小微企业“续贷中心”落户北京。

11月15日，中国人民银行营业管理部、中国银行保险监督管理委员会北京监管局、中国证券监督管理委员会北京监管局、北京市地方金融监督管理局、北京经济技术开发区管理委员会联合发布《关于印发〈金融支持北京市制造业高质量发展的指导意见〉的通知》（银管发〔2019〕227号）。

12月23日，中国人民银行营业管理部会同相关部门组织召开北京市金融科技创新监管试点启动会。

（二）2019年北京市主要经济金融指标

表1 2019年北京市主要存贷款指标

		1月	2月	3月	4月	5月	6月	7月	8月	9月	10月	11月	12月
本外币	金融机构各项存款余额（亿元）	155243	156963	159336	161107	164044	166710	173928	175224	171254	175451	177787	171062
	其中：住户存款	35403	35560	36025	36026	36156	36738	36688	36812	37223	37267	37700	38865
	非金融企业存款	55915	54907	57283	57241	57574	59407	59729	60672	60733	59406	59519	60346
	各项存款余额比上月增加（亿元）	-1897	1720	2373	1771	2937	2666	7218	1296	-3970	4197	2336	-6724
	金融机构各项存款同比增长（%）	7.4	9.1	9.6	9.0	11.0	8.3	9.5	10.1	7.4	10.3	11.0	8.9
	金融机构各项贷款余额（亿元）	72183	72431	73501	73563	74264	74518	74467	74754	75490	75868	76732	76876
	其中：短期	22680	22628	23098	23081	23423	23689	23490	23472	23619	23616	24089	23819
	中长期	43951	44257	44595	44526	44724	44768	45025	45323	45812	46193	46501	46756
	票据融资	2414	2449	2626	2843	2905	2949	2831	3007	3118	3061	3228	3506
	各项贷款余额比上月增加（亿元）	1541	247	1071	61	701	254	-50	286	736	378	864	143
	其中：短期	326	-52	470	-17	342	266	-199	-18	147	-3	473	-270
	中长期	1030	306	339	-69	198	44	257	298	489	381	308	255
	票据融资	176	35	177	218	62	44	-118	177	110	-56	167	278
	金融机构各项贷款同比增长（%）	11.2	10.5	11.6	10.1	10.5	9.7	8.2	8.0	7.5	7.8	8.7	9.1
	其中：短期	6.9	7.5	9.3	8.2	8.9	8.1	4.9	5.1	4.2	3.7	6.5	7.2
	中长期	12.1	11.2	10.9	9.2	9.5	8.8	8.0	8.0	7.8	8.7	8.4	8.9
	票据融资	66.5	56.5	71.4	85.4	81.8	64.5	64.8	66.7	56.3	57.2	60.5	56.7
	建筑业贷款余额（亿元）	2989	2949	3052	3032	3178	3147	3199	3172	3152	3210	3218	2691
	房地产业贷款余额（亿元）	7911	7899	7988	7966	8075	7988	8056	8083	8215	8139	8227	8214
	建筑业贷款同比增长（%）	45.1	38.8	40.4	32.9	31.6	26.9	22.5	16.3	11.0	10.6	10.4	-0.9
	房地产业贷款同比增长（%）	15.6	14.0	14.2	10.9	12.8	8.9	8.7	8.3	8.0	6.8	6.2	7.7
人民币	金融机构各项存款余额（亿元）	148859	150645	152909	154646	157500	160116	167465	168681	164717	168751	171102	164349
	其中：住户存款	33911	34066	34524	34527	34625	35213	35173	35259	35682	35725	36159	37310
	非金融企业存款	53365	52434	54757	54720	55041	56818	57217	58128	58233	56763	56920	57824
	各项存款余额比上月增加（亿元）	-1616	1786	2264	1737	2853	2616	7349	1216	-3964	4034	2351	-6752
	其中：住户存款	1364	155	458	3	99	588	-40	86	424	43	434	1151
	非金融企业存款	-744	-931	2323	-37	320	1778	399	911	105	-1470	157	904
	各项存款同比增长（%）	7.6	9.5	10.1	9.5	11.5	8.9	10.3	11.0	8.0	11.0	11.6	9.3
	其中：住户存款	16.1	14.6	15.4	16.0	15.1	14.8	14.5	14.4	14.4	14.0	13.5	14.8
	非金融企业存款	2.4	3.3	5.5	5.2	7.0	8.1	9.9	8.1	6.8	6.7	6.1	6.8
	金融机构各项贷款余额（亿元）	68482	68826	69697	69820	70364	70641	70663	71074	71796	72073	73053	73576
	其中：个人消费贷款	14959	14838	14879	14904	14947	15068	15154	15295	15386	15499	15543	15623
	票据融资	2414	2449	2626	2843	2905	2949	2831	3007	3118	3061	3228	3506
	各项贷款余额比上月增加（亿元）	1560	344	871	123	545	277	22	410	723	276	981	523
	其中：个人消费贷款	164	-121	41	25	43	120	86	141	91	113	43	81
	票据融资	176	35	177	218	62	44	-118	177	110	-56	167	278
	金融机构各项贷款同比增长（%）	12.3	11.8	12.3	10.8	10.8	10.2	8.8	8.9	8.3	8.4	9.3	10.2
	其中：个人消费贷款	8.0	7.1	7.3	7.2	7.0	7.0	6.7	6.8	6.6	7.1	6.8	6.5
	票据融资	66.5	56.5	71.4	85.4	81.8	64.5	64.8	66.7	56.3	57.2	60.5	56.7
外币	金融机构外币存款余额（亿美元）	952	944	954	960	949	959	939	923	924	950	951	962
	金融机构外币存款同比增长（%）	-3.0	-5.5	-8.0	-8.3	-7.9	-8.1	-8.8	-12.1	-9.6	-5.5	-3.5	-0.9
	金融机构外币贷款余额（亿美元）	552	539	565	556	565	564	553	519	522	538	523	473
	金融机构外币贷款同比增长（%）	-11.4	-14.3	-6.6	-6.6	-2.7	-2.7	-3.9	-11.0	-8.6	-3.5	-3.2	-12.7

数据来源：中国人民银行营业管理部。

表 2　2001~2019 年北京市各类价格指数

单位：%

		居民消费价格指数		农业生产资料价格指数		工业生产者购进价格指数		工业生产者出厂价格指数	
		当月同比	累计同比	当月同比	累计同比	当月同比	累计同比	当月同比	累计同比
2001		—	3.1	—	2.0	—	0.5	—	-0.6
2002		—	-1.8	—	-7.6	—	-2.9	—	-3.4
2003		—	0.2	—	2.4	—	4.7	—	1.5
2004		—	1.0	—	6.2	—	14.2	—	3.0
2005		—	1.5	—	2.9	—	11.4	—	1.3
2006		—	0.9	—	-0.9	—	5.5	—	-0.9
2007		—	2.4	—	14.4	—	5.0	—	-0.3
2008		—	5.1	—	12.3	—	15.8	—	3.3
2009		—	-1.5	—	-1.7	—	-11.4	—	-5.6
2010		—	2.4	—	6.5	—	10.5	—	2.2
2011		—	5.6	—	10.7	—	8.4	—	2.3
2012		—	3.3	—	4.7	—	-1.3	—	-1.6
2013		—	3.3	—	4.7	—	-2.2	—	-2.6
2014		—	1.6	—	-0.3	—	-1.2	—	-0.9
2015		—	1.8	—	-0.3	—	-6.3	—	-3.1
2016		—	1.4	—	-0.4	—	-1.5	—	-1.9
2017		—	1.9	—	-3.9	—	4.4	—	0.7
2018		—	2.5	—	3.6	—	0.8	—	0.0
2019		—	2.3	—	9.9	—	-0.4	—	-0.4
2018	1	1.4	1.4	—	—	0.8	0.8	0.0	0.0
	2	2.9	2.1	—	—	0.5	0.7	0.0	0.0
	3	2.5	2.3	-4.0	-4.0	0.0	0.4	-0.4	-0.2
	4	2.5	2.3	—	—	0.3	0.4	-0.7	-0.3
	5	2.3	2.3	—	—	0.4	0.4	0.2	-0.4
	6	2.2	2.3	-1.1	-2.3	0.7	0.4	0.1	-0.3
	7	2.8	2.4	—	—	0.9	0.5	0.5	-0.1
	8	2.9	2.5	—	—	1.2	0.6	0.6	-0.1
	9	2.8	2.5	7.2	4.8	1.4	0.7	0.6	0.0
	10	3.0	2.5	—	—	0.9	0.7	0.3	0.0
	11	2.4	2.5	—	—	1.2	0.8	0.1	0.0
	12	2.0	2.5	5.3	3.6	0.9	0.8	-0.5	0.0
2019	1	1.9	1.9	—	—	0.0	0.0	-1.0	-1.0
	2	1.6	1.8	—	—	-0.1	-0.1	-1.2	-1.1
	3	1.9	1.8	-1.4	-1.4	0.3	0.1	-0.9	-1.0
	4	1.6	1.7	—	—	0.1	0.1	-0.1	-0.8
	5	1.8	1.8	—	—	0.1	0.1	0.2	-0.6
	6	2.6	1.9	10.2	4.5	0.1	0.1	0.1	-0.5
	7	2.6	2.0	—	—	-0.7	0.0	0.0	-0.4
	8	2.4	2.0	—	—	-0.9	-0.1	-0.6	-0.4
	9	2.4	2.1	8.9	5.8	-0.9	-0.2	-0.7	-0.5
	10	2.3	2.1	—	—	-1.0	-0.3	-0.2	-0.4
	11	3.2	2.2	—	—	-1.0	-0.4	-0.2	-0.4
	12	3.3	2.3	7.6	9.9	-0.8	-0.4	0.1	-0.4

数据来源：《中国经济景气月报》、北京市统计局。

表 3　2019 年北京市主要经济指标

	1 月	2 月	3 月	4 月	5 月	6 月	7 月	8 月	9 月	10 月	11 月	12 月
	绝对值（自年初累计）											
地区生产总值（亿元）	—	—	7410	—	—	15213	—	—	23130	—	—	35371
第一产业	—	—	15	—	—	49	—	—	79	—	—	114
第二产业	—	—	1285	—	—	2573	—	—	3890	—	—	5715
第三产业	—	—	6110	—	—	12591	—	—	19161	—	—	29543
工业增加值（亿元）	—	—	—	—	—	—	—	—	—	—	—	—
固定资产投资（亿元）	—	—	—	—	—	—	—	—	—	—	—	—
房地产开发投资	—	339	659	881	1212	1664	2032	2346	2741	3116	3490	3838
社会消费品零售总额（亿元）	—	1794	2753	3688	4597	5688	6704	7746	8790	9945	11195	12270
外贸进出口总额（亿元）	2397	4312	6630	9184	11545	13825	16226	18653	21083	23315	26000	28669
进口	1971	3604	5460	7577	9556	11419	13381	15435	17414	19228	21379	23500
出口	426	708	1170	1606	1989	2406	2845	3218	3669	4087	4620	5169
进出口差额（出口－进口）	-1545	-2897	-4290	-5971	-7566	-9014	-10536	-12216	-13745	-15141	-16759	-18331
实际利用外资（亿美元）	17	23	47	59	66	92	98	103	125	135	141	142
地方财政收支差额（亿元）	223	-188	-639	-492	-551	-753	-641	-730	-1022	-701	-1024	-1214
地方财政收入	809	1114	1608	2254	2646	3171	3714	4052	4512	5182	5488	5817
地方财政支出	586	1302	2246	2746	3197	3924	4355	4782	5534	5883	6512	7031
城镇登记失业率（%）（季度）	—	—	4.0	—	—	4.2	—	—	4.2	—	—	4.0
	同比累计增长率（%）											
地区生产总值	—	—	6.4	—	—	6.3	—	—	6.2	—	—	6.1
第一产业	—	—	-6.4	—	—	17.5	—	—	2.9	—	—	-2.5
第二产业	—	—	6.7	—	—	5.0	—	—	4.9	—	—	4.5
第三产业	—	—	6.3	—	—	6.5	—	—	6.4	—	—	6.4
工业增加值	—	4.3	7.9	6.3	4.8	3.5	3.2	3.0	2.9	3.1	3.0	3.1
固定资产投资	—	14.9	16.9	19.4	15.8	14.7	15.2	10.6	4.7	0.8	0.3	-2.4
房地产开发投资	—	20.6	24.0	24.2	15.2	16.4	15.0	10.9	6.8	3.8	2.4	-0.9
社会消费品零售总额	—	3.0	3.8	5.0	5.2	5.4	5.3	5.3	4.8	5.0	5.1	4.4
外贸进出口总额	10.7	10.9	8.3	9.6	7.5	6.8	5.6	5.0	4.6	4.0	4.4	5.5
进口	9.9	12.7	9.8	10.6	8.9	7.8	6.3	6.3	5.3	4.5	4.3	5.3
出口	14.7	2.5	1.9	5.0	1.4	2.2	2.4	-0.4	1.2	2.1	5.0	6.1
实际利用外资	-8.2	-15.4	-20.1	-18.1	-16.6	-13.4	-14.0	-13.9	-7.3	-7.0	-13.1	-17.9
地方财政收入	-2.2	-4.5	2.1	1.5	-4.4	-2.5	-2.3	-1.4	0.3	0.3	0.6	0.5
地方财政支出	34.4	6.6	10.3	11.5	10.6	7.0	4.9	1.2	0.9	-1.1	-1.8	0.3

数据来源：《中国经济景气月报》、北京市统计局、北京市财政局、北京市商务局。

天津市金融运行报告（2020）

中国人民银行天津分行货币政策分析小组

［内容摘要］2019年，天津市扎实推进“五位一体”总体布局、“四个全面”战略布局的实施，坚持稳中求进工作总基调，深化供给侧结构性改革，着力做好“六稳”工作，采取一系列打基础、利长远，理旧账、补短板，防风险、守底线的重大举措，全市经济稳步回升，逐季向好，全年实现地区生产总值14104.3亿元，同比增长4.8%，增速较上年加快1.2个百分点，产业结构继续优化，动能转换步伐加快，市场活力不断释放，社会保持和谐稳定，“五个现代化天津”（创新发展、开放包容、生态宜居、民主法治、文明幸福的现代化天津）建设取得新进展。全市金融业认真贯彻落实稳健的货币政策，金融业总体运行平稳，总量保持合理增长，结构持续优化，融资成本回落，融资效率进一步提升，金融风险得到有效管控，金融生态持续优化，为天津经济社会持续健康高质量发展营造了适宜的货币金融环境。

经济运行主要呈现以下特点：一是经济增长稳步回升。全年实现地区生产总值同比增速分别比一季度、上半年和前三季度加快0.3个、0.2个和0.2个百分点。固定资产投资（不含农户）同比增长13.9%，第二产业投资增速快于全部投资增速3.5个百分点。消费市场增长放缓，社会消费品零售总额同比下降0.3%，汽车和石油及制品是下拉消费增长的主因，服务性消费较快增长。外贸进出口下降，全年实现外贸进出口7346.0亿元，同比下降9.1%。二是服务业地位进一步巩固。第三产业的比重较上年提高1.0个百分点，贡献率超75%。现代都市型农业加快发展，培育国家级龙头企业17家，农产品监测总体合格率达到99.8%。工业生产稳中向好，装备制造业带动作用增强，占规模以上工业的比重为33.5%，比上年提高0.7个百分点。三是改革深入推进。市属国企混合所有制改革共吸引社会资本315.9亿元，新天钢集团产值增长72.7%。海河产业基金协议认缴规模达1150亿元，自贸试验区“深改方案”27项创新成果在全国复制推广，自贸试验区新登记市场主体累计超过6.4万户、注册资本超过2.2万亿元。四是增长动能不断积聚。新一代超级计算机、国家合成生物技术创新中心等国家级创新平台落户。推出全球首款脑机接口专用芯片、光伏用12英寸单晶硅片。国家新一代人工智能创新发展试验区获批建设，360上市公司、紫光云总部、TCL北方总部、国美智能等落户，人工智能“七链”（自主可控信息系统、智能安防、大数据、先进通信、智能网联车、工业机器人和智能终端七条人工智能产业链）高新技术企业倍增。空客A350完成和交付中心项目落户。五是居民消费价格和工业生产者价格一升一降。天津市居民消费价格指数同比增长2.7%，较上年上涨0.7个百分点，八大类商品价格“七涨一降”。天津市工业生产者购进价格和出厂价格同比分别下降1.2%和0.7%。六是财政收支增长由负转正。一般公共预算收入增长14.4%，较上年提高23.2个百分点，其中非税收入增长61.2%。一般公共预算支出增长13.0%，节能环保和城乡社区支出分别增长264.5%和34.0%。

金融运行主要呈现以下特点：一是银行业稳健运行，服务实体经济实效性增进。2019年，银行业金融机构资产负债增速回升，年末增速分别较上年同期提高1.8个和1.7个百分点。本外币各项存款余额同比增速较上年提高2.5个百分点，住户存款增速快于各项存款14.7个百分点。信贷运行总体平稳。普惠小微贷款、私人控股企业贷款、保障性住房开发贷款同比分别增长48.1%、13.9%和18.4%，均明显高于各项贷款增速。人民币企业一般贷款加权平均利率为

5.13%，比上年下降0.10个百分点，贷款市场报价利率（LPR）形成机制完善后利率较前期下降0.15个百分点。积极推进不良贷款处置，不良贷款实现双降。二是证券业资产规模稳步扩大，各类市场保持平稳。法人证券公司资产总额513.4亿元，同比增长6.5%，实现净利润较上年增加4.1亿元。法人基金公司资产总额增加22.1亿元，管理基金个数增加17只，管理基金净值同比减少594.2亿元。法人期货公司资产同比增长46.0%，代理交易额同比增长66.7%。三是保险业发展更趋多元，人身险保持较快发展。2019年末，天津市保险机构资产总额1548.6亿元，同比增长10.4%。人身险公司资产总额1417.4亿元，同比增长10.9%。共实现保费收入617.9亿元，同比增长10.3%。其中，人身险保费收入465.7亿元，同比增长12.1%。四是金融市场交易活跃，融资效率进一步提升。天津市社会融资规模2866.4亿元，较上年少426.6亿元，表外融资减少1754.2亿元，直接融资占社会融资规模的34.3%，同比上升10.7个百分点。货币市场交易活跃，信用拆借、现券买卖业务量分别增长15.7%、1.4倍，非金融企业在银行间市场发行债务融资工具1747.7亿元，同比增长12.9%。五是金融改革创新有序推进，金融活力增强。天津金融创新运营示范区启动天津滨海柜台交易市场（OTC）科创专板，推出全国首单知识产权证券化产品和北方地区首单保障房资产支持专项计划。国家租赁创新示范区在全国率先开展飞机保税退租再租赁交易、飞机租赁资产证券化以及无形资产租赁。自贸试验区金融改革有11项措施在全国复制推广，复制上海自贸区自由贸易账户（FT账户）取得实质进展。银行间市场创新产品不断涌现，成功发行全国首单非上市商业银行永续债券、华北地区首单信用风险缓释凭证支持的短期债券和天津市首单绿色定向债务融资工具。

当前，天津市经济金融运行仍然存在市场主体偏少、推进新旧动能转换力度不够、新动能支撑作用不强、创新驱动发展制度供给不足、经济稳增长压力等问题。2020年天津市将以习近平新时代中国特色社会主义思想为指导，深入贯彻落实习近平总书记对天津工作“三个着力”（着力提高发展质量和效益、着力保障和改善民生、着力加强和完善党的领导）重要要求和一系列重要指示批示精神，紧扣高质量发展要求，依托天津区位优势和天津港战略地位，持续优化营商环境，加快各类要素聚集，进一步释放市场活力，巩固高质量发展态势，推动经济社会健康稳定发展。金融业将认真贯彻稳健的货币政策要更加灵活适度的要求，积极支持经济转型升级和结构调整，完善贷款市场报价利率传导机制，促进降低实体经济融资成本。继续打好防范化解重大风险攻坚战，增强金融业抵御风险能力。稳步推进金融改革与创新，继续落实金融支持自贸试验区建设政策，加快建设金融创新运营示范区，大力发展科技金融、物流金融、租赁金融和绿色金融，促进各类市场稳定发展，不断提升金融服务实体经济效力。

一、金融运行情况

2019年，天津市认真贯彻落实稳健的货币政策，金融业总体运行平稳，总量保持合理增长，结构持续优化，融资成本和资金价格回落，金融市场交易活跃，融资效率进一步提升，民营和小微企业融资可得性增强，金融风险得到有效管控，不良贷款双降，金融生态持续优化，金融改革创新不断深化，为实现“六稳”和天津经济社会持续健康高质量发展营造了适宜的货币金融环境。

（一）银行业稳健运行，服务实体经济实效性增进

1. 资产规模继续增长，盈利能力下降。 2019年末，天津市银行业金融机构资产总额5.1万亿元，同比增长3.1%，增速较上年提高1.8个百分点；负债总额4.9万亿元，同比增

长3.2%，增速较上年提高1.7个百分点。2019年，天津市银行业金融机构累计实现营业收入1173.2亿元，同比增长5.4%，升幅较上年扩大4.2个百分点；累计实现净利润-32.3亿元，同比下降116.9%，降幅较上年扩大67.2个百分点。2019年新增1家银行业法人金融机构，为中车金融租赁股份有限公司。

表1　2019年天津市银行业金融机构情况

机构类别	营业网点			法人机构（个）
	机构个数（个）	从业人数（人）	资产总额（亿元）	
一、大型商业银行	1247	28529	13855	0
二、国家开发银行和政策性银行	8	597	3220	0
三、股份制商业银行	407	10178	8617	0
四、城市商业银行	301	7622	9074	2
五、城市信用社	—	—	—	—
六、小型农村金融机构	618	9730	5031	20
七、财务公司	0	229	583	7
八、信托公司	0	436	135	2
九、邮政储蓄银行	389	2513	1034	0
十、外资银行	21	1451	785	1
十一、新型农村金融机构	—	—	—	—
十二、其他	0	39350	8639	17
合　计	2991	100635	50973	49

注：营业网点不包括国家开发银行和政策性银行、大型商业银行、股份制商业银行等金融机构总部数据；大型商业银行包括中国工商银行、中国农业银行、中国银行、中国建设银行和交通银行；城市商业银行包括金城银行；小型农村金融机构包括农村商业银行、村镇银行、贷款公司和农村资金互助社；"其他"包含金融租赁公司、汽车金融公司、中德住房储蓄银行。

数据来源：天津银保监局。

2. 存款稳步回升，住户存款快速增长。2019年末，天津市本外币各项存款余额31788.8亿元，同比增长2.6%，较上年提高2.5个百分点，较年初新增795.8亿元，同比多增753.5亿元。其中，住户存款余额同比增长17.3%，较上年提高5.0个百分点，较年初增加1881.9亿元，同比多增693.3亿元；非金融企业存款较年初下降676.2亿元，同比多降159.3亿元；外币各项存款较年初减少0.2亿美元，同比少降26.3亿美元。全市金融机构主动运用多种负债产品，2019年末，全市住户和非金融企业结构性存款余额较年初增加135.2亿元，同比增长5.4%，大额存单较年初增加692.0亿元，同比多增268.7亿元，余额同比增长74.1%。

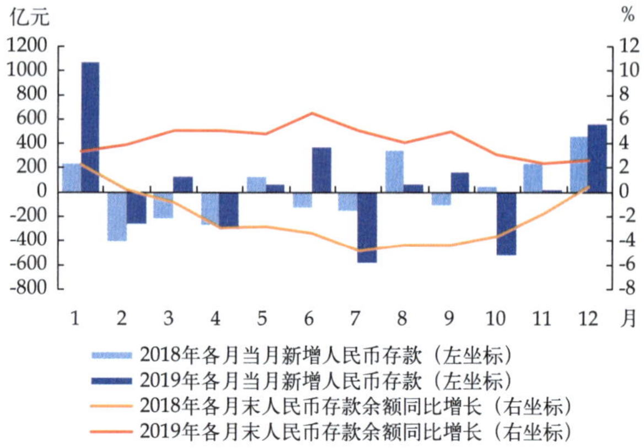

数据来源：中国人民银行天津分行。

图1　2018~2019年天津市金融机构人民币存款增长变化

3. 贷款总体平稳，结构进一步优化。2019年，天津市银行业信贷运行总体平稳，本外币各项贷款余额36141.3亿元，同比增长6.0%，较上年同期回落1.8个百分点，较年初新增2026.1亿元，同比少增413.0亿元。如还原渤钢系企业债务处置冲减贷款，全市各项贷款增速要快于上年。外币各项贷款余额同比回落19.3%，较年初下降43.6亿美元，同比多降34.1亿美元。

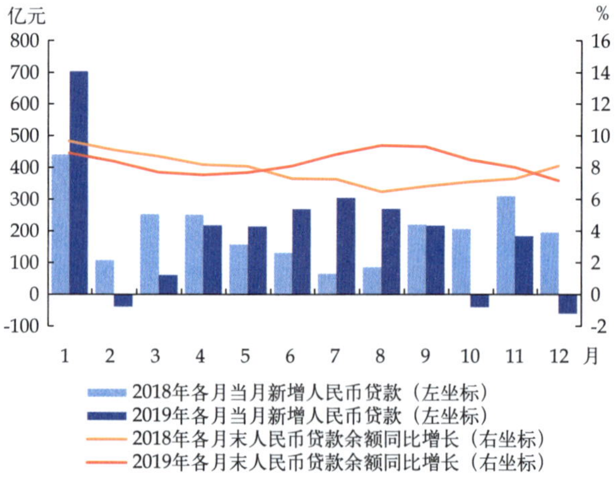

数据来源：中国人民银行天津分行。

图2　2018~2019年天津市金融机构人民币贷款增长变化

专栏 1　天津市再贴现资金使用成效显著

近年来，天津市金融机构积极运用再贴现等央行资金，有效增加民营和小微企业资金供给，推动民营和小微企业综合融资成本下行，金融服务民营和小微企业的能力和水平显著提升。2019 年，全市再贴现业务量再创历史新高。2019 年末，天津市再贴现余额同比增长 70.0%，较年初增加 21.0 亿元，2019 年累计发放再贴现资金 117.5 亿元，同比多增 64.3 亿元。

一是再贴现业务办理更加便利高效。制定完善再贴现业务管理操作规程，在确保央行资金安全的基础上，最大限度简化再贴现业务办理程序；建立再贴现承兑行“白名单”，参照“白名单”对金融机构持有的贴现票据承兑行进行审核，有效提高审核效率；开发上线天津市再贴现业务信息管理系统，进一步强化再贴现资金使用管理。再贴现管理服务的优化，有效提升了金融机构使用再贴现资金的主动性和积极性。2019 年，天津市再贴现限额周转率 266.0%；2019 年末，限额使用率 100%。

二是再贴现精准支持民营和小微企业。按月监测普惠口径小微贷款和民营企业贷款增长情况，优先为民营和小微企业贷款增长较好、占比较高的金融机构办理再贴现业务，确保再贴现资金精准支持民营和小微企业。2019 年末，全市存量再贴现资金全部投放于小微企业，全年累计投放的再贴现资金中的 99.6% 用于支持小微企业。

三是再贴现有效引导企业融资成本下降。强化票据利率监测，密切监测金融机构小微企业票据加权平均利率变化情况，确保办理再贴现的票据利率低于申请机构同期同档次加权平均利率，引导金融机构将再贴现资金优惠利率有效传导至企业，推动民营和小微企业综合融资成本下行。2019 年，天津市再贴现小微企业票据加权平均利率 3.17%，同比下降 1.17 个百分点；民营企业票据加权平均利率 3.17%，同比下降 1.20 个百分点。

四是再贴现资金杠杆撬动作用显著。密切监测商业银行再贴现资金政策效果，积极推动交流再贴现典型案例和经验做法，引导金融机构用活、用足、用好再贴现工具，切实增加服务民营和小微企业的信贷投放。2019 年末，全市符合再贴现投放的 36 家商业银行普惠口径小微企业贷款余额 946.8 亿元，同比增长 40.3%，较年初增加 272.2 亿元；民营企业贷款余额 2521.0 亿元，同比增长 27.5%，较年初增加 544.1 亿元。

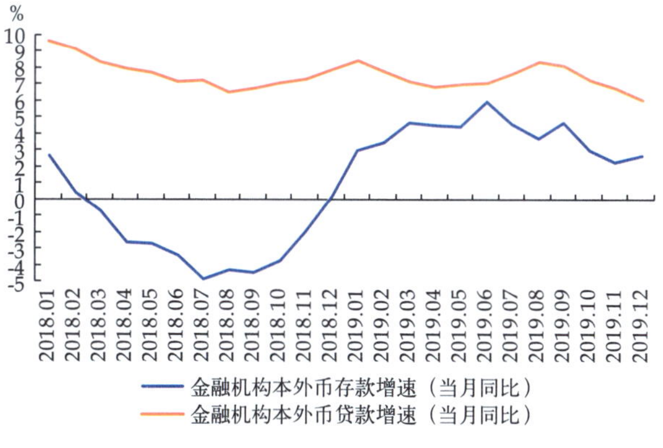

数据来源：中国人民银行天津分行。

图 3　2018~2019 年天津市金融机构本外币存、贷款增速变化

结构性货币政策工具和信贷政策作用显著，信贷结构进一步优化。2019 年末，全市可比口径普惠小微贷款[①]余额 1210.1 亿元，同比增长 48.1%，较上年提高 16.7 个百分点。私人控股企业贷款余额 4917.8 亿元，同比增长 13.9%，较上年提高 5.3 个百分点，余额占全部企业贷款的 20.3%，较上年提高 2.2 个百分点。涉农贷款余额 1945.2 亿元，同比增长 6.2%，结束连续三年负增长。保障性住房开发贷款余额 1039.8 亿元，同比增长 18.4%，高于全部房地产开发贷款增速 8.8 个百分点。

4. 政策工具传导撬动作用提升，贷款利率

① 单户授信 500 万元以下的小微企业贷款、个体工商户和小微企业主经营性贷款。

下降。2019 年，天津市金融机构人民币企业一般贷款加权平均利率为 5.13%，比上年下降 0.10 个百分点。民间借贷、贴现、转贴现利率均下降，个人住房按揭贷款利率上升。受美联储降息等因素影响，外币存款利率有所下降。2019 年 8 月完善贷款市场报价利率（LPR）形成机制以来，8~12 月天津市企业一般贷款加权平均利率较前 7 个月下降 0.15 个百分点。2019 年发放支小再贷款同比增长 507.1%，引导相关企业贷款利率下降 1.05 个百分点；发放 3 笔支农再贷款，实现近两年"零"的突破，引导相关企业贷款利率下降 0.85 个百分点；发放再贴现同比增长 120.9%，99.6% 投放到小微企业，引导相关企业贴现利率下降 1.17 个百分点。天津市场利率定价自律机制平稳运行。

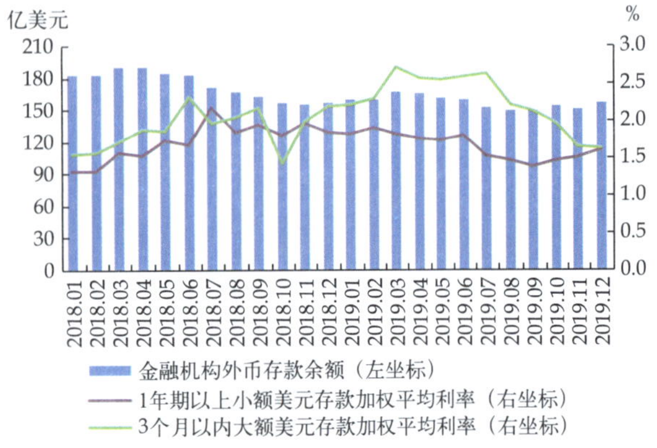

数据来源：中国人民银行天津分行。

图 4　2018~2019 年天津市金融机构外币存款余额及外币存款利率

表 2　2019 年天津市金融机构人民币一般贷款各利率区间占比

（LPR 改革前）　　单位：%

月份		1 月	2 月	3 月	4 月	5 月	6 月	7 月
合计		100.0	100.0	100.0	100.0	100.0	100.0	100.0
下浮		14.1	15.1	23.0	20.1	24.2	18.1	23.0
基准		17.3	29.4	20.0	16.3	21.4	32.7	27.8
上浮	小计	68.5	55.5	57.0	63.5	54.5	49.2	49.1
	(1.0，1.1]	18.5	19.2	19.1	18.9	11.5	11.5	9.6
	(1.1，1.3]	12.6	10.7	13.2	13.2	12.2	12.6	10.0
	(1.3，1.5]	10.5	9.3	9.9	10.7	10.6	9.4	7.0
	(1.5，2.0]	18.3	10.1	10.6	14.7	12.7	8.5	14.6
	2.0 以上	8.6	6.2	4.2	6.0	7.5	7.2	7.9

续表

（LPR 改革后）

月份		8 月	9 月	10 月	11 月	12 月
合计		100.0	100.0	100.0	100.0	100.0
LPR 减点		13.9	16.3	15.3	14.9	27.0
LPR		0.0	0.1	1.3	1.4	0.9
LPR 加点	小计	86.0	83.5	83.5	83.6	72.0
	(LPR，LPR+0.5%)	25.8	25.0	27.4	20.2	21.8
	[LPR+0.5%，LPR+1.5%)	26.2	25.3	19.4	23.9	16.1
	[LPR+1.5%，LPR+3%)	14.5	17.6	12.6	19.1	13.3
	[LPR+3%，LPR+5%)	10.6	9.9	12.9	10.0	8.0
	LPR+5% 及以上	8.9	5.7	11.2	10.4	12.8

数据来源：中国人民银行天津分行。

5. 不良贷款双降，关注类贷款上升。2019 年，天津市积极推进不良贷款处置，改善资产质量，不良贷款实现双降。2019 年末，天津市银行业不良贷款余额 882.3 亿元，比年初减少 56.8 亿元；不良贷款率 2.29%，比年初下降 0.3 个百分点。关注类贷款余额 2420.2 亿元，比年初增加 748.1 亿元；关注类贷款率 6.3%，比年初上升 1.7 个百分点。

6. 人民币跨境收付量下降，资金净流出收窄。受中美贸易摩擦、人民币汇率波动等因素影响，人民币跨境收付量下降。2019 年，天津市人民币跨境收付 1821.6 亿元，同比下降 14.9%。其中，收入 864.9 亿元，同比下降 10.5%；支出 956.7 亿元，同比下降 18.5%；净流出 91.8 亿元，同比下降 55.9%。经常项下资金净流出 200.5 亿元，同比下降 23.2%；资本项下净流入 108.8 亿元，同比增长 1 倍。与香港发生的人民币跨境收付量占比 27.9%，同比下降 10.7 个百分点，欧美国家占比 34.9%，同比上升 6.0 个百分点。境内主体参与积极，2019 年新增企业 1100 家，同比增长 15.6%。

（二）证券业资产规模稳步扩大，各类市场保持平稳

2019 年，天津市各类证券业机构稳定发展，经营风险基本可控，法人证券公司资产规模稳步增长，基金管理公司业务规模有所缩减，期

货公司代理交易规模增加。

表 3　2019 年天津市证券业基本情况

项目	数量
总部设在辖内的证券公司数（家）	1
总部设在辖内的基金公司数（家）	1
总部设在辖内的期货公司数（家）	6
年末境内上市公司数（家）	54
当年国内股票（A 股）筹资（亿元）	180
当年发行 H 股筹资（亿元）	0
当年国内债券筹资（亿元）	2414
其中：短期融资券筹资额（亿元）	881
中期票据筹资额（亿元）	447

数据来源：天津证监局、中国人民银行天津分行。

1. 法人证券公司资产规模平稳增长，经营风险可控。法人证券公司资产总额 513.4 亿元，同比增长 6.5%；负债总额 310.4 亿元，同比增长 9.6%；实现净利润 10.0 亿元，较上年增加 4.1 亿元。2019 年末，法人证券公司风险覆盖率和净稳定资金率分别较监管预警标准高 156.4 个和 58.2 个百分点。

2. 法人基金公司业务规模缩减，业务结构优化。2019 年末，法人基金公司资产总额 127.6 亿元，同比增加 22.1 亿元，负债总额 18.4 亿元，同比减少 0.7 亿元。共管理基金 62 只，同比增加 17 只，基金净值 12826.5 亿元，同比减少 594.2 亿元，单一产品集中度有所下降。

3. 法人期货公司资产规模快速发展，代理交易保持较快增长。2019 年末，天津市 6 家法人期货公司资产合计 137.2 亿元，同比增长 46.0%；净资产总额 24.5 亿元，同比增长 8.0%；代理交易额 73718.8 亿元，同比增长 66.7%；代理交易量 11937.0 万手，同比增长 71.5%。

（三）保险业发展更趋多元，人身险保持较快发展

1. 经营主体保持稳定，资产规模有所回升。2019 年末，天津市共有 6 家法人保险公司，省级分公司 69 家，较上年增加 6 家。保险公司在津分支机构资产总额 1548.6 亿元，同比增长 10.4%。其中，财产险公司资产总额 131.2 亿元，同比增长 5.5%；人身险公司资产总额 1417.4 亿元，同比增长 10.9%。

表 4　2019 年天津市保险业基本情况

项目	数量
总部设在辖内的保险公司数（家）	6
其中：财产险经营主体（家）	2
人身险经营主体（家）	4
保险公司分支机构（家）	69
其中：财产险公司分支机构（家）	28
人身险公司分支机构（家）	41
保费收入（中外资，亿元）	617.9
其中：财产险保费收入（中外资，亿元）	152.2
人身险保费收入（中外资，亿元）	465.7
各类赔款给付（中外资，亿元）	158
保险密度（元 / 人）	—
保险深度（%）	—

数据来源：天津银保监局、中国人民银行天津分行。

2. 保费收入稳步增长，保险保障覆盖面扩大。2019 年，天津市保险业共实现保费收入 617.9 亿元，同比增长 10.3%。其中，财产险保费收入 152.2 亿元，同比增长 5.4%；人身险保费收入 465.7 亿元，同比增长 12.1%。全年财产保险公司签单 12777.5 万件，同比增长 238.8%。其中，货物运输保险、保证保险、健康保险签单数量明显增加。

3. 销售渠道略有改善，个人代理仍占主导。2019 年，银邮代理渠道实现保费收入 143.7 亿元，同比增长 10.1%，占原保险保费收入的 31.7%，同比下降 0.3 个百分点。公司直销渠道实现保费收入 41.1 亿元，同比增长 14.6%，占原保险保费收入的 9.1%，同比上升 0.3 个百分点。个人代理渠道实现保费收入 253.4 亿元，同比增长 10.0%，占原保险保费收入的 56.0%，同比下降 0.5 个百分点。

（四）金融市场交易活跃，融资效率进一步提升

1. 直接融资占比进一步提高，表外融资快速回落。2019 年，天津市社会融资规模 2866.4 亿元，比上年少 426.6 亿元。企业直接融资占比大幅上升，企业直接融资占社会融资规模的 34.3%，同比上升 10.7 个百分点。表内贷款占比

小幅增长，本外币各项贷款占社会融资规模的71.5%，同比上升1.5个百分点。受市场、监管等因素影响，“去通道”“缩链条”态势持续，表外融资快速回落，2019年减少1754.2亿元，同比多减699.5亿元。

2. 货币市场交易活跃，资金价格小幅下行。 2019年天津市银行间同业拆借市场完成信用拆借33583.2亿元，同比上升15.7%，隔夜和7天拆借占比达91.7%。拆入和拆出加权平均利率分别为2.62%和2.53%，较上年分别下降0.41个和0.29个百分点；现券买卖成交金额8642.1亿元，是上年的2.4倍。现券买入和卖出加权平均收益率分别为3.18%和3.17%，较上年分别下降0.61个和0.45个百分点。黄金业务交易金额189.7亿元，同比上升43.3%。非金融企业在银行间市场发行债务融资工具1747.7亿元，同比增长12.9%。

（五）金融改革创新有序推进，金融活力增强

2019年，天津金融创新运营示范区再添新亮点，启动OTC科创专板，助推科创企业发展壮大，推出全国首单知识产权证券化产品和北方地区首单保障房资产支持专项计划。国家租赁创新示范区建设取得新进展，在全国率先开展飞机保税退租再租赁交易、飞机租赁资产证券化以及无形资产租赁。自贸试验区金融改革创新取得新突破，《关于金融支持中国（天津）自由贸易试验区建设的指导意见》（简称“金改30条”）有11项措施在全国复制推广，复制上海自贸区FT账户取得实质进展。银行间市场创新产品不断涌现。渤海银行发行全国首单非上市商业银行永续债券，金额200亿元，成功发行华北地区首单信用风险缓释凭证支持的短期债券和天津市首单绿色定向债务融资工具。

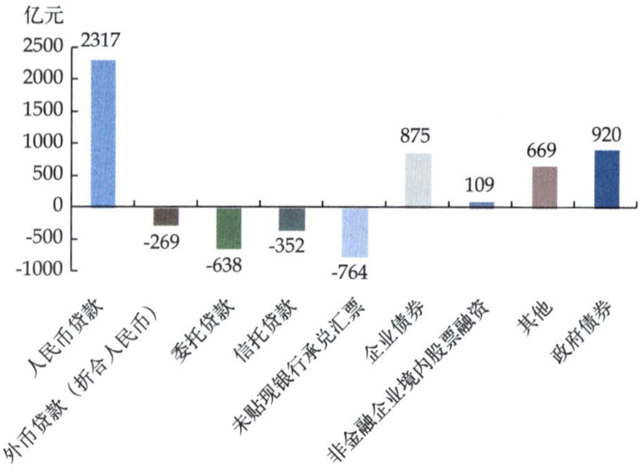

数据来源：中国人民银行天津分行。

图5　2019年天津市社会融资规模分布结构

专栏2　天津自贸试验区金融改革创新扎实推进

2019年，天津自贸试验区（以下简称“自贸区”）金融改革创新政策加快落地实施，复制上海自贸区FT账户、外汇管理创新业务、跨境人民币贸易投资便利化试点等创新政策取得明显成效，公平、透明、高效的营商环境持续优化，有力支持了天津自贸区改革创新发展。

一、金融改革创新政策加快落地，金融跨境业务快速发展

2019年末，“金改30条”准予实施政策全部落地实施，其中11项措施在全国复制推广。2019年4月，中国人民银行批复同意天津自贸区复制上海自贸区FT账户体系，“金改30条”中探索建立与自贸区相适应的账户管理体系获得突破。2019年末，已有两家银行正式接入FT账户分账核算业务系统，为企业办理FT账户业务34.2亿元人民币，天津成为领先广州、深圳首先上线两家银行的城市。FT账户的成功落地，为加快推进天津自贸区金融改革创新，扩大人民币跨境使用，打造天津自贸区金融业对外开放示范窗口奠定了坚实基础。自贸区挂牌至2019年末，

区内主体累计新开立本外币账户8.1万个；办理跨境收支2117.5亿美元，占全市总额的24.6%；结售汇942.4亿美元；跨境人民币结算4111.3亿元人民币，占全市的43.3%。

二、大力支持实体经济发展，金融服务更加便利高效

深入开展更高水平的跨境人民币贸易投资便利化试点，优质企业办理跨境人民币贸易投资业务无须向区内银行逐笔提交审核材料，银行也无须逐笔审核企业收付款相关凭证，天津市自律机制优质企业跨境人民币结算便利化方案落地实施，贸易投融资更加便利。自贸区挂牌至2019年末，区内企业开展全口径跨境融资累计借用外债近60亿美元，区内银行发放境外人民币贷款207.4亿元，跨境双向人民币资金池业务结算量382.4亿元人民币。取消A类企业贸易收入待核查管理，外汇资本金和外债资金实行意愿结汇，大幅提升了企业资金周转效率。截至2019年末，区内A类企业办理贸易收汇未经过待核查账户290.8亿美元，区内企业直接到银行办理外商直接投资和境外投资项下各类外汇登记682.6亿美元；区内企业办理外债资金意愿结汇20.3亿美元、资本金意愿结汇31.5亿美元，区内银行为境外机构办理外汇衍生品交易21.5亿美元。

三、加快建设国家租赁创新示范区，特色创新政策优势更加凸显

天津东疆保税港区成为全国首家获批开展经营性租赁收取外币租金业务的区域，试点以来累计办理业务突破77亿美元。积极推进全国首个融资租赁公司外债便利化试点，已有4家融资租赁企业获得试点资格，28家特殊项目公司共享外债额度，完成外债登记21笔。自贸区挂牌至2019年末，区内88家融资租赁公司办理境内融资租赁业务收取外币租金近40亿美元，办理售后回租项下外币支付货款2.1亿美元。2018年底，天津自贸区获批开展飞机离岸融资租赁对外债权登记业务，成为全国首个也是唯一获批开展该项业务的地区。

四、外汇管理改革再升级，外汇服务水平进一步提升

2019年7月，经国家外汇管理局批准，国家外汇管理局天津分局印发《关于修订〈进一步推进中国（天津）自由贸易试验区外汇管理改革试点实施细则〉的通知》（津汇发〔2019〕38号），从简政放权、提高投融资便利化、完善宏观审慎管理等方面入手，新出台资本项目外汇收入支付便利化、简化外汇登记管理、允许区内借用外债企业调整借用模式等六项外汇管理便利化创新政策。政策实施以来成效逐步显现，截至2019年末，自贸区内企业办理境内直接投资登记、变更、注销业务89笔，涉及金额54.5亿美元；实施资本项目外汇收入支付便利化业务1509笔，支付金额3.8亿元人民币；1家企业办理外债模式调整业务；15家银行为17家企业直接办理23笔外债注销业务。

（六）金融基础设施不断完善，生态环境持续优化

1. 完善支付结算体系，服务水平不断提升。 2019年，天津市各类支付系统共处理人民币业务134.9万亿元，同比增长1.8%。5月20日，取消企业银行账户许可，促进营商环境优化。不断完善农村支付环境建设，人民银行支付系统基本覆盖天津所有乡镇，农村地区人均持卡4.3张，网上银行和手机银行开户数量同比分别增长15.5%和18.8%。积极推进天津市移动支付便民工程，创新打造“小二生活”平台，聚焦服务实体商户，推动首个高校刷脸支付试点项目在津落地，共服务师生68.3万人次。实现公共交通领域移动支付的全覆盖。

2. 推进征信基础设施建设，信用环境更趋

良好。2019年，天津市辖内金融机构分别查询个人及企业信用报告6185.2万笔和28.0万笔；征信自助查询机实现区县全覆盖，自助查询机查询占个人信用报告查询总量的99.9%。大力推进应收账款融资服务平台建设工作，成交金额940.7亿元，其中，中小微企业融资占融资总额的57.5%。与和平区、蓟州区人民政府签署备忘录，推动小微企业及农村信用体系建设。联合开展“诚信建设万里行”活动，开展“征信助力中小微与民营企业融资成果展”，与6所院校签订开展征信知识宣传教育合作协议，普及征信知识。

3. 创新机制模式，金融消费权益保护进一步增强。2019年，天津市积极推进金融知识宣传教育，开展“助力乡村振兴 金融扶智进百村”活动，探索金融扶贫和扶智互促共赢新模式，制作“‘津’融微课堂”系列金融知识科普视频，打造金融知识普及线上教育精品公开课。对6家银行和1家支付公司开展现场检查，对82家机构开展非现场评估，实现了参评机构类型全覆盖，引导金融机构规范提供金融产品和服务。12月26日，天津市金融消费纠纷调解中心正式设立，天津市金融消费纠纷行政调解、人民调解、司法调解、行业调解的多层次调解机制基本形成。“12363”呼叫中心共受理处理咨询5175件、投诉113件，消费者整体满意度较高。

二、经济运行情况

2019年，天津市坚持稳中求进工作总基调，深入推进供给侧结构性改革，着力做好“六稳”工作，全市经济稳步回升，产业结构继续优化，投资和服务业对经济拉动作用突出，改革深入推进，动能转换步伐加快，市场活力不断释放，高质量发展扎实推进，社会保持和谐稳定，“五个现代化天津”建设取得新进展。

（一）经济增长稳步回升，投资拉动效果显著

2019年天津市地区生产总值14104.3亿元，按可比价格计算，同比增长4.8%，增速比上年加快1.2个百分点，分别比第一季度、上半年和前三个季度加快0.3个、0.2个和0.2个百分点。

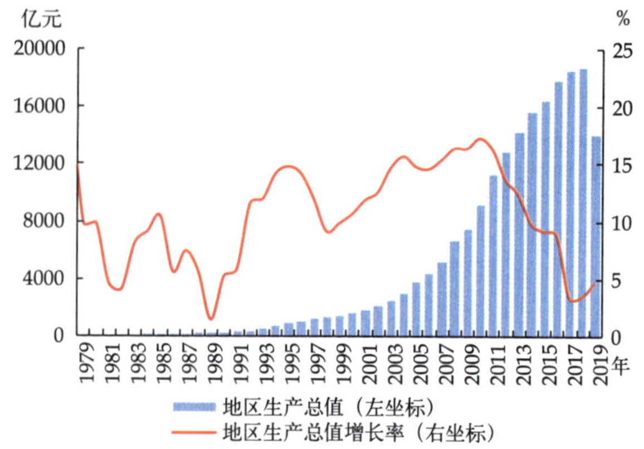

数据来源：天津市统计局。

图6 1979~2019年天津市地区生产总值及其增长率

1. 投资较快增长，结构持续调整。2019年，天津市固定资产投资（不含农户）同比增长13.9%。其中，民间投资增长3.5%，占全市投资的41.1%，比重较上年下降4.1个百分点。分产业看，第一产业投资增长10.3%；第二产业投资增长17.4%，其中，食品制造业增长64.5%，医药制造业增长88.6%，计算机通信和其他电子设备制造业增长57.9%；第三产业投资增长12.8%，其中，金融业增长1.1倍，租赁和商务服务业增长34.2%。

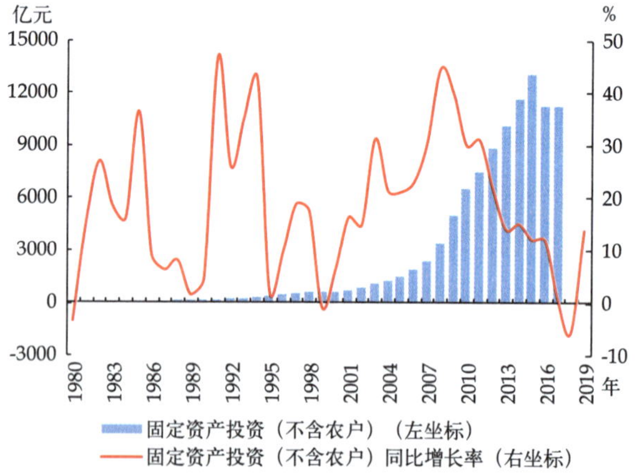

注：2011年以前为全社会固定资产投资数据。

数据来源：天津市统计局、《中国经济景气月报》。

图7 1980~2019年天津市固定资产投资（不含农户）及其增长率

2. 消费市场降幅收窄，升级速度加快。 2019 年，天津社会消费品零售总额同比下降 0.3%，降幅逐季收窄，增速较上年下降 2.0 个百分点。汽车和石油及制品零售额分别下降 16.5% 和 14.7%，为下拉消费增速主要原因。服务性消费较快增长，全市人均服务性消费支出同比增长 13.2%，快于人均消费支出 6.7 个百分点。教育文化和娱乐支出增长 12.5%，医疗保健支出增长 11.8%。大众餐饮持续较快增长，住宿和餐饮业营业额增长 10.0%，其中限额以下住宿餐饮业营业额增长 11.2%；限额以上餐饮配送类增长 30.8%。

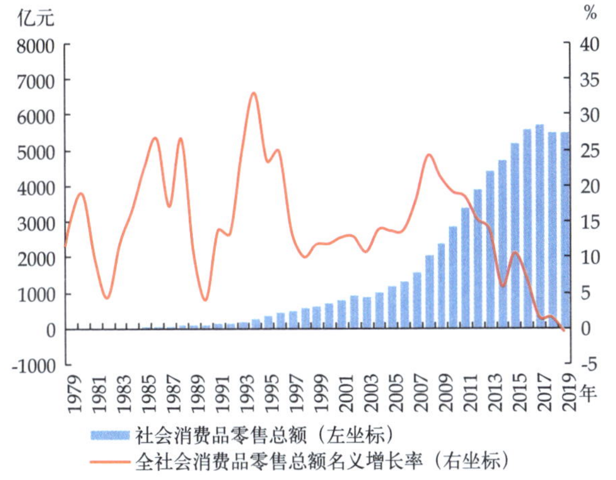

数据来源：天津市统计局。

图 8　1979~2019 年天津市社会消费品零售总额及其增长率

3. 外贸进出口下降，外商投资保持平稳。 2019 年，天津市实现外贸进出口 7346.0 亿元，同比下降 9.1%。其中，出口 3017.8 亿元，同比下降 5.9%；进口 4328.2 亿元，同比下降 11.2%。一般贸易出口 1578.0 亿元，同比增长 1.4%，占全部出口比重为 52.3%，较上年提高 3.8 个百分点。2019 年，新批外商投资企业 711 家，同比下降 34.7%；实际直接利用外资额 47.3 亿美元，同比增长 3.0%。

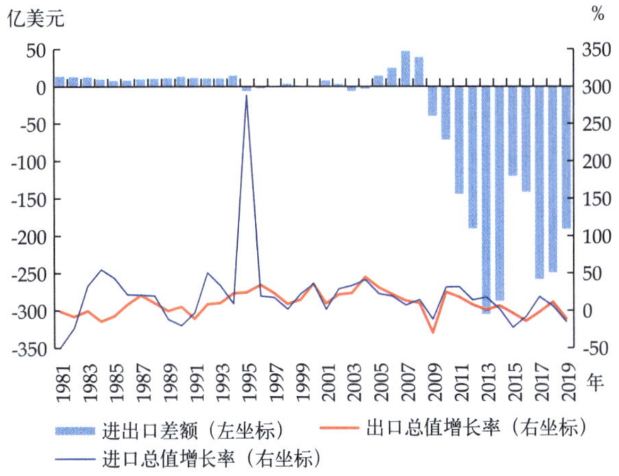

数据来源：天津市海关。

图 9　1981~2019 年天津市货物进出口变动情况

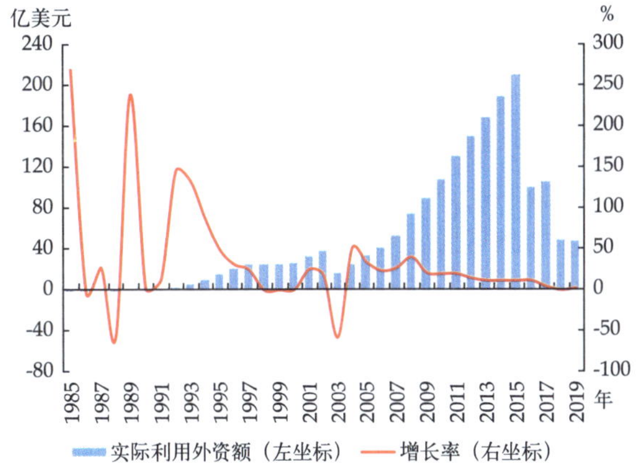

数据来源：天津市统计局。

图 10　1985~2019 年天津市实际利用外资额及其增长率

（二）产业结构持续优化，服务业地位进一步巩固

2019 年，天津市三次产业增加值分别增长 0.2%、3.2% 和 5.9%。三次产业增加值占全市总产出比重依次为 1.3%、35.2% 和 63.5%。第三产业对地区生产总值的贡献率超 75%[①]。

1. 农业生产基本稳定，现代都市型农业加快发展。 2019 年，天津市农业增加值 185.2 亿元，同比增长 0.2%。全年建成 26 万亩高标准农田，

① 中国人民银行天津分行根据有关数据计算。

小站稻种植面积达到 80 万亩，培育国家级龙头企业 17 家。推进种业振兴工程，奥群国家肉羊种群性能测定中心、南繁科研育种基地加快建设。实施稳定生猪生产行动计划。创建畜禽标准化示范区 30 个、优质高效渔业养殖生产基地 50 个，农产品监测总体合格率达到 99.8%，位居全国前列。

2. 工业生产稳中向好，转型升级稳步推进。2019 年，天津市规模以上工业增加值增长 3.4%，比上年加快 1.0 个百分点。分企业类型看，国有企业增长 3.9%，民营企业增长 1.3%。装备制造业带动作用增强，增加值同比增长 6.7%，快于全市规模以上工业 3.3 个百分点，占规模以上工业的比重为 33.5%，比上年提高 0.7 个百分点。工业发展质量稳中有进，战略性新兴产业增加值同比增长 3.8%，快于全市工业 0.4 个百分点。新能源汽车、工业机器人、服务机器人等新产品产量分别增长 56.7 倍、40.0% 和 85.8%。2019 年第四季度，规模以上工业产能利用率为 78.2%，呈逐季走高态势。

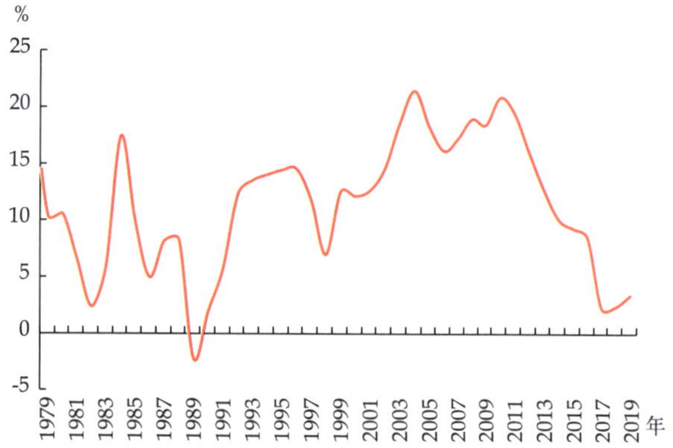

数据来源：天津市统计局。

图 11　1979~2019 年天津市规模以上工业增加值实际增长率

3. 服务业地位进一步巩固，现代服务业发展良好。2019 年，服务业增加值占全市地区生产总值的比重为 63.5%，比上年提高 1.0 个百分点。其中，电信业务总量增长 62.4%；交通运输、仓储和邮政业增加值增长 6.8%，住宿和餐饮业增加值增长 4.6%，金融业增加值增长 3.3%，批发和零售业增加值增长 0.3%。现代服务业持续壮大，云账户共享、今日头条、滴滴出行等新型企业蓬勃发展。初步建成国家租赁创新示范区，租赁 2.0 升级版创新政策加速落地。

（三）改革深入推进，增长动能不断积聚

1. 改革取得新突破。市属国企混合所有制改革深入推进，7 家企业成功实现集团层面混改，53 家二级及以下企业完成混改，共吸引社会资本 315.9 亿元，混改后成立的新天钢集团当年实现扭亏为盈，产值增长 72.7%。利用社会资本取得突破性进展，获批发行 200 亿元优质企业债券，PPP 项目累计总投资超过 1800 亿元。海河产业基金协议认缴规模达到 1150 亿元，在全国政府引导基金中位居前列。自贸试验区“深改方案”128 项任务完成 122 项，27 项创新成果在全国复制推广，自贸试验区新登记市场主体累计超过 6.4 万户、注册资本超过 2.2 万亿元。

2. 增长动能不断积聚。科技创新成效显著，新一代超级计算机、国家合成生物技术创新中心等国家级创新平台落户，推出全球首款脑机接口专用芯片、光伏用 12 英寸单晶硅片，万人发明专利拥有量 22.3 件。国家新一代人工智能创新发展试验区获批建设，360 上市公司、紫光云总部、TCL 北方总部、国美智能等落户，人工智能“七链”高新技术企业倍增，智慧科技类企业快速成长。优势产业提质升级，航空航天产业快速增长，空客 A350 完成和交付中心项目落户，汽车产量突破 120 万辆，同比增长 20.7%。

（四）居民消费价格温和上涨，工业生产者价格小幅回落

1. 居民消费价格温和上涨。2019 年，天津市居民消费价格指数同比增长 2.7%，较上年提高 0.7 个百分点。八大类商品价格呈现“七涨一降”的走势，其中，其他用品和服务价格上涨 5.0%，食品烟酒价格上涨 4.6%，教育文化和

娱乐价格上涨4.2%，居住类价格上涨2.4%，衣着价格上涨2.1%，生活用品及服务价格上涨0.9%，医疗保健价格上涨0.9%，交通和通信类价格下降0.7%。在总水平2.7%的涨幅中，翘尾因素约为0.3个百分点，新涨价因素约为2.4个百分点。

2. 工业生产者出厂价格和购进价格出现下降。2019年，天津市工业生产者购进价格同比下降1.2%，上年为同比上涨6.2%；工业生产者出厂价格同比下降0.7%，上年为同比上涨5.4%。从工业生产者出厂价格构成结构看，生产资料价格同比下降1.2%，生活资料价格同比上涨0.8%。

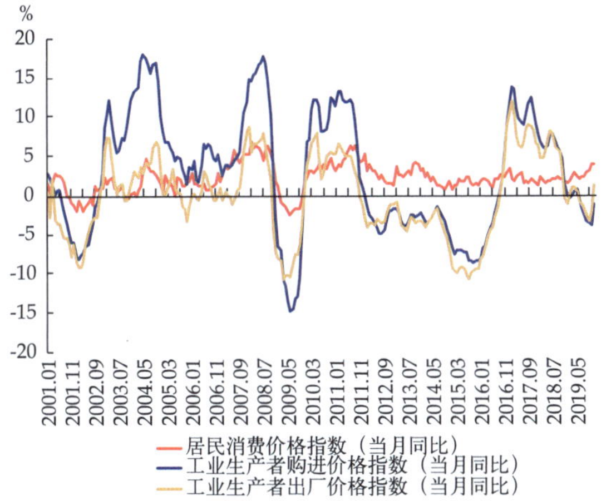

数据来源：天津市统计局。

图12　2001~2019年天津市居民消费价格指数和工业生产者价格指数变动趋势

（五）财政收支增长由负转正，民生保障不断增强

1. 财政收支增长由负转正。在大规模减税降费的背景下，2019年天津市一般公共预算收入2410.3亿元，同比增长14.4%，较上年提高23.2个百分点。其中，税收收入同比增长0.6%，非税收入同比增长61.2%。全市一般公共预算支出3508.7亿元，同比增长13.0%，较上年加快18.4个百分点。其中，节能环保支出242.2亿元，同比增长264.5%；城乡社区支出751.2亿元，同比增长34.0%。

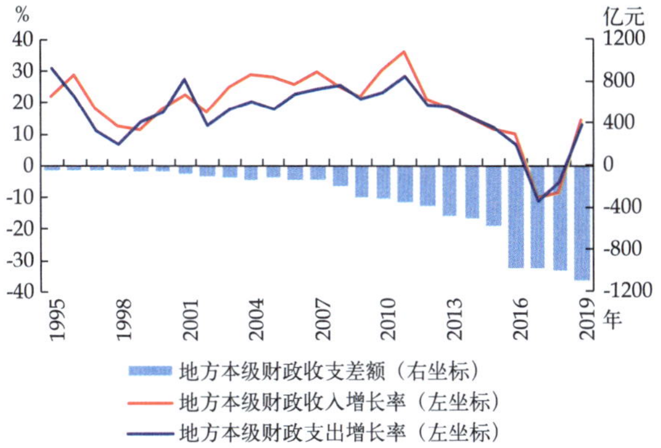

数据来源：天津市统计局。

图13　1995~2019年天津市财政收支状况

2. 惠民生取得新进展。全面完成147万平方米三年棚改任务，6.3万户近30万人受益。完成8310万平方米老旧小区及远年住房三年改造任务，127万户居住品质得到提升。生态环境显著改善，完成120万户居民冬季清洁取暖改造，地表水优良水体比例提高10个百分点，劣V类地表水比例下降20个百分点，近岸海域水质优良比例达到81%，提升31个百分点。西青区成功创建国家生态文明建设示范区。新增就业50.2万人，首次突破50万人，同比增长2.4%，城镇登记失业率控制在3.5%。“海河英才”行动计划累计引进人才24.8万人，其中资格型和技能型人才占比45.1%。

（六）调控政策效应持续发挥，房地产市场运行总体平稳

2019年，天津市坚持“房住不炒”定位，围绕“稳地价、稳房价、稳预期”的目标要求，加强供需调节、强化预期管理、健全长效机制，房地产市场保持平稳运行。

1. 开发投资规模稳步增长，住房建设力度加大。2019年，天津市房地产开发实现投资2727.8亿元，同比增长12.5%，较上年提高3.9个百分点。其中，住宅开发投资2200.0亿元，占全部房地产开发投资的80.7%，较上年提高3.8个百分点，比年初新增336.5亿元，同比多增32.7亿元。

2. 房地产竣工面积大幅下降，新开工及施

工面积增速放缓。2019 年，天津市房地产竣工面积 1655.5 万平方米，同比下降 20.9%，较上年减少 24.3 个百分点；新开工面积 2544.8 万平方米，同比增长 2.6%，较上年下降 3.6 个百分点；施工面积 11453.4 万平方米，同比增长 10.9%，较上年下降 6.5 个百分点。

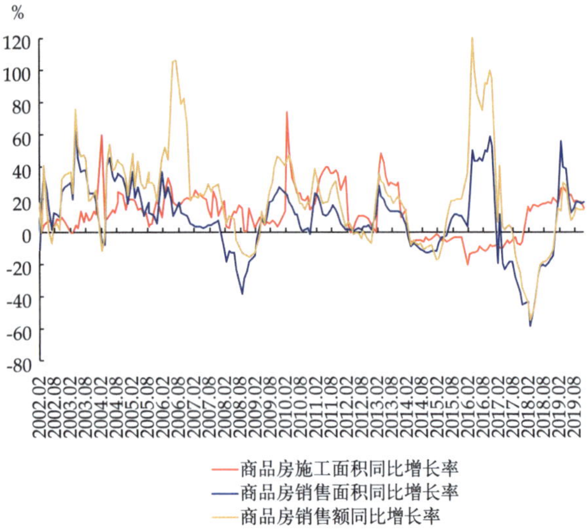

数据来源：天津市统计局。

图 14　2002~2019 年天津市商品房施工和销售变动趋势

3. 住房成交面积及金额同比回升，新房交易增长较多。2019 年，天津市商品住宅销售面积 2646.8 万平方米，同比增长 13.8%，较上年提高 14.9 个百分点；销售金额 3816.7 亿元，同比增长 15.3%，较上年提高 15.2 个百分点。其中，新建住宅累计销售面积 1382.6 万平方米，同比增长 21.2%，较上年提高 36.3 个百分点；销售金额 2132.5 亿元，同比增长 17.4%，较上年提高 28.0 个百分点。

4. 房屋销售价格指数表现平稳，二手房波动相对明显。2019 年，天津市商品房销售价格指数整体波动不大。新房变化较小，环比指数保持在 99.6~100.7 的区间内；二手房价格波动相对较大，环比指数从 7 月份持续处于 100 以下水平，同比指数自 1 月份从 105.6 逐月回落至 100.0。

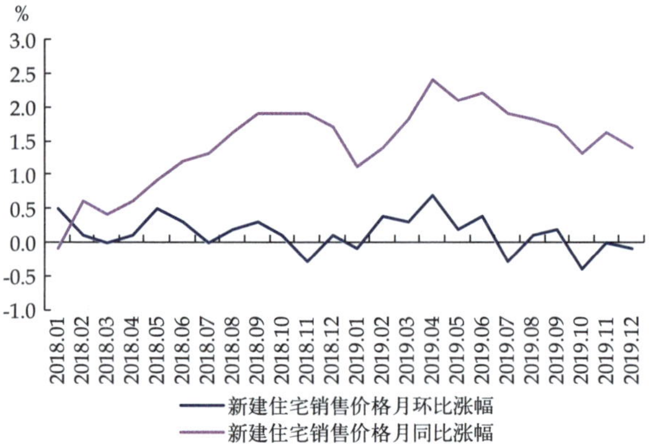

数据来源：天津市统计局。

图 15　2018~2019 年天津市新建住宅销售价格变动趋势

5. 房地产信贷总量持续提高，增速、增量及新增占比同比回落。2019 年末，天津市房地产贷款余额 9075.6 亿元，同比增长 10.0%，较上年下降 4.7 个百分点；比年初新增 824.6 亿元，同比少增 231.5 亿元；在各项人民币新增贷款中的占比为 35.8%，较上年下降 7.7 个百分点。

三、预测与展望

当前，天津市经济金融仍然存在市场主体偏少、推进新旧动能转换力度不够、新动能支撑作用不强、创新驱动发展制度供给不足、经济稳增长压力等问题。2020 年天津市面临的形势依然严峻，全市将以习近平新时代中国特色社会主义思想为指导，全面贯彻党的十九大和十九届二中、三中、四中全会精神，深入贯彻落实习近平总书记对天津工作“三个着力”重要要求和一系列重要指示批示精神，紧扣高质量发展要求，依托天津区位优势和天津港战略地位，大力推进供给侧结构性改革，持续优化营商环境，加快各类要素聚集，进一步释放市场活力，巩固高质量发展态势，推动经济持续健康发展和社会大局稳定。

金融业将认真贯彻稳健的货币政策要更加灵活适度的要求，积极支持经济转型升级和结构调整，增进对民营经济、小微企业、制造业以及重点领域的金融服务，完善贷款市场报价利率传导机制，有效降低实体经济融资成本。继续打好防范化解重大风险攻坚战，有序处置化解不良资产，增强金融业抵御风险能力。稳步推进金融改革与创新，继续落实金融支持自贸试验区建设政策，加快建设金融创新运营示范区，大力发展科技金融、物流金融、租赁金融和绿色金融，促进各类市场稳定发展，金融服务实体经济效力不断提升。

中国人民银行天津分行货币政策分析小组
总　纂：王晓明　王会奇
统　稿：李　鹏　徐　刚
执　笔：郝慧刚　孙坤鑫
提供材料的还有：王贵鹏　冀志芳　李庶民　刘亚楼　魏昆利　李　萌　周中明　钟　辉　李晓迟
刘　冬　张成祥　高　磊　梁景宗　苗润雨　李稳立　杨彩丽　曾　薇　苏　颖
刘红玉　杨维曦　宋俊平　李　师　郭光锐　朱芮菁　范雨桐　高　婧　张　珺

附录

（一）2019年天津市经济金融大事记

1月23日，中国人民银行天津分行组织召开2019年天津市银行业管理与服务工作会议，贯彻落实党和国家关于金融工作重要要求，部署金融工作主要任务，深入推进金融高质量发展。

3月21日，中国人民银行天津分行发布《关于进一步加强民营企业金融服务工作的通知》，提出六方面十项具体措施，缓解民营小微企业融资难融资贵问题。

5月20日，天津市全面取消企业银行账户许可，企业开立、变更、撤销基本存款账户、临时存款账户，由核准制改为备案制。

6月14日，诚信建设万里行暨“建诚信天津、筑文明社会”系列宣传教育活动启动。

7月1日，天津市非税收入全部取消纸质缴费凭证。

9月20日，以“关注个人金融信息保护，增强民众金融安全意识”为主题的2019年国家网络安全宣传周——金融网络安全论坛在天津举办。

9月30日，《中国（天津）自由贸易试验区创新发展行动方案》公布实施，对于促进自贸区制度、政策、功能、产业创新升级具有重要意义。

10月15日，《关于进一步优化金融营商环境的意见》出台，提出优化信贷流程、降低企业上市成本、推进信用体系建设、准确认定融资法律关系等十五条具体措施。

11月26日，中国人民银行批准招商银行天津分行接入自由贸易账户（FT账户）分账核算业务系统，标志着FT账户体系在天津正式落地。

12月26日，天津银行业“百行进万企”工作推动会召开。

（二）2019 年天津市主要经济金融指标

表 1　2019 年天津市主要存贷款指标

		1月	2月	3月	4月	5月	6月	7月	8月	9月	10月	11月	12月
本外币	金融机构各项存款余额（亿元）	32058	31790	31975	31662	31725	32088	31457	31527	31689	31200	31196	31789
	其中：住户存款	11440	11591	11742	11690	11765	12037	12013	12147	12363	12327	12460	12839
	非金融企业存款	14178	13850	13608	13430	13436	13836	13147	13216	13283	13010	12888	13261
	各项存款余额比上月增加（亿元）	1065	-268	185	-313	63	362	-631	70	162	-489	-4	593
	金融机构各项存款同比增长（%）	3.0	3.4	4.6	4.5	4.4	5.9	4.5	3.6	4.6	3.0	2.2	2.6
	金融机构各项贷款余额（亿元）	34747	34683	34723	34912	35150	35383	35650	35942	36109	36064	36239	36141
	其中：短期	8120	8183	8250	8270	8335	8521	8415	8365	8283	8251	8209	8005
	中长期	20164	20098	20207	20326	20450	20589	20839	21059	21228	21201	21376	21559
	票据融资	1190	1168	1137	1178	1188	1179	1282	1343	1354	1373	1363	1303
	各项贷款余额比上月增加（亿元）	632	-65	41	189	238	233	267	292	167	-45	175	-98
	其中：短期	246	64	66	21	65	187	-106	-51	-82	-31	-43	-204
	中长期	319	-66	109	119	124	139	250	219	170	-27	175	183
	票据融资	67	-22	-31	41	10	-9	103	61	10	19	-10	-60
	金融机构各项贷款同比增长（%）	8.5	7.8	7.2	6.8	7.0	7. 1	7.6	8.3	8.1	7.2	6.8	6.0
	其中：短期	3.2	4.4	4.9	4.9	6.2	8.0	9.6	9.5	8.9	7.1	5.5	1.8
	中长期	8.4	7.2	6.9	6.9	7.3	8.0	8.6	10.2	9.7	8.5	8.6	8.8
	票据融资	64.7	66.7	74.6	72.1	58.9	39.3	30.9	27.8	22.7	36.2	32.5	16.0
	建筑业贷款余额（亿元）	1059	1073	1115	1145	1122	1117	1132	1131	1141	1120	1120	1060
	房地产业贷款余额（亿元）	2117	2123	2138	2142	2152	2198	2248	2269	2276	2294	2308	2262
	建筑业贷款同比增长（%）	-8.1	-9.1	-4.3	-3.2	-7.2	-8.6	-3.5	-0.6	-1.8	-2.1	0.3	7.0
	房地产业贷款同比增长（%）	18.5	17.8	17.0	16.3	15.2	13.3	15.3	14.9	9.0	7.7	8.3	8.5
人民币	金融机构各项存款余额（亿元）	30993	30730	30858	30558	30623	30993	30408	30471	30638	30121	30141	30700
	其中：住户存款	11240	11391	11541	11490	11563	11836	11814	11945	12164	12128	12262	12640
	非金融企业存款	13561	13263	13012	12880	12894	13345	12696	12752	12816	12511	12418	12772
	各项存款余额比上月增加（亿元）	1073	-264	128	-301	66	370	-585	62	167	-517	20	559
	其中：住户存款	486	151	150	-52	73	273	-22	131	219	-35	133	378
	非金融企业存款	290	-297	-252	-131	14	451	-649	56	64	-305	-94	355
	各项存款同比增长（%）	3.4	3.9	5.1	5.0	4.8	6.5	5.1	4.1	5.0	3.1	2.3	2.6
	其中：住户存款	17.4	15.8	16.4	17.8	17.0	17.6	17.6	17.7	17.7	17.5	16.9	17.6
	非金融企业存款	1.4	3.8	1.4	2.0	3.4	7.7	4.8	2.6	2.6	-0.6	-1.8	-3.7
	金融机构各项贷款余额（亿元）	33273	33234	33295	33513	33728	33998	34302	34572	34790	34749	34934	34874
	其中：个人消费贷款	7296	7351	7473	7616	7778	7959	8041	8091	8258	8312	8348	8432
	票据融资	1190	1168	1137	1178	1188	1179	1282	1343	1354	1373	1363	1303
	各项贷款余额比上月增加（亿元）	703.5	-39.0	60.8	218.1	215.1	269.7	304.6	270.1	217.5	-40.4	185.0	-60.2
	其中：个人消费贷款	195	55	121	143	162	181	82	50	167	54	36	85
	票据融资	67	-22	-31	41	10	-9	103	61	10	19	-10	-60
	金融机构各项贷款同比增长（%）	8.9	8.4	7.7	7.5	7.7	8.1	8.8	9.4	9.3	8.5	8.0	7.2
	其中：个人消费贷款	25.6	25.4	26.5	28.0	29.6	31.1	30.6	29.5	29.7	24.3	21.0	19.2
	票据融资	64.7	66.7	74.6	72.1	58.9	39.3	30.9	27.8	22.7	36.2	32.5	16.0
外币	金融机构外币存款余额（亿美元）	159	158	166	164	160	159	152	149	149	153	150	156
	金融机构外币存款同比增长（%）	-12.9	-13.0	-12.5	-13.5	-13.3	-12.6	-10.5	-10.4	-8.4	-1.6	-2.6	-0. 1
	金融机构外币贷款余额（亿美元）	220	217	212	208	206	202	196	193	187	186	186	182
	金融机构外币贷款同比增长（%）	-6. 3	-9.7	-10.5	-12.7	-13.0	-15.9	-16.6	-16.0	-18.7	-19.2	-19.7	-19.3

数据来源：《天津市金融统计月报》。

表 2　2001~2019 年天津市各类价格指数

单位：%

		居民消费价格指数		农业生产资料价格指数		工业生产者购进价格指数		工业生产者出厂价格指数	
		当月同比	累计同比	当月同比	累计同比	当月同比	累计同比	当月同比	累计同比
2001		—	1.2	—	—	—	-1.2	—	-4.1
2002		—	-0.4	—	—	—	-4.1	—	-4.1
2003		—	1.0	—	—	—	2.5	—	8.7
2004		—	2.3	—	—	—	15.4	—	4.1
2005		—	1.5	—	—	—	4.9	—	0.1
2006		—	1.5	—	—	—	4.7	—	0.6
2007		—	4.2	—	—	—	5.7	—	1.5
2008		—	5.4	—	—	—	12.9	—	4.1
2009		—	-1.0	—	—	—	-9.8	—	-7.5
2010		—	3.5	—	—	—	10.0	—	5.1
2011		—	4.9	—	—	—	9.8	—	3.8
2012		—	2.7	—	—	—	-3.0	—	-3.0
2013		—	3.1	—	—	—	-2.6	—	-3.0
2014		—	1.9	—	—	—	-2.9	—	-3.7
2015		—	1.7	—	—	—	-7.6	—	-9.7
2016		—	2.1	—	—	—	-1.7	—	-2.1
2017		—	2.1	—	—	—	11.1	—	8.4
2018		—	2.0	—	—	—	6.2	—	5.4
2019		—	2.7	—	—	—	-1.2	—	-0.7
2018	1	1.2	1.2	—	—	8.0	8.0	6.3	6.3
	2	2.5	1.9	—	—	6.9	7.5	4.8	5.5
	3	1.8	1.9	—	—	6.1	7.0	4.8	5.3
	4	1.5	1.8	—	—	6.0	6.8	5.9	5.4
	5	1.9	1.8	—	—	6.5	6.7	7.1	5.8
	6	1.9	1.8	—	—	7.8	6.9	8.1	6.2
	7	2.0	1.8	—	—	7.9	7.0	7.9	6.4
	8	2.2	1.9	—	—	7.0	7.0	6.1	6.4
	9	2.3	1.9	—	—	6.2	6.9	5.8	6.3
	10	2.2	2.0	—	—	5.7	6.8	5.6	6.2
	11	2.0	2.0	—	—	4.7	6.6	3.2	5.9
	12	1.8	2.0	—	—	1.7	6.2	-0.3	5.4
2019	1	1.7	1.7	—	—	-0.1	-0.1	-1.2	-1.2
	2	1.8	1.7	—	—	-0.2	-0.1	0.2	-0.5
	3	2.4	1.9	—	—	0.1	0.0	1.1	0.0
	4	2.9	2.2	—	—	0.6	0.1	1.1	0.3
	5	2.3	2.2	—	—	0.9	0.3	0.5	0.3
	6	2.2	2.2	—	—	-0.5	0.2	-0.8	0.1
	7	2.3	2.2	—	—	-1.7	-0.1	-1.0	0.0
	8	2.4	2.2	—	—	-2.3	-0.4	-1.7	-0.2
	9	2.8	2.3	—	—	-3.1	-0.7	-2.4	-0.5
	10	3.3	2.4	—	—	-3.5	-1.0	-3.3	-0.8
	11	4.0	2.5	—	—	-3.7	-1.2	-1.8	-0.9
	12	4.1	2.7	—	—	-1.2	-1.2	1.3	-0.7

数据来源：《天津统计月报》。

表 3　2019 年天津市主要经济指标

	1 月	2 月	3 月	4 月	5 月	6 月	7 月	8 月	9 月	10 月	11 月	12 月
	绝对值（自年初累计）											
地区生产总值（亿元）	—	—	5198.6	—	—	10371.2	—	—	15256.4	—	—	14104.3
第一产业	—	—	18.8	—	—	59.0	—	—	111.9	—	—	185.2
第二产业	—	—	2283.5	—	—	4500.0	—	—	5941.5	—	—	4969.2
第三产业	—	—	2896.3	—	—	5812.1	—	—	9203.0	—	—	8949.9
工业增加值（亿元）	—	—	—	—	—	—	—	—	—	—	—	—
固定资产投资（亿元）	—	—	—	—	—	—	—	—	—	—	—	—
房地产开发投资	—	—	—	—	—	—	—	—	—	—	—	—
社会消费品零售总额（亿元）	—	892.6	1342.9	1792.2	2249.0	2714.0	3156.9	3600.1	4067.0	4487.3	4956.7	5516.1
外贸进出口总额（亿元）	630.3	1095.3	1691.2	2325.7	2964.4	3553.4	4176.6	4767.8	5359.8	5910.1	6522.1	7346.0
进口	382.2	668.9	1015.9	1396.8	1776.5	2123.0	2495.4	2833.9	3187.0	3513.3	3887.8	4328.2
出口	248.1	426.5	675.3	928.9	1187.9	1430.3	1681.2	1933.9	2172.8	2396.8	2634.3	3017.8
进出口差额（出口－进口）	-134.1	-242.4	-340.6	-467.8	-588.6	-692.7	-814.2	-900.0	-1014.2	-1116.4	-1253.5	-1310.4
实际利用外资（亿美元）	7.5	9.5	12.9	18.3	21.2	23.8	26.9	—	37.0	39.3	42.9	47.3
地方财政收支差额（亿元）	24.2	45.3	-221.8	-211.5	-205.9	-461.1	-426.9	-488.0	-683.2	-684.2	-811.0	-1098.5
地方财政收入	276.5	408.6	563.1	774.3	996.0	1159.2	1377.2	1502.1	1644.8	1874.2	2085.5	2410.3
地方财政支出	252.3	363.3	785.0	985.8	1201.9	1620.3	1804.1	1990.1	2328.1	2558.4	2896.5	3508.7
城镇登记失业率（%）（季度）	—	—	3.5	—	—	3.5	—	—	3.5	—	—	3.5
	同比累计增长率（%）											
地区生产总值	—	—	4.5	—	—	4.6	—	—	4.6	—	—	4.8
第一产业	—	—	-6.8	—	—	-4.8	—	—	0.1	—	—	0.2
第二产业	—	—	4.4	—	—	3.4	—	—	2.4	—	—	3.2
第三产业	—	—	4.6	—	—	5.6	—	—	6.5	—	—	5.9
工业增加值	—	0.3	4.6	4.1	3.5	3.3	2.8	2.4	2.2	2.5	3.2	3.4
固定资产投资	—	24.5	26.1	24.0	17.8	17.4	15.1	15.1	15.4	13.1	13.5	13.9
房地产开发投资	—	27.4	27.4	24.6	22.2	19.1	19.0	19.3	19.5	16.1	15.2	12.5
社会消费品零售总额	—	-2.3	-2.6	-2.4	-2.0	-0.6	-1.0	-1.4	-1.4	-1.0	-0.6	-0.3
外贸进出口总额	-5.4	-4.7	-4.3	~2.6	-7.3	-7.4	-7.3	-8.2	-10.0	-11.0	-11.5	-9.1
进口	-2.8	1.5	-2.8	0.3	-2.7	-3.9	-4.7	-6.7	-9.5	-11.3	-12.0	-11.2
出口	-9.2	-13.0	-6.4	-6.7	-13.4	-12.2	-10.8	-10.3	-10.8	-10.7	-10.6	-5.9
实际利用外资	4.1	10.7	4.3	-7.0	4.1	4.9	3.3	—	4.4	3.5	3.4	3.0
地方财政收入	2.5	0.7	-2.7	-1.4	0.5	0.4	0.1	0.2	0.1	1.5	4.5	14.4
地方财政支出	101.0	-13.3	1.0	4.6	3.9	6.6	6.8	5.8	5.6	7.4	11.5	13.0

数据来源：《天津统计月报》《中国经济景气月报》。

河北省金融运行报告（2020）

中国人民银行石家庄中心支行货币政策分析小组

[内容摘要] 2019 年，河北省经济运行稳中有进、稳中向好，投资稳中有升、消费升级步伐加快，三次产业平稳发展，第三产业占比超过 50%，供给侧结构性改革取得积极成效，京津冀协同发展向纵深推进，雄安新区规划建设进入新阶段，经济发展的质量和效益继续提升。2019 年，全省地区生产总值同比增长 6.8%，连续六年运行在 6.5%~7% 的合理区间。

具体来看，一是投资增速稳中有升，消费升级步伐加快。全年固定资产投资（不含农户）增长 6.1%，比上年加快 0.1 个百分点；第三产业投资增长 10.4%，比上年加快 6.4 个百分点；基础设施投资增长 15.6%，比上年加快 4.6 个百分点。消费需求对全省经济增长的贡献率为 61.2%，高于投资需求 13.4 个百分点，升级类消费快速增长。外贸进口、出口实现双增，延续贸易顺差格局，实际利用外资保持增长，金额首次突破 100 亿美元。二是三次产业平稳发展，服务业占比超过 50%。三次产业增加值比重由上年的 10.3：39.7：50.0 调整为 10.0：38.7：51.3，服务业占全省地区生产总值的比重为 51.3%，比上年提高 1.3 个百分点，超过第二产业 12.6 个百分点；对经济增长的贡献率达 68.6%，高于第二产业 39.7 个百分点。服务业增加值增长 9.4%，快于全省地区生产总值 2.6 个百分点。三是供给侧结构性改革取得积极成效，节能降耗稳步推进。去产能任务超额完成；补短板力度加大，全年生态保护和环境治理业、水利管理业、市政设施管理业完成投资分别增长 8.5%、94.8% 和 40.9%；教育业、娱乐业、社会保障业等社会领域投资合计增长 55.1%；新产业新产品新业态快速发展；全省规模以上工业能耗比上年下降 1.09%，单位工业增加值能耗下降 6.23%。四是京津冀协同发展向纵深拓展，雄安新区规划建设进入新阶段。84 项年度重点任务全部完成，北京大兴国际机场通航，京张高铁建成通车，延崇高速主线建成，区域交通一体化格局不断完善；生态环境联建联防联治持续深化；京津产业转移项目固定资产投资增长 16.0%。高质量高标准完善雄安新区规划体系；雄安新区投资提速加力，固定资产投资增长 384.2%，一批企业和科研机构落户新区，一批大项目开工建设，白洋淀流域综合治理和“千年秀林”建设成效显著。冬奥会、冬残奥会筹办扎实推进，涉奥项目固定资产投资增长 14.6%。五是财政收入增速回落、民生支出占比提高，专项债发行大幅增长，居民消费价格稳中趋升。全部财政收入同比增长 4.7%；一般公共预算支出同比增长 6.5%，专项债发行增长 41.0%；一般公共预算支出的八成用于民生领域；居民消费价格上涨 3.0%；工业生产者价格涨幅继续放缓。

2019 年，全省金融系统认真落实稳健的货币政策，着力加强逆周期调节，加强结构调整，加强市场化改革，切实提升政策传导实效，存贷款增速和增量均高于上年，信贷结构不断优化，贷款利率下行，为“六稳”和高质量发展营造了适宜的货币金融环境。

具体来看，一是金融支持实体经济力度加大。贷款增速和增量上升，截至 2019 年末，全省金融机构本外币各项贷款余额 5.38 万亿元，同比增长 11.8%，比上年同期高 0.7 个百分点，比年初增加 5324.9 亿元，同比多增 529.8 亿元；2019 年，河北省社会融资规模增量为 8339.4 亿元，同比多增 2178.9 亿元。在信用收缩压力较大、结构性矛盾还比较突出的背景下，贷款增速和增量的上升、社会融资规模增量的上升等体现出逆周期调节力度的加大。二是对京津冀协同发展的信贷支持力度加大。2019 年末，河北省银行业支持京津冀协同发展项目授信余额 13884.3 亿元，较年初增加 957.2 亿元。其中，全省银行业支持交通一体化、生态环保、产业转移等“三个率先突破”领域授信余额7791.4亿元，较年初增加989.1亿元，增长14.5%。雄安新区各项贷款余额382.2亿元，同比增长50.4%，比全省贷款增速高38.6个百分点。此外，石家庄、保定、廊坊、张家口四地新增贷款占全省贷款增量的52.1%；保定、邢台和秦皇岛贷款增速分别为17.4%、16%和15.4%，明显高于全省增速。三是对第三产业的信贷支撑强劲。2019年末，全省第三产业贷款余额1.9万亿元，占全部行业贷款比重为59.5%，占比较上年同期扩大1.0个百分点；第三产业贷款增量占比为70.5%，比上年同期提高5.5个百分点。信贷对第三产业的支持与第三产业的较快发展形成良性互动。四是对薄弱环节的支持力度加大。全省民营企业贷款①余额2.04万亿元，同比增长10.4%，其中，私人控股企业贷款余额同比增长13.1%，高于全部贷款增速1.3个百分点，比年初增加1786.8亿元，同比多增85.5亿元。普惠小微贷款余额3664.9亿元，比年初增加483.9亿元。其中，单户授信1000万元以下小微企业贷款余额1398.5亿元，比年初增加226.7亿元。全省贫困县②金融机构各项贷款余额6246.7亿元，同比增长15.7%，高于全省贷款增速3.9个百分点。五是贷款利率下行，LPR形成机制改革的政策效应初步显现。2019年12月，金融机构一般贷款加权平均利率为6.7%，同比下降0.26个百分点，较LPR形成机制改革前的7月份下降0.28个百分点。12月份，企业贷款加权平均利率为6.14%，同比下降0.37个百分点。其中，小微企业贷款加权平均利率为7.16%，同比下降0.29个百分点；普惠小微企业贷款加权平均利率为7.37%，同比下降0.97个百分点。实行LPR减点的贷款占比由8月份的8.4%上升至12月份的10.7%，加点的贷款占比则由91.5%下降至87.9%。六是房地产信贷增速总体平稳。2019年末，全省房地产贷款余额16785.0亿元，同比增长14.5%，全省个人住房贷款余额12676.8亿元，同比增长14.4%。七是证券期货保险业稳步发展。证券机构稳步发展，上市公司数量继续增加，保险业分支机构数量持续增加，保费收入继续较快增长，保险密度略有下降，保险深度与上年持平。

当前，河北省正面临京津冀协同发展向纵深推进、雄安新区大规模建设、冬奥效应持续显现、自贸试验区获批等重大机遇，这些正转化为河北省加快高质量发展的强大势能。同时也要看到，河北省产业结构偏重、产业层次偏低、传统产业偏旧、新兴产业偏小，经济下行压力加大，实体经济困难较多，新旧动能转换任务十分艰巨。新冠肺炎疫情对河北省经济增长短期会形成一定扰动，增加短期经济下行压力，但不改变全省经济长期向好的基本面。2020年，河北省人民银行各分支机构将坚持稳中求进工作总基调，贯彻好稳健的货币政策要更加灵活适度的要求；着力优化信贷投放结构，继续加大对京津冀协同发展、雄安新区规划建设、冬奥会筹办以及民营和小微企业、制造业、战略性新兴产业、精准扶贫等国民经济重点领域和薄弱环节的支持力度；加大对疫情防控和复工复产的货币信贷支持力度；促进金融体系稳健运行，继续为新时代全面建设经济强省、美丽河北营造适宜的货币金融环境。

一、金融运行情况

2019年，河北省人民银行各分支机构坚持金融服务实体经济的根本要求，落实稳健的货币政策，加强逆周期调节和结构调整，着力疏通货币政策传导，信贷增长平稳，结构持续优化，贷款利率下行，社会融资规模同比多增，为实现“六稳”和经济高质量发展营造了适宜的货

①民营企业贷款包括集体控股、私人控股、港澳台控股、外商控股企业贷款及个人经营性贷款。

②考虑到脱贫不脱政策的情况，贫困县贷款数据仍为62个贫困县的合计。

币金融环境。

（一）银行业运行总体平稳，支持实体经济力度加大

1. 资产规模继续平稳增长。2019年末，河北省银行业金融机构资产总额87332.0亿元，同比增长9.3%。其中，城市商业银行和小型农村金融机构资产总额合计近3.7万亿元，占全省银行业资产总额的42.1%；新型农村金融机构资产总额达到606.2亿元。2019年，国家开发银行、邮政储蓄银行各新设二级分行1家，为国家开发银行河北雄安分行、邮政储蓄银行河北雄安分行；辖内股份制商业银行新设二级分行3家；辖内城商行新设分行4家；辖内村镇银行增加3家。2019年末，全省已开业新型农村金融机构111家，全省银行业组织体系更加完善。

表1　2019年河北省银行业金融机构情况

机构类别	营业网点			法人机构（个）
	机构个数（个）	从业人数（人）	资产总额（亿元）	
一、大型商业银行	3309	73292	33315.1	0
二、国家开发银行和政策性银行	166	3539	5267.5	0
三、股份制商业银行	506	10774	5646.9	0
四、城市商业银行	1221	24719	18620.9	11
五、小型农村金融机构	4885	48768	18117.7	147
六、财务公司	7	265	1034.7	7
七、信托公司	1	273	158.2	1
八、邮政储蓄银行	1456	17492	3816.4	0
九、外资银行	2	49	31.8	0
十、新型农村金融机构	312	4796	606.2	109
十一、其他	3	473	716.5	3
合　计	11868	184440	87332.0	278

注：营业网点不包括国家开发银行和政策性银行、大型商业银行、股份制商业银行等金融机构总部数据；大型商业银行包括中国工商银行、中国农业银行、中国银行、中国建设银行和交通银行；小型农村金融机构包括农村商业银行、农村合作银行和农村信用社；新型农村金融机构包括村镇银行、贷款公司、农村资金互助社；"其他"包含金融租赁公司、汽车金融公司、货币经纪公司、消费金融公司等。

数据来源：河北银保监局。

2. 存款余额较快增长，住户存款拉动作用明显。2019年末，全省金融机构本外币各项存款余额达73216.3亿元，同比增长10.5%，较上年高0.9个百分点；比年初增加6946.6亿元，同比多增1152.6亿元。人民币存款余额达到72884.5亿元，同比增长10.6%，比上年高0.8个百分点；比年初增加6950.1亿元，同比多增1073.0亿元。分部门看，住户存款余额46693.1亿元，比年初增加6168.8亿元，同比多增1400.9亿元。企业存款余额14269.5亿元，比年初增加381.2亿元，上年同期为减少164.1亿元。机关团体存款余额9818.6亿元，比年初增加507.5亿元，同比少增530.2亿元。财政性存款余额1676.4亿元，比年初增加16.5亿元，同比少增53.4亿元。非银存款余额728.3亿元，比年初减少141.0亿元，上年同期为增加103.0亿元。2019年末，河北省外币各项存款余额47.6亿美元，比年初减少1.3亿美元，同比少减13.9亿美元。

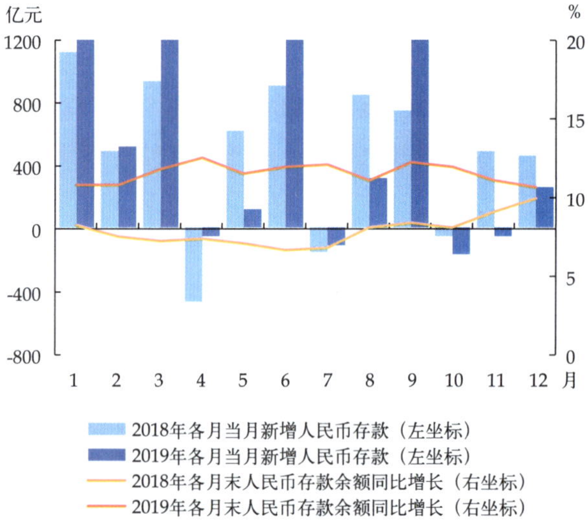

数据来源：中国人民银行石家庄中心支行。

图1　2018~2019年河北省金融机构人民币存款增长变化

3. 贷款增速和增量高于上年，支持实体经济力度加大。2019年末，河北省金融机构本外币贷款余额超过5万亿元，达到53788.5亿元，同比增长11.8%，增速比上年高0.7个百分点；比年初增加5324.9亿元，同比多增529.8亿元。人民币各项贷款余额53448.1亿元，同比增长

12.0%，比上年同期高 0.6 个百分点；比年初增加 5356.1 亿元，同比多增 506.4 亿元。分部门看，住户贷款余额 19369.1 亿元，比年初增加 2400.3 亿元，同比多增 576.7 亿元。企业及机关团体贷款余额 34320.7 亿元，比年初增加 2909.1 亿元，同比少增 48.5 亿元。分期限看，中长期贷款增长较快，同比增长 13.3%，高于全部贷款增速 1.5 个百分点；新增 3812.2 亿元，占全部贷款增量的 71.6%。在信用收缩压力较大、结构性矛盾还比较突出的背景下，贷款增速和增量上升，体现出逆周期调节力度的加大。

贷款的行业投向不断优化。提高对就业空间广、消费贡献高的第三产业信贷服务能力，促进实体经济活动运转加快。12 月末，第三产业贷款余额 1.9 万亿元，占全部行业贷款比重为 59.5%，较上年同期扩大 1.0 个百分点；第三产业贷款增量占比为 70.5%，比上年同期提高 5.5 个百分点。从结构看，批发零售业贷款投放最多，增量占比为20.2%，比上年同期扩大 6.4 个百分点。

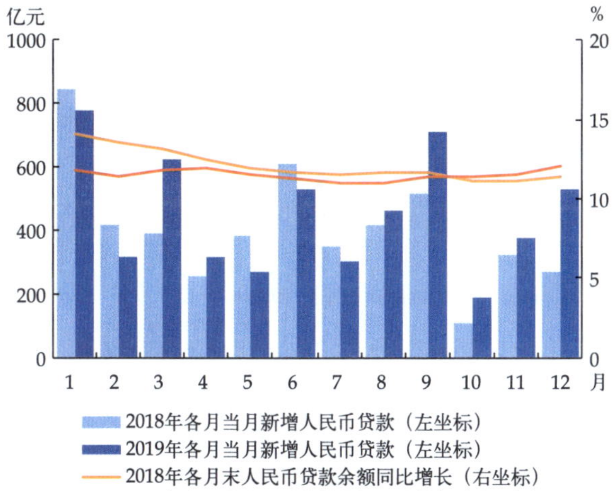

数据来源：中国人民银行石家庄中心支行。

图 2　2018~2019 年河北省金融机构人民币贷款增长变化

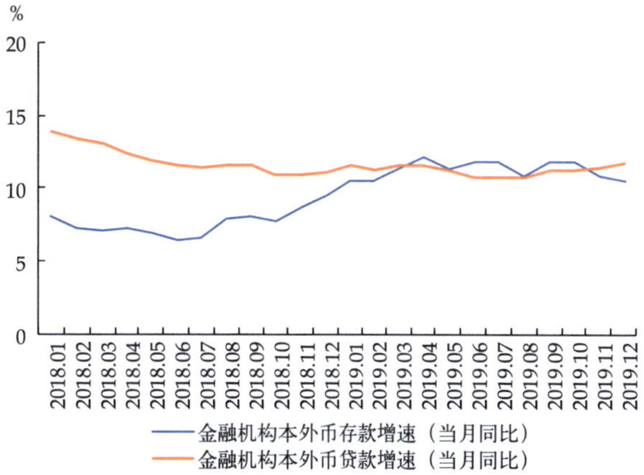

数据来源：中国人民银行石家庄中心支行。

图 3　2018~2019 年河北省金融机构本外币存、贷款增速变化

对薄弱环节的信贷支持力度加大。继续扩大普惠金融定向降准支持范围，缓解民营小微企业融资困难，提振市场信心，政策效果显现。一是民营企业贷款平稳增长。全省民营企业贷款①余额 2.04 万亿元，同比增长 10.4%。其中，私人控股企业贷款余额同比增长 13.1%，高于全部贷款增速 1.3 个百分点，比年初增加 1786.8 亿元，同比多增 85.5 亿元。二是深化普惠小微金融服务。普惠小微贷款②余额 3664.9 亿元，比年初增加 483.9 亿元。其中，单户授信 1000 万元以下小微企业贷款余额 1398.5 亿元，比年初增加 226.7 亿元。三是金融助力脱贫攻坚。不断引导金融资源向贫困地区倾斜，全省贫困县③金融机构各项贷款余额 6246.7 亿元，同比增长 15.7%，高于全部贷款增速 3.9 个百分点。

再贷款和再贴现的定向支持力度加大。支农（扶贫）再贷款稳步增长。截至 2019 年末，全省支农再贷款余额 63.5 亿元。其中，扶贫再贷款余额 50.7 亿元，同比增长 38%，支农、扶

---

①民营企业贷款包括集体控股、私人控股、港澳台控股、外商控股企业贷款及个人经营性贷款。

②普惠小微贷款包括个体工商户及小微企业主经营性贷款、单户授信小于 1000 万元的小微企业贷款。2019 年起，普惠小微贷款统计口径扩大，由单户授信小于 500 万元小微企业贷款调增至单户授信小于 1000 万元小微企业贷款，导致 2019 年普惠小微贷款与上年同期不可比。

③考虑到脱贫不脱政策的情况，贫困县贷款数据仍为 62 个贫困县的合计。

贫再贷款余额创历史新高；全省支小再贷款余额64.7亿元，全年累计发放支小再贷款64.7亿元，比上年增加13.2亿元，借用金融机构达到18家，较上年增加了8家。再贴现资金投放势头强劲。2019年末，全省再贴现余额183.7亿元，比年初增加82.8亿元，同比增长82.1%。2019年，中国人民银行石家庄中心支行创新再贴现操作模式，研究制定《关于开办河北省民营小微票据再贴现"直通车"业务的通知》，专项安排50亿元再贴现额度，大力推广民营小微票据再贴现"直通车"业务。在此业务的带动下，金融机构票据融资发展较快，2019年末，全省票据融资余额比年初增加456.2亿元，同比增长24.9%。

4. 贷款利率下降，LPR形成机制改革的政策效应初步显现。2019年12月，金融机构一般贷款加权平均利率为6.7%，同比下降0.26个百分点，较LPR形成机制改革前的7月下降0.28个百分点。12月，企业贷款加权平均利率为6.14%，同比下降0.37个百分点。其中，小微企业贷款加权平均利率为7.16%，同比下降0.29个百分点；普惠小微企业贷款加权平均利率为7.37%，同比下降0.97个百分点。河北省金融机构发放的人民币贷款中，实行LPR减点的贷款占比由8月的8.4%上升至12月的10.7%，加点的贷款占比则由91.5%下降至87.9%。12月，3个月以内大额美元存款加权平均利率较1月下降0.62个百分点。地方法人金融机构的定价机制建设进一步完善，参与利率市场化程度不断加深，120家地方法人金融机构通过合格审慎评估成为全国市场利率定价自律机制成员。

表2　2019年河北省金融机构人民币贷款各利率区间占比

（LPR改革前）　　单位：%

月份		1月	2月	3月	4月	5月	6月	7月
合计		100.0	100.0	100.0	100.0	100.0	100.0	100.0
下浮		11.4	5.5	12.2	8.0	7.3	8.7	8.2
基准		12.0	19.7	15.2	14.5	15.1	12.4	12.2
上浮	小计	76.6	74.8	72.6	77.5	77.6	79.0	79.6
	(1.0，1.1]	10.9	10.0	10.1	9.7	8.3	9.1	10.5
	(1.1，1.3]	18.9	22.8	17.1	17.0	15.8	18.1	16.0
	(1.3，1.5]	10.3	10.3	8.3	10.2	11.3	11.7	10.9
	(1.5，2.0]	19.9	14.6	18.7	21.6	22.6	22.5	23.1
	2.0以上	16.6	17.1	18.4	19.0	19.6	17.5	19.1

（LPR改革后）

月份		8月	9月	10月	11月	12月
合计		100.0	63.7	100.0	69.8	100.0
LPR减点		8.4	8.0	9.6	13.4	10.7
LPR		0.1	1.2	1.1	1.5	1.3
LPR加点	小计	91.5	54.5	89.3	55.0	87.9
	(LPR，LPR+0.5%)	22.4	19.2	21.7	23.9	19.8
	[LPR+0.5%，LPR+1.5%)	19.6	21.2	17.6	16.5	16.3
	[LPR+1.5%，LPR+3%)	13.4	14.1	13.4	14.7	17.4
	[LPR+3%，LPR+5%)	18.1	19.8	17.2	14.4	17.0
	LPR+5%及以上	17.9	16.5	19.4	15.7	17.4

数据来源：中国人民银行石家庄中心支行。

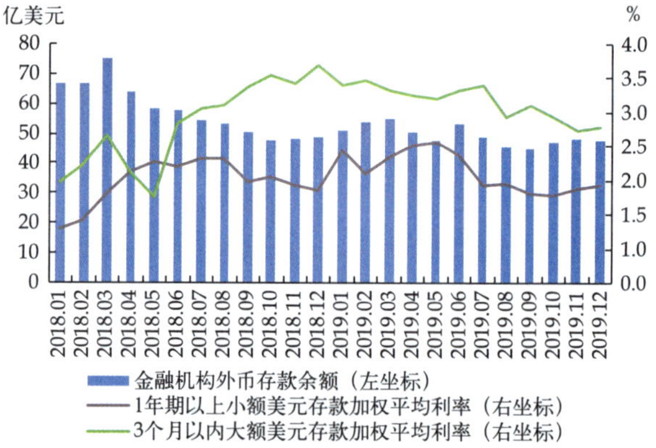

数据来源：中国人民银行石家庄中心支行。

图4　2018~2019年河北省金融机构外币存款余额及外币存款利率

5. 银行业金融机构改革继续推进。大型商业银行积极调整授信结构，倾斜资源，服务京津冀协同发展、雄安新区建设、冬奥会筹办等，着力提升综合金融服务能力；落实数字化转型战略部署，重塑个人金融服务体系；加快机构调整，如授信审批方面增设授信审批中心，提升审批效率，提升服务实体经济质效。定价管理方面，下沉定价授权，在符合自律机制要求的前提下，存款和房贷定价授权全部下放经营单位。机构建设方面，及时调整机构建设布局规划，重点支持自贸区、示范区及国家重点发展区域，加大服务小微、民企和普惠金融工作力度。中国农业银行河北省分行持续深化三农金融事业部改革，加大“三农”和县域信贷投放，2019年末县域贷款余额2309.8亿元，较年初增加236.3亿元，增长11.4%，高于全行各项贷款平均增速。全省农村商业银行批复筹建1家，开业3家。全省村镇银行整体实现规范有序发展，全年共批准开业3家，批筹2家，“多县一行”制试点机构——唐县汇泽村镇银行两家异地支行顺利开业；“投资管理行”——中银富登村镇银行已批准筹建。

6. 不良贷款余额和不良贷款率双下降，资本充足率稳中有升。2019年末，河北省银行业金融机构不良贷款余额1191.7亿元，比年初减少76.3亿元；不良贷款率2.21%，比年初下降0.42个百分点。2019年末，河北省银行业金融机构累计实现净利润683.9亿元，同比多盈27.7亿元。资产利润率0.82%，同比下降0.03个百分点。成本收入比率34.82%，同比上升1.06个百分点。净息差2.30%，同比下降1.19个百分点，连续五年下降。资本充足率稳中有升，全省平均资本充足率13.24%，比年初提高0.25个百分点。

7. 跨境人民币业务持续稳步发展。坚持“本币优先”原则，加强政策宣传和市场培育，持续优化市场环境，提升金融服务水平，全面推进河北省跨境人民币业务发展。组织全省开展人民币跨境使用十周年主题宣传活动，通过媒体报道、政策宣讲、主题征文、知识竞赛、演讲比赛、微视频大赛等形式，多维度、全方位立体宣传，掀起了宣传和使用跨境人民币的热潮，提升市场主体本币优先意识。开展“送政策、摸实情、促发展”调研活动，走进重点企业开展“一对一”走访，查找本币结算障碍，为企业出实招、解难题，消除操作层面人民币使用障碍。推动自贸区更高水平贸易投资便利化试点政策落地，指导自贸区银行为优质企业简化业务流程，提高结算效率，促进贸易投资便利化，支持自贸区建设。2019年，全省人民币跨境收付金额624.3亿元，同比增长27.3%，占同期本外币跨境收付总额的12.8%，办理结算企业6975家，较2018年新增969家，市场主体进一步壮大。

专栏1　金融支持京津冀协同发展迈出新步伐

2019年，中国人民银行石家庄中心支行立足央行职能和河北省实际，谋创新、联体系、增资金、强协作，在金融推动雄安新区建设、疏解北京非首都功能、重点产业转型升级、冬奥会筹办等方面取得积极成效。

首先，促进雄安新区高质量规划建设。一是加强前瞻性研究，从雄安新区金融功能定位、金融产业布局、金融监管模式、试点房地产投资信托基金（REITs）公募发行等方面谋划新区金融创新发展路径，出版论文集《千年大计 金融赋能——雄安金融创新发展研究》，充分展现了石家庄中心支行汇众智、集众能、展众才的金融支持力度。二是按照“一站式服务”做好新区新设金融机构准入，做好新区国库工作，加强金融管理培训和宣传，不断提升新区金融管理服务水平。加强与新区管委会的良好沟通协作关系，召开专门座谈会，确保金融支持工作扎实开展并取得实效。三是建立雄安新区统筹推进金融业综合统计管理工作机制，不断完善雄安新区金融统计监测体系。四是支持雄安集团于2019年8月成功注册200亿元超短期融资券，有效扩大建设资金规模。截至2019年末，新区三县各项存款余额1249.1亿元，同比增长36.5%，比年初增加334.0亿元；各项贷款余额382.2亿元，同比增长50.4 %，比年初增加128.0亿元，同比多增51.0亿元；新区银行业机构、保险业机构、证券业机构共有网点164个，较新区成立时增加30个；从业人员2495人，较新区成立时增加480人。目前已有中行、农行、工行、建行、交行、光大银行等6家银行成立雄安分行，19家金融机构加入人民银行管理与服务体系，新区已形成包括国有商业银行、股份制商业银行、城市商业银行、农村信用社、村镇银行在内的金融体系，实现了雄安新区金融机构类型和数量规模的双提升。其次，推动疏解北京非首都功能。联合人民银行营业管理部、天津分行有效发挥人民银行京津冀协调机制作用，推动三地金融系统优势互补、形成合力。共享京津冀金融监测统计数据，降低金融信息跨区域不对称程度。加强京津冀三地支付跨区域监管合作，确保支付系统安全、高效、平稳运行。加强守信意识培养，完善信用报告查询体系，共同提升三地征信服务水平。加强金融消费者权益保护联合执法检查，有效提升三地民众良好金融素养。推动中国银行间市场交易商协会、三地金融办（局）落实签订的战略合作协议，支持疏解企业利用银行间市场筹集资金。加强金融风险联合调研、处置化解经验交流、跨区域风险传导防范，牢牢守住不发生系统性金融风险底线。最后，紧抓金融服务重点领域，迎冬奥、促开放。完善金融基础设施，设立奥运资金绿色通道服务机制，形成奥运资金从收入起点到支出终点的跨部门一条龙优先处理渠道。引导金融机构积极对接奥运项目，利用与母子公司、平台公司及信托、基金、租赁等第三方的合作，为相关企业提供基本建设贷款、银团贷款、保函、委托贷款、融资租赁等全方位、综合化的金融服务。2019年，张家口辖区金融机构支持奥运项目累放金额81.37亿元，年末余额359.04亿元。

2019年末，河北省银行业支持京津冀协同发展项目授信余额13884.3亿元，较年初增加957.2亿元。其中，全省银行业支持交通一体化、生态环保、产业转移等“三个率先突破”领域授信余额7791.4亿元，较年初增加989.1亿元，增长14.5%。

（二）证券期货业运行平稳，多层次资本市场持续发展

1. 证券机构稳步发展。截至2019年末，全省共有证券机构297家，其中法人机构1家；证券分公司39家，新增2家；证券营业部257家，新增1家。全年实现证券交易额近5万亿元，较上年增长20.9%；证券机构营业收入较上年增长27.1%；净利润较上年增长302.1%。

表3　2019年河北省证券业基本情况

项目	数量
总部设在辖内的证券公司数（家）	1
总部设在辖内的基金公司数（家）	0
总部设在辖内的期货公司数（家）	1
年末国内上市公司数（家）	58

续表

项目	数量
当年国内股票（A股）筹资（亿元）	148.4
当年发行H股筹资（亿元）	—
当年国内债券筹资（亿元）	623.5
其中：短期融资券筹资额（亿元）	42.9
中期票据筹资额（亿元）	255.5

注：当年国内股票（A股）筹资额指非金融企业境内股票融资。

数据来源：河北证监局、中国人民银行石家庄中心支行。

2. 期货业稳步发展。截至2019年末，河北省共有期货机构48家，其中法人机构1家、分公司6家、营业部41家。期货客户数7.0万户，同比增长10.4%；全年代理交易量为5745.6万手，同比增长24.9%；代理交易额36355.4亿元，同比增长27.3%。

3. 上市公司数量继续增加。截至2019年末，河北省共有境内上市公司58家，较上年增加1家；新三板挂牌企业216家，较上年减少17家；区域性股权市场1家，即石家庄股权交易所，挂牌企业2037家，较上年增加119家。2019年，石家庄股权交易所股权融资101.5亿元，较上年增长826.8%；债券融资5.0亿元，较上年增长244.5%。

（三）保险业平稳发展，服务水平不断提升

1. 分支机构数量持续增加，保费收入继续较快增长。2019年，河北省新增省级保险分公司3家、新增省级以下分支机构91家，保险公司营业网点覆盖面更为广泛。总资产4143.2亿元，同比增长14.0%。全年累计实现原保险保费收入1989.2亿元，同比增长11.1%。保险业业务结构优化，车险保费收入占比较上年下降3.8个百分点，保证保险保费收入同比增长37.7%。

2. 保险密度略有下降，保险深度与上年持平。保险密度2030.0元／人，较上年下降345.5元／人；保险深度5.0%，与上年同期持平；保险业累计承担风险总额93.2万亿元，同比增长16.7%；累计赔付支出549.8亿元，同比上升1.6%。

表4　2019年河北省保险业基本情况

项目	数量
总部设在辖内的保险公司数（家）	1
其中：财产险经营主体（家）	1
人身险经营主体（家）	0
保险公司分支机构（家）	75
其中：财产险公司分支机构（家）	37
人身险公司分支机构（家）	38
保费收入（中外资，亿元）	1989.2
其中：财产险保费收入（中外资，亿元）	572.7
人身险保费收入（中外资，亿元）	1416.5
各类赔款给付（中外资 亿元）	549.8
保险密度（元／人）	2030.0
保险深度（%）	5.0

数据来源：河北银保监局。

（四）社会融资规模增量上升，金融市场运行总体平稳

1. 社会融资规模增量上升。2019年，河北省社会融资规模增量为8339.4亿元，同比上升2178.9亿元。其中，新增人民币贷款占同期社会融资规模增量的64.4%，同比下降13.8个百分点；委托贷款占比为2.0%，同比上升4.0个百分点；信托贷款占比为2.1%，同比上升4.4个百分点；企业债券占比为7.5%，同比下降1.6个百分点；非金融企业境内股票融资占比为0.5%，同比下降1.7个百分点。2019年末，河北省非金融企业债务融资工具余额达到2369.1亿元，同比增长13.9%。

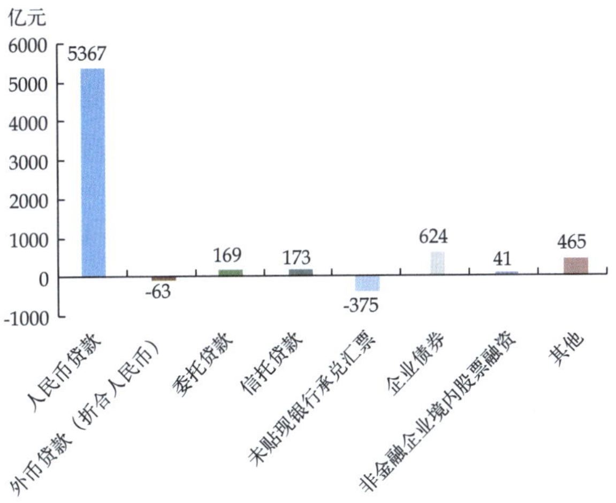

数据来源：中国人民银行石家庄中心支行。

图5　2019年河北省社会融资规模分布结构

表5　2019年河北省金融机构票据业务量统计

单位：亿元

季度	银行承兑汇票承兑		贴现			
			银行承兑汇票		商业承兑汇票	
	余额	累计发生额	余额	累计发生额	余额	累计发生额
1	3383.1	1363.7	2013.0	1718.0	33.4	0.0
2	3316.0	2355.8	2047.7	3261.7	21.9	0.0
3	3253.2	3493.2	2129.3	5309.8	22.3	0.5
4	3289.5	4670.4	2291.3	8067.2	22.7	0.8

数据来源：中国人民银行石家庄中心支行。

表 6　2019 年河北省金融机构票据贴现、转贴现利率

单位：%

季度	贴现		转贴现	
	银行承兑汇票	商业承兑汇票	票据买断	票据回购
1	3.52	—	3.49	3.10
2	3.60	—	3.43	2.25
3	3.30	6.50	3.26	2.91
4	3.26	6.50	3.47	2.25

数据来源：中国人民银行石家庄中心支行。

2. 商业汇票签发量继续下降。2019 年，全省累计签发银行承兑汇票 4670.4 亿元，同比减少 314.9 亿元，连续四年负增长，但降幅继续收窄。2019 年末，全省银行承兑汇票余额 3289.5 亿元，同比增加 346.5 亿元。银行承兑汇票签发量继续下降的同时，业务操作更加规范，票据市场乱象得到遏制。从利率来看，票据贴现、转贴现利率水平下降。2019 年 12 月，票据贴现加权平均利率 3.22%，同比下降 0.55 个百分点。

（五）金融生态环境不断优化，金融基础设施更加完善

1. 社会信用体系建设持续推进。金融信用信息基础数据库对经济的信息支持作用不断加强。2019 年，河北省省、市、县信用信息共享平台实现联通，全省金融信用信息基础数据库已收录全省企事业借款人 51 万户、自然人 3771 万人；接入顶级或一级机构 149 家，类型涵盖银行业金融机构、小额贷款公司、融资担保公司、财务公司、金融租赁公司等。同时，为更好便民惠民，在全省布放自助查询机，开通代理查询点。中国人民银行企业征信系统累计为全省征集、更新 9.3 万户中小微企业信用档案；张家口、廊坊、唐山等地因地制宜，为当地中小微企业建立具有地方特色的企业信用信息平台，助力解决信息不对称问题，缓解小微企业融资困境。加强信用评价，全省评定信用农户数 537 万户、信用村 14460 个、信用乡镇 221 个，并对 188 万户农户进行了信贷支持，余额 719 亿元。全省各地市将信用建设与脱贫攻坚相结合，规范贫困户信用评价工作，指导各银行科学评价贫困户信用风险状况，为建档立卡贫困户建立金融服务档案 73 万户，并全部进行信用等级评定，评定信用贫困户 29 万户，促进了金融扶贫工作进展。弘扬唯信唯实的征信文化。全省累计已建立 19 个诚信文化教育基地，在 12 所大学开设征信课程，全面建立起宣传教育长效机制。宣传征信知识，传播信用观念。全省全年举办活动 14000 余场、发放宣传品 110 万份，实现了征信宣传 100% 全覆盖，征信文化宣传的鲜活感和感召力不断增强，全省“用征信、助融资、促发展”的信用环境得到进一步优化。2019 年，省社会信用体系建设官方门户网站“信用河北”运行平稳，已实现与国家和省内 11 个设区市、74 个省有关部门互联交换。《河北省人民政府关于进一步加快社会信用体系建设的实施意见》的出台，为全省信用体系建设提供了政策制度保障，河北省社会信用体系建设共建共治共享的格局初步形成。

2. 支付系统安全、稳定、高效运行，电子支付快速发展。2019 年，河北省支付系统实现安全稳定运行，全年共处理支付业务 44670.9 万笔，金额 123.9 万亿元，同比分别增长 6.5% 和 6.4%。网上支付跨行清算系统业务量增速放缓，全年共处理往来业务 5155.3 万笔，同比下降 7.7%，金额 5138.3 亿元，同比增长 20.1%，较好地满足了社会公众的网上支付需求，有力支持了电子商务及互联网金融的发展。电子支付快速发展。随着通信技术的发展和社会公众支付服务需求增加，河北省网上支付、电话支付、移动支付等新兴电子支付业务快速增长，2019 年电子支付业务量 75.0 亿笔、金额 630935.0 亿元，同比分别增长 18.4% 和 1.5%。积极开展移动支付便民工程建设，在云闪付推广、受理环境改造以及公共交通、医疗卫生等方面都取得新成效，为人民群众提供了安全、

便捷、高效的移动支付服务。截至2019年末，河北省云闪付用户1128万户，同比增长80.8%；2019年新增用户504万户，同比增长31.9%。全省共建设便民场景340多个、消费场景4.6万多个，覆盖了各民生行业和消费领域，石家庄、张家口等9个地市已实现云闪付乘公交。

3.深入推进金融知识宣传普及和金融消费权益保护工作。金融消费权益保护监督检查、评估评价有序开展。2019年，组织全省人民银行系统对96家银行业金融机构、2家非银行支付机构开展支付服务领域金融消费权益保护监督检查。根据《中国人民银行金融消费者权益保护机构评估实施细则》《中国人民银行金融消费者权益保护机构评估指标及评分标准》，对驻石26家银行业金融机构、32家非银行支付机构金融消费权益保护工作进行评估，同时将银行业金融机构评估结果纳入河北省金融机构执行人民银行金融管理政策综合评价系统。

金融消费者投诉受理处理机制逐步完善。充分发挥金融消费权益保护信息管理系统平台作用，规范、高效受理处理金融消费者投诉事项，2019年，共受理处理消费者投诉863件。自2019年7月起收集汇总并向总行报送河北省银行业金融机构"投诉分类统计报表"，督促辖内法人机构按照时间节点完成投诉管理系统建设和完善工作，并做好与投诉监测分析系统对接准备工作。

金融知识宣传教育不断深入。以"3·15金融消费者权益日"、6月"普及金融知识，守住'钱袋子'"、9月"金融知识普及月"活动为依托，组织省内10地市、133县人民银行系统及金融机构开展金融知识进课堂、进农村、进社区、进企业、进商圈等集中宣传活动。积极利用新闻、网络媒体发布典型案例，传播金融知识，提升消费者金融风险防范意识；组织开展消费者金融素养问卷调查，增强金融知识宣传教育针对性。2019年，全省金融系统累计开展宣传活动近4万次，发放宣传资料1400余万份，受众消费者数量2000余万人次，取得了良好的宣传效果。

二、经济运行情况

2019年，全省地区生产总值35104.5亿元，比上年增长6.8%，增速连续7个季度保持在6.5%以上，经济运行呈现稳中有进、稳中向好态势。其中，第一产业增加值3518.4亿元，增长1.6%；第二产业增加值13597.3亿元，增长4.9%；第三产业增加值17988.8亿元，增长9.4%。服务业对经济增长的贡献率位居三次产业之首，服务业增加值占比突破50%，达到51.3%，较第二产业比重高12.6个百分点，产业结构"三二一"的态势进一步增强。

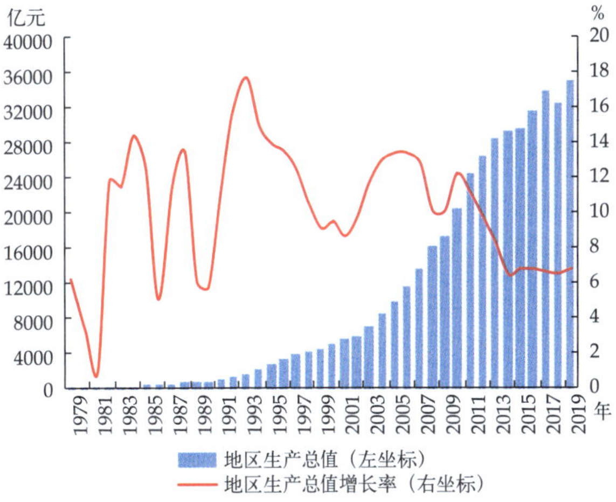

数据来源：河北省统计局。

图6　1979~2019年河北省地区生产总值及其增长率

（一）投资稳中有升，消费升级步伐加快

1.固定资产投资稳中有升。全年固定资产投资（不含农户）增长6.1%，比上年加快0.1个百分点。第三产业投资增长较快，增长10.4%，比上年加快6.4个百分点。大项目投资支撑作用增强。全省计划总投资超10亿元的大项目完成投资增长18.4%，占全省投资的比重达27.0%，同比提高2.8个百分点。基础设施投资增速加快。完成投资增长15.6%，比上年加快

4.6 个百分点；占全省投资的 26.8%，提高 2.2 个百分点。技改投资占比提高。工业技改投资增长 7.2%，快于工业投资 5.2 个百分点；占工业投资的比重为 61.6%，比上年提高 3.0 个百分点。

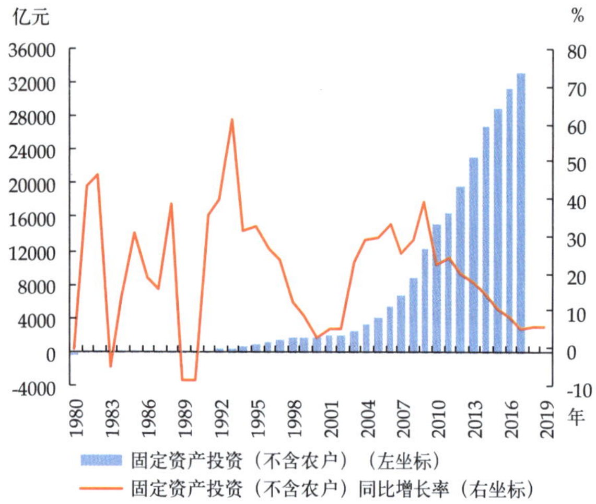

数据来源：河北省统计局。

图 7　1980~2019 年河北省固定资产投资（不含农户）及其增长率

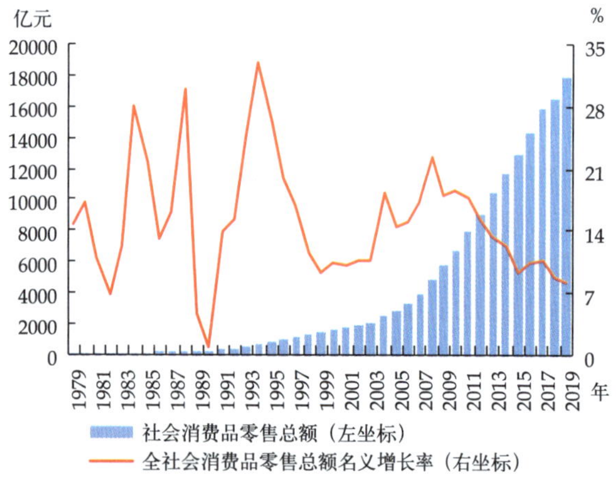

数据来源：河北省统计局。

图 8　1979~2019 年河北省社会消费品零售总额及其增长率

2. 消费增速总体平稳，乡村持续快于城镇。 全年社会消费品零售总额 17934.2 亿元，比上年增长 8.4%。城乡市场繁荣稳定，城镇市场零售额 13611.8 亿元，增长 8.1%，乡村市场零售额 4322.4 亿元，增长 9.5%。消费升级类商品增长较快，限额以上单位中，化妆品类商品零售额增长 22.1%，增速同比加快 12.9 个百分点，体育娱乐用品类、文化办公用品和通讯器材类分别增长 96.2%、19.3% 和 53.2%。绿色消费增势迅猛，家用电器和音像器材类中能效等级为 1 级和 2 级的商品零售额同比增长 41.2%，新能源汽车类增长 138.4%。消费需求对全省经济增长的贡献率为 61.2%，高于投资需求 13.4 个百分点，消费需求继续保持对经济增长的主拉动作用。

3. 外贸进出口较快增长，总额首次突破 4000 亿元。 据石家庄海关统计，2019 年，河北省外贸进出口总值 4001.6 亿元人民币，比上年增长 12.6%，增速高于全国 9.2 个百分点。其中，出口 2370.3 亿元，增长 5.7%，增速高于全国 0.7 个百分点；进口 1631.3 亿元，增长 24.4%，增速高于全国 22.8 个百分点。一是机电产品、劳动密集型产品、高新技术产品等出口保持较快增长。机电产品出口 799 亿元，增长 12.3%；劳动密集型产品出口 575.3 亿元，增长 7.7%；高新技术产品（与机电产品有交叉）出口 210.1 亿元，增长 11%。二是铁矿砂等大宗商品进口需求旺盛。铁矿砂进口 11024.9 万吨，增长 16.4%；煤及褐煤进口 821.8 万吨，增长 64.5%；原油进口 404.3 万吨，增长 1.1 倍。

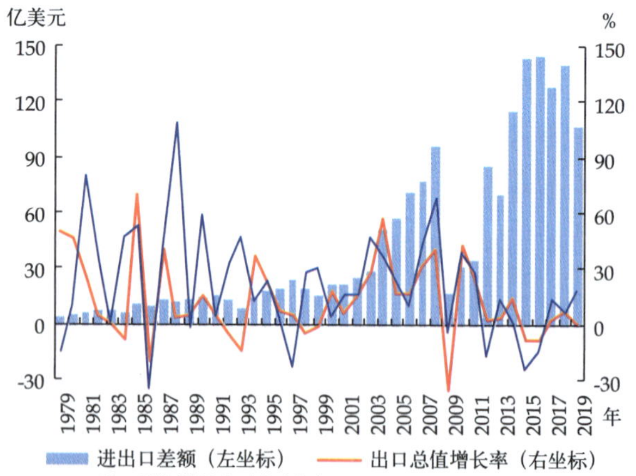

数据来源：河北省统计局。

图 9　1979~2019 年河北省外贸进出口变动情况

4. 实际利用外资保持增长，金额首次突破100 亿美元。2019 年，河北省实际利用外资突破 100 亿美元，达 102.8 亿美元，比上年增长5.9%。其中，外商直接投资 98.5 亿美元，增长8.4%。

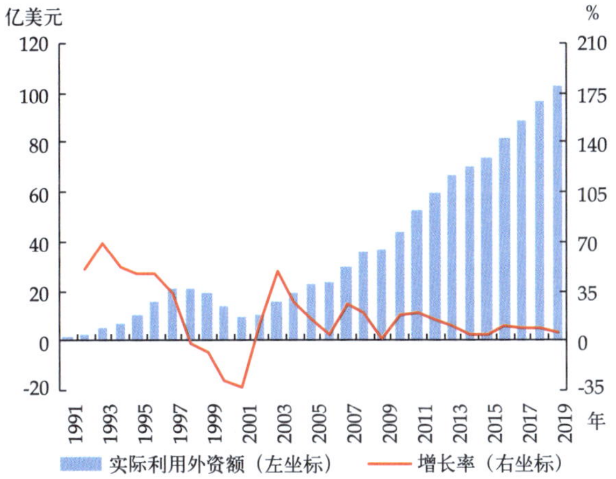

数据来源：河北省统计局。

图 10　1991~2019 年河北省实际利用外资额及其增长率

（二）三次产业平稳发展，服务业占比继续提升

1. 农业生产总体稳定。全年粮食总产量达到 3739.2 万吨（747.8 亿斤），比上年增长1.0%，连续 7 年保持在 700 亿斤以上。其中，夏粮产量 1476.6 万吨，增长 0.7%；秋粮产量2262.7 万吨，增长 1.3%。畜牧业生产稳定，猪牛羊禽肉产量 429.6 万吨，下降 7.0%。其中，猪肉产量 241.9 万吨，下降 15.5%；牛肉产量57.2 万吨，增长 1.3%；羊肉产量 31.0 万吨，增长 1.5%；禽肉产量 99.5 万吨，增长 11.9%。禽蛋产量 385.9 万吨，增长 2.1%；牛奶产量 428.7万吨，增长 11.4%。畜牧、蔬菜、果品三大优势产业产值占农林牧渔业总产值比重达到 64.6%，比上年提高 0.5 个百分点。

2. 工业生产平稳发展。全年规模以上工业增加值比上年增长 5.6%，增速同比加快 0.4 个百分点。装备制造业持续发展，增加值增长5.0%，其中电气机械和器材制造业、仪器仪表制造业分别增长 10.1% 和 88.7%。股份制企业和大中型企业增速加快。股份制企业增加值增长 6.4%，比上年加快 1.5 个百分点；大型企业增加值增长 6.4%，加快 2.3 个百分点；中型企业增加值增长 7.6%，加快 3.4 个百分点。

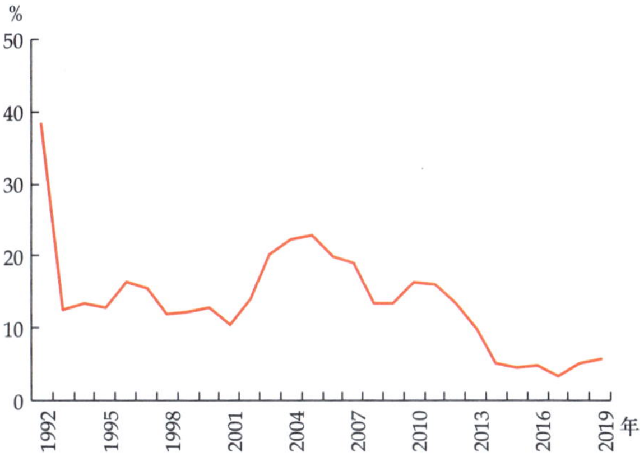

数据来源：河北省统计局。

图 11　1992~2019 年河北省规模以上工业增加值实际增长率

3. 服务业较快增长，经济结构持续优化。三次产业增加值比重由上年的 10.3：39.7：50.0调整为 10.0：38.7：51.3，服务业占全省地区生产总值的比重超过 50%，比上年提高 1.3 个百分点，超过第二产业 12.6 个百分点；对经济增长的贡献率达 68.6%，高于第二产业 39.7 个百分点。服务业增加值增长 9.4%，快于全省地区生产总值 2.6 个百分点。其中，信息传输软件和信息技术服务业、租赁和商务服务业、居民服务修理和其他服务业、文化体育和娱乐业等行业增加值增长 16.2%，交通运输、仓储和邮政业增长 13.0%，增速分别快于服务业 6.8 个和3.6 个百分点。1~11 月，规模以上服务业企业实现营业收入同比增长 8.0%，其中生产性服务业企业增长 9.7%。

4. 供给侧结构性改革取得积极成效。去产能任务超额完成。压减退出钢铁产能 1402 万吨、煤炭 1006 万吨、水泥 334 万吨、平板玻璃 660万重量箱、焦炭 319 万吨、火电 50 万千瓦。补短板力度加大，全年生态保护和环境治理业、水利管理业、市政设施管理业完成投资分别增长8.5%、94.8%和40.9%；教育业、娱乐业、社会保障业等社会领域投资合计增长55.1%。

5. 节能降耗稳步推进，新产业新产品新业态快速发展。全省规模以上工业能耗比上年下降1.09%，单位工业增加值能耗下降6.23%。新能源生产继续保持较快增长，太阳能发电量增长16.7%，风力发电量增长5.5%，垃圾焚烧发电量增长4.5%。工业战略性新兴产业增加值比上年增长10.3%，快于规模以上工业4.7个百分点。其中，风能原动设备制造增长31.9%，城市轨道交通设备制造增长33.3%，显示器件制造增长46.9%。高新技术产业增加值增长9.9%，高于规模以上工业4.3个百分点；占规模以上工业增加值的比重为19.5%。新产品产量快速增长。集成电路产量增长1.9倍，新能源汽车增长74.5%、液晶显示屏增长22.7%、工业自动调节仪表与控制系统增长30.4%。新业态蓬勃发展。全省快递业务量23.0亿件，增长32.3%；快递业务收入242.4亿元，增长34.1%。

（三）居民消费价格稳步趋升，工业生产者价格涨幅平稳

全年居民消费价格比上年上涨3.0%，涨幅比上年扩大0.6个百分点。其中城市上涨2.8%、农村上涨3.2%。分类别看，食品烟酒价格上涨5.9%，衣着上涨1.2%，居住上涨1.6%，生活用品及服务上涨1.2%，交通和通信下降2.1%，教育文化和娱乐上涨3.4%，医疗保健上涨4.4%，其他用品和服务上涨4.6%。工业生产者出厂价格比上年上涨0.2%，工业生产者购进价格比上年上涨2.1%。

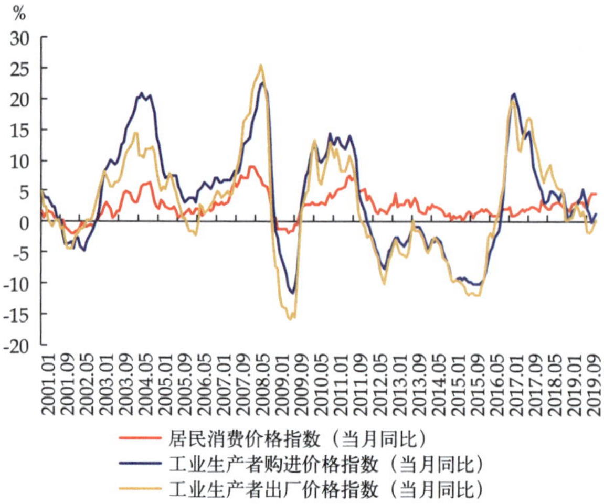

数据来源：河北省统计局。

图12　2001~2019年河北省居民消费价格指数和工业生产者价格指数变动趋势

（四）一般公共预算收入增速回落，民生支出占比提高

2019年，河北省全部财政收入完成5850.5亿元，比上年增收265.4亿元，增长4.7%。其中，地方一般公共预算收入3742.7亿元，比上年增收229.0亿元，增长6.5%。税收收入2630.4亿元，增长2.9%，受大规模减税降费影响，增速回落13.3个百分点。全省一般公共预算支出8313.7亿元，比上年增加593.5亿元，增长7.7%。全省民生支出完成6714.2亿元，增长8.9%，高于一般公共预算支出增速1.2个百分点，占一般公共预算支出的比重为80.8%，同比提高1.0个百分点，城乡社区、节能环保、农林水、教育、交通运输等重点支出得到较好保障。

2019年，河北省发行地方政府债券2220.4亿元，其中，一般债943.4亿元，下降19.4%，专项债1277亿元，增长41.0%。

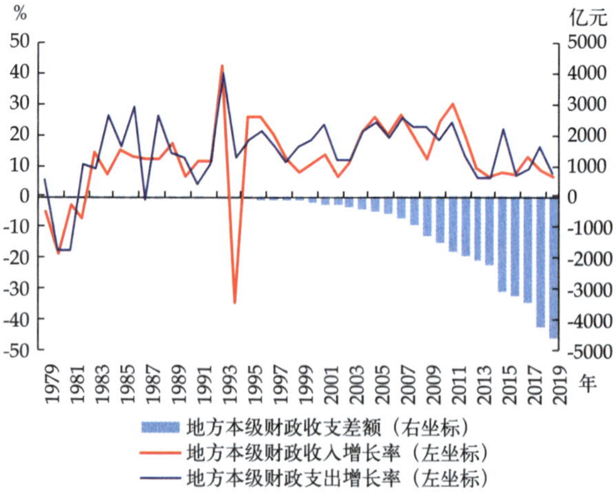

数据来源：河北省统计局。

图13　1979~2019年河北省财政收支状况

专栏2 绿色金融助力张家口可再生能源示范区建设

张家口可再生能源示范区作为重大国家发展战略，是京津冀协同发展的重要组成部分，根本目的是要为全国可再生能源发展开创新模式、闯出新路子。中国人民银行石家庄中心支行积极贯彻落实国家政策方针，始终把推动绿色金融支持张家口可再生能源示范区发展作为重要创新实践，着力发挥金融示范引领作用，取得了良好的社会和经济效益。张家口可再生能源示范区作为生态文明建设的现实实践，坚定不移践行五大新发展理念，将发展绿色金融放在突出地位，实现了生态文明和经济发展的良性互动，为全国可再生能源的发展提供了有益探索。

绿色金融支持张家口可再生能源示范区实践做法。一是出台指导意见，明确绿色金融支持方向。指导中国人民银行张家口市中心支行出台《绿色金融支持张家口可再生能源示范区建设指导意见》（张银发〔2016〕43号），明确了绿色金融支持的重点领域，为绿色金融支持指明了方向和目标。二是举办对接会，畅通绿色金融供给渠道。2015年6月至2019年末，人民银行张家口市中心支行联合相关部门开展融资对接16场次，参与金融机构80余家，参与对接项目、企业达260多个，达成实际融资近27亿元。三是以需求为导向，整合信贷产品供给，以问题为导向，创新融资解决方案。例如，河北银行发行河北省首笔绿色金融债券50亿元，其中2.7亿元资金用于支持中国华电康保牧场风电场项目和张家口建创凯进新能源开发利用有限公司分布式光伏发电项目，这是张家口市首笔利用绿色金融债券募集资金支持的绿色项目贷款。

信贷对可再生能源产业发展的支持力度不断加大。自2015年7月张家口可再生能源示范区获批以来，信贷支持力度不断加大，信贷余额稳步增长，其中，风力发电产业投放占比较大。截至2019年末，张家口市可再生能源产业贷款余额270.5亿元，重点支持风力发电、光伏发电、氢能等核心产业及产业链核心企业，其中风力发电产业贷款余额177.4亿元，占比65.6%，光伏发电产业贷款余额85.3亿元，占比31.6%，风力发电产业贷款余额占比远高于光伏发电产业与氢能产业。2015年第一季度到2019年第四季度，张家口地区光伏产业信贷余额由8.5亿元增长到85.3亿元，增速为907.3%。同时，可再生能源产业贷款期限较长，多分布在10年到15年区间；贷款利率水平总体较低且呈下降趋势，2019年上半年，张家口市可再生能源项目贷款加权平均利率为4.73%，较2015年下降0.72个百分点，且每年可再生能源项目贷款加权平均利率均低于同期该市全部贷款加权平均利率水平。

下一步，石家庄中心支行将继续引导金融机构做好可再生能源产业发展的金融服务，完善绿色信贷激励机制，着力推动绿色金融债券发行，加强支持可再生能源产业发展的金融产品创新，丰富金融产品种类，针对不同类型、不同规模的企业精准提供差异化的金融产品，进一步增强绿色金融发展内生动力。

（五）房地产开发投资增速降幅收窄，商品房销售面积和销售额小幅增长

1.房地产开发投资增速继续下降，降幅收窄。2019年，全省房地产开发完成投资4347.05亿元，同比下降2.9%，降幅比前三个季度扩大1.8个百分点，较上年收窄4.3个百分点。其中，商品住宅投资下降0.4%；办公楼投资下降17.9%；商业营业用房投资下降28.4%。全省房地产开发投资增速自7月升至年内最高点

（8.1%），增速逐月回落。2019年，全省房屋施工面积29852.6万平方米，同比增长6%，涨幅比前三个季度扩大1.3个百分点；房屋新开工面积9452.7万平方米，同比增长12.7%，其中住宅新开工面积同比增长14.9%。

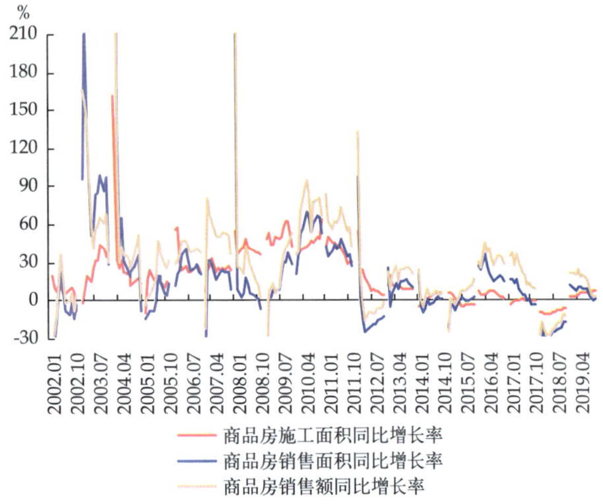

数据来源：河北省统计局。

图14　2002~2019年河北省商品房施工和销售变动趋势

2.商品房销售面积和销售额小幅增长，商品房待售面积有所增加。全年商品房销售面积5282.7万平方米，同比增长0.6%，涨幅比前三个季度收窄3.6个百分点；商品房销售额4138.6亿元，增长2.6%。其中，住宅销售面积4770.4万平方米，增长1.2%；住宅销售额3714.6亿元，增长4.1%，均由上年的负增长转为正增长。截至2019年末，全省商品房待售面积996.1万平方米，同比增加78万平方米，同比增长8.5%。其中住宅待售面积有所增长，同比增加38万平方米，办公楼减少7.3万平方米，商业营业用房减少4.81万平方米。

3.房地产贷款余额增速总体平稳。2019年末，全省房地产贷款余额16785.0亿元，同比增长14.5%，较上年同期回升1.6个百分点，占全部本外币贷款余额的31.2%，房地产新增贷款2104.5亿元，占全部贷款增量的39.5%。全省个人住房贷款余额12676.8亿元，同比增长14.4%，较好地落实了差别化住房信贷政策要求。房地产开发贷款增速下降。2019年末，房地产开发贷款余额3118.4亿元，同比增长12.8%，比上季度下降了1.4个百分点。其中，保障性住房开发贷款余额1351.1亿元，同比增长4.6%，比年初增加58.9亿元。

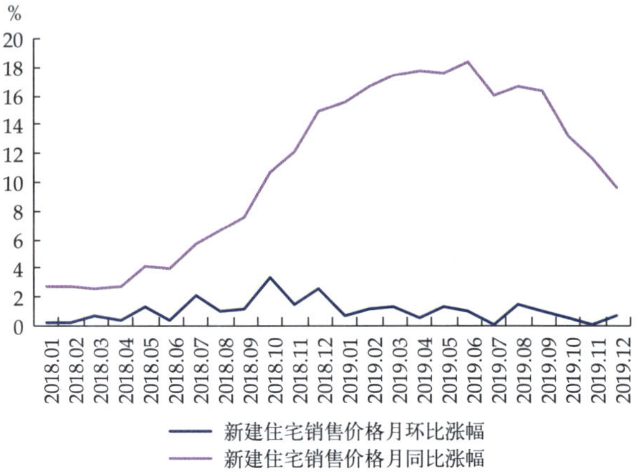

数据来源：河北省统计局。

图15　2018~2019年石家庄市新建住宅销售价格变动趋势

（六）京津冀协同发展向纵深拓展，雄安新区规划建设进入新阶段

1.京津冀协同发展向纵深拓展。84项年度重点任务全部完成。北京大兴国际机场通航开启了通往世界“新国门”，京张高铁建成通车标志着冬奥会配套建设取得重大新进展，延崇高速主线建成，区域交通一体化格局不断完善。生态环境联建联防联治持续深化，张家口首都水源涵养功能区和生态环境支撑区获批建设。落实与京津新一轮战略合作协议，北京大兴国际机场临空经济区启动建设，全力支持北京城市副中心建设。全年河北承接京津基本单位964个，其中法人单位190个、产业活动单位774个；京津产业转移项目固定资产投资增长16.0%。

2.雄安新区规划建设进入新阶段。高质量高标准完善新区规划体系，起步区控规和启动区控详规获国家批准实施，出台金融、开放、投资审批等11项配套政策。雄安新区投资提速加力，固定资产投资增长384.2%。京雄城际、京雄高速、雄安新区新安北堤防洪治理工程（一期）、雄安商务服务中心等一批大项目开工建设，白洋淀流域综合治理和“千年秀林”建设成效显著。中电科、清华大学智能实验室等一批企业和科研机构落户新区。统筹推进流域治理和生态补水，白洋淀湖心区断面水质提升到Ⅳ类，新增造林20万亩，雄安新区画卷徐徐铺展。

3. 冬奥会、冬残奥会筹办扎实推进。76个冬奥项目全部开工建设，36个完工。出台促进冰雪产业发展专项支持政策，张家口冰雪装备产业园项目加快建设。涉奥项目固定资产投资增长14.6%，成功举办首届全省冰雪运动会，对区域投资增长和经济发展起到重要支撑作用。

三、预测与展望

当前，河北省正面临京津冀协同发展向纵深推进、雄安新区大规模建设、冬奥效应持续显现、自贸试验区获批等重大机遇，这些正转化为河北省加快高质量发展的强大势能。同时也要看到，河北省产业结构偏重、产业层次偏低、传统产业偏旧、新兴产业偏小，新旧动能转换任务十分艰巨。同时，经济下行压力加大，实体经济困难较多，行政效能、营商环境还需大力改善，环境治理任务依然艰巨。2020年，通过着力办好“三件大事”、着力打好三大攻坚战、深化改革开放、着力转型升级和创新驱动、稳定经济增长，河北省经济将继续保持平稳运行、质量更高、效益更优，新冠肺炎对河北省经济增长短期会形成一定扰动，增加短期经济下行压力，但不改变全省经济长期向好的基本面。

2020年，河北省人民银行各分支机构将坚持稳中求进工作总基调，贯彻落实好稳健的货币政策要更加灵活适度，根据疫情防控和经济形势的阶段性变化，把握好政策力度、重点和节奏。着力优化信贷投放结构，继续加大对京津冀协同发展、雄安新区规划建设、冬奥会筹办以及民营和小微企业、制造业、战略性新兴产业、精准扶贫等国民经济重点领域和薄弱环节的支持力度。贯彻落实深化利率市场化改革，促进银行积极有序运用LPR定价。促进金融体系稳健运行，为新时代全面建设经济强省、美丽河北营造适宜的货币金融环境。

中国人民银行石家庄中心支行货币政策分析小组

总　纂：陈建华　文洪武

统　稿：曹增和　高宏业　王瑞智　温振华　黄艳霞　王志勇　冯　雷

执　笔：高东胜　张志宇

提供材料的还有：闫晓慧　韩　旭　李福贵　李婕琼　尹　洁　范宪忠　岳永丽　任珍珍　岳岐峰
王永学　应　明　邓东雅　苏文龙　王治宇　王　莹　辛垚森　侯立新　黄　倩
刘冰欣　杜彦尊　霍建兵　李　玲　康　园　郄江辉　刘　圣　李建令　孙刚强

附录

（一）2019年河北省经济金融大事记

1月29日，河北省统筹金融业综合统计管理工作领导小组正式成立。

5月27日，国务院办公厅下发《关于对2018年落实有关重大政策措施真抓实干成效明显地方给予督查激励的通报》。河北省位列“防范化解金融风险、营造诚实守信金融生态环境、维护良好金融秩序、健全金融消费者权益保护机制成效较好的地方”五个省份之首。

5月31日，中国人民银行石家庄中心支行联合河北省银行外汇和跨境人民币业务自律机制开展人民币跨境使用十周年主题宣传活动。

7月4日，国家外汇管理局下发《关于河钢集团财务有限公司开展即期结售汇业务的批复》（汇复〔2019〕21号），批准河钢集团财务有限公司即期结售汇业务资格，标志着河北省第一家非银行金融机构即期结售汇业务资格实现落地。

7月22日，河北省取消企业银行账户许可正式落地实施。

8月1日，中国人民银行石家庄中心支行组织召开河北省深化民营小微企业金融服务电视电话会议暨民营小微票据再贴现“直通车”业务签约仪式，深入推进河北省民营小微企业金融服务工作。

8月27日，中国人民银行石家庄中心支行组织召开河北省改革完善LPR形成机制工作电视电话会议。会议传达了总行改革完善LPR形成机制会议精神，对全省做好LPR推广应用作出安排部署。

9月8日，河北省首家云闪付无人超市——“云闪付智慧便利店”在雄安新区正式开业。

9月30日，外汇局河北省分局和河北省税务局联合发布《关于正式推广河北省服务贸易等项目对外支付税务备案电子化工作的通知》，标志着服务贸易对外支付税务备案电子化在河北省正式运行。

11月29日，河北省更高水平贸易投资便利化试点政策正式落地，首批优质企业将享受更便利、更快捷、更高水平的金融服务。

12月6日，河北省人民政府第69次常务会议研究并原则同意省地方金融监管局设立省级融资担保基金的意见，标志着筹建河北省融资担保基金有限责任公司工作进入实质性操作阶段。

（二）2019年河北省主要经济金融指标

表1　2019年河北省主要存贷款指标

		1月	2月	3月	4月	5月	6月	7月	8月	9月	10月	11月	12月
本外币	金融机构各项存款余额（亿元）	68042.3	68578.1	70216.8	70126.8	70234.8	71548.8	71403.6	71699.7	73175.1	73022.6	72970.0	73216.3
	其中：住户存款	42304.5	43172.8	43728.8	43591.5	43819.8	44456.8	44641.7	44885.9	45709.1	45537.1	45854.7	46693.1
	非金融企业存款	13754.9	13523.5	13951.0	13745.2	13577.5	14073.5	13485.9	13587.9	13862.6	13694.6	13865.3	14269.5
	各项存款余额比上月增加（亿元）	1772.5	535.8	1638.7	-90.0	108.0	1314.0	-145.2	296.1	1475.4	-152.5	-52.6	246.3
	金融机构各项存款同比增长（%）	10.5	10.5	11.4	12.2	11.4	11.8	11.9	10.9	11.9	11.8	10.9	10.5
	金融机构各项贷款余额（亿元）	49224.9	49540.1	50164.7	50463.5	50734.4	51242.6	51556.7	52032.8	52750.6	52909.0	53281.7	53788.5
	其中：短期	15614.7	15656.4	15908.8	15900.7	15968.3	16208.9	16153.4	16221.7	16489.9	16432.6	16505.4	16480.9
	中长期	31022.5	31220.7	31553.8	31826.8	32055.5	32313.1	32706.0	33022.8	33432.5	33669.3	33936.1	34311.4
	票据融资	1893.4	1966.7	2025.6	2063.3	2038.5	2058.4	2037.8	2113.6	2141.8	2114.4	2160.8	2271.9
	各项贷款余额比上月增加（亿元）	761.3	315.1	624.6	298.8	270.9	508.2	314.1	476.1	717.8	158.4	372.7	506.8
	其中：短期	174.8	41.7	252.4	-8.0	67.6	240.5	-55.4	68.2	268.2	-57.2	72.8	-24.5
	中长期	523.3	198.2	333.1	272.9	228.7	257.6	392.9	316.8	409.7	236.8	266.8	375.3
	票据融资	63.9	73.4	58.9	37.7	-24.9	19.9	-20.5	75.8	28.2	-27.4	46.3	111.1
	金融机构各项贷款同比增长（%）	11.5	11.2	11.5	11.5	11.2	10.8	10.8	10.8	11.2	11.3	11.4	11.8
	其中：短期	7.1	6.5	7.3	6.6	6.6	6.3	5.6	5.9	6.9	7.1	7.5	7.7
	中长期	14.5	14.0	13.7	13.8	13.5	12.9	13.2	13.1	12.9	13.0	12.8	13.3
	票据融资	-1.1	3.9	11.2	17.6	14.9	17.1	18.0	18.2	20.7	20.5	23.1	24.2
	建筑业贷款余额（亿元）	1469.6	1480.1	1516.5	1542.1	1562.1	1591.2	1621.2	1630.6	1655.3	1655.7	1685.8	1667.4
	房地产业贷款余额（亿元）	2658.4	2684.0	2706.5	2744.4	2756.0	2771.7	2803.7	2827.4	2880.3	2889.6	2926.4	2868.7
	建筑业贷款同比增长（%）	21.5	17.1	16.8	16.8	15.4	15.2	15.4	15.1	14.8	14.0	17.3	14.6
	房地产业贷款同比增长（%）	17.3	17.1	15.7	15.7	15.0	14.9	13.6	12.4	13.6	12.7	13.4	11.2
人民币	金融机构各项存款余额（亿元）	67702.2	68218.2	69846.3	69786.8	69907.5	71183.6	71069.8	71378.5	72858.4	72692.8	72632.1	72884.5
	其中：住户存款	42164.7	43032.6	43587.0	43449.4	43678.6	44317.6	44504.7	44747.8	45573.5	45402.4	45718.6	46558.5
	非金融企业存款	13565.4	13317.8	13739.0	13563.0	13407.0	13884.4	13318.2	13432.6	13702.3	13524.1	13686.6	14094.2
	各项存款余额比上月增加（亿元）	1767.8	515.9	1628.2	-59.6	120.7	1276.2	-113.8	308.7	1479.9	-165.6	-60.7	252.5
	其中：住户存款	1783.0	867.9	554.3	-137.6	229.2	639.0	187.1	243.0	825.7	-171.1	316.2	839.9
	非金融企业存款	-138.5	-247.6	421.2	-176.0	-155.9	477.4	-566.2	114.4	269.7	-178.2	162.6	407.5
	各项存款同比增长（%）	10.7	10.7	11.7	12.4	11.5	11.9	12.0	11.0	12.1	11.9	11.0	10.6
	其中：住户存款	16.5	14.4	15.0	16.0	16.0	16.1	16.8	16.6	16.3	15.7	14.9	15.4
	非金融企业存款	-1.6	1.4	2.7	2.8	0.5	2.2	0.8	1.3	3.7	2.4	2.1	2.8
	金融机构各项贷款余额（亿元）	48865.0	49176.8	49794.9	50108.1	50375.2	50901.2	51202.0	51658.8	52364.0	52548.4	52921.7	53448.1
	其中：个人消费贷款	13356.2	13441.3	13660.1	13835.8	14016.2	14189.3	14329.6	14501.0	14689.0	14819.5	15027.1	15249.7
	票据融资	1893.3	1966.7	2025.6	2063.3	2038.4	2058.3	2037.8	2113.6	2141.8	2114.4	2160.8	2271.9
	各项贷款余额比上月增加（亿元）	773.0	311.8	618.1	313.2	267.1	525.9	300.9	456.8	705.2	184.4	373.3	526.3
	其中：个人消费贷款	227.5	85.1	218.8	175.6	180.4	173.1	140.3	171.3	188.0	130.5	207.6	222.6
	票据融资	63.9	73.4	58.9	37.7	-24.9	19.9	-20.5	75.8	28.2	-27.4	46.3	111.1
	金融机构各项贷款同比增长（%）	11.7	11.4	11.8	11.9	11.5	11.2	11.0	11.0	11.3	11.4	11.5	12.0
	其中：个人消费贷款	16.5	16.2	16.9	17.5	18.2	18.5	18.6	18.8	19.0	18.7	18.8	19.4
	票据融资	-1.1	3.9	11.2	17.6	14.9	17.1	18.0	18.2	20.7	20.5	23.1	24.2
外币	金融机构外币存款余额（亿美元）	50.7	53.8	55.0	50.5	47.4	53.1	48.5	45.3	44.8	46.8	48.1	47.6
	金融机构外币存款同比增长（%）	-23.5	-19.5	-26.4	-20.8	-18.3	-8.1	-10.4	-15.1	-11.2	-1.9	0.3	-2.6
	金融机构外币贷款余额（亿美元）	53.7	54.3	54.9	52.8	52.1	49.7	51.5	52.8	54.7	51.1	51.2	48.8
	金融机构外币贷款同比增长（%）	-19.1	-18.9	-24.4	-26.7	-27.9	-30.9	-16.3	-14.4	-4.9	-8.0	-4.2	-9.8

数据来源：中国人民银行石家庄中心支行。

表 2　2001~2019 年河北省各类价格指数

单位：%

		居民消费价格指数		农业生产资料价格指数		工业生产者购进价格指数		工业生产者出厂价格指数	
		当月同比	累计同比	当月同比	累计同比	当月同比	累计同比	当月同比	累计同比
2001		—	0.5	—	0.2	—	1.0	—	-0.2
2002		—	-1.0	—	0.4	—	-2.8	—	-0.6
2003		—	2.2	—	-0.2	—	9.4	—	7.1
2004		—	4.3	—	6.7	—	18.4	—	11.6
2005		—	1.8	—	6.8	—	7.0	—	4.4
2006		—	1.7	—	1.6	—	5.0	—	0.8
2007		—	4.7	—	6.9	—	7.8	—	6.9
2008		—	6.2	—	18.6	—	15.9	—	16.7
2009		—	-0.7	—	0.6	—	-6.5	—	-10.9
2010		—	3.1	—	4.4	—	10.9	—	9.0
2011		—	5.7	—	12.6	—	10.9	—	7.7
2012		—	2.6	—	8.2	—	-3.8	—	-5.3
2013		—	3.0	—	1.1	—	-2.4	—	-3.4
2014		—	1.7	—	-0.9	—	-4.4	—	-4.8
2015		—	0.9	—	-0.2	—	-9.7	—	-10.9
2016		—	1.5	—	0.0	—	-1.7	—	-0.1
2017		—	1.7	—	1.0	—	14.5	—	15.0
2018		—	2.4	—	3.2	—	4.0	—	6.2
2019		—	3.0	—	3.1	—	2.1	—	0.2
2018	1	1.7	1.7	0.3	0.3	5.6	5.6	9.3	9.3
	2	3.2	2.4	0.4	0.4	4.7	5.2	7.5	8.4
	3	2.5	2.5	1.7	0.8	3.0	4.4	6.1	7.6
	4	2.2	2.4	2.6	1.3	3.0	4.1	7.7	7.6
	5	2.1	2.4	3.8	1.8	3.4	3.9	8.4	7.8
	6	2.1	2.3	4.1	2.1	4.9	4.1	9.3	8.0
	7	2.5	2.3	4.2	2.4	4.7	4.2	7.5	8.0
	8	2.9	2.4	4.2	2.7	4.2	4.2	5.6	7.7
	9	3.0	2.5	4.6	2.9	3.4	4.1	5.1	7.4
	10	2.7	2.5	4.8	3.1	4.4	4.1	5.2	7.1
	11	2.4	2.5	4.2	3.2	4.5	4.2	4.0	6.8
	12	2.0	2.4	3.6	3.2	2.2	4.0	0.1	6.2
2019	1	1.9	1.9	2.8	2.8	0.4	0.4	0.0	0.0
	2	1.7	1.8	2.7	2.7	0.5	0.4	0.6	0.3
	3	2.5	2.0	1.3	2.2	1.6	0.8	0.6	0.4
	4	2.9	2.2	1.2	2.0	2.3	0.9	2.6	1.3
	5	3.3	2.4	0.9	1.7	3.5	1.7	1.9	1.1
	6	3.2	2.6	1.0	1.6	3.6	2.0	0.9	1.1
	7	2.9	2.6	2.5	1.8	5.3	2.5	1.5	1.1
	8	2.3	2.6	3.8	2.0	3.7	2.6	0.4	1.0
	9	2.4	2.6	3.9	2.2	2.1	2.6	-1.7	0.7
	10	3.6	2.7	5.0	2.5	1.3	2.4	-2.0	0.4
	11	4.3	2.8	5.8	2.8	-0.2	2.2	-1.7	0.2
	12	4.4	3.0	6.3	3.1	1.4	2.1	0.2	0.2

数据来源：河北省统计局、《中国经济景气月报》。

表 3　2019 年河北省主要经济指标

	1 月	2 月	3 月	4 月	5 月	6 月	7 月	8 月	9 月	10 月	11 月	12 月
	绝对值（自年初累计）											
地区生产总值（亿元）	—	—	8164.4	—	—	17700.0	—	—	26814.7	—	—	35104.5
第一产业	—	—	461.5	—	—	1216.6	—	—	2051.3	—	—	3518.4
第二产业	—	—	3649.7	—	—	8033.9	—	—	11697.6	—	—	13597.3
第三产业	—	—	4053.2	—	—	8449.5	—	—	13065.8	—	—	17988.8
工业增加值（亿元）	—	—	—	—	—	—	—	—	—	—	—	—
固定资产投资（亿元）	—	—	—	—	—	—	—	—	—	—	—	—
房地产开发投资	—	177.6	591.7	953.9	1370.0	2104.9	2545.6	2669.5	3400.1	3762.0	4112.5	4347.1
社会消费品零售总额（亿元）	—	—	4000.1	—	—	8028.5	—	—	12395.0	—	—	17934.2
外贸进出口总额（亿元）	333.3	540.7	821.9	1142.3	1461.5	1768.2	2160.1	2556.8	2960.9	3309.7	3642.3	4001.6
进口	118.1	198.2	307.9	437.6	563.4	684.1	855.0	1035.6	1210.9	1356.5	1495.2	1631.3
出口	215.2	342.6	514.0	704.7	898.1	1084.1	1305.1	1521.1	1750.0	1953.2	2147.1	2370.3
进出口差额（出口－进口）	97.1	144.4	206.1	267.1	334.7	400.0	450.1	485.5	539.1	596.7	651.9	739.0
实际利用外资（亿美元）	3.5	4.9	23.9	29.7	37.6	63.8	66.6	73.3	82.1	85.4	93.8	102.8
地方财政收支差额（亿元）	-151.2	-314.1	-817.5	-1022.6	-1321.3	-1958.7	-2206.2	-2550.7	-2974.1	-3341.7	-3778.9	-4571.0
地方财政收入	432.2	668.0	1104.2	1408.7	1689.5	2207.5	2473.0	2669.5	3090.3	3320.7	3464.7	3742.7
地方财政支出	583.4	982.1	1921.7	2431.3	3010.8	4166.2	4679.2	5220.2	6064.4	6662.4	7243.6	8313.7
城镇登记失业率（%）（季度）	—	—	3.1	—	—	3.1	—	—	3.1	—	—	3.1
	同比累计增长率（%）											
地区生产总值	—	—	7.4	—	—	7.1	—	—	7.0	—	—	6.8
第一产业	—	—	1.0	—	—	1.3	—	—	1.3	—	—	1.6
第二产业	—	—	7.0	—	—	6.9	—	—	6.2	—	—	4.9
第三产业	—	—	8.5	—	—	2.2	—	—	8.7	—	—	9.4
工业增加值	—	7.1	8.8	7.9	7.6	8.1	7.7	7.2	6.8	6.0	5.6	5.6
固定资产投资	—	5.0	5.0	4.9	4.8	5.6	5.3	4.2	5.2	5.2	5.2	6.1
房地产开发投资	—	-14.8	-1.4	-0.8	-2.5	7.2	5.1	2.0	-1.1	-2.2	-1.7	-2.9
社会消费品零售总额	—	—	8.4	—	—	8.9	—	—	8.4	—	—	8.4
外贸进出口总额	10.7	4.4	4.2	4.9	4.5	5.3	9.7	12.1	13.8	13.7	12.7	12.6
进口	-6.4	-2.1	-6.9	-3.6	-1.3	2.4	10.5	17.9	21.5	22.5	23.1	24.4
出口	23.0	8.6	12.3	10.9	8.5	7.2	9.2	8.5	9.0	8.3	6.4	5.7
实际利用外资	166.0	16.7	10.6	22.5	11.0	5.3	6.8	5.5	5.4	4.0	5.5	5.9
地方财政收入	12.1	11.1	13.0	12.3	10.8	12.7	11.1	8.8	9.9	8.4	7.2	6.5
地方财政支出	52.6	22.8	21.1	20.4	13.7	16.7	16.8	13.7	12.7	11.5	9.9	7.7

数据来源：河北省统计局。

山西省金融运行报告（2020）

中国人民银行太原中心支行货币政策分析小组

[内容摘要] 2019年，山西省坚持以习近平新时代中国特色社会主义思想为指导，全面贯彻党的十九大和十九届二中、三中、四中全会精神，深入贯彻习近平总书记视察山西重要讲话精神，扎实推进三大攻坚战，统筹做好稳增长、促改革、调结构、惠民生、防风险各项工作，经济总体保持了健康发展，转型升级步伐加快，可持续发展能力提高。

具体来看，呈现以下特点：一是“三驾马车”增速平稳。投资持续回暖，结构不断优化，工业技改、基础设施和高技术产业等领域投资保持了较快增长。消费市场平稳增长，升级势头明显，网络零售额、旅游收入同比增长较快。外贸进出口总额小幅增长，加工贸易占据主导地位，对美国、欧盟、金砖国家、东盟贸易额较多，对“一带一路”沿线国家贸易总额持续增长；外商直接投资明显回落，外汇收支基本平衡。二是三次产业稳步增长。乡村振兴战略稳步实施，粮食产量再获丰收，山西农谷、雁门关农牧交错带示范区、运城农产品出口平台三大省级战略扎实推进，晋中农高区成为首批国家农业高新技术产业示范区。工业经济增速提升，非煤工业增长的贡献度高；新旧动能加速转换，创新驱动力显著增强。服务业加快发展。成功获批国家全域旅游示范区省级创建单位，市场主体总量增长加快，微观活力有效激发。国资国企改革不断深化，市场化处置“僵尸企业”115户，全面完成省属企业“三供一业”分离移交；民营经济30条有效落实，民营经济发展活力进一步增强；能源革命综合改革试点开局良好，全年退出煤炭产能2745万吨，成功举办太原能源低碳发展论坛和2019能源革命展。三是价格指数和居民就业总体稳定。居民消费价格温和上涨，工业生产者出厂价格有所下降，购进价格小幅上涨，农业生产资料价格指数基本平稳。就业形势稳定向好，城镇登记失业率控制在预期目标以内；居民收入稳步增加，农村居民收入增速快于城镇居民。四是财政收支继续增加。一般公共预算收入保持增长，完成备案预算收入。教育、社会保障和就业、医疗卫生等民生支出较快增长。五是生态环境持续改善。全力打好污染防治攻坚战，燃煤发电机组全部实现超低排放，焦化行业达到特别排放限值标准。强力推进汾河流域治理攻坚，入黄口庙前村断面等国考断面退出劣V类。“两山七河一流域”生态修复治理扎实推进；PM2.5平均浓度低于京津冀及周边地区平均水平。六是房地产平稳发展，煤炭经济运行质量明显提升。房地产开发投资快速增长，施工面积回升明显，商品房销售面积增长由负转正，库存持续减少，太原市商品房价格保持上涨态势；煤炭经济主要效益指标运行平稳。

2019年山西省金融业稳健运行，货币信贷规模合理适度增长，重点领域和薄弱环节支持力度持续加大，金融市场健康运行，改革和创新力度增强，金融生态环境持续优化，金融支持实体经济转型发展能力增强。

具体来看，呈现以下特点：一是银行业稳健运行，货币信贷合理适度增长。银行业金融机构资产总额、负债总额实现稳健增长，盈利能力继续增强。存款余额增速合理增长。贷款投向“有扶有控、重点突出”，转型综改、精准扶贫、民营企业小微企业等领域贷款保持较快增长。人民币贷款加权平均利率稳中有降，2019年辖内贷款加权平均利率为6.27%，同比下降0.17个百分点。银行业不良贷款实现“双降”，机构改革稳步深入。跨境人民币结算金额实现增长。二是证券期货业发展总体平稳。山西省证券期货经营机构稳步增加，经营业绩改善，风控指标总体良好，市场融资规模合理增长。三是保险业健康发展，服务和保障重点领域的功能不断增强。四是金融市场健康运行。山西省社会融资规模稳步增长，参与全国银行间市场业务平稳运行。票据市场交易量稳中有升，利率逐季下降。五是地方金融改革与创新力度增强。六是金融生态环境建设不断优化。社会信用体系建设步伐加快。农村支付基础设施建设取得重要进展。金融科技创新应用工作成效显著。金融消费权益保护工作深入推进。

2020 年，山西省将继续全面贯彻党的十九大精神，以习近平新时代中国特色社会主义思想为指导，坚持稳中求进的工作总基调，坚持新发展理念，坚持深化供给侧结构性改革与深化转型综改试验区建设、能源革命综合改革试点有机结合，促进经济社会持续健康发展。金融业将按照稳健的货币政策更加灵活适度要求，继续提升信贷政策的导向作用，提升金融支持小微、民营企业发展和助推脱贫攻坚工作水平，持续优化金融市场管理与服务环境，增强金融风险防范化解能力，为经济高质量发展营造适宜的货币金融环境。

一、金融运行情况

2019 年，山西省金融业稳健运行，货币信贷合理适度增长，重点领域和薄弱环节支持力度持续加大，金融市场健康运行，改革和创新力度增强，金融生态环境持续优化，金融支持实体经济转型高质量发展能力增强。

（一）银行业稳健运行，货币信贷合理适度增长

2019 年，山西省银行业金融机构认真贯彻落实稳健的货币政策，存贷款合理适度增长，信贷政策导向力增强，融资成本稳中趋降，利率市场化改革取得新进展，银行业改革稳步推进，风险防范化解取得新进展。

1. 银行业金融机构运营稳健。2019 年末，山西省银行业金融机构资产总额 48773.7 亿元、负债总额 46904.3 亿元、所有者权益 1869.4 亿元，同比分别增长 7.73%、7.48% 和 14.37%。受经济平稳增长、资产质量提升等因素带动，山西省银行业金融机构盈利能力明显提升，2019 年实现税后利润 420.3 亿元，同比增盈 86.6 亿元。

2. 各项存款较快增长。2019 年末，山西省金融机构本外币各项存款余额 38381.4 亿元，同比增长 8.61%，增速较上年加快 0.99 个百分点；全年新增存款 3029.0 亿元，同比多增 539.7 亿元。分项目看，住户存款新增 2184.3 亿元，占到全部存款增量的七成以上，其中个人大额存单受到投资者青睐，新增 1370.9 亿元；非金融企业存款余额实现稳步增长，全年新增 683.5 亿元。分机构看，法人金融机构存款全年新增 1223.0 亿元，占到全部存款增量的四成以上。受年末财政资金集中拨付、单位集中用款等因素影响，12 月山西省本外币存款当月减少 195.6 亿元，其中财政存款、机关团体存款当月分别减少 303.1 亿元和 242.1 亿元。

表 1　2019 年山西省银行业金融机构情况

机构类别	营业网点			法人机构（个）
	机构个数（个）	从业人数（人）	资产总额（亿元）	
一、大型商业银行	1811	47235	16913.7	0
二、国家开发银行和政策性银行	81	1959	4561.3	0
三、股份制商业银行	396	8189	5905.9	0
四、城市商业银行	483	11166	5384.8	6
五、小型农村金融机构	2942	40186	11321.2	112
六、财务公司	1	328	1231.9	6
七、信托公司	0	241	24.3	1
八、邮政储蓄银行	1226	12694	2706.6	0
九、外资银行	2	32	26.7	0
十、新型农村金融机构	125	4884	585.3	83
十一、其他	0	380	112.1	2
合　计	7067	127294	48773.7	210

注：营业网点不包括国家开发银行和政策性银行、大型商业银行、股份制商业银行等金融机构总部数据；大型商业银行包括中国工商银行、中国农业银行、中国银行、中国建设银行和交通银行；小型农村金融机构包括农村商业银行、农村合作银行和农村信用社；新型农村金融机构包括村镇银行、贷款公司、农村资金互助社和小额贷款公司；“其他”包含金融租赁公司、汽车金融公司、货币经纪公司、消费金融公司等。

数据来源：山西银保监局。

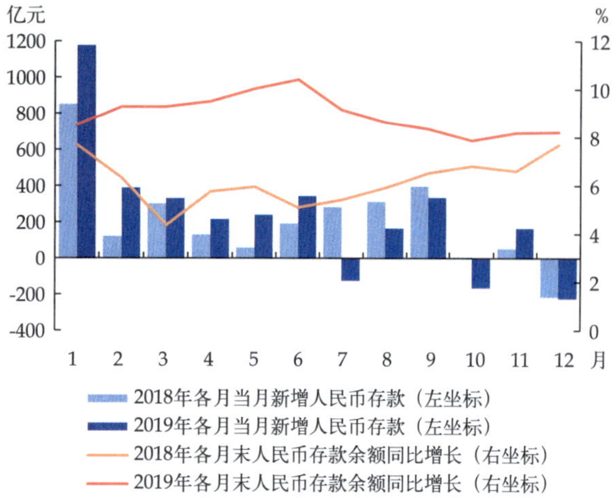

数据来源：中国人民银行太原中心支行。

图 1　2018~2019 年山西省金融机构人民币存款增长变化

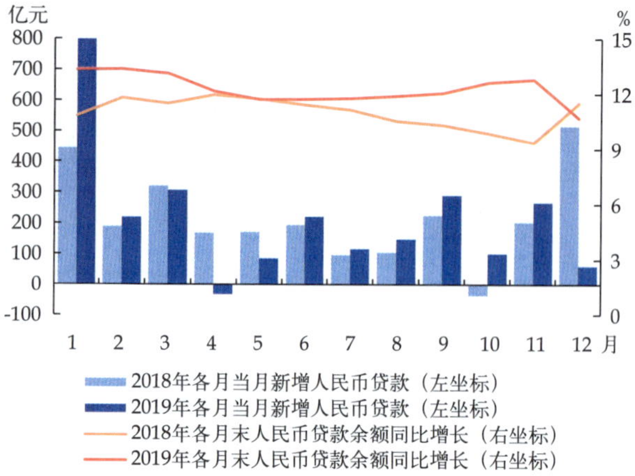

数据来源：中国人民银行太原中心支行。

图 2　2018~2019 年山西省金融机构人民币贷款增长变化

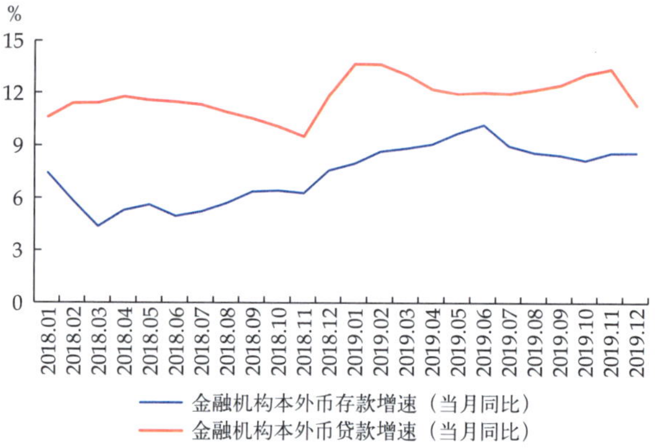

数据来源：中国人民银行太原中心支行。

图 3　2018~2019 年山西省金融机构本外币存、贷款增速变化

3. 各项贷款稳步增长。2019 年，山西省金融机构本外币各项贷款余额 28119.4 亿元，同比增长 11.34%，增速较上年回落 0.54 个百分点，全年新增贷款 2752.4 亿元，同比多增 84.4 亿元，年末山西省金融机构余额存贷比 73.26%，较上年提升 1.76 个百分点。分期限看，中长期贷款保持高速增长，增速高于全部贷款增速 0.79 个百分点，增量占到全部贷款增量的六成以上。分机构看，政策性银行及国有银行贷款增长较快，增速分别高于全部贷款增速 1.65 个和 1.66 个百分点。

金融支持实体经济高质量发展力度增强。按照“三档两优”存款准备金政策框架要求，通过下调存款准备金率释放流动性 443.5 亿元，增强法人金融机构服务实体经济的资金实力。通过信贷政策支持再贷款、再贴现、常备借贷便利等货币政策工具向金融机构注入资金 706.6 亿元，将更多金融活水引向乡村振兴、脱贫攻坚、民营企业小微企业等薄弱环节。2019 年末，山西省民营经济领域贷款余额和普惠口径小微企业贷款余额分别较年初增长 4.31% 和 17.41%，金融精准扶贫贷款较年初新增 15.4 亿元。

贷款投向“有扶有控、重点突出”，深化金融支持山西省资源型经济转型发展和金融支持供给侧结构性改革工作，推动煤炭、钢铁行业走“减、优、绿”发展之路，逐步退出对高污染、高消耗项目的信贷支持。2019 年末，山西省转型综改领域“四大领域、十二大项目”[①]贷款余额 1.28 万亿元，占到同期全省各项贷款余额的 45.55%。房地产贷款余额同比增长 15.26%，增速较上年回落 22.5 个百分点，“房住不炒”政策得到较好落实。煤炭、钢铁行业

① “四大领域”是指产业转型、生态治理、城乡统筹、改善民生领域。“十二大项目”是指传统产业提升、新兴产业、现代服务业、生态保护、环境治理、节能改造、城乡基础设施建设、新农村建设、现代农业、就业再就业、基本公共服务、保障性住房项目。

各类融资余额分别较年初增加281.6亿元、减少33.5亿元，保持了去产能过程中的融资规模基本稳定。

4. 表外融资规模适度压缩。2019年，山西省金融机构表外融资余额3289.0亿元，较年初减少88.9亿元，较上年少减464.8亿元，降幅收窄。

5. 企业融资成本稳中有降。2019年，山西省人民币贷款加权平均利率6.266%，较上年降低0.172个百分点。大、中、小和微型企业人民币贷款加权平均利率分别为4.977%、5.559%、7.335%和6.606%，分别较上年降低了0.102个、0.460个、0.012个和0.561个百分点。

表2　山西省金融机构人民币贷款各利率区间占比

（LPR改革前）　　单位：%

月份		1月	2月	3月	4月	5月	6月	7月
合计		100.0	100.0	100.0	100.0	100.0	100.0	100.0
下浮		4.6	5.1	9.5	10.8	11.6	14.6	11.1
基准		14.3	15.2	15.4	16.7	13.8	20.6	16.1
上浮	小计	81.1	79.7	75.1	72.5	74.6	64.7	72.8
	(1.0，1.1]	24.3	23.8	15.0	13.5	16.0	15.2	11.4
	(1.1，1.3]	11.2	8.9	14.6	17.6	14.1	19.0	18.4
	(1.3，1.5]	7.6	7.9	9.5	6.4	9.7	7.6	8.3
	(1.5，2.0]	14.7	13.9	14.6	12.9	15.2	14.1	14.3
	2.0以上	23.3	25.2	21.6	22.1	19.6	8.9	20.4

（LPR改革后）

月份		8月	9月	10月	11月	12月
合计		100.0	100.0	100.0	100.0	100.0
LPR减点		11.4	13.5	13.6	11.2	13.1
LPR		2.2	0.4	2.1	2.5	3.5
LPR加点	小计	86.4	86.1	84.3	86.3	83.4
	(LPR，LPR+0.5%)	15.4	23.0	12.9	16.3	15.4
	[LPR+0.5%，LPR+1.5%)	26.1	31.9	29.0	33.9	26.1
	[LPR+1.5%，LPR+3%)	19.1	13.4	13.2	12.5	15.5
	[LPR+3%，LPR+5%)	12.2	10.3	15.0	11.9	15.2
	LPR+5%及以上	13.6	7.5	14.2	11.7	11.2

数据来源：中国人民银行太原中心支行。

利率市场化改革持续推进。2019年12月末，山西省金融机构在新发放贷款中参照LPR定价的比例达到91.2%，加权平均利率为6.025%，较改革前下降0.270个百分点。

民间借贷利率有所上升。2019年，山西省各监测点民间借贷加权平均利率为20.025%，同比提高0.228个百分点。

数据来源：中国人民银行太原中心支行。

图4　2018~2019年山西省金融机构外币存款余额及外币存款利率

6. 银行业不良贷款实现“双降”，但存量信用风险仍需要关注。2019年末，山西省银行业不良贷款余额652.5亿元，较年初下降116.3亿元；不良贷款率2.32%，较年初降低0.72百分点，仍高于全国水平0.46个百分点。银行业资产质量继续好转，但存量信用风险仍需要关注，特别是隐性不良贷款未充分暴露、个别民营企业信用风险未有效化解、企业负债率依然偏高等问题对信用风险的影响不容忽视。

7. 银行业改革稳步推进。2019年，山西省共有16家农村信用社改制为农村商业银行，晋商银行在香港成功上市。全年共有4家法人金融机构在全国银行间市场发行二级资本债券23亿元，资本金补充渠道得到扩展。

8. 跨境人民币业务同比增长。开展自由贸易试验区改革试点经验复制推广工作，支持山西省企业稳步扩大人民币跨境结算范围。2019年，山西省人民币跨境收支金额154.3亿元，同比增长2.5%，占本外币跨境收付的比重为6.6%，较上年提高1.0个百分点。

专栏1　山西省房地产金融市场运行总体平稳

2019年，山西省房地产金融总体平稳运行，房地产贷款增长趋缓，开发贷款增速降幅较大，差别化住房信贷政策执行情况较好，个人住房贷款利率保持稳定。

一、运行情况

（一）房地产贷款增长趋缓

2019年末，山西省房地产贷款余额4462.5亿元，同比增长15.3%，较上年下降29.6个百分点，较年初增加590.7亿元，同比少增471.3亿元，占各项贷款余额的15.9%，较上年提高0.6个百分点；新增贷款占各项贷款新增额的21.5%，较上年下降18.1个百分点。山西省房地产贷款增速从2018年上半年超过70%的增幅最高点下降到与各项贷款的增速基本持平。一是房地产开发贷款增速大幅下降。山西省房地产开发贷款余额1433.4亿元，同比增长10.2%，较上年下降45.4个百分点，较年初增加133.0亿元，同比少增315.1亿元。其中，保障性住房开发贷款余额963.9亿元，较年初增加91.2亿元，同比少增298.7亿元。二是个人住房贷款投放增速趋缓。山西省个人住房贷款余额2809.3亿元，同比增长15.9%，较上年下降12.1个百分点，较年初增加386.3亿元，同比少增167.3亿元。山西省商品住房销售市场降温，特别是太原市销售同比下降，直接影响山西省个人住房贷款投放增速趋缓。

（二）差别化住房信贷政策和改革措施落实到位

2019年，山西省金融机构累计发放个人住房贷款16.6万笔、747.7亿元，同比分别下降8.6%、15.9%。差别化住房信贷政策执行情况较好，山西省首套房平均首付比例为37.1%，按照人民银行总行个人住房贷款利率定价基准调整工作要求，2019年10月8日后，山西省金融机构均完成个人住房贷款利率定价基准调整一系列工作，并按照贷款市场报价利率为基准发放个人住房贷款。从定价基准调整前后的利率执行情况看，调整前山西省首套房和非首套房平均利率水平分别为5.32%、5.42%；调整后，山西省首套房和非首套房平均利率水平分别为5.14%、5.16%，利率水平基本稳定，有效维护了借贷双方合法权益。

（三）山西省推广运用贷款市场报价利率调整工作扎实推进

2019年8月起，山西省各金融机构修订合同文本、升级改造系统，陆续开展新发放贷款运用贷款市场报价利率（LPR）定价工作；10月起，调整新发放商业性个人住房贷款利率政策，在推广运用LPR定价的同时保持了个人住房贷款利率水平基本稳定。2019年12月，山西省金融机构新发放贷款中参照LPR定价的比例已经超过90%，基本实现了山西省新发放贷款推广运用LPR进行定价。

二、存在问题

（一）住房租赁市场建设进展慢

建设银行山西省分行作为山西省住房租赁金融服务的主要承办行，2018年住房租赁综合服务平台在山西省上线，但截至年底，仅发放数笔个人租赁贷款，金额不到100万元。

（二）县域内居民住房贷款需求难满足

县域内住房开发企业一般以本土小型开发商为主，金融机构较少与之合作，县域内居民个人住房贷款较难实现。

（三）额度收紧影响居民合理住房需求

据测算，山西省80%的购房者通过个人住房贷款购买，其中，90%是首套房贷款，属于刚性住房需求。部分银行对个人住房贷款额度收紧，一定程度上影响对居民合理住房需求的信贷支持。

三、政策建议

（一）加快建立房地产市场长效调控机制

强化相关部门之间的沟通协调，完善土地、税收、市场、金融等配套政策，特别是促进租赁市场发展的配套政策，营造山西省房地产市场的良好发展环境。

（二）引导房地产信贷合理增长

积极支持山西省房地产市场发展及居民合理住房需求，保持房地产信贷合理适度增长，促进山西省房地产市场稳定健康发展。

（三）积极做好存量浮动利率贷款定价基准向 LPR 转换

山西省金融机构要深入贯彻落实总行各项部署，明确目标，加强协调，扎实推动山西省推广运用 LPR 的各项工作。

（二）证券期货业稳步发展，多层次资本市场体系趋于完善

1. 证券期货交易总体活跃，机构盈利能力不同程度改善。2019 年，山西省证券经营机构新增 2 家分公司、9 家营业部，投资者资金账户总数、证券交易总额同比分别增长 7.45% 和 29.45%，其中证券交易额增速在中部六省排名第一位，高于全国增速。期货业新增 1 家分公司，期货投资者开户数、市场交易额同比分别增长 15.30% 和 22.67%。

2019 年，2 家法人证券公司总资产同比增长 0.36%，营业收入、净利润分别增长 37.40% 和 107.32%，盈利能力改善；3 家法人期货公司净利润 0.4 万元，实现扭亏为盈。法人证券、期货公司各项风控指标总体良好。

2. 上市公司平稳发展，资本市场融资规模稳步增长。2019 年末，山西省共有 A 股上市公司 37 家，上市公司总股本 787.4 亿股，总市值 5157.9 亿元，市值同比增长 24.86%。共有拟上市公司 14 家，新增 4 家。上市公司规范运作意识和信息披露质量有效提升，未发生重大违法违规问题和退市、立案等重大风险。

2019 年，山西省企业在 A 股市场融资 33.4 亿元、证券公司柜台市场融资 252.4 亿元、资产支持证券融资 32.6 亿元、私募股权及创投基金融资 78.8 亿元、新三板定向增发融资 1.3 亿元、山西区域性股权市场融资 7.9 亿元。

表 3　2019 年山西省证券业基本情况

项目	数量
总部设在辖内的证券公司数（家）	2
总部设在辖内的基金公司数（家）	0
总部设在辖内的期货公司数（家）	3
年末国内上市公司数（家）	37
当年国内股票（A 股）筹资（亿元）	33.4
当年发行 H 股筹资（亿港元）	33.0
当年国内债券筹资（亿元）	1970.4
其中：短期融资券筹资额（亿元）	415.0
中期票据筹资额（亿元）	373.9

数据来源：山西证监局、中国人民银行太原中心支行。

（三）保险业健康发展，服务保障功能不断增强

1. 保险业平稳运行。2019 年，山西省有法人保险公司 1 家，省级分公司 53 家、全年新增 4 家，保险业资产总额 2007.0 亿元，同比增长 15.13%，实现保费收入 883.4 亿元，同比增长 7.09%，较上年加快 6.97 个百分点。分险种看，财产险实现保费收入 227.4 亿元，同比增长 6.77%；人身险实现保费收入 656.0 亿元，同比增长 7.20%。

表 4　2019 年山西省保险业基本情况

项目	数量
总部设在辖内的保险公司数（家）	1
其中：财产险经营主体（家）	1
人身险经营主体（家）	0
保险公司分支机构（家）	53
其中：财产险公司分支机构（家）	28
人身险公司分支机构（家）	21
保费收入（中外资，亿元）	883.3
其中：财产险保费收入（中外资，亿元）	227.4
人身险保费收入（中外资，亿元）	656.0
各类赔款给付（中外资，亿元）	278.6
保险密度（元 / 人）	2368.8
保险深度（%）	5.19

数据来源：山西银保监局。

2. 服务经济社会能力增强。2019 年，山西省保险业为全社会提供风险保障 40 万亿元，同比增长 24.82%，增速较保费收入增速高 17.73 个百分点。山西省保险业赔款与给付支出 278.6 亿元，同比增长 4.21%。其中，财产险赔付支出 119.2 亿元，同比增长 16.31%；人身险赔付支出 159.4 亿元，同比下降 3.31%，但部分险种赔付支出增长迅速，健康险同比增长 54.34%，意外险同比增长 8.30%。保险密度和保险深度分别较上年提高 150 元 / 人和 0.29 个百分点，保险业的经济助推器和社会稳定器作用进一步凸显。

（四）金融市场健康运行，市场主体交易活跃

2019 年，山西省金融市场保持平稳运行，社会融资规模持续上涨，银行间市场交易活跃，票据市场总体平稳。

1. 社会融资规模稳步增长。2019 年，山西省社会融资规模增加 4221.7 亿元，较上年多增 596.2 亿元，其中直接融资金额 1571.8 亿元，占社会融资规模的 37.23%，较上年降低 4.64 个百分点；表外融资减少 88.9 亿元。

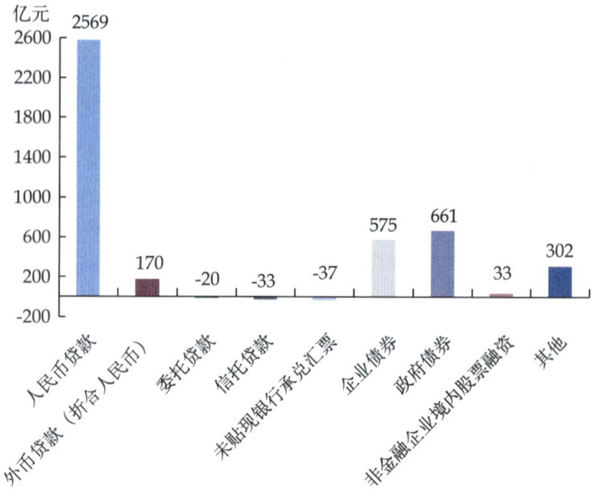

数据来源：中国人民银行太原中心支行。

图 5　2019 年山西省社会融资规模分布结构

2. 银行间市场平稳运行。2019 年，山西省共有 68 家金融机构开展银行间市场同业拆借业务，拆借资金 1.2 万亿元，净拆出 113.9 亿元。山西省 227 家银行间市场成员完成质押式回购 9.82 万亿元，同比减少 24.90%；30 家市场成员累计完成买断式回购 2860.71 亿元，同比减少 37.81%。山西省 113 家市场成员累计完成现券交易 51753.4 亿元，同比增长 15.42%。

3. 票据市场运行平稳。2019 年，山西省金融机构承兑余额 2391.1 亿元，同比增长 7.41%；贴现余额 916.8 亿元。全年票据利率水平总体下降，贴现业务加权平均利率 3.430%，比上年下降 0.491 个百分点。

表 5　2019 年山西省金融机构票据业务量统计

单位：亿元

季度	银行承兑汇票承兑		贴现			
			银行承兑汇票		商业承兑汇票	
	余额	累计发生额	余额	累计发生额	余额	累计发生额
1	2157.6	910.7	894.0	808.1	75.6	33.1
2	2182.2	779.6	867.8	663.5	74.7	61.5
3	2294.6	920.8	1294.2	1077.9	90.3	48.8
4	2391.1	854.8	826.2	993.8	90.6	56.6

数据来源：中国人民银行太原中心支行。

表 6　2019 年山西省金融机构票据贴现、转贴现利率

单位：%

季度	贴现		转贴现	
	银行承兑汇票	商业承兑汇票	票据买断	票据回购
1	3.630	4.800	3.520	2.860
2	3.610	4.680	3.430	3.030
3	3.600	5.210	3.330	3.190
4	3.550	5.500	3.210	3.140

数据来源：中国人民银行太原中心支行。

（五）地方金融改革与创新力度增强

1. 山西省地方金融整体运行平稳。2019 年末，山西省共有小额贷款公司 477 家，注册资本 330.8 亿元，贷款余额 264.3 亿元。融资性担保公司 193 家，户均注册资本 1.4 亿元，资本金 10 亿元以上的有 7 家，融资担保在保责任余额 370 亿元，融资担保放大倍数 1.21 倍。典当行 349 家，分支机构 24 家，注册资本 47.4 亿元，资产总额 48.7 亿元，户均注册资本 1358.5 万元。地方资产管理公司 2 家，分别为华融晋商和晋阳资产管理公司，资产总额 349.8 亿元，2020 年共收购不良资产 34.8 亿元，存量不良资产投资余额 47.0 亿元。山西股权交易中心展示企业 1580 家，挂牌企业 479 家。

2. 金融创新力度不断加大，更好满足实体经济多样需求。2019 年以来，山西省属国有上市公司通过资本市场并购重组调整产业结构，主动实施战略转型。山西汾酒通过现金购买方式，陆续收购汾酒集团的义泉涌酒业等 4 家酒类核心资产，涉及金额 5.4 亿元，实现了汾酒集团酒类资产整体上市。西山煤电、潞安环能推进煤炭资产证券化。西山煤电现金竞买山西西山晋兴能源有限责任公司 10% 股权，涉及金额 12.8 亿元；潞安环能以现金方式收购慈林山矿业 100% 股权，涉及金额 7.5 亿元。山西省证券期货公司围绕“积极争取大同、晋城两个金融改革试验区落地”任务，2019 年支持两市 6 家企业在区域股权交易市场完成挂牌。阳煤集团在上交所发行辖区第一只扶贫专项公司债券，募集资金 10 亿元。山西省 18 家上市公司年报披露投入扶贫资金合计 2772.8 万元，助力精准扶贫。

（六）金融生态环境不断优化，金融基础设施更趋完善

1. 社会信用体系建设步伐加快。金融信用信息基础数据库日益完善。2019 年末，已为 26.3 万户企业和 2139 万自然人建立了信用档案，全年分别为企业和个人查询征信报告 15.9 万次和 1176.8 万次。积极推动信用信息“双公示”工作，全年推送“双公示”信息 19 万余条。扎实推进应收账款融资服务，在全国率先实现政府采购全流程线上融资服务，2019 年末累计通过平台完成融资 1647 笔，融资金额 2181.6 亿元。结合山西省转型综改国家战略，创建了信用生态创新先导区，通过征信服务助力小微与民营企业融资发展，优化征信服务供给。加强征信信息安全监管，牢牢守住征信信息安全底线。

2. 农村支付基础设施建设取得重要进展。积极延伸银行业金融机构网点覆盖范围，优化企业开户服务，为农村贫困地区小微企业提供专属账户管理服务。在有条件的行政村建设农村金融综合服务站、银行卡助农取款服务点，在做好一站式支付结算、金融知识宣传、残币兑换等金融服务的同时，为农村地区扶贫产业提供定制化服务，带动产业效益增长，帮助农民增收、创收。加强非现金、数字支付结算产品和服务创新，提升农村支付结算服务可及性。鼓励支持农村电商发展，完善电商企业线上线下支付结算模式。

3. 金融科技创新应用工作成效显著。2019 年末，山西省各发卡银行全面实现金融 IC 卡常态化发行，法人金融机构新增支持国产密码算法金融 IC 卡占比接近 60%。金融 IC 卡“一卡多用”功能进一步延伸。六家法人金融机构同步开展人民银行金融科技试点“人脸识别线下支付应用”，并参与发布全新智能线下支付产品“刷脸付”，全面提升支付安全水平和用户体验。

4. 金融消费权益保护工作深入推进。2019年，山西省大力推进金融消费者教育和金融知识普及工作，持续将金融知识普及教育纳入国民教育体系，深化吕梁山片区农村金融知识教育普及“金惠工程”，在临汾市和吕梁市开展农村中学金融教育普及试点，在运城市新绛县建立青少年财经素养实践基地。扎实开展金融消费权益保护工作，成立山西省金融消费权益保护协会及山西省金融消费纠纷人民调解委员会，全年共受理投诉664件，解答各类咨询7917件。

二、经济运行情况

2019年，山西省经济运行总体平稳，全年完成地区生产总值17026.7亿元，按可比价格计算，较上年增长6.2%，低于上年0.5个百分点，但高于全国0.1个百分点，连续三年超过全国平均水平。三次产业增速分别为2.1%、5.7%和7.0%，一产增速与上年持平，二产增速高于上年1.2个百分点，三产增速低于上年1.8个百分点。

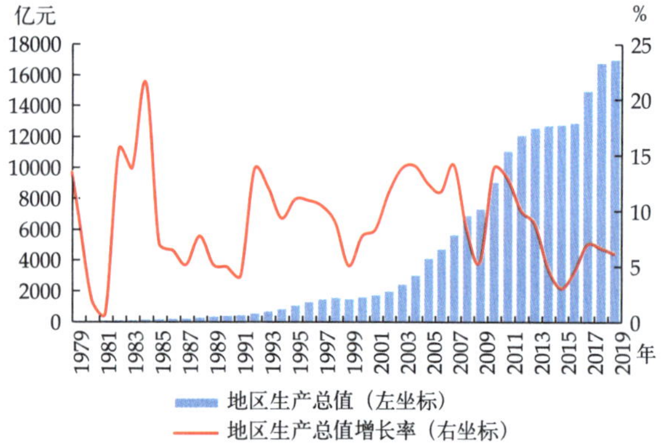

数据来源：山西省统计局。

图6　1979~2019年山西省地区生产总值及其增长率

（一）投资、消费、进出口平稳增长，经济内生动力增强

2019年，山西省社会经济平稳增长，内生动力增强。从结构看，投资持续回暖、消费市场平稳运行，进出口保持增长势头。

1. 投资增速持续回暖。2019年，山西省固定资产投资同比增长9.3%，为2017年以来最高增速，快于全国3.9个百分点。分产业看，第一产业投资增长16.3%，第二产业投资增长5.3%，第三产业投资增长11.4%。投资结构不断优化，工业技改、基础设施和高技术产业投资分别增长20.9%、13.9%和15.7%，快于全省投资增速。民间投资增长7.9%，较上年提高11.8个百分点。

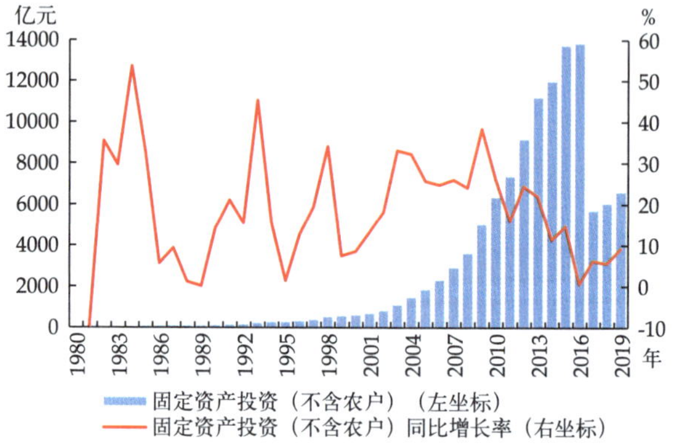

数据来源：山西省统计局。

图7　1980~2019年山西省固定资产投资（不含农户）及其增长率

2. 消费市场平稳增长，升级势头明显。2019年，山西省社会消费品零售总额7909.2亿元，同比增长7.80%。实施消费升级行动计划，全年新增4个国家级电子商务进农村综合示范县，限额以上网络零售额增长25%左右。消费结构升级明显，智能家电和音响器材、智能手机、新能源汽车零售额快速增长。旅游消费持续活跃，全年旅游总收入8026.9亿元，较上年增长19.3%。

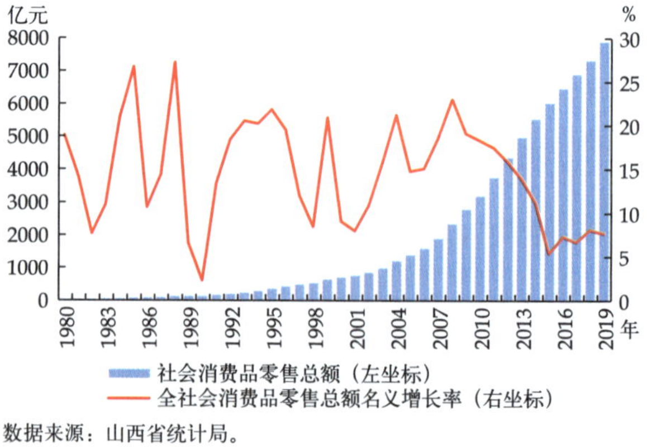

数据来源：山西省统计局。

图8　1980~2019年山西省社会消费品零售总额及其增长率

3. 外贸进出口小幅增长，贸易结构逐步改善。2019 年，山西省进出口总额 209.7 亿美元，同比增长 1.0%。其中出口总额 116.9 亿美元，同比下降 4.7%，进口总额 92.8 亿美元，同比增长 9.2%，贸易顺差 24.1 亿美元。中国（太原）跨境电子商务综合试验区获批，开拓国际市场取得重要进展。从贸易结构来看，加工贸易依然占主导地位，一般贸易较快增长、占比提升，贸易结构逐步改善。从贸易伙伴来看，对美国、欧盟、金砖国家、东盟贸易总额较多，“一带一路”沿线国家贸易额持续增长。

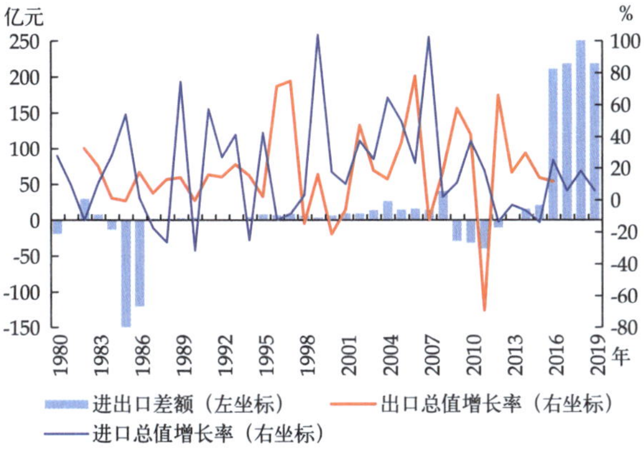

数据来源：山西省统计局。

图 9　1980~2019 年山西省外贸进出口变动情况

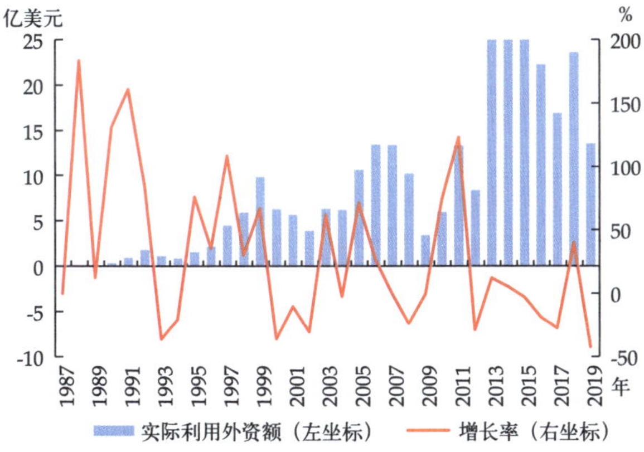

数据来源：山西省统计局。

图 10　1987~2019 年山西省实际利用外资额及其增长率

4. 外商直接投资回落明显。2019 年，山西省实际利用外商直接投资 13.6 亿美元，同比下降 42.5%，吸引外资流入创 2011 年以来新低。山西省本外币跨境资金呈现净流入态势，全年净流入 11.2 亿美元，外汇收支基本平衡。

（二）三次产业稳步增长，供给侧结构性改革持续深化

1. 乡村振兴战略稳步实施。2019 年，山西省粮食总产量 136.2 亿公斤，粮食生产再获丰收，有机旱作、优势杂粮、功能食品等特色优势品牌影响力不断提升。农业供给侧结构性改革深入推进，山西农谷、雁门关农牧交错带示范区、运城农产品出口平台三大省级战略扎实推进，晋中农高区成为首批国家农业高新技术产业示范区。农村人居环境有效改善，新改建“四好农村路”2.45 万公里，完成农村户厕改造 47 万座。农村改革稳妥推进，基本完成农村集体产权清产核资和集体成员身份确认。

2. 工业经济增速提升，结构调整稳步推进。2019 年，山西省规模以上工业增加值同比增长 5.3%，较上年提高 1.2 个百分点，其中非煤工业增加值同比增长 6.5%。工业转型全力实施，环首都太行山能源信息技术产业基地等一批重大转型项目落地，吉利汽车零部件配套产业园等项目建成投运。新旧动能加速转换，数字经济、高端装备制造、新能源、新材料等新兴产业快速发展，成功举办尧城（太原）国际通用航空飞行大会。创新驱动力显著增强，19 项“揭榜制”科研项目落地实施，T1000 高端碳纤维等一批先进产品和技术取得突破，“智创城”省级双创中心启动运营。

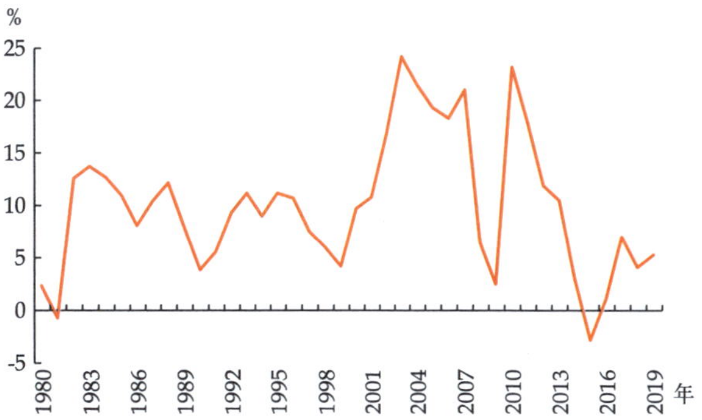

数据来源：山西省统计局。

图 11　1980~2019 年山西省规模以上工业增加值实际增长率

3. 现代服务业加快发展，支撑引领作用更加突出。2019 年，山西省服务业增加值 8748.9 亿元，同比增长 7.0%，快于第二产业 1.3 个百分点；服务业占全省地区生产总值的比重达到 51.4%，对地区生产总值增长的贡献率为 59.8%。成功获批国家全域旅游示范区省级创建单位，黄河、长城、太行三大旅游板块建设进展明显，太行山大峡谷八泉峡升级为 5A 级景区，旅游总收入、接待国内旅游者人数分别增长 19.3%、18.5%。全年新登记各类市场主体 48.6 万户，新培育“小升规”企业 600 户以上、“专精特新”中小企业 305 户，高新技术企业超过 2400 户。

4. 重点领域改革纵深推进。2019 年，山西省加速国有资本向支柱产业和战略性新兴产业集聚，市场化处置 115 户省属“僵尸企业”，全面完成省属企业“三供一业”分离移交。民营经济 30 条有效落实，近七成的民营企业中小企业拖欠账款实现清偿，7 家企业入选全国民营企业 500 强，民营经济发展活力进一步增强。认真落实国家减税降费政策，全年新增减税降费超过 560 亿元。在全国率先发布职业农民生产技能评价、乡村旅游示范村等级划分与评价标准，主导制定实施了两项国际标准，实现零突破。

5. 能源革命综合改革试点开局良好。2019 年，山西省认真贯彻“四个革命、一个合作”能源安全新战略，扎实推动 15 项重大举措和 85 项工作任务。退出煤炭产能 2745 万吨，煤炭先进产能占比达 68%。“三气”综合开发试点稳步推进，稳妥布局氢能产业。光伏发电领跑者基地规模居全国第一，全年外送电量 991.3 亿千瓦时。能源消费总量和强度双控力度加大，重点领域节能增效持续推进，用能结构不断优化。能源科技创新步伐加快，煤炭智能开采、清洁高效利用、智慧能源科技攻关取得突破。成功举办太原能源低碳发展论坛和 2019 能源革命展，为打造能源革命排头兵迈出坚实步伐。

（三）价格指数和居民就业总体稳定

1. 居民消费价格温和上涨。受生猪供应不足等因素影响，食品价格高位运行，推动居民消费价格温和上涨，但全年涨幅控制在预期目标之内，总体保持稳定。2019 年，山西省居民消费价格同比上涨 2.7%，较前三个季度上涨 0.3 个百分点，低于全国平均水平 0.2 个百分点，其中食品烟酒类价格上涨 6.3%。

2. 工业生产者资料价格指数“高进低出”，农业生产者资料价格指数小幅上涨。2019 年，全省工业生产者出厂价格指数下降 0.3%，购进价格指数上涨 1.1%，二者相差 1.4 个百分点，对工业企业生产经营效益形成挤压。农业生产资料价格指数小幅上涨，同比上升 2.2 个百分点。

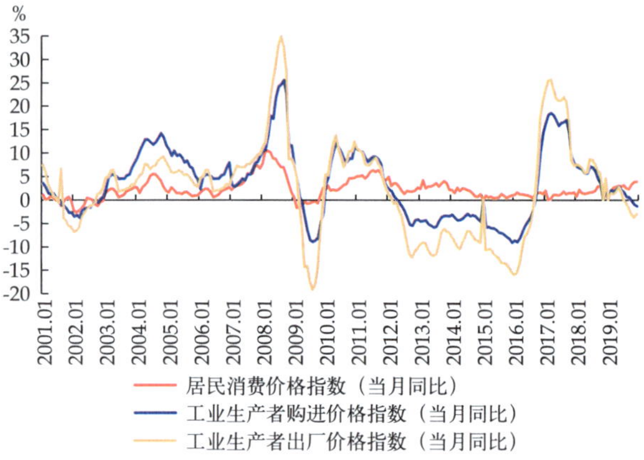

数据来源：山西省统计局。

图 12　2001~2019 年山西省居民消费价格指数和工业生产者价格指数变动趋势

3. 就业形势稳定向好，居民收入稳步增加。2019 年，山西省城镇新增就业 54.8 万人，农村劳动力转移就业 40.2 万人，分别完成全年目标的 119.1% 和 121.9%。12 月末，城镇登记失业率为 2.7%，控制在 4.2% 目标之内。山西省城镇居民人均可支配收入 33262 元，同比增长 7.2%，增速较上年加快 0.7 个百分点；农村居民人均可支配收入 12902 元，同比增长 9.8%，加快 0.9 个百分点，

（四）财政收入保持稳步增长，财政支出支持民生领域能力增强

2019 年，山西省一般公共预算收入 2347.6 亿元，同比增长 2.4%，在大规模减税降费情况下，

顺利完成备案预算收入。其中税收收入 1783.5 亿元，同比增长 8.4%，占一般公共预算收入的比重为 76.0%，同比提升 4.2 个百分点；非税收入 564.1 亿元，同比减收 83.0 亿元。

2019 年，山西省一般公共预算支出 4713.1 亿元，同比增长 10%。其中，教育、社会保障和就业、医疗卫生等 13 项民生支出合计占全省一般公共预算支出的 81.1%，同比增长 12.4%。

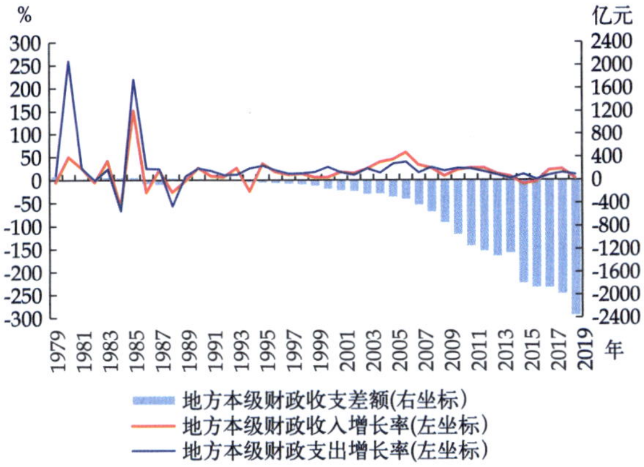

数据来源：山西省统计局。

图 13　1979~2019 年山西省财政收支状况

（五）生态环境持续改善

2019 年，山西省全力打好污染防治攻坚战，狠抓中央生态环保督察及督察“回头看”问题整改，开展“百日清零”专项行动，燃煤发电机组全部实现超低排放，焦化行业达到特别排放限值标准。强力推进汾河流域治理攻坚，入黄口庙前村断面等国考断面退出劣Ⅴ类。“两山七河一流域”生态修复治理扎实推进，完成营造林 521 万亩。汾河谷地地下水位连续 10 年回升，PM2.5 平均浓度低于京津冀及周边地区平均水平，初步实现了经济运行和生态环保同向好转。

专栏 2　中国人民银行太原中心支行积极应对地方法人金融机构流动性风险

2019 年，中国人民银行太原中心支行加强对山西省 197 家地方法人金融机构的流动性监测，强化货币政策工具的流动性支持作用，防范化解流动性风险，不断提升流动性管理水平，守住了不发生区域性流动性风险的底线。

一、地方法人金融机构流动性现状

从流动性监测系统得分[①]分布看，90~100 分的机构有 122 家，流动性充足；75~89 分的机构有 58 家，流动性稳定；不足 75 分的机构有 11 家，流动性偏紧。整体看，山西省法人金融机构流动性较为充裕，资产负债匹配相对合理，负债稳定性较好。

（一）流动性指标整体较好，部分机构不达标

从流动性指标看，总体表现较好，但存在部分机构指标未达到监管要求或处在预警水平。具体看，有 2 家机构备付金率低于 0.5%；5 家机构流动性匹配率低于 100%；7 家机构流动性缺口率不达 -10%；26 家机构存贷比超过 75%，其中 4 家村镇银行超过 100%；30 家机构核心负债率低于 60%；22

① 根据金融机构的存贷比、投资资产占比、同业负债占比等指标评估各法人金融机构的流动性状况，参考监管指标给出各机构的流动性得分。

家机构投资资产占比超过35%；3家机构债券正回购占比超过100%。

（二）风险事件对涉事机构流动性影响有限

2019年，包商银行、财务公司票据、网信证券等风险事件涉及省内多家地方法人金融机构，对涉事机构流动性造成了冲击，但影响有限。如涉及东旭集团融资的地方法人金融机构流动性整体评估分值91.6分，30家机构流动性充裕，10家机构流动性稳定，仅有2家机构流动性偏紧。

二、强化流动性管理的工作措施

（一）运用货币政策工具，为金融机构提供流动性支持

落实人民银行总行“三档两优”存款准备金政策框架要求，通过下调金融机构存款准备金率释放流动性443.5亿元，合理满足法人金融机构中长期资金需求；通过信贷政策支持再贷款、再贴现、常备借贷便利等货币政策工具向金融机构注入资金706.6亿元，保持了金融体系短期流动性合理充裕。

（二）监测流动性风险，提升流动性管理水平

密切监测中小银行资金头寸和大额资金变化等流动性情况，对高风险金融机构保持高频监测，及时为机构提供流动性支持。对风险事件涉事机构实行名单制管理，针对流动性不足的情况，及时下发风险提示。对地方法人金融机构开展流动性监测评估机制的讲解培训。

（三）开展流动性应急演练，提高流动性风险的应对能力

结合山西实际，制定了《山西省地方法人金融机构流动性风险突发事件应急预案》，进一步规范流动性风险突发事件处置流程及人民银行流动性救助工具的实施条件和程序。会同人民银行晋城市中心支行开展法人金融机构流动性风险突发事件应急演练。演练按照“拿来即用”的标准，实战演练应对流动性风险过程中的重点环节，实际操作各类救助工具，提高了流动性风险的应急能力。

（六）房地产业平稳发展，煤炭行业运行质量明显提升

1. 房地产去库存成效明显，房地产贷款增速回落。

（1）开发投资快速增长，施工面积回升明显。2019年，山西省房地产开发投资完成1656.5亿元，对固定资产投资的贡献率达50%；同比增长20.3%，较上年提高2.3个百分点，快于全国平均增速10.4个百分点，其中太原市房地产开发投资698.2亿元，同比增长31.3%，占全省的比重为42.2%。商品房施工面积19548.5万平方米，同比增长15.3%，较上年提高12.4个百分点，其中新开工面积34879.1万平方米，同比增长26.0%，较上年提高8.8个百分点。

（2）商品房销售面积增长由负转正，库存持续减少。2019年，山西省商品房销售面积2366.1万平方米，同比增长0.2%，较上年提高2.5个百分点。商品房待售面积966.3万平方米，较上年末减少18.6万平方米，库存占当年商品房销售面积的比重为40.8%，为近10年来最低。

（3）房地产开发企业自筹资金占比提高。2019年，山西省房地产开发企业到位资金2159.4亿元，增长19.6%，增速比上年加快12.0个百分点。分项来看，企业自筹资金同比增长43.4%，占到房地产开发企业到位资金的45.2%，比重较上年提高9.5个百分点。受行业调控政策影响，房地产投机性需求得到有效控制，国内贷款、购房预付款所占比例均有所下降，个人按揭贷款增速同比回落10.2个百分点。

（4）商品房价格保持上涨态势。2019年，

太原市新建商品住房均价同比上涨 4.6%，呈现“前半年快、后半年慢”的特点，其他 10 个地市价格涨幅不一。

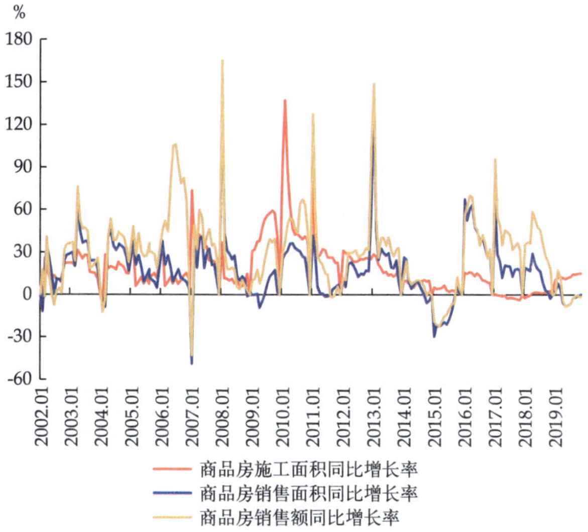

数据来源：山西省统计局。

图 14　2002~2019 年山西省商品房施工和销售变动趋势

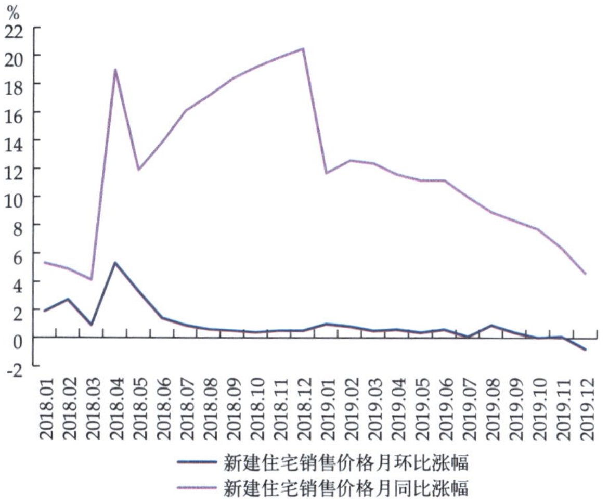

数据来源：山西省统计局。

图 15　2018~2019 年太原市新建住宅销售价格变动趋势

（5）房地产贷款增速有所回落。2019 年，山西省房地产贷款余额 4462.5 亿元，同比增长 15.3%，较上年下降 29.6 个百分点；贷款新增 590.7 亿元，同比少增 471.3 亿元。其中房地产开发贷款余额 1433.4 亿元，同比增长 10.2%，较上年下降 45.4 个百分点；个人住房贷款余额 2809.3 亿元，同比增长 15.9%，较上年下降 12.1 个百分点。

2. 煤炭经济运行质量明显提升，煤炭行业主要经济指标运行平稳。随着煤炭供给侧结构性改革的深入推进，全国煤炭市场供需转入平衡状态，山西煤炭行业呈现稳中向好的发展势头，煤炭企业生产经营状况总体良好。2019 年，山西省累计生产原煤 9.71 亿吨，同比增长 6.1%；煤炭开采和洗选业实现营业收入 8002.8 亿元，同比增长 4.7%；利润总额 686.0 亿元，同比下降 0.2%。煤炭产业走“减、优、绿”之路，全省煤炭先进产能占比达到 68%，同比提高 11 个百分点。

三、预测与展望

2020 年，从国际形势看，受新冠肺炎疫情、贸易争端、金融动荡、地缘政治紧张局势升级以及政策不确定性等多种因素影响，全球经济衰退风险加剧。从国内看，疫情对我国经济发展会带来短暂影响，主要集中在第一季度，疫情过后积累的投资和消费需求会逐步释放，经济动能会在一定程度上反弹，发展中的积极因素仍有很多，经济内在韧性强，全年经济增长的基本面和长期向好的趋势不会改变。

2020 年，山西省将继续全面贯彻党的十九大精神，以习近平新时代中国特色社会主义思想为指导，坚持稳中求进的工作总基调，坚持新发展理念，坚持深化供给侧结构性改革与深化转型综改试验区建设、能源革命综合改革试点有机结合，做好“六稳”工作、落实“六保”任务，促进经济社会持续健康发展。金融业将按照稳健的货币政策更加灵活适度要求，继续提升信贷政策的导向作用，提升金融支持民营企业小微企业发展和助推脱贫攻坚工作水平，持续优化金融市场管理与服务环境，增强金融风险防范化解能力，为经济转型高质量发展营造适宜的货币金融环境。

中国人民银行太原中心支行货币政策分析小组
总　纂：高　波　杜　斌
统　稿：王瑞林　薄文英　王　东　孙玉萍
执　笔：武　洋　李志波　刘　卉
提供材料的还有：吴晋科　孙树恩　裴启东　王　栋　高　婧　曹　冶　张雅婷　乔宁宁　武智峰
何　畅　孙　晶　张旭梅　李建辉　范晓霞　常雅芳

附录

（一）2019 年山西省经济金融大事记

2 月 25 日，外交部山西全球推介活动在京举行。

7 月 18 日，晋商银行首次公开发行 H 股在香港联合交易所主板挂牌上市，成为山西省首家上市银行。

8 月 8 日，第二届全国青年运动会在山西太原开幕。

9 月 16 日，山西省能源革命综合改革试点动员部署大会在太原召开。

10 月 22 日，2019 年太原能源低碳发展论坛隆重开幕。

（二）2019 年山西省主要经济金融指标

表 1　2019 年山西省主要存贷款指标

		1 月	2 月	3 月	4 月	5 月	6 月	7 月	8 月	9 月	10 月	11 月	12 月
本外币	金融机构各项存款余额（亿元）	36545.5	36907.4	37255.6	37493.6	37769.3	38128.1	37981.5	38172.7	38501.7	38383.8	38577.0	38381.4
	其中：住户存款	21244.5	21538.0	21864.9	21681.9	21758.2	21980.4	22000.3	22058.6	22321.7	22270.5	22304.6	22636.0
	非金融企业存款	9284.3	9041.4	9058.1	9266.5	9343.9	9502.4	9319.0	9514.2	9539.5	9468.8	9781.0	9718.6
	各项存款余额比上月增加（亿元）	1205.5	361.8	348.3	237.9	275.7	358.8	-146.6	191.2	329.0	-117.9	193.2	-195.6
	金融机构各项存款同比增长（%）	8.0	8.7	8.9	9.1	9.7	10.2	9.0	8.6	8.5	8.2	8.6	8.6
	金融机构各项贷款余额（亿元）	26205.1	26404.5	26699.1	26692.8	26820.3	27057.6	27141.5	27320.8	27619.0	27727.9	28029.4	28119.4
	其中：短期	8685.6	8679.5	8756.9	8782.7	8864.1	8986.3	9007.2	9058.2	9186.8	9222.9	9266.4	9129.1
	中长期	15549.9	15758.7	15855.5	15869.3	15961.0	16013.0	16054.3	16200.0	16339.5	16366.4	16620.5	16824.9
	票据融资	1875.4	1872.5	1996.2	1940.3	1892.0	1962.3	1956.0	1957.9	1978.8	2018.9	2011.8	2063.4
	各项贷款余额比上月增加（亿元）	838.2	199.4	294.5	-6.2	127.4	237.3	83.9	179.3	298.2	108.9	301.5	90.0
	其中：短期	173.5	-6.1	77.4	25.8	81.4	122.2	21.0	50.9	128.6	36.1	43.6	-137.3
	中长期	509.0	208.7	96.8	13.7	91.7	52.0	41.4	145.7	139.5	26.9	254.1	204.4
	票据融资	144.1	-2.9	123.8	-56.0	-48.3	70.4	-6.3	1.9	20.9	40.1	-7.1	51.5
	金融机构各项贷款同比增长（%）	13.7	13.7	13.1	12.3	12.0	12.1	12.0	12.2	12.5	13.1	13.4	11.3
	其中：短期	2.4	2.0	1.1	1.7	1.9	2.5	3.6	5.8	6.8	8.1	9.1	8.2
	中长期	19.3	19.0	18.2	16.2	16.5	15.9	15.3	15.1	15.2	15.0	15.4	12.1
	票据融资	30.7	35.8	38.6	39.0	30.2	31.8	27.7	20.7	17.7	20.9	16.9	19.2
	建筑业贷款余额（亿元）	566.5	572.6	586.9	605.4	636.1	655.6	671.7	699.9	706.4	713.5	737.3	680.7
	房地产业贷款余额（亿元）	469.0	481.8	478.5	483.8	491.8	500.3	517.9	535.0	538.5	537.1	531.7	522.3
	建筑业贷款同比增长（%）	8.9	46.1	16.1	17.9	19.2	24.2	28.9	31.0	34.2	34.4	34.0	31.5
	房地产业贷款同比增长（%）	22.3	23.0	20.8	11.2	16.6	14.0	16.8	14.8	14.9	16.1	15.7	10.3
人民币	金融机构各项存款余额（亿元）	36177.6	36569.0	36902.7	37120.9	37362.7	37708.9	37585.9	37753.4	38089.9	37925.8	38093.1	37870.6
	其中：住户存款	21152.0	21445.3	21771.4	21588.0	21664.2	21887.6	21907.6	21964.6	22229.9	22179.1	22213.1	22545.0
	非金融企业存款	9021.1	8807.8	8801.1	8990.0	9033.6	9178.3	9018.5	9191.1	9222.4	9104.9	9391.3	9301.6
	各项存款余额比上月增加（亿元）	1177.9	391.4	333.7	218.2	241.7	346.2	-122.9	167.4	336.5	-164.0	167.3	-222.6
	其中：住户存款	794.9	293.3	326.1	-183.4	76.2	223.3	20.0	57.0	265.4	-50.8	33.9	331.9
	非金融企业存款	241.6	-213.3	-6.7	188.9	43.5	144.8	-159.9	172.6	31.3	-117.5	286.4	-89.7
	各项存款同比增长（%）	8.5	9.3	9.3	9.5	10.0	10.4	9.2	8.7	8.4	7.9	8.2	8.2
	其中：住户存款	11.8	10.4	10.8	11.7	11.9	11.6	11.8	11.6	11.7	11.3	10.7	10.8
	非金融企业存款	9.0	9.5	9.3	9.6	8.8	10.1	7.3	5.8	4.2	1.7	5.4	5.9
	金融机构各项贷款余额（亿元）	25965.5	26185.0	26491.7	26458.7	26544.0	26764.4	26880.4	27028.2	27318.3	27418.7	27685.8	27746.2
	其中：个人消费贷款	3328.4	3325.0	3394.3	3433.1	3479.7	3523.8	3563.1	3644.9	3713.5	3746.1	3809.4	3846.8
	票据融资	1875.4	1872.5	1996.2	1940.3	1892.0	1962.3	1956.0	1957.9	1978.8	2018.9	2011.8	2063.4
	各项贷款余额比上月增加（亿元）	798.2	219.5	306.7	-33.0	85.3	220.4	116.0	147.8	290.0	100.5	267.1	60.4
	其中：个人消费贷款	160.0	-3.5	69.3	38.8	46.6	44.1	39.3	81.8	68.6	32.6	63.3	37.3
	票据融资	144.1	-2.9	123.8	-56.0	-48.3	70.4	-6.3	1.9	20.9	40.1	-7.1	51.5
	金融机构各项贷款同比增长（%）	13.3	13.4	13.1	12.2	11.7	11.8	11.8	11.9	12.1	12.7	12.8	10.7
	其中：个人消费贷款	28.5	25.7	24.7	22.8	20.8	20.5	21.7	23.2	23.6	22.9	22.3	21.4
	票据融资	30.7	35.8	38.6	39.0	30.2	31.8	27.7	20.7	17.7	20.9	16.9	19.2
外币	金融机构外币存款余额（亿美元）	54.9	50.6	52.4	55.4	58.9	61.0	57.5	59.2	58.2	64.9	68.8	73.2
	金融机构外币存款同比增长（%）	-31.9	-36.3	-29.0	-26.2	-20.1	-11.3	-6.0	-0.8	13.5	33.6	47.6	42.6
	金融机构外币贷款余额（亿美元）	35.8	32.8	30.8	34.8	40.0	42.7	37.9	41.3	42.5	43.8	48.9	53.5
	金融机构外币贷款同比增长（%）	68.5	64.2	3.0	17.6	34.8	47.2	42.6	46.4	70.2	75.8	99.1	84.1

数据来源：中国人民银行太原中心支行。

表 2　2001~2019 年山西省各类价格指数

单位：%

	居民消费价格指数		农业生产资料价格指数		工业生产者购进价格指数		工业生产者出厂价格指数	
	当月同比	累计同比	当月同比	累计同比	当月同比	累计同比	当月同比	累计同比
2001	—	-0.5	—	1.9	—	1.8	—	0.3
2002	—	-2.2	—	0.9	—	3.0	—	3.6
2003	—	1.6	—	-1.6	—	7.8	—	2.2
2004	—	4.1	—	7.3	—	14.5	—	16.1
2005	—	2.3	—	13.3	—	8.2	—	10.2
2006	—	2.0	—	3.6	—	2.6	—	1.0
2007	—	4.6	—	6.2	—	5.3	—	7.4
2008	—	7.2	—	18.7	—	18.3	—	22.4
2009	—	-0.4	—	1.6	—	-3.4	—	-8.0
2010	—	3.0	—	2.0	—	9.0	—	9.5
2011	—	5.2	—	9.4	—	8.1	—	7.5
2012	—	2.5	—	5.4	—	-1.9	—	-5.5
2013	—	3.1	—	2.5	—	-4.5	—	-9.3
2014	—	1.7	—	-0.8	—	-3.8	—	-8.6
2015	—	0.6	—	-0.4	—	-6.9	—	-12.7
2016	—	1.8	—	2.6	—	5.7	—	6.9
2017	—	0.0	—	0.0	—	0.0	—	0.0
2018	—	1.8	—	2.5	—	5.5	—	6.7
2019	—	2.7	—	4.7	—	1.1	—	-0.3
2018　1	0.7	0.7	2.2	2.2	7.0	7.0	7.5	7.5
2	2.1	1.4	1.3	1.8	6.7	6.8	7.3	7.4
3	1.4	1.4	1.3	1.3	6.5	6.7	6.8	7.2
4	1.2	1.3	2.3	1.8	5.6	6.4	5.7	6.8
5	1.3	1.3	2.8	2.0	5.6	6.3	5.9	6.6
6	1.5	1.3	2.9	2.1	7.1	6.4	8.6	7.0
7	1.6	1.4	3.2	2.3	6.8	6.5	8.4	7.2
8	1.8	1.4	3.2	2.4	6.0	6.4	7.6	7.2
9	2.8	1.6	2.9	2.4	4.4	6.2	6.2	7.1
10	2.9	1.7	3.4	2.5	3.4	5.9	5.5	6.9
11	2.4	1.8	3.1	2.6	3.9	5.7	6.4	6.9
12	1.9	1.8	2.1	2.5	3.1	5.5	4.5	6.7
2019　1	—	—	—	—	—	—	—	—
2	1.6	1.7	1.1	1.2	2.0	2.4	1.4	1.6
3	2.5	2.0	1.5	1.3	1.8	2.2	1.1	1.4
4	2.7	2.2	1.7	1.4	2.1	2.2	1.7	1.5
5	2.9	2.3	1.9	1.5	2.8	2.3	2.7	1.7
6	2.8	2.4	2.8	1.7	2.0	2.2	1.5	1.7
7	3.0	2.5	3.9	2.0	1.6	2.1	-0.1	1.4
8	2.4	2.5	4.9	2.4	0.6	1.9	-0.8	1.1
9	2.2	2.4	7.0	2.9	0.5	1.8	-2.0	0.8
10	3.2	2.5	8.6	3.5	-0.3	1.6	-3.2	0.4
11	3.8	2.6	11.0	4.2	-1.1	1.3	-3.9	0.0
12	3.8	2.7	11.0	4.7	-1.4	1.1	-3.1	-0.3

数据来源：山西省统计局。

表 3　2019 年山西省主要经济指标

	1 月	2 月	3 月	4 月	5 月	6 月	7 月	8 月	9 月	10 月	11 月	12 月
	绝对值（自年初累计）											
地区生产总值（亿元）	—	—	3533.2	—	—	8357.7	—	—	12688.4	—	—	17026.7
第一产业	—	—	79.1	—	—	236.4	—	—	519.0	—	—	824.7
第二产业	—	—	1563.5	—	—	3574.8	—	—	5377.6	—	—	7453.1
第三产业	—	—	1890.6	—	—	4546.5	—	—	6791.8	—	—	8748.9
工业增加值（亿元）	—	—	—	—	—	—	—	—	—	—	—	—
固定资产投资（亿元）	—	204.5	704.1	1180.4	1809.5	2829.2	3485.9	4120.6	4879.4	5493.2	6086.7	6612.6
房地产开发投资	—	60.7	197.1	324.6	495.4	753.3	916.5	1073.3	1240.1	1391.1	1522.0	1656.5
社会消费品零售总额（亿元）	—	1252.9	1848.0	2441.6	3080.7	3750.2	4408.7	5081.1	5762.0	6473.6	7180.9	7909.2
外贸进出口总额（亿元）	—	172.4	264.2	362.0	492.0	610.6	744.7	894.7	1039.3	1178.3	1311.9	1446.9
进口	—	72.9	110.8	157.5	210.6	262.2	327.1	393.1	458.9	519.0	576.2	640.0
出口	—	99.4	153.4	204.4	281.3	348.4	417.6	501.5	580.4	659.3	735.7	806.9
进出口差额（出口－进口）	—	26.5	42.6	46.9	70.7	86.2	90.5	108.4	121.6	140.3	159.5	166.9
实际利用外资（亿美元）	—	2.6	4.0	5.6	6.3	8.0	8.3	8.4	8.8	9.4	10.8	13.6
地方财政收支差额（亿元）	—	-114.5	-409.3	-505.8	-633.3	-851.7	-1008.9	-1266.3	-1528.9	-1715.1	-1943.6	-2365.5
地方财政收入	—	533.3	751.1	996.0	1185.0	1393.4	1606.9	1748.8	1899.6	2091.7	2200.3	2347.6
地方财政支出	—	647.8	1160.3	1501.8	1818.2	2245.1	2615.8	3015.1	3428.5	3806.8	4143.9	4713.1
城镇登记失业率（%）（季度）	—	—	2.8	—	—	2.8	—	—	2.7	—	—	2.7
	同比累计增长率（%）											
地区生产总值	—	—	7.2	—	—		—	—		—	—	6.2
第一产业	—	—	0.1	—	—		—	—		—	—	2.1
第二产业	—	—	7.6	—	—		—	—		—	—	5.7
第三产业	—	—	7.3	—	—		—	—		—	—	7.0
工业增加值	—	6.7	8.2	6.8	6.7	6.9	6.7	6.4	6.0	5.5	5.5	5.3
固定资产投资	—	10.4	12.2	5.6	4.5	8.2	7.2	6.5	6.2	6.6	8.4	9.3
房地产开发投资	—	27.9	21.9	18.3	17.8	17.3	18.9	16.5	17.5	19.2	20.1	20.3
社会消费品零售总额	—	7.9	8.2	7.7	7.7	8.3	8.0	7.8	7.8	7.7	7.7	7.8
外贸进出口总额	—	-15.7	-13.7	-11.1	-5.1	-2.4	-1.5	-1.8	0.5	1.9	3.4	5.7
进口	—	-20.6	-19.0	-13.0	-9.2	-5.7	-1.4	-0.1	4.8	7.4	10.2	14.6
出口	—	-11.8	-9.4	-9.5	-1.8	0.3	-1.6	-3.1	-2.6	-2.1	-1.4	-0.4
实际利用外资	—	6114.7	21.4	6.3	7.2	-4.8	-7.7	-23.4	-22.6	-29.4	-32.2	-42.5
地方财政收入	—	24.4	23.9	23.2	16.9	12.9	10.9	8.8	6.5	6.5	4.3	2.4
地方财政支出	—	17.5	28.3	26.4	19.9	20.4	18.3	16.8	15.4	14.1	11.9	10.0

数据来源：山西省统计局。

内蒙古自治区金融运行报告（2020）

中国人民银行呼和浩特中心支行货币政策分析小组

[内容摘要] 2019年，内蒙古自治区深入贯彻落实习近平总书记对内蒙古重要讲话、重要指示批示精神，坚持生态优先、绿色发展，深入实施供给侧结构性改革，认真落实“六稳”工作措施，统筹推进稳增长、促改革、调结构等各项工作，高质量发展积极因素不断增加，经济运行保持总体平稳。全年实现地区生产总值17212.5亿元，按第四次全国经济普查修订数据后的同口径可比价计算，比上年增长5.2%。

从经济运行具体情况看，主要呈现如下特点：一是经济结构持续优化，高质量发展稳步推进。全区粮食生产实现“十六连丰”，主要畜牧产品特别是牛羊肉产量稳定增长。工业转型升级加快推进，全年规模以上工业增加值增长6.1%，现代煤化工产业增加值增长8.2%，稀土深加工及一批先进装备制造业发展势头较好。全年服务业增加值对经济增长的贡献率达50.6%，拉动全区经济增长2.6个百分点，软件和信息技术服务业、快递业等一批现代服务业、新兴服务业发展势头强劲，服务业在经济发展中的“稳定器”作用得到进一步发挥。二是三大需求总体平稳，内需结构优化升级。固定资产投资稳中有升，全年固定资产投资增长6.8%，其中房地产开发投资增长18.0%。民间投资活力增强，全年民间投资增长6.9%，拉动全部投资增长3.4个百分点。投资结构持续优化，工业技改投资特别是制造业技改投资实现大幅增长，成为拉动工业投资增长的主动力。消费市场增长放缓，全年社会消费品零售总额增长4.1%，同比回落2.2个百分点，汽车消费低迷，网上零售、旅游业和智能手机等升级类商品增长较快。对外贸易趋势向好，全年进出口总额增长5.9%，快于全国平均增速2.5个百分点，与“一带一路”沿线国家贸易小幅增长。三是供给侧结构性改革不断深化，经济发展的质量和效益稳步提高。规模以上工业企业资产负债率降低2.3个百分点，利润增长3.8%，企业效益持续改善。商品房待售面积比上年下降13.9%，自2016年以来连续4年下降。落实减税降费政策，为各类市场主体新增减负410亿元。新能源产业加快培育，新能源发电增加值占电力生产行业比重为24.5%。交通领域补短板持续发力，全年交通运输、仓储和邮政业投资增长15.8%。四是财政收支质量提升，城乡居民收入差距进一步缩小。全年一般公共预算收入增长10.9%，其中国内增值税、企业所得税、个人所得税、资源税四大税种增长11.1%，占一般公共预算收入的比重达53.1%。全年城乡居民人均可支配收入分别增长6.5%和10.7%，城乡居民收入倍差缩小至2.67，比上年缩小0.11。五是价格指数温和上涨，就业形势保持稳定。全年居民消费价格比上年上涨2.4%，涨幅符合预期目标。工业产品价格涨幅平稳，工业生产者出厂价格上涨2.1%，购进价格上涨1.1%。全年城镇新增就业26.3万人，完成年度计划的119.6%；城镇登记失业率3.7%，低于控制目标。六是聚焦突出问题精准发力，三大攻坚战取得关键进展。全年地方政府隐性债务完成年度化解任务的270.7%，清理拖欠民营企业中小企业账款672.9亿元，超额完成年度任务。“十个全覆盖”拖欠工程款全部清偿，包商银行风险妥善处置，公路投资公司债务实现重组，包钢集团市场化债转股落地。全年20个国贫旗县摘帽，676个贫困嘎查村出列，14万以上贫困人口脱贫。全区空气质量平均达标天数比例89.6%，提前完成“十三五”二氧化硫、氨氮减排任务，呼伦湖、岱海、乌梁素海“一湖两海”治理取得积极成效，阿尔山市被命名为国家“绿水青山就是金山银山”实践创新基地。

2019 年，全区金融机构认真贯彻落实稳健的货币政策，加大对经济重点领域和薄弱环节的支持力度，努力提升服务实体经济效率和水平。高风险金融机构风险处置取得突破性进展，金融运行总体平稳，但金融风险释放压力仍然较大。

主要表现为：一是银行业平稳增长，企业融资成本逐步下降。全区银行业金融机构资产、负债增速分别较上年提高 1.8 个百分点和 2.6 个百分点。贷款呈恢复性增长态势，重点领域和薄弱环节支持力度不断加大，全年小微企业贷款新增 34.9 亿元，创新开展活体牲畜质押贷款，全年活体牲畜质押贷款新增 11.4 亿元。贷款市场报价利率改革效果显现，12 月份，企业贷款加权平均利率 5.41%，同比下降 0.24 个百分点。包商银行风险处置取得突破性进展。但金融机构不良资产仍高位运行，部分地方法人金融机构流动性风险压力较大，金融风险防控形势依然严峻。本外币跨境融资业务稳步发展，人民币跨境收支同比增长 30.2%，全口径本外币跨境融资同比增长 22.6%。二是证券、保险业稳健经营，资本市场融资功能增强。证券交易规模和利润水平均好于上年，上市公司总市值增长 17.8%，全年上市公司和新三板挂牌公司累计新增融资 64.4 亿元，扭转了上年股票市场无新增融资的局面。全区保险业规模进一步扩大，全年原保费收入和累计赔款与给付支出同比分别增长 10.7% 和 3.9%。三是直接融资有所改善，金融市场活跃度相对较低。地区社会融资规模全年新增 1492.1 亿元，同比少增 914.0 亿元。其中，表外融资增长明显放缓，特别是未贴现银行承兑汇票全年减少 728.6 亿元。直接融资改善明显，非金融企业发行债务融资工具 438 亿元，为近年来最好水平。积极支持优质民营企业扩大债券融资规模，内蒙古伊泰集团、亿利集团利用民营企业债券融资支持工具发行债券 15 亿元。银行间市场交易额有所下降，票据市场规模收缩，年末票据承兑余额和贴现余额分别减少 572.5 亿元、465.9 亿元。四是金融基础设施不断完善，金融生态环境持续优化。应收账款融资服务平台应用效果显现，全年累计通过平台达成融资金额 1880.4 亿元。移动支付业务推广成效显著，全区银联手机闪付和二维码移动支付交易笔数是 2018 年全年的 3.9 倍，实现城市公交和高速 MTC（人工半自动收费车道）银行统一标准移动支付受理全覆盖。创新开展金融知识宣传，推进金融知识纳入国民教育体系试点工作，切实增强金融知识普及宣传效果。

2020 年，内蒙古经济发展仍面临复杂的内外部环境。新冠肺炎疫情短期对经济造成冲击，经济下行压力较大，新动能发展不足，营商环境需要进一步优化，生态建设和污染防治任务艰巨，稳就业、稳投资、稳金融等方面工作压力较大。但也要看到，内蒙古经济长期向好的基本趋势没有改变，结构调整和动能转换持续推进，新产业新业态加快发展，高质量发展积极因素不断增加。随着自治区大力推动生态优先绿色发展、黄河流域生态保护和高质量发展，一批重大生态项目将加快实施；围绕产业转型，一批煤化工项目、大数据及蒙中医药等新兴产业基地培育项目也将开工建设；再加上交通基础设施项目及一些补短板工程的推进，这些项目的建设都将带动投融资的有效增长，经济将继续运行在合理区间。

2020 年是全面建成小康社会和“十三五”规划的收官之年，也是脱贫攻坚决战决胜之年，内蒙古自治区金融业将坚持以习近平新时代中国特色社会主义思想为指导，全面贯彻落实党的十九届四中全会和中央经济工作会议精神，坚持稳中求进工作总基调，坚持新发展理念，以供给侧结构性改革为主线，贯彻好稳健的货币政策要更加灵活适度的要求，加大结构调整力度，疏通货币政策传导，坚持在推动高质量发展中防范化解风险，促进经济金融良性循环。全力以赴做好金融支持疫情防控和企业复工复产，妥善应对经济短期下行压力，确保经济运行在合理区间。扎实做好“六稳”工作，全面落实“六保”任务，守护好祖国北疆这道亮丽风景线，确保完成决胜全面建成小康社会、决战脱贫攻坚目标任务。

一、金融运行情况

2019 年，内蒙古金融业发展总体平稳，货币信贷和社会融资规模适度增长，实体经济融资渠道不断拓宽，资本市场稳健发展，保险服务保障功能增强，金融体系逐步完善，金融风险防范化解工作取得成效，为实现“六稳”和经济高质量发展营造了适宜的货币金融环境。

（一）银行业运行基本稳健，货币信贷平稳增长

2019 年，内蒙古银行业金融机构积极贯彻落实稳健的货币政策，各项业务稳步发展，深化贷款市场报价利率改革，稳妥有序推进金融风险处置，服务实体经济的效率和水平进一步提升。

1. 资产负债规模持续扩张，盈利能力总体下降。2019 年末，内蒙古共有银行业金融机构 199 家，资产、负债总额分别为 3.6 万亿元和 3.4 万亿元，同比分别增长 1.5% 和 1.8%；全年实现利润 121.1 亿元，同比下降 40.7%[①]。年内浙商银行呼和浩特分行挂牌成立，地方法人金融机构较上年减少 1 家，为通辽市辽河镇融达农村资金互助社。

表 1　2019 年内蒙古自治区银行业金融机构情况

机构类别	营业网点			法人机构（个）
	机构个数（个）	从业人数（人）	资产总额（亿元）	
一、大型商业银行	1554	36954	11922	0
二、国家开发银行和政策性银行	87	2063	5233	0
三、股份制商业银行	224	4613	2485	0
四、城市商业银行	629	12878	7780	4
五、城市信用社	0	0	0	0
六、小型农村金融机构	2393	29153	5743	93
七、财务公司	6	204	431	5
八、信托公司	2	343	107	2
九、邮政储蓄银行	810	7384	1021	0
十、外资银行	1	5	2	0
十一、新型农村金融机构	246	5124	786	74
十二、其他	4	395	34	1
合　计	5956	99116	35542	179

注：营业网点不包括国家开发银行和政策性银行、大型商业银行、股份制商业银行等金融机构总部数据；大型商业银行包括中国工商银行、中国农业银行、中国银行、中国建设银行和交通银行；小型农村金融机构包括农村商业银行、农村合作银行和农村信用社；新型农村金融机构包括村镇银行、贷款公司、农村资金互助社和小额贷款公司；“其他”包含金融租赁公司、汽车金融公司、货币经纪公司、消费金融公司等。
数据来源：内蒙古银保监局。

2. 存款增速回落，企业存款有所下降。2019 年末，全区本外币各项存款余额 23743.4 亿元，同比增长 1.7%。其中，人民币各项存款余额 23645.1 亿元，同比增长 1.6%；全年新增 377.5 亿元，同比多增 68.9 亿元。存款月增量波动性较大，第四季度以来持续负增长。分结构看，住户存款仍是主要存款来源，全年新增 1615.1 亿元，同比多增 382.3 亿元；经营景气下滑导致非金融企业存款持续下降，全年减少 1044.0 亿元，同比多减 546.2 亿元。从存款种类看，受政策调整影响，结构性存款大幅减少，全年减少 281.3 亿元，同比多减 736.0 亿元。

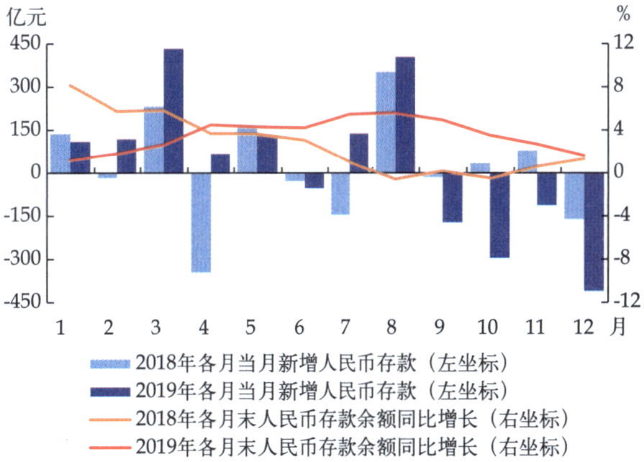

数据来源：中国人民银行呼和浩特中心支行。

图 1　2018~2019 年内蒙古自治区金融机构人民币存款增长变化

①内蒙古自治区银行业金融机构资产、负债和利润总额等数据中，包商银行数据均为 2019 年 11 月末数据。

3. 贷款增速恢复性增长，对实体经济支持力度加大。2019年，受基础设施建设投资企稳回升、房地产市场相对活跃及地方政府化债等因素驱动，信贷投放形势好于上年。2019年末，全区本外币贷款余额23178.1亿元，同比增长4.4%。其中，人民币各项贷款余额23085.1亿元，同比增长4.5%，增速较上年提高1.6个百分点；全年新增897.1亿元，同比多增288.9亿元。分部门看，受住房消费带动，住户贷款稳定增长，全年新增569.9亿元，同比少增50.6亿元，其中个人住房贷款新增419.7亿元，同比多增90亿元，占住户贷款新增额的73.7%；非金融企业及机关团体贷款新增330亿元，同比多增348.4亿元，其中单位中长期贷款新增522.3亿元，同比多增59.5亿元。

信贷支持重点突出。一是金融对基础设施建设领域支持力度加大。全年基础设施建设贷款新增368.5亿元，同比多增423.9亿元，占全部新增贷款的41.1%。二是重点领域和薄弱环节支持力度不断加大。全年累计发放信贷政策支持再贷款57.81亿元、再贴现144.24亿元。涉农贷款、小微企业贷款、民营企业贷款分别新增20.2亿元、34.9亿元和2.2亿元。创新开展活体牲畜质押贷款，全年活体牲畜质押贷款新增11.4亿元。三是房地产贷款稳定增长。全年房地产贷款新增346.8亿元，同比少增156.6亿元。

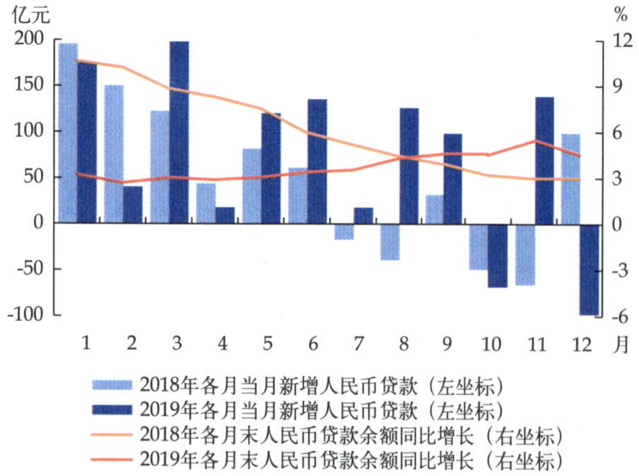

数据来源：中国人民银行呼和浩特中心支行。

图2　2018~2019年内蒙古自治区金融机构人民币贷款增长变化

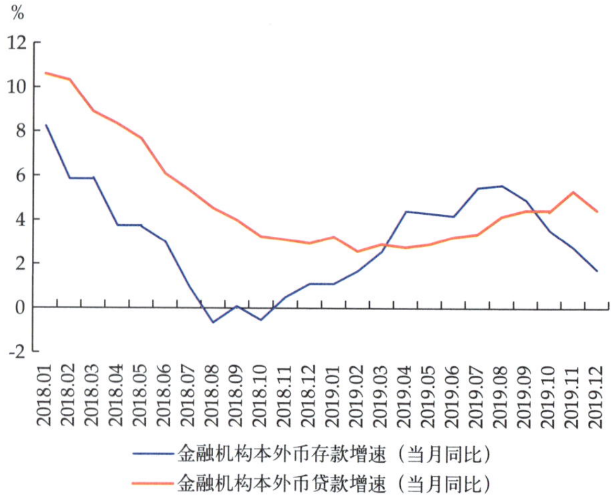

数据来源：中国人民银行呼和浩特中心支行。

图3　2018~2019年内蒙自治区金融机构本外币存、贷款增速变化

4. 未贴现银行承兑汇票显著减少，表外业务大幅收缩。2019年，实体经济通过表外业务方式融资减少673.4亿元，同比多减1273.5亿元。分项目看，委托贷款、信托贷款、未贴现银行承兑汇票增量均少于上年同期。其中，委托贷款增加18.4亿元，同比少增110.9亿元；信托贷款增加36.8亿元，同比少增101.5亿元；受包商银行未贴现银行承兑汇票大幅减少影响，未贴现银行承兑汇票减少728.6亿元，同比少增1061.1亿元。

5. 贷款市场报价利率改革初见成效，自律机制有序运转。2019年，全区一般贷款利率水平震荡下行。12月，金融机构一般性贷款加权平均利率6.42%，比年初下降0.36个百分点；全区企业贷款加权平均利率5.41%，同比下降0.24个百分点，其中，小微企业贷款加权平均利率为6.53%，同比下降0.22个百分点，比上年最高水平下降0.63个百分点。全年新发放贷款中运用LPR定价的占比达到92%。市场利率定价自律机制积极发挥作用，人民币存款利率定价分层有序，存款利率波动较小。金融机构主动负债能力增强，全年共有54家地方法人金融机构通过合格审慎评估，分别发行同业存单和大额存单1134.3亿元、639.1亿元。

表 2　2019 年内蒙古自治区金融机构人民币贷款各利率区间占比

（LPR 改革前）　　单位：%

月份		1 月	2 月	3 月	4 月	5 月	6 月	7 月
合计		100.0	100.0	100.0	100.0	100.0	100.0	100.0
下浮		9.2	8.8	13.3	12.6	16.0	17.0	20.9
基准		16.3	21.8	18.8	13.3	23.5	20.2	14.2
上浮	小计	74.5	69.4	67.8	74.1	60.5	62.7	64.9
	(1.0, 1.1]	11.5	12.4	7.1	8.2	7.7	11.7	14.5
	(1.1, 1.3]	13.3	14.4	12.8	13.7	15.0	16.1	11.0
	(1.3, 1.5]	6.4	6.7	5.7	5.4	5.8	5.5	6.8
	(1.5, 2.0]	14.3	13.2	12.1	14.3	12.1	11.7	13.8
	2.0 以上	29.0	22.7	30.1	32.4	19.9	17.8	18.9

（LPR 改革后）

月份		8 月	9 月	10 月	11 月	12 月
合计		100.0	100.0	100.0	100.0	100.0
LPR 减点		12.5	17.1	15.3	7.6	9.2
LPR		0.0	0.1	0.0	2.2	0.6
LPR 加点	小计	87.5	82.8	84.7	90.2	90.3
	(LPR，LPR+0.5%)	31.9	23.8	32.6	36.6	27.6
	[LPR+0.5%，LPR+1.5%)	17.3	22.1	14.0	12.6	15.1
	[LPR+1.5%，LPR+3%)	9.0	10.1	8.4	12.2	18.6
	[LPR+3%，LPR+5%)	12.8	11.9	13.2	10.6	12.6
	LPR+5% 及以上	16.5	14.8	16.5	18.2	16.4

数据来源：中国人民银行呼和浩特中心支行。

6. 不良资产仍处于高位，金融风险防控压力依然较大。2019 年末，全区银行业金融机构不良贷款额和不良贷款率均有所上升，同比分别增加 934.9 亿元和上升 3.78 个百分点，处于较高水平。其中，关注类贷款占各项贷款的 6.8%，资产质量下迁压力较大。包商银行被接管后，同业融资条件相对收紧，辖内部分法人机构流动性指标出现下行或波动。2019 年末，19 家机构存贷比超过 100%，22 家机构核心负债依存度低于 60%，67 家机构优质流动性资产充足率不足 100%。互联网金融风险总体可控，2019 年辖内 16 家网贷机构均已承诺退出。

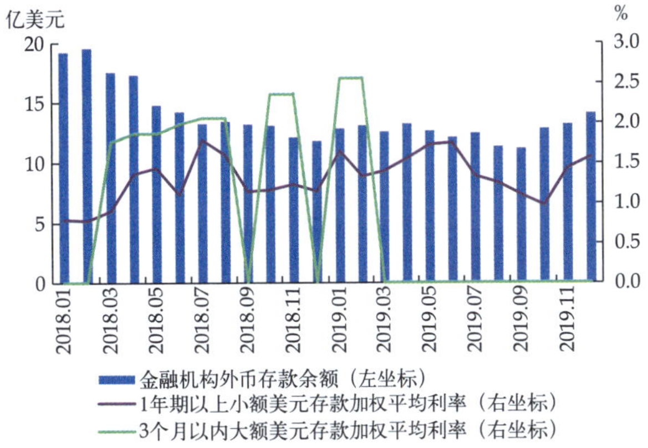

数据来源：中国人民银行呼和浩特中心支行。

图 4　2018~2019 年内蒙古自治区金融机构外币存款余额及外币存款利率

7. 跨境人民币业务发展迅速，与俄蒙双边本币结算持续深化。2019 年，跨境人民币业务政策宣传效果显著，跨境人民币业务实现快速增长。全年人民币跨境收支 361.5 亿元，同比增长 30.2%，增速较上年提高 40.4 个百分点。积极推进“中蒙俄经济走廊建设”，全区对蒙人民币跨境收支 142.3 亿元，同比增长 6.6%，占全国对蒙人民币跨境收支的 83.6%；对俄人民币跨境收支 22.3 亿元，同比增长 19.9%。稳步发展本外币跨境融资业务，年末全口径本外币跨境融资余额 173.5 亿元，同比增长 22.6%，其中中长期外债余额 161.4 亿元，占比 93.1%。

专栏 1　精准施策提质效　助力打赢脱贫攻坚战

近年来，中国人民银行呼和浩特中心支行充分发挥金融助推脱贫攻坚的支撑作用与信贷政策在结构调整方面的优势，加强与有关部门联动，支持和推动金融机构加大扶贫信贷投入，积极助推内蒙古自治区打赢脱贫攻坚战，取得了一定成效。2019 年末，全区金融精准扶贫贷款余额982.6亿元，其中，个人精准扶贫贷款余额152.6亿元、产业精准扶贫贷款余额453.4亿元、项目精准扶贫贷款余额376.6亿元。

一、注重组织建设，确保实现精准扶贫

全区各级人民银行自上而下建立了党委集中统一领导、“一把手”负总责的工作推进机制，层层压实工作责任，确保事有人干、责有人担。通过“一户一档”“一企一策”提供个性化扶持，努力使金融扶贫扶到点上、帮到根上，激发贫困群众内生动力。

二、注重制度设计，完善金融精准扶贫工作机制

积极推动建立自治区金融扶贫工作领导小组，加强部门间的协调配合，会同金融办、扶贫办等部门建立自治区金融支持脱贫攻坚联席会议制度和金融支持脱贫攻坚结对帮扶共建机制，按照“旗县主体、盟市协调、自治区支持”的原则，形成上下联动、三位一体的金融精准扶贫组织体系。

三、注重政策引导，加强金融精准扶贫合力

会同有关部门制定印发《关于做好金融支持深度贫困地区脱贫攻坚的意见》等政策文件14项，夯实政策基石，要求金融机构进一步改进金融服务，加大金融精准扶贫贷款投放力度，落实好扶贫小额信贷政策，充分发挥金融在精准脱贫中的重要作用。联合扶贫办等部门出台对建档立卡贫困户的贴息政策、对符合条件扶贫龙头企业的贷款贴息政策、对地方法人金融机构的奖补政策，充分激发金融机构放贷活力。

四、注重货币政策工具运用，加大金融扶贫资金投入

继续推动《内蒙古优化运用扶贫再贷款发放贷款定价机制试点实施方案》落实，2019年，全区累计发放扶贫再贷款21.5亿元，年末余额14.8亿元，积极撬动金融机构将更多低利率贷款资金投向扶贫领域。

五、注重金融扶贫重点，突出金融支持产业扶贫

开展“金融服务乡村振兴战略百日行”活动，以乡村振兴为契机，指导金融机构精准对接对贫困人口增收脱贫有带动作用的农牧业产业化龙头企业等新型农牧业经营主体，带动建档立卡贫困人口脱贫致富。活动期间共走访农牧业企业和新型经营主体2302户，银企签订融资协议275亿元，发放贷款115亿元。

六、注重发展普惠金融，持续提升贫困地区基础金融服务水平

深耕普惠金融，加强贫困地区支付结算基础设施建设，深化银行卡助农取款服务点建设，大力推广移动支付等现代化支付方式，持续优化贫困地区支付服务环境，打通金融普惠“最后一公里”。2019年末，全区农村牧区设立助农取款服务点9699个，贫困地区行政村覆盖率92.6%；贫困地区移动支付开户298.1万户，业务交易1218.6万笔，网上支付开户153.4万户，业务交易1397.5万笔。深化信用体系建设，开展信用户、信用村、信用乡镇评定，以信用建设促融资。2019年末，全区共采集317.8万户农牧户信息，评定信用户151.5万户、信用村4391个、信用乡（镇）312个，80.6万信用户获得无担保无抵押的信用贷款，贷款余额372.8亿元。通过信用户、信用村、信用乡（镇）建设，社会管理和地区信用环境得到明显改善，农村牧区贷款平均利率水平持续下降，金融服务的可获得性显著提升。

（二）证券业稳健发展，市场融资功能增强

2019年，全区证券经营机构业务稳步推进，经营总体稳健，资本市场融资功能改善。期货交易规模下降，经营状况有所下滑。

1. 证券公司经营水平大幅提升，期货交易业绩有所下滑。2019年，辖内两家法人证券公

司传统经纪业务、投行、资管等业务收入均实现大幅增长，实现扭亏为盈。托管股票总市值、证券交易额、代理买卖证券款和融资融券累计额同比分别增长 1.4%、15.0%、18.5% 和 32.7%；全年实现净利润 5.3 亿元，同比增加 11.2 亿元。全区期货机构交易规模和经营业绩均有所下降。期货公司累计开户人数下降 47.8%，全年成交金额、主营业务收入、佣金收入分别减少 4.0%、65.3% 和 66.7%，全年亏损 0.2 亿元。

2. 上市公司总市值回升，融资规模有所增长。2019 年末，全区境内上市公司 26 家。沪深两市上市公司总市值 5098.9 亿元，同比增长 17.8%。全年上市公司和新三板挂牌公司累计实现新增融资 64.4 亿元，同比多增 62.0 亿元。其中主板市场、中小板市场和创业板市场分别新增融资 34.6 亿元、24.3 亿元和 2.3 亿元，扭转了上年三个板块市场零融资的局面；新三板市场新增融资 1.1 亿元，同比少增 1.3 亿元。

表 3　2019 年内蒙古自治区证券业基本情况

项目	数量
总部设在辖内的证券公司数（家）	2
总部设在辖内的基金公司数（家）	0
总部设在辖内的期货公司数（家）	0
年末国内上市公司数（家）	26
当年国内股票（A 股）筹资（亿元）	62.4
当年发行 H 股筹资（亿元）	0.0
当年国内债券筹资（亿元）	581.5
其中：短期融资券筹资额（亿元）	247.0
中期票据筹资额（亿元）	110.0

数据来源：内蒙古证监局。

（三）保险业持续健康发展，保障功能不断增强

2019 年，全区保险业规模进一步扩大，经济补偿和风险保障功能充分发挥，服务经济社会能力不断提升。

1. 行业实力不断壮大，保障能力持续增强。2019 年末，全区共有保险分支机构 2924 家，较上年增加 27 家。全年实现原保费收入 729.8 亿元，增长 10.7%。保险公司累计赔款与给付支出 200.8 亿元，同比增长 3.9%。

2. 人身险增速回落，财产险增速上升。2019 年，全区人身险保费同比增长 11.1%，较上年回落 8.1 个百分点，主要受健康险业务影响。财产险保费同比增长 9.6%，较上年提高 1.5 个百分点。其中，车险业务受商业车险改革深化和新车销量下滑等因素影响，原保费收入增速 4.6%，较上年下降 0.4 个百分点。

表 4　2019 年内蒙古自治区保险业基本情况

项目	数量
总部设在辖内的保险公司数（家）	0
其中：财产险经营主体（家）	0
人身险经营主体（家）	0
保险公司分支机构（家）	2924
其中：财产险公司分支机构（家）	1849
人身险公司分支机构（家）	1075
保费收入（中外资，亿元）	729.8
其中：财产险保费收入（中外资，亿元）	235.1
人身险保费收入（中外资，亿元）	494.7
各类赔款给付（中外资，亿元）	200.8
保险密度（元 / 人）	2874.0
保险深度（%）	4.2

数据来源：内蒙古银保监局。

（四）金融市场运行平稳，社会融资结构优化

2019 年，地区社会融资规模适度增长，人民币贷款占比显著提高，直接融资有所改善。银行间市场交易活跃度降低，市场利率低位运行。

1. 地区社会融资规模同比少增，表外业务融资大幅收缩。2019 年，受表外业务融资减少影响，地区社会融资规模增加 1492.1 亿元，比上年同期少 914.0 亿元。从结构看，人民币贷款增加 899.9 亿元，同比多增 297.8 亿元；表外业务融资减少 673.4 亿元，同比少增 1273.5 亿元；直接融资增加 60.8 亿元，同比多增 164.7 亿元；政府债券净融资 904.1 亿元，同比少增 76.9 亿元，占社会融资规模的比重为 60.6%；投资性房地产、保险公司赔偿、贷款核销等其他方式融资合计

增加 314.3 亿元，同比少增 28.3 亿元。

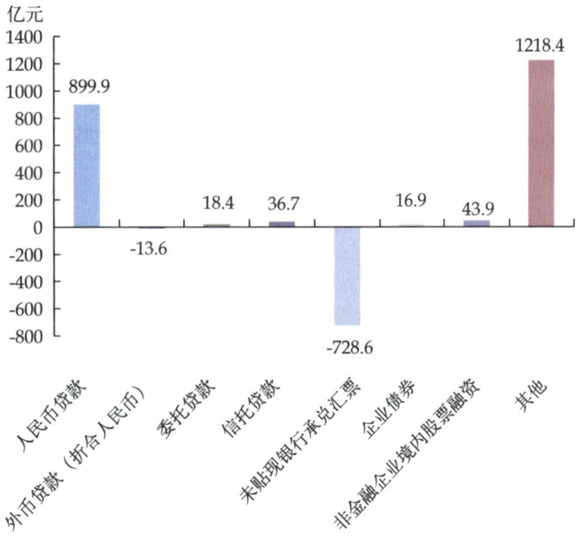

数据来源：中国人民银行呼和浩特中心支行。

图 5　2019 年内蒙古自治区社会融资规模分布结构

2. 货币市场成交量大幅下降，成交利率低位运行。2019 年，内蒙古银行间市场成员信用拆借累计成交金额 8282.3 亿元，同比下降 2.5%；债券回购交易累计成交 74502.7 亿元，同比下降 39.8%。从利率走势看，同业拆借市场加权平均利率为 3.2%，较上年下降 10 个基点；质押式和买断式回购加权平均利率较上年分别回落 35 个和 49 个基点。

3. 债券市场融资规模回升，二级市场交易量有所回落。2019 年，内蒙古非金融企业在银行间市场发行债券融资 438 亿元，是 2018 年全年融资金额的 2.3 倍，为 2016 年以来的最好水平，其中 2 家民营企业通过债券融资支持工具发行非金融企业债务融资工具 15 亿元。债券加权平均发行利率为 4.54%，较上年同期下降 118 个基点。2019 年，全区非金融企业债务融资工具到期兑付 355 亿元，实现净融资 83 亿元，同比增加 138.5 亿元。从二级市场看，全区法人金融机构现券交易累计成交 11948.9 亿元，同比下降 71.8%。

4. 票据市场规模收缩，票据贴现利率下行。2019 年，全区累计签发商业汇票 1746.3 亿元，同比减少 646.6 亿元，其中签发银行承兑汇票 1459.2 亿元，同比减少 681.2 亿元；签发商业承兑汇票 287.1 亿元，同比增加 34.6 亿元。2019 年末，票据承兑余额 1374.4 亿元，较年初减少 572.5 亿元；票据贴现余额 1263.9 亿元，较年初减少 465.9 亿元。12 月，票据直贴和转贴现利率分别为 3.13% 和 3.27%，分别较上年同期下降 0.98 个和 0.5 个百分点。

表 5　2019 年内蒙古自治区金融机构票据业务量统计

单位：亿元

季度	银行承兑汇票承兑		贴现			
			银行承兑汇票		商业承兑汇票	
	余额	累计发生额	余额	累计发生额	余额	累计发生额
1	1495.5	407.1	1843.3	2580.1	88.8	63.8
2	1512.6	770.0	1422.9	4710.2	101.8	103.1
3	1411.6	1109.6	1106.2	5761.9	97.2	132.0
4	1081.4	1459.2	1166.5	6749.3	97.4	186.8

数据来源：中国人民银行呼和浩特中心支行。

表 6　2019 年内蒙古自治区金融机构票据贴现、转贴现利率

单位：%

季度	贴现		转贴现	
	银行承兑汇票	商业承兑汇票	票据买断	票据回购
1	3.5955	4.2679	3.5125	2.5953
2	3.4953	5.0154	3.3539	2.4541
3	3.1758	4.4091	3.4873	3.6161
4	3.1296	4.1137	3.1955	3.0596

数据来源：中国人民银行呼和浩特中心支行。

（五）金融基础设施不断完善，金融生态环境持续优化

1. 信用体系建设扎实推进，应收账款融资服务平台作用显现。2019 年，全区征信系统共收录 21.3 万户企业和其他组织信息，收录 1658.7 万自然人信息。结合脱贫攻坚开展农村

信用体系建设，大力推动信用户、村、乡镇创建。2019年末，全区共评定信用乡镇（苏木）312个，评定信用村（嘎查）4391个，评定信用户151.5万余户。推动应收账款融资平台应用，累计注册平台用户3705户，实现融资1880.4亿元；累计推动46条供应链加入平台，涉及上下游供应商304家。

2. 支付服务效率不断提高，非现金支付业务推广成效显著。2019年，全区现代化支付系统覆盖率、农信银支付清算系统县城乡镇合计接入比率、村镇银行接入支付系统比率均达100%。落实乡村振兴战略，全区农村牧区设立助农取款服务点18482个，村级行政区覆盖率达95%。积极推动助农取款服务点实现“助农金融业务＋农村电商”融合发展，农牧区支付服务环境建设提档升级。银联手机闪付和二维码移动支付交易笔数是2018年的3.9倍，实现城市公交和高速人工半自动收费车道（MTC）银行统一标准移动支付受理全覆盖。

3. 强化金融知识普及宣传，金融消费者权益保护成效明显。2019年，结合普惠金融、精准扶贫、乡村振兴等工作实际，充分利用“文艺搭台，金融唱戏”方式，加强与乌兰牧骑工作融合，建立灵活有效的金融宣传普及机制。开展金融知识纳入国民教育体系试点工作，将“金融知识进课程”活动在中小学常态化，不断提升消费者金融素养。全年共受理金融消费者投诉409件、咨询2634件，办结率100%，及时妥善化解纠纷，切实维护金融消费者合法权益。

二、经济运行情况

2019年，内蒙古经济运行总体平稳、稳中向好，三次产业协同增长，产业结构转型升级加快推进，供给侧结构性改革持续深化，三大攻坚战取得关键进展，经济发展的质量和效益进一步提高。全年实现地区生产总值17212.5亿元，同比增长5.2%，经济运行处在合理区间。人均地区生产总值达到67776.4元。

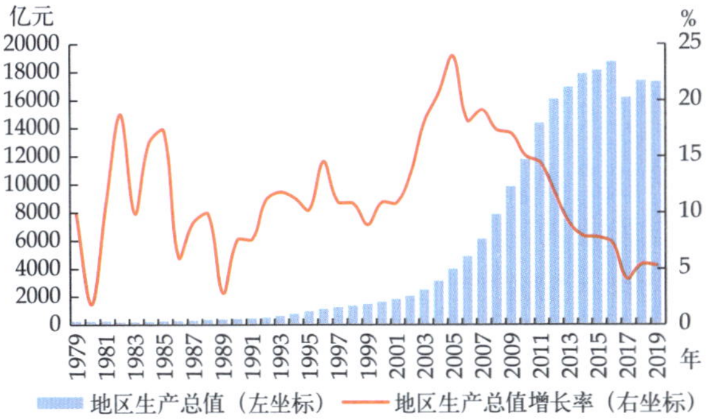

数据来源：内蒙古自治区统计局。

图6　1979~2019年内蒙古自治区地区生产总值及其增长率

（一）三大需求总体平稳，内需结构优化升级

2019年，内蒙古投资增速稳中有升，社会消费稳中趋缓，对外贸易平稳增长，实际利用外资下降。

1. 投资增速稳中有升，结构持续优化。2019年，全区固定资产投资同比增长6.8%，增势趋稳。从结构上看，第二产业和第三产业投资同比分别增长9.6%、5.9%。制造业技改投资和工业技改投资同比分别增长33.4%、26.1%，工业投资向高端集约化靠拢。基础设施投资同比增长1.1%。房地产开发投资同比增长18.0%，拉动全部投资增长3.8个百分点。民间投资同比增长6.9%，占全部投资的比重较上年提高0.8个百分点，拉动全部投资增长3.4个百分点，民间投资的活力有所增强。

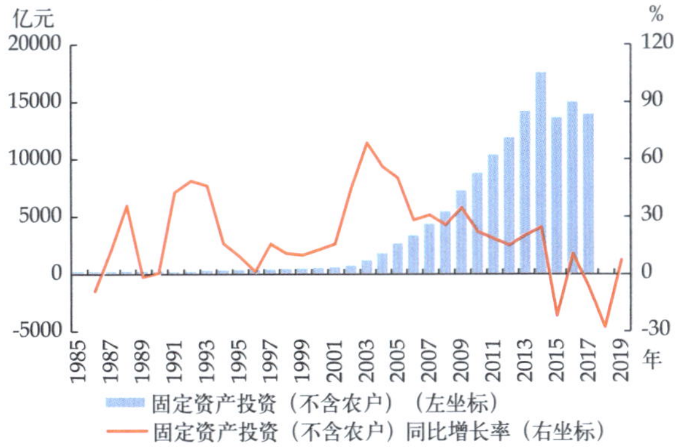

数据来源：内蒙古自治区统计局。

图7　1985~2019年内蒙古自治区固定资产投资（不含农户）及其增长率

2. 居民收入平稳增长，消费品市场增势放缓。2019 年，全体居民人均可支配收入达到 30555 元，扣除价格因素，同比增长 5.2%，与地区生产总值增长同步。其中，城乡居民人均可支配收入同比分别增长 6.5% 和 10.7%，城乡居民收入倍差缩小至 2.67。全年社会消费品零售总额同比增长4.1%，较上年回落2.2个百分点，消费增速放缓主要受汽车类、石油类消费影响，全年汽车消费同比下降 9.8%，下拉限额以上单位零售额增速 2.9 个百分点。消费升级类商品增长较快，网上零售、书报杂志类和智能手机零售额同比分别增长 19.0%、41.9% 和 67.0%。

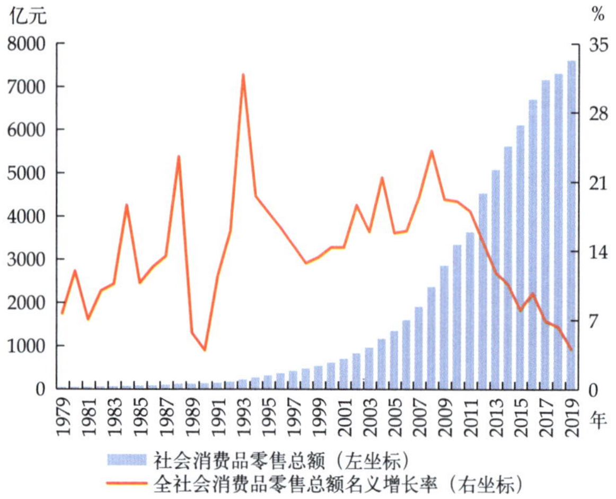

数据来源：内蒙古自治区统计局。

图 8　1979~2019 年内蒙古自治区社会消费品零售总额及其增长率

3. 对外贸易趋势向好，实际利用外资下降。2019 年，全年实现进出口总额 1095.7 亿元，同比增长 5.9%，快于全国水平 2.5 个百分点。其中，出口总额 376.8 亿元，下降 0.4%；进口总额 718.9 亿元，增长 9.5%。从贸易方式来看，一般贸易进出口总值 668 亿元，增长 14.7%，占进出口总额的比重为 61%。与“一带一路”沿线国家进出口总值 713 亿元，同比增长 1.9%。对蒙古国、澳大利亚和美国进出口同比分别增长 7.5%、52.1% 和 19.1%。全年实际利用外资 20.6 亿美元，同比下降 34.8%。

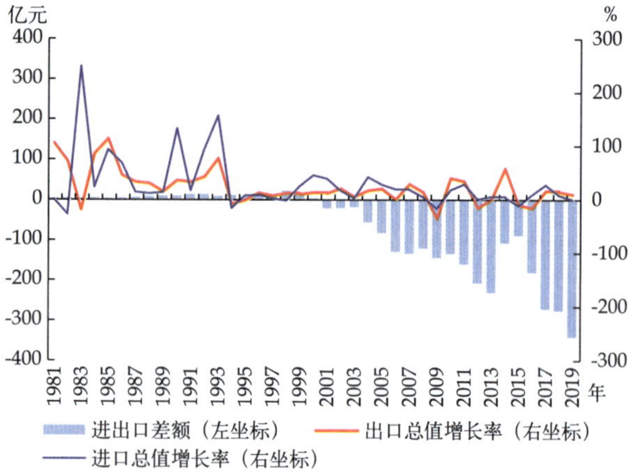

数据来源：内蒙古自治区统计局。

图 9　1981~2019 年内蒙古自治区外贸进出口变动情况

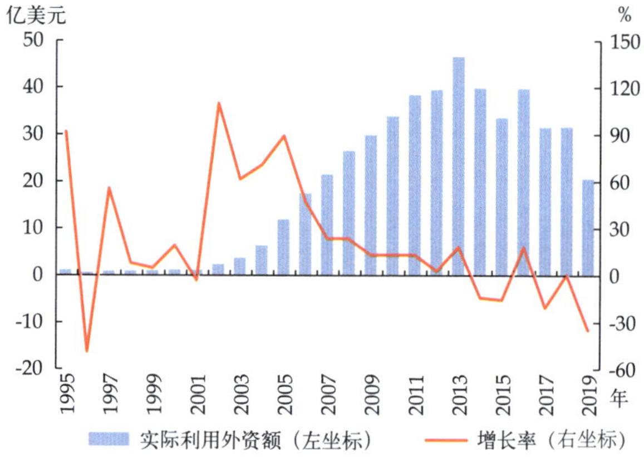

数据来源：内蒙古自治区统计局。

图 10　1995~2019 年内蒙古自治区实际利用外资额及其增长率

（二）供给侧结构性改革深入推进，经济质量效益提升

2019 年，内蒙古产业结构进一步优化，三次产业比重调整为 10.8 : 39.6 : 49.6，服务业进一步发挥经济增长的“稳定器”作用，新产业新业态保持较快发展势头。

1. 农业生产稳中向好，畜牧业生产基本稳定。全区树立宜粮则粮、宜牧则牧新发展理念，农牧业向优势区集中，优质绿色农畜产品产能进一步扩大。全年粮食总产量达 731 亿斤，比上年增加 20 亿斤，粮食生产实现“十六连丰”。

主要畜禽产品除猪肉产量下降外，其他肉类、牛奶等畜禽产品特别是牛羊肉产量稳定增长，全年猪牛羊禽四肉产量 256.9 万吨，牛奶产量 577.2 万吨。

2. 工业生产平稳发展，转型升级加快推进。 2019 年，全区规模以上工业增加值同比增长 6.1%，快于全国平均水平 0.4 个百分点。工业转型升级加快推进，全区规模以上非煤产业和现代煤化工产业同比分别增长 6.6% 和 8.2%。新兴产业稳步发展，稀土深加工及一批先进装备制造业发展势头较好。其中，铁路、船舶、航空航天和其他运输设备制造业增加值同比增长 30.2%，计算机、通信和其他电子设备制造业增加值同比增长 58.6%，稀土深加工产业产值占稀土行业的比重达到 67.7%。企业效益持续改善，全年规模以上工业企业利润同比增长 3.8%，产成品存货较上年末下降 5.0%。

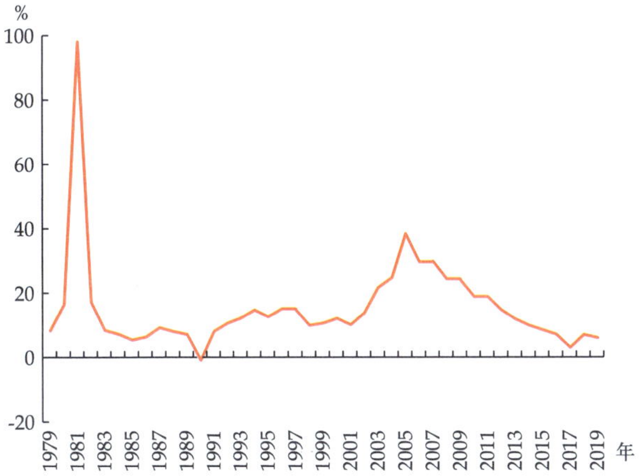

数据来源：内蒙古自治区统计局。

图 11　1979~2019 年内蒙古自治区规模以上工业增加值实际增长率

3. 服务业发展规模扩大，现代服务业发展向好。 2019 年，全区服务业增加值同比增长 5.4%，对经济增长的贡献率达 50.6%，拉动全区经济增长 2.6 个百分点。从现代服务业发展看，软件和信息技术服务业、快递业等一批现代服务业、新兴服务业发展势头强劲。全年规模以上服务业中科学研究和技术服务业营业收入同比增长 6.2%，软件和信息技术服务业企业营业收入同比增长 19.2%，快递业务收入增长 10.2%。全年接待国内外旅游者 1.95 亿人次，实现旅游业综合收入 4651.5 亿元，同比分别增长 10.1% 和 12.0%。

4. 供给侧结构性改革扎实推进，“三去一降一补”成果进一步巩固。 企业杠杆率进一步下降，全区规模以上工业企业资产负债率较上年末降低 2.3 个百分点。商品房待售面积同比下降 13.9%，自 2016 年以来连续 4 年下降。规模以上工业企业每百元营业收入成本为 80.1 元，低于全国平均水平 4 元。补短板持续发力，交通运输、仓储和邮政业投资同比增长 15.8%，生态保护和环境治理业投资同比增长 26.8%。全年 20 个国贫旗县摘帽，676 个贫困嘎查村出列，14 万以上贫困人口脱贫。

5. 生态安全屏障持续加固，绿色发展更加突出。 2019 年，内蒙古以生态优先、绿色发展为导向，加强污染防治，着力实施生态修复工程，绿色生产稳步推进。全区空气质量平均达标天数比例为 89.6%，提前完成“十三五”二氧化硫、氨氮减排任务。呼伦湖、岱海、乌梁素海“一湖两海”水生态治理取得积极成效。全年完成营造林 1363 万亩，治理水土流失 944 万亩，阿尔山市被命名为国家“绿水青山就是金山银山”实践创新基地。新能源产业加快培育，新能源发电量同比增长 5.3%，占电力生产行业比重为 24.5%。

（三）物价水平温和上涨，工业生产价格持稳

1. 居民消费价格温和上涨，畜肉类价格涨幅相对较大。 2019 年，全区居民消费价格上涨 2.4%，涨幅较上年提高 0.6 个百分点，低于全国平均价格涨幅 0.5 个百分点。其中，城市上涨 2.3%、农村牧区上涨 2.8%。“八大类”商品及服务价格中，除交通和通信下降外，其余七类均有不同程度的上涨，其中食品类上涨 7.1%、畜肉类上涨 23.5%，是拉动居民消费价格的主要动力。

2. 工业品价格涨幅较平稳。2019 年，全区工业生产者出厂价格上涨 2.1%，购进价格上涨 1.1%。

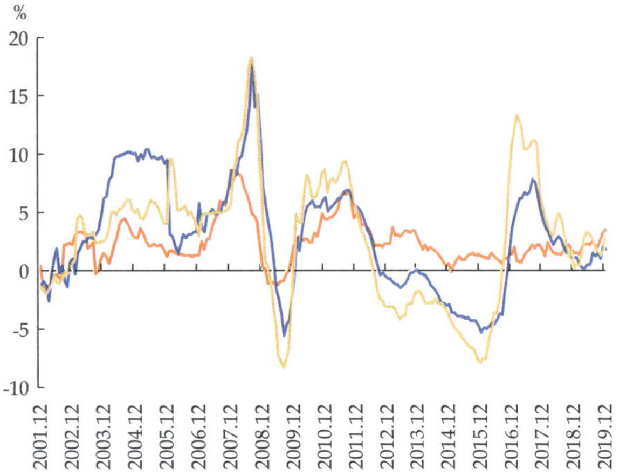

数据来源：内蒙古自治区统计局。

图 12　2001~2019 年内蒙古自治区居民消费价格指数和工业生产者价格指数变动趋势

3. 就业形势保持稳定，社会保障覆盖率进一步扩大。随着深入实施就业优先战略，积极落实稳就业各项政策措施，全年城镇新增就业 26.3 万人，完成年度计划的 119.6%；城镇登记失业率为 3.7%，低于 4.5% 的控制目标。全区参加城乡居民社会养老保险人数 768.2 万人，比上年增长 2.4%；参加城镇职工基本养老保险人数 763.4 万人，增长 4.1%。

（四）财政收入质量提升，财政支出平稳增长

2019 年，全区一般公共预算收入突破 2000 亿元，达到 2059.7 亿元，同比增长 10.9%。财政收入质量不断提高，国内增值税、企业所得税、个人所得税、资源税四大税种比上年增长 11.1%，占一般公共预算收入的比重达 53.1%。一般公共预算支出突破 5000 亿元，达到 5097.9 亿元，同比增长 5.5%。落实减税降费政策，为各类市场主体新增减负 410 亿元。积极化解政府隐性债务，全年地方政府隐性债务完成年度化解任务的 270.7%，清理拖欠民营企业中小企业账款 672.9 亿元，超额完成年度任务，“十个全覆盖”拖欠工程款全部清偿。

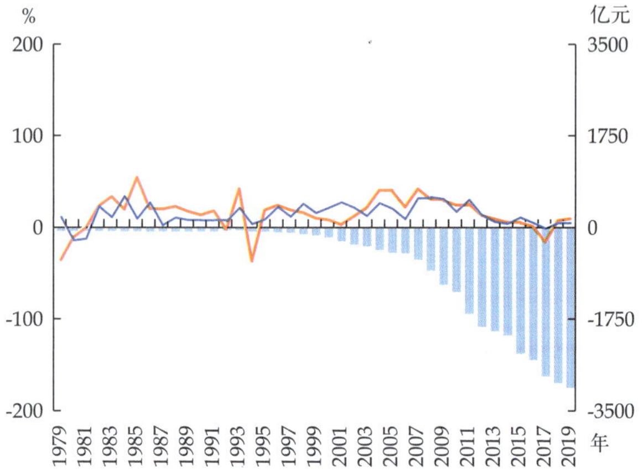

数据来源：内蒙古自治区统计局。

图 13　1979~2019 年内蒙古自治区财政收支状况

（五）房地产市场平稳运行，畜牧业加快发展

1. 房地产开发投资回升，商品房销售价格上涨。

（1）房地产开发投资持续回升，新开工面积增速持续扩大。2019 年末，全区房地产开发投资额同比增长 18%，其中，住宅开发投资额同比增长 21.8%。呼和浩特市房地产投资额同比增长 0.6%，占全区比重为 16.8%。全年房地产新开工面积同比增长 29.2%，商品房竣工面积同比下降 32.9%，新建商品房批准预售面积同比增长 21.3%。

（2）商品房销售面积与销售额持续上升，销售价格涨幅较快。2019 年末，全区商品房销售面积同比增长 8.9%，销售额同比增长 15.7%。全区新建商品住房成交均价为 5100.7 元 / 平方米，同比增长 11.6%。分地区看，12 个盟

市均不同程度上涨，涨幅较大的有呼和浩特市、乌兰察布市、赤峰市和锡林郭勒盟，涨幅分别为 17.5%、16%、14.3% 和 14.1%。

（3）房地产贷款增速平稳，开发贷款与住房贷款出现分化。2019 年末，全区房地产贷款余额同比增长 8.1%，全年新增 346.8 亿元，同比少增 156.6 亿元。房地产开发贷款余额同比下降 4.1%，较年初下降 83.7 亿元；个人住房贷款余额同比增长 20.5%，全年新增 419.8 亿元，同比多增 90 亿元。保障性安居工程贷款余额同比下降 0.01%。金融机构认真落实因城施策的差别化住房信贷政策，发放首套住房贷款占发放全部个人住房贷款的 88.5%，首套住房平均首付比例为 34%，同比提高 3.7 个百分点。自 2019 年 10 月 8 日起，全区金融机构参考 LPR 发放个人住房贷款加权平均利率为 5.48%，与全年个人住房贷款加权平均利率基本持平。

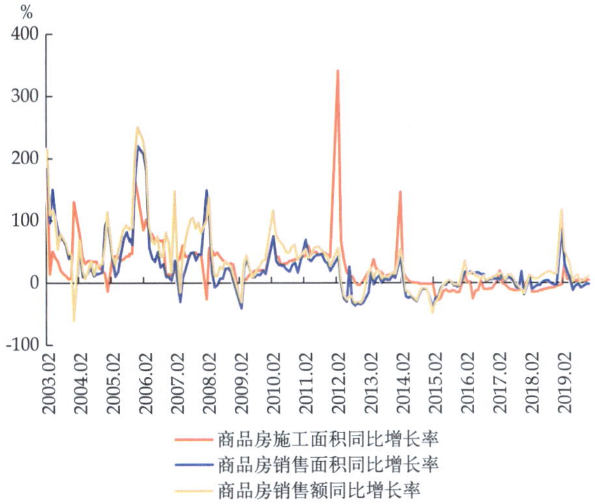

数据来源：内蒙古自治区统计局。

图 14　2003~2019 年内蒙古自治区商品房施工和销售变动趋势

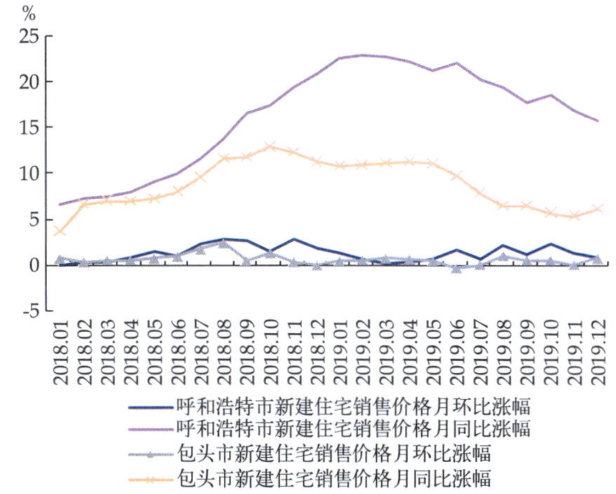

数据来源：内蒙古自治区统计局。

图 15　2018~2019 年内蒙古自治区主要城市新建住宅销售价格变动趋势

2. 畜牧业向优质高效转型，生产实现稳定增长。2019 年，内蒙古聚焦乡村振兴战略，规划建设特色畜牧产品产业带，培育规模化专业化产业集群，综合生产能力不断提高，全区畜牧业生产形势较好，肉类、牛奶等主要畜产品均呈现稳中上涨趋势，仅猪肉产量有所下降。猪牛羊禽四肉产量达到 256.9 万吨。实施奶业振兴行动计划，制定了支持奶源基地建设、乳制品加工等方面的政策措施，在磴口、和林格尔开展优质牧草种植试点，奶牛存栏和牛奶产量分别增长 5.7% 和 2.1%。着力推出高品质有口碑的“蒙字标”，11 个农畜产品区域公用品牌入选 2019 年中国农业品牌目录，天赋河套区域品牌影响力居全国第二。

（六）呼包鄂协同发展效应凸显，蒙东地区发展动能不断积聚

2019 年，内蒙古加大统筹东中西部协调发展，区域间经济增长的协调性、协同性明显增强，差距不断缩小。呼和浩特市、包头市和鄂尔多斯市三市地区生产总值占全区比重为 53.2%，比上年下降 2.2 个百分点；呼伦贝尔市、兴安盟、通辽市、赤峰市、锡林郭勒盟东部五盟市地区生产总值占全区比重为 32.0%，比上年提高 1 个百分点。

专栏 2 加强流动性风险防控 牢牢守住不发生系统性风险的底线

自包商银行因出现严重信用风险被接管以来，针对出现的流动性紧张情况，人民银行呼和浩特中心支行强化流动性监测，加大监测频率，拓宽监测范围，适时给予流动性支持，及时稳定市场信心，确保包商银行及受此影响的其他中小银行流动性稳定，未发生一起挤兑事件。

一、主要举措和做法

（一）提高政治站位，加强组织领导

始终把防控流动性风险作为打赢打好防范化解重大金融风险攻坚战、维护金融稳定工作的重中之重，坚持不懈地抓紧抓实。成立三级流动性风险应对工作领导小组，组织应对辖区流动性风险工作。5 月 24 日包商银行被接管后，第一时间进入包商银行及其分支机构进行督导，开展工作。及时向政府汇报，准确将人民银行政策传达到位，稳人心、树信心、保稳定。

（二）加强监测研判，及时沟通报告

包商银行被接管前后全面加强监测、摸清底数、不留死角。特别是 5 月 24 日后，对辖区内包商银行发起设立的村镇银行及其他高风险法人金融机构流动性情况进行重点监测，根据包商银行被接管事件发酵情况按照半小时一次、一小时一次、每天三次、每天两次、每天一次的频率及时有效进行监测分析研判。

（三）畅通业务流程，保证资金及时到位

适时给予包商银行及受其影响的有关中小银行流动性支持，确保相关银行流动性稳定。依法合规及时给予包商银行常备借贷便利支持，截至 2019 年末累计办理常备借贷便利 58 笔，金额 4161 亿元（包商银行借用的常备借贷便利以其持有的高等级债券进行足额质押，包商银行被接管前常备借贷便利余额最高为 290 亿元，接管后余额维持在 235 亿元。目前，常备借贷便利已基本偿还完毕）。请示总行批准 5 家包商村镇银行动用法定存款准备金；累计向乌海银行发放再贴现 20.8 亿元。

（四）主动出击，防范跨机构风险扩散

积极向人民银行总行和全国自律机制秘书处争取合格审慎评估政策倾斜，保证两单业务发行规模稳定，确保了辖内中小银行流动性稳定，有效抑制了包商银行风险向中小银行蔓延，辖内未发生挤兑事件，守住了不发生系统性风险的底线。

二、工作成效

一是化解流动性风险，打破同业刚兑预期。有力促进了同业资金市场化定价，激发了金融市场的发展动力和市场出清，挤出无效或者低效的金融供给，真正践行金融供给侧结构性改革内涵。

二是守住了不发生系统性金融风险的底线。全区 170 家地方法人金融机构没有一家出现挤兑事件，社会秩序平稳正常，金融机构经营稳定。

三是维护了债权人特别是储户的合法权益。为维护广大债权人的合法权益，制定了切实可行的风险处置方案，实行了比存款保险制度更为优惠的措施，认真做好债权人工作，防范了群体性事件的发生，提高了处置效率，实现了各方共赢的良好效果。

三、预测与展望

2020 年，内蒙古经济发展仍面临复杂的内外部环境。经济下行压力持续加大，新动能发展不足，营商环境需要进一步优化，生态建设和污染防治任务艰巨，稳就业、稳投资、稳金融等方面工作压力较大，财政金融领域风险仍然较高。但内蒙古经济稳中向好、长期向好的基本趋势没有改变，结构调整和动能转换持续推进，新产业新业态加快发展，高质量发展积极因素不断增加，经济将继续运行在合理区间。

2020年，是全面建成小康社会和“十三五”规划的收官之年，也是脱贫攻坚决战决胜之年，内蒙古金融业将以习近平新时代中国特色社会主义思想为指导，全面贯彻落实党的十九届四中全会和中央经济工作会议精神，贯彻好稳健的货币政策要更加灵活适度，加大逆周期调节、结构调整的力度，疏通货币政策传导，坚持在推动高质量发展中防范化解风险，促进经济金融良性循环。全力以赴做好金融支持疫情防控和企业复工复产，妥善应对经济短期下行压力，确保经济运行在合理区间。扎实做好稳就业、稳金融、稳外贸、稳外资、稳投资、稳预期工作，全面落实保居民就业、保基本民生、保市场主体、保粮食能源安全、保产业链供应链稳定、保基层运转任务，守护好祖国北疆这道亮丽风景线，确保完成决胜全面建成小康社会、决战脱贫攻坚目标任务。

中国人民银行呼和浩特中心支行货币政策分析小组
总　纂：肖龙沧　师立强
统　稿：李永泽　李　雄　汪俊艳　赵　婧
执　笔：高国鹏　刘　欣　赵　平　杨铁牛　吕明旭　陈　璐　苏　雅　杨凡凡　郭　鑫　倪　嘉
提供材料的还有：常兆春　张宇薇　郭一水　李梦瑶　库晓星　陈新行　张佳伟　宋赛君　乌　兰

附录

（一）2019 年内蒙古自治区经济金融大事记

2 月 20 日，内蒙古自治区“稳金融、促发展”政金企对接会在呼和浩特市组织召开，现场签约 343.5 亿元。

5 月 24 日，中国人民银行、中国银行保险监督管理委员会依法联合对包商银行股份有限公司实施接管，接管期限一年。

6 月 4 日，中蒙签署共建二连浩特—扎门乌德经济合作区协议，是中蒙二连浩特—扎门乌德经济合作区建设的重要里程碑。

7 月 15 日至 16 日，习近平总书记到内蒙古看望慰问各族干部群众，就经济社会发展、生态文明建设进行考察调研，实地指导开展“不忘初心、牢记使命”主题教育。

9 月 18 日，第三届蒙商大会在乌海市召开，35 个合作项目签约，签约总金额达 1481 亿元。

9 月 26 日，内蒙古自治区第十三届人民代表大会常务委员会第十五次会议通过《内蒙古自治区中小企业促进条例》。

9 月 26 日，国家电力投资集团有限公司乌兰察布风电基地一期 600 万千瓦示范项目开工建设，是全球陆上单体规模最大风电项目。

9 月 27 日，全区金融支持民营和小微企业健康发展会商机制第一次全体会议在呼和浩特市召开，会商机制 8 家成员单位和 11 家银行业金融机构有关负责人参加会议。

12 月 12 日，包钢集团市场化债转股交割仪式在内蒙古呼和浩特举行，标志着内蒙古自治区金额最大、涉及债务主体最多的包钢债转股项目正式落地，金额共计 77.35 亿元。

12 月 29 日，内蒙古自治区首条地铁——呼市地铁 1 号线正式开通试运营，标志着呼和浩特市正式迈入地铁时代。

（二）2019 年内蒙古自治区主要经济金融指标

表 1　2019 年内蒙古自治区主要存贷款指标

		1 月	2 月	3 月	4 月	5 月	6 月	7 月	8 月	9 月	10 月	11 月	12 月
本外币	金融机构各项存款余额（亿元）	23464.6	23586.0	24017.4	24090.4	24219.3	24164.3	24306.1	24706.3	24535.3	24253.7	24145.6	23743.4
	其中：住户存款	12545.0	12680.6	12813.5	12764.3	12797.9	12920.9	12948.4	12954.4	13204.0	13131.5	13223.3	13631.4
	非金融企业存款	5843.9	5652.5	5745.1	5667.1	5720.3	5751.8	5724.2	5854.1	5780.0	5577.8	5551.1	5211.1
	各项存款余额比上月增加（亿元）	-405.8	121.4	431.4	73.0	128.9	-55.0	141.8	400.1	-170.9	-281.6	-108.1	-402.2
	金融机构各项存款同比增长（%）	1.1	1.7	2.5	4.4	4.3	4.2	5.4	5.6	4.9	3.5	2.7	1.7
	金融机构各项贷款余额（亿元）	22471.9	22508.8	22701.4	22718.4	22835.2	22972.0	22987.2	23116.4	23213.9	23145.8	23281.1	23178.1
	其中：短期	7323.8	7311.8	7415.2	7451.6	7430.3	7454.3	7430.8	7424.5	7441.6	7369.2	7262.9	7145.6
	中长期	14031.6	14094.2	14170.3	14177.3	14258.3	14327.5	14401.4	14499.8	14560.7	14581.4	14850.8	14838.9
	票据融资	967.0	949.9	957.9	935.4	989.2	1038.7	996.4	1024.1	1039.9	1018.7	997.7	1042.1
	各项贷款余额比上月增加（亿元）	173.2	36.9	192.6	17.0	116.8	136.8	15.3	129.1	97.5	-68.1	135.3	-103.1
	其中：短期	-9.4	-12.0	103.4	36.4	-21.3	24.0	-23.4	-6.3	17.1	-72.3	-106.3	-117.3
	中长期	133.5	62.6	76.1	7.0	81.0	69.2	73.9	98.4	60.9	20.7	269.4	-11.9
	票据融资	45.3	-17.1	8.0	-22.5	53.8	49.5	-42.3	27.7	15.9	-21.3	-21.0	44.4
	金融机构各项贷款同比增长（%）	3.2	2.6	2.9	2.7	2.9	3.2	3.3	4.1	4.4	4.4	5.3	4.4
	其中：短期	-5.5	-6.2	-4.8	-4.1	-4.3	-3.4	-1.9	-1.7	-0.3	-0.4	-0.8	-1.6
	中长期	6.7	6.2	6.0	5.4	5.5	5.3	4.8	5.5	5.5	5.5	7.4	7.0
	票据融资	26.2	26.9	23.6	23.1	27.0	32.3	28.6	37.7	26.9	27.6	24.0	13.1
	建筑业贷款余额（亿元）	772.6	775.5	776.5	775.9	783.0	788.2	800.9	798.8	792.0	797.8	781.9	776.7
	房地产业贷款余额（亿元）	537.7	541.0	541.6	539.1	543.4	540.3	549.8	547.1	549.7	547.3	540.8	532.3
	建筑业贷款同比增长（%）	-2.8	-3.3	-5.1	-6.7	-6.1	-6.5	-4.7	-4.6	-4.8	-3.2	-5.3	-2.4
	房地产业贷款同比增长（%）	3.7	1.9	3.6	1.2	-2.5	-3.0	-1.5	0.9	1.9	2.5	3.0	0.1
人民币	金融机构各项存款余额（亿元）	23378.8	23498.7	23933.0	24001.7	24132.4	24081.4	24220.6	24626.2	24456.5	24163.4	24053.1	23645.1
	其中：住户存款	12498.8	12634.0	12766.5	12717.3	12750.9	12874.5	12902.5	12907.6	13158.4	13086.9	13178.4	13587.3
	非金融企业存款	5814.2	5621.6	5716.6	5634.1	5690.3	5722.5	5693.5	5830.8	5756.3	5540.1	5522.0	5178.6
	各项存款余额比上月增加（亿元）	111.2	119.9	434.3	68.7	130.7	-51.0	139.3	405.5	-169.7	-293.1	-110.4	-408.0
	其中：住户存款	526.6	135.2	132.5	-49.2	33.6	123.6	28.0	5.1	250.8	-71.5	91.5	408.9
	非金融企业存款	-408.4	-192.6	95.0	-82.5	56.2	32.1	-29.0	137.3	-74.6	-216.2	-18.1	-343.4
	各项存款同比增长（%）	1.2	1.8	2.7	4.5	4.3	4.2	5.5	5.6	5.0	3.5	2.7	1.6
	其中：住户存款	15.3	12.3	12.2	14.0	14.3	14.0	14.3	13.8	14.5	14.1	13.5	13.5
	非金融企业存款	-12.0	-12.0	-10.7	-9.9	-8.1	-8.9	-7.4	-4.4	-5.6	-9.9	-10.3	-16.8
	金融机构各项贷款余额（亿元）	22362.2	22402.2	22600.0	22617.4	22737.4	22872.4	22889.7	23015.5	23113.6	23044.9	23183.4	23085.1
	其中：个人消费贷款	3371.2	3390.3	3458.5	3505.7	3553.4	3583.4	3603.2	3640.7	3684.2	3710.5	3756.5	3790.3
	票据融资	967.0	949.9	957.9	935.4	989.2	1038.7	996.4	1024.1	1039.9	1018.7	997.7	1042.1
	各项贷款余额比上月增加（亿元）	174.2	40.0	197.8	17.4	119.9	135.1	17.2	125.9	98.1	-68.7	138.5	-98.3
	其中：个人消费贷款	49.6	19.1	68.2	47.3	47.7	30.0	19.8	37.5	43.5	26.3	46.0	33.9
	票据融资	45.3	-17.1	8.0	-22.5	53.8	49.5	-42.3	27.7	15.9	-21.3	-21.0	44.4
	金融机构各项贷款同比增长（%）	3.2	2.7	3.0	2.9	3.0	3.4	3.5	4.3	4.6	4.5	5.4	4.5
	其中：个人消费贷款	20.2	18.8	19.4	19.9	20.2	19.5	18.4	18.0	18.1	17.6	17.3	17.3
	票据融资	26.2	26.9	23.6	23.1	27.0	32.3	28.6	37.7	26.9	27.6	24.0	13.1
外币	金融机构外币存款余额（亿美元）	12.8	13.1	12.5	13.2	12.6	12.1	12.4	11.3	11.1	12.8	13.2	14.1
	金融机构外币存款同比增长（%）	-33.3	-32.8	-28.6	-23.7	-14.9	-14.8	-6.1	-15.7	-15.9	-1.5	9.1	19.5
	金融机构外币贷款余额（亿美元）	16.4	15.9	15.1	15.0	14.2	14.5	14.2	14.2	14.2	14.3	13.9	13.3
	金融机构外币贷款同比增长（%）	3.1	-20.1	-22.2	-24.2	-28.3	-26.4	-27.6	-23.7	-24.5	-21.0	-23.2	-17.4

数据来源：中国人民银行呼和浩特中心支行。

表 2　2001~2019 年内蒙古自治区各类价格指数

单位：%

		居民消费价格指数		农业生产资料价格指数		工业生产者购进价格指数		工业生产者出厂价格指数	
		当月同比	累计同比	当月同比	累计同比	当月同比	累计同比	当月同比	累计同比
2001		—	0.6	—	1.4	—	6.8	—	2.8
2002		—	0.2	—	2.6	—	-0.1	—	-0.7
2003		—	2.2	—	1.2	—	2.9	—	3.2
2004		—	2.9	—	9.5	—	9.2	—	5.1
2005		—	2.4	—	8.3	—	9.9	—	5.1
2006		—	1.5	—	1.1	—	5.9	—	3.0
2007		—	4.6	—	3.0	—	4.8	—	5.7
2008		—	5.7	—	14.9	—	11.7	—	12.5
2009		—	-0.3	—	-0.4	—	-0.9	—	-3.8
2010		—	3.2	—	2.0	—	5.0	—	6.7
2011		—	5.6	—	6.3	—	6.1	—	7.8
2012		—	3.1	—	4.9	—	2.0	—	0.2
2013		—	3.2	—	3.5	—	-0.7	—	-3.0
2014		—	1.6	—	-0.1	—	-1.6	—	-2.7
2015		—	1.1	—	-1.3	—	-4.1	—	-6.0
2016		—	1.2	—	-3.6	—	-2.6	—	-1.1
2017		—	1.7	—	0.0	—	6.3	—	10.6
2018		—	1.8	—	2.8	—	2.4	—	3.2
2019		—	2.4	—	2.0	—	1.1	—	2.1
2018	1	1.3	1.3	1.9	1.9	3.8	3.8	4.8	4.8
	2	2.5	1.9	1.8	1.9	3.4	3.6	4.0	4.4
	3	2.0	2.0	2.2	2.0	2.8	3.3	3.3	4.0
	4	1.6	1.9	2.4	2.1	2.3	3.1	3.0	3.8
	5	1.5	1.8	2.8	2.2	2.7	3.0	4.0	3.8
	6	1.5	1.8	3.2	2.4	3.0	3.0	5.0	4.0
	7	1.4	1.7	3.5	2.5	2.7	3.0	4.7	4.1
	8	1.8	1.7	3.4	2.7	2.0	2.9	3.7	4.1
	9	2.2	1.8	3.5	2.7	1.6	2.7	2.3	3.9
	10	2.3	1.8	3.6	2.8	1.6	2.6	1.2	3.6
	11	1.9	1.8	3.1	2.9	1.2	2.5	1.9	3.4
	12	1.6	1.8	2.2	2.8	1.2	2.4	0.3	3.2
2019	1	1.6	1.6	5.4	5.4	1.1	1.1	0.6	0.6
	2	1.5	1.5	2.1	1.9	0.6	0.9	0.6	0.6
	3	2.1	1.7	0.7	1.5	0.3	0.7	1.6	0.9
	4	2.3	1.9	1.2	1.4	0.3	0.6	2.9	1.4
	5	2.4	2.0	1.2	1.4	0.6	0.6	3.4	1.8
	6	2.3	2.4	1.0	1.3	0.6	0.6	3.2	2.0
	7	2.6	2.1	1.2	1.3	1.6	0.7	2.8	2.1
	8	2.2	2.1	1.7	1.4	1.3	0.8	2.2	2.2
	9	2.1	2.1	1.9	1.4	1.6	0.9	1.7	2.1
	10	2.7	2.2	2.6	1.5	1.1	0.9	1.4	2.0
	11	3.3	2.3	4.1	1.8	2.1	1.0	1.8	2.0
	12	3.6	2.4	4.8	2.0	1.9	1.1	2.8	2.1

数据来源：内蒙古自治区统计局、《中国经济景气月报》。

表 3　2019 年内蒙古自治区主要经济指标

	1 月	2 月	3 月	4 月	5 月	6 月	7 月	8 月	9 月	10 月	11 月	12 月
	绝对值（自年初累计）											
地区生产总值（亿元）	—	—	3578.5	—	—	8266.7	—	—	13266.1	—	—	17212.5
第一产业	—	—	134.6	—	—	333.1	—	—	672.7	—	—	1863.2
第二产业	—	—	1339.8	—	—	3344.2	—	—	5392.0	—	—	6818.9
第三产业	—	—	2104.2	—	—	4589.4	—	—	7201.4	—	—	8530.5
工业增加值（亿元）	—	—	—	—	—	—	—	—	—	—	—	—
固定资产投资（亿元）	—	—	—	—	—	—	—	—	—	—	—	—
房地产开发投资	—	5.6	46.4	110.8	210.3	361.0	520.3	677.9	851.5	957.6	1026.1	1041.9
社会消费品零售总额（亿元）	—	1220.5	1772.0	2308.3	—	3499.5	4109.6	4760.0	5419.3	6161.4	6868.9	7610.6
外贸进出口总额（亿元）	91.3	165.0	262.0	360.2	451.8	547.2	633.4	733.9	821.7	904.7	1000.0	1095.7
进口	57.1	106.2	169.6	235.2	296.9	363.0	419.0	486.1	545.9	601.3	665.0	718.9
出口	34.2	58.8	92.5	125.0	154.9	184.2	214.4	247.8	275.8	303.5	335.0	376.8
进出口差额（出口－进口）	-22.9	52.6	-77.1	-110.2	-142.0	-178.8	-204.6	-238.3	-270.1	-297.8	-330.0	-342.1
实际利用外资（亿美元）	—	0.9	4.5	4.9	9.9	10.9	13.6	14.2	15.6	16.6	17.7	20.6
地方财政收支差额（亿元）	—	-283.2	-592.4	-839.0	-1014.0	-1331.4	-1454.5	-1694.2	-1987.2	-2122.4	-2357.9	-3038.2
地方财政收入	—	384.4	522.8	722.2	887.1	1024.2	1241.2	1363.6	1510.9	1689.0	1868.5	2059.7
地方财政支出	—	667.6	1115.2	1561.2	1901.1	2355.6	2695.7	3057.8	3498.1	3811.4	4226.4	5097.9
城镇登记失业率（%）（季度）	—	—	3.6	—	—	3.6	—	—	3.7	—	—	3.7
	同比累计增长率（%）											
地区生产总值	—	—	5.5	—	—	5.5	—	—	5.6	—	—	5.2
第一产业	—	—	0.5	—	—	1.3	—	—	1.6	—	—	2.4
第二产业	—	—	6.5	—	—	6.6	—	—	6.8	—	—	5.7
第三产业	—	—	5.2	—	—	5.0	—	—	5.0	—	—	5.4
工业增加值	—	5.4	6.6	6.0	6.3	7.1	8.0	8.2	7.7	7.0	6.3	6.1
固定资产投资	—	3.6	4.9	-6.0	-7.5	0.4	-0.7	1.2	4.8	6.5	6.7	6.8
房地产开发投资	—	-31.5	17.2	18.7	13.5	5.8	7.5	11.9	14.4	15.8	17.2	18.0
社会消费品零售总额	—	4.9	4.9	4.1	—	4.0	3.9	4.0	4.0	4.0	4.1	4.1
外贸进出口总额	11.5	9.6	11.3	11.9	7.9	9.6	9.6	10.3	8.6	6.1	6.5	5.9
进口	6.0	10.0	13.6	16.4	12.8	15.8	15.3	16.0	13.8	10.7	11.3	9.5
出口	21.9	8.8	7.2	4.3	-0.3	-0.8	0.0	0.7	-0.4	-2.0	-1.8	-0.4
实际利用外资	—	19.7	2.5	-10.1	1.2	-11.4	1.3	-14.2	-23.3	-24.2	-29.2	-34.8
地方财政收入	—	14.7	12.7	16.3	10.4	5.7	8.3	9.0	9.8	10.7	9.7	10.9
地方财政支出	—	0.7	11.0	22.3	19.4	11.3	9.8	7.7	5.9	5.5	4.8	5.5

数据来源：内蒙古自治区统计局。

辽宁省金融运行报告（2020）

中国人民银行沈阳分行货币政策分析小组

[内容摘要] 2019年，辽宁省经济持续筑底企稳，实现地区生产总值24909.5亿元，同比增长5.5%。三次产业优化升级。其中，农业生产再获丰收，第一产业同比增长3.5%；第二产业同比增长5.7%，规模以上工业增加值同比上升6.7%，高于全国1个百分点，工业四大支柱产业保持2017年以来正向增长的良好势头①；第三产业同比增长5.6%，软件信息技术、邮政、旅游等服务业增速较快。社会需求稳步回升。其中，固定资产投资额同比增长0.5%，继续保持2017年11月以来的正增长态势。社会消费品零售总额同比增长6.1%，网上消费增长强劲，限额以上单位网上零售额增长22.4%。受贸易摩擦影响，进出口总额同比下降8.1%，外商直接投资同比下降32.1%。财政收入增速放缓，同时社会保障和民生支出加强。其中，一般公共预算收入同比增长1.4%，较上年少增7.9个百分点；一般公共预算支出同比增长7.9%，社会保障和民生相关支出占比过半。消费价格稳定，生产价格涨幅回落。全省居民消费价格指数(CPI)上涨2.4%，低于上年0.1个百分点；工业生产者出厂价格指数（PPI）同比下降0.5%，较上年回落5.3个百分点。房地产市场涨幅有所收窄。房地产开发投资同比增长9%，较上年少增4.5个百分点；商品房销售额同比增长2.8%，较上年少增4.3个百分点。供给侧结构性改革扎实推进。完成15万千瓦落后煤电机组关停任务；通过落实减税降费政策，实现减税523.9亿元、降费171.9亿元；开展科技创新引领产业振兴专项行动，19项科研成果荣获国家科技奖，获奖数量创十年来新高。全省高新技术企业超5000户，科技型中小企业突破7500户，瞪羚企业、独角兽企业达到134户。脱贫攻坚取得决定性胜利，实现13.25万人脱贫、128个贫困村销号、5个省级贫困县摘帽。

信贷供给合理增长，信贷结构进一步改善。2019年末，全省银行业金融机构本外币各项贷款余额4.96万亿元，同比增长10.2%，增速较上年高1.2个百分点。消费和高新技术行业信贷投放大幅提升，银行联合线上平台发放消费贷款成为信贷新增长点，拉动个人消费贷款同比增长20.7%；信息传输、软件和信息技术服务业，科学研究和技术服务业贷款增速分别为28.8%和27.5%。结构性货币政策的支持力度不断增强，支农再贷款、支小再贷款、再贴现余额同比分别增长21.5%、25.1%和67.9%。小微和民营企业融资环境进一步改善，贷款余额分别增长15%和14%，高于全部贷款增速4.2个和3.2个百分点；金融精准扶贫贷款同比增长22.25%。2019年，全省社会融资规模新增2941.8亿元，同比少增854亿元，其中贷款增量占比升至152%，较上年提高57个百分点。贷款利率总体下行。随着LPR改革有序推进和货币信贷支持政策逐步落实，贷款利率总体表现出下行态势。2019年12月，全省金融机构新发放人民币一般贷款加权平均利率为5.97%，同比下降33个基点。人民币连续六年保持全省跨境收支第二大结算货币、资本项下第一大结算货币地位。跨境人民币结算业务办理机构数量、涉及企业数量、涉及境外国家和地区的数量，均较上年有不同程度增加。银行机构资产负债规模稳步增长。2019年末，银行业金融机构资产总额8.6万亿元，同比增长4.8%，增速较上年提

①辽宁省四大支柱产业是指装备制造业、冶金、石化和农产品加工业。

高1.2个百分点；负债总额8.2万亿元，同比增长4.8%，增速较上年下降0.6个百分点。地方法人金融机构不良贷款率比上年上升0.48个百分点。证券业有所回暖。企业科创板上市取得突破，芯源微电子成功挂牌，锦州神工半导体通过审核。大连商品交易所交易品种增加，粳米、苯乙烯期货和玉米、铁矿石期权年内挂牌上市。保险业发展加速，业务品质不断提升。全年保险业共实现保费收入1290亿元，同比增长8.2%，增速较上年提高15.4个百分点；保险保障功能进一步发挥，成为保障民生的有力支撑，财产险公司赔付支出增长6%，农业保险、责任保险赔付支出同比分别增长22%和26.8%。金融生态环境建设取得积极成效。信用体系建设取得新进展，应收账款融资服务平台累计开通用户2197个，成交3678笔，金额2545.9亿元。支付环境进一步改善，网上支付跨行清算系统处理业务量同比增长168%。反洗钱合作机制建设不断完善，与省公安、税务、海关等部门联合破获辽宁“3·21”出口骗税案，是辽宁省查获案值最大的骗税案件。金融消费权益保护工作进一步加强，全年共处置违法违规金融广告35起。

2020年，面对国内外风险挑战明显上升的复杂局面，辽宁省将继续深入落实习近平总书记关于东北、辽宁振兴发展重要讲话和指示批示精神，坚持以供给侧结构性改革为主线，以改革开放为动力，坚决打赢三大攻坚战，全面做好“六稳”工作，落实“六保”任务，努力实现辽宁经济量的合理增长和质的稳步提升。金融管理部门将积极落实稳健的货币政策更加灵活适度，综合运用好多种货币政策工具，疏通货币政策传导渠道，促进地区货币信贷、社会融资规模增长同经济发展相适应，为辽宁经济高质量发展创造良好的货币金融环境。

一、金融运行情况

2019年，辽宁省信贷总量保持较快增长，信贷结构不断优化，利率市场化改革工作稳步推进，贷款利率呈现下行态势。金融运行总体平稳，银行业资产负债规模稳步增长，证券业有所回暖，保险业较快发展，金融生态环境建设取得积极成效。

（一）银行业资产负债规模平稳增长

1.资产负债规模增速保持稳定，贷款质量下行趋势减缓。2019年末，全省银行业金融机构资产总额86035亿元，同比增长4.8%，增速较上年提高1.2个百分点。负债总额82432.5亿元，同比增长4.8%，增速较上年下降0.6个百分点。分机构看，股份制商业银行和农村金融机构的资产负债规模增长较快。2019年，银行业金融机构实现利润122亿元。贷款质量下行压力有所缓解。年末银行业金融机构不良贷款余额1717亿元，比年初增加158亿元，较上年少增465.4亿元；不良率4.6%，比年初下降0.1个百分点。

表1　2019年辽宁省银行业金融机构情况

机构类别	营业网点			法人机构（个）
	机构个数（个）	从业人数（人）	资产总额（亿元）	
一、大型商业银行	3109	74382	22829	0
二、国家开发银行和政策性银行	83	2432	5663	0
三、股份制商业银行	677	16085	8769	0
四、城市商业银行	1389	34239	33957	15
五、小型农村金融机构	2210	29573	8542	61
六、财务公司	7	232	1249	5
七、信托公司	1	149	126	1
八、邮政储蓄银行	1731	18033	2908	0
九、外资银行	46	1352	499	1
十、新型农村金融机构	699	5103	997	66
十一、其他	10	1352	499	4
合　计	9962	182932	86035	153

注：大型商业银行包括中国工商银行、中国农业银行、中国银行、中国建设银行和交通银行；小型农村金融机构包括农村商业银行和农村信用社；新型农村金融机构包括村镇银行、贷款公司；“其他”包含民营银行、金融租赁公司、消费金融公司。

数据来源：辽宁银保监局、大连银保监局。

2.存款增速保持平稳。2019年末，全省银行业金融机构本外币各项存款余额62697亿元，比年初增加3663亿元，同比增长6.2%，增速较上年低2.6个百分点。分部门看，非金融企业本外币存款余额15316亿元，同比下降3.9%，增速较上年低13.1百分点，主要是受银行信用分层及保证金存款下降等因素影响。住户本外币存款余额36134亿元，同比增长15.4%，增速较上年高2.6个百分点，连续17个月保持两位数增长。其中，银行大额存单等高收益负债产品受到投资者普遍欢迎。2019年末，全省大额存单发行余额959亿元，同比增长64.6%。

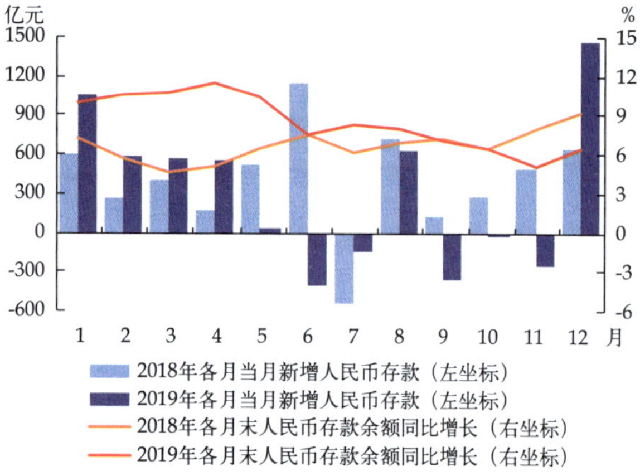

数据来源：中国人民银行沈阳分行。

图1　2018~2019年辽宁省金融机构人民币存款增长变化

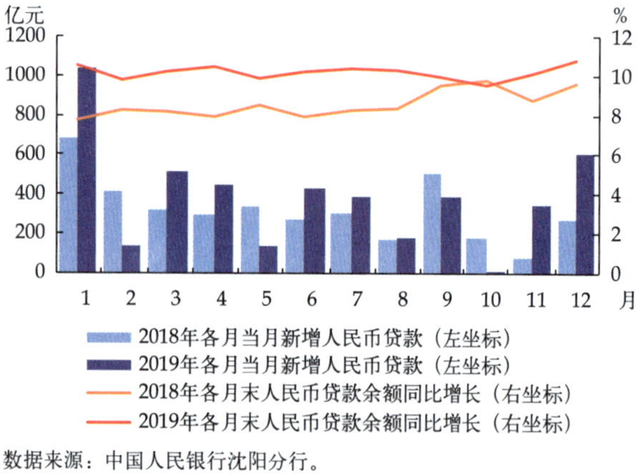

数据来源：中国人民银行沈阳分行。

图2　2018~2019年辽宁省金融机构人民币贷款增长变化

3. 贷款总量增长较快，结构进一步改善。 2019年末，全省银行业金融机构本外币各项贷款余额49583亿元，比年初增加4484亿元，同比增长10.2%，增速较上年高1.2个百分点。分部门看，以住房按揭贷款为主的住户部门中长期贷款余额9424亿元，同比增长15.5%，增速较上年高2.1个百分点；非金融企业及机关团体贷款余额37790亿元，同比增长9%，增速较上年高0.2个百分点。分机构看，全国性银行加大信贷投放力度，保障实体经济有效需求。2019年末，全国性大型银行本外币贷款同比增长3.8%，增速较上年高2.1个百分点；全国性中小型银行本外币贷款同比增长15.8%，增速较上年高1.4个百分点；区域性中小型银行本外币贷款同比增长20.5%，增速较上年低6.1个百分点。分投向看，消费和高新技术行业信贷投放大幅提升，有力地支持辽宁经济转型升级。银行联合线上平台发放消费贷款成为信贷新增长点，2019年末个人消费贷款同比增长20.7%；高新技术产业信贷投放保持高速增长，信息传输、软件和信息技术服务业，科学研究和技术服务业等高新技术行业贷款增速分别为28.8%和27.5%。

结构性货币政策持续发力，信贷政策支持再贷款和再贴现对国民经济重点领域和薄弱环节的支持力度不断增强。2019年末，全省支农再贷款、支小再贷款、再贴现余额同比分别增长21.5%、25.1%和67.9%。小微企业融资环境得到有效改善，2019年末，全省小微企业贷款余额12692亿元，同比增长15%，高于全部贷款增速4.2个百分点；民营企业贷款余额21930亿元，同比增长14%，高于全部贷款增速3.2个百分点。

4. 表外业务规模大幅下降。 以未贴现银行承兑汇票、信托贷款和委托贷款口径计算，2019年全省表外融资减少2351.8亿元，较上年多降1911.5亿元。其中，受部分中小银行风险暴露影响，地方中小银行承兑汇票的认可度和流通性有所下降，未贴现银行承兑汇票降幅尤其明显，全年减少1347.3亿元，较上年下降2433亿元；信托贷款全年减少185.5亿元，较上年多降135.1亿元；委托贷款全年减少81.9亿元，较上年少降656.6亿元。此外，受银行理财加速转型等因素影响，银行理财产品规模有所回升，2019年辽宁省地方法人金融机构理财产品余额1656.6亿元，同比增长4.7%。

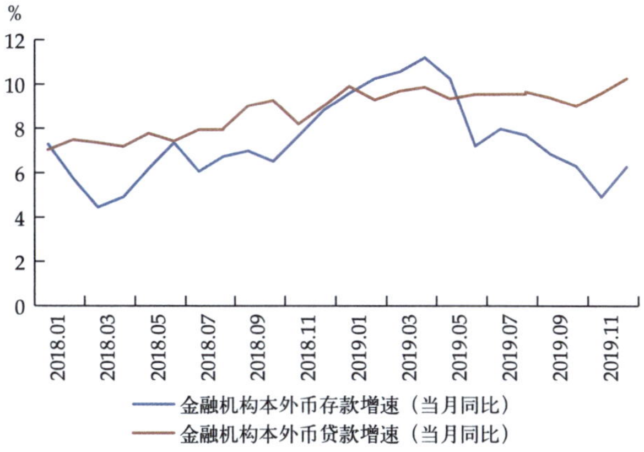

数据来源：中国人民银行沈阳分行。

图 3　2018~2019 年辽宁省金融机构本外币存、贷款增速变化

5. 贷款利率整体下行，存款利率有所上行。 2019 年前 7 个月，受整体经济金融环境影响，辽宁省金融机构贷款加权平均利率呈波动上行趋势。当年 7 月，全省金融机构新发放人民币一般贷款加权平均利率达 6.6%。进入 8 月，随着 LPR 改革有序推进和货币信贷支持政策逐步落实，市场利率呈现总体下行态势。12 月，新发放人民币一般贷款加权平均利率为 5.97%，同比下降 33 个基点，较 7 月高点回落 63 个基点。其中小微企业贷款利率下降明显，12 月小微企业贷款加权平均利率为 6.52%，较年初降幅达 38 个基点。受一般存款增速总体下降、市场竞争压力加大、流动性补充需求等因素影响，存款利率有所上升，定期存款加权平均利率为 2.59%，同比上升 18 个基点。

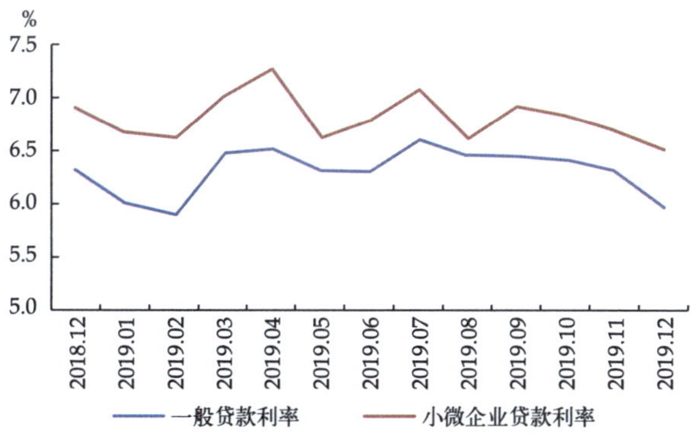

数据来源：中国人民银行沈阳分行。

图 4　2018~2019 年辽宁省金融机构一般贷款及小微企业贷款加权平均利率变化

表 2　2019 年辽宁省金融机构人民币贷款各利率区间占比

（LPR 改革前）　　单位：%

月份		1 月	2 月	3 月	4 月	5 月	6 月	7 月
合计		100.0	100.0	100.0	100.0	100.0	100.0	100.0
下浮		14.3	20.1	10.9	9.2	13.8	14.1	15.1
基准		14.0	19.9	12.1	15.6	12.6	15.7	11.5
上浮	小计	71.6	60.0	76.9	75.3	73.5	70.2	73.4
	(1.0, 1.1]	11.5	8.0	8.0	16.0	6.3	7.2	7.9
	(1.1, 1.3]	18.2	9.6	12.8	15.9	12.2	13.8	11.9
	(1.3, 1.5]	12.8	9.2	16.0	9.7	16.6	10.9	16.0
	(1.5, 2.0]	19.9	23.4	27.2	21.5	25.3	28.1	25.5
	2.0 以上	9.2	9.8	13.1	12.2	13.1	10.1	12.1

（LPR 改革后）

月份		8 月	9 月	10 月	11 月	12 月
合计		100.0	100.0	100.0	100.0	100.0
LPR 减点		13.1	11.7	13.7	17.3	22.2
LPR		0.0	0.2	0.2	1.0	2.2
LPR 加点	小计	86.9	88.1	86.1	81.7	75.6
	(LPR, LPR+0.5%)	16.5	14.2	14.2	15.2	14.3
	[LPR+0.5%, LPR+1.5%)	17.8	19.2	16.3	14.9	15.5
	[LPR+1.5%, LPR+3%)	28.5	25.2	26.5	24.8	20.1
	[LPR+3%, LPR+5%)	14.2	19.3	19.1	17.9	18.2
	LPR+5% 及以上	9.9	10.2	9.9	8.9	7.6

数据来源：中国人民银行沈阳分行。

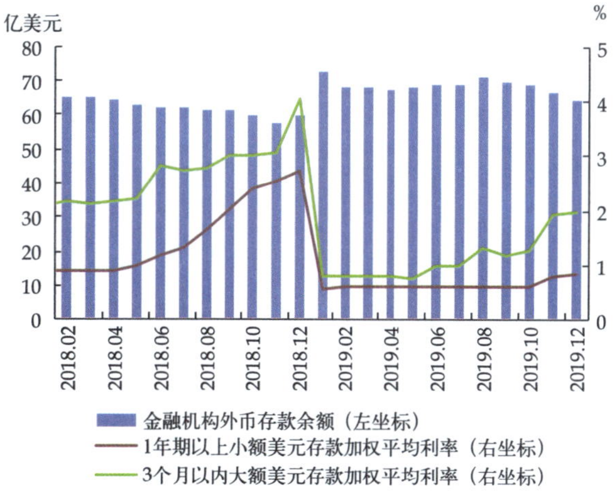

数据来源：中国人民银行沈阳分行。

图 5　2018~2019 年辽宁省金融机构外币存款余额及外币存款利率

6. 银行业金融机构改革取得新进展。 改革之初的 77 家农信社中，共有 45 家完成了改制工作，占比58.4%，成功组建了29家农商行；其余32家农信社中已有21家完成资产确权工作，占比68%。民营银行保持健康发展。2019年末，辽宁振兴银行资产和负债总额分别为262亿元和242亿元，分别增长49.7%和55.5%；贷款和存款余额分别为155亿元和211亿元，分别增长131.7%和72.4%。

7. 跨境人民币结算业务发展良好。2019年末，全省跨境人民币结算金额累计达10654.7亿元，为企业节约成本213.1亿元。人民币连续六年保持全省跨境收支第二大结算货币、资本项下第一大结算货币地位。全省跨境收入593.7亿元，跨境支出661.7亿元，净流出68亿元。有74家银行的800余家分支机构办理跨境人民币结算业务，涉及8000余家企业，涉及境外国家和地区147个；与56个“一带一路”沿线国家开展跨境人民币结算业务，累计跨境收付总额超过1200亿元人民币。

（二）证券业有所回暖

1. 上市公司股本和市值有所增加。2019年末，全省共有境内上市公司75家，同比增加1家。其中，3家公司新上市，1家公司退市，1家公司迁址至外埠。上市公司总股本1233.7亿股，同比增长4.7%；总市值6966.3亿元，同比增长24%。当年在全国中小企业股份转让系统挂牌企业181家，同比减少43家。2019年全省上市公司股票市场累计募集金额47亿元，同比下降60.9%。

2. 证券期货经营机构数量增加，交易规模增长较快。2019年末，全省共有法人证券公司3家，证券咨询公司3家，证券分公司58家，较上年增加5家；证券营业部342家，较上年减少3家。共有期货公司3家，期货分支机构108家（分公司41家，营业部67家），与上年持平。登记基金管理人164家，较上年增加2家，其中私募证券投资管理人59家，股权投资管理人与创业投资管理人合计102家。

2019年末，辽宁省在沪深开户数为1563.6万户，同比增加8.3%；证券成交额74569.3亿元，同比增长12%；股票交易额41877.1亿元，同比增长30.3%；期货开户数13.9万户，同比增长1.6%；成交量33539.5万手，同比增长5.8%；手续费收入22031.2万元，同比下降6.9%。

表3　2019年辽宁省证券业基本情况

项目	数量
总部设在辖内的证券公司数（家）	3
总部设在辖内的基金公司数（家）	164
总部设在辖内的期货公司数（家）	2
年末国内上市公司数（家）	75
当年国内股票（A股）筹资（亿元）	47
当年发行H股筹资（亿元）	—
当年国内债券筹资（亿元）	972
其中：短期融资券筹资额（亿元）	353
中期票据筹资额（亿元）	349

数据来源：辽宁证监局、大连证监局。

3. 法人证券公司规模较小，经营业绩有所改观。省内3家法人证券公司，无论是资产规模还是资本规模，在全国排名都比较靠后，限制了关键业务牌照的获得和重要市场客户的拓展。受股市波动、债市疲软及自身经营等因素的叠加影响，业绩表现偏弱，但保持较快恢复上涨势头。2019年，3家法人证券公司累计实现营业收入10.4亿元，同比增长108.6%。

4. 大连商品交易所交易品种增加，不同交易品种间差异较大。2019年末，大连商品交易所已上市19个期货品种和3个期权品种。其中，粳米、苯乙烯期货经中国证监会批准，分别于2019年8月16日、9月26日在大连商品交易所挂牌上市；玉米、铁矿石期权经中国证监会批准，分别于2019年1月28日、12月9日上市交易。2019年，大连商品交易所各交易品种累计成交金额63.2万亿元，同比增长21.2%；累计成交量12.1亿手，同比增长25.2%。其中，焦炭、铁矿石成交额较大，均达10万亿元以上；棕榈油、鸡蛋、纤维板及乙二醇的交易活跃度显著上升；大豆、聚氯乙烯、胶合板等5个交易品种交易量萎缩。

表 4 2019 年大连商品交易所交易统计

交易品种	累计成交金额（亿元）	同比增长（%）	累计成交量（万手）	同比增长（%）
豆一	6422.1	-20.51	1845.0	-16.56
豆二	5499.4	-34.04	1779.2	-27.31
玉米	18841.5	52.89	9911.9	48.35
豆粕	76030.1	3.44	27287.0	14.57
豆油	52511.7	69.28	8754.3	61.71
棕榈油	71298.2	229.55	13550.4	205.57
聚乙烯	24492.2	43.19	6343.9	72.69
聚氯乙烯	11246.4	-7.76	3379.3	-7.07
鸡蛋	15673.2	99.75	3713.0	86.41
铁矿石	198731.4	72.39	29653.8	25.39
焦炭	111372.2	-25.59	5568.0	-19.39
纤维板	234.6	1701.00	117.2	3854.91
胶合板	0.3	-39.97	0.0	-44.85
玉米淀粉	3808.2	-25.37	1656.4	-26.75
乙二醇	34736.3	2643.36	7410.2	3088.74
苯乙烯	1441.7	—	395.9	—
粳米	149.8	—	41.4	—
合计	632489.2	21.20	121406.9	25.24

注：成交金额、成交量为单向计算。
数据来源：大连商品交易所。

（三）保险业发展较快

1. 保费收入增长加快。2019 年末，全省共有省级以上保险公司 121 家，其中人身险法人公司 3 家，财产险法人公司 2 家，保险资产管理公司 1 家。省级财产险公司 53 家（其中 1 家为政策性保险公司），省级人身险公司 62 家。年内保险业共实现保费收入 1290 亿元，同比增长 8.6%，增速较上年提高 15.4 个百分点。其中，人身险保费收入 918.4 亿元，同比增长 8.2%，增速较上年提高 19.7 个百分点；财产险保费收入 371.6 亿元，同比增长 9.6%，增速较上年提高 2.4 个百分点。全省保险业总资产 3463.7 亿元，同比增长 9.6%，增速较上年提高 2.5 个百分点。其中，人身险公司 3173.4 亿元，同比增长 9.7%；财产险公司 290.3 亿元，同比增长 8.2%。

表 5 2019 年辽宁省保险业基本情况

项目	数量
总部设在辖内的保险公司数（家）	6
其中：财产险经营主体（家）	2
人身险经营主体（家）	3
保险公司分支机构（家）	115
其中：财产险公司分支机构（家）	53
人身险公司分支机构（家）	62
保费收入（中外资，亿元）	1290 .0
其中：财产险保费收入（中外资，亿元）	371.6
人身险保费收入（中外资，亿元）	918 .4
各类赔款给付（中外资，亿元）	406.3
保险密度（元 / 人）	2964 .3
保险深度（%）	5 .2

数据来源：辽宁银保监局、大连银保监局。

2. 经济补偿功能作用增强，业务结构品质日趋优化。2019 年，全省财产险公司共发生赔付支出 205.9 亿元，同比增长 6%；农业保险、责任保险赔付支出增多，分别达到 20.1 亿元和 9.44 亿元，同比分别增长 45% 和 16.8%，保险保障功能进一步发挥，成为保障民生的有力支撑。全省人身险公司寿险业务实现新单保费收入 229.3 亿元，其中新单期交保费 150.2 亿元，期趸比例由上年 1∶0.7 上升到 1∶0.5。

3. 保险改革创新持续推进。一是商业车险改革方面，道路交通事故“互碰自赔”机制、简易事故快处快赔对接机制等有序推进。二是农业保险试点方面，大灾保险试点地区由原有的 13 个增至 28 个，并在全国率先开展玉米完全成本保险和收入保险试点。

（四）地区社会融资结构仍以信贷为主，债券融资功能有所修复

1. 地区社会融资规模仍保持间接融资为主。2019 年，全省社会融资规模新增 2941.8 亿元，同比少增 854 亿元。其中，表外融资规模下降 2351.8 亿元，较上年多降 1911.5 亿元；贷款增量 4477.6 亿元，较上年多增 862.1 亿元，占比升至 152%，较上年提高了 57 个百分点。

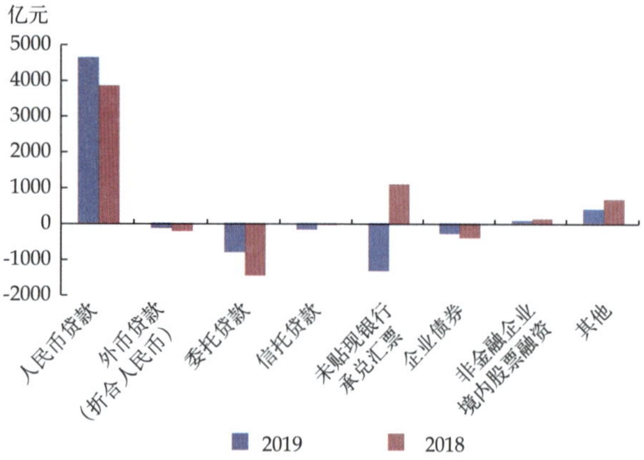

数据来源：中国人民银行沈阳分行。

图 6　2019 年辽宁省社会融资规模分布结构

2. 直接融资仍处下滑区间，债券融资功能有所恢复。2019 年，企业债券融资额减少 296.4 亿元，较上年少降 114.6 亿元；股票融资额新增 29 亿元，较上年下降 96 亿元。人民银行沈阳分行创新机制，以防范化解债券违约风险为重点，促进债券融资生态修复向好。一是坚持事前针对违约共性的“两表两图四保障”排查；二是事中加强跟踪、提示、信息共享，发布非金融企业债务融资监测月报；三是违约后积极协助政府做好债券风险处置，阻断债券风险向银行传染。2019 年，辽宁省在银行间市场新增违约主体大幅减少，企业债券违约次数和金额在全国占比分别为 4.8% 和 3.5%，较 2018 年分别下降 3.6 个和 3.5 个百分点，扭转了企业债务违约次数和金额在全国前列的局面。2019 年在银行间债券市场发行非金融企业债务融资工具 54 只，发行金额 720 亿元，较上年增加 108.7 亿元。

表 6　2019 年辽宁省金融机构票据业务量统计

单位：亿元

季度	银行承兑汇票承兑		贴现			
			银行承兑汇票		商业承兑汇票	
	余额	累计发生额	余额	累计发生额	余额	累计发生额
1	8053	2644	2452	4431	60	24
2	7989	5286	2677	8654	66	41
3	7781	7432	2828	11906	56	76
4	6908	9586	2868	14444	58	125

数据来源：中国人民银行沈阳分行。

表 7　2019 年辽宁省金融机构票据贴现、转贴现利率

单位：%

季度	贴现		转贴现	
	银行承兑汇票	商业承兑汇票	票据买断	票据回购
1	3.69	7.23	3.59	3.01
2	3.81	6.42	3.54	2.98
3	3.56	7.57	3.36	2.97
4	4.24	6.49	4.16	5.96

数据来源：中国人民银行沈阳分行。

（五）金融生态环境建设取得积极成效

1. 信用体系建设取得新进展。信用信息覆盖面不断扩大。截至 2019 年末，共为 449.7 万户农户建立了信用档案，农户信用档案覆盖全省全部县（区）。已评定信用农户 412.8 万户，同比增长 12.4%。对已建立信用档案的 383.7 万农户累计发放贷款 6435.2 亿元，同比增长 4.8%。应收账款融资服务平台推广应用工作取得成效，至年末，累计开通用户 2197 个，成交 3678 笔，金额 2545.9 亿元。征信服务水平持续提升。全省共开通查询网点 2435 个，开通查询用户 2426 个，月均查询量 3.1 万次；全省互联网查询服务平台新增注册用户 53.2 万个，申请查询服务 102.2 万次；累计提供企业信用报告查询服务近 3 万次，个人信用报告查询服务 240.4 万次，同比增长 14.2%。

2. 支付环境进一步改善。当年，全省共处理大额支付系统业务 5322.5 万笔，同比增长 3.4%；金额 148.8 万亿元，同比增长 0.2%。小额支付系统共处理业务 10836.9 万笔，同比增长 9.6%；金额 23174.5 亿元，同比增长 75.5%。网上支付跨行清算系统共处理业务 6143.6 万笔，同比增长 168%；金额 5102.1 亿元，同比增长 185.7%。银行卡受理环境良好。人均持卡数量为 6.2 张，同比增长 7.97%。农村支付服务环境进一步优化整合。全省共设立 23006 个银行卡助农取款服务点，农村地区人均持卡量 3 张，与上年基本持平。

表 8　2018~2019 年辽宁省支付体系建设情况

年份	支付系统直接参与方（个）	支付系统间接参与方（个）	支付清算系统覆盖率（%）	当年大额支付系统处理业务数（万笔）		同比增长（%）
2018	19	6739	70.1	5147		14.6
2019	20	6845	72.8	5322		3.4
年份	当年大额支付系统业务金额（亿元）	同比增长（%）	当年小额支付系统处理业务数（万笔）	同比增长（%）	当年小额支付系统业务金额（亿元）	同比增长（%）
2018	1485000	7.0	9889	-20.3	13203	4.2
2019	1487900	0.2	10837	9.6	23174	75.5

数据来源：中国人民银行沈阳分行。

3. 反洗钱合作机制建设不断完善。与公安、税务、海关签订四部门《打击虚开骗税违法犯罪两年专项行动实施方案》，2019 年 6 月，联合省公安、税务、海关等部门成功破获辽宁“3·21”出口骗税案，是辽宁省查获案值最大的骗税案件，涉案金额达 12.4 亿元。洗钱罪入罪工作进展顺利，2019 年 6 月 25 日，辽宁省第一起洗钱罪案件“周某涉毒洗钱案”正式宣判，标志着辽宁省打击洗钱犯罪工作取得历史性突破。

4. 金融消费权益保护工作进一步加强。全年共受理咨询 6249 件，受理有效投诉 854 件。建立辽宁省金融消费者教育长效机制，组织开展微信公众号等新媒体渠道宣传活动，累计访问量近 500 万人次。开展辽宁省违法违规金融广告治理工作，全年排查发现并处置违法违规金融广告 35 起，案件处理率达到 100%。

专栏 1　LPR 改革推动融资成本下行和贷款结构优化

2019 年，中国人民银行沈阳分行深入贯彻落实 LPR 改革工作要求，加强政策宣传解释，进一步提高 LPR 在银行贷款利率定价中的运用，提高利率传导效率，推动降低实体经济融资成本。

一是创建 LPR 标准化推动机制。创新建立《地市中支 / 金融机构 LPR 机制改革落实工作台账》周监测制度，及时了解落实过程中遇到的新情况、新问题，逐一指导省内各地市人民银行推动金融机构落实 LPR 机制改革。二是开展定向指导与专题培训。实地走访省联社和全省全部城商行，与金融机构“一把手”面对面传达 LPR 改革工作要求，采取一对一答疑方式，指导金融机构进行系统改造与合同文本修订；面向省内所有农商行和农信社开展 10 余场专题业务培训，加速推动农村金融机构贷款利率市场化改革进程。三是全程跟踪并定期通报改革进度。跟踪统计并通报各金融机构 LPR 改革进度，逐一提出有针对性的工作建议和要求。

LPR 改革效果初步显现：一是 LPR 参考占比大幅提升。第四季度以来，辽宁省法人机构新发放贷款参考 LPR 定价占比逐周提升。截至 2019 年末，省内全部法人银行机构新发放贷款利率定价均已开始参考 LPR，且 LPR 使用占比均超过 50%，第四季度全省新发放贷款中参考 LPR 定价的占比达 91%。二是融资成本稳步下行。2019 年 9 月以来，辽宁省新发放一般贷款利率整体呈现“四连降”趋势。2019 年 9 月、10 月、11 月、12 月，辽宁省一般贷款加权平均利率分别为 6.44%、6.41%、6.23% 和 5.97%，同比分别下降 15 个、-1 个、12 个、33 个基点。随着金融机构贷款利率参考 LPR 比重提高，企业贷款利率也随之下降。12 月，辽宁省企业贷款加权平均利率 5.72%，较 8 月下降 5 个基点，同比下降 45 个基点。三是贷款结构持续优化。2019 年以来，辽宁省民营及小微企业贷款占比持续上升。截至 12 月末，全省小微企业新发放贷款金额占全部企业贷款比重为 40%，较上年末上升约 3 个百分点，民营及小微企业融资难问题进一步得到缓解。

二、经济运行情况

2019年，实现地区生产总值24909.5亿元，同比增长5.5%，增速较上年下降0.2个百分点。

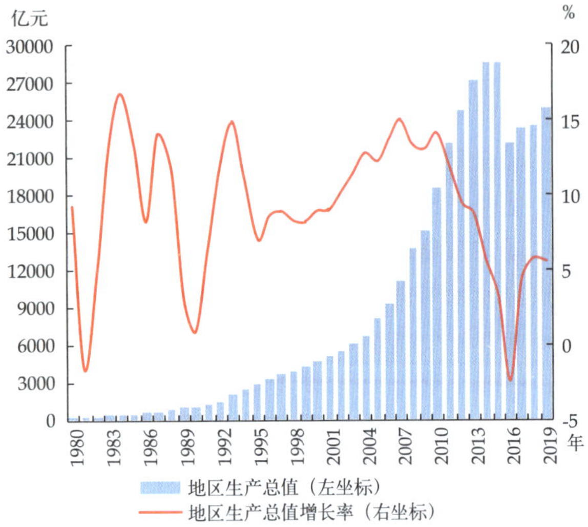

数据来源：辽宁省《国民经济和社会发展统计公报》。

图7　1980~2019年辽宁省地区生产总值及其增长率

（一）三大需求保持稳健

1. 固定资产投资低速增长。2019年，全省固定资产投资完成额同比增长0.5%，低于上年3.5个百分点，低于全国4.9个百分点，但继续保持了2017年11月以来的正增长态势。三大产业投资有升有降。其中，第一产业固定资产投资同比增长11.1%，增速较上年提高13.2个百分点；第二产业同比下降3.8%，增速较上年下降8.3个百分点，其中工业投资同比下降2.7%，增速较上年下降15.9个百分点；第三产业同比增长2.8%，增速较上年提高3.5个百分点。三大产业投资比重为2∶36∶62。从项目情况看，全年中央项目固定资产投资额同比增长41.5%，地方项目固定资产投资额增速由负转正，同比增长3.1%；亿元以上建设项目2176个，同比增长9.5%；亿元以上新开工建设项目452个，同比增长3.7%。

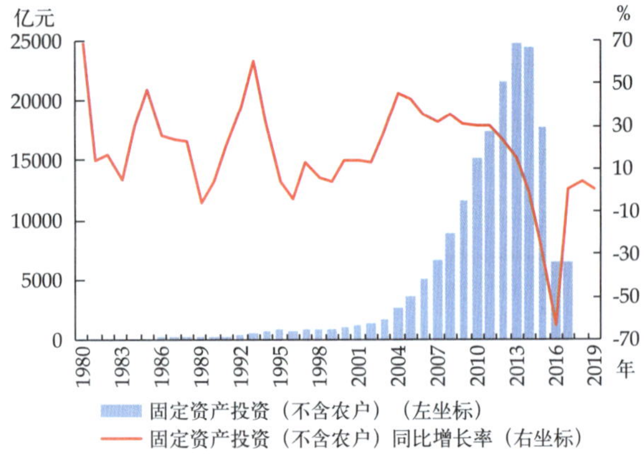

注：2010年及以前年度采用“全社会固定资产投资”数据。

数据来源：国家统计局《中国经济景气月报》。

图8　1980~2019年辽宁省固定资产投资（不含农户）及其增长率

2. 消费增长有所减缓，居民收入保持增长。2019年，全省社会消费品零售总额实现15008.6亿元，同比增长6.1%，增速较上年低0.6个百分点，低于全国1.9个百分点。网上消费增长强劲，限额以上单位网上零售额增长22.4%。城镇常住居民人均可支配收入39777元，同比增长6.5%，增速较上年低0.2个百分点；农村常住居民人均可支配收入12821元，同比增长9.9%，增速较上年高3.3个百分点。

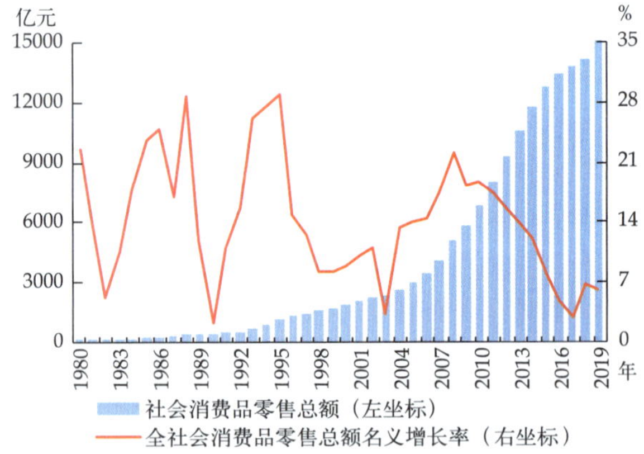

数据来源：国家统计局《中国统计摘要》。

图9　1980~2019年辽宁省社会消费品零售总额及其增长率

3. 贸易摩擦影响加深，进出口增速有所下滑。2019年，进出口总额1052.6亿美元，同比下降 8.1%，比全国多降 7.1 个百分点。其中，出口同比下降 6.9%，比全国多降 6.4 个百分点；进口同比下降 9.1%，比全国多降 6.4 个百分点。对美贸易总额下降 31.7%，增速较上年多降 55.6 个百分点。其中出口下降 23.7%，增速较上年多降 35.3 个百分点；进口下降 40.4%，增速较上年多降 81.2 个百分点。外商直接投资 33.2 亿美元，同比下降 32.1%，增速较上年多降 24 个百分点。

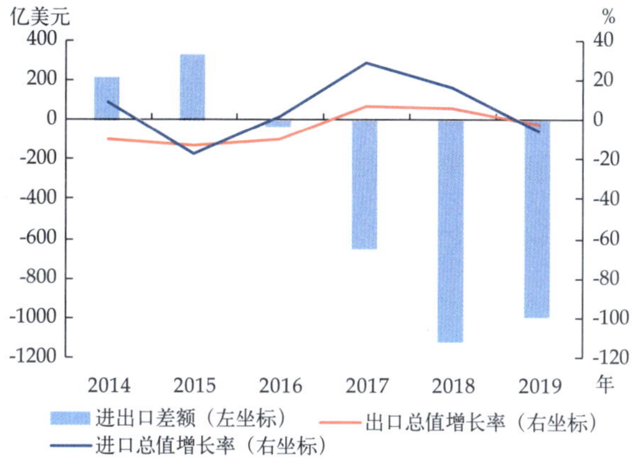

数据来源：国家统计局《中国经济景气月报》。

图 10　2014~2019 年辽宁省外贸进出口变动情况

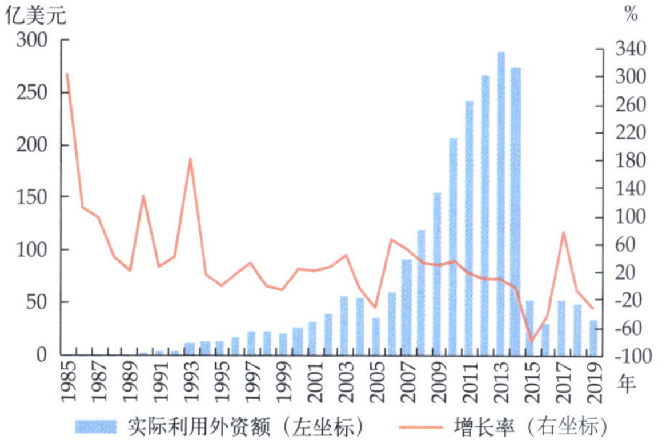

注：从 2015 年开始，外商直接投资计算口径有变化。

数据来源：国家统计局《中国统计摘要》。

图 11　1985~2019 年辽宁省实际利用外资额及其增长率

（二）三次产业优化升级

2019 年，辽宁省三大产业发展较为平稳。第一产业同比增长 3.5%，较上年高 0.4 个百分点；第二产业同比增长 5.7%，较上年低 1.7 个百分点；第三产业同比增长 5.6%，较上年高 0.7 个百分点。三大产业占地区生产总值比重为 9∶39∶52。

1. 乡村振兴战略深入实施，粮食产量创新高。农业供给侧结构性改革稳步推进，建设高标准农田 191 万亩，新增设施农业 10.2 万亩。农村土地承包经营权颁证率 98%。粮食总产量达到 486 亿斤，创历史新高。全省 21 家农产品加工聚集区主营业务收入同比增长 8%，新认定国家农业产业化重点龙头企业 9 家，新增规模以上农产品加工企业 52 家。

2. 工业经济稳定向好，新动能加快成长壮大。2019 年，规模以上工业增加值同比上升 6.7%，较上年低 3.1 个百分点，高于全国 1 个百分点，居全国第 12 位，继续保持年初以来工业增加值增速超过全国水平的良好态势。从支柱产业来看，装备制造业增势较好，同比增长 7.2%，全年增速均保持在 7% 以上；石化行业产能增加，同比增长 11.9%，大型炼化企业基本保持满负荷生产。冶金行业生产保持稳定，同比增长 5.1%。工业企业效益有所下降，规模以上工业企业实现主营业务收入 30365.5 亿元，同比增长 7.9%，增速较上年低 7.9 个百分点；实现利润总额 1332 亿元，同比下降 26.6%。数字经济加快发展。举办 2019 年工业互联网全球峰会，5 个项目入选国家工业互联网 APP 优秀解决方案；全省开通 5G 基站近 3000 个；“上云企业”超过 3 万户。民营经济加速发展。规模以上工业私营企业增加值增长 23.7%，民间投资增长 4.2%，占固定资产投资比重为 65.6%。

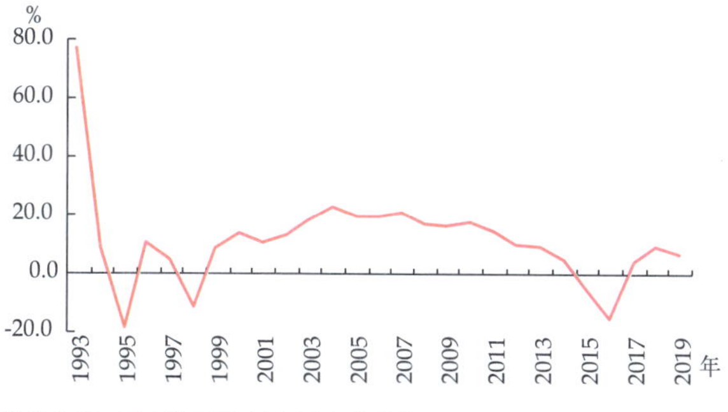

数据来源：国家统计局《中国经济景气月报》。

图 12　1993~2019 年辽宁省规模以上工业增加值实际增长率

3. 现代服务业发展态势良好。实施服务业质量提升专项行动，软件信息技术服务业营业收入增长19%。大商所新增4个交易品种。腾讯东北地区结算中心落地沈阳。企业科创板上市取得突破，芯源微电子成功挂牌，锦州神工半导体通过审核。营口获批港口型国家物流枢纽。新增ETC用户432万。实物商品网上零售额同比增长25%。发展全域旅游，旅游业总收入6200亿元，同比增长15.9%。

4. 扎实推进供给侧结构性改革。贯彻"巩固、增强、提升、畅通"八字方针，巩固"三去一降一补"成果，完成15万千瓦落后煤电机组关停任务。严格落实大规模减税降费政策，减税523.9亿元、降费171.9亿元。推进石化、冶金等产业供给侧结构性改革，提升实体经济供给质量和效益。落实普惠性金融政策，开展"金融助振兴——辽宁行动"，建立政银企双月座谈会制度。

5. 强化科技创新能力。开展科技创新引领产业振兴专项行动，19项科研成果荣获国家科技奖，获奖数量创十年来新高。省内转移转化科技成果超3000项，高新技术企业超5000户，科技型中小企业突破7500户，瞪羚企业、独角兽企业达到134户。

6. 脱贫攻坚取得决定性胜利。全年实现13.25万人脱贫、128个贫困村销号、5个省级贫困县摘帽，全面完成年度目标任务。

7. 生态环境持续改善，绿色发展全力推进。推进渤海综合治理攻坚战，确定沿渤海五市海洋生态14个修复项目，累计投资11.2亿元，累计修复滨海湿地2600公顷，岸线33公里。废止非煤矿企业934宗，完成生产矿山环境整治面积1.3万亩。全年造林303万亩。推进辽河流域综合治理。盘山县、双台子区荣获国家生态文明示范县（区），大梨树村获得"绿水青山就是金山银山"实践创新基地。

（三）消费价格稳定，生产价格涨幅回落

1. 居民消费价格指数保持稳定。2019年，辽宁省居民消费价格指数（CPI）同比上涨2.4%，低于上年0.1个百分点，低于全国平均水平0.5个百分点。CPI增速上升主要受食品价格带动影响，食品价格同比上升7.8%，其中，鲜猪价格上涨47.2%，鲜瓜果价格上涨8.8%。非食品价格保持微幅上涨趋势，教育文化和娱乐上涨1.7%，医疗保健业上涨1.6%。

2. 生产价格指数有所回落。2019年，辽宁省工业生产者出厂价格指数（PPI）同比下降0.5%，较上年回落5.3个百分点。其中，轻工业和重工业分别增长2.3%和-1.1%，生产资料和生活资料分别增长-1.3%和2.9%。

数据来源：国家统计局《中国经济景气月报》。

图13　2001~2019年辽宁省居民消费价格指数和工业生产者价格指数变动趋势

（四）财政收入增速放缓，社会保障和民生支出加强

2019年，辽宁省一般公共预算收入2652亿元，同比增长1.4%，增速较上年低7.9个百分点，低于全国2.4个百分点。其中，税收收入1929亿元，下降2.4%；非税收入723亿元，增长12.9%。

一般公共预算支出5761.4亿元，同比增长7.9%，增速较上年低1.2个百分点，低于全国

0.2 个百分点。民生和基础设施建设相关支出占比近 55%。其中，社会保障和就业支出 1440 亿元，占比 25%。2019 年，辽宁省全面贯彻落实减税降费政策，全年新增减免税费 695.8 亿元。其中，减税 523.9 亿元、社保费降费 167.5 亿元、行政事业型收费及政府性基金降费 4.4 亿元。着力解决民生问题，民生支出达 4188.3 亿元，增幅较上年提升 1 个百分点。拨付 24.7 亿元落实特殊群体就业创业政策；拨付 31.5 亿元支持城镇老旧小区改造、棚户区建设、城市困难人群住房租赁补贴等保障性安居工程。

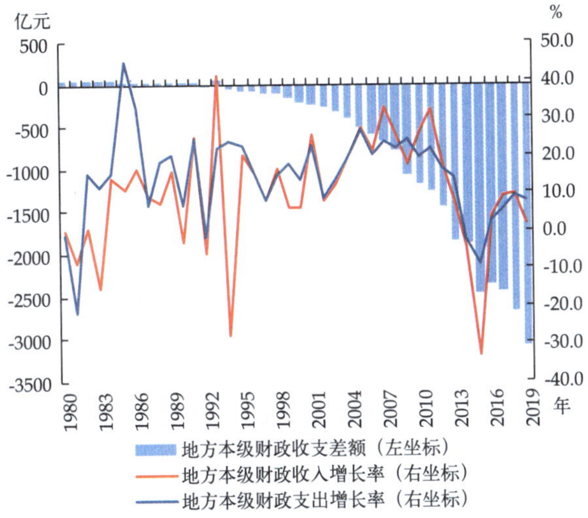

数据来源：《中国统计摘要》。

图 14　1980~2019 年辽宁省财政收支状况

（五）装备制造业在优化中发展

1. 装备制造业有所分化。规模以上装备制造业增加值较上年增长 7.2%，增速较上年低 2.2 个百分点，但高于工业增速 0.5 个百分点。其中，金属制品、机械和设备修理业增加值增长 39.9%，计算机、通信和其他电子设备制造业增加值增长 25.3%，金属制品业增加值增长 7.6%，电气机械和器材制造业增加值增长 7.1%，通用设备制造业增加值增长 5.0%，铁路、船舶、航空航天和其他运输设备制造业增加值增长 4.5%，汽车制造业增加值增长 2.5%。

2. 高新技术制造业成亮点。2019 年，全省规模以上高新技术制造业增加值增长 18.7%，高端装备、电子信息、生物医药等新兴产业加快发展。制定实施工业互联网创新发展三年行动计划，推出一批工业互联网项目，华为锦州云计算数据中心启动运行，恒大新能源汽车生产基地开工建设。中国航发燃气轮机公司落户沈阳。

（六）房地产市场总体平稳

2019 年，辽宁省房地产开发投资等先行指标继续回落，房地产价格涨幅有所收窄。

1. 房地产开发投资增速回落，待售面积继续缩减。当年房地产开发投资 2834 亿元，同比上升 9%，较上年下降 4.5 个百分点。房屋施工面积 23787.5 万平方米，同比下降 1.8%，较上年少降 4.7 个百分点。其中，房屋新开工面积 4142.5 万平方米，同比上升 4.6%；房屋竣工面积 1817.6 万平方米，同比下降 20.1%；待售面积 2909.3 万平方米，同比下降 10.5%，较上年多降 1.8 个百分点。

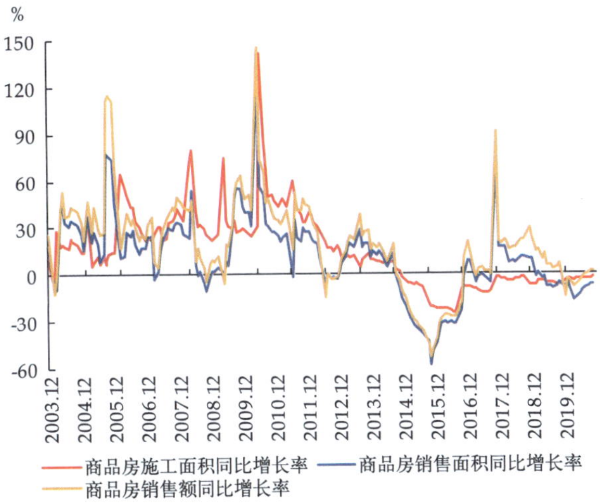

数据来源：国家统计局《中国经济景气月报》。

图 15　2003~2019 年辽宁省商品房施工和销售变动趋势

2. 房地产贷款增速平稳。年末房地产贷款余额 11332.4 亿元，同比增长 12.1%，高于上年 0.2 个百分点。其中，房地产开发贷款余额 2977.0 亿元，比年初增加 45.9 亿元，同比增长 1.6%，低于上年 2.6 个百分点；个人住房贷款余额 7637.5 亿元，比年初增加 1059.3 亿元，增长 16.1%，高于上年 0.5 个百分点。

3. 房屋销售情况稳中有降，价格涨幅回落。 2019 年，新建商品房销售面积 3696.3 万平方米，同比减少 6.1%。其中新建住宅销售面积 3412.5 万平方米，同比减少 4.0%。商品房销售额 3049 亿元，同比增长 2.8%，比上年低 4.3 个百分点。在 70 个大中城市新建住宅价格指数中，沈阳、大连、丹东、锦州各月新建住宅销售价格同比涨幅总体呈下降走势，12 月四座城市同比涨幅均未超过 10%。

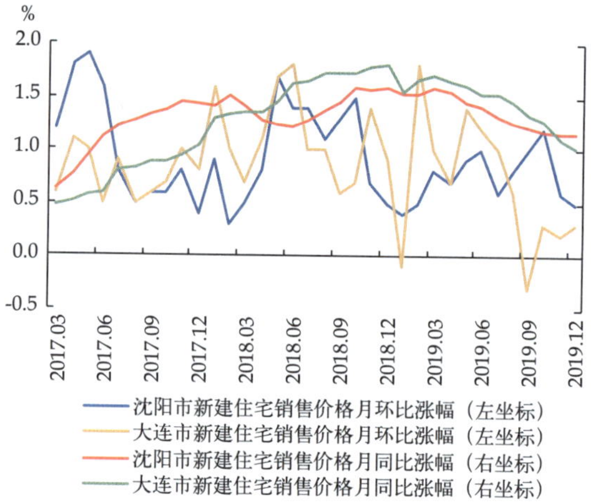

数据来源：国家统计局《中国经济景气月报》。

图 16　2017~2019 年辽宁省主要城市新建住宅销售价格变动趋势

专栏 2　四大措施助力辽宁自贸区高水平发展

2019 年，人民银行沈阳分行深入贯彻落实党的十九大以来党中央、国务院关于自贸区建设重要指示精神，立足地方经济发展实际，解放思想，主动作为，持续推进贸易投资便利化，积极营造优质高效的自贸区金融支持服务环境，取得显著成效。截至 2019 年末，辽宁自贸试验区共新增注册企业 4.8 万家，注册资本 6987.1 亿元。其中，当年新增注册企业 1.3 万家，注册资本 1639.9 亿元。

以制度创新为依托提升金融支持实体经济力度，助推自贸区对外开放高地建设。全力推进金融支持辽宁自贸区建设各项政策落实，持续深化外汇管理改革、不断扩大人民币跨境使用，积极引导金融政策向先进制造业、现代服务业和民营中小微企业倾斜，助力自贸区各业态创新发展。截至 2019 年末，辽宁自贸区企业累计本外币跨境结算金额 474.5 亿美元。其中，2019 年自贸区企业累计本外币跨境结算金额 176.2 亿美元，占全省同期跨境收支总金额的 14.6%。区内注册的银行、基金、商业保理、融资租赁等金融服务类企业快速增长。

以试点为契机推进金融改革开放，提升自贸区贸易投资便利化水平。积极在自贸区沈阳片区、营口片区等区域推进资本项目收入结汇支付便利化试点工作，大幅度简化企业资本项目收入支付流程，降低资本流入使用成本。截至 2019 年末，辖内银行办理试点业务近 300 笔，结汇支付资金 1000 余万美元。为便利辽宁省优质企业货物贸易、服务贸易人民币跨境结算以及资本项目人民币收入资金境内支付业务开展，人民银行沈阳分行在自贸区内推动更高水平贸易投资便利化试点，省内优质企业可通过自贸区内银行享受这项便利化措施。截至 2019 年末，已办理该业务 444 万元。

以线上平台搭建为措施提高金融服务便捷化程度，优化自贸区营商环境。一是完成“自贸金融在线服务平台 2.0 升级版”的设计与开发，扩大平台“在线预审”作用，实现了人民银行、市场监督管理局、商业银行、企业四方的信息互通流转，金融服务与工商注册信息的准确对接；增加外汇相关业务的在线审核功能，进一步提升了金融服务效率。二是在自贸区沈阳片区代理国库上线国库会计数据集中系统（TCBS），实现预算收入直达入库，支出即时到账，出口退税时间、电子缴税三方协议网上办理时间极大压缩。三是上线运行“沈阳市中小微企业信用信息应用服务平台”，引导扶持政策和金融资源向自贸区中小微诚信企业倾斜。截至2019年末，平台注册金融机构40家，发布信贷产品304种；注册企业307家，发布融资需求8.7亿元，成交6.2亿元，受理率71%，涉及农牧、高新技术、机械制造、进出口贸易等行业。

以探索建立适应自贸区的跨境金融监管机制为抓手，守住不发生系统性金融风险底线。推动建立人民银行、地方金融监管局、公安及税务部门参与“自贸区跨境资金流动风险联合监管工作机制”。实现对片区内企业运营情况的全流程、多维度监管，积极配合沈阳片区搭建事中、事后监管平台，确保自贸区内金融机构稳健运行，金融秩序稳定。

三、预测与展望

2020年，面对疫情冲击和国际形势不确定性，辽宁省将继续深入贯彻落实习近平总书记关于东北、辽宁振兴发展重要讲话和指示批示精神，认真落实《中共中央 国务院关于支持东北地区深化改革创新推动高质量发展的意见》精神，紧扣全面建成小康社会目标任务，坚持稳中求进工作总基调，坚持新发展理念，坚持以供给侧结构性改革为主线，坚持以改革开放为动力，推动高质量发展，坚决打赢三大攻坚战，保持经济运行在合理区间，确保与全国同步全面建成小康社会和“十三五”规划圆满收官。

总体看，辽宁经济运行将保持稳中有进、持续向好、发展质量稳步提升势头。城乡居民收入增长与经济增长实现基本同步，物价水平总体平稳。

2020年，金融管理部门将进一步落实稳健的货币政策，科学把握逆周期调节力度，灵活运用多种货币政策工具，疏通货币政策传导渠道，促进地区货币信贷、社会融资规模增长同经济发展相适应；厘清职责边界，压实各方责任，加强信息共享和监测分析，切实防范化解金融风险；加大对乡村振兴、精准扶贫、“三农”、民营和小微企业等国民经济重点领域和薄弱环节，以及辽宁重要发展战略的支持力度，为辽宁经济高质量发展创造良好的货币金融环境。

中国人民银行沈阳分行货币政策分析小组

总　纂： 朱苏荣　宋慧中

统　稿： 尹　久　赵　越　刘承洋　梁　旭

执　笔： 高新宇　马　笛　陈宁波　侯一明　卢　笙　孔令儒　由　华　纪　晗　宋杭倩　苏婵媛

提供材料的还有： 于松涛　张　博　李丽丽　边　赛　年海石　赵云桥　阿　荣　高　鹏　张继仁　洪银玉　白晶洁　徐　虹　王均文　宋正丹　王姚瑶　卢海峰　崔　冬　朱　乐　郑维臣　孙　洋　周向南　李璐媚　杨光伟　张荣梅

附录

（一）2019年辽宁省经济金融大事记

2月11日，中国人民银行沈阳分行指导辖内鞍山中支，与鞍山市发展改革委共建全国首个“一库一网一平台一保护”平台，即“鞍山市中小微企业信用信息数据库、鞍山金融信用网、网上融资对接平台、中小微企业公平信贷保护机制”，有效解决银企双方信息不对称、中小微企业和民营企业融资难等问题。

2月28日，中国人民银行沈阳分行与辽宁省税务局共同召开辽宁省电子对账业务研讨推进会，选取本溪市作为电子对账试点城市，推进全省电子对账业务深入发展。

3月20日，中国人民银行沈阳分行在辽宁自贸区创新搭建TCBS系统，通过“互联网+”推动“智慧国库”建设，为辽宁自贸区企业提供精准金融服务，有效提升了国库服务实体经济的效率和水平。

4月16日，中国人民银行沈阳分行营业管理部与银联商务股份有限公司联合打造的沈阳市中小微企业信用信息应用服务平台正式启动。双方以平台为依托，充分发挥各自优势，共同推进沈阳市中小微企业普惠金融服务。

8月23日，辽宁省银税合作推进会暨“普惠金融企税银综合智能服务平台”启动仪式在沈阳举行。平台依托诚信税收体系与金融机构大数据技术、信贷服务系统，实现优质税源与金融信贷形成良性互动。

9月17日，辽宁省政府印发《关于进一步支持企业上市发展的意见》，从降低上市成本、加大融资支持、给予用地支持等多个维度支持企业上市，促进辽宁资本市场发展。

10月15日，由国家发展改革委指导，辽宁省委、省政府和东北振兴金融合作机制主办的“金融助振兴——辽宁行动”主旨会议在沈阳召开。

10月29日，由辽宁省地方金融监督管理局、辽宁证监局、大连证监局和大商所联合主办的第二届产业企业风险管理大会在沈阳举行。大会以“新理念、新工具、新未来”为主题，探讨期货市场如何更好地服务和促进东北老工业基地振兴与发展。

12月16日，辽宁省首家科创板上市公司——沈阳芯源微电子设备股份有限公司在上海证券交易所科创板首发上市。

（二）2019 年辽宁省主要经济金融指标

表 1　2019 年辽宁省主要存贷款指标

		1 月	2 月	3 月	4 月	5 月	6 月	7 月	8 月	9 月	10 月	11 月	12 月
本外币	金融机构各项存款余额（亿元）	60107.0	60748.0	61320.0	61861.0	61867.0	61453.0	61302.0	61919.0	61531.0	61520.0	61271.0	62697.0
	其中：住户存款	32323.0	32845.0	33323.0	33294.0	33541.0	34000.0	34143.0	34435.0	34963.0	35078.0	35300.0	36134.0
	非金融企业存款	16192.0	16107.0	15912.0	16280.0	16130.0	16155.0	15788.0	15829.0	15309.0	15105.0	14790.0	15316.0
	各项存款余额比上月增加（亿元）	1073.0	641.0	572.0	541.0	6.0	-413.0	-152.0	617.0	-388.0	-11.0	-249.0	1426.0
	金融机构各项存款同比增长（%）	9.6	10.2	10.5	11.2	10.2	7.2	7.9	7.7	6.8	6.3	4.9	6.2
	金融机构各项贷款余额（亿元）	46139.0	46285.0	46792.0	47220.0	47365.0	47782.0	48150.0	48363.0	48735.0	48733.0	49051.0	49583.0
	其中：短期	15643.0	15613.0	15821.0	15818.0	15862.0	16011.0	15970.0	15807.0	16073.0	16052.0	16126.0	16398.0
	中长期	26670.0	26856.0	27103.0	27392.0	27546.0	27834.0	28174.0	28405.0	28468.0	28540.0	28787.0	29000.0
	票据融资	3114.0	3102.0	3096.0	3246.0	3190.0	3303.0	3329.0	3458.0	3489.0	3455.0	3375.0	3407.0
	各项贷款余额比上月增加（亿元）	1041.0	146.0	507.0	428.0	145.0	417.0	368.0	212.0	372.0	-1.0	317.0	532.0
	其中：短期	135.0	-31.0	208.0	-2.0	43.0	149.0	-41.0	-163.0	266.0	-21.0	74.0	272.0
	中长期	559.0	186.0	247.0	288.0	154.0	288.0	340.0	231.0	63.0	72.0	247.0	213.0
	票据融资	330.0	-12.0	-6.0	150.0	-56.0	113.0	26.0	129.0	31.0	-34.0	-81.0	33.0
	金融机构各项贷款同比增长（%）	9.9	9.3	9.7	9.8	9.3	9.5	9.5	9.6	9.4	9.0	9.6	10.2
	其中：短期	-2.0	-2.9	-2.9	-3.9	-3.2	-2.5	-1.9	-1.6	0.4	1.0	2.9	6.3
	中长期	12.6	12.3	12.7	13.0	12.6	12.7	12.9	13.2	11.7	11.0	11.3	11.2
	票据融资	81.4	78.2	82.4	98.0	79.7	80.7	65.1	56.2	47.5	45.2	35.1	22.4
	建筑业贷款余额（亿元）	1447.0	1460.0	1528.0	1550.0	1540.0	1548.0	1564.0	1547.0	1544.0	1554.0	1527.0	1506.0
	房地产业贷款余额（亿元）	2544.0	2521.0	2510.0	2579.0	2606.0	2621.0	2663.0	2677.0	2674.0	2677.0	2710.0	2776.0
	建筑业贷款同比增长（%）	15.1	15.4	20.2	23.2	17.9	15.2	15.2	12.0	9.1	7.2	4.1	5.7
	房地产业贷款同比增长（%）	19.8	17.2	17.2	18.5	17.2	18.3	18.1	17.8	14.6	15.7	13.8	12.9
人民币	金融机构各项存款余额（亿元）	59201.0	59795.0	60362.0	60918.0	60958.0	60563.0	60421.0	61051.0	60697.0	60692.0	60439.0	61904.0
	其中：住户存款	31966.0	32489.0	32965.0	32936.0	33179.0	33641.0	33787.0	34076.0	34609.0	34726.0	34949.0	35783.0
	非金融企业存款	15702.0	15589.0	15392.0	15779.0	15673.0	15732.0	15370.0	15434.0	14942.0	14734.0	14410.0	14979.0
	各项存款余额比上月增加（亿元）	1064.0	594.0	567.0	556.0	39.0	-395.0	-141.0	630.0	-354.0	-5.0	-253.0	1465.0
	其中：住户存款	1000.0	523.0	476.0	-29.0	243.0	462.0	146.0	289.0	533.0	117.0	223.0	834.0
	非金融企业存款	233.0	-113.0	-197.0	387.0	-106.0	59.0	-363.0	64.0	-492.0	-208.0	-324.0	568.0
	各项存款同比增长（%）	10.0	10.6	10.8	11.5	10.4	7.5	8.3	8.0	7.1	6.6	5.2	6.5
	其中：住户存款	15.3	14.7	14.6	15.6	15.8	15.9	16.0	16.0	16.0	15.9	15.1	15.6
	非金融企业存款	15.5	18.4	13.2	15.6	13.5	10.4	10.2	6.6	2.0	-0.6	-3.6	-3.2
	金融机构各项贷款余额（亿元）	45060.0	45197.0	45716.0	46165.0	46300.0	46729.0	47119.0	47297.0	47687.0	47701.0	48045.0	48654.0
	其中：个人消费贷款	7732.0	7760.0	7851.0	7967.0	8096.0	8229.0	8356.0	8518.0	8690.0	8831.0	8980.0	9080.0
	票据融资	3114.0	3102.0	3096.0	3246.0	3190.0	3303.0	3329.0	3458.0	3489.0	3455.0	3375.0	3407.0
	各项贷款余额比上月增加（亿元）	1039.0	137.0	519.0	449.0	135.0	429.0	389.0	178.0	390.0	14.0	344.0	609.0
	其中：个人消费贷款	11.0	28.0	91.0	117.0	128.0	133.0	127.0	161.0	173.0	141.0	149.0	100.0
	票据融资	330.0	-12.0	-6.0	150.0	-56.0	113.0	26.0	129.0	31.0	-34.0	-81.0	33.0
	金融机构各项贷款同比增长（%）	10.5	9.8	10.2	10.5	9.9	10.2	10.3	10.3	9.9	9.5	10.1	10.8
	其中：个人消费贷款	14.6	14.0	14.2	15.0	15.8	16.2	16.6	17.7	18.6	19.3	20.0	20.7
	票据融资	81.4	78.2	82.4	98.0	79.7	80.7	65.1	56.2	47.5	45.2	35.1	22.4
外币	金融机构外币存款余额（亿美元）	135.0	142.0	142.0	140.0	132.0	130.0	128.0	122.0	118.0	117.0	118.0	114.0
	金融机构外币存款同比增长（%）	9.6	10.2	10.5	11.2	10.2	7.2	7.9	7.7	6.8	6.3	4.9	6.2
	金融机构外币贷款余额（亿美元）	161.0	163.0	160.0	157.0	154.0	153.0	150.0	150.0	148.0	146.0	143.0	133.0
	金融机构外币贷款同比增长（%）	9.9	9.3	9.7	9.8	9.3	9.5	9.5	9.6	9.4	9.0	9.6	10.2

数据来源：中国人民银行沈阳分行。

表 2　2001~2019 年辽宁省各类价格指数

单位：%

		居民消费价格指数		农业生产资料价格指数		工业生产者购进价格指数		工业生产者出厂价格指数	
		当月同比	累计同比	当月同比	累计同比	当月同比	累计同比	当月同比	累计同比
2001		—	0.0	—	0.5	—	0.0	—	-1.4
2002		—	-1.1	—	1.7	—	-1.7	—	-2.2
2003		—	1.7	—	-1.6	—	5.1	—	3.6
2004		—	3.5	—	13.3	—	21.1	—	7.1
2005		—	1.4	—	10.0	—	8.1	—	5.1
2006		—	1.2	—	0.5	—	4.2	—	4.1
2007		—	5.1	—	14.2	—	4.8	—	4.4
2008		—	4.6	—	28.1	—	11.5	—	10.9
2009		—	0.0	—	-3.3	—	-6.7	—	-6.0
2010		—	3.0	—	3.7	—	8.6	—	7.4
2011		—	5.2	—	12.8	—	8.3	—	6.5
2012		—	2.8	—	6.9	—	-1.0	—	-0.1
2013		—	2.4	—	-0.1	—	-1.5	—	-1.0
2014		—	1.7	—	-1.1	—	-2.0	—	-1.8
2015		—	1.4	—	-0.5	—	-6.5	—	-6.1
2016		—	1.6	—	0.3	—	-2.1	—	-1.2
2017		—	1.4	—	0.3	—	8.0	—	8.1
2018		—	2.5	—	1.8	—	4.5	—	4.8
2019		—	2.4	—	—	—	0.8	—	-0.5
2018	1	2.0	2.0	-0.1	-0.1	5.0	5.0	6.1	6.1
	2	3.5	2.8	0.0	-0.2	4.9	5.0	5.8	6.0
	3	3.1	2.9	0.6	0.1	3.8	4.6	5.0	5.7
	4	2.9	2.9	0.9	0.3	3.8	4.4	5.1	5.5
	5	2.8	2.9	1.8	0.6	4.3	4.3	5.8	5.6
	6	2.7	2.8	2.7	0.9	5.4	4.5	6.3	5.7
	7	2.8	2.8	3.0	1.2	5.7	4.7	6.4	5.8
	8	3.4	2.9	2.8	1.4	5.1	4.7	5.3	5.7
	9	2.0	2.8	2.7	1.6	4.7	4.7	4.5	5.6
	10	1.8	2.7	3.1	1.7	4.7	4.7	4.2	5.4
	11	1.5	2.6	2.5	1.8	4.3	4.7	3.3	5.2
	12	1.3	2.5	1.5	1.8	2.0	4.5	0.7	4.8
2019	1	0.8	0.8	—	—	1.0	1.0	-0.7	-0.7
	2	0.8	0.8	—	—	0.8	0.9	-0.6	-0.7
	3	1.6	1.0	—	—	1.3	1.0	-0.3	-0.5
	4	1.9	1.3	—	—	0.2	1.2	1.0	-0.2
	5	2.2	1.5	—	—	2.1	1.3	1.1	0.1
	6	2.4	1.6	—	—	1.4	1.4	0.5	0.1
	7	2.4	1.7	—	—	1.1	1.3	-0.2	0.1
	8	2.2	1.8	—	—	1.0	1.3	-0.3	0.0
	9	2.5	1.9	—	—	0.1	1.2	-1.5	-0.1
	10	3.5	2.0	—	—	-0.6	1.0	-1.9	-0.3
	11	4.1	2.2	—	—	-0.7	0.8	-1.9	-0.5
	12	4.0	2.4	—	—	0.3	0.8	-0.4	-0.5

数据来源：《中国经济景气月报》、辽宁省统计局。

表 3　2019 年辽宁省主要经济指标

	1 月	2 月	3 月	4 月	5 月	6 月	7 月	8 月	9 月	10 月	11 月	12 月
	绝对值（自年初累计）											
地区生产总值（亿元）	—	—	5486.0	—	—	12043.0	—	—	19149.0	—	—	24910.0
第一产业	—	—	248.0	—	—	757.0	—	—	1299.0	—	—	2178.0
第二产业	—	—	2077.0	—	—	4676.0	—	—	7386.0	—	—	9531.0
第三产业	—	—	3161.0	—	—	6611.0	—	—	10464.0	—	—	13200.0
工业增加值（亿元）	—	—	—	—	—	—	—	—	—	—	—	—
固定资产投资（亿元）	—	—	—	—	—	—	—	—	—	—	—	—
房地产开发投资	—	133.0	474.0	713.0	993.0	1487.0	1770.0	2040.0	2373.0	2603.0	2764.0	2834.0
社会消费品零售总额(亿元）	—	2483.0	3654.0	4779.0	6045.0	7319.0	8566.0	9847.0	11087.0	12385.0	13671.0	15009.0
外贸进出口总额（亿元）	—	1193.0	1778.0	2363.0	2939.0	3509.0	4141.0	4760.0	5337.0	5909.0	6555.0	7263.0
进口	—	678.0	994.0	1313.0	1642.0	1940.0	2296.0	2670.0	2366.0	3308.0	3696.0	4128.0
出口	—	515.0	784.0	1050.0	1297.0	1568.0	1845.0	2090.0	2971.0	2601.0	2859.0	3135.0
进出口差额(出口－进口)	—	-164.0	-210.0	-263.0	-345.0	-371.0	-451.0	-580.0	605.0	-707.0	-838.0	-992.0
实际利用外资（亿美元）	—	4.0	10.0	12.0	13.0	22.0	23.0	27.0	28.0	28.0	30.0	33.0
地方财政收支差额（亿元）	—	-218.0	-552.0	-699.0	-891.0	-1209.0	-1316.0	-1480.0	-1324.0	-1893.0	-2127.0	-3109.0
地方财政收入	—	520.0	747.0	989.0	1200.0	1438.0	1672.0	1846.0	2062.0	2297.0	2456.0	2652.0
地方财政支出	—	738.0	1299.0	1688.0	2090.0	2648.0	2988.0	3326.0	3385.0	4190.0	4583.0	5761.0
城镇登记失业率（%）（季度）	—	—	4.0	—	—	4.0	—	—	4.1	—	—	3.4
	同比累计增长率（%）											
地区生产总值	—	—	6.1	—	—	5.8	—	—	5.7	—	—	5.5
第一产业	—	—	1.2	—	—	2.4	—	—	2.8	—	—	3.5
第二产业	—	—	8.0	—	—	6.8	—	—	6.3	—	—	5.7
第三产业	—	—	5.4	—	—	5.5	—	—	5.6	—	—	5.6
工业增加值	—	8.3	9.0	7.6	6.7	7.2	6.9	6.5	6.7	6.4	6.7	6.7
固定资产投资	—	4.8	3.2	-5.4	-7.7	-5.2	-3.9	-3.1	-1.7	-1.1	0.2	0.5
房地产开发投资	—	10.8	21.9	9.4	2.2	9.0	9.5	8.3	9.4	10.0	10.5	9.0
社会消费品零售总额	—	5.5	5.6	5.4	5.6	6.0	6.0	6.0	6.0	5.9	6.0	6.1
外贸进出口总额	—	1.1	-0.3	-3.6	-6.3	-8.6	-8.3	-8.3	-8.9	-9.4	-9.5	-8.1
进口	—	2.9	-2.6	-6.4	-8.5	-11.1	-10.0	-9.3	-10.7	-10.9	-7.4	-9.1
出口	—	-1.1	2.7	0.1	-3.3	-5.3	-5.9	-6.9	-6.5	-7.4	-11.0	-6.9
实际利用外资	—	-34.2	-22.1	-29.7	-39.6	-31.5	35.2	-33.5	-34.4	-34.5	-32.8	-32.1
地方财政收入	—	9.2	8.0	7.1	3.5	3.4	3.2	1.5	2.1	2.4	1.4	1.4
地方财政支出	—	9.7	9.8	9.1	6.7	7.2	7.2	7.0	8.7	6.6	6.8	7.9

数据来源：辽宁省统计局。

吉林省金融运行报告（2020）

中国人民银行长春中心支行货币政策分析小组

[内容摘要] 2019年，面对复杂多变的内外部环境，吉林省坚持以习近平新时代中国特色社会主义思想为指导，坚持稳中求进工作总基调，砥砺奋进，负重前行，深入实施“三个五”[①]战略，扎实推进“一主、六双”[②]产业空间布局，全面抓好稳定增长、深化开放、优化布局、改善民生等各项工作，经济运行总体平稳，主要经济指标在四季度企稳回升，新旧动能加速转换，全面振兴迈出新步伐，“十三五”规划主要指标进度符合预期，全面建成小康社会取得新的重要进展。全年实现地区生产总值11726.8亿元，同比增长3.0%。

具体来看，一是内需仍显不足，外贸形势严峻。固定资产投资下降较多，投资完成额同比下降16.3%。其中，制造业投资、基础设施投资、民间投资分别同比下降38.2%、2.8%和26.7%。消费需求增长稳中微降，社会消费品零售总额增速同比回落1.4个百分点。其中，限额以上吃类商品销售降幅有所收窄，大宗商品特别是汽车销售形势不乐观，消费升级类产品情况较好。进出口形势较为严峻。受海外经济体需求走弱和贸易摩擦潜在影响，进出口总值同比下降4.5%。对外经济合作稳步推进，实际利用外资额同比增长21.2%，对外直接投资同比增长125.5%。二是三次产业继续调整，结构有所优化。农业生产形势较好，农业增加值同比增长2.5%，粮食增产49亿斤，占全国总增量的41.3%。农业新技术新业态新模式推广取得实效，启动创建首批55个特色产业小镇。工业经济增长稳中略降，规模以上工业增加值同比增长3.1%，增速同比回落1.9个百分点。新兴产业迅速成长，新能源汽车产销量分别是上年的4倍和3.4倍，中车长春轨道客车股份有限公司时速400公里高速动车组研制成功并顺利投产。服务业发展呈积极变化，服务业增加值占地区生产总值的比重为53.8%，对经济发展支撑作用持续增强。寒地冰雪经济、避暑休闲产业成为新增长点，全域旅游业接待人次和总收入分别增长12.5%和17.1%。供给侧结构性改革深入推进，过剩产能有效压减，减税降费使市场主体活力明显增强。生态环境质量明显改善，地级以上城市空气质量优良天数比例89.3%。三是消费品价格涨幅总体可控，工业品价格略有下降。居民消费价格涨势平稳，全年同比上涨3.0%。食品烟酒类价格全年同比上涨7.5%，是物价上涨的核心因素。生产价格略有下降，工业生产者出厂价格指数同比下降1.1个百分点，工业生产者购进价格指数同比下降0.8个百分点。四是财政收入增长乏力，重点支出得到有力保障。受经济下行压力持续加大、国家更大规模减税降费政策陆续落地等因素综合影响，财政收入同比下降10.0%，税收占地方级收入比重达到71.4%。在收入增长困难的背景下，积极调整优化支出结构，大力压缩一般性支出，严格控制“三公”经费，积极清理盘活财政存量资金，优先保障重点民生、稳定经济增长、“三大攻坚战”

---

① “三个五”：是吉林省政府提出的突出发挥“五个优势”，推进“五项举措”，加快“五大发展”，即突出发挥吉林老工业基地振兴优势，推进体制机制转型和产业结构优化升级，加快创新发展；突出发挥国家重要商品粮基地优势，推进农业现代化和新型城镇化，加快统筹发展；突出发挥吉林沿边近海优势，推进长吉图战略，融入“一带一路”建设，加快开放发展；突出发挥吉林生态资源优势，推进生态文明建设，加强生态环境保护和资源利用转化，加快绿色发展；突出发挥吉林科教、人才、人文优势，推进高教强省、人才兴省、文化大省和法治吉林建设，加强社会治理创新，排除各类风险隐患，加快安全发展。

② “一主、六双”产业空间布局主要包含13个专项规划，一主即“长春经济圈规划”，还包括双廊、双带、双线、双通道、双基地、双协同六个规划，涵盖工业走廊建设、通道建设、城市协同发展等内容。

等重点支出，民生支出占全部财政支出的 80.2%。五是房地产市场总体平稳，医药重点企业保持较快增长。随着房地产市场平稳健康发展长效机制建设的推进，房地产市场逐渐趋于理性，房地产投资增速回落，商品房销售有所减缓，商品房销售均价涨幅较上年收窄 9.9 个百分点。具有区域特色的医药产业发展速度略有放缓，但医药重点企业继续保持较快增长。

吉林省金融部门认真贯彻落实稳健的货币政策，积极改进金融服务，切实加大信贷投入，不断优化信贷结构，为吉林经济高质量发展和全面振兴、全方位振兴营造了良好的货币信贷环境。

具体来看，一是银行业稳健运行，货币信贷平稳较快增长。本外币贷款平稳较快增长，增速同比提高 4.5 个百分点，达到 10%。贷款主要投向基础设施、民营小微企业、战略性新兴产业等重点领域和薄弱环节，信贷结构不断优化，对吉林实体经济高质量发展的支持力度持续增强。本外币存款增速逐月波动回升，同比增长 9.5%，住户存款和非金融企业存款同比分别增长 15.3% 和 1.4%。二是表外业务稳健发展，贷款利率小幅回落。地方法人金融机构积极调整资产负债结构，同业投资同比减少 14.3%。银行机构认真落实人民银行贷款市场利率改革各项部署，12 月份，吉林省新发放贷款中参考贷款市场报价利率（LPR）定价占比达九成，企业贷款加权平均利率较上年高点下降 0.26 个百分点。三是不良贷款实现“双降”，跨境人民币业务快速增长。银行业机构积极采取措施清收化解不良贷款，年末，吉林省银行业金融机构不良贷款余额同比减少 8.7 亿元，不良贷款率同比下降 0.42 个百分点。在外贸收支下滑的背景下，吉林省跨境人民币结算业务量快速增长，增速达到 29.2%。充分发挥边疆省份区域优势，积极推进人民币在周边国家的使用，对俄、对韩跨境人民币结算业务占对俄和对韩本币结算的比例分别为 30.4% 和 13.3%。四是证券业平稳发展，市场交易活跃。证券交易额、股票交易额和代理期货交易额分别同比增长 10.6%、9.3% 和 139.4%。吉林省上市公司总市值同比增长 31.0%，但市场融资能力仍显不足，募集资金同比减少 7.6%。五是保险业稳步发展，农业保险保障作用进一步增强。保险业资产总额同比增长 9.2%，保险密度和保险深度均有所提升，分别达到 2524.9 元 / 人和 5.8%。农业保险较快发展，支农惠农水平不断提升，全年为 141.8 万户次农户提供风险保障 734.6 亿元，同比增长 25.2%。六是直接融资较快发展，金融市场运行平稳。社会融资规模同比增长 10.1%，为近 27 个月新高，直接融资同比增速高于间接融资增速 2.2 个百分点。同业拆借市场和现券市场交易额均较快增长，票据业务量价齐跌，黄金市场快速发展。七是金融基础设施更趋完善，金融生态环境建设扎实推进。信用体系建设扎实推进，吉林省征信系统收录企业和自然人信贷信息数量持续增加。着力增加征信查询服务有效供给，持续开展信用建档评定工作，依托应收账款融资服务平台积极推动动产融资业务发展，吉林省成为东北地区首个实现供应链核心企业与应收账款融资服务平台系统对接的省份。支付体系稳定运行，银行卡受理环境不断改善，银行卡、“银联快付”等项目助推农村地区支付环境持续优化，吉林省移动支付便民工程建设持续推进，云闪付用户占全省人口总数的比例达到 20.1%。全面取消企业银行账户许可，企业银行账户开立、变更和撤销的便利度得到明显提升。金融消费权益保护工作有效推进，消费者纠纷处理机制不断完善，投诉办结率达到 100%。

2020 年是全面建成小康社会和“十三五”规划收官之年。当前，吉林振兴正处于滚石上山、爬坡过坎的关键阶段，老工业基地长期积累的老问题与转型升级过程中出现的新矛盾相互交织、相互影响，经济发展压力较大。但吉林振兴发展也面临新的重大机遇，党中央、国务院出台的《关于支持东北地区深化改革创新推动高质量发展的意见》，将在重大生产力布局、重点项目建设、深化改革等方面给予一系列政策支持。此外，吉林实现高质量发展的结构性、动能性、内生性积极因素正不断积累并日益显现，经济运行预计将企稳回升。2020 年，吉林省将全面贯彻党的十九大和十九届二中、三中、四中全会及中央经济工作会议精神，深入落实习近平总书记对东北振兴工作重要指示，深入实施“三个五”发展战略，推动高质量发展，坚决打赢“三大攻坚战”，扎实做好“六稳”工作，全面落实“六保”任务，保持经济运行在合理区间。

2020 年，吉林省金融部门将深入贯彻落实稳健的货币政策更加灵活适度，坚定不移聚焦服务实体经济，积极改进金融服务，不断调整优化信贷结构，着力加大对吉林省供给侧结构性改革的金融支持力度，切实增强金融服务的针对性和有效性，坚决打好防范化解重大金融风险攻坚战，为新时代吉林全面振兴、全方位振兴营造良好的货币信贷环境。

一、金融运行情况

2019 年，吉林省金融业稳健运行，银行业呈现较快发展态势，证券业继续保持稳步发展，保险保障作用持续发挥，金融市场融资功能不断增强，金融对实体经济支持力度增强，为吉林经济高质量发展和吉林全面振兴、全方位振兴营造了良好的货币信贷环境。

（一）银行业稳健运行，货币信贷平稳较快增长

1. 银行业规模不断扩大。2019 年，吉林省银行业金融机构网点持续扩张，机构网点个数 476 个，资产总额达到 32672.7 亿元，同比增加 1897.1 亿元。辖区民营互联网银行亿联银行，获得 2019 年国家高新技术企业荣誉认定，成为国内第四家、东北三省首家获得此荣誉认定的银行业金融机构。

表 1　2019 年吉林省银行业金融机构情况

机构类别	营业网点			法人机构（个）
	机构个数（个）	从业人数（人）	资产总额（亿元）	
一、大型商业银行	1686	38678	10355	0
二、国家开发银行和政策性银行	61	1833	4196	0
三、股份制商业银行	189	4322	2560	0
四、城市商业银行	386	9619	3402	1
五、城市信用社	—	—	—	—
六、小型农村金融机构	1641	26918	7146	53
七、财务公司	1	230	1156	2
八、信托公司	0	177	67	1
九、邮政储蓄银行	1067	10238	1867	0
十、外资银行	2	57	39	0
十一、新型农村金融机构	476	5508	895	325
十二、其他	0	335	678	2
合　计	5258	98397	32673	130

注：营业网点不包括国家开发银行和政策性银行、大型商业银行、股份制商业银行等金融机构总部数据；大型商业银行包括中国工商银行、中国农业银行、中国银行、中国建设银行和交通银行；小型农村金融机构包括农村商业银行、农村合作银行和农村信用社；新型农村金融机构包括村镇银行、贷款公司、农村资金互助社和小额贷款公司；“其他”包含金融租赁公司、汽车金融公司、货币经纪公司、消费金融公司等。

数据来源：吉林银保监局。

2. 本外币存款增速持续回升。2019 年，吉林省各项存款增速逐月波动回升，本外币各项存款余额同比增长 9.5%，高于上年同期 7.8 个百分点。分存款结构看，住户存款同比增长 15.3%，非金融企业存款同比增长 1.4%。分币种看，人民币存款增长 9.5%，外币存款增长 2.2%。

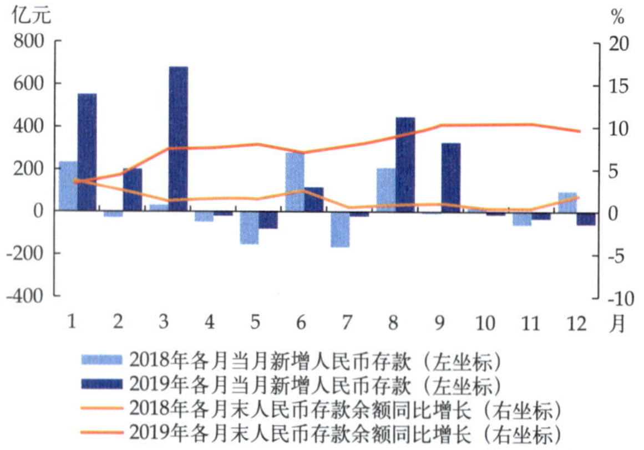

数据来源：中国人民银行长春中心支行。

图 1　2018~2019 年吉林省金融机构人民币存款增长变化

3. **本外币贷款平稳较快增长**。2019年，吉林省各项贷款增速持续回升，本外币各项贷款余额同比增长10%，高于上年同期4.5个百分点。分贷款类型看，住户贷款同比增长15.2%；金融支持实体经济力度不断加大，非金融企业贷款新增668.5亿元，同比多增461.5亿元。分贷款投向看，对重点领域和薄弱环节的支持力度不断增强，基础设施建设密切相关的四个行业同比增长16.4%，普惠小微企业贷款同比增长29.3%，科学研究与技术服务业贷款同比增长18.5%。

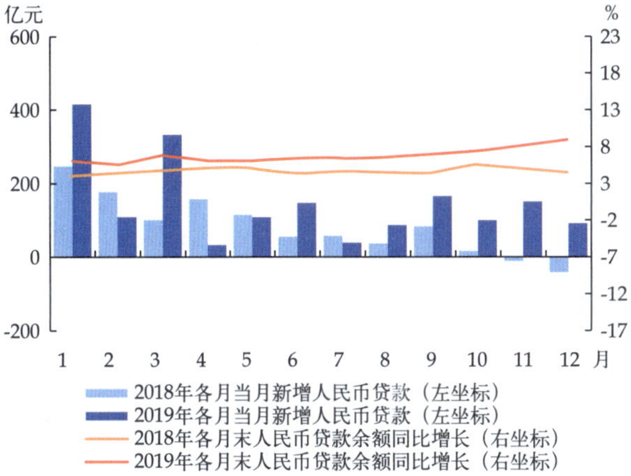

数据来源：中国人民银行长春中心支行。

图2　2018~2019年吉林省金融机构人民币贷款增长变化

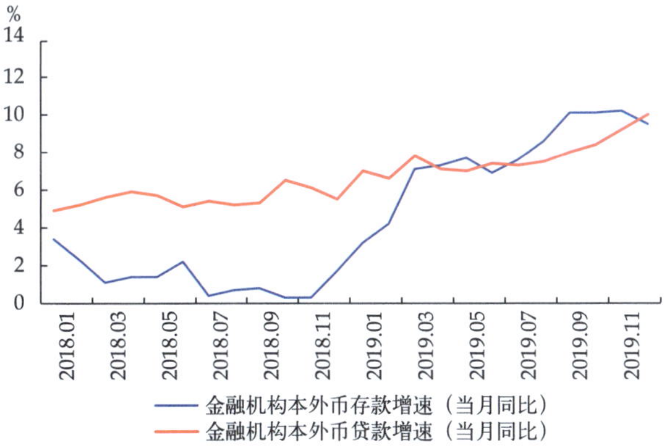

数据来源：中国人民银行长春中心支行。

图3　2018~2019年吉林省金融机构本外币存、贷款增速变化

4. **表外业务稳健发展**。2019年末，吉林省存续理财产品期末资金余额3433.0亿元，同比下降3.0%。同时，吉林省地方法人金融机构切实调整资产负债结构，主动压缩同业业务，回归支持实体经济本源。2019年末，吉林省地方法人金融机构同业投资1600.2亿元，同比减少267.6亿元。

5. **存贷款利率稳中有降**。2019年，吉林省银行业金融机构积极落实降低实体经济融资成本的政策要求，不断加强自律管理，组建地市级市场利率定价自律机制，有效规范辖区非理性定价行为，促进存款利率水平稳中有降，存款利率"压舱石"作用得到较好发挥。12月，吉林省人民币定期存款加权平均利率为2.55%，比上年同期下降0.40个百分点。同时，认真落实人民银行贷款市场利率改革的各项部署，打破贷款利率隐性下限，推动降低实体经济融资成本。12月，吉林省新发放贷款中，参考贷款市场报价利率（LPR）定价占比达九成。全年企业贷款加权平均利率为5.70%，较上年高点下降0.26个百分点。此外，地方法人金融机构利率定价管理体制和运行机制进一步完善，全省共有27家银行业法人金融机构通过合格审慎评估，成为全国市场利率定价自律机制成员。

表2　2019年吉林省金融机构人民币贷款各利率区间占比

（LPR改革前）　　单位：%

月份		1月	2月	3月	4月	5月	6月	7月
合计		100.0	100.0	100.0	100.0	100.0	100.0	100.0
下浮		8.3	12.8	4.9	8.6	9.6	10.8	8.3
基准		17.5	9.7	51.4	14.2	10.3	13.2	9.2
上浮	小计	74.2	77.6	43.6	77.3	80.1	76.0	82.4
	(1.0, 1.1]	9.3	8.5	5.0	11.0	12.6	12.8	15.4
	(1.1, 1.3]	9.6	9.8	6.4	12.5	10.6	11.3	12.4
	(1.3, 1.5]	12.6	11.8	7.5	14.1	15.1	14.4	11.6
	(1.5, 2.0]	27.8	26.3	14.5	26.4	25.6	23.4	26.9
	2.0以上	14.9	21.1	10.1	13.2	16.1	14.2	16.2

（LPR改革后）

月份		8月	9月	10月	11月	12月
合计		100.0	100.0	100.0	100.0	100.0
LPR减点		10.0	9.6	9.2	9.6	10.0
LPR		0.0	0.0	0.6	0.4	0.4
LPR加点	小计	90.0	90.4	90.3	90.0	89.6
	(LPR, LPR+0.5%)	20.4	14.3	16.1	20.9	16.3
	[LPR+0.5%, LPR+1.5%)	16.3	22.0	19.0	19.8	16.3
	[LPR+1.5%, LPR+3%)	17.9	21.2	18.0	16.8	24.0
	[LPR+3%, LPR+5%)	16.3	16.5	18.1	16.3	20.9
	LPR+5%及以上	19.1	16.4	19.1	16.1	12.0

数据来源：中国人民银行长春中心支行。

6. 不良贷款实现“双降”。2019年，吉林省各金融机构认真贯彻落实中央防范化解重大金融风险攻坚战要求，地方政府压实风险防范责任，银行业积极防控风险，采取措施清收化解不良贷款，不良贷款和不良贷款率实现“双降”。2019年末，吉林省银行业金融机构不良贷款余额同比减少8.7亿元，不良贷款率同比下降0.42个百分点。地方法人金融机构流动性总体保持稳健，城市商业银行、农村商业银行、农村信用社和村镇银行年末流动性比率分别为48.56%、44.72%、62.28%和84.53%。

7. 跨境人民币业务快速增长。2019年，吉林省跨境人民币结算业务量为433.6亿元，同比增长29.2%，在全省外贸收支下滑的背景下取得了来之不易的较快增长。其中，经常项下跨境人民币结算量占经常项下本外币结算量的21.3%，直接投资项下跨境人民币结算量占直接投资项下本外币结算量的42.7%。与吉林省发生跨境人民币实际收付业务的境外国家和地区累计达97个，业务量集中于德国，占比61.7%。同时，积极推进人民币在周边国家的使用，全年共办理对俄跨境人民币结算业务8.0亿元，占对俄本外币结算的30.4%；办理对韩跨境人民币结算业务10.3亿元，占对韩本外币结算的13.3%。

专栏1　吉林省金融支持乡村振兴创新试点取得积极进展

为深入贯彻人民银行总行等五部委出台的《关于金融服务乡村振兴的指导意见》精神，落实吉林省委省政府加快实现吉林省农业现代化的各项部署，发挥农业在吉林省“压舱石”的关键作用，人民银行长春中心支行主动作为，通过开展吉林省乡村振兴金融改革创新试点，带动全省各级人民银行和银行机构形成金融支农创新的浓厚氛围，涉农信贷需求得到有效满足。2019年末，全省涉农贷款余额5441亿元，占全省各项贷款的26.7%，其中，农户贷款729亿元，余额同比增长6%。

一、以问题为导向，组织试点工作有序开展

为破解农村金融服务中存在的抵（质）押物不足、产品同质化严重、土地抵押贷款抵押物流转难等问题，中国人民银行长春中心支行围绕涉农信贷产品创新、强化农村支付体系和征信体系建设、深化农村金融消费者权益保护等，组织开展了吉林省乡村振兴金融改革创新试点。成立由行长任组长的试点工作领导小组，并研究制定下发了《吉林省乡村振兴金融改革创新试点工作方案》，最终确定和龙等4个县（市）为综合性试点，前郭等12个县（市）为特色性试点。各试点地区结合当地工作实际，制订了试点工作方案，并已逐步推进。

二、以创新为引领，试点地区涉农信贷产品日趋丰富

各试点地区人民银行不断拓宽抵（质）押物范围、丰富担保方式、强化信用贷款投放、改进金融服务模式，着力做好当地特色农业产业发展的金融支持工作。一是拓宽抵押物范围，有效盘活涉农经营主体存货资源。中国人民银行梅河口市支行指导当地银行机构开办“果仁存货抵押＋第三方监管公司冷库监管”“果仁存货抵押＋担保公司担保”等信贷业务，2019年末，“果仁贷”系列贷款余额8646万元。二是强化信用贷款投放，松原前郭县阳光村镇银行开办“丰收贷”，该产品面向信用记录良好，有稳定种养殖收入的农民，以家庭种养殖毛收入作为信贷授信依据，授信额度最多可达10万元。2019年末，前郭阳光村镇银行全年累计发放“丰收贷”18596.3万元，占其农户种植贷款的60%，贷款余额9741.8万元，惠及户数5329户。三是改进金融服务模式，各涉农金融机构依托“合作社（家庭农场）+基地+农户”模式，积极为农民合作社提供信贷支持。扶余市开办“花生产供销系列贷”信贷产品，2019年末，辖内各涉农金融机构共为花生产业上下游农户、中小企业发放贷款累计超过3亿元，极大地推进了花生产业的发展，有效带动了当地农民增收致富。

三、以试点为载体，推进农地抵押贷款业务深入开展

双辽市借助在“两权”抵押贷款试点中良好工作基础，持续优化“土地经营权+村级担保基金”抵押贷款模式。2019年10月，中国人民银行双辽市支行协调当地政府出台了《双辽市农村土地经营权抵押贷款实施方案》，为“土地承包经营权+村级担保基金”模式的开展提供了制度保障和组织保障，在风险防控及抵押物处置机制方面进行了有益探索。截至2019年末，四平地区已有8个乡镇及街道的行政村组建了村级担保基金管理小组，缴纳了村级担保基金45万元。“村级担保基金”项下已经发放贷款217笔，金额562万元。除此之外，德惠等非“两权”试点地区，以乡村振兴金融服务改革试点为契机，深入推进农地抵押贷款，于2019年实现贷款余额“零”的突破。

（二）证券市场平稳发展，市场交易活跃

1. 证券业交易额持续增长。2019年末，吉林省共有证券法人公司2家，证券公司分公司23家，证券营业部138家，证券公司分公司和证券营业部同比分别减少6家和8家。吉林省共有2家期货公司和8家营业部，营业部较上年减少2家。吉林省证券交易额、股票基金交易额和代理期货交易额同比分别增长10.6%、9.3%和139.4%。

2. 资本市场投融资功能持续发挥。2019年末，吉林省共有上市公司42家，其中，沪市17家，深市25家。总股本449.9亿股，总市值3330.5亿元，同比增长31.0%。吉林省上市公司全年共募集资金130.2亿元，同比减少7.6%。目前，吉林省上市IPO在审企业3家，在辅导企业7家，上市和挂牌企业数量居东北三省第2位，成为吉林历史上在审企业最多的时期。

表3　2019年吉林省证券业基本情况

项目	数量
总部设在辖内的证券公司数（家）	2
总部设在辖内的基金公司数（家）	0
总部设在辖内的期货公司数（家）	2
年末国内上市公司数（家）	42
当年国内股票（A股）筹资（亿元）	70.2
当年发行H股筹资（亿元）	2.5
当年国内债券筹资（亿元）	222.0
其中：短期融资券筹资额（亿元）	0.0
中期票据筹资额（亿元）	0.0

注：当年国内股票（A股）筹资额指非金融企业境内股票融资。

数据来源：吉林证监局。

（三）保险业稳步发展，农业保险保障作用进一步增强

1. 保险机构稳步发展。2019年末，总部设在吉林省内的法人保险公司3家，均为财产险公司，省级保险分公司38家，财产险公司和人身险公司分别为18家和20家。各保险公司从业人员21.8万人，比上年同期减少1.0万人。保险业资产总额同比增长9.6%。

2. 保险业务平稳发展。2019年，吉林省保险密度2524.9元/人，保险深度5.8%，同比分别提高7.4%和上升1.6百分点。吉林省农业保险保障功能进一步增强，为141.8万户次农户提供风险保障734.6亿元，同比增长25.2%。其中，中央财政补贴的六大作物种植业保险参保面积同比增长7.0%，共为130万户次农户提供风险保障152.3亿元，同比增长7.2%，预计赔款6.3

亿元，受益农户超120万余户次。

表4　2019年吉林省保险业基本情况

项目	数量
总部设在辖内的保险公司数（家）	3
其中：财产险经营主体（家）	3
人身险经营主体（家）	0
保险公司分支机构（家）	1882
其中：财产险公司分支机构（家）	1049
人身险公司分支机构（家）	883
保费收入（中外资，亿元）	679.4
其中：财产险保费收入（中外资，亿元）	204.6
人身险保费收入（中外资，亿元）	474.8
各类赔款给付（中外资，亿元）	207.0
保险密度（元/人）	2524.9
保险深度（%）	5.8

数据来源：吉林银保监局。

（四）直接融资较快发展，金融市场运行平稳

1. 社会融资规模较快增长。 2019年末，吉林省社会融资规模同比增长10.1%，较上年同期提高4.3个百分点，为近27个月新高。其中，表内融资同比增长9.3%，较上年同期提高3.9个百分点；表外融资同比下降5.1%，降幅较上年同期收窄7.3个百分点；全省政府债券存量和直接融资同比分别增长19.5%和11.5%。同时，积极利用境外资金支持区域经济发展，全省跨境融资同比增长19.2%。其中，外债同比增长11.8%。

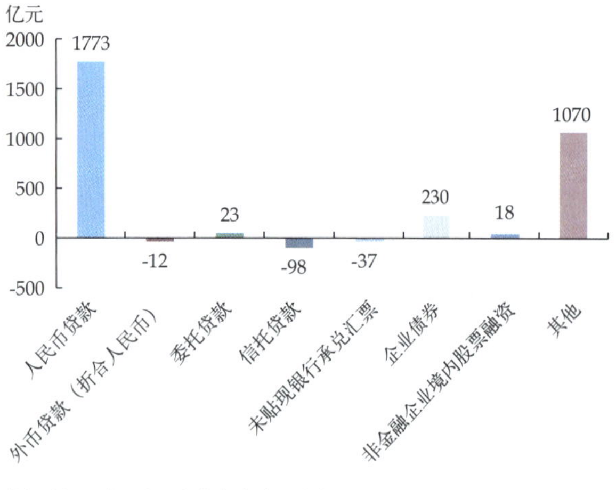

数据来源：中国人民银行长春中心支行。

图4　2019年吉林省社会融资规模分布结构

2. 融资渠道进一步拓宽。 2019年，吉林省通过银行间债券市场发行短期融资券、中期票据、定向工具等债务融资工具40期，融资368.4亿元，同比增长1.7%。

3. 货币市场业务优化调整。 2019年，吉林省银行间市场资金面总体呈现宽松局面，同业拆借市场累计成交量0.7万亿元，同比减少33.8%；现券市场累计交易金额4.7万亿元，同比增长67.9%；回购市场累计成交金额10.7万亿元，同比减少17.4%。

4. 票据业务量升价跌。 2019年，吉林省票据承兑累计发生额同比上升11.4%，票据贴现累计发生额同比上升39.1%。票据市场利率呈下降态势，银行承兑汇票贴现加权平均利率在3.4%~3.8%区间运行，转贴现加权平均利率在2.8%~3.2%区间运行。

5. 黄金市场快速发展。 2019年，黄金价格震荡攀升，吉林省黄金企业趋于保守持仓，通过上海黄金交易所销售黄金量同比下降15.7%。15家商业银行开办了上海黄金交易所黄金代理、账户金等六大类业务，全年黄金人民币业务累计成交额同比增长123.8%。

表5　2019年吉林省金融机构票据业务量统计

单位：亿元

季度	银行承兑汇票承兑		贴现			
			银行承兑汇票		商业承兑汇票	
	余额	累计发生额	余额	累计发生额	余额	累计发生额
1	774.9	497.2	538.1	720.9	14.1	13.3
2	851.6	482.8	538.9	589.0	20.6	33.3
3	791.1	345.5	479.0	539.2	21.3	23.6
4	760.8	395.4	473.0	572.9	19.7	8.6

数据来源：中国人民银行长春中心支行。

表6　2019年吉林省金融机构票据贴现、转贴现利率

单位：%

季度	贴现		转贴现	
	银行承兑汇票	商业承兑汇票	票据买断	票据回购
1	3.7	5.4	3.3	2.7
2	3.5	5.0	3.4	2.5
3	3.7	4.6	3.0	2.3
4	3.1	5.6	2.7	3.0

数据来源：中国人民银行长春中心支行。

（五）金融基础设施更趋完善，金融生态环境建设扎实推进

1. 信用体系建设扎实推进。2019 年末，吉林省征信系统累计收录 18.9 万户企业和 2036.7 万自然人的信贷信息。在全省范围内布设个人信用报告自助查询机 167 台，企业信用报告自助查询机 19 台，增加征信查询服务有效供给，全年社会公众查询个人信用报告 617.4 万次、企业信用报告 17.8 万次。持续开展信用建档评定工作，累计为 5 万余户中小企业、347 万余户农户建立信用档案，累计评定信用乡 100 余个、信用村 2400 余个、信用农户 165 万余户。依托应收账款融资服务平台积极推动动产融资业务发展，成为东北地区首个供应链核心企业与应收账款融资服务平台实现系统对接的省份，2019 年末，服务平台累计开通用户 748 户，实现融资 175.5 亿元。

2. 支付体系稳定运行。2019 年，吉林省支付系统处理业务 4.5 亿笔，金额 39.4 万亿元。银行卡受理环境不断改善。全省联网商户、联网 POS 机具、ATM 分别达到 40.6 万户、47.2 万台和 1.4 万台。银行卡助农取款、“联银快付”等项目助推农村地区支付环境持续优化，吉林省助农取款服务点达 1.4 万个，“联银快付”全年交易金额 167.1 亿元。全面启动吉林省移动支付便民工程建设，全省云闪付用户 541.4 万户，约占全省人口总数的 20.1%。银行卡消费稳步增长。全省银行卡消费总量和人均卡消费同比分别增长 22.8% 和 20.8%。银行卡授信规模和授信使用率持续提升。2019 年末，银行卡授信总额和授信使用率同比分别增长 13.4% 和 43.7%。全面取消企业银行账户许可，企业银行账户开立、变更和撤销的便利度得到明显提升。

3. 金融消费权益保护工作持续推进。2019 年，中国人民银行长春中心支行对 143 家金融机构开展执行人民银行政策及相关法律法规综合评价工作，对全省 31 家银行业金融机构、1 家支付机构开展了金融消费权益保护现场监督检查，督导辖内金融机构提升服务水平。充实“12363”呼叫中心人员力量，扩展业务范围，全年解答消费者咨询 6000 余人次，共受理处置消费者投诉 217 笔，投诉办结率 100%。统筹开展“3·15 国际消费者权益日”“普及金融知识守住钱袋子”“金融知识普及月”等特色宣传，受众消费者超过 1000 万人次，发放各种宣传资料 420 万份，微信推送点击量 280 余万次，媒体报道 372 次。

二、经济运行情况

2019 年，是吉林省经济发展极为艰难的一年。面对前所未有的困难挑战，经济运行总体保持平稳，主要指标在第四季度逐步企稳回升，新旧动能加速转换，高质量发展取得新进展，全面振兴全方位振兴迈出新步伐。全年实现地区生产总值 11726.8 亿元，同比增长 3.0%，增速比前三个季度提高 1.2 个百分点。

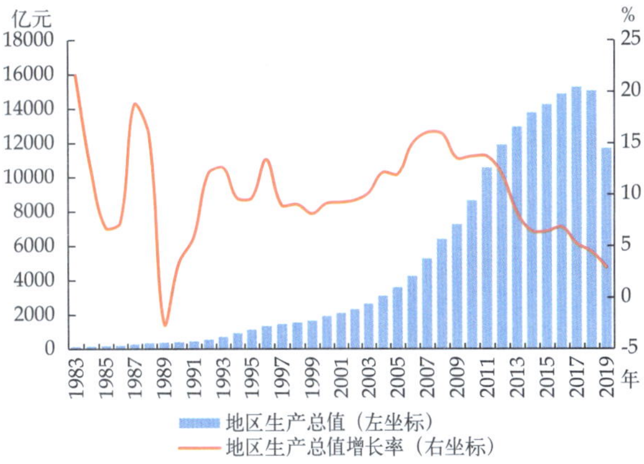

数据来源：吉林省统计局。

图 5　1983~2019 年吉林省地区生产总值及其增长率

（一）内需仍显不足，外贸形势欠佳

1. 固定资产投资下降较多。2019 年，吉林省完成固定资产投资（不含农户）同比下降 16.3%。分产业看，第一、第二、第三产业固定资产投资额同比分别下降 51.4%、37.7% 和 4.9%。从主要领域看，制造业投资同比下降 38.2%，基础设施投资同比下降 2.8%，房地产开发投资同比增长 11.9%。其中，民间投资规模同比下降 26.7%，占全部投资的比重为 50.0%。从重大项目看，亿元及以上在建项目 1357 个，同比减少 13.6%。

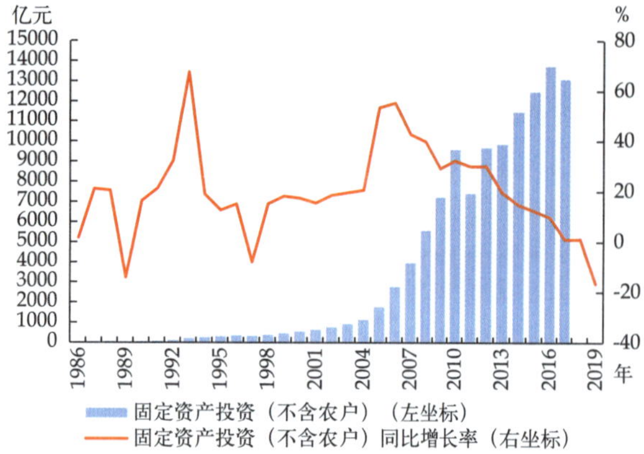

数据来源：吉林省统计局。

图 6　1986~2019 年吉林省固定资产投资（不含农户）及其增长率

2. 消费需求稳中微降。2019 年，吉林省实现社会消费品零售总额同比增长 3.4%，增速同比回落 1.4 个百分点。其中，城镇消费增长 3.4%，乡村消费增长 3.3%。从主要销售商品看，限额以上吃类商品销售降幅有所收窄，同比下降 4.5%；穿类、用类商品销售同比分别下降 1.7%、6.0%，分别低于上年同期增速 1.8 个、2.7 个百分点。大宗商品销售形势不乐观，汽车类零售额下降 9.4%，石油及制品类零售额下降 4.2%。消费升级类产品情况较好，体育、娱乐用品零售额增长 3.7%，家具类零售额增长 7.2%。电商交易额、农村网络零售额增速连续第三年超过 30%，跨境电商出口额增长 50%。

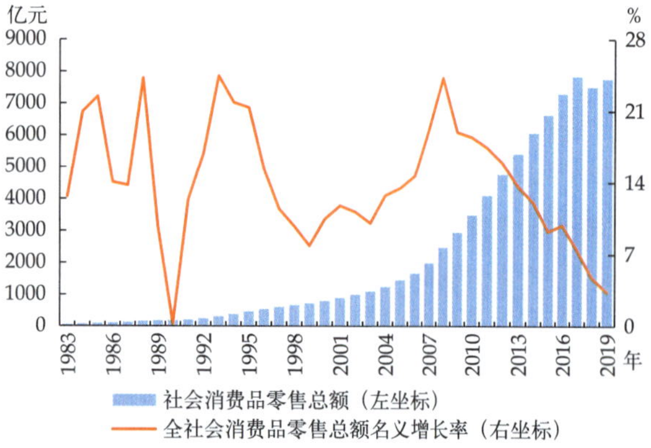

数据来源：吉林省统计局。

图 7　1983~2019 年吉林省社会消费品零售总额及其增长率

3. 进出口形势较为严峻。受海外经济体需求走弱和中美贸易摩擦潜在影响不断累积影响，吉林省进出口形势压力加大。2019 年，吉林省实现进出口总值 1302.2 亿元，同比下降 4.5%，低于上年同期 13.1 个百分点。其中，进口总额 978.2 亿元，同比下降 5.7%；出口总额 324.0 亿元，同比下降 0.6%。对外经济合作稳步推进，出台扩大开放 100 项等一系列政策，深入开展开放性国际合作，与德国、法国、日本、韩国、芬兰等国家开展经贸合作对接。实际利用外资额增长 21.2%，对外直接投资增长 125.5%。

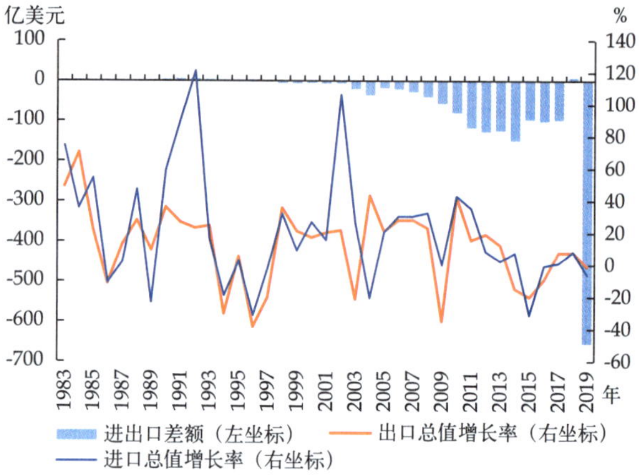

数据来源：吉林省统计局。

图 8　1983~2019 年吉林省外贸进出口变动情况

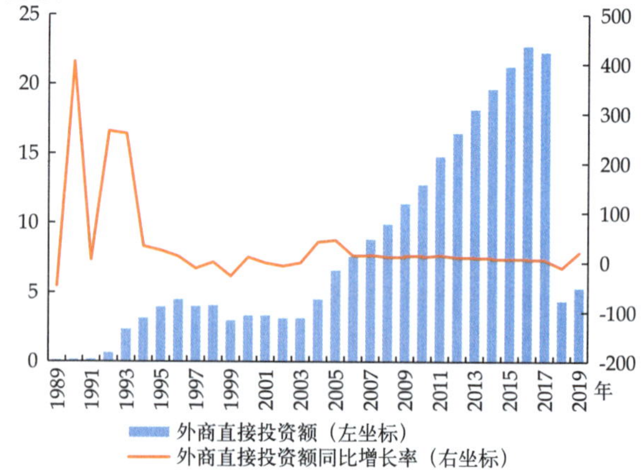

数据来源：吉林省统计局。

图 9　1989~2019 年吉林省外商直接投资额及其增长率

（二）三次产业继续调整，结构有所优化

2019 年，吉林省三次产业结构由上年的 7.7：42.5：49.8 调整为 11.0：35.2：53.8，服务业比重提高了 4.0 个百分点。

1. 农业生产形势较好。2019 年，吉林省实现农林牧渔业增加值 1333.4 亿元，同比增长 2.5%，比上年同期高 0.5 个百分点。吉林省粮食生产获得丰收，粮食作物面积达 8467.5 万亩，总产量达 775.6 亿斤，同比增长 6.7%，增产 49 亿斤，占全国总增量的 41.3%。国家级和省级农产品加工龙头企业数量分别增长 15% 和 9%，休闲农业收入增长 10% 以上。推广农业新技术新业态新模式取得实效，启动创建首批 55 个特色产业小镇。

2. 工业经济稳中略降。2019 年，吉林省规模以上工业增加值同比增长 3.1%，比上年同期回落 1.9 个百分点。重点产业支撑作用突出，八大重点产业增加值同比增长 3.7%。其中，汽车制造业增加值同比增长 7.9%，一汽集团汽车市场占有率从 12.3% 提升到 13.6%。从主要产品产量看，汽车、卷烟、乙烯、水泥、钢材产量分别增长 4.4%、2.4%、13.1%、24.2% 和 19.1%，化学纤维、中成药产量分别下降 13.8%、25.0%。新兴产业迅速成长。新能源汽车产销量分别是上年的 4 倍和 3.4 倍。长客公司时速 400 公里高速动车组研制成功并顺利投产。

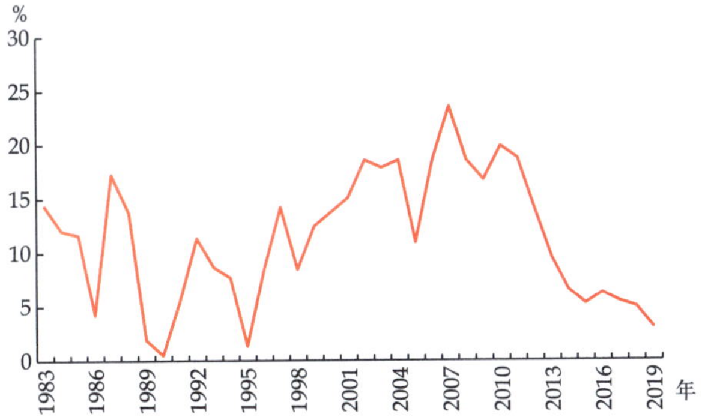

数据来源：吉林省统计局。

图 10　1983~2019 年吉林省规模以上工业增加值实际增长率

3. 服务业发展呈积极变化。2019 年，吉林省积极推进服务业攻坚战，全年服务业实现增加值 6304.7 亿元，同比增长 3.3%。服务业增加值占地区生产总值的比重为 53.8%，比上年提高 4 个百分点，服务业企业达 36.3 万户，增长 8.6%，服务业对经济发展支撑作用持续增强。从主要行业看，批发和零售业增加值比上年增长 4.7%，交通运输、仓储和邮政业增加值增长 1.6%，房地产业增加值增长 3.1%，金融业增加值比上年增长 6.2%，其他服务业增加值增长 2.7%。寒地冰雪经济、避暑休闲产业成为新增长点，全域旅游业接待人次和总收入分别增长 12.5% 和 17.1%。

4. 供给侧结构性改革见成效。去产能方面，2019 年，吉林省原煤产量下降 23.7%，铁合金产量下降 75.6%。降成本方面，全面落实减税降费政策，减征增值税小规模纳税人“六税两费”，全年共减轻企业和个人负担 322 亿元，减税降费使市场主体活力明显增强，为实体经济降本增效发挥了至关重要的作用。补短板方面，基础设施领域投资保障有力，全年基础设施投资占全部投资的比重为 22.7%，比上年同期提高 3.2 个百分点。脱贫攻坚战持续推进，农村贫困人口减少 67610 人，贫困发生率降至 0.1%，1489 个贫困村全部退出，9 个贫困县正在履行摘帽程序。

5. 生态文明建设取得新进展。2019 年，吉林省生态环境质量明显改善。清洁能源利用率达到 97.7%，是近 10 年最高水平；地表水优良水体比例达到 70.8%，同比上升 8.3 个百分点；地级及以上城市集中式饮用水水源地水质达标率 100%；地级以上城市空气质量优良天数比例 89.3%。出台查干湖治理保护和生态旅游规划，建成生态围塘等 16 项重点工程。违建别墅清查整治扎实开展，“大棚房”问题专项清理整治任务全面完成。白城市作为全国首批、东北首个国家“海绵城市”建设试点通过国家验收。长白县连续 3 年蝉联全国百佳“深呼吸小城”榜首。

（三）消费品价格涨幅总体可控，工业品价格略有下降

1. 居民消费价格涨势平稳。2019 年，吉林

省居民消费价格指数（CPI）累计上涨3.0%，较上年同期上升0.9个百分点，价格涨幅总体可控。分类别看，食品烟酒类价格全年累计上涨7.5%，是物价上涨的核心因素。衣着、居住、生活用品及服务、教育文化和娱乐、医疗保健、其他用品和服务类分别上涨2.1%、2.3%、1.5%、2.1%、1.7%和3.6%，交通和通信类下降3.4%。

数据来源：吉林省统计局。

图11　2002~2019年吉林省居民消费价格指数和工业生产者价格指数变动趋势

2. 生产价格略有下降。2019年，吉林省工业生产者出厂价格指数累计为98.9，同比下降1.1个百分点。工业生产者购进价格指数全年累计为99.2，同比下降0.8个百分点。

3. 居民收入持续较快增长。2019年，吉林省城镇常住居民人均可支配工资性收入20570元，同比增长8.4%；农村常住居民人均可支配工资性收入3933元，同比增长11.7%。城乡低保平均保障标准分别提高3.5%和4.6%。

（四）财政收入增长乏力，重点支出得到有力保障

从收入看，受经济下行压力持续加大、国家更大规模减税降费政策陆续落地等因素综合影响，2019年，吉林省地方级财政收入1116.9亿元，同比下降10.0%。其中，税收收入797.9亿元，同比下降10.5%；非税收入319.0亿元，同比下降8.6%；税收占地方级收入比重达到71.4%，比上年下降0.5个百分点。地方级财政收入从2月起一直持续10%左右的降幅。从支出看，吉林省一般公共预算支出3933.4亿元，同比增长3.8%，比上年高2.1个百分点。在收入增长乏力的背景下，进一步调整优化支出结构，大力压缩一般性支出，严格控制“三公”经费，积极清理盘活财政存量资金，优先保障重点民生、稳定经济增长、“三大攻坚战”等重点支出。全年民生支出达到3155.7亿元，占全部财政支出的80.2%。社会保障和就业、节能环保、农林水、交通运输等重点支出得到较好保障，增幅均高于财政支出平均增幅。

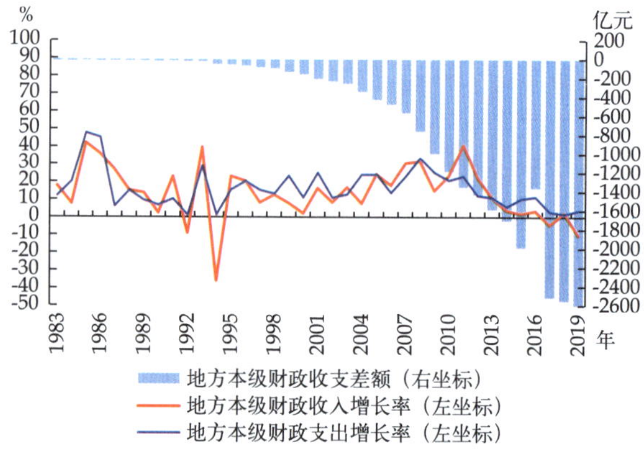

数据来源：吉林省统计局。

图12　1983~2019年吉林省财政收支状况

专栏2　坚持“四个强化”　持续深入推进贷款市场报价利率改革

改革完善贷款市场报价利率（LPR）形成机制是深化利率市场化改革的一座里程碑，对进一步优化金融资源配置，稳妥有序推动货币政策调控方式转型具有十分重要的意义。中国人民银行长春中心支行对此高度重视，坚持“四个强化”持续深入推进辖区LPR改革。2019年12月，剔除政策性特殊贷款等扣除项后，吉林省新发放贷款中有九成参考

LPR定价，地方法人机构占比也达到九成。

一、主要做法

（一）强化安排部署，明确工作职责，在“统”字上做文章

一是召开落实改革完善LPR工作推进大会，指导各银行实行“一把手”负总责、资产负债部牵头、各业务条线支持的组织架构，自上而下推动政策落地。二是组织各银行制订工作方案和时间进度表，指导各银行按照“先短期，后长期；先企业，后个人；先固定，后浮动”的思路有序推进，要求将各阶段工作任务细化、分解、落实到分支机构和业务条线。三是发挥省市两级自律机制行业自律作用，按照“房住不炒”“因城施策”原则，出台新的个人房贷利率公约。加强银行机构间的监督，推动打破贷款利率隐性下限。

（二）强化培训指导，夯实工作基础，在“细”字上下功夫

组织吉林省内8个市（州）的人民银行支行和21家全国性银行分支机构，通过集中培训、送教上门等方式，开展LPR定价培训近百场，培训下沉到各银行县（市）支行，将政策精神有效传达至基层。考虑到各银行间定价能力发展的不均衡，组织定价能力较强的银行一对一“帮扶”农信社、村镇银行等小法人机构，加强在系统利率定价模块增设调整、信贷产品业务梳理、合同文本修订、内外部资金定价等方面的经验交流。

（三）强化宣传推广，提升工作质效，在“扩”字上谋实效

一是以信息专报方式向地方政府汇报LPR改革政策要点，跟踪反映工作进展，介绍改革对增加小微企业信贷供给、降低实体经济融资成本等政府关切领域的积极影响。二是在省、市、县三级开展的22场银企对接活动中宣传推广LPR，调查了解企业关注的焦点问题，答疑解惑，凝聚共识。三是利用银行机构“贴近一线，点多面广”优势，开展LPR宣传季活动，组织调动各服务网点，通过LED屏幕、条幅、海报、宣传折页、微信、短信等多种方式，广泛宣传介绍LPR，营造良好氛围，不断增强企业、居民对LPR的认知。

（四）强化督导核查，树立正反典型，在“实”字上有作为

一是建立地方法人机构LPR周监测、周报告制度，按周掌握地方中小银行LPR改革政策落实动态。对照“58”目标，强化日常监测反馈，做到以周保月、以月保季，把过程管理和结果管理结合起来。二是通过电话调查、座谈交流、现场核查，调研了解各银行LPR运用及真实性情况，抽查台账与LPR周报、月报的数据匹配情况。三是建立全省银行机构LPR运用情况通报制度，表彰先进，激发各银行落实政策的积极性和主动性。四是针对5家工作进度明显落后的村镇银行，从属地人民银行和发起行两个维度加强督导，确保“一个都不掉队”。

二、进展成效

一是新发放贷款中参考LPR定价贷款占比全面显著提升。2019年12月，全省银行机构贷款（剔除政策性特殊贷款等扣除项）发生额1497.1亿元，参考LPR定价的贷款1345.7亿元，占当月新发放贷款金额的89.9%，企业贷款中参考LPR定价的贷款占比94.3%。政策性银行、国有银行、股份制银行和地方法人机构当月新发放贷款中，参考LPR定价占比分别达到100.0%、84.4%、92.1%和90.7%。二是打破贷款利率隐性下限。2019年9~12月，吉林省企业贷款利率低于LPR50个基点的贷款平均占比14%，初步打破了贷款利率隐性下限。三是企业贷款利率持续下降。2019年，吉林省内企业贷款加权平均利率较上年末下降0.2个百分点。其中，小微企业贷款加权平均利率较上年末下降0.22个百分点。四是房贷市场利率总体平稳。定价基准转换后，吉林省银行机构新发放的商业性首套房、非首套房贷款加权平均利率与之前参照贷款基准利率发放的贷款利率水平基本一致。

（五）房地产市场总体平稳，医药产业发展速度有所放缓

1. 房地产市场稳定运行。2019 年，随着房地产市场健康稳定发展长效机制的实施，吉林省房地产市场逐渐趋于理性。房地产投资、房屋新开工面积、商品房销售面积等指标同比增速回落，房价涨幅有所收窄。银行机构认真落实差别化住房信贷政策，房地产贷款增速有所回落，其中个人住房贷款增速较为稳定。

房地产企业投资力度有所减弱。受融资难度上升、房价涨幅回落等因素影响，2019 年，吉林省房地产开发投资额 1315.5 亿元，同比增长 11.9%，增速较上年回落 17.3 个百分点。

房地产企业投资意愿仍较为强烈。2019 年，吉林省房屋新开工面积 2947 万平方米，同比增长 18.9%；房屋施工面积为 12403.7 万平方米，同比增长 2.7%，较上年上升 1.1 个百分点；而房屋竣工面积为 1222.2 万平方米，同比下降 19.6%，同比增速较上年回落 22.4 个百分点。

商品房销售有所减缓。随着房地产市场宏观调控的深入，以及居民对房价涨幅将放缓的预期等因素影响增强，居民家庭购房行为更为理性。2019 年，吉林省商品房销售面积和销售额分别为 2122.3 万平方米和 1581.5 亿元，同比分别增长 2.3% 和 8.9%，同比增速较上年分别下降 7.7 个和 19.1 个百分点。

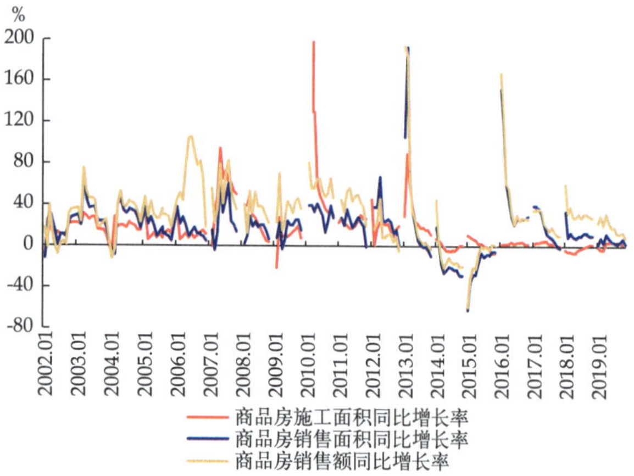

数据来源：吉林省统计局。

图 13　2002~2019 年吉林省商品房施工和销售变动趋势

商品房销售均价涨幅收窄。2019 年，吉林省商品房销售均价为 7452 元 / 平方米，同比上涨 6.4%，涨幅较上年同期收窄 9.9 个百分点。从国家统计局公布的 70 个大中城市住宅销售价格指数来看，2019 年 12 月长春市和吉林市新建商品住宅销售价格指数（上年 =100）分别为 109.4 和 110.2，较 2018 年 12 月的 111.8 和 112.6 均有所回落。

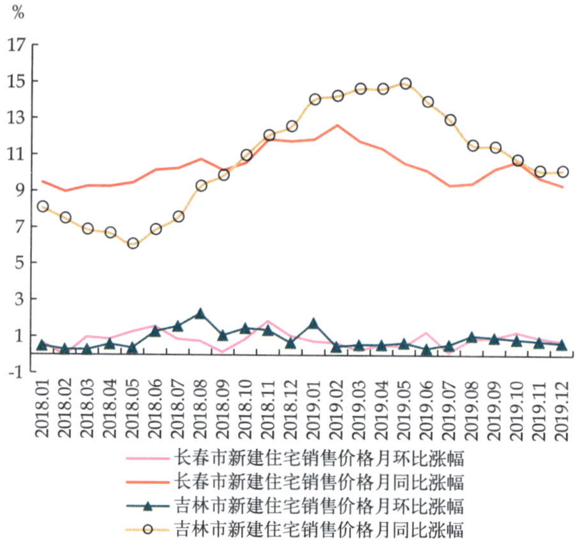

数据来源：吉林省统计局。

图 14　2018~2019 年吉林省主要城市新建住宅销售价格变动趋势

房地产贷款增长放缓。2019 年，吉林省房地产贷款余额 5003.5 亿元，同比增长 15.0%，增速较上年下降 5.0 个百分点，重点支持了居民家庭合理购房融资需求。其中，受土地储备机构不得再向银行业金融机构举借土地储备贷款政策影响，地产开发贷款持续减少，地产开发贷款同比下降 24.8%。受保障房计划建设任务大幅减少，以及地方政府逐渐通过发行专项债券方式为保障房建设筹集资金等因素影响，保障性住房开发贷款增速回落较多，保障性住房开发贷款余额 840.8 亿元，同比增长 0.6%，增速较上年同期回落 22.6 个百分点。个人住房贷款增速较为稳定，个人住房贷款余额 3474.1 亿元，同比增长 21.4%，增速同比上升 0.6 个

百分点，较好地满足了居民家庭合理购房融资需求。

2. 医药产业发展速度放缓。2019 年，吉林省医药产业增速继续呈下降态势。规模以上医药企业产值同比下降 3%，增加值同比下降 2.1%。医药产业增速下降的主要原因有：一是部分药品市场销量下降，致使部分药业生产企业被动减产。二是国家政策强化了对医生开具的重点监控目录药品处方的监管。三是统计口径改变，药企产值计算方式由原来的销售价格改为生产价格，且没有调整同期数据，造成部分药企产值较大幅度的下降。

医药重点企业主要业务继续保持较快增长。2019 年，吉林省重点调度的 50 户医药企业完成工业总产值 401.6 亿元，同比增长 4.9%。其中，化药 18 户、生物药 7 户、医疗器械 3 户分别完成产值 146.2 亿元、99.7 亿元和 10.3 亿元，同比分别增长 14.6%、21.1% 和 5.6%；中药 22 户完成产值 145.4 亿元，同比下降 10.9%。一是生物药企业集体高速增长。长春生物制品所、东宝药业、百克生物、金赛药业分别累计完成产值 4.5 亿元、27.7 亿元、9.9 亿元和 49.4 亿元，同比分别增长 43.1%、4.5%、13% 和 32%。二是创新型化学制药企业高速增长。凯莱英药业、国药一心药业分别累计完成产值 13.9 亿元、7.3 亿元，同比分别增长 39.3%、13%。“西医必须经过不少于 1 年系统学习中医药专业知识并考核合格后，可以开具中成药处方”。目前，医院中成药使用量已经明显下降。22 户重点中药企业全年完成产值 145.4 亿元，同比下降 10.9%，较 1~11 月降幅扩大 0.9 个百分点。

三、预测与展望

2020 年是全面建成小康社会和“十三五”规划收官之年。当前，吉林振兴正处于滚石上山、爬坡过坎的关键阶段，老工业基地长期积累的老问题与转型升级过程中出现的新矛盾相互交织、相互影响，经济发展压力较大。但吉林振兴发展也面临新的重大机遇，党中央、国务院出台的《关于支持东北地区深化改革创新推动高质量发展的意见》，将在重大生产力布局、重点项目建设、深化改革等方面给予一系列政策支持。此外，吉林实现高质量发展的结构性、动能性、内生性积极因素正不断积累并日益显现，经济运行将筑底企稳。2020 年，吉林省将全面贯彻党的十九大和十九届二中、三中、四中全会及中央经济工作会议精神，深入落实习近平总书记对东北振兴工作重要指示，深入实施“三个五”发展战略，推动高质量发展，坚决打赢“三大攻坚战”，扎实做好“六稳”工作，全面落实“六保任务”，保持经济运行在合理区间。

2020 年，吉林省金融部门将深入贯彻落实稳健的货币政策，坚定不移聚焦服务实体经济，积极改进金融服务，不断调整优化信贷结构，着力加大对供给侧结构性改革的金融支持力度，切实增强金融服务的针对性和有效性，坚决打赢防范化解重大金融风险攻坚战，为新时代吉林全面振兴、全方位振兴营造良好的货币信贷环境。

中国人民银行长春中心支行货币政策分析小组

总　纂：付喜国　林长杰

统　稿：丁树成　曹鲁峰　杨　珩　连　飞　付炳科　叶骏骅

执　笔：曹　楠　焦响乐　周飞虎　任建春　孟昭璇　佟训舟　孔元慧　邵　洋　孟　夏　赵　锋　王伟树　王宇洋　张斌驰　刘　健　刘鸿鹄　王宇光　陈　亮　景祥云　于　越

提供材料的还有：杨彬彬

附录

（一）2019 年吉林省经济金融大事记

3 月，国开行吉林省分行组织银团与省高速公路集团签订银团合同 1037 亿元，成为吉林省有史以来最大的一笔银团贷款。

8 月，第十二届中国—东北亚博览会在长春举办，开展面向世界的商品贸易、服务贸易与投资洽谈。

10 月，吉林亿联银行获得 2019 年国家高新技术企业荣誉认定，成为国内第四家、东北三省首家获此荣誉的银行业金融机构。

10 月末，吉林省股权交易所挂牌展示企业 539 家，是 2016 企业挂牌数量的近 8 倍。

11 月，皓月集团与安华农业保险签订了吉林省育肥牛养殖大灾保险第一单，迈出了吉林省养殖业全成本保险试点的第一步。

12 月，珲春成为 24 个跨境电子商务综合试验区之一。

12 月，建设银行吉林省分行完成通钢集团不良贷款债转股工作，成为省内第一家完成债权转让的金融机构。

12 月，吉林省粮食总产量 775.6 亿斤，增产 49 亿斤，占全国总增量的 41.3%。

12 月，“吉林一号”卫星全年共发射 5 颗，在轨运行 15 颗。

12 月，红旗品牌汽车当年产量 10.4 万辆、销量 10 万辆，分别是上年的 3.1 倍和 3 倍。

（二）2019 年吉林省主要经济金融指标

表 1　2019 年吉林省主要存贷款指标

		1 月	2 月	3 月	4 月	5 月	6 月	7 月	8 月	9 月	10 月	11 月	12 月
本外币	金融机构各项存款余额（亿元）	22637.6	22825.7	23507.5	23484.0	23399.1	23511.8	23479.9	23928.1	24251.0	24244.8	24213.3	24153.8
	其中：住户存款	13127.3	13385.1	13726.8	13692.8	13746.5	13863.2	13893.8	13933.3	14102.1	14106.7	14203.7	14540.0
	非金融企业存款	5131.0	4976.5	5094.6	4949.6	4900.5	4994.5	4950.5	5073.0	5274.9	5337.0	5321.5	5181.9
	各项存款余额比上月增加（亿元）	566.5	188.1	681.7	-23.4	-84.9	112.7	-31.9	448.3	322.9	-6.2	-31.5	-59.5
	金融机构各项存款同比增长（%）	3.2	4.2	7.1	7.3	7.7	6.9	7.6	8.6	10.1	10.1	10.2	9.5
	金融机构各项贷款余额（亿元）	19543.9	19652.2	19983.3	20016.0	20124.7	20259.1	20297.6	20383.3	20549.6	20648.6	20793.7	20884.4
	其中：短期	6976.5	6994.8	7126.6	7115.5	7122.7	7200.9	7227.1	7183.0	7143.9	7120.1	7046.2	6947.9
	中长期	11993.6	12040.4	12211.2	12248.5	12318.6	12385.4	12416.0	12581.5	12755.9	12853.7	13063.2	13231.7
	票据融资	483.9	523.6	552.2	555.5	584.1	559.6	529.4	484.4	500.3	507.1	489.7	492.6
	各项贷款余额比上月增加（亿元）	415.7	108.3	331.2	32.7	108.7	134.5	38.5	85.6	166.3	99.0	145.2	90.7
	其中：短期	33.2	18.3	131.8	-11.2	7.3	78.2	26.2	-44.1	-39.1	-23.8	-73.9	-98.3
	中长期	297.8	46.8	170.8	37.2	70.1	66.8	30.7	165.5	174.4	97.8	209.5	168.5
	票据融资	84.8	39.7	28.5	3.4	28.5	-24.5	-30.2	-45.0	15.9	6.8	-17.4	3.0
	金融机构各项贷款同比增长（%）	7.0	6.6	7.8	7.1	7.0	7.4	7.3	7.5	8.0	8.4	9.2	10.0
	其中：短期	-4.3	-4.8	-2.9	-4.1	-3.9	-1.8	-0.3	0.5	-0.7	-0.4	0.3	0.9
	中长期	13.8	12.7	13.3	12.7	12.6	11.7	10.6	11.2	12.3	12.6	13.2	13.9
	票据融资	31.6	51.1	58.6	70.3	54.6	60.4	49.2	21.0	27.8	30.9	26.4	23.4
	建筑业贷款余额（亿元）	553.7	550.9	558.5	564.3	581.6	596.6	595.9	682.1	685.4	675.9	681.1	664.2
	房地产业贷款余额（亿元）	882.1	896.3	909.0	909.9	897.1	891.9	883.4	897.6	899.8	903.9	908.2	922.0
	建筑业贷款同比增长（%）	6.3	2.4	1.8	2.5	5.3	7.0	6.3	26.7	27.9	26.8	28.3	22.2
	房地产业贷款同比增长（%）	24.5	22.4	22.4	25.4	24.2	19.1	13.6	13.5	12.5	11.1	9.4	8.2
人民币	金融机构各项存款余额（亿元）	22490.5	22689.1	23366.7	23344.0	23261.7	23373.7	23350.3	23795.8	24121.5	24113.9	24079.4	24019.4
	其中：住户存款	13026.5	13284.3	13625.6	13592.1	13645.2	13762.9	13794.3	13832.8	14003.3	14008.6	14105.7	14442.4
	非金融企业存款	5089.7	4952.3	5066.8	4920.0	4874.6	4967.0	4930.5	5051.5	5254.2	5314.4	5295.6	5154.9
	各项存款余额比上月增加（亿元）	548.9	198.7	677.5	-22.7	-82.3	112.0	-23.4	445.5	325.7	-7.5	-34.6	-59.9
	其中：住户存款	491.4	257.8	341.3	-33.5	53.1	117.7	31.4	38.5	170.5	5.3	97.1	336.7
	非金融企业存款	5.9	-137.4	114.5	-146.8	-45.4	92.4	-36.5	120.9	202.7	60.2	-18.8	-140.7
	各项存款同比增长（%）	3.2	4.3	7.2	7.4	7.8	6.9	7.7	8.7	10.2	10.1	10.3	9.5
	其中：住户存款	12.7	11.9	13.7	14.9	15.0	15.0	15.8	15.5	15.5	16.1	15.4	15.3
	非金融企业存款	-7.5	-6.6	-4.4	-8.9	-6.8	-4.9	-4.2	-2.2	1.8	3.7	4.7	1.4
	金融机构各项贷款余额（亿元）	19505.8	19613.8	19946.3	19978.5	20086.0	20232.3	20270.9	20357.1	20523.1	20622.2	20773.0	20863.6
	其中：个人消费贷款	4102.9	4129.3	4216.4	4281.9	4376.4	4461.8	4537.2	4628.0	4711.9	4801.6	4925.9	5018.2
	票据融资	483.9	523.6	552.2	555.5	584.1	559.6	529.4	484.4	500.3	507.1	489.7	492.6
	各项贷款余额比上月增加（亿元）	414.8	108.1	332.5	32.2	107.4	146.3	38.6	86.2	166.0	99.1	150.9	90.6
	其中：个人消费贷款	116.2	26.4	87.2	65.5	94.5	85.4	75.4	90.7	83.9	89.7	124.3	92.3
	票据融资	84.8	39.7	28.5	3.4	28.5	-24.5	-30.2	-45.0	15.9	6.8	-17.4	3.0
	金融机构各项贷款同比增长（%）	7.1	6.7	7.9	7.1	7.1	7.5	7.4	7.7	8.1	8.5	9.3	10.1
	其中：个人消费贷款	25.1	24.6	25.8	26.4	28.0	28.2	28.4	28.6	28.6	28.9	29.4	30.3
	票据融资	31.6	51.1	58.6	70.3	54.6	60.4	49.2	21.0	27.8	30.9	26.4	23.4
外币	金融机构外币存款余额（亿美元）	22.0	20.4	20.9	20.8	19.9	20.1	18.8	18.7	18.3	18.5	19.0	19.3
	金融机构外币存款同比增长（%）	-2.8	-7.3	-20.3	-12.7	-7.1	-6.7	-7.4	-5.9	-8.0	-3.9	-2.7	2.2
	金融机构外币贷款余额（亿美元）	5.7	5.7	5.5	5.6	5.6	3.9	3.9	3.7	3.7	3.7	2.9	3.0
	金融机构外币贷款同比增长（%）	-27.5	-27.2	-25.3	-23.4	-20.1	-35.7	-39.0	-42.5	-35.7	-33.6	-46.5	-44.6

数据来源：中国人民银行长春中心支行。

表 2　2001~2019 年吉林省各类价格指数

单位：%

		居民消费价格指数		农业生产资料价格指数		工业生产者购进价格指数		工业生产者出厂价格指数	
		当月同比	累计同比	当月同比	累计同比	当月同比	累计同比	当月同比	累计同比
2001		—	1.3	—	-1.0	—	1.8	—	0.3
2002		—	-0.5	—	0.4	—	-2.2	—	-1.4
2003		—	1.2	—	1.0	—	4.8	—	2.5
2004		—	4.1	—	6.3	—	10.5	—	5.0
2005		—	1.5	—	9.2	—	7.0	—	4.5
2006		—	1.4	—	-2.8	—	3.8	—	1.7
2007		—	4.8	—	6.0	—	5.2	—	2.7
2008		—	5.1	—	27.3	—	11.3	—	4.9
2009		—	0.1	—	-3.6	—	-4.7	—	-3.9
2010		—	3.7	—	-0.9	—	8.6	—	5.2
2011		—	5.2	—	11.4	—	6.1	—	5.4
2012		—	2.5	—	6.8	—	-0.7	—	-0.9
2013		—	2.9	—	0.8	—	-0.6	—	-1.3
2014		—	2.0	—	-4.9	—	-0.8	—	-0.9
2015		—	1.7	—	0.6	—	-3.4	—	-4.7
2016		—	1.6	—	-6.9	—	-2.2	—	-1.6
2017		—	1.6	—	-2.1	—	3.4	—	3.1
2018		—	2.1	—	3.7	—	3.5	—	2.8
2019		—	3.0	—	8.3	—	-0.8	—	-1.1
2018	1	1.2	1.2	-0.9	-0.9	3.8	3.8	2.2	2.2
	2	2.7	1.9	-1.4	-1.2	3.6	3.7	2.3	2.2
	3	1.9	1.9	0.2	-0.7	3.0	3.4	2.2	2.2
	4	1.7	1.9	1.5	-0.2	3.6	3.5	2.8	2.4
	5	1.8	1.8	3.2	0.5	4.0	3.6	3.8	2.7
	6	2.2	1.9	4.2	1.1	4.6	3.8	4.0	2.9
	7	2.2	1.9	5.4	1.7	4.4	3.9	3.7	3.0
	8	2.9	2.1	5.1	2.1	3.9	3.9	3.2	3.0
	9	2.5	2.1	5.7	2.5	4.0	3.9	3.3	3.1
	10	2.5	2.2	6.1	2.9	3.8	3.9	3.1	3.1
	11	2.1	2.1	7.6	3.3	2.8	3.8	2.1	3.0
	12	1.7	2.1	7.7	3.7	0.3	3.5	0.4	2.8
2019	1	1.4	1.4	6.8	6.8	-0.7	-0.7	-0.4	-0.4
	2	1.5	1.4	7.2	7.0	-0.6	-0.7	-0.9	-0.7
	3	2.3	1.7	9.1	7.7	0.1	-0.4	-0.5	-0.6
	4	2.7	2.0	10.1	8.3	-0.4	-0.4	-0.8	-0.6
	5	2.9	2.2	9.8	8.6	-0.5	-0.4	-1.2	-0.8
	6	3.3	2.3	7.4	8.4	-0.1	-0.5	-1.6	-0.9
	7	3.3	2.5	5.6	8	-1.3	-0.6	-1.6	-1.0
	8	2.8	2.5	7.2	7.9	-1.5	-0.7	-1.4	-1.0
	9	2.9	2.6	8.2	7.9	-1.7	-0.8	-1.4	-1.1
	10	3.9	2.7	11.0	8.3	-1.7	-0.9	-1.6	-1.1
	11	4.4	2.9	10.0	8.4	-0.9	-0.9	-1.2	-1.1
	12	4.4	3.0	6.5	8.3	0.4	-0.8	-0.3	-1.1

数据来源：吉林省统计局。

表 3　2019 年吉林省主要经济指标

	1 月	2 月	3 月	4 月	5 月	6 月	7 月	8 月	9 月	10 月	11 月	12 月
	绝对值（自年初累计）											
地区生产总值（亿元）	—	—	2701.8	—	—	6314.1	—	—	10045.0	—	—	11726.8
第一产业	—	—	138.8	—	—	291.1	—	—	544.7	—	—	1287.3
第二产业	—	—	1093.6	—	—	3065.8	—	—	4702.8	—	—	4134.8
第三产业	—	—	1469.4	—	—	2957.2	—	—	4797.6	—	—	6304.7
工业增加值（亿元）	—	—	—	—	—	—	—	—	—	—	—	—
固定资产投资（亿元）	—	—	—	—	—	—	—	—	—	—	—	—
房地产开发投资	—	—	45.9	118.9	319.1	477.5	633.5	830.4	1014.4	1164.1	1263.4	1315.5
社会消费品零售总额（亿元）	—	—	—	—	—	—	—	—	—	—	—	—
外贸进出口总额（亿元）	105.4	195.4	299.3	416.7	527.3	635.2	747.3	859.9	964.1	1058.9	1200.1	1302.2
进口	77.8	144.7	218.5	309.6	395.2	475.2	561.9	650.9	725.9	795.6	909.6	978.2
出口	27.6	50.7	80.8	107.1	132.1	160.0	185.4	209.0	238.2	263.3	290.5	324.0
进出口差额（出口－进口）	-50.2	-93.9	-137.8	-202.6	-263.1	-315.3	-376.4	-441.9	-487.7	-532.3	-619.2	-654.2
实际利用外资（亿美元）	—	—	—	—	—	—	—	—	—	—	—	—
地方财政收支差额（亿元）	-185.2	-323.0	-673.3	-781.5	-979.5	-1263.7	-1420.1	-1591.5	-1848.4	-1983.8	-2170.3	-2816.6
地方财政收入	133.3	199.5	293.3	407.0	482.6	584.0	682.5	750.8	844.4	943.1	1024.9	1116.9
地方财政支出	318.5	522.5	966.6	1188.5	1462.2	1847.6	2102.6	2342.3	2692.8	2926.9	3195.2	3933.4
城镇登记失业率（%）（季度）	—	—	3.4	—	—	3.1	—	—	3.0	—	—	3.1
	同比累计增长率（%）											
地区生产总值	—	—	2.4	—	—	2.0	—	—	1.8	—	—	3.0
第一产业	—	—	2.3	—	—	2.1	—	—	2.2	—	—	2.5
第二产业	—	—	1.5	—	—	0.1	—	—	0.0	—	—	2.6
第三产业	—	—	3.5	—	—	4.5	—	—	4.0	—	—	3.3
工业增加值	—	0.3	1.5	0.2	-0.2	-0.3	-0.3	0.5	-0.6	-0.2	1.3	3.1
固定资产投资	—	—	0.8	-12.2	-12.8	-5.1	-7.0	-10.4	-14.4	-15.9	-17.1	-16.3
房地产开发投资	—	—	28.3	20.9	25.8	27.0	18.9	19.2	16.7	15.6	11.8	11.9
社会消费品零售总额	—	3.5	3.6	3.8	3.8	3.9	3.8	3.7	3.6	3.5	3.5	3.4
外贸进出口总额	-22.7	-12.5	-8.3	-6.9	-7.1	-2.7	-7.2	-6.6	-7.8	-8.4	-5.0	-4.5
进口	-28.8	-17.3	-13.7	-10.8	-9.8	-4.4	-9.6	-8.1	-10.0	-10.7	-6.0	-5.7
出口	1.8	5.0	10.1	6.6	2.0	2.7	0.7	-1.5	-0.3	-0.9	-1.5	-0.6
实际利用外资	—	—	—	—	—	—	—	—	—	—	—	21.2
地方财政收入	0.4	-11.8	-9.9	-7.0	-9.8	-11.1	-10.3	-9.4	-9.2	-9.3	-8.8	-10.0
地方财政支出	33.0	3.2	6.6	7.1	9.1	7.2	6.9	3.2	1.2	-0.7	0.3	3.8

数据来源：吉林省统计局。

黑龙江省金融运行报告（2020）

中国人民银行哈尔滨中心支行货币政策分析小组

[内容摘要] 2019 年，面对国内外风险挑战上升的复杂局面，黑龙江省认真贯彻习近平总书记考察黑龙江重要指示和在深入推进东北振兴座谈会上的重要讲话精神，积极应对经济下行压力，全力做好“六稳”工作，不断推进供给侧结构性改革，全省宏观经济保持总体平稳。全省金融业认真贯彻落实稳健的货币政策，充分发挥逆周期调节和结构优化引导作用，“稳金融”工作抓细抓实，银行业、证券业、保险业协同发力，对全省经济社会结构转型和高质量发展的支撑作用不断增强。

全省经济运行总体保持在合理稳定区间，全年地区生产总值实现 13612.7 亿元，同比增长 4.2%。一是需求侧三驾马车稳增长，内外需协调拉动起作用。基础设施和百大项目建设①促进“稳投资”，全省固定资产投资增速转负为正（6.3%）；基础设施投资增长 22.6%；百大项目完成年度投资 1325.8 亿元。消费增长 6.2%。“稳外贸”和“稳外资”呈现良好局面。进出口总额增长 6.7%，高于全国平均 3.3 个百分点。与 62 个“一带一路”沿线国家进出口额占进出口总量的 79.6%，俄罗斯是主要伙伴国。实际利用外资 5.4 亿美元，增长 15.6%。二是取长补短驱动三次产业，供给侧结构性改革持续推进。三次产业结构为 23.4 : 26.5 : 50.1。第一、二、三产业增加值分别同比增长 2.4%、2.7% 和 5.9%。粮食总产获“十六连丰”，连续 9 年位居全国首位，稳固国家粮食安全“压舱石”的地位。乡村振兴战略深入实施，大豆种植面积增量占全国的 77.3%；绿色、有机食品认证面积和产量均位居全国第一。若扣除石油和天然气开采行业，全省规上工业增加值增长 6.2%，重要支撑是装备工业和食品工业。出台《黑龙江省工业强省建设规划（2019~2025 年）》。实施“百千万”工程建设②产业项目 1517 个、完成投资 845.3 亿元。高技术制造业增加值增长 10.2%。第三产业对地区生产总值增长的贡献率为 66.2%，是首要拉动力，其中，旅游业亮点突出，全年接待国内外游客人次和旅游收入分别增长 19%、19.6%。“三去一降一补”任务加快落实，“三大攻坚战”取得关键进展。完成龙煤集团和建投集团债转股 65 亿元。完成 124 户“僵尸企业”出清。出台进一步支持民营经济高质量发展的意见。新登记市场主体 45.8 万户，其中新登记企业近 10 万户、增长 12.4%。完成年度脱贫攻坚任务。淘汰县级城市建成区 10 蒸吨 / 小时及以下燃煤锅炉 1137 台。中国（黑龙江省）自由贸易试验区设立，相关政策落地启动。三是“稳就业”托实民生底线，就业指标好于预期。全年实现城镇新增就业 59.7 万人、失业人员再就业 43.2 万人、就业困难人员再就业 16.3 万人，分别完成年计划的 114.8%、116.6%、125.6%。城镇登记失业率 3.53%，同比降低 0.46 个百分点，创历史同期新低。城乡居民可支配收入增速均快于地区生产总值增速。四是房地产供需放缓，房地产信贷增速平稳回落。在“房住不炒”等房地产调控长效政策背景下，全省房地产投资增势趋缓，房屋新开工呈现降势；商品房销售面积和销售额继续下降，省会城市住房价格涨幅收窄，个人住房贷款增速低于上年 3.6 个百分点。

---

① 百大项目建设：2019 年黑龙江省为稳投资、补短板、促发展，推进 110 个重大项目建设工作，简称“百大项目”。

② “百千万”工程建设：2019 年黑龙江省聚焦建设工业强省，加快培育打造一批百亿级企业、千亿级产业和园区、万亿级产业集群，简称“百千万”工程。

全省金融业不断增强金融服务的前瞻性、有效性和针对性，为实现“六稳”和经济高质量发展营造了稳定适宜的货币金融环境。一是货币政策工具精准施策，贷款增势较为稳健。落实降准政策释放法人机构长期流动性约304亿元。创新应用第三方提供合格债券办理质押，使扶贫再贷款覆盖全省。再贷款、再贴现、常备借贷便利累放620.9亿元。年末全省银行业金融机构本外币各项贷款余额21506.6亿元，同比增长5.8%，增速高于上年1.4个百分点；贷款增加1090.5亿元，同比多增231.4亿元，其中法人机构占比53.8%。信贷资源积极补短板、强弱项，支持经济结构调整优化。涉农贷款同比多增246.5亿元；制造业贷款、中长期贷款和服务业贷款企稳回升；扶贫小额信贷和创业担保贷款稳步增长。二是加大贷款市场报价利率（LPR）的推广运用，降低企业信贷融资成本的作用已经显现。2019年，全省金融机构人民币一般贷款加权利率5.63%，同比下降0.28个百分点。LPR改革后5个月金融机构新发放贷款加权平均利率为5.4%，比LPR改革前7个月下降0.38个百分点。三是全面深化民营和小微企业金融服务工作。推动形成民营和小微企业的服务合力，全省四次印发指导性文件或行动方案［《黑龙江省深化小微企业金融服务若干措施》《黑龙江省全面深化民营和小微企业金融服务暨首贷培植行动方案（2019~2020）》等］。精准运用多种货币政策工具增强民营小微信贷供给能力，并降低小微企业融资成本。创新推出“众银帮”融资模式，形成省市县三级银企对接活动和“金助民企”活动。四是银行业、证券业、保险业发展稳中有进。银行业资产、负债、净利润分别增长3.4%、3.2%和3.5%。3年来首次实现不良贷款“双降”，不良贷款率十年来首次降至3%以内（2.79%）。证券市场交易额同比增长16.6%，新增2家企业分别在上交所科创板、港交所上市融资。保险业资产实力不断增强，农业保险保费规模位于全国第3位，创新推出大豆保险新政策（费率下降、保额提高）。社会融资规模增量上涨，同业拆出交易大幅上升，金融债积极支持“三农”、小微企业、绿色专项重点领域发展和补充银行资本，票据市场交易量不断攀升。五是金融基础设施逐步完善，金融生态建设扎实推进。再拓哈尔滨—海参崴现钞空运直通渠道和哈尔滨—广州—莫斯科新的空运中转渠道，首次实现跨境人民币多券别调运。搭建跨地域、跨系统、跨业务的全省农业农村信用信息数据共享平台，形成“农业信用信息数据+金融科技”的农村信用体系建设新模式。移动支付便民工程从“示范”到“普及”，从城市向县乡延伸。社区普惠金融和金融消费权益保护工作积极推进。

2020年是全面建成小康社会和“十三五”规划收官之年，黑龙江省将紧扣全面建成小康社会目标任务，坚持稳中求进工作总基调，坚持新发展理念，坚持统筹推进常态化疫情防控和经济社会发展，通过抓好复工复产、“加强版”百大项目投资、粮食生产、扩大消费、民生就业等工作，积极做好“六稳”工作、全面落实“六保”任务。黑龙江省金融业将坚决贯彻落实稳健的货币政策更加灵活适度，把支持实体经济恢复发展放到更加突出的位置，为本辖区经济发展创造良好的货币金融环境。中国人民银行哈尔滨中心支行将继续精准运用各种货币政策工具，保持辖内流动性合理充裕，按照市场化、法治化原则有序推进存量浮动利率贷款定价基准转换，发挥货币信贷政策促进经济结构调整的作用，引导金融机构为防疫保供、复工复产、民营小微企业、农业稳产、制造业、脱贫攻坚、科技创新、就业创业提供精准金融服务，努力提升金融服务实体经济质效。

一、金融运行情况

2019年，在国际国内经济金融形势错综复杂，黑龙江省经济下行压力加大、结构性矛盾较为突出的宏观背景下，全省金融业认真贯彻落实稳健的货币政策，“稳金融”工作积极开展，货币政策工具充分发挥逆周期调节和结构优化引导作用，金融对全省经济社会结构转型和高质量发展的支撑作用不断增强。

（一）银行业稳健经营，货币信贷运行总体良好

1. 银行业资产负债增长提速，法人银行机构有序改制。2019 年末，黑龙江省银行业金融机构资产、负债金额分别为 4.0 万亿元和 3.9 万亿元，同比分别增长 3.4% 和 3.2%，同比提高 0.4 个和 0.6 个百分点，当年累计实现净利润 274.9 亿元，同比增长 3.5%。地方法人银行机构中，有 3 家农村信用社改制为农村商业银行，分别为克山农商行、绥滨农商行和庆安农商行；新增 1 家村镇银行即同江汇鑫村镇银行。哈尔滨银行进行股权转让后，哈尔滨经济开发投资公司仍为该行第一大股东，占总股本的 29.6%；黑龙江省金融控股集团有限公司成为该行第二大股东，占总股本的 18.5%。

表 1　2019 年黑龙江省银行业金融机构情况

机构类别	营业网点			法人机构（个）
	机构个数（个）	从业人数（人）	资产总额（亿元）	
一、大型商业银行	1964	46693	12865.4	0
二、国家开发银行和政策性银行	90	2552	7242.2	0
三、股份制商业银行	209	4829	2627.4	0
四、城市商业银行	575	12998	8576.3	2
五、城市信用社	0	0	0	0
六、小型农村金融机构	1938	28337	5170.5	86
七、财务公司	3	77	260.9	2
八、信托公司	1	699	215.4	1
九、邮政储蓄银行	1620	16718	2726.1	0
十、外资银行	7	100	38.1	0
十一、新型农村金融机构	97	1444	240.5	38
十二、其他	2	248	248.4	2
合　计	6506	114695	40211.2	131

注：营业网点不包括国家开发银行和政策性银行、大型商业银行、股份制商业银行等金融机构总部数据；大型商业银行包括中国工商银行、中国农业银行、中国银行、中国建设银行和交通银行；小型农村金融机构包括农村商业银行、农村合作银行和农村信用社；新型农村金融机构包括村镇银行、贷款公司、农村资金互助社；“其他”包含金融租赁公司、汽车金融公司、货币经纪公司、消费金融公司等。

数据来源：黑龙江银保监局。

2. 存款增势加快，定期化明显。2019 年末，黑龙江省银行业金融机构本外币各项存款余额 27868.3 亿元，同比增长 9.4%，增速分别高于上年和全国平均 2.3 个和 0.8 个百分点；全年增加存款 2370.8 亿元，同比多增 680.2 亿元。分部门看，因理财产品收益率回落、居民资金趋向回流银行定期存款，住户定期存款增加 2026.1 亿元，是上年的 1.8 倍；非金融企业存款逆转上年负增长态势，增加 77.6 亿元；机关团体存款增加 409.5 亿元，同比少增 102.7 亿元；财政性存款和非银行业金融机构存款全年分别减少 103.9 亿元和 439.9 亿元。

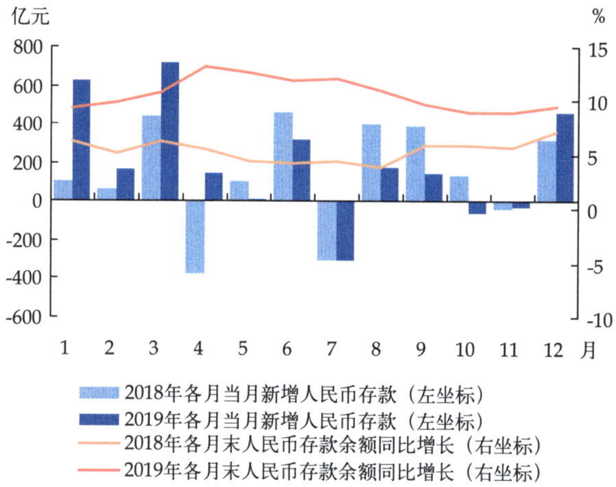

数据来源：中国人民银行哈尔滨中心支行。

图 1　2018~2019 年黑龙江省金融机构人民币存款增长变化

3. 货币政策工具精准施策，贷款增势较为稳健。2019 年全面贯彻落实各项降准政策，向地方法人金融机构释放长期流动性约 304 亿元。创新应用第三方提供合格债券办理质押，解决央行内部评级不达标的法人机构无法使用扶贫再贷款问题，扶贫再贷款在全省扶贫县实现了全覆盖。全年累计办理支农、扶贫（含展期）、支小再贷款和再贴现合计 400.9 亿元。全年累放常备借贷便利 220 亿元，有效缓解法人机构短期流动性压力。2019 年末，黑龙江省银行业金融机构本外币各项贷款余额 21506.6 亿元，同比增长 5.8%，增速高于上年 1.4 个百分点；贷款增加 1090.5 亿元，同比多增 231.4 亿元。其中，地方法人金融

机构贷款增量占全省贷款增量的 53.8%。

分部门看，住户贷款平稳增长，2019 年末余额 5925.6 亿元，同比增长 10.2%，高于上年 2.7 个百分点。其中，受二手房涨价等因素影响，住户消费贷款余额 4203.1 亿元，同比增长 16.0%，高于上年 4.0 个百分点。非金融企业及机关团体贷款稳步增长，2019 年末余额 15250.0 亿元，同比增长 4.5%，高于上年 1.7 个百分点。

分期限看，由于经济下行压力加大、企业流动资金需求比上年旺盛，短期贷款和票据融资合计增加 228.0 亿元，同比多增 314.3 亿元；受省内大项目和交通基础建设拉动，中长期贷款稳步增长，全年增加 865.3 亿元，同比多增 69.5 亿元。

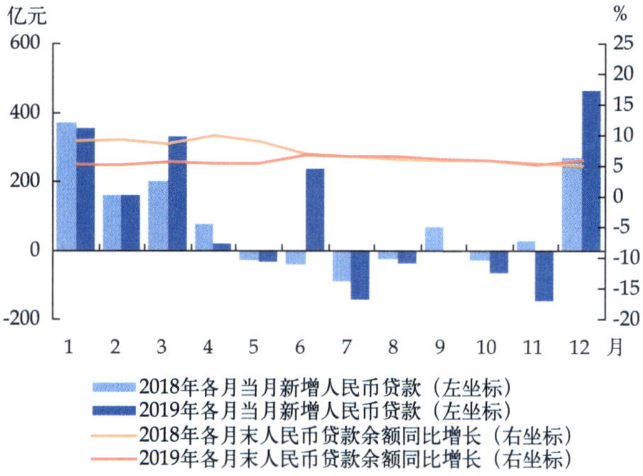

数据来源：中国人民银行哈尔滨中心支行。

图 2　2018~2019 年黑龙江省金融机构人民币贷款增长变化

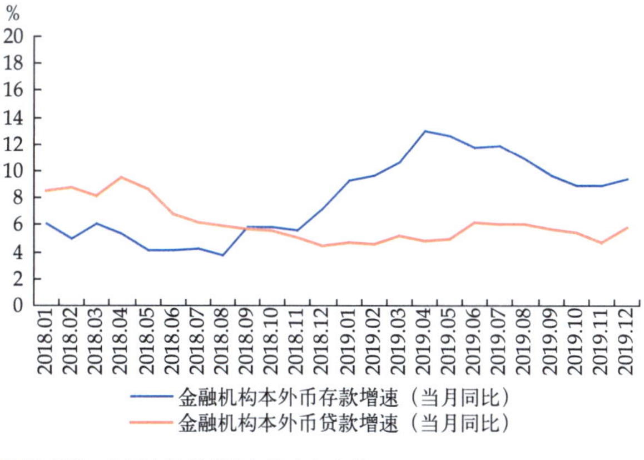

数据来源：中国人民银行哈尔滨中心支行。

图 3　2018~2019 年黑龙江省金融机构本外币存、贷款增速变化

分领域看，货币政策传导效率提升，信贷资源积极补短板、强弱项，支持经济结构调整优化。创新推出民营小微企业“众银帮”融资模式；涉农贷款新增 23.9 亿元，同比多增 246.5 亿元；制造业贷款企稳回升，新增 54.1 亿元，同比多增 141.2 亿元；服务业贷款增幅高于上年 3.5 个百分点；支持产业扶贫力度加大，年末全省产业精准扶贫贷款余额占全省金融精准扶贫贷款余额的比重比上年末提高 3.0 个百分点；创业担保贷款当年累放 14.0 亿元，同比多投 4.9 亿元。

4. 深化贷款市场报价利率（LPR）推广运用，降低企业信贷融资成本的作用已经显现。2019 年，全省金融机构人民币一般贷款加权利率 5.63%（不含票据贴现），同比下降 0.28 个百分点。8~12 月（LPR 改革后）全省金融机构新发放贷款加权平均利率为 5.4%，比 1~7 月（LPR 改革前）下降 0.38 个百分点，同比下降 0.45 个百分点。省级市场利率定价自律机制继续开展自律管理，全省金融机构定期存款利率维持在 2.40% 左右。

表 2　2019 年黑龙江省金融机构人民币贷款各利率区间占比

（LPR 改革前）　　单位：%

月份		1 月	2 月	3 月	4 月	5 月	6 月	7 月
合计		100.0	100.0	100.0	100.0	99.9	100.0	100.0
下浮		12.4	11.7	17.8	7.8	9.8	4.6	6.4
基准		25.4	26.4	20.9	15.5	19.0	16.9	19.1
上浮	小计	62.2	61.9	61.3	76.7	71.2	78.5	74.5
	(1.0，1.1]	10.5	11.1	9.3	12.1	11.9	18.2	14.5
	(1.1，1.3]	12.0	16.0	14.4	18.0	18.9	14.1	17.1
	(1.3，1.5]	7.6	6.1	5.0	9.8	8.2	12.1	11.2
	(1.5，2.0]	24.2	22.4	26.8	28.8	25.0	26.3	23.4
	2.0 以上	7.9	6.3	5.8	8.1	7.2	7.8	8.3

（LPR 改革后）

月份		8 月	9 月	10 月	11 月	12 月
合计		100.0	100.0	100.0	100.0	100.0
LPR 减点		14.6	10.2	15.9	56.4	12.1
LPR		0.4	0.0	0.8	0.4	1.0
LPR 加点	小计	85.0	89.8	83.3	43.3	86.9
	(LPR，LPR+0.5%)	33.0	22.6	24.9	12.7	30.7
	[LPR+0.5%，LPR+1.5%)	17.7	28.3	23.5	9.7	14.2
	[LPR+1.5%，LPR+3%)	15.6	19.3	16.1	8.8	19.9
	[LPR+3%，LPR+5%)	17.3	18.3	17.3	11.0	17.6
	LPR+5% 及以上	1.5	1.4	1.5	1.2	4.5

数据来源：中国人民银行哈尔滨中心支行。

5. 不良贷款实现“双降”，处置不良力度增强。2019年，全省银行业金融机构不良贷款3年来首次实现“双降”，不良贷款余额637.9亿元，较年初下降64.7亿元；不良贷款率十年来首次降至3%以内（2.8%），较年初下降0.5个百分点。

6. 跨境人民币业务稳中提质，再拓现钞调运新渠道。2019年，全省人民币跨境实际收付合计188.6亿元，其中，经常项目合计130.1亿元，同比增长22.5%。对俄跨境人民币业务实际收付合计58.3亿元，同比增长33.2%，在同期对俄本外币跨境收付总额中的占比提高近10个百分点。支持国开行和哈尔滨银行新增对俄同业融资业务协议金额80亿元，累计协议金额达420亿元。绥芬河市卢布现钞使用试点累计兑换卢布现钞金额4.2亿卢布。再拓哈尔滨—海参崴现钞空运直通渠道和哈尔滨—广州—莫斯科新的空运中转渠道，首次实现多券别调运，黑龙江省在对俄现钞调运方式、调运路线、交易对手等方面已形成独特优势。2019年末，累计对俄调运人民币现钞29笔共5.12亿元，有效满足了中俄企业和个人经贸旅游等兑换需求。

专栏1　多措并举　全面深化黑龙江省民营和小微企业金融服务工作

人民银行等五部门联合下发《关于进一步深化小微企业金融服务的意见》（银发〔2018〕162号，以下简称《意见》）以来，中国人民银行哈尔滨中心支行紧密围绕《意见》工作部署，不断强化思想认识、提高政治站位，充分发挥央行职能，敢于担当、主动作为，扎实推动小微企业金融服务取得良好成效。

一是聚力形成帮扶民营小微企业融资的政策合力。哈尔滨中心支行牵头推动成立了十四家省级政府部门的全省深化小微企业金融服务工作小组，部署工作职责，明确任务分工，破解难题障碍，形成工作合力。协助黑龙江省政府制定下发《黑龙江省关于印发加强金融服务民营企业二十项政策措施的通知》，联合省发展改革委等五部门联合制定下发《黑龙江省深化小微企业金融服务若干措施》，联合省地方金融监管局等五部门联合制定《黑龙江省全面深化民营和小微企业金融服务暨首贷培植行动方案（2019~2020）》。

二是精准运用多种货币政策工具增强民营小微信贷供给能力。年初以来各项降准政策共释放流动性304亿元，为县域经济、民营和小微企业发展提供了充裕的资金支持。其中，服务县域农商行降准政策引导贷款加权平均利率下降0.39个百分点；城商行降准政策引导贷款加权平均利率下降0.48个百分点。增设再贴现转授权窗口，实现各地市中心支行全覆盖，并延伸至县级支行，打通了支持民营企业票据融资最后一公里。2019年末全省小微企业再贴现票据余额42.1亿元，占比36.0%，同比提高13个百分点。累放支小再贷款9.5亿元。在LPR形成机制改革政策的引导下，2019年末全省小微企业贷款加权平均利率5.3%，同比下降0.07个百分点。

三是加强创新民营小微信贷产品和服务方式。组织开展小微企业金融服务“一市一品”活动，形成了不同形式、不同额度、不同期限、各具特色的多种信贷产品和服务方式。截至2019年末，共计开发了40种创新性的民营和小微企业信贷产品和服务方式，累计为2973户企业提供了金融支持，全年贷款投放94.4亿元，年末贷款余额达62.4亿元。创新并推广“众银帮”银团贷款融资模式，对哈尔滨和鑫彩印集团发放“众银帮”临时周转资金4笔，金额2亿元，为企业节约财务成本约100万元。

四是省市县三级联动开展银企对接。省

级层面，哈尔滨中心支行联合省工信厅、省地方金融局召开全省首季“开门红”金融机构服务民营企业对接会，12家银行机构分别与12家民营企业签订银企合作协议，签约金额39.2亿元。市（地）级层面，各市（地）中心支行对标对表在各自辖区内开展银企对接。截至12月末，省、市、县三级共组织开展了民营和小微企业政银企对接活动92场，推动银行机构对接企业3395户，提供授信840亿元。此外，联合省工商联在全省推进“金助民企小微”走访企业系列活动，已累计走访企业25385户次，开展财务辅导培训近6500户次，落实具体支持措施5000余项，为企业发展献策超过4万条，实现融资合计988亿元。

五是不断完善民营小微企业融资配套机制。联合省工信厅、省地方金融局开发建设了黑龙江省民营企业融资服务平台，借助“互联网+”相关技术，通过免费注册、融资申请、产品推送、跟踪服务等服务流程，为省内民营企业、中小微企业提供“点对点”“个性化”的融资服务。截至2019年末，融资服务平台已进驻282家金融服务机构，发布金融产品688个，1074家民营和小微企业在平台注册，发布融资需求信息442个。

（二）证券业平稳发展，企业上市融资有所进展

1. 证券公司主体稳定，证券交易额同比增长。2019年末，法人证券公司1家，证券分支机构186家，法人期货公司2家，期货分支机构17家；投资者股票账户数766.3万户，同比增加53.2万户，证券市场交易额39930.4亿元，同比增加5691.5亿元，同比增长16.6%。法人证券公司资产总额、负债总额、营业收入同比分别增长4.7%、5.7%和29.9%。

2. 法人期货公司数量不变，收入继续呈现下降趋势。2019年末，2家法人期货公司资产总计2.9亿元，同比增加0.7亿元，1家公司补充净资本导致总资产增加。2019年，法人期货公司营业收入814.6万元，同比减少52.9万元；净亏损572.7万元。

表3　2019年黑龙江省证券业基本情况

项目	数量
总部设在辖内的证券公司数（家）	1
总部设在辖内的基金公司数（家）	0
总部设在辖内的期货公司数（家）	2
年末国内上市公司数（家）	38
当年国内股票（A股）筹资（亿元）	9.5
当年发行H股筹资（亿元）	0
当年国内债券筹资（亿元）	178.2
其中：短期融资券筹资额（亿元）	8.0
中期票据筹资额（亿元）	-17.6

数据来源：黑龙江证监局、中国人民银行哈尔滨中心支行。

3. 上市公司新增2家，多元融资有所进展。2019年末，上市公司数量38家，同比增加2家。其中，沪市公司27家，深市公司11家（主板5家、中小板4家、创业板2家）。哈尔滨新光光电科技股份有限公司在上交所科创板上市；黑龙江飞鹤乳业有限公司在港交所挂牌交易。A股上市公司总股本518.8亿股，总市值2782.6亿元；首次公开发行股票并上市（IPO）在审企业2家，在辅导企业9家。新三板挂牌公司75家，总市值189.1亿元。2019年，企业直接融资188.3亿元。其中，科创板上市公司首发融资9.5亿元，企业发行公司债券融资171.7亿元，发行可转换公司债券融资3.1亿元，发行资产支持证券融资3.4亿元；新三板挂牌公司定向发行股票融资0.6亿元。

（三）保险业有序发展，农业保险做强做新

1. 资产实力有所增强，业务发展逐步深入。2019年，全省保险市场主体49家，与上年数量相同，其中财产险公司21家（含1家法人机构）、人身险公司28家。年末全省保险公司总资产2190.3亿元，较年初增长5.8%，行业资产实力进一步增强。全年实现原保险保费收入952.2亿元，同比增长5.9%。其中，全省财产险业务原保险保费收入202.2亿元，同比增长7.7%；人身险业务产品结构优化逐步深入，寿险业务原

保险保费收入527.3亿元，同比下降3.3%，健康险和意外险收入分别为204.7亿元和17.9亿元，同比分别增长37.6%和5.3%。

表4　2019年黑龙江省保险业基本情况

项目	数量
总部设在辖内的保险公司数（家）	1
其中：财产险经营主体（家）	1
人身险经营主体（家）	0
保险公司分支机构（家）	48
其中：财产险公司分支机构（家）	20
人身险公司分支机构（家）	28
保费收入（中外资，亿元）	952.2
其中：财产险保费收入（中外资，亿元）	215.3
人身险保费收入（中外资，亿元）	736.9
各类赔款给付（中外资，亿元）	324.1
保险密度（元／人）	2538.3
保险深度（%）	6.99

数据来源：黑龙江银保监局，其中保险密度由中国人民银行哈尔滨中心支行根据本地区本年度保费收入除以本地区上年度常住人口计算而得。

2. 保障功能持续发挥，财产险赔付占比最高。保险业全年提供风险保障金额36.8万亿元，同比增长27.2%，风险保障能力进一步提高。全省保险公司累计赔付支出324.1亿元，同比增长26%。其中，财产险业务赔款141.5亿元，同比增长40.6%，占比43.7%；寿险业务给付105亿元，同比下降1.3%；健康险业务赔款和给付73.5亿元，同比增长58.9%；意外险业务赔款4.1亿元，同比增长4.8%。

3. 农业保险保费规模位全国前列，及时推出大豆保险新政策。2019年全省累计实现农业保险原保险保费收入43.3亿元，保费规模位于全国第3位，同比增长9.1%。其中，种植业（含林业）和养殖业保费收入分别同比增长9.1%和7.7%，服务领域实现农业种、养、森全覆盖，为217.9万户次农户累计提供风险保障保额达978.3亿元。全年农业保险赔款支出62.5亿元，受益农户140万户次以上。政府部门联合出台大豆保险新政策，全省政策性大豆保险费率由9.6%下调至8%，亩保额由最低155元统一调整为200元，总保额提高24%；垦区内大豆保险费率由最高11.76%统一降至10%。全省承保大豆保险3888万亩，同比增长46%左右，承保覆盖率达到60.7%。

（四）地区社会融资规模增量上涨，金融市场走势分化

1. 信贷融资仍是主要融资来源，信托贷款快速增长。2019年，黑龙江省社会融资规模增量为3097.1亿元，同比多增1879.3亿元，体现了逆周期调节，支持了经济发展。从结构看，对实体经济发放的人民币贷款和外币贷款占黑龙江省社会融资规模增量的35.7%，占比最高；全年表外融资（含委托贷款、信托贷款、未贴现银行承兑汇票）增加896.2亿元，同比多增912.9亿元，其中信托融资增加963.4亿元，同比多增748.3亿元；全年企业直接融资（含企业债券融资和股票融资）增加49.9亿元，同比多增115.7亿元；其他融资增加1044.7亿元，同比多增511.9亿元。

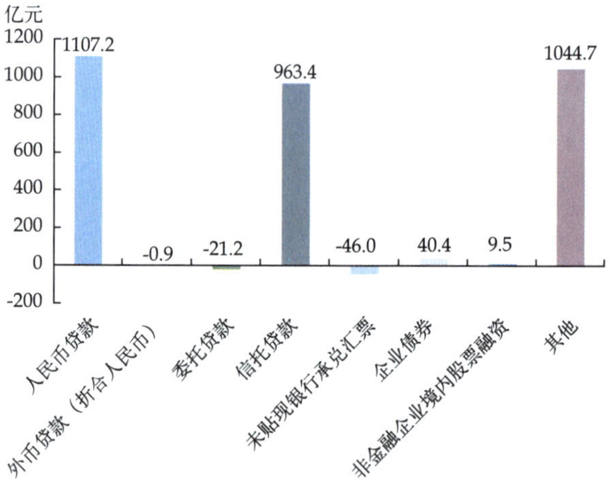

数据来源：中国人民银行哈尔滨中心支行。

图4　2019年黑龙江省社会融资规模分布结构

2. 同业拆借市场交易较为活跃，拆出交易大幅上涨。2019年末，黑龙江省累计开展信用

拆借交易2144笔，同比增长80.5%；同业拆借市场累计成交金额6818.7亿元，同比增长164.6%。其中，拆出金额6059.4亿元，同比增长304.8%；拆入金额759.2亿元，同比下降30.1%；拆借利率2.82%，同比下降1.18个百分点。

3.债券市场交易量总体下滑，金融债积极支持重点领域和补充银行资本。2019年末，黑龙江省银行间债券市场累计成交金额14.3万亿元，同比下降13.7%。其中，分别融入、融出5.3万亿元、9.1万亿元，同比分别下降27.8%、2.5%。一是债券回购交易量下降。质押式、买断式回购累计成交金额分别为9.5万亿元、0.1万亿元，同比分别下降28.6%、63.3%。二是现券交易量同比增多。现券累计成交金额4.7万亿元，同比增长58.1%。三是2009年以来法人金融机构累计发行金融债13单。其中，“三农”、小微企业和绿色专项金融债券155亿元；补充二级资本发行债券117亿元。

4.东北债券违约影响犹在，企业在银行间市场直接债务融资发行额继续下滑。自发行以来，黑龙江省共有31家企业累计发行180只非金融企业直接债务融资工具，募集资金1494亿元。受近两年来东北地区个别企业债券市场违约事件影响，以及区域经济下行压力制约，投资者对东北地区债券投资保持谨慎态度。截至2019年末，黑龙江省直接债务融资工具余额363.4亿元，同比下降9.4%；2019年黑龙江省企业共发行债务融资工具18只，累计发行额139.4亿元，同比下降12.9%，降幅较上年收窄7.9个百分点。

5.票据市场交易量不断攀升，票据利率呈现分化的震荡走势。票据承兑余额持续增长，2019年第四季度末达到611亿元，同比增长9.1%。票据贴现余额快速增长；2019年金融机构累计贴现4060.1亿元，同比增长52.5%。全年票据市场贴现和转贴现利率呈现分异的震荡走势。2019年银行承兑汇票贴现利率和票据买断转贴现利率震荡下行，商业承兑汇票贴现利率和票据回购转贴现利率震荡上升。

表5　2019年黑龙江省金融机构票据业务量统计

单位：亿元

季度	银行承兑汇票承兑		贴现			
			银行承兑汇票		商业承兑汇票	
	余额	累计发生额	余额	累计发生额	余额	累计发生额
1	640.9	276.5	917.0	878.9	47.7	19.3
2	881.7	492.7	1065.8	1642.9	39.2	21.7
3	625.8	676.5	847.3	3864.6	51.6	48.6
4	610.9	903.5	845.2	3987.9	50.2	72.2

数据来源：中国人民银行哈尔滨中心支行。

表6　2019年黑龙江省金融机构票据贴现、转贴现利率

单位：%

季度	贴现		转贴现	
	银行承兑汇票	商业承兑汇票	票据买断	票据回购
1	3.53	2.79	3.96	2.74
2	3.53	4.39	3.30	0.00
3	3.36	4.18	2.88	2.92
4	3.15	4.16	3.09	3.10

数据来源：中国人民银行哈尔滨中心支行。

（五）金融基础设施逐步完善，金融生态建设扎实推进

1.社会信用体系建设有序开展，创新推出农业农村信用信息数据共享平台。2019年末，企业征信系统已收录全省企业及其他组织19.7万户，同比增长8.9%。全省布设153台个人信用报告自助查询机，实现个人信用报告查询网点精准定位。推广个人征信查询扫码支付功能。推动全省首家银行（省建设银行）企业信用报告网银查询渠道正式落地。搭建跨地域、跨系统、跨业务的农业农村信用信息数据共享平台，形成“农业信用信息数据+金融科技”的农村信用体系建设新模式。2019年末，“智慧乡村”农村金融服务平台已覆盖全省各地市县。年末建档立卡贫困户开展信用评定覆盖率达93.4%。大庆市中小微企业信用体系试验区原有的“一

库两网一平台”升级为“一库两网三平台”[①]，新增“金助民企在线对接平台”和“产业金融服务平台”。齐齐哈尔市推出“以纳税信用等级获得银行贷款授信”的银税合作模式。全省实现首笔全流程线上应收账款融资业务落地，推动4家供应链核心企业、1家地方银行与平台签订对接协议，支持民营小微企业融资1650万元，融资成本降低20%。

2. 支付系统安全稳定运行，持续推动移动支付便民工程。2019年大小额支付系统共计处理业务5235.7万笔、金额47.0万亿元。移动支付便民工程从“示范”到“普及”，从城市向县乡延伸。公交地铁高速等交通领域全面普及，医疗健康、菜场、公共缴费、政务服务、校企园区方面等重点场景持续推进。县域地区云闪付APP支付月活动用户数20.8万户，累计拓展县域小微商户近8万户、43个县域商圈、1319个惠农站，智慧乡村旅游商户247户、1200台乡村客运车实现移动支付云闪付APP受理。全省超过一半的县域公交实现移动支付受理功能。自2019年6月10日起，全省全面实施取消企业银行账户许可。全省单位银行结算账户数量达122.6万户，同比增长8.5%。

3. 多角度推动普惠金融工作质效，金融消费权益保护工作积极推进。依托黑龙江省肇东市一家全国先进典型社区，建设“肇东市西园社区普惠金融服务站”，打造“十位一体”社区普惠金融服务站。积极开展“金融助老”系列宣传，联合银保监局等部门走进哈尔滨老年人大学，同时在全省范围内开展进老年大学系列宣传活动。2019年，共受理金融消费者投诉344起，解答咨询709人次，没有发生群体性投诉事件，有效防范金融消费纠纷所产生的不稳定因素。

二、经济运行情况

2019年，黑龙江省积极应对经济下行压力，全省经济运行总体平稳，全年地区生产总值实现13612.7亿元，同比增长4.2%，在需求侧方面稳投资、稳外贸、稳外资，在供给侧结构性改革方面取得新进展，稳就业成效较好。但也存在经济增长基础不牢固、结构性矛盾突出、财政有压力等困难。

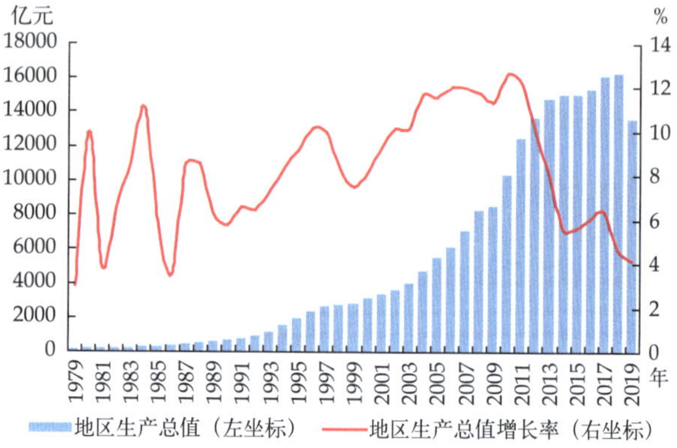

数据来源：黑龙江省统计局。

图5　1979~2019年黑龙江省地区生产总值及其增长率

（一）需求侧三驾马车稳增长，内外需协调拉动起作用

1. 投资稳定器作用积极发挥，基础设施和百大项目建设拉动明显。2019年黑龙江省固定资产投资（不含农户）同比增长6.3%，逆转上年负增长态势。由于国道、高速公路、地铁等多个项目推进，基础设施投资增长22.6%。全省施工项目个数和新开工项目个数分别增长17.3%和4.7%。全年共实施百大项目110个，完成年度投资1325.8亿元。玉米加工、煤电、铜冶炼、燃料乙醇等一批重要项目投产。牡佳高速铁路、三江平原14灌区田间配套工程、石化、汽车、食品等一批重要在建项目加快建设。佳鹤铁路、京哈高速哈尔滨—拉林河段改扩建、哈尔滨机场第二跑道附属工程等开工建设。高技术制造业投资保持较快增长，同比增长58.6%。但民间

① “一库两网三平台”指企业信用数据中心数据库、中小微企业信用信息公示网和中小微企业信用信息管理网、融资服务平台、金助民企在线对接平台、产业金融服务平台。

投资下滑，同比下降 6.3%。

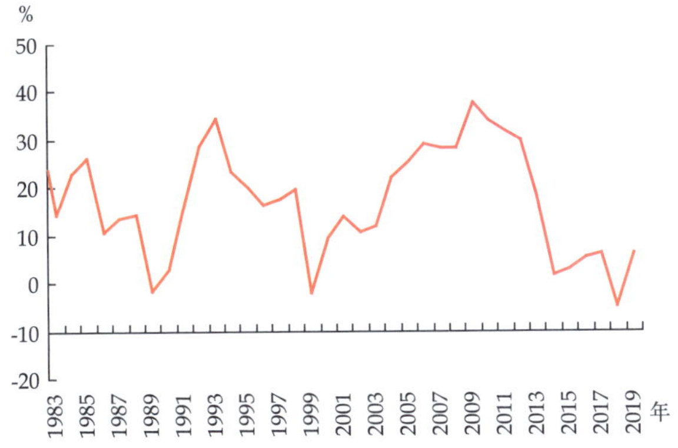

数据来源：黑龙江省统计局。

图 6　1983~2019 年黑龙江省固定资产投资（不含农户）增长率

2. 消费保持稳定增长，消费质量日益提高。受城乡居民收入实现稳定增长、消费结构日益优化等因素拉动，消费支出和消费总量稳步增长。全年黑龙江省城镇居民人均消费支出为 22165 元，同比增长 5.4%；农村居民人均消费支出为 12495 元，同比增长 9.4%。社会消费品零售总额比上年增长 6.2%。从行业看，批发零售业增长 6.3%，住宿餐饮业增长 6.0%。从地域看，城镇增长 6.1%，乡村增长 7.0%。从商品类别看，可穿戴智能设备（18.3 倍）、智能家用电器和音像器材（46.6%）、计算机及其配套产品（74.9%）、智能手机（44.8%）、新能源汽车（41.5%）等加快增长。全省限额以上单位网上商品零售额比上年增长 18.6%，占限上商品零售额的比重同比提高 0.7 个百分点。

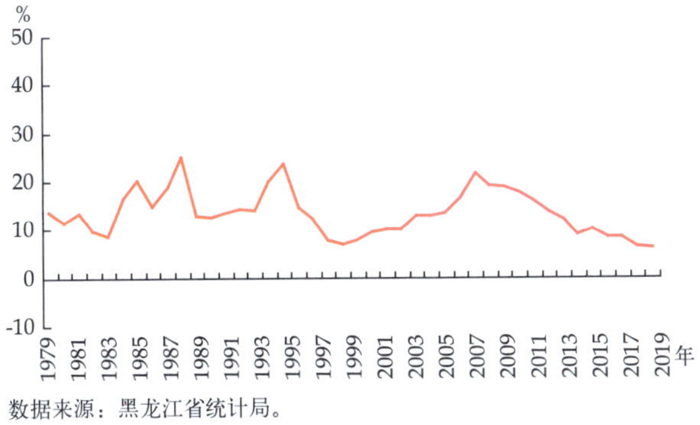

数据来源：黑龙江省统计局。

图 7　1979~2019 年黑龙江省社会消费品零售总额增长率

3. 外贸保持较好势头，外资持续扩大。据海关统计，2019 年黑龙江省实现进出口总额 1865.9 亿元，同比增长 6.7%，增幅高于全国平均水平 3.3 个百分点。其中，出口 349.4 亿元，增长 18.8%；进口 1516.5 亿元，增长 4.2%。一般贸易进出口 1536.8 亿元，增长 10.5%，占进出口总额的比重为 82.4%，同比提高 2.9 个百分点。机电产品出口增长 17.5%，占出口总额的 42.0%。与 62 个“一带一路”沿线国家合计进出口总额达 1485.8 亿元，比上年增长 4.6%，占全省进出口总额的 79.6%。俄罗斯是黑龙江省“一带一路”主要伙伴国。全省新设立外商投资企业 134 家，增长 9.8%。全年新批利用外资项目（企业）158 个，全省实际利用外资 5.4 亿美元，增长 15.6%。

（二）取长补短驱动三次产业，供给侧结构性改革持续推进

2019 年，黑龙江省三次产业结构为 23.4∶26.5∶50.1。第一、第二、第三产业增加值同比分别增长 2.4%、2.7% 和 5.9%。其中，第二产业增速高于上年 0.6 个百分点。

1. 粮食生产获“十六连丰”，乡村振兴战略深入实施。2019 年，黑龙江省粮食总产达到 1500.6 亿斤，实现“十六连丰”，连续 9 年位居全国首位，稳固当好维护国家粮食安全的“压舱石”。耕地轮作休耕面积 1415 万亩。大豆种植面积增加 1067.6 万亩，占全国增加面积的 77.3%。绿色、有机食品认证面积 8120 万亩，产量 1660 万吨，均位居全国第一。新建生态高标准农田 780 万亩。畜禽产品供应保障能力和水平进一步提升，牛、羊、禽肉产量分别为 45.5 万吨、12.7 万吨和 42.3 万吨，分别增长 6.9%、2.1% 和 2.4%。全面推进农村集体产权制度改革，新型农业经营主体发展到 20 万个。休闲农业、农村电商、乡村服务业等新产业新业态加快发展，全省休闲农业经营主体发展到 5020 家。

2. 工业经济低速增长，“百千万”工程和科技创新扎实推进。受石化工业下行、工业提档升级周期较长等因素制约，2019 年，黑龙江省规模以上工业增加值增长 2.8%，增幅比上年

下降 0.2 个百分点，若扣除石油和天然气开采行业，全省规上工业增加值增长 6.2%。从行业看，装备工业增加值增长 11.0%，食品工业增长 8.7%，是黑龙江省工业的重要支撑力量。新产品中，新能源汽车产量增长 1.8 倍，集成电路（芯片）增长 16.6%，电工仪器仪表增长 52.6%。出台《黑龙江省工业强省建设规划（2019~2025 年）》。实施“百千万”工程建设产业项目 1517 个、完成投资 845.3 亿元。围绕打造农业及农产品精深加工万亿级产业集群，建设“粮头食尾”“农头工尾”项目 519 个；围绕打造石油及天然气等矿产资源开发及精深加工万亿级产业集群，建设“油头化尾”“煤头电尾”“煤头化尾”项目 37 个。科技型企业孵化器、众创空间在孵企业总数达到 7063 家，增长 30.7%。新成立科技型企业 17023 家，高新技术企业达到 1250 家，高技术制造业增加值增长 10.2%，快于全省规上工业 7.4 个百分点。

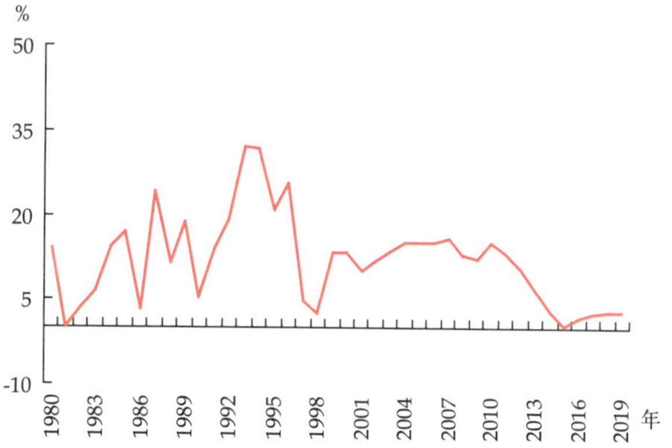

数据来源：黑龙江省统计局。

图 8　1980~2019 年黑龙江省规模以上工业增加值实际增长率

3. 第三产业增速放缓，旅游业亮点突出。2019 年，黑龙江省第三产业增加值 6815.0 亿元，增长 5.9%，增幅低于上年 0.5 个百分点，对地区生产总值增长的贡献率为 66.2%，拉动地区生产总值增长 2.8 个百分点，是地区生产总值增长的首要拉动力量。其中，住宿和餐饮业、其他服务业增加值分别增长 7.9% 和 8.2%；交通运输、仓储和邮政业增长 5.9%。全面推进全域旅游和文旅融合发展，成功举办第二届全省旅游产业发展大会，依托必到必游核心景区、重点旅游线路，开发冰雪游、避暑游、森林游、湿地游、自驾游等“冰爽”“凉爽”拳头旅游产品。全省智慧旅游平台上线运行。设立旅游诚信基金，优化旅游市场秩序。全年共接待国内外游客 2.2 亿人次，实现旅游收入 2684 亿元，分别增长 19%、19.6%。

4. “三去一降一补”任务加快落实，民营经济持续壮大。坚定不移执行小煤矿整合关闭标准，两年累计关闭煤矿 256 个，淘汰落后产能 1805 万吨，淘汰落后煤电机组 27.5 万千瓦。全面落实减税降费政策，全年减税降费 274 亿元左右。工银金融资产投资公司向黑龙江省水利水电集团直投 10 亿元偿还存量债务，是全省首笔市场化、法治化债转股项目，有效降低企业杠杆率和融资成本。完成龙煤集团和建投集团债转股 65 亿元。完成 124 户“僵尸企业”出清。落实降低一般工商业电价、电力直接交易等政策措施，降低企业用电成本 49.3 亿元。出台进一步支持民营经济高质量发展的意见。新登记市场主体 45.8 万户，其中新登记企业近 10 万户、增长 12.4%。

5. 聚焦脱贫、生态和防控风险，“三大攻坚战”取得关键进展。脱贫攻坚扎实推进。紧扣“两不愁、三保障”，贫困发生率由 0.65% 降至 0.07%，剩余 100 个贫困村全部实现脱贫出列，剩余 5 个国贫县达到脱贫摘帽条件，完成年度脱贫攻坚任务。生态环境质量不断改善。秸秆综合利用率达到 83.2%；淘汰县级城市建成区 10 蒸吨 / 小时及以下燃煤锅炉 1137 台，完成燃煤电厂 1362 兆瓦机组超低排放改造；空气优良天数比率达到 93.3%；城市黑臭水体消除比例达到 80% 以上。坚持底线思维，持续动态排查风险点；政府债务管理进一步加强；防范和处置非法集资。

（三）居民消费价格涨幅上升，工业生产价格同比下降

1. 居民消费价格高于上年，结构性特征明

显。2019 年 1~12 月黑龙江省居民消费价格指数同比上涨 2.8%，同比涨幅高于上年 0.8 个百分点，低于全国平均水平 0.1 个百分点。其中，因肉类价格上涨较快，食品烟酒价格涨幅最高，达到 7.4%，高于上年 6.5 个百分点；教育文化和娱乐、其他用品和服务价格指数涨幅分别为 3.5%、2.9%，分别高于上年 0.6 个、3.1 个百分点。

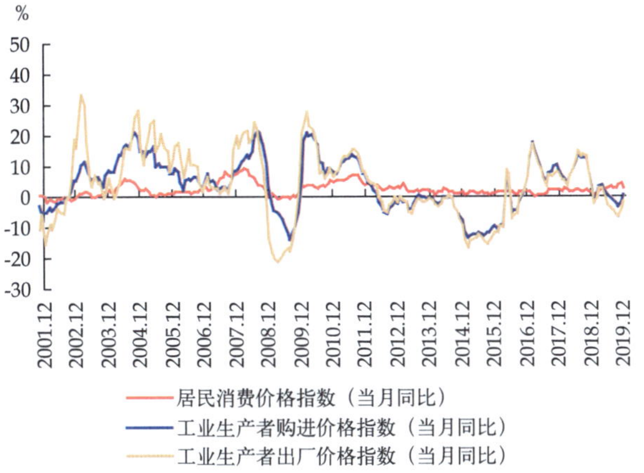

数据来源：黑龙江省统计局。

图 9　2001~2019 年黑龙江省居民消费价格指数和工业生产者价格指数变动趋势

2. 工业生产者出厂价格同比下降，农业生产资料价格保持上涨。2019 年 1~12 月，黑龙江省工业生产者出厂价格指数同比下降 1.8%，逆转上年涨幅较高的局面，其中，重工业和生产资料价格指数下降幅度最高，分别下降 3.0%、3.1%。客观反映省内重工业产业发展趋弱的结构性矛盾。全省工业生产者购进价格指数同比微涨 0.3%，其中，化工原料类、建筑材料及非金属矿类和燃料、动力类价格指数降幅最高，同比分别下降 8.5%、3.4% 和 2.0%；农副产品类和黑色金属材料类价格指数同比分别上涨 10.1% 和 4.3%。2019 年，黑龙江省农业生产资料价格指数同比增长 5.6%，增幅比上年提高 2.0 个百分点。

（四）积极财政政策加力提效，财政收支缺口压力突出

1. 减税降费为主要因素，地方财政呈现收入下降、收支缺口较大局面。2019 年，受经济下行和减税降费政策双因素叠加影响，全省一般公共预算收入完成 1262.6 亿元，下降 1.6%（若剔除减税降费因素同比增长 7.7%）。全省地方财政收支差额为 -3748.9 亿元，比上年多 355.7 亿元。

2. 财政支出增幅提高，民生支出为主。2019 年，全省一般公共预算支出 5011.5 亿元，同比增长 7.2%，高于上年 6.4 个百分点。其中，用于民生支出 4314.5 亿元，占一般公共预算支出的 86.1%，高于上年 1.5 个百分点。

3. 地方债发行规模下降，10 年期以上占比高。2019 年末，黑龙江省发行地方债 905.3 亿元，同比下降 26.9%。其中，一般债券 628.3 亿元，专项债券 277 亿元；10 年期以下债券 203.9 亿元，10 年期以上债券 701.4 亿元。地方债付息压力会逐年递增，或给财政可持续发展带来压力。

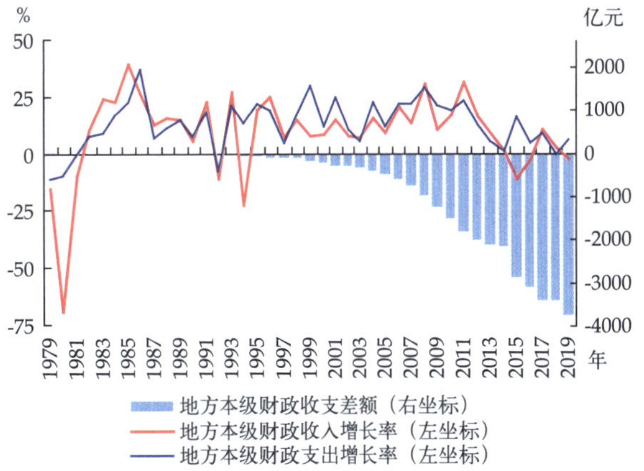

数据来源：黑龙江省统计局。

图 10　1979~2019 年黑龙江省财政收支状况

（五）稳就业托实民生底线，就业指标好于预期

1. 进一步完善政策体系，就业创业工作扎实推进。出台了《就业创业工作十二条》《就业失业登记管理暂行办法》《关于推进全方位公共就业服务的实施意见》等创新性文件。开展政府补贴性技能培训 20.1 万人次。实施失业保险援企稳岗政策，惠及职工 73 万人，城镇零就业家庭保持月动态为零。

2. 强化重点群体就业创业，新增创业人数不断扩大。加强对高校毕业生、农民工、退

役军人、企业转岗人员等重点群体就业创业支持和服务，扶持新增创业人员10166人，同比增长77%。2019届高校毕业生就业率达到97.3%，同比提高0.6个百分点，帮助11686名退役军人实现就业。

3. 城镇登记失业率低于上年，城乡居民可支配收入增速快于地区生产总值增速。全省实现城镇新增就业59.7万人，完成年计划的114.8%；失业人员再就业43.2万人，完成年计划的116.6%；就业困难人员再就业16.3万人，完成年计划的125.6%。全省实有城镇登记失业人员34.69万人，同比减少4.72万人，下降12.0%；城镇登记失业率3.53%，同比降低0.46个百分点，创历史同期新低。全年全省城镇和农村常住居民人均可支配收入分别为30945元、14982元，分别增长6.0%和8.5%，均高于地区生产总值增速。

（六）房地产供需放缓，房地产信贷增速平稳回落

2019年，在"房住不炒"等房地产调控长效政策背景下，房地产投机性趋势弱化，全省房地产投资增势有所放缓，商品房销售面积和销售额继续下降，省会城市住房价格涨幅回落，房地产信贷增幅收窄。

1. 房地产投资增势趋缓，房屋新开工呈现降势。2019年黑龙江省房地产开发投资完成额958.0亿元，同比增长1.4%，比上年降低14.4个百分点。房屋新开工、施工、竣工面积呈现"降、升、升"格局。黑龙江省房屋新开工面积2446.1万平方米，同比下降1.9%，逆转上年双位数正增长局面；房屋施工面积和竣工面积分别增长8.1%、0.1%，分别高于上年5.6个、27.2个百分点。

2. 商品房销售持续下降，哈尔滨市住房价格涨幅收窄。2019年，黑龙江省商品房销售面积1684.5万平方米，同比下降12%，比上年少降3.2个百分点；商品房销售额1268.2亿元，同比下降3.9%，比上年少降5.7个百分点。其中，住宅销售面积和住宅销售额同比分别下降12.3%、3.8%。受哈尔滨市政府房地产调控措施等因素影响，省会城市哈尔滨市新建住宅销售价格月同比涨幅从2019年1月的15.3%降到2019年12月的10.1%，全年保持逐月稳步下降。

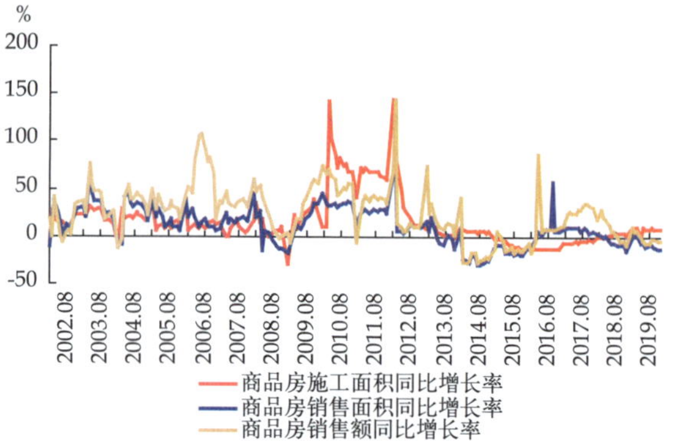

数据来源：《中国经济景气月报》。

图11 2002~2019年黑龙江省商品房施工和销售变动趋势

3. 房地产信贷增势放缓，房贷利率"换锚"后维持稳定。在防范房地产金融风险相关政策背景下，2019年末全省房地产贷款余额4879.1亿元，同比增长9.7%，增幅低于上年7.3个百分点。其中，个人住房贷款余额3154.0亿元，同比增长13.9%，低于上年3.6个百分点。个人住房贷款利率"换锚"后，首套个人住房贷款利率不低于相应期限贷款市场报价利率；二套个人住房贷款利率不低于相应期限贷款市场报价利率加60个基点，转换前后个人住房贷款利率水平基本稳定。受地方债置换保障房开发贷款影响，保障性住房开发贷款余额1159.5亿元，同比增长1.7%，增幅低于上年17.7个百分点。

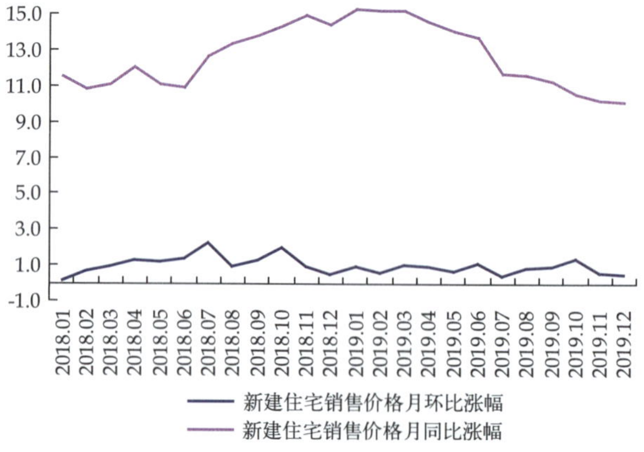

数据来源：《中国经济景气月报》。

图12 2018~2019年哈尔滨市新建住宅销售价格变动趋势

专栏2 中国（黑龙江）自由贸易试验区设立 政策助力自贸区建设工作启动

2019年8月26日，《国务院关于印发6个新设自由贸易试验区总体方案的通知》印发实施，中国（黑龙江）自由贸易试验区正式设立。中国（黑龙江）自由贸易试验区，涵盖黑龙江省哈尔滨片区、黑河片区、绥芬河片区，总面积119.85平方公里。8月30日、9月17日、9月29日，哈尔滨片区、黑河片区、绥芬河片区分别揭牌。

同为自贸区，肩负独有的使命。一是目前我国自贸区建设已形成东西南北中全面协调、陆海统筹的“1+3+7+1+6”开放格局。二是黑龙江属于自贸区沿边地区的布局，有利于通过改革创新助推沿边开发开放。三是黑龙江省自贸试验区设立，是打造对俄罗斯及东北亚区域合作的前沿阵地，同时也有助于推动东北全方位振兴，与“一带一路”建设、区域协同发展加速联动。

“证照分离”改革试点启动加快自贸区企业运营。2019年11月29日出台《黑龙江省在自由贸易试验区推进“证照分离”改革全覆盖试点实施方案》，发布了中央层面和地方层面设定的两个“证照分离”改革全覆盖试点事项清单，明确了清单之外不得违规限制企业进入相关行业或领域；对所有涉企经营许可事项，按照直接取消审批、审批改为备案、实行告知承诺、优化审批服务等四种方式分类推进改革。自12月1日起，黑龙江省在自贸试验区开展“证照分离”改革全覆盖试点，共涉及51个部门、534项许可，通过精简许可事项、压减办理时限、优化审批程序，使企业更便捷拿到营业执照并尽快正常运营。

区域对口合作助力自贸区协同发展。2019年11月30日，哈尔滨、绥芬河、黑河三个片区分别与广东省深圳前海蛇口、广州南沙、珠海横琴三个片区签署合作框架协议。根据框架协议，哈尔滨片区与深圳前海蛇口片区将围绕推进改革创新经验复制推广、推进改革创新系统集成、建立人才交流合作机制、推进科技成果转化共享、推进贸易便利化领域合作、推动优势产业合作发展、支持跨区域金融产业合作、支持物流企业良性互动优势互补等方面展开合作。绥芬河片区与广州南沙片区、黑河片区与珠海横琴片区将围绕制度创新、政务服务、产业发展、金融创新、贸易便利化、人才引进与交流等领域深化合作。

金融支持自贸区政策正式落地和实施。2019年12月23日，国家外汇管理局黑龙江省分局印发《关于在中国（黑龙江）自由贸易试验区开展外汇创新业务的通知》（黑汇发〔2019〕93号），推出优化经常项目外汇收支审核等外汇创新业务举措。2019年12月30日，中国人民银行哈尔滨中心支行、国家外汇管理局黑龙江省分局联合印发《关于金融支持中国（黑龙江）自由贸易试验区建设的通知》（哈银发〔2019〕204号），从扩大人民币跨境使用、促进贸易投资便利化、推动优势产业加速转型升级、支持沿边开发开放和东北亚金融合作、优化金融生态环境、加强监测分析与监督管理等六个方面，提出32项指导性意见。

金融服务自贸区积极迈出新步伐。2019年9月8日，中国银行黑河自贸区支行正式挂牌，标志着全省首家以服务自贸区发展为重点的专业银行正式运营。9月29日，中国工商银行自贸试验区绥芬河片区支行正式成立，当日即为企业办理了自贸区国际信用证业务、经营快贷、人民币利率互换、国内信用证福费廷业务，均为黑龙江自贸试验区首单业务。

三、预测与展望

2020年是全面建成小康社会和“十三五”规划收官之年。从有利因素看，党中央、国务院支持东北地区深化改革创新推动高质量发展、赋予东北“五个安全”战略定位、推动东北全方位振兴等重大决策部署，推动黑龙江把中央支持与激发内生动力、发挥比较优势相结合，因势利导、顺势而为，全面振兴。从困难和挑战看，疫情对消费以及住宿餐饮业、文体娱乐业、小微企业等有一定影响，工业、外需稳增长不确定因素较多，财政收支矛盾较为突出。同时全省经济仍处于转型发展攻坚期，体制性、结构性、周期性问题相互交织，转方式调结构依然任重道远。下一步，黑龙江省将紧扣全面建成小康社会目标任务，统筹推进疫情防控和经济社会发展，通过抓好复工复产、“加强版”百大项目投资、粮食生产、扩大消费、民生就业等工作，在疫情防控常态化前提下，坚持稳中求进工作总基调和新发展理念，做好“六稳”工作、落实“六保”任务。

2020年，黑龙江省金融业将坚决贯彻落实稳健的货币政策更加灵活适度，把支持实体经济恢复发展放到更加突出的位置，为本辖区经济发展完成各项目标创造良好的货币金融环境。中国人民银行哈尔滨中心支行将继续综合精准运用各类货币政策工具，保持辖内流动性合理充裕，按照市场化、法治化原则有序推进存量浮动利率贷款定价基准转换，发挥货币信贷政策促进经济结构调整的作用，引导金融机构为疫情防控、复工复产、民营小微企业、农业稳产、制造业、脱贫攻坚、科技创新、就业创业提供精准金融服务，努力提升金融服务实体经济的质效。

中国人民银行哈尔滨中心支行货币政策分析小组
总　纂：张远军　齐贵权
统　稿：管公明　刘　畅　赵振宁　高　磊
执　笔：高　磊　海　平　马　辉　黄海洋　王　迟　李婷婷　程逸飞　常云峰　肖九思　安丰雪
许　硕　包艳龙　李　丹　肖赫男　徐　扬　鲁　荣　罗　希
提供数据的还有：何延伟　张　杰　鹿雨竹　薛鹏骞　于雅琦　孙　杨　孙晓丹　王文博　杜艳艳
张睿庭　刘　爽　赫明刚

附录

（一）2019年黑龙江省经济金融大事记

1月20日，黑龙江省七大产业投资集团正式成立，是全省国有企业最大规模的战略重组。

3月1日起，《黑龙江省优化营商环境条例》正式施行，标志着黑龙江省优化营商环境工作进入规范化、法治化轨道。

6月4日，黑龙江省印发《黑龙江省工业强省建设规划（2019~2025年）》，提出到2025年全省现代化工业新体系基本建成。

6月15日至19日，第六届中俄博览会在黑龙江省哈尔滨市举办，由中国商务部、黑龙江省政府、俄罗斯联邦工业和贸易部、俄罗斯联邦经济发展部联合主办，共达成各类意向、协议380余项，总金额1700多亿元。

6月18日，牡丹江市城投集团在香港交易所发行1亿美元境外债券，这是黑龙江省企业在境外发行的首只外币债券。

7月22日，哈尔滨新光光电科技股份有限公司在上交所科创板上市；11月13日，黑龙江飞鹤乳业有限公司在港交所挂牌交易。

7月26日，黑龙江省出台《关于进一步支持民营经济高质量发展的意见》。

7月，黑龙江省首单市场化债转股项目落地，即工银金融资产投资公司向黑龙江省水利水电集团直投10亿元用于偿还存量债务。

8月26日，中国（黑龙江）自由贸易试验区正式设立。

10月25日，黑龙江省政府发起设立龙江振兴基金，规模100亿元，分三期募集。

2019年，黑龙江省粮食总产达到1500.6亿斤，实现“十六连丰”，连续9年居全国首位。

（二）2019 年黑龙江省主要经济金融指标

表 1　2019 年黑龙江省主要存贷款指标

		1月	2月	3月	4月	5月	6月	7月	8月	9月	10月	11月	12月
本外币	金融机构各项存款余额（亿元）	26113	26275	26999.4	27149.6	27162.1	27484.7	27175.5	27358.4	27499.7	27444.4	27412	27868.3
	其中：住户存款	16358.3	16626.3	16787.6	16771	16787.8	16962.1	16969.6	17033.6	17426	17496.4	17668.2	18181.3
	非金融企业存款	4170.3	4106.9	4232.7	4184.1	4190.9	4485.2	4349.9	4365.4	4432.6	4363.8	4255.3	4394.3
	各项存款余额比上月增加（亿元）	615.5	161.9	724.4	150.2	12.5	322.7	-309.3	183	141.3	-55.3	-32.4	456.3
	金融机构各项存款同比增长（%）	9.2	9.6	10.6	13	12.6	11.7	11.9	10.8	9.7	8.9	8.9	9.4
	金融机构各项贷款余额（亿元）	20755.2	20917.1	21246.4	21268.3	21238.6	21462.3	21316.8	21282.3	21274.1	21203.2	21051.5	21506.6
	其中：短期	8971.2	9058.5	9226.9	9177.1	9090.5	9093.9	8989.2	8926.9	8902.6	8862.5	8819.7	9114.9
	中长期	9943.7	10001.3	10106.9	10173.8	10222.5	10319.2	10390.9	10400.2	10466	10505.9	10607.4	10697
	票据融资	1214.8	1253.8	1310.1	1302.2	1308	1422.5	1287.8	1293.6	1286.7	1236.7	1035.5	1110
	各项贷款余额比上月增加（亿元）	339.1	161.9	329.3	21.9	-29.7	223.7	-145.5	-34.5	-8.2	-70.9	-151.7	455.1
	其中：短期	63.6	87.3	168.3	-49.7	-86.7	3.5	-104.8	-62.3	-24.2	-40.2	-42.8	295.2
	中长期	112	57.6	105.6	66.9	48.7	96.7	71.7	9.3	65.9	39.8	101.5	89.6
	票据融资	125.4	39.1	56.3	-8	5.8	114.5	-134.6	5.7	-6.9	-50	-201.1	74.5
	金融机构各项贷款同比增长（%）	4.7	4.6	5.2	4.9	4.9	6.2	6.1	6	5.6	5.5	4.8	5.8
	其中：短期	-4.6	-3.9	-3.2	-3.9	-4.2	-3.5	-3	-2.3	-1.3	0	0.6	2.9
	中长期	7.9	7.2	6.9	7.4	7.3	8.5	9.2	8.7	8.5	8.4	8.8	9.3
	票据融资	59.8	64.6	76.1	75.1	82.5	93.1	65.8	58.6	50.2	45.8	10	1.9
	建筑业贷款余额（亿元）	266.6	271.5	274.9	284.3	287	295.5	311.1	310.1	323.4	322	335.9	330.9
	房地产业贷款余额（亿元）	664.3	668	665.8	674	671.8	673.2	672.1	673.7	667.6	666.3	665.6	683.4
	建筑业贷款同比增长（%）	19.4	20	16.4	21.5	20.6	19.1	22.8	21	24.8	23.9	26.9	26.9
	房地产业贷款同比增长（%）	4.3	0.1	-1	0	-0.9	-2.5	-1.6	-2.7	-2.2	-1.3	-0.3	3.5
人民币	金融机构各项存款余额（亿元）	25957.6	26121	26843.3	26992.4	27000.9	27322	27019.3	27198.4	27342.7	27287.9	27256.2	27716.7
	其中：住户存款	16226.2	16495.1	16655.7	16639.5	16655.4	16831.3	16840	16903.4	17299	17370	17542	18056.1
	非金融企业存款	4153.1	4090.3	4214.7	4164.6	4169.7	4460.7	4330.4	4343.5	4411.9	4344.6	4235.3	4377
	各项存款余额比上月增加（亿元）	624.9	163.4	722.4	149.1	8.4	321.1	-302.7	179.1	144.2	-54.7	-31.7	460.5
	其中：住户存款	604.9	268.9	160.5	-16.2	15.9	175.9	8.7	63.4	395.6	71	172	514.1
	非金融企业存款	-140.1	-62.7	124.4	-50.2	5.2	291	-130.3	13.2	68.3	-67.2	-109.4	141.8
	各项存款同比增长（%）	9.4	9.8	10.8	13.1	12.7	11.8	12	10.9	9.8	9	9	9.5
	其中：住户存款	12.5	12.3	12.8	14.2	14.6	14.3	15.1	15.3	16.6	16.8	15.1	15.7
	非金融企业存款	-6.7	-3.2	-3.6	-2.8	-2.4	3.1	-1.3	-2.3	0.6	2	-2.9	1.9
	金融机构各项贷款余额（亿元）	20597.6	20757.4	21087.3	21107.4	21071.4	21309.4	21167.2	21128.6	21123.4	21055.2	20906.8	21370.0
	其中：个人消费贷款	3764.2	3769.4	3813.3	3843.4	3872.9	3900.2	3924.5	3957.8	4024.0	4076.3	4134.9	4202.6
	票据融资	1214.8	1253.8	1310.1	1302.2	1308	1422.5	1287.8	1293.6	1286.7	1236.7	1035.5	1110
	各项贷款余额比上月增加（亿元）	351.6	159.7	329.9	20.1	-36	238	-142.2	-38.7	-5.2	-68.2	-148.5	463.3
	其中：个人消费贷款	52.4	5.2	43.9	30.1	29.4	27.3	24.4	33.3	66.1	52.3	58.7	67.7
	票据融资	125.4	39.1	56.3	-8	5.8	114.5	-134.6	5.7	-6.9	-50	-201.1	74.5
	金融机构各项贷款同比增长（%）	5.2	5.2	5.8	5.5	5.4	6.9	6.6	6.6	6.2	6	5.1	6
	其中：个人消费贷款	15.6	15.9	15.9	16	15.8	14.8	13.9	13.7	13.8	14.7	14.9	16
	票据融资	59.8	64.6	76.1	75.1	82.5	93.1	65.8	58.6	50.2	45.8	10	1.9
外币	金融机构外币存款余额（亿美元）	23.2	23	23.2	23.4	23.4	23.7	22.7	22.6	22.2	22.2	22.2	21.7
	金融机构外币存款同比增长（%）	-18	-18.6	-16.3	-14.1	-11.3	-9.1	-11.9	-8.9	-8.1	-5.3	-5	-9.4
	金融机构外币贷款余额（亿美元）	23.5	23.9	23.6	23.9	24.2	22.2	21.7	21.7	21.3	21	20.6	19.6
	金融机构外币贷款同比增长（%）	-40.2	-40.3	-43.5	-43.6	-40.1	-43.7	-40.2	-41	-40.7	-38.9	-31.8	-20.8

数据来源：中国人民银行哈尔滨中心支行。

表 2　2001~2019 年黑龙江省各类价格指数

单位：%

		居民消费价格指数		农业生产资料价格指数		工业生产者购进价格指数		工业生产者出厂价格指数	
		当月同比	累计同比	当月同比	累计同比	当月同比	累计同比	当月同比	累计同比
2001		—	0.4	—	-1.1	—	-0.5	—	-4.0
2002		—	-1.5	—	-0.3	—	-0.7	—	-2.2
2003		—	-0.3	—	1.8	—	7.6	—	11.9
2004		—	2.8	—	12.0	—	15.2	—	13.1
2005		—	0.4	—	8.6	—	11.8	—	16.7
2006		—	1.5	—	1.9	—	5.6	—	9.9
2007		—	5.6	—	9.4	—	5.0	—	5.3
2008		—	5.8	—	22.7	—	14.1	—	14.0
2009		—	-1.1	—	-5.8	—	-6.6	—	-12.6
2010		—	3.1	—	5.6	—	14.5	—	15.0
2011		—	4.5	—	10.2	—	11.1	—	12.0
2012		—	2.2	—	7.8	—	-1.2	—	0.0
2013		—	1.1	—	4.1	—	-1.3	—	-2.0
2014		—	0.8	—	0.3	—	-2.4	—	-2.9
2015		—	0.1	—	1.3	—	-11.8	—	-14.0
2016		—	1.1	—	0.0	—	-4.0	—	-4.9
2017		—	1.3	—	0.6	—	10.2	—	9.3
2018		—	2.0	—	3.6	—	9.0	—	9.0
2019		—	2.8	—	5.6	—	0.3	—	-1.8
2018	1	1.8	1.8	0.5	0.5	6.7	6.7	5.7	5.7
	2	3.0	2.4	0.6	0.5	6.2	6.5	5.6	5.6
	3	2.4	2.4	1.4	0.8	4.3	5.7	3.5	4.9
	4	1.9	2.3	3.1	1.4	6.4	5.9	6.5	5.3
	5	1.9	2.2	4.2	1.9	8.9	6.5	8.9	6.0
	6	2.0	2.2	4.8	2.4	11.5	7.3	12.1	7.0
	7	2.3	2.2	5.3	2.8	14.1	8.3	14.8	8.1
	8	1.7	2.1	5.2	3.1	12.7	8.8	13.2	8.7
	9	1.8	2.1	5.0	3.3	13.0	9.3	14.0	9.3
	10	2.0	2.1	5.2	3.5	12.9	9.7	13.6	9.8
	11	1.6	2.0	4.5	3.6	8.8	9.6	8.7	9.7
	12	1.2	2.0	3.5	3.6	3.0	9.0	2.4	9.0
2019	1	1.0	1.0	3.0	3.0	-0.3	-0.3	-1.2	-1.2
	2	1.2	1.1	3.6	3.3	0.6	0.1	-0.4	-0.8
	3	1.9	1.4	4.7	3.8	3.4	1.2	2.9	0.4
	4	2.6	1.7	4.6	4.0	3.7	1.9	2.6	1.0
	5	2.5	1.8	4.4	4.1	2.4	2.0	1.2	1.0
	6	2.8	2.0	4.2	4.1	0.3	1.7	-2.5	0.4
	7	3.1	2.2	4.9	4.2	-0.7	1.3	-4.0	-0.2
	8	2.9	2.3	5.3	4.3	-1.3	1.0	-4.2	-0.8
	9	3.0	2.3	6.3	4.5	-2.3	0.6	-5.9	-1.4
	10	3.9	2.5	7.5	4.8	-3.4	0.2	-6.9	-1.9
	11	4.4	2.7	8.9	5.2	-1.5	0.0	-3.8	-2.1
	12	4.2	2.8	9.9	5.6	3.3	0.3	1.3	-1.8

数据来源：黑龙江省统计局、《中国经济景气月报》。

表 3　2019 年黑龙江省主要经济指标

	1月	2月	3月	4月	5月	6月	7月	8月	9月	10月	11月	12月
	绝对值（自年初累计）											
地区生产总值（亿元）	—	—	3184.6	—	—	6461.0	—	—	10292.2	—	—	13612.7
第一产业	—	—	137.7	—	—	385.4	—	—	649.1	—	—	3182.5
第二产业	—	—	838.7	—	—	1661.5	—	—	2759.7	—	—	3615.2
第三产业	—	—	2208.2	—	—	4414.1	—	—	6883.4	—	—	6815.0
工业增加值（亿元）	—	—	—	—	—	—	—	—	—	—	—	—
固定资产投资（亿元）	—	—	—	—	—	—	—	—	—	—	—	—
房地产开发投资	—	2.0	27.1	82.4	184.5	339.2	441.8	546.9	705.7	811.7	911.3	958.0
社会消费品零售总额（亿元）	—	—	—	—	—	—	—	—	—	—	—	—
外贸进出口总额（亿元）	165.7	293.9	450.5	612.2	771.1	933.4	1080.8	1238.9	1385.7	1526.0	1690.6	1865.9
进口	137.5	246.9	372.4	503.9	634.1	770.6	889.6	1018.1	1136.0	1246.9	1377.7	1516.5
出口	28.3	47.1	78.1	108.2	137.0	162.8	191.3	220.8	249.7	279.1	313.0	349.4
进出口差额(出口－进口)	-109.2	-199.8	-294.3	-395.7	-497.1	-607.8	-698.3	-797.3	-886.3	-967.8	-1064.7	-1167.1
实际利用外资（亿美元）	0.3	0.4	0.8	0.9	1.0	1.3	1.3	2.2	2.5	4.3	4.6	5.4
地方财政收支差额（亿元）	-345.7	-506.8	-1068	-1265	-1402.7	-1788.8	-2142.7	-2451.8	-3017.9	-3096.0	-3202.8	-3748.9
地方财政收入	160.2	247.4	366.7	472.1	559.7	664.5	767.8	848.1	930.1	1046.1	1129.6	1262.6
地方财政支出	505.9	754.2	1434.7	1737.1	1962.4	2453.3	2910.5	3299.9	3948.0	4142.1	4332.4	5011.5
城镇登记失业率（%）（季度）	—	—	3.95	—	—	3.91	—	—	3.73	—	—	3.53
	同比累计增长率（%）											
地区生产总值	—	—	5.3	—	—	4.3	—	—	4.3	—	—	4.2
第一产业	—	—	3.1	—	—	2.6	—	—	2.6	—	—	2.4
第二产业	—	—	4.8	—	—	2.9	—	—	2.7	—	—	2.7
第三产业	—	—	5.7	—	—	5.2	—	—	5.2	—	—	5.9
工业增加值	—	3.9	5.4	3.3	1.9	2.7	2.4	2.3	2.7	2.4	2	2.8
固定资产投资	—	8.6	4.2	-1.8	2	3.5	1.7	0.8	1.7	3	5.3	6.3
房地产开发投资	—	-0.6	9.6	7.4	7.3	11.7	6.6	2.4	2.8	0.5	1.1	1.4
社会消费品零售总额	—	—	6.4	—	—	6.4	—	—	6.2	—	—	6.2
外贸进出口总额	19.6	12.5	16.8	20.6	20.9	21.5	19.4	17.4	13.1	10.1	7.6	6.7
进口	20.5	13.7	15	19.3	19.9	21.2	18.6	16.6	11.8	8.5	5.2	4.2
出口	15.7	6.6	25.9	27.4	25.8	22.9	23.6	21.6	19.6	18.2	19.3	18.8
实际利用外资	28.1	-69.6	-60	-58.9	-52.4	-57.7	-65.4	-40.7	-37.7	5.2	-0.8	15.6
地方财政收入	6.6	7.2	8.4	4.9	0.6	-0.9	-2.3	-2.9	-4.2	-2.8	-3.7	-1.6
地方财政支出	36.1	12.7	10.7	11.9	10	9.8	5.2	5	10.3	5.1	3.8	7.2

数据来源：黑龙江省统计局、《中国经济景气月报》。

上海市金融运行报告（2020）

中国人民银行上海总部货币政策分析小组

[内容摘要] 2019年，上海市经济发展总体平稳、稳中有进、进中固稳，经济增长保持韧性、服务经济支撑作用进一步增强，新动能加快培育，改革开放全面深化，城市能级和核心竞争力进一步提升。全年，地区生产总值突破3.8万亿元，同比增长6%，继续处于合理区间。

经济结构质量持续优化，发展新动能不断增强。一是产业结构持续转型升级。全面实施打响“上海服务”“上海制造”“上海购物”“上海文化”四大品牌三年行动计划，加快推动产业结构升级，出台实施服务业高质量发展、新一轮服务业扩大开放等政策措施，信息服务业、商务服务业、科研服务业、文化创意产业等现代服务业保持快速发展势头，全年第三产业增加值同比增长8.2%，占全市地区生产总值比重达72.2%，比上年提高2.3个百分点。全力促进工业高质量发展，实施产业结构调整项目1081项，全年工业战略性新兴产业总产值同比增长3.3%，增速高于全市规模以上工业3.6个百分点。二是三大需求平稳增长。全年固定资产投资同比增长5.1%，工业投资在新能源汽车、生物医药、电子信息等行业重大项目拉动下增长11.3%，连续21个月保持两位数增长。消费结构持续升级，新消费呈现引领态势，上海制定出台优化供给促进消费增长实施方案，推动免税购物、夜间经济、海派特色小店等政策落地。全年社会消费品零售总额为1.35万亿元，增长6.5%，消费规模保持全国城市首位，“首店经济”[①]和网络消费持续走强，全年网络购物交易额增长27%，新进品牌首店突破1000家。外贸进出口实现正增长，总额3.4万亿元，增长0.1%。三是财政收入和居民收入协调增长。上海持续深化财税改革攻坚，“加力提效”实施积极财政政策，不折不扣地落实更大规模“减税降费”政策，全市财政收入保持稳定增长，完成一般公共预算收入7165.1亿元，比上年增长0.8%，减税降费总额超过2022亿元。就业形势保持稳定，全年新增就业岗位58.91万个，同比增加0.74万个，年末城镇登记失业人数19.34万人，同比减少0.07万人，居民收入增长持续快于经济增长，全市居民人均可支配收入增长8.2%。四是房地产市场总体平稳。落实房地产市场调控“一城一策”长效机制，进一步稳地价、稳房价、稳预期，房地产市场保持平稳健康发展，租购并举的住房体系持续完善，房地产开发投资和施工面积平稳增长，成交价格稳中略升，新增供应各类保障性住房6.3万套。

中国人民银行上海总部贯彻执行稳健的货币政策，有力落实逆周期调节，加大对民营、小微企业支持力度，促进信贷平稳增长；聚焦习近平总书记交给上海的三项新的重大任务，服务小微民营科创企业、防范化解金融风险、优化营商环境。

金融业加快开放创新，实现平稳发展。一是金融支持实体经济力度持续加大，利率市场化改革稳步推进。中国人民银行上海总部发挥好货币政策工具的逆周期调节和宏观审慎评估的结构引导作用，促进货币信贷规模和经济增长相适应。2019年末，全市本外币贷款余额79843亿元，同比增长9%，全年累计增加5609.8亿元。其中，全市普惠口径小微企业贷款余额3987.6亿元，同比增长32.1%，境内中长期贷款累计增加4080.4亿元，同比多增196.8亿元，制造业贷款累计增加323.2亿元，同比多增85.6亿元，信贷结构进一步优化。积极推动利率市场化改

① “首店经济”：指一个区域利用特有的资源优势，吸引国内外品牌在区域内首次开店，使品牌价值与区域资源实现最优耦合，以及由此对该区域经济发展产生积极影响的一种经济形态。

革，企业贷款利率降至近年低点。2019年12月份，辖内地方法人金融机构LPR运用占比达到91.3%，全市企业贷款加权平均利率为4.9%，同比下降23个基点。银行业资产质量保持稳定，不良贷款率和不良贷款额保持低位。二是金融市场实现稳健发展。2019年，证券期货市场成交活跃，上海证券交易所股票和基金总成交额61.3万亿元，同比增长29.1%，其中科创板成交1.33万亿元；上海期货交易所累计成交量14.1亿手，同比增长20.12%，占全国期货市场总成交量的35.64%，中国金融期货交易所股指期货和国债期货累计成交66.3百万手，同比增长143.6%；上海原保险保费收入累计1720亿元，同比增长22.35%，保险业赔付支出累计655亿元，同比增长12.6%，同比增速提高6.7个百分点，保障民生功能持续提升。三是社会融资规模同比多增。2019年，上海市社会融资规模增量为8640.1亿元，同比多增2363.2亿元，同比增长37.6%，表内融资占比降低，表外融资降幅收窄，直接融资明显加快。其中，企业债券融资全年新增2743.7亿元，同比多增728.9亿元，非金融企业境内股票融资全年新增403.1亿元，同比多增217亿元。四是上海国际金融中心建设和自贸区金融改革加快推进。落实设立科创板及试点注册制改革，充分发挥改革试验田的作用，截至2019年底，70家企业已上市；金融中心开放创新深入推进，21个金融业对外开放项目落地，引进摩根大通证券、野村东方国际证券成为国家首批批准的外资控股证券公司。全年，上海市金融业增加值6600.6亿元，同比增长11.6%，占全市地区生产总值的17.3%；在沪持牌金融机构总数达1659家，金融市场成交总额1934.3万亿元，同比增长16.6%。全面落实国家支持自贸试验区深化改革创新若干措施，统筹推动上海自贸试验区投资贸易自由化便利化，自贸试验区临港新片区正式设立，发布实施“特殊支持政策50条”、支持人才发展、支持金融业创新发展等一系列重大政策，新片区新设企业4025家，签约落地重点产业项目168个，总投资821.9亿元。五是加快落实重大工作任务推进金融开放创新。全力推动金融支持临港新片区建设的各项政策落实落细，推进金融支持长三角高质量一体化发展，第一批12项举措取得阶段性成果，扎实做好第二届中国国际进口博览会金融服务保障工作；进一步聚焦科创和先进制造业，发布“高企贷”[①]授信服务方案，推动G60科创走廊[②]九城市与金融机构联合发布支持先进制造业发展的金融服务方案；出台《关于促进金融科技发展支持上海建设金融科技中心的指导意见》。

2020年，受新冠肺炎疫情蔓延影响，世界经济步入衰退，不稳定不确定因素显著增多，但中国经济稳中向好、长期向好的基本态势没有改变，上海发展仍面临重大机遇，三项新的重大战略任务进入全面施工期，国家宏观政策逆周期调节、扩大对外开放等重大政策落实见效，将持续引发新热点和新增长点。同时，挑战与机遇并存，需坚持稳中求进工作总基调，推动高质量发展，继续提高支持民营、小微等实体经济政策的精准性和覆盖面。中国人民银行上海总部将重点推进以下工作：一是继续执行好稳健的货币政策更加灵活适度，落实好逆周期调控措施。二是积极服务实体经济发展，继续加大对小微、民营、科创企业的金融支持力度。三是继续根据习近平总书记交给上海的三项新的重大任务要求，全力做好金融支持自贸新片区和长三角高质量一体化发展等有关工作，助推上海国际金融中心、科创中心建设。四是继续支持优化营商环境，努力提高金融管理和服务水平。

---

①即高新技术企业贷款。2019年9月，人民银行上海总部与上海市科委联合发布高新技术企业贷款授信服务方案，进一步加大对高新技术企业的信贷支持，推动提升上海高新技术企业创新能力及竞争力。

②G60科创走廊是由上海松江，浙江嘉兴、杭州、金华、湖州，江苏苏州，安徽宣城、芜湖、合肥等九城协同打造的产业和城市群一体化发展平台，推动长三角产业链、创新链、价值链布局一体化。

一、金融运行情况

2019 年，中国人民银行上海总部按照加强宏观调控和金融切实服务实体经济的总体精神，坚持稳健货币政策，适时加强逆周期调节，加大对民营、小微企业支持力度，促进信贷平稳增长；聚焦习近平总书记交给上海的三项新的重大任务，服务小微民营科创企业、防范化解金融风险、优化营商环境。全年各项存款同比多增，信贷增长处于合理区间，结构进一步优化。证券期货市场交易活跃，保险收入持续增长，金融市场运行总体稳健。

（一）货币信贷运行总体平稳，支持实体经济力度持续加大

1. 银行业金融机构平稳发展。2019 年末，上海市共有中资银行法人 5 家，外资银行法人 18 家，新型农村金融机构 139 家，从业人员 12.5 万人，中外资金融机构本外币资产总额 16.5 万亿元，同比增长 7.1%；各项存款、贷款余额分别为 13.3 万亿元和 8 万亿元，同比分别增长 9.7% 和 9%，增速比上年末分别上升 2 个、下降 0.1 个百分点。2019 年，上海市金融机构实现净利润 1599.35 亿元，同比下降 7.88%。

表 1　2019 年上海市银行业金融机构情况

机构类别	营业网点			法人机构（个）
	机构个数（个）	从业人数（人）	资产总额（亿元）	
一、大型商业银行	1648	47216	54908	1
二、国家开发银行和政策性银行	15	811	4539	0
三、股份制商业银行	829	27258	37439	1
四、城市商业银行	465	14786	24642	1
五、小型农村金融机构	361	6919	8909	1
六、财务公司	24	1829	6886	22
七、信托公司	7	2436	753	7
八、邮政储蓄银行	482	2954	2230	0
九、外资银行	211	12549	14478	18
十、新型农村金融机构	160	2203	301	139
十一、其他	22	5925	10025	21
合　计	4224	124886	165110	211

续表

注：大型商业银行包括中国工商银行、中国农业银行、中国银行、中国建设银行和交通银行；小型农村金融机构包括农村商业银行、农村合作银行和农村信用社；新型农村金融机构包括村镇银行、贷款公司和农村资金互助社；“其他”包含金融租赁公司、汽车金融公司、货币经纪公司、消费金融公司等。

数据来源：中国人民银行上海总部。

2. 各项存款同比多增，储蓄存款明显增长。2019 年，上海市本外币各项存款新增 11679.9 亿元，同比多增 3025.6 亿元，其中，人民币存款新增 10687.6 亿元，同比多增 3166.3 亿元。2019 年，上海市本外币住户存款累计增加 4712 亿元，同比多增 1908.4 亿元，其中大额存单和结构性存款分别增加 2368.1 亿元、59.8 亿元；境内非金融企业存款新增 2708.6 亿元，非银行金融机构存款累计新增 2599.7 亿元。

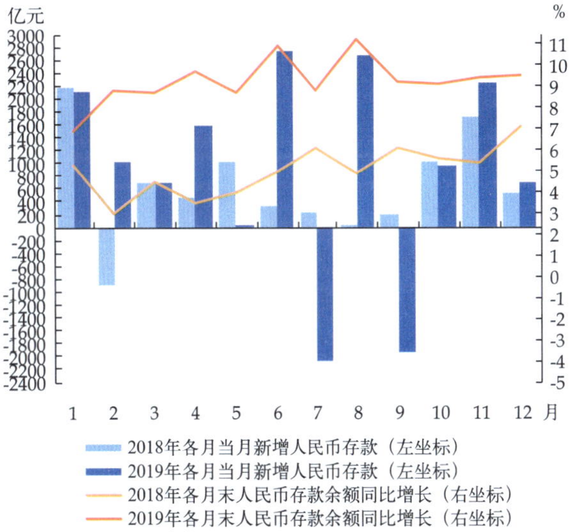

数据来源：中国人民银行上海总部。

图 1　2018~2019 年上海市金融机构人民币存款增长变化

3. 各项贷款同比少增，贷款结构持续优化。2019 年，上海市本外币贷款累计增加 5609.8 亿元，同比少增 126.8 亿元，其中，人民币贷款累

计增加5297.8亿元，同比少增1005亿元。在各项贷款中，境内中长期贷款累计增加4080.38亿元，同比多增196.8亿元。12月末，全市普惠口径小微企业贷款余额3987.6亿元，同比增长32.1%，全年新增1472.1亿元；制造业贷款余额6709.7亿元，同比增长5.1%，全年新增323.2亿元，同比多增85.6亿元；人民币房地产贷款余额22783.3亿元，同比增长8.99%。

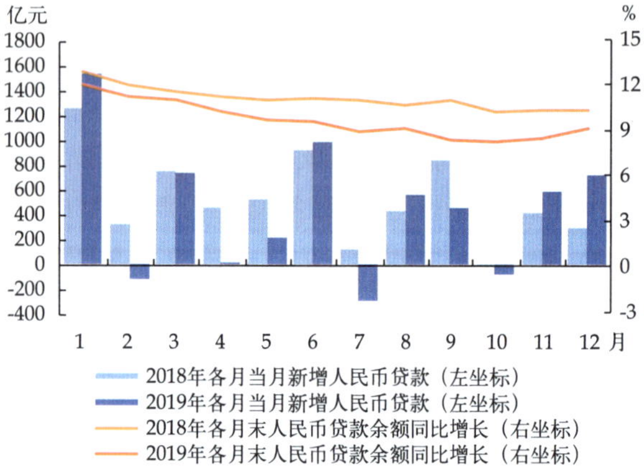

数据来源：中国人民银行上海总部。

图2　2018~2019年上海市金融机构人民币贷款增长变化

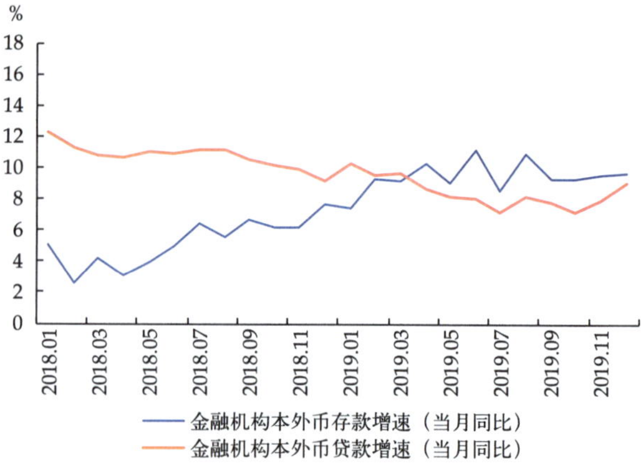

数据来源：中国人民银行上海总部。

图3　2018~2019年上海市金融机构本外币存、贷款增速变化

专栏1　积极推动金融支持长三角G60科创走廊先进制造业高质量发展

建设长三角G60科创走廊是推动长三角高质量一体化发展的重要载体，是落实长三角区域一体化发展这一国家战略的重要组成部分。2019年11月8日，由中国人民银行上海总部倡议推动、G60科创走廊九城市与有关金融机构共同研究形成的《金融支持长三角G60科创走廊先进制造业高质量发展综合服务方案》（以下简称《方案》）正式发布。

《方案》以促进长三角G60科创走廊先进制造业发展与金融服务优化、推动先进制造产业集群高质量一体化发展为核心任务，重点聚焦长三角G60科创走廊重大科技创新及研发项目，重点支持从事人工智能、集成电路、生物医药、高端装备、新能源、新材料、新能源汽车七大领域的科创企业与制造业企业。通过完善金融服务方式、优化金融资源配置、提升金融创新水平，努力推动实现“四个对接”——金融机构与科创产业的对接、金融市场与企业成长路线的对接、金融供给与国家创新战略对接、金融创新与市场需求对接。

《方案》从缓解融资难、融资贵，提升融资适配性和信息对称四个方面，提出15条具体举措。

金融创新服务方面主要有：一是加大信贷资源投放，聚焦先进制造业和科创企业；

二是积极开展产品和服务创新，重点加大科技信贷产品、供应链金融产品创新力度；三是完善科创企业与先进制造业企业贷款利率定价方式，落实“利率外零费用”优惠承诺；四是积极利用债务融资工具、股权并购、创投基金等金融服务方式和服务工具，满足企业多元化融资需求。

政府支持保障方面主要有：一是进一步发挥好政策性担保基金信用增进和风险分担作用，优化担保收费机制；二是加大信息共享，推进长三角G60科创企业名录库、重点科技项目建设信息库和企业信用信息共享服务平台建设；三是促进金融资源与产业园区、产业基地等科创资源对接。

政策工具引导方面主要有：一是积极利用中央银行再贷款等货币政策工具，引导金融机构加大对长三角G60科创走廊的科技创新、先进制造业等重点领域民营和小微企业的信贷投放；二是结合利率市场化改革，进一步推动企业融资成本有效降低；三是支持先进制造业企业用好企业债、中期票据、定向工具等债务融资工具，进一步拓宽融资渠道，优化债务结构。

下一步，中国人民银行上海总部将研究推出多项支持区域科技创新、深化金融供给侧改革的具体举措，与相关各方密切配合，积极推动《方案》落地实施，建立完善上海市科技企业融资指标体系和融资条件指数，继续深化、拓展具体措施，进一步发挥好金融对长三角G60科创走廊建设的支持作用。

4. 积极推动利率市场化改革，企业贷款利率降至近年低点。2019年12月，辖内地方法人金融机构新增贷款中LPR运用占比达到91.3%，走在全国前列，有效推动了实体经济融资成本下降。12月，上海市人民币贷款加权平均利率为5.4%，同比下降21基点；上海市企业贷款加权平均利率为4.9%，同比下降23个基点，小微企业贷款降至近三年新低。

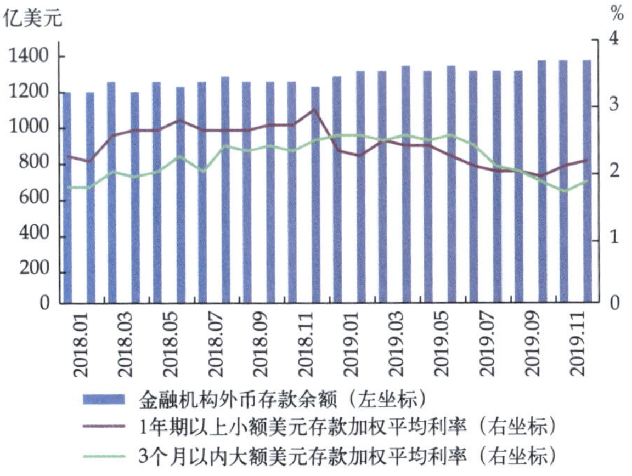

数据来源：中国人民银行上海总部。

图4　2018~2019年上海市金融机构外币存款余额及外币存款利率

表2　2019年上海市金融机构人民币贷款各利率区间占比

（LPR改革前）　　单位：%

月份		1月	2月	3月	4月	5月	6月	7月
合计		1.0	1.0	1.0	1.0	1.0	1.0	1.0
下浮		0.3	0.3	0.3	0.3	0.3	0.3	0.3
基准		0.2	0.2	0.1	0.2	0.2	0.2	0.2
上浮	小计	0.5	0.5	0.5	0.5	0.5	0.5	0.5
	(1.0，1.1]	0.1	0.1	0.1	0.1	0.1	0.1	0.1
	(1.1，1.3]	0.1	0.2	0.2	0.2	0.2	0.2	0.2
	(1.3，1.5]	0.1	0.1	0.1	0.1	0.1	0.0	0.1
	(1.5，2.0]	0.1	0.1	0.1	0.1	0.1	0.1	0.1
	2.0以上	0.1	0.1	0.1	0.0	0.1	0.1	0.1

（LPR改革后）

月份		8月	9月	10月	11月	12月
合计		1.0	1.0	1.0	1.0	1.0
LPR减点		0.3	0.3	0.3	0.3	0.3
LPR		0.0	0.0	0.0	0.0	0.0
LPR加点	小计	0.7	0.7	0.7	0.6	0.7
	(LPR，LPR+0.5%)	0.2	0.2	0.2	0.2	0.2
	[LPR+0.5%，LPR+1.5%)	0.2	0.2	0.2	0.2	0.2
	[LPR+1.5%，LPR+3%)	0.1	0.1	0.1	0.1	0.1
	[LPR+3%，LPR+5%)	0.1	0.1	0.1	0.1	0.1
	LPR+5%及以上	0.1	0.1	0.1	0.1	0.1

数据来源：中国人民银行上海总部。

5. 金融机构资产质量保持稳定。2019 年末，上海市金融机构不良贷款余额 731.69 亿元，不良贷款率为 0.93%，比上年末微升 0.14 个百分点，不良率较全国低 0.93 个百分点。其中，逾期 90 天以上贷款占不良贷款的比例为 88.74%，同比下降 0.06 个百分点。

（二）证券市场交易提升，保险收入平稳增长

1. 证券市场成交额同比较快提升。2019 年，上海证券交易所股票和基金总成交额 61.3 万亿元，同比增长 29.1%，其中科创板成交 1.33 万亿元；债券成交金额 220.98 万亿元，同比增长 2%。上海市资本市场各类市场主体共计 7035 家，其中，上市公司 308 家，增加 21 家，占全国的 8.15%；科创板上市公司 13 家，占全国的 18.58%，总市值 2418 亿元，占全国的 27.68%；总部设在辖内的证券期货基金公司 118 家；证券期货基金各类分支机构 1107 家；外资代表处 39 家。证券公司、基金公司、期货公司等多类主要机构的数量均居全国首位。

表 3　2019 年上海市证券业基本情况

项目	数量
总部设在辖内的证券公司数（家）	27
总部设在辖内的基金公司数（家）	57
总部设在辖内的期货公司数（家）	34
年末国内上市公司数（家）	308
当年国内股票（A 股）筹资（亿元）	391
当年发行 H 股筹资（亿元）	9
当年国内债券筹资（亿元）	2726
其中：短期融资券筹资额（亿元）	233
中期票据筹资额（亿元）	68

数据来源：上海证监局。

2. 原保险收入与赔付支出增长较快。截至 2019 年末，上海市共有 57 家法人保险机构，较上年提高 4 家。其中，财产险公司 20 家，人身险公司 22 家，共有 108 家省级保险分支机构，同比增加 3 家。2019 年，上海市原保险保费收入累计 1720 亿元，同比增长 22.35%。其中，财产险公司原保险保费收入 524.9 亿元，同比下降 9.8%；人身险公司原保险保费收入 1195.1 亿元，同比增长 45.9%。中、外资保险公司原保险保费收入比例为 78 : 22，外资保险公司占比同比上升 2 个百分点。上海市保险业赔付支出累计 655 亿元，同比增长 12.6%，同比增速提高 6.7 个百分点，保障民生功能提升。

表 4　2019 年上海市保险业基本情况

项目	数量
总部设在辖内的保险公司数（家）	57
其中：财产险经营主体（家）	20
人身险经营主体（家）	22
保险公司分支机构（家）	108
其中：财产险公司分支机构（家）	53
人身险公司分支机构（家）	52
保费收入（中外资，亿元）	1720
其中：财产险保费收入（中外资，亿元）	525
人身险保费收入（中外资，亿元）	1195
各类赔款给付（中外资，亿元）	655
保险密度（元 / 人）	7084
保险深度（%）	5

数据来源：上海银保监局。

（三）金融市场总体稳健，社会融资规模同比多增

1. 表内融资占比降低，直接融资同比多增。2019 年，上海市社会融资规模增量为 8640.1 亿元，同比增长 37.6%，同比多增 2363.2 亿元。表内融资占全市社会融资规模的比重为 62.2%，同比下降 23.8 个百分点。委托贷款、信托贷款和未贴现银行承兑汇票三项表外融资降幅收窄，同比少减 1615.6 亿元。直接融资为 4246.3 亿元，同比多增 773.2 亿元，其中，企业债券融资增加 2743.7 亿元，同比多增 728.9 亿元，非金融企业境内股票融资 403.1 亿元，同比多增 217 亿元。

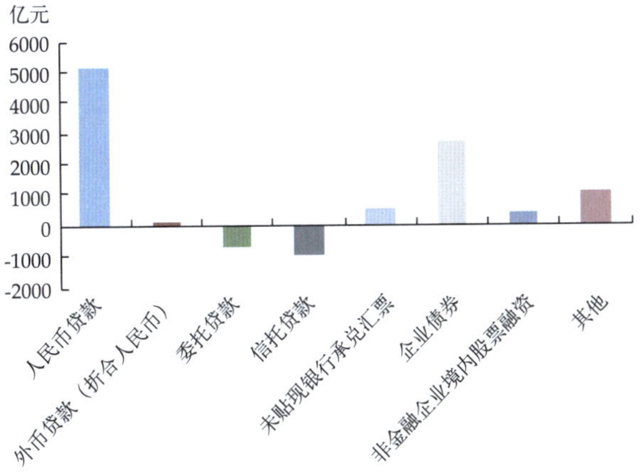

数据来源：中国人民银行上海总部。

图 5　2019 年上海市社会融资规模分布结构

表 5　2019 年上海市金融机构票据贴现、转贴现利率

单位：%

季度	贴现		转贴现	
	银行承兑汇票	商业承兑汇票	票据买断	票据回购
1	3.5	5.0	3.3	2.6
2	3.5	4.9	3.2	2.6
3	3.1	4.8	2.9	2.6
4	3.1	4.7	2.7	3.0

数据来源：中国人民银行上海总部。

2. 股票融资规模下降，公司债快速增长。 2019 年，上海证券交易所股票筹资 5851.4 亿元，同比减少 4.3%；发行公司债 27667.48 亿元，同比增长 55.6%。2019 年，上交所股票期权市场运行平稳，规模稳步增长，经济功能日益凸显。全年，ETF 期权合约累计成交 6.23 亿张，累计成交面值 17.90 万亿元，股票期权投资者人数稳步增长，投资者账户总数达到 41.33 万户。

3. 商品期货和金融期货交易快速增长。 2019 年，上海期货交易所累计成交量 14.1 亿手，同比增长 20.12%，占全国期货市场总成交量的 35.64%；累计成交金额 96.9 万亿元，同比增长 18.89%，占全国成交总额的 33.4%。中国金融期货交易所股指期货和国债期货累计成交 66.3 百万手，同比增长 143.6%；累计成交金额 69.6 万亿元，同比增长 166.5%。2019 年，上海黄金交易所各黄金品种累计成交 6.86 万吨，同比增长 1.63%，成交金额 21.518.3 万亿元，同比增长 17.5%。

表 6　2019 年中国金融期货交易所交易统计

交易品种	累计成交金额（亿元）	同比增长（%）	累计成交量（万手）	同比增长（%）
股指期货	548039	248.2	5325	225.8
国债期货	148158	42.7	1303	19.9
合计	696197	166.5	6628	143.6

数据来源：中国金融期货交易所。

表 7　2019 年上海期货交易所交易统计

交易品种	累计成交金额（亿元）	同比增长（%）	累计成交量（万手）	同比增长（%）
铜	174502	-32.8	7304	-28.7
铝	45492	-32.2	6552	-29.7
锌	144003	-30.9	14213	-23.1
黄金	299925	238.9	9242	186.6
天然橡胶	128966	-12.4	10770	-12.9
燃料油	85420	254.5	35344	350.0
螺纹钢	338939	-16.0	93034	-12.4
线材	137	17.8	35	10.7
铅	12717	-33.8	1542	-24.4
白银	178771	284.7	28565	238.0
石油沥青	65467	49.0	20582	47.4
合计	1474337	12.7	227182	18.2

数据来源：上海期货交易所。

（四）上海国际金融中心深入推进，自贸区金融创新改革步伐加快

1. 上海国际金融中心建设深入推进。 2019 年，上海在最新全球金融中心指数（GFCI）中连续三年排名第 5 位。金融中心开放创新深入推进。目前，上海推动 21 个金融业对外开放项目落地，摩根大通证券、野村东方国际证券成为国家首批批准的外资控股证券公司；交银理财公司、中银金融科技公司等落户，全年持牌金融机构新增 54 家，“沪伦通”、沪深 300 股指期权、长三角一体化 ETF、天然橡胶期权等一批金融创新产品成功推出；落实设立科创板及试点注册制改革，充分发挥改革试验田的作用，截至 2019 年底，70 家企业已上市，有

力推动上海国际金融中心建设。2019 年，上海市金融市场成交总额 1934.3 万亿元，同比增长 16.6%，金融业增加值 6600.6 亿元，同比增长 11.6%，占全市地区生产总值的 17.3%。

2. 自贸区金融改革取得积极进展。2019 年以来，聚焦习近平总书记交给上海的三项新的重大任务，强化四大功能，上海自贸试验区金融开放创新取得了积极进展。一是上海自贸试验区临港新片区正式设立。落实国务院批准的《中国（上海）自由贸易试验区临港新片区总体方案》，出台新片区管理办法，完善新片区管理体制，加快推进落实总体方案明确的 78 项重点任务，发布实施“特殊支持政策 50 条”、支持人才发展、支持金融业创新发展等一系列重大政策。目前，新片区新设企业 4025 家，签约落地重点产业项目 168 个，总投资 821.9 亿元。二是全面落实国家支持自贸试验区深化改革创新若干措施，统筹推动上海自贸试验区投资贸易自由化便利化，持续深化上海自贸试验区“三区一堡”建设。

（五）加快落实重大工作任务，稳步推进金融开放创新

2019 年，中国人民银行上海总部按照总行工作会议精神，抓好各项重点难点金融改革任务，聚焦习近平总书记交给上海的三项新的重大任务，服务小微民营科创企业、防范化解金融风险、优化营商环境等各项工作取得较好成效。一是全力推动“三大任务、一大平台”落地实施。推动金融支持临港新片区建设的各项政策落实落细，推进金融支持长三角高质量一体化发展，第一批 12 项举措取得阶段性成果，扎实做好第二届中国国际进口博览会金融服务保障工作。二是积极落实金融改革开放各项措施。做好自由贸易账户推广工作，有效推进上海地区人民币跨境使用，出台《关于促进金融科技发展支持上海建设金融科技中心的指导意见》。三是创新优化小微、民营、科创企业金融服务。进一步聚焦科创和先进制造业，着力缓解小微民营企业融资难融资贵问题，创设科技企业融资指标体系，发布“高企贷”授信服务方案，推动 G60 科创走廊九城市与金融机构联合发布支持先进制造业发展的金融服务方案。四是打好防范化解金融风险攻坚战，持续优化营商环境和金融管理服务。建立覆盖辖内所有法人中小银行和非银机构的流动性监测制度，牵头推动上海地区动产担保统一登记，推出企业信用报告网银查询渠道，推动境外人士境内移动支付服务试点，加强征信机构监管和信息安全管理，深化金融广告治理，抓好金融消费者权益保护。

二、经济运行情况

2019 年，上海市经济发展坚持稳中求进工作总基调，坚持新发展理念，坚持以供给侧结构性改革为主线，努力以稳增长的硬任务实现高质量发展的硬道理，以自身发展的确定性有效应对外部环境的不确定性，着力提升城市能级和核心竞争力，全市经济延续了总体平稳、稳中有进、进中固稳的发展态势。全年，上海市地区生产总值突破 3.8 万亿元，同比增长 6%，继续处于合理区间。其中，第一产业增加值 103.88 亿元，同比下降 5%；第二产业增加值 10299.16 亿元，同比增长 0.5%；第三产业增加值 27752.28 亿元，同比增长 8.2%。第三产业增加值占上海市地区生产总值的比重为 72.7%，比上年提高 1.8 个百分点。

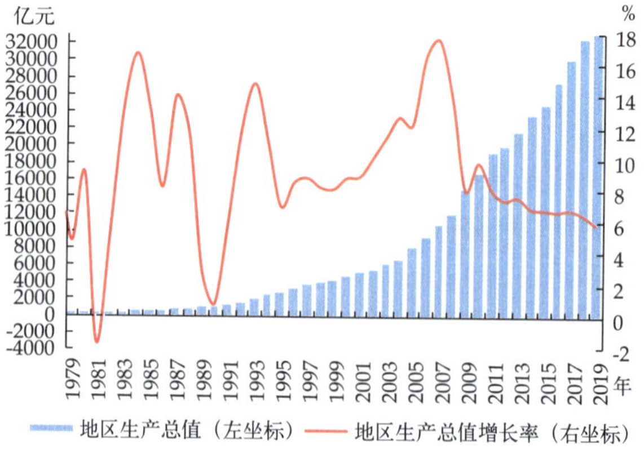

数据来源：上海市统计局、《上海统计年鉴》。

图 6　1979~2019 年上海市地区生产总值及其增长率

（一）三大需求稳定增长，消费结构持续优化

1. 投资增速保持平稳，工业投资持续较快增长。2019 年，上海市全年全社会固定资产投资比上年增长 5.1%。其中，工业投资在新能源汽车、生物医药、石油化工、电子信息等领域重点项目拉动下增长 11.3%，连续 21 个月保持两位数增长。六个重点工业行业投资增长 24.2%。其中，生物医药制造业投资增长 79.0%，汽车制造业投资增长 48.5%，石油化工及精细化工制造业投资增长 36.6%，电子信息产品制造业投资增长 12.9%。

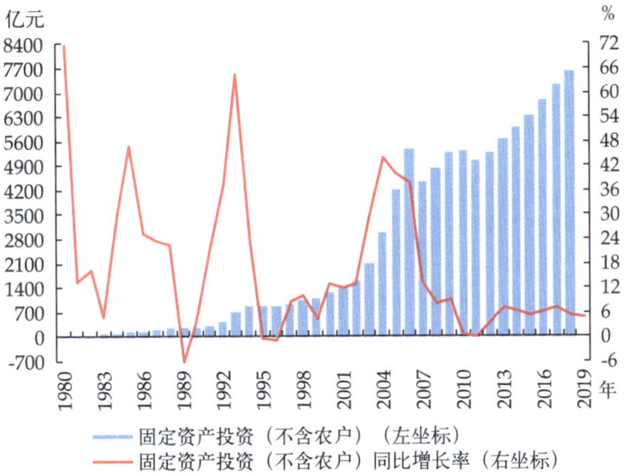

数据来源：上海市统计局、《上海统计年鉴》。

图 7　1980~2019 年上海市固定资产投资（不含农户）及其增长率

2. 销售增长基本平稳，新消费呈现引领态势。2019 年，上海制定出台优化供给促进消费增长实施方案，成功举办 2019 年"中国品牌日"系列活动，推动免税购物、夜间经济、海派特色小店等政策落地。全年社会消费品零售总额为 1.35 万亿元，增长 6.5%，消费规模保持全国城市首位。网络消费和"首店经济"持续走强，全年网络购物交易额增长 27%，新进品牌首店突破 1000 家。

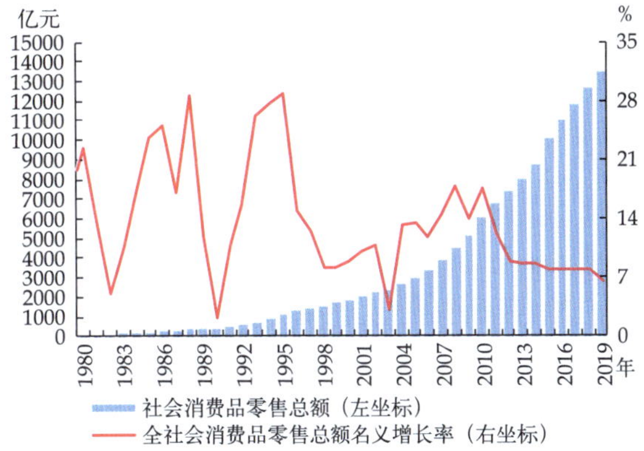

数据来源：上海市统计局、《上海统计年鉴》。

图 8　1980~2019 年上海市社会消费品零售总额及其增长率

3. 对外贸易小幅增长，利用外资增势良好。2019 年，上海市货物进出口总额 3.4 万亿元，同比增长 0.1%，其中进口 2.03 万亿元，下降 0.1%，出口 1.4 万亿元，增长 0.4%。一般贸易进出口总额 1.8 万亿元，同比增长 1.3%，高于总出口增速。口岸贸易总额持续居全球城市首位，制定发布数字贸易发展行动方案，累计认定贸易型总部企业 137 家；深入推进"一带一路"建设，印尼青山产业园等一批高水平产业合作项目在沿线国家落地生根，对沿线国家外贸进出口增速明显高于全市水平。2019 年，上海市外商直接投资合同项目 6800 个，同比增长 21.5%；外商直接投资合同金额 502.53 亿美元，同比增长 7.1%；实际到位金额 190.48 亿美元，同比增长 10.1%，增速同比提高 8.4 个百分点。

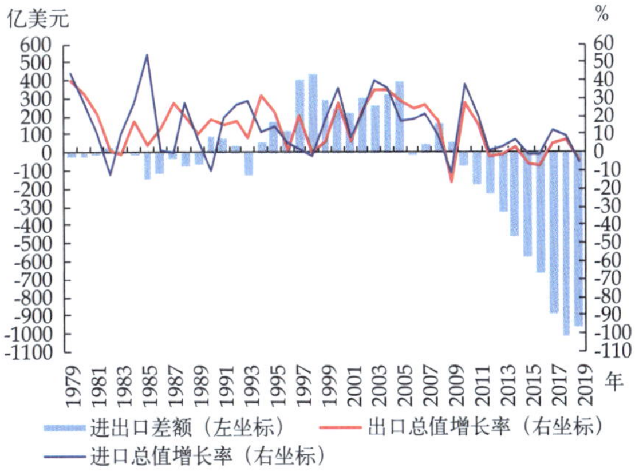

数据来源：上海市统计局、《上海统计年鉴》。

图 9　1979~2019 年上海市货物进出口变动情况

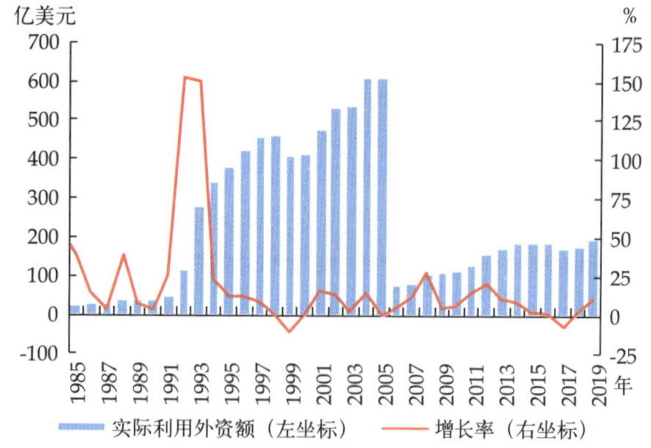

数据来源：上海市统计局、《上海统计年鉴》。

图 10　1985~2019 年上海市实际利用外资额及其增长率

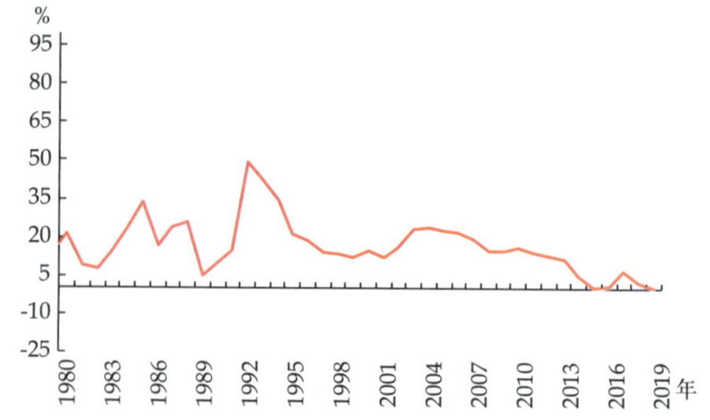

数据来源：上海市统计局、《上海统计年鉴》。

图 11　1980~2019 年上海市规模以上工业增加值实际增长率

（二）产业结构加快升级，供给侧结构性改革深化

1. 经济新动能加快培育，服务经济支撑作用进一步增强。新兴产业加快发展，成功举办 2019 世界人工智能大会，制定发布加快发展数字经济实施方案，推动 5G 网络建设和应用，上海集成电路设计产业园、大飞机创新谷和产业园等正式开园，首艘国产大型邮轮开工建造。全年规模以上工业增加值同比增长 0.4%，战略性新兴产业制造业部分产值占全市规模以上工业总产值比重提高到 32.4%。实施高新技术企业培育工程，全年新认定高新技术企业 5950 家左右，总数达到 1.28 万家。启动中小企业创新升级计划，深化培育"专精特新"中小企业。出台实施服务业高质量发展、新一轮服务业扩大开放等政策措施，全年第三产业增加值同比增长 8.2%，占全市地区生产总值比重达 72.2%，比上年提高 2.3 个百分点。金融业、信息服务业、科研服务业、文化创意产业等现代服务业保持快速发展势头。

2. 供给侧结构性改革持续深化，生态环境质量稳步改善。全面实施打响"上海服务""上海制造""上海购物""上海文化"四大品牌三年行动计划，加快推动产业结构升级。全力促进工业高质量发展，推动特斯拉、中芯国际、和辉二期、大众纯电动汽车工厂等重大产业项目加快建设和投产，实施规划产业区块外企业"零增地"技术改造正面和负面清单，支持一批优质项目改扩建，持续推动重点区域整体转型升级，实施产业结构调整项目 1081 项。高水平开放持续推进，总部经济加快集聚，制定发布促进跨国公司地区总部发展、鼓励设立民营企业总部等政策，全年新增跨国公司地区总部 50 家、外资研发中心 20 家，首批 44 家民营企业总部完成认定。全面推进生活垃圾分类，生活垃圾管理条例正式实施，取得明显成效。深入实施新一轮清洁空气行动计划，完成 3851 台燃油燃气锅炉低氮改造，环境空气质量指数（AQI）优良率为 84.4%，PM2.5 年平均浓度为 35 微克 / 立方米。打好碧水保卫战，全市劣Ⅴ类水体占比下降至 7.8%。全力做好第二轮中央生态环境保护督察配合和整改工作。

专栏 2　促进跨境贸易投资便利化　优化支付结算和现金服务

为切实做好第二届中国国际进口博览会金融服务保障工作，以此为契机进一步优化上海营商环境，推动金融产品和服务创新，中国人民银行上海总部认真做好展会期间涉外金融服务、跨境贸易投资便利化、支付环境建设、现金服务保障、清算基础设施服务

等各项工作，积极搭建高效便捷的境内外参展机构及参会公众服务平台，以高效完善的金融配套服务助力进博会成交。

创新金融服务方案，支持跨境人民币贸易融资采购交易。指导上海金融学会跨境金融服务专业委员会研究制定《上海市银行业第二届进口博览会人民币跨境贸易融资服务方案》及《上海市银行业第二届进口博览会自由贸易账户转手买卖金融服务方案》，为进博会境内外展商和客商提供跨境贸易融资和离岸转手买卖金融服务，联合市商务委（口岸办）支持中国（上海）国际贸易单一窗口推出跨境人民币贸易融资技术支持服务功能，进一步推进贸易投资便利化。

促进银企供需对接，满足参展企业便利化金融服务诉求。号召上海市中外资银行积极加入人民币跨境贸易金融服务提供方队伍，立足服务实体经济，主动对接展商需求，打响上海跨境金融服务品牌，在充分了解境内外展商和客商诉求的基础上，为企业量身定制人民币跨境金融服务方案。

畅通经常项目汇兑，便利参展个人小额外币兑换业务。国家外汇管理局上海市分局向辖内银行印发《关于进一步做好中国进口博览会期间参展境外个人小额外币兑换业务的通知》，指导银行在为境外参展个人办理等值500美元以下的小额兑换业务时，予以便利化处理，提供高效便捷的外汇服务给予支持。

优化支付受理环境建设，营造良好的支付结算体验。出台《关于做好中国国际进口博览会支付环境建设工作的指导意见》，从提升开户服务、完善银行卡受理环境、扩大移动支付服务覆盖面、优化现金流通环境等方面提出18项具体意见。出台《关于第二届中国国际进口博览会期间支付结算服务有关事项的通知》，妥善安排进博会期间支付结算服务工作。

推动自助终端移动支付建设，加大云闪付品牌宣传推广。组织指导中国银联上海分公司践行“支付服务进博”理念，在进博会周边及相关重点核心商圈联合商业银行开展多项推广活动。升级交通领域支付服务能力，服务进博会便捷出行。

探索支付创新服务，为进博会金融服务“锦上添花”。协调中国银行上海市分行联合推出“刷脸付”并在本届进博会上投入使用，实现了“刷脸付”在国家级重大展会上的首次亮相，这也是人民银行标准的刷脸支付产品在上海地区的首例应用；协调中国银联上海分公司推动中石化全国首家无感支付无人便利示范店在外滩开业，开创性地通过云闪付APP为顾客提供无感支付体验。

加强现金服务保障，全额满足参展公众现金需求。将进博会展区内的中行和建行营业网点纳入上海市现金服务示范区建设和评价范围，要求保证相关网点及时保障现金调运到位，实现总量满足、结构合理、票面整洁、公众放心的现金服务目标；通过中行协调进博会服务保障部门，要求所有商户不得拒收人民币现金，切实维护人民币的法定地位和公众支付自由选择权。

完善现场派驻服务，全方位提升金融服务水平。积极对接进博局，在会场综合服务区设置跨境人民币金融服务政策咨询站，现场提供金融政策咨询服务；组建外汇业务服务保障小组驻扎会场，妥善解决外汇疑难业务。银行积极响应，配套金融产品服务日臻完善，辖内银行纷纷结合自身特色为进博会量身定制专项金融服务方案。

（三）居民消费价格同比上涨，工业生产者价格维持低位

2019年，全市居民消费价格指数同比上涨2.5%，涨幅同比上升0.9个百分点。从两大分类看，服务和消费品价格分别上涨2%和2.8%，涨幅分别上升0.4个和1.2个百分点。食品烟酒类、衣着类、医疗保健类、其他用品和服务类涨

幅靠前。全市工业生产者出厂价格指数和购进价格指数全年维持低位，年末分别同比下降 1.2% 和 2.1%，涨幅分别回落 2.9 个和 6.5 个百分点。

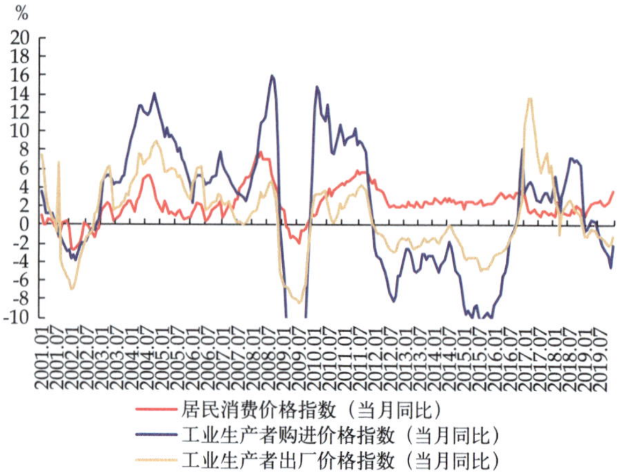

数据来源：上海市统计局、《上海统计年鉴》。

图 12　2001~2019 年上海市居民消费价格指数和工业生产者价格指数变动趋势

（四）财政收入和居民收入协调增长

2019 年，上海持续深化财税改革攻坚，“加力提效”实施积极财政政策，不折不扣地落实更大规模“减税降费”政策，全市财政收入保持持续稳定增长，完成一般公共预算收入 7165.1 亿元，比上年增长 0.8%，减税降费总额超过 2022 亿元。2019 年，上海市居民人均可支配收入 69442 元，名义增长 8.2%，实际增长 5.6%。其中，城镇常住居民和农村常住居民人均可支配收入分别实际增长 5.6% 和 6.6%。

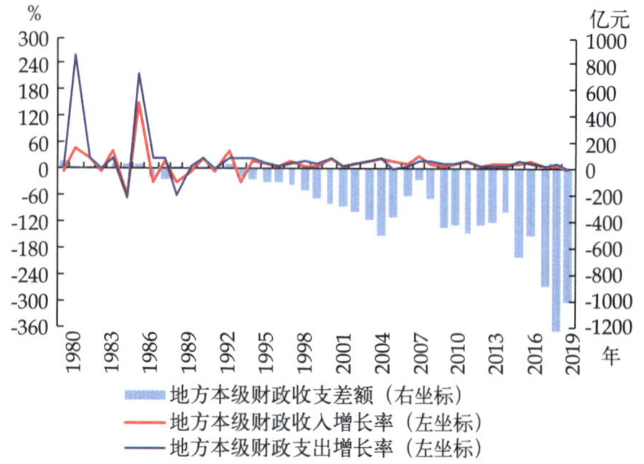

数据来源：上海市统计局、《上海统计年鉴》。

图 13　1980~2019 年上海市财政收支状况

（五）房地产市场总体平稳，市民居住条件持续改善

1. 房地产开发投资平稳增长，房屋成交面积略有下降。2019 年，上海落实房地产市场调控“一城一策”长效机制，进一步稳地价、稳房价、稳预期，房地产市场保持平稳健康发展，全年完成房地产开发投资额比上年增长 4.9%。其中，住宅投资增长 4.1%。房屋在建规模略有上升，全市房屋施工面积 14802.97 万平方米，比上年增长 0.9%。商品房销售面积为 1696.34 万平方米，同比下降 4%，销售额同比增长 9.5%。

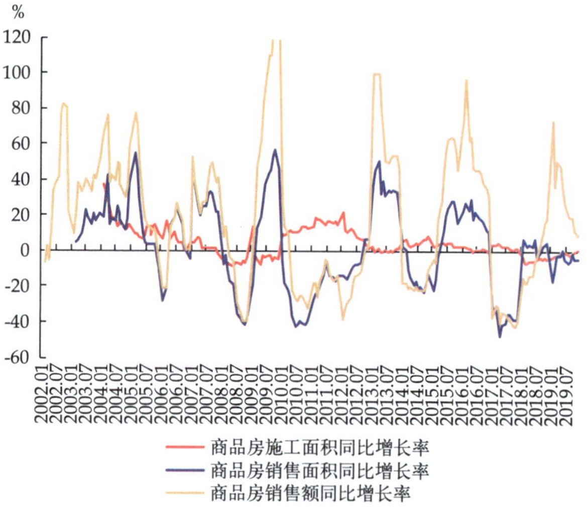

数据来源：上海市统计局、《上海统计年鉴》。

图 14　2002~2019 年上海市商品房施工和销售变动趋势

2. 房价总体保持稳定，租购并举的住房体系持续完善。2019 年，上海市楼市预期进一步回归理性，上海市住宅价格指数同比略有上升，为 0.52%，环比在 0 附近小幅波动。12 月，全市新建商品住宅成交价格同比上涨 2.3%，环比持平；二手住宅成交价格同比上涨 1.3%，环比下降 0.2%。加快推进旧区改造和城市更新，完成中心城区成片二级旧里以下房屋改造 55.3 万平方米、受益居民 2.9 万户。多渠道推进租赁住房建设供应，有序推进共有产权保障住房申请供应，新增供应各类保障性住房 6.3 万套。

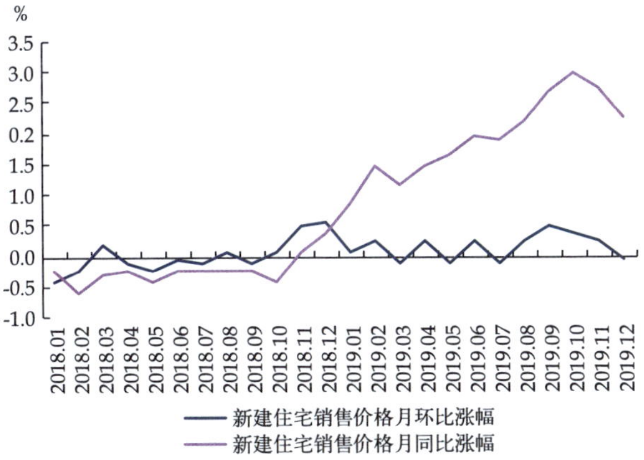

数据来源：上海市统计局、《上海统计年鉴》。

图 15　2018~2019 年上海市新建住宅销售价格变动趋势

三、预测与展望

2020 年，受新冠肺炎疫情蔓延影响，世界经济步入衰退，不稳定不确定因素显著增多，但我国经济稳中向好、长期向好的趋势没有改变，上海发展仍面临重大机遇，三项新的重大战略任务进入全面施工期，国家宏观政策逆周期调节、扩大对外开放等重大政策落实见效，将持续引发新热点和新增长点。同时，挑战与机遇并存，需坚持稳中求进工作总基调，继续提高支持民营、小微等实体经济政策的精准性和覆盖面，推动高质量发展。

中国人民银行上海总部将重点推进以下工作：执行好稳健的货币政策并更加灵活适度，落实好逆周期调控措施；积极服务实体经济发展，持续加大对小微、民营、科创企业的金融支持力度，保市场主体；根据习近平总书记交给上海的三项新的重大任务要求，全力做好金融支持自贸新片区和长三角高质量一体化发展等有关工作，助推上海国际金融中心、科创中心建设；继续支持优化营商环境，努力提高金融管理和服务水平。

中国人民银行上海总部货币政策分析小组
总　纂：吕进中
统　稿：叶　芳
执　笔：向　坚　雷宗怀
提供材料的还有：赵　莹　邵　珺　钱　俊　陈　芳　张国文　钱国根　昝剑飞

附录

（一）2019年上海市经济金融大事记

1月22日，经国务院同意，中国人民银行等八部门联合印发了《上海国际金融中心建设行动计划（2018~2020年）》，提出要深化长三角地区金融合作。

1月31日，中国证监会发布了《关于在上海证券交易所设立科创板并试点注册制的实施意见》，中国证监会和上海证券交易所正在按照该实施意见要求，有序推进设立科创板并试点注册制各项工作。

2月1日，上海法院的专门破产审判机构——上海破产法庭正式成立。这一法庭有利于更好地运用市场化、法治化手段积极稳妥地处置“僵尸企业”，也是优化营商环境的重要举措。

3月24日，长三角三省一市人大财经工作座谈会日前在青浦举行，探索长三角地区人大财经系统工作协同，寻求通过人大财经领域立法工作协同、监督工作联动，为长三角更高质量一体化发展贡献力量。

5月13日，中央政治局会议和国务院常务会议审议通过《长三角一体化发展规划纲要》，明确长三角一体化发展的战略定位，即“一极三区一高地”，成为全国经济发展强劲活跃的增长极，成为全国经济高质量发展的样板区，率先基本实现现代化的引领区和区域一体化发展的示范区，成为新时代改革开放的新高地。

6月13日，上海证券交易所设立的科创板开板并试点注册制，标志着中国资本市场全面深化改革开启了新征程，充分发挥改革试验田的作用，有力推动上海国际金融中心建设。

6月20日，中央国债登记结算有限责任公司下属中债金融估值中心有限公司在上海成功发布中债长三角系列债券指数。

7月13日，上海市政府办公厅印发《关于着力发挥资本市场作用 促进本市科创企业高质量发展的实施意见》（“浦江之光”行动）。“浦江之光”行动结合上海科创企业培育实际情况，加快培育一批代表上海科创实力、体现上海科创潜力的优秀科创企业，集聚一批具有品牌效应的专业中介机构，营造规范、有序、透明、高效、公平、开放的国际一流投融资生态体系。

8月20日，上海自贸区临港新片区正式揭牌，临港新片区管理委员会也挂牌成立。临港新片区致力于打造具有较强国际市场影响力和竞争力的特殊经济功能区，成为我国深度融入经济全球化的重要载体。

11月5日，中国上海第二届国际进口博览会在上海市开幕。国家主席习近平出席开幕式并发表题为《开放合作　命运与共》的主旨演讲，强调各国要以更加开放的心态和举措，共建开放合作、开放创新、开放共享的世界经济，重申中国开放的大门只会越开越大，中国坚持以开放促改革、促发展、促创新，持续推进更高水平的对外开放。

制造业加快改造提升，17个传统制造业增加值

（二）2019 年上海市主要经济金融指标

表 1　2019 年上海市主要存贷款指标

		1 月	2 月	3 月	4 月	5 月	6 月	7 月	8 月	9 月	10 月	11 月	12 月
本外币	金融机构各项存款余额（亿元）	123285.7	124443.1	125297.8	126964.6	127117.6	130035.8	127707.1	130640.7	128775.8	130036.3	132257.3	132820.3
	其中：住户存款	30326.0	30334.3	30716.5	30862.8	31136.8	31730.9	31665.7	32112.1	32550.7	32582.5	32686.5	33295.4
	非金融企业存款	53019.2	51543.4	53287.3	52809.1	52510.3	53899.3	52275.8	52832.3	52575.7	52791.2	55096.9	56339.7
	各项存款余额比上月增加（亿元）	2145.4	1157.4	854.7	1666.8	152.9	2918.2	-2328.7	115.4	-1864.9	1260.6	2220.9	563.0
	金融机构各项存款同比增长（%）	7.4	9.3	9.1	10.2	9.1	11.1	8.5	10.9	9.2	9.3	9.5	9.7
	金融机构各项贷款余额（亿元）	75879.0	75650.4	76387.2	76376.2	76646.8	77771.2	77340.0	78290.6	78731.3	78486.0	79160.8	79843.0
	其中：短期	19039.0	18942.8	19100.9	18851.2	19006.5	19268.0	18949.1	19043.9	19166.5	18903.0	19349.8	19122.2
	中长期	44479.2	44465.7	44840.6	44849.6	44970.4	45473.9	45645.8	46086.0	46370.0	46596.7	46864.1	47586.3
	票据融资	3698.3	3741.4	4006.7	4149.2	4095.0	4206.9	3956.5	4130.8	4284.5	4238.8	4176.2	4176.1
	各项贷款余额比上月增加（亿元）	1645.8	-228.6	736.8	-11.0	270.6	1124.4	-431.2	950.6	440.7	-245.3	674.8	682.2
	其中：短期	237.1	-96.2	158.1	-249.7	155.3	261.4	-318.9	94.8	122.5	-263.5	446.8	-227.6
	中长期	1081.8	-13.5	374.8	9.0	120.8	503.5	171.9	440.2	284.0	226.7	267.3	722.2
	票据融资	128.1	43.1	265.3	142.5	-54.1	111.9	-250.4	174.3	153.7	-45.7	-62.6	-0.1
	金融机构各项贷款同比增长（%）	10.2	9.5	9.6	8.7	8.1	8.0	7.2	8.1	7.8	7.2	7.9	9.0
	其中：短期	10.6	9.5	9.1	6.6	6.8	6.3	5.5	7.3	5.7	5.2	8.5	6.7
	中长期	8.5	7.1	6.8	5.9	5.5	6.2	6.4	7.3	7.8	8.4	8.2	9.8
	票据融资	61.2	76.1	83.7	97.3	82.9	63.9	46.0	35.4	29.2	24.1	16.2	17.0
	建筑业贷款余额（亿元）	1443.1	1440.4	1463.4	1471.1	1486.0	1455.9	1439.8	1470.3	1478.1	1507.2	1484.4	1420.4
	房地产业贷款余额（亿元）	8526.3	8557.3	8774.3	8729.4	8727.8	8890.9	8889.6	9064.9	9113.9	9170.6	9260.3	9350.3
	建筑业贷款同比增长（%）	32.2	22.7	19.3	16.7	14.2	7.0	6.4	8.9	10.6	13.8	14.0	14.6
	房地产业贷款同比增长（%）	13.7	12.1	12.7	10.5	9.2	10.5	8.9	10.4	9.6	10.6	12.3	13.3
人民币	金融机构各项存款余额（亿元）	114740.6	115749.6	116447.5	118032.7	118072.4	120806.0	118731.2	121388.5	119450.5	120402.8	122631.1	123330.1
	其中：住户存款	28845.1	28848.1	29219.2	29359.7	29607.2	30207.3	30145.9	30553.0	31005.2	31034.9	31137.8	31727.7
	非金融企业存款	49637.5	48063.5	49839.9	49228.7	48947.3	50389.6	48731.3	49315.6	49001.3	49111.6	51344.8	52645.5
	各项存款余额比上月增加（亿元）	2098.1	1009.0	697.9	1585.2	39.6	2733.6	-2074.9	2657.3	-1938.0	952.3	2228.3	699.0
	其中：住户存款	1760.4	3.0	371.0	140.6	247.5	600.0	-61.4	407.1	452.3	29.7	102.9	589.9
	非金融企业存款	-428.1	-1573.9	1776.3	-611.2	-281.3	1442.3	-1658.3	584.3	-314.3	110.2	2233.2	1300.8
	各项存款同比增长（%）	7.0	8.8	8.8	9.8	8.8	10.9	8.8	11.2	9.2	9.1	9.4	9.5
	其中：住户存款	15.7	14.9	15.5	16.4	17.1	18.3	18.2	18.8	18.8	18.4	16.8	17.2
	非金融企业存款	10.3	8.9	9.8	8.9	8.6	9.3	8.4	9.1	5.0	6.2	6.7	5.2
	金融机构各项贷款余额（亿元）	70065.1	69944.3	70684.1	70685.9	70904.2	71884.3	71593.3	72147.1	72596.1	72516.1	73102.5	73823.7
	其中：个人消费贷款	20947.5	20795.7	20987.8	20983.1	21162.5	21428.5	21584.0	21739.4	21749.3	21815.8	22013.4	22147.7
	票据融资	3698.3	3741.4	4006.7	4149.1	4094.9	4206.8	3956.5	4130.7	4284.4	4238.7	4176.1	4176.0
	各项贷款余额比上月增加（亿元）	1539.2	-120.7	739.7	1.9	218.2	980.2	-291.0	553.8	449.0	-80.0	586.4	721.1
	其中：个人消费贷款	288.4	-151.8	192.1	-4.7	179.4	265.9	155.6	155.3	9.9	66.5	197.6	134.3
	票据融资	128.2	43.1	265.2	142.4	-54.1	111.9	-250.4	174.3	153.7	-45.7	-62.6	-0.1
	金融机构各项贷款同比增长（%）	12.1	11.3	11.2	10.4	9.8	9.8	9.1	9.2	8.5	8.4	8.7	9.3
	其中：个人消费贷款	15.2	13.9	14.5	14.1	14.4	15.8	15.6	15.0	13.2	12.9	12.9	12.3
	票据融资	61.3	76.3	83.8	97.3	82.9	63.9	46.0	35.4	29.2	24.1	16.2	17.0
外币	金融机构外币存款余额（亿美元）	1274.9	1299.5	1314.4	1327.5	1311.0	1342.6	1303.9	1305.4	1318.5	1365.8	1369.3	1360.4
	金融机构外币存款同比增长（%）	6.8	9.9	5.9	10.0	5.1	9.1	3.8	2.9	5.5	10.1	9.8	9.9
	金融机构外币贷款余额（亿美元）	867.4	852.9	847.0	845.7	832.4	856.3	834.8	866.8	867.4	846.4	861.8	862.8
	金融机构外币贷款同比增长（%）	-13.4	-13.8	-13.1	-13.9	-15.5	-13.2	-13.1	-7.5	-3.2	-7.5	-2.0	3.8

数据来源：中国人民银行上海总部。

表 2　2001~2019 年上海市各类价格指数

单位：%

		居民消费价格指数		农业生产资料价格指数		工业生产者购进价格指数		工业生产者出厂价格指数	
		当月同比	累计同比	当月同比	累计同比	当月同比	累计同比	当月同比	累计同比
2001		—	0	—	—	—	-1.3	—	-3.3
2002		—	0.5	—	—	—	-2.3	—	-3.6
2003		—	0.1	—	—	—	6.4	—	1.4
2004		—	2.2	—	—	—	16.4	—	3.6
2005		—	1	—	—	—	6.8	—	1.7
2006		—	1.2	—	—	—	4.8	—	0.6
2007		—	3.2	—	—	—	4.1	—	1.2
2008		—	5.8	—	—	—	10.3	—	2.2
2009		—	-0.4	—	—	—	-10.2	—	-6.2
2010		—	3.1	—	—	—	11.2	—	2.3
2011		—	5.2	—	—	—	7.5	—	2.9
2012		—	2.8	—	—	—	-5.3	—	-1.6
2013		—	2.3	—	—	—	-3.5	—	-1.8
2014		—	2.7	—	—	—	-4.1	—	-1.1
2015		—	2.4	—	—	—	-9.4	—	-3.9
2016		—	3.2	—	—	—	-2.3	—	-1.2
2017		—	1.7	—	—	—	8.9	—	3.5
2018		—	1.6	—	—	—	5.2	—	1.7
2019		—	2.45	—	—	—	-1.3	—	-1.2
2018	1	1.1	1.1	—	—	5.4	5.4	2.5	2.5
	2	2.6	1.8	—	—	3.8	4.6	2.0	2.2
	3	1.6	1.8	—	—	2.8	4.0	1.2	1.9
	4	1.4	1.7	—	—	3.1	3.7	1.2	1.7
	5	1.4	1.6	—	—	3.9	3.8	1.8	1.7
	6	1.2	1.5	—	—	5.9	4.1	2.6	1.9
	7	1.3	1.5	—	—	7.2	4.6	2.7	2.0
	8	1.8	1.5	—	—	7.2	4.9	2.3	2.0
	9	1.5	1.5	—	—	6.9	5.1	1.9	2.0
	10	2.2	1.6	—	—	7.0	5.3	1.6	2.0
	11	1.9	1.6	—	—	6.5	5.4	1.0	1.9
	12	1.2	1.6	—	—	2.6	5.2	-0.1	1.7
2019	1	1.1	1.1	—	—	-0.6	-0.6	-1.1	-1.1
	2	1.7	1.4	—	—	-0.4	-0.5	-1.2	-1.2
	3	2.2	1.6	—	—	0.2	-0.3	-1.0	-1.1
	4	2.4	1.8	—	—	0.6	-0.1	-0.4	-1.0
	5	2.6	2.0	—	—	0.4	0.0	-0.5	-0.9
	6	2.7	2.09	—	—	-0.5	-0.1	-1.2	-0.9
	7	2.8	2.19	—	—	-1.3	-0.2	-1.2	-1
	8	2.3	2.21	—	—	-2.1	-0.5	-1.4	-1
	9	2.2	2.2	—	—	-2.5	-0.7	-1.5	-1.1
	10	2.6	2.25	—	—	-3.2	-1	-2	-1.2
	11	3.2	2.33	—	—	-4.4	-1.3	-1.9	-1.2
	12	3.8	2.45	—	—	-2.1	-1.3	-1.2	-1.2

数据来源：上海市统计局、《上海统计年鉴》。

表 3　2019 年上海市主要经济指标

	1 月	2 月	3 月	4 月	5 月	6 月	7 月	8 月	9 月	10 月	11 月	12 月
	绝对值（自年初累计）											
地区生产总值（亿元）	—	—	8308.3	—	—	16409.9	—	—	25361.2	—	—	38155.3
第一产业	—	—	17.2	—	—	36.8	—	—	60.1	—	—	103.9
第二产业	—	—	2278.1	—	—	4699.9	—	—	6982.8	—	—	10299.2
第三产业	—	—	6012.9	—	—	11673.2	—	—	18318.3	—	—	27752.3
工业增加值（亿元）	—	—	2015.3	—	—	4207.9	—	—	6278.1	—	—	9670.7
固定资产投资（亿元）	—	—	—	—	—	—	—	—	—	—	—	—
房地产开发投资	—	626.9	937.1	1230.1	1536.6	1883.1	2230.3	2584.2	2966.4	3348.8	3750.0	4231.4
社会消费品零售总额（亿元）	—	2189.8	3276.0	4341.8	5434.7	6661.4	7705.1	8786.3	9913.3	10971.2	12214.4	13497.2
外贸进出口总额（亿元）	2976.2	5081.9	7838.9	10478.4	13157.5	15863.6	18812.0	21765.0	24802.7	27654.2	30768.8	34053.1
进口	1842.4	3082.7	4705.1	6435.5	8004.3	9520.4	11284.0	13087.0	14874.0	16572.4	18401.2	20327.7
出口	1133.8	1999.2	3133.8	4042.9	5153.2	6343.3	7528.0	8678.0	9928.7	11081.8	12367.6	13725.4
进出口差额(出口－进口)	-708.6	-1083.6	-1571.3	-2392.7	-2851.1	-3177.1	-3756.0	-4409.0	-4945.3	-5490.5	-6033.7	-6602.3
实际利用外资（亿美元）	14.2	29.2	44.7	62.1	80.9	97.5	114.5	131.1	146.3	161.8	178.2	190.5
地方财政收支差额（亿元）	421.7	496.3	94.9	311.2	474.1	192.2	458.5	472.5	230.6	252.5	-408.7	-1014.2
地方财政收入	1081.7	1689.8	2262.9	3053.2	3885.3	4480.5	5200.3	5600.2	5964.1	6424.2	6789.4	7165.1
地方财政支出	660.0	1193.5	2168.0	2742.0	3411.2	4288.3	4741.8	5127.7	5733.5	6171.7	7198.1	8179.3
城镇登记失业率（%）（季度）	—	—	—	—	—	—	—	—	—	—	—	3.6
	同比累计增长率（%）											
地区生产总值	—	—	5.7	—	—	5.9	—	—	6.0	—	—	6.0
第一产业	—	—	-3.9	—	—	-9.2	—	—	-4.3	—	—	-5.0
第二产业	—	—	-1.8	—	—	-1.6	—	—	-1.1	—	—	0.5
第三产业	—	—	8.8	—	—	9.1	—	—	8.9	—	—	8.2
工业增加值	—	-4.5	-3.0	-3.2	-3.4	-2.5	-3.2	-2.6	-1.7	-1.0	-0.4	0.4
固定资产投资	—	4.7	5.0	5.7	5.0	5.0	4.8	4.8	4.8	4.8	5.0	5.1
房地产开发投资	—	3.5	3.0	4.0	4.0	3.6	3.5	3.7	4.0	4.6	4.9	4.9
社会消费品零售总额	—	6.3	6.3	6.2	7.1	8.4	7.8	7.4	7.2	6.6	6.6	6.5
外贸进出口总额	3.0	-3.6	-1.4	-0.6	-1.6	-1.8	-0.9	-1.4	-1.5	-1.6	-1.7	0.1
进口	4.2	-2.8	-2.8	0.5	-2.0	-2.7	-1.7	-2.2	-2.4	-2.2	-2.1	-0.1
出口	1.0	-4.9	0.9	-2.3	-1.1	-0.4	0.3	0.0	-0.1	-0.8	-1.0	0.4
实际利用外资	33.5	14.3	20.3	20.5	19.7	13.9	13.8	13.4	13.0	11.9	10.8	10.1
地方财政收入	4.8	3.7	3.3	1.2	1.2	0.1	0.1	0.2	0.2	0.1	0.2	0.8
地方财政支出	25.8	16.0	9.3	12.8	5.3	2.1	0.7	0.7	-2.7	-1.5	-4.6	-2.1

数据来源：上海市统计局、《上海统计年鉴》。

江苏省金融运行报告（2020）

中国人民银行南京分行货币政策分析小组

[内容摘要] 2019 年，面对中美贸易摩擦、产业结构深度调整等带来的困难和挑战，江苏省全面落实党中央、国务院决策部署，坚持稳中求进工作总基调，深入贯彻新发展理念，全力推动高质量发展，经济运行总体平稳、稳中有进，高水平全面建成小康社会取得新的进展，“强富美高”新江苏建设迈出新的步伐。

经济发展取得新成绩。一是内需保持稳定，外需继续增长。全年实现地区生产总值 99631.5 亿元，增长 6.1%。全年社会消费品零售总额比上年增长 6.2%，消费对经济增长的贡献率达到 60%。投资结构加快改善。全年高新技术产业投资增长 23.3%，增速比上年加快 8.1 个百分点，补短板力度不断加大，徐宿淮盐铁路、连淮铁路建成通车，苏北五市全部进入“高铁时代”，南沿江城际铁路、盐通高铁、连徐高铁一大批重大基础设施工程加快建设。对外开放迈出新的步伐。江苏出台推动开放型经济高质量发展 26 条举措，大幅放宽外资市场准入，成功获批中国（江苏）自贸试验区。全年实现出口 2.7 万亿元，增长 2.1%。实际使用外资稳中提质。全年外商直接投资总量达 261 亿美元，其中，制造业、战略性新兴产业分别增长 18% 和 32%，占比达 49% 和 61%，同比分别提高 6 个和 12 个百分点。二是现代产业架构稳步优化，产业发展逐步迈向中高端。全年三次产业增加值比例为 4.3 ： 44.4 ： 51.3，服务业增加值占地区生产总值比重比上年提高 0.9 个百分点。持续深化供给侧结构性改革，加快产业向全球价值链中高端攀升。大力发展 13 个先进制造业集群，有 6 个入围全国制造业集群培育对象，占全国的 1/4。依法依规关停各类“散乱污”企业 4000 余家、处置“僵尸企业”223 家，钢铁、水泥等行业完成“十三五”去产能任务，无锡 SK 海力士二工厂、华虹集成电路一期等重大项目建成投产，连云港盛虹炼化一体化等重大项目顺利推进。全年规模以上工业增加值比上年增长 6.2%。新兴行业快速成长。化学药品制剂制造、显示器件制造、锂离子电池制造、医疗仪器设备及器械制造、生物药品制造等行业增加值分别增长 25.1%、23.2%、45.4%、13.1%、41.5%。三是财政收入增速回落，减税降费让利企业。全年完成一般公共预算收入 8802.4 亿元，同比仅增长 2.0%。全年完成一般公共预算支出 12573.6 亿元，同比增长 7.9%，重点保障民生和重点领域。全年新增减税降费 2200 亿元，惠及超过 350 万家企业和 2700 万人，有效激发了各类市场主体创新和发展活力。四是物价水平温和上涨，工业生产者价格小幅下降。全力抓好猪肉等主要农副产品保供稳价工作，及时启动物价补贴机制，并加大储备冻猪肉市场投放力度。全年居民消费价格比上年上涨 3.1%，涨幅比上年扩大 0.8 个百分点。全年工业生产者出厂价格和购进价格同比分别下跌 1.1% 和 2.8%。五是居民收入较快增长，就业形势保持稳定。采取多种措施保民生保重点，公共财政一般性支出压减 10% 以上，民生支出增长 8.5%。全年居民人均可支配收入 41400 元，比上年增长 8.7%。加大援企稳岗力度，全年城镇新增就业 148.3 万人，城镇登记失业率、调查失业率分别为 3% 和 4.4%，均低于全国平均水平。六是房地产销售面积同比减少，个人购房贷款增速有所回落。2019 年末，全省商品住宅登记销售面积同比下降 3.3%，各地住宅销售增速明显分化。全年金融机构本外币个人购房贷款余额同比增长 15.3%，增速比上年末下降 2 个百分点。

2019 年，面对错综复杂的形势，江苏省金融系统认真贯彻落实稳健货币政策，聚焦金融工作三项任务，解放思想，真抓实干，全省金融运行总体平稳，社会融资规模平稳较快增长，信贷投放重点突出，融资成本逐步下行，多层次资本市场健康发展，保险保障功能稳步提升，金融业继续呈现平稳发展的良好态势，服务实体经济质效持续提升。具体来看，一是社会融资规模增加较多。2019年，全省社会融资规模同比多增5955亿元，居全国第二位，占全国增量的比重稳中有升。从融资结构看，对实体经济发放的人民币贷款和外币贷款约占社会融资规模增量的七成，表外融资增量同比回升，各类表外业务增长分化，新增直接融资占比同比下降。债务融资工具增量扩面，发行金额连续第八年保持全国第一。二是货币政策精准滴灌效用显著。组织全省开展“民营和小微企业金融服务质量提升年”活动，升级推广“小微e贷”“小微e贴”，小微企业贷款实现量增面扩，普惠口径小微企业贷款同比增长32.2%，高于各项贷款增速17.8个百分点。深入实施“金融支持制造业提质增效行动计划（2016~2020）”，制造业贷款余额已连续34个月保持同比正增长，五大产能过剩行业贷款余额同比下降。强化住房金融宏观审慎管理，房地产信贷总体呈现“增速放缓、占比下降”的运行态势。积极疏通市场化利率传导渠道，着力降低融资成本，LPR顺利落地，全省各类法人金融机构LPR运用占比远超总行考核标准，小微企业贷款加权平均利率稳步下行。三是金融机构规模和效益保持平稳。银行机构资产规模平稳较快增长，机构体系不断优化，全省有上市银行9家、民营银行2家，数量全国领先。多层次资本市场建设稳步推进，证券期货经营机构整体实力和经营水平不断提升，新三板和区域性股权市场成为服务中小微企业的新平台，公司债券、上市公司总量等多项指标在全国领先，充分体现了走在前列的“江苏板块”特点。保险业经营质态持续向好，实现保费收入3750.2亿元，居全国第二位，财险承保利润率显著高于全国。保险业务创新不断丰富，农险经营模式改革落地，出台首台（套）装备保险补偿政策，在全国率先提出保费补贴前置的工作模式，服务经济社会能力持续增强。四是防控金融风险攻坚战取得阶段性成果。积极做好重点领域金融风险处置工作，紧盯高风险地方法人银行，研究完善风险处置方案，通过约谈、制发提示函等方式压实风险处置责任；深化“大金融”范畴风险监测，开发金融机构风险监测、金融突发事件应急管理等信息系统，扎实开展现场评估和专项整治工作，稳步推进法人银行机构压力测试，及时全面把握风险动态。2019年末，全省金融机构不良贷款余额比年初减少23亿元，不良贷款率回落至2013年以来最低水平。五是金融改革创新继续深化。江苏自贸区建设稳步推进，实施方案首批清单62项任务落地实施。泰州区域金融改革扎实推进，服务成效日渐明显。2019年，泰州市战略性新兴产业贷款平均增速较改革前提升了8个百分点。贸易投资便利化水平持续提升，服务贸易税务备案电子化先行先试，资本项目收支便利化试点自泰州拓展至苏州、南通。在全国率先启动跨境金融区块链服务平台试点，单笔出口贸易融资业务的办理时间缩短至10分钟以内，融资业务量占全国总量的三分之一。六是金融生态持续优化。征信供给创新优化，全国首家“小微企业数字征信实验区”落地苏州，“苏州模式”持续深化并复制推广。支付管理水平进一步提升，“手机号码支付”业务量居全国第二位，取消企业开立银行账户许可在全省全面实施。金融消费者权益保护有效保障，签署《长三角地区金融消费纠纷非诉解决机制合作备忘录》。

当前，发达经济体央行货币政策转向宽松，带动全球较多央行降息，全球经济衰退压力较大，债务负担也有所上升，金融脆弱性不断积累，贸易不确定性犹存。从国内环境看，新冠肺炎疫情对我国经济社会发展带来前所未有的冲击，但新冠肺炎疫情的影响是总体可控的，中国经济稳中向好、长期向好、高质量发展的基本面没有变。江苏经济结构性矛盾和深层次问题在外部冲击下趋于显性化，经济下行压力持续加大。但随着江苏高质量发展的体制机制环境更加完善，供给侧结构性改革深入推进，“放管服”改革等推动营商环境持续优化，科教人力资源丰富和人才红利优势逐步显现，传统产业改造升级、新兴产业加快发展等不断释放强大动能，市场主体活力得到有效激发，新的动力源稳步成长壮大。2020 年，人民银行南京分行将继续围绕服务实体经济、防控金融风险、深化金融改革三大主要任务，重点推进以下工作：一是继续贯彻落实稳健的货币政策更加灵活适度，做好宏观审慎管理；二是强化宏观信贷政策调控，推动金融更加聚焦服务实体经济；三是深化利率市场化改革，以市场化、法治化手段引导社会综合融资成本降低；四是创新货币政策工具使用，探索投向与价格引导创新，更好发挥定向调控、精准滴灌作用；五是防范市场风险，推动金融市场持续稳定健康发展。

一、金融运行情况

2019 年，江苏省金融系统深入推进金融供给侧结构性改革，社会融资规模同比多增，信贷结构不断优化，融资成本逐步下行，多层次资本市场健康发展，保险保障功能稳步提升，金融业继续呈现平稳发展的良好态势，服务实体经济质效持续提升。

（一）银行业发展稳中有进，服务实体力度加大

全省银行业贯彻落实稳健的货币政策，加大对实体经济的融资支持，民营和小微企业融资难、融资贵有所缓解，防控金融风险攻坚战取得阶段性成果，围绕江苏自贸区和泰州金改试验区建设深化区域金融改革创新，金融基础服务和金融生态环境进一步优化，为辖区实现“六稳”和经济高质量发展营造了适宜的货币金融环境。

1. 资产规模平稳较快增长，机构体系不断优化。2019 年末，全省银行业总资产为 19.3 万亿元，同比增长 8.6%，增速比上年提高 2.3 个百分点；全年共实现净利润 2219 亿元，同比增长 10.5%。其中，地方法人银行业金融机构资产总额同比增长 7.4%，净利润同比增长 16.3%。全年全省银行业金融机构网点总数增加 563 家。紫金农商行、苏州银行分别在上交所、深交所挂牌上市，全省上市银行达到 9 家，居全国首位。省内第二家民营银行无锡锡商银行正式获批筹建。江苏银行、南京银行获批成立理财子公司。多家服务自贸区的金融特色机构陆续成立。

表 1　2019 年江苏省银行业金融机构情况

机构类别	营业网点			法人机构（个）
	机构个数（个）	从业人数（人）	资产总额（亿元）	
一、大型商业银行	4992	106670	64756	0
二、国家开发银行和政策性银行	95	2433	10366	0
三、股份制商业银行	1182	33752	32816	0
四、城市商业银行	987	33098	39723	4
五、城市信用社	0	0	0	0
六、小型农村金融机构	3384	50285	29945	63
七、财务公司	16	472	1513	14
八、信托公司	4	679	389	4
九、邮政储蓄银行	2512	25480	8155	0
十、外资银行	78	2484	1674	3
十一、新型农村金融机构	267	4861	896	74
十二、其他	11	1439	2300	7
合　计	13528	261653	192533	169

注：营业网点不包括国家开发银行和政策性银行、大型商业银行、股份制商业银行等金融机构总部数据；大型商业银行包括中国工商银行、中国农业银行、中国银行、中国建设银行和交通银行；小型农村金融机构包括农村商业银行、农村合作银行和农村信用社；新型农村金融机构包括村镇银行、贷款公司、农村资金互助社和小额贷款公司；“其他”包含金融租赁公司、汽车金融公司、货币经纪公司、消费金融公司等。

数据来源：中国人民银行南京分行、江苏银保监局、江苏省地方金融监管局。

2. 各项存款增速同比提高，非银行业金融机构存款增速有所下降。2019 年末，全省金融机构本外币存款余额为 15.7 万亿元，同比增长 8.95%，增速高于上年同期 1.9 个百分点；当年新增 1.29 万亿元，同比多增 3431 亿元。分部门看，居民及企业资金向银行等传统渠道回流，本外币住户存款、非金融企业存款余额同比分别增长 13.6%、8.9%，分别高于上年同期 3.5 个和 4.2 个百分点。同业负债监管趋严，非银行业

金融机构本外币存款同比下降 7.6%。分币种看，人民币各项存款余额同比增长 9.4%，外汇存款余额同比下降 6.1%。

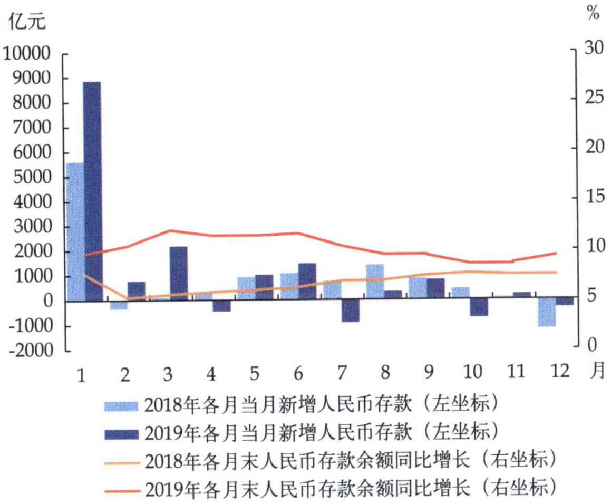

数据来源：中国人民银行南京分行。

图 1　2018~2019 年江苏省金融机构人民币存款增长变化

3. 各项贷款平稳较快增长，对实体经济支持力度加大。2019 年末，全省本外币各项贷款余额 13.5 万亿元，同比增长 14.7%，增速高于上年同期 1.4 个百分点；比年初新增 1.7 万亿元，同比多增 3388 亿元。

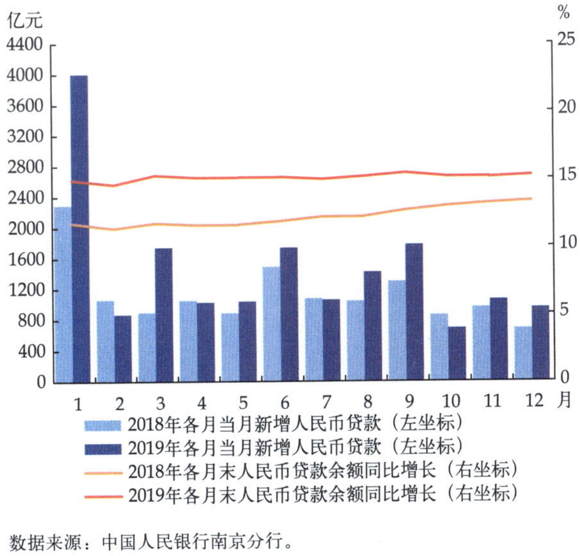

数据来源：中国人民银行南京分行。

图 2　2018~2019 年江苏省金融机构人民币贷款增长变化

从币种看，人民币贷款保持较快增长，余额同比增长 15.2%，增速比上年同期提高 1.9 个百分点；外币贷款余额同比下降 14.76%，增速比上年同期下降 19.7 个百分点。

从期限看，非金融企业短期经营性贷款需求较多，本外币短期类贷款余额同比增长 18%，增速比上年提高 2.6 个百分点。银行积极满足企业中长期融资需求，加大对基础设施领域在建项目和补短板重大项目的金融支持力度，本外币中长期贷款余额同比增长 12.8%，增速比上年同期提高 0.9 个百分点。

从投向看，制造业信贷投放更加注重提质增效，制造业本外币贷款余额同比增长 2.9%，连续 34 个月保持同比正增长，其中五大产能过剩行业贷款余额同比下降 11.7%。货币政策工具精准滴灌作用有效发挥，基于再贷款、再贴现的“小微 e 贷”“小微 e 贴”等产品进一步推广，全省本外币小微企业贷款余额（不含票据融资）同比增长 6.2%，增速比上年同期提高 3 个百分点，其中普惠口径小微企业贷款同比增长 32.2%，高于各项贷款增速 17.8 个百分点。金融支持乡村振兴力度进一步加大，有效满足了产业扶贫、农田水利基础设施建设、农村土地综合整治、苏北农村住房条件改善等民生项目的融资需求，全省本外币涉农贷款余额同比增长 10.6%，增速比上年同期提高 6.5 个百分点。

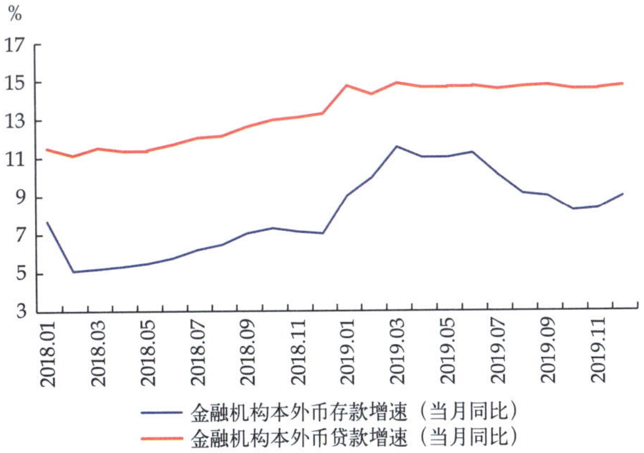

数据来源：中国人民银行南京分行。

图 3　2018~2019 年江苏省金融机构本外币存、贷款增速变化

专栏 1　小微企业融资服务获得感的提升路径

近年来，人民银行南京分行认真执行党中央、国务院和人民银行总行关于支持小微企业发展的一系列决策部署，围绕“四性原则”（融资普惠性、可得性、便捷性和价格合理性）的要求，探索提升小微企业融资服务获得感的有效路径。

一、围绕提升融资普惠性，充分发挥政策引领新优势

发挥货币政策工具引导作用。创新开展再贷款管理品牌化建设，在全省范围内推广以再贷款资金为基础的金融产品“小微e贷”和与再贴现政策挂钩的票据贴现产品“小微e贴”。全省支农、支小再贷款和再贴现限额使用率位于全国前列。凝聚各部门政策合力。组织全省金融机构开展“民营和小微企业金融服务质量提升年”活动，累计走访企业17万家，其中无贷企业10万家，为5.6万家企业提供了融资解决方案。全省小微企业有贷户保持快速增长的态势。2019年末，全省小微企业有贷户15.3万户，同比增加2.7万户；全省小微企业首贷户3.0万户，同比多增1.6万户。

二、围绕提升融资可得性，努力打造融资服务新模式

积极推动“江苏省综合金融服务平台”建设，实现“一张网”覆盖全省中小微企业、“一键式”实现融资供需对接、“一站式”提供综合金融服务、“一次性”查询企业征信信息等功能。截至2020年2月末，金融综合服务平台企业用户注册数近30万户，上线各类金融产品1645项，累计撮合融资需求8585.3亿元。在全省稳妥实施取消企业银行账户许可工作，积极宣传推广“中征应收账款融资服务平台”，引导供应链核心企业带动上下游企业加入平台，平台融资笔数和金额连续四年位居全国第一。截至2019年末，全省普惠口径小微贷款余额为1.1万亿元，比年初新增2442.8亿元，小微企业融资获得量显著提升。

三、围绕提升融资便捷性，着力激发金融机构新动能

建立金融服务长效机制。在江苏深入实施“金融惠企大走访”“金融服务万户行”活动，引导辖内商业银行深耕小微企业、深挖企业需求、提炼成功经验、形成固定机制。推动有条件的地区进一步完善机制建设，探索建立健全金融顾问制度。推动商业银行进行产品和制度创新。引导辖内商业银行针对小微企业反映的堵点和痛点问题，创新金融产品，解决实际问题。如针对部分小微企业缺少抵押品的困难，商业银行开发“税e融”“金e融”“小微快贷”“企信贷”等信用产品；针对部分小微企业反映融资成本较高的问题，商业银行利用财政贴息资金、风险补偿基金增信，加强与政府性担保机构合作，降低内部资金转移定价等方式予以解决；针对科创型小微企业的特点，商业银行探索提供投贷联动类产品支持。2019年分行对辖内100家小微企业的调研显示，近七成企业认为融资的便捷性比上年有提升。

四、围绕提升价格合理性，积极探索减负降费新路径

积极采取市场化方法降成本。做好LPR应用推广工作，引导金融机构定价行为，维护存款定价秩序。要求各商业银行继续实施内部资金转移价格优惠，加大内部补贴，合理确定贷款利率水平。严格收费管理，进一步梳理规范收费项目和标准，归并删减不合理的收费项目。企业融资利率明显降低。2019年12月，全省企业贷款加权平均利率为5.1216%，同比下降17.43个基点，其中普惠口径小微企业贷款利率为5.9421%，同比下降32.65个基点。

4. 贷款利率稳步下降，利率市场化改革深入推进。2019 年，江苏省新发放人民币贷款加权平均利率为 5.72%，较上年下降 14.3 个基点。其中，小微企业贷款利率下降趋势更加明显，全年新发放小微企业贷款利率为 5.49%，较上年下降 25.8 个基点。结构性货币政策工具对降低企业融资成本发挥了重要作用。2019 年，人民银行南京分行有效落实定向降准政策，释放长期资金 237.4 亿元，引导降准机构发放小微企业贷款 696 亿元，城商行、农商行在降准后发放贷款的加权平均利率比降准前分别低 80 个和 30 个基点。地方法人金融机构使用支小再贷款资金发放的小微企业贷款加权平均利率为 5.61%，比法人金融机构全部贷款的加权平均利率低 110 个基点。

利率市场化改革深入推进，贷款市场报价利率（LPR）运用顺利落地。2019 年，人民银行南京分行按照总行 LPR 改革统一部署，加大对地方法人金融机构的培训指导，加快 LPR 应用，引导金融机构适当让利实体经济。12 月末，全省各类法人新发生贷款平均 LPR 运用占比达到 89%。省、市、县三级利率定价自律机制有序运转，市场化产品发行量不断扩大，全省 98 家地方法人机构通过合格审慎评估，累计发行同业存单 1.1 万亿元，发行大额存单 3785 亿元。

表 2　2019 年江苏省金融机构人民币贷款各利率区间占比

（LPR 改革前）　　　　单位：%

月份		1 月	2 月	3 月	4 月	5 月	6 月	7 月
合计		100.0	100.0	100.0	100.0	100.0	100.0	100.0
下浮		5.9	7.7	7.4	8.2	8.7	8.1	7.1
基准		16.5	16.6	15.1	15.1	14.7	18.5	17.3
上浮	小计	77.6	75.6	77.5	76.8	76.6	73.4	75.6
	(1.0, 1.1]	18.5	17.5	18.7	17.4	16.0	18.3	15.9
	(1.1, 1.3]	28.6	26.8	26.4	25.9	27.8	28.3	28.3
	(1.3, 1.5]	15.0	14.2	14.6	15.3	14.5	12.7	14.2
	(1.5, 2.0]	11.6	11.7	12.9	12.9	12.9	10.3	12.5
	2.0 以上	3.9	5.5	5.0	5.2	5.3	3.8	4.7

续表

（LPR 改革后）

月份		8 月	9 月	10 月	11 月	12 月
合计		100.0	100.0	100.0	100.0	100.0
LPR 减点		7.6	8.0	7.8	7.7	7.7
LPR		0.4	0.6	0.5	0.9	1.2
LPR 加点	小计	92.0	91.4	91.7	91.5	91.1
	(LPR, LPR+0.5%)	24.5	24.1	21.7	22.0	22.5
	[LPR+0.5%, LPR+1.5%)	36.1	39.0	37.0	37.7	37.7
	[LPR+1.5%, LPR+3%)	20.6	18.5	20.3	20.3	21.3
	[LPR+3%, LPR+5%)	6.8	6.3	7.7	7.1	5.9
	LPR+5% 及以上	3.9	3.6	5.0	4.4	3.7

数据来源：中国人民银行南京分行。

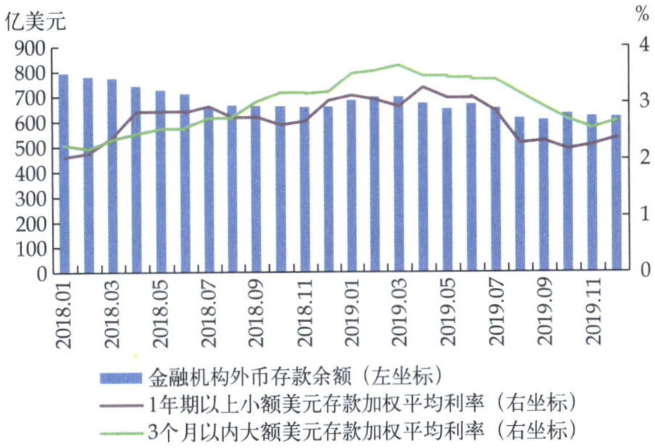

数据来源：中国人民银行南京分行。

图 4　2018~2019 年江苏省金融机构外币存款余额及外币存款利率

5. 银行业整体运行总体稳健，防控金融风险攻坚战取得阶段性成果。2019 年末，全省金融机构不良贷款余额 1406 亿元，比年初减少 23 亿元；不良贷款率 1.04%，比年初下降 0.17 个百分点，回落至 2013 年以来最低水平；逾期 90 天以上贷款中 99% 已计入不良，其占不良贷款的 75.9%，回落至 2014 年以来最低水平；关注类和逾期贷款余额分别较年初下降 53.5 亿元和 164.9 亿元。

2019 年，人民银行南京分行坚持把防控金融风险放在更加重要的位置，前移风险把控关口。一方面，深化“大金融”范畴风险监测。开发金融机构风险监测、金融突发事件应急管理等信息系统，扎实开展现场评估和专项整治工作，稳步推进法人银行机构压力测试，及时全面把握风险动态。另一方面，积极做好重点领域金融风险处置工作。紧盯高风险地方法人银行，研究完善风险处置方案，通过约谈、制发提示函等方式压实风险处置。主动开展企业债券违约风险监测，建立定期风险信息报备制度，实时跟踪到期债券还款来源，及时预警和化解风险苗头。

（二）证券业稳健发展，多层次资本市场体系建设更加完善

1. 证券机构体系加快培育，经营水平不断提升。2019 年末，全省共有法人证券公司 6 家，期货公司 9 家，分别占全国的 4.5% 和 6%，证券期货分支机构 1232 家，数量位列全国第三。6 家法人证券公司实现营业收入 223 亿元，实现净利润 87 亿元，分别占全行业的 6.19% 和 7.07%。9 家期货公司合计实现营业收入 20.34 亿元，占全行业的 7.38%。华泰证券跻身行业头部，主要经营指标均位居行业前列，2019 年实现在伦交所上市，是国内首家“A+H+G”上市公司。东吴证券、南京证券在 A 股上市，国联证券、弘业期货在港交所上市。江苏股交中心成为证监会公示的第一批备案的全国区域性股权市场运营机构，2019 年末中心挂牌展示企业共 6276 家。

2. 资本市场融资功能持续增强，上市公司总量和公司债券存续余额位居全国前列。2019 年末，全省存续 929 只公司债券，涉及金额 8014 亿元，数量、金额分别位列全国第二、第三。全省境内上市公司数量为 428 家，数量位居全国第三；总市值 3.9 万亿元，总股本 3835 亿股，同比分别增长 22.6%、5.4%。全年新增境内上市公司 31 家，在科创板上市公司 12 家，数量均位居全国第二。新三板挂牌公司总数 1070 家，位居全国第三，其中创新层 66 家，占全国的比例为 10%，新三板公司实施定向增发 78 家 88 次，募集资金 54.94 亿元。全年省内企业 IPO 融资 248.7 亿元，同比增长 31.8%，省内公司通过首发、配股、增发、可转债、公司债在沪深证券交易所筹集资金 4066 亿元，同比增长 80.7%。

表 3　2019 年江苏省证券业基本情况

项目	数量
总部设在辖内的证券公司数（家）	6
总部设在辖内的基金公司数（家）	0
总部设在辖内的期货公司数（家）	9
年末国内上市公司数（家）	428
当年国内股票（A 股）筹资（亿元）	520
当年发行 H 股筹资（亿元）	116
当年国内债券筹资（亿元）	2865

注：当年国内股票（A 股）筹资额指非金融企业境内股票融资。

数据来源：江苏证监局、江苏省地方金融监管局、中国人民银行南京分行。

（三）保险业运行平稳，风险保障能力稳步提升

1. 保险业规模实现较快增长，机构经营质量持续向好。2019 年，全省保险业累计实现保费收入 3750 亿元，位居全国第二，同比增长 13.1%，高于全国平均增速 0.9 个百分点。其中，财产险保费收入 941 亿元，同比增长 9.6%；人身险保费收入 2809 亿元，同比增长 14.3%。全省财产险公司承保利润率 4.8%，显著高于全国平均水平，经营质量持续向好。

2. 保险业务创新不断丰富，服务经济社会能力持续增强。全省农险经营模式改革落地，实现由政府与保险机构“联办共保”转为政府指导下的保险机构自主经营，农险经营市场化程度进一步提升。积极推动健康保险深度融合“健康江苏”建设，城乡居民大病保险参保群众实际医疗费用报销比例提高 9 个百分点。落实首台（套）技术装备等科技保险政策，在全国率先提出保费补贴前置的工作模式，减轻投保企业的资金占用，2019 年，全省保险业累计为首台（套）重大技术装备提供 48.23 亿元风险保障，为新材料首批次应用企业提供 5.88 亿元风险保障。

表 4　2019 年江苏省保险业基本情况

项目	数量
总部设在辖内的保险公司数（家）	5
其中：财产险经营主体（家）	2
人身险经营主体（家）	3
保险公司分支机构（家）	5722
其中：财产险公司分支机构（家）	2350
人身险公司分支机构（家）	3372
保费收入（中外资，亿元）	3750
其中：财产险保费收入（中外资，亿元）	941
人身险保费收入（中外资，亿元）	2809
各类赔款给付（中外资，亿元）	999
保险密度（元/人）	4647
保险深度（%）	4

数据来源：江苏银保监局。

（四）融资总量平稳较快增长，融资渠道日趋多元

1. 社会融资规模同比多增。 2019 年，全省社会融资规模增量为 2.4 万亿元，同比多增 5955 亿元，位居全国第二。从融资结构看，本外币各项贷款增量为 1.7 万亿元，同比多增 3531.6 亿元，占社会融资规模增量的 70.8%，仍是社会融资主要渠道；直接融资增量为 3428.1 亿元，同比多增 527.8 亿元，其中，企业债券融资净额同比多增 710.9 亿元，非金融企业境内股票融资同比少增 183.2 亿元；金融机构表外融资（委托贷款、信托贷款和未贴现银行承兑汇票净额）增量为 507.4 亿元，比上年多增 1788.3 亿元，其中，委托贷款同比少降 1054.3 亿元，未贴现银行承兑汇票同比少增 90.5 亿元，信托贷款同比多增 824.5 亿元。

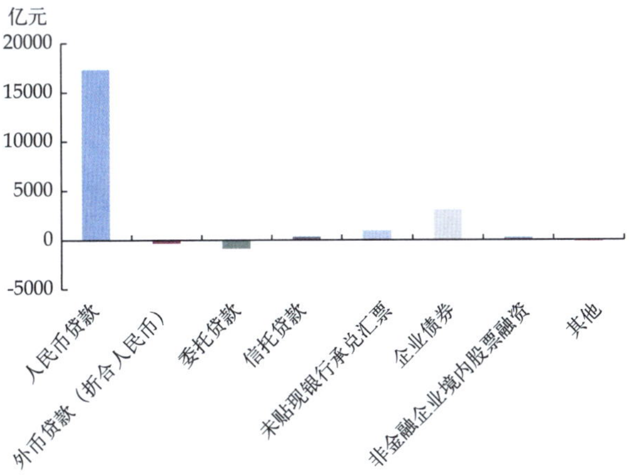

数据来源：中国人民银行南京分行。

图 5　2019 年江苏省社会融资规模分布结构

2. 直接债务融资工具增量扩面。 2019 年，全省企业通过银行间市场发行各类债务融资工具 6332.5 亿元，同比多发 511.5 亿元，剔除央企发行金额连续第八年保持全国第一。民营企业债券融资支持工具发行深入推进，1~12 月，全省 6 户民营企业发行 11 只支持工具，累计创设风险缓释凭证 14.2 亿元，支持发行债券 41 亿元，带动全省 11 户民营企业发行债务融资工具 218.1 亿元。

3. 票据市场需求旺盛。 2019 年，全省金融机构累计签发银行承兑汇票、办理票据贴现金额同比分别增长 14.6%、34.1%，银行承兑汇票、贴现余额同比分别增长 20.6%、29.0%。受降准及加大公开市场操作影响，票据贴现及转贴现利率均呈下降趋势。其中，12 月全省票据贴现、转贴现加权平均利率分别为 3.27%、2.83%，比上年同期分别下降 57.6 个、69.76 个基点。

4. 银行间市场交易保持活跃。 2019 年，全省共有 97 家市场成员参与同业拆借交易，同比增加 9 家，累计拆借资金 8.6 万亿元，净拆入资金 4.1 万亿元，同比分别增加 3.2 万亿元和 0.9 万亿元。267 家市场成员参与质押式回购交易，累计成交 58.2 万亿元，同比增加 2.6 万亿元。35 家市场成员参与买断式回购交易，累计成交 2774.4 亿元，同比减少 64.2%。294 家市场成员参加现券交易，累计交易额 26.3 万亿元，同比增加 12.1 万亿元。

表 5　2019 年江苏省金融机构票据业务量统计

单位：亿元

季度	银行承兑汇票承兑		贴现			
			银行承兑汇票		商业承兑汇票	
	余额	累计发生额	余额	累计发生额	余额	累计发生额
1	15965.4	8005.2	5423.1	12165.2	303.2	1855.5
2	15995.1	12612.4	5743.8	20657.3	369.5	2626.6
3	15458.6	18184.7	6366.3	29535.7	404.8	3474.7
4	15587.5	23596.8	6677.9	39334.2	438.8	4539.0

数据来源：中国人民银行南京分行。

表 6　2019 年江苏省金融机构票据贴现、转贴现利率

单位：%

季度	贴现		转贴现	
	银行承兑汇票	商业承兑汇票	票据买断	票据回购
1	3.58	4.97	3.71	2.60
2	3.51	4.99	3.47	2.37
3	3.11	4.72	3.11	2.58
4	3.07	4.61	3.12	2.38

数据来源：中国人民银行南京分行。

（五）涉外管理与服务先行先试，金融改革创新继续深化

1. 大力支持自贸区建设。建立支持自贸区建设工作机制，印发金融支持自贸区建设指导意见，明确五大类共 33 条政策措施，联动三个片区一体推进自贸区建设工作。积极上争改革试点政策，推动自贸区建设实施方案首批清单 62 项任务落地实施，形成了一批典型经验和案例。

2. 扎实推进泰州金融支持产业转型升级改革创新试验区建设。2019 年，泰州市战略性新兴产业贷款平均增速较改革前提升了 8 个百分点。持续完善线上线下一体化的产融对接机制，线上建成全国首创的征信融资 E 网通平台，注册企业突破 2.3 万家，在线融资额突破 700 亿元，直接带动泰州市小微制造企业贷款覆盖面较改革前提升 2.5 个百分点；线下建成 1.5 万平方米的产融综合服务中心，为企业提供一站式、全方位的融资扶持服务。探索建立以产业全生命周期金融需求为导向的融资培育机制，先后组建 7 只、规模 50 亿元的产业基金，建立大健康股权投融撮合平台，促成医药企业股权融资 12 亿元。探索“股权 + 债权”投贷联动模式，累计为科技创新型企业贷款 14 亿元。

3. 持续提升贸易投资便利化水平。推进服务贸易税务备案电子化先行先试，开展货物贸易收支便利化试点，资本项目收入结汇支付便利化试点自泰州拓展至苏州、南通。在全国率先启动跨境金融区块链服务平台试点，单笔出口贸易融资业务的办理时间缩短至 10 分钟以内，融资业务量占全国总量的三分之一。在泰州开展银行外汇业务展业信息共享机制试点，破解银行对中小外贸企业“不敢贷、不愿贷”的难题。

专栏 2　积极应对外部冲击　为外向型经济提供优质金融服务

江苏是外向型经济大省，涉美贸易规模较大、比重较高。2018 年 4 月以来，中美经贸摩擦持续发酵，对江苏涉外经济运行产生了一定影响，但总体影响有限、可控，全省涉外经济平稳运行、稳中向好的态势没有发生改变。2019 年，江苏省金融系统积极贯彻“六稳”要求，全力服务江苏开放型经济平衡健康发展。

一、以政策之“实”，提经济之“效”

积极贯彻落实定向降准政策，保持货币信贷合理增长。贯彻落实降准政策，相关金融机构释放长期资金 237.4 亿元，全省本外币各项贷款增量为 1.7 万亿元，比上年多 3531.6 亿元。发挥货币政策工具的引导作用，打破货币政策工具传统管理思路，设立 30 亿元再贷款再贴现专项限额，编制外贸企业名录库和强化台账管理，引导金融机构加大对外贸企业的信贷投放，有效降低外贸企业的贷款利率和票据贴现利率，累计支持超过 1000 家外贸企业。深入实施“金融支持制造业提质增效行动计划（2016~2020）”，引导金融机构加大对智能制造、绿色制造、服务型制造等重点领域的信贷投入。推广“中征应收账款融资服务平台”，打造在线供应链融资模式，全省累计通过平台促成应收账款融资 3.28 万笔、金额 1.74 万亿元，融资笔数和融资金额连续四年位居全国第一。

二、以改革之“新”，增市场之“活”

深入推进“放管服”改革，持续深化外

汇重点领域和关键环节创新，积极支持市场主体贸易自由化、便利化需求，不断增强微观市场主体活力，资本项目收入结汇支付便利化试点自泰州拓展至苏州、南通。推动全省银行跨境人民币和外汇业务自律机制在全国首创进口报关信息核验“白名单”制度，参与试点地区扩大至省内9个地市，率先开辟“优质可信企业跨境人民币结算绿色通道”，相关经验推广至18个自贸区。积极推进跨国公司资金集中管理新政，为企业真实合理的业务需求提供政策通道。创新推出银行展业信息共享机制，在全国率先启动跨境金融区块链服务平台试点，着力解决信息不对称带来的中小外贸企业融资难、融资贵问题，融资业务量占全国的三分之一。大力支持市场采购贸易、跨境电子商务、外贸综合服务企业等新型贸易业态的发展，及时出台配套政策便利企业跨境收支结算。

三、以服务之“优”，纾企业之“困”

大力推进“互联网＋政务服务”，推动货物贸易外汇收支企业名录登记全流程网上办理。支持银行实行货物贸易外汇收支业务电子单证审核，进一步便利企业贸易项下对外付汇。积极推动电子银行渠道建设，方便企业和个人通过网上银行、手机银行和自助终端等非柜台渠道直接结售汇，降低企业运营成本。加快推进外汇行政许可业务全流程网上办理，推动服务贸易税务备案电子化试点。深入实施优质企业跨境人民币贸易投资便利化政策试点，引导银行对优质可信企业实施更高水平的便利化措施，支持发展“融资＋结算”的综合性人民币跨境金融服务。支持省内企业充分利用全口径跨境融资政策、跨国公司本外币资金集中运营政策，拓宽融资渠道，降低融资成本。

当前，我国发展的外部环境日益复杂严峻，外向型经济发展面临的不确定性难以消除。人民银行南京分行将坚定不移推进区域金融供给侧结构性改革，增强逆周期调节，优化金融资源配置，增强贸易投资便利化，全力打造良好营商环境，增强金融风险防控，妥善应对各类风险隐患，全力支持培育区域经济新动能，提高经济发展的韧性，适应当前内外部形势变化。

（六）金融基础设施建设再上台阶，金融生态持续优化

1. 征信供给持续优化。全国首家“小微企业数字征信实验区”落地苏州，“政府＋市场”双轮驱动、征信促推小微融资的“苏州模式”持续深化并复制推广，泰州“企业融资E网通”、宿迁“宿易贷”融资服务模式、常州“快贷通”服务平台取得初步实效，有效改善小微企业融资环境。2019年末，江苏省企业综合信息管理系统已为250.7万户企业建立信用档案，入库贷款余额7.9万亿元。持续强化农村信用体系建设，深入开展“三信”评定及成果应用，全省累计采集622万农户信用信息6044万条，5931户农村合作经济组织信用信息9.4万条；评定青年信用示范户8.4万户，其中5.3万信用示范户获得信贷支持313亿元。

2. 支付管理水平进一步提升。支付系统高效、安全运行，2019年，全省支付系统共处理人民币业务3.9亿笔、198.2万亿元，同比分别增长12.3%、4.8%，全年安全生产无事故。扎实开展支付系统业务推广，“手机号码支付”业务量居全国第二。取消企业开立银行账户许可在全省全面实施。整合省市场监督管理局等5部门信息创新开发“江苏政银易企通”系统，共建共治共享打破涉企数据孤岛，实现企业账户穿透式风险监测。

3. 金融消费权益有效保障。签署《长三角地区金融消费纠纷非诉解决机制合作备忘录》，初步构建长三角普惠金融分析框架。合作开展打击非法金融活动广告专项整治，全年累计处置涉嫌违法的金融广告线索349条，进一步规范金融

营销宣传行为。加强金融消费者投诉管理，2019年，全省人民银行系统共受理投诉1464件，未出现重大投诉风险问题。积极推进金融知识纳入国民教育体系工作，目前全省已有9个地市成功对接地方教育部门，通过联合发文或签订合作备忘录的方式部署相关工作，共计760家学校、141939名学生参与学习教育活动。

二、经济运行情况

2019年，全省上下深入贯彻新发展理念，以供给侧结构性改革为主线，认真落实“六稳”工作要求，经济运行总体平稳、稳中有进，产业发展基础稳固，需求动力基本稳定，结构调整稳步推进，民生福祉继续改善，新旧动能持续转换，高质量发展取得积极进展，地区生产总值为99631.5亿元，增长6.1%。

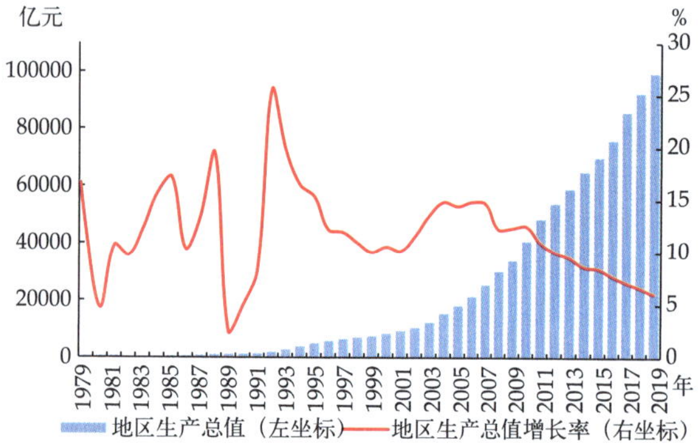

数据来源：江苏省统计局。

图6　1979~2019年江苏省地区生产总值及其增长率

（一）内外需求总体稳定，需求结构不断改善

1. 投资结构不断优化，推动产业提档升级。 2019年，全省固定资产投资比上年增长5.1%，增速比上年回落0.4个百分点，但增速回落幅度比上年收窄1.6个百分点，投资增速趋于平稳。分产业看，第一产业投资增长9.5%，第二产业投资增长3.4%，第三产业投资增长6.3%。高新技术和新兴产业投资增长较快。高新技术产业投资增长23.3%，增速比上年加快8.1个百分点。电子及通信设备、计算机及办公设备、医药、仪器仪表制造业投资分别增长69.0%、23.7%、33.8%和79.5%。补短板力度不断加大。全年基础设施投资同比增长0.8%，增速比上年加快5.8个百分点。徐宿淮盐铁路、连淮铁路建成通车，苏北五市全部进入“高铁时代”，南沿江城际铁路、盐通高铁、连徐高铁一大批重大基础设施工程加快建设。

2. 消费品市场运行稳定，消费升级持续推进。 2019年全省社会消费品零售总额比上年增长6.2%，增速比上年回落1.7个百分点，消费对经济增长的贡献率达到60%。按经营单位所在地分，城镇消费品零售额增长6.0%，农村消费品零售额增长7.7%。按行业分，批发和零售业零售额增长5.9%，住宿和餐饮业零售额增长8.7%。从消费品类值看，基本生活类商品增势平稳。限上饮料类、烟酒类、日用品类商品零售额同比分别增长3.4%、4.1%和8.0%。消费升级类商品增长较快。书报杂志类商品零售额增长19.8%，中西药品类增长10.6%，化妆品类增长8.2%，增速比上年分别加快3.9个、7.9个和5.2个百分点。网络零售快速发展。全年限上批零业通过公共网络实现零售额1391.7亿元，占比达10.4%，比上年提高0.8个百分点；限上住餐业实现网络餐费收入16.2亿元，占比为2.0%，比上年提高0.1个百分点。

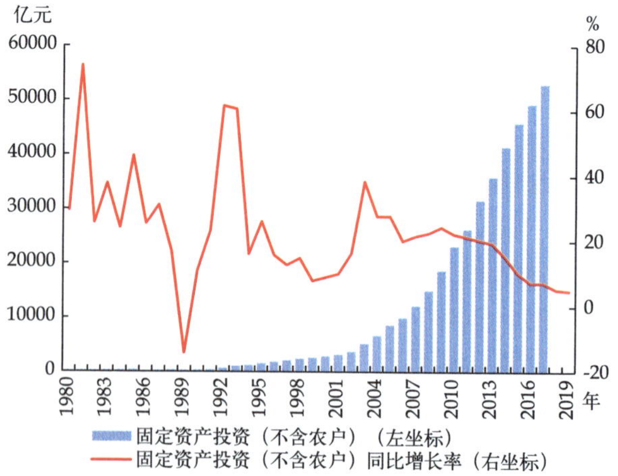

数据来源：江苏省统计局。

图7　1980~2019年江苏省固定资产投资（不含农户）及其增长率

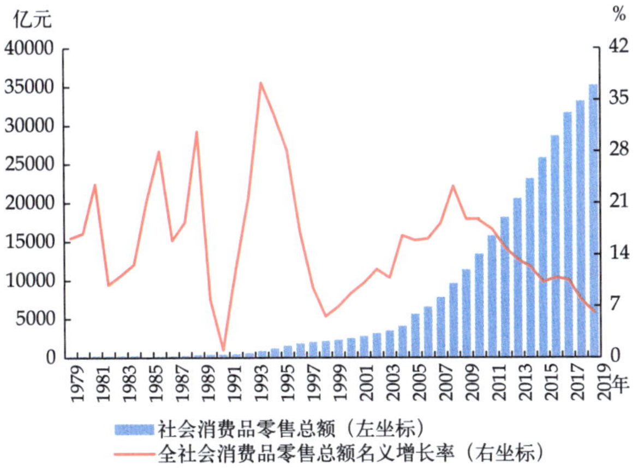

数据来源：江苏省统计局。

图 8　1979~2019 年江苏省社会消费品零售总额及其增长率

3. 对外出口继续增长，贸易方式结构优化。 2019 年，全省人民币计价进出口总额达 4.3 万亿元，同比下降 1.0%。其中，人民币计价出口总额达到 2.7 万亿元，增长 2.1%。贸易方式结构优化。一般贸易出口增长 7.9%，占出口总额比重达 53.2%。江苏出台推动开放型经济高质量发展 26 条举措，对重点企业实行“一企一策”，大幅放宽外资市场准入，成功获批中国（江苏）自贸试验区，目前中美经贸摩擦对江苏省的影响程度总体可控。坚持以“一带一路”交汇点建设统领向东向西双向开放，启动实施“五大计划”专项行动，对沿线国家和地区贸易增长 9.4%、占比提高 2.3 个百分点。

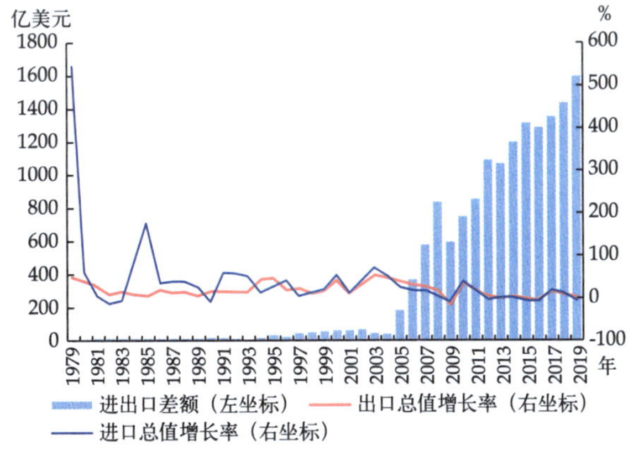

数据来源：江苏省统计局。

图 9　1979~2019 年江苏省外贸进出口变动情况

4. 对外开放迈出新的步伐。 实际使用外资稳中提质。2019 年，全省外商直接投资总量达 261 亿美元，其中，制造业、战略性新兴产业分别增长 18% 和 32%，占比达 49% 和 61%，同比分别提高 6 个和 12 个百分点。全省各级各类开发园区提档升级步伐进一步加快。高水平举办第二届江苏发展大会暨首届全球苏商大会、世界物联网博览会、世界智能制造大会，组织参加第二届中国国际进口博览会。“一带一路”沿线国家来华直接投资流入总量为30.7亿美元，同比增长11.5%，涨幅比上年扩大8.13个百分点。“走出去”步伐有所加快。2019 年，全省对外直接投资新批项目 827 个，中方协议投资 89.45 亿美元，比上年分别增加 5.2% 和减少 6.1%，资本金流出 37.3 亿美元，同比增长 9.3%，增速同比上升 34.9 个百分点。其中，“一带一路”沿线国家项目新批 289 个，中方协议投资 34.3 亿美元，比上年分别增加 23.0% 和 48.2%，资本金流出 12.4 亿美元，同比增长 2.1%。

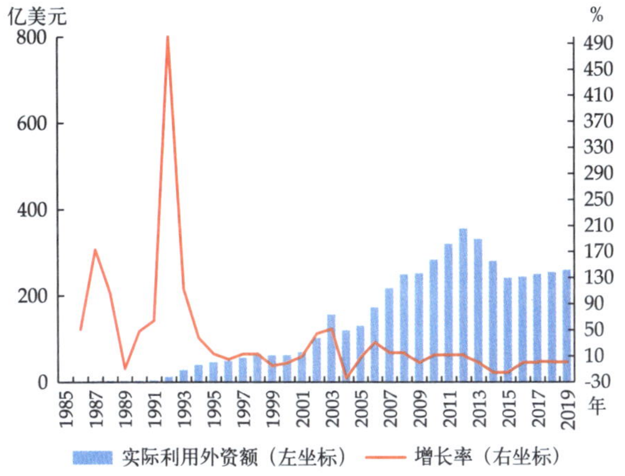

数据来源：江苏省统计局。

图 10　1985~2019 年江苏省实际利用外资额及其增长率

（二）现代产业架构稳步优化，产业发展逐步迈向中高端

2019 年，江苏省坚持巩固、增强、提升、畅通方针，持续深化供给侧结构性改革，全年三次产业增加值比例为 4.3 ∶ 44.4 ∶ 51.3。服务业增加值占地区生产总值比重比上年提高 0.9

个百分点，“三二一”的现代产业架构稳步优化，产业向全球价值链中高端加快攀升。

1. 农业生产总体稳定，农业结构持续优化。 2019 年，江苏实现农林牧渔业增加值 4610.8 亿元，比上年增长 1.6%。农业综合生产能力持续增强，全年粮食总产量 741.24 亿斤，比上年增长 1.3%，夏粮秋粮双丰收，创历史最高水平；油菜、禽肉、禽蛋等主要农产品产量分别为 50.5 万吨、115.2 万吨和 212.3 万吨，分别比上年增长 10.4%、9.0% 和 19.3%。农业结构持续优化，全省高标准农田占比达 65%，农业综合机械化水平达 86%，农业科技进步贡献率提高到 69.1%。全年绿色优质农产品比重超过 58.7%，农业新产业新业态增幅连续多年保持在 20% 左右。

2. 工业运行稳中提质，转型升级持续推进。 2019 年，江苏省规模以上工业增加值比上年增长 6.2%。分经济类型看，国有企业增加值增长 18.2%，股份制企业增加值增长 8.5%，私营企业增加值增长 10.1%。其中，民营工业和小微企业活力增强，规模以上民营工业增加值增长 9.5%，比规模以上工业快 3.3 个百分点，对规模以上工业增长的贡献率达 69.7%；小微工业企业增加值同比增长 9.2%，增速高于规模以上工业 3 个百分点，高于大中型企业 4.4 个百分点，年内累计增加值增速始终稳定在 9% 以上。分结构看，医药、交通运输设备、电气机械和专用设备等先进制造业增加值分别增长 19.0%、17.3%、16.9% 和 8.2%。全年高技术制造业增加值增长 6.8%，增速比全部规模以上工业高 0.6 个百分点，占规模以上工业比重达 21.8%，比上年提高 1.3 个百分点。新兴行业快速成长。化学药品制剂制造、显示器件制造、锂离子电池制造、医疗仪器设备及器械制造、生物药品制造行业增加值分别增长 25.1%、23.2%、45.4%、13.1% 和 41.5%。实施“百企引航”“千企升级”行动计划，企业发展质量效益稳步提升，全年规模以上工业企业产销率达 98.5%，营业收入超百亿元工业企业达 142 家，省级专精特新“小巨人”企业达 973 家。

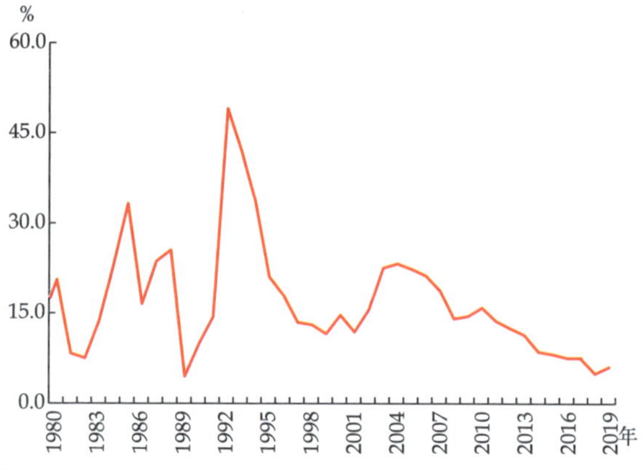

数据来源：江苏省统计局。

图 11 1980~2019 年江苏省规模以上工业增加值实际增长率

3. 服务业较快增长，新兴业态蓬勃发展。 2019 年，江苏省服务业增加值比上年增长 6.6%。全省规模以上服务业企业营业利润 1139.5 亿元，同比增长 7.5%，比上年同期提高 2.9 个百分点。从结构上看，生产性服务业“双百”工程和互联网平台经济“百千万”工程深入推进，新业态新商业模式蓬勃发展。全省规模以上服务业中，互联网和相关服务业、软件和信息技术服务业、商务服务业营业收入同比分别增长 23.4%、18.8% 和 9.4%，受电商网购经济带动，邮政业营业收入增长 13.5%，4 个行业对全省规模以上服务业增长的贡献率超六成，达 60.6%。

4. 发展动能加快转换，创新活力进一步释放。 江苏省深入实施创新驱动发展战略，加快突破关键核心技术，推动科技与经济深度融合，市场创新活力增强。2019 年，全社会研发投入超过 2700 亿元，占地区生产总值比重达 2.72%，其中企业研发投入占比超过 80%。万人发明专利拥有量达 30.2 件，同比增加 3.7 件。大力发展 13 个先进制造业集群，有 6 个入围全国制造业集群培育对象，占全国的 1/4。未来网络试验设施、高效低碳燃气轮机试验装置、纳米真空互联实验站等重大创新平台建设取得新的进展，创建国家首个车联网先导区，国家级孵化器数量及在孵企业数均保持全国第一，区域创新能力继续位居全国前列。市场主体数量增多，全年新登记市场主体 184.1 万户、平均每天 5044 户，其中，全年净增高新技术企业近 6000 家，高新技术企业总量达 2.4 万家。

5. 环境保护力度持续加大，节能减排取得显著成效。2019 年，江苏省依法依规关停各类“散乱污”企业 4000 余家、处置“僵尸企业”223 家，钢铁、水泥等行业完成“十三五”去产能任务，无锡 SK 海力士二工厂、华虹集成电路一期等重大项目建成投产，连云港盛虹炼化一体化等重大项目顺利推进。污染防治取得积极成效，全省 PM2.5 平均浓度为 43 微克 / 立方米，同比下降 6.5%，空气质量优良率达 71.4%，均超额完成国家考核目标。深入推进长江经济带生态环境污染治理“4+1”工程，长江、淮河等重点流域水质明显改善，太湖治理连续 12 年实现“两个确保”，13 个设区市及太湖流域县（市）建成区基本消除黑臭水体。新增国家生态园林城市 4 个，总数和新增数量均为全国第一。主要污染物减排和碳强度下降，全面完成国家下达的任务。高耗能行业投资同比下降 10.4%，其中化学原料和化学制品制造、有色金属冶炼和压延加工、火力发电投资分别下降 28.3%、23% 和 32.4%。规模以上工业企业新能源发电量为 641.7 亿千瓦时，同比增长 18.4%。

（三）财政收入增速回落，财政支出稳步增长

1. 财政收入增速放缓。2019 年，受经济增长趋缓和减税降费政策实施等影响，全年完成一般公共预算收入 8802.4 亿元，同比增长 2.0%。分结构看，税收收入 7339.6 亿元，增长 1.0%，税收收入占一般公共预算收入比重达 83.4%。其中，增值税 3146.7 亿元，增长 1.4%；个人所得税 349.3 亿元，下降 25.4%。

2. 财政支出稳步增长，公共服务和民生领域为支出重点。全年完成一般公共预算支出 12573.6 亿元，同比增长 7.9%。分结构看，压减公共财政一般性支出 10% 以上，保障民生和重点领域支出。公共服务和民生领域合计支出 9798.36 亿元、增长 8.5%，快于支出整体增速；占全省支出比重为 77.9%，同比提高 0.5 个百分点。其中，交通运输、教育支出分别增长 12.2%、7.9%，较上年分别提高 10.3 个、4.0 个百分点。

3. 减税降费为企业发展提供更优环境。2019 年，江苏省新增减税降费 2200 亿元，惠及超过 350 万家企业和 2700 万人，有效激发了各类市场主体创新和发展活力。分税种看，受费率和抵扣政策调整等因素影响，1~12 月，全省国内增值税（含改征增值税）、企业所得税同比分别增长 1.1% 和 0.3%，增速分别比上年同期回落 7.6 个和 14.2 个百分点。分行业看，全省制造业和服务业税收增速同比分别回落 5.8 个和 14.5 个百分点。

4. 地方政府债务风险总体可控。2019 年，财政部核定江苏省政府债务限额 16525.13 亿元（其中新增限额 2000 亿元，全部为政府债券）。年末政府债务余额在核定限额之内，债务率为 59.7%，低于警戒线，风险总体可控。

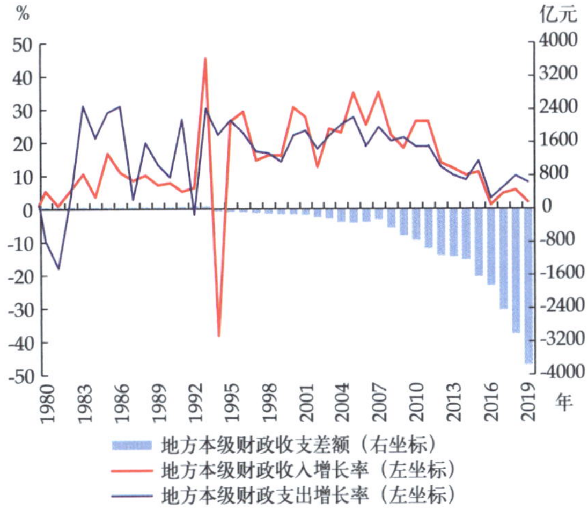

数据来源：江苏省统计局。

图 12　1980~2019 年江苏省财政收支状况

（四）物价水平总体稳定，工业生产者价格有所回落

1. 物价水平总体稳定，结构性上涨特征明显。2019 年，全省居民消费价格比上年上涨 3.1%，涨幅比上年扩大 0.8 个百分点。分城乡看，城市上涨 3.1%，农村上涨 3.4%。分类别看，食

品烟酒类上涨较快，全年同比上涨 7.1%，其中，猪肉上涨 39.7%，牛肉上涨 14.3%，羊肉上涨 9.2%，鲜瓜果上涨 12.6%。2019 年，江苏省全力抓好猪肉等主要农副产品保供稳价，一方面，通过对种质资源和规模猪场购买种猪实施补助，突出扶持生猪养殖重点县和规模猪场完善防疫设施等，提高生猪和能繁母猪保险金额，加大信贷支持，促进生猪生产恢复发展。另一方面，及时启动物价补贴机制，全年发放价格临时补贴 8.5 亿元，并加大储备冻猪肉市场投放力度。

2. 工业生产者价格指数有所回落。2019 年，全省工业生产者出厂价格同比下跌 1.1%，上年为上涨 2.8%；工业生产者购进价格下跌 2.8%，上年为上涨 4.6%。

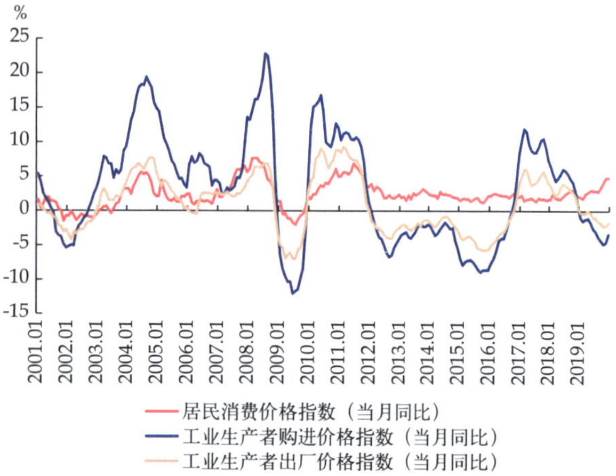

数据来源：江苏省统计局。

图 13　2001~2019 年江苏省居民消费价格指数和工业生产者价格指数变动趋势

（五）城乡居民收入差距进一步缩小，就业形势平稳向好

1. 居民收入较快增长。2019 年，全省居民人均可支配收入 41400 元，比上年增长 8.7%。其中，城镇和农村居民人均可支配收入同比分别增长 8.2% 和 8.8%，城乡居民收入比由上年的 2.264：1 缩小为 2.252：1。

2. 支出增速保持稳定。全省居民人均生活消费支出 26697 元，比上年增长 6.8%。其中，城镇居民人均生活消费支出 31329 元，增长 6.3%；农村居民人均生活消费支出 17716 元，增长 6.9%。

3. 全省就业形势平稳向好。2019 年，全年城镇新增就业 148.3 万人，超额完成 120 万人的目标任务，城镇登记失业率、调查失业率分别为 3% 和 4.4%，均低于全国平均水平。

（六）房地产市场总体平稳，房地产贷款增速回落

1. 房地产开发投资和新开工面积保持增长。2019 年，江苏省住房开发投资完成额为 9462.0 亿元，同比增长 13.1%。全省 13 个设区市中，住房开发投资完成额同比增长的城市有 10 个，下降的有 3 个。2019 年，江苏省住房新开工面积 12478.4 万平方米，同比增长 8.1%，全省 13 个设区市中，商品住宅销售面积同比增长的城市有 5 个，下降的有 8 个。

2. 住宅销售面积有所减少，库存规模基本稳定。2019 年，江苏省商品住宅登记销售面积同比下降 3.3%。全省 13 个设区市中，商品住宅销售面积同比增长的城市有 7 个，下降的有 6 个。2019 年末，江苏省商品住宅累计可售面积同比增长 1%。全省 13 个设区市中，库存规模较上年末增加的城市有 5 个，减少的有 8 个。房价过快增长趋势得到初步遏制，12 月，江苏省新建商品住宅成交均价涨幅比年内高点回落 24.6 个百分点。

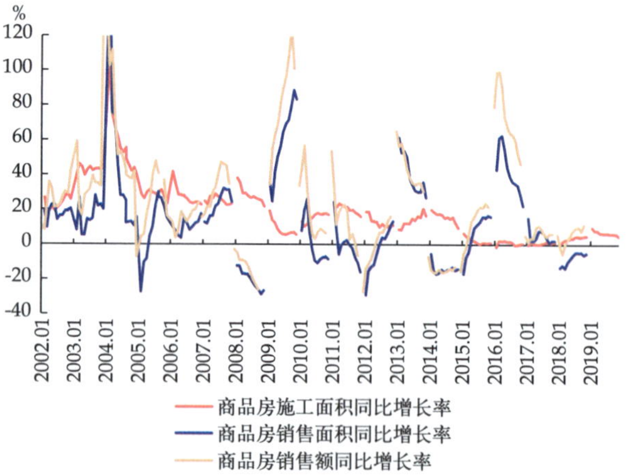

数据来源：江苏省统计局。

图 14　2002~2019 年江苏省商品房施工和销售变动趋势

3. 房地产贷款增速回落。2019 年末，全省金融机构本外币房地产贷款余额 4.5 万亿元，同比增长 14.2%，增速同比下降 6.7 个百分点；比年初新增 5604 亿元，同比少增 1186 亿元。其中，普通住房开发贷款和个人购房贷款增速均呈回落态势。2019 年，全省普通住房开发贷款余额 3716 亿元，同比增长 17.6%，增速同比回落 7.4 个百分点；全省个人购房贷款余额 3.4 万亿元，同比增长 15.3%，增速同比下降 2 个百分点，连续第二年回落。

三、预测与展望

2020 年第一季度突如其来的新冠肺炎疫情对我国经济社会发展带来前所未有的冲击。随着国际疫情持续蔓延，世界经济将步入衰退。为应对冲击，各国政府和中央银行采取了强有力的财政和货币政策。由于许多发达经济体的利率处于历史低位，而公共债务处于历史高位，加上世界范围内的贸易摩擦频发，全球经济走势存在较大不确定性。

但是，我国经济稳中向好、长期向好的趋势没有改变，疫情对我国经济的影响是阶段性的、总体可控的。机遇与挑战并存、机遇大于挑战，克服眼前困难就能赢得更大发展。随着江苏高质量发展的体制机制环境更加完善，供给侧结构性改革深入推进，“放管服”改革等推动营商环境持续优化，江省省科教人力资源丰富和人才红利优势逐步显现，传统产业改造升级、新兴产业加快发展等不断释放强大动能，市场主体活力得到有效激发，新的动力源稳步成长壮大。自 3 月起，各类积极因素对冲困难和挑战的效果正在显现，经济运行回稳态势明显。预计 2020 年江苏经济将保持平稳增长，转型升级步伐进一步加快，消费对经济增长的拉动作用进一步增强，产业结构继续优化调整，外贸进出口和实际使用外资稳中提质，经济新动能不断发展壮大，居民人均可支配收入与经济增长基本同步，消费和生产价格保持温和上涨态势。

2020 年，人民银行南京分行将聚焦“六稳”，聚力“六保”，坚持供给侧结构性改革主线不动摇，以改革开放为动力推动高质量发展，坚决打好三大攻坚战，做好应对更加复杂局面的工作准备和政策准备，坚定信心、精准施策，力争把疫情造成的损失降到最低限度，保证高质量发展行稳致远，助力全省经济社会发展目标顺利实现。一是继续贯彻落实稳健的货币政策更加灵活适度，做好宏观审慎管理；二是强化宏观信贷政策调控，推动金融更加聚焦服务实体经济；三是深化利率市场化改革，以市场化、法治化手段引导社会综合融资成本降低；四是创新货币政策工具使用，探索投向与价格引导创新，更好发挥定向调控、精准滴灌作用；五是防范市场风险，推动金融市场持续稳定健康发展。

中国人民银行南京分行货币政策分析小组

总　纂：郭新明　谢　宁

统　稿：陈涤非　严仕锋　李晓斌　谢　姗　黄静宇

执　笔：程秋君　鲍奕晓　杨司键　龙腾云　陆雯婕　戴晓东　李　艳　季　伟　束　斌　李淑宁　朱晨露　熊　健　陈　昆　周文韬

提供材料的还有：王琦玮　王维全　张　明　唐成伟　厉华威　张庭溪　王宗林　丁露园　胡俊伟　张秋君　何彩云　徐　虹　江甲林　周永峰　梁豆豆　沈健蓉　刘晓娟

附录

（一）2019年江苏省经济金融大事记

2月25日，江苏作为全国首批省份全面实施取消企业开立银行账户许可。

3月22日，国家外汇管理局江苏省分局在全国率先启动“跨境金融区块链服务平台”试点。

5月14日，人民银行南京分行会同上海总部、杭州中支、合肥中支及宁波市中支签署《长三角地区金融消费纠纷非诉解决机制合作备忘录》。

5月24日，江苏苏州市获人民银行批准设立全国首个“小微企业数字征信实验区”。

6月20日，华泰证券全球存托凭证（GDR）在伦交所成功上市，成为首家按照沪伦通业务规则登陆伦交所的中国公司。

7月22日，科创板第一股江苏华兴源创成功登陆上海证券交易所上市交易。

8月30日，中国（江苏）自由贸易试验区及南京片区、苏州片区、连云港片区正式揭牌。

10月1日，国家外汇管理局江苏省分局在全省启动贸易外汇收支便利化试点。

10月12日，江苏获批成为全国首批金融科技应用试点省份。

11月30日，国家外汇管理局江苏省分局联合江苏省税务局在全省启动服务贸易付汇税务备案电子化。

（二）2019年江苏省主要经济金融指标

表1 2019年江苏省主要存贷款指标

		1月	2月	3月	4月	5月	6月	7月	8月	9月	10月	11月	12月
本外币	金融机构各项存款余额（亿元）	153178.0	154034.8	156236.0	155597.8	156564.7	158131.3	157095.5	157256.3	157984.0	157409.2	157527.7	157139.7
	其中：住户存款	55925.1	57573.8	57815.9	56904.9	57003.0	57809.3	57608.7	57690.2	58535.7	57884.1	57865.5	58354.3
	非金融企业存款	57686.2	56405.7	58359.8	57882.4	58314.6	59680.6	57598.5	57484.1	57850.3	57133.4	57750.3	58253.7
	各项存款余额比上月增加（亿元）	8950.7	856.8	2201.2	-638.2	966.9	1566.6	-1035.7	160.7	727.7	-574.8	118.5	-388.0
	金融机构各项存款同比增长（%）	9.0	9.9	11.5	11.0	11.0	11.2	10.1	9.1	9.0	8.2	8.3	9.0
	金融机构各项贷款余额（亿元）	122076.4	122900.2	124672.3	125620.3	126706.1	128490.3	129529.9	130879.5	132488.1	133185.6	134212.9	135139.7
	其中：短期	39046.1	39205.9	40246.2	40242.6	40707.8	41883.1	41880.2	42168.2	42718.3	42581.0	42868.7	43433.5
	中长期	75445.9	76069.2	76893.0	77639.6	78172.5	78709.5	79318.0	80061.3	80946.2	81569.5	82349.9	82761.7
	票据融资	5748.7	5842.6	5666.5	5798.9	5925.8	6057.5	6396.2	6725.3	6941.6	7110.0	7083.9	7008.0
	各项贷款余额比上月增加（亿元）	4268.5	823.8	1772.2	948.0	1085.8	1784.1	1039.7	1349.6	1608.5	697.5	1027.3	926.8
	其中：短期	1767.4	159.8	1040.2	-3.6	465.2	1175.3	-2.9	287.9	550.1	-137.3	287.7	564.8
	中长期	2103.7	623.4	823.7	746.6	532.9	537.0	608.5	743.4	884.9	623.2	780.4	411.9
	票据融资	262.9	93.9	-176.1	132.4	126.9	131.7	338.7	329.1	216.4	168.4	-26.2	-75.9
	金融机构各项贷款同比增长（%）	14.7	14.3	14.8	14.6	14.7	14.7	14.5	14.7	14.7	14.5	14.6	14.7
	其中：短期	14.1	14.0	16.0	15.4	15.9	16.5	16.3	16.4	16.2	16.1	16.3	16.5
	中长期	12.4	11.9	12.0	11.8	11.7	11.8	11.6	11.7	11.9	11.9	12.2	12.8
	票据融资	58.4	58.6	54.8	56.5	56.8	48.4	46.0	45.2	45.8	41.8	37.1	27.7
	建筑业贷款余额（亿元）	4392.9	4466.5	4521.3	4581.7	4559.4	4619.6	4617.9	4614.7	4646.9	4610.1	4679.7	4729.1
	房地产业贷款余额（亿元）	8027.0	8154.4	8347.6	8429.4	8415.4	8439.9	8502.4	8588.5	8649.1	8688.7	8666.4	8594.2
	建筑业贷款同比增长（%）	17.7	16.3	17.0	17.4	15.3	13.6	12.8	12.4	12.6	11.9	13.2	13.2
	房地产业贷款同比增长（%）	23.5	23.3	24.7	23.1	21.4	19.8	19.7	19.5	18.3	17.0	15.0	13.4
人民币	金融机构各项存款余额（亿元）	148606.9	149380.6	151552.0	151085.4	152094.8	153546.0	152609.8	152922.7	153711.1	152967.2	153172.6	152837.3
	其中：住户存款	55327.6	56973.9	57212.0	56298.4	56388.9	57201.3	57005.2	57083.8	57939.9	57289.8	57270.7	57759.2
	非金融企业存款	54057.6	52682.5	54641.9	54431.9	54895.1	56184.0	54196.0	54260.5	54657.5	53809.7	54471.3	55032.8
	各项存款余额比上月增加（亿元）	8888.9	773.8	2171.3	-466.6	1009.4	1451.2	-936.3	312.9	788.4	-743.9	205.4	-335.2
	其中：住户存款	4559.0	1646.3	238.1	-913.6	90.6	812.4	-196.1	78.6	856.1	-650.1	-19.1	488.5
	非金融企业存款	4162.4	-1375.0	1959.4	-210.0	463.2	1288.9	-1987.9	64.5	396.9	-847.7	661.5	561.5
	各项存款同比增长（%）	9.6	10.5	12.1	11.5	11.5	11.7	10.4	9.5	9.4	8.6	8.7	9.4
	其中：住户存款	17.8	13.0	14.0	15.7	15.2	15.2	15.7	15.2	14.7	14.4	13.5	13.8
	非金融企业存款	10.9	14.5	15.1	12.9	13.4	14.9	13.0	11.7	11.9	11.1	11.4	10.3
	金融机构各项贷款余额（亿元）	119984.9	120853.7	122596.5	123621.5	124657.0	126395.0	127449.2	128864.6	130640.4	131323.1	132379.7	133329.9
	其中：个人消费贷款	33874.6	33942.0	34505.5	34957.4	35521.6	36116.9	36603.8	37142.7	37671.8	38070.4	38644.6	39396.2
	票据融资	5748.6	5842.5	5666.5	5798.9	5925.8	6057.4	6396.1	6725.2	6941.6	7110.0	7083.9	7008.0
	各项贷款余额比上月增加（亿元）	4266.0	868.7	1742.9	1025.0	1035.5	1738.0	1054.3	1415.3	1775.8	682.8	1056.6	950.2
	其中：个人消费贷款	856.0	67.4	563.4	451.9	564.2	595.3	486.9	538.9	529.1	398.6	574.2	751.6
	票据融资	262.8	93.9	-176.0	132.4	126.9	131.6	338.7	329.1	216.4	168.4	-26.2	-75.9
	金融机构各项贷款同比增长（%）	14.9	14.6	15.2	15.1	15.1	15.1	14.9	15.1	15.4	15.1	15.1	15.2
	其中：个人消费贷款	20.1	19.1	19.5	19.3	19.5	19.4	19.3	19.2	19.2	18.5	18.4	19.3
	票据融资	58.4	58.6	54.8	56.5	56.8	48.4	46.0	45.2	45.8	41.8	37.1	27.7
外币	金融机构外币存款余额（亿美元）	682.0	695.7	695.6	670.6	647.9	667.0	651.6	611.4	604.1	629.8	619.5	616.7
	金融机构外币存款同比增长（%）	-14.0	-10.7	-9.8	-9.4	-10.5	-5.9	-0.5	-7.7	-8.5	-4.5	-5.5	-6.1
	金融机构外币贷款余额（亿美元）	312.0	305.9	308.3	297.1	297.0	304.8	302.2	284.3	261.2	264.1	260.8	259.4
	金融机构外币贷款同比增长（%）	-0.1	-5.8	-10.4	-12.2	-12.1	-8.0	-6.1	-11.8	-20.0	-16.2	-13.9	-14.8

数据来源：中国人民银行南京分行。

表 2　2001~2019 年江苏省各类价格指数

单位：%

		居民消费价格指数		农业生产资料价格指数		工业生产者购进价格指数		工业生产者出厂价格指数	
		当月同比	累计同比	当月同比	累计同比	当月同比	累计同比	当月同比	累计同比
2001		—	0.8	—	-3.2	—	-0.5	—	-0.9
2002		—	-0.8	—	-0.7	—	-1.4	—	-2.4
2003		—	1.0	—	1.9	—	6.5	—	2.3
2004		—	4.1	—	12.3	—	16.3	—	6.5
2005		—	2.1	—	6.9	—	7.6	—	2.6
2006		—	1.6	—	1.7	—	6.4	—	1.5
2007		—	4.3	—	6.9	—	5.0	—	2.6
2008		—	5.4	—	17.3	—	15.0	—	4.6
2009		—	-0.4	—	-2.4	—	-8.1	—	-4.8
2010		—	3.8	—	4.2	—	12.8	—	7.3
2011		—	5.3	—	12.6	—	8.9	—	6.2
2012		—	2.6	—	4.6	—	-4.2	—	-2.9
2013		—	2.3	—	2.4	—	-2.9	—	-2.0
2014		—	2.2	—	0.2	—	-3.0	—	-1.7
2015		—	1.7	—	-0.4	—	-7.9	—	-4.7
2016		—	2.3	—	-0.1	—	-2.0	—	-1.9
2017		—	1.7	—	2.1	—	9.7	—	4.8
2018		—	2.3	—	3.9	—	4.6	—	2.8
2019		—	3.1	—	4.2	—	-2.8	—	-1.1
2018	1	1.8	1.8	2.8	2.8	6.4	6.4	3.6	3.6
	2	2.6	2.2	2.7	2.8	5.3	5.8	2.7	3.1
	3	1.8	2.1	2.8	2.8	4.3	5.3	2.2	2.8
	4	1.7	2.0	3.3	2.9	4.7	5.2	2.5	2.7
	5	1.8	2.0	3.8	3.1	5.3	5.2	3.4	2.9
	6	2.1	2.0	4.1	3.3	6.0	5.3	3.9	3.0
	7	2.5	2.0	4.4	3.4	5.8	5.4	3.7	3.1
	8	2.7	2.1	4.6	3.6	5.3	5.4	3.4	3.2
	9	3.0	2.2	4.9	3.7	4.6	5.3	3.0	3.1
	10	2.9	2.3	5.3	3.9	4.1	5.2	2.6	3.1
	11	2.6	2.3	4.3	3.9	2.8	5.0	2.0	3.0
	12	2.2	2.3	3.3	3.9	0.6	4.6	0.5	2.8
2019	1	2.0	2.0	2.4	2.4	-1.0	-1.0	-0.3	-0.3
	2	1.8	1.9	2.2	2.3	-1.5	-1.2	-0.4	-0.4
	3	2.5	2.1	2.4	2.3	-1.2	-1.2	-0.3	-0.4
	4	2.7	2.2	2.7	2.4	-1.1	-1.2	0.0	-0.3
	5	3.0	2.4	3.3	2.6	-1.7	-1.3	-0.3	-0.3
	6	2.9	2.5	4.1	2.9	-2.6	-1.5	-1.0	-0.4
	7	2.9	2.5	3.9	3.0	-3.0	-1.7	-1.1	-0.5
	8	2.8	2.6	4.3	3.2	-3.8	-2.0	-1.5	-0.6
	9	3.4	2.7	5.0	3.4	-4.3	-2.2	-1.8	-0.8
	10	4.1	2.8	5.0	3.5	-4.8	-2.5	-2.2	-0.9
	11	4.8	3.0	6.8	3.8	-4.6	-2.7	-2.2	-1.0
	12	4.7	3.1	8.1	4.2	-3.4	-2.8	-1.7	-1.1

数据来源：江苏省统计局。

表 3　2019 年江苏省主要经济指标

	1 月	2 月	3 月	4 月	5 月	6 月	7 月	8 月	9 月	10 月	11 月	12 月
	绝对值（自年初累计）											
地区生产总值（亿元）	—	—	22883.8	—	—	48582.7	—	—	72199.6	—	—	99631.5
第一产业	—	—	519.5	—	—	1411.8	—	—	2314.3	—	—	4296.3
第二产业	—	—	9883.2	—	—	21497.4	—	—	32888.4	—	—	44270.5
第三产业	—	—	12481.1	—	—	25673.4	—	—	36996.9	—	—	51064.7
工业增加值（亿元）	—	—	—	—	—	—	—	—	—	—	—	—
固定资产投资（亿元）	—	—	—	—	—	—	—	—	—	—	—	—
房地产开发投资	—	1511.8	2732.1	3803.4	4927.5	6090.9	7150.1	8139.5	9239.2	10227.0	11202.6	12009.4
社会消费品零售总额（亿元）	—	2057.3	8883.5	4158.1	5208.5	17479.2	7441.3	8500.3	26093.8	10801.0	12017.9	35291.2
外贸进出口总额（亿元）	3706.5	6425.8	9960.2	13278.9	16964.2	20729.1	24625.4	28340.0	32106.1	35903.9	39701.1	43379.7
进口	1481.1	2485.5	3757.3	5158.0	6476.0	7738.5	9168.4	10549.2	11976.7	13340.8	14738.7	16171.1
出口	2225.4	3940.3	6202.8	8120.9	10488.2	12990.6	15456.9	17790.8	20129.4	22563.1	24962.4	27208.6
进出口差额（出口－进口）	744.3	1454.8	2445.5	2962.9	4012.1	5252.1	6288.5	7241.6	8152.7	9222.3	10223.8	11037.5
实际利用外资（亿美元）	—	—	70.2	—	—	152.5	—	—	204.7	—	—	261.2
地方财政收支差额（亿元）	136.3	-226.1	-764.2	-697.3	-886.1	-1614.3	-1519.9	-1900.8	-2530.2	-2367.0	-2821.0	-3771.2
地方财政收入	1148.6	1770.1	2440.5	3341.6	4075.4	4875.8	5734.2	6217.9	6832.8	7656.0	8073.0	8802.4
地方财政支出	1012.3	1996.2	3204.7	4038.9	4961.5	6490.1	7254.1	8118.7	9363.0	10023.0	10894.0	12573.6
城镇登记失业率（%）（季度）	—	—	—	—	—	3.0	—	—	3.0	—	—	3.0
	同比累计增长率（%）											
地区生产总值	—	—	6.7	—	—	6.5	—	—	6.4	—	—	6.1
第一产业	—	—	0.4	—	—	1.4	—	—	1.4	—	—	1.3
第二产业	—	—	6.6	—	—	6.6	—	—	6.5	—	—	5.9
第三产业	—	—	7.0	—	—	6.7	—	—	6.6	—	—	6.6
工业增加值	—	3.0	5.3	5.1	5.2	6.0	6.0	5.9	5.8	5.6	5.9	6.2
固定资产投资	—	2.0	1.6	2.4	3.7	4.1	4.2	4.5	4.7	4.9	5.1	5.1
房地产开发投资	—	3.0	4.9	7.8	6.4	7.7	6.7	7.4	7.1	8.2	8.8	9.4
社会消费品零售总额	—	0.3	6.6	-1.2	-0.7	7.0	0	-0.6	6.7	-1.1	-1.1	6.2
外贸进出口总额	5.6	-1.2	1.8	0.6	0.9	1.3	2.4	1.5	0.0	-0.1	-0.7	-1.0
进口	1.3	-4.2	-6.0	-3.4	-4.7	-5.2	-4.7	-5.6	-6.3	-6.8	-6.7	-5.7
出口	8.7	0.9	7.3	3.3	4.8	5.6	7.1	6.3	4.2	4.2	3.1	2.1
实际利用外资	—	—	2.0	—	—	0.2	—	—	-1.2	—	—	2.1
地方财政收入	8.7	7.8	7.2	6.3	5.2	5.0	4.4	3.9	3.8	3.8	2.8	2.0
地方财政支出	40.6	14.9	14.1	15.2	12.2	6.7	6.9	8.6	9.9	9.7	8.5	7.9

数据来源：江苏省统计局。

浙江省金融运行报告（2020）

中国人民银行杭州中心支行货币政策分析小组

[内容摘要] 2019年，浙江省坚持稳中求进工作总基调，以供给侧结构性改革为主线，坚持"八八战略"① 再深化、改革开放再出发，突出稳企业、增动能、保平安，聚焦聚力高质量发展、竞争力提升、现代化建设，扎实开展"服务企业、服务群众、服务基层"活动，经济社会发展再上新台阶。经济运行总体平稳，全年实现地区生产总值6.2万亿元，增长6.8%，居全国第四位，人均地区生产总值107625元，同比增长5%。浙江省金融业紧紧围绕服务实体经济和供给侧结构性改革，认真贯彻稳健的货币政策，有力落实逆周期调节，为浙江省经济社会发展营造适宜的金融环境。年末浙江省本外币贷款余额同比增长15.1%，民营和小微企业金融服务不断改善，不良贷款保持"双降"态势，多层次资本市场持续完善。

从经济运行看，三大需求协调推进，产业结构持续优化，供给侧结构性改革深入推进，新旧动能加快转换，价格水平总体可控。一是投资增速加快，结构不断优化。固定资产投资同比增长10.1%，高于全国4.7个百分点。其中，制造业投资增长12.9%，基础设施投资增长7.8%，民间项目投资增长13.7%，高新技术产业投资增长21.8%。二是消费稳步增长，线上线下融合。社会消费品零售总额增长8.7%，高于全国0.7个百分点，网络零售额和省内居民网络消费额同比分别增长18.4%和18.5%。三是出口份额继续提高，投资呈现持续净流入。出口总额（美元）同比上升4.2%，占全国的份额为13.4%，比上年提高0.5个百分点；进出口顺差（美元）同比上升5.8%。外商来浙直接投资流入金额持续高于对外直接投资流出金额。四是工业增长基本稳定，新旧动能转换扎实推进。规模以上工业增加值同比增长6.6%。其中，高新技术、装备制造业、战略性新兴产业增加值同比分别增长8.0%、7.8%和9.8%，传统制造业加快改造提升。五是服务业较快增长，比重有所上升。服务业增加值增长7.8%，增速比地区生产总值高1.0个百分点，占地区生产总值的比重比上年提高1.0个百分点。其中，信息传输、软件和信息技术服务业以及科学研究和技术服务业营业收入同比分别增长22.0%和20.3%。六是供给侧结构性改革深入推进，"三去一降一补"取得新进展。规模以上工业产能利用率81.3%，高于全国的76.6%；规模以上工业企业资产负债率同比降低0.4个百分点；全年为企业减负2280亿元，每百元营业收入中的成本为83.6元，同比降低0.4元；短板领域投资较快增长。

从金融运行看，浙江省银行业、证券业和保险业运行稳健，金融服务实体经济效率和水平不断提升。一是融资总量平稳增长。全年社会融资规模新增22161.8亿元，同比多增1944.8亿元。其中，本外币贷款同比多增435.2亿元，直接融资同比多增1036.8亿元。直接融资中，银行间市场债务融资工具发行量占全部企业债券发行量的54.5%，浙江省民企发债规模、债券融资支持工具发行规模、凭证创设规模、中长期债券融资支持工具发行规模均排名全国第一。二是信贷投向持续调整优化。充分发挥各类货币政策和金融市场工具的定向支持和精准滴灌作用。全年再贷款、再贴现惠及的浙江省农户及小微企业数同比扩面35%；聚焦提升民营和小微企业

① "八八战略"是2003年时任浙江省委书记习近平同志提出的浙江发展的八个优势和面向未来发展的八项举措。

金融服务，浙江省民营经济贷款、用于小微企业贷款、制造业贷款同比分别多增1611亿元、1719亿元、321亿元；个人住房贷款、政府类贷款增幅同比分别回落2.7个、0.3个百分点。三是企业贷款利率稳步下降。高效稳妥推进贷款市场报价利率（LPR）改革在浙江落地，LPR改革推动“降成本”效果持续显现。12月浙江省企业贷款加权平均利率为5.26%，同比下降0.27个百分点。四是银行业稳健运行，金融风险总体可控。浙江省银行业本外币资产和负债总额分别同比增长11.3%和11.2%，增幅同比分别提高3.2个和3.7个百分点。银行业资产质量好转，年末不良贷款余额和不良贷款率分别比年初减少99.1亿元和下降0.24个百分点。五是证券业和保险业平稳发展。证券机构体系持续完善，业务规模快速回升，企业上市融资与并购稳步推进；保险机构和从业人员稳步增加，保险业务平稳增长，经济社会保障功能进一步发挥。六是区域金融改革扎实推进。温州金融综合改革、丽水农村金融改革、义乌国际贸易金融专项改革、台州小微金融改革不断深化；中国（浙江）自贸区金融创新亮点纷呈，在全国率先开展油品贸易跨境人民币便利化政策试点，成功落地首单全国自贸区油品企业便利化支付业务；湖州、衢州绿色金融改革纵深推进；宁波获批创建国家普惠金融改革试验区和国家文化与金融合作示范区。七是金融基础设施建设不断完善。征信体系建设不断深化，金融信用信息基础数据库金融基础设施作用充分发挥；创新搭建保证贷款登记系统，切实防范企业担保链风险；小微企业和农村信用体系建设专项工程初具成效。支付体系安全高效运行，全面推进“移动支付之省”建设，大力推动银行业联网通用标准的移动支付在民生领域的应用，云闪付APP注册用户和覆盖面快速提升。

展望未来，浙江经济已由高速增长阶段转向高质量发展阶段，机遇与挑战并存。一方面，浙江经济增长总体好于全国、领跑东部，数字经济“一号工程”深入实施，新动能不断增强，结构调整稳步推进，营商环境持续优化，市场活力不断增强。疫情防控和企业复工复产两手抓、两手硬，经济继续保持长期向好的基本面。另一方面，经济持续向好的基础还不牢固，经济形势仍较严峻、外部环境复杂，工业产销保持稳定增长的基础还不稳固，部分行业、企业经营困难，外贸出口波动较大，不确定因素较多。预计2020年浙江经济将保持平稳增长，结构继续改善，新动能加快成长，企业效益改善。金融支持民营和小微企业力度将进一步加大，经济金融发展的协调性、匹配度进一步提升。

2020年是全面建成小康社会和“十三五”规划收官之年。中国人民银行杭州中心支行继续以习近平新时代中国特色社会主义思想为指导，全面贯彻党的十九届四中全会和中央经济工作会议精神，按照人民银行总行部署，在疫情防控常态化的前提下，把经济发展放在更加突出的位置，继续有效贯彻稳健货币政策，加大落实逆周期调节力度，持续优化信贷结构，着力降低融资成本，严守风险底线，进一步提升金融服务经济高质量发展的质效。

一、金融运行情况

2019年，浙江省金融业认真贯彻稳健的货币政策，有力落实逆周期调节，围绕供给侧结构性改革和经济转型升级，切实加大金融服务实体经济力度，浙江省社会融资和信贷总量平稳较快增长，结构不断优化，证券和保险业稳健发展，金融风险防范化解工作成效明显，金融改革持续深化。

（一）银行业稳健运行，信贷保持平稳较快增长

2019年，浙江省银行业金融机构加大支持实体经济力度，积极提升服务质效，信贷总量

保持平稳较快增长，信贷投向进一步优化，资产质量明显改善，金融改革持续深化。

表 1　2019 年浙江省银行业金融机构情况

机构类别	营业网点			法人机构（个）
	机构个数（个）	从业人数（人）	资产总额（亿元）	
一、大型商业银行	3759	91261	56351	0
二、国家开发银行和政策性银行	61	1987	9416	0
三、股份制商业银行	1137	34251	28907	0
四、城市商业银行	1891	53449	34023	13
五、城市信用社	—	—	—	—
六、小型农村金融机构	4054	51308	28816	82
七、财务公司	11	470	1715	10
八、信托公司	5	1407	361	5
九、邮政储蓄银行	1727	9371	4668	0
十、外资银行	29	823	553	0
十一、新型农村金融机构	308	6440	1039	81
十二、其他	8	1364	2326	6
合　计	12990	252131	168172	197

注：营业网点不包括国家开发银行和政策性银行、大型商业银行、股份制商业银行等金融机构总部；大型商业银行包括中国工商银行、中国农业银行、中国银行、中国建设银行和交通银行；小型农村金融机构包括省农信联社本级、农村商业银行、农村合作银行和农村信用社；新型农村金融机构包括村镇银行、贷款公司和农村资金互助社；"其他"包含金融租赁公司、汽车金融公司、货币经纪公司、消费金融公司等。
数据来源：浙江银保监局。

1. 资产负债平稳增长。2019 年末，浙江省银行业金融机构本外币资产和负债总额同比分别增长 11.3% 和 11.2%，增幅分别比上年提高 3.2 个和 3.7 个百分点。

2. 存款保持较快增长，住户存款拉动较大。2019 年末，浙江省金融机构本外币存款余额 131299 亿元，同比增长 12.7%，增速同比提高 4.1 个百分点；全年新增存款 14727 亿元，同比多增 5535 亿元。分类型看，住户存款余额同比增长 15.7%，高于全部存款增速 3.0 个百分点；非金融企业存款余额同比增长 14.9%，高于全部存款增速 2.2 个百分点；广义政府存款同比增长 8.4%，比上年同期回落 3.3 个百分点；非银行业金融机构存款比年初减少 767 亿元，余额同比下降 11.4%。

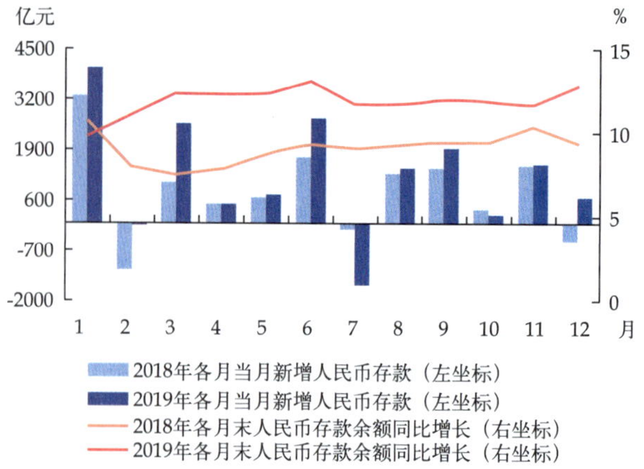

数据来源：中国人民银行杭州中心支行。

图 1　2018~2019 年浙江省金融机构人民币存款增长变化

3. 贷款保持平稳较快增长，投向进一步优化。2019 年末，浙江省金融机构本外币贷款余额 121751 亿元，比年初新增 15808 亿元，在上年高基数基础上多增 307 亿元，余额同比增长 15.1%。信贷投向持续优化，浙江省民营经济贷款、用于小微企业贷款、制造业贷款分别新增 5011 亿元、4304 亿元和 1081 亿元，同比分别多增 1611 亿元、1719 亿元和 321 亿元。制造业贷款增速比上年提高 1.4 个百分点，个人住房贷款、政府类贷款增幅同比分别回落 2.7 个、0.3 个百分点。

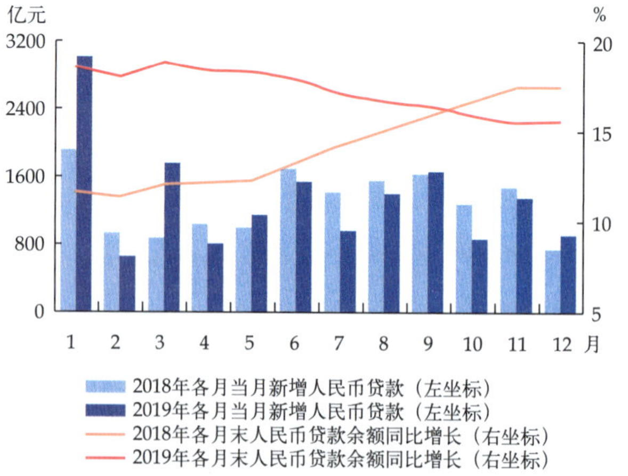

数据来源：中国人民银行杭州中心支行。

图 2　2018~2019 年浙江省金融机构人民币贷款增长变化

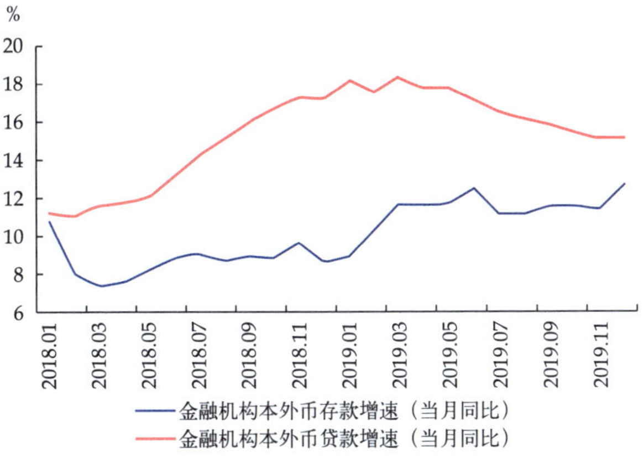

数据来源：中国人民银行杭州中心支行。

图 3　2018~2019 年浙江省金融机构本外币存、贷款增速变化

4. 表外理财平稳增长。资管新规等监管政策出台后，银行理财等表外业务逐步规范，增长趋稳。2019 年末，浙江省金融机构表外理财资产余额 9881.4 亿元，同比增长 13.3%。

5. 企业贷款利率呈下降趋势。高效稳妥推进贷款市场报价利率（LPR）改革在浙江落地，LPR 改革推动“降成本”效果持续显现。2019 年 12 月，浙江省一般贷款加权平均利率为 6.02%，同比下降 0.08 个百分点。企业贷款平均利率为 5.26%，同比下降 0.27 个百分点，其中，大、中、小微型企业贷款平均利率分别为 4.76%、5.13% 和 5.63%，同比分别下降 0.17 个、0.40 个和 0.26 个百分点。执行 LPR 及以下利率的贷款占比 10.3%，执行 LPR 加点利率的贷款占比为 89.7%。

表 2　2019 年浙江省金融机构人民币贷款各利率区间占比

（LPR 改革前）　　单位：%

月份		1 月	2 月	3 月	4 月	5 月	6 月	7 月
合计		100.0	100.0	100.0	100.0	100.0	100.0	100.0
下浮		6.4	8.0	8.5	7.3	6.0	7.3	6.9
基准		10.8	12.5	9.9	10.6	11.1	11.4	10.2
上浮	小计	82.8	79.6	81.6	82.1	82.9	81.3	82.9
	(1.0, 1.1]	16.3	16.1	16.7	14.9	16.0	16.4	16.2
	(1.1, 1.3]	27.0	23.9	26.8	27.4	27.7	28.1	28.5
	(1.3, 1.5]	16.3	14.5	15.3	16.2	15.7	14.5	15.1
	(1.5, 2.0]	14.3	14.3	13.6	13.9	13.9	13.1	13.0
	2.0 以上	8.9	10.8	9.2	9.8	9.6	9.1	10.2

续表

（LPR 改革后）

月份		8 月	9 月	10 月	11 月	12 月
合计		100.0	100.0	100.0	100.0	100.0
LPR 减点		9.3	8.9	8.5	8.8	9.7
LPR		0.3	0.4	0.2	0.6	0.6
LPR 加点	小计	90.4	90.7	91.3	90.6	89.7
	(LPR，LPR+0.5%)	18.2	16.7	17.0	18.7	18.8
	[LPR+0.5%，LPR+1.5%)	33.4	35.7	33.3	31.9	30.7
	[LPR+1.5%，LPR+3%)	20.5	20.1	20.7	22.1	23.0
	[LPR+3%，LPR+5%)	8.3	8.8	10.0	9.1	9.7
	LPR+5% 及以上	10.0	9.5	10.3	8.8	7.5

数据来源：中国人民银行杭州中心支行。

6. 银行业资产质量持续好转。2019 年，浙江省银行业不良贷款余额和不良贷款率继续保持“双降”态势。年末不良贷款余额 1109.8 亿元，比年初减少 99.1 亿元；不良贷款率为 0.91%，比年初下降 0.24 个百分点，已达 2012 年以来新低。全年共处置不良贷款 1350.6 亿元，同比减少 203.4 亿元。浙江省小企业不良贷款压降效果显著，不良贷款额比年初下降 120.9 亿元，对总体企业不良率下降的贡献达 76.3%。

7. 银行业改革持续深化。政策性银行和国有大型商业银行改革创新持续深化，地方法人金融机构改革取得积极成效，杭州银行和宁波银行理财子公司获批筹建。农村金融机构改革稳步推进，浙江省 81 家农信社中共有 79 家改制为农村商业银行，村镇银行基本实现县域全覆盖。浙江网商银行、温州民商银行两家民营银行运行总体稳健。

8. 跨境人民币业务稳步发展。2019 年，浙江省跨境人民币结算量 8327 亿元，同比增长 42%。全年开展跨境人民币结算企业达 1.8 万余家，比上年增加 3000 余家，业务参与面不断扩大。浙江自贸区跨境人民币结算业务快速发展，全年结算量同比增长 86%，油品贸易跨境人民币结算便利化试点正式实施。电子商务跨境人民币结算业务稳步增长，全年结算量同比增长 14%。

专栏 1　浙江积极推动中小银行发行永续债补充资本

资本不足是当前中小银行信贷投放、支持实体经济的制约因素之一。2019 年 9 月 27 日和 11 月 6 日，国务院金融委分别召开的第八次和第九次会议提出，重点支持中小银行多渠道补充资本，增强服务实体经济和抵御风险的能力。中国人民银行杭州中心支行在人民银行总行的支持和指导下，深入贯彻国务院金融委会议的精神，以永续债为突破口补充中小银行核心资本，提升中小银行信贷投放和抵御风险能力。11 月 20 日，成功推动台州银行发行 16 亿元永续债，提高资本充足率 4 个百分点左右，为全国首批发行永续债的城商行。

台州作为全国小微企业金融服务改革试验区，当地城商行专注于服务小微企业，长期保持小微贷款户均余额低和小微信贷不良低。2019 年 6 月，刘鹤副总理在浙江调研期间，充分肯定小微金融的“台州模式”。在人民银行总行的支持下，人民银行杭州中心支行积极推动城商行首批永续债发行项目，指导支持台州银行永续债发行各个环节顺利落地。永续债的成功发行，有助于台州银行缓解信贷投放中的资本和资金约束，进一步提升对实体经济，尤其是对民营、小微企业的信贷支持力度；同时能够增加长期负债和可用风险资产，提高风险抵御能力。

（二）证券业发展稳健，企业上市稳步推进

2019 年，浙江省证券机构体系持续完善，业务规模回升，企业上市融资与并购稳步推进。

1. 证券机构体系持续完善。截至 2019 年末，浙江省共有法人证券公司 3 家，证券资产管理公司 2 家，公募基金管理公司 3 家，证券公司分公司 102 家，证券营业部 1021 家，证券投资咨询机构 3 家；期货公司 12 家，期货公司分公司 34 家，期货营业部 216 家。

2. 证券业务规模快速回升。2019 年，浙江省证券经营机构累计代理交易额 42.2 万亿元，同比增长 30.0%；利润总额 29.8 亿元，同比增长 121.7%。浙江省法人证券公司实现营业收入 75.3 亿元，同比增长 49.1%；实现利润总额 31.1 亿元，同比增长 89.4%。法人证券公司核心监管指标满足监管要求，经营稳健性水平保持良好。

3. 期货业务规模有所增长。2019 年，浙江省期货经营机构累计代理交易额 49.1 万亿元，同比增长 25.4%；实现利润总额 17.6 亿元，同比增长 29.2%。浙江省期货公司实现营业收入 38.8 亿元，同比增长 12.2%；实现利润总额 17.0 亿元，同比增长 31.5%。

表 3　2019 年浙江省证券业基本情况

项目	数量
总部设在辖内的证券公司数（家）	5
总部设在辖内的基金公司数（家）	3
总部设在辖内的期货公司数（家）	12
年末国内上市公司数（家）	458
当年国内股票（A 股）筹资（亿元）	1296.0
当年发行 H 股筹资（亿元）	—
当年国内债券筹资（亿元）	—
其中：短期融资券筹资额（亿元）	—
中期票据筹资额（亿元）	—

注：当年国内股票（A 股）筹资额指非金融企业境内股票融资。

数据来源：中国人民银行杭州中心支行、浙江证监局。

4. 企业上市融资与并购稳步推进。2019 年，浙江省新增资本市场融资额 4755.7 亿元，其中，境内上市公司股权融资 1072.4 亿元，新三板挂牌企业融资 13.2 亿元，交易所债券融资 3670.1 亿元。浙江省共有 157 家上市公司实施并购重组 208 次，涉及金额 971.2 亿元。

（三）保险业平稳发展，经济社会保障功能进一步发挥

2019年，浙江保险业持续发展，业务结构持续优化，保障功能进一步发挥，保险服务民生功能不断增强。

1. 保险机构体系持续完善。2019年，浙江省共有各类保险机构3928家。其中，总公司6家，农村保险互助社1家，省级分公司129家（财产险67家，人身险62家）。省级以上保险专业中介机构340家。保险销售从业人员45.8万人。保险公司资产合计6139.5亿元，比年初增加698.0亿元。

2. 保险业务平稳增长。2019年，浙江省保险业共实现保费收入2627.3亿元，同比增长15.6%。其中，财产险保费收入和人身险保费收入同比分别增长8.9%和19.4%。保险业赔付支出877.6亿元，比上年增加115.7亿元。

表4　2019年浙江省保险业基本情况

项目	数量
总部设在辖内的保险公司数（家）	6
其中：财产险经营主体（家）	4
人身险经营主体（家）	2
保险公司分支机构（家）	129
其中：财产险公司分支机构（家）	67
人身险公司分支机构（家）	62
保费收入（中外资，亿元）	2627.3
其中：财产险保费收入（中外资，亿元）	900.0
人身险保费收入（中外资，亿元）	1727.3
各类赔款给付（中外资，亿元）	877.6
保险密度（元/人）	4490.6
保险深度（%）	4.2

数据来源：浙江银保监局、宁波银保监局。

3. 经济社会保障功能进一步发挥。2019年，浙江省政策性小额贷款保证保险共支持12253家次小微企业获得银行贷款30亿元，赔付219家次，支付赔款3202万元。浙江省内大病保险项目涵盖省内65个县（市、区）的3411.6万名参（投）保人，已赔付或报销总额9.8亿元，赔付人次80.9万人次，赔付人数20.3万人。

（四）社会融资规模平稳增长，金融市场稳健运行

1. 社会融资规模平稳增长。2019年，浙江省社会融资规模新增22161.8亿元，同比多增1944.8亿元。从结构看，本外币贷款新增15829.6亿元，同比多增435.2亿元，占比下降4.7个百分点至71.4%；委托贷款、信托贷款和未贴现银行承兑汇票等表外融资增加679.4亿元，同比多增870.6亿元；直接融资（含企业债券和股票）3011.9亿元，同比增加1036.8亿元，其中企业债券发行2679.0亿元，同比多发1087.4亿元，股票融资333.0亿元，同比减少50.6亿元。

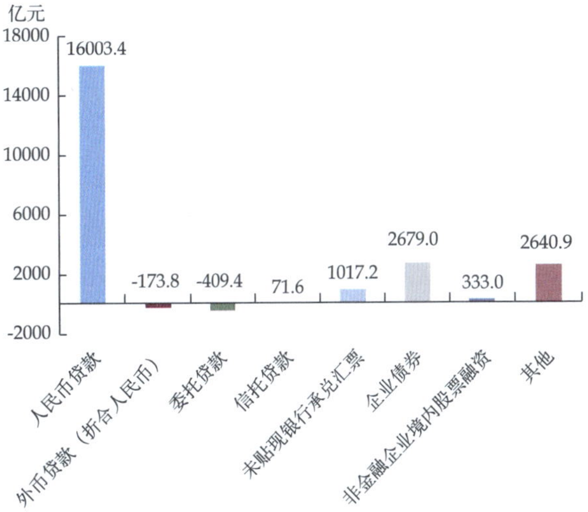

数据来源：中国人民银行杭州中心支行。

图4　2019年浙江省社会融资规模分布结构

表5　2019年浙江省金融机构票据业务量统计

单位：亿元

季度	银行承兑汇票承兑		贴现			
			银行承兑汇票		商业承兑汇票	
	余额	累计发生额	余额	累计发生额	余额	累计发生额
1	9417.2	4328.7	3561.3	17108.8	433.8	2016.5
2	9708.0	3764.6	3879.9	10757.8	367.9	1486.5
3	10161.2	4557.8	4314.9	13943.9	417.7	1534.6
4	10721.6	4519.4	4022.7	9533.3	371.1	1054.9

注：累计发生额指当年累计发生额。

数据来源：中国人民银行杭州中心支行。

表 6　2019 年浙江省金融机构票据贴现、转贴现利率

单位：%

季度	贴现		转贴现	
	银行承兑汇票	商业承兑汇票	票据买断	票据回购
1	3.5	4.8	3.5	2.7
2	3.4	4.6	3.4	2.5
3	2.9	4.7	3.0	2.7
4	3.0	4.7	3.0	2.4

数据来源：中国人民银行杭州中心支行。

2. 民营企业债券融资推进有力。浙江债务融资工具和民企债券融资支持工具发行保持全国领先。2019 年，浙江省债务融资工具发行 2864 亿元，同比多发 48 亿元，其中民营企业债务融资工具发行605亿元，发行规模居全国第一；浙江省债券融资支持工具成交额、工具支持的民企债券发行额分别为 45 亿元和 167 亿元，均位居全国第一。

3. 银行间市场交易保持活跃。浙江省金融机构在银行间市场现券交易量和债券回购交易额分别比上年增长 25% 和 12%。从市场利率看，现券交易加权平均到期收益率 3.26%，同比下降 0.61 个百分点；债券回购加权平均利率 2.25%，同比下降 0.3 个百分点。

4. 票据市场需求旺盛，贴现利率同比下降。2019 年末，浙江省金融机构承兑汇票余额 10306 亿元，同比增长 28%；票据贴现余额 2255 亿元，同比增长 81%。12 月，浙江省银行承兑汇票直贴加权平均利率 2.99%，同比下降 0.48 个百分点。

5. 外汇交易平稳发展，黄金交投活跃。2019 年，浙江省外汇交易市场外汇即期交易 6084 亿美元，同比增长 53%；外汇衍生产品交易 4425 亿美元。2019 年，浙江省金融机构黄金市场交投活跃，场内和场外总成交额30712亿元，同比增长 39%。

（五）区域金融改革扎实推进，改革成效显著

浙江省积极推进区域金融改革创新试验区建设各项工作，温州金融综合改革、丽水农村金融改革、义乌国际贸易金融专项改革、台州小微金融改革不断深化；中国（浙江）自贸区金融创新亮点纷呈，在全国率先开展油品贸易跨境人民币便利化政策试点，成功落地首单全国自贸区油品企业便利化支付业务；湖州、衢州绿色金融改革纵深推进，2019 年末两地绿色信贷余额合计 852.2 亿元，较试验区获批前增长一倍，“两高一剩”行业贷款比重下降近一半；11 月和 12 月，宁波分别获批创建国家普惠金融改革试验区和国家文化与金融合作示范区。

（六）信用体系建设不断深化，金融基础设施不断完善

1. 征信体系建设不断深化。金融信用信息基础数据库金融基础设施作用充分发挥，截至 2019 年末，浙江省共有 3947.6 万自然人和 163.7 万户企业及其他经济组织的信用信息纳入金融信用信息基础数据库，2019 年金融机构月均查询量 808.6 万次。人民银行杭州中心支行创新搭建保证贷款登记系统，切实防范企业担保链风险。市场机制更加趋于完善，截至2019年末，共有备案的企业征信机构 6 家、信用评级机构 13 家，全年共对外提供企业征信服务 1.97 亿次，完成信用评级评分 5000 余笔，有效缓解信息不对称问题，有力促进了民营和小微企业融资发展。

2. 小微企业和农村信用体系建设专项工程初具成效。以试验区为核心，以浙江省企业信用信息服务平台和农户信用信息管理系统为抓手，以信用建档、信用评价、成果应用为主线，推进专项工程建设，深化“信用县”创建，优化小微企业和农村金融生态环境。截至 2019 年末，应收账款融资服务平台累计帮助浙江小微企业融资 2502.2 亿元，2019 年新增 755.8 亿元。截至 2019 年末，浙江省共评定信用户 1010 万户，创建信用村 8566 个、信用乡 367 个，评定信用县 7 个，为已建立信用档案的 904 万农户累计发放贷款 2.95 万亿元。

3. 支付体系安全高效运行。2019 年，浙江省大、小额支付系统和网上支付跨行清算系统

共处理业务16.3亿笔、金额507.5万亿元，同比分别增长7.8%和7.5%。实施“移动支付之省”建设，大力推进银行业联网通用标准的移动支付在民生领域的应用。截至2019年末，浙江省云闪付APP累计注册用户达1335.7万户，浙江省所有地市公交车以及杭州、宁波、温州地铁所有线路支持移动支付；移动支付还覆盖了浙江省430家医院、389个社区卫生中心及下属服务站点、506所学校、391个纳税大厅、110个便民服务中心、333个停车场、379个菜场。

二、经济运行情况

2019年，浙江省经济平稳运行，全年实现地区生产总值62352亿元，同比增长6.8%。产业结构不断优化，三次产业增加值占地区生产总值比重分别为3.4%、42.6%和54.0%。人均地区生产总值达107625元，比上年增长5%。

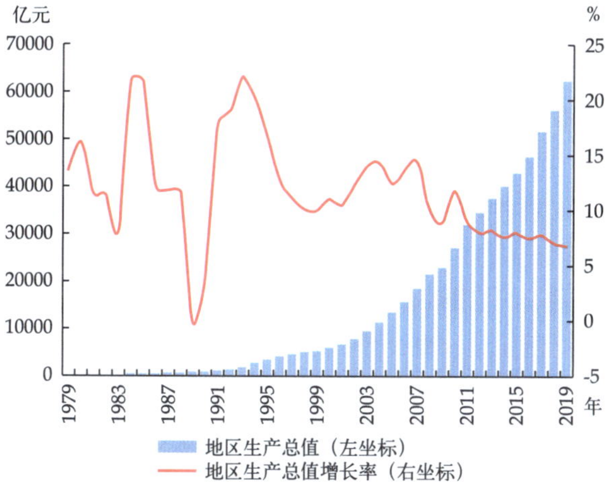

数据来源：浙江省统计局。

图5　1979~2019年浙江省地区生产总值及其增长率

（一）三大需求协调推进，主要指标好于全国

2019年，浙江省积极落实“稳就业、稳金融、稳外贸、稳外资、稳投资、稳预期”政策，投资增速加快，消费不断升级，出口份额提高，经济平稳增长。社会消费品零售总额、外贸出口额分别为27176亿元和23070亿元，固定资产投资增长10.1%。

1. 投资增速加快，结构不断优化。2019年，浙江省固定资产投资同比增长10.1%，增速高于上年3.0个百分点，高于全国4.7个百分点。其中，基础设施投资增长7.8%，同比上升0.1个百分点；制造业投资增长12.9%，同比上升8.0个百分点；房地产开发投资增长7.4%，同比下降13.5个百分点。

浙江省投资结构持续优化。2019年，交通投资增长16.3%；高新技术产业投资增长21.8%，其中，高新技术产业制造业投资和高新技术服务业投资分别增长18.3%和34.4%；民间项目投资增长13.7%。

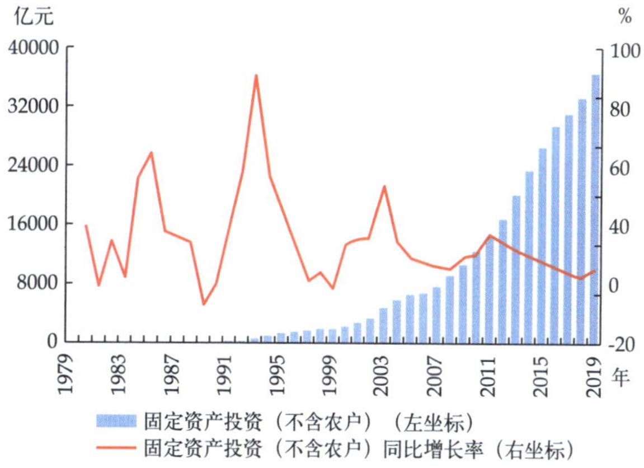

数据来源：浙江省统计局。

图6　1979~2019年浙江省固定资产投资（不含农户）及其增长率

2. 消费稳步增长，线上线下融合。2019年，浙江省社会消费品零售总额27176亿元，增长8.7%，增速同比回落0.3个百分点，高于全国0.7个百分点。随着人均收入水平提升，居民消费不断升级，智能手机、可穿戴智能设备、新能源汽车、智能家用电器和音响器材类新型消费商品零售额分别增长124.0%、85.1%、57.2%和42.6%。物流基础设施不断完善，移动互联网使用率不断提升，网络消费持续增长，线下线下加快融合。2019年，浙江省网络零售额19773亿元，增长18.4%；省内居民网络消费9984亿元，增长18.5%。

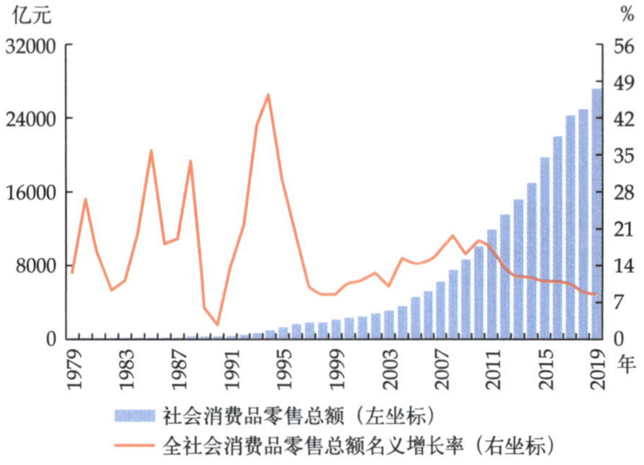

数据来源：浙江省统计局。

图 7　1979~2019 年浙江省社会消费品零售总额及其增长率

3. 出口份额继续提高，投资呈现持续净流入。2019 年，浙江省出口 3345.9 亿美元，同比上升 4.2%，占全国的份额为 13.4%，比上年提高 0.5 个百分点；进口 1126.4 亿美元，同比上升 1.2%；进出口顺差 2219.5 亿美元，同比上升 5.8%。浙江省实际利用外资 135.6 亿美元，同比上升 8.7%；实际对外投资 96.7 亿美元，同比上升 12.6%，外商来浙直接投资流入金额持续高于对外直接投资流出金额，全年差额为 38.9 亿美元。

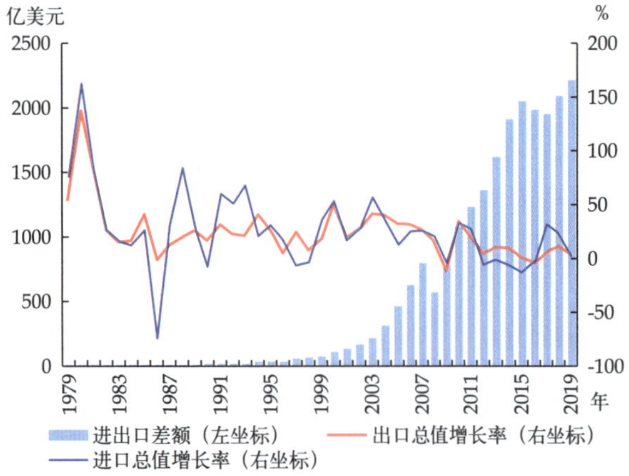

数据来源：浙江省统计局。

图 8　1979~2019 年浙江省外贸进出口变动情况

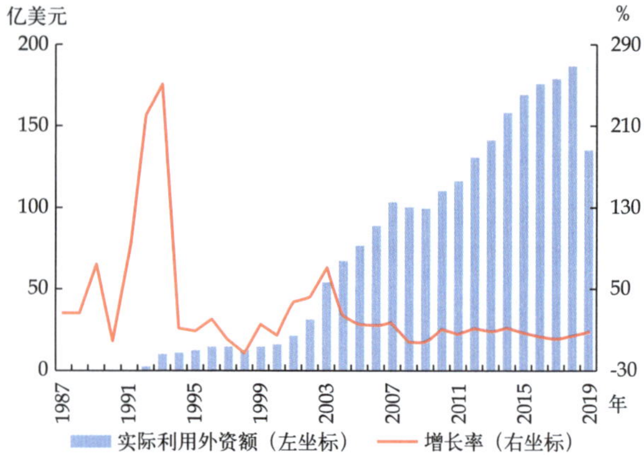

数据来源：浙江省统计局。

图 9　1987~2019 年浙江省实际利用外资额及其增长率

（二）产业结构持续优化，新旧动能转换扎实推进

2019 年，浙江省三次产业结构由上年的 3.4 : 43.6 : 53.0 调整为 3.4 : 42.6 : 54.0，第三产业比重比全国高 3.2 个百分点，三次产业对地区生产总值的增长贡献分别为 1.0%、37.0% 和 62.0%。

1. 农业生产基本稳定，绿色农业有序发展。浙江省把实施乡村振兴战略放在优先位置，全面深化农业供给侧结构性改革，推进一二三产业融合，创新发展数字农业和科技农业，推动农业绿色发展。2019 年，第一产业增加值 2097 亿元，增长 2.0%，增速比上年提高 0.1 个百分点，其中农林牧渔业增加值增长 2.2%，中药材、花卉苗木、蔬菜播种面积分别增长 6.3%、2.1% 和 0.9%，肉类产量下降 9.8%，水产品产量增长 2.7%。

2. 工业增长基本稳定，新旧动能转换扎实推进。2019 年，浙江省规模以上工业增加值 16157 亿元，增长 6.6%，增速比上年回落 0.7 个百分点。数字经济“一号工程”深入实施，全年数字经济核心产业增加值增长 15%，比上年提高 2.3 个百分点。在规模以上工业中，人工智能产业增加值增长 21.3%，高新技术、装备制造、战略性新兴产业增加值分别增长 8.0%、7.8% 和 9.8%，增速均高于规模以上工业。传统制造业加快改造提升，17 个传统制造业增加值比上年增长6.4%，其中化纤、非金属矿物制品、化工等行业增加值分别增长14.2%、15.6%和11.0%。

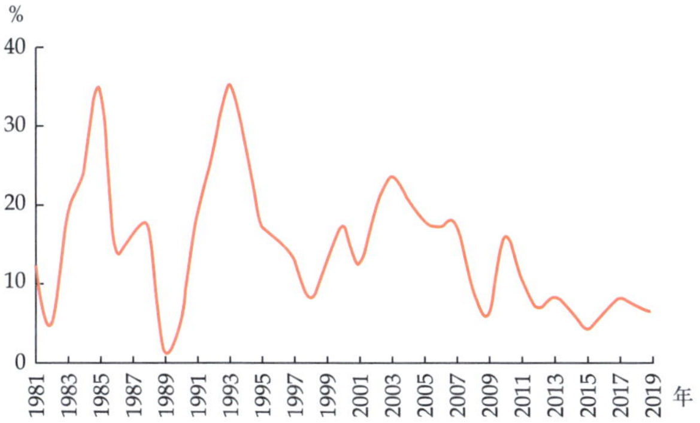

数据来源：浙江省统计局。

图10　1981~2019年浙江省规模以上工业增加值实际增长率

3.服务业较快增长，比重有所上升。2019年，浙江省服务业增加值增长7.8%，与上年持平，增速比地区生产总值高1.0个百分点，比全国高0.9个百分点，占地区生产总值的比重比上年提高1.0个百分点。其中，批发零售、交通运输仓储邮政、住宿餐饮、金融、房地产增加值分别增长6.3%、6.0%、6.2%、10.2%和5.0%。规模以上服务业企业营业收入18284亿元，比上年增长16.3%。其中，信息传输、软件和信息技术服务业营业收入8445亿元，同比增长22.0%；科学研究和技术服务业营业收入1591亿元，同比增长20.3%。

4.供给侧结构性改革深入推进，“三去一降一补”取得新进展。2019年，浙江省规模以上工业产能利用率81.3%，高于全国的76.6%。商品房销售面积9378万平方米，下降3.9%；销售额14352亿元，增长1.9%。规模以上工业企业资产负债率为55.1%，同比降低0.4个百分点。减税降费举措有力，全年为企业减负2280亿元，比年初计划多减780亿元。每百元营业收入中的成本为83.6元，降低0.4元。短板领域投资较快增长。

5.能源利用率不断提高，生态环境持续改善。浙江省以绿色发展理念为引领，大力推动浙江省经济社会绿色转型和循环发展。2019年，浙江省规模以上单位工业增加值能耗下降3.1%。县级以上城市集中式饮用水水源地水质达标率为96.7%，比上年上升2.2个百分点。11个设区市日空气质量优良天数比例平均为88.6%，PM2.5平均浓度为31μg/m^3，比上年下降3.1%，达到国家二级标准。

（三）居民消费价格小幅增长，生产者价格同比下降

1.居民消费价格小幅增长，猪肉价格上涨较快。2019年，浙江省居民消费价格（CPI）同比上涨2.9%，涨幅扩大0.6个百分点。八大类消费品和服务项目价格同比“七涨一跌”，食品烟酒、医疗保健、教育文化娱乐、其他用品和服务、生活用品及服务、衣着、居住同比分别上涨6.2%、4.8%、3.7%、3.2%、1.8%、1.8%和0.6%，交通通信下降1.0%。受非洲猪瘟影响，全年猪肉消费价格同比上涨33.1%。

2.工业生产者价格同比下降。受全球经济增速放缓、大宗商品价格下降、中间投入品价格下降等因素影响，生产端价格降幅较大。2019年，浙江省工业生产者出厂价格（PPI）和购进价格同比分别下降1.1%和2.9%，而上年同期分别增长3.4%和5.1%。

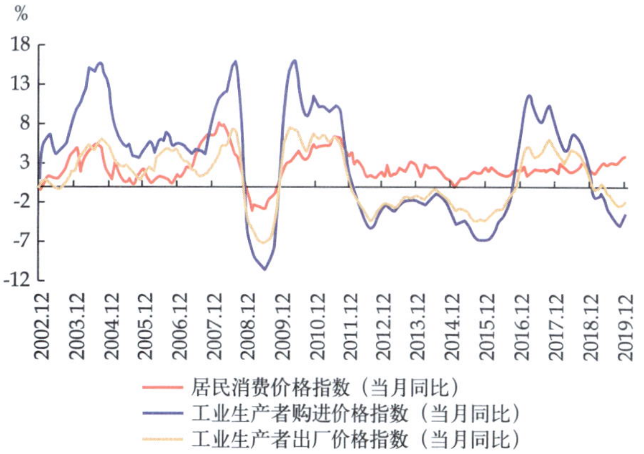

数据来源：浙江省统计局。

图11　2002~2019年浙江省居民消费价格指数和工业生产者价格指数变动趋势

3. 劳动效率明显提高，劳动力成本持续上升。2019 年，全社会劳动生产率 16 万元 / 人，按可比价格计算，比上年增长 5.7%。规模以上工业劳动生产率达 24.3 万元 / 人，按可比价格计算，增长 9.3%。浙江省居民人均可支配收入 49899 元，同比增长 8.9%，扣除价格因素实际增长 5.8%。城镇、农村居民人均可支配收入分别为 60182 元和 29876 元，分别增长 8.3% 和 9.4%，扣除价格因素增长 5.4% 和 6.0%。

（四）财政收支增长稳定，民生重点支出保障有力

2019 年，浙江省一般公共预算收入 7048 亿元，同比增长 6.8%。税收收入 5898.2 亿元，增长 5.6%，占一般公共预算收入比重为 83.7%，其中，企业所得税增长 14.7%，增值税和个人所得税分别下降 1.2% 和 11.4%。

2019 年，浙江省一般公共预算支出 10053.0 亿元，同比增长 16.5%，完成年度预算的 113.0%。民生支出保障有力，八项民生支出占比 76.2%。其中，城乡社区、节能环保支出增长突出，分别增长 40.5%、38.4%。

2019 年，浙江省共发行地方政府债券 2243.9 亿元，较上年增加 157.3 亿元。截至 2019 年末，浙江省地方政府债务余额 12360.7 亿元，负债率 19.8%，较上年提高 1.2 个百分点。

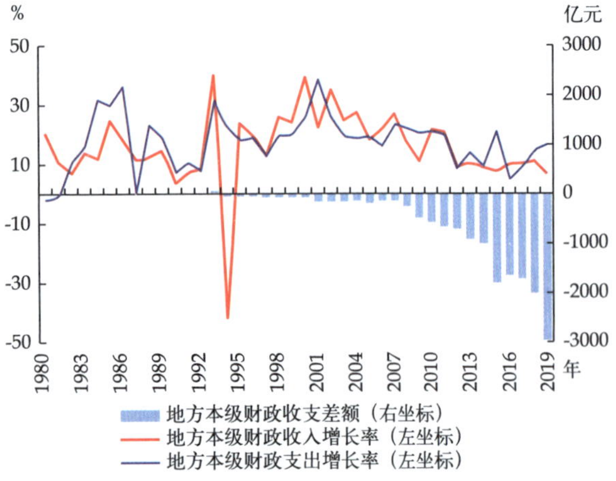

数据来源：浙江省统计局。

图 12　1980~2019 年浙江省财政收支状况

（五）房地产市场平稳运行

1. 房地产投资保持较快增长。2019 年，浙江省房地产开发完成投资 10683.0 亿元，同比增长 7.4%。其中，住宅投资拉动因素较为明显，住宅完成投资 7727 亿元，同比增长 8%。

2. 商品房在售库存平稳回升。2019 年末，浙江省商品住宅总库存为 6280 万平方米，按近一年月均成交量计算，去化周期为 9.7 个月。与上年同期相比，总库存面积增加 703 万平方米，消化周期拉长了 1.3 个月，与 2019 年 9 月末比，库存去化周期拉长 0.6 个月。

3. 新建商品住房成交量平稳增长。2019 年，浙江省新建商品房销售 9378 万平方米，同比下降 3.9%。其中，商品住宅销售 7804 万平方米，同比下降 1.7%。省内 11 个房价重点监测城市中，仅 4 个城市新建商品住宅销售面积的同比增速为正。杭州、宁波全市新建商品住宅销售面积分别为 1284 万平方米、1439 万平方米，同比分别下降 3.4 个百分点和提升 10.8 个百分点。

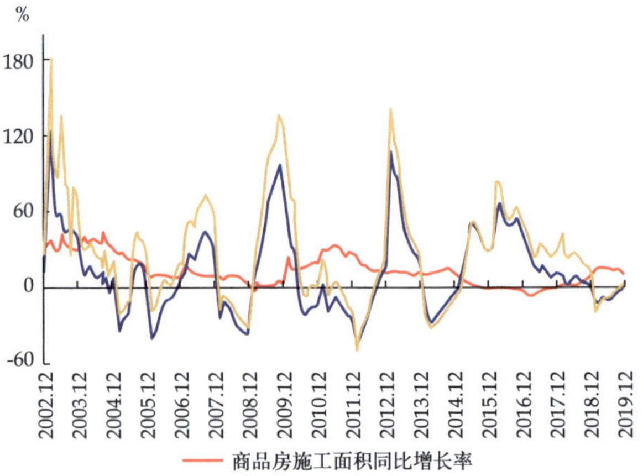

数据来源：浙江省统计局。

图 13　2002~2019 年浙江省商品房施工和销售变动趋势

4. 房价涨幅基本平稳。2019 年，浙江省新建商品住宅销售价格同比上涨 7.3%。10~12 月，浙江省新建商品住宅价格环比涨幅分别为

0.4%、0.1% 和 0.4%，均在 0.5% 以下。2019 年，浙江省二手住宅销售价格同比上涨 5.9%，比上年同期提高 1.9 个百分点。

5. 房地产贷款增速稳步下降。2019 年末，浙江省房地产贷款余额 3.4 万亿元，同比增长 17.3%，增速较上年下降 11.5 个百分点。其中，房地产开发和个人住房贷款余额同比分别增长 16.6% 和 17.8%，分别较上年同期下降 2.7 个和 2.67 个百分点。

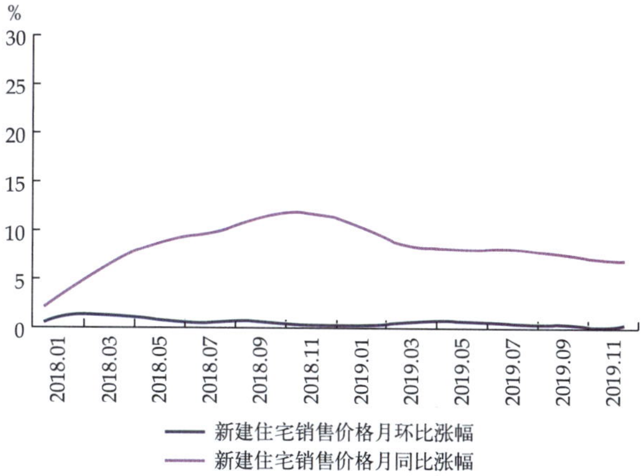

数据来源：浙江省统计局。

图 14　2018~2019 年杭州市新建住宅销售价格变动趋势

专栏 2　强化外贸金融服务　支持企业应对经贸摩擦

浙江省是外贸大省，受中美经贸摩擦影响较大。2019 年以来，中国人民银行杭州中心支行、国家外汇管理局浙江省分局在人民银行总行和国家外汇管理局的指导下，不断优化涉外金融服务，推进外汇管理改革，多措并举支持浙江省外贸企业应对中美经贸摩擦。一是持续深化外汇领域各项改革。浙江省推广跨境金融区块链服务平台、货物贸易外汇收支便利化、资本项目外汇收入支付便利化等三项试点，分别惠及企业 910 家、100 余家和 370 余家，有效提高了收付汇效率，为缓解企业“融资难”提供了新的解决方案。创新推出两项新措施，在全国率先为跨境电商开通银行直接收结汇渠道，有效降低了跨境电商企业交易成本；深化跨国公司跨境资金集中运营新政，累计为企业减少汇兑损失 1200 多万美元，节约融资成本 6500 多万美元。二是做深做实“优化外汇金融服务”系列活动。持续推进“优化外汇金融服务，助推浙江外贸高质量发展”系列服务活动，组织浙江省金融系统开展各类培训 3311 场，覆盖企业 6.86 万家次，“一企一策”帮助一批重点企业解决实际困难。加大汇率避险指导，截至年末浙江省已有 1.3 万余家企业开展汇率避险业务，同比增长 16.8%。督促银行加大融资力度，贸易融资余额同比增长 4%，浙江省银行减费让利达 21.5 亿元。三是合力推进“全面精准服务外贸企业”专项行动。对接浙江省“订单 + 清单”系统，以“五色清单”为依托，精准施策，放宽对受中美经贸摩擦影响的企业在出口延期收汇等方面的容忍度。与浙江省税务局合作推广对外付汇税务备案电子化试点，完成服务贸易对外支付 4.6 亿美元，有效便利了市场主体对外付汇。四是全面落实“互联网 +”政务建设两项工作。推进“互联网 + 政务服务”和“互联网 + 监管”工作。累计通过国家外汇管理局政务服务平台在线办理各类行政许可业务 6200 余笔，现场办理、线下录入 8070 余笔，依法行政水平得到进一步提升，有效节约了涉汇主体的办事成本。

三、预测与展望

2020 年，浙江经济发展面临的国内外环境仍然复杂多变。从国际环境看，全球新冠肺炎疫情持续蔓延，世界经济严重衰退，产业链供应链循环受阻，国际贸易投资萎缩，大宗商品和金融市场波动加剧，不稳定不确定因素增多。从国内环境看，我国经济基础稳固、韧性强、潜力大，经济稳中向好、长期向好的基本趋势没有改变。但结构性、体制性、周期性问题相互交织，“三期叠加”影响持续显现，新冠肺炎疫情加大了短期经济下行压力，企业生产经营困难增多，需要高度关注结构性信用收缩等问题。

从浙江情况看，经济已由高速增长阶段转向高质量发展阶段，经济运行机遇与挑战并存。一方面，浙江疫情防控步入常态化，复工复产逐步恢复正常，“两手硬、两战赢”取得明显成效，经济呈现企稳回升态势。数字经济“一号工程”深入实施，新动能不断增强，结构调整稳步推进，营商环境不断优化，市场活力不断增强。另一方面，经济持续向好的基础还不牢固，疫情防控形势依然严峻，内外部环境错综复杂，经济稳增长面临多方面的压力。市场需求不足，部分行业、企业经营困难，外贸企业受冲击明显，不确定因素较多。预计 2020 年浙江经济总体将保持平稳增长，结构继续改善，新动能加快成长，企业效益改善。金融支持民营和小微企业力度将进一步加大，经济金融发展的协调性、匹配度进一步提升。

2020 年是全面建成小康社会和“十三五”规划收官之年。中国人民银行杭州中心支行将继续以习近平新时代中国特色社会主义思想为指导，全面贯彻党的十九届四中全会和中央经济工作会议精神，围绕中央“六稳”“六保”工作要求，按照人民银行总行部署，紧扣全面建成小康社会目标任务和“十三五”规划收官，加强党建引领，在疫情防控常态化的前提下，把经济发展放在更加突出的位置，重点做好金融支持稳企业保就业工作。继续有效贯彻稳健货币政策，加大落实逆周期调节力度，持续优化信贷结构，着力降低融资成本，严守风险底线，进一步提升金融服务经济高质量发展的质效。

中国人民银行杭州中心支行货币政策分析小组
总　纂：殷兴山　陆巍峰
统　稿：楼　航　施　韬　王　瑜　周　能
执　笔：周　能　王　瑜　张显进　王治政　钱晓霞　陈楠希　枣　棘　童红坚　陈　帅　周宇晨　荣剑雄　李　青　陈　怡　吴　翔　薛同锐　郁一彬　翁　磊　王瑶瑶　余伟宁　周　昂　黄玉莹　王哲中　朱秋琪　巴洪涛　高立军　李博文
提供材料的还有：贾　舒

附录

（一）2019年浙江省经济金融大事记

1月24日，中国人民银行杭州中心支行和浙江省工商业联合会签署《优化民营企业金融服务合作框架协议》，8月启动“万家民企评银行”活动，11月评出100家“民企最满意银行”。

2月20日，浙江省委、省政府召开金融工作座谈会，部署实施融资畅通工程，健全稳企业防风险工作机制，着力破解民营、中小微企业融资难融资贵问题，提升服务实体经济质效。

2月25日，取消企业银行账户许可地区范围由台州试点扩大至浙江全省，企业法人、非企业法人、个体工商户办理基本存款账户、临时存款账户业务，由核准制改为备案制。

7月8日，外汇局浙江省分局出台浙江自贸区六项外汇业务改革创新措施；8月浙江自贸区获批开展油品贸易跨境人民币结算便利化试点。

10月20日，国家数字经济创新发展试验区启动会在乌镇召开，浙江等六个省市被列入“国家数字经济创新发展试验区”，正式启动试验区创建工作。

10月29日，中国互联网金融协会和世界银行联合举办全球数字金融中心启动仪式，世界银行全球数字金融中心落地杭州。

11月和12月，宁波市先后获批创建国家普惠金融改革试验区和国家文化与金融合作示范区。

2019年，浙江省深入开展“服务企业　服务群众　服务基层”活动，各级干部走企业、下基层、访民生，为企业松绑、让群众受惠、使基层工作提速增效。

2019年，浙江省全面推进长三角高质量一体化发展，率先编制实施推进长三角区域一体化发展行动方案，启动长三角生态绿色一体化发展示范区建设。

（二）2019 年浙江省主要经济金融指标

表 1　2019 年浙江省主要存贷款指标

		1月	2月	3月	4月	5月	6月	7月	8月	9月	10月	11月	12月
本外币	金融机构各项存款余额（亿元）	120498.9	120649.8	123181.3	123496.4	124167.5	126923.9	125219.9	126620.8	128625.3	128915.6	130389.2	131298.5
	其中：住户存款	50697.6	50560.6	51080.4	50684.6	50857.2	51762.8	51571.9	51748.7	52925.0	52381.2	52774.6	53733.3
	非金融企业存款	39581.6	39030.0	41083.3	41159.4	41334.4	43220.5	41844.2	42363.9	43594.7	43568.7	44840.8	45375.1
	各项存款余额比上月增加（亿元）	3927.8	150.9	2531.5	315.2	671.0	2756.5	-1704.1	1400.9	2004.5	290.3	1473.6	909.3
	金融机构各项存款同比增长（%）	8.9	10.3	11.6	11.6	11.7	12.4	11.1	11.1	11.6	11.6	11.4	12.7
	金融机构各项贷款余额（亿元）	108879.6	109538.0	111201.0	111953.4	113136.7	114638.1	115574.0	117004.7	118617.7	119497.2	120876.8	121750.6
	其中：短期	43869.2	43755.5	44621.4	44636.3	44882.9	45615.2	45609.5	46072.7	46674.7	46735.1	47129.9	47506.2
	中长期	59258.6	59749.5	60580.9	61315.5	62052.0	62703.9	63471.1	64197.3	65075.3	65769.6	66720.8	67577.7
	票据融资	3702.1	3985.4	3995.2	3954.9	4081.0	4247.8	4310.1	4584.4	4732.6	4777.8	4709.8	4393.8
	各项贷款余额比上月增加（亿元）	2936.6	658.4	1663.0	752.4	1183.4	1501.4	935.9	1430.8	1612.9	879.6	1379.6	873.7
	其中：短期	882.7	-113.7	865.9	14.9	246.6	732.2	-5.7	463.2	602.1	60.3	394.8	376.3
	中长期	1561.0	490.9	831.4	734.6	736.4	652.0	767.2	726.1	878.0	694.3	951.2	856.9
	票据融资	431.3	283.3	9.8	-40.3	126.1	166.8	62.3	274.4	148.1	45.2	-68.0	-315.9
	金融机构各项贷款同比增长（%）	18.1	17.6	18.3	17.8	17.8	17.2	16.4	16.1	15.8	15.3	15.1	15.1
	其中：短期	10.6	9.7	11.4	10.4	10.3	10.5	10.1	10.9	11.0	9.8	9.6	8.8
	中长期	21.2	20.4	20.4	20.1	20.0	19.0	18.1	17.0	16.8	16.9	17.5	18.9
	票据融资	94.9	110.5	112.4	119.4	121.7	113.0	95.7	85.5	77.7	71.0	46.9	34.3
	建筑业贷款余额（亿元）	3136.0	3180.4	3203.5	3249.8	3305.3	3319.6	3317.2	3302.8	3288.4	3300.3	3354.6	3349.0
	房地产业贷款余额（亿元）	5368.1	5510.8	5614.7	5696.5	5816.6	5927.2	5980.7	6046.7	6047.0	6060.7	6134.8	6223.7
	建筑业贷款同比增长（%）	5.9	6.3	7.4	7.7	9.7	10.6	9.8	8.9	7.1	7.9	9.9	10.9
	房地产业贷款同比增长（%）	41.2	39.7	37.1	34.5	33.4	29.8	27.8	27.7	24.9	23.6	21.4	21.6
人民币	金融机构各项存款余额（亿元）	117797.1	117738.3	120270.8	120746.4	121480.4	124167.4	122545.6	123951.4	125881.8	126096.9	127616.2	128258.1
	其中：住户存款	50077.6	49931.8	50448.7	50051.8	50223.3	51144.1	50961.9	51153.2	52328.3	51786.7	52175.5	53132.7
	非金融企业存款	37824.3	37207.5	39308.4	39506.0	39774.4	41592.5	40279.9	40842.7	42009.7	41912.8	43225.5	43681.8
	各项存款余额比上月增加（亿元）	4012.4	-58.8	2532.4	475.7	734.0	2686.9	-1621.7	1405.8	1930.4	215.1	1519.3	641.9
	其中：住户存款	4208.9	-145.8	516.9	-397.0	171.6	920.8	-182.2	191.2	1175.2	-541.6	388.8	957.1
	非金融企业存款	165.0	-616.8	2100.9	197.7	268.4	1818.1	-1312.6	562.8	1167.0	-96.9	1312.7	456.3
	各项存款同比增长（%）	9.8	11.0	12.4	12.3	12.3	13.0	11.7	11.7	12.0	11.9	11.7	12.8
	其中：住户存款	21.9	16.6	17.5	19.7	19.1	18.3	18.3	17.9	17.4	16.6	15.6	16.0
	非金融企业存款	4.3	9.6	11.1	9.7	10.5	12.8	11.0	11.5	14.1	13.7	15.0	16.0
	金融机构各项贷款余额（亿元）	107270.3	107922.8	109677.9	110473.0	111616.5	113149.5	114098.3	115500.2	117153.5	118022.5	119382.3	120289.3
	其中：个人消费贷款	30107.6	29917.0	30475.5	30758.9	31106.4	31612.3	32101.6	32684.4	33309.1	33799.6	34294.8	34831.6
	票据融资	3702.1	3985.4	3995.2	3954.9	4081.0	4247.8	4310.1	4584.4	4732.6	4777.8	4709.8	4393.8
	各项贷款余额比上月增加（亿元）	3004.4	652.5	1755.1	795.2	1143.4	1533.1	948.7	1402.0	1653.3	868.9	1359.8	907.0
	其中：个人消费贷款	530.2	-190.7	558.6	283.4	347.5	505.9	489.3	582.8	624.7	490.5	495.2	536.7
	票据融资	431.3	283.3	9.8	-40.3	126.1	166.8	62.3	274.4	148.1	45.2	-68.0	-315.9
	金融机构各项贷款同比增长（%）	18.5	18.0	18.8	18.3	18.3	17.8	17.1	16.7	16.4	15.8	15.5	15.6
	其中：个人消费贷款	28.9	26.7	26.6	25.3	24.2	23.0	22.2	21.7	20.7	19.0	18.3	18.4
	票据融资	94.9	110.5	112.4	119.4	121.7	113.0	95.7	85.5	77.7	71.0	46.9	34.3
外币	金融机构外币存款余额（亿美元）	403.1	435.2	432.2	408.7	389.5	401.0	388.5	376.6	387.9	399.6	394.5	435.8
	金融机构外币存款同比增长（%）	-25.0	-18.6	-17.8	-15.7	-16.9	-12.3	-11.8	-13.2	-8.0	-1.6	-2.3	7.4
	金融机构外币贷款余额（亿美元）	240.1	241.4	226.2	220.0	220.4	216.5	214.4	212.3	207.0	209.1	212.6	209.5
	金融机构外币贷款同比增长（%）	-8.5	-11.5	-14.9	-18.0	-18.4	-21.0	-20.2	-20.2	-21.6	-17.4	-11.3	-14.2

数据来源：中国人民银行杭州中心支行。

表 2　2001~2019 年浙江省各类价格指数

单位：%

	居民消费价格指数		农业生产资料价格指数		工业生产者购进价格指数		工业生产者出厂价格指数	
	当月同比	累计同比	当月同比	累计同比	当月同比	累计同比	当月同比	累计同比
2001	—	-0.2	—	-0.3	—	-0.4	—	-1.7
2002	—	-0.9	—	-0.5	—	-2.5	—	-3.1
2003	—	1.9	—	2.9	—	5.8	—	0.6
2004	—	3.9	—	3.2	—	13.4	—	5.0
2005	—	1.3	—	5.8	—	5.4	—	2.3
2006	—	1.1	—	-0.4	—	5.6	—	3.8
2007	—	4.2	—	7.3	—	5.3	—	2.4
2008	—	5.0	—	18.9	—	10.6	—	4.3
2009	—	-1.5	—	-4.1	—	-7.4	—	-5.1
2010	—	3.8	—	3.0	—	12.0	—	6.2
2011	—	5.4	—	10.8	—	8.3	—	5.0
2012	—	2.2	—	4.2	—	-3.3	—	-2.7
2013	—	2.3	—	2.8	—	-2.3	—	-1.8
2014	—	2.1	—	-0.9	—	-1.8	—	-1.2
2015	—	1.4	—	0.9	—	-5.5	—	-3.6
2016	—	1.9	—	-0.5	—	-2.2	—	-1.7
2017	—	2.1	—	1.8	—	9.6	—	4.8
2018	—	2.3	—	1.8	—	5.1	—	3.4
2019	—	2.9	—	2.9	—	-2.9	—	-1.1
2018　1	1.7	1.7	1.8	1.8	6.7	6.7	4.1	4.1
2	3.3	2.5	1.5	1.6	5.6	6.2	3.5	3.8
3	2.3	2.4	1.2	1.5	4.6	5.6	3.0	3.5
4	2.2	2.4	1.2	1.4	4.6	5.4	3.4	3.5
5	1.8	2.3	1.1	1.4	5.6	5.4	4.3	3.7
6	2.0	2.2	1.6	1.4	6.6	5.6	4.7	3.8
7	2.0	2.2	1.6	1.4	6.7	5.8	4.4	3.9
8	2.2	2.2	1.8	1.5	6.1	5.8	4.1	3.9
9	2.9	2.3	2.3	1.6	5.3	5.7	3.7	3.9
10	2.8	2.3	3.3	1.7	4.6	5.6	3.0	3.8
11	2.2	2.3	2.5	1.8	3.4	5.4	2.2	3.7
12	2.0	2.3	1.7	1.8	1.2	5.1	0.9	3.4
2019　1	2.1	2.1	0.8	0.8	-1.0	-1.0	-0.1	-0.1
2	1.6	1.9	0.6	0.7	-1.5	-1.2	-0.4	-0.2
3	2.5	2.1	0.3	0.6	-1.1	-1.2	-0.1	-0.2
4	2.7	2.2	0.6	0.6	-0.8	-1.1	0.5	0.0
5	3.2	2.4	1.7	0.8	-1.6	-1.2	0.0	0.0
6	2.7	2.5	2.3	1.0	-2.8	-1.5	-0.8	-0.1
7	2.9	2.5	2.7	1.3	-3.5	-1.7	-1.0	-0.3
8	3.1	2.6	3.6	1.6	-4.1	-2.0	-1.8	-0.5
9	2.9	2.6	4.6	1.9	-4.7	-2.3	-2.3	-0.7
10	3.1	2.7	5.0	2.2	-5.0	-2.6	-2.5	-0.8
11	3.9	2.8	5.9	2.6	-4.9	-2.8	-2.5	-1.0
12	3.9	2.9	6.5	2.9	-3.5	-2.9	-1.8	-1.1

数据来源：浙江省统计局。

表3　2019浙江省主要经济指标

	1月	2月	3月	4月	5月	6月	7月	8月	9月	10月	11月	12月
	绝对值（自年初累计）											
地区生产总值（亿元）	—	—	13084.1	—	—	28256.3	—	—	43198.5	—	—	62352.0
第一产业	—	—	311.0	—	—	872.5	—	—	1330.3	—	—	2097.0
第二产业	—	—	5233.0	—	—	11594.5	—	—	17837.7	—	—	26567.0
第三产业	—	—	7540.0	—	—	15789.4	—	—	24030.5	—	—	33688.0
工业增加值（亿元）	1336.5	2088.0	3477.9	4726.0	6198.0	7632.5	8946.0	10255.5	11685.6	13037.9	14540.2	16156.7
固定资产投资（亿元）	—	—	—	—	—	—	—	—	—	—	—	—
房地产开发投资	—	1205.3	2133.9	2965.3	3921.2	5166.9	6043.0	6960.0	8055.5	8984.1	9958.1	10683.0
社会消费品零售总额（亿元）	—	4190.9	6214.8	8167.6	10345.8	12667.0	14814.0	17051.0	19342.0	21925.0	24547.0	27176.0
外贸进出口总额（亿元）	—	4562.5	6635.7	9000.6	11685.3	14089.7	17064.2	19754.8	22430.7	24988.8	27674.7	30831.9
进口	—	1149.5	1721.0	2398.9	3050.2	3605.3	4240.5	4889.6	5601.0	6247.6	6964.5	7762.1
出口	—	3413.0	4914.7	6601.7	8635.1	10484.4	12823.7	14865.2	16829.7	18741.2	20710.2	23069.8
进出口差额(出口－进口)	—	2263.5	3193.7	4202.8	5584.9	6879.1	8583.2	9975.6	11228.7	12493.6	13745.7	15307.7
实际利用外资（亿美元）	—	26.3	39.8	45.6	56.5	69.5	78.4	89.8	109.4	113.8	125.6	135.6
地方财政收支差额（亿元）	53.6	-79.1	-271.0	-210.8	-164.3	-729.5	-619.7	-720.1	-1276.8	-1389.7	-1909.2	-3005.0
地方财政收入	1027.6	1604.3	2278.3	3010.3	3638.7	4366.5	5028.4	5485.6	6009.0	6365.3	6599.7	7048.0
地方财政支出	974.0	1683.5	2549.3	3221.1	3803.0	5096.0	5648.1	6205.7	7285.8	7755.0	8508.9	10053.0
城镇登记失业率（%）（季度）	—	—	2.6	—	—	2.6	—	—	2.6	—	—	2.5
	同比累计增长率（%）											
地区生产总值	—	—	7.7	—	—	7.1	—	—	6.6	—	—	6.8
第一产业	—	—	1.5	—	—	1.6	—	—	1.7	—	—	2.0
第二产业	—	—	7.9	—	—	6.1	—	—	5.7	—	—	5.9
第三产业	—	—	7.8	—	—	8.3	—	—	7.6	—	—	7.8
工业增加值	—	3.6	8.9	6.9	6.1	6.2	6.0	5.8	5.8	5.9	6.2	6.6
固定资产投资	—	8.7	9.0	9.2	9.5	9.7	9.8	9.8	10.1	10.1	10.2	10.1
房地产开发投资	—	19.3	12.3	11.3	9.9	7.8	7.7	7.7	8.1	7.9	7.4	7.4
社会消费品零售总额	—	8.2	8.6	8.3	8.5	9.3	8.8	8.6	8.5	8.5	8.6	8.7
外贸进出口总额	—	-0.3	6.8	7.3	7.4	5.7	8.1	7.3	6.3	6.3	6.2	8.1
进口	—	7.6	1.8	6.1	4.8	3.3	3.1	2.6	2.8	2.5	3.1	5.8
出口	—	-2.7	8.6	7.7	8.4	6.6	9.9	8.9	7.5	7.7	7.2	9.0
实际利用外资	—	14.1	9.3	2.9	9.0	4.8	6.1	11.1	18.7	7.8	7.8	8.7
地方财政收入	13.5	13.3	13.0	12.5	11.5	10.3	9.8	9.1	8.1	7.7	6.6	6.8
地方财政支出	—	28.2	25.3	24.7	19.3	16.0	14.9	13.8	15.0	14.7	14.6	16.5

数据来源：浙江省统计局。

安徽省金融运行报告（2020）

中国人民银行合肥中心支行货币政策分析小组

[内容摘要] 2019年，安徽省认真贯彻党中央、国务院决策部署，持续深化供给侧结构性改革，经济社会保持平稳健康发展。初步核算，全年地区生产总值比上年增长7.5%，主要经济指标运行在合理区间，物价涨幅、调查失业率均低于年度控制目标。产业结构趋于优化，第三产业增加值占比过半。长三角一体化发展战略开局良好，科技创新策源地建设取得新进展，高技术产业和战略性新兴产业快速增长。

经济运行保持总体平稳、稳中有进、进中向好的态势。一是三大需求稳定增长，消费增速持续居全国前列。稳投资政策效果显现，基础设施和房地产开发投资对投资增长的贡献率合计达69.5%，拉动投资增长6.4个百分点；民间投资、制造业投资增速回落，但仍保持较快增长，投资更加聚焦创新发展。消费快速增长，增速连续两年居全国第2位；网络消费发展加快，占限额以上消费品零售额比重由上年的9%提高到10.9%。进出口总额较快增长，“一带一路”经贸合作积极推进，对“一带一路”沿线国家和地区进出口增速高于全省平均4.7个百分点。二是三次产业协调发展，产业结构持续优化。农业生产形势较好，产业化水平不断提高，全年粮食产量实现“十六连丰”，非洲猪瘟疫情得到有效防控，优质绿色农产品供给增加。工业生产较快增长，成功举办2019世界制造业大会，签约项目、投资总额分别增长46%、64%；新兴产业提供增长新动力，高技术产业增加值、战略性新兴产业产值分别增长18.8%、14.7%。现代服务业增势良好，以信息传输软件和信息技术等为代表的新型服务业带动其他营利性服务业增加值较快增长。供给侧结构性改革持续深化，有序淘汰落后过剩产能，实施亿元以上重点技术改造项目1080项，传统产业智能化、网络化升级加快，数字经济发展势头良好；全面落实降成本政策，企业成本有所下降。污染防治和生态文明建设取得新进展，单位地区生产总值能耗、PM2.5平均浓度创有监测记录以来最好水平。三是物价水平温和上涨，就业形势总体稳定。受食品烟酒价格上涨影响，全年居民消费价格指数上涨2.7%，比上年提高0.7个百分点，其中猪肉价格上涨97%，影响居民消费价格上涨约2.4个百分点。工业生产者出厂价格涨幅回落，工业生产者购进价格同比略降。全年城镇新增就业完成年度目标任务的112.7%，调查失业率保持在5.5%以内。居民收入保持增长，农村居民可支配收入与全国平均水平差距比上年缩小16元。四是财政收入增速放缓，支出结构不断优化。在减税降费等因素影响下，全省一般公共预算收入增速放缓，较上年回落4个百分点，其中税收收入占比为69.4%，比上年回落2.1个百分点。财政支出保持较快增长，主要投向教育、科技、社保等民生领域和薄弱环节。地方政府一般债务余额低于限额554.2亿元，债务风险总体可控。五是房地产市场运行平稳，房价总体保持稳定。全面落实“稳地价、稳房价、稳预期”目标要求，商品房市场供需双向调节。商品房库存下降，施工面积持续增长，潜在供给水平较高。商品房销售增速下降，房价总体稳定。

2019年，中国人民银行合肥中心支行认真落实稳健的货币政策，保持货币信贷和社会融资规模增速与名义GDP增速相匹配，为供给侧结构性改革和经济高质量发展营造了适宜的货币金融环境。直接融资稳步增长，多层次资本市场平稳发展，保险保障功能日益增强，金融市场稳健运行，金融生态环境进一步改善。

全年金融运行总体平稳，对实体经济发展的支持能力进一步提升。一是银行业稳健运行，货币信贷平稳增长。银行业资产规模稳步增长，法人金融机构资产占比近40%。各项存款增速回落，新增住户存款占各项存款增量的86.8%，企业存款、政府存款、非银行业金融机构存款均同比少增。各项贷款增速同比提高1.7个百分点，其中短期贷款增速同比提高5.7个百分点，非金融企业及机关团体贷款同比多增1353.7亿元。中国人民银行合肥中心支行综合运用各种货币政策工具，引导金融机构将更多资源配置到经济发展的重点领域和薄弱环节，普惠小微贷款较年初增速高于各项贷款5.2个百分点，制造业、民营企业贷款增速回升，服务业贷款新增占比提高。表外融资降幅收窄，信托贷款新增较多。二是LPR改革有序推进，贷款利率稳中有降。金融机构全部贷款尤其是企业贷款利率同比下降，融资贵问题有所缓解。有序推进LPR运用，自12月1日起全省所有法人机构新发放贷款全部参考LPR定价，促进贷款实际利率进一步下行。三是银行资产质量有所好转，风险防控更加扎实。抓好重大风险领域的处置化解，坚决守住风险底线，2019年末安徽省银行业金融机构不良贷款率较上年末下降0.07个百分点。四是证券业平稳发展，企业上市稳步推进。加快多层次资本市场建设，境内上市公司数增至105家，科大国盾通过上交所科创板审核，科大讯飞再融资顺利实施。证券市场交易活跃度提升，法人证券公司经营效益提高，期货市场成交量和成交额快速增长。五是保险业增长良好，服务民生功能持续增强。保险市场体系逐步完善，保险机构资产规模较快增长。保险保障能力持续增强，全省保险业提供风险保障同比增长50.8%，高于保费增速39.3个百分点。推动涉企保证险，进一步扩大政策性农业保险补贴范围，实现大病保险全覆盖。六是社会融资规模多增较多，金融市场稳健发展。社会融资规模全年同比多增1157.5亿元，金融对实体经济支持力度明显增强，其中投向实体经济的本外币新增贷款占社会融资规模比重同比提高4.4个百分点。直接融资保持增长，企业债、非金融企业境内股票融资均同比多增。货币市场活跃度降低，安徽省银行间市场累计信用拆借金额、债券回购市场累计成交分别同比减少37.3%、8.1%；银行间市场资金价格小幅下降，拆借交易和回购市场交易主要集中在短期品种。票据市场交易活跃，贴现利率下行。七是基础设施进一步完善，金融生态环境建设扎实推进。推动社会信用体系建设，扩大征信系统覆盖面，拓展采集类金融信息和公共事业信息，中小微和农村信用体系的信息采集实现主体全覆盖。优化支付基础设施，保障资金清算安全，支付系统平稳运行，业务处理笔数持续增长。金融消费权益保护水平不断提高，集中性金融知识普及宣传活动持续开展。

展望2020年，安徽经济面临的内外部环境依然复杂严峻，就业结构、财政收支平衡矛盾进一步显现，基础设施、基本公共服务等领域仍存在不少短板。但更要看到，安徽经济社会发展面临系列重大机遇，短期虽受新冠肺炎疫情冲击，但经济长期向好、高质量增长的基本面没有变化。安徽省将以习近平新时代中国特色社会主义思想为指导，牢牢把握长三角一体化、中部崛起、“一带一路”、长江经济带建设等重要战略机遇，紧扣全面建成小康社会目标任务，坚决打赢三大攻坚战。加强先进制造、民生建设、基础设施等领域项目建设，鼓励引导汽车、家电等产品更新消费，培育消费新模式，稳步扩大需求。加快科技创新策源地建设，提升合肥综合性国家科学中心功能，推进“科技＋产业”发展，加快产业基础高级化、产业链现代化，积累高质量发展新动能。全面实施长三角一体化发展规划纲要和安徽行动计划，扎实推进长三角一体化发展。深入实施乡村振兴战略，加快补上农村基础设施和公共服务短板，保障重要农产品尤其是生猪有效供给，促进农民增收。随着各项政策措施效应显现，预计全年安徽省经济将保持平稳增长，物价保持温和上涨。

2020年，安徽省金融业将认真贯彻中央经济工作会议精神，积极落实稳健的货币政策更加灵活适度，保持社会融资规模和货币信贷与经济增长相适应，进一步优化融资结构，持续提高服务实体经济效率和水平。坚决打好防范化解重大风险攻坚战，精准有效处置重点领域风险，牢牢守住不发生系统性风险的底线。

一、金融运行情况

2019 年，安徽省金融业认真贯彻落实稳健的货币政策，紧紧围绕供给侧结构性改革任务，坚决打赢三大攻坚战，货币信贷和社会融资规模平稳增长，信贷结构进一步优化，资产质量有所好转，证券和保险业稳步发展，金融生态环境进一步优化。

（一）银行业稳健运行，货币信贷平稳增长

1. 银行业资产规模稳步增长，法人金融机构资产增幅高于全省平均。2019 年末，安徽省银行业资产总额 6.98 万亿元，同比增长 6.7%。法人银行业金融机构资产总额 2.72 万亿元，占全省银行业总资产的 39.0%，同比增长 8.1%，增速高于全省平均 1.4 个百分点。

表 1　2019 年安徽省银行业金融机构情况

机构类别	营业网点			法人机构（个）
	机构个数（个）	从业人数（人）	资产总额（亿元）	
一、大型商业银行	2499	46480	22667	0
二、国家开发银行和政策性银行	91	2269	7639	0
三、股份制商业银行	357	8328	6278	0
四、城市商业银行	454	10208	10971	1
五、小型农村金融机构	3088	33815	13974	84
六、财务公司	6	196	567	6
七、信托公司	1	169	73	1
八、邮政储蓄银行	1775	15056	5308	0
九、外资银行	5	190	151	0
十、新型农村金融机构	326	4339	729	68
十一、其他	10	1433	1487	6
合　计	8612	122483	69843	166

注：营业网点不包括国家开发银行和政策性银行、大型商业银行、股份制商业银行等金融机构总部数据；大型商业银行包括中国工商银行、中国农业银行、中国银行、中国建设银行和交通银行；小型农村金融机构包括农村商业银行、农村合作银行和农村信用社；新型农村金融机构包括村镇银行、贷款公司、农村资金互助社和小额贷款公司；“其他”包含金融租赁公司、汽车金融公司、货币经纪公司、消费金融公司等。

数据来源：安徽银保监局。

2. 各项存款增速回落，新增存款以住户存款为主。2019 年末，安徽省本外币各项存款余额 5.48 万亿元，同比增长 7%，增速较上年末回落 3.9 个百分点；较年初增加 3576.1 亿元，同比少增 1476.2 亿元。分部门看，住户存款支撑作用明显，全年新增 3104.0 亿元，占本外币各项存款增量的 86.8%，同比多增 650.4 亿元。企业存款同比少增 708.8 亿元，主要是由于房地产企业、融资平台等主体融资约束增强导致派生存款减少、沉淀资金使用加快，以及国有大型企业降杠杆、降财务费用而减少用信等。受减税降费、经济增速回落等因素影响，全省财政收入增幅回落、支出加快，加之职业年金划转至外省等因素扰动，政府存款同比少增 833.1 亿元。随着同业刚兑被打破，金融机构同业业务收缩，非银行业金融机构存款全年同比少增 606.4 亿元。

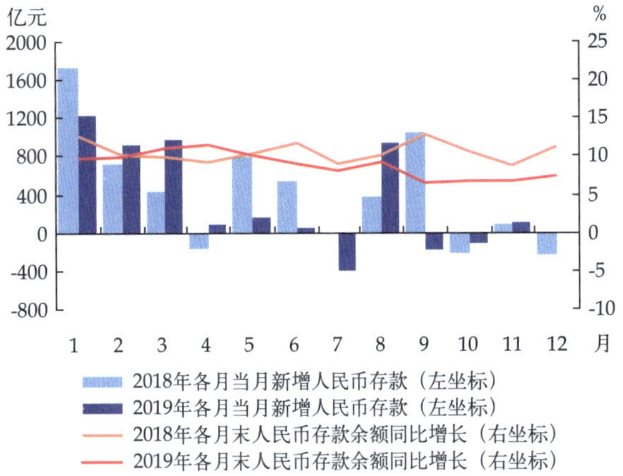

数据来源：中国人民银行合肥中心支行。

图 1　2018~2019 年安徽省金融机构人民币存款增长变化

3. 各项贷款增速回升，重点领域和薄弱环节支持力度加大。2019 年末，安徽省本外币各项贷款余额 4.49 万亿元，同比增长 13.9%，增速较上年末提高 1.7 个百分点；较年初增加 5315.5 亿元，同比多增 1036.7 亿元，主要是非金融企业及机关团体贷款同比多增 1353.7 亿元。其中，人民币各项贷款全年增加 5301.9 亿元，同比多增 976.7 亿元。分期限看，经济下行背景下金融机构风险偏好下降，更倾向于发放短期流动性贷款，年末短期贷款增速较上年提高 5.7

个百分点，中长期贷款增速回落0.9个百分点。中国人民银行合肥中心支行综合运用多种货币政策工具，引导金融机构将更多资源配置到经济发展重点领域和薄弱环节，全年累计发放再贷款再贴现959亿元，同比多发放304.7亿元。普惠小微贷款较年初增长18.8%，增速高于同口径各项贷款5.2个百分点。制造业、民营企业贷款增速回升，年末同比分别提高0.9个、4.4个百分点。服务业贷款新增占比提高，2019年全省服务业（不含房地产）新增贷款占三次产业贷款增量的80.8%，同比提高5.4个百分点。

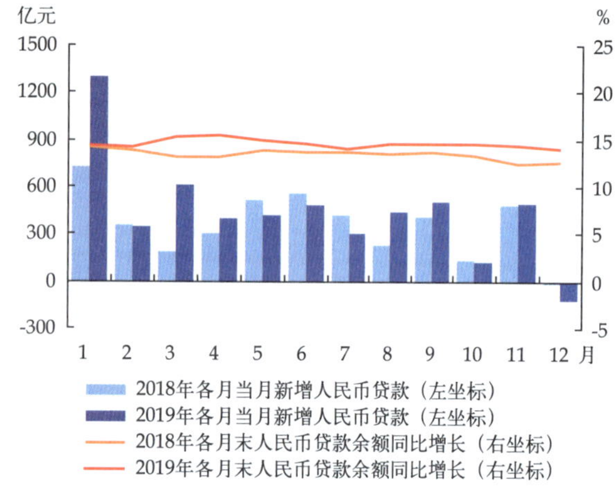

数据来源：中国人民银行合肥中心支行。

图2　2018~2019年安徽省金融机构人民币贷款增长变化

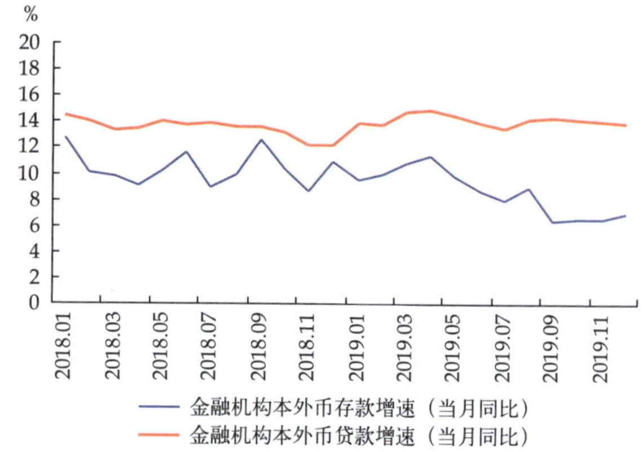

数据来源：中国人民银行合肥中心支行。

图3　2018~2019年安徽省金融机构本外币存、贷款增速变化

专栏1　畅通货币政策传导渠道　探索“直通车”业务模式

为贯彻落实党中央、国务院关于加大对民营、小微企业信贷投放的工作要求，用好再贴现、支小再贷款政策工具，中国人民银行合肥中心支行探索创新了“直通车”业务模式，目前已在合肥、马鞍山、芜湖等多地开展试点。通过加强人民银行与金融机构的业务合作，推动再贴现、支小再贷款政策工具与企业票据融资或贷款业务“直连”，缩短政策传导的中间环节，实现政策直通、精准滴灌的效果。

一是提升了金融机构改善信贷结构的内生动力。再贷款再贴现政策工具是通过提供优惠的央行资金，引导金融机构增加对民营、小微企业贷款或票据贴现。“直通车”业务模式通过定向额度安排、专门产品设计，将运用中国人民银行资金发放的贷款、贴现业务从金融机构常规信贷资产池中分离，改变了传统模式下商业银行在库存中选择符合要求贷款或票据的做法，有效提高了落实央行政策导向的内生动力。

二是FTP定价体现价格优惠让利企业。商业银行申请和使用央行资金一般分属不同部门，政策对接与传导可能存在梗阻。在“直通车”模式下，商业银行在FTP定价、考核机制等方面直接给予激励，鼓励基层项目经理使用“直通车”产品，直接让利实体企业。如徽商银行以支小再贷款价格作为小微企业FTP定价，较之前下降40个基点；再贴现“直通车”业务中对接票据的贴现利率在前期最低报价基础上再降20个基点。

三是实现了信贷资产和流动性的统一管理。由于再贷款再贴现业务从申请到资金发放一般需要5~10个工作日，在再贴现审批完成后未选中的票据才可重新进入票据库存，打乱了既有的票据资产组合。为了避免金融机构以低价贴入的小微、涉农企业票据不能续接再贴现可能造成的利润损失，“直通车”业务开展后，符合政策导向的企业贴现端可直接获得再贴现额度和利率优惠，便利了金融机构的流动性管理，也扩大了让利空间。

4. 表外融资降幅收窄，信托贷款同比多增。 2019年，安徽省表外融资减少625.2亿元，同比少降536.4亿元。其中，信托贷款全年增加446.1亿元，同比多增701.4亿元。委托贷款继续下降，但降幅较上年收窄，全年减少584.1亿元，同比少降117.1亿元。由于票据开立减少、贴现增多，未贴现银行承兑汇票减少487.2亿元，同比多降282.1亿元。

5. LPR改革稳步推进，贷款利率稳中有降。 2019年，安徽省金融机构认真落实降成本要求，全年全部贷款加权平均利率同比下降16个基点，其中企业贷款加权平均利率同比下降12个基点。货币政策工具引导融资成本降低成效显现，金融机构运用支农、支小再贷款发放的贷款利率分别低于同期同档次利率1.28个、0.78个百分点。中国人民银行合肥中心支行加强政策宣传和业务指导，督促法人金融机构认真做好利率系统改造、合同变更、客户沟通等工作，确保LPR推广应用有序推进，自12月1日起安徽法人金融机构新发放贷款全部参考LPR定价，促进贷款实际利率进一步下行。

6. 银行资产质量好转，风险防控更加扎实。 2019年，全省上下坚持把防控金融风险放在更加重要的位置，抓好重大风险领域的化解处置，坚决守住风险底线，年末全省银行业金融机构不良贷款率1.77%，较上年末下降0.07个百分点，

表2　2019年安徽省金融机构人民币贷款各利率区间占比

（LPR改革前）　　单位：%

月份		1月	2月	3月	4月	5月	6月	7月
合计		100.0	100.0	100.0	100.0	100.0	100.0	100.0
下浮		8.5	8.7	7.5	11.8	12.5	12.5	9.2
基准		17.1	13.2	16.4	14.1	14.7	19.7	18.6
上浮	小计	74.4	78.1	76.1	74.1	72.8	67.8	72.2
	(1.0, 1.1]	11.2	11.4	14.2	9.5	8.7	10.4	9.7
	(1.1, 1.3]	23.8	22.2	19.4	20.0	19.1	20.1	19.1
	(1.3, 1.5]	15.5	15.3	13.7	14.1	14.1	13.5	15.6
	(1.5, 2.0]	16.4	19.0	20.0	20.6	21.7	15.9	18.8
	2.0以上	7.5	10.2	8.8	9.9	9.2	7.9	9.0

（LPR改革后）

月份		8月	9月	10月	11月	12月
合计		100.0	100.0	100.0	100.0	100.0
LPR减点		7.8	10.0	8.5	10.1	11.5
LPR		0.4	0.8	1.0	1.5	1.3
LPR加点	小计	91.8	89.2	90.5	88.4	87.2
	(LPR, LPR+0.5%)	21.4	19.5	14.8	18.2	18.2
	[LPR+0.5%, LPR+1.5%)	27.0	28.3	28.2	25.8	23.9
	[LPR+1.5%, LPR+3%)	20.3	21.4	22.4	23.1	24.2
	[LPR+3%, LPR+5%)	16.4	14.4	17.9	15.7	15.4
	LPR+5%及以上	6.7	5.6	7.2	5.6	5.5

数据来源：中国人民银行合肥中心支行。

其中法人金融机构不良贷款率2.9%，较上年末下降0.2个百分点。压实各方责任，形成防控金融风险合力。人民银行合肥中心支行加强对重点领域风险的评估预警，持续向地方政府通报风险情况，加强与监管部门合作，推动落实属地责任和监管责任。全年金融业总体稳健运行，金融风险总体收敛、可控。

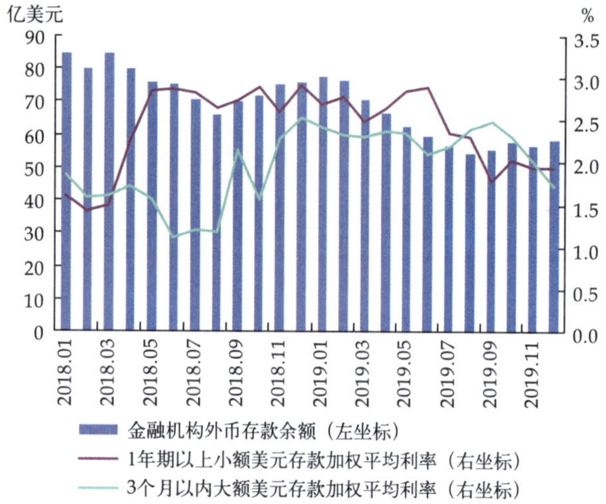

数据来源：中国人民银行合肥中心支行。

图4　2018~2019年安徽省金融机构外币存款余额及外币存款利率

7. 跨境人民币业务较快增长，在跨境收付中占比提高。全年全省跨境人民币收付金额为692.5亿元，同比增长17.6%；人民币跨境收付在本外币跨境收付总量中占比为11.5%，较上年提高0.6个百分点。跨境人民币业务覆盖2080家涉外企业，涉及93个境外国家或地区（包括港澳台），业务覆盖面较上年进一步拓宽。

（二）证券业平稳发展，企业上市稳步推进

1. 加快多层次资本市场建设。积极利用多层次资本市场服务实体经济，上市公司数量增至105家，居中部首位。新增区域性股权市场挂牌企业2302家。积极对接科创板，科大国盾通过上交所科创板审核。科大讯飞再融资顺利实施。

表3　2019年安徽省证券业基本情况

项目	数量
总部设在辖内的证券公司数（家）	2
总部设在辖内的基金公司数（家）	0
总部设在辖内的期货公司数（家）	3
年末国内上市公司数（家）	105
当年国内股票（A股）筹资（亿元）	90
当年发行H股筹资（亿元）	0
当年国内债券筹资（亿元）	1534
其中：短期融资券筹资额（亿元）	692
中期票据筹资额（亿元）	477

数据来源：安徽证监局。

2. 证券市场交易活跃度提升。2019年末，全省投资者账户639.8万户，同比增长10.6%；证券市场交易额8.4万亿元，同比增长19.1%。全省2家法人证券公司资产规模达983.4亿元，营业收入51.7亿元，同比增长48.1%；经营效益明显提高，利润总额19.7亿元，同比增长72.8%。

3. 期货市场成交量和成交额快速增长。截至2019年末，全省共有3家期货公司和40家期货分支机构。全年期货市场成交量4.5亿手，同比增长31.4%；期货市场累计代理交易额17.5万亿元，同比增长26%。

（三）保险业增长良好，服务民生功能持续增强

1. 保险市场体系逐步完善。2019年，全省共有法人保险机构1家，保险公司分支机构68家，各类专业机构817家，保险从业人员48.4万人。保险机构资产规模较快增长，年末资产总额2313.5亿元，同比增长17.5%。全省累计实现原保险保费收入1349亿元，同比增长11.5%。

2. 保险保障能力持续增强。2019年，全省保险业提供风险保障81.7万亿元，同比增长50.8%，高于保费增速39.3个百分点。全年累计赔付支出419亿元，与上年基本持平。推动涉企保证险，替代释放各类保证金566.3亿元。政策性农业保险补贴范围进一步扩大，累计为31个贫困县（区）特色产业提供风险保障69.7亿元。大病保险实现全覆盖，共为228.5万人次贫困人

口报销基本医保和大病保险 16.2 亿元，医疗费实际赔付比例提高 12.0 个百分点。

表 4　2019 年安徽省保险业基本情况

项目	数量
总部设在辖内的保险公司数（家）	1
其中：财产险经营主体（家）	1
人身险经营主体（家）	0
保险公司分支机构（家）	68
其中：财产险公司分支机构（家）	30
人身险公司分支机构（家）	38
保费收入（中外资，亿元）	1349
其中：财产险保费收入（中外资，亿元）	453
人身险保费收入（中外资，亿元）	896
各类赔款给付（中外资，亿元）	419
保险密度（元 / 人）	—
保险深度（%）	4

数据来源：安徽银保监局。

（四）社会融资规模多增较多，金融市场稳健发展

1. 社会融资规模同比多增，信贷融资占比提升。2019 年，全省社会融资规模 7255.4 亿元，同比多增 1157.5 亿元，金融对实体经济支持力度明显增强。其中，投向实体经济的本外币贷款新增较多，占社会融资规模的 73.5%，占比同比提高 4.4 个百分点。直接融资保持增长，其中企业债增加 532.4 亿元，同比多增 79.6 亿元；非金融企业境内股票融资 90 亿元，同比多增 43.3 亿元。政府债券增加 1393.5 亿元，同比少增 626.8 亿元。

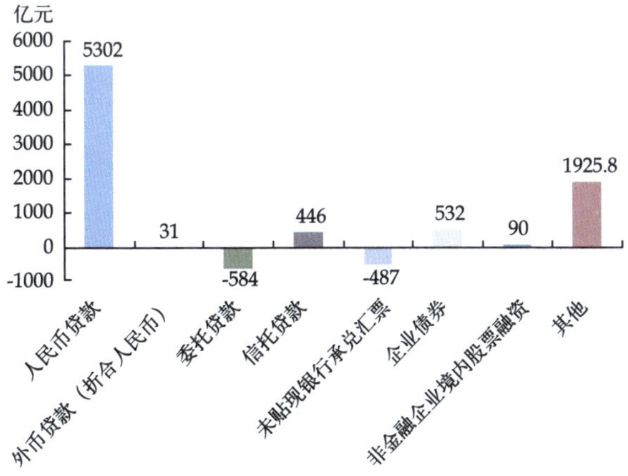

数据来源：中国人民银行合肥中心支行。

图 5　2019 年安徽省社会融资规模分布结构

2. 货币市场活跃度降低，融资成本有所下降。2019 年，安徽省银行间市场累计信用拆借金额 6911.2 亿元，同比减少 37.3%；银行间市场资金价格小幅下降，同业拆入、拆出资金的加权平均利率同比分别下降 26 个、55 个基点。拆借交易主要集中在短期品种，7 天期以内的短期交易量占总交易量的 87.6%。债券回购市场累计成交 20.8 万亿元，同比减少 8.1%。质押式、买断式回购融入融出资金加权平均利率均有所下降。回购市场维持短期化趋势，全年隔夜品种成交量占质押式回购的 85.4%。

表 5　2019 年安徽省金融机构票据业务量统计

单位：亿元

季度	银行承兑汇票承兑		贴现			
			银行承兑汇票		商业承兑汇票	
	余额	累计发生额	余额	累计发生额	余额	累计发生额
1	2143.6	922.7	1992.9	3278.3	77.0	478.7
2	2098.2	1700.9	2073.6	5387.8	92.5	702.2
3	2066.1	2546.9	2257.2	7569.4	92.4	928.3
4	2191.1	3440.1	2436.7	10314.9	123.1	1176.0

数据来源：中国人民银行合肥中心支行。

3. 票据市场业务快速增长，贴现利率下行。2019 年末，全省票据承兑和贴现余额同比分别增长 47.2% 和 64%。市场流动性合理充裕，推动贴现利率逐渐下行，2019 年全省金融机构票据贴现加权平均利率 3.41%，较上年下降 1.12 个百分点。

表 6　2019 年安徽省金融机构票据贴现、转贴现利率

单位：%

季度	贴现		转贴现	
	银行承兑汇票	商业承兑汇票	票据买断	票据回购
1	3.42	5.45	3.72	2.97
2	3.46	4.69	3.54	2.74
3	3.18	4.69	2.99	2.66
4	3.10	4.62	3.21	2.81

数据来源：中国人民银行合肥中心支行。

（五）金融基础设施进一步完善，生态环境建设扎实推进

1. 信用体系建设持续推进。有效推动社会信用体系建设，建立健全公共信用信息共享机制，制定修订公共信用信息标准，联合开展奖惩机制建设。扩大征信系统覆盖面，除采集银行信贷信息外，数据库还采集类金融信息及社保、公积金、环保、欠税、民事裁决与执行等公共事业信息。全省中小微和农村信用体系的信息采集均实现主体全覆盖，收集中小微企业信息107.9万户、农户信息1123.4万户。全年中小微企业信用信息平台、农村信用信息平台查询量分别为8.5万笔、22.5万笔。

2. 支付系统平稳运行。支付基础设施不断优化，保障资金清算安全。支付系统全年共办理非现金支付业务72.8亿笔，同比增长11.5%；金额67.1万亿元，同比下降8.4%。各类支付系统共处理支付业务8.0亿笔，同比增长11.5%；金额72.0万亿元，与上年基本持平。

表7　2018~2019年安徽省支付体系建设情况

年份	支付系统直接参与方（个）	支付系统间接参与方（个）	支付清算系统覆盖率（%）	当年大额支付系统处理业务数（万笔）	同比增长（%）
2018	2	6459	76.1	4069.1	19.6
2019	2	6440	78.1	4341.1	6.7

年份	当年大额支付系统业务金额（亿元）	同比增长（%）	当年小额支付系统处理业务数（万笔）	同比增长（%）	当年小额支付系统业务金额（亿元）	同比增长（%）
2018	546390.7	15.9	6348.0	-12.6	6853.3	5.8
2019	523171.9	-4.2	6917.1	9.0	10719.7	56.4

数据来源：中国人民银行合肥中心支行。

3. 金融消费权益保护水平不断提高。构建金融知识宣传教育长效机制，开展集中性金融知识普及宣传活动，全省金融系统累计开展各类宣传活动2900余次，金融消费者受众约1000万人次，发放各类宣传资料约14万份，微信推送阅读量约100万次，通过网络、媒体报道400余次。全年全省人民银行各分支机构共受理投诉、咨询万余件，均得到妥善处理。金融消费权益保护协会和ADR机制建设有序推进。

二、经济运行情况

2019年，安徽省经济运行保持总体平稳、稳中有进、进中向好的态势，高质量发展取得新成效。全年实现地区生产总值达37114亿元，同比增长7.5%。人均地区生产总值达58496元（折合8480美元）。

（一）三大需求稳中有升，推动经济平稳增长

1. 稳投资政策效应逐步显现，基础设施和房地产开发投资贡献度提升。2019年，安徽省固定资产投资（不含农户）同比增长9.2%，增幅高于全国3.8个百分点。从主要投资领域看，基础设施和房地产开发投资支撑作用增强。全年基础设施投资增长13.1%，增速比上年提高6.1个百分点，对投资增长的贡献率达23.1%，拉动投资增长2.1个百分点；房地产开发投资增长11.7%，增速比上年提高5.3个百分点，对投资增长的贡献率达46.4%，拉动投资增长4.3个百分点。民间投资、制造业投资增速回落，但仍保持较快增长，全年民间投资增长10.2%，制造业投资增长10.1%，其中高技术制造业投资增长13.4%，制造业技术改造投资增长14.4%，投资更加聚焦创新发展。

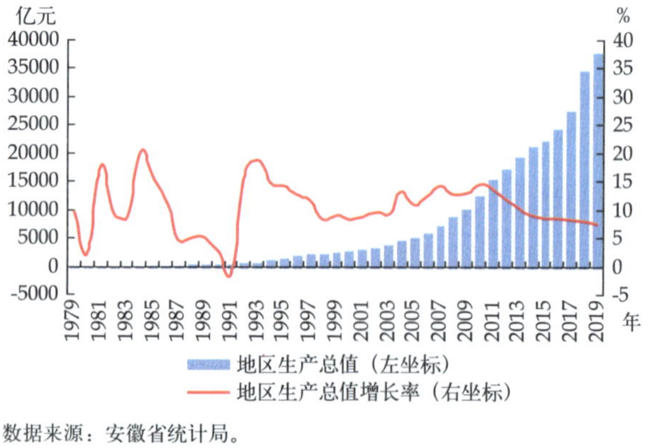

数据来源：安徽省统计局。

图6　1979~2019年安徽省地区生产总值及其增长率

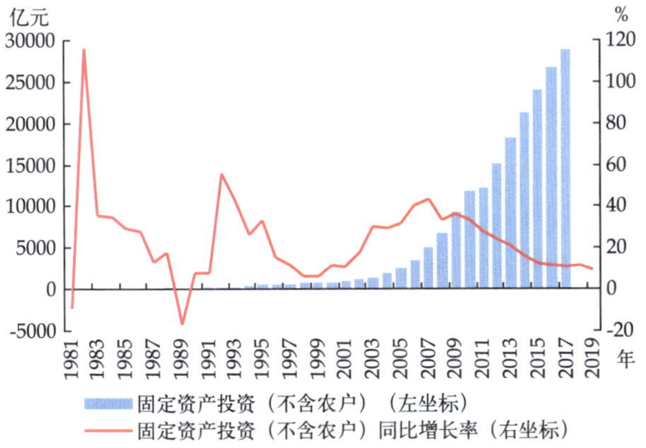

数据来源：安徽省统计局。

图 7　1981~2019 年安徽省固定资产投资（不含农户）及其增长率

2. 社会消费快速增长，消费结构持续改进。 2019 年，安徽省社会消费品零售总额达 13377.7 亿元，同比增长 10.6%，增幅高于全国 2.6 个百分点，继续居全国第 2 位。网络消费比重持续上升，全省网上商品零售额 641.9 亿元，同比增长 28.3%，占限额以上消费品零售额比重由上年的 9% 提高到 10.9%。农村居民收入较快增长，精准脱贫有效施策，助推农村消费需求更加活跃，全省乡村社会消费品零售额同比增长 12.2%，高于城镇 2 个百分点。

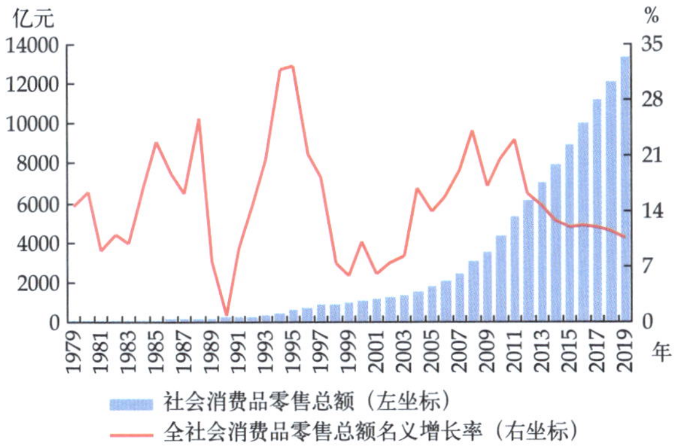

数据来源：安徽省统计局。

图 8　1979~2019 年社会消费品零售总额及其增长率

3. 对外贸易快速增长，利用外资持续提升。 2019 年，安徽省认真落实“稳外贸、稳外资”工作要求，外贸运行稳中有进。全省全年进出口总额达 687.3 亿美元，同比增长 9.4%。其中，出口 404 亿美元，同比增长 11.6%；进口 283.3 亿美元，同比增长 6.3%。积极推进“一带一路”经贸合作，对沿线国家和地区进出口增长 14%。全省全年实际利用外商直接投资 179.4 亿美元，同比增长 5.5%。

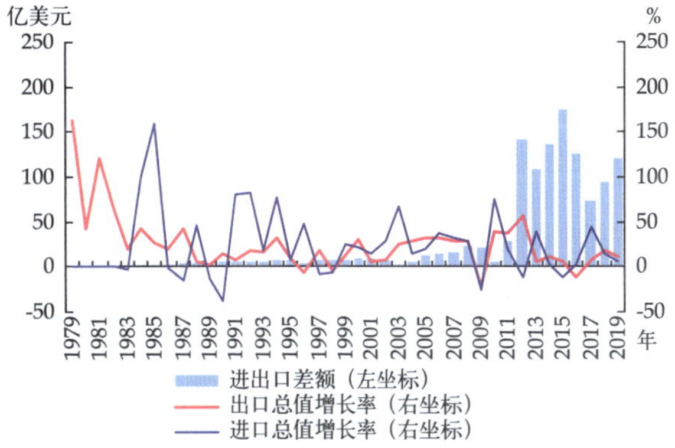

数据来源：安徽省统计局。

图 9　1979~2019 年安徽省外贸进出口变动情况

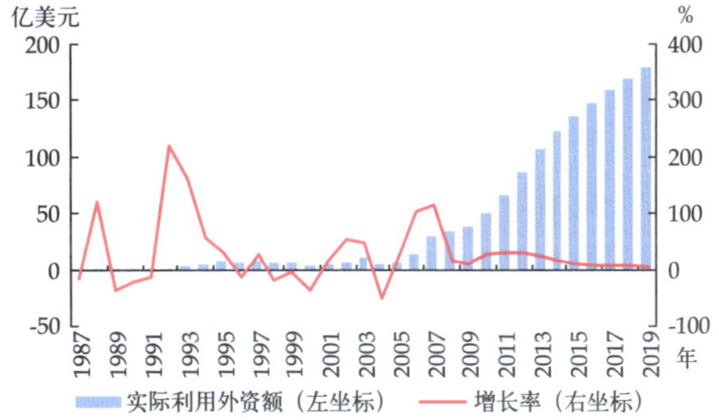

数据来源：安徽省统计局。

图 10　1987~2019 年安徽省实际利用外资额及其增长率

（二）三次产业协调发展，产业结构持续优化

2019 年，安徽省深入推进供给侧结构性改革，产业结构进一步优化。第一、第二、第三产业增加值分别同比增长 3.2%、8% 和 7.7%，三次产业结构比为 7.9 : 41.3 : 50.8，第三产业占比较上年略有提高。

专栏 2　强化金融支持　促进 G60 科创走廊建设

G60 科创走廊是以 G60 高速和沪苏湖高铁为依托，松江、嘉兴、杭州、金华、苏州、湖州、宣城、芜湖、合肥九城市合作共建的一条科创走廊，目前已纳入《长江三角洲区域一体化发展规划纲要》，成为长三角一体化发展国家战略的重要组成部分。近年来，安徽省金融业积极作为，强化对 G60 科创走廊的金融支持，取得了一定成效。

一是加大对科技型中小企业的政策支持力度。2019 年，合肥、芜湖、宣城三市共发放支小再贷款 127.8 亿元，占全省的 72.9%；累计办理小微企业票据再贴现 493.8 亿元，占全省的 82.4%；三市发行央行管理的各类债券 3193.3 亿元，占全省的 77.2%。中国人民银行合肥中心支行批准合肥科技农村商业银行成为“安徽省科技金融工作推进试点银行”，并在政策工具运用方面予以支持。

二是强化对科创企业的信贷支持。中国银行在上海发布银行业首个长三角一体化综合金融服务方案，计划未来五年在长江三角洲区域新增投入 10000 亿元信贷资源，并与长三角区域合作办公室签署《推进长三角一体化建设合作协议》，与区域内 24 家企业分别签署《长三角一体化金融合作备忘录》。国开行安徽省分行与合芜蚌自主创新试验区签署《支持合芜蚌自主创新综合试验区建设开发性金融合作协议》。工商银行安徽省分行与省科技厅签订了支持自主创新合作协议，在系统内率先制定了《科技创新型小企业知识产权质押融资方案》。安徽省多家商业银行在合肥市高新区、合肥科学岛设立了 20 余家科技支行，专门服务科技型企业。

三是积极发挥资本市场的筹资功能。2019 年 2 月 15 日，G60 科创走廊城市与上海证券交易所签订战略合作协议，共建资本市场服务基地（金融服务中心），设立“上证 G60 科创走廊综合指数”和“上证 G60 战略新兴产业成份指数”。为助推安徽省更多科技企业向境内外更高层次资本市场转板上市，支持合肥综合性国家科学中心等创新主平台建设，安徽省设立区域性股权市场科技创新专板，并于 4 月 24 日在安徽创新馆开板，全省 787 家科创企业集体挂牌。另外，长三角一市三省还签署了《长三角科创板企业金融服务一体化合作协议》。

四是设立政府性投资基金支持创新性企业发展。安徽省先后出台了《省级股权投资基金体系建设实施方案》《省级股权投资基金母基金投资决策委员会议事规则》《省级股权投资基金子基金管理机构选择与合作管理指引》等文件，大力发展天使基金、风险基金、产业基金。安排 20 亿元的省级种子投资基金和 150 亿元的省级风投基金对接科创型企业，投资失败容忍度分别为 50% 和 30%。

1. 农业生产形势较好，产业化水平不断提高。粮食播种面积小幅调减，经济作物面积增加。全年粮食产量达 4054 万吨，居全国第 4 位，同比增长 1.2%，实现“十六连丰”。优质绿色农产品供给增加，稻渔综合种养 157 万亩，新培育“三品一标”[①] 农产品 1390 个，新增高标准农田 380.8 万亩。非洲猪瘟疫情得到有效防控，生猪稳产保供取得阶段性成效。启动实施农产品

① 无公害农产品、绿色食品、有机农产品和农产品地理标志。

加工业“五个一批”[①]工程，新增中国特色农产品优势区3个、产值超50亿元农产品加工园区5个。优化升级农村电商，农村产品上行网络销售额536亿元，同比增长31.7%。实施“三变”[②]改革的村达52.8%，参改农户户均增收1100元。

2. 工业生产较快增长，新兴产业提供增长新动力。2019年，安徽省规模以上工业增加值同比增长7.3%，增幅高于全国1.6个百分点。全省大力实施制造强省战略和先进制造业培育工程，举办2019世界制造业大会，共签约项目638个、投资总额7351亿元，分别增长46%、64%；举办长三角地区主要领导座谈会及系列活动，与沪苏浙签署13个合作协议，达成118个合作事项，其中5亿元以上产业类合作项目总投资1189亿元。全年新增高新技术企业1200家以上，高技术产业增加值增长18.8%，战略性新兴产业产值增长14.9%。

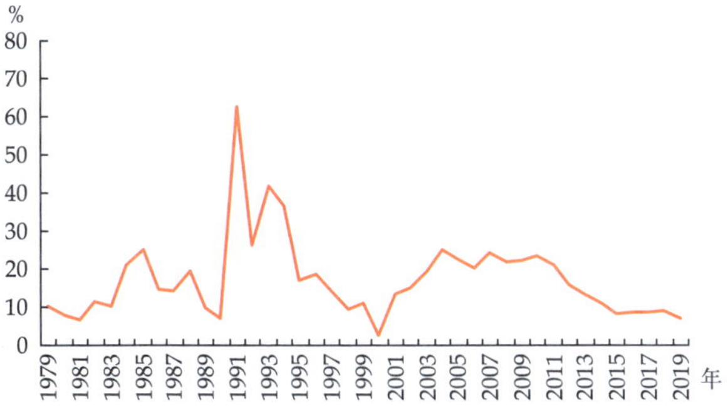

数据来源：安徽省统计局。

图11　1979~2019年安徽省规模以上工业增加值增长率

3. 服务业增加值平稳增长，新型服务业增势良好。2019年，全省服务业增加值18860.4亿元，同比增长7.7%。其中，以信息传输软件和信息技术等为代表的新型服务业带动其他营利性服务业增加值同比增长15.4%。国家级工业设计中心新增5个，与现代供应链相衔接的新型服务业不断生成。

4. 供给侧结构性改革持续深化，经济保持高质量发展。2019年，安徽省有序淘汰落后过剩产能，退出煤炭过剩产能165万吨，实施亿元以上重点技术改造项目1080项。伴随过剩产能出清、优质产能释放，传统行业转型升级进度加快，全年推广应用工业机器人5100台，新增智能工厂和数字化车间120个，“皖企登云”企业达5100家，传统产业智能化、网络化升级加快，数字经济发展势头良好。全面落实降成本政策，企业生产成本有所下降，全年规模以上工业企业每百元营业收入中的成本为85.3元，同比下降0.2元。

5. 污染防治和生态文明建设取得新进展。2019年，安徽省单位地区生产总值能耗下降3%，PM2.5平均浓度为46微克/立方米，降至有监测记录以来最好水平。国考断面水质优良比例77.4%，提高1.9个百分点。长江流域国考断面水质优良比例85%，整治“散乱污”企业4549家，完成132万千瓦煤电机组节能升级改造。“三大一强”专项攻坚行动[③]扎实推进，沿江“1515”岸线分级管控措施[④]有效落实。巢湖综合治理成效明显，主要污染物浓度明显下降。

（三）物价水平温和上涨，就业形势总体稳定

1. 居民消费价格温和上涨，结构性特征明显。2019年，安徽省居民消费价格指数上涨2.7%，比上年提高0.7个百分点，但仍低于年度控制目标。其中，食品烟酒价格上涨7.1%，是

① 发展一批农产品加工强县（市、区），建设一批农产品加工强园，打造一批农产品加工领军企业，引入一批知名大型农产品加工企业，培育一批有影响力的农产品品牌。

② 资源变资产、资金变股金、农民变股东。

③ “三大一强”指启动长江生态环境“大保护、大治理、大修复，强化生态优先绿色发展理念落实”专项攻坚行动。

④ “1515”岸线分级管控措施是指以改善生态环境质量为主线，科学划定沿江1公里、5公里、15公里三道生态防线。沿江1公里，严把新建项目，整改提升入河排污口，推动岸线整治；沿江5公里，推动畜禽养殖场、水产养殖设施整改到位；沿江15公里，推动企业全部进园区，加快园区污水集中处理设施和管网建设。

推动居民消费价格上涨的主要因素，尤其是猪肉价格上涨 97%，影响居民消费价格上涨约 2.4 个百分点。除交通和通信价格下跌 1.3% 外，其他六大类价格全面上涨，各大类间涨幅差距较大，其中其他用品和服务、教育文化和娱乐价格分别上涨 4.4%、2.1%。

2. 工业生产者价格涨幅回落，部分产品价格回落明显。2019 年，安徽省工业生产者出厂价格指数同比上涨 0.3%，比上年回落 2.7 个百分点，涨势趋缓。工业生产者购进价格指数同比下降 0.1%，比上年回落 5.4 个百分点，主要是燃料动力类、有色金属材料及电力类、化工原料类、纺织原料类价格回落明显，同比分别下降 8.1%、6.8%、5.7% 和 4.5%。

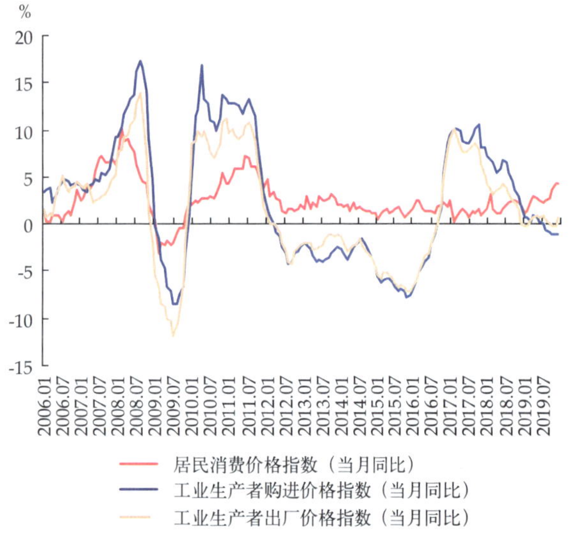

数据来源：安徽省统计局。

图 12　2006~2019 年安徽省居民消费价格指数和工业生产者价格指数变动趋势

3. 就业形势保持稳定，民生福祉持续增强。2019 年，安徽省城镇新增就业 71 万人，同比增长 0.7%，完成年度目标任务的 112.7%，调查失业率保持在 5.5% 以内。居民收入保持增长，全年全省城镇、农村常住居民人均可支配收入同比分别增长 9.1%、10.1%，分别高于全国 1.2 个、0.5 个百分点，农村居民可支配收入与全国平均水平差距比上年缩小 16 元。

（四）财政收入增势平稳，支出结构不断优化

2019 年，受减税降费等因素影响，全省一般公共预算收入增速放缓。全年一般公共预算收入 3182.5 亿元，同比增长 4.4%，增速同比回落 4 个百分点。一般公共预算收入中，税收收入占比为 69.4%，比上年回落 2.1 个百分点。积极财政政策加力提效，财政支出增速加快，全年全省一般公共预算支出 7391 亿元，同比增长 12.5%，增幅比上年提高 6.6 个百分点，主要投向教育、科技、社保等民生领域和薄弱环节。加大投入支持打好三大攻坚战，全年财政专项扶贫资金达 142 亿元，同比增长 17%；落实政府债务限额管理，年末全省政府一般债务余额为 3635.9 亿元，低于地方政府一般债务限额 554.2 亿元，债务风险总体可控。

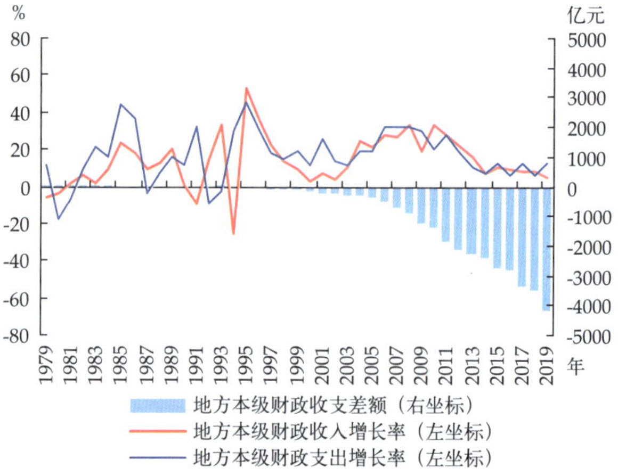

数据来源：安徽省统计局。

图 13　1979~2019 年安徽省财政收支状况

（五）房地产市场运行平稳，房价总体保持稳定

2019 年，安徽省全面落实“稳地价、稳房价、稳预期”目标要求，商品房市场供需双向调节，房地产市场总体平稳。

1. 商品房库存持续下降，潜在供给水平较高。2019 年末，安徽省商品房待售面积为 1531.7 万平方米，同比下降 9%。商品房施工面积持续增长，全年施工面积 43591.2 万平方米，

同比增长6%，比上年提高1个百分点。其中，新开工面积和竣工面积均同比上升，分别增长2.5%、26.4%，比上年分别提高7.3个、31.9个百分点。

2. 商品房销售增速回落，房价总体稳定。 2019年，安徽省商品房销售面积9229.4万平方米，同比下降8.1%，比上年回落17.2个百分点；商品房销售额为6823.5亿元，同比下降3.6%，比上年回落24.2个百分点。房价保持基本稳定，全省商品房销售均价为7393.3元/平方米，同比增长4.9%。

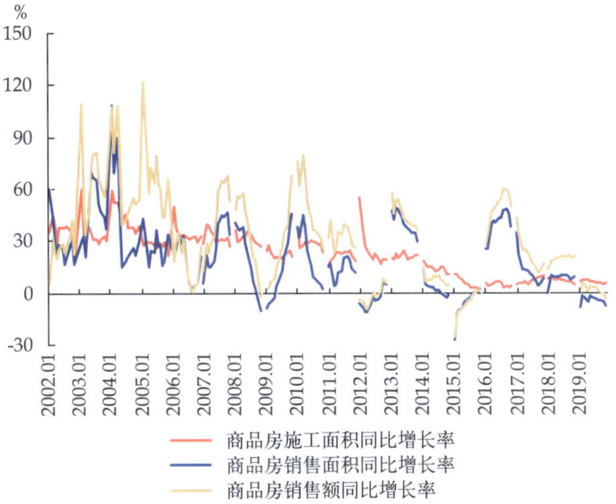

数据来源：安徽省统计局。

图14　2002~2019年安徽省商品房施工和销售变动趋势

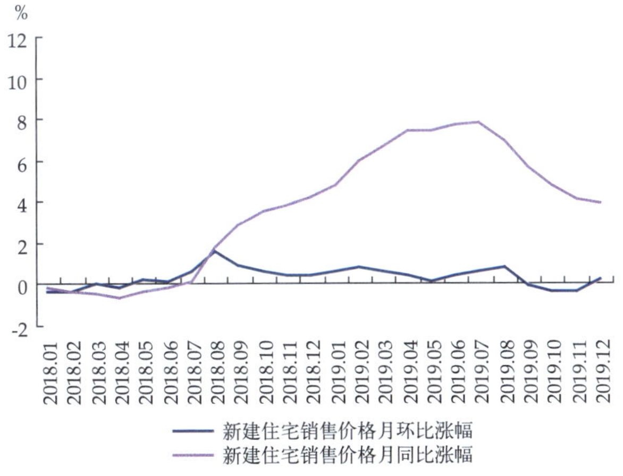

数据来源：安徽省统计局。

图15　2018~2019年合肥市新建住宅销售价格变动趋势

3. 房地产贷款增速回落，开发贷款增速回落明显。 2019年末，安徽省房地产贷款余额同比增长15.8%，增速较上年末回落7.5个百分点。其中，全省房地产开发贷款增速由上年末的16.6%降至5.5%；个人住房贷款同比增长17.8%，有力支持了居民购买首套房及改善型住房。

三、预测与展望

2019年，在经济下行压力加大、风险挑战明显增多的背景下，安徽省主要经济指标保持在合理区间，发展质效进一步提升。2020年，安徽省经济发展面临的内外部环境依然复杂严峻，周期性、结构性矛盾仍有不少亟待解决。从国际看，地缘政治冲突加剧、中美贸易摩擦不确定性犹存、金融风险不断累积，全球经济企稳的基础仍不牢固，且后期政策支持空间不断收缩，经济再次下行后复苏的难度加大。从国内看，结构性、体制性、周期性问题交织，“三期叠加”影响持续深化。对标安徽而言，经济下行压力仍在加大，企业生产经营困难增多，财政收支平衡难度较大，创新动能仍显不足，源头创新向产业创新延伸转化机制还不健全，基础设施、基本公共服务等领域仍存在不少短板。但更要看到，安徽省经济社会发展面临系列重大机遇，短期虽受新冠肺炎疫情冲击，但经济长期向好、高质量增长的基本面没有变化。安徽省将以习近平新时代中国特色社会主义思想为指导，牢牢把握长三角一体化、中部崛起、“一带一路”建设、长江经济带建设等重要战略机遇，紧扣全面建成小康社会目标任务，坚决打赢三大攻坚战，切实抓好“六稳”工作。加强先进制造、民生建设、基础设施等领域项目建设，稳步扩大有效投资。加快服务消费升级，鼓励引导汽车、家电等产品更新消费，培育消费新模式，促进消费扩容提质。加快科技创新策源地建设，提升合肥综合性国家科学中心功能，推进“科技＋产业”发展，加快产业基础高级化、产业链现代化，积累高质量发展新动能。动态优化新兴产业重大基地布局，壮大战略性新兴产业基地后续梯队。全面实施长三角一体化发展规划纲要和安徽行动计划，扎实推进长三角一体化发展，加快培育区域发展新动力源。深入实施乡村振兴战略，加快补上农村基础设施和公共服务短板，保障重要农产品尤其是生猪有效供给，促进农民增收。随着各项政策措施效应显现，预计全年安徽省经济将保持平稳增长，物价保持温和上涨。

2020 年，安徽省金融业将认真贯彻中央经济工作会议精神，积极落实稳健的货币政策更加灵活适度，保持社会融资规模和货币信贷与经济增长相适应，进一步优化融资结构，持续提高服务实体经济效率和水平。坚决打好防范化解重大风险攻坚战，精准有效处置重点领域风险，牢牢守住不发生系统性风险的底线。

中国人民银行合肥中心支行货币政策分析小组
总　纂：王均坦　黄　敏
统　稿：赵永红　骆盛强　毛瑞丰　张武强
执　笔：毛瑞丰　张武强　陈科帆　李维颖
提供材料的还有：李　新　吴玮玮　张　振　卢　璐　郑　玮　苏　群　卢星辰　王　君　陈燕燕
王　冰　刘　丰　居　姗　章正孝　吴晓楠　刘　锴

附录

（一）2019 年安徽省经济金融大事记

3 月 22 日，安徽淮海实业发展集团有限公司在上交所成功面向合格投资者非公开发行绿色公司债券（第一期）3 亿元，标志着安徽省首只绿色公司债券落地。

5 月 22 日，长三角地区主要领导座谈会在安徽芜湖召开，会议以“长三角：共筑强劲活跃增长极”为主题，审定《长三角一体化发展 2019 年工作计划》，部署落实《长江三角洲一体化发展规划纲要》的重大事项，并集中签约了一批合作事项。

6 月 9 日，畅通金融血脉服务长三角一体化发展工作座谈会召开，会上正式启动上线运行安徽省中小微企业综合金融服务平台。

6 月 24 日，2019 长三角 G60 科创走廊联席会议在安徽芜湖召开，会议聚焦质量标准、产融结合、先进制造、人才集聚、“双创”活跃、科创环境六大新高地建设，签署了 86 项区域一体化重大合作项目。

6 月 26 日，安徽省股权托管交易中心科创专板第二批 222 家企业在合肥集中挂牌，科创专板累计挂牌企业突破千家，达 1009 家。

9 月 20 日，2019 世界制造业大会在安徽合肥开幕，集中签约项目 638 个，投资总额达 7351 亿元。

10 月 15 日，长三角城市经济协调会第十九次会议在安徽芜湖召开，会上发布《长三角城市合作芜湖宣言》，审议并通过安徽蚌埠、黄山、六安、淮北、宿州、亳州、阜阳等 7 市加入长三角城市经济协调会。

11 月 13 日，科创板上市委 2019 年第 45 次审议会议同意科大国盾量子技术股份有限公司发行上市，成为安徽省首家通过审核的科创板企业。

12 月 1 日，京港高铁商丘至合肥段、郑州至阜阳高铁正式开通运营，安徽省 16 个省辖市实现高铁全覆盖。

12 月 3 日，2019 年安徽省“四送一服”银企对接会召开，现场签约项目 170 个、总金额 2788 亿元。

（二）2019 年安徽省主要经济金融指标

表 1　2019 年安徽省主要存贷款指标

		1 月	2 月	3 月	4 月	5 月	6 月	7 月	8 月	9 月	10 月	11 月	12 月
本外币	金融机构各项存款余额（亿元）	52440.9	53343.4	54283.4	54331.0	54467.8	54494.1	54061.9	54985.8	54797.7	54699.0	54783.0	54786.8
	其中：住户存款	24481.3	25829.8	26025.6	25427.1	25485.1	25879.9	25744.5	25797.6	26240.9	25881.1	25852.7	26198.7
	非金融企业存款	15143.1	14567.5	15171.5	15362.2	15225.3	15333.5	14894.1	15074.3	15020.8	14961.4	15098.1	15376.7
	各项存款余额比上月增加(亿元)	1230.3	902.4	940.0	47.6	136.8	26.3	-432.2	923.9	-188.1	-98.7	84.0	3.8
	金融机构各项存款同比增长（%）	9.5	9.9	10.8	11.3	9.9	8.7	7.9	9.0	6.3	6.6	6.5	7.0
	金融机构各项贷款余额（亿元）	40907.1	41256.4	41867.3	42228.4	42658.9	43156.4	43452.3	43924.2	44432.2	44547.5	45052.2	44940.7
	其中：短期	10960.0	10949.9	11125.1	11159.4	11249.8	11472.9	11488.1	11578.8	11729.1	11758.2	11883.8	11847.5
	中长期	27016.3	27295.7	27793.8	28054.5	28308.8	28572.9	28815.9	29114.9	29391.5	29460.6	29638.4	29574.9
	票据融资	1988.3	2068.1	2020.8	2079.4	2153.0	2139.9	2179.4	2250.3	2335.8	2356.8	2562.1	2552.4
	各项贷款余额比上月增加(亿元)	1282.0	349.3	610.9	361.1	430.5	497.4	295.9	471.9	508.0	115.3	504.7	-111.5
	其中：短期	266.0	-10.0	175.2	34.3	90.4	223.1	15.2	90.7	150.3	29.1	125.6	-36.3
	中长期	856.0	279.4	498.1	260.6	254.4	264.0	243.1	299.0	276.6	69.1	177.8	-63.5
	票据融资	144.5	79.8	-47.3	58.7	73.5	-13.1	39.5	70.9	85.5	21.0	205.4	-9.8
	金融机构各项贷款同比增长（%）	13.9	13.8	14.8	14.8	14.4	14.0	13.5	14.1	14.3	14.2	14.1	13.9
	其中：短期	7.5	7.3	7.8	7.8	8.3	8.6	9.0	9.9	11.0	11.4	11.9	11.4
	中长期	15.3	14.5	16.1	15.8	14.8	14.5	14.0	15.2	15.0	14.6	14.2	13.5
	票据融资	49.7	60.4	57.4	60.1	63.1	50.1	43.3	29.8	28.3	30.0	29.7	38.4
	建筑业贷款余额（亿元）	1239.8	1258.4	1281.7	1267.9	1281.3	1276.3	1276.1	1270.4	1276.7	1285.1	1288.9	1271.1
	房地产业贷款余额（亿元）	1946.7	1977.6	2010.8	2025.4	2036.1	2046.1	2063.2	2056.3	2057.2	2047.7	2042.5	2018.2
	建筑业贷款同比增长（%）	4.6	4.6	5.7	3.9	4.3	6.2	8.3	7.2	6.7	7.8	8.4	8.4
	房地产业贷款同比增长（%）	3.9	2.1	4.7	2.9	1.7	1.8	2.5	8.2	7.6	7.3	7.1	7.1
人民币	金融机构各项存款余额（亿元）	51920.2	52830.2	53805.2	53881.5	54034.6	54081.7	53671.2	54597.5	54404.7	54287.5	54384.9	54377.9
	其中：住户存款	24393.9	25742.0	25937.4	25338.8	25396.4	25792.4	25657.0	25709.3	26155.1	25796.1	25767.4	26113.8
	非金融企业存款	14740.7	14171.8	14797.9	15018.0	14907.3	15028.0	14609.5	14790.9	14728.5	14651.5	14799.8	15071.4
	各项存款余额比上月增加(亿元)	1231.5	910.0	975.0	76.3	153.1	47.1	-410.5	926.3	-192.8	-117.2	97.5	-7.1
	其中：住户存款	1388.4	1348.1	195.3	-598.5	57.6	396.0	-135.3	52.3	445.8	-359.0	-28.7	346.4
	非金融企业存款	-187.3	-568.9	626.1	220.0	-110.6	120.6	-418.5	181.4	-62.4	-77.0	148.4	271.6
	各项存款同比增长（%）	9.7	10.0	11.0	11.5	10.1	8.9	8.1	9.2	6.6	6.8	6.8	7.3
	其中：住户存款	17.2	13.0	12.3	13.9	14.1	14.0	14.3	14.5	14.4	14.4	13.7	13.6
	非金融企业存款	2.9	4.7	6.5	4.6	0.2	-0.2	-2.5	-0.8	-1.4	-1.5	-0.5	1.0
	金融机构各项贷款余额（亿元）	40283.3	40631.1	41244.5	41642.7	42060.1	42542.4	42846.5	43289.0	43790.1	43911.5	44407.2	44289.3
	其中：个人消费贷款	12606.2	12708.7	12978.7	13184.2	13396.2	13579.3	13750.0	13953.5	14123.4	14204.7	14303.1	14304.8
	票据融资	1988.3	2068.1	2020.8	2079.4	2153.0	2139.9	2179.4	2250.3	2335.8	2356.8	2562.1	2552.4
	各项贷款余额比上月增加(亿元)	1295.8	347.9	613.4	398.3	417.4	482.3	304.0	442.6	501.1	121.4	495.7	-117.9
	其中：个人消费贷款	353.0	102.6	269.9	205.6	211.9	183.1	170.7	203.5	170.0	81.2	98.4	1.8
	票据融资	144.5	79.8	-47.3	58.7	73.5	-13.1	39.5	70.9	85.5	21.0	205.4	-9.8
	金融机构各项贷款同比增长（%）	14.4	14.2	15.3	15.5	15.0	14.6	14.1	14.6	14.6	14.5	14.4	14.1
	其中：个人消费贷款	24.9	24.2	24.5	25.1	25.0	24.1	23.3	23.1	22.5	21.3	19.8	18.4
	票据融资	49.7	60.4	57.4	60.1	63.1	50.1	43.3	29.8	28.3	30.0	29.7	38.4
外币	金融机构外币存款余额(亿美元)	77.7	76.7	71.0	66.8	62.8	60.0	56.8	54.8	55.6	58.3	56.6	58.6
	金融机构外币存款同比增长(%)	-8.3	-4.6	-16.3	-16.7	-17.2	-20.7	-20.1	-17.3	-20.9	-18.6	-24.9	-22.9
	金融机构外币贷款余额(亿美元)	93.1	93.5	92.5	87.0	86.8	89.3	88.0	89.6	90.8	90.2	91.7	93.4
	金融机构外币贷款同比增长(%)	-14.1	-14.1	-17.4	-22.1	-21.7	-19.1	-17.6	-12.8	-7.9	-6.1	-2.7	0.5

数据来源：中国人民银行合肥中心支行。

表 2　2001~2019 年安徽省各类价格指数

单位：%

	居民消费价格指数		农业生产资料价格指数		工业生产者购进价格指数		工业生产者出厂价格指数	
	当月同比	累计同比	当月同比	累计同比	当月同比	累计同比	当月同比	累计同比
2001	—	0.5	—	-2.1	—	0.2	—	-1.4
2002	—	-1.0	—	-0.1	—	-1.8	—	-0.2
2003	—	1.7	—	0.2	—	6.7	—	3.5
2004	—	4.5	—	12	—	14.99	—	8.16
2005	—	1.4	—	8.3	—	7.1	—	3.3
2006	—	1.2	—	0.0	—	3.9	—	3.1
2007	—	5.3	—	6.8	—	5.1	—	3.6
2008	—	6.2	—	23.9	—	12.4	—	8.4
2009	—	-0.9	—	-4.2	—	-4.7	—	-7.2
2010	—	3.1	—	2.0	—	11.8	—	9.0
2011	—	5.6	—	14.3	—	10.8	—	8.3
2012	—	2.3	—	5.3	—	-1.8	—	-1.7
2013	—	2.4	—	0.9	—	-3.1	—	-1.8
2014	—	1.6	—	-0.4	—	-2.8	—	-2.6
2015	—	1.3	—	1.6	—	-6.5	—	-6.1
2016	—	1.8	—	-0.6	—	-1.6	—	-1.5
2017	—	1.2	—	1.3	—	9.2	—	8.0
2018	—	2.0	—	1.5	—	5.3	—	3.0
2019	—	2.7	—	2.3	—	-0.1	—	0.3
2018　1	1.5	1.5	1.8	1.8	7.1	7.1	4.3	4.3
2	3.1	2.3	0.9	1.3	6.8	6.9	3.6	4.0
3	17	2.1	0.1	0.9	6.5	6.8	3.2	3.7
4	1.1	1.8	0.4	0.8	5.5	6.5	3.6	3.7
5	12	1.7	1.2	0.8	5.9	6.4	3.9	3.7
6	1.5	1.7	1.4	0.9	6.7	6.4	4.3	3.8
7	2.1	1.7	1.5	1.0	6.5	6.4	3.9	3.8
8	2.3	1.8	1.8	1.1	5.4	6.3	3.1	3.7
9	2.6	1.9	2.1	1.2	4.5	6.1	2.5	3.6
10	2.4	2.0	2.7	1.4	3.6	5.8	2.3	3.5
11	2.3	2.0	2.4	1.5	3.0	5.6	1.6	3.3
12	2.0	2.0	1.4	1.5	2.0	5.3	0.1	3.0
2019　1	1.2	1.2	0.1	0.1	0.7	0.7	-0.1	-0.1
2	1.3	1.2	0.4	0.3	0.6	0.6	-0.2	-0.2
3	2.4	1.6	1.5	0.7	0.2	0.5	0.4	0.0
4	2.9	1.9	2.3	1.1	1.0	0.6	0.8	0.2
5	2.8	2.1	2.5	1.4	0.8	0.7	1.0	0.4
6	2.4	2.1	2.3	1.5	0.3	0.6	0.8	0.4
7	2.2	2.2	2.6	1.7	0.0	0.5	0.9	0.5
8	2.5	2.2	2.5	1.8	-0.6	0.4	0.4	0.5
9	2.8	2.3	2.3	1.9	-0.8	0.2	0.0	0.4
10	3.7	2.4	2.6	2.0	-1.1	0.1	-0.2	0.4
11	4.4	2.6	4.0	2.2	-1.1	0.0	-0.2	0.3
12	4.4	2.7	4.2	2.3	-1.0	-0.1	0.7	0.3

数据来源：《中国经济景气月报》、安徽省统计局。

表 3　2019 年安徽省主要经济指标

	1 月	2 月	3 月	4 月	5 月	6 月	7 月	8 月	9 月	10 月	11 月	12 月
	绝对值（自年初累计）											
地区生产总值（亿元）	—	—	7065.7	—	—	15664	—	—	23783	—	—	37114
第一产业	—	—	352	—	—	1029.6	—	—	1631.9	—	—	2915.7
第二产业	—	—	3432.3	—	—	7079.3	—	—	11142	—	—	15338
第三产业	—	—	3281.4	—	—	7555.1	—	—	11009	—	—	18860
工业增加值（亿元）	—	—	—	—	—	—	—	—	—	—	—	—
固定资产投资（亿元）	—	—	—	—	—	—	—	—	—	—	—	—
房地产开发投资	—	706.07	1315.9	1945.6	2640.4	3387.1	4022.9	4671.8	5279	5722.98	6160.1	6670.5
社会消费品零售总额（亿元）	—	—	3317.9	—	—	6564.3	—	—	9857.6	—	—	13378
外贸进出口总额（亿美元）	56.9	102.4	160.9	214.2	272.6	329.8	392.5	453	512.5	568.8	625.4	687.3
进口	24.8	47.3	72.8	95.1	117.2	138	163.7	188.5	212.4	235.6	259.1	283.3
出口	32.1	55.1	88.1	119.1	155.4	191.8	228.8	264.5	300.1	333.2	366.3	404
进出口差额（出口－进口）	7.3	7.8	15.3	24	38.2	53.8	65.1	76	87.7	97.6	107.2	120.7
实际利用外资（亿美元）	15.4	27.8	43.8	58.5	74.4	99.3	111.1	126.9	140.8	153.1	165.2	179.4
地方财政收支差额（亿元）	-371.6	-648.7	-1249	-1416	-1653	-2432	-2543	-2793	-3347	-3310.6	-3440	-4209
地方财政收入	368.2	602.1	884.1	1186.8	1473.3	1782.5	2075.9	2287.5	2535.5	2767.9	2940.4	3182.5
地方财政支出	739.8	1250.8	2132.7	2602.6	3125.9	4214.5	4619.3	5080.3	5882.1	6078.5	6380	7391
城镇登记失业率（%）（季度）	—	—	2.8	—	—	2.75	—	—	2.75	—	—	2.63
	同比累计增长率（%）											
地区生产总值	—	—	7.7	—	—	8	—	—	7.8	—	—	7.5
第一产业	—	—	2.8	—	—	3.5	—	—	3.3	—	—	3.2
第二产业	—	—	8.7	—	—	8.3	—	—	8	—	—	8
第三产业	—	—	7.1	—	—	8.5	—	—	8.2	—	—	7.7
工业增加值	—	8.9	9.1	8.4	8.1	8.3	8.1	7.7	7.6	7.4	7.3	7.3
固定资产投资	—	7.9	8.1	8.2	8.4	8.5	8.6	7.4	8.4	8.8	9	9.2
房地产开发投资	—	8.5	7.6	9.2	9.8	10.4	11	11	11.2	10.9	11.2	11.7
社会消费品零售总额	—	—	11.1	—	—	10.9	—	—	10.8	—	—	10.6
外贸进出口总额	2.4	2.3	6.9	6.9	6.9	6.6	8.6	9	9	8.9	8.4	9.4
进口	-17.4	-4.4	1.1	1.1	0.1	0	3.6	4.7	4.7	5.3	4.9	6.3
出口	25.6	8.9	12.1	12.1	12.7	11.9	12.6	12.3	12.3	11.7	11.1	11.6
实际利用外资	1	3.4	4.8	4.5	5.2	6.1	3.9	4.1	4.8	4.1	4.1	5.5
地方财政收入	8.7	8.6	6.2	6.2	6.4	6.3	6.3	5.4	5.2	4.3	3.9	4.4
地方财政支出	22.6	5.5	9.1	9.3	9.1	11.7	10.8	10.2	10.8	9.4	8.8	12.5

数据来源：安徽省统计局。

福建省金融运行报告（2020）

中国人民银行福州中心支行货币政策分析小组

[内容摘要] 2019年，福建省以习近平新时代中国特色社会主义思想为指导，认真学习贯彻党的十九大，十九届二中、三中、四中全会和中央经济工作会议精神，坚持稳中求进工作总基调，坚持新发展理念，以供给侧结构性改革为主线，落实“六稳”部署，打好三大攻坚战，有力推进改革开放，推动高质量发展，全年全省地区生产总值增长7.6%。作为全国生态文明试验区，福建省生态环境保持良好，森林覆盖率长期保持全国第一。

福建省2019年经济增长主要特点：一是总需求稳步扩张，投资结构持续优化。全年固定资产投资增长6.0%，高于全国平均水平0.6个百分点；投资结构持续优化，高技术制造业、制造业技改领域投资快速增长；三大主导产业投资活跃；消费升级势头明显，网上零售占比继续提高；对外贸易逆势增长，利用外资能力进一步增强。二是制造业向高质量方向持续发展，工业企业盈利水平提升。第二产业延续上年增长态势，全年增加值增长8.3%；规模以上高技术制造业增加值增长12.3%，增幅高于全省规模以上工业平均水平3.5个百分点，传感器、光电子器件、锂离子电池制造等产品产量增速位居前列；产业集群效应初步显现，全年战略性新兴产业增加值达5400亿元，同比增长25%；工业企业盈利水平有所增强。第三产业增加值增长7.3%，旅游收入保持较快增长。三是供给侧结构性改革成效显著。全省工业产能利用率为79.8%，高于全国平均水平3.2个百分点；原煤、原铝等产能过剩产品产量有效降低；教育、卫生、社会工作等短板领域投资有效推进。四是居民消费价格温和上涨，工业生产者价格涨幅继续回落。居民消费价格指数上涨2.6%，比上年提升1.1个百分点，受猪肉价格上涨影响较大；工业生产者出厂价格指数上涨0.6%，涨幅比上年回落2.2个百分点。五是一般公共预算总收入增速放缓，但教育、社会保障等重点支出领域保障有力。六是城镇就业总体稳定，城乡居民收入差距持续缩小。

2019年，福建省金融业认真贯彻落实稳健的货币政策，加强逆周期调节，各项改革深入推进，货币信贷和社会融资规模适度增长，融资结构持续改善，多层次资本市场健康发展，保险保障功能不断提升，为供给侧结构性改革营造了适宜的货币金融环境，服务实体经济的能力和效率进一步提高。

福建省2019年金融运行主要特点：一是地方法人金融机构贷款增速加快，普惠领域信贷量增面扩。创新逆周期调节方式，增强地方法人金融机构信贷支持实体经济力度，年末全省法人机构人民币贷款增长22.4%，创近年新高。通过设立普惠金融改革试验区、开发福建特色信贷产品等方式，多渠道探索形成合力扎实推进全省普惠金融发展，年末普惠小微贷款较年初增长24.4%，增量占比达19.1%，较上年提升4个百分点，普惠小微贷款户数较年初增加17.55万户；涉农贷款、金融精准扶贫贷款均较快增长。二是LPR改革推动贷款利率明显下行，小微企业融资成本下降。中国人民银行福州中心支行严格贯彻落实人民银行总行LPR改革要求，全面推广LPR运用、坚决打破贷款隐性下限、疏通利率传导渠道。12月全省人民币贷款加权平均利率5.52%，其中，对企业贷款加权平均利率4.74%，均比改革前降低0.43个百分点。三是不良贷款延续“双降”。年末全省银行业不良贷款余额和不良贷款率分别比年初减少88.94亿元和0.33个百分点，总体贷款质量向下迁徙率较年初降低0.34个百分点，资产质量进一步改善。四是直接融资取得新进展。全年福建省企业在银行间市场发债筹资比上年增加468.6亿元。债券品种持续创新，省内第二单、第三单民营企业债券融资支持工具成功落地，兴业消费金融公司成为福建首家、全国第三家发行金融债券的非银行金融机构。五是保险保障功能日益凸显。全省累计承担风险总额和累计赔付支出分别增长44.7%和5.2%，保险覆盖广度和深度持续提升，助推经济与保障民生作用日益凸显。六是区域金融改革持续推进，金融生态环境不断优化。福建宁德、龙岩获批设立国家级普惠金融改革试验区，深化普惠金融发展取得突破。支付体系建设成效显著，全国首批推广取消企业银行账户许可，升级银政通系统，企业开户效率和账户监管实现双提升；云闪付人口渗透率居全国第一。信用体系建设不断完善，二代征信系统试运行稳步推进；金融信用信息与政务公开信息实现交换共享，守信激励和失信惩戒联动机制不断健全。金融司法环境进一步优化，金融消费者合法权益得到有效维护。

展望2020年，全省经济仍有望保持稳中向好、稳中有进的发展态势，产业升级、消费转型、深化改革、加大开放、脱贫攻坚、区域协调、生态建设、共享发展等重点领域工作有序推进。当前福建省经济运行所面临的外部环境复杂严峻，经济实现平稳发展的阻力有所加大。投资增速回落，居民消费动力不足，外贸形势仍然严峻，新冠肺炎疫情暴发对经济造成冲击。但也应充分认识到，疫情对经济造成的影响总体可控，福建省经济长期健康稳定发展的基本方向没有变，支持高质量发展的要素条件没有变，打造国内优质营商环境的决心没有变。船到中流浪更急，人到半山路更陡。福建省将统筹好经济社会发展各项工作，坚定不移贯彻新发展理念，深化供给侧结构性改革，打好三大攻坚战，全面做好“六稳”工作，努力把疫情影响降到最低。2020年福建省金融业将全力以赴做好金融支持抗击疫情和企业复工复产工作，同时继续深化金融供给侧结构性改革，贯彻执行好稳健的货币政策，切实疏通货币政策传导机制，把支持实体经济恢复发展放到更加突出的位置，为高质量发展营造适宜的货币金融环境。持续推进宁德、龙岩普惠金融改革试验区建设，打造普惠金融、绿色金融发展的福建品牌。着力提升金融服务，优化金融结构，同时加强风险监测，坚持在推动高质量发展中防范化解风险，精准有效处置重点领域风险。

一、金融运行情况

2019年，福建省金融业坚持以习近平新时代中国特色社会主义思想为指导，认真学习贯彻党的十九大，十九届二中、三中、四中全会和中央经济工作会议精神，坚持党对金融工作的领导，坚持稳中求进工作总基调，坚持新发展理念，深化金融供给侧结构性改革，实施灵活适度的稳健货币政策。货币信贷和社会融资规模适度增长，融资结构持续改善，多层次资本市场健康发展，保险保障功能稳步提升，各项金融改革深入推进，有力支持福建经济社会高质量发展。

（一）银行业稳健运行，服务实体经济能力明显提升

1. 银行业规模平稳增长。2019年末，福建省银行业金融机构资产总额10.3万亿元，同比增长4.9%；机构个数6555个；从业人员12.4万人；法人机构数142个，增加1家财务公司。142家地方法人金融机构经营总体稳健，年末总资产、总负债分别比年初增长8.3%、8.3%；平均资本充足率15.9%，比年初上升0.3个百分点；拨备总体充足，平均拨备覆盖率达303.9%，比年初上升19.1个百分点。

表 1　2019 年福建省银行业金融机构情况

机构类别	营业网点			法人机构（个）
	机构个数（个）	从业人数（人）	资产总额（亿元）	
一、大型商业银行	2290	53845	24022	0
二、国家开发银行和政策性银行	44	1659	7489	0
三、股份制商业银行	832	24308	48575	1
四、城市商业银行	252	9601	9725	4
五、小型农村金融机构	1933	20725	8857	68
六、财务公司	7	175	471	6
七、信托公司	2	822	239	2
八、邮政储蓄银行	1064	6393	2438	0
九、外资银行	37	969	670	1
十、新型农村金融机构	89	1981	339	55
十一、其他	5	3429	593	5
合　计	6555	123907	103417	142

注：大型商业银行包括中国工商银行、中国农业银行、中国银行、中国建设银行和交通银行；小型农村金融机构包括农村商业银行和农村信用社；新型农村金融机构包括村镇银行；"其他"包含金融租赁公司、消费金融公司、民营银行。

数据来源：中国人民银行福州中心支行、福建银保监局。

2. 存款增速明显提升，企业存款回流明显。 2019 年末，全省金融机构本外币各项存款余额 5.0 万亿元，同比增长 8.8%，较上年提升 4.9 个百分点。同时，由于票据融资业务大幅增长，企业保证金存款同比多增 284.9 亿元。

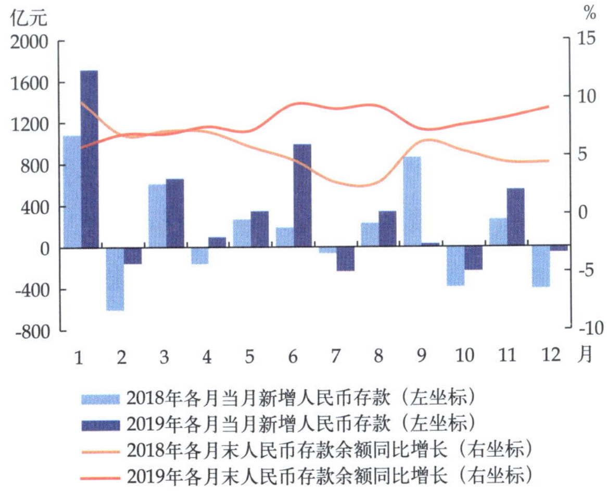

数据来源：中国人民银行福州中心支行。

图 1　2018~2019 年福建省金融机构人民币存款增长变化

3. 贷款增速平稳上行，普惠领域信贷量增面扩。 2019 年末，全省本外币贷款余额 5.3 万亿元，同比增长 13.2%；新增贷款 5819.2 亿元，同比多增 1275.6 亿元。地方法人金融机构人民币贷款余额同比增长 22.4%，比全省平均水平高 8.6 个百分点，创近年新高。信贷投向明显优化，全年批发零售业贷款同比多增 588.2 亿元，缩减态势得以扭转；制造业贷款同比少减 350.6 亿元，缩减幅度明显收窄；房地产业贷款同比少增 95.9 亿元。

普惠领域信贷量增面扩。2019 年末，全省普惠小微贷款余额 5760.4 亿元，较年初增长 24.4%，增量占人民币各项贷款比重达 19.1%，较上年提升 4 个百分点。普惠小微贷款户数达 113.2 万户，较年初增加 17.55 万户。福建宁德、龙岩普惠金融改革试验区获国务院批复设立，普惠金融支持力度不断加大。一是金融服务乡村振兴战略力度增强。年末全省涉农贷款本外币余额 1.3 万亿元。二是金融精准扶贫成效显著。年末，全省金融精准扶贫贷款余额 230.7 亿元，其中建档立卡贫困人口人均贷款余额 4.6 万元；当年累计发放 125.6 亿元，同比增长 11.1%。与此同时，通过健全金融服务工作机制、凝聚跨部门"几家抬"工作合力、推动小微企业应收账款融资模式创新、加快福建特色信贷产品复制推广等方式扎实推进民营和小微企业金融服务。

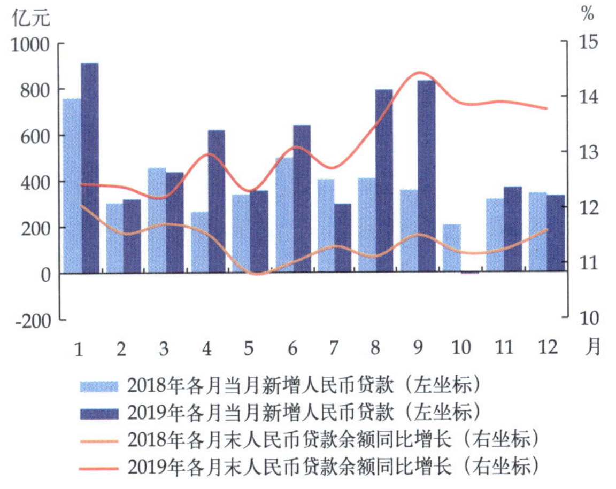

数据来源：中国人民银行福州中心支行。

图 2　2018~2019 年福建省金融机构人民币贷款增长变化

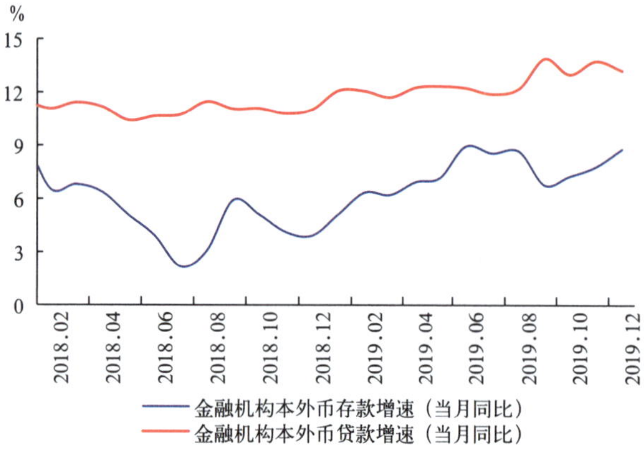

数据来源：中国人民银行福州中心支行。

图 3　2018~2019 年福建省金融机构本外币存、贷款增速变化

4. 人民币贷款利率稳中有降，下半年 LPR 改革推动贷款利率明显下行。2019 年，福建省市场利率定价自律机制高效运行，引导金融机构科学合理定价，全省贷款利率总体下行。全年人民币贷款加权平均利率 5.87%，比上年下降 16 个基点，其中，对企业贷款加权平均利率 5.07%，比上年下降 22 个基点。8 月，人民银行推动贷款市场报价利率（LPR）改革，中国人民银行福州中心支行严格贯彻落实，全面推广 LPR 运用、坚决打破贷款隐性下限、引导金融机构将 LPR 内嵌到内部价格传导相关环节，促进利率传导机制进一步健全。12 月福建省人民币贷款加权平均利率 5.52%，对企业贷款加权平均利率 4.74%，均比改革前的 7 月降低 0.43 个百分点。

2019 年全省美元活期、定期存款加权平均利率分别为 0.17%、1.79%，比上年分别上升 2 个和 23 个基点；美元贷款加权平均利率 3.53%，比上年下降 27 个基点。

表 2　2019 年福建省金融机构人民币贷款各利率区间占比

（LPR 改革前）　　　　单位：%

月份		1 月	2 月	3 月	4 月	5 月	6 月	7 月
合计		100.0	100.0	100.0	100.0	100.0	100.0	100.0
下浮		10.3	14.9	12.1	13.2	15.7	16.6	12.4
基准		19.2	16.8	14.0	11.9	12.5	12.7	11.8
上浮	小计	70.6	68.3	73.9	75.0	71.8	70.7	75.8
	(1.0, 1.1]	15.2	14.1	13.7	14.1	12.9	14.3	15.1
	(1.1, 1.3]	19.3	16.5	20.2	20.1	19.3	20.6	21.1
	(1.3, 1.5]	15.9	14.1	17.3	18.0	17.8	17.6	18.6
	(1.5, 2.0]	13.8	14.8	15.5	16.0	15.1	11.9	14.1
	2.0 以上	6.4	8.9	7.2	6.8	6.8	6.2	6.9

（LPR 改革后）

月份		8 月	9 月	10 月	11 月	12 月
合计		100.0	100.0	100.0	100.0	100.0
LPR 减点		13.9	19.7	14.7	25.2	25.2
LPR		0.2	0.5	0.5	1.6	0.7
LPR 加点	小计	85.9	79.8	84.7	73.2	74.1
	(LPR, LPR+0.5%)	18.5	24.1	17.6	19.4	17.8
	[LPR+0.5%, LPR+1.5%)	26.4	32.2	26.6	28.9	23.5
	[LPR+1.5%, LPR+3%)	22.8	23.5	22.8	24.9	19.4
	[LPR+3%, LPR+5%)	10.7	10.5	8.5	9.7	7.4
	LPR+5% 及以上	7.5	9.9	9.3	8.6	6.0

数据来源：中国人民银行福州中心支行。

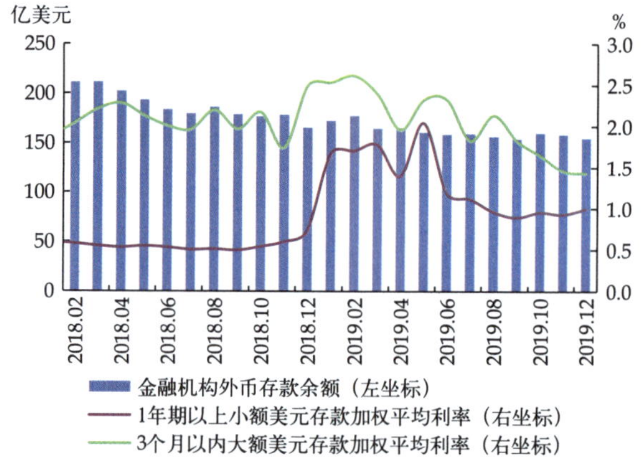

数据来源：中国人民银行福州中心支行。

图 4　2018~2019 年福建省金融机构外币存款余额及外币存款利率

5. 不良贷款继续实现“双降”。2019 年末，全省银行业机构不良贷款余额比年初减少 88.94 亿元，不良贷款率同比下降 0.33 个百分点，创 2014 年第二季度以来新低，不良贷款继续实现“双降”。同时，信贷资产分类偏离度有所下降，年末全省银行机构逾期 90 天以上贷款 / 不良贷款比例降至 100% 以内，法人银行机构信贷资产分类较为审慎。总体贷款质量向下迁徙率为 2.7%，较年初降低 0.34 个百分点。

专栏1　创新逆周期调节方式　增强地方法人金融机构信贷支持实体经济力度

2019年，中国人民银行福州中心支行主动作为，统筹多方合力，创新逆周期调节方式，引导福建省法人机构回归本源，坚持聚焦主责主业，金融服务的适应性、竞争力、普惠性明显增强。2019年末，全省法人机构人民币贷款增速22.4%，远超全省名义GDP增速和全省金融机构平均水平，增速同比提高2.7个百分点。

一是党委高度重视。成立福建省金融服务民营和小微企业发展工作领导小组，将工作成效纳入全省人民银行系统“政治监督”督察范围。结合“不忘初心 牢记使命”主题教育，围绕调控中的痛点堵点深入开展针对性调研并实地指导，确保政策落到实处。

二是加强窗口指导。持续通过经济金融形势分析座谈会等金融窗口指导平台合理引导社会预期。同时，对福建省小微企业信贷需求大、支持覆盖面不足等情况，进行前瞻性、针对性引导，激励法人机构增强信心，加大对省内民营、小微企业的信贷投放。

三是搭建信息平台。推动福建省政府重点搭建公益性“金融服务云平台”，整合涉企政务、公共服务、互联网多方数据，为省内法人机构开展信贷服务、风险监测提供大数据支持。

四是鼓励有效投放。积极引导法人机构根据资本充足情况、信贷需求、信贷结构等，加大对实体经济的支持力度。推进省内法人金融机构服务实体经济的机制模式创新，开展“百名行长进企业”活动。2019年末，全省法人机构贷款存量份额比年初提高1.4个百分点；各项贷款占总资产比重同比提高5.5个百分点。

五是引导聚焦主责主业。通过运用各类货币信贷政策、创新优化政策传导机制，积极引导省内法人机构聚焦主责主业，按照“一行一品”或“一行多品”理念，有效形成“错位发展”新格局。全省普惠金融覆盖面和可得性明显提升，2019年省内法人机构新增普惠小微、民营、涉农贷款占比分别较上年提高8.6个、2.7个和4.1个百分点。

六是防范信贷风险。在强化逆周期调节的同时，紧扣防范化解重大金融风险攻坚战主题，强化部门协同，加强制度建设、政策传导，健全风险监测评估体系，采取压责任、强警示、抓早纠、促协调等方式，敦促金融机构进行风险处置。2019年末，全省法人机构不良贷款率同比下降0.2个百分点。

七是给予必要支持。引导法人机构多渠道加大资本补充力度、增强信贷投放能力。优化流动性供给，向信贷投放多增的省内法人机构给予适当倾斜，有效撬动其对实体经济的信贷投放能力。发挥LPR引导法人机构实际贷款利率下行作用，降低社会融资成本。合理设置MPA政策参数，支持省内法人机构增强信贷对实体经济的支持力度。

6. 金融改革创新与对外开放不断深化。一是福建省宁德、龙岩普惠金融改革试验区获国务院批复设立。二是福建自由贸易试验区等区域金融改革持续深化。福建省特殊经济区域台资企业资本项目管理便利化试点升级扩面。区内成立全国首个台胞台企金融消费权益保护中心，上线全国首个云闪付惠台利民项目。三是金融支持“一带一路”建设力度加大。简化跨境担保外汇管理流程，便利“走出去”企业境外融资。推动金融机构进一步扩大人民币跨境贸易结算群体范围，丰富企业贸易投资币种选择，全年省内与“一带一路”沿线国家（地区）办理人民币跨境实际收付业务379亿元。

（二）多层次证券市场平稳发展，融资功能进一步提升

1. 证券期货机构加快培育。2019 年末，全省共有证券期货机构 695 家，其中，法人证券公司 3 家、法人期货公司 5 家、法人基金公司 3 家、区域性股权交易场所 2 家。年末，全省法人证券公司总资产 1852.3 亿元，净资产 461.0 亿元，分别增长 11.0%、4.7%。全省法人期货公司总资产 239.4 亿元，净资产 44.8 亿元，分别增长 30.9%、11.0%。全年，证券营业部实现证券交易额 18.7 万亿元，同比增长 38.5%；期货营业部实现期货交易额 9.6 万亿元，同比增长 26.2%。首家闽台合资证券公司金圆统一证券于 2020 年 2 月获核准，瑞达期货、国贸期货香港子公司积极拓展海外业务。

2. 直接融资取得新发展。2019 年，全省境内上市公司、挂牌企业、非上市公司实现直接融资 2491.6 亿元，同比增长 30.9%。其中，4 家次公司实现首发融资 30.7 亿元；上市、挂牌公司通过增发配股、发行短期融资券等方式实现股权和债券再融资 1876.1 亿元。

银行间市场发债成效明显。全年福建省企业在银行间市场发债 291 期，筹资 1809.4 亿元，比上年分别增加 72 期和 468.6 亿元。债券品种持续创新。省内第二单、第三单民营企业债券融资支持工具成功落地。厦门象屿集团、厦门恒驰汇通融资租赁公司分别成功发行 12.4 亿元、5 亿元资产支持票据，福州市水务投资发展有限公司发行 5 亿元绿色中期票据。金融债券发行持续推进。全年全省发行金融债券 825 亿元，其中兴业消费金融公司发行 30 亿元金融债，为福建首家、全国第三家发行金融债券的非银行金融机构。

3. 上市公司质量持续提升。2019 年末，全省共有境内上市公司 139 家，较上年增加 6 家，总市值 1.9 万亿元（居全国第 7 位），增长 34.7%。全年 64 家次上市公司开展并购重组涉及金额 181.3 亿元，增长 381.5%，并购重组活跃度大幅上升。

4. 场外市场建设深入推进。2019 年，全省共新增 10 家公司在新三板挂牌，挂牌公司累计达 310 家，居全国第 8 位。

表 3　2019 年福建省证券业基本情况

项目	数量
总部设在辖内的证券公司数（家）	3
总部设在辖内的基金公司数（家）	3
总部设在辖内的期货公司数（家）	5
年末国内上市公司数（家）	139
当年国内股票（A 股）筹资（亿元）	144.7
当年发行 H 股筹资（亿元）	0
当年国内债券筹资（亿元）	859.8
其中：短期融资券筹资额（亿元）	65.9
中期票据筹资额（亿元）	277.9

数据来源：中国人民银行福州中心支行、福建证监局。其中直接融资数据来源于社会融资规模表。

（三）保险市场良性发展，助推经济与保障民生作用日益凸显

1. 保险业规模持续扩大。2019 年末，全省保险业总资产 3058.0 亿元，同比增长 16.2%。全年累计实现保费收入（指原保险保费收入）1174.8 亿元，同比增长 8.6%。其中，财产险保费收入 338.4 亿元，人身险保费收入 836.4 亿元，分别增长 7.3%和 9.2%。

2. 服务实体经济力度增强。2019 年，信用保证保险（不含厦门）保费收入 25.4 亿元，增长 40.1%，中国信保向在闽机构提供风险保障 163.0 亿美元，协助出口企业获得贷款 16.0 亿美元；融资增信类保证保险及抵押物相关企财险为 2 万家次民营企业约 40 亿元贷款提供服务，为 7069 家企业提供财产抵押保险保障 1780 亿元。农业保险实现保费收入 6.1 亿元，增长 8.6%；赔付支出 5.1 亿元，增长 15.5%。

3. 民生保障水平稳步提升。2019 年，全省累计承担风险总额 93.8 万亿元，累计赔付支出 364.2 亿元，分别增长 44.7% 和 5.2%。保险密度 2956.9 元 / 人，增长 7.8%，保险深度 2.8%。城乡居民大病保险实现设区市级统筹（不含厦门），参保人数达 2770 万，保费收入 14.7

亿元，为48.6万人次参保群众赔付医疗费用9.9亿元。积极开展保险助力扶贫攻坚，推出产业扶贫保险，全年共承保建档立卡贫困户4.6万户，提供风险保障5.3亿元（不含厦门）。

表4　2019年福建省保险业基本情况

项目	数量
总部设在辖内的保险公司数（家）	3
其中：财产险经营主体（家）	2
人身险经营主体（家）	1
保险公司分支机构（家）	61
其中：财产险公司分支机构（家）	28
人身险公司分支机构（家）	33
保费收入（中外资，亿元）	1174.8
其中：财产险保费收入（中外资，亿元）	338.4
人身险保费收入（中外资，亿元）	836.4
各类赔款给付（中外资，亿元）	364.2
保险密度（元/人）	2956.9
保险深度（%）	2.8

数据来源：福建银保监局。

（四）金融交易日趋活跃，社会融资规模明显多增

1. 社会融资规模明显多增，表外融资止跌回升。2019年，全省社会融资规模新增8973.5亿元，同比增长50.4%，增幅比上年提高65.1个百分点。其中，新增人民币贷款5697.0亿元，增量占比为63.5%；表外融资增加404.3亿元，同比多增2242.1亿元，主要受未贴现银行承兑汇票高位增长及委托贷款和信托贷款存量压缩放缓影响。

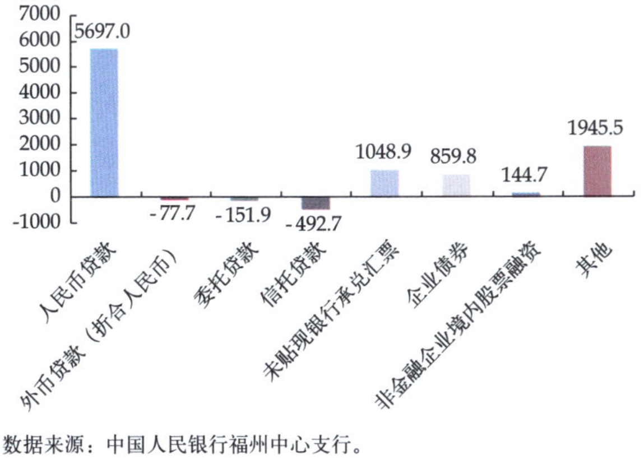

数据来源：中国人民银行福州中心支行。

图5　2019年福建省社会融资规模增量分布结构

2. 货币市场交易活跃。2019年，全省银行间同业拆借、债券回购、现券交易三项成交总额89.4万亿元，同比增长18.7%。其中，拆借市场成交6.9万亿元，同比增长27.9%；债券回购成交60.4万亿元，同比增长17.8%；现券交易成交22.1万亿元，同比增长18.3%。累计净融入资金0.8万亿元。交易量仍主要集中于兴业银行和四家城市商业银行。其中，兴业银行拆借、债券交易量占比分别为70.1%、50.1%，4家城市商业银行交易量占比分别为23.5%、30.4%。

3. 票据融资总量大幅增长。2019年，全省票据融资总量（含承兑、贴现、转贴现）6544.4亿元，同比增长43.0%。票据市场贴现利率明显走低，全年票据贴现加权平均利率3.25%，比上年下降119个基点；转贴现加权平均利率3.33%，比上年下降114个基点。票据融资明显多增原因主要有：票据市场利率下行，企业通过票据融资意愿增强；相对一般贷款风险较小，商业银行运用票据融资调节信贷增量意愿强烈；人民银行再贴现限额大幅增长促使金融机构加大票据融资业务开展。

4. 涉外收支与结售汇市场保持基本平稳，顺差回落。2019年，全省银行代客涉外收付款总额2325.5亿美元，同比增长3.0%，顺差213.3亿美元，同比下降6.0%；结售汇总额1754.1亿美元，同比增长2.0%，顺差168.4亿美元，同比下降14.6%。

5. 人民币跨境收付资金保持净流入态势。2019年，全省跨境人民币业务金额3471.7亿元，同比增长1.1%，净流入563.5亿元。其中，经常项下收付金额1319.3亿元，同比增长7.8%，资本项下收付金额1824.6亿元，同比降低17.5%。

深化福建自由贸易试验区金融改革创新，推动实施福建自贸试验区更高水平便利化跨境人民币业务试点政策，发布福建省首批优质企业名单。自福建自贸试验区挂牌至2019年末，区内跨境人民币业务量达4063亿元。

表 5　2019 年福建省金融机构票据业务量统计

单位：亿元

季度	银行承兑汇票承兑		贴现			
			银行承兑汇票		商业承兑汇票	
	余额	累计发生额	余额	累计发生额	余额	累计发生额
1	3449.0	1541.5	1578.8	2801.9	75.0	348.3
2	3780.9	3049.9	1881.5	5195.5	80.2	699.5
3	4117.6	4734.5	2411.9	7576.7	97.9	974.4
4	4448.0	6531.0	1994.5	9461.8	101.9	1151.0

数据来源：中国人民银行福州中心支行。

表 6　2019 年福建省金融机构票据贴现、转贴现利率

单位：%

季度	贴现		转贴现	
	银行承兑汇票	商业承兑汇票	票据买断	票据回购
1	3.4173	5.5420	3.5869	2.6604
2	3.3756	5.2777	3.5432	2.5137
3	2.9344	5.4222	3.2757	2.5615
4	2.9039	4.7735	3.1427	2.5188

数据来源：中国人民银行福州中心支行。

（五）金融服务水平持续提升，金融生态环境不断优化

1. 支付体系建设成效显著。一是全国首批推广省份取消企业银行账户许可。自 2019 年 4 月 28 日起全面取消企业银行账户许可，企业开户时间由 3~4 天缩短至 1~2 天。福建省银政通系统新增可疑信息同业共享、数据监测、异常信息提醒预警等功能，账户监测与监管质效显著提升。二是移动支付便民工程提质增效。2019 年，全省云闪付人口渗透率居全国第一；云闪付公交出行全省设区市全覆盖，县域覆盖 92%；全国首个云闪付惠台利民项目——对台票务服务落地平潭；全国首推银联便民移动缴费业务。三是农村支付环境建设持续深化。农村普惠金融服务点规范化改造完成率超 98%；探索建成 1000 余家轻终端服务点，服务成本有效降低；围绕乡村振兴战略推进农村支付服务环境“一县一策”建设，形成联合国民富中心建设、深化海上移动银行建设等特色方案并初见成效。四是支付清算系统安全高效运行。全年全省支付清算系统可用率达 100%，大、小额支付系统业务金额分居全国第 6、第 7 位，网上支付跨行清算系统业务金额居全国第 5 位，三大支付清算系统业务总金额 324.9 万亿元。五是会计核算管理服务不断优化。率先在全省推广联网取现和联网归还再贷款再贴现业务，“居家服务”范围进一步扩大。顺利完成会计核算数据集中系统一键式灾备切换与回切验证工作。2019 年，全省办理柜面业务成功率 99.9%，居全国前列水平。

表 7　2018~2019 年福建省支付系统业务发展情况

年份	支付系统直接参与方（个）	支付系统间接参与方（个）	支付清算系统覆盖率（%）	当年大额支付系统处理业务数（万笔）		同比增长（%）
2018	8	5235	100.0	8277.5		10.2
2019	8	5342	100.0	8457.4		2.2
年份	当年大额支付系统业务金额(亿元)	同比增长（%）	当年小额支付系统处理业务数（万笔）	同比增长（%）	当年小额支付系统业务金额（亿元）	同比增长（%）
2018	2820287.1	4.8	17566.3	-28.6	26505.8	-11.5
2019	3146122.1	11.6	18241.7	3.8	42316.3	59.7

数据来源：中国人民银行福州中心支行。

2. 信用体系不断完善。一是金融信用信息基础数据库平稳运行，二代征信系统试运行稳步推进。2019 年末，金融信用信息基础数据库收录全省企业和其他组织 51.2 万户，企业系统日均查询 2.4 万次；收录自然人数 2751 万人（约占全省人口的 69%），个人系统日均查询约 25 万次。对台征信工作取得新进展，全国首创“台商台胞金融信用证书”，全国首次实现两岸民间征信机构正式合作。在全省推广台企台胞征信查询业务，截至年末，全省累计查询台企台

胞在台信用信息485笔，累计发放贷款4.7亿元。积极推动小微机构接入征信系统，应收账款融资服务平台进一步推广应用，全年福建省中征应收账款融资服务平台新增融资业务成交笔数1114笔，成交金额389.1亿元。二是社会信用体系建设稳步推进。截至年末，福建省公共信用信息平台已归集汇总48家省级部门及设区市公共信用信息平台471类法人及其他组织信用信息1.5亿条，为全省160多万家企业、3万多家社会组织建立信用档案。全省守信激励和失信惩戒联动机制不断健全，依法依规推进金融信用信息与政务公开信息交换共享。截至年末，福建省征信业务综合平台共获得省市场监管局企业数据39.1万条，为金融机构提供信息查询3.9万次。三是中小企业和农村信用体系建设持续开展。推进“福建省中小企业和农户信用信息服务平台”建设，截至年末，全省累计建立小微企业信用档案11.4万户，累计为629万农户建立信用档案。

3. 金融司法环境进一步优化。全省普遍开辟金融案件审判绿色通道，积极推动金融案件实行快立快审快结快执。全年全省审结金融、借贷案件14.5万件，标的总额1211.6亿元；审结非法集资、网络传销等涉众型经济犯罪案件3078件。积极推动多元化纠纷解决机制。全省法院设立诉调对接中心159个，以调解、撤诉方式结案22.4万件；全国首创金融司法协同中心，金融类民商案件审执时间缩短一半，人均结案数据提升2.8倍，执行标的到位金额提升2.7倍；中国人民银行福州中心支行深入推进依法行政，持续开展金融普法宣传。

4. 金融消费者合法权益得到有效保障。2019年，中国人民银行福州中心支行持续畅通金融消费者投诉咨询渠道，福建省12363电话全年受理金融消费者投诉331件、咨询1483件。不断完善福建省金融消费纠纷多元化解机制，发挥对台区位优势建立涉台金融纠纷化解平台，加快建立诉调对接机制。积极推广金融教育与社会实践相结合的社会实践基地金融教育模式。截至年末，全省开展金融教育工作的各类学校达593所，受教育学生约32.4万人次。

二、经济运行情况

2019年，面对国内外风险挑战明显上升的复杂局面，福建省经济继续在合理区间运行，延续总体平稳、稳中有进的发展态势。全年全省地区生产总值达4.2万亿元，同比增长7.6%，增幅高于全国平均水平1.5个百分点。产业结构不断优化，经济向高质量方向持续发展；供给侧结构性改革稳步推进；对外经济结构不断优化。然而，受当前全球经济增速持续放缓，国内结构性、体制性、周期性问题错杂等因素影响，全省经济面临下行压力有所增大。全年第一、第二产业增速与上年大体持平，第三产业增速持续放缓；固定资产投资增速有所降低；消费增速持续下滑。

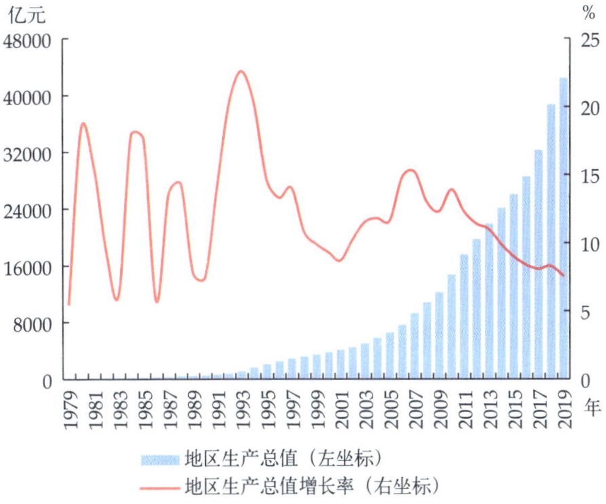

数据来源：福建省统计局。

图6　1979~2019年福建省地区生产总值及其增长率

（一）投资、消费结构优化，对外贸易逆势上涨

1. 固定资产投资增速放缓，投资结构持续优化。2019年，全省固定资产投资（含铁路）比上年增长6.0%，增幅比上年回落5.5个百分点，但高于全国平均水平0.6个百分点。其中，基础

设施投资同比下降 8.0%，制造业投资同比增长 16.2%，房地产开发投资同比增长 14.8%。

投资结构持续优化。一是工业投资增长 15.5%。其中，制造业投资对全省投资增长贡献率达 66.2%。二是高技术制造业、制造业技改领域投资增速较快，分别为 17.0%、22.2%。三是三大主导产业投资活跃。石油化工产业、机械装备产业、电子信息产业投资分别增长 36.4%、22.8% 和 6.6%。

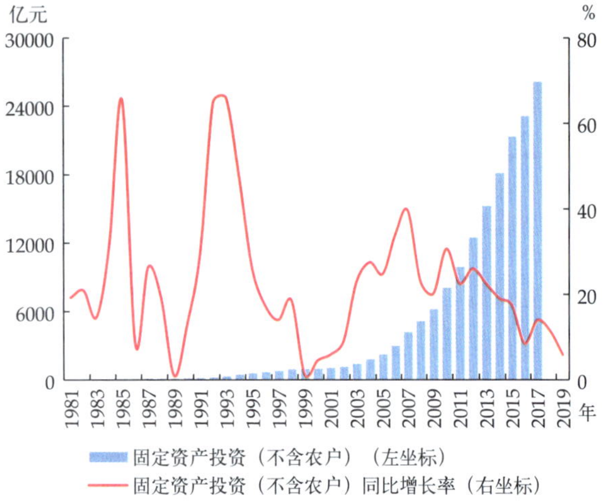

注：福建省统计局未公布 2018 年、2019 年固定资产投资金额，此处仅列示 2018 年、2019 年固定资产投资增速。

数据来源：福建省统计局。

图 7　1981~2019 年福建省固定资产投资（不含农户）及其增长率

2. 消费升级势头明显，网上零售占比继续提高。2019 年，全省社会消费品零售总额 1.6 万亿元，比上年增长 10.0%。其中，乡村市场实现零售额增长 11.5%，增幅比城镇高 1.7 个百分点。一是绿色智能新产品消费增势良好。全省限额以上新能源汽车、智能手机比上年分别增长 126.1%、92.4%。二是网上零售占比继续提高。全省限额以上批发和零售企业实现网上商品零售额 1223.3 亿元，同比增长 24.1%，占全省社会消费品零售总额比重为 7.8%，比上年提高 0.8 个百分点。

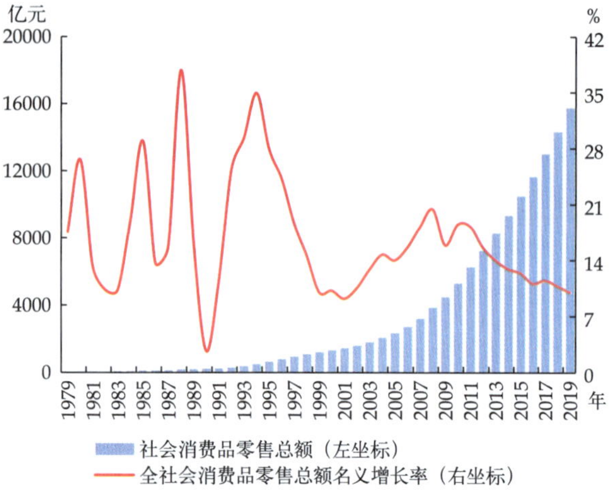

数据来源：福建省统计局。

图 8　1979~2019 年福建省社会消费品零售总额及其增长率

3. 对外贸易逆势上涨，利用外资能力稳步提升。2019 年，全省进出口总额 13306.7 亿元，增长 7.8%，增幅比上年提高 1.2 个百分点。其中，出口 8277.9 亿元，增长 8.7%，增幅比上年提高 1.6 个百分点；进口 5028.8 亿元，增长 6.3%，增幅比上年提高 0.5 个百分点。贸易顺差为 3249.0 亿元。

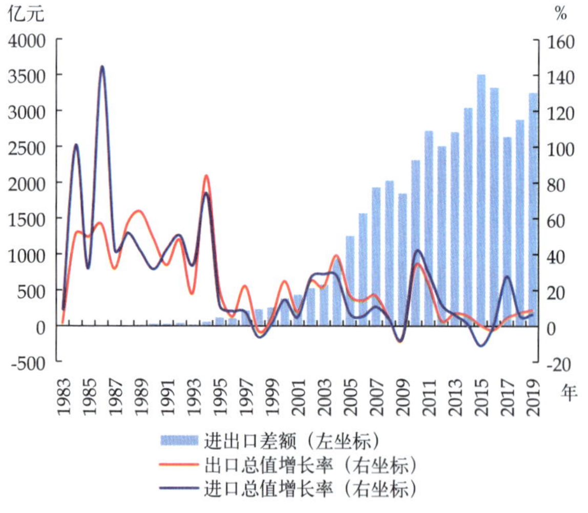

数据来源：福建省统计局。

图 9　1983~2019 年福建省外贸进出口变动情况

2019 年，全省实际利用外商直接投资 315.4 亿元，增长 3.3%，增幅比上年提高 0.3 个百分点。

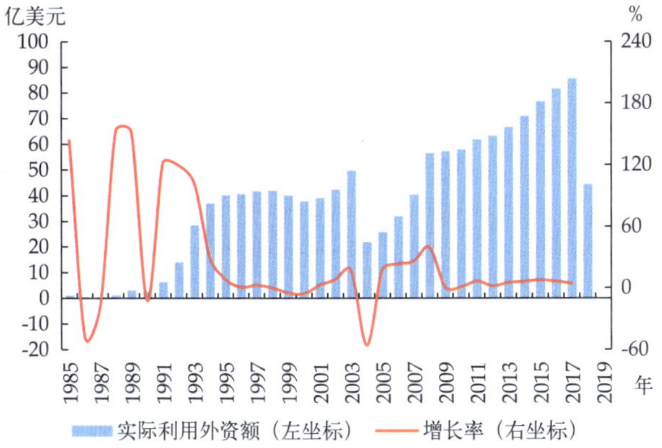

注：2019 年美元口径利用外资金额，2018 年、2019 年当年美元口径的增长率尚未公布。

数据来源：福建省统计局。

图 10　1985~2019 年福建省实际利用外资额及其增长率

（二）一、二产业发展稳中向好，供给侧结构性改革持续推进

1. 第一产业增速同上年持平，主要农产品产量实现增长。2019 年，全省第一产业增加值 2596.2 亿元，增长 3.5%，增速同上年持平；占地区生产总值比重为 6.1%，比上年下降 0.6 个百分点。其中，农、林、牧、渔业产值分别增长 4.0%、4.1%、0.5% 和 4.4%；主要农产品产量实现增长。

2. 第二产业平稳运行，制造业向高质量方向持续发展。2019 年，全省第二产业增加值 2.1 万亿元，增长 8.3%，增幅比上年下降 0.2 个百分点；占地区生产总值比重为 48.6%，比上年提高 0.5 个百分点。其中，规模以上工业增加值增长 8.8%，比全国平均水平高 3.1 个百分点，增速居全国第二位。

产业结构进一步优化。一是传统产业发展提质，产业精深加工度提升。二是新兴产业增长较快，新动能加速聚集。全省规模以上高技术制造业增加值增长 12.3%，增幅高于全省规模以上工业平均水平 3.5 个百分点。三是三大主导产业增幅回升。全年全省三大主导产业增加值增长 9.8%，比上年提高 1.5 个百分点。四是工业绿色发展步伐加快，部分绿色产业、产品增长快速。

产业集群效应初步显现。全年全省产值超千亿元的产业集群达 18 个，新型功能材料、生物医药等 4 个集群入围国家战略性新兴产业集群，战略性新兴产业增加值达 5400 亿元，同比增长 25%。工业企业盈利水平有所增强。全年主营业务收入超百亿元的工业企业达 45 家。2019 年，全省规模以上工业企业实现利润 3815.1 亿元，同比增长 7.4%。

数据来源：福建省统计局。

图 11　2001~2019 年福建省规模以上工业增加值实际增长率

3. 第三产业增速有所放缓，旅游收入保持较快增长。2019 年，全省第三产业增加值 1.9 万亿元，增长 7.3%，增速放缓 1.5 个百分点；占地区生产总值的比重为 45.3%，比上年略微提高 0.1 个百分点。2019 年，全省累计接待国内外游客 53655.4 万人次，同比增长 10.2%；累计实现旅游总收入 8101.2 亿元，同比增长 22.1%。

4. 供给侧结构性改革持续推进。一是产能利用率有所提升。全年全省工业产能利用率为 79.8%，高于全国平均水平 3.2 个百分点。其中，黑色金属冶炼和压延加工业产能利用率为 78.8%，比上年提高 4.0 个百分点。二是部分产能过剩产品产量下降。全年全省原煤、原铝产量分别下降 10.2%、41.0%。三是商品房库存继续减少。年末全省商品房待售面积 1862.0 万平方米，下降 0.9%。四是短板领域投资持续推进。全年全省教育、卫生、社会工作等领域投资快速增长。

（三）居民消费价格温和上涨，工业生产者价格持续回落

1. 居民消费价格温和上涨。2019 年，全

省居民消费价格上涨 2.6%，涨幅比上年提高 1.1 个百分点。其中，猪肉价格涨幅最大，达 45.3%。分城乡看，二者消费价格涨幅趋同，分别上涨 2.6%、2.7%。

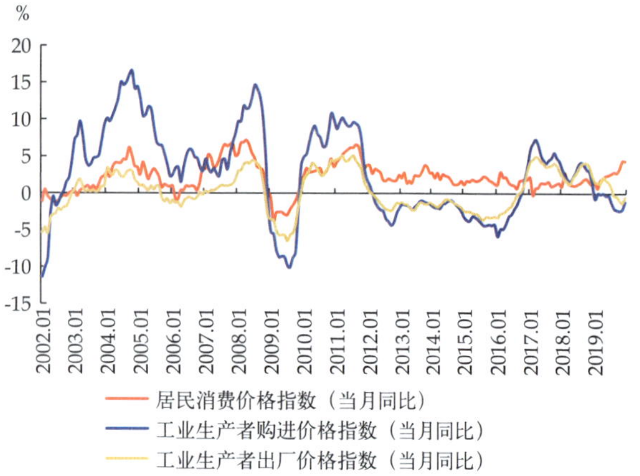

数据来源：福建省统计局。

图 12　2002~2019 年福建省居民消费价格指数和工业生产者价格指数变动趋势

2. 工业生产者价格涨幅继续回落。2019 年，全省工业生产者出厂价格上涨 0.6%，涨幅比上年回落 2.2 个百分点；工业生产者购进价格下降 1.0%，涨幅比上年回落 3.8 个百分点。

3. 城镇就业总体稳定，居民收入保持增长。2019 年，全省城镇新增就业 64.3 万人，城镇下岗失业人员实现再就业 25.3 万人，分别增长 7.5%、48.5%，均完成全年计划。年末，全省城镇登记失业率 3.5%，控制在 4.2% 目标以内。全年全省居民人均可支配收入 35616 元，名义增长 9.1%。其中，城镇居民人均可支配收入为 45620 元，名义增长 8.3%；农村居民人均可支配收入为 19568 元，名义增长 9.8%。

（四）财政收入增速放缓，重点领域支出保障有力

2019 年，全省一般公共预算总收入 5147.0 亿元，增长 2.0%，增幅比上年回落 5.4 个百分点。其中，地方一般公共预算收入增长 1.5%，增幅比上年放缓 5.6 个百分点。全年全省一般公共预算支出 5097.3 亿元，增长 5.5%，增幅比上年提高 2.2 个百分点。其中，教育支出、科学技术支出、社会保障和就业支出、医疗卫生支出、环境保护支出分别比上年增长 5.1%、27.8%、10.8%、6.9% 和 45.7%。

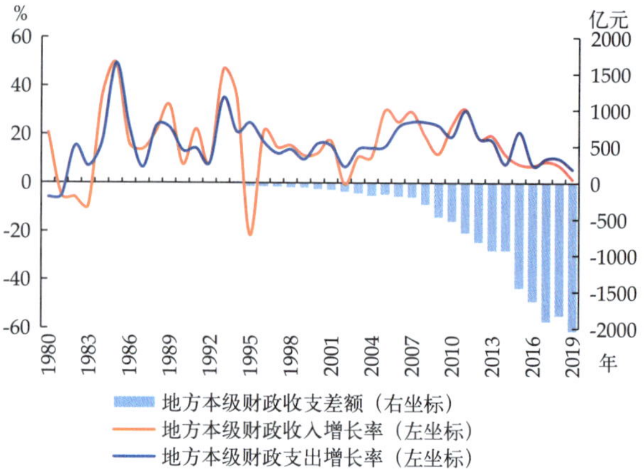

数据来源：福建省统计局。

图 13　1980~2019 年福建省财政收支状况

（五）房地产市场运行平稳，中心城市房价持续上涨

1. 商品房销售增速继续放缓。2019 年，全省商品房销售面积增长 3.9%，增幅比上年放缓 2.2 个百分点。其中，住宅销售面积增长 6.1%，增幅比上年提高 0.5 个百分点。

2. 商品房库存规模有所增长。2019 年末，全省商品房待售面积比上年末增长 8.7%。其中，住宅待售面积增长 12.7%。短期看，“库存”恢复合理区间有利于“控房价”政策目标实现；福州作为省内中心城市及人口流入城市，中心城区商品住房去化周期为 14.5 个月，商品住房供需“紧平衡”状态仍值得关注。

3. 房地产开发投资增速加快。2019 年，全省房地产开发投资增长 14.8%，增幅比上年扩大 11.8 个百分点。其中住宅投资增长 17.9%，增幅比上年扩大 11.1 个百分点。

4. 中心城市房价继续上涨。2019 年，福州、厦门两个重点城市房价继续呈上涨趋势。12 月，福州、厦门新建商品住宅价格指数同比分别上涨 4.2%、3.9 %。

5. 房地产信贷运行整体维持平稳。2019 年末，全省房地产贷款余额增长 13.4%，与上年末

基本持平，与全部贷款幅差0.2个百分点。其中，房地产开发贷款余额增长8.8%，个人住房贷款余额增长14.4%。

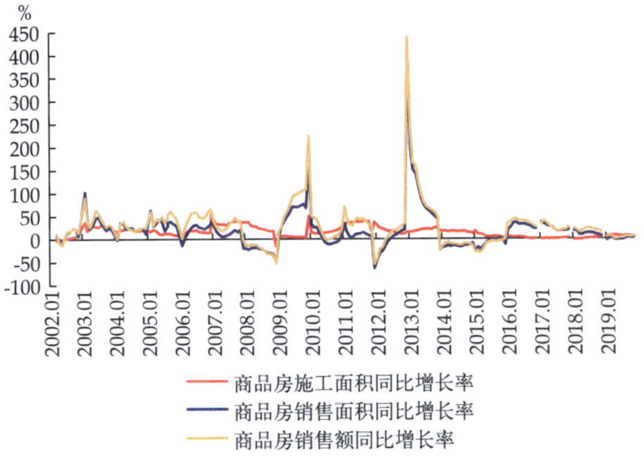

数据来源：福建省统计局。

图14　2002~2019年福建省商品房施工和销售变动趋势

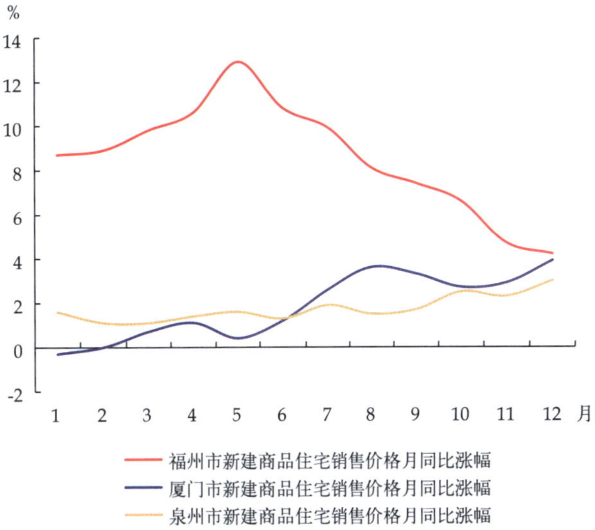

数据来源：福建省统计局。

图15　2019年福建省主要城市新建商品住宅销售价格变动趋势

专栏2　强履职　重创新　推动全省普惠金融纵深发展

一是成功推动普惠金融改革试验区落地宁德、龙岩。为进一步推动福建省普惠金融创新发展，中国人民银行福州中心支行积极配合福建省人民政府申报在宁德、龙岩设立普惠金融改革试验区。2019年两地获国务院批准，成为继河南兰考后第二批国家级普惠金融改革试验区。

二是加强普惠政策传导，完善考核机制。坚持中央惠农惠小信贷政策导向，加大支农、支小、扶贫再贷款和再贴现等资金支持，截至2019年末，全省各类再贷款、再贴现余额363.6亿元，同比增长65.1%。调整普惠金融定向降准考核标准，扩大优惠政策覆盖面。运用宏观审慎评估引导法人机构优化信贷结构。全年省内法人机构新增普惠小微、民营、涉农贷款占比分别较上年提高8.6个、2.7个和4.1个百分点。

三是持续完善普惠金融基础设施。2019年末全省已完成农村普惠金融服务点规范化升级改造的服务点14301个，改造率超95%，业务范围拓展至社保金缴交、养老金领取等民生项目。完善“福建省中小企业和农户信用信息服务平台”，截至2019年末，全省累计建立小微企业信用档案11.4万户，其中2.9万户企业获得银行融资；累计为629万农户建立信用档案，其中313万农户累计获得贷款9158.3亿元。探索普惠金融信用示范村创建，实现“整村推进、整村建档、整村授信、整村开发”。在全国率先打造税库银便民综合办税缴费平台，多级联动推进储蓄国债下乡，开展现金服务示范区创建工作。

四是深耕数字普惠金融服务。引导省内金融机构运用金融科技开发数字普惠金融业务。泉州银行自主研发全省首个全流程自主知识产权的线上金融产品——“好税贷”，实现“在线申请、自动审批、自助提款、自助还款”。推动移动支付技术在民生领域广泛应用，2019年全省农村地区建设完成移动支付示范商圈街区33个，新增商户32万户，居全国第一。

五是积极推动涉农普惠金融产品创新。推动金融机构创新“快农贷”“福林贷”“福田贷”等信贷产品和“气象指数”“三农”综合保险等普惠性保险产品，形成林业普惠金融“武平经验”“长汀经验”等，逐步构建普惠金融的福建品牌。

三、预测与展望

2020年是全面建成小康社会和“十三五”规划的收官之年，也是为“十四五”良好开局打下基础的关键之年。当前支撑福建省高质量发展的要素条件没有改变，长期稳中向好的总体势头没有改变。一是供给侧结构性改革不断深化。产能过剩行业加快出清；三大主导产业投资活跃；技改投资加快增长；高新技术企业数量不断增加，产业集群优势日益显现；规模以上工业企业效益持续优化。二是区域协作和城乡融合发展取得新进展。闽东北、闽西南两大协同发展区发展规划完成编制；城乡收入差距逐步缩小；宁德、龙岩普惠金融改革试验区正式设立；精准脱贫攻坚战取得良好进展。三是生态环境质量保持优良，生态环境高颜值和经济发展高素质协同共进。四是对外开放向纵深推进。海丝核心区建设八大工程深入实施；福建自贸试验区改革开放进一步深化；市场采购贸易、跨境电商等外贸新业态发展壮大；闽台经济文化融合发展迈出新步伐。与此同时，福建省经济发展也存在不少困难和问题亟须克服。投资增长后劲不足，居民消费增速持续放缓，部分企业经营困难增多，现代服务业发展相对疲弱，新动能对高质量发展支撑不够有力等。2020年初新冠肺炎疫情暴发，经济下行压力增大，微观企业主体经营将面临更大困难，亟待各项经济金融政策精准扶持。

2020年福建省将继续着力创新驱动发展，把创新摆在发展全局的核心位置；着力提升产业基础能力和产业链水平，强化高质量发展新支撑；着力打造良好营商环境，减轻企业负担；着力培育创新业态，打造区域新增长极；着力乡村振兴，拓展高质量发展新空间；着力区域协调，构建高质量发展新格局；着力生态建设，厚植高质量发展新优势；着力民生改善，共享高质量发展新成果。因此，尽管外部环境依旧错综复杂，疫情防控任务艰巨，经济下行压力持续加大，福建省经济仍有望继续保持稳中向好、稳中有进的发展态势。

2020年福建省金融业将全力以赴做好金融支持抗击疫情和企业复工复产工作，同时继续深化金融供给侧结构性改革，贯彻执行好稳健的货币政策，切实疏通货币政策传导机制，把支持实体经济恢复发展放到更加突出的位置，为高质量发展营造适宜的货币金融环境。持续推进宁德、龙岩普惠金融改革试验区建设，打造普惠金融、绿色金融发展的福建品牌。着力提升金融服务，优化金融结构，同时加强风险监测，坚持在推动高质量发展中防范化解风险，精准有效处置重点领域风险。

中国人民银行福州中心支行货币政策分析小组

总　纂：单　强　江　涛

统　稿：张　燕　陈　锋

执　笔：黄　宁　宋科进　杨冰洁　徐　清

提供材料的还有：曹桂元　阮玉盼　徐剑波　姚祖明　王德惠　王仁生　江　宇　林　勃　张习宁　张艳琳　郑境辉　付志祥　朱晶晶　游　燕　郑荫立　林文昊　黄月琴　李志林　陈　雄　陈福生　余　静　荣　杰　兰俚萍　丁启禄　等

附录

（一）2019 年福建省经济金融大事记

1 月 10 日，福建省人民政府印发《关于进一步深化改革扩大开放的若干措施》。

3 月 22 日，全国跨境业务区块链服务平台试点工作在福州等五市正式启动。

4 月 28 日，福建省全面取消企业银行账户许可，成为继江苏、浙江两个试点省份之后首批取消企业银行账户许可推广省份之一。

5 月 14 日，福建省金融工作办公室、福建省财政厅、中国人民银行福州中心支行、福建银保监局联合印发《福建省银行机构服务民营企业发展激励评价暂行办法》。

6 月 26 日，福建省人民政府印发《关于建立更加有效的区域协调发展新机制的实施方案》。

7 月 2 日，经国家外汇管理局批准，外汇局福建省分局发布《深入推进中国（福建）自由贸易试验区外汇管理改革试点实施细则》。

9 月 27 日，福建省税库银便民综合办税缴费平台正式上线运行。

11 月 28 日，经国务院批准，中国人民银行等五部委向福建省印发了《福建省宁德市、龙岩市普惠金融改革试验区总体方案》。

12 月 26 日，国家外汇管理局福建省分局、国家税务总局福建省税务局协同福建省口岸办，开通“服务贸易等项目对外支付信息共享平台”暨“福建省税务备案表查询核注系统”。

（二）2019 年福建省主要经济金融指标

表 1　2019 年福建省主要存贷款指标

		1 月	2 月	3 月	4 月	5 月	6 月	7 月	8 月	9 月	10 月	11 月	12 月
本外币	金融机构各项存款余额（亿元）	47561.7	47435.1	48020.1	48122.5	48470.2	49442.5	49213.5	49566.0	49579.3	49384.8	49922.2	49836.4
	其中：住户存款	20208.1	20235.7	20420.4	20162.3	20244.2	20775.8	20454.6	20552.0	21171.1	20839.9	20785.2	21192.9
	非金融企业存款	14208.3	13918.1	14425.9	14333.8	14433.4	14982.6	14312.3	14720.8	14765.8	14530.9	14950.9	14883.5
	各项存款余额比上月增加（亿元）	1734.5	-126.6	585.0	102.4	347.7	972.3	-229.0	352.5	13.2	-194.5	537.4	-85.8
	金融机构各项存款同比增长（%）	5.1	6.3	6.2	6.9	7.2	8.9	8.6	8.7	6.8	7.3	7.8	8.8
	金融机构各项贷款余额（亿元）	47819.6	48153.1	48579.2	49151.7	49524.6	50026.5	50363.8	51217.3	52056.7	52022.4	52577.5	52640.8
	其中：短期	15662.3	15632.2	15804.5	15722.5	15946.5	16224.5	16237.8	16363.6	16665.6	16639.3	16805.2	16815.2
	中长期	29416.5	29660.1	30004.8	30347.5	30564.0	30860.3	31107.3	31423.4	31773.5	31903.3	32091.8	32412.6
	票据融资	1596.0	1663.0	1653.8	1898.2	1923.3	1961.7	1915.0	2211.1	2509.8	2238.5	2063.4	2096.3
	各项贷款余额比上月增加（亿元）	998.0	333.5	426.1	572.5	372.9	501.8	337.4	853.5	839.4	-34.3	555.1	63.3
	其中：短期	450.3	-30.1	172.3	-82.0	224.0	278.1	13.3	125.8	302.0	-26.4	166.0	10.0
	中长期	610.3	243.6	344.7	342.7	216.5	296.3	247.0	316.1	350.1	129.8	188.5	320.8
	票据融资	-101.5	67.0	3.8	244.4	25.1	38.4	-46.7	296.0	298.8	-271.3	-175.1	32.9
	金融机构各项贷款同比增长（%）	12.1	12.0	11.7	12.2	12.3	12.2	11.9	12.2	13.9	13.0	13.7	13.2
	其中：短期	6.9	6.8	7.0	6.3	7.2	8.3	8.1	9.0	10.3	10.2	11.1	11.9
	中长期	12.9	12.5	12.6	12.7	12.7	12.6	12.5	12.6	12.8	12.8	12.5	13.0
	票据融资	77.9	79.9	71.3	103.7	90.9	70.2	57.0	58.3	79.1	54.3	40.7	23.5
	建筑业贷款余额（亿元）	944.4	952.7	962.9	994.2	1019.7	1042.1	1040.9	1043.9	1047.8	1055.1	1073.6	1101.8
	房地产业贷款余额（亿元）	2542.2	2587.1	2628.5	2690.1	2660.3	2693.0	2733.0	2723.5	2736.6	2699.8	2664.1	2660.6
	建筑业贷款同比增长（%）	27.0	24.0	23.1	25.1	26.5	26.7	24.7	23.2	25.3	25.7	25.1	27.1
	房地产业贷款同比增长（%）	10.1	10.0	7.6	10.0	8.7	9.2	10.7	10.4	9.8	7.8	7.2	7.3
人民币	金融机构各项存款余额（亿元）	46405.8	46247.7	46909.6	47010.1	47360.7	48350.9	48115.4	48456.6	48488.4	48254.8	48807.4	48754.9
	其中：住户存款	19957.7	19984.5	20168.1	19910.3	19994.7	20531.0	20212.2	20309.9	20929.8	20600.3	20544.6	20954.9
	非金融企业存款	13634.9	13322.6	13880.9	13793.1	13881.5	14431.0	13759.8	14156.9	14207.1	13947.5	14392.1	14338.2
	各项存款余额比上月增加（亿元）	1714.0	-158.1	661.8	100.5	350.6	990.2	-235.5	341.1	31.8	-233.6	552.7	-52.5
	其中：住户存款	1668.2	26.8	183.6	-257.9	84.4	536.4	-318.9	97.7	619.9	-329.5	-55.7	410.3
	非金融企业存款	144.9	-312.3	558.3	-87.5	88.4	549.5	-671.3	397.1	50.2	-259.6	444.6	-53.9
	各项存款同比增长（%）	5.8	6.9	6.9	7.5	7.7	9.5	9.1	9.3	7.3	7.7	8.3	9.1
	其中：住户存款	17.9	12.4	12.9	15.4	15.0	15.2	15.4	15.2	15.5	14.8	13.6	14.6
	非金融企业存款	-5.0	-0.9	0.3	-1.4	1.4	4.4	0.9	4.3	5.0	4.3	6.7	6.1
	金融机构各项贷款余额（亿元）	46407.4	46729.0	47166.8	47786.3	48142.8	48782.7	49080.5	49872.8	50702.7	50695.2	51064.3	51396.6
	其中：个人消费贷款	16706.9	16695.2	16937.5	17106.3	17314.4	17550.3	17781.2	18008.7	18344.0	18476.8	18661.4	18930.4
	票据融资	1596.0	1663.0	1653.8	1898.2	1923.3	1961.7	1915.0	2211.1	2509.8	2238.5	2063.4	2096.3
	各项贷款余额比上月增加（亿元）	915.9	321.6	437.8	619.4	356.5	639.9	297.8	792.3	829.9	-7.5	369.1	332.3
	其中：个人消费贷款	240.7	-11.8	242.3	168.8	208.1	235.9	230.9	227.5	335.3	132.8	184.6	269.0
	票据融资	-101.5	67.0	-9.2	244.4	25.1	38.4	-46.7	296.0	298.8	-271.3	-175.1	32.9
	金融机构各项贷款同比增长（%）	12.5	12.4	12.2	13.0	12.9	13.1	12.7	13.5	14.4	13.9	13.9	13.8
	其中：个人消费贷款	15.5	15.0	14.5	15.7	16.0	16.0	16.4	16.6	17.2	16.9	16.7	17.2
	票据融资	77.9	79.9	71.3	103.7	90.9	70.2	57.0	58.3	79.1	54.3	40.7	23.5
外币	金融机构外币存款余额（亿美元）	172.5	177.5	164.9	165.3	160.8	158.8	159.5	156.5	154.2	160.2	158.6	155.0
	金融机构外币存款同比增长（%）	-20.1	-16.0	-22.1	-18.4	-17.0	-13.7	-11.3	-16.1	-13.8	-9.4	-11.2	-6.3
	金融机构外币贷款余额（亿美元）	210.7	212.9	209.8	202.9	200.3	180.9	186.4	189.7	191.4	188.2	215.3	178.3
	金融机构外币贷款同比增长（%）	-4.9	-4.2	-9.8	-14.0	-11.8	-17.2	-14.0	-24.3	-6.8	-14.5	6.5	-7.9

数据来源：中国人民银行福州中心支行。

表 2　2001~2019 年福建省各类价格指数

单位：%

		居民消费价格指数		农业生产资料价格指数		工业生产者购进价格指数		工业生产者出厂价格指数	
		当月同比	累计同比	当月同比	累计同比	当月同比	累计同比	当月同比	累计同比
2001		—	-1.3	—	-1.3	—	-3.3	—	-1.9
2002		—	-0.5	—	-0.1	—	-2.4	—	-2.4
2003		—	0.8	—	1.8	—	6.3	—	0.7
2004		—	4.0	—	12.5	—	13.3	—	2.6
2005		—	2.2	—	8.1	—	8.1	—	0.2
2006		—	0.8	—	0.9	—	3.9	—	-0.8
2007		—	5.2	—	10.3	—	4.3	—	0.8
2008		—	4.6	—	23.6	—	10.2	—	2.7
2009		—	-1.8	—	-6.7	—	-6.8	—	-4.5
2010		—	3.2	—	2.4	—	7.7	—	3.2
2011		—	5.3	—	11.8	—	8.0	—	3.9
2012		—	2.4	—	3.3	—	-2.3	—	-1.3
2013		—	2.5	—	-0.5	—	-1.6	—	-1.6
2014		—	2.0	—	-0.5	—	-1.7	—	-1.4
2015		—	1.7	—	1.4	—	-3.9	—	-3.0
2016		—	1.7	—	0.2	—	-2.0	—	-0.9
2017		—	1.2	—	0.0	—	5.3	—	4.1
2018		—	1.5	—	3.1	—	2.8	—	2.8
2019		—	2.6	—	2.2	—	-1.0	—	0.6
2018	1	1.0	1.0	1.7	1.7	3.3	3.3	2.4	2.4
	2	2.8	1.9	1.7	1.7	2.5	2.9	1.9	2.1
	3	1.5	1.8	2.3	1.9	1.9	2.6	1.5	1.9
	4	1.2	1.6	2.4	2.0	1.6	2.3	1.3	1.8
	5	1.1	1.5	3.0	2.2	2.2	2.3	2.1	1.8
	6	1.1	1.5	3.3	2.4	2.9	2.4	2.6	2.0
	7	1.3	1.4	3.5	2.6	3.9	2.6	3.3	2.1
	8	1.5	1.4	3.4	2.7	4.2	2.8	3.9	2.4
	9	1.9	1.5	4.1	2.8	3.8	2.9	4.1	2.6
	10	2.0	1.6	4.4	3.0	3.2	2.9	4.1	2.7
	11	1.5	1.6	4.2	3.1	2.9	2.9	3.6	2.8
	12	1.2	1.5	3.0	3.1	1.2	2.8	2.4	2.8
2019	1	1.5	1.5	1.7	1.7	0.1	0.1	1.6	1.6
	2	0.7	1.1	1.5	1.6	0.0	0.0	1.5	1.6
	3	1.8	1.3	1.2	1.5	-0.1	0.0	1.4	1.5
	4	2.1	1.5	1.1	1.4	0.0	0.0	2.2	1.7
	5	2.4	1.7	0.5	1.2	-0.3	-0.1	1.8	1.7
	6	2.5	1.8	0.5	1.1	-0.3	-0.1	1.5	1.7
	7	2.7	2.0	0.8	1.0	-1.3	-0.3	0.7	1.5
	8	2.9	2.1	1.8	1.1	-2.1	-0.5	-0.3	1.3
	9	2.8	2.2	3.6	1.4	-2.3	-0.7	-0.4	1.1
	10	3.4	2.3	4.4	1.7	-2.4	-0.9	-1.0	0.9
	11	4.4	2.5	4.5	2.0	-2.2	-1.0	-1.3	0.7
	12	4.4	2.6	4.7	2.2	-1.2	-1.0	-0.5	0.6

数据来源：国家统计局福建调查总队。

表 3　2019 年福建省主要经济指标

	1 月	2 月	3 月	4 月	5 月	6 月	7 月	8 月	9 月	10 月	11 月	12 月
	绝对值（自年初累计）											
地区生产总值（亿元）	—	—	8145.3	—	—	16640.2	—	—	25595.0	—	—	42395.0
第一产业	—	—	382.2	—	—	913.3	—	—	1542.9	—	—	2596.2
第二产业	—	—	3911.6	—	—	8263.4	—	—	12546.93	—	—	20581.7
第三产业	—	—	3851.5	—	—	7463.4	—	—	11505.2	—	—	19217.0
规模以上工业增加值（亿元）	—	—	—	—	—	—	—	—	—	—	—	—
固定资产投资（亿元）	—	—	—	—	—	—	—	—	—	—	—	—
房地产开发投资	—	648.8	1306.4	1796.8	2260.0	2826.9	3290.8	3730.7	4303.2	4773.6	5253.0	5673.1
社会消费品零售总额（亿元）	—	2684.3	3916.6	5101.7	6315.0	7621.0	8869.7	10144.7	11411.7	12819.9	14300.3	15749.7
外贸进出口总额（亿元）	1195.0	1917.4	2976.3	4051.5	5170.5	6357.4	7490.0	8614.9	9728.2	10832.9	11999.2	13306.7
进口	415.4	718.2	1134.2	1518.3	1910.0	2298.1	2700.0	3136.6	3583.0	4024.1	4488.3	5028.8
出口	779.6	1199.2	1842.2	2533.2	3260.5	4059.3	4790.0	5478.3	6145.2	6808.8	7510.9	8277.9
进出口差额（出口－进口）	364.2	481.0	708.0	1014.9	1350.5	1761.3	2090.0	2341.7	2562.1	2784.7	3022.6	3249.0
实际利用外资（亿元）	33.3	53.2	98.8	113.0	128.9	175.2	184.3	202.2	222.4	246.6	276.7	315.4
地方财政收支差额（亿元）	-78.7	-244.6	-519.2	-580.6	-713.2	-1026.7	-1061.1	-1194.2	-1509.9	-1458.6	-1549.1	-2044.5
地方财政收入	410.1	608.2	853.6	1177.0	1436.4	1711.6	1983.7	2161.4	2390.9	2668.5	2848.8	3052.7
地方财政支出	488.8	852.8	1372.8	1757.6	2149.5	2738.3	3044.8	3355.5	3900.8	4127.1	4397.9	5097.3
城镇登记失业率（%）（季度）	—	—	3.7	—	—	3.7	—	—	3.5	—	—	3.5
	同比累计增长率（%）											
地区生产总值	—	—	8.2	—	—	8.1	—	—	8.0	—	—	7.6
第一产业	—	—	3.4	—	—	3.5	—	—	3.5	—	—	3.5
第二产业	—	—	8.6	—	—	8.3	—	—	8.3	—	—	8.3
第三产业	—	—	8.2	—	—	8.4	—	—	8.2	—	—	7.3
规模以上工业增加值	—	8.7	8.9	8.9	8.6	8.6	8.5	8.6	8.8	8.8	8.8	8.8
固定资产投资	—	8.1	8.3	7.0	6.6	7.0	6.9	7.0	7.0	6.5	6.0	6.0
房地产开发投资	—	17.8	17.8	19.6	19.0	17.5	17.3	17.1	16.8	16.1	16.2	14.8
社会消费品零售总额	—	10.5	10.8	10.8	10.6	11.0	10.9	10.9	10.9	10.6	10.3	10.0
外贸进出口总额	7.4	-1.9	4.5	5.9	6.1	6.8	6.6	5.6	4.8	5.4	6.4	7.8
进口	-6.8	-7.3	-3.6	-0.9	-1.1	-1.2	-1.4	-1.6	-1.4	0.3	2.5	6.3
出口	16.9	1.7	10.2	10.4	10.9	11.9	11.7	10.1	8.8	8.7	8.8	8.7
实际利用外资	-6.4	-9.5	6.2	2.8	2.4	4.1	2.3	6.5	4.9	4.9	1.9	3.3
地方财政收入	12.4	9.7	4.8	5.3	2.6	2.9	1.8	0.9	1.9	1.8	1.9	1.5
地方财政支出	48.2	17.0	12.9	9.3	9.4	10.2	6.8	5.7	7.3	6.4	3.9	5.5

数据来源：福建省统计局。

江西省金融运行报告（2020）

中国人民银行南昌中心支行货币政策分析小组

[内容摘要]2019年，江西省以习近平新时代中国特色社会主义思想为指导，深入贯彻落实习近平总书记视察江西重要讲话精神，稳字当头提质量、巩固提升求突破、攻坚克难补短板、感恩奋进促实干，全力推动高质量跨越式发展，确保与全国同步全面建成小康社会和“十三五”规划圆满收官。

经济运行呈现总体平稳、稳中有进、稳中向好发展态势。一是总体平稳，稳的格局更加巩固。主要体现为生产稳、需求稳。三次产业平稳运行，农业基础地位稳固，粮食总产量“七连丰”，工业行业生产平稳，规模以上工业有七成大类实现增长，服务业增势良好，增加值占地区生产总值比重同比提高0.2个百分点。三大需求稳步增长，固定资产投资增长9.2%，社会消费品零售总额增长11.3%，比上年加快0.3个百分点，进出口增长11.1%，比上年加快6.1个百分点。二是稳中有进，进的支撑更加有力。主要体现为基础好、动力足。主要指标增速保持全国前列，全省地区生产总值增速居全国第四位，连续20个季度居全国前5位，规模以上工业增加值增长8.5%，高于全国2.8个百分点，居全国第三位，固定资产投资、社会消费品零售总额增速居全国首位。新兴动能加快培育，新产业规模扩大，高新技术产业、装备制造业、战略性新兴产业增加值增速明显高于规模以上工业，占规模以上工业比重比上年分别提高2.3个、1.4个、4.1个百分点，新业态较快发展，通过公共网络实现的零售额增长20.7%，高于社会消费品零售总额增速9.4个百分点。三是稳中向好，好的势头更加明显。主要体现为质效升、民生好。经济质效有效提升。规模以上工业企业实现利润增速加快、单位成本减少，财政总收入突破4000亿元，税收收入占财政总收入的81.5%，占一般公共预算收入的70.3%，均比上年提高0.2个百分点。就业稳收入稳，城镇新增就业、城镇失业人员再就业和城镇困难人员再就业实际完成人数均超计划目标20%以上，居民收入增长基本与经济增长同步，居民消费价格总水平上涨2.9%，符合预期目标。民生投入继续大幅增加，民生支出占财政支出的81.2%，比上年提高1.3个百分点。

金融运行势头良好，为经济高质量发展营造良好货币金融环境。一是金融发展“提档”，金融总量再创历史新高。金融主要指标保持较快增长，为江西主要经济指标增速保持全国第一方阵提供有力支撑。2019年末，社会融资规模首次突破6000亿元，达6725.5亿元，占全国的2.63%。全省本外币贷款余额和存款余额同比分别增长16.8%和11%，增速分别排全国第一位和第三位。二是信贷支持“提质”，服务实体经济成效显著。信贷向重点领域和薄弱环节投放力度加大，先进制造业和高技术产业制造业贷款余额同比增速高于各项贷款平均增速3.8个和15.8个百分点，涉农领域余额占各项贷款比重为36.3%，普惠口径小微企业人民币贷款余额（含票据贴现）较年初增速高出同期各项贷款增速0.3个百分点。实体经济融资成本继续下行，12月江西省人民币贷款加权平均利率6.33%，较LPR改革前（7月）下降29个基点。三是直接融资“提速”，多层次资本市场快速发展。债务融资工具全年发行1345.4亿元，同比增长57.3%，增速居全国第四位。全省首单绿色中期票据、扶贫中期票据和民营企业债务融资支持工具相继落地。企业上市“映山红”行动[①]有力，实现了“严中有进”，全年实现8家企业上

①针对江西省企业上市现状，为加快推进企业上市、壮大资本市场“江西省板块”，江西省提出企业上市“映山红”行动。

市或回迁，同比多增2家，创历史新高。保险保障功能有效发挥，全年提供各类风险保障金额同比增长22.4%。四是金融改革“提效”，绿色金融走在全国前列。绿色金融改革形成一批可复制可推广成果，在抚州、赣州等地推广养殖经营权抵押贷款模式，畜禽“智洁贷”“链养贷”在全国率先落地，赣江新区发行全国首单绿色市政债、绿色境外债券，绿色票据、信托标准及地方绿色项目标准制定走在全国前列，年末全省绿色信贷余额比年初增长18.9%。赣州、吉安创建国家普惠金融改革试验区进展顺利。五是金融基础设施建设“提升”，支付体系进一步完善。进一步推广央行内部（企业）评级信贷资产质押再贷款，信用创建工作深入推进，累计促成239万农户获得银行授信。支付体系基础设施进一步完善，线下跨行移动支付业务①笔数和金额同比分别增长4.5倍和5.4倍，助农取款业务金额同比增长12.5%。有效维护金融消费者合法权益，金融消费者投诉处理优质高效，银行业金融机构金融消费者投诉统计分类及编码行业标准应用实施工作全面推进。金融知识宣传教育活动深入开展，社会公众金融素养有效提升。

2020年全省上下统筹做好疫情防控和经济社会发展工作，将牢牢把握国际国内大势，坚持创新驱动，抢抓变道超车重要战略机遇期，全面促进经济与金融高质量发展，预计全省经济保持平稳增长。金融方面，在稳健的货币政策突出逆周期调节和灵活适度背景下，江西省金融业流动性将保持合理充裕，预计全省信贷增量将继续同比多增，直接融资占比继续提高，社会融资规模稳步增长，综合融资成本进一步下降，全省金融风险总体可控。

一、金融运行情况

2019年江西省金融系统全面贯彻落实稳健的货币政策，强化逆周期调节，货币信贷和社会融资保持较快增长，服务实体经济质效和精准度提升，金融市场有序发展，金融生态环境持续改善，有力托举全省经济中高速增长。

（一）银行业有序发展，支持实体经济质效提升

1. 银行业资产负债规模稳步增长，金融组织体系不断完善。2019年末，全省银行业资产总额5.2万亿元，同比增长11.5%，增速较上年末高2.3个百分点；负债总额4.9万亿元，同比增长11.5%，增速较上年末高2.7个百分点。金融赣军再添新兵，全省首家民营银行裕民银行开业，渤海银行和浙商银行落户，新设1家财务公司和5家村镇银行。

表1　2019年江西省银行业金融机构情况

机构类别	营业网点			法人机构（个）
	机构个数（个）	从业人数（人）	资产总额（亿元）	
一、大型商业银行	1859	38147	15465	0
二、国家开发银行和政策性银行	99	2218	7133	0
三、股份制商业银行	288	5227	4148	0
四、城市商业银行	766	12389	10943	4
五、小型农村金融机构	2419	26051	9184	87
六、财务公司	3	203	379	3
七、信托公司	2	828	238	2
八、邮政储蓄银行	1477	13552	3186	0
九、外资银行	5	73	43	0
十、新型农村金融机构	219	3986	672	76
十一、其他	5	248	204	1
合　计	7142	102922	51595	173

注：营业网点不包括国家开发银行和政策性银行、大型商业银行、股份制商业银行等金融机构总部数据；大型商业银行包括中国工商银行、中国农业银行、中国银行、中国建设银行和交通银行；小型农村金融机构包括农村商业银行；新型农村金融机构包括村镇银行、贷款公司、农村资金互助社和小额贷款公司；“其他”包含金融租赁公司、汽车金融公司、货币经纪公司、消费金融公司等。

数据来源：江西银保监局。

①指实体商户通过银联跨行清算系统办理的移动支付业务。

2. 存款增长速度加快，结构趋于优化。 2019年末，全省金融机构本外币各项存款余额3.9万亿元，同比增长11%，增速较上年末高2.5个百分点，增速排全国第三位、中部首位；比年初增加3877.1亿元，同比多增1122.1亿元。在监管部门加强对结构性存款合规销售等监管措施后，全年结构性存款占各项存款增量比重较上年下降11.7个百分点，拉低金融机构负债端成本有利于降低实体经济融资成本。

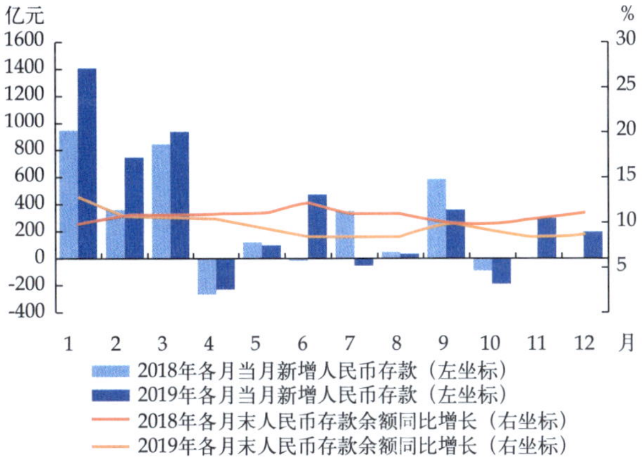

数据来源：中国人民银行南昌中心支行。

图1 2018~2019年江西省金融机构人民币存款增长变化

3. 贷款增速跃升全国首位，信贷支持重点突出。 2019年末，全省金融机构本外币各项贷款余额3.6万亿元，同比增长16.8%，增速排全国首位，较上年前进1位；比年初增加5034.2亿元，首次迈过5000亿元大关。再贷款、再贴现工具的引导和撬动作用进一步发挥，全年累计办理再贴现412.8亿元，同比增长123.6%；累计发放支农（含扶贫）、支小再贷款308.6亿元，为涉农、小微企业节约融资成本约5.9亿元。金融投放向经济发展重点领域和薄弱环节倾斜，先进制造业和高技术制造业贷款增速分别高于各项贷款增速3.8个和15.8个百分点。涉农贷款余额占比36.3%，稳定在三分之一以上，普惠口径小微企业人民币贷款余额（含票据贴现）较年初增长16.7%，高出同期各项贷款增速0.3个百分点。2019年，全省新发放创业担保贷款154.9亿元，完成全年民生工程任务的140.8%。

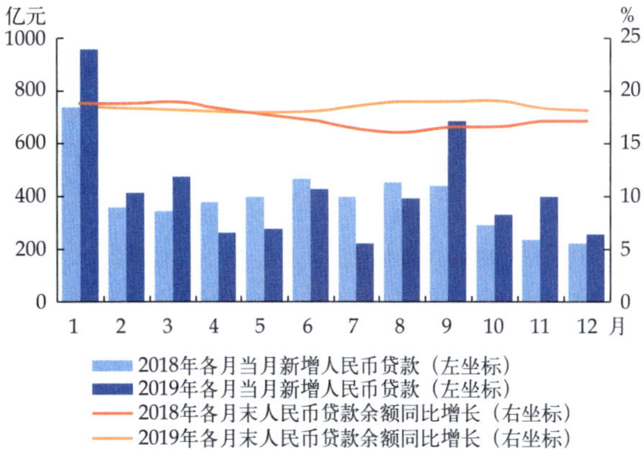

数据来源：中国人民银行南昌中心支行。

图2 2018~2019年江西省金融机构人民币贷款增长变化

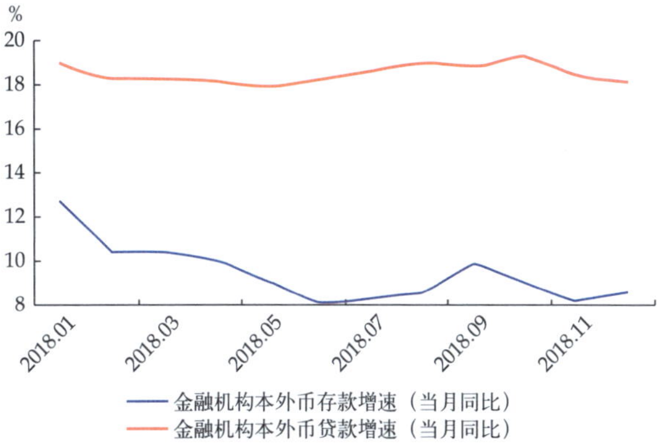

数据来源：中国人民银行南昌中心支行。

图3 2018~2019年江西省金融机构本外币存、贷款增速变化

4. 表外业务持续收缩，未贴现银承减少最多。 2019年，随着资管新规等金融监管政策的深入实施，大量表外业务回归表内，金融市场风险有效缓释。江西省表外融资业务减少730.2亿元，同比多减295.2亿元。其中，委托贷款减少173.3亿元，同比多减198.0亿元；信托贷款减少199.7亿元，同比多减42.1亿元；未贴现银行承兑汇票减少357.2亿元，同比多减55.1亿元。

5. 利率市场化改革持续推进，实体经济融资成本下行。 2019年前三季度人民币贷款加权平均利率走势平稳，第四季度随着LPR改革效果逐步显现，货币市场利率向贷款利率传导效率提升，带动贷款利率显著下行。12月江西省人民币贷款加权平均利率6.33%，较LPR改革前（7月）下降29个基点。小微企业在一系列政策定向支持作用下，融资成本下行，贷款加权利率较上年高点下降72个基点。个人商业性住房贷款利率保持稳定，贷款加权平均利率同比下降7个基点。金融机构一年期定期存款加权利率2.04%，同比提高4个基点。受接管包商银行事件影响，各季度同业存单发行规模分化，呈“V”字形，全年地方法人金融机构发行1572.9亿元，同比下降8.1%，加权发行利率3.15%，同比降低1.1个百分点；大额存单利率浮动区间扩大及理财产品打破刚兑，投资者购买热情升温，加之地方法人金融机构主动负债意愿和能力增强，带动大额存单市场快速发展，全年累计发行大额存单260.4亿元，同比增长1.9倍。

表2　2019年江西省金融机构人民币贷款各利率区间占比

（LPR改革前）　　　　单位：%

月份		1月	2月	3月	4月	5月	6月	7月
合计		100.0	100.0	100.0	100.0	100.0	100.0	100.0
下浮		7.2	11.2	5.7	5.7	5.9	5.3	3.2
基准		17.3	16.4	11.7	11.7	14.0	14.9	16.5
上浮	小计	75.5	72.5	82.5	82.5	80.1	79.9	80.3
	(1.0, 1.1]	15.1	11.5	11.9	11.9	12.0	14.5	14.0
	(1.1, 1.3]	21.5	20.6	23.9	23.9	24.1	23.5	22.4
	(1.3, 1.5]	12.5	12.2	15.7	15.7	14.0	11.9	13.1
	(1.5, 2.0]	19.9	19.7	22.5	22.5	21.9	22.2	22.4
	2.0以上	6.6	8.4	8.5	8.5	8.1	7.8	8.4

（LPR改革后）

月份		8月	9月	10月	11月	12月
合计		100.0	100.0	100.0	100.0	100.0
LPR减点		4.2	5.3	5.3	5.1	6.7
LPR		0.3	0.1	0.0	0.6	0.4
LPR加点	小计	95.5	94.7	94.7	94.2	92.9
	(LPR, LPR+0.5%)	17.1	21.3	17.5	15.6	18.7
	[LPR+0.5%, LPR+1.5%)	27.8	30.9	29.0	28.7	23.5
	[LPR+1.5%, LPR+3%)	24.2	18.6	19.9	23.2	26.9
	[LPR+3%, LPR+5%)	15.6	13.1	14.9	15.3	15.0
	LPR+5%及以上	10.7	10.8	13.3	11.5	8.6

数据来源：中国人民银行南昌中心支行。

6. 金融机构不良贷款“双降”，风险抵御能力提升。金融风险防控攻坚战实施以来，人民银行南昌中心支行坚持防控结合，重点围绕高风险金融机构的风险化解定制度、建机制、梳流程，金融风险总体可控。年内金融机构加速不良贷款处置力度，核销不良贷款258.6亿元，同比多增60.8亿元，带动不良贷款余额和不良贷款率分别下降156.8亿元和0.78个百分点。法人金融机构风险抵御能力增强，年末资本充足率较上年末提高0.4个百分点，拨备覆盖率较上年末提高28.2个百分点。

7. 金融改革持续深化，金融服务创新发展。农村承包土地的经营权抵押贷款业务提质扩面，在全国率先开展农垦国有农用地使用权抵押贷款试点。赣州、吉安创建国家普惠金融改革试验区进展顺利，跨境金融区块链服务平台试点有序推行，小微客户融资服务平台平稳运行，融资便利度、满意度、可得性进一步提升。绿色金融改革向纵深推进，在抚州、赣州等地推广养殖经营权抵押贷款模式，畜禽“智洁贷”“链养贷”在全国率先落地，赣江新区发行全国首单绿色市政债、绿色境外债券，绿色票据、信托标准及地方绿色项目标准制定走在全国前列，年末全省绿色信贷余额比年初增长18.9%，高于各项贷款增速，“两高一剩”行业中长期贷款低于上年末1.4个百分点。

8. 跨境收支平稳增长，跨境人民币结算量占比提高。2019年，全省跨境收支总额首次突破450亿美元，达463.1亿美元，同比增长3.5%。其中，跨境收入与支出“双增”，收支顺差同比下降4.4%。经常项目和资本与金融项目继续保持“双顺差”态势，分别净流入51.7亿美元和1.2亿美元。全年人民币跨境实际收付金额528.4亿元，占同期跨境收支总额的比重为16.5%，同比提高2.9个百分点。

专栏1　搭平台　优管理　破痛点　立足普惠金融创新改善小微企业融资服务

近年来，中国人民银行南昌中心支行准确把握宏观信贷政策要求，聚焦化解小微企业融资难融资贵难题，以搭建“小微客户融资服务平台”为抓手，寓完善货币政策工具管理与民营小微融资服务于一体，激励引导江西金融机构持续改善普惠金融服务。人民银行易纲行长、郭树清书记和江西省委书记刘奇先后莅临南昌中支现场指导，并对小微客户融资服务平台建设给予充分肯定。

一、科技赋能搭建小微客户融资服务平台

南昌中支于2018年11月上线运行“江西省小微客户融资服务平台”，借助高科技手段，建立健全小微企业融资服务数据库，畅通小微企业、银行机构、监管部门之间信息沟通，引导对民营小微企业“精准滴灌”，破解阻碍小微企业融资的“信息不对称”问题。平台设计有两大功能模块：融资服务功能打破信贷操作层与客户之间的信息屏障，提供融资（含贷款和贴现）申请、金融产品和政策信息查询等服务，要求银行限时响应企业的融资申请，帮助融资供需主体加强对接；监测分析功能畅通政策制定层与信贷操作层之间的双向流通，要求银行全面采集小微客户身份、融资和风险信息等30余个字段信息，开发金融管理驾驶舱，提供货币信贷政策实施抓手和风险提示等功能。

二、协调推进提升货币政策运用效果

南昌中支将服务平台建设作为基层央行创新货币政策工具管理的主要手段，做到一体两面，协同推进。引导银行机构将运用央行资金发放的贷款，通过服务平台对接，并优先审批，给予利率优惠支持。同时，通过比对银行机构报送的台账与服务平台数据，及时全面掌握银行机构报送台账的真实性，有针对性地增加再贷款额度、再贴现便利等措施给予激励，确保政策红利精准传递至民营小微企业。目前，全省有法人银行机构170家，其中借用再贷款机构162家，机构覆盖面95%。2019年末再贷款余额341.8亿元，约占全国余额的7%；累计办理再贴现477.9亿元，同比增长103.9%。央行货币政策工具“宽进严管”配合“穿透式”的贷后管理，发挥政策工具的引领带动作用，使央行政策意图得到充分贯彻。

三、破解“痛点”改善小微企业融资服务水平

一是降低银行获客成本。自平台上线以来，用户主动发布融资需求13.3万笔，降低了银行获客成本，提高营销精准度和覆盖面，实现了银企互动双赢。二是解决了融资需求不准确问题。精准区分有效需求、潜在需求和无效需求，用数据说明企业融资满足情况，让数据多跑步、企业少跑腿，澄清“贷款难”的模糊说法。三是解决了授信不规范问题。既摒弃银行因防控风险而对条件一般企业惜贷、慎贷的消极服务理念，又防止对优质企业过度争抢甚至过度授信产生风险隐患。四是解决了银企不主动问题。打造零距离服务窗口，企业便捷搭乘向不超过3家银行申请贷款的金融科技快车，使过去的“企业找银行”变为现在的“银行找企业”，实现了服务前置、权限下沉。五是解决了政策和产品不接地问题。四大类金融政策、350余款特色小微信贷产品，申贷、贴现多项功能模块，搭建起基于小微客户视角的金融政策和金融产品超市，提供一站式、场景化、全方位的金融服务，方便企业量体裁衣、各取所需。六是解决了信贷管理不精准问题。通过实时监测平台运行，为基层央行履职添抓手，既能一目了然获取小微融资需求满足情况和梗阻因素，还为积极协调政府部门完善财园信贷通、融资担保和推动落实“几家抬”机制提供了有力支撑。

截至2019年末，服务平台小微客户注册用户突破51.9万户，有12.7万户企业通过服务平台申请贷款。融资可得性提升，有9.3万户企业成功获得银行贷款1487.1亿元，需求满足度按户数计算为73.2%。自2019年10月贴现功能模块上线以来，有741户企业成功申请贴现99.6亿元。融资普惠性提升，申请企业户均获得贷款159.8万元，贷款100万元及以下的企业占比达85.4%。融资便利度提升，自申请贷款到获得贷款耗时在15天及以内的企业占比90.4%。

（二）证券期货市场交投活跃度上升，多层次资本市场发展平稳

1. 证券市场交投活跃度上升，经营效益持续好转。2019 年末，全省证券投资者资金账户数同比增长 16.0%，较上年高 5.2 个百分点；客户保证金余额同比增长 54.7%，较上年高 70.0 个百分点；证券市场累计交易额 5.5 万亿元，同比增长 31.4%；证券机构累计实现营业收入和净利润分别为 19.8 亿元、5.1 亿元，同比分别增长 38.5% 和 263.8%。

2. 期货市场交投活跃度上升，法人期货机构市场份额较为稳固。2019 年末，全省期货投资者账户数 5.2 万户，同比增长 4.9%；累计代理成交 3143.5 万手，同比增长 30.9%；交易额 2.8 万亿元，同比增长 46.2%；受交易手续费率降低、交易场所返还减少等因素影响，期货机构实现营业收入 0.8 亿元，同比下降 26.3%；亏损 507.5 万元，亏损额较上年扩大 33.6%。其中，瑞奇期货公司累计投资者账户数、代理成交额、营业收入分别占全省的 56.9%、50.1% 和 72.0%，实现盈利 4.44 万元，高于省内多数机构盈利水平。

3. 上市公司严中有进，私募基金运行平稳。全省企业上市“映山红”行动有力，实现了严中有进，共有 8 家企业实现上市或回迁，其中 6 家企业首发上市、2 家企业迁入，耐普矿机是全省第 1 家通过 IPO 扶贫“绿色通道”获批的企业，企业上市数同比多增 2 家，创历史新高；企业上市后劲进一步加强，辖区在审企业 10 家，辅导备案企业 22 家，其中科创板辅导备案企业 3 家，在审企业中部六省排名第二位。全省共有 255 家中基协备案私募基金管理人，较年初增加 11 家，备案基金产品 641 只，较年初增加 102 只。备案基金中，私募股权、创业投资基金管理人 168 家，基金 367 只，管理基金规模 1131.0 亿元。

表 3　2019 年江西省证券业基本情况

项目	数量
总部设在辖内的证券公司数（家）	2
总部设在辖内的基金公司数（家）	255
总部设在辖内的期货公司数（家）	1
年末国内上市公司数（家）	43
当年国内股票（A 股）筹资（亿元）	27
当年发行 H 股筹资（亿元）	0
当年国内债券筹资（亿元）	1008
其中：短期融资券筹资额（亿元）	144
中期票据筹资额（亿元）	431

注：当年国内股票（A 股）筹资额指非金融企业境内股票融资。
数据来源：江西证监局。

（三）保险行业运行平稳，保险保障功能有效发挥

1. 行业运行平稳，退保情况好转。2019 年 12 月末，全省保险业资产总额 1473.6 亿元，同比增长 12.9%；累计保费收入和赔付支出同比分别增长 10.8% 和 6.0%，其中财产险保费收入和赔付支出同比分别增长 8.3% 和 10.2%。全省保险业退保金 143 亿元，同比下降 12%；退保率 7%，同比下降 1.7 个百分点。

2. 财险发展较好，人身险结构继续优化。2019 年，全省财险综合赔付率 61.3%，同比提高 0.8 个百分点；财险承保利润率 4.4%，同比提高 2.3 个百分点。人身险渠道、险种、期限等结构进一步优化。个险和健康险保费收入分别占寿险公司保费收入的 60.4% 和 23.1%，同比分别提高 0.4 个和 0.9 个百分点；新单期交保费收入占比同比提高 5.3 个百分点。

3. 险资入赣再创新高，保险保障功能不断提升。2019 年，“险资入赣”突破 200 亿元，达 204 亿元，创历史新高，有效拓宽了重大项目的融资渠道。保险保障功能不断提升，全年累计提供各类风险保障 53 万亿元，同比增长 33.3%。

表 4　2019 年江西省保险业基本情况

项目	数量
总部设在辖内的保险公司数（家）	1
其中：财产险经营主体（家）	1
人身险经营主体（家）	0
保险公司分支机构（家）	48
其中：财产险公司分支机构（家）	21
人身险公司分支机构（家）	27
保费收入（中外资，亿元）	835.2
其中：财产险保费收入（中外资，亿元）	260.4
人身险保费收入（中外资，亿元）	574.8
各类赔款给付（中外资，亿元）	280.8
保险密度（元 / 人）	1797.0
保险深度（%）	3.4

数据来源：江西银保监局。

（四）社会融资规模创新高，金融市场交易活跃

1. 地区社会融资规模创新高，非金融企业债务融资工具跨越式发展。2019 年，全省社会融资规模增量 6725.5 亿元，为历史最高，同比多增 477.4 亿元，占全国比重为 2.6%。其中，贷款融资和直接融资增加较多，占社会融资规模增量比重分别较上年提高 1.3 个、3.9 个百分点。非金融企业债务融资工具实现跨越式发展，全年发行金额 1345.4 亿元，同比增长 57.2%，增速居全国第四位；发行企业较上年增加 11 家，实现发行金额和发行企业数量双增。全省首单绿色中期票据、扶贫中期票据和民营企业债务融资支持工具相继落地，江西银行和九江银行成功获批银行间市场 B 类主承销商资格，地方法人承销机构实现新突破。

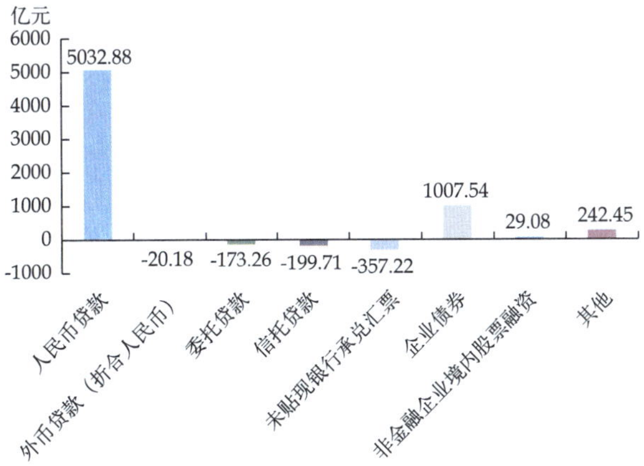

数据来源：中国人民银行南昌中心支行。

图 4　2019 年江西省社会融资规模分布结构

2. 银行间债券市场规模持续扩张，成交利率整体下降。市场成员累计债券交易量同比增长 68%。其中，质押式回购、现券交易、买断式回购同比分别增长 29.8%、81.4% 和 86.4%；三者交易加权平均利率分别比上年下降 29 个、71 个和 51 个基点。

3. 票据市场交投活跃，利率水平逐季走低。票据市场交投活跃，承兑、贴现业务快速增长，票据承兑累计发生额为 2823.9 亿元，同比增长 37.8%，票据贴现余额同比增长 53.1%。票据直贴和转贴利率逐季走低，第四季度直贴和转贴利率分别比第一季度低 40 个和 60 个基点。

表 5　2019 年江西省金融机构票据业务量统计

单位：亿元

季度	银行承兑汇票承兑		贴现			
			银行承兑汇票		商业承兑汇票	
	余额	累计发生额	余额	累计发生额	余额	累计发生额
1	1636	724.94	1554.8	2279.47	32.39	39.6
2	1707	1382.89	1699.0	3937.04	37.29	93.14
3	1783	2069.45	1803.7	5395.18	42.26	132.9
4	1840	2823.9	1898.4	6970.97	67.67	196.84

数据来源：中国人民银行南昌中心支行。

表 6　2019 年江西省金融机构票据贴现、转贴现利率

单位：%

季度	贴现		转贴现	
	银行承兑汇票	商业承兑汇票	票据买断	票据回购
1	3.46	3.63	3.48	3.43
2	3.41	4.43	3.41	3.03
3	3.20	4.20	3.04	2.82
4	2.98	4.86	2.93	2.64

数据来源：中国人民银行南昌中心支行。

（五）金融生态环境持续优化，金融服务水平提升

1. 信用体系建设扎实开展，央行内部评级工作深入推进。2019 年，两家网络小贷公司和融资租赁公司获批接入，累计提供个人和企业信用报告查询 939.6 万笔，有效地促进了金融机构业务发展和风险防范。深入推进“两覆盖一

提升”工程[①]，评定信用农户205万户、信用村3276个、信用乡镇376个，累计促成239万户农户获得银行授信。不断深化中小微企业信用体系建设，加大与“双创”、金融支持民营和小微企业发展等重点工作深度融合，大力推广央行内部（企业）评级和信贷资产质押，评级通过率为81.8%，发放央行内部评级信贷资产质押再贷款14.0亿元，同比增长82.2%；继续开展中征应收账款融资服务平台推广应用，积极探索政府采购合同线上融资业务，2019年通过服务平台促成融资金额389亿元。

2. 进一步完善支付体系基础设施，支付服务环境持续优化。移动支付便民工程建设成效显著，“云闪付”用户同比增长106.6%，98.4%的银行卡跨行支付系统联网特约商户支持银联移动支付方式，办理线下跨行移动支付业务的笔数和金额同比分别增长4.5倍和5.4倍。农村支付服务环境持续优化，累计设立助农取款点3.3万个，办理助农取款业务金额同比增长12.5%。

3. 有效维护金融消费者合法权益，提升社会公众金融素养。不断健全金融消费者投诉咨询受理、处理工作机制，持续优化12363金融消费权益保护投诉咨询电话工作流程，积极推进银行业金融机构金融消费者投诉统计分类及编码行业标准应用实施，探索建立金融纠纷多元化解机制。全省人民银行系统共受理有效投诉955笔，较上年增长107%，投诉办结率99.1%。围绕“3·15金融消费者权益日”“普及金融知识 守住钱袋子”“金融知识普及月”宣传活动主题，开展差异化、持续性的金融知识宣传教育活动，着重提升重点群体的金融知识水平和防范风险能力，积极推进金融知识纳入国民教育体系。2019年全省金融消费者金融知识平均得分较2017年提高0.85分，金融行为平均得分较2017年提高0.54分，全省金融消费者素养不断提升。

二、经济运行情况

2019年，全省经济总量稳步增加，经济结构持续优化，动力活力持续释放，质量效益持续改善。全省地区生产总值24757.5亿元，同比增长8.0%，基本实现预期目标，高于全国平均水平1.9个百分点，居全国第四位、中部首位。三次产业保持协调发展，增加值同比分别增长3.0%、8.0%和9.0%，产业结构由上年同期的8.6：46.6：44.8优化为8.3：44.4：47.3。

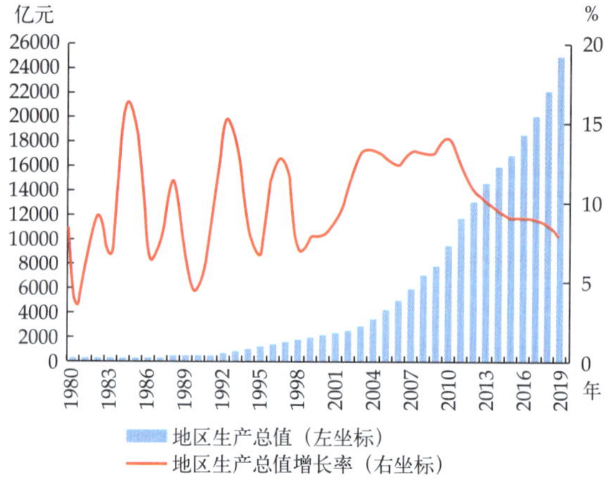

数据来源：江西省统计局。

图5　1980~2019年江西省地区生产总值及其增长率

（一）三大需求继续增长，消费贡献继续提高

1. 固定资产投资增长稳定，投资结构持续改善。2019年，固定资产投资增长9.2%，较上年回落1.9个百分点，高于全国平均水平3.8个百分点，居全国第八位。其中，基建投资同比增长8.9%，占全部投资的17.2%；工业投资同比增长10.9%，占全部投资的49.7%。投资结构继续优化，工业技改投资增长45.6%，高于工业投资34.7个百分点；高新技术产业投资增长10.8%，高于全部投资1.6个百分点；高耗能行业投资增长4.6%，比上年回落2.3个百分点。

①指农村信用创建实现行政村全覆盖，符合条件的建档立卡贫困户全覆盖，在风险可控、商业可持续前提下，促进农户信用贷款规模不断提升。

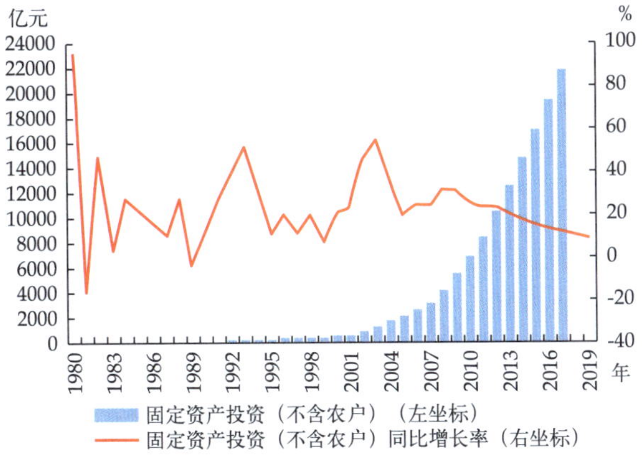

数据来源：江西省统计局。

图 6　1980~2019 年江西省固定资产投资（不含农户）及其增长率

2. 消费增速跃居全国首位，消费升级趋势向好。2019 年，全省实现社会消费品零售总额 8421.6 亿元，增长 11.3%，比上年加快 0.3 个百分点，高于全国平均水平 3.3 个百分点，增速居全国首位。其中，餐饮业增长 15.5%，增幅最大。消费升级类商品增势较好，限上中西药品类、化妆品类、建筑及装潢材料类、文化办公用品类商品零售额分别增长 24.6%、23.6%、15.4% 和 14.7%。通过公共网络实现的零售额增速高于整体增速 9.4 个百分点。旅游消费持续升温，旅游接待总人次和总收入分别增长 15.7%、18.6%。

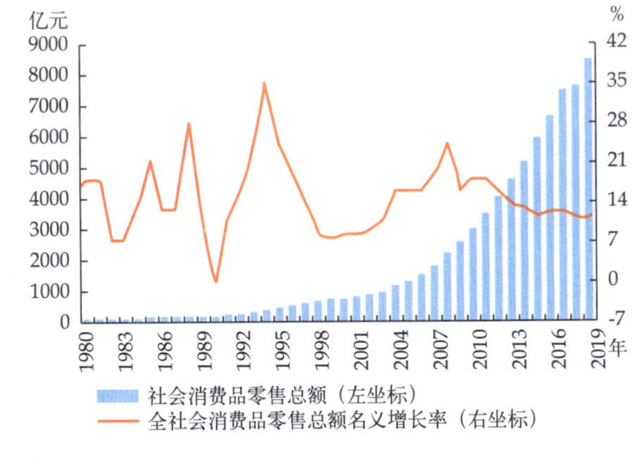

数据来源：江西省统计局。

图 7　1980~2019 年江西省社会消费品零售总额及其增长率

3. 对外贸易逆势增长，民营企业拉动作用增强。2019 年，在全国进出口贸易放缓的大背景下，江西省狠抓外贸政策落实，外贸逐步回稳向好，全年进出口总值 3511.9 亿元，增长 11.1%，比上年加快 6.1 个百分点，高于全国平均水平 7.7 个百分点。其中，出口和进口增速分别比上年加快 11.7 个和 8.2 个百分点。民营企业拉动全省外贸进出口业务增长作用明显，民营企业进出口 2447.9 亿元，增长 18.4%，占江西进出口外贸总值的 69.7%，比 2018 年提升 4.3 个百分点，其中民营企业出口增长 13.7%，进口增长 36.4%。外商投资增速有所放缓，全省实际利用外商直接投资同比增长 8.0%，比上年回落 1.7 个百分点。

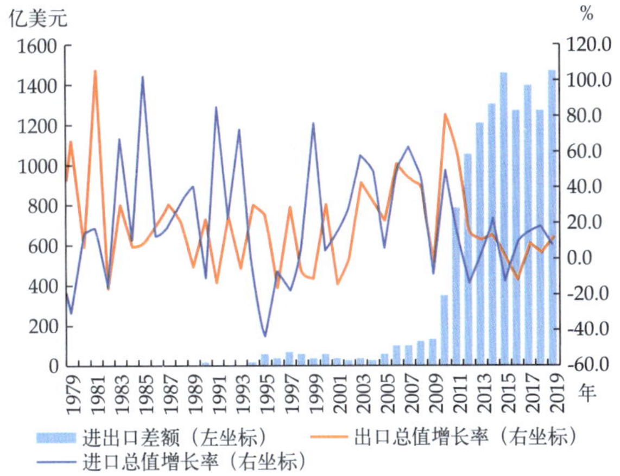

数据来源：江西省统计局。

图 8　1979~2019 年江西省外贸进出口变动情况

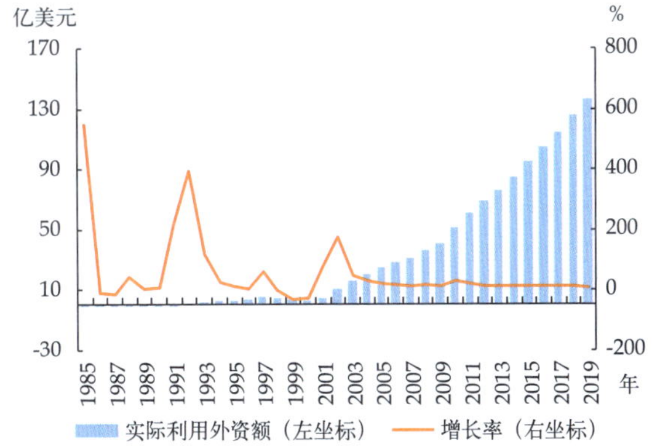

数据来源：江西省统计局。

图 9　1985~2019 年江西省实际利用外资额及其增长率

（二）三次产业平稳运行，供给侧结构性改革积极推进

1. 农业生产形势稳定，乡村振兴战略纵深推进。2019年，粮食总产量431.5亿斤，实现第七年稳定在420亿斤以上。除猪肉产量下降16.1%以外，牛肉、羊肉、禽肉、禽蛋和水产品等主要“菜篮子”产品产量分别增长5.5%、10.0%、20.2%、21.7%和1.1%。乡村振兴战略持续推进，新建高标准农田296万亩，茶产业产值突破百亿元；农村承包地确权登记颁证、113个畜禽养殖县（市、区，含开发区）“三区”划定和地理标注基本完成，年经营收入5万元以上行政村占比79%左右。农村居民人均可支配收入增长9.2%，与上年持平。

2. 工业生产稳中趋缓，新兴动能加快培育。2019年，规模以上工业增加值同比增长8.5%，增速比上年回落0.4个百分点，高于全国平均水平2.8个百分点。工业行业大类增长面为68.4%。新产业规模扩大，高新技术产业、装备制造业、战略性新兴产业增加值分别增长13.4%、18.2%和11.4%，增速明显高于规上工业；占规上工业的比重为36.1%、27.7%和21.2%，比上年提高2.3个、1.4个和4.1个百分点。

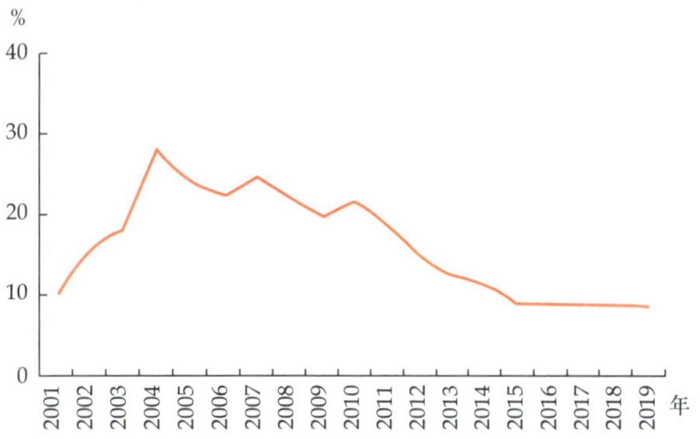

注：自2011年起，工业统计范围调整为年主营业务收入2000万元及以上的工业企业。

数据来源：江西省统计局。

图10　2001~2019年江西省规模以上工业增加值实际增长率

3. 服务业对经济贡献度加大，新兴服务业发展提速。2019年，服务业增加值占地区生产总值的比重为47.5%，比上年提高0.2个百分点，对经济增长的贡献率比上年提高5.4个百分点。规模以上服务业企业营业收入2597.28亿元，同比增长7.9%，其中，互联网和相关服务业、商务服务业营业收入分别增长45.7%、20.9%，占规模以上服务业营业收入的比重分别提升3.7个、1.4个百分点。

4. 供给侧结构性改革继续深化，“三去一降一补”成效巩固。2019年，江西实现关闭煤矿27处、退出煤炭产能127万吨的年度目标任务。坚持因城施策，各城市的住宅去库存取得明显成效，南昌、赣州等热点城市房价得到有效控制。积极落实减税降费政策，出台30条惠企新政，开展优化提升营商环境十大行动，全年为企业减负1450亿元。实施城市基础设施补短板项目4252个，686个老旧小区、26.6万户居民纳入中央财政支持改造计划，居全国第三位。贫困发生率降至0.27%，41.1万贫困人口脱贫，剩余的7个贫困县全部达到摘帽条件，剩余的387个贫困村全部退出。

5. 生态文明建设扎实推进，生态优势巩固提升。2019年，江西生态环境质量在全国保持领先，全省空气优良天数比例达89.6%，国家考核断面水质优良率达94.7%，高于国家考核目标10.7个百分点。完成造林104.7万亩，低产低效林改造177.9万亩，下达生态公益林补偿资金11.2亿元，补偿标准居中部首位。建成鄱阳湖湿地生态预警监测系统，鄱阳湖湿地生态补偿范围扩大至12个县，全省自然保护区达到190个。在绿色产业方面，创建国家级绿色园区7家、绿色工厂33家，推进6个国家资源综合利用基地建设。

专栏2　赣江新区绿色金融改革取得明显成效

赣江新区绿色金融改革实验区获批以来，坚持先行先试，聚焦绿色发展，深入推进机制体制和产品服务创新，为实现“绿水青山”与“金山银山”的双向转换取得明显成效，近两年中央财经大学的《地方绿色金融发展指数与评估报告》显示，江西绿色金融发展指数位居全国前列。

一、坚持政府主导，构建四项机制

一是建立正向激励机制。江西省政府设立绿色金融发展贡献奖。省政府将绿色金融纳入全省高质量发展考评，将绿色信贷投放、绿色债券发行纳入污染防治攻坚战考核，均涵盖全省所有设区市。人行南昌中支将地方法人银行绿色信贷纳入宏观审慎评估（MPA），综合运用货币政策工具支持改革创新。二是建立政策保障机制。出台“十三五”绿色金融规划、加快绿色金融发展实施意见等文件，形成了远中近期相结合、财政金融有效联动的政策体系。赣江新区设立鄱阳湖环境资源法庭，为生态环境保护提供司法保障。三是建立智力支撑机制。赣江新区成立绿色金融研究院，江西银行成立人才服务银行，加快专业人才队伍建设。四是建立行业交流和自律机制。成立江西省金融学会绿色金融专业委员会和绿色金融行业自律机制，构建学术交流、业务培训、行业自律等机制。

二、坚持目标导向，破解五道难题

一是破解金融统计难题。建立赣江新区金融统计监测制度，将绿色信贷、保险、证券纳入绿色金融统计体系，定期监测评估改革成效。二是破解绿色金融标准难题。赣江新区制定绿色企业、绿色项目的认定评价办法，企业环境信息披露指引。开展绿色票据、绿色信托标准研究。三是破解绿色项目识别难题。建立全省及赣江新区的绿色项目库，每年召开绿色金融政银企对接会，推进产融对接。四是破解农业面源污染难题。在多地推进“洁养贷”支持畜禽养殖废弃物处置及资源化利用试点工作，实现经济效益和环境效益双目标。五是破解环境信息共享难题。在全国率先与环保公益组织合作，按月向金融机构推送企业环保违法处罚、企业环境信用评价等信息，防范环境风险有了新抓手。

三、推进创新实践，取得六项成效

一是聚集示范机构多。赣江新区有18家银行设立了29家分支机构，其中，7家“绿色支行”，3家绿色金融事业部。3家绿色保险创研机构入驻。成立了绿金服务、绿险创新和绿金评价认定三个中心。二是银行信贷增速快。截至2019年末，赣江新区绿色贷款余额65.0亿元，同比增长86.0%，绿色贷款不良率0.1%。全省绿色贷款余额2346.8亿元，较年初增长18.9%，高于各项贷款增速。银租联动、银保联动等创新产品层出不穷。三是直接融资有突破。赣江新区发行全国首单绿色市政专项债和绿色园区债7亿元；全省发行各类贴标绿色债券200多亿元，其中地方法人银行累计发行绿色金融债150亿元，居全国前列。绿色企业在境内外上市10家，新三板挂牌36家，江西联合股权交易中心设立“绿色板块”，挂牌14家；在赣江新区设立近500亿元绿色发展基金。四是保险保障添活力。研发环境云服务平台，推广环境污染责任险、家庭装修有害气体治理险、建筑工程绿色综合险等新产品。五是国际合作展新篇。银行与国际金融公司、法国开发署、金砖国家开发银行等开展能效项目融资、中间信贷等合作，支持节能减排项目。六是环境治理见实效。2019年，全省PM2.5浓度35微克／立方米，比全国平均水平低1微克／立方米；优良天数比例89.7%，高于全国平均水平7.7个百分点；地表水国考断面水质优良（Ⅰ～Ⅲ类）比例93.3%，高于全国平均水平18.4个百分点。

（三）物价走势出现分化，就业和收入总体稳定

1. 居民消费价格涨幅扩大。2019 年，全省居民消费价格（CPI）上涨 2.9%，比上年提高 0.8 个百分点。分类别看，八大类商品和服务价格“七涨一降”，食品烟酒类上涨 7.8%，其他用品和服务类上涨 2.9%，教育文化和娱乐类上涨 2.4%，居住类上涨 1.0%，医疗保健类上涨 1.0%，衣着类上涨 0.9%，生活用品及服务类上涨 0.3%；交通和通信类下降 2.2%。

数据来源：江西省统计局。

图 11　2001~2019 年江西省居民消费价格指数和工业生产者价格指数变动趋势

2. 工业生产者价格同比下降。2019 年，全省工业生产者出厂价格（PPI）由上年上涨 4.2% 转为下降 1.1%，回落 5.3 个百分点；工业生产者购进价格（IPI）由上年上涨 3.2% 转为下降 1.8%，回落 5.0 个百分点。

3. 就业和收入保持稳定。2019 年，全省城镇新增就业 54.3 万人，完成全年目标任务的 120.8%；失业人员再就业 18.4 万人，完成全年目标任务的 122.7%；就业困难人员就业 5.1 万人，完成全年目标任务的 128.6%。全省居民人均可支配收入 26262 元，增长 9.1%，高于全国平均水平 0.2 个百分点。其中，城镇居民人均可支配收入 36546 元，增长 8.1%；农村居民人均可支配收入 15796 元，增长 9.2%。

（四）财政运行总体平稳，减税降费扎实落地

1. 财政收入实现预期，财政支出增长加快。2019 年，在经济下行叠加减税降费的形势下，全省财政收入实现增长 5% 左右的年初目标，财政总收入和一般公共预算收入同比分别增长 5.4% 和 4.8%，比上年回落 4.7 个和 0.8 个百分点。全省一般公共预算支出完成 6402.6 亿元，增长 13%，较上年加快 2.1 个百分点。各项重点支出均得到有效保障，教育、社会保障和就业、城乡社区分别增长 9.0%、7.8% 和 60.0%。

2. 减税降费扎实落地，支持发展加力增效。2019 年，各级财政部门不折不扣落实各项减税降费政策，为企业减负 1450 亿元，其中减免税收 1033 亿元，减少社保等规费 140 亿元。推进实施创新驱动发展战略，全省科技支出 183.3 亿元，增长 24.6%；安排 52.3 亿元重点支持实施“5511”工程倍增计划[①]、打造中科院合作平台等；安排 9.3 亿元专项资金，推动产业转型升级。

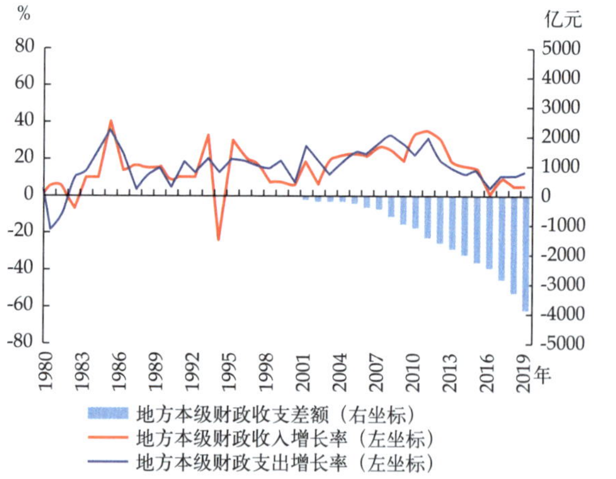

数据来源：江西省统计局。

图 12　1980~2019 年江西省财政收支状况

①在“十三五”期间，以提升企业技术创新能力为重点，以重大项目、平台载体、人才团队建设为支撑，江西省新建 50 个国家级创新平台和载体、新增 50 个国家级创新人才和团队、实施 100 项重大科技专项和新增 1000 家高新技术企业。

（五）房地产市场理性回归，房住不炒政策效果显现

1. 房地产投资进一步放缓。2019 年，房地产开发投资增长 3.0%，比上年回落 5.0 个百分点，连续两年放缓，低于全国平均水平 6.9 个百分点。其中，住宅投资增长 6.1%，比上年下降 8.2 个百分点。棚户区改造持续推进，棚户区改造开工 29.3 万套、基本建成 16.5 万套，农村危房改造完工率 100%。

2. 房地产销售平稳回落。2019 年，商品房销售面积同比增长 4.2%，增速较上年回落 1.9 个百分点。商品房销售平均价格同比提高 487.5 元 / 平方米，市场观望气氛渐浓，改变房价上涨预期的力量正逐渐蓄势。

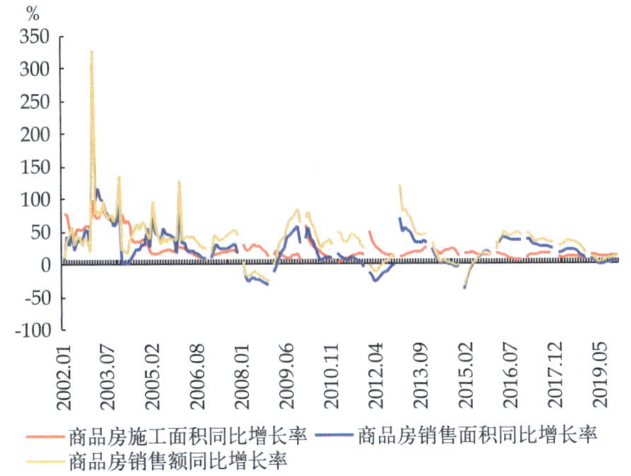

数据来源：江西省统计局。

图 13　2002~2019 年江西省商品房施工和销售变动趋势

3. 重点城市房价涨幅下行。根据国家统计局 70 个大中城市房价统计，南昌、九江、赣州 2019 年 12 月新建住宅销售价格指数分别同比上涨 3.50%、8.1% 和 3.0%，涨幅分别比上年同期回落 5.8 个、1.7 个和 4.5 个百分点。

4. 房地产金融平稳回落。按照“房子是用来住的、不是用来炒的”定位，金融机构落实因城施策房地产信贷政策，推动销售回归自用需求，全省房地产信贷平稳回落。2019 年末，房地产贷款占全部贷款增量比重为 35.0%，同比

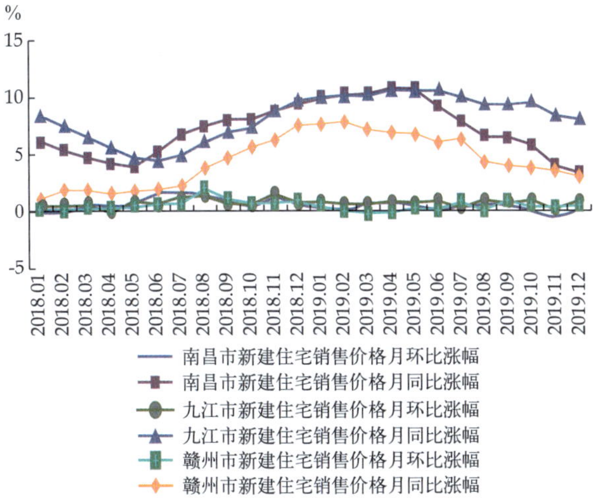

数据来源：江西省统计局。

图 14　2018~2019 年江西省主要城市新建住宅销售价格变动趋势

下降 16.7 个百分点。房地产贷款余额同比增长 16.8%，较上年下降 12.8 个百分点。其中，房地产开发贷款和个人住房贷款增速较上年分别下降 24.3 个和 4.8 个百分点。

三、预测与展望

2020 年是全面建成小康社会和“十三五”规划收官之年，世界经济仍处于深度调整期，动荡源和风险点显著增多，增长放缓趋势持续。从国内看，正处于转变发展方式、优化经济结构、新旧动能转换的攻关期，加上年初新冠肺炎疫情对经济活动的冲击，经济下行压力有所加大，但稳中向好、长期向好的基本趋势没有改变。江西省作为经济欠发达省份，尽管同样面临着上述矛盾和挑战，但主要经济指标增速处于全国“第一方阵”，发展势头良好，加上国家战略平台、区位优势日益凸显，新技术、新产业、新业态、新动能快速发展，积蓄了较好的发展动力，经济增长有利因素明显多于不利因素。预计 2020 年全省经济将呈现“前低后高”态势，总体保持平稳增长。

金融方面，2020 年，在稳健的货币政策突出逆周期调节和灵活适度背景下，江西省金融业流动性将保持合理充裕。信贷方面，疫情防控和经济保增长需求旺盛，加上经济总需求良

好、信贷投放载体和渠道更为丰富等有利因素，预计全省新增贷款将继续实现多增，贷款增速仍将保持全国前列。信贷结构方面，金融助力产业扶贫与乡村振兴相融合，绿色金融、普惠金融等领域创新步伐将持续加快，金融业支持实体经济力度将继续加大，小微企业融资将延续“量增、面扩、价降”的良好态势，制造业贷款投放力度将进一步加大。社会融资规模方面，在推动民营企业发行债务融资工具、推进企业上市“映山红”行动和畅通“险资入赣”等系列政策支持下，股票、债券等直接融资占比有望继续提高，表外业务在严监管和资产新规落地的影响下将有所收缩、占比将下降，表内贷款占比将继续提高，预计全省社会融资规模将呈现稳步增长。融资成本方面，随着LPR改革深入推进释放潜力，社会综合融资成本有望进一步下降。金融风险防控方面，随着地方政府债务、房地产、影子银行等重点领域风险防范力度加大，以及法人金融机构不良贷款处置加快，全省金融风险总体可控。综合来看，2020年江西省金融业将延续稳中有进、稳中向好的态势，更好服务于江西实现高质量跨越式发展，为描绘好新时代江西改革发展新画卷贡献“金融力量”。

中国人民银行南昌中心支行货币政策分析小组
总　纂：张智富　吴豪声
统　稿：朱　锦　叶少波　郭　丽
执　笔：郭　丽　徐茹婷　谢云峰　魏斯怡　葛正灿
提供材料的还有：常然君　任　哲　卢　红　李海平　李国彦　邓晓峰　胡浩智　朱　晴　陈　源　廖燕平

附录

（一）2019年江西省经济金融大事记

1月底，由中国农业发展银行主承销的上饶市城市建设投资集团有限公司2019年度首期10亿元扶贫中期票据成功发行，成为江西省金融系统承销首笔扶贫票据。

3月27日，中国人民银行发布公开市场业务公告〔2019〕第2号，九江银行成为江西省首家获得公开市场业务一级交易商的法人金融机构。

3月底，赣企中国教育集团控股有限公司在香港联合交易所成功发行总额23.55亿港元的可换股债券，为江西省海外上市公司首次发行可转债。

5月18日，中国金融学会绿色金融专业委员会发布《地方绿色金融发展指数与评估报告（2018）》，江西与浙江、北京等省市入选绿色金融发展指数第一梯队。

5月20日至22日，习近平总书记到江西考察调研，主持召开推动中部地区崛起工作座谈会并发表重要讲话，并对加快革命老区高质量发展、推动中部地区崛起等作出重要部署。

5月20日，江西裕民银行获批筹建，成为江西省第1家、全国第18家获批的民营银行。

6月18日，赣江新区绿色市政专项债券在上海证券交易所成功发行，发行额3亿元，成为全国首单绿色市政专项债。

7月17日，江西首单企业出口收汇风险保单业务办理成功，标志着国际贸易“单一窗口”国家标准版金融服务功能在江西省正式上线运行。

10月17日，江西省委、省政府召开景德镇国家陶瓷文化传承创新试验区建设动员大会，旨在打造国家陶瓷文化保护传承创新基地、世界著名陶瓷文化旅游目的地、国际陶瓷文化交流合作交易中心。

12月23日，江西省水利投资集团有限公司非公开发行可续期公司债第一期20亿元发行成功，标志着江西省非公开发行可续期公司债发行实现零的突破。

（二）2019年江西省主要经济金融指标

表1　2019年江西省主要存贷款指标

		1月	2月	3月	4月	5月	6月	7月	8月	9月	10月	11月	12月
本外币	金融机构各项存款余额（亿元）	36670.5	37422.1	38306.7	38093.8	38193.8	38630.7	38559.2	38563.0	38910.0	38703.2	38982.4	39175.4
	其中：住户存款	18403.8	19148.4	19378.9	18967.2	18939.2	19215.4	19159.7	19183.5	19561.2	19368.6	19434.6	19736.5
	非金融企业存款	10668.8	10498.0	10901.2	11072.8	11058.6	11165.1	11019.1	11159.8	11415.2	11294.7	11442.6	11613.9
	各项存款余额比上月增加（亿元）	1372.2	751.6	884.6	-213.0	100.0	436.9	-71.5	3.8	347.0	-206.8	279.2	193.0
	金融机构各项存款同比增长（%）	9.6	10.7	10.5	10.8	10.8	12.1	10.7	10.6	9.9	9.6	10.4	11.0
	金融机构各项贷款余额（亿元）	31601.5	32015.4	32480.3	32743.5	33021.7	33452.7	33666.3	34052.2	34722.8	35038.5	35439.0	35696.8
	其中：短期	9017.2	8983.3	9073.1	9020.5	9021.2	9180.3	9161.6	9209.0	9406.6	9461.4	9544.4	9604.0
	中长期	20195.8	21227.5	21531.5	21788.2	22022.5	22264.2	22471.0	22746.4	23168.7	23350.8	23589.3	23772.0
	票据融资	1398.2	1504.3	1587.2	1642.6	1680.9	1736.3	1745.2	1807.4	1845.9	1912.2	1964.8	1966.1
	各项贷款余额比上月增加（亿元）	938.8	413.9	464.9	263.2	278.1	431.1	213.6	385.9	670.7	315.6	400.5	257.9
	其中：短期	241.1	-33.9	89.9	-52.7	0.7	159.1	-18.7	47.4	197.6	54.7	83.0	59.6
	中长期	607.8	311.8	304.0	256.8	234.2	241.7	206.8	275.4	422.3	182.1	238.5	182.7
	票据融资	114.2	106.2	82.9	6.5	38.3	55.3	8.9	62.2	38.5	66.3	52.6	1.3
	金融机构各项贷款同比增长（%）	18.7	18.7	18.8	18.2	17.6	17.1	16.2	15.8	16.3	16.2	16.7	16.8
	其中：短期	7.4	6.3	6.7	6.0	5.2	5.8	5.3	5.8	6.7	7.7	8.9	10.2
	中长期	16.8	20.7	20.4	19.6	19.2	18.5	17.6	16.8	17.3	16.9	17.2	17.3
	票据融资	87.4	103.2	112.0	115.2	107.6	94.2	92.1	80.7	77.3	65.9	61.4	53.1
	建筑业贷款余额（亿元）	1298.0	1305.7	1316.6	1321.5	1342.3	1349.6	1370.6	1369.4	1394.2	1388.8	1394.5	1421.1
	房地产业贷款余额（亿元）	10764.2	10938.4	11148.2	11318.3	11440.6	11580.3	11687.0	11831.5	11985.5	12072.8	12174.4	12268.7
	建筑业贷款同比增长（%）	24.5	23.1	22.8	18.4	17.7	16.1	15.2	13.7	13.2	12.3	11.2	12.8
	房地产业贷款同比增长（%）	28.1	27.0	26.5	25.1	23.4	21.4	20.0	19.4	19.2	18.1	17.2	16.8
人民币	金融机构各项存款余额（亿元）	36458.4	37193.4	38111.8	37873.5	37951.9	38407.5	38340.5	38355.6	38695.2	38488.4	38769.1	38952.5
	其中：住户存款	18329.8	19074.6	19304.8	18892.2	18861.1	19138.1	19082.8	19106.8	19486.1	19297.5	19363.3	19665.9
	非金融企业存款	10536.4	10355.6	10786.4	10933.4	10901.0	11026.5	10883.6	11038.3	11288.5	11162.8	11316.5	11478.0
	各项存款余额比上月增加（亿元）	1381.4	735.0	918.4	-238.3	78.3	455.6	-67.0	15.1	339.6	-206.9	280.7	183.4
	其中：住户存款	1138.2	744.8	230.2	-412.7	-31.0	277.0	-55.3	24.0	379.3	-188.5	65.8	302.6
	非金融企业存款	120.7	-180.7	430.7	147.0	-32.4	125.5	-142.0	154.7	250.2	-125.7	153.8	161.4
	各项存款同比增长（%）	9.6	10.7	10.7	10.9	10.7	12.2	10.8	10.8	9.9	9.7	10.5	11.1
	其中：住户存款	16.0	11.8	12.3	13.7	14.0	14.6	15.2	14.7	15.0	15.0	14.7	14.4
	非金融企业存款	4.0	10.0	10.1	9.4	8.4	8.3	8.0	8.2	10.2	7.9	10.5	10.2
	金融机构各项贷款余额（亿元）	31408.0	31816.3	32283.8	32542.9	32813.0	33236.4	33454.9	33842.4	34524.0	34845.4	35240.9	35493.8
	其中：个人消费贷款	8574.4	8635.6	8800.1	8944.0	9077.8	9205.6	9317.0	9453.7	9660.1	9828.6	9987.2	10100.3
	票据融资	1398.2	1504.3	1587.2	1642.6	1680.9	1736.3	1745.2	1807.4	1845.9	1912.2	1964.8	1966.1
	各项贷款余额比上月增加（亿元）	954.2	408.3	467.5	259.1	270.1	423.4	218.5	387.5	681.6	321.4	395.4	252.9
	其中：个人消费贷款	180.3	61.2	164.5	143.9	133.8	127.8	111.5	136.6	206.5	168.5	158.6	113.2
	票据融资	114.2	106.2	82.9	55.4	38.3	55.3	8.9	62.2	38.5	66.3	52.6	1.3
	金融机构各项贷款同比增长（%）	18.8	18.7	18.9	18.3	17.6	17.2	16.4	15.9	16.5	16.5	16.9	16.9
	其中：个人消费贷款	23.3	22.5	22.4	22.2	21.9	21.8	20.7	20.5	21.1	21.2	21.6	21.7
	票据融资	87.4	103.2	112.0	115.2	107.6	94.2	92.1	80.7	77.3	65.9	61.4	53.1
外币	金融机构外币存款余额（亿美元）	31.7	34.2	28.9	32.7	35.1	32.5	31.8	29.3	30.4	30.5	30.3	31.9
	金融机构外币存款同比增长（%）	1.6	13.2	-14.5	-1.5	8.3	2.8	-7.8	-12.3	-1.0	0.7	-5.9	-0.9
	金融机构外币贷款余额（亿美元）	28.9	29.8	29.2	29.8	30.2	31.5	30.7	30.0	28.1	27.4	28.2	29.1
	金融机构外币贷款同比增长（%）	-1.0	4.6	-3.3	4.2	3.8	2.6	-1.9	-6.5	-14.3	-17.5	-14.5	-4.3

数据来源：中国人民银行南昌中心支行。

表 2　2001~2019 年江西省各类价格指数

单位：%

	居民消费价格指数		农业生产资料价格指数		工业生产者购进价格指数		工业生产者出厂价格指数	
	当月同比	累计同比	当月同比	累计同比	当月同比	累计同比	当月同比	累计同比
2001	—	-0.5	—	-0.4	—	-0.7	—	-1.9
2002	—	0.1	—	-0.2	—	-1.4	—	-1.5
2003	—	0.8	—	2.5	—	6.5	—	4.0
2004	—	3.5	—	10.7	—	14.5	—	9.7
2005	—	1.7	—	7.9	—	10.0	—	8.8
2006	—	1.2	—	1.1	—	8.6	—	9.7
2007	—	4.8	—	6.6	—	7.9	—	6.2
2008	—	6.0	—	19.9	—	14.2	—	6.4
2009	—	-0.7	—	-2.4	—	-9.3	—	-7.0
2010	—	3.0	—	1.9	—	11.8	—	15.3
2011	—	5.2	—	11.2	—	12.4	—	11.3
2012	—	2.7	—	6.6	—	-1.7	—	-3.5
2013	—	2.5	—	2.4	—	-1.6	—	-1.5
2014	—	2.3	—	-0.4	—	-1.6	—	-2.2
2015	—	1.5	—	1.4	—	-6.4	—	-6.3
2016	—	2.0	—	1.3	—	-2.3	—	-1.4
2017	—	2.0	—	1.0	—	7.2	—	7.9
2018	—	2.1	—	2.7	—	4.2	—	3.2
2019	—	2.9	—	4.6	—	-1.8	—	-1.1
2018　1	2.2	2.2	—	—	4.6	4.6	7.7	7.7
2	2.9	2.6	2.2	2.2	3.9	4.3	6.2	6.9
3	2.0	2.4	2.1	2.1	3.0	3.9	5.2	6.3
4	1.9	2.2	2.0	3.1	3.3	3.7	5.2	6.1
5	1.9	2.2	2.4	2.2	4.0	3.8	6.1	6.1
6	2.0	2.1	3.1	2.3	4.2	3.9	6.2	6.1
7	2.1	2.1	2.8	2.4	4.2	3.9	5.2	6.0
8	2.3	2.2	2.9	2.5	3.5	3.8	3.8	5.7
9	2.0	2.2	3.1	2.5	2.4	3.7	2.3	5.3
10	2.3	2.2	3.4	2.6	2.3	3.5	1.8	4.9
11	1.9	2.1	3.6	2.7	2.1	3.4	1.5	4.6
12	1.7	2.1	2.5	2.7	0.7	4.2	0.2	3.2
2019　1	1.6	1.6	2.6	2.6	-0.5	-0.5	-1.7	-1.7
2	1.6	1.6	2.6	2.6	-0.9	-0.7	-1.1	-1.4
3	2.6	1.9	2.8	2.7	-0.7	-0.7	-0.4	-1.1
4	2.8	2.1	3.2	2.8	-0.6	-0.7	0.1	-0.8
5	2.6	2.2	3.3	2.9	-1.3	-0.8	-0.4	-0.7
6	2.4	2.3	3.3	3.0	-1.1	-0.9	-1.0	-0.8
7	2.5	2.3	3.7	3.1	-1.5	-0.9	-1.1	-0.8
8	3.2	2.4	4.4	3.2	-2.3	-1.1	-1.5	-0.9
9	3.2	2.5	5.5	3.5	-2.4	-1.3	-1.7	-1
10	3.6	2.6	6.8	3.8	-3.4	-1.5	-1.6	-1
11	3.9	2.7	8.0	4.2	-4.1	-1.7	-1.4	-1.1
12	4.2	2.9	8.4	4.6	-3.1	-1.8	-1.0	-1.1

数据来源：江西省统计局。

表3　2019年江西省主要经济指标

	1月	2月	3月	4月	5月	6月	7月	8月	9月	10月	11月	12月
	绝对值（自年初累计）											
地区生产总值（亿元）	—	—	5373.1	—	—	10757.2	—	—	17176.0	—	—	24757.5
第一产业	—	—	287.7	—	—	573.0	—	—	1112.9	—	—	2057.6
第二产业	—	—	2621.8	—	—	5211.6	—	—	8068.9	—	—	10939.8
第三产业	—	—	2463.7	—	—	4972.6	—	—	7994.3	—	—	11760.1
工业增加值（亿元）	—	—	—	—	—	—	—	—	—	—	—	—
固定资产投资（亿元）	—	—	—	—	—	—	—	—	—	—	—	—
房地产开发投资	—	241.0	440.9	623.9	816.1	1025.1	1247.7	1477.5	1709.7	1895.2	2083.2	2239.1
社会消费品零售总额（亿元）	—	1288.7	1899.0	2450.8	3118.6	3786.1	4409.7	5089.6	5789.5	6650.8	7509.0	8421.6
外贸进出口总额（亿元）	269.1	440.0	743.8	1019.1	1297.0	1576.7	1868.2	2188.1	2513.6	2837.5	3189.5	3511.9
进口	80.9	137.7	213.3	288.0	364.6	437.7	520.7	616.5	715.7	807.8	917.7	1015.5
出口	188.3	306.3	530.5	731.1	932.4	1139.0	1347.5	1571.6	1797.6	2029.8	2271.7	2496.4
进出口差额（出口－进口）	107.4	168.6	317.2	443.1	567.8	701.3	826.8	955.1	1081.9	1222.0	1354.0	1480.9
实际利用外资（亿美元）	9.6	17.8	31.4	38.8	51.8	73.8	76.9	85.1	97.9	105.4	117.4	135.8
地方财政收支差额（亿元）	-226.8	-458.5	-1010.6	-1149.2	-1409.7	-2132.8	-2315.5	-2513.4	-3155.0	-3142.4	-3223.8	-3916.1
地方财政收入	306.6	507.2	758.4	991.0	1212.3	1483.5	1670.2	1815.4	2020.1	2199.5	2335.3	2486.5
地方财政支出	533.4	965.7	1769.0	2140.2	2622.0	3616.3	3985.7	4328.8	5175.1	5341.9	5559.1	6402.6
城镇登记失业率（%）（季度）	—	—	3.1	—	—	3.1	—	—	2.9	—	—	2.9
	同比累计增长率（%）											
地区生产总值	—	—	8.6	—	—	8.6	—	—	8.6	—	—	8.0
第一产业	—	—	3.0	—	—	3.2	—	—	2.9	—	—	3.0
第二产业	—	—	8.6	—	—	8.5	—	—	8.4	—	—	8.0
第三产业	—	—	9.4	—	—	9.4	—	—	9.7	—	—	9.0
工业增加值	—	8.8	9.3	9.3	9.1	9.1	8.9	8.9	8.8	8.7	8.6	8.5
固定资产投资	—	10.6	10.3	8.4	8.9	9.1	9.3	9.4	9.4	9.3	9.2	9.2
房地产开发投资	—	6.2	8.7	9.5	8.8	5.4	6.4	7.2	5.5	4.2	3.2	3.0
社会消费品零售总额	—	11.1	11.1	10.9	11.1	11.2	11.2	11.2	11.2	11.2	11.2	11.3
外贸进出口总额	-17.7	-21.3	-5.4	-5.3	-7.9	-8.9	-6.9	-1.3	1.7	5.8	9.1	11.1
进口	6.4	8.6	7.1	3.4	2.9	0.8	-0.7	2.5	0.4	3.2	5.8	8.2
出口	-25.0	-29.9	-9.6	-8.4	-11.5	-12.2	-9.8	-2.8	2.3	6.8	10.5	12.3
实际利用外资	7.6	6.6	7.4	7.2	7.3	8.1	7.5	7.0	8.1	7.6	7.8	8.0
地方财政收入	15.5	12.5	9.8	9.2	7.0	5.1	5.2	4.9	5.1	5.2	4.7	4.8
地方财政支出	4.1	-2.8	12.5	11.8	12.3	13.9	15.2	13.1	15.5	13.9	12.1	12.9

数据来源：江西省统计局。

山东省金融运行报告（2020）

中国人民银行济南分行货币政策分析小组

[内容摘要] 2019年，山东省坚持以习近平新时代中国特色社会主义思想为指导，认真落实习近平总书记对山东工作的重要指示要求，坚持稳中求进工作总基调，坚持以新发展理念引领高质量发展，全面实施八大发展战略，扎实做好“六稳”工作，经济运行总体平稳、稳中有进、进中向好。全省地区生产总值7.1万亿元，增长5.5%；人均地区生产总值7.1万元，增长5.2%。

山东省经济运行主要呈现以下特征：一是内外需求平稳增长，高质量发展内生动力增强。三次产业投资调整优化，第三产业占比提升9.4个百分点；社会消费品零售总额增长6.4%，网络零售额增长15.8%，居民人均消费支出增长8.8%，消费升级类商品增长较快；进出口总额增长5.8%，对“一带一路”沿线国家进出口增长15.9%。二是产业结构优化升级，动能转换成效显现。三次产业结构调整为7.2∶39.8∶53.0，第三产业比重提高1.7个百分点，对全省经济增长贡献率上升至78.2%。粮食总产量连续6年稳定在千亿斤以上；污染防治攻坚战取得新成效，细颗粒物（PM2.5）改善约束性指标提前一年完成；海阳核电一期工程建成投运，新能源和可再生能源发电量增长41.8%，规模以上工业能源加工转换效率提高至79.7%。三是物价继续温和上涨，工业生产者价格窄幅下行。居民消费价格总水平上涨3.2%，较上年扩大0.7个百分点；八大类商品和服务价格“七升一降”，食品价格上涨10.6%。工业生产者出厂价格和购进价格分别下降0.3%、0.8%。就业平稳带动收入增长，全年居民人均工资性收入18111元，增长7.7%。四是财政收支增速下降，收支差额扩大。全年一般公共预算收入增长0.6%，支出增长6.3%，预算收支差额增长16.5%。五是房地产行业运行平稳，装备制造业结构持续优化。房地产行业运行平稳，房地产开发投资增长14.1%。规模以上装备制造业、专用设备制造业、高端装备增加值分别增长1.4%、5.3%、9.3%。自贸区建设正式启动，济南、青岛、烟台片区新增注册企业超8000家。

2019年，山东省金融部门认真贯彻执行稳健货币政策，深入开展金融风险防范化解攻坚，全省主要金融指标保持良好增长态势，社会融资规模和贷款增量均创历史新高，优结构、降成本取得积极成效。社会融资规模余额13.3万亿元，同比增长11.4%，较上年提高2.8个百分点，为全省经济运行在合理区间提供了良好的货币金融环境。具体来看，金融运行主要呈现以下特点：一是贷款保持较快增长，融资成本整体下行。2019年末，全省本外币贷款余额86325.6亿元，同比增长10.9%，比上年同期提高1.2个百分点，全年贷款增加8149.4亿元，是上年的1.2倍，为全省新旧动能转换提供了有力支撑。从成本看，LPR改革加快推进，贷款利率稳中有降，12月份人民币贷款加权平均利率5.36%，较上年高点下降0.44个百分点。其中，普惠小微贷款利率显著下降，12月份达6.43%，较上年高点下降1.52个百分点。二是融资结构进一步优化，支持实体经济能力增强。创新开展“民营和小微企业首贷培植行动”，全省中小微企业贷款增速连续12个月回升，普惠小微贷款高速增长，年末同比增长25.6%，较全部贷款增速高14.7个百分点；绿色贷款同比增长32.8%，较全部贷款增速高21.9个百分点。在规范资产管理业务等政策约束下，通道类业务逐步规范压缩，表外业务保持稳步发展。三是金融改革试点不断深化，金融生态环境建设加快推进。全国首家外资财富管理机构落户青岛，2019青岛·中国财富论坛、全球（青岛）创投风投大会成功举办，“财富青岛”影响力稳步提升，临沂市金融服务乡村振兴改革创新试验区取得实质性进展。“山东省政府采购系统”与“中征应收账款融资服务平台”成功对接，山东成为全国首个通过应收账款融资服务平台、在省市县三级实现政府采购线上融资的省份。继试点地区后在全国首批取消企业银行账户许可；金融消费纠纷化解多元化解决机制实现省、市、县三级全覆盖。四是资本市场融资规模继续扩大，为实体经济融资功能有效发挥。全省16家企业境内首发上市，占当年全国首发企业的7.9%，首发筹资171.5亿元，境内上市公司数量达到211家，居全国第六位；民营企业债券融资支持工具增量扩面，全年累计发行7只，实现融资28亿元，节省企业融资成本400余万元；6家法人金融机构发行绿色金融债券230亿元，发行主体数量和金额分别居全国第1位和第2位。五是保险业稳步发展，重点领域“保障＋服务”功能得到充分发挥。保费收入规模稳步扩大，全年实现保费收入3238.9亿元，增速较上年提高1.3个百分点。服务领域进一步拓宽，社会民生保障功能增强，全省农业大灾保险试点地区由20个县扩大到50个；巨灾理赔效率提升，累计为“利奇马”台风受灾群众支付保险赔款13.3亿元；银行业保险业联动力度加大，创新推出政银保、政融保、新型保单抵押担保等融合产品，助力缓解小微企业融资难题。六是信用风险防控取得积极进展，不良贷款实现“双降”。各方合力落实风险防控处置责任，风险化解处置取得突出成效。加快推进重点企业风险处置，组建债委会1103家，帮扶企业513家，大额授信风险企业减少43户。2019年末，山东省不良贷款余额2498.0亿元，较年初减少106.8亿元，不良率2.89%，较年初下降0.45个百分点。

展望2020年，山东省将坚持以深化供给侧结构性改革为主线，扎实开展重点工作攻坚行动，确保新旧动能转换初见成效、全面建成小康社会和“十三五”规划圆满收官。2020年，投资增速有望低位回升，消费增速将稳中趋缓，进出口增长有望回暖；预计物价保持总体稳定，猪肉价格仍将是拉动消费价格上涨的主要因素。从金融方面看，2020年，山东省货币信贷及社会融资规模将同经济发展相适应，融资结构和信贷结构不断优化，为全省经济高质量发展和新旧动能转换创造良好的货币金融环境。

一、金融运行情况

2019年，山东省金融业运行平稳，金融总量扩张、增势较好，融资结构持续优化，民营和小微企业等领域信贷增长较快，融资成本继续走低，不良贷款明显回落，金融风险防控工作取得积极进展，金融生态环境进一步改善，为全省经济运行在合理区间提供了良好的货币金融环境。

（一）银行业运行稳健，支持实体经济力度增强

2019年，山东省银行业金融机构积极贯彻落实稳健货币政策，货币信贷合理较快增长，信贷结构持续优化，小微企业贷款成本显著下降，金融风险防控工作取得积极进展，金融运行效率和服务实体经济的能力进一步提升。

表1　2019年山东省银行业金融机构情况

机构类别	营业网点			法人机构（个）
	机构个数（个）	从业人数（人）	资产总额（亿元）	
一、大型商业银行	4267	96996	43581	0
二、国家开发银行和政策性银行	128	3652	11348	0
三、股份制商业银行	1026	23885	16249	1
四、城市商业银行	1371	30850	21987	14
五、小型农村金融机构	4971	65206	23379	112
六、财务公司	2	948	3269	19
七、信托公司	0	578	176	2
八、邮政储蓄银行	2950	11926	7242	0
九、外资银行	40	997	509	0
十、新型农村金融机构	530	12158	1963	519
十一、其他	5	704	1816	5
合　计	15290	247900	131520	672

注：营业网点不包括国家开发银行和政策性银行、大型商业银行、股份制商业银行等金融机构总部数据；大型商业银行包括中国工商银行、中国农业银行、中国银行、中国建设银行和交通银行；小型农村金融机构包括农村商业银行、农村合作银行和农村信用社；新型农村金融机构包括村镇银行、贷款公司、农村资金互助社和小额贷款公司；“其他”包含金融租赁公司、汽车金融公司、货币经纪公司、消费金融公司等。
数据来源：山东银保监局。

1. 资产负债平稳增长，盈利水平企稳回升。2019 年末，山东省银行业金融机构资产总额 13.2 万亿元，较年初增加 9902.5 亿元；负债总额 12.7 万亿元，较年初增加 9478.0 亿元。实现净利润 261.5 亿元，同比多盈 184.4 亿元，扭转了自 2014 年以来持续下滑的态势。不良贷款余额 2498.0 亿元，较年初减少 106.8 亿元；不良率 2.89%，较年初下降 0.45 个百分点。

2. 存款增速稳中有升，住户部门存款增长较快。2019 年末，山东省本外币各项存款余额 104738.9 亿元，同比增长 8.6%，增速较上年末高 2.7 个百分点。在表外理财赎回和购房支出减少等因素影响下，住户存款增长较快，年末余额 55580.6 亿元，同比增长 13.9%，较上年提高 4.0 个百分点；受企业经营活力改善带动，企业存款增速由负转正，年末余额 31862.1 亿元，同比增长 8.5%，较上年提高 8.8 个百分点；受财政收入增长放缓、支出节奏加快影响，广义政府存款有所减少，全年广义政府存款下降 642.2 亿元，同比多降 2044.5 亿元。

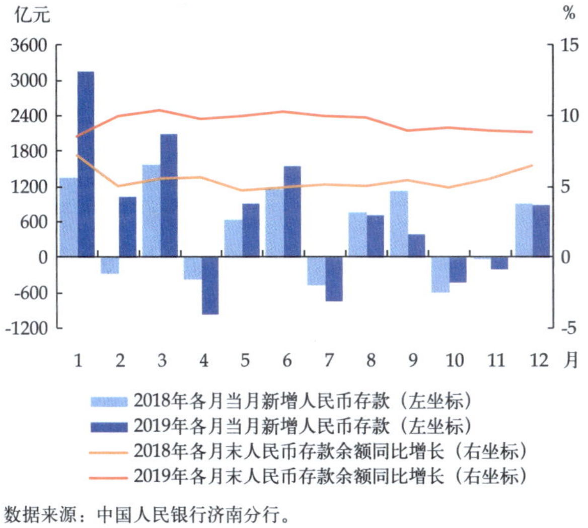

数据来源：中国人民银行济南分行。

图 1　2018~2019 年山东省金融机构人民币存款增长变化

3. 贷款保持较快增长，信贷结构优化助推经济高质量发展。2019 年末，山东省本外币贷款余额 86325.6 亿元，同比增长 10.9%，比上年同期提高 1.2 个百分点，全年贷款增加 8149.4 亿元，是上年的 1.2 倍。分部门看，个人贷款增长快、对公贷款增长放缓。在普惠领域个人贷款拉动下，住户贷款同比增长 21.5%，比全部贷款增速高 10.6 个百分点；全年增加 4839.5 亿元，同比多增 683.4 亿元。受经济爬坡过坎、信贷需求有限等因素制约，非金融企业及机关团体贷款同比增长 6.8%，比全部贷款增速低 4.1 个百分点。

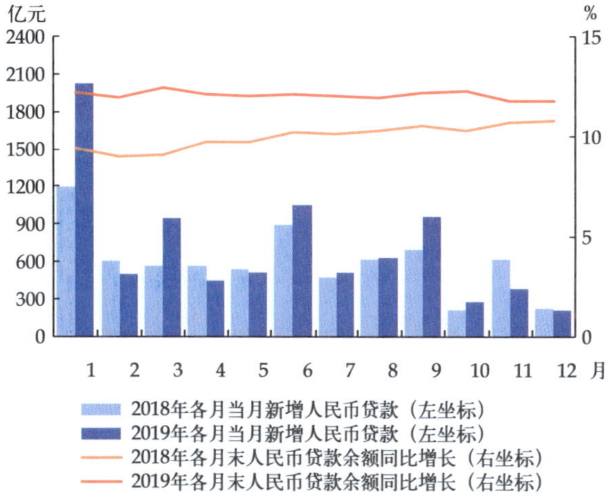

数据来源：中国人民银行济南分行。

图 2　2018~2019 年山东省金融机构人民币贷款增长变化

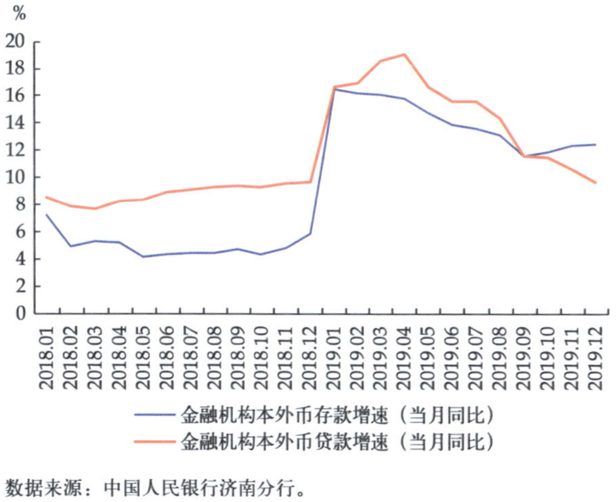

数据来源：中国人民银行济南分行。

图 3　2018~2019 年山东省金融机构本外币存、贷款增速变化

中国人民银行济南分行深入推进金融支持新旧动能转换、绿色金融、金融服务乡村振兴三大攻坚行动。深化民营和小微企业金融服务，开展“民营和小微企业首贷培植行动”，全省中小微企业贷款增速连续12个月回升，年末余额3.3万亿元，同比增长7.0%，占企业贷款增量的73.4%，同比提高37.3个百分点。普惠小微贷款快速增长，年末余额5835.3亿元，同比增长25.6%，较企业贷款平均增速高19.6个百分点。强力推进新旧动能转换攻坚工程，对接全省重点建设项目120个、贷款334.4亿元；对接“儒商大会”项目134个、贷款250.2亿元。全省绿色贷款余额4171.2亿元，同比增长32.8%，较全部贷款增速高21.9个百分点。

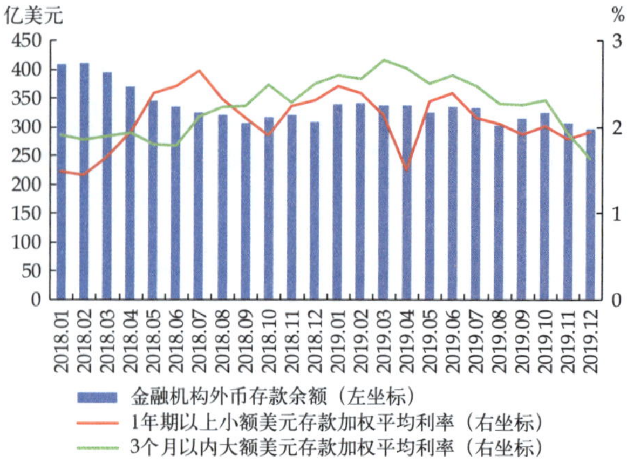

数据来源：中国人民银行济南分行。

图4　2018~2019年山东省金融机构外币存款余额及外币存款利率

专栏1　聚焦融资痛点 深化帮扶培植　突破民营和小微企业首贷难题

2019年，中国人民银行济南分行聚焦制约民营和小微企业首次贷款难问题，针对缺信息、缺信任、缺信用、缺动力、缺扶持症结，开展“民营和小微企业首贷培植行动”，遴选成长期、有潜力、有市场、未获贷的企业，逐户建立工作台账和培植档案，多措并举提高企业获贷能力，提前企业获贷时间。全年共培植企业45037家，其中38523家企业首次获贷540亿元，平均贷款利率5.88%。

一、着眼于信用主体的培植，实施首贷培植名单制管理

多方征集确定培植名单，依托济南分行自主开发的“山东省融资服务平台”，鼓励企业主动发布首贷需求；依托发改、工信、科技、市场监管、农业等行业主管部门的新注册企业或重点企业信息，推送3000余家企业融资需求；依托金融机构网点优势引导其下沉服务重心，主动挖掘企业融资需求。动态管理跟踪调整培植名单，对因项目规划、土地、环保等融资前置条件不完备又暂时无法解决的，将企业暂时调出培植名单，对有恶意逃废债、信用欺诈等失信行为或重大经营风险的，直接将企业退出培植名单。全年暂时调出培植名单企业139家，退出培植企业773家。

二、着眼于企业信息的培植，统筹推进信息共享与信息挖掘

推进公共信息整合归集，搭建公共信用信息平台，依托“山东省融资服务平台”实现发改、税务、海关、市场监管等部门间17类信息共享，平台荣获“2019中国政府信息化管理创新奖”。鼓励金融创新，协调省财政每年拿出500万元专项资金，评选和奖励优秀金融产品创新，支持金融机构有针对性地挖掘企业信息。如利用企业结算流水等大数据的“快贷”，利用企业纳税信息的“税银通”业务，利用应收账款、仓单、存货等的供应链金融业务等。加强企业信息管理辅导，发挥金融机构主体作用，指导企业建立更加规范的财务制度，通过“山东省融资服务平台”实现企业信用信息共享查询，堵塞企业信息虚假漏洞，倒逼企业加强信息规范管理。

三、着眼于银企关系的培植，探索推广银企长期稳定合作机制

适应银企双方需要，搭建多层次银企合作平台，组织省级金融顾问团开展“金融服务企业万户行”“外汇服务进万企”等系列活动，对企业开展“融资+融智”服务，促进银企加强交流合作。2019年累计开展相关活动156次，惠及企业1116户。尊重实际，鼓励创新，积极推广主办银行制度，推动主办银行与协办银行联合建立授信总量控制、联合授信管理、企业信息披露、综合金融服务和信贷有序退出机制；引导银企双方在自觉自愿前提下，建立“一对一”的紧密合作关系，初步形成了“主办银行加强对企业的培植与约束、企业优先在主办银行办理各项业务”的良性循环。将首贷培植工作情况纳入对银行的民营小微金融服务评价体系，按月通报金融机构工作进展，宣传推广典型经验，形成示范带动效应。

四、着眼于政策扶持的培植，构建多层次风险分担与增信体系

强化风险分担、信用增进，加强与财政、人社、地方金融局、银保监局等部门的沟通协调，在科技成果转化贷款风险补偿、小微企业贷款风险补偿、应急转贷基金、无还本续贷、创业担保贷款等方面为企业营造良好的政策环境。组织召开全省应收账款融资服务工作推进会议，联合省工信厅等部门印发工作意见，加大应收账款平台推广力度。2019年末，全省应收账款融资服务平台新增开通用户2217家，融资4433笔、金额1847.3亿元，新增签约核心企业27家。推进政府采购合同融资，推动“山东省政府采购系统”与“中征应收账款融资服务平台”成功对接，为企业提供“一站式”的政府采购合同融资。2019年末，已接收供应商信息14.2万余条、各类中标公告信息7.1万余条，全省2300余家银行基层网点可实时查询；各金融机构通过平台开展政府采购合同融资业务100笔、3.6亿元。

五、着眼于银行能力的培植，提升服务民营和小微企业内在动力

强化央行资金导向作用，优化再贷款管理，引导法人机构增加对民营和小微企业的信贷投放，运用“重点支持票据直通车”模式，优先支持500万元及以下的小微企业票据和3000万元及以下的民营企业票据。2019年末，全省再贴现余额中民营和小微企业票据占比达到89.1%；全省累计发放支小再贷款271.5亿元。贯彻落实“三档两优”存款准备金政策框架，引导资金重点投向民营和小微企业，为全省法人金融机构释放可用资金310亿元，运用定向降准资金发放的民营和小微企业贷款加权平均利率分别比降准前降低了0.41个、1.09个百分点。加强债券市场培育，支持债券创新，推动青岛银行、青岛农商行获准发行小微企业专项金融债券140亿元。督导金融机构改进内部考核激励和尽职免责机制，推进权、责、利在平衡匹配中稳妥下放，激发基层机构特别是信贷员的活力。

4. 表外业务稳步发展，担保类和承诺类业务保持增长。2019年末，山东省表外业务余额39657.2亿元，较年初增加5823.5亿元，同比多增5984.5亿元。担保类业务余额18809.1亿元，较年初增加2056.1亿元，同比多增1591.2亿元；承诺类业务余额9306.8亿元，较年初增加2768.2亿元，同比多增2811.0亿元。受资管新规约束影响，通道类业务逐步规范压缩，委托贷款小幅增加114.4亿元，委托投资和代理代销业务分别较年初减少16.1亿元和1333.4亿元。

5. 贷款利率整体下行，小微企业贷款利率降幅明显。2019年12月，山东省人民币贷款加权平均利率5.36%，较上年高点下降0.44个百分点。其中，普惠小微贷款利率下行明显，12月为6.43%，较上年高点下降1.52个百分点，小微企业融资成本显著下降。LPR改革深入推进，自律管理机制不断完善，有效维护公平有序的存款定价秩序，101 家金融机构成为全国性市场利率定价自律机制基础成员，较上年增加 12 家。

表 2　2019 年山东省金融机构人民币贷款各利率区间占比

（LPR 改革前）　　单位：%

月份		1 月	2 月	3 月	4 月	5 月	6 月	7 月
合计		100	100	100	100	100	100	100
下浮		7.4	8.4	8.7	9.9	11.9	11.1	8.8
基准		20.0	18.2	17.5	18.8	13.2	18.2	15.5
上浮	小计	72.6	73.4	73.8	71.3	74.9	70.7	75.6
	(1.0, 1.1]	16.0	17.6	15.8	13.6	15.2	16.5	15.6
	(1.1, 1.3]	22.9	23.7	23.2	22.5	25.0	24.5	23.7
	(1.3, 1.5]	14.7	12.6	14.1	14.5	13.1	12.8	14.3
	(1.5, 2.0]	11.1	10.2	12.3	13.1	13.4	10.4	13.5
	2.0 以上	7.9	9.4	8.3	7.6	8.2	6.4	8.6

（LPR 改革后）

月份		8 月	9 月	10 月	11 月	12 月
合计		100	100	100	100	100
LPR 减点		12.4	10.5	11.2	11.7	10.3
LPR		0.8	0.7	0.7	1.1	2.7
LPR 加点	小计	86.9	88.8	88.2	87.2	87.0
	(LPR，LPR+0.5%)	19.7	21.6	20.7	21.4	23.1
	[LPR+0.5%，LPR+1.5%)	33.2	32.4	29.4	27.6	24.2
	[LPR+1.5%，LPR+3%)	19.4	19.3	21.6	21.4	24.9
	[LPR+3%，LPR+5%)	8.6	9.2	9.0	10.2	9.5
	LPR+5% 及以上	6.0	6.3	7.5	6.6	5.3

数据来源：中国人民银行济南分行。

6. 银行经营总体稳健，信用风险防控取得积极进展。2019 年末，山东省银行业法人机构流动性状况继续向好，流动性比率 71.2%，较上年上升 3.9 个百分点；备付金总额 1973.9 亿元，较年初增加 507.7 亿元。资本充足率有所下降，核心一级资本充足率 10.7%，较年初下降 0.5 个百分点。各方合力落实风险防控处置责任，风险化解处置取得突出成效，全年处置不良贷款 2843.5 亿元，同比多处置 673.2 亿元。资产分类真实性整体改善，逾期 90 天以上贷款与不良贷款的比值为 88.5%，较年初下降 3.9 个百分点。加快推进重点企业风险处置，组建债委会 1103 家，帮扶企业 513 家，大额授信风险企业减少 43 户。

7. 机构改革取得积极进展，地方金融组织有序发展。恒丰银行改革重组工作基本完成，改革措施成效逐步显现。山东省农村信用社联合社改革稳步推进，12 家地市办事处改制为审计中心。393 家小额贷款公司全年累计发放贷款 521.6 亿元，贷款余额 548.4 亿元。全省 299 家农民专业合作社开展信用互助业务试点，参与社员 2.2 万人，发生信用互助业务 2410 笔、金额 0.9 亿元。

8. 跨境人民币业务增长较快，收支均衡发展。2019 年，山东省跨境人民币收付 3893.3 亿元，同比增长 34.1%，高于全国平均水平 11 个百分点。其中，收入 2037.6 亿元，同比增长 38.6%；支出 1855.7 亿元，同比增长 29.5%。人民币净流入 181.9 亿元，同比增长 379.9%。分项目看，货物贸易跨境人民币收付 1820.5 亿元，同比增长 39.3%；直接投资跨境人民币收付 1036.5 亿元，同比增长 36.4%；跨境融资人民币收付 684.7 亿元，同比增长 23.7%。

（二）证券业盈利能力增强，股票市场筹资额同比增加

2019 年，山东省证券市场资源配置的能力持续增强，法人证券公司盈利能力显著提升，上市公司股票融资规模不断扩大，多层次资本市场健康发展。

表 3　2019 年山东省证券业基本情况

项目	数量
总部设在辖内的证券公司数（家）	2
总部设在辖内的基金公司数（家）	0
总部设在辖内的期货公司数（家）	3
年末国内上市公司数（家）	211
当年国内股票（A 股）筹资（亿元）	262
当年发行 H 股筹资（亿元）	7
当年国内债券筹资（亿元）	5300
其中：短期融资券筹资额（亿元）	1843
中期票据筹资额（亿元）	992

注：当年国内股票（A 股）筹资额指非金融企业境内股票融资。

数据来源：中国人民银行济南分行、山东证监局。

1. 证券交易量显著提升，证券公司盈利能力增强。2019 年末，山东省证券分公司和营业部数量合计达到 680 家，较年初增加 15 家。受股票市场活跃度回升带动，证券公司代理买卖证券交易额同比增加，全年实现交易金额 9.4 万亿元，同比增长 25.8%。2 家法人证券公司资产总额 1470.2 亿元，同比增长 9.8%，实现净利润 20.6 亿元，同比增长 66.7%。

2. 首次公开募资规模明显扩大，资本市场融资功能继续增强。2019 年，山东省 16 家企业境内首发上市，占当年全国首发企业的 7.9%；首发筹资 171.5 亿元，同比增长 2558.5%，其中科创板上市企业 4 家。山东省境内上市公司数量达到 211 家，居全国第六位。25 家次上市公司通过增发、配股合计融资 90.3 亿元。年末全省新三板挂牌企业数量 549 家，较上年减少 75 家，实现融资 13.0 亿元，同比下降 93.3%。

3. 权益类交易市场日趋完善，区域性股权交易市场规模持续扩大。2019 年末，山东省权益类市场达到 20 家，涵盖了国有产权、股权、海洋产权、农村产权、金融资产、能源环境权益、文化艺术品权益等。全年齐鲁股权中心新增挂牌企业 884 家，累计实现挂牌企业 4045 家，托管企业 4247 家，综合展示企业 10390 家，中介机构 864 家，实现各类融资 525.2 亿元，其中设立了“桓台乡村振兴特色产业板”，为全国首个乡村振兴区域股权交易板块。青岛蓝海股权交易中心新增挂牌企业 231 家，累计挂牌企业总数达 1735 家，托管展示企业 3129 家，累计帮助挂牌企业实现各类融资 120.4 亿元。

（三）保险业稳步发展，服务经济社会发展能力有效提升

2019 年，山东省保险业总体保持平稳发展，机构数量持续增加，重点领域“保障 + 服务”功能得到充分发挥，产品结构不断优化，服务实体经济的能力进一步提升。

1. 保险业市场规模稳步扩大，人身保险保费收入增长较快。2019 年末，山东省保险业总资产 6839.2 亿元，同比增长 14.9%。保险公司数量持续增加，其中，省级分公司以上保险主体 97 家，较上年增加 3 家；保险公司分支机构 7538 家，较上年增加 83 家。保费收入规模稳步扩大，全年实现保费收入 3238.9 亿元，同比增长 9.4%，增速较上年提高 1.3 个百分点。其中，财产险保费收入 866.4 亿元，同比增长 7.1%；人身险保费收入 2372.5 亿元，同比增长 10.3%。保险赔付 903.6 亿元，同比下降 2.9%。

表 4　2019 年山东省保险业基本情况

项目	数量
总部设在辖内的保险公司数（家）	5
其中：财产险经营主体（家）	3
人身险经营主体（家）	2
保险公司分支机构（家）	83
其中：财产险公司分支机构（家）	68
人身险公司分支机构（家）	15
保费收入（中外资，亿元）	3238.9
其中：财产险保费收入（中外资，亿元）	866.4
人身险保费收入（中外资，亿元）	2372.5
各类赔款给付（中外资，亿元）	903.6
保险密度（元 / 人）	3223.7
保险深度（%）	4.6

数据来源：山东银保监局。

2. 服务领域进一步拓宽，社会民生保障功能增强。农业保险对农业生产的风险保障作用显著提升，全省农业大灾保险试点地区由 20 个县扩大到 50 个，享受中央、省级财政保费补贴的农业保险品种增加到 25 个，享受市县自主补贴的险种达到 11 个；棉花目标价格保险在 6 个县（区）开展试点，覆盖面积达 67 万亩，占全省棉花种植面积的 20% 以上；大豆收入“保险 + 期货”业务在 2 个县（区）试点，为近 12 万亩大豆提供价格风险保障 0.9 亿元。巨灾理赔效率提升，全力支持“利奇马”台风抗险救灾，累计为“利奇马”台风受灾群众支付保险赔款 13.3 亿元、赔付 14 万余件。

3. 行业转型深入推进，服务经济社会发展能力进一步提高。银行业保险业联动力度加大，创新推出政银保、政融保、新型保单抵押担保等融合产品，助力缓解小微企业融资难题，加大生猪全产业链信贷投放和风险保障力度。保

险资金投资助力新旧动能转换步伐加快，太平保险与烟台财金集团、蓝天集团、业达热电集团、业达建设集团签署投融资意向合作协议，支持重大民生工程和基础设施建设。

（四）金融市场效率持续提高，社会融资规模适度增长

2019 年，山东省社会融资规模保持适度增长，融资结构继续改善，债券发行利率明显下行，民营企业债券融资支持工具增量扩面。

1. 社会融资规模适度增长，融资结构有所优化。2019 年末，山东省社会融资规模余额 13.3 万亿元，同比增长 11.4%，较上年提高 2.8 个百分点，有力支撑全省新旧动能转换进程。全年社会融资规模增加 13831.2 亿元，较上年多增 3989.5 亿元，为上年的 1.4 倍。其中，银行贷款余额占同期社会融资规模存量的 63.7%，基本与上年持平；受金融市场流动性合理充裕、利率持续下行、债券等标准化债权资产需求旺盛等因素带动，直接融资余额占比升至 12.1%，同比提高 0.3 个百分点。

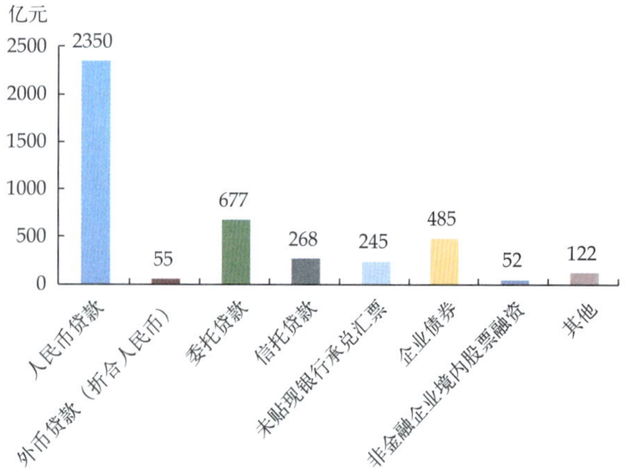

数据来源：中国人民银行济南分行。

图 5　2019 年山东省社会融资规模分布结构

2. 债券发行利率明显下降，民营企业债券融资支持工具增量扩面。2019 年，山东省新发行债务融资工具 348 单、3068.1 亿元，融资额占全国的 4.7%，居第五位；平均发行利率 4.12%，同比下降 1.3 个百分点。全年累计发行民营企业债券融资支持工具 7 只，4 家企业实现融资 28 亿元，节省融资成本 400 余万元。全省 6 家法人金融机构发行绿色金融债券 230 亿元，发行主体数量和金额分别居全国第 1 位和第 2 位；威海市商业银行成功发行 30 亿元永续债，为全国首批第二单。

3. 黄金市场交易规模明显增加。2019 年末，山东省有 11 家上海黄金交易所会员企业，其中综合类会员 10 家，以产金冶金企业为主。受黄金价格上涨带动，市场客户交投热情回升，全年会员总成交量 2028.5 吨，同比增加 255.9 吨。从市场参与主体看，会员交易集中度较高，全省 75.8% 的交易由招金集团、中矿金业、山东恒邦三家会员企业完成。

（五）金融改革试点不断深化，地方金融主体规范发展

2019 年，青岛财富管理金融综合改革试验区取得积极进展，全国首家外资财富管理机构落户青岛，2019 青岛·中国财富论坛、全球（青岛）创投风投大会成功举办，2019 中国财富管理金家岭指数发布，“财富青岛”影响力稳步提升。临沂市金融服务乡村振兴改革创新试验区取得实质性进展，济南、枣庄、威海等地市分别选择金融支持科技创新、普惠金融以及绿色金融等重点领域，积极推进金融改革创新，已启动国家金融改革创新试验区申创工作。规范民间融资机构发展，获得业务许可的民间资本管理公司达 423 家，注册资本 322.2 亿元，累计投资 448.3 亿元，投资余额 360.6 亿元；获得业务许可的民间融资登记服务公司 83 家，累计登记资金需求 55.5 亿元，成功对接资金 34.4 亿元。

（六）金融生态环境建设加快推进，金融基础设施不断完善

2019 年，山东省进一步强化金融生态环境建设，扎实推进信用体系和支付体系建设，大力拓展普惠金融服务。全省共设立征信查询网点 362 个、自助查询设备 405 台，实现市、县两级全覆盖，全年累计向社会公众提供个人信

用报告查询服务 531.8 万次。应收账款融资业务进一步扩大，应收账款融资服务平台累计开通用户 9609 家、累计融资 15372 笔，融资金额 6697.4 亿元。“山东省政府采购系统”与“中征应收账款融资服务平台”成功对接，山东成为全国首个通过应收账款融资服务平台、在省市县三级实现政府采购线上融资的省份。继试点地区后在全国首批取消企业银行账户许可；打造“移动支付齐鲁样板”，全年累计办理云闪付移动支付业务 3.0 亿笔，居全国前列；金融消费纠纷化解多元化解决机制实现省、市、县三级全覆盖，全年组织调解金融消费纠纷 128 笔、成功 96 笔，涉及金额 1661.4 万元。

表 5　2018~2019 年山东省支付体系建设情况

年份	支付系统直接参与方（个）	支付系统间接参与方（个）	支付清算系统覆盖率（%）	当年大额支付系统处理业务数（万笔）	同比增长（%）
2018	19	10404	79.4	15650.8	14.7
2019	19	10553	80.6	15674.4	0.2

年份	当年大额支付系统业务金额（亿元）	同比增长（%）	当年小额支付系统处理业务数（万笔）	同比增长（%）	当年小额支付系统业务金额（亿元）	同比增长（%）
2018	2375646.1	5.9	29326.1	-14.4	41947.3	-7.0
2019	2454338.6	3.3	34461.6	17.5	75359.5	79.7

数据来源：中国人民银行济南分行。

二、经济运行情况

2019 年，山东省坚持以新发展理念引领高质量发展，持续深化供给侧结构性改革，全面实施八大发展战略，扎实做好“六稳”工作。产业发展优势互补，就业物价基本稳定，经济运行呈现总体平稳、稳中有进、进中向好态势。全省地区生产总值（GDP）71067.5 亿元，增长 5.5%；一二三产业分别增长 1.1%、2.6% 和 8.7%；人均地区生产总值 70653 元，增长 5.2%。

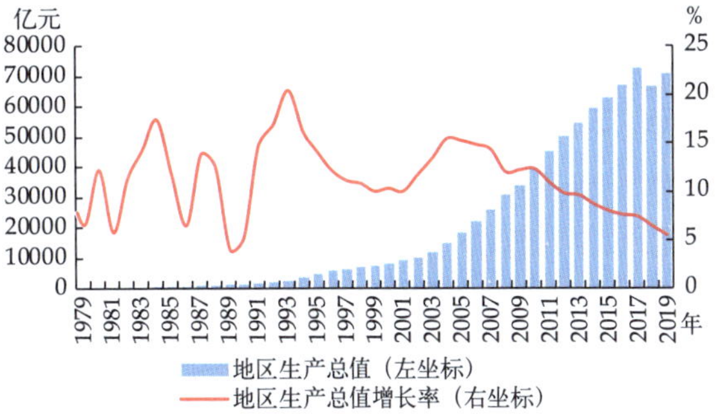

数据来源：山东省统计局。

图 6　1979~2019 年山东省地区生产总值及其增长率

（一）内外需求平稳增长，高质量发展的内生动力增强

2019 年，山东省内外需求动力提升，投资结构持续优化，对外开放量质齐升，有利因素积厚成势，为经济高质量发展奠定坚实基础。

1. 投资结构持续调整，惠民生投资成效显著。2019 年，山东省固定资产投资较上年下降 8.4%，但比年内最大降幅收窄 1.2 个百分点。一、二产业投资分别下降 10.9% 和 30.3%，第三产业增长 6.3%。三次产业投资占比分别为 1.7 ∶ 30.1 ∶ 68.2，第三产业占比提升 9.4 个百分点，投资主引擎作用更加稳固。民生投资力度加大，居民服务业、技能培训教育、基层医疗、文化艺术业投资分别增长 55.5%、27.7%、65.2% 和 16.7%。运输业投资高速增长带动基础设施投资增长 3.9%，高耗能行业投资下降 21.9%，“四新”经济投资占比达 44.8%。

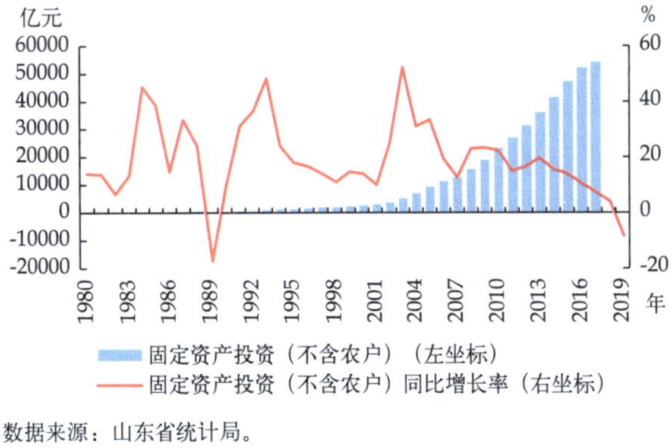

数据来源：山东省统计局。

图 7　1980~2019 年山东省固定资产投资（不含农户）及其增长率

2. 消费基础性作用凸显，消费升级态势明显。2019 年，山东省社会消费品零售总额 35770.6 亿元，增长 6.4%。乡村市场零售额增长 7.2%，高于城镇市场 1.0 个百分点。业态融合推动网络零售额增长 15.8%。居民人均消费支出 20427 元，增长 8.8%。其中，农村居民人均消费支出 12309 元，增长 9.2%。消费结构继续优化，居民人均服务性消费支出占比 42.4%，较上年提高 2.3 个百分点。消费升级类商品增长较快，限额以上可穿戴智能设备、新能源汽车和能效等级 1 级、2 级商品零售额分别增长 37.8%、63.2% 和 9.2%。

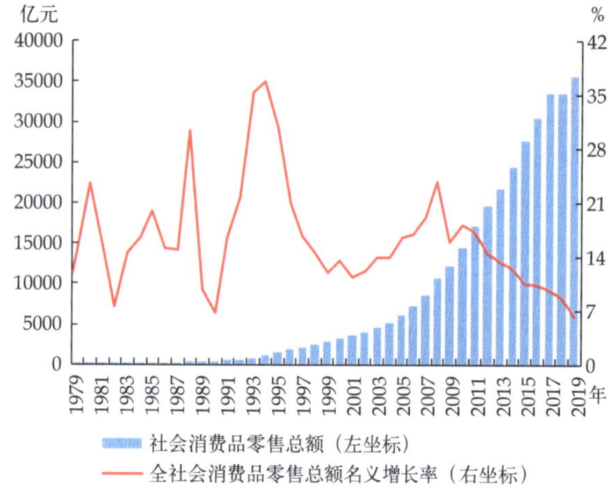

数据来源：山东省统计局。

图 8　1979~2019 年山东省社会消费品零售总额及其增长率

3. 外贸进出口增量提质，对外开放水平不断提升。2019 年，山东省进出口总额 20420.9 亿元，增长 5.8%。其中，出口额增长 5.3%，进口额增长 6.4%。外贸结构不断优化，机电产品出口占比为 37.4%，远高于传统劳动密集型产品占比。国际市场布局优化，对欧盟和东盟进出口分别增长 9.5% 和 15.2%，对“一带一路”沿线国家进出口增长 15.9%。外贸新兴业态快速发展，网购保税和跨境直购合计进出口 29.6 亿元，增长 7.5%。全年实际使用外资 146.9 亿美元，增长 18.6%，其中，服务业实际使用外资 98.6 亿美元，增长 36.7%。

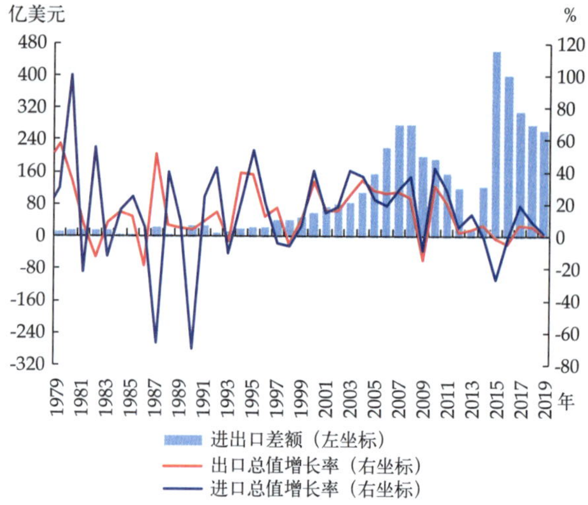

数据来源：山东省统计局。

图 9　1979~2019 年山东省外贸进出口变动情况

（二）产业结构优化升级，动能转换成效显现

2019 年，山东省三次产业结构由上年的 7.4 : 41.3 : 51.3 调整为 7.2 : 39.8 : 53.0，第三产业拉动全省经济增长 4.3 个百分点。

1. 农业基础地位夯实，乡村振兴全面起势。2019 年，山东省农林牧渔业增加值 5476.5 亿元，增长 1.7%。粮食总产量达到 1071.4 亿斤，连续 6 年稳定在千亿斤以上。乡村产业融合步伐加快，年销售收入 500 万元以上的农业龙头企业 9600 多家，家庭农场 7.1 万家，农民合作社 21 万家，累计认定电子商务进农村综合示范县 19 个。农业科技支撑能力持续增强，农作物耕种收综合机械化率达到 86% 以上，创建国家级主要农作物全程机械化示范县 45 个，居全国首位。农村土地制度改革不断深化，土地流转面积 3589.7 万亩，占家庭承包经营总面积的 38.7%。

2. 工业生产企稳回升，新兴动能持续发力。2019 年，山东省规模以上工业增加值增长 1.2%，9 月份以来多数指标持续向好。工业结构迈向中高端，高技术制造业增加值增长 1.7%，高于规模以上工业 0.5 个百分点。新一代信息技术、新能源新材料、高端装备产业和高端化工产业增加值分别增长5.5%、5.7%、9.3%和1.7%。新兴工业产品产量快速增长，光伏电池、智能电视、生物基化学纤维、服务器和光电子器件产量分别增长32.3%、25.5%、19.9%、16.6%和13.4%。上榜中国企业500强的工业企业50家，19个县（市）和11个区入围中国工业百强县（市）、百强区。

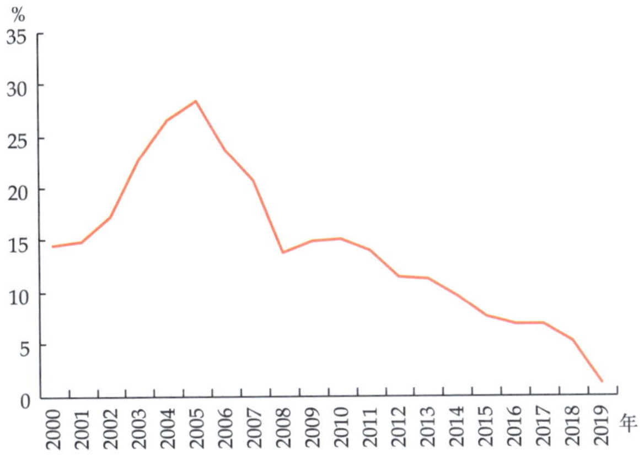

数据来源：山东省统计局。

图10　2000~2019年山东省规模以上工业增加值实际增长率

3. 服务业主引擎作用突出，转型升级态势明显。2019年，山东省服务业增加值37640.2亿元，同比增长8.7%。服务业对全省经济增长贡献率为78.2%，较上年提高18.2个百分点，“三二一”型产业结构持续巩固。新兴服务业带动力增强，以互联网和相关服务、租赁和商务服务为代表的其他营利性服务业增加值增长10.4%，增速比服务业高1.7个百分点。货物运输稳步向好，公路水路货运量增长3.9%，铁路货运量增长11.4%。

4. 供给侧结构性改革深入推进，社会民生加速改善。全年压减煤炭产能875万吨、生铁产能465万吨、粗钢产能923万吨、焦化产能777万吨。深化“放管服”改革，为各类市场主体新增减免税费1500亿元以上，督导清理拖欠民营企业中小企业账款362亿元。基础设施建设全面提速，高速公路、高速铁路通车里程分别达到6447公里、1987公里，济青高速改扩建等9条高速公路建成通车，实现县县通高速，鲁南高铁日照至曲阜段建成通车，省内高铁成环运行。海阳核电一期工程建成投运，新能源和可再生能源发电装机占比超过25%。脱贫攻坚成果有效巩固，实施产业扶贫项目1581个，覆盖带动贫困人口85.9万人。退休人员基本养老金月人均增加158元，居民基本医疗保险政府补助标准提高到520元。

5. 生态文明建设扎实推进，绿色发展提速。2019年，山东省污染防治攻坚战取得新成效，清理整治河湖违法问题1.8万余处，细颗粒物（PM2.5）改善约束性指标提前一年完成国家下达的“十三五”任务。能源供给结构优化，全年新能源和可再生能源发电量745.1亿千瓦时，增长41.8%。能源利用效率进一步提升，重点监测的68项产品有44项单耗下降，下降面为64.7%。全年余热、余压、余气发电量为158.1亿千瓦时，增长14.2%。能源加工转换效率提高，规模以上工业能源加工转换效率为79.7%，较上年提高0.3个百分点。

（三）居民消费价格涨幅上升，工业生产者价格窄幅下行

2019年，山东省居民消费价格总水平（CPI）涨幅有所扩大，工业生产者价格窄幅下降，市场价格水平总体稳定。

1. 居民消费价格涨幅上升，食品价格上涨较快。2019年，山东省居民消费价格总水平上涨3.2%，涨幅较上年扩大0.7个百分点。其中，城市上涨3.1%、农村上涨3.6%。消费品价格上涨3.9%，服务项目价格上涨2.0%。分类别看，八大类商品和服务价格“七升一降”，全年食品价格上涨10.6%，拉动居民消费价格上涨约2.0个百分点，扣除食品和能源价格后，核心CPI上涨1.7%。其中，受生产周期及非洲猪瘟等因素影响，猪肉价格上涨52.9%，拉动居民消费价格上涨约1.2个百分点。

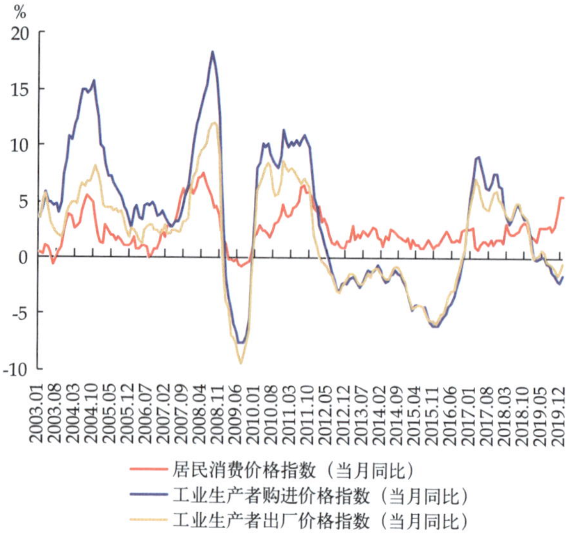

数据来源：山东省统计局。

图 11　2003~2019 年山东省居民消费价格指数和工业生产者价格指数变动趋势

2. 工业生产者价格窄幅下行，生产资料价格回落明显。2019 年，山东工业生产者出厂价格和购进价格分别下降 0.3%、0.8%，分别较上年降低 4.0 个和 4.4 个百分点。工业生产者出厂价格同比先扬后抑，1~5 月稳中略涨，6 月由涨转跌，并持续在负增长区间运行。工业生产者购进价格同比低位运行，1~5 月保持平稳，6 月价格转入下跌，降幅逐月扩大至 11 月的 2.1%，12 月收窄至 1.6%。生产资料价格下降 1.1%，较上年降低 5.5 个百分点，影响总指数下降 0.8 个百分点。生活资料价格上涨 2.3%，涨幅较上年扩大 1.3 个百分点。

3. 就业形势稳中趋好，居民工资收入持续增长。全年城镇新增就业 138.3 万人，较上年增长 1.1%，完成全年目标的 125.7%。城镇登记失业率 3.29%，较上年降低 0.06 个百分点。职位需求平稳带动收入增长，全年居民人均工资性收入 18111 元，增长 7.7%。其中，城镇居民人均工资性收入 26611 元，增长 6.3%；农村居民人均工资性收入 7165 元，增长 9.4%。

4. 资源性产品价格改革深入推进，传统能源产量普遍下降。2019 年，山东省先后 2 次下调一般工商业用电价格，完成“一般工商业电价降低 10%”的目标。深化燃煤发电上网电价形成机制改革，决定自 2020 年 1 月 1 日起取消煤电价格联动机制。传统能源行业转型升级步伐加快，全年主要传统能源产量普遍下降。

（四）财政收支增速下降，收支差额扩大

2019 年，全省一般公共预算收入增速持续放缓，全年收入完成 6526.6 亿元，增长 0.6%。其中，税收收入占财政收入的 74.3%，较上年下降 1.2 个百分点。一般公共预算支出保持刚性增长，全年支出完成 10736.8 亿元，增长 6.3%，增速同比回落 2.8 个百分点。其中，民生支出占 79%。预算收支差额 4210.2 亿元，同比增长 16.5%。2019 年，全省累计发行地方政府债券 2673.9 亿元，同比增长 7.1%。

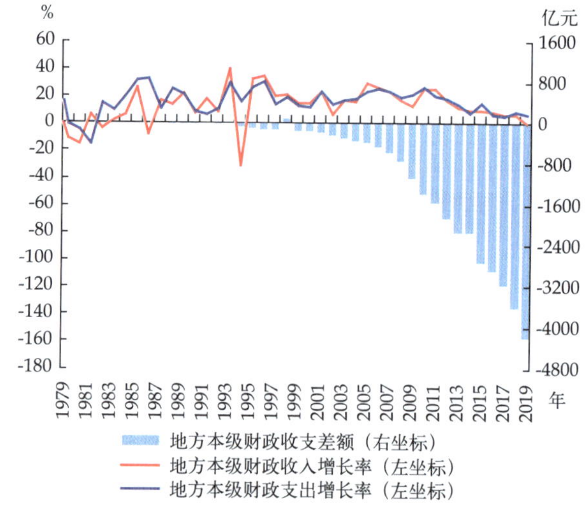

数据来源：山东省统计局。

图 12　1979~2019 年山东省财政收支状况

（五）房地产行业运行平稳，装备制造业结构持续优化

1. 房地产市场平稳发展，房地产金融稳中趋缓。2019 年，山东省坚持“房住不炒”定位，落实房地产长效管理机制和市场调控政策，房地产居住属性进一步稳固。

房地产开发投资平稳较快增长，区域分化明显。2019 年，山东省完成房地产开发投资 8614.9 亿元，增长 14.1%，较上年提高 0.3 个

百分点。其中，住宅投资完成6672.2亿元，增长16.7%。90平方米以上中大户型住宅投资占比68.9%，较上年提高6.3个百分点。济南、青岛房地产开发投资均超千亿元，合计占全省的39.2%；烟台、潍坊、临沂完成投资在100亿~500亿元，合计占全省的23.5%。

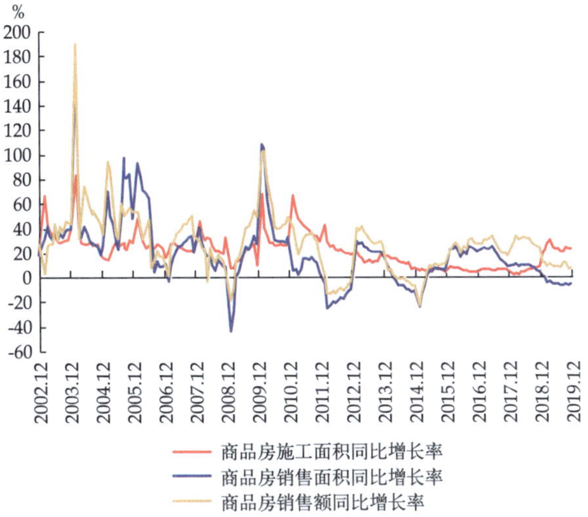

数据来源：山东省统计局。

图13　2002~2019年山东省商品房施工和销售变动趋势

房地产供应规模稳步扩大，房企资金保障能力强。房地产开发项目施工面积、新开工面积分别突破7.5亿、2.2亿平方米。房地产开发企业到位资金12341.7亿元，增长13.1%，到位资金量是完成投资额的1.4倍，项目建设资金充足。

房地产销售稳中趋降，区域集中度较高。2019年，山东省商品房销售面积12727.3万平方米，同比下降5.4%；销售额10271.2亿元，同比增长2.0%。商品住宅销售面积占89.9%，其中，中大户型住宅销售面积占91.5%，下半年以来新建商品住宅成交面积总体呈下降趋势。济南、青岛、烟台、潍坊、临沂5市商品房销售面积合计占全省商品房销售面积的51.7%。房价温和上涨，重点城市涨幅有所下降。济南、青岛新建商品住宅销售价格同比分别增长0.5%、4.2%，二手房价格同比分别下降2%、5.4%，分别连续9个月、11个月回落。

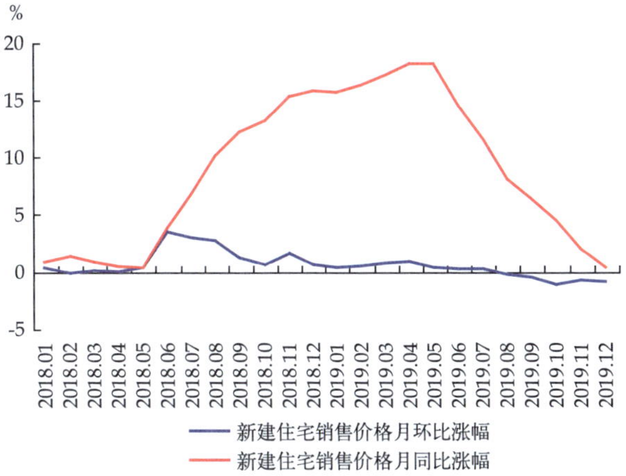

数据来源：国家统计局。

图14　2018~2019年济南市新建住宅销售价格变化趋势

房地产贷款增速放缓。2019年末，全省房地产贷款余额28454.2亿元，同比增长18.2%，环比增速连续8个月下行。房地产开发贷款增加965.6亿元，增长16.6%。受棚户区改造融资政策变动影响，全省保障性住房开发贷款较年初增长7.9%，同比下降39.7个百分点。个人住房贷款增加3051.9亿元，增长18.5%。

2. 装备制造业保持较快增长，引领新动能发展。2019年，山东积极改造提升传统优势装备，加快发展壮大新兴高端装备，扎实推进装备制造业转型升级。全年规模以上装备制造业增加值增长1.4%，高于规模以上工业0.2个百分点，其中，高端装备业增加值增长9.3%。全年专用设备制造业增加值增长5.3%；铁路、船舶、航空航天和其他运输设备制造业增长17.6%，计算机、通信和其他电子设备增长7.1%。受载货汽车销量较好带动，汽车行业增加值增长0.8%。

（六）自贸区建设正式启动，区域发展协同效应显现

2019年，中国（山东）自由贸易试验区获批。济南片区挂牌以来，先后发布100多项新政策，新注册企业已经超过4400家，53家基金入驻，管理规模达3000亿元。青岛片区挂牌以来，106项改革试点工作全面提速，新注册企业

1851家，其中外资企业64家。烟台片区不断优化营商环境，推进对外开放水平，片区内新增注册企业超2000家。

山东省加快构建陆海内外联动、东西双向互济的区域协同发展新格局，济南都市圈经济协同发展水平提升，莱芜撤市划区正式并入济南，济南城市规模和经济总量得以提升，对都市圈的辐射引领作用进一步显现。青岛都市圈一体化进程加快，国际竞争力增强，中心城市的核心引擎作用增强。烟威都市区、东滨都市区、济枣菏都市区、临日都市区特色产业协同效应显现，鲁南（日兰）高速铁路日照至曲阜段开通运营，城市间资源流动加快，生产力布局进一步优化。

专栏 2　五个强化抓LPR改革落实　全力推进降成本取得实效

自贷款市场报价利率（LPR）形成机制改革以来，中国人民银行济南分行认真贯彻落实改革政策要求，实施五个“强化”，即“强化组织领导、强化调查研究、强化重点突破、强化监测分析、强化自律引导”，积极推动金融机构运用LPR对贷款定价。通过全省人民银行系统全力推动和金融机构主动适应改革要求，LPR改革在山东顺利落地、有效推广并取得初步实效，市场利率向贷款利率的传导效率提升，带动企业贷款利率稳步下降。2019年12月，山东省地方法人金融机构新发放贷款LPR运用占比达85%，四成（36%）法人金融机构新发放贷款LPR占比超过80%，基本实现新发放贷款主要参考LPR进行定价。2019年12月，山东金融机构新发放企业贷款加权平均利率为5.15%，较改革前下降0.28个基点。其中，新发放小微企业贷款加权平均利率为5.62%，较改革前下降0.44个基点。

一、强化组织领导，压实改革责任

为打破传导壁垒、高效推进辖内金融机构对LPR的推广运用，济南分行密集召开专题工作会议、全省LPR改革工作电视电话会议、全省人民银行系统条线工作会议等一系列会议，将LPR形成机制改革精神全面、准确传导至辖内人民银行系统和各金融机构，全力贯彻落实改革要求。此外，建立省市县三级联动机制，要求省内各市中心支行和各金融机构实施“一把手”工程，充分发挥地市、县支行基层优势，指导法人金融机构制订LPR运用推广计划和方案，为改革任务顺利落地保驾护航。

二、强化调查研究，做好政策衔接

为确保LPR运用顺利推进，一方面，济南分行加大对辖内各类型金融机构调研力度，重点了解金融机构系统优化、参数调整、合同修订等LPR配套机制，以及LPR推广运用的激励约束机制建设情况，基本上摸清了金融机构的底数、掌握了真实情况，为LPR改革提供决策参考。另一方面，积极推动贷款利率政策修订衔接工作。在新制定政策时，济南分行主动对接，强化协作，力争做到贷款直接参考LPR定价，如在制定山东省“财贸贷”融资业务管理办法、科技成果转化贷款风险补偿资金管理办法时，与相关部门协商将政策中贷款利率由参考基准调整为LPR。对现行涉及贷款基准利率的特殊领域政策，济南分行进行了细致梳理，并联合省财政厅、省科技厅等部门对政策修订进行了协商、达成了初步意见，力争做好政策前后衔接。

三、强化重点突破，统筹改革推进

针对定价系统改造等硬约束问题和金融机构对LPR政策认识仍普遍欠缺等软约束问题，济南分行创新性开展工作，抓住两个“重点机构”。一是抓“慢机构”，邀请定价能力强的机构讲解贷款系统开发、合同文本修订等关键环节，为定价能力弱的机构提供参考借鉴。同时，筛选排查重点、难点机构，特别是村镇银行和财务公司，一对一辅导，确保所有机构不掉队。二是抓“牵头机构”，抓住省联社这一农信合机构牵头组织的关键环节，与山东省联社进行专题座谈，督促其统一进行系统改造、合同修订、人员培训、宣传解释等工作，定期通报LPR运用进度较慢的机构，形成农信合系统比进度、强落实的局面。在这些措施的推动下，山东法人金融机构的系统改造提前完成，超出了预期进度。

四、强化监测调度，形成整体合力

为进一步跟踪金融机构推进动态，加快推进金融机构运用LPR定价，按照总行和全国自律机制要求，济南分行建立了三项监测报告机制。一是LPR周运用情况。按周监测各法人机构LPR运用占比、贷款利率变化情况，分析改革后金融机构贷款结构、利率和隐性下限情况，并以此为依据对金融机构进行定向指导，提高政策实施效果。二是LPR运用推广效果。与省内各银行利率定价部门人员建立了LPR运用推广效果报告机制。三是市场反应和社会舆情。组织全省货币信贷条线人员和金融机构一线业务人员加强上下联动、内外配合，密切关注市场反应、舆情情况，若发现误导宣传，及时加以纠正。

五、强化自律引导，力保改革实效

济南分行注重发挥好引领协调和自律管理作用，指导省级自律机制通过印发统一的LPR问答手册，督促金融机构向客户提供各种形式的政策宣传、解释和咨询服务。充分发挥省级自律机制平台作用，向社会公众宣传解释LPR改革政策。举办全省自律机制LPR改革政策宣讲会，邀请全市自律机制和金融机构专家讲解政策要求、交流改革经验，参训机构达到250家，参训人数超过300人，进一步提高了LPR的认知度和接受度。同时，指导自律机制加强自律协商管理，共同维护好利率定价秩序，稳定银行负债端成本，为进一步降低实体经济融资成本提供有利条件。

三、预测与展望

2020年，山东省将按照“走在前列、全面开创”目标要求，紧扣全面建成小康社会目标任务，坚持以深化供给侧结构性改革为主线，以改革开放为动力，深入实施八大发展战略，扎实开展重点工作攻坚行动，保持经济运行在合理区间，确保新旧动能转换初见成效、全面建成小康社会和“十三五”规划圆满收官。

投资增速有望低位回升。随着基建投资融资环境持续改善，基建投资增速将回升。制造业企业增加投资意愿较弱，但新动能产业投资仍将保持高速增长。受新冠肺炎疫情影响，固定资产投资增速短期内将面临负面冲击，预计全年呈前低后高态势。

消费增速将稳中趋缓。居民部门杠杆率快速增长及人均可支配收入增速放缓，将持续抑制消费增长。新冠肺炎疫情将对住宿餐饮、文化娱乐等消费产生冲击。汽车销售对消费的拖累或将改善，新消费模式和业态的持续发展进一步支撑消费增长。

进出口增长有望回暖。随着中美签署第一阶段经贸协议，预期不确定性减弱，企业信心有望修复，对美贸易下滑态势或将缓解。中国（山东）自由贸易试验区建设启动，山东省与“一带一路”沿线国家贸易合作不断增加，将助推对非美经济体进出口增长。新冠肺炎疫情在全球蔓延可能制约出口增长。

物价预计保持总体稳定。工业品供需相对平衡，将推动工业品价格保持低位稳定。受居民人均可支配收入增速收窄、医改进程放缓、住房租金上涨动力不强等因素影响，非食品价格涨幅将相对稳定。猪肉价格仍将是拉动消费价格上涨的主要因素，但考虑到恢复生猪生产的政策效应已逐渐显现，以及扩大猪肉进口、投放储备冻肉等政策影响，预计上升幅度有限。综合来看，预计2020年物价总体稳定，受新冠肺炎疫情影响，消费品价格短期可能上涨，工业品价格短期或有小幅回落。

从金融方面看，2020年，我国将继续实施稳健的货币政策，更加注重灵活适度，科学把握逆周期调节力度，运用多种货币政策工具，保持流动性合理充裕。深化利率市场化改革，完善贷款市场报价利率传导机制。坚决打赢防范化解重大金融风险攻坚战。以缓解小微企业融资难融资贵问题为重点，加大金融供给侧结构性改革力度。加快完善宏观审慎管理框架，继续深化金融改革开放。随着这些政策措施在山东省的深入贯彻实施，山东省货币信贷及社会融资规模将同经济发展相适应，融资结构和信贷结构不断优化，为全省经济高质量发展和新旧动能转换创造良好的货币金融环境。

中国人民银行济南分行货币政策分析小组
总　纂：周逢民　刘　健
统　稿：霍成义　杨金栋　王　伟　刘旭强
执　笔：孙　健　程晋鲁　刘爱鹏　王　斌　楚晓光　孙　蕾　王　彦　娄　振　杨德彬　牛玉莲　尹　楠
提供材料的还有：赵小亮　单琳琳　祁文婷　孙艳云　庞念伟　康华一　张　芳　韩庆潇　丁艳艳　孔仪方

附录

（一）2019 年山东省经济金融大事记

2 月 15 日，水发集团发行全省第二单绿色债务融资工具，募集资金 6.6 亿元。

2 月 27 日，“山东省政府采购系统”与“中征应收账款融资服务平台”成功对接，山东省成为全国首个通过应收账款融资服务平台，在省、市、县三级实现政府采购线上融资的省份。

3 月 11 日，青岛农商行在全国银行间债券市场成功发行专项用于支持军民融合的金融债券 5 亿元。

4 月 18 日，人民银行济南分行联合山东银保监局等 5 部门制定印发《关于“民营和小微企业首贷培植行动”的指导意见》，在全省部署开展首贷培植行动。

4 月 28 日，山东省继试点地区后作为 5 省市之一在全国首批取消企业银行账户行政许可。

9 月 19 日，山东高速集团成功发行全省首单扶贫票据 10 亿元，其中 3 亿元专项用于鄄菏高速公路精准扶贫项目，惠及建档立卡贫困人口 15.6 万人。

11 月 28 日，威海市商业银行成功发行 30 亿元永续债，成为全国首批第二单、山东省内首家发行永续债的中小银行。

12 月 6 日，山东省银行结算账户信息管理系统上线运行。

（二）2019 年山东省主要经济金融指标

表 1　2019 年山东省主要存贷款指标

		1 月	2 月	3 月	4 月	5 月	6 月	7 月	8 月	9 月	10 月	11 月	12 月
本外币	金融机构各项存款余额（亿元）	99776.7	100824.8	102883.7	101913.4	102806.1	104419.4	103648.0	104203.3	104665.4	104297.0	103958.3	104738.9
	其中：住户存款	51323.7	52379.8	53276.6	52570.0	52897.7	53712.7	53786.2	54029.7	54993.4	54690.6	54788.3	55580.6
	非金融企业存款	30078.9	29787.7	31102.8	30979.5	31049.1	31627.9	30719.5	31221.2	31390.9	31361.1	31185.6	31862.1
	各项存款余额比上月增加（亿元）	3309.0	1048.1	2058.9	-970.3	892.7	1613.3	-771.4	555.3	462.1	-368.4	-338.7	780.6
	金融机构各项存款同比增长（%）	7.9	9.4	9.9	9.4	9.8	10.2	9.9	9.6	8.9	9.1	8.7	8.6
	金融机构各项贷款余额（亿元）	80186.0	80663.0	81612.5	82077.2	82635.3	83697.3	84165.1	84732.6	85666.7	85871.0	86187.8	86325.6
	其中：短期	29250.7	29278.4	29388.5	29176.7	29205.4	29507.5	29377.1	29468.8	29704.0	29592.5	29427.3	29099.1
	中长期	45014.9	45519.0	46249.9	46744.4	47228.8	47834.5	48386.6	48922.0	49551.1	49925.5	50410.4	50914.6
	票据融资	3478.1	3459.6	3564.6	3680.6	3710.2	3891.5	3933.0	3965.9	4075.8	4033.5	4031.0	4065.1
	各项贷款余额比上月增加（亿元）	2009.8	477.0	949.4	464.7	558.1	1062.0	467.8	567.5	934.2	204.2	316.8	137.8
	其中：短期	422.8	27.7	110.1	-211.8	28.7	302.1	-130.4	91.7	235.2	-111.5	-165.2	-328.2
	中长期	1100.0	504.1	730.9	494.4	484.4	605.7	552.0	535.4	629.1	374.4	484.9	504.2
	票据融资	465.9	-18.5	105.0	116.0	29.6	181.2	41.6	32.9	109.9	-42.2	-2.5	34.1
	金融机构各项贷款同比增长（%）	11.1	10.9	11.4	11.3	11.3	11.3	11.1	11.1	11.3	11.3	10.9	10.9
	其中：短期	-0.3	-0.3	-0.1	-0.5	-0.3	-0.4	-0.4	0.6	1.7	1.4	1.2	1.4
	中长期	16.9	16.7	17.1	16.6	16.5	16.5	16.3	16.2	16.2	16.5	16.4	16.5
	票据融资	77.8	75.2	77.2	82.9	75.9	74.3	76.5	62.7	55.2	53.1	43.4	35.0
	建筑业贷款余额（亿元）	2975.5	3042.8	3086.2	3110.9	3135.8	3189.9	3223.7	3275.2	3319.3	3310.2	3327.5	3374.6
	房地产业贷款余额（亿元）	3443.0	3506.2	3603.1	3642.4	3716.2	3838.0	3934.8	4035.3	4082.5	4072.5	4092.4	4066.2
	建筑业贷款同比增长（%）	13.3	14.3	15.1	15.9	15.7	16.4	17.1	18.2	17.8	17.4	15.9	17.7
	房地产业贷款同比增长（%）	22.8	22.6	23.9	23.2	23.7	25.7	28.2	29.7	28.0	27.4	26.2	23.1
人民币	金融机构各项存款余额（亿元）	97503.6	98538.9	100618.3	99651.6	100566.5	102115.6	101357.7	102057.9	102441.2	102005.7	101802.7	102676.4
	其中：住户存款	50966.2	52021.7	52915.6	52209.0	52535.8	53358.1	53435.4	53673.1	54642.4	54341.8	54439.1	55232.1
	非金融企业存款	28647.2	28277.2	29640.2	29540.8	29603.4	30098.2	29226.3	29751.7	29860.0	29763.3	29678.9	30462.8
	各项存款余额比上月增加（亿元）	3150.9	1035.3	2079.3	-966.6	914.8	1549.2	-758.0	700.2	383.3	-435.5	-203.0	873.7
	其中：住户存款	2477.9	1055.5	893.9	-706.6	326.8	822.2	77.3	237.7	969.3	-300.6	97.3	793.1
	非金融企业存款	628.7	-370.1	1363.0	-99.3	62.5	494.8	-871.8	525.4	108.2	-96.7	-84.4	783.9
	各项存款同比增长（%）	8.5	10.0	10.4	9.7	10.0	10.3	10.0	9.9	9.0	9.2	9.0	8.9
	其中：住户存款	14.3	12.4	12.7	13.9	14.1	13.8	14.6	14.5	14.4	14.4	13.8	14.0
	非金融企业存款	2.9	7.1	9.1	7.2	7.7	7.5	6.8	8.7	8.4	9.8	9.2	8.7
	金融机构各项贷款余额（亿元）	77265.1	77772.3	78718.6	79167.6	79680.3	80731.2	81247.3	81876.1	82835.6	83110.4	83487.6	83703.0
	其中：个人消费贷款	19871.5	19996.3	20447.4	20730.3	21061.2	21383.6	21639.9	21966.9	22346.5	22648.5	23004.5	23338.7
	票据融资	3478.0	3459.5	3564.6	3680.6	3710.2	3891.5	3933.0	3965.9	4075.8	4033.5	4031.0	4065.1
	各项贷款余额比上月增加（亿元）	2020.9	507.2	946.3	448.9	512.7	1050.9	516.1	628.9	959.4	274.9	377.2	215.3
	其中：个人消费贷款	451.2	124.8	451.0	283.0	330.9	322.4	256.2	327.0	379.6	302.0	356.0	334.2
	票据融资	465.9	-18.5	105.1	116.0	29.6	181.2	41.6	32.9	109.9	-42.2	-2.5	34.1
	金融机构各项贷款同比增长（%）	12.3	12.0	12.4	12.2	12.0	12.1	12.1	12.0	12.2	12.3	11.8	11.8
	其中：个人消费贷款	24.9	24.1	24.7	24.3	24.2	23.4	22.5	22.2	22.4	22.3	22.3	22.7
	票据融资	77.8	75.2	77.2	82.9	75.9	74.4	76.5	62.7	55.2	53.1	43.4	35.0
外币	金融机构外币存款余额（亿美元）	339.1	341.7	336.4	336.1	324.6	335.1	332.7	302.7	314.5	324.9	306.6	295.6
	金融机构外币存款同比增长（%）	-17.0	-16.6	-14.8	-9.0	-5.9	0.3	2.5	-5.5	2.4	2.7	-4.2	-4.0
	金融机构外币贷款余额（亿美元）	435.8	432.1	429.8	432.4	428.3	431.4	423.8	403.0	400.3	391.4	384.1	375.9
	金融机构外币贷款同比增长（%）	-17.0	-16.7	-16.3	-13.1	-11.6	-11.3	-11.1	-13.5	-12.5	-13.4	-12.5	-12.0

数据来源：中国人民银行济南分行。

表 2　2001~2019 年山东省各类价格指数

单位：%

		居民消费价格指数		农业生产资料价格指数		工业生产者购进价格指数		工业生产者出厂价格指数	
		当月同比	累计同比	当月同比	累计同比	当月同比	累计同比	当月同比	累计同比
2001		—	1.8	—	1.8	—	-0.6	—	-0.9
2002		—	-0.7	—	0.3	—	-1.3	—	-1.2
2003		—	1.1	—	2.4	—	5.7	—	3.5
2004		—	3.6	—	10.2	—	13.4	—	6.4
2005		—	1.7	—	6.2	—	5.9	—	3.7
2006		—	1.0	—	3.0	—	4.3	—	2.3
2007		—	4.4	—	7.1	—	4.8	—	3.3
2008		—	5.3	—	19.3	—	13.1	—	8.6
2009		—	0.0	—	-3.7	—	-4.5	—	-5.9
2010		—	2.9	—	3.0	—	9.3	—	7.2
2011		—	5.0	—	11.1	—	9.2	—	6.0
2012		—	2.1	—	5.9	—	-0.8	—	-1.6
2013		—	2.2	—	1.2	—	-1.6	—	-1.6
2014		—	1.9	—	-0.5	—	-1.8	—	-1.6
2015		—	1.2	—	-0.7	—	-5.0	—	-4.8
2016		—	2.1	—	-1.1	—	-2.0	—	-1.5
2017		—	1.5	—	0.9	—	7.3	—	5.5
2018		—	2.5	—	6.9	—	3.6	—	3.7
2019		—	3.2	—	7.6	—	-0.8	—	-0.3
2018	1	1.4	1.4	2.8	2.8	4.6	4.6	4.4	4.4
	2	3.1	2.2	3.6	3.2	3.7	4.1	3.9	4.2
	3	2.3	2.2	5.6	4.0	3.1	3.8	3.5	3.9
	4	2.2	2.2	6.5	4.6	3.4	3.7	3.6	3.9
	5	2.2	2.2	7.2	5.2	4.1	3.8	4.4	4.0
	6	2.3	2.2	8.4	5.7	4.8	3.9	4.9	4.1
	7	2.6	2.3	7.4	5.9	4.7	4.1	4.9	4.2
	8	2.9	2.4	7.4	6.1	4.2	4.1	4.2	4.2
	9	3.2	2.5	8.2	6.4	3.6	4.0	3.8	4.2
	10	3.1	2.5	9.3	6.6	3.5	4.0	3.6	4.1
	11	2.3	2.5	9.2	6.9	2.8	3.9	2.4	4.0
	12	2.0	2.5	7.7	6.9	1.3	3.6	0.6	3.7
2019	1	1.9	1.9	—	—	0.0	0.0	0.0	0.0
	2	1.5	1.7	6.2	6.4	-0.1	-0.1	0.1	0.1
	3	2.7	2.0	5.1	6.0	0.0	0.0	0.3	0.1
	4	2.8	2.2	5.7	5.9	0.1	0.0	0.7	0.3
	5	2.8	2.3	5.7	5.9	0.0	0.0	0.4	0.3
	6	2.8	2.4	5.7	5.8	-0.4	-0.1	-0.3	0.2
	7	3.0	2.5	7.6	6.1	-0.6	-0.2	-0.4	0.1
	8	2.5	2.5	9.0	6.5	-1.2	-0.3	-0.6	0.0
	9	3.0	2.6	9.6	6.8	-1.6	-0.4	-1.0	-0.1
	10	4.3	2.7	10.1	7.2	-2.0	-0.6	-1.5	-0.2
	11	5.6	3.0	9.9	7.4	-2.1	-0.7	-1.2	-0.3
	12	5.5	3.2	9.3	7.6	-1.6	-0.8	-0.4	-0.3

数据来源：山东省统计局、《中国经济景气月报》。

表 3　2019 年山东省主要经济指标

	1 月	2 月	3 月	4 月	5 月	6 月	7 月	8 月	9 月	10 月	11 月	12 月
	绝对值（自年初累计）											
地区生产总值（亿元）	—	—	20177.4	—	—	41823.3	—	—	62309.4	—	—	71067.5
第一产业	—	—	607.8	—	—	2339.7	—	—	3626.5	—	—	5116.4
第二产业	—	—	8688.0	—	—	18297.0	—	—	27011.3	—	—	28310.9
第三产业	—	—	10881.6	—	—	21186.6	—	—	31671.6	—	—	37640.2
工业增加值（亿元）	—	—	—	—	—	—	—	—	—	—	—	—
固定资产投资（亿元）	—	—	—	—	—	—	—	—	—	—	—	—
房地产开发投资	—	766.1	1543.5	2265.9	3069.7	4072.7	4855.0	5588.1	6384.9	7179.9	7948.5	8614.9
社会消费品零售总额（亿元）	—	5707.6	8363.1	11030.5	13890.2	16847.8	19701.6	22612.7	25560.0	28991.4	32287.2	35770.6
外贸进出口总额（亿元）	1778.1	2973.3	4572.3	6241.7	7957.2	9714.8	11477.1	13122.3	14890.5	16613.0	18416.1	20420.9
进口	970.1	1571.2	2485.0	3343.5	4251.7	5270.0	6220.2	7143.9	8111.7	9005.1	10025.8	11130.4
出口	808.0	1402.2	2087.4	2898.2	3705.5	4444.8	5256.9	5978.4	6778.8	7607.9	8390.3	9290.6
进出口差额（出口－进口）	-162.1	-169.0	-397.6	-445.3	-546.3	-825.3	-963.3	-1165.5	-1332.9	-1397.2	-1635.5	-1839.8
实际利用外资（亿美元）	—	18.0	31.5	37.4	48.3	59.8	69.0	76.3	84.3	96.9	112.2	146.9
地方财政收支差额（亿元）	-111.6	-371.6	-794.3	-1041.7	-1335.9	-1861.3	-2074.1	-2433.1	-2981.2	-3021.2	-3419.8	-4210.2
地方财政收入	817.7	1216.1	1804.3	2448.3	2990.2	3739.1	4289.0	4677.3	5098.8	5684.3	6011.1	6526.6
地方财政支出	929.4	1587.7	2598.6	3490.0	4326.1	5600.5	6363.1	7110.5	8080.0	8705.5	9430.9	10736.8
城镇登记失业率（%）（季度）	—	—	3.3	—	—	3.2	—	—	3.3	—	—	3.3
	同比累计增长率（%）											
地区生产总值	—	—	5.5	—	—	5.4	—	—	5.4	—	—	5.5
第一产业	—	—	2.6	—	—	3.0	—	—	1.0	—	—	1.1
第二产业	—	—	2.7	—	—	2.6	—	—	2.5	—	—	2.6
第三产业	—	—	8.2	—	—	8.5	—	—	8.8	—	—	8.7
工业增加值	—	0.2	2.3	1.3	1.1	1.2	0.8	0.1	0.0	0.2	0.7	1.2
固定资产投资	—	0.4	-5.4	-7.5	-7.0	-6.7	-6.6	-9.4	-9.6	-8.7	-8.5	-8.4
房地产开发投资	—	24.6	19.9	17.2	16.2	14.7	14.4	14.3	14.2	14.9	14.8	14.1
社会消费品零售总额	—	6.6	6.7	6.5	6.6	7.1	7.0	6.8	6.7	6.5	6.4	6.4
外贸进出口总额	10.4	3.4	5.1	6.3	6.8	9.2	9.3	7.8	6.4	5.9	5.4	5.8
进口	14.2	1.0	7.7	5.7	6.3	9.2	8.2	7.1	5.4	4.7	4.6	5.3
出口	6.1	6.1	2.2	6.9	7.4	9.1	10.5	8.6	7.6	7.3	6.2	6.4
实际利用外资	—	18.8	6.5	5.1	3.0	1.4	4.5	3.4	5.4	6.7	9.7	18.6
地方财政收入	10.8	7.9	4.4	4.2	2.6	1.9	1.5	1.1	0.7	0.6	0.1	0.6
地方财政支出	42.9	16.2	12.3	7.9	7.1	3.9	4.5	4.3	3.8	4.5	5.0	6.3

数据来源：山东省统计局、《中国经济景气月报》。

河南省金融运行报告（2020）

中国人民银行郑州中心支行货币政策分析小组

[内容摘要] 2019年，河南省经济金融运行总体平稳、稳中有进，经济结构继续优化，新动能较快成长，质量效益持续改善。金融系统认真贯彻稳健货币政策，深化改革创新，加强风险防范，逆周期调节成效显著，主要金融指标增速高于全国，金融服务实体经济质效进一步提升。

2019年，河南省实现地区生产总值5.4万亿元，同比增长7.0%，增速高于全国水平0.9个百分点。一是需求总体保持稳定，发展动力有序转换。投资增速总体平稳，投资结构趋于协调，对稳定经济增长的作用增强；消费市场增势良好，乡村消费快速增长，乡村消费品零售额增速高于城镇8个百分点；对外贸易保持顺差，一般贸易出现分化。二是产业结构持续优化。三次产业增加值比重结构为8.5：43.5：48，第三产业增加值占比较上年提升0.7个百分点。农业生产形势平稳，粮食生产再获丰收。工业生产平稳增长，全年全省规模以上工业增加值增长7.8%，高于全国平均水平2.1个百分点。三是结构调整稳步推进，新动能较快成长。全年全省战略性新兴产业、高技术制造业增加值同比增速分别高于规模以上工业5.9个、1.4个百分点。服务业对地区生产总值增长的贡献率达45.6%，对经济增长的拉动力较强。四是物价涨幅总体平稳，就业形势稳定。全年居民消费价格上涨3.0%，工业品价格涨势平稳。就业形势保持稳定，居民收入平稳增长，农村常住居民人均可支配收入突破1.5万元大关。五是财政收入平稳增长，财政支出对惠民生支持有力。全年全省财政总收入6187.2亿元，增长5.3%。全年全省一般公共预算支出10176.3亿元，增长10.4%，其中，民生支出增长9.6%。六是房地产市场平稳发展。房地产开发投资增速回升，销售增速高位回落；房地产贷款较快增长，新增额占比下降；房贷杠杆率稳定，房贷利率小幅下行。

2019年，河南省金融运行总体稳健。一是银行业运行总体稳健，资产规模稳步增长。2019年末，全省银行业资产总额8.9万亿元，负债总额8.6万亿元，同比分别增长8.9%、9%。全年全省金融机构实现利润652.3亿元，增速较上年提高22.8个百分点。不良贷款率略有降低，较年初下降0.04个百分点。逆周期调节力度加大，贷款增速明显提升，投向结构持续优化，本外币存款、贷款余额分别突破7万亿元、5万亿元关口，贷款增速达到16.4%，高出全国增速4.5个百分点。金融资源加快向薄弱地区集聚，全年民营企业贷款增加1164.5亿元，涉农贷款、小微企业贷款同比分别多增138.7亿元、149.3亿元，重点贫困地区贷款保持较快增长。金融机构创新信贷产品，加大对绿色环保产业的支持。随着贷款市场报价利率（LPR）运用的逐步推广，市场利率下行向信贷利率的传导加快，贷款利率保持下行，存款定价水平提升。2019年12月份，全省金融机构新发放贷款加权平均利率为6.61%，较8月份（LPR改革推出）下降0.27个百分点，同比下降0.4个百分点。二是证券市场融资功能不断增强，保险保障能力持续提高。2019年末，全省共有境内上市公司81家，新三板挂牌公司309家；中原股权交易中心挂牌企业8088家。全年全省各类企业通过资本市场实现融资1555.4亿元，是上年的2.8倍。上市后备企业数量快速增加，全年全省IPO在审企业11家，在辅导企业32家，分别新增10家和16家，均创历年新高。保险业规模稳步扩大，保障能力持续提高，改革发展取得新突破，服务经济社会能力增强，全年全省保险收入实现增长7.4%。三是金融改革创新持续推进。兰考普惠金融改革试验区建设进一步深化，兰考模式入选中组部组织编写的《贯彻落实习近平新时代中国特色社会主义思想 在改革发展稳定中攻坚克难案例》丛书和教学版、教学手册。

中国（河南）自由贸易试验区建设稳步推进，自贸区内入驻企业7万余家，推出资本项目收入便利化等6项创新业务，进一步简政放权，推动贸易投资自由化便利化。四是金融生态环境建设进一步完善。社会信用体系建设持续推进，全省录入中小企业45.6万户、农户1611.8万户，建档立卡贫困户信用评级户数达142.3万户。移动支付便民工程建设取得新突破，全省云闪付APP累计注册用户、绑卡用户双双破千万，均居全国第2位；农村支付服务环境建设工作进一步提质增效，中国农业银行乡村振兴主题卡发卡量居全国首位。持续推进金融知识纳入国民教育体系，全省4市16县发文推进金融知识纳入国民教育体系。全年人民银行系统共受理处理金融消费者投诉2161笔、咨询10348笔，投诉基本得到妥善处理。

展望未来，河南省发展挑战与机遇并存。一方面，2020年河南省进入全面建成小康社会的决胜阶段，产业结构调整优化、新旧动能接续转换过程中，经济下行压力仍然较大。同时，新冠肺炎疫情短期对经济造成较大冲击，国际疫情冲击使供需两端走弱，经济平稳运行面临的风险和挑战进一步增多。另一方面，近年来一系列打基础谋长远的重大战略性工程加快实施，战略先导、发展载体、综合交通、市场规模、人力资源等方面的优势更加突出。工业化、信息化、城镇化、农业现代化同步发展蕴藏巨大潜力，将有效提振总需求；中原城市群、跨境电子商务综合试验区、航空港区等改革开放举措不断深化，发展活力动力不断提高；供给侧结构性改革持续推进，新兴产业和服务业带动作用增强。中部地区崛起、黄河流域生态保护和高质量发展重大国家战略，将显著提升河南省在全国发展大局中的地位，为河南省跨越式发展提供了重大历史机遇，预计2020年经济仍将保持平稳较快发展。

2020年，河南省金融系统将继续贯彻落实稳健的货币政策，保持货币信贷、社会融资规模增长与经济发展相适应，为供给侧改革和高质量发展营造适宜的货币金融环境，进一步引导优化信贷结构，加大对民营小微制造企业、战略性新兴产业和服务业、科技创新、绿色环保、扶贫开发等重点领域和薄弱环节的支持力度，切实降低融资成本，防范区域性金融风险，进一步提升金融服务和管理水平，促进河南省经济金融更好发展。依托中国（河南）自由贸易区、兰考普惠金融改革试验区等，加大金融改革创新力度，进一步激发金融体系活力，带动功能性金融中心建设提速。预计2020年区域债券市场、黄金市场发展将步入新阶段，直接融资规模有望继续扩大。随着河南省金融生态环境的持续改善、经济金融融合度的不断提高，金融业在服务区域经济转型升级过程中的作用和地位将进一步提升。

一、金融运行情况

2019年，河南省金融系统认真贯彻落实稳健货币政策，深化改革创新，加强风险防范，逆周期调节成效显著，金融运行稳中有进，主要金融指标增速高于全国，金融服务实体经济质效进一步提升。

（一）银行业稳健运行，信贷增速匹配经济增长

2019年，河南省逆周期调节力度加大，贷款增速明显提升，投向结构持续优化，贷款利率保持下行，存款定价水平提升，改革创新继续深化。

1. 银行业规模持续扩大，体系更加完备。 2019年末，河南省银行业资产总额8.9万亿元，负债总额8.6万亿元，同比分别增长8.9%、9%，持续高于全国平均水平。全年新增法人银行业金融机构2家，法人总数达到240家。初步形成了种类齐全、适度竞争的金融体系，金融产品与服务创新能力不断增强，特别是“金融豫军”加快发展，2019年河南省区域性中小银行业金融机构各项贷款新增占河南省贷款增量的42.9%，经济与金融协调发展的格局正在显现。

表 1　2019 年河南省银行业金融机构情况

机构类别	营业网点			法人机构（个）
	机构个数（个）	从业人数（人）	资产总额（亿元）	
一、大型商业银行	3240	71958	27656	0
二、国家开发银行和政策性银行	154	3625	7705	0
三、股份制商业银行	548	12664	9941	0
四、城市商业银行	932	24198	15995	5
五、城市信用社	0	0	0	0
六、小型农村金融机构	5146	51554	17048	139
七、财务公司	8	202	739	6
八、信托公司	2	447	202	2
九、邮政储蓄银行	2413	23054	7939	0
十、外资银行	4	65	35	0
十一、新型农村金融机构	604	8421	1313	85
十二、其他	3	493	557	3
合　计	13054	196681	89130	240

注：营业网点不包括国家开发银行和政策性银行、大型商业银行、股份制商业银行等金融机构总部数据；大型商业银行包括中国工商银行、中国农业银行、中国银行、中国建设银行和交通银行；小型农村金融机构包括农村商业银行、农村合作银行和农村信用社；新型农村金融机构包括村镇银行、贷款公司、农村资金互助社；“其他”包含金融租赁公司、汽车金融公司、货币经纪公司、消费金融公司等。

数据来源：河南银保监局。

2. 存款位次前移，地域差异明显。2019 年末，河南省本外币存款余额 7.1 万亿元，增量居全国第 8 位，较上年末排名前移 1 个位次。存款规模和增量均居中部六省首位。12 月末，存款余额同比增长超过 10% 的地市有 8 个，大多分布在传统农业区和经济欠发达区域，而经济发展程度较高的区域存款增长较慢。区域存款市场的人口红利因素依然存在，河南省新增存款同比多增的地区均集中在常住人口 500 万人以上的城市。

3. 贷款投放提速，投向结构优化。2019 年末，河南省本外币各项贷款余额为 5.7 万亿元，同比增长 16.4%，增速比上年末提高 1.6 个百分点，高出全国增速 4.5 个百分点。在政策支持引导下，河南省地方法人金融机构的支持作用进一步凸显，年末贷款增速为 20.3%，高于河南省贷款增速 3.9 个百分点。在经济下行压力加大的情况下，河南省贷款持续提速，较好地支持了经济平稳增长。省会城市和区域中心城市对信贷资源的吸纳能力较强，郑州市新增贷款占河南省贷款增量的 54.7%，比上年提高 0.7 个百分点。

信贷结构趋于优化，信贷资源向国民经济重点领域和薄弱环节倾斜。中长期贷款新增占比超过八成，中长期贷款增速高于短期贷款增速 9.8 个百分点。全年民营企业贷款增加 1164.5 亿元，涉农贷款、小微企业贷款同比分别多增 138.7 亿元、149.3 亿元，重点贫困区贷款保持较快增长。金融机构创新信贷产品，加大对绿色环保产业的支持，地方法人金融机构推出光伏扶贫金融服务、普惠专利贷、普惠科技贷等，着力破解担保方式不足问题。

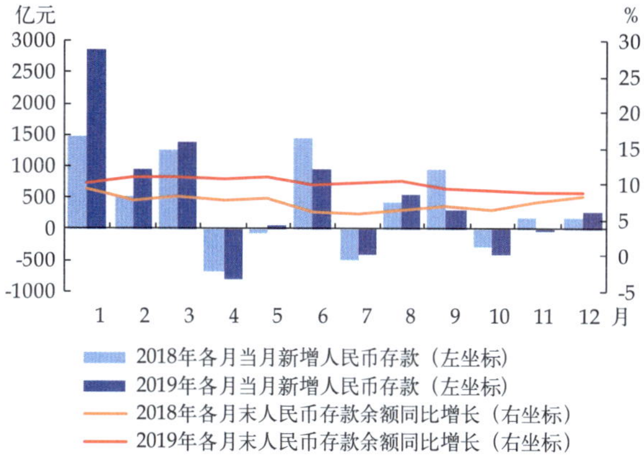

数据来源：中国人民银行郑州中心支行。

图 1　2018~2019 年河南省金融机构人民币存款增长变化

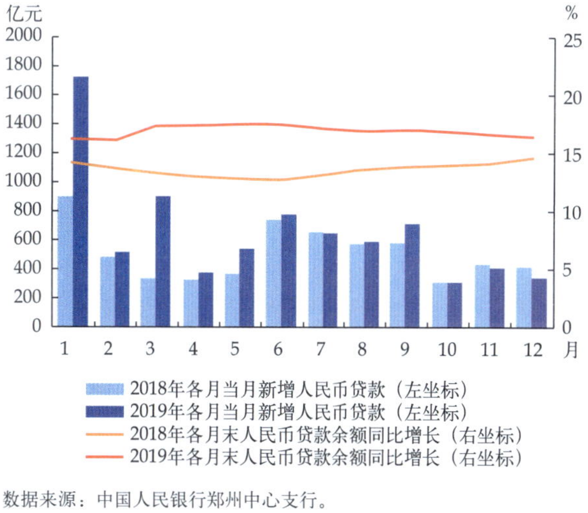

数据来源：中国人民银行郑州中心支行。

图 2　2018~2019 年河南省金融机构人民币贷款增长变化

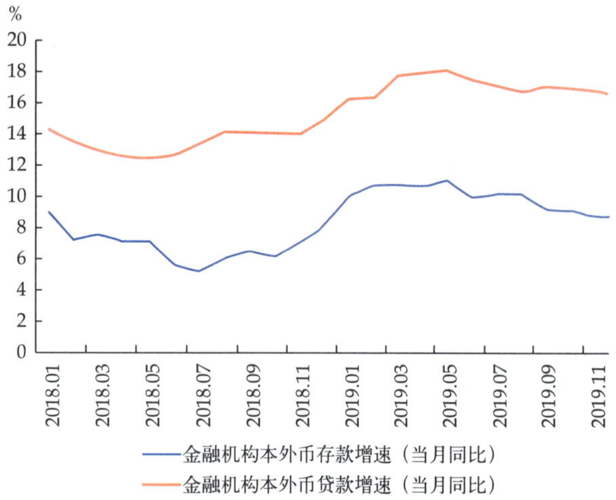

数据来源：中国人民银行郑州中心支行。

图 3　2018~2019 年河南省金融机构本外币存、贷款增速变化

4. 利率市场化改革加快，贷款利率下行。随着贷款市场报价利率（LPR）的大力推广应用，市场利率下行向信贷利率的传导加快。2019 年 12 月，河南省地方法人金融机构新发放贷款参考 LPR 定价的占比达到 90.4%；全部金融机构新发放贷款加权平均利率为 6.61%，较 8 月（LPR 改革推出）下降 0.27 个百分点，同比下降 0.4 个百分点。其中，金融机构新发放企业贷款加权平均利率为 6.14%，较 8 月下降 0.1 个百分点，同比下降 0.27 个百分点。

表 2　2019 年河南省金融机构人民币贷款各利率区间占比

（LPR 改革前）　　　　单位：%

月份		1 月	2 月	3 月	4 月	5 月	6 月	7 月
合计		100.0	100.0	100.0	100.0	100.0	100.0	100.0
下浮		11.0	12.3	10.5	13.4	12.4	11.6	12.7
基准		13.1	12.4	13.0	8.2	8.0	12.9	15.6
上浮	小计	75.9	75.3	76.5	78.4	79.6	75.5	71.7
	(1.0, 1.1]	8.8	9.5	10.3	8.1	10.3	11.3	7.8
	(1.1, 1.3]	18.3	17.9	18.5	17.5	16.1	15.5	16.2
	(1.3, 1.5]	10.8	9.6	9.2	11.3	10.4	10.1	10.4
	(1.5, 2.0]	18.3	17.6	18.0	18.9	20.3	18.2	17.1
	2.0 以上	19.7	20.7	20.5	22.6	22.5	20.4	20.2

续表

（LPR 改革后）

月份		8 月	9 月	10 月	11 月	12 月
合计		100.0	100.0	100.0	100.0	100.0
LPR 减点		9.3	8.9	9.0	14.1	9.6
LPR		0.3	0.7	0.1	0.4	0.3
LPR 加点	小计	90.4	90.4	90.9	85.5	90.1
	(LPR, LPR+0.5%)	16.7	16.6	13.9	15.6	17.1
	[LPR+0.5%, LPR+1.5%)	20.4	25.1	23.3	19.9	20.9
	[LPR+1.5%, LPR+3%)	19.2	18.1	20.6	19.1	21.2
	[LPR+3%, LPR+5%)	14.1	13.6	13.4	12.6	13.0
	LPR+5% 及以上	20.0	17.0	19.7	18.3	17.9

数据来源：中国人民银行郑州中心支行。

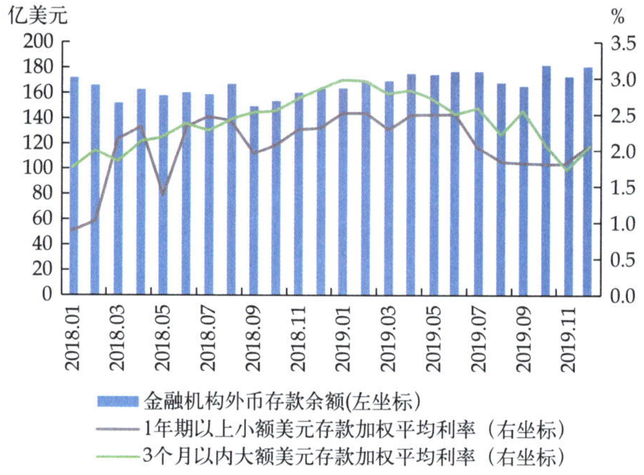

数据来源：中国人民银行郑州中心支行。

图 4　2018~2019 年河南省金融机构外币存款余额及外币存款利率

5. 银行资产质量保持稳定。2019 年，河南省金融机构实现利润 652.3 亿元，增速较上年提高 22.8 个百分点。流动性合理充裕，河南省地方法人金融机构年末流动性比例为 64.1%，较年初上升 2.3 个百分点。不良贷款率略有降低，较年初下降 0.04 个百分点。银行业严格授信权限管理、强化贷后管理和风险排查，加快计提风险拨备，加大不良资产核销处置，风险防控力度加大。

6. 跨境人民币业务规范有序发展。2019 年，河南省跨境人民币业务收支总额为 793.3 亿元，共有 2149 家企业开办跨境人民币收支业务，比上年增加 382 家，业务遍及河南省 18 个市，与全球 147 个国家和地区实现跨境人民币结算。

专栏1　河南省民营小微企业金融服务探索——“百千万”三年行动计划

河南省民营小微企业数量多，对经济社会贡献大，与人民群众就业关系密切。为深入贯彻落实习近平总书记民营企业座谈会“两个毫不动摇”的指示精神和人民银行深化民营小微企业金融服务的工作要求，2019年中国人民银行郑州中心支行创新实施民营小微企业金融服务“百千万”三年行动计划，得到河南省各级人民银行和金融机构积极响应。经过近一年实践，目前已初步探索出“一名录、六机制”民营小微金融服务模式（重点支持企业名录库，主办银行机制、激励免责机制、宣传对接机制、政策扶持机制、信息共享机制、作风治理机制），较好缓解了全省民营小微企业融资难状况。

一、主要做法

（一）创建重点支持企业名录库，精准锁定支持对象

中国人民银行郑州中心支行联合10个相关厅局汇聚共识，按照“有市场、有前景、符合国家产业政策要求，征信、环保、纳税记录良好，就业吸纳能力强、科技创新潜力大，金融支持相对薄弱”的标准，经层层推荐、审核，形成了15925家企业的重点支持名录库。

（二）构建主办银行机制，压实各行工作责任

河南省各级人民银行联合地方有关部门围绕重点支持企业名录库构建了主办银行制度，按照“谁推荐，谁主办”和兼顾传统优势的原则，在河南省共确定了195家主办银行，加强对名录库企业的对口支持。

（三）构建激励免责机制，提升金融服务动力

把“百千万”行动计划作为“一把手”工程，完善机构设置、单列信贷规模；优化流程再造、改进贷款条件、下放审批权限；从行业政策、担保方式、风险容忍度、尽职免责和风险控制等方面实施差别化管理。

（四）构建宣传对接机制，营造良好服务氛围

召开“百千万”行动计划启动大会，联合地方政府召开不同主题的行动计划宣传对接推进会，并推动主流媒体进行多方位报道，普及金融政策，畅通政银企对接，2019年召开各类对接会、宣讲会500余次。

（五）构建政策扶持机制，充分发挥杠杆撬动作用

在河南省安排300亿元再贷款、再贴现额度，专项用于支持扩大民营小微企业贷款投放。积极加强债券市场政策宣传和主体培育，大力推广信用风险缓释工具。河南省银保监局出台12项具体配套措施，省税务局与20家金融机构合力打造“银税智通车”平台，省科技厅积极帮助科创企业对接“科技贷”业务。

（六）构建信息共享机制，打破民营小微数据孤岛

组织开发河南省中小企业信用信息系统，搭建全国首个省级金融服务共享平台，引导金融机构为民营小微企业精准画像，提升市场拓展和信贷审批效率。2019年末，河南省已有76个县（区、市）使用中小企业信用信息系统，录入企业信息45.2万户。金融服务共享平台已对接24家金融机构，上线157款信贷产品。

（七）构建作风治理机制，助力工作取得实效

印发《在全省金融系统开展金融服务民营小微企业领域作风问题专项治理》《加强市县两级人民银行民营小微企业金融服务履职能力建设》等文件，召开商丘、南阳两次会议，聚焦政策落地过程不作为、慢作为问题，形成激励约束导向，引导河南省金融系统切实增强做好民小微企业金融服务的使命感和责任感。

二、主要成效

（一）民营小微企业融资形势有所好转

2019年，河南省小微、民营企业贷款分别新增909.5亿元和1164.5亿元，其中小微企业贷款同比多增149.3亿元。融资成本趋于下降。12月，河南省新发放小微企业贷款加权平均利率为7.27%，同比下降0.28个百分点。

（二）"百千万"行动计划名录库入库企业的获贷率和首贷率提高明显

2019年末，15925家名录库入库企业中，已有10855家企业获得融资1080.6亿元，入库企业获贷率达68.2%，比6月末提高26.3个百分点。其中，5112家企业为开业以来首次获得融资支持，占名录库企业的32.1%，金额达365.7亿元。

（三）社会效应不断扩大

据不完全统计，河南省已新推出各类民营小微创新产品高达90余种。省内的民营小微企业自觉向筛选标准靠拢，主动要求加入名录库。河南电视台、《河南日报》、《金融时报》等主流媒体主动联系宣传报道。人民银行郑州中支作为6家发言单位之一，在人民银行小微金融服务培训班上作经验交流。相关做法获得全国人大《中小企业促进法》调研组和中国人民银行"不忘初心、牢记使命"主题教育指导组高度评价，并被写入《河南省2019年国民经济和社会发展计划》。

（二）证券业规模扩大，市场融资功能不断增强

2019年，河南省证券市场主体规模持续扩大，上市后备企业数量快速增加，资本市场融资功能不断增强。

1. 市场主体规模持续扩大。2019年末，河南省共有境内上市公司81家，全年新增4家、迁址外省1家、退市1家；新三板挂牌公司309家；中原股权交易中心挂牌企业8088家，全年新增3013家；证券期货法人机构3家（中原证券、中原期货、华信期货），证券期货分支机构506家，全年新增分支机构18家；私募基金管理人137家，全年新增13家。

表3　2019年河南省证券业基本情况

项目	数量
总部设在辖内的证券公司数（家）	1
总部设在辖内的基金公司数（家）	137
总部设在辖内的期货公司数（家）	2
年末国内上市公司数（家）	81
当年国内股票（A股）筹资（亿元）	765
当年发行H股筹资（亿元）	0
当年国内债券筹资（亿元）	1204
其中：短期融资券筹资额（亿元）	141
中期票据筹资额（亿元）	345

注：当年国内股票（A股）筹资额指非金融企业境内股票融资。

数据来源：河南证监局。

2. 市场融资功能不断增强。2019年，河南省各类企业通过资本市场实现融资1555.4亿元，是上年融资额的2.8倍。其中，2家公司IPO融资9.3亿元，11家上市公司股权再融资755.3亿元，24家新三板挂牌公司通过定向增发实现融资8.8亿元，25家中原股权交易中心挂牌企业实现融资21.2亿元。此外，企业通过交易所债券市场融资规模持续扩大，其中发行公司债券融资718.1亿元，证券公司次级债融资10亿元，资产证券化融资32.7亿元。

3. 上市后备企业数量快速增加。2019年，河南省不断强化省内上市企业培育特别是科创板企业上市，年末河南省IPO在审企业11家，IPO在辅导企业32家，同比分别新增10家和16家，均创历年新高，已经形成层次分明的上市梯队。

4. 商品期货市场交易活跃。2019年，郑州商品交易所累计成交量10.8亿手，累计成交金额39.5万亿元，同比分别增长33%和3.5%。PTA、甲醇MA、菜籽粕RM和白糖SR是主要的交易品种，成交量占比分别为28.9%、24.5%、12.8%和10.4%。其中，油菜籽RS和PTA成交量提高幅度较大，增幅分别达4600.5%和82.9%。

表 4　2019 年郑州商品交易所交易统计

交易品种	累计成交金额（亿元）	同比增长（%）	累计成交量（万手）	同比增长（%）
一号棉花	43727.0	-11.3	6397.1	9.3
菜籽油	26959.3	15.9	3778.7	7.7
早籼稻	0	—	0	—
PTA	88823.6	59.0	31248.4	82.9
优质强筋小麦	6.0	-89.1	1.2	-88.4
硬白小麦	0	—	0	—
白糖	59504.6	79.2	11251.6	75.8
甲醇	61004.0	30.2	26510.6	61.8
动力煤	0	—	0	—
玻璃 FG	8830.1	24.9	3091.7	23.0
粳稻 JR	1.6	-79.4	0.3	-78.4
普麦 PM	0.1	-76.5	0.0	-75.4
菜籽粕 RM	32013.3	25.9	13808.5	32.3
油菜籽 RS	25.4	3386.0	6.4	4600.5
合计	320895.0	-40.9	96094.4	28.4

数据来源：郑州商品交易所。

（三）保险业稳中向好，改革发展取得突破

2019 年，河南省保险业规模稳步扩大，保障能力持续提高，改革发展取得新突破，服务经济社会发展的作用不断增强。全年全省原保险保费收入、赔付支出同比分别增长 7.4%、1.4%。

1. 财产保险市场稳步发展，结构不断调整，经营效益逐步好转。2019 年，河南省财产保险实现原保险保费收入 567 亿元，同比增长 8.7%，其中，车险保费收入 404.4 亿元，同比增长 4.5%；非车险业务实现保费收入 162.2 亿元，同比增长 20.9%。家财险、责任险、特殊风险保险、健康险等险种保费增长较快，增速超过 40%。农业保险规模略有增长，实现保费收入 48.2 亿元，同比增长 5.6%。2019 年末，全省财产保险业总资产达 354.8 亿元，同比增长 8.0%，各项准备金余额 416.4 亿元，同比增长 12.8%。

表 5　2019 年河南省保险业基本情况

项目	数量
总部设在辖内的保险公司数（家）	1
其中：财产险经营主体（家）	1
人身险经营主体（家）	0
保险公司分支机构（家）	6660
其中：财产险公司分支机构（家）	2609
人身险公司分支机构（家）	3964
保费收入（中外资，亿元）	2431
其中：财产险保费收入（中外资，亿元）	567
人身险保费收入（中外资，亿元）	1864
各类赔款给付（中外资，亿元）	669
保险密度（元 / 人）	2531
保险深度（%）	5

续表

数据来源：河南银保监局。

2. 人身险发展质量持续优化，内生动力不断增强，市场运行保持平稳。2019 年河南省人身险原保险保费收入 1864 亿元，同比增长 7.0%；赔付支出 358.6 亿元，同比下降 6.1%。转型发展稳步推进，业务结构不断优化，内生动力持续增强，保障型产品继续保持快速发展势头，健康险保费收入 450.0 亿元，同比增长 25.8%，比行业整体增速高 18.8 个百分点。

（四）金融市场平稳发展，融资结构优化

1. 社会融资规模同比多增，资金供给渠道更加多元。2019 年，河南省社会融资规模增量突破万亿元，同比多 3007 亿元。分结构看，表内外贷款较快增长，资本市场融资占比提升，企业直接融资情况改善明显，企业债券净融资和非金融企业境内股票融资分别较上年多 159.3 亿元、62.6 亿元，两项合计在社会融资规模中的占比提高 0.2 个百分点。

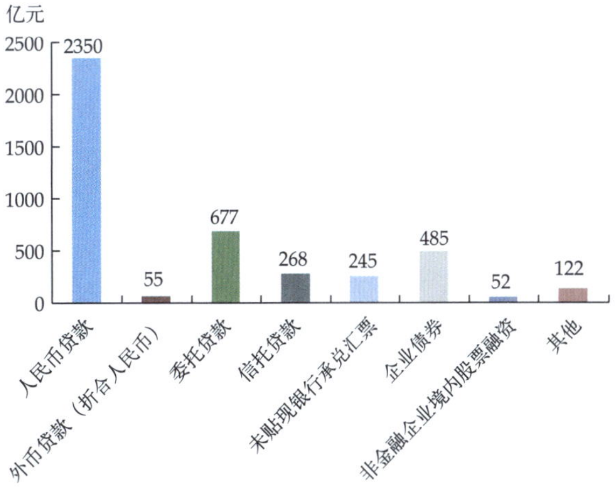

数据来源：中国人民银行郑州中心支行。

图 5　2019 年河南省社会融资规模分布结构

2. 货币市场交易活跃，资金融通以净融入为主。2019 年，河南省货币市场累计成交量 43.1 万亿元，同比增长 30.5%。各交易类型大多呈现资金净融入态势，全年资金净融入额 6.2 万亿元，同比增长 3.5%，其中质押式回购净融入 4.2 万亿元，同比增长 8.2%。从交易类型来看，省内成员单位开展银行间市场业务主要类型为质押式回购，交易期限以隔夜居多。

3. 票据市场运行平稳，贴现利率回落。2019 年，河南省金融机构累计签发银行承兑汇票同比增长 18.8%，累计贴现票据金额同比增长 90.3%。票据贴现利率波动走低，第四季度，银行承兑汇票贴现、商业承兑汇票贴现利率同比分别回落 0.72 个、0.2 个百分点。

表 6　2019 年河南省金融机构票据业务量统计

单位：亿元

季度	银行承兑汇票承兑		贴现			
			银行承兑汇票		商业承兑汇票	
	余额	累计发生额	余额	累计发生额	余额	累计发生额
1	6509.9	2690.8	1870.4	3667.6	385.7	360.0
2	6452.0	4635.2	1995.8	6836.5	392.8	663.1
3	6580.7	6841.4	2136.4	9784.1	442.5	977.5
4	6797.1	9044.0	2094.9	12434.7	403.1	1281.7

数据来源：中国人民银行郑州中心支行。

表 7　2019 年河南省金融机构票据贴现、转贴现利率

单位：%

季度	贴现		转贴现	
	银行承兑汇票	商业承兑汇票	票据买断	票据回购
1	3.47	4.68	3.31	2.79
2	3.74	5.45	3.34	2.24
3	3.20	4.16	3.38	2.66
4	3.08	5.30	3.24	2.67

数据来源：中国人民银行郑州中心支行。

4. 黄金市场交易大幅增长。2019 年，河南省金融机构黄金交易总量达 336528.5 千克，同比上涨 23.5%，成交金额 700.3 亿元，同比增长 31.2%。代理金交所业务以个人黄金延期为主，对公黄金现货和个人黄金现货为辅；实物黄金业务量与黄金租赁业务量小幅下降。2019 年，河南省金融机构新开办黄金掉期业务，成交量为 1800 千克，成交金额为 5.6 亿元。

（五）区域金融改革创新持续深化

1. 兰考普惠金融改革经验加快复制推广。兰考普惠金融改革试验区是全国首个国家级普惠金融改革试验区。试验区创建三年多来，紧紧围绕“普惠、扶贫、县域”三大主题，探索形成了以数字普惠金融平台为核心，以普惠授信体系、信用信息体系、金融服务体系、风险防控体系为基本内容的“一平台四体系”模式，找到了破解普惠金融“最后一公里”的有效办法。2018 年以来，“一平台四体系”兰考模式在省内 22 个试点县（市、区）复制推广，有力丰富了普惠金融实践。截至 2019 年 12 月末，22 个试点县（市、区）建成普惠金融服务站 8177 个，占行政村总数的 85.1%，累计办理现金业务 925.8 万笔、转账业务 175.8 万笔；完成普惠授信基础授信 237.4 万户，发放普惠授信 33.6 万笔，普惠授信贷款余额 163.4 亿元；采集录入农户信用信息 322.7 万户，评定信用户 199.0 万户，评定信用村 2170 个；到位风险补偿金 23.5 亿元。兰考模式入选中组部组织编写的《贯彻落实习近平新时代中国特色社会主义思想 在改革发展稳定中攻坚克难案例》丛书和教学版、教学手册。

2. 自由贸易试验区金融改革稳步推进。作为国家第三批自贸区之一，中国（河南）自由贸易试验区自 2017 年 4 月 1 日成立以来，按照国家定位，积极建设贯通南北、连接东西的现代立体交通体系和现代物流体系，建成服务于“一带一路”的现代综合交通枢纽、全面改革开放试验田和内陆开放型经济示范区。2019 年末，河南省自贸区内入驻企业 7 万余家，企业类型主要为批发业、零售业、装备制造业、汽车加工业等，主要从事一般贸易进出口。进一步简政放权，在自贸区推出资本项目收入便利化等 6 项创新业务，推动贸易投资自由化便利化。在河南省自贸区洛阳片区挂牌成立河南省首家离岸金融业务中心，大力支持中原银行将境外优先股资金调回境内使用，助力银行合理使用境内境外资金资源，支持实体经济发展。推进国际贸易“单一窗口”金融服务功能建设，开展海关税费支付、电子汇总征税保函等业务，开发“跨境快贷——出口贷”等产品，为外贸企业特别是中小企业提供一站式金融服务。

（六）金融生态环境建设进一步完善

1. 社会信用体系建设持续推进。2019 年，河南省依托中小企业和农村信用信息系统，持续推动中小企业和农村信用体系建设，河南省录入中小企业 45.6 万户、农户 1611.8 万户。开展社会信用体系建设与大数据融合发展试点省建设，探索推动地方征信平台建设，建成了焦作市智慧金融服务平台。进一步推进建档立卡贫困户信用评级，年末评级户数达 142.3 万户，持续增加小微企业和“三农”征信服务有效供给。

2. 支付体系建设提质增效。2019 年，河南省移动支付便民工程建设取得新突破，全省云闪付 APP 累计注册用户、绑卡用户双双破千万，均居全国第 2 位；新增注册用户均居全国首位；全省 17 个省辖市市域公交实现移动支付 100% 全覆盖；郑州地铁上线运行移动支付，郑州市成为全国首个同时支持云闪付 APP、地铁方 APP、24 个发卡银行 APP 扫码过闸的城市。农村支付服务环境建设工作进一步提质增效，助农取款服务行政村覆盖率 99.7%，较 2018 年提高 1.1 个百分点；中国农业银行乡村振兴主题卡发卡量居全国首位。

3. 金融消费权益保护加强。开展“3·15 金融消费者权益日”、6 月“守住钱袋子”、9 月“金融知识普及月”等金融知识集中宣传活动，人民银行、银保监会、证监会、网信办等部门建立协作机制，发挥新媒体平台作用，制作“3·15 金融消费维权”“金融知识微课堂”广播节目，宣传成效良好。持续推进金融知识纳入国民教育体系，全省 4 市 16 县发文推进金融知识纳入国民教育体系。2019 年河南省人民银行系统共受理处理金融消费者投诉 2161 笔、咨询 10348 笔，投诉基本得到妥善处理。

二、经济运行情况

2019 年，河南省经济运行总体平稳、稳中有进，经济结构继续优化，新动能较快成长，质量效益持续改善。全年实现地区生产总值 5.4 万亿元，同比增长 7.0%，增速高于全国水平 0.9 个百分点。

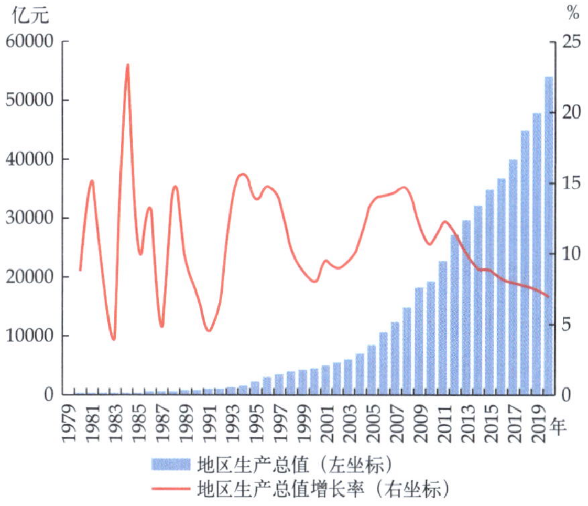

数据来源：河南省统计局。

图 6　1979~2019 年河南省地区生产总值及其增长率

（一）需求总体保持稳定，发展动力有序转换

2019 年，河南省投资增速总体平稳，对稳定经济增长的作用增强；消费市场增势良好，外贸结构优化，三大需求更趋协调。

1. 投资增长总体平稳，投资结构趋于协调。2019 年，河南省固定资产投资（不含农户）同比增长 8.0%。基础设施投资较快增长，对投资增长发挥了主导作用。工业投资、民间投资回升，增速分别高于上年 7.7 个、3.8 个百分点。从投资结构看，第三产业（服务业）投资和工业投资中的技术改造投资占比提升，分别高于上年 0.6 个、2.7 个百分点。

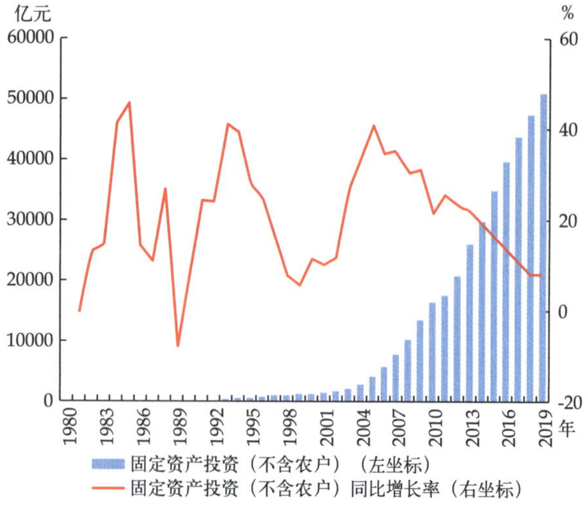

数据来源：河南省统计局。

图 7　1980~2019 年河南省固定资产投资（不含农户）及其增长率

2. 消费品市场平稳运行，农村消费增长快于城镇。2019 年，河南省持续改善消费环境、积极培育新兴消费热点，个性化消费发展加快，带动河南省社会消费品零售总额同比增长 10.4%。衣、食、住、行等基本消费平稳增长，汽车、智能家电、通信、文化旅游等消费需求有效释放。乡村消费快速增长，乡村消费品零售额同比增长 15%，高于城镇消费品零售额同比增速 8 个百分点。

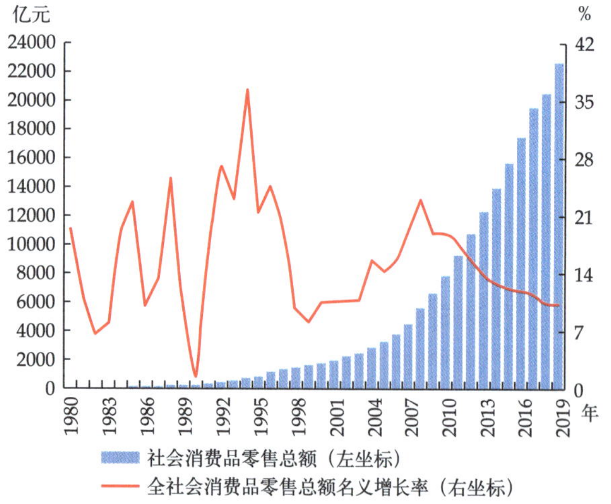

数据来源：河南省统计局。

图 8　1980~2019 年河南省社会消费品零售总额及其增长率

3. 对外贸易保持顺差，一般贸易出现分化。2019 年，随着全球经济增长放缓、外需减弱，尤其是受中美经贸摩擦影响，河南省人民币出口增速同比回落 7.9 个百分点，但进口增速同比提高 7.4 个百分点，全年实现顺差 1799.3 亿元，比上年多 154.0 亿元。中美经贸摩擦以来，企业加大了对“一带一路”沿线国家及韩国、东南亚地区销售市场的开发，河南省进出口产品种类和交易国别更加丰富，一定程度上抵消了中美经贸摩擦的不利影响。从交易国别看，河南省企业对“一带一路”沿线国家出口、进口同比分别增长 3.5%、8.2%；对东南亚国家出口、进口同比分别增长 2.1%、64.4%；对韩国出口同比增长 48%。从交易商品看，河南省支柱行业中主要涉美产品出口有所下降，其他商品出口逆势增长。全年实际吸收外商投资 187.3 亿美元，同比增长 4.6%；全年流入外商投资企业资本金 8.1 亿元，同比增长 64%。

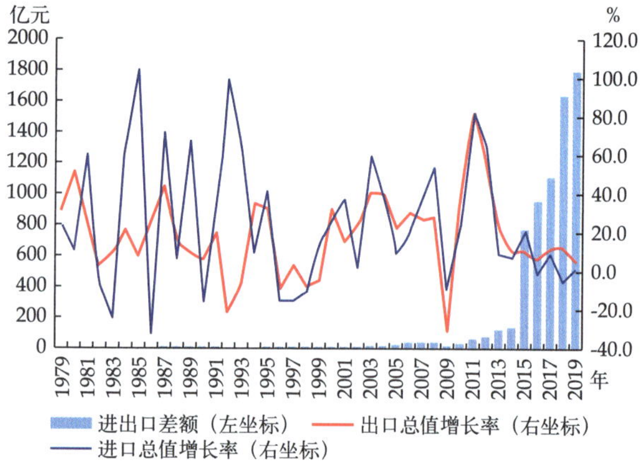

数据来源：河南省统计局。

图 9　1979~2019 年河南省外贸进出口变动情况

（二）产业结构持续优化，新动能较快成长

2019 年，河南省三次产业增加值比重结构为 8.5 : 43.5 : 48，第三产业增加值占比较上年提升 0.7 个百分点，产业结构进一步优化。

1. 农业生产形势平稳，粮食生产再获丰收。2019 年，河南省粮食总产量 1339.1 亿斤，连续三年超 1300 亿斤。全年禽蛋产量 442.4 万吨，增长7.0%；牛奶产量204.1万吨，同比增长0.7%；猪牛羊禽肉产量554.0万吨，同比下降16.4%，主要受猪肉产量下降影响。优势特色农业发展加快，全省十大优势特色农业实现产值占农林牧副渔业总产值的比重为58.5%，同比提高2.5个百分点。

2. 工业生产平稳增长，质量效益持续提升。2019年，河南省规模以上工业增加值增长7.8%，高于全国平均水平2.1个百分点。股份制企业活力较强，全年增加值增长8.4%，高于国有控股企业增加值增速3.7个百分点。工业结构调整稳步推进，新动能较快成长。全年全省战略性新兴产业增加值增长13.7%，高技术制造业增加值增长9.2%，分别高于规模以上工业增加值5.9个、1.4个百分点。装备制造业、电子信息产业增加值增速分别高于规模以上工业增加值9.6个、3.6个百分点。新产品较快增长，全年河南省工业机器人产量增长56.9%，锂离子电池增长21.5%，新能源汽车增长11.4%。

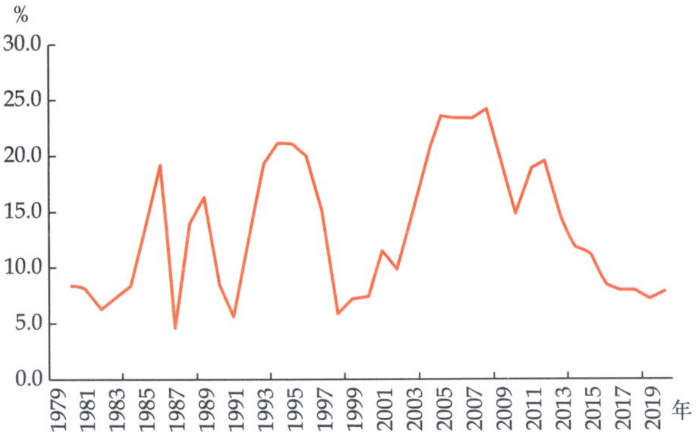

数据来源：河南省统计局。

图10　1979~2019年河南省规模以上工业增加值实际增长率

3. 服务业继续保持对经济增长的较强拉动力。2019年，河南省服务业增加值占地区生产总值的比重达48.0%，同比提高0.7个百分点；现代新兴服务业，尤其是互联网及其相关服务业、商务服务业、软件和信息技术服务业高速增长，带动服务业对地区生产总值增长的贡献率达45.6%，高于工业的贡献率1.8个百分点。

（三）物价涨幅总体平稳，就业形势保持稳定

1. 居民消费价格涨幅有所扩大。2019年，河南省居民消费价格同比上涨3.0%，涨幅较上年扩大0.7个百分点。分城乡看，城市上涨2.9%，农村上涨3.1%。食品烟酒价格及其他用品和服务价格上涨较多，对CPI的拉动高于上年，衣着、居住、生活用品及服务、交通通信、教育文化和娱乐、医疗保健价格温和上涨。

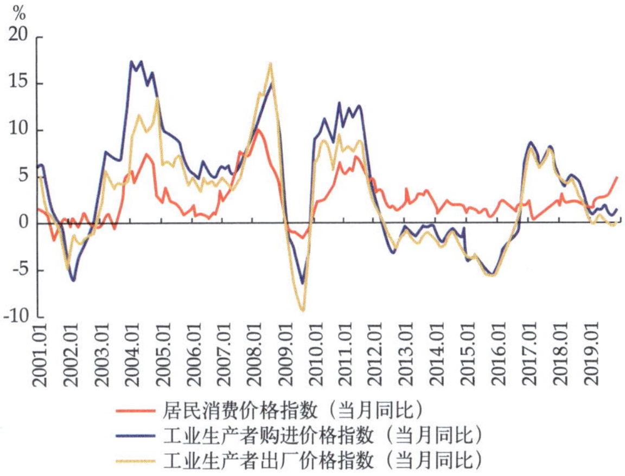

数据来源：河南省统计局。

图11　2001~2019年河南省居民消费价格指数和工业生产者价格指数变动趋势

2. 工业品价格涨势平稳。受经济调整压力加大、去产能尚未完成和大宗商品价格低位徘徊影响，2019年河南省工业生产者出厂价格同比上涨0.2%，涨幅比上年收窄3.4个百分点；工业生产者购进价格同比上涨1.2%，涨幅比上年收窄2.8个百分点。

3. 就业形势保持稳定，居民收入平稳增长。2019年，河南省城镇新增就业人员138.3万人，失业人员再就业、就业困难人员实现就业人数同比增长6.6%和6.9%，城镇登记失业率保持平稳。商贸服务、居民服务、物流仓储等行业吸纳就业能力增强，“大众创业、万众创新”氛围浓厚。农村常住居民人均可支配收入突破1.5万元大关，城镇和农村居民人均可支配收入分别增长7.3%和9.6%。

（四）财政收入平稳增长，惠民生支出力度加大

1. 财政收入增长平稳。2019 年，河南省财政总收入 6187.2 亿元，增长 5.3%。税收收入增速、占比下降，非税收入增速、占比小幅提升。全年全省实现一般公共预算收入 4042.7 亿元，同比增长 7.4%。其中，税收收入 2841.1 亿元，同比增长 7.0%，较上年回落 7.1 个百分点。非税收入 1201.7 亿元，同比增长 8.5%，较上年提高 4.8 个百分点，占一般公共预算收入的比重为 29.7%。

2. 财政支出对惠民生支持加力。2019 年，河南省一般公共预算支出 10176.3 亿元，同比增长 10.4%。公共基础设施和民生项目仍是重点支出方向，全年河南省社会保障和就业、教育、医疗卫生、城乡社区事务、农林水事务、环境保护等项目合计支出 8017.2 亿元，占全部支出的比重为 70.5%，较上年提高 12.7 个百分点。

3. 地方政府债券发行量明显增加。2019 年，河南省共发行地方债券 1817.1 亿元，同比增长 37.0%。分类型看，一般债券发行 747.4 亿元，同比增长 14.7%，占发行总量的 41.1%；专项债券发行 1069.7 亿元，同比增长 58.7%，占发行总量的 58.9%。专项债项目在民生和基建领域新增了城乡发展、社会事业发展、乡村振兴等新品种；2014~2019 年发行债券的期限集中在 3 年、5 年、7 年，2019 年已进入偿债高峰期，为偿还到期债务，全年共发行再融资债券 368.7 亿元，占专项债发行总额的 34.5%。

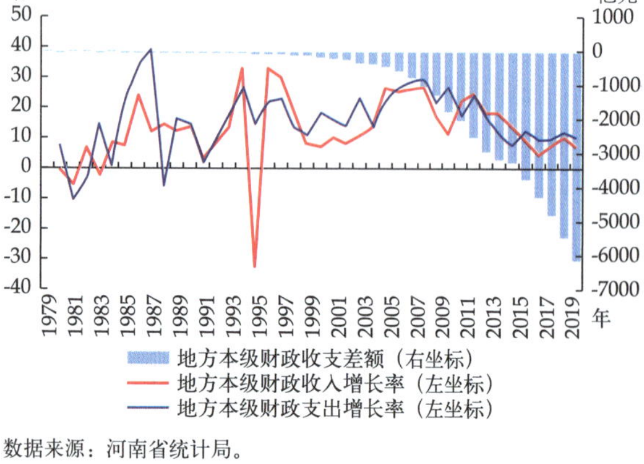

数据来源：河南省统计局。

图 12　1979~2019 年河南省财政收支状况

（五）房地产市场平稳发展，房地产贷款整体快速增长

2019 年，河南省继续贯彻“房住不炒”定位，落实“稳地价、稳房价、稳预期”要求，因城施策、多措并举，房地产市场整体运行平稳，开发投资和新开工等先行指标增速回升，销售增速高位回落，房价小幅上涨；房地产贷款增长平稳，新增额占比有所下降，房贷利率小幅下行。

1. 房地产开发投资增速回升，结构进一步优化。2019 年，受住宅投资增长带动，河南省房地产开发投资增速年初由负转正，全年增长 6.4%，增速比上年加快 7.5 个百分点。由于商业用房库存消化压力较大，住宅投资较快增长，增速达 12.4%，住宅投资占比为 81.1%，较上年提高 4.3 个百分点，主体地位进一步加强。此外，受限购政策影响，为适应“一步到位”的购房需求和日益增长的改善性住房需求，住宅投资结构积极调整，90~144 平方米和 144 平方米以上住宅投资增长较快，增速分别为 25.9% 和 9.6%。

2. 房地产销售增速高位回落，住宅去化周期稳定。2019 年，河南省商品房销售面积增长 2.1%，增速较上年回落 3.0 个百分点；商品房销售额增长 11.9%，增速较上年回落 1.1 个百分点。河南省商品房销售面积增速自年初 13.2% 的高位，在波动中逐步回落，主要原因：一是 2019 年房地产调控力度不减，中央多次强调“房住不炒”定位，7 月中央政治局会议明确提出“不将房地产作为短期刺激经济的手段”，国内多个热点地区调控持续升级，市场观望情绪进一步加强。二是受前期政府补助鼓励进城买房透支需求、棚改货币化安置政策调整和实施力度减弱，以及房价相对偏高等多种因素综合影响。2019 年末，河南省商品房库存 1.71 亿平方米，去化周期 15 个月。其中住宅库存 9915 万平方米，去化周期为 10 个月，去化周期保持平稳。

3. 商品房销售价格小幅上涨，总体平稳。2019 年，河南省商品房销售均价 6796 元 / 平

方米，同比上涨11.5%，较上年回落0.9个百分点，其中住宅均价6582元/平方米，同比上涨13.2%，较上年回落0.4个百分点。河南省二手住宅成交均价6191元/平方米，同比上涨7.1%。据郑州市房管部门数据，2019年，郑州市（不含区、县）商品房销售均价13388元/平方米，同比上涨5.4%，较上年提高2.7个百分点，其中住宅销售均价13446元/平方米，同比上涨7.5%，较上年提高3.4个百分点，商品住宅成交价总体保持平稳态势，未出现大幅波动现象。

4. 房地产贷款较快增长，新增占比下降。 2019年末，河南省房地产贷款余额19745.6亿元，同比增长22.9%，比各项贷款增速高6.5个百分点；较年初新增3678.5亿元，同比多增182.2亿元，占各项贷款新增额的比重为48.7%，比上年下降8.8个百分点。由于保障性安居工程逐步建设完工，保障性住房开发贷款增速大幅下降，造成房地产开发贷款增速放缓，年末房地产开发贷款同比增长15.8%，增速较上年末下降16.7个百分点。个人住房贷款持续平稳增长，新增占比小幅下降。2019年末，河南省个人住房贷款同比增长25.4%，较上年末小幅提高0.4个百分点；全年个人住房贷款新增2872.1亿元，占各项贷款新增额的比重为36.7%，较上年下降0.5个百分点。

5. 房贷杠杆率稳定，利率小幅下行。 金融机构严格贯彻落实差别化住房信贷政策，支持居民家庭合理购房需求，全年主要金融机构新发放房贷76万笔、4116.8亿元；首套房贷72万笔、3920.5亿元，占比94.6%。首套房贷平均首付比例为34%，与上年持平，房贷杠杆率较为稳定。2019年以来，房贷利率有所下行，12月，当月新发放首套房贷平均利率为6.02%，非首套房贷利率为6.26%，同比分别下降25个和29个基点。省会郑州市首套房贷平均利率为5.92%，非首套房贷利率为6.19%，同比分别下降63个和6个基点。

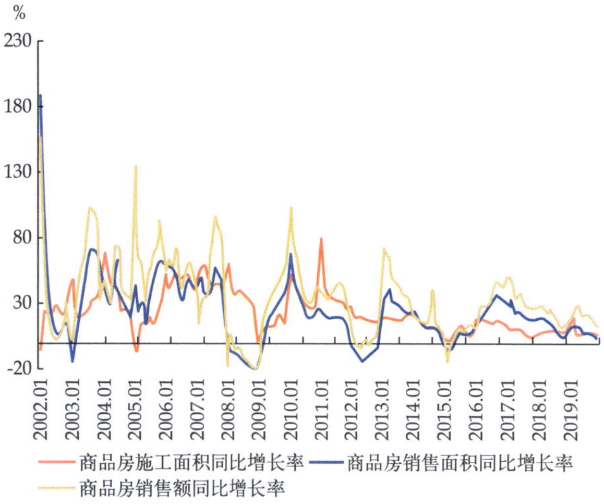

数据来源：河南省统计局。

图13　2002~2019年河南省商品房施工和销售变动趋势

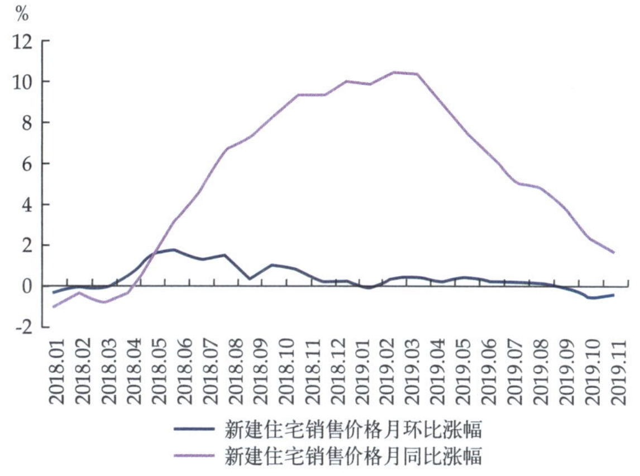

数据来源：河南省统计局。

图14　2018~2019年郑州市新建住宅销售价格变动趋势

专栏2　2019年河南省生猪生产形势

河南省是生猪养殖和调出大省，生猪饲养量超过1亿头，常年外调活猪及其产品近3000万头，是全国重要的生猪生产和供应基地，生猪生产已成为河南省农村经济的重要支柱产业。2019年8月以来，受非洲猪瘟疫情、生猪价格周期性波动、生态环保限制等多重因素影响，河南省与全国一样，生猪产业链受到较大冲击，生猪和母猪存栏下滑、价格快速上涨。河南省积极贯彻落实国家生猪稳产保供政策，克服困难、全力应对，养殖场户生产积极性逐步提升，生猪生产保持恢复性好转，生猪外调量持续增加，市场供给基本保持稳定。

一、2019年河南省生猪生产形势

受非洲猪瘟疫情、市场周期性波动等多种因素影响，生猪产能同比下滑，生猪及猪肉价格快速上涨。2019年河南省生猪存栏3170.5万头①，同比下降26.9%；生猪出栏4502.1万头，同比下降29.7%。活猪及猪肉价格大幅上涨，2019年10月生猪和猪肉价格达到年内高点，受猪肉供应持续偏紧、临近春节市场需求量加大等因素影响，年末猪肉价格依然高位运行。据河南省农业农村厅对38个县级集贸市场监测，2020年1月1日河南省猪肉均价50.5元/公斤，同比上涨157.5%。价格的持续高位运行抑制了市场消费，据河南省农业农村厅对河南省226个猪肉摊位的持续监测，2019年全年共销售猪肉10968吨，同比下降18.1%，其中12月同比下降25.3%。

受政策激励及市场高盈利因素拉动影响，河南省生猪生产出现积极变化。一是养殖场户生产积极性逐步恢复提升。仔猪价格由年初每头200元上涨到年末的1200元左右，出栏一头育肥猪盈利2500元左右，养殖效益较好。二是生猪和母猪存栏下滑势头得到遏制。据对河南省年出栏500头以上规模猪场监测，生猪和能繁母猪存栏自2019年9月开始止降持续回升。从河南省饲料生产情况看，10月产量触底反弹，猪料环比增长4.2%，11月猪料环比增长5.6%。三是生猪外调量持续增加。河南省2019年累计外调活猪及猪肉产品折合生猪1755万头，外调数量居全国第一。四是一批大项目正在加快落地投产。牧原、裕嘉、正大、正邦等龙头企业在河南省积极布局生猪养殖基地，正大集团和新六农牧13500头、6500头种猪场项目已建成，裕嘉集团计划在河南省登封市投资6.83亿元建3个场。此外，正邦、新大、禾丰、正大等公司积极发展合作农户，2019年新发展洛阳农户112家，建设存栏600头标准化猪舍189栋，年出栏生猪超过20万头。

二、存在的主要问题

不敢养。当前非洲猪瘟疫情没有根除，养猪场户恐慌心理依然存在。同时，“没钱养”的问题较为突出，由于前期亏损和缺少抵押物，养猪场贷款难现象仍普遍存在。此外，扶持政策覆盖面较窄，目前政策仅对年出栏1万~5万头的规模猪场新建改扩建项目进行扶持，对中小规模养殖场户的政策资金支持较少。

没地养。由于国家基本农田保护制度不允许在基本农田内建设畜禽养殖场，养殖用地空间十分有限，畜禽养殖场只能聚集在占地仅15%的一般农田或林地或其他用地中，部分猪场扩建新建项目难以落地。

防疫弱。基层专业技术人员配备不足，目前养殖业基层专业技术人员配比低于40%。地方动物防疫机构实验室基础设施建设较差，仪器设备配置落后，有效防控手段跟进不及时，难以发挥好疫病防控的支撑作用。

保鲜难。现有屠宰、冷链物流体系与生猪养殖产能不匹配，当前生猪产业流通模式正加速由“调猪”向“调肉”转变，迫切需要建设与产能相适应的屠宰加工、冷链物流体系。

三、相关建议

一是落实生猪相关扶持政策，加快恢复生猪生产。抓好非洲猪瘟防控，发挥科研院所、畜牧部门专业技术人员优势。完善生猪理赔保险机制，将非洲猪瘟纳入保险责任范围，

① 数据来源：河南省统计局。

提高生猪和能繁母猪保险额度。

二是健全动物防疫和畜禽市场信息发布体系。完善动物防疫行政机构，开展基层动物防疫机构标准化建设，补齐防疫机构体系和人员队伍等短板。加强数据信息发布，强化面向生产者特别是标准化规模养殖场的信息服务。

三是强化饲料保障能力，加强畜禽产品源头性管控。引导有核心技术、有市场竞争力、环保达标的大中型饲料企业进一步做大做强，加强餐厨废弃物管理，强化统一收集、密闭运输、集中处理、闭环监管的运管机制。

四是大力发展屠宰加工，提升产业链竞争力。加大政策扶持力度，构建新型生猪流通体系，加快现有屠宰企业的改造升级，引导支持大型养殖企业配套建设屠宰加工厂，延长产业链，鼓励建立发展联盟，提高产业链稳定性和竞争力。

三、预测与展望

展望未来，河南省发展面临的挑战与机遇并存。一方面，2020 年河南省进入全面建成小康社会的决胜阶段，产业结构调整优化、新旧动能接续转换过程中，经济下行压力仍然较大。同时，新冠肺炎疫情短期对经济造成较大冲击，国际疫情冲击使供需两端走弱，经济平稳运行面临的风险和挑战进一步增多。另一方面，近年来一系列打基础谋长远的重大战略性工程加快实施，战略先导、发展载体、综合交通、市场规模、人力资源等方面的优势更加突出。工业化、信息化、城镇化、农业现代化同步发展蕴藏巨大潜力，将有效提振总需求；中原城市群、跨境电子商务综合试验区、航空港区等改革开放举措不断深化，发展活力动力不断提高；供给侧结构性改革持续推进，新兴产业和服务业带动作用增强。中部地区崛起、黄河流域生态保护和高质量发展重大国家战略，将显著提升河南省在全国发展大局中的地位，为河南省跨越式发展提供了重大历史机遇，预计 2020 年经济仍将保持平稳较快发展。

2020 年，河南省金融系统将继续贯彻落实稳健货币政策，保持货币信贷、社会融资规模增长与经济发展相适应，为供给侧改革和高质量发展营造适宜的货币金融环境，进一步引导优化信贷结构，加大对民营小微制造企业、战略性新兴产业和服务业、科技创新、绿色环保、扶贫开发等重点领域和薄弱环节的支持力度，切实降低融资成本，防范区域性金融风险，进一步提升金融服务和管理水平，促进河南省经济金融更好发展。依托中国（河南）自由贸易区、兰考普惠金融改革试验区等，加大金融改革创新力度，进一步激发金融体系活力，带动功能性金融中心建设提速。预计 2020 年区域债券市场、黄金市场发展将步入新阶段，直接融资规模有望继续扩大。随着河南金融生态环境的持续改善、经济金融融合度的不断提高，金融业在服务区域经济转型升级过程中的作用和地位将进一步提升。

中国人民银行郑州中心支行货币政策分析小组
总　纂：徐诺金　王深德
统　稿：帅　洪　徐红芬
执　笔：许艳霞　赵玉龙　郭玉鑫
提供材料的还有：王利娟　汪大敏　李　伟　郭　磊　沈志宏　郑　方　于囡囡　孙　芳　李　琨　陈晓燕　王　浩　郑霄鹏　张　铮　马云路　宋鹏飞　张振轩　苗晓艳　刘　晗　刘　芳　姚元园　郭玲玲　张虹汐

附录

（一）2019年河南省经济金融大事记

3月5日，全国首个省级金融服务共享平台——河南省金融服务共享平台上线，标志着河南省运用大数据解决中小微企业融资难融资贵问题迈出关键性步伐。

6月，取消企业银行账户许可，企业账户服务再优化。

7月，普惠金融"一平台四体系"兰考模式入选中组部组织编写的《贯彻落实习近平新时代中国特色社会主义思想 在改革发展稳定中攻坚克难案例》丛书、教学版和教学手册。

9月5日，中国人民银行郑州中心支行、河南银保监局、河南证监局、河南省网信办等部门联合主办的2019年河南省"金融知识普及月知识进万家 争做理性投资者 争做金融好网民"活动正式启动。

11月17日，中国人民银行副行长陈雨露来豫调研推进第二批主题教育活动开展情况。

12月16日，PTA、甲醇期权在郑州商品交易所上市，是国内首批能源化工期权上市。

12月26日，"发展数字普惠金融、实施乡村振兴战略——暨兰考县普惠金融改革试验区建设三周年交流座谈会"在兰考召开。

1~12月，上线"网上公共金融服务大厅"和外汇政务服务网上办理系统，大力推进"放管服"改革。

12月，民营和小微企业金融服务"百千万"行动计划获全国人大《中小企业促进法》调研组高度评价，写入《河南省政府办公厅关于进一步深化民营企业金融服务的意见》。

12月，金融扶贫"卢氏模式"案例获评"全球减贫案例有奖征集活动"最佳减贫案例。

（二）2019 年河南省主要经济金融指标

表 1　2019 年河南省主要存贷款指标

		1 月	2 月	3 月	4 月	5 月	6 月	7 月	8 月	9 月	10 月	11 月	12 月
本外币	金融机构各项存款余额（亿元）	67807.2	68792.5	70171.7	69394.6	69473.7	70420.4	70016.4	70544.5	70826.5	70531.1	70465.7	70771.0
	其中：住户存款	38206.7	39714.1	40178.8	39711.0	39738.5	40246.4	40345.4	40349.5	40900.1	40347.8	40242.6	40645.9
	非金融企业存款	17566.0	17259.5	18039.4	17674.0	17653.1	17934.5	17374.3	17423.4	17521.7	17450.6	17489.5	17986.5
	各项存款余额比上月增加(亿元)	2802.7	985.4	1379.1	-777.1	79.1	946.7	-404.0	528.1	281.9	-295.3	-65.5	305.4
	金融机构各项存款同比增长（%）	10.1	10.8	10.9	10.8	11.1	10.0	10.2	10.2	9.3	9.2	8.7	8.9
	金融机构各项贷款余额（亿元）	50673.9	51228.8	52136.7	52595.7	53184.0	53894.2	54547.9	55134.8	55864.1	56162.0	56568.7	56893.6
	其中：短期	16293.4	16353.5	16570.7	16590.7	16692.8	16904.9	17073.8	17146.3	17301.2	17244.9	17445.7	17446.1
	中长期	31635.5	32091.6	32737.6	33184.9	33526.3	33978.8	34363.6	34832.3	35334.5	35658.3	35900.7	36368.5
	票据融资	1996.2	2042.4	2091.8	2065.9	2190.7	2260.6	2326.7	2363.7	2437.8	2471.7	2432.8	2354.5
	各项贷款余额比上月增加(亿元)	1532.7	554.9	907.9	459.0	588.3	710.2	653.7	586.9	729.3	297.9	406.7	324.9
	其中：短期	271.3	60.1	217.1	20.0	102.1	212.1	168.9	72.5	154.9	-56.3	200.8	0.4
	中长期	912.1	456.1	646.0	447.4	341.4	452.4	384.8	468.7	502.2	323.8	242.3	467.8
	票据融资	311.9	46.3	49.4	-25.9	124.8	69.9	66.1	37.0	74.0	33.9	-38.9	-78.3
	金融机构各项贷款同比增长（%）	16.3	16.4	17.7	17.8	18.1	17.5	17.2	16.8	17.1	17.0	16.9	16.4
	其中：短期	6.7	6.5	8.2	8.3	9.0	8.9	9.3	8.8	9.3	9.3	10.5	9.9
	中长期	18.5	18.4	19.3	19.5	19.4	18.7	18.5	18.6	19.0	19.0	18.5	18.9
	票据融资	93.4	108.5	114.9	109.8	114.8	106.9	82.0	67.4	64.3	55.4	50.4	39.8
	建筑业贷款余额（亿元）	1528.9	1538.6	1574.2	1599.1	1626.3	1680.3	1691.6	1715.1	1736.7	1737.7	1751.0	1774.6
	房地产业贷款余额（亿元）	1958.5	1984.1	2041.0	2043.6	2064.4	2128.6	2131.2	2177.6	2241.9	2244.8	2206.9	2261.0
	建筑业贷款同比增长（%）	15.3	12.4	13.5	13.5	16.7	20.0	21.5	22.8	19.3	18.9	19.5	21.7
	房地产业贷款同比增长（%）	31.9	31.7	27.9	27.3	26.5	25.1	23.0	23.6	23.8	23.3	18.8	19.8
人民币	金融机构各项存款余额（亿元）	66711.5	67658.6	69030.7	68216.5	68269.4	69204.4	68802.7	69355.9	69659.8	69251.1	69250.5	69508.7
	其中：住户存款	38070.8	39577.5	40041.6	39573.3	39601.8	40111.3	40211.1	40214.7	40767.4	40215.4	40109.7	40513.6
	非金融企业存款	16622.4	16300.7	17083.1	16678.1	16622.9	16901.4	16324.5	16420.2	16538.6	16354.9	16450.7	16904.3
	各项存款余额比上月增加(亿元)	2822.6	947.1	1372.1	-814.2	52.9	934.9	-401.7	553.2	303.8	-408.7	-0.6	258.2
	其中：住户存款	1958.3	1506.7	464.1	-468.3	28.5	509.5	99.9	3.6	552.7	-552.0	-105.7	403.9
	非金融企业存款	436.6	-321.7	782.3	-405.0	-55.1	278.5	-576.9	95.7	118.4	-183.8	95.8	453.7
	各项存款同比增长（%）	10.2	10.8	10.8	10.7	10.9	9.9	10.1	10.3	9.2	9.0	8.7	8.8
	其中：住户存款	16.2	14.0	13.4	15.2	15.3	14.4	15.4	14.7	14.5	13.5	12.3	12.2
	非金融企业存款	2.1	6.0	7.4	5.9	6.3	4.7	2.6	3.5	3.8	3.4	4.0	4.4
	金融机构各项贷款余额（亿元）	49561.3	50077.2	50980.6	51352.6	51890.5	52667.9	53310.0	53893.6	54602.1	54912.3	55315.9	55659.0
	其中：个人消费贷款	14252.3	14442.7	14803.4	15133.1	15368.1	15641.0	15887.5	16150.1	16424.4	16618.5	16949.5	17248.5
	票据融资	1996.2	2042.4	2091.8	2065.9	2190.7	2260.6	2326.7	2363.7	2437.8	2471.7	2432.8	2354.5
	各项贷款余额比上月增加(亿元)	1456.2	515.9	903.4	372.0	537.9	777.3	642.1	583.6	708.6	310.1	403.6	343.2
	其中：个人消费贷款	399.8	190.4	360.8	329.7	235.0	272.9	246.5	262.5	274.3	194.1	330.9	299.0
	票据融资	311.9	46.3	49.4	-25.9	124.8	69.9	66.1	37.0	74.0	33.9	-38.9	-78.3
	金融机构各项贷款同比增长（%）	16.2	16.1	17.3	17.3	17.6	17.4	17.1	16.9	17.0	16.9	16.6	16.4
	其中：个人消费贷款	26.0	25.5	26.8	27.5	27.8	27.8	27.4	27.1	27.1	26.5	26.7	27.0
	票据融资	93.4	108.5	114.9	109.8	114.8	106.9	82.0	67.4	64.3	55.4	50.4	39.8
外币	金融机构外币存款余额(亿美元)	163.5	169.5	169.4	175.1	174.6	176.9	176.3	167.7	165.0	181.5	172.9	181.0
	金融机构外币存款同比增长（%）	-4.9	2.1	11.5	7.7	11.1	10.6	11.4	0.5	10.3	18.3	8.2	11.4
	金融机构外币贷款余额(亿美元)	166.0	172.1	171.7	184.7	187.5	178.4	179.8	175.1	178.4	177.2	178.2	177.0
	金融机构外币贷款同比增长（%）	15.0	24.4	27.1	35.1	37.3	19.7	19.2	10.3	20.7	20.0	25.5	17.3

数据来源：中国人民银行郑州中心支行。

表2 2001~2019年河南省各类价格指数

单位：%

	居民消费价格指数		农业生产资料价格指数		工业生产者购进价格指数		工业生产者出厂价格指数	
	当月同比	累计同比	当月同比	累计同比	当月同比	累计同比	当月同比	累计同比
2001	—	0.7	—	-0.9	—	1.9	—	0.5
2002	—	0.1	—	0.9	—	-2.4	—	-1.4
2003	—	1.6	—	1.9	—	7.8	—	5
2004	—	5.4	—	11.4	—	15.7	—	10.2
2005	—	2.1	—	7.9	—	8.3	—	6.1
2006	—	1.3	—	1.2	—	5.3	—	4.3
2007	—	5.4	—	6.1	—	6.4	—	5.2
2008	—	7.0	—	20.9	—	11.9	—	12.1
2009	—	-0.6	—	-1.9	—	-2.9	—	-5.1
2010	—	3.5	—	3.1	—	10.2	—	7.8
2011	—	5.6	—	11.1	—	10.1	—	7.2
2012	—	2.5	—	5.4	—	-0.8	—	-0.6
2013	—	2.9	—	1.3	—	-0.7	—	-1.5
2014	—	1.9	—	-2.1	—	-1.6	—	-1.9
2015	—	1.3	—	0.3	—	-4.6	—	-4.6
2016	—	1.9	—	0.8	—	-0.8	—	-1.0
2017	—	1.4	—	-0.3	—	7.3	—	6.8
2018	—	2.3	—	4.3	—	4.0	—	3.6
2019	—	3.0	—	3.8	—	1.2	—	0.2
2018　1	2.0	2.0	2.4	2.4	5.1	5.1	5.2	5.2
2	3.1	2.5	2.6	2.5	4.4	4.7	4.6	4.9
3	2.5	2.5	4.4	3.1	3.8	4.4	4.5	4.7
4	2.2	2.4	4.7	3.5	4.2	4.4	4.2	4.6
5	2.4	2.4	5.1	3.8	5.1	4.5	4.5	4.6
6	2.5	2.4	5.8	4.1	5.2	4.6	4.7	4.6
7	2.4	2.4	5.7	4.4	4.7	4.6	4.1	4.5
8	2.3	2.4	5.1	4.5	4.8	4.7	3.3	4.4
9	2.2	2.4	4.8	4.5	3.9	4.6	2.6	4.2
10	2.2	2.4	4.7	4.5	3.2	4.4	2.4	4.0
11	1.9	2.3	4.0	4.5	2.5	4.2	2.1	3.8
12	1.5	2.3	3.0	4.3	1.8	4.0	0.9	3.6
2019　1	1.2	1.2	-0.3	1.0	1.0	—	0.0	—
2	1.2	1.2	0.6	1.8	0.7	0.8	-0.1	-0.1
3	2.3	1.6	1.3	1.6	1.1	0.9	0.2	0.0
4	2.8	1.9	1.1	1.8	1.6	1.1	0.7	0.2
5	2.9	2.1	-0.2	2.0	1.2	1.1	0.8	0.3
6	2.7	2.2	2.4	2.0	1.7	1.2	0.3	0.3
7	3.0	2.3	0.1	2.1	1.9	1.3	0.3	0.3
8	3.0	2.4	1.4	2.3	1.2	1.3	0.3	0.3
9	3.3	2.5	5.5	2.6	0.7	1.2	-0.3	0.2
10	4.2	2.6	1.8	3.1	0.7	1.2	-0.3	0.2
11	5.0	2.9	-0.4	3.5	1.4	1.2	-0.2	0.2
12	4.6	3.0	7.0	3.8	1.2	1.2	0.1	0.2

数据来源：河南省统计局、《中国经济景气月报》。

表 3　2019 年河南省主要经济指标

	1 月	2 月	3 月	4 月	5 月	6 月	7 月	8 月	9 月	10 月	11 月	12 月
	绝对值（自年初累计）											
地区生产总值（亿元）	—	—	11639.1	—	—	24203.8	—	—	39055.6	—	—	54259.2
第一产业	—	—	553.9	—	—	1870.7	—	—	3589.8	—	—	4635.4
第二产业	—	—	5841.0	—	—	11209.9	—	—	17853.5	—	—	23605.8
第三产业	—	—	5244.2	—	—	11123.1	—	—	17612.3	—	—	26018.0
工业增加值（亿元）	—	—	—	—	—	—	—	—	—	—	—	—
固定资产投资（亿元）	—	—	—	—	—	—	—	—	—	—	—	—
房地产开发投资	—	537.3	1197.0	1818.2	2516.6	3261.1	3871.3	4500.0	5194.0	5879.2	6631.3	7464.6
社会消费品零售总额(亿元）	—	3888.6	5637.1	7398.9	9171.2	11010.0	12759.6	14579.4	16414.3	18445.1	20568.7	22733.0
外贸进出口总额（亿元）	404.6	670.9	1016.6	1348.5	1739.6	2103.3	2514.7	2940.6	3667.2	4448.0	5136.2	5713.7
进口	120.2	199.8	309.3	424.1	549.0	665.1	829.6	1032.6	1302.3	1574.3	1791.1	1957.2
出口	284.5	471.1	707.3	924.4	1190.7	1438.3	1685.1	1907.9	2364.9	2873.6	3345.2	3756.5
进出口差额(出口－进口)	164.3	271.3	398.0	500.3	641.7	773.2	855.5	875.3	1062.6	1299.3	1554.1	1799.4
实际利用外资（亿美元）	11.2	18.2	35.7	51.1	69.6	97.1	107.7	118.7	139.1	157.4	177.3	187.3
地方财政收支差额（亿元）	-513.5	-932.9	-1728.5	-2026.4	-2476.2	-3990.1	-4047.9	-4307.2	-5186.6	-5173.1	-5442.0	-6134.7
地方财政收入	428.1	697.2	1115.9	1444.5	1746.1	2147.5	2500.6	2754.9	3133.0	3467.8	3707.0	4041.6
地方财政支出	941.6	1630.1	2844.3	3470.9	4222.3	6137.6	6548.5	7062.1	8319.6	8640.8	9149.0	10176.3
城镇登记失业率（%）（季度）	—	—	2.9	—	—	3.0	—	—	2.9	—	—	3.2
	同比累计增长率（%）											
地区生产总值	—	—	7.9	—	—	7.7	—	—	7.4	—	—	7.0
第一产业	—	—	0.7	—	—	2.1	—	—	2.2	—	—	2.3
第二产业	—	—	8.2	—	—	8.3	—	—	8.1	—	—	7.5
第三产业	—	—	8.6	—	—	8.2	—	—	8.0	—	—	7.4
工业增加值	—	8.8	9.0	8.6	8.4	8.3	8.1	7.9	7.9	7.8	7.9	7.8
固定资产投资	—	8.2	8.4	8.4	8.1	8.2	8.3	8.3	8.2	7.9	8.0	8.0
房地产开发投资	—	5.1	5.1	2.0	4.1	4.1	5.7	6.8	7.3	7.4	6.5	6.4
社会消费品零售总额	—	10.3	10.4	10.2	10.4	10.7	10.5	10.4	10.4	10.3	10.3	10.4
外贸进出口总额	-24.7	-13.9	-7.2	-4.7	-1.8	-1.1	1.3	1.5	0.0	1.6	2.4	3.7
进口	-47.6	-34.7	-21.3	-14.5	-11.3	-9.6	-4.7	-3.6	-4.1	-0.6	-0.2	1.3
出口	-7.6	-0.5	0.8	0.6	3.3	3.3	4.5	4.4	2.3	2.8	3.8	5.0
实际利用外资	—	9.4	5.6	5.2	4.7	3.5	5.3	3.7	6.0	4.9	4.7	4.6
地方财政收入	17.9	16.3	14.3	12.3	9.8	6.3	7.2	7.2	7.4	7.9	7.3	7.3
地方财政支出	70.7	33.8	22.3	19.4	16.2	12.8	11.6	10.4	10.8	10.5	8.7	10.4

数据来源：河南省统计局。

湖北省金融运行报告（2020）

中国人民银行武汉分行货币政策分析小组

[内容摘要] 2019年，湖北省坚持以习近平新时代中国特色社会主义思想为指导，认真贯彻落实党中央、国务院各项决策部署，坚持稳中求进工作总基调，统筹推进稳增长、促改革、调结构、惠民生、防风险工作，全年经济运行总体平稳，产业结构不断优化，新旧动能加快转换，运行质效持续提升，高质量发展扎实推进，全面建成小康社会取得新的重大进展。2019年全省实现地区生产总值45828.3亿元，增长7.5%，位居全国第一方阵。全省金融业紧紧围绕金融服务实体经济发展和供给侧结构性改革，积极贯彻执行稳健的货币政策，保持流动性合理充裕，为实现"六稳"和经济高质量发展营造了适宜的货币金融环境。2019年末，湖北省各项存款余额6.1万亿元，同比增长8.0%，各项贷款余额5.2万亿元，同比增长14.1%。

经济运行主要呈现如下特点：一是三大需求总体稳定，进出口增速有所加快。2019年，固定资产投资同比增长10.6%，比上年回落0.4个百分点。社会消费品零售总额同比增长10.3%，限额以上企业（单位）网上商品零售额同比增长16%，粮油食品类、服装鞋帽针纺织品类、家用电器和音像器材类限额以上商品零售额分别增长17%、6.5%和7.1%。货物进出口总额3943.6亿元，增长13.1%，增速比上年加快1.9个百分点，其中进口1458.7亿元，增长18.2%，出口2484.9亿元，增长10.3%。全年实际使用外资129.1亿美元，增长8.1%。二是产业结构不断优化，提质增效成果显著。三次产业结构从上年的8.5∶41.8∶49.7调整为8.3∶41.7∶50.0，粮食总产量连续7年稳定在500亿斤以上，高技术制造业对工业增加值的贡献率达到17%，比上年提高1个百分点，其中，计算机通信业、医药制造业增加值分别增长19.0%、8.6%，分别高出规上工业11.2个、0.8个百分点。全省规模以上工业企业利润总额2590.4亿元，增长9.1%，高于全国平均水平11.2个百分点。三是价格走势有所分化，居民收入稳定增长。居民消费价格指数（CPI）同比上涨3.1%，比上年提高1.2个百分点，工业生产者出厂价格指数（PPI）同比上涨0.2%，涨幅下降4.2个百分点。城镇常住居民人均可支配收入37601元，同比增长9.1%，农村常住居民人均可支配收入16391元，同比增长9.4%。完成地方一般公共预算收入3388.39亿元，同比增长2.5%，较上年回落6个百分点，其中税收收入同比增长2.7%，占地方公共财政收入的比重上升至74.7%；地方一般公共预算支出7967.73亿元，同比增长9.8%，较上年回落3.1个百分点。四是着力补短固底板，三大攻坚战扎实推进。脱贫攻坚取得决定性胜利。全年减贫92.5万人，"两不愁三保障"突出问题有效解决。产业扶贫惠及316万人，资助困难家庭学生175万人次，新增扶贫小额贷款23亿元。长江经济带发展"双十"工程全面推进，15个专项战役、91个绿色发展重大项目和58个重大事项有力有效。关改搬转沿江化工企业110家，整治"散乱污"企业2172家，消除城市黑臭水体212个。"四个三"[①]重大生态工程进展顺利，改造农村户厕163.6万座，精准灭荒造林80.2万亩，828个乡镇污水处理厂建成并投入试运行，乡镇垃圾中转站实现全覆盖。坚持"开前门、堵后门"，政府债务风险总体可控，隐性债务风

① "四个三"是指从2018年起，用三年时间在全省推进"厕所革命"、精准灭荒、乡镇污水治理和城乡生活垃圾无害化处理四项重大生态工程。

险等级由橙色降为黄色。非法金融活动得到有效遏制，银行业不良贷款率保持低位。

全省金融业紧紧围绕金融服务实体经济发展和供给侧结构性改革，积极贯彻执行稳健的货币政策，保持流动性合理充裕，为实现“六稳”和经济高质量发展营造了适宜的货币金融环境。2019 年末，湖北省各项存款余额 6.1 万亿元，同比增长 8.0%，各项贷款余额 5.2 万亿元，同比增长 14.1%。具体呈现如下特点：一是支持实体经济发展力度更强，精准扶贫、小微企业贷款增长较快。重点领域和薄弱环节融资保障有力，其中制造业、小微企业和县域贷款余额同比分别增长 11.3%、10.2% 和 14.3%。差别化住房信贷政策有效实施，个人住房贷款增速持续回落。全省“双层级、全方位”市场利率自律机制作用有效发挥，存贷款利率总体平稳。全辖积极推进贷款市场报价利率（LPR）改革，12 月人民币贷款加权平均利率比上年同期下降 0.1 个百分点。二是金融业发展质效稳步提升，贷款质量企稳向好，多层次资本市场平稳发展。银行业金融机构组织体系更加完善，贷款质量持续向好，风险抵补能力总体处于合理区间。2019 年末，全省银行业金融机构不良贷款 691.7 亿元，不良贷款率 1.3%，同比下降 0.2 个百分点。证券业保持稳健发展，全省法人证券公司 2 家，证券分公司 53 家，证券营业部 381 家；法人期货公司 2 家，期货分公司 18 家，期货营业部 48 家。全年新增 4 家上市公司，12 家新三板挂牌公司及 593 家区域性股权市场挂牌公司。债券市场直接融资规模大幅提升。全省债券融资规模达 1802.7 亿元，占全省资本市场直接融资的 66.7%。保险业整体实力增强。截至 2019 年末，全省各级保险分支机构合计 4192 家。全省累计实现保费收入 1728.6 亿元，在全国排名第 9 位，位次较上年保持不变；保费收入同比增长 17.5%，高于全国 5.4 个百分点；同比增幅在全国排名第 3 位，较上年上升 12 位。三是债务融资工具市场发展态势良好，金融市场运行规范平稳。2019 年，全省债务融资工具市场发行金额大幅增长 17%，达 1400.70 亿元，占全省公司信用类债券发行总量的三分之二。质押式回购交易活跃，债券现券交易量快速增长。全省银行间货币市场成交共计 20.33 万亿元，同比增长 14%。其中，质押式回购成交 18.29 万亿元，同比增长 17%。全省银行间债券市场现券成交共计 6.62 万亿元，同比增长 102%。票据融资规模大幅上升，全省金融机构票据贴现发生额逐季增加，年末余额同比上升 40.6%。

2020 年初，新冠肺炎疫情突然暴发对湖北经济造成前所未有的冲击，全省面临着内外部需求同步萎缩和产销两端双重挤压的困境，经济发展的不确定性增大。随着疫情的逐步控制，全省政策环境和市场环境正逐步改善，企业复工复产复销率提升向好，规上工业增加值和社会零售品总额等重要经济指标也正逐渐回升至正常水平，在重大项目的陆续开工建设以及“新基建”等新增长极带动下，全省经济稳中向好、长期向好、高质量增长的基本面没有变化。2020 年是全面建成小康社会和“十三五”规划收官之年，也是脱贫攻坚决胜之年。湖北省金融机构将坚持以习近平新时代中国特色社会主义思想为指导，全面贯彻落实党的十九届四中全会和中央经济工作会议精神，深入对接湖北省“一芯驱动、两带支撑、三区协同”① 的总体布局，深化对加强逆周期调节的认识，坚决贯彻落实稳健的货币政策，保持辖内流动性合理充裕。将金融支持疫情防控和复工复产作为当前最重要的两项工作来抓，加大对新冠肺炎疫情防控的货币信贷支持力度。守住风险底线，坚持在推动高质量发展中防范化解风险，促进经济金融良性循环。持续深化民营和小微企业金融服务，为促进湖北省经济高质量发展营造适宜的货币金融环境。

---

① “一芯驱动”是产业和区域定位，既是产业之“芯”，又是区域之“心”，也是动能之“新”；“两带支撑”包括长江绿色经济和创新驱动发展带、汉孝随襄十制造业高质量发展带；“三区协同”是指按照区域统筹、产业集聚的思路，推动鄂西绿色发展示范区、江汉平原振兴发展示范区、鄂东转型发展示范区竞相发展。

一、金融运行情况

2019 年，湖北省金融业运行总体稳健，货币信贷和地区社会融资规模合理增长，金融市场整体运行平稳，金融改革创新持续推进，多层次资本市场发展成效显著，保险保障功能进一步发挥，有力支持了全省实体经济发展和供给侧结构性改革。

（一）银行业转向高质量发展，服务实体经济质效稳步提升

1. 资产增速小幅增加，组织体系更加完善。 2019 年，湖北省银行业金融机构经营行为更趋理性规范，资产总额同比增长 9.5%，较上年提高 1.2 个百分点，资产增速持续低于贷款增速，资金“脱实向虚”持续改善。武汉区域金融中心的集聚效应明显。12 家全国性股份制商业银行齐聚湖北，股份制商业银行、外资银行、非银机构数量均居中部前列。

表 1　2019 年湖北省银行业金融机构情况

机构类别	营业网点			法人机构（个）
	机构个数（个）	从业人数（人）	资产总额（亿元）	
一、大型商业银行	2765	60352	28157	0
二、国家开发银行和政策性银行	96	2551	11229	0
三、股份制商业银行	561	11908	9684	0
四、城市商业银行	405	8762	6679	2
五、民营银行	1	339	419	1
六、小型农村金融机构	2149	27883	12148	78
七、财务公司	10	755	2613	5
八、信托公司	1	236	225	1
九、邮政储蓄银行	1657	7715	5869	0
十、外资银行	13	439	226	0
十一、新型农村金融机构	188	3238	398	68
十二、其他	73	1588	1514	3
合　计	7919	125766	79160	158

注：营业网点不包括国家开发银行和政策性银行、大型商业银行、股份制商业银行等金融机构总部数据；大型商业银行包括中国工商银行、中国农业银行、中国银行、中国建设银行和交通银行；小型农村金融机构包括农村商业银行、农村信用社、农村合作银行；新型农村金融机构包括村镇银行、贷款公司和农村资金互助社；“其他”包含金融租赁公司、汽车金融公司、货币经纪公司、消费金融公司等。

数据来源：湖北银保监局。

2. 存款增速平稳增长，住户存款增长强劲。 2019 年末，全省本外币各项存款余额 6.1 万亿元，同比增长 8.0%，增幅较上年提高 0.9 个百分点。1~12 月新增存款 4446.4 亿元，同比多增 722.2 亿元。其中，住户存款同比多增 998.1 亿元，非金融企业存款、广义政府存款同比分别少增 309.4 亿元、203.1 亿元。住户存款成为新增存款的主要来源。住户和非金融企业新增存款中，定期存款显著增加，定期存款占比为 77.2%，较上年同期上升 8.7 个百分点。

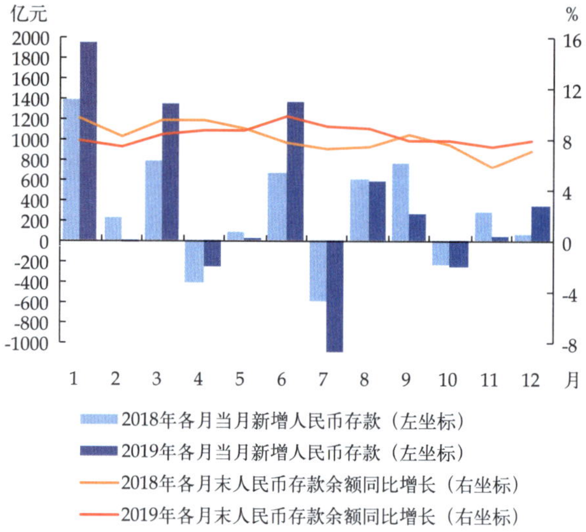

数据来源：中国人民银行武汉分行。

图 1　2018~2019 年湖北省金融机构人民币存款增长变化

3. 贷款增长有所减缓，信贷结构持续优化。 2019 年末，全省本外币各项贷款余额 5.2 万亿元，同比增长 14.1%，增幅较上年下降 1.7 个百分点。信贷资金对实体经济支持力度保持稳定，企业中长期贷款增长 2624.8 亿元，同比少增 194.9 亿元。再贷款、再贴现、准备金率等政策工具的结构引导作用充分发挥，重点领域和薄弱环节贷款增长较快。制造业、小微企业和县域贷款余额同比分别增长 11.3%、10.2% 和 14.3%。差别化住房信贷政策有效实施，个人住房贷款增速持续回落，较上年同期下降 4.1 个百分点，较同期住户部门贷款增速低 2.8 个百分点。

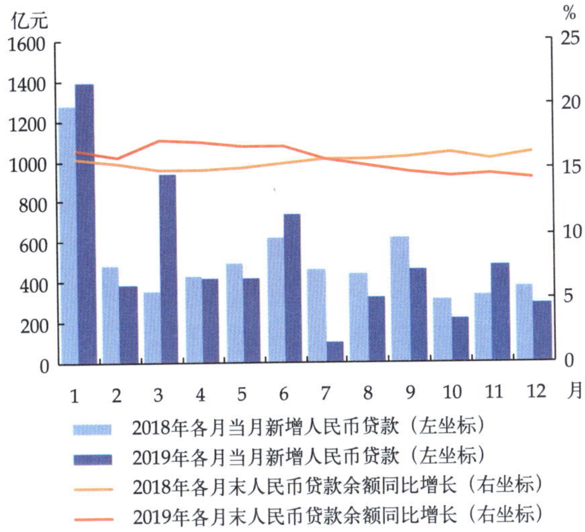

数据来源：中国人民银行武汉分行。

图 2　2018~2019 年湖北省金融机构人民币贷款增长变化

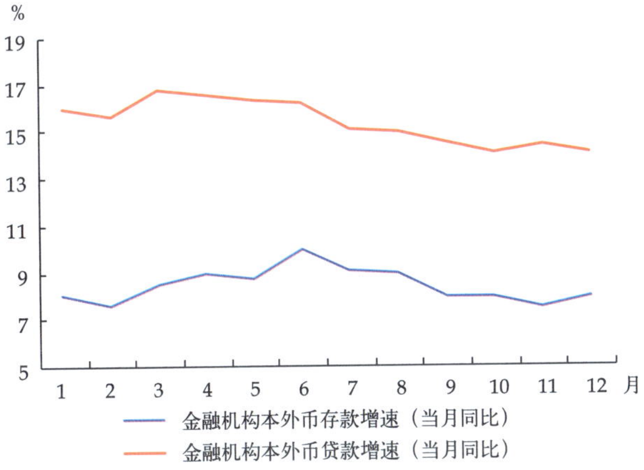

数据来源：中国人民银行武汉分行。

图 3　2019 年湖北省金融机构本外币存、贷款增速变化

4. 表外融资负增长逐渐收窄，未贴现银行承兑汇票少减较多。2019 年，严监管和金融去杠杆的影响有所减弱，脱实向虚的表外融资经过 2018 年的负增长已经得到大规模调整。2019 年末，全省表外融资合计净下降 756.9 亿元，同比少减 727.0 亿元。其中，委托贷款和未贴现银行承兑汇票分别同比少减 528.5 亿元和 622.1 亿元，信托贷款同比多减 423.6 亿元。

5. LPR 改革加速推进，贷款利率明显下行。2019 年 6 月，人民币贷款加权平均利率为 5.9%，LPR 改革后贷款利率下降明显，12 月人民币贷款加权平均利率为 5.6%，下降 0.3 个百分点，为 2018 年以来最低点。12 月小微企业贷款加权平均利率 5.6%，同比下降 0.1 个百分点。12 月，一般贷款中利率高于 LPR 的贷款占比为 84.4%，利率等于 LPR 的贷款占比为 1.4%，利率低于 LPR 的贷款占比为 14.2%，贷款利率加减点区间整体较 9 月有所下移。在 LPR 下降的情况下，贷款实际利率低于 LPR 的占比仍在扩大。受美联储降息等因素影响，美元存款利率有所下降。12 月，3 个月以内大额美元存款加权平均利率为 2.1%，比 9 月下降 0.5 个百分点。

表 2　2019 年湖北省金融机构人民币贷款各利率区间占比

（LPR 改革前）　　　　单位：%

月份		1 月	2 月	3 月	4 月	5 月	6 月	7 月
合计		100.0	100.0	100.0	100.0	100.0	100.0	100.0
下浮		9.4	14.7	13.8	19.0	16.2	10.9	13.1
基准		23.1	21.4	17.7	20.2	17.1	17.0	19.1
上浮	小计	67.4	63.9	68.5	60.7	66.7	72.1	67.8
	(1.0, 1.1]	15.1	17.2	14.6	12.6	13.9	16.8	13.0
	(1.1, 1.3]	18.1	18.3	20.8	17.2	20.5	21.8	17.0
	(1.3, 1.5]	11.5	11.2	12.0	10.3	11.5	11.1	12.9
	(1.5, 2.0]	16.5	12.0	15.6	14.1	14.6	15.6	16.1
	2.0 以上	6.3	5.2	5.5	6.5	6.2	6.9	8.9

（LPR 改革后）

月份		8 月	9 月	10 月	11 月	12 月
合计		100.0	100.0	100.0	100.0	100.0
LPR 减点		10.1	9.4	10.0	12.1	14.2
LPR		0.2	0.8	0.6	1.0	1.4
LPR 加点	小计	89.7	89.8	89.4	86.9	84.4
	(LPR, LPR+0.5%)	23.6	24.7	19.0	24.5	25.4
	[LPR+0.5%, LPR+1.5%)	27.5	27.7	29.7	26.9	27.2
	[LPR+1.5%, LPR+3%)	19.2	18.9	19.8	19.0	19.1
	[LPR+3%, LPR+5%)	12.6	11.9	13.4	11.2	8.7
	LPR+5% 及以上	6.8	6.6	7.4	5.2	4.0

数据来源：中国人民银行武汉分行。

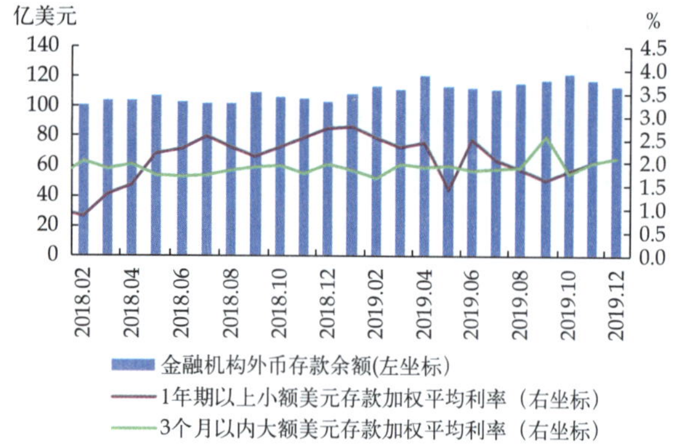

数据来源：中国人民银行武汉分行。

图 4　2018~2019 年湖北省金融机构外币存款余额及外币存款利率

6. 贷款质量持续向好，风险抵补能力处于合理区间。2019 年末，全省银行业金融机构不良贷款余额 691.7 亿元，不良贷款率为 1.3%，同比下降 0.2 个百分点。全省银行业中小法人机构资本充足率为 13.7%，同比下降 0.4 个百分点；流动性比例为 87.6%，同比提高 14.1 个百分点；拨备覆盖率为 193.9%，地方法人金融机构总体拨贷比和拨备覆盖率均高于监管要求。

专栏 1　2019 年全省债务融资工具发行规模再创新高

2019 年，湖北省债务融资工具市场呈现“量增面扩”的良好发展态势，继 2018 年首次突破千亿元大关后，2019 年发行金额大幅增长 17%，达 1400.7 亿元，占全省公司信用类债券发行总量的三分之二。全省 12 个市州债务融资工作取得积极成效，湖北交投、人福医药、鄂旅投等 71 家企业据此融资投向于基础设施、旅游和高新技术产业，为全省经济高质量发展提供了重要资金来源。

一、多因素共同推动全省债务融资市场持续快速增长

（一）省市政府高度重视

近年来，省政府成立了全省资本市场建设工作领导小组，制定奖励激励政策，企业债券融资意识显著提升。省地方金融局、省发展改革委和人民银行武汉分行等单位共同协作，按年对全省各市州资本市场建设目标完成情况进行量化考评，增进了市州政府对债务融资工作的重视。2018 年湖北债务融资工具发行规模首次突破千亿元大关。

（二）全省金融信用环境持续优化

人民银行武汉分行完善信息共享机制，定期开展风险排查，督促发行人提前落实偿债资金安排，确保违约风险提早发现与处置。在 2019 年人民银行、银保监会和证监会的综合评价中，湖北等 5 省份在营造诚实守信金融生态等方面成绩突出而被确立为激励对象，享有发行创新债券品种等方面的优惠政策。

（三）人民银行积极开展宣传培训

联合银行间市场交易商协会举办债务融资工具创新产品培训班，全省人民银行、承销金融机构、重点发债企业和债券投资人代表共计 200 余人参加培训。在全省范围内筛选 56 家重点民营企业，向承销金融机构进行推介，为具备条件的企业制定可行的债券融资方案。先后两次与中债信用增进公司联合举办民营企业债券融资座谈会，介绍民企债券融资支持工具业务模式。

（四）金融机构承销业务能力持续提升

2019 年共有 32 家金融机构在湖北开展债务融资工具承销业务，较 2018 年增加 6 家。招商银行、交通银行、兴业银行和浦发银行承销份额排名前四位，均超过 100 亿元。各承销机构认真落实降低社会融资成本的政策要求，发行债券的价格迭创新低，提升了企业发债意愿。

二、全省债务融资市场尚有较大的成长空间

（一）发债规模相对偏低

近两年湖北债务融资工具发行规模均在全国排名第13位，与全省地区生产总值在全国的排名不相称。2019年全国有6个省份发行规模超过2000亿元，湖北与上述发债大省有着明显差距。从发展速度来看，2019年湖北发债金额增长17%，低于全国平均水平2个百分点。

（二）发债主体分布不均衡

地方国企和央企（含央企子公司）是全省发债主体，民营企业发债依然较为困难。从地域分布来看，武汉占全省发行总量的73%，其他市州具备发债条件的企业数量较少，且多为当地城建类平台企业。

（三）创新品种运用不充分

资产支持票据和绿色票据等创新品种在湖北的运用较早，但近年来发展速度有所放缓。2019年，全国绿色债务融资工具发行484亿元，资产支持票据发行2720亿元，相比之下湖北省内企业发行意愿较低，仅有3家企业发行上述创新产品，其中绿色票据1只，资产支持票据2只，合计金额33亿元。

三、政策建议

（一）加强民营企业债券融资支持

继续推进民营企业债券融资支持工具，不断丰富支持工具业务模式，促进中债信用增进公司与湖北地方担保机构的合作。

（二）做好债券融资的政策宣传

组织多种形式的宣传培训活动，增进企业对创新产品及其注册发行流程的了解。联合省工商联、经信厅开展企业培育，进一步充实全省发债后备企业资源。

（三）完善债券违约风险防范处置机制

推动建立覆盖民营企业的政策性纾困救助基金，解决民营企业债券兑付中暂时遇到的流动性问题，支持困难民营企业开展债务重组。

（四）建议借鉴沿海地方经验加大激励力度

研究借鉴江苏、浙江和山东等省的债务融资工具奖励办法，结合湖北省具体情况，对债务融资工具发行企业和承销机构给予一定奖励。

（二）证券业保持平稳较快发展，多层次资本市场不断完善

1. 证券机构不断发展壮大。2019年末，全省法人证券公司2家，证券分公司53家，证券营业部381家；法人期货公司2家，期货分公司18家，期货营业部48家。法人机构经营平稳，资本实力进一步增强。2019年长江证券、天风证券净资产（非合并报表口径）合计达384.4亿元，同比增长5.9%，2019年2家法人证券公司共实现营业收入88.0亿元（非合并报表口径），同比增长71.0%，通过公司债、次级债、短期融资券等合计融资345.7亿元，进一步增强了资本实力。

2. 多层次资本市场稳健发展。截至2019年末，全省共有上市公司106家，新三板挂牌公司314家，区域性股权市场挂牌公司5571家，分别新增4家上市公司，12家新三板挂牌公司及593家区域性股权市场挂牌公司。债券市场直接融资规模大幅提升。2019年，湖北省债券融资规模达1802.7亿元，占全省资本市场直接融资的66.7%。政府债表现突出。2019年，湖北省政府通过资本市场共发行政府债券18笔，合计1041.3亿元，占比超过债券市场直接融资规模的一半。

3. 私募基金运行平稳。截至2019年末，全省共有已登记私募基金管理人375家，同比新增3家，共管理备案私募基金704只，管理基金净值总规模1415.5亿元，较上年末分别增加62只、263.5亿元。私募基金管理人数量在全国排第10位。

表 3　2019 年湖北省证券业基本情况

项目	数量
总部设在辖内的证券公司数(家)	2
总部设在辖内的基金公司数(家)	0
总部设在辖内的期货公司数(家)	2
年末国内上市公司数(家)	106
当年国内股票(A 股)筹资(亿元)	838.0
当年发行 H 股筹资(亿元)	0
当年国内债券筹资(亿元)	1802.7
其中：短期融资券筹资额(亿元)	111.0
中期票据筹资额(亿元)	601.9

数据来源：中国人民银行武汉分行、湖北银保监局、湖北省发展改革委。

(三)保险业发展逐步回归本源，支持经济社会发展能力增强

1. 保险业实力明显增强。2019 年末，全省共有各级各类保险机构 4192 家。全省累计实现保费收入 1728.6 亿元，在全国排名第 9 位，位次较上年保持不变；保费收入同比增长 17.5%，高于全国 5.4 个百分点；同比增幅在全国排名第 3 位，较上年上升 12 位。

2. 财产险市场发展平稳。2019 年累计实现保费收入 458.9 亿元，在全国排名第 12 位，位次较上年保持不变；保费收入同比增长 16.5%，较上年同期上升 1.1 个百分点，高于全国 5.8 个百分点；同比增幅在全国排名第 4 位，较上年上升 4 位。

3. 人身险市场发展较快。2019 年累计实现保费收入 1269.7 亿元，在全国排名第 9 位，位次较上年保持不变；保费收入同比增长 17.9%，较上年同期上升 10.8 个百分点，高于全国 5.1 个百分点；同比增幅在全国排名第 6 位，较上年上升 9 位。

表 4　2019 年湖北省保险业基本情况

项目	数量
总部设在辖内的保险公司数(家)	4
其中：财产险经营主体(家)	2
人身险经营主体(家)	2
保险公司分支机构(家)	77
其中：财产险公司分支机构(家)	34
人身险公司分支机构(家)	43
保费收入(中外资，亿元)	1728.6
其中：财产险保费收入(中外资，亿元)	458.9
人身险保费收入(中外资，亿元)	1269.7
各类赔款给付(中外资，亿元)	513.1
保险密度(元/人)	2916.4
保险深度(%)	3.8

数据来源：湖北银保监局。

(四)融资结构进一步优化，金融市场运行总体平稳

1. 地区社会融资规模显著增加，企业债务融资工具规模取得新突破。2019 年，全省社会融资规模增量累计为 8734.1 亿元，同比增加 2129.5 亿元，显示金融对实体经济的支持力度较大。从结构看，贷款少增，债券多增，表外融资少减。2019 年金融机构对实体经济发放的人民币贷款增加 6095.8 亿元，同比少增 15.3 亿元，人民币贷款占比为 69.8%，同比下降 22.7 个百分点；企业债券同比增长 91.9%，企业债券融资占比 12.1%，同比上升 3.8 个百分点；表外融资同比少减 727.0 亿元。2019 年，全省债务融资工具市场呈现“量增面扩”的良好发展态势，继 2018 年首次突破千亿元大关后，2019 年发行金额大幅增长 17%，达 1400.7 亿元，占全省公司信用类债券发行总量的三分之二。全省 12 个市州在债务融资工具市场精彩亮相，湖北交投、人福医药、鄂旅投等 71 家企业据此融资投向于基础设施、旅游和高新技术产业，为全省经济高质量发展提供了重要资金来源。

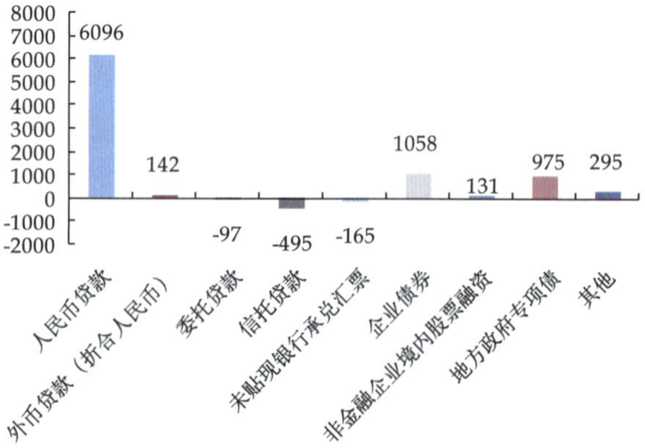

数据来源：中国人民银行武汉分行。

图 5　2019 年湖北省社会融资规模分布结构

2. 质押式回购交易活跃，债券现券交易量快速增长。2019 年，湖北省银行间货币市场成交共计 20.3 万亿元，同比增长 14%。其中，质押式回购成交 18.3 万亿元，同比增长 17%；买断式回购成交 0.3 万亿元，同比下降 22%；同业拆借成交 1.8 万亿元，同比下降 6%。2019 年，湖北省银行间债券市场现券成交共计 6.6 万亿元，同比增长 102%。其中，现券买入 3.3 万亿元，现券卖出 3.3 万亿元。

3. 票据融资规模较快增长，票据市场利率逐季下降。受票据融资利率下行、票据电子化进程加快等因素影响，2019 年，全省金融机构票据贴现发生额增长较快，年末余额同比上升 40.6%。票据市场利率呈现逐季下降态势。2019 年 12 月全省票据贴现加权平均利率为 3.1%，比 6 月下降 42 个基点，较 3 月末下降 51 个基点。

表 5　2019 年湖北省金融机构票据业务量统计

单位：亿元

季度	银行承兑汇票承兑		贴现			
			银行承兑汇票		商业承兑汇票	
	余额	累计发生额	余额	累计发生额	余额	累计发生额
1	2504.7	1410.3	2009.3	2355.7	77.3	151.7
2	2572.9	2699.9	2181.6	4342.4	143.4	293.2
3	2653.2	4198.5	2119.3	6497.4	155.9	473.1
4	2875.6	5780.8	2289.7	8624.6	211.3	676.5

数据来源：中国人民银行武汉分行。

表 6　2019 年湖北省金融机构票据贴现、转贴现利率

单位：%

季度	贴现		转贴现	
	银行承兑汇票	商业承兑汇票	票据买断	票据回购
1	3.5	5.0	3.5	2.9
2	3.4	4.7	3.4	2.7
3	3.0	4.9	3.0	2.7
4	3.0	4.3	2.8	2.6

数据来源：中国人民银行武汉分行。

（五）金融生态环境持续优化，金融消费者权益保护工作稳步推进

2019 年，湖北省充分发挥“五位一体”机制作用，积极推进金融“早春行”、信用市县考评等重点工作，进一步强化信用服务保障，多措并举化解潜在金融风险，不断推动金融生态环境优化，助推地方经济高质量发展。一是突出金融生态建设的重点与特色。2019 年举办了 5 场大型省级活动、12 场地市级活动以及 234 场县域活动；31 家银行机构与 5 个市（州）政府签订政银长期战略合作协议，金额 3696 亿元，与 1.1 万家企业签订授信协议及贷款合同，金额 3377.3 亿元。组织完成 2018 年度“金融信用市州县”评定工作。二是强化信用管理和信用保障。开展信用培育，帮助企业尤其是民营和小微企业提升信用等级，破冰“首贷难”。搭建专项对接平台，促进多方信息共享，纾解“融资难”。大力发展银担、政银等政府增信融资业务，分散银行风险压力，降低企业融资成本，缓解“融资贵”。三是多措并举化解潜在金融风险。针对金融债权案件新增速度远超审结执行速度形成“堵点”，推动各地建立完善金融司法协作机制，开辟绿色通道快审快结，依法维护金融债权。截至 12 月末，全省执结金融债权案件 213.0 亿元，较上年同期增加 28.6 亿元。四是稳步推进消费者权益保护工作。一行两局会同省地方金融监管局共同签署了《湖北省金融消费权益保护监管合作备忘录》，将金融消费权益保护监管协调制度化、常态化。推动 7 家银行业金融机构开展成立湖北省金融消费权益保护协会的筹备工作。组织金融机构开展“3·15”主题宣传周、“普及金融知识　守住‘钱袋子’”、金融知识普及月、“争做金融好网民”等系列宣传活动。出台《中国人民银行武汉分行办公室关于建立七项机制提升金融投诉处理工作质效的意见》，对金融消费纠纷实施源头治理，取得成效。据统计，2019 年 12363 热线受理咨询 2564 件、投诉 2261 件，投诉量比 2019 年下降 18.8%，办结率达 99.0%。

二、经济运行情况

2019 年，湖北省经济维持高质量发展态势，主要经济指标处于全国第一方阵，运行质

效持续提升，农业和工业生产稳中有增，固定资产投资增长稳定，外贸进出口增速有所加快，消费品市场和物价运行继续保持平稳。2019 年，全省实现地区生产总值 45828.3 亿元，同比增长 7.5%，高于全国平均水平 1.4 个百分点。人均地区生产总值达到 77387 元，高出全国平均水平 6495 元，稳居中部第 1 位。三次产业结构由 2018 年的 8.5 : 41.8 : 49.7 调整为 8.3 : 41.7 : 50.0。

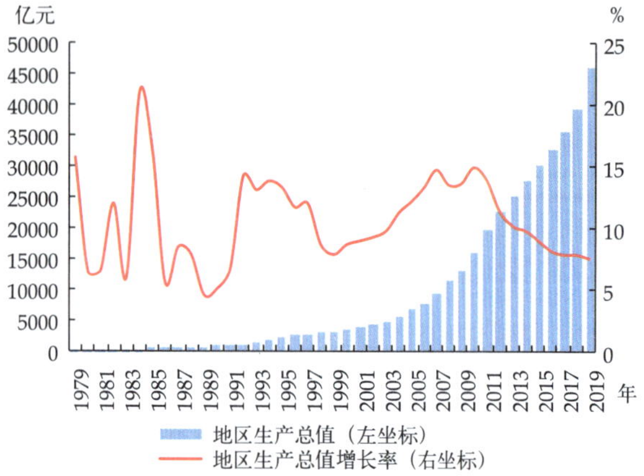

数据来源：湖北省统计局。

图 6　1979~2019 年湖北省地区生产总值及其增长率

（一）三大需求总体稳定

1. 固定资产投资稳定增长，一、三产业投资增长贡献明显。 2019 年，全省固定资产投资（不含农户）增长 10.6%，增速较上年回落 0.4 个百分点。其中，第一、第二、第三产业投资分别增长 18.6%、6.2% 和 13.2%。具体呈现以下特点：一是第一产业投资由降转升，2019 年，全省农、林、牧、渔业投资增长 17.0%，高于全省投资增速 6.4 个百分点；二是工业技改投资增长较快，2019 年，工业技改投资增长 15.4%，高于全省投资增速 4.8 个百分点，占工业投资比重为 43.7%，比上年提高 2.8 个百分点；三是基建投资持续回升，2019 年全省基础设施投资增长 14.7%，比上年提高 1.7 个百分点；四是民间投资增长加快，2019 年，全省民间投资增长 11.6%，比上年加快 0.2 个百分点。

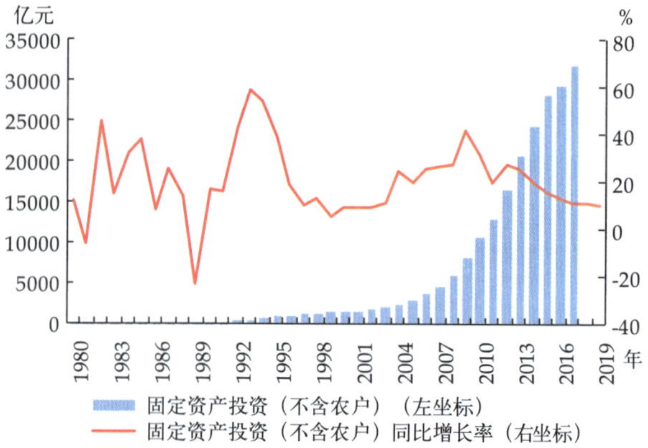

数据来源：湖北省统计局。

图 7　1980~2019 年湖北省固定资产投资（不含农户）及其增长率

2. 居民收入和消费品市场平稳增长。 2019 年，全省居民收入稳定增长。其中，城镇常住居民人均可支配收入 37601 元，同比增长 9.1%，农村常住居民人均可支配收入 16391 元，同比增长 9.4%。2019 年，全省共实现社会消费品零售总额 20224.2 亿元，同比增长 10.3%。具体来看：一是四大行业均呈稳定增长态势，全省限上批发业增长 8.3%，限上零售业增长 9.2%，限上住宿业增长 12.0%，限上餐饮业增长 18.1%。二是受春节月份前移影响，生活类消费增长较快。全省限上单位粮油食品类和日用品类商品零售分别增长 17.0% 和 16.4%。三是网络零售快速增长，2019 年，全省限上单位通过网络实现商品零售额 1042.89 亿元，增长 16.0%。

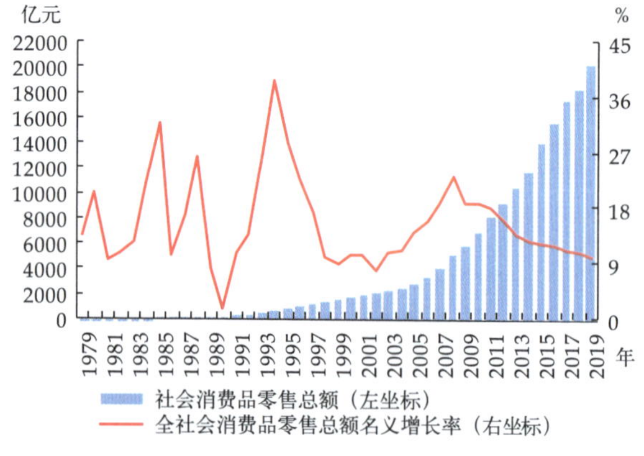

数据来源：湖北省统计局。

图 8　1979~2019 年湖北省社会消费品零售总额及其增长率

3. **进出口增速有所加快**。2019年，湖北省货物进出口总额3943.6亿元，增长13.1%，较上年加快1.9个百分点。其中，进口总额1458.7亿元，增长18.2%，比上年加快3.2个百分点；出口总额2484.9亿元，增长10.3%，比上年加快1.1个百分点。同时，全省实际使用外资129.07亿美元，增长8.1%。

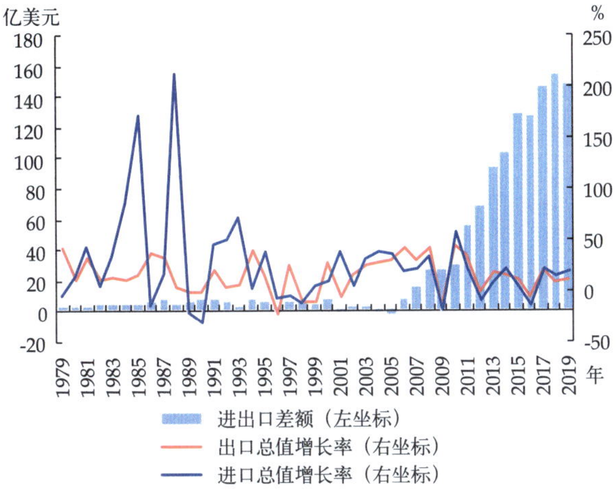

数据来源：湖北省统计局。

图9　1979~2019年湖北省外贸进出口变动情况

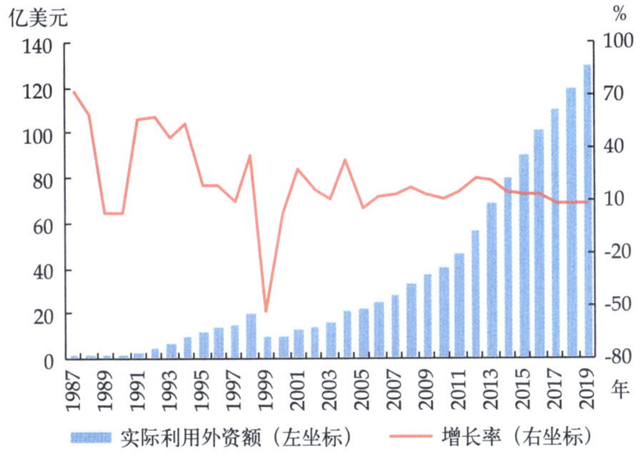

数据来源：湖北省统计局。

图10　1987~2019年湖北省实际利用外资额及其增长率

（二）三大产业平稳增长，产业结构优化调整

1. **农业生产稳中有增，特色优势经济作物增长加快**。2019年，全省农林牧渔业增加值4014.0亿元，同比增长3.5%，比上年提高了0.2个百分点。粮食产能保持稳定，全省粮食实现总产量2724.98万吨，连续7年稳定在2500万吨(500亿斤)以上。特色优势经济作物增长较快，蔬菜及食用菌产量4086.71万吨，增长3.1%；茶叶产量35.25万吨，增长6.9%。畜禽养殖深度调整，受非洲猪瘟影响，生猪出栏3189.24万头，下降26.9%，家禽出笼59394.01万只，增长11.5%。

2. **工业经济增长平稳，提质增效成果显著**。2019年，全省规模以上工业增加值增长7.8%，较上年加快0.7个百分点。41个工业行业大类中，有37个实现了增长，增长面达90.2%。具体来看，一是传统产业支撑有力，汽车、建材、化工三大行业对工业增加值的贡献率达到24.5%，比上年提高了5个百分点。二是新旧动能转换加快，全省高技术制造业贡献继续加大。高技术制造业增加值增长14.4%，对工业增长贡献率达17%，比上年提高1个百分点。其中，计算机通信业、医药制造业增加值分别增长19.0%、8.6%，分别高出规上工业11.2个、0.8个百分点。三是企业效益有所提升。2019年1~11月，全省规模以上工业企业利润总额2590.4亿元，增长9.1%，高于全国平均水平11.2个百分点。规模以上工业企业每百元主营业务收入中的成本为84.08元，同比下降0.14元。

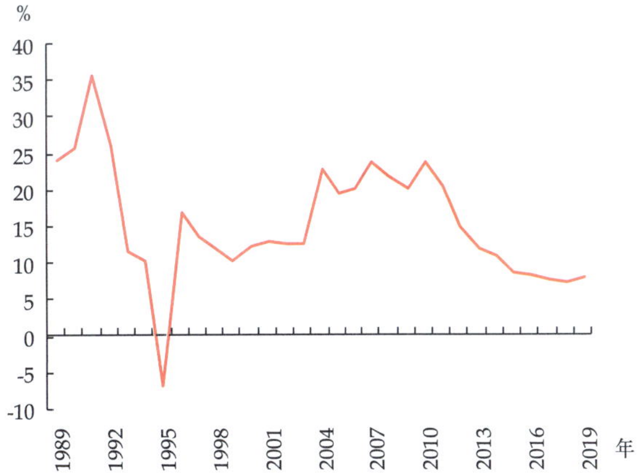

数据来源：湖北省统计局。

图11 1989~2019年湖北省规模以上工业增加值实际增长率

3. 服务业发展加快，占比持续提高。2019年，湖北省服务业实现增加值18730.1亿元，同比增长7.8%，较全省地区生产总值增速快0.3个百分点，高出全国平均水平0.9个百分点。服务业增加值占地区生产总值的比重达50.0%，较上年提升1.1个百分点，服务业对全省地区生产总值贡献率首度突破50%。

（三）价格走势继续分化，食品价格上涨明显

1. 居民消费价格涨幅稳步提高。2019年，湖北省CPI同比上涨3.1%，涨幅比上年提高1.2个百分点，其中城市CPI同比上涨3.0%，低于农村0.2个百分点。分类别看，八大类商品和服务价格“七涨一降”。其中，受猪肉价格上涨因素影响，食品烟酒价格上涨7.0%，衣着价格上涨1.6%，居住价格上涨1.9%，生活用品及服务价格上涨0.4%，教育文化和娱乐价格上涨2.5%，医疗保健价格上涨1.8%，其他用品和服务价格上涨2.6%；在提速降费的大背景下，交通和通信价格下降0.7%。

2. 工业生产者价格波动下行。2019年，湖北省工业生产者出厂价格上涨0.2%，同比回落4.0个百分点。工业生产者购进价格下降0.7%，同比回落5.5个百分点。

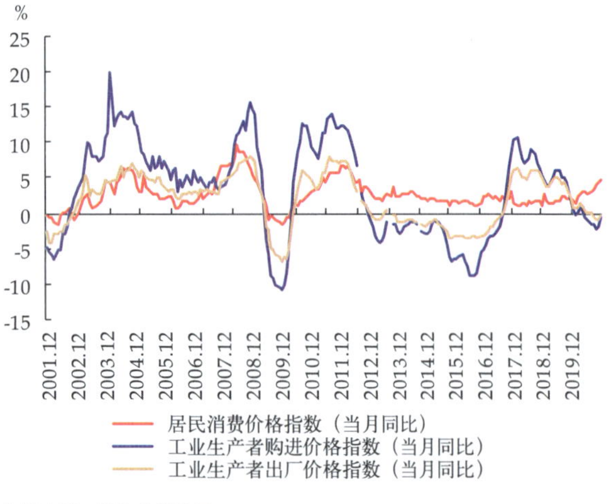

数据来源：湖北省统计局。

图12　2001~2019年湖北省居民消费价格指数和工业生产者价格指数变动趋势

（四）地方财政收入增速放缓，财政收支缺口继续扩大

2019年，受落实减税降费政策以及行政事业性收费和国有资源（资产）有偿使用收入减少影响，地方一般公共预算收入3388.4亿元，同比增长2.5%，较上年回落6个百分点。从收入构成来看，税收收入2530.6亿元，同比增长2.7%，较上年回落6.9个百分点，占地方公共预算收入的比重提高到74.7%，较上年进一步提高0.2个百分点，收入质量不断提高。非税收入857.8亿元，同比增长1.7%，回落3.9个百分点。地方一般公共预算支出7967.7亿元，同比增长9.8%，较上年上升3.1个百分点。2019年全年发行地方政府债券1987.1亿元（含公开发行与定向置换），较上年增加636亿元，其中，发行地方政府一般性债券1012.1亿元，发行地方政府专项债券975.0亿元。

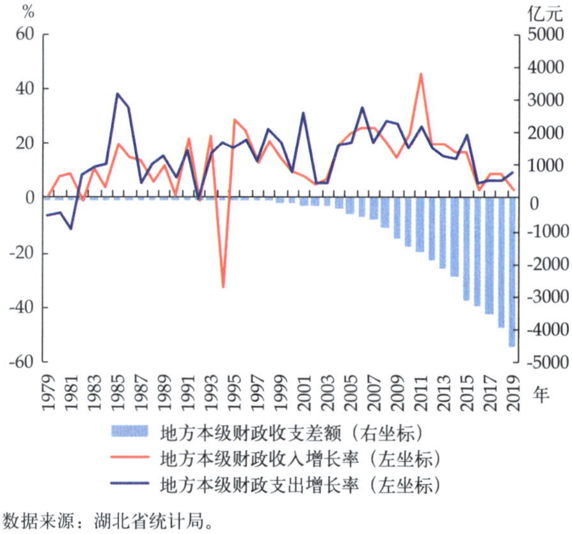

数据来源：湖北省统计局。

图13　1979~2019年湖北省财政收支状况

（五）着力补短固底板，三大攻坚战扎实推进

2019年，全省脱贫攻坚取得决定性胜利。减贫92.5万人，“两不愁三保障”突出问题有效解决。产业扶贫惠及316万人，资助困难家庭学生175万人次，新增扶贫小额贷款23亿元。坚持标本兼治，统筹治气治水治土。长江经济

带发展“双十”工程全面推进，15个专项战役、91个绿色发展重大项目和58个重大事项有力有效。关改搬转沿江化工企业110家，整治“散乱污”企业2172家，消除城市黑臭水体212个。南水北调中线工程水源地持续安全稳定供水。“四个三”重大生态工程进展顺利，改造农村户厕163.6万座，精准灭荒造林80.2万亩，828个乡镇污水处理厂建成并投入试运行，乡镇垃圾中转站实现全覆盖。城乡垃圾分类全面推开。十堰、恩施等6地成功创建国家生态文明建设示范市县。咸宁向阳湖等13个国家湿地公园试点通过验收。坚持“开前门、堵后门”，政府债务风险总体可控，隐性债务风险等级由橙色降为黄色。非法金融活动得到有效遏制，银行业不良贷款率保持低位。

（六）房地产市场总体保持平稳，重点城市房价同比增幅下降明显

2019年，全省房地产市场运行总体平稳，房地产开发投资大幅提升，商品房销售面积和销售额波动下行，重点城市房价维持下降态势。

1. 房地产开发投资增速有所提升。 2019年，全省房地产投资增速提升较快。全年房地产开发投资累计完成5111.7亿元，同比增长8.9%，较上年提高6.3个百分点。房地产施工明显提速，全年商品房施工面积同比增长8.0%，较上年上升5.4个百分点。商品房销售持续放缓，全年商品房销售面积8602.04万平方米，同比下降3.0个百分点，较上年大幅回落11.7个百分点，商品房销售面积自2008年国际金融危机以来首次出现负增长。

2. 重点城市房价环比增幅维持低位运行，同比增幅下降明显。 国家统计局70个大中城市数据显示，2019年，武汉、宜昌、襄阳新建商品住宅价格同比涨幅均出现不同程度下降，其中，宜昌市全年新建商品房跌幅较大，新建住房销售价格月同比涨幅大幅回落11.6个百分点。

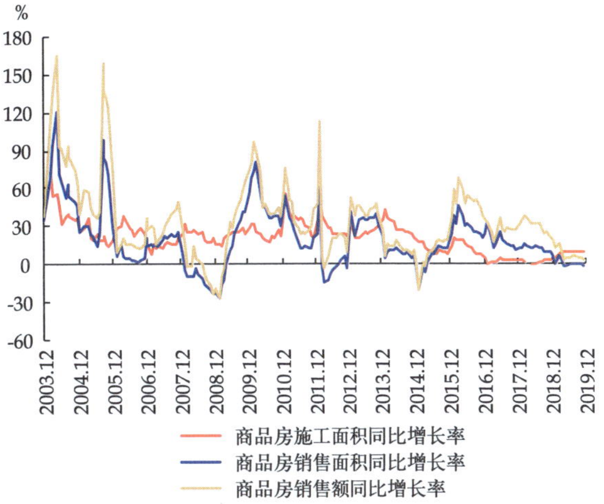

数据来源：湖北省统计局。

图14　2003~2019年湖北省商品房施工和销售变动趋势

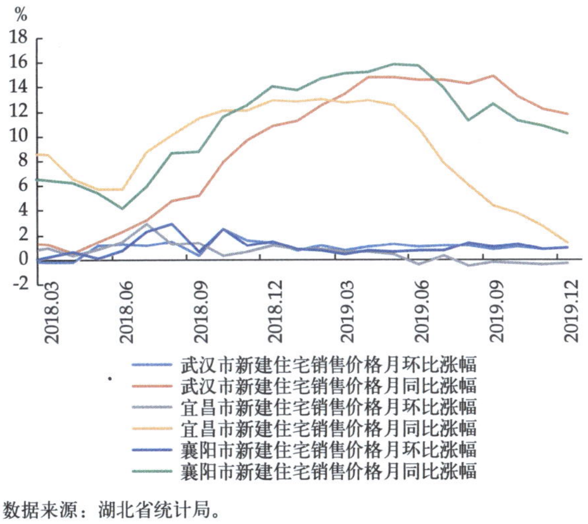

数据来源：湖北省统计局。

图15　2018~2019年湖北省主要城市新建住宅销售价格变动趋势

专栏2　中国人民银行武汉分行扎实推进民营和小微企业金融服务工作

2019年以来，人民银汉武汉分行在湖北辖内扎实开展民营和小微企业首贷专项行动，通过发挥“几家抬”政策合力，着力解决民营和小微企业融资难融资贵问题，实现了民营和小微企业融资“量增、价减、面扩”的目标。

一、多措并举，完善融资服务体系

一是开展民营和小微企业首次贷款专项行动。联合八个部门开展民营、小微企业首次贷款专项行动，着力破解民营、小微企业贷款“开头难”。提出在“百万千亿金惠工程”实施期间，确保民营和小微企业新增贷款中首次贷款比重超过20%，民营和小微企业首次贷款客户数同比增幅超过30%。

二是开展“湖北省民营和小微企业金融服务年”活动。结合服务年活动，从帮助企业培信、增信、用信入手，采取“培训＋培植”“增信＋分险”“对接＋甄别”三大举措，引导全省各地加强企业全周期信用培育，推动湖北省民营和小微企业融资的获得感和金融服务满意度明显提升。

三是大力开展民营和小微企业融资宣传。组织推动民营和小微企业宣传专项活动，做到金融机构、重点行业、重点企业、全部市州四个“全覆盖”。2019年以来，先后在荆州等五地举办“百万千亿金惠工程”宣传培训活动，邀请金融机构骨干、人民银行业务专家，针对银行大数据信贷产品、债券融资工具、应收账款融资平台等内容开展培训，累计500余家民营和小微企业参加活动。

二、积极创新，丰富融资政策工具箱

一是深入推进民营和小微企业“双示范”创建。在全省遴选45家示范行和5个示范区，引导示范行及示范区内金融机构进一步简化贴现业务流程，明确对于示范行（区）的首次票据融资优先办理再贴现。

二是落实定向降准政策支持民营和小微企业。针对2019年5月总行下调服务县域的农村商业银行人民币存款准备金率，武汉分行摸清底数，精准滴灌，行领导带领工作专班到省联社调研座谈，并与省联社联合召开电视电话会议，推动省联社出台了针对定向降准资金用于发放小微企业贷款的“七单工作”机制。

三是拓宽民营和小微企业直接融资渠道。推介省内优质民企与债券承销和担保机构进行对接，引导民营企业充分利用银行间市场开展直接融资。2019年，累计支持省内福星科技、九州通医药等6家民营企业发行债务融资工具108.6亿元，平均利率水平5.7%。

三、发挥合力，构建服务保障机制

一是搭建金融机构和小微企业融资对接桥梁。2019年以来组织5场省级金融“早春行”活动，指导武汉等12地举办市级“早春行”活动，活动突出了向民营和小微企业倾斜支持的政策导向，积极组织金融机构进园区、进企业，共计5956家单户授信1000万元以下的民营小微企业获得信贷支持399亿元。与湖北省经信厅、工商联分别联合开展民营企业融资专场培训活动。

二是推动民营和小微企业信用信息平台建设。联合省地方金融监管局启动了湖北省中小（微）企业融资综合信用服务平台建设工作。拟设立专业化的运营机构负责省级平台运维，实施“政府＋市场”双轮驱动，建立平台建设的长效工作机制。联合政府职能部门在宜昌、荆门、咸宁开展小微企业金融信用信息平台建设试点工作。

三是推广运用金融科技手段支持企业融资。2019年先后3次联合税务部门举办产品推进会，推广“纳税信用贷”“线上银税互动”产品。8家省级银行加入“线上银税互动”，实现了小微企业从贷款申请、审批授信、银税数据传输“一站式”自助操作，融资时间缩短至几分钟。

三、预测与展望

2020年初，一场突如其来的疫情和两个多月的严格封控措施对湖北全省经济社会发展带来了较大冲击，全省经济社会恢复发展面临较大困难。从供给侧看，全省第一、第二、第三产业均受到较大程度冲击，其中第二产业以工业受损最为严重，第三产业以文旅、商贸、餐饮、交通等行业受损较大。从需求侧看，疫情使全省城镇和农村居民的人均收入出现大幅回落，社会消费需求严重萎缩，固定资产投资大幅下滑。从外部出口看，疫情波及的国家和地区之广对全省外贸出口势必造成较大冲击，在内外需求端同步萎缩叠加产销两端双重挤压下，全省 2020 年经济发展的不确定性进一步加大。尽管面对诸多困难，但随着疫情的逐步好转，此次疫情对湖北省经济社会发展的负面影响正逐渐消退。随着中央和国家机关在政策、项目和资金等方面对湖北适当倾斜，以及社会各界产品销售购买和投资合作力度的加大，全省政策环境和市场环境正逐步改善。在重大项目的陆续开工建设以及“新基建”等新增长极带动下，湖北省经济稳中向好、长期向好、高质量增长的基本面没有变化。

2020 年，是全面建成小康社会和“十三五”规划的收官之年，也是脱贫攻坚的决胜之年。湖北省金融机构将坚持以习近平新时代中国特色社会主义思想为指导，全面贯彻落实党的十九届四中全会和中央经济工作会议精神，深入对接湖北省“一芯驱动、两带支撑、三区协同”的总体布局，深化对加强逆周期调节的认识，坚决贯彻落实稳健的货币政策，保持辖内流动性合理充裕。将金融支持疫情防控和复工复产作为当前最重要的两项工作来抓，加大对新冠肺炎疫情防控的货币信贷支持力度。守住风险底线，坚持在推动高质量发展中防范化解风险，促进经济金融良性循环。持续深化民营和小微企业金融服务，为促进湖北省经济高质量发展营造适宜的货币金融环境。

中国人民银行武汉分行货币政策分析小组

总　纂：王玉玲　王　兵

统　稿：向秋芳　田湘龙　阮红新　熊川伟　胡红菊　胡云飞

执　笔：段　鹏　王春元　徐　媛　黄　珂　马　利

提供材料的还有：潘　晶　丁逸宁　张　琨　陈　阳　刘　畅　周远慧　贾　晟　涂德君　高晓波　王一帆　宋　平

附录

（一）2019 年湖北省经济金融大事记

1 月 4 日，湖北省政府办公厅近日发布《关于实施“百万千亿金惠工程”深化民营和小微企业金融服务的意见》。

4 月 18 日，湖北省首批 50 家“科创板种子”企业名单出炉。

4 月 28 日，湖北省上市公司纾困基金首单项目正式落地。

6 月 21 日，在武汉举行的中国自贸试验区发展论坛上，湖北自贸试验区三大片区现场签约重大项目 24 个，金额近 300 亿元。

6 月 26 日，第十一届中国·武汉金融博览会暨中国中部（湖北）创业投资大会在武汉开幕。

9 月 26 日，武汉股权托管交易中心成功备案发行首批两单私募可转换债券。

10 月 13 日，国家发展改革委正式核准湖北省交投集团发行的 200 亿元（含）的企业债，这是国家发展改革委推行优质企业债券试点以来，湖北省单笔获准发行的规模最大的企业债券。

11 月 11 日，湖北省出台《关于金融服务湖北乡村振兴的实施意见》，全面对接省委省政府乡村振兴战略部署，明确金融服务乡村振兴重点领域和方向。

12 月 2 日，湖北省印发《湖北省民营、小微企业首次贷款专项行动方案》，着力破解民营、小微企业贷款“开头难”。

12 月 12 日，湖北省发展改革委发布《武汉城市圈航空港经济综合实验区总体发展规划（2019~2035 年）》，构建“一带”“两核”“多区多点”的实验区发展空间格局。

12 月 19 日，湖北首家科创上市公司——嘉必优生物技术（武汉）股份有限公司正式在上海证券交易所科创板挂牌上市。

（二）2019 年湖北省主要经济金融指标

表 1　2019 年湖北省主要存贷款指标

		1 月	2 月	3 月	4 月	5 月	6 月	7 月	8 月	9 月	10 月	11 月	12 月
本外币	金融机构各项存款余额（亿元）	58054.49	58081.43	59409.24	59213.97	59219.51	60580.70	59487.04	60122.53	60415.82	60200.42	60228.34	60537.45
	其中：住户存款	28338.20	29216.75	29562.74	29111.98	29126.19	29516.57	29498.63	29597.03	29963.32	29739.39	29639.22	29973.80
	非金融企业存款	17715.75	16863.89	17504.81	17338.41	17234.59	17958.11	17149.98	17034.73	17238.74	17083.51	17255.79	17952.08
	各项存款余额比上月增加(亿元)	1963.39	26.95	1327.81	-195.27	5.54	1361.19	-1093.66	635.49	293.29	-215.39	27.92	309.11
	金融机构各项存款同比增长（%）	8.04	7.63	8.48	8.95	8.71	9.89	9.02	8.97	7.90	7.97	7.48	7.96
	金融机构各项贷款余额（亿元）	47427.32	47811.90	48711.76	49142.08	49606.01	50327.03	50447.21	50867.75	51318.93	51532.36	52012.21	52242.60
	其中：短期	9154.24	9148.87	9272.22	9278.64	9317.88	9588.11	9461.23	9500.31	9578.95	9541.12	9510.30	9351.72
	中长期	33935.46	34362.24	34983.04	35356.89	35736.39	36159.43	36395.12	36695.70	37042.72	37258.59	37577.28	37937.45
	票据融资	2080.68	2030.31	2154.36	2170.40	2163.35	2182.60	2173.03	2190.83	2233.51	2236.30	2386.01	2440.82
	各项贷款余额比上月增加(亿元)	1391.93	384.58	899.85	430.33	463.93	721.01	120.18	420.54	451.18	213.43	479.85	230.39
	其中：短期	224.57	-5.37	123.35	6.42	39.24	270.23	-126.88	39.08	78.64	-37.84	-30.82	-158.57
	中长期	929.38	426.78	620.80	373.86	379.49	423.05	235.68	300.59	347.02	215.86	318.70	360.17
	票据融资	169.50	-50.37	124.04	16.05	-7.05	19.24	-9.56	17.80	42.68	2.79	149.70	54.81
	金融机构各项贷款同比增长（%）	15.98	15.61	16.78	16.58	16.25	16.19	15.11	14.94	14.47	14.08	14.37	14.05
	其中：短期	4.27	3.70	4.99	5.76	5.90	7.44	6.38	8.00	8.50	7.67	7.36	5.92
	中长期	17.14	16.69	17.18	16.59	16.38	16.40	15.52	15.08	14.92	14.77	14.79	15.41
	票据融资	80.39	89.07	112.89	120.38	104.81	84.59	79.68	65.03	47.83	42.33	46.80	27.71
	建筑业贷款余额（亿元）	2505.26	2486.53	2495.98	2512.41	2542.26	2554.15	2551.82	2559.79	2550.94	2530.97	2518.93	2437.43
	房地产业贷款余额（亿元）	3980.45	4069.61	4150.41	4203.05	4266.21	4334.05	4346.73	4354.90	4353.99	4349.30	4323.48	4331.88
	建筑业贷款同比增长（%）	18.11	15.05	13.09	13.11	12.80	11.00	10.60	10.56	7.14	5.26	4.09	0.72
	房地产业贷款同比增长（%）	19.64	17.93	19.65	17.87	17.22	18.03	17.44	16.04	13.62	12.80	12.65	12.96
人民币	金融机构各项存款余额（亿元）	57331.30	57323.11	58666.28	58408.27	58439.53	59809.28	58722.31	59308.68	59586.53	59344.76	59403.09	59747.70
	其中：住户存款	28166.35	29044.79	29390.05	28939.31	28952.29	29344.21	29326.58	29423.65	29793.78	29570.64	29470.54	29804.55
	非金融企业存款	17309.61	16425.33	17091.77	16884.31	16792.90	17509.23	16690.41	16552.84	16733.23	16557.36	16743.30	17446.03
	各项存款余额比上月增加(亿元)	1945.63	-8.18	1343.16	-258.00	31.26	1369.75	-1086.97	586.37	277.85	-241.77	58.32	344.61
	其中：住户存款	1837.22	878.44	345.26	-450.74	12.98	391.92	-17.63	97.07	370.13	-223.14	-100.10	334.01
	非金融企业存款	80.39	-884.28	666.44	-207.46	-91.41	716.33	-818.83	-137.57	180.39	-175.87	185.94	702.73
	各项存款同比增长（%）	7.98	7.49	8.41	8.78	8.64	9.84	9.00	8.86	7.85	7.86	7.41	7.90
	其中：住户存款	16.41	11.72	12.29	13.70	13.83	13.84	14.38	14.42	14.20	14.20	13.14	13.26
	非金融企业存款	0.16	1.53	2.95	0.94	-0.01	2.43	0.69	-0.93	-0.45	0.71	1.27	1.25
	金融机构各项贷款余额（亿元）	45958.19	46339.00	47267.40	47681.78	48093.93	48824.29	48923.60	49241.43	49694.66	49904.37	50380.05	50663.96
	其中：个人消费贷款	11849.87	11924.86	12146.55	12276.84	12419.85	12613.31	12778.15	12960.30	13158.73	13315.88	13513.64	13695.85
	票据融资	2080.68	2030.31	2154.36	2170.40	2163.35	2182.60	2173.03	2190.83	2233.51	2236.30	2386.01	2440.82
	各项贷款余额比上月增加(亿元)	1388.30	380.82	928.40	414.38	412.15	730.36	99.31	317.83	453.23	209.71	475.68	283.90
	其中：个人消费贷款	278.17	74.99	221.68	130.29	143.01	193.46	164.84	182.15	198.43	157.15	197.77	182.21
	票据融资	169.50	-50.37	124.04	16.05	-7.05	19.24	-9.56	17.80	42.68	2.79	149.70	54.81
	金融机构各项贷款同比增长（%）	16.34	15.92	17.22	17.03	16.65	16.68	15.66	15.24	14.66	14.33	14.57	14.26
	其中：个人消费贷款	23.46	22.64	22.71	21.95	21.36	21.19	20.67	20.53	20.46	20.34	20.53	20.80
	票据融资	80.39	89.07	112.89	120.38	104.81	84.59	79.68	65.03	47.83	42.33	46.80	27.71
外币	金融机构外币存款余额(亿美元)	107.90	113.35	110.34	119.74	113.05	112.21	111.09	114.82	117.25	121.31	117.39	113.21
	金融机构外币存款同比增长（%）	6.98	13.23	6.97	15.93	6.21	10.10	9.25	12.99	8.31	14.90	11.84	10.17
	金融机构外币贷款余额(亿美元)	219.19	220.16	214.50	217.03	219.17	218.59	221.32	229.45	229.65	230.81	232.18	226.29
	金融机构外币贷款同比增长（%）	-0.16	0.68	-2.90	-2.57	-2.74	-1.60	-0.94	2.60	5.94	5.65	7.16	6.00

数据来源：中国人民银行武汉分行。

表 2　2001~2019 年湖北省各类价格指数

单位：%

	居民消费价格指数		农业生产资料价格指数		工业生产者购进价格指数		工业生产者出厂价格指数	
	当月同比	累计同比	当月同比	累计同比	当月同比	累计同比	当月同比	累计同比
2001	—	0.3	—	-0.7	—	5.8	—	0.0
2002	—	-0.4	—	1.0	—	-4.8	—	-1.8
2003	—	2.2	—	0.8	—	8.16	—	3.5
2004	—	4.9	—	11.3	—	13.07	—	5.7
2005	—	2.9	—	15.1	—	7.02	—	4.5
2006	—	1.6	—	1.4	—	4.9	—	2.9
2007	—	4.8	—	8.0	—	4.5	—	3.9
2008	—	6.3	—	27.2	—	10.9	—	6.1
2009	—	-0.4	—	-4.7	—	-6.6	—	-4.4
2010	—	2.9	—	1.9	—	10.4	—	4.9
2011	—	5.8	—	13.5	—	11.5	—	6.6
2012	—	2.9	—	7.2	—	-1.1	—	0.3
2013	—	2.8	—	3.2	—	-1.8	—	-0.8
2014	—	2.0	—	-2.1	—	-1.6	—	-1.6
2015	—	1.5	—	0.4	—	-7.2	—	-3.3
2016	—	2.2	—	0.3	—	-1.7	—	-1.0
2017	—	1.5	—	0.9	—	8.3	—	5.6
2018	—	1.9	—	0.9	—	4.8	—	4.2
2019	—	3.1	—	2.7	—	-0.7	—	0.3
2018　1	1.2	1.2	-0.6	-0.6	5.5	5.5	5.0	5.0
2	2.8	2.0	-0.7	-0.7	4.6	5.1	4.4	4.7
3	1.8	1.9	-0.9	-0.7	4.0	4.7	3.8	4.4
4	1.5	1.8	-0.1	-0.6	3.9	4.5	3.9	4.3
5	1.5	1.8	1.0	-0.3	5.1	4.6	4.6	4.3
6	1.6	1.7	1.2	0.0	6.1	4.9	5.1	4.5
7	1.9	1.8	1.2	0.2	6.0	5.0	5.2	4.6
8	1.8	1.8	1.4	0.3	6.1	5.2	4.7	4.6
9	2.5	1.8	2.0	0.5	5.1	5.2	4.2	4.5
10	2.5	1.9	2.4	0.7	4.9	5.1	4.3	4.5
11	2.2	1.9	2.2	0.8	4.4	5.1	3.7	4.4
12	2.0	1.9	1.6	0.9	1.9	4.8	2.1	4.2
2019　1	1.8	1.8	—	—	0.3	—	0.9	—
2	1.5	1.7	1.8	1.6	-0.4	-0.1	0.7	0.8
3	2.3	1.9	2.0	1.7	0.1	0.0	0.9	0.9
4	2.7	2.1	2.0	1.8	0.9	0.2	1.3	1.0
5	3.0	2.3	2.6	1.9	0.3	0.2	1.0	1.0
6	3.0	2.2	2.2	1.9	-0.5	0.1	0.5	0.9
7	2.8	2.4	2.3	2.0	-0.9	0.0	0.2	0.8
8	3.1	2.5	2.7	2.1	-1.5	-0.2	0.0	0.7
9	3.4	2.6	3.4	2.2	-1.6	-0.4	-0.5	0.6
10	4.1	2.8	4.7	2.5	-2.1	-0.5	-1.0	0.4
11	4.7	3.0	4.9	2.7	-1.8	-0.7	-0.8	0.3
12	4.7	3.1	4.9	2.7	-0.7	-0.7	-0.3	0.3

数据来源：《中国经济景气月报》。

表 3　2019 年湖北省主要经济指标

	1 月	2 月	3 月	4 月	5 月	6 月	7 月	8 月	9 月	10 月	11 月	12 月
	绝对值（自年初累计）											
地区生产总值（亿元）	—	—	9110.05	—	—	19895.8	—	—	30509.4	—	—	45828.3
第一产业	—	—	598.1	—	—	1313.9	—	—	2767.4	—	—	3809.1
第二产业	—	—	3717.18	—	—	8385.9	—	—	13298.9	—	—	19098.6
第三产业	—	—	4794.74	—	—	10196.0	—	—	14443.2	—	—	22920.6
工业增加值（亿元）	—	—	—	—	—	—	—	—	—	—	—	—
固定资产投资（亿元）	—	—	—	—	—	—	—	—	—	—	—	—
房地产开发投资	—	—	—	—	—	—	—	—	—	—	—	—
社会消费品零售总额（亿元）	—	3297.7	4752.2	6217.1	7819.1	9543.1	11189.0	12805.9	14475.2	16327.8	18197.7	20224.2
外贸进出口总额（亿元）	—	514.7	788.4	1073.2	1373.5	1684.4	2033.6	2388.7	2741.8	3130.6	3543.5	3943.6
进口	—	191.6	276.7	393.6	503.1	626.8	774.4	906.8	1038.9	1189.3	1329.6	1458.7
出口	—	323.1	511.7	679.6	870.4	1057.6	1259.2	1481.9	1702.9	1941.3	2213.9	2484.9
进出口差额（出口－进口）	—	131.5	235.0	286.0	367.3	430.8	484.8	575.1	664.0	752.0	884.3	1026.2
实际利用外资（亿美元）	—	15.6	31.6	42.4	53.5	70.9	77.2	85.1	97.5	107.2	120.8	129.1
地方财政收支差额（亿元）	—	-295.7	-774.4	-1035.4	-1317.8	-2086.7	-2179.0	-2456.8	-3038.6	-3130.2	-3487.6	-4579.3
地方财政收入	—	707.5	1034.9	1347.9	1642.5	1963.7	2249.7	2447.1	2686.2	2965.8	3141.9	3388.4
地方财政支出	—	1003.2	1809.3	2383.3	2960.3	4050.4	4428.7	4903.9	5724.8	6096.0	6629.5	7967.7
城镇登记失业率（%）（季度）	—	—	2.7	—	—	2.6	—	—	2.5	—	—	2.4
	同比累计增长率（%）											
地区生产总值	—	—	8.1	—	—	8.0	—	—	7.8	—	—	7.5
第一产业	—	—	3.1	—	—	3.1	—	—	3.3	—	—	3.2
第二产业	—	—	8.7	—	—	8.5	—	—	8.2	—	—	8.0
第三产业	—	—	8.1	—	—	8.2	—	—	8.3	—	—	7.8
工业增加值	—	7.8	9.9	9.8	9.1	8.9	8.6	8.3	8.3	8.0	7.8	7.8
固定资产投资	—	10.6	10.5	10.7	10.7	10.8	10.7	10.6	10.7	10.7	10.7	10.6
房地产开发投资	—	6.8	6.9	8.7	8.3	7.9	7.7	8.0	8.8	9.1	9.2	8.9
社会消费品零售总额	—	10.3	10.5	10.1	10.0	10.4	10.3	10.3	10.3	10.2	10.2	10.3
外贸进出口总额	—	12.6	16.2	15.4	15.0	10.6	11.5	12.0	11.3	13.0	11.5	13.1
进口	—	20.4	13.5	16.7	16.8	13.3	15.1	15.3	13.0	16.1	16.6	18.2
出口	—	8.4	17.8	14.6	13.9	9.1	9.4	10.1	10.4	11.2	8.7	10.3
实际利用外资	—	1.4	5.3	12.7	9.3	12.0	9.8	6.3	8.5	9.0	9.8	8.1
地方财政收入	—	11.9	8.8	7.4	5.8	2.3	2.0	2.4	1.9	2.9	3.1	2.5
地方财政支出	—	13.5	7.8	11.6	7.0	3.4	4.0	5.1	6.3	7.0	7.0	9.8

数据来源：湖北省统计局。

湖南省金融运行报告（2020）

中国人民银行长沙中心支行货币政策分析小组

[内容摘要] 2019年，湖南省坚持稳中求进工作总基调，大力实施创新引领开放崛起战略，继续推进产业项目建设，扎实做好"六稳"工作，着力推动高质量发展，全省经济运行保持总体平稳、稳中有进、稳中向好的良好态势，主要经济指标高于全国平均水平，供给侧结构性改革持续深化，三大攻坚战取得关键性进展，改革开放稳中提质，民生投入持续加大，人民群众获得感、幸福感、安全感不断提升。

经济延续平稳增长态势，质量和效益显著增强。一是产业结构调整优化，供给侧结构性改革持续深化。2019年，第一、第二及第三产业完成增加值比上年分别增长3.2%、7.8%和8.1%，三次产业结构调整为9.2∶37.6∶53.2，第三产业占比较上年提高1.4个百分点，产业结构更趋优化。规模工业增加值同比增长8.3%，比全国平均水平高2.6个百分点，高加工度工业、高技术产业和装备制造业增加值增速分别高于规模工业增速4.8个、8.0个和5.8个百分点。产业效益明显提升，全年规模工业实现利润总额增长6.6%，比全国平均水平高9.9个百分点。"三去一降一补"成效明显。累计关停取缔"散乱污"企业1563家，关停不安全小煤矿48处。六大高耗能行业增加值占规模工业的比重下降0.8个百分点；规模工业企业每百元营业收入成本同比下降1.6%左右；强基础、补短板成效突出，民生工程和生态环境投资分别增长17.4%、54.9%；全年实现20个贫困县摘帽、718个贫困村出列、63万农村贫困人口脱贫。二是内生动力较快增长。2019年，全省固定资产投资同比增长10.1%，比全国平均水平高4.7个百分点，工业投资、技术改造投资和高新技术产业投资增长较快；居民人均可支配收入27680元，增长9.7%，增速比上年提高0.4个百分点。收入分配结构持续改善，农村居民人均可支配收入增速高于城镇0.6个百分点；消费升级步伐加快，智能家用电器和音像器材、智能手机、新能源汽车零售额增长强劲。外贸进出口仍保持较快增长，全年进出口总额628.8亿美元，同比增长35.3%，增速居全国第一。其中，出口和进口增速分别为45.8%和15.2%。三是消费价格涨幅上升，工业价格涨幅逐步回落。2019年，居民消费价格同比上涨2.9%，与全国平均水平持平，高于上年同期0.9个百分点。受猪肉价格大幅度上涨影响，食品类价格累计上涨9.9%，拉动居民消费价格上涨3.1个百分点。工业生产者出厂价格指数、工业生产者购进价格指数分别上涨-0.4%、0.2%，涨幅分别回落3.6个和3.3个百分点。四是财政收支稳定增长，民生重点支出保障有力。2019年，地方财政收入3007.5亿元，增长5.1%，同比提高1.4个百分点；一般公共预算支出7225.1亿元，增长7.4%，同比回落1.5个百分点。民生支出5127.7亿元，同比增长11.5%，占一般公共预算支出的70.7%。五是房地产市场总体平稳，销售面积同比下降。2019年，房地产开发投资4445.5亿元，增长12.7%，比上年同期回落2.5个百分点，商品房销售面积同比下降1.5%，增速比上年同期下降9.8个百分点。重点城市商品房价格涨幅持续回落，2019年12月长沙、常德新建商品住宅价格同比分别上涨4.5%、4.0%，岳阳新建商品住宅价格同比下跌2.2%。保障性住房开发贷款仅增长0.9%，同比回落49.7个百分点。

金融保持稳健运行，服务实体经济质效不断提升。一是银行业稳健发展，信贷增长较快。2019年末，全省银行业金融机构总资产6.5万亿元，较上年增加0.5万亿元；湖南省金融机构本外币各项贷款余额为42415.4亿元，同比增长16%，增速比上年末提高1.5个百分点，全年新增5829.8亿元，同比多增1227.9亿元。民营小微、“三农”领域、扶贫等重点领域和薄弱环节的金融支持力度持续加大。普惠口径小微企业贷款增长21.7%，新增621.6亿元，民营企业贷款增长13.5%，高于上年同期2.1个百分点，同比多增553.1亿元；涉农贷款、精准扶贫贷款继续保持增长态势，分别同比增长11.0%和10.8%。金融机构资产质量稳中向好，湖南省不良贷款余额661.5亿元，较年初增加23.1亿元；不良贷款率1.56%，较年初下降0.19个百分点，低于中部六省平均水平0.40个百分点。跨境人民币业务大幅增长，共计办理跨境人民币业务699.9亿元，同比增长45.3%，占同期本外币跨境收支的18.1%。二是证券期货业平稳运行，市场结构更加优化。2019年末，湖南省上市公司105家，较上年增加1家，资产合计16373.0亿元，同比增长9.8%；净利润247.1亿元，同比增长6.1%。三板、四板市场稳步发展，共有新三板挂牌企业178家；股权交易所累计挂牌企业3223家。三是保险业整体实力持续增强，保险保障能力不断提升。2019年末，共有法人保险公司1家；省级保险分公司57家，其中财产险公司24家、人身险公司33家，均与上年持平；全年保险业保费收入1396.1亿元，同比增长11.2%；保险深度3.5%，较上年上升0.1个百分点；保险密度2018元/人，同比增长10.3%。保障功能充分发挥，全年科技保险提供风险保障70.4亿元，同比增长48.1%，环境污染责任保险承保13亿元。四是社会融资规模明显多增，银行间市场融资创新取得突破。2019年，社会融资规模新增8850.1亿元，同比多增2825.7亿元。全年直接融资新增2498.9亿元，同比多增1285.0亿元，占新增社会融资规模比重为28.2%，较上年提高8.1个百分点；间接融资新增5868.2亿元，同比多增1497.3亿元。2019年12月全省新发放贷款中参考LPR定价的贷款比重达87.3%。全年新发放企业贷款加权平均利率5.3%，同比下降11.6个基点。融资创新取得明显突破，首次创设民企债券融资支持工具1亿元；首次发行扶贫票据32.5亿元，发行小微企业专项金融债135亿元。银行承兑汇票余额1532.8亿元，同比增长40.1%，货币市场业务增长较快，利率呈下降态势。辖内地方法人金融机构同业拆借交易规模1.2万亿元，同比增长15.5%；债券回购交易规模20.8万亿元，同比增长33.5%。全年同业拆借、债券回购加权平均利率分别为2.36%和2.64%，同比分别下降34.5个和32个基点。五是信用体系不断完善，金融基础设施建设深入推进。征信服务能力不断增强。累计布设个人信用报告自助查询机289台，设置商业银行自助查询网点158个，实现全省县域地区自助查询全覆盖，全年分别提供企业和个人信用报告查询24.8万笔、958.7万笔；持续深化应收账款融资专项行动，中小企业应收账款质押融资达321.8亿元，大力推动政府采购贷业务，实现省本级和株洲市政采贷线上融资共计3.2亿元，170家企业受益。支付服务民生改善更加坚实有力。新增支付系统参与者161家，各类支付系统处理业务笔数和金额同比分别增长24.5%和21.9%；移动支付业务快速增长，年内新增云闪付有效用户超过500万户。金融消费权益保护工作稳步推进。成立湖南省金融消费权益保护协会、湖南省金融消费纠纷人民调解委员会。建立金融消费纠纷诉调对接机制。规范管理湖南省“12363”咨询投诉呼叫中心，全年共受理处理投诉1084件，受理咨询4947件，金融消费权益保护环境进一步优化。

展望2020年，一方面，湖南省进入全面建成小康社会的决胜阶段，经济社会发展正处于攻坚克难、爬坡过坎的关键时期，传统产业仍在转型，新兴产业尚在培育，新冠肺炎疫情短期对经济造成较大冲击，企业经营困难增加，经济下行压力较大。另一方面，随着湖南省政府出台30条政策措施应对疫情影响，促进企业发展，以及制造强省和创新型省份建设的推进，服务业高质量发展三年行动的实施，全省经济发展的巨大潜力和强大动能将充分释放。新的一年，湖南省金融系统将全面贯彻落实党的十九届四中全会、中央经济工作会议精神，紧扣全面建成小康社会目标任务和“十三五”规划收官，坚持稳中求进工作总基调，以供给侧结构性改革为主线，贯彻落实稳健的货币政策更加灵活适度，全面做好“六稳”工作，落实“六保”任务，加大对疫情防控相关领域、受疫情影响较重行业和企业的金融支持，加强对制造业、民营和小微企业等实体经济领域信贷支持力度，打好防范化解重大金融风险攻坚战，深化金融改革开放，确保湖南省实现疫情防控和经济社会发展双胜利。

一、金融运行情况

2019年，湖南省金融运行总体平稳，贷款较快增长，信贷支持供给侧结构性改革重点领域和薄弱环节的力度进一步加大，多层次资本市场发展成效显著，保险保障功能进一步发挥，金融基础设施建设继续推进，金融支持实体经济发展力度持续增强。

（一）银行业稳健发展，贷款增长较快

1. 银行业资产增速小幅上升，机构数量持续增加。2019年末，湖南省银行业金融机构总资产6.5万亿元，同比增长9.3%，增速较上年同期上升4.3个百分点，其中，地方法人银行业金融机构总资产同比增长11.1%，增速较上年同期上升3.1个百分点；湖南省银行业金融机构营业网点个数达9829个，较上年同期增加10个；地方法人金融机构174家；湖南省银行业金融机构从业人员13.5万人。

表1　2019年湖南省银行业金融机构情况

机构类别	营业网点			法人机构（个）
	机构个数（个）	从业人数（人）	资产总额（亿元）	
一、大型商业银行	2463	48813	22414	0
二、国家开发银行和政策性银行	117	2849	6734	0
三、股份制商业银行	382	10021	6491	0
四、城市商业银行	564	12213	10348	2
五、城市信用社	0	0	0	0
六、小型农村金融机构	4043	40127	12035	103
七、财务公司	5	153	477	4
八、信托公司	1	202	92	1
九、邮政储蓄银行	2081	17402	5085	0
十、外资银行	6	127	67	0
十一、新型农村金融机构	160	2417	597	61
十二、其他	7	965	721	3
合　计	9829	135289	65062	174

2. 存款增速年内总体呈上升趋势，其中住户存款新增较多。2019年末，湖南省金融机构本外币存款余额52660.4亿元，同比增长7.5%。2019年，存款增速总体呈现上升趋势，年末增速较上年末提高2.6个百分点，较上季末提高0.3个百分点。全年新增存款3658.5亿元，同比多增1393.2亿元。其中，非金融企业存款净下降0.3亿元，同比少降788.5亿元；住户存款新增3022亿元，同比多增1015.4亿元；财政性存款新增150.9亿元，同比少增14.1亿元；机关团体存款新增188.8亿元，同比少增361.2亿元；非银行业金融机构存款新增260.3亿元，同比少增69.6亿元。

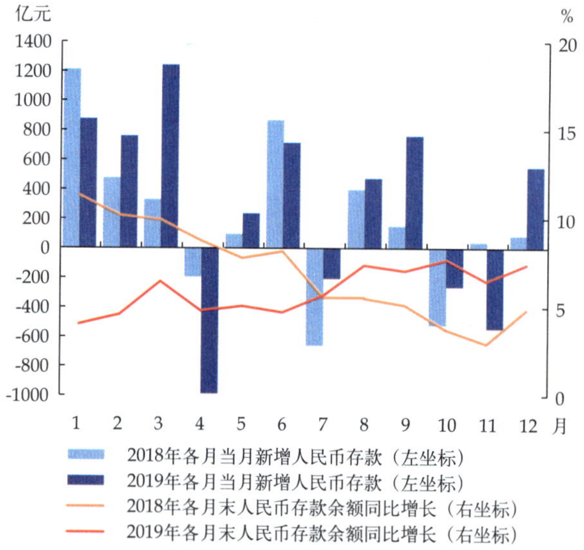

数据来源：中国人民银行长沙中心支行。

图1　2018~2019年湖南省金融机构人民币存款增长变化

3. 各项贷款同比多增，贷款增速稳步上升。2019年末，湖南省金融机构本外币各项贷款余额为42415.4亿元，同比增长16%，快于全国平

均增速 4.1 个百分点，增速比上年末提高 1.5 个百分点。全年湖南省贷款增速维持稳步上升态势，新增 5829.8 亿元，同比多增 1227.9 亿元。分期限看，短期贷款继续保持快速增长，余额增长 18.6%，新增 1396.1 亿元，同比多增 541.1 亿元；票据融资大幅增长，同比增长 60.6%，新增 585.1 亿元，同比多增 347.2 亿元；中长期贷款增长平稳，同比增长 14.2%，比上年末下降 0.5 个百分点，新增 3850 亿元，同比多增 352.8 亿元。

金融供给侧结构性改革不断深化，支持实体经济力度进一步增强。制造业贷款同比多增。2019 年末，湖南省制造业贷款余额同比增长 8.6%，增速比上年末提高 0.5 个百分点，全年新增 220.7 亿元，同比多增 29.4 亿元。民营小微、“三农”、扶贫等重点领域和薄弱环节的金融支持力度持续加大。湖南省普惠口径小微企业贷款增长 21.7%，新增 621.6 亿元，民营企业贷款（包括私人控股企业贷款和个人经营性贷款）增长 13.5%，高于上年同期 2.1 个百分点，同比多增 553.1 亿元；涉农贷款、精准扶贫贷款继续保持增长态势，同比分别增长 11.0% 和 10.8%。

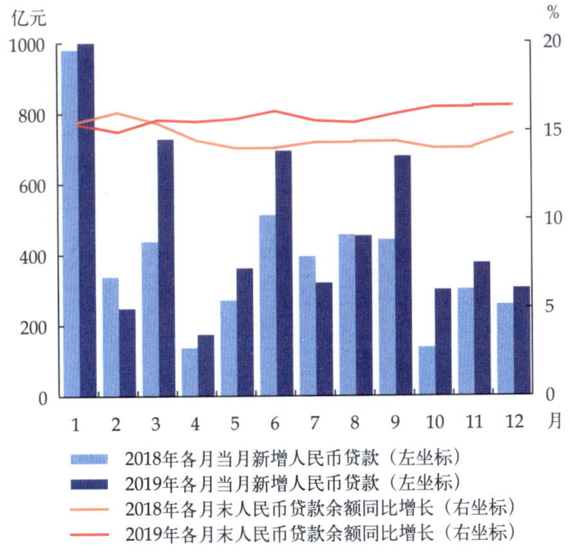

数据来源：中国人民银行长沙中心支行。

图 2　2018~2019 年湖南省金融机构人民币贷款增长变化

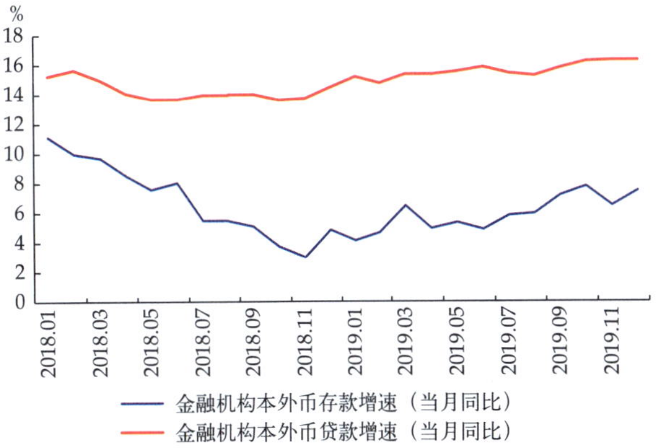

数据来源：中国人民银行长沙中心支行。

图 3　2018~2019 年湖南省金融机构本外币存、贷款增速变化

4. LPR 推广运用工作取得积极进展，企业贷款利率呈下降态势。 2019 年末，湖南省金融机构活期存款加权平均利率为 0.33%，与上年度持平；全年新增定期存款加权平均利率为 2.37%，比上年度上升 28 个基点。依托省市场利率定价自律机制开展“百行倡议降成本”专项行动，引导金融机构降低小微企业融资成本。扎实推进湖南省贷款市场报价利率（LPR）推广运用工作，2019 年 12 月湖南省新发放贷款中参考 LPR 定价的贷款比重达 87.3%。全年新发放企业贷款加权平均利率 5.3%，同比下降 11.6 个基点，新发放普惠口径小微企业贷款加权平均利率较 2019 年下半年下降 23.1 个基点。全年通过合格审慎评估成为全国利率定价自律机制成员的地方法人金融机构达 105 家，同比增长 87.5%。其中，基础成员达 44 家，同比增长 4.5 倍。

表 2　2019 年湖南省金融机构人民币贷款各利率区间占比

（LPR 改革前）　　　　单位：%

月份		1 月	2 月	3 月	4 月	5 月	6 月	7 月
合计		100.0	100.0	100.0	100.0	100.0	100.0	100.0
下浮		14.1	9.5	9.9	9.6	10.9	9.9	11.7
基准		16.4	17.5	15.2	14.9	13.6	16.9	14.5
上浮	小计	69.5	73.0	74.9	75.6	75.5	73.2	73.7
	(1.0, 1.1]	13.5	11.6	13.2	14.9	12.1	14.8	13.9
	(1.1, 1.3]	20.8	24.2	22.9	21.5	20.0	21.8	21.0
	(1.3, 1.5]	12.5	9.9	11.4	9.9	12.0	9.7	10.6
	(1.5, 2.0]	15.6	16.9	17.8	18.9	21.0	18.3	16.3
	2.0 以上	7.0	10.3	9.6	10.5	10.4	8.6	12.0

续表

（LPR 改革后）

月份		8 月	9 月	10 月	11 月	12 月
合计		100.0	100.0	100.0	100.0	100.0
LPR 减点		8.0	9.1	9.6	14.5	9.8
LPR		0.9	0.6	1.7	0.3	0.8
LPR 加点	小计	91.1	90.3	88.6	85.2	89.4
	(LPR，LPR+0.5%)	17.6	19.2	16.6	15.0	18.7
	[LPR+0.5%，LPR+1.5%)	28.2	27.6	25.9	27.6	27.5
	[LPR+1.5%，LPR+3%)	17.0	16.8	15.0	15.2	19.1
	[LPR+3%，LPR+5%)	13.0	13.4	14.9	14.9	14.2
	LPR+5% 及以上	15.3	13.3	16.1	12.4	10.0

数据来源：中国人民银行长沙中心支行。

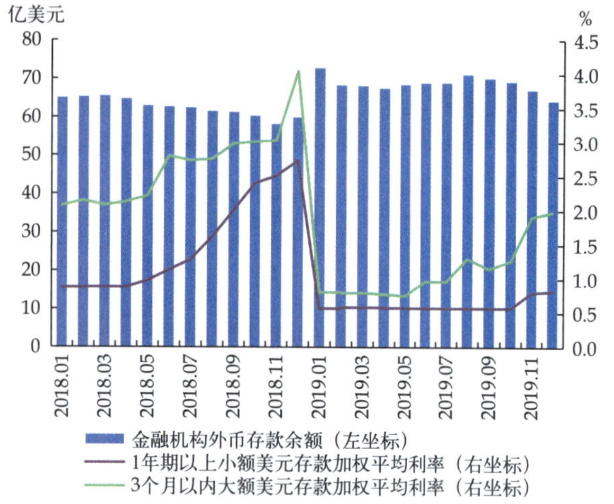

数据来源：中国人民银行长沙中心支行。

图 4　2018~2019 年湖南省金融机构外币存款余额及外币存款利率

5. 金融机构资产质量稳中向好，地方法人银行机构流动性整体较充裕。2019 年末，湖南省不良贷款余额 661.5 亿元，较年初增加 23.1 亿元；不良贷款率 1.56%，比年初下降 0.19 个百分点，低于中部六省平均水平 0.40 个百分点。湖南省地方法人银行机构资本充足率为 13.70%，比上年略下降 0.05 个百分点；流动性比例为 71.05%，比上年提高 8.60 个百分点，流动性较为充裕。

6. 农村金融改革成效显著，金融精准扶贫持续推进。2019 年，湖南省累计挂牌农商行 102 家（法人机构），成为全国第 6 个全面完成农信社银行化改革的省份。全面推广农地经营权抵押贷款，稳慎探索开展农房财产权抵押贷款，湖南省农地经营权抵押贷款余额 13.2 亿元，农房财产权抵押贷款余额 21.9 亿元。金融精准扶贫进展良好，2019 年末，湖南省 6923 个金融扶贫服务站已覆盖 75 万贫困户、250 万贫困人口。年末金融精准扶贫贷款余额 1991.3 亿元，同比增长 10.3%，全年新增扶贫贷款 176.7 亿元。

7. 跨境人民币业务大幅增长，服务开放型经济质效提升。2019 年，湖南省共计办理跨境人民币业务 699.9 亿元，同比增长 45.3%，占同期湖南省本外币跨境收支的 18.1%。其中，经常项下收付金额 335.1 亿元，同比增长 35.8%，资本项下收付金额 364.8 亿元，同比增长 55.1%。截至 2019 年末，省内跨国企业集团已建立跨境双向人民币资金池 10 个，全年资金池资金流入 80.76 亿元，流出 75.96 亿元，净流入 4.8 亿元。积极支持省内优势企业“走出去”，发放境外项目人民币贷款 13.2 亿元，人民币跨境融资流入 35.5 亿元，帮助企业充分利用境内境外两个市场、两种资源，降低融资成本，进一步促进贸易投资便利化。

专栏 1　中美经贸摩擦对涉美贸易产业和企业的影响——基于湖南部分地区的调查

为了解中美贸易摩擦对省内涉美贸易产业和企业的影响，中国人民银行长沙中心支行组织对株洲市、岳阳市辖内部分涉美贸易企业开展了专项调研。调查显示，两市辖区一些重要产业受中美贸易摩擦影响，经营成本上升，海外市场开拓受阻，长期发展受限，值得关注。

一、调查样本

本次调查主要选取了省内外向经济依存度相对较高的株洲市和岳阳市辖内部分涉美贸易典型企业。从两地进出口额看，2019年，株洲市1~5月对美出口10437万美元，同比下降9.7%；对美进口1970万美元，同比上升2.2%。岳阳市1~5月对美出口1322.4万美元，同比下降4.8%；对美进口1881.9万美元，同比下降86%。

二、主要影响

（一）影响地方支柱产业持续发展

以株洲市为例，轨道交通和航空是当地的支柱产业。目前，株洲市轨道交通和航空等产业的一些核心零配件只能从美国进口，国内或其他国际市场上暂时无法找到替代品，美国一旦实施限制某些关键零部件出口政策，将对企业正常生产造成很大影响。据中车株机反映，该公司每年从美国进口的信号控制系统、轴箱轴承、润滑油脂、润滑剂、3M胶等商品约1000万美元，这些商品虽然金额小，但暂时无法替代。同时，部分从美进口的零配件加工成其他产品后，又返销到美国市场，美国提高关税对整个株洲市的轨道交通和航空等支柱产业造成严重威胁。以航空产业为例，如果上调至25%关税，最终会影响约100亿美元出口额的下滑，影响巨大。

（二）企业经营成本增加，盈利空间压缩

一是出口收入下降。从调查中得知，此次上调关税，短期内预计会直接影响株洲市涉美企业5亿~10亿美元对美出口额，长期预计会综合影响约500亿美元对美出口额，导致出口收入下降。以株洲硬质合金进出口公司为例，该企业从2018年10月开始，对美国市场出口额持续下降，大部分未交货发往美国地区的订单已被客户取消，在途或者跟客户协商同意发货的出口美国地区产品，客户要求企业承担加征的15%关税，目前已造成约104万美元出口收入损失，后期如要保持对美国地区出口量，亏损还会进一步扩大。二是经营成本增加。株洲钻石切削进出口公司在中国推出针对美国反制措施后，其进口美国的刀具及相关产品进口价格提高了近16%，大幅增加了企业的经营成本。岳阳市油脂加工企业道道全粮油股份有限公司自发生贸易摩擦以来，巴西和阿根廷替代美国成为该企业主要的大豆进口来源地。由于巴西等国原来并非我国大豆的主要进口国，贸易摩擦发生后，这些国家的大豆供不应求，出现价格上涨，导致进口数量有所下降，提高了油脂加工企业的生产成本。三是压缩盈利空间。株洲时代电气因中美贸易摩擦的升级，在洛杉矶地铁牵引项目投资成本不断增加，利润空间几乎为零。如果贸易摩擦再次升级，极有可能出现亏损。

（三）部分与美合资企业境外业务停滞，海外市场开拓受阻，跨境融资风险增加

一是部分与美合资企业境外业务停滞。株洲市斯威铁路产品有限公司于2018年8月中旬暂停了所有未执行的订单，至今未恢复，面临很大撤资风险。二是海外市场开拓严重受限。中车株洲电力机车有限公司生产的高端轨道交通装备产品，在进一步开拓欧盟市场时，由于欧盟受到美国的牵制影响，严重受阻。三是跨境融资还本付息汇率风险增加。株洲市城市建设发展集团有限公司分别于2016年10月和2019年5月境外发债3亿美元、4亿美元，期限均为3年。其中，3亿美元外债至2020年10月到期日时，预计需多支付约270万美元本息汇差成本；4亿美元外债至2019年11月第一期付息日时，预计需要多支付约2万美元的汇差成本，还本付息汇率风险呈上升趋势。

三、政策建议

（一）加强对涉美贸易企业监测分析

持续跟踪监测涉美贸易重点行业、重点企业生产经营，重点关注对美进出口、收付汇以及汇率波动等指标，防范中美贸易摩擦带来的跨境资金流动风险。

（二）引导企业积极开拓新兴市场

充分利用国家"一带一路"倡议，加强与"一带一路"沿线国家的贸易合作，支持企业全球化布局，降低对单一市场依赖；积极调整国内产品销售布局，深挖国内市场，提升贸易风险应对能力，逐步降低对美市场的依赖。

（三）进一步改善营商环境

落实外贸企业出口便利措施，在融资、投入、税收和人才等方面加大涉美贸易企业行业的支持力度。

（二）证券期货业平稳运行，市场结构不断优化

1. 多层次资本市场建设加快发展，市场结构基本完备。2019年末，湖南省上市公司105家，比上年增加1家，其中主板、中小板、创业板上市公司数分别为49家、30家和26家；上市公司资产合计16373.0亿元，同比增长9.8%；净利润247.1亿元，同比增长6.1%。三板、四板市场稳步发展，湖南省共有新三板挂牌企业178家；湖南股权交易所累计挂牌企业3223家。

表3　2019年湖南省证券业基本情况

项目	数量
总部设在辖内的证券公司数（家）	3
总部设在辖内的基金公司数（家）	0
总部设在辖内的期货公司数（家）	3
年末国内上市公司数（家）	105
当年国内股票（A股）筹资（亿元）	46.2
当年发行H股筹资（亿元）	—
当年国内债券筹资（亿元）	1217.5
其中：短期融资券筹资额（亿元）	291.1
中期票据筹资额（亿元）	431.2

2. 证券机构网点数量继续增加，经营效益快速提升。2019年末，湖南省辖内法人证券公司3家，下设营业部492家，较上年增加88家；非法人证券分公司48家，较上年增加10家，在湘设营业部437家，较上年增加7家。全年共实现利润33.1亿元，同比增长201.0%。其中，法人证券公司利润总额25.2亿元，同比增长187.4%。

3. 期货公司资产负债同比增长，交易量增长明显。2019年末，湖南省法人期货公司3家，辖内期货营业部28家，比上年减少2家。湖南省期货公司总资产和总负债分别为40.6亿元和27.2亿元，同比上升44.6%和45.0%；湖南省全年期货交易45267.2万手，同比增长23.7%，比上年同期提升15.1个百分点；经营实现扭亏为盈，利润0.08亿元。

（三）保险业稳步发展，保障功能充分发挥

1. 保险业务规模不断扩大。2019年末，湖南省共有法人保险公司1家；省级保险分公司57家，其中财产险公司24家、人身险公司33家，均与上年持平；全年保险业保费收入1396.1亿元，同比增长11.2%，其中财产险保费收入同比增长16.6%，人身险保费收入同比增长8.7%；累计赔付支出423.8亿元，同比增长3.2%。保险深度3.5%，比上年上升0.1个百分点；保险密度2018元/人，同比增长10.3%。

表4　2019年湖南省保险业基本情况

项目	数量
总部设在辖内的保险公司数（家）	1
其中：财产险经营主体（家）	0
人身险经营主体（家）	1
保险公司分支机构（家）	57
其中：财产险公司分支机构（家）	24
人身险公司分支机构（家）	33
保费收入（中外资，亿元）	1396.1
其中：财产险保费收入（中外资，亿元）	469.8
人身险保费收入（中外资，亿元）	926.3
各类赔款给付（中外资，亿元）	423.8
保险密度（元/人）	2018.0
保险深度（%）	3.5

2. 风险管理和保障功能充分发挥。科技保险全年提供风险保障70.4亿元，同比增长48.1%。全年环境污染责任保险承保13亿元。推动加大对贫困人口的保险保障力度，大病保险向贫困人口倾斜，大力发展“扶贫特惠保”，在3个县开展“‘深贫保’+‘深融’”试点。大病保险对贫困人口、城乡低保对象的起付线降低50%，分段补偿比例逐段提高5个百分点，最高补偿比例达90%，累计向10.63万贫困人口补偿4.26亿元，湖南省122个县区市所有建档立卡贫困户均已投保“扶贫特惠保”贫困家庭综合保险计划，累计保障贫困人口740多万人次。

（四）社会融资规模明显多增，银行间市场融资创新取得突破

1. 社会融资规模明显多增，直接融资占比超三成。2019年，湖南省社会融资规模新增8850.1亿元，同比多增2825.7亿元。分项目看，除非金融企业境内股票和投资性房地产下降外，其他项目均出现明显回升。分结构看，直接融资占比超三成。全年直接融资新增2498.9亿元，同比多增1285.0亿元，占新增社会融资规模比重为28.2%，比上年提高8.1个百分点，其中，企业债券新增935.7亿元，地方政府专项债券新增1520.8亿元。间接融资新增5868.2亿元，同比多增1497.3亿元，占新增社会融资规模比重为66.3%，比上年下降6.2个百分点，其中，表外融资新增24.8亿元，同比多增231.9亿元。

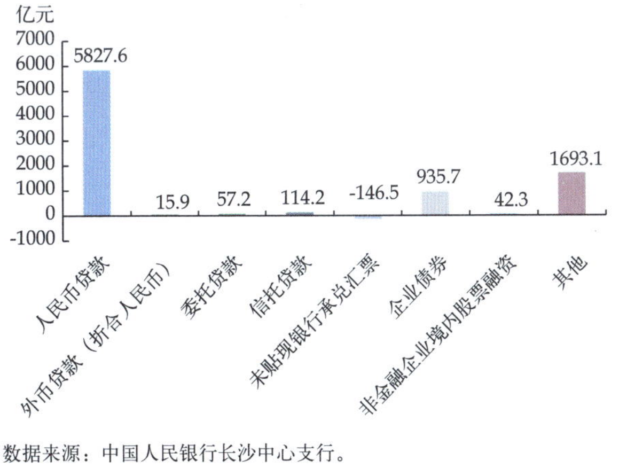

数据来源：中国人民银行长沙中心支行。

图5　2019年湖南省社会融资规模分布结构

2. 融资创新取得明显突破，银行承兑汇票余额快速增长。民营企业债券融资支持工具、扶贫票据、证券公司短期融资券、小微企业专项金融债等融资创新产品取得明显突破。2019年，湖南省首次创设民企债券融资支持工具1亿元；首次发行扶贫票据32.5亿元，用于支持贫困县高速公路建设；发行证券公司短期融资券30亿元，用于补充流动性；发行小微企业专项金融债135亿元，募集资金全部用于发放小微企业贷款，支持小微企业发展。银行承兑汇票余额快速增长。截至2019年末，湖南省银行承兑汇票余额1532.8亿元，同比增长40.1%，累计签发2680.4亿元，同比多签发589.8亿元。

3. 货币市场业务增长较快，利率呈下降态势。湖南省辖内地方法人金融机构同业拆借交易规模1.2万亿元，同比增长15.5%；债券回购交易规模20.8万亿元，同比增长33.5%。全年同业拆借、债券回购加权平均利率分别为2.36%和2.64%，同比分别下降34.5个和32个基点。

（五）信用体系不断完善，金融基础设施建设深入推进

1. 支付服务民生改善更加坚实有力。2019年，湖南省新增支付系统参与者161家，各类支付系统处理业务笔数和金额同比分别增长24.5%和21.9%；湖南省ACS业务处理成功率99.9%，位居全国前列。湖南省银行卡助农取款服务点数量超过6万个，行政村覆盖率超过99%，支付服务普惠性进一步提高。移动支付业务快速增长，年内新增云闪付有效用户超过500万户，湖南省12个市州及70个县市公交、447个高速收费站、79所高校、82个工业园区、159家农贸市场、240余家停车场和512家加油站全面受理云闪付。支付市场风险防范成效明显，全年排查个人银行结算账户2.45亿户，对132万户进行销户处理；排查特约商户107.8万户，整改1万余户，关停或冻结受理终端4万余台。

2. 征信服务能力不断增强。湖南省累计布设个人信用报告自助查询机289台，设置商业银行自助查询网点158个，实现湖南省县域地区自助查询全覆盖，全年分别提供湖南省企业和个人信用报告查询24.8万笔、958.7万笔，同比分别增长25.3%、20%，征信系统共归集湖南省36.9万户企业及其他经济组织、5004万自然人的信用信息，累计接入机构达98家。查询渠道不断拓宽，95%的查询通过线上、自助查询完成。持续深化应收账款融资专项行动，中小企业应收账款质押融资达321.8亿元。大力推动政府采购贷业务，实现湖南省本级和株洲市政采贷线上融资共计3.2亿元，170家企业受益。动产融资登记公示系统应用效果进一步显现，系统累计在湖南省提供应收账款质押等各类动产登记服务10.1万笔，累计提供查询82.9万次。

3. 金融消费权益保护工作稳步推进。2019年，推动成立湖南省金融消费权益保护协会、湖南省金融消费纠纷人民调解委员会。建立金融消费纠纷诉调对接机制。规范管理湖南省"12363"咨询投诉呼叫中心，全年共受理处理投诉1084件，受理咨询4947件。建立金融消保监管协调机制，开展金融营销宣传行为治理，强化金融消保现场检查，加强金融机构消保工作评估，有效规范了金融机构服务行为。持续实施"三个一百"工程，推进金融知识纳入国民教育体系，开展湖南省"十佳"金融知识优秀讲师评比，强化宣传队伍建设，湖南省金融消费权益保护环境进一步优化。

二、经济运行情况

2019年，面对国内外风险挑战明显上升的复杂局面，湖南省坚持稳中求进工作总基调，大力实施创新引领开放崛起战略，坚决打好三大攻坚战，继续推进产业项目建设，扎实做好"六稳"工作，湖南省经济运行保持总体平稳、稳中有进、稳中向好的良好势头，为全面建成小康社会和"十三五"规划圆满收官打下了坚实基础。2019年地区生产总值39752.12亿元，同比增长7.6%，高于全国平均水平1.5个百分点。

（一）国内需求稳步增长，进出口规模扩大

2019年，湖南省消费增势平稳，投资增长较快，进出口规模扩大。消费对经济增长的贡献继续提升，湖南省最终消费支出对经济增长的贡献率为56.6%，比上年提高0.1个百分点，比资本形成总额贡献率高12.1个百分点。

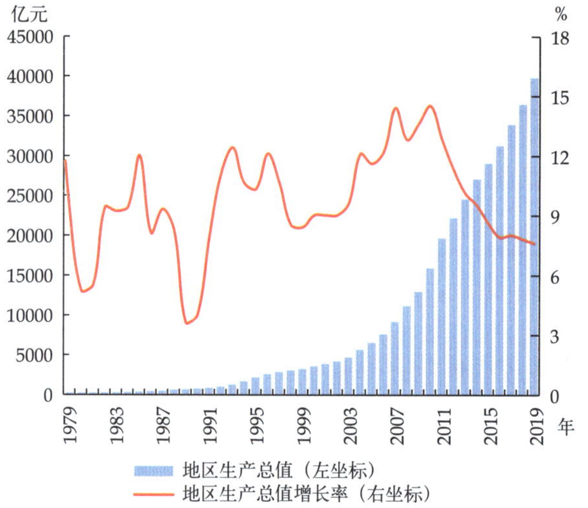

数据来源：湖南省统计局。

图6　1979~2019年湖南省地区生产总值及其增长率

1. 投资平稳较快增长，结构进一步改善。2019年，湖南省固定资产投资同比增长10.1%，同比提高0.1个百分点，比全国平均水平高4.7个百分点，继续保持在平稳较快增长区间。从投向上看，工业投资、技术改造投资和高新技术产业投资增长较快，增速分别为17.8%、35.7%和37.8%，明显快于全部投资增速；民间投资持续保持向好态势，同比增长18.3%，增速比全部投资快8.2个百分点。房地产开发投资基本平稳，增速为12.7%；基础设施投资有所放缓，同比下降0.1%。民生工程投资增长17.4%，同比加快9.6个百分点。

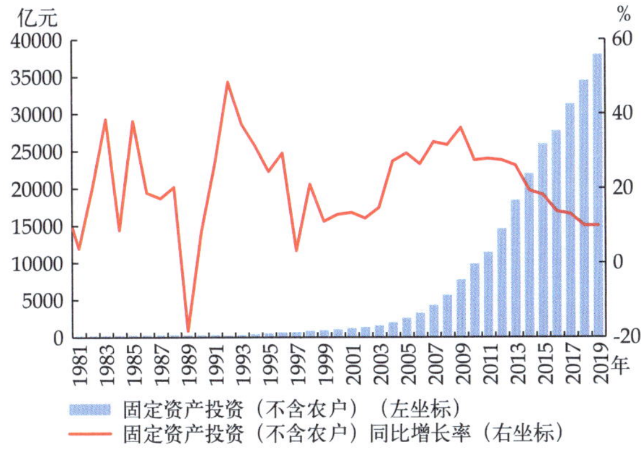

数据来源：湖南省统计局。

图 7　1981~2019 年湖南省固定资产投资（不含农户）及其增长率

2. 居民收入较快增长，消费结构持续升级。 2019 年，湖南省居民人均可支配收入 27680 元，增长 9.7%，增速比上年提高 0.4 个百分点，高于全国平均增速 0.8 个百分点。收入分配结构持续改善，农村居民人均可支配收入增速高于城镇 0.6 个百分点，城乡居民收入比值为 2.59，比上年缩小 0.01。消费升级步伐加快，湖南省限额以上批发和零售业法人单位中，智能家用电器和音像器材零售额增长 39.7%，智能手机零售额增长 71%，新能源汽车零售额增长 1.9 倍；文化娱乐体育健康类商品零售额增长 18.4%，同比提高 14.6 个百分点。

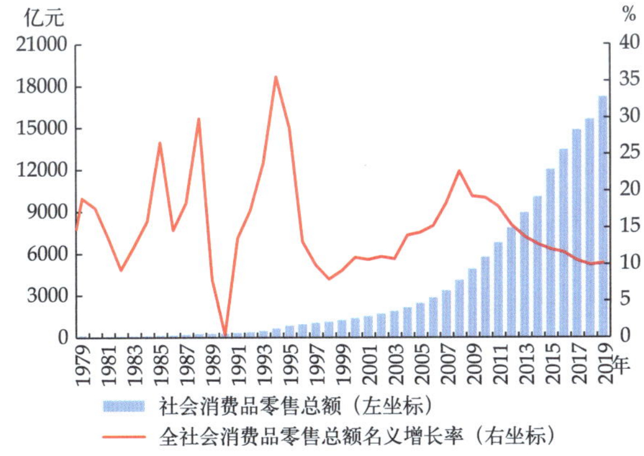

数据来源：湖南省统计局。

图 8　1979~2019 年湖南省社会消费品零售总额及其增长率

3. 对外贸易量质齐升，利用外资稳定增长。 2019 年，湖南省进出口总额 628.8 亿美元，同比增长 35.3%，高于全国平均水平 31.9 个百分点，增速居全国第一。其中，出口 445.3 亿美元，同比增长 45.8%，进口 183.5 亿美元，同比增长 15.2%。分贸易方式来看，一般贸易占主体地位且快速增长，增速达 34.7%，占进出口总额的 73.4%；加工贸易进出口同比增长 21.1%。从商品结构来看，机电产品、高新技术产品占出口主导地位，全年出口增速分别为 46.7% 和 64.4%，出口额占出口总值比重分别为 43.4% 和 13.6%。民营企业进出口保持增长活力，同比增长 50.3%，占湖南省进出口总值的 76.6%，比上年提升 7.6 个百分点。利用外资稳步增长，全年实际利用外资 181 亿美元，同比增长 11.8%。其中，第三产业实际使用外资增幅为 25%。

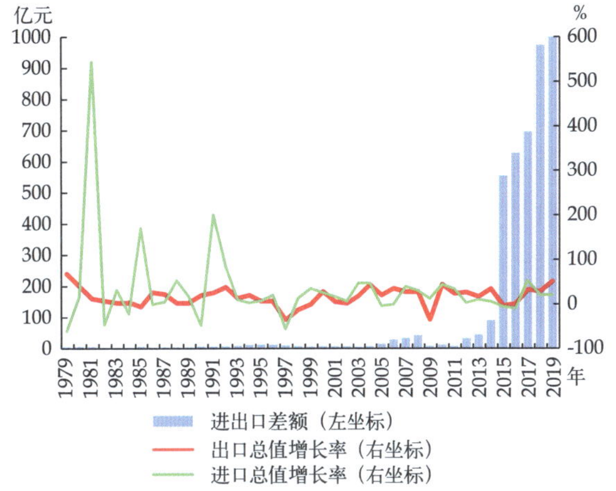

数据来源：湖南省统计局。

图 9　1979~2019 年湖南省外贸进出口变动情况

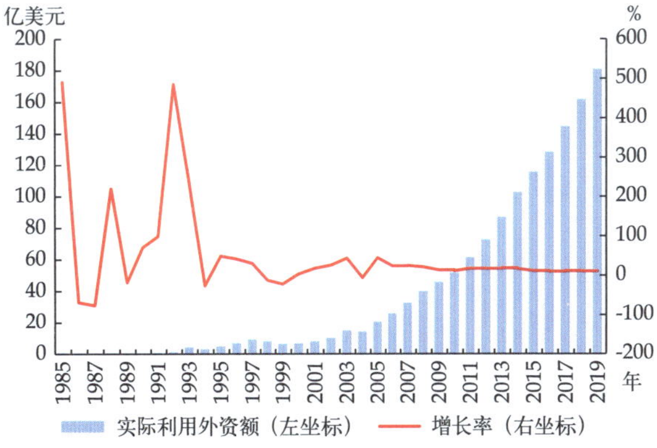

数据来源：湖南省统计局。

图 10　1985~2019 年湖南省实际利用外资额及其增长率

（二）三次产业协调发展，供给侧结构性改革持续深化

2019年，湖南省第一、第二及第三产业完成增加值比上年分别增长3.2%、7.8%和8.1%，三次产业结构调整为9.2∶37.6∶53.2，第三产业占比同比提高1.4个百分点，产业结构更趋优化。

1. 农业生产总体平稳，结构不断优化。 2019年，湖南省第一产业增加值3647.0亿元，同比增长3.2%。粮食生产基本稳定，全年粮食总产量2974.8万吨；优质稻种植比例提高，种植结构调整成效明显，全年高档优质稻种植面积达1230万亩，占湖南省稻谷种植面积的21.3%。蔬菜及食用菌生产不断增长，全年产量增长3.9%；生猪出栏4812.9万头，同比下降19.7%；牛出栏162.5万头，增长6.4%；羊出栏971.5万只，增长6.6%。

2. 工业生产较快发展，转型升级持续推进。 2019年，湖南省规模工业增加值同比增长8.3%，同比上升0.9个百分点，连续8个月保持8%以上的增速，居全国第五。工业加快向中高端升级，高加工度工业增加值同比增长13.1%，高技术产业增加值增长16.3%，装备制造业增加值增长14.1%，分别高于规模工业增速4.8个、8.0个和5.8个百分点。结构调整持续推进，六大高耗能行业增长5.4%，低于规模工业增速2.9个百分点，增加值占规模工业的比重下降0.8个百分点。产业效益明显提升，全年规模以上工业企业实现利润总额增长6.6%，比全国平均水平高9.9个百分点，资产利润率为7.04%，比上年提高0.04个百分点。

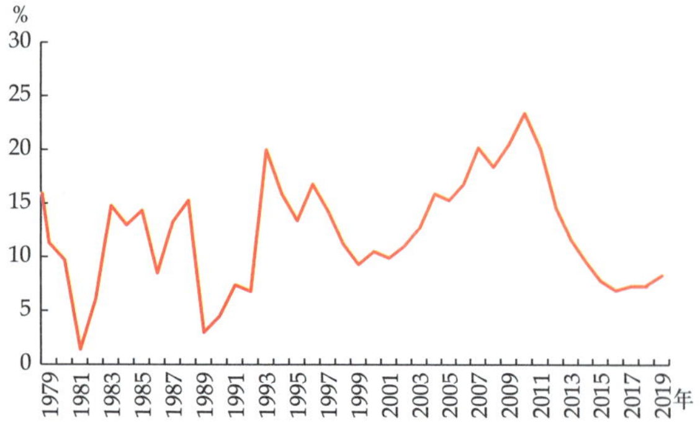

数据来源：湖南省统计局。

图11　1979~2019年湖南省规模以上工业增加值实际增长率

3. 第三产业发展态势良好，新兴行业增长加快。 2019年，湖南省第三产业21158.19亿元，增长8.1%，继续稳居三次产业之首。湖南省规模以上服务业企业实现营业收入4016.37亿元，同比增长11.0%，高于全国平均水平1.6个百分点。主要行业增长较快，专业技术服务业、商务服务业、道路运输业营业收入增速分别为17.2%、16.3%和15.9%。新兴服务业发展势头向好，互联网和相关服务、软件和信息技术服务业营业收入增速分别为50.1%、19.2%，比上半年分别加快22.3个、6.7个百分点。湖南省规模以上服务业实现营业利润284.93亿元，同比下降4.8%，但从盈利面的情况来看，34个行业中有32个行业实现盈利，盈利面为94.1%，比上年同期提升5.9个百分点。

4. 供给侧结构性改革持续深化，"三去一降一补"成效显著。 2019年，湖南省累计关停取缔"散乱污"企业1563家，关停不安全小煤矿48处。全年规模工业综合能源消费量增长0.99%，比上年回落1.97个百分点。企业经营成本明显降低，湖南省规模工业企业每百元营业收入成本81.9元，较上年减少1.4元。补短板、强弱项成绩突出，全年有20个贫困县摘帽、718个贫困村出列、63万农村贫困人口脱贫；建设自然村通水泥（沥青）路1.66万公里，完成117万户农村改厕任务，新建美丽乡村300个。创新型省份建设加快，全年实施115个重大科技创新项目；湖南省技术合同交易额增长74%；专利申请量、专利授权量、有效发明专利拥有量分别增长12.3%、11.7%和14.9%。山水林田湖草生态保护修复试点稳步开展，湖南省森林覆盖率达59.9%，湿地保护率达75.8%。

（三）消费价格涨幅上升，工业价格涨幅逐步回落

1. 居民消费价格涨幅上升。 2019年，湖南省居民消费价格同比上涨2.9%，与全国平均水平持平，高于上年同期0.9个百分点。八大类商品（及服务）价格呈现"七升一降"特征。其中，生活用品及服务类、衣着类、医疗保健类、居住类、教育文化和娱乐类、其他用品和服务

类、食品烟酒类分别上涨 0.5%、1.1%、1.4%、1.5%、2.0%、2.5% 和 7.3%，交通和通信类下降 1.4%。受猪肉价格大幅度上涨影响，食品类价格累计上涨 9.9%，拉动居民消费价格上涨 3.1 个百分点。

2. 工业价格涨幅逐步回落。2019 年，湖南省工业生产者出厂价格指数、工业生产者购进价格指数分别累计上涨 -0.4%、0.2%，涨幅比上年分别回落 3.6 个和 3.3 个百分点。分月份来看，工业生产者出厂价格涨幅回落态势较为明显，由 1 月的 0.5% 回落至 12 月末的 -0.4%；工业生产者购进价格全年震荡回落，由年初的 0.7% 回落至 12 月末的 -0.2%。

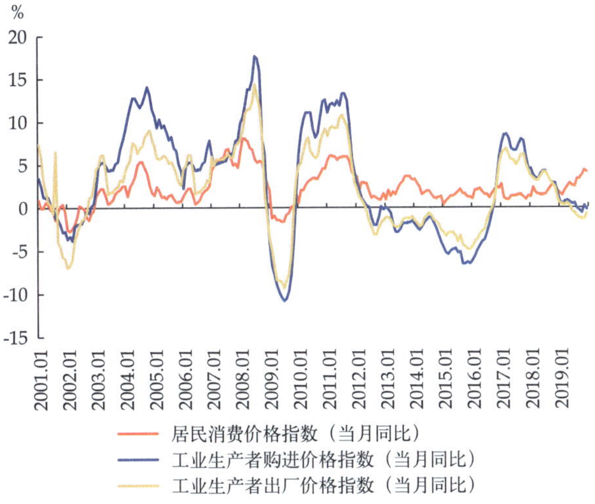

数据来源：湖南省统计局。

图 12　2001~2019 年湖南省居民消费价格指数和工业生产者价格指数变动趋势

3. 劳动力成本持续较快增长。受湖南省农村有效剩余劳动力数量下降、劳动力素质稳步提高等因素影响，劳动力成本持续上涨。2019 年，湖南省城镇居民人均可支配收入中工资性收入为 21534 元，同比增长 7.6%；农村居民人均可支配收入中工资性收入为 6224 元，同比增长 7.9%。2019 年湖南最低工资标准较上年有所提高，最高档和最低档分别为 1700 元 / 月、1220 元 / 月，分别高于上年 120 元 / 月、90 元 / 月。

（四）财政收支稳定增长，民生重点支出保障有力

1. 财政收支稳定增长，民生支出保障有力。2019 年，湖南省地方财政收入 3007.5 亿元，增长 5.1%，同比提高 1.4 个百分点；一般公共预算支出 7225.1 亿元，增长 7.4%，同比回落 1.5 个百分点。从支出结构看，民生投入力度不减，湖南省社会保障和就业、医疗卫生、农林水、教育、城乡社区等民生支出[①]合计为 5127.7 亿元，同比增长 11.5%，占一般公共预算支出的 70.7%；基层财政支出力度不断加大，区县级一般公共预算支出 4998.6 亿元，同比增长 7.1%，占地方一般公共预算支出的 68.9%。

2. 地方债发行大幅增加，发行成本基本持平。2019 年，湖南省通过公开招标方式发行地方政府债券 2560.2 亿元，同比增长 28.4%。其中，全年发行新增债券 1123 亿元，置换债券 365.6 亿元，再融资债券 1071.6 亿元，平均期限 13.7 年，平均利率 3.6%，比上年下降 0.3 个百分点。截至 2019 年末，湖南省地方政府债务余额 10174.5 亿元，控制在中央核定的债务限额以内。

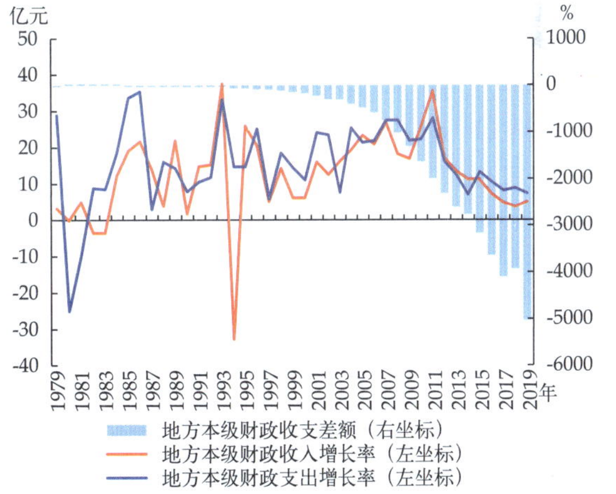

数据来源：湖南省统计局。

图 13　1979~2019 年湖南省财政收支状况

① 民生支出主要包括教育、社会保障和就业、医疗卫生、环境保护、城乡社区事务、农林水事务、交通运输、住房保障。

（五）房地产市场总体平稳，销售面积同比下降

1. 房地产开发投资增速稳中有降。2019年，湖南省房地产开发投资4445.5亿元，增长12.7%，高于全国平均水平2.8个百分点，比上年同期回落2.5个百分点，连续33个月保持在10%以上的增速。

2. 施工及新开工面积增长放缓。2019年，湖南省房地产施工面积40045.1万平方米，同比增长11.9%，增速比上年回落1.0个百分点。房屋新开工面积11933.2万平方米，增长7.2%，增速比上年回落27.9个百分点。

3. 房地产销售面积同比下降。2019年，湖南省商品房销售面积9103.5万平方米，同比下降1.5%，增速比上年同期低9.8个百分点。商品房销售额5578.0亿元，增长4.2%，增速比上年同期下降15.8个百分点。新建商品住宅可售面积增加，去化周期延长，8个纳入国家房价调查的城市[①]新建商品住宅可售面积合计2746.1万平方米，比上年同期增长22.4%，新建商品住宅去化周期为10.6个月，较6月末增加2.2个月。

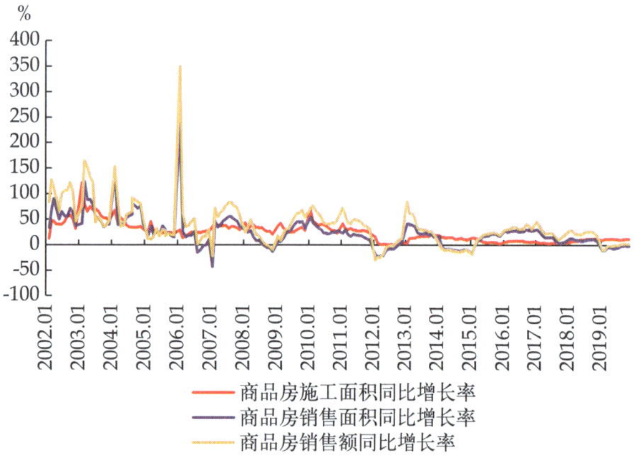

数据来源：湖南省统计局。

图14　2002~2019年湖南省商品房施工和销售变动趋势

4. 重点城市商品房价格涨幅持续回落。湖南省调查总队数据显示，2019年12月，长沙、常德新建商品住宅价格同比分别上涨4.5%、4.0%，涨幅较上年同期分别回落6.6个、6.7个百分点，岳阳新建商品住宅价格同比下降2.2%；2019年12月，上述三城市二手住宅价格同比分别下降1.2%、1.5%和1.5%，较上年同期分别回落9.2个、8.4个和9.4个百分点。

5. 房地产贷款增速平稳回落，房地产开发贷同比少增较多。2019年末，湖南省房地产贷款余额13623.6亿元，增长17.1%，增速比上年同期下降11.2个百分点，其中，长沙市房地产贷款增长7.5%，同比回落10.5个百分点。分项目看，湖南省个人住房贷款增长21.1%，同比回落6.3个百分点；房地产开发贷款增长6.8%，同比回落20.2个百分点。保障房信贷增长放缓。受发行地方政府专项债置换保障房开发贷款影响，保障性住房开发贷款仅增长0.9%，同比回落49.7个百分点。

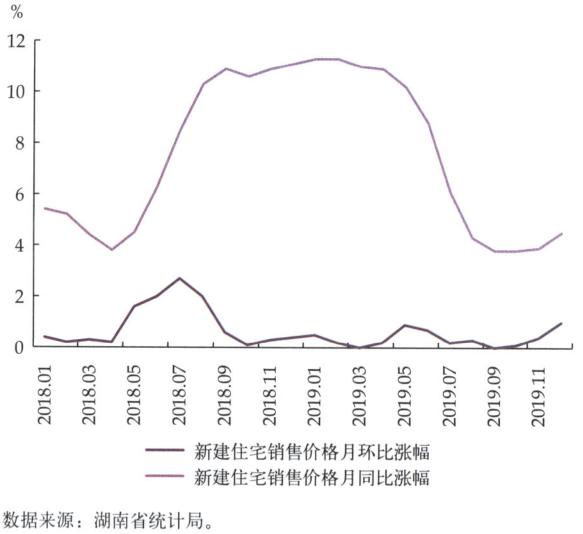

数据来源：湖南省统计局。

图15　2018~2019年长沙市新建住宅销售价格变动趋势

---

① 长沙、株洲、湘潭、衡阳、岳阳、常德、郴州和永州8个城市。

（六）长株潭一体化路径明晰，建设加速推进

2019 年，在长株潭城市群[①]一体化发展第二届联席会议上，三市共同签署了《长株潭城市群一体化发展行动计划（2019~2020 年）》《长株潭城市群一体化发展工作调度办法》，明晰了深入推进一体化发展的路径，确定了六个方面 30 项重点工作任务，开启了长株潭城市群一体化建设的新局面。

1. 经济发展支撑作用凸显。2019 年，长株潭地区[②]集聚了湖南省 70% 以上的科研机构、70% 以上的创新创业平台、60% 以上的高新技术企业，实现地区生产总值 17140.7 亿元，占湖南省地区生产总值的 43.1%，对湖南省经济增长的贡献率达 40.4%，拉动湖南省经济增长 3.1 个百分点，规模工业增加值增速比湖南省平均水平高 0.4 个百分点，规模以上服务业实现营业收入 2393 亿元，占湖南省的 59.6%，比上年同期高 1.5 个百分点。

2. 新兴产业链发展势头强劲。长沙市聚焦 22 条工业新兴产业链建设，其中，智能制造装备产业链获批国家首批战略性新兴产业集群，新兴产业链增加值占全市规模工业增加值的 70%。株洲以打造中国动力谷为核心，重点聚焦 15 条新兴优势产业链条，总产值增长 16%，占全市工业总产值的 75%。湘潭 13 条工业新兴优势产业链取得新突破，智能装备制造产业集群入选首批国家战略性新兴产业集群名单，新兴产业链总产值对全市经济增长贡献率超过 60%。

3. 小康幸福水平持续提升。长株潭地区进入中国城市全面小康指数百强，长沙居 10 个“中国率先全面建成小康社会范例城市”第 5 位，连续 12 年蝉联中国最具幸福感城市。株洲获评国家公交都市建设示范城市、全国水生态示范城市和中国文旅融合创新示范城市。湘潭获评全国黑臭水体治理示范城市，成功入选国家城市医疗联合体建设试点城市。

4. 一体化纵深发展成效显著。交通一体化建设提速，长株潭“三干两轨四连线”等 20 项重点合作实事稳步推进；公共服务共享范围不断扩大，长株潭地区实现社保卡省内跨地区异地联网即时结算；绿色发展实现协同，2019 年，长株潭地区已实现水污染联防联治，三市共铺排 12 个水污染联防联治重点项目，实现了水质监测数据共享、突发状况联动处理，共同建立湖南省统一的空气质量发布平台和长株潭地区重污染天气监测预警体系、环境空气质量预警预报系统。

专栏 2　大力推进“1241”专项行动　多措并举创新民营和小微企业金融服务

2019 年以来，中国人民银行长沙中心支行积极整合货币政策工具、宏观信贷政策、金融市场业务以及跨境融资服务等多项工作措施，用好用活货币信贷各项政策工具，在湖南省大力推进民营和小微企业金融服务提升年“1241”专项行动，通过“一个走访摸实情、两项政策强引导、四条措施扩投入、一项倡议降成本”，推动湖南省民营和小微企业融资扩投入、优服务、降成本、可持续，相关工作取得积极进展。

一、开展“1”项走访集中为企业把脉问诊

联合省工信厅印发“千户民企大走访”方案，组织湖南省金融机构集中走访对接 1417

① 长株潭城市群是指包括长沙、株洲、湘潭、岳阳、常德、益阳、娄底、衡阳 8 个省辖市在内的城市聚集区。

② 长株潭地区仅指长沙、株洲、湘潭 3 市。

户民营企业，深入调查企业在获取金融服务中遇到的困难，“面对面”“点对点”沟通并解决问题，畅通银企对接渠道。走访主要通过“五个一”形式开展，即召开一场座谈会、发放一份调查问卷、形成一张调查清单、开展一次情况对接、做好一系列沟通反馈。

二、强化“2”项支持政策疏通传导渠道

强化MPA评估引导优结构、扩投入作用。通过调整小微企业贷款考核口径、增加考核权重以及调整结构性参数等方式，强化逆周期调节，引导省内地方法人金融机构加大民营和小微企业信贷投放。2019年1~10月，湖南省地方法人金融机构新增全口径小微企业贷款占全部新增各项贷款的24.7%，高于所有金融机构的平均占比5.5个百分点。

强化再贷款再贴现精准滴灌作用。开展管好用好货币政策工具专项行动，制定“先贷后借”再贷款、再贴现等货币政策工具操作指引等，推动省内地方法人金融机构积极借用信贷政策支持再贷款，实现对符合条件的地方法人机构的全覆盖。2019年末，湖南省再贷款、再贴现余额386亿元，同比增长18.3%，累计发放505.7亿元，同比多放140.7亿元。

三、创新“4”项措施多维扩大融资投入

一是“百佳”评选推动民营小微信贷增长。开展民营小微金融服务示范窗口创建。以银行基层网点为单位，建立民营小微金融服务咨询员制度，实行民营小微金融服务首问负责制，打造咨询、受理、对接、反馈“四位一体”的融资服务“快车道”，提高金融服务需求的响应速度。2019年末，在湖南省共验收100家示范窗口，树立民营小微金融服务典范。评选民营小微金融服务优秀案例。分货币政策工具使用、智能制造、乡村振兴、科技金融等10个板块，共评选优秀案例80个，加大宣传推介力度，促进民营小微金融服务创新。2019年末，湖南省民企贷款同比多增203.2亿元，普惠小微贷款（可比口径）同比增长21.7%，高于湖南省各项贷款平均增速5.7个百分点。

二是“双百”扩容拓宽民营小微资金来源。推动民企发债破“百亿”。组织召开民企发债工作推进会，积极与交易商协会、中债增进、省担保集团等对接，推动湖南省民企债务融资支持工具落地。2019年末，湖南省民营企业累计发行非金融企业债务融资工具114.6亿元，总量跃居全国第六位、中部六省第一位。积极支持省内地方法人金融机构发行小微企业专项金融债，2019年，湖南省小微企业专项金融债发行规模135亿元，发行量创历史新高。

三是“四通”服务优化民营小微跨境融资服务。开展“跨境融资直通车”专项行动，通过需求直通、政策直通、产品直通、服务直通，及时掌握民营和小微企业的跨境融资需求，创新跨境融资产品和服务方式，拓宽企业境外融资渠道，降低融资成本。2019年，湖南省跨境融资总量同比增长1.5倍。

四、推动“1”项倡议引导融资成本下行

开展“百行倡议降成本”专项行动，组织湖南省市场利率定价自律机制和各市州自律联席会议100余家成员单位签署倡议书，倡议湖南省银行机构为民营和小微企业降费让利，推动企业综合融资成本稳步下降并稳定在合理水平，缓解企业“融资贵”难题。2019年末，湖南省普惠小微贷款平均利率较上年同期下降2.8个基点。

三、预测与展望

目前，中国发展仍处于并将长期处于重要战略机遇期，三大攻坚战取得关键进展，供给侧结构性改革继续深化，经济增长保持韧性，就业形势总体稳定，居民收入稳步增长，人民生活持续改善，保持了经济持续健康发展和社会大局稳定。近期新冠肺炎疫情对中国经济的影响是暂时的，中国经济长期向好、高质量增长的基本面没有变化。同时也要认识到，国内外经济都处于调整期，国内经济下行压力较大。世界经济增长持续放缓，仍处在国际金融危机后的深度调整期，外部不确定不稳定因素增多。我国经济正在由高速增长转向高质量发展，结构性、体制性、周期性问题相互交织，增长速度换挡期、结构调整阵痛期、前期刺激政策消化期“三期叠加”影响持续深化，经济下行压力仍然较大。

当前，湖南省已进入全面建成小康社会的决胜阶段，经济社会发展正处于攻坚克难、爬坡过坎的关键时期，传统产业仍在转型，新兴产业尚在培育，新冠肺炎疫情短期内对消费和企业复工复产带来较大冲击，企业经营困难增加，经济下行压力较大。但与此同时，随着湖南省政府从金融、社保、税费等方面出台30条政策措施应对疫情影响，促进企业发展，以及供给侧结构性改革、创新引领开放崛起战略的大力实施，“一带一部”区位优势进一步发挥，制造强省和创新型省份建设的推进，服务业高质量发展三年行动的实施，新产业加快成长，新产品快速发展，新动能不断涌现，三大攻坚战扎实推进，湖南省经济发展的巨大潜力和强大动能将充分释放。

下一步，湖南省金融系统将坚持以习近平新时代中国特色社会主义思想为指导，全面贯彻落实党的十九届四中全会、中央经济工作会议和省委经济工作会议精神，坚决贯彻执行党中央、国务院和省委省政府决策部署，紧扣全面建成小康社会目标任务和“十三五”规划收官，坚持稳中求进工作总基调，以供给侧结构性改革为主线，贯彻落实稳健的货币政策，认真做好“六稳”工作，落实“六保”任务，加大对疫情防控相关领域及受疫情影响较重行业和企业的金融支持，进一步加强对制造业、小微企业、民营企业等实体经济领域信贷支持力度，打好防范化解重大金融风险攻坚战，深化金融改革开放，确保湖南省实现疫情防控和经济社会发展双胜利。

中国人民银行长沙中心支行货币政策分析小组
总　纂：张　奎　曾　涛
统　稿：魏祖元　赵遂彬　张　阳　郭　卉
执　笔：张　骥　曾得利　向　柳　李远航　姜　超　邹庆华　司马亚玺　吴　敏　伍圆恒　焦俊勇　钟芳芳　余　峥　周颖哲　曹亚臻
提供材料的还有：李　杜　胡　朋　黄　河　周　琳　吴盛光　李文政　徐爱华　李亦君　王　达　胡万俊　鲁　昂

附录

（一）2019年湖南省经济金融大事记

5月22日，湖南省在全国银行间市场发行首笔民营企业债券融资支持工具。

6月27日，第一届中国——非洲经贸博览会在湖南省长沙市开幕，国家主席习近平向博览会致贺信。

9月10日，2019世界计算机大会在湖南长沙开幕。

10月16日，湖南省取缔辖内全部网贷机构的P2P业务。

10月18日，2019中国国际轨道交通和装备制造产业博览会在长沙国际会展中心举行。

10月21日，中国人民银行长沙中心支行联合五部门出台《关于进一步做好乡村振兴金融服务的实施意见》。

12月5日，《关于加快推进企业上市的若干意见》出台。

12月20日，湖南省委经济工作会议在湖南长沙召开。

（二）2019 年湖南主要经济金融指标

表 1　2019 年湖南省主要存贷款指标

		1 月	2 月	3 月	4 月	5 月	6 月	7 月	8 月	9 月	10 月	11 月	12 月
本外币	金融机构各项存款余额（亿元）	49915.7	50674.7	51911.4	50935.2	51211.4	51908.5	51679.6	52166.2	52924.8	52653.6	52096.6	52660.4
	其中：住户存款	26588.4	27756.9	27988.5	27542.1	27569.8	27906.6	27835.7	27826.1	28268.0	28015.2	27968.1	28410.3
	非金融企业存款	13073.2	12396.2	13268.0	12570.2	12806.6	13022.0	12567.6	12643.3	12889.1	12628.6	12440.1	13045.7
	各项存款余额比上月增加（亿元）	913.8	759.0	1236.8	-976.3	276.2	697.1	-228.8	486.6	758.6	-271.3	-557.0	563.7
	金融机构各项存款同比增长（%）	4.1	4.7	6.5	4.9	5.3	4.9	5.8	5.9	7.2	7.8	6.5	7.5
	金融机构各项贷款余额（亿元）	37786.9	38029.4	38732.2	38895.4	39280.5	39972.6	40285.4	40738.6	41421.3	41726.4	42095.6	42415.4
	其中：短期	8428.4	8355.1	8654.3	8608.0	8722.2	8983.3	8949.9	9027.2	9266.6	9317.9	9398.2	9501.2
	中长期	28152.7	28436.6	28806.9	28944.0	29193.3	29553.1	29824.2	30120.4	30521.0	30734.4	31011.8	31240.9
	票据融资	1081.4	1107.5	1154.0	1221.7	1244.7	1325.4	1373.3	1466.6	1523.3	1546.6	1538.6	1550.5
	各项贷款余额比上月增加（亿元）	1201.3	242.5	702.8	163.2	385.0	692.2	312.8	453.2	682.8	305.1	369.2	319.8
	其中：短期	323.3	-73.2	299.2	-46.3	114.2	261.1	-33.4	77.3	239.4	51.2	80.3	103.0
	中长期	761.8	284.0	370.3	137.2	249.3	359.7	271.2	296.2	400.7	213.3	277.4	229.1
	票据融资	116.0	26.1	46.5	67.6	23.1	80.6	47.9	93.4	56.6	23.3	-7.9	11.8
	金融机构各项贷款同比增长（%）	14.8	14.4	15.0	15.0	15.2	15.5	15.0	14.9	15.4	15.9	15.9	16.0
	其中：短期	13.7	12.6	14.3	13.8	15.1	15.0	14.8	15.4	15.9	16.4	16.9	17.4
	中长期	13.9	13.4	13.6	13.5	13.5	13.8	13.3	12.9	13.5	13.9	14.1	14.1
	票据融资	57.9	71.3	75.9	86.1	77.7	82.4	78.6	73.9	72.9	68.5	59.6	60.6
	建筑业贷款余额（亿元）	1229.0	1226.9	1239.0	1225.8	1227.5	1257.1	1252.9	1248.9	1251.3	1264.7	1271.2	1220.3
	房地产业贷款余额（亿元）	2494.4	2523.8	2589.7	2604.1	2629.6	2668.0	2696.2	2735.5	2808.8	2829.2	2823.1	2830.3
	建筑业贷款同比增长（%）	10.5	6.0	3.5	2.4	2.3	2.7	2.4	1.6	0.7	3.1	4.0	5.5
	房地产业贷款同比增长（%）	18.9	16.5	19.8	19.7	20.0	21.1	20.5	20.7	22.6	21.9	19.9	18.9
人民币	金融机构各项存款余额（亿元）	49578.6	50337.3	51579.4	50590.6	50825.0	51539.6	51332.1	51806.5	52568.0	52305.9	51761.7	52312.5
	其中：住户存款	26477.1	27645.7	27877.1	27430.5	27457.9	27796.5	27725.7	27715.4	28158.0	27906.2	27859.0	28299.9
	非金融企业存款	12868.4	12184.2	13069.8	12386.6	12590.1	12821.0	12385.7	12452.3	12701.4	12441.5	12252.0	12852.6
	各项存款余额比上月增加（亿元）	873.8	758.7	1242.1	-988.8	234.4	714.6	-207.6	474.4	761.5	-262.2	-544.1	550.7
	其中：住户存款	1201.5	1168.6	231.4	-446.6	27.4	338.6	-70.8	-10.3	442.6	-251.9	-47.2	440.9
	非金融企业存款	-10.5	-684.2	885.6	-683.2	203.5	230.9	-435.3	66.5	249.1	-259.9	-189.4	600.6
	各项存款同比增长（%）	4.0	4.6	6.4	4.8	5.1	4.7	5.7	5.8	7.1	7.7	6.5	7.4
	其中：住户存款	13.0	9.7	9.5	10.9	11.1	10.8	11.7	11.5	11.9	12.0	11.8	12.0
	非金融企业存款	-9.2	-7.6	-2.1	-7.3	-4.0	-4.2	-5.0	-5.6	-3.1	-1.3	-2.9	-0.2
	金融机构各项贷款余额（亿元）	37530.6	37778.4	38506.5	38680.6	39042.7	39737.1	40057.6	40498.6	41177.5	41478.4	41854.7	42159.5
	其中：个人消费贷款	9739.4	9773.4	9985.4	10125.8	10290.4	10481.3	10620.9	10806.9	11053.5	11194.7	11440.1	11641.0
	票据融资	1081.4	1107.5	1154.0	1221.7	1244.7	1325.4	1373.3	1466.9	1523.3	1546.6	1538.6	1550.5
	各项贷款余额比上月增加（亿元）	1194.0	247.8	728.1	174.1	362.1	694.5	320.4	441.0	678.9	300.9	376.3	304.8
	其中：个人消费贷款	240.0	34.0	212.0	140.4	164.6	190.8	139.6	186.1	246.6	141.2	245.4	201.0
	票据融资	116.0	26.1	46.5	67.6	23.1	80.6	47.9	93.7	56.4	23.3	-7.9	11.8
	金融机构各项贷款同比增长（%）	15.0	14.6	15.3	15.3	15.5	15.8	15.4	15.1	15.6	16.0	16.1	16.1
	其中：个人消费贷款	28.5	27.6	27.3	26.8	25.8	25.3	24.4	23.8	23.9	23.4	24.2	24.2
	票据融资	57.9	71.3	75.9	86.1	77.8	82.4	78.6	73.9	72.9	68.5	59.6	60.6
外币	金融机构外币存款余额（亿美元）	50.3	50.4	49.3	51.2	56.0	53.7	50.5	50.8	50.5	49.3	47.6	49.9
	金融机构外币存款同比增长（%）	11.9	9.7	2.1	16.0	35.4	26.0	22.2	22.3	21.6	24.0	7.0	15.2
	金融机构外币贷款余额（亿美元）	38.2	37.5	33.5	31.9	34.5	34.3	33.1	33.9	34.5	35.2	34.3	36.7
	金融机构外币贷款同比增长（%）	-17.0	-16.8	-26.0	-30.6	-25.5	-23.6	-23.9	-18.4	-12.0	-5.8	-5.6	1.2

数据来源：中国人民银行长沙中心支行。

表2　2001~2019年湖南省各类价格指数

单位：%

		居民消费价格指数		农业生产资料价格指数		工业生产者购进价格指数		工业生产者出厂价格指数	
		当月同比	累计同比	当月同比	累计同比	当月同比	累计同比	当月同比	累计同比
2001		—	-0.9	—	-1.6	—	1.1	—	-0.2
2002		—	-0.5	—	-2	—	-0.7	—	-0.8
2003		—	2.4	—	2.6	—	6.7	—	2.6
2004		—	5.1	—	12.1	—	14.4	—	8
2005		—	2.3	—	11.2	—	9.4	—	6
2006		—	1.4	—	0.7	—	6.5	—	4.3
2007		—	5.6	—	13	—	6.1	—	6.1
2008		—	6	—	26.5	—	12	—	9.3
2009		—	-0.4	—	-5	—	-7.4	—	-5.7
2010		—	3.1	—	1.4	—	10	—	6.9
2011		—	5.5	—	10.9	—	10.8	—	8.5
2012		—	2	—	4.7	—	0.1	—	-0.9
2013		—	2.5	—	2.3	—	0.1	—	-1.5
2014		—	1.9	—	0.2	—	-2.1	—	-1.6
2015		—	1.4	—	4.1	—	-5.5	—	-3.7
2016		—	1.9	—	1.7	—	-2	—	-1.1
2017		—	1.4	—	1	—	7.2	—	5.8
2018		—	2	—	2.7	—	3.5	—	3.2
2019		—	2.9	—	2.5	—	0.2	—	-0.4
2018	1	1.3	1.3	2.2	2.2	4.6	4.6	3.7	3.7
	2	2.4	1.8	1.8	2	3.8	4.2	3.5	3.6
	3	1.8	1.8	2.1	2	3.5	4	3.2	3.5
	4	1.6	1.8	2.6	2.2	3.3	3.8	3.3	3.4
	5	1.5	1.7	2.9	2.3	4	3.8	3.7	3.5
	6	1.6	1.7	3	2.4	4.3	3.9	4.2	3.6
	7	1.6	1.7	3.3	2.5	4.2	4	4.2	3.7
	8	2	1.7	3.4	2.7	3.7	3.9	3.7	3.7
	9	2.4	1.8	3.3	2.7	3.1	3.8	3.1	3.6
	10	2.8	1.9	3.5	2.8	2.9	3.7	2.8	3.5
	11	2.6	2	2.9	2.8	2.8	3.7	2.4	3.4
	12	2	2	2	2.7	1.7	3.5	1.1	3.2
2019	1	1.7	1.7	1	1	0.7	0.7	0.5	0.5
	2	1.5	1.6	0.7	—	0.5	0.6	0.4	0.4
	3	2.1	1.8	0.5	—	0.8	0.6	0.4	0.4
	4	2.5	1.9	0.9	—	0.9	0.7	0.6	0.5
	5	2.9	2.1	1.4	—	0.7	0.7	0.2	0.4
	6	2.6	2.2	1.4	—	0.5	0.7	-0.4	0.3
	7	2.5	2.2	1.7	—	0.6	0.7	-0.6	0.1
	8	3.4	2.4	3.1	—	-0.1	0.6	-1	0
	9	3.5	2.5	3.8	—	-0.3	0.5	-1.2	-0.1
	10	3.8	2.6	4.4	—	-0.6	0.4	-1.3	-0.2
	11	4.4	2.8	5.2	—	0.3	0.3	-1.3	-0.3
	12	4.2	2.9	5.8	2.5	-0.2	0.2	-0.7	-0.4

数据来源：湖南省统计局。

表 3　2019 年湖南省主要经济指标

	1 月	2 月	3 月	4 月	5 月	6 月	7 月	8 月	9 月	10 月	11 月	12 月
	绝对值（自年初累计）											
地区生产总值（亿元）	—	—	8335.0	—	—	17784.6	—	—	27981.2	—	—	39752.1
第一产业	—	—	405.6	—	—	1167.9	—	—	2132.0	—	—	3647.0
第二产业	—	—	3284.9	—	—	6812.6	—	—	10542.5	—	—	14947.0
第三产业	—	—	4644.6	—	—	9804.1	—	—	15306.7	—	—	21158.2
工业增加值（亿元）	—	—	—	—	—	—	—	—	—	—	—	—
固定资产投资（亿元）	—	—	—	—	—	—	—	—	—	—	—	—
房地产开发投资	—	371.0	686.9	1032.6	1389.0	1867.7	2220.4	2653.4	3130.8	3576.9	4005.5	4445.5
社会消费品零售总额（亿元）	—	2654.2	3876.0	5070.0	6461.0	7877.7	9276.2	10657.3	12115.8	13828.0	15489.8	17239.5
外贸进出口总额（亿元）	335.4	522.2	800.1	1087.5	1413.5	1823.0	2245.3	2684.5	3134.1	3549.1	3923.5	4342.2
进口	97.0	160.0	257.9	339.8	429.3	542.0	665.4	795.6	923.7	1038.6	1153.4	1266.1
出口	238.4	362.2	542.2	747.7	984.2	1281.0	1579.9	1888.8	2210.4	2510.6	2770.2	3076.1
进出口差额(出口－进口)	141.4	202.2	284.4	407.9	555.0	739.0	914.5	1093.2	1286.7	1472.0	1616.8	1810.0
实际利用外资（亿美元）	—	25.6	44.5	59.0	75.6	95.7	107.2	121.7	136.7	151.1	167.7	181.0
地方财政收支差额（亿元）	-430.6	-679.4	-1507.9	-1604.0	-1891.8	-3176.0	-3272.6	-3459.9	-5043.1	-4910.3	-4748.2	-5027.1
地方财政收入	307.5	510.3	792.5	1022.1	1238.4	1530.6	1742.1	1901.9	2140.6	2381.0	2605.4	3007.0
地方财政支出	738.0	1189.7	2300.4	2626.1	3130.2	4706.6	5014.6	5361.8	7183.7	7291.4	7353.6	8034.1
城镇登记失业率（%）（季度）	—	—	3.1	—	—	3.0	—	—	3.0	—	—	2.9
	同比累计增长率（%）											
地区生产总值	—	—	7.6	—	—	7.2	—	—	7.8	—	—	7.6
第一产业	—	—	3.1	—	—	3.2	—	—	3.0	—	—	3.2
第二产业	—	—	8.3	—	—	8.4	—	—	8.4	—	—	7.8
第三产业	—	—	7.3	—	—	6.6	—	—	7.9	—	—	8.1
工业增加值	—	7.8	8.2	8.2	8.0	8.3	8.2	8.1	8.2	8.2	8.3	8.3
固定资产投资	—	9.9	10.0	10.0	9.9	10.0	10.0	10.0	10.1	10.1	10.1	10.1
房地产开发投资	—	17.2	14.7	17.6	17.1	15.6	15.0	14.6	14.3	13.8	13.4	12.7
社会消费品零售总额	—	9.3	9.4	9.5	9.6	9.9	9.9	9.9	10.0	10.1	10.2	10.2
外贸进出口总额	61.3	41.0	41.3	35.4	34.9	40.1	46.0	47.8	50.4	50.1	46.3	41.2
进口	18.9	9.3	13.0	8.2	6.2	11.4	16.9	18.0	19.2	19.3	20.4	20.4
出口	88.7	61.7	60.4	52.9	52.9	57.3	63.1	65.4	68.9	68.1	60.6	51.9
实际利用外资	—	11.2	11.3	11.5	11.1	11.9	11.4	10.9	11.0	10.8	12.5	11.8
地方财政收入	2.9	4.4	3.1	2.7	2.5	0.2	1.8	1.9	2.4	3.2	4.5	5.1
地方财政支出	50.7	8.0	12.3	11.1	9.8	11.5	11.3	9.1	16.0	14.2	12.8	7.4

数据来源：湖南省统计局。

广东省金融运行报告（2020）

中国人民银行广州分行货币政策分析小组

[内容摘要] 广东省坚决贯彻落实党中央、国务院宏观调控政策和“六稳”工作部署，积极应对国内外风险挑战，推动全省经济持续健康发展。2019年，广东省实现地区生产总值10.8万亿元，同比增长6.2%；一二三产业占比为4.0∶40.5∶55.5，服务业占比同比提高0.7个百分点，对地区生产总值增长的贡献率为63.8%。

具体来看，一是内需增速反弹，助力经济增长。2019年，大力推进基础设施和重点项目建设，拉动投资增速回升，全年固定资产投资同比增长11.1%，连续18个月保持两位数增长。出台实施促进消费的29项措施，全年社会消费品零售总额同比增长8%，增速逐季回升。其中，服务消费增长加快，网上零售额、快递业务量分别增长19.3%、29.7%。全力稳外贸稳外资，外贸进出口总额降幅收窄至0.2%，其中出口同比增长1.6%；实际利用外资1522亿元，同比增长4.9%。二是新动能推进工业加快升级，服务业结构持续改善。2019年，广东新经济增加值占地区生产总值比重达25.3%；规模以上工业实现增加值同比增长4.7%，其中，民营企业对规模以上工业增长贡献率达84.3%。先进制造业增加值和高技术制造业增加值分别占规模以上工业增加值的56.3%和32%。2019年，生产性服务业增加值占地区生产总值比重为28.1%，现代服务业增加值占服务业增加值比重为63.8%，同比增长1.1个百分点。三是减税降费促进企业利润增长，财政支出支持地方经济发展。2019年，广东省贯彻落实国家各项减税降费政策，全年新增减税降费超过3000亿元，规模以上工业实现利润总额同比增长5.6%，比上年同期高出2个百分点，其中，民营企业实现利润总额增长10.3%。2019年，地方一般公共预算收入增速回落3.4个百分点，一般公共预算支出比上年多增5.4个百分点，一般公共预算支出高出收入5.5个百分点，有力支持了地方经济发展。四是人民生活总体平稳。2019年，广东省落实“促进就业九条”，城镇新增就业140万人，城镇登记失业率2.25%，就业形势保持稳定；居民人均可支配收入达3.9万元，增长8.9%。物价受猪肉价格上涨带动有所上升，但进入12月后生猪供应偏紧局面有所缓解，物价长期走势将回落企稳。五是房地产市场调控取得成效。2019年，房地产销售增长平稳，新建商品房销售面积、销售额、销售均价同比增速分别比上年同期下降0.1个、提高0.6个、提高0.7个百分点。在房地产政策整体趋紧背景下，房地产开发投资增速趋稳，房地产企业在投资和购地方面都偏向谨慎。六是“双区驱动效应”显现。粤港澳大湾区建设取得积极进展，深圳先行示范区建设扎实推进。2019年，广东省以“湾区通”工程为抓手，大力推动三地规则衔接，境外高端紧缺人才个人所得税优惠政策全面落实，首期200亿元的粤澳合作发展基金运作顺利，建筑、旅游、医疗等职业资格认可取得新进展。

2019年，中国人民银行广州分行认真贯彻总行及省委省政府有关决策部署，着力优化金融宏观调控、深化金融改革、加快金融创新、改进金融服务、筑牢风险底线，为广东实现“四个走在全国前列”、当好“两个重要窗口”贡献金融力量。截至2019年末，广东省本外币存款余额23.3万亿元，同比增长11.7%，本外币贷款余额16.8万亿元，同比增长15.7%。

具体来说，一是直接金融效率提升，支持实体经济力度增强。2019年，新增社会融资规模2.9万亿元，其中，直接融资占25.4%，比上年提高2.8个百分点。非金融企业发债融资规模同比增长47%，各类债券加权平均发行利率同比下降0.16个百分点。二是信贷结构持续优化，利率改革深入推进。2019年，银行机构发放中长期贷款比年初新增1.6万亿元，占各项贷款全年新增量的74.8%，其中，制造业中长期贷款同比增长49.6%，信息服务、技术服务等高新技术类行业中长期贷款增速均超过70%。2019年，货币政策逆周期调节效果显现，再贷款、再贴现等政策工具引导金融机构加大对“三农”、民营和小微企业信贷投放。截至2019年末，涉农贷款同比增长12.6%；民营企业贷款余额同比增长17.2%；普惠口径小微贷款同比增长34.4%，比上年同期加快4.8个百分点。从改革完善贷款市场报价利率（LPR）形成机制以来，人民银行广州分行疏通货币政策传导渠道，引导企业融资成本下降。12月，新发放企业贷款利率4.89%，相比8月下降0.4个百分点。三是金融业平稳发展，助力地方经济发展。2019年，金融业增加值8881亿元，同比增长9.3%。证券机构经营总体平稳，随着资本市场改革逐步深入，科创板的出台为更多高科技企业上市融资提供了新的渠道，截至2019年末，广东省在国内上市公司家数达618家，比上年新增30家上市公司。保险业资产增速提高，2019年，广东省保险业实现保费收入5469.7亿元，规模位居全国第一，同比增速较2018年提高9.5个百分点。四是普惠金融服务体系发力。2019年，中小微企业信用信息和融资对接平台形成一个平台、两级覆盖、多功能融合的“广东模式”，全年新撮合银企融资对接2.64万笔，金额2494亿元。中征应收账款融资服务平台在广东省积极推广运用，2019年全省平台注册用户数1638家，达成融资387亿元。农村金融组织体系不断完善，截至2019年末，政策性银行及商业银行涉农贷款比年初新增1142亿元，农合机构涉农贷款比年初新增495亿元；存量助农取款服务点2.4万个，金融服务行政村覆盖率达到100%，2019年共发生助农取款交易683.3万笔、金额31.2亿元。五是跨境人民币业务继续支持粤港澳大湾区和“一带一路”建设。截至2019年末，累计办理跨境人民币业务20.7万亿元。其中，2019年，粤港澳大湾区内业务量2.3万亿元，占全省业务总量的71.3%，占全国业务量的11.8%，同比增长17.3%；全省与“一带一路”国家和地区发生业务4125亿元。

2020年，广东省发展仍将面临新冠肺炎疫情冲击、世界经济增长放缓、国内结构性体制性周期性问题交织等诸多挑战，经济下行压力依然较大。从经济运行看，消费和外贸需求将延续放缓态势，短期内消费受疫情影响严重，全年增速预计将明显减缓。基础设施建设投资会进一步拉动投资增长，地方重点项目建设将刺激工业加快生产，支持经济增长恢复。随着粤港澳大湾区建设持续推进，区域协调发展将进一步增强，新技术、新产业、新业态、新模式带来的经济效应不断显现，成为支持经济增长的新动能。战略性新兴产业、高技术制造业和现代服务业等占经济比重将进一步上升。从物价形势看，消费者价格指数受疫情短期影响较大，中期将趋于平稳。工业生产购进指数受经济增长放缓影响，将面临一定下行压力。从金融运行看，随着货币政策逆周期调节作用进一步增强，信贷资金总量将保持合理充裕，积极满足民营和小微企业等经济薄弱环节和重点领域的融资需求，支持地方经济高质量发展。随着各项金融改革政策逐步落实，广东省社会融资规模将保持较快增速，表外融资规模继续收缩，直接融资效率提升，支持企业平稳发展。金融风险将逐步缓释降低，金融业将总体保持平稳运行。

一、金融运行情况

（一）银行业资产增量提质，信贷支持实体经济力度持续增强

1.银行业资产增速加快，资产质量向好。 截至2019年末，广东省银行机构存贷款规模居全国首位，在贷款增长拉动下，银行业资产增量提质。截至2019年末，全省银行业金融机构资产总额26万亿元，同比增长10.5%。负债总额25万亿元，同比增长10.6%。全省银行业实现净利润同比增长3.5%；不良率1.2%，比上年同期下降0.16个百分点。2019年，随着全省农合机构改制继续推进，银行业机构营业网点个

数同比下降1.9%，从业人员数同比增加3.5%；新增6家法人机构，地方银行业组织体系进一步完善，经营效率有所提升，业务范围持续扩大。

表1 2019年广东省银行业金融机构情况表

机构类别	营业网点			法人机构（个）
	机构个数（个）	从业人数（人）	资产总额（亿元）	
一、大型商业银行	8143	167818	110885	0
二、国家开发银行和政策性银行	82	2454	11130	0
三、股份制商业银行	1795	72134	59088	2
四、城市商业银行	644	21457	21808	5
五、城市信用社	0	0	0	0
六、小型农村金融机构	5784	73221	36963	97
七、财务公司	11	1094	4351	24
八、信托公司	2	1992	708	5
九、外资银行	249	10674	6742	6
十、新型农村金融机构	235	4840	992	61
十一、其他	14	7938	7494	12
合　计	16959	363622	260159	212

注：营业网点不包括国家开发银行和政策性银行、大型商业银行、股份制商业银行等金融机构总部数据；大型商业银行包括中国工商银行、中国农业银行、中国银行、中国建设银行、交通银行和邮政储蓄银行；小型农村金融机构包括农村商业银行、农村合作银行和农村信用社；新型农村金融机构包括村镇银行、贷款公司、农村资金互助社；"其他"包含金融租赁公司、汽车金融公司、货币经纪公司、消费金融公司等。
数据来源：广东银保监局、深圳银保监局。

2. 存款平稳增长，大额存单业务扩张加快。截至2019年末，广东省中外资银行业机构本外币各项存款余额23.2万亿元，同比增长11.7%，比上年加快4.8个百分点；比年初增加2.4万亿元，同比多增1.1万亿元。其中，人民币存款余额增速比上年提高3.6个百分点，外币存款增速反弹，同比增速比上年加快27.5个百分点。

企业存款同比增速加快，存款期限向定期存款转移。2019年，住户存款增速稳中有升，比上年同期加快0.65个百分点；非银行金融机构存款规模同比多增，比上年同期多增3188亿元。截至2019年末，非金融企业存款同比增长13.5%，比上年加快5.7个百分点，仍是拉动各项存款增长的主要动力；从期限结构看，企业存款存在从活期存款向定期及其他存款转移的倾向，后者比年初新增9026亿元，比上年同期多增3480亿元。

结构性存款规模收缩，大额存单同比多增。受监管政策影响，结构性存款相比2018年末减少2068亿元；由于银行机构资管类产品逐步退出市场，居民和非金融企业存款资金部分转向大额存单，2019年末大额存单比年初新增4289亿元，比上年同期多增1894亿元。

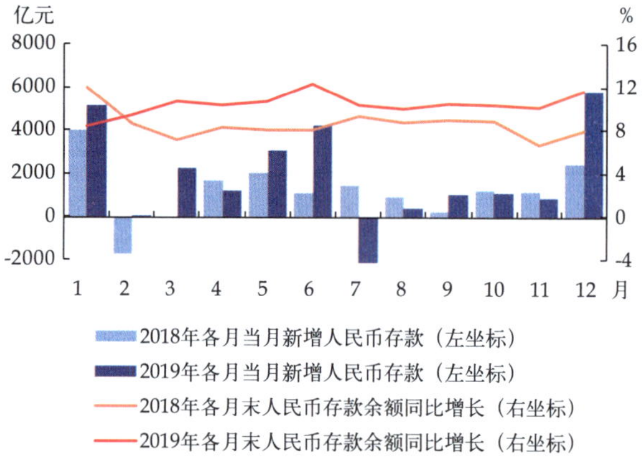

数据来源：中国人民银行广州分行。

图1 2018~2019年广东省金融机构人民币存款增长变化

3. 贷款增速稳中有升，中长期贷款支持力度增强。截至2019年末，广东中外资银行业机构本外币各项贷款余额16.8万亿元，同比增长15.7%，增速比上年同期加快0.54个百分点。其中，人民币贷款增速略缓，比上年同期放慢0.17个百分点，外币贷款降幅收窄，比上年同期回升9个百分点。本外币各项贷款比年初新增2.2万亿元，同比多增3021亿元。

中长期贷款增量占比上升，高新技术产业信贷增速加快。截至2019年末，中长期贷款比年初新增1.6万亿元，占各项贷款全年新增量的74.8%，比上年同期提高4.4个百分点。其中，企业中长期贷款新增8733亿元，比上年同期多增1994亿元。分投向看，制造业中长期贷款比年初新增1439亿元，同比增长49.6%，比上年同期加快26.3个百分点；信息传输、软件和信息服务业同比增长 75.7%，科学研究和技术服务业同比增长 79.2%，显示金融支持高新技术产业力度不断增强。受房地产市场调控政策影响，房地产业中长期贷款增速持续放缓，同比增速比上年减慢 14.2 个百分点。

货币政策工具强化逆周期调节。2019 年，广东省累计发放信贷政策支持再贷款、再贴现 801.1 亿元，同比增长 67.3%，引导金融机构加大对“三农”、民营和小微企业信贷投放。截至 2019 年末，广东省涉农贷款余额 1.4 万亿元，同比增长 12.6%；民营企业贷款余额同比增长 17.2%，比上年同期加快 5.8 个百分点；普惠口径小微贷款比年初新增 3848 亿元，同比多增 1709 亿元，同比增速达 34.4%，比上年同期加快 4.8 个百分点。

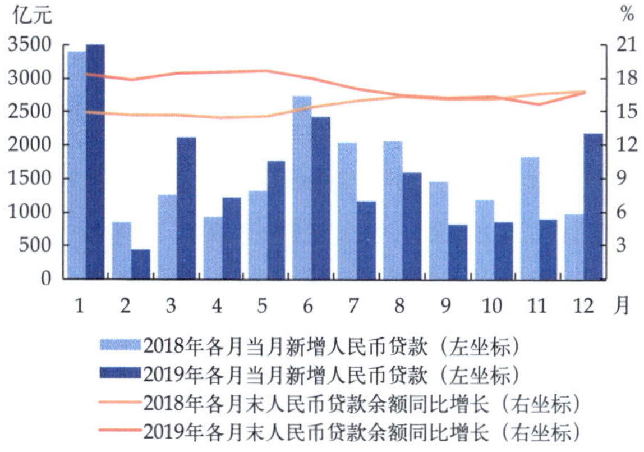

数据来源：中国人民银行广州分行。

图 2　2018~2019 年广东省金融机构人民币贷款增长变化

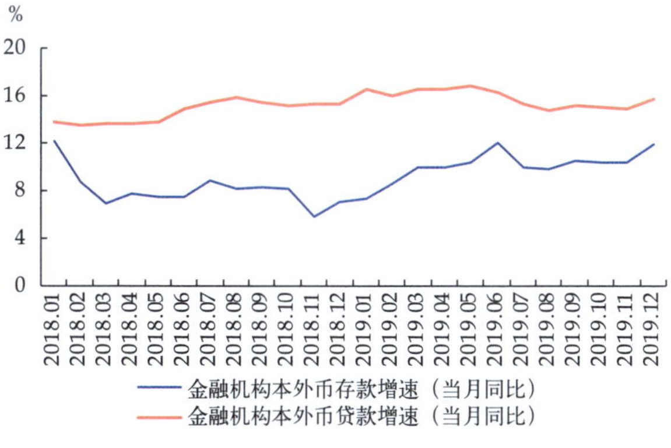

数据来源：中国人民银行广州分行。

图 3　2018~2019 年广东省金融机构本外币存、贷款增速变化

4. 利率市场化改革持续推进，贷款利率水平稳中有降。2019 年，在多次降准以及货币政策工具共同引导下，广东省贷款利率水平呈下行趋势。12 月，广东省金融机构新发放人民币贷款加权平均利率为 5.34%，同比下降 0.53 个百分点，比 2019 年 1 月下降 0.44 个百分点。其中，个人住房贷款加权平均利率为 5.62%，比上年同期下降 0.3 个百分点。美元贷款各期限加权平均利率水平震荡下行，相比 2019 年 1 月下降 0.06 个百分点。

从中国人民银行总行于 8 月 17 日发布 15 号公告，改革完善贷款市场报价利率（LPR）形成机制以来，中国分支机构广州分行组织广东辖内各级分支机构和金融机构积极落实改革措施，疏通货币政策传导渠道，引导企业融资成本下降。12 月，广东省新发放企业贷款利率 4.89%，相比 8 月下降 0.4 个百分点。

表 2　2019 年广东省金融机构人民币贷款各利率区间占比

（LPR 改革前）　　　　单位：%

月份		1 月	2 月	3 月	4 月	5 月	6 月	7 月
合计		100.0	100.0	100.0	100.0	100.0	100.0	100.0
下浮		14.3	15.7	17.7	15.9	22.0	15.5	15.7
基准		13.7	11.9	11.0	10.6	11.2	13.8	13.8
上浮	小计	72.0	72.5	71.3	73.5	66.8	70.7	70.5
	(1.0, 1.1]	13.6	10.4	11.1	11.3	8.7	12.9	11.5
	(1.1, 1.3]	22.5	23.4	21.8	23.6	22.5	24.9	24.1
	(1.3, 1.5]	15.0	12.9	15.9	16.7	14.3	14.2	13.9
	(1.5, 2.0]	11.1	9.3	11.2	10.2	9.9	8.7	9.1
	2.0 以上	9.8	16.4	11.3	11.7	11.4	10.0	11.8

（LPR 改革后）

月份		8 月	9 月	10 月	11 月	12 月
合计		91.7	97.3	98.2	96.6	90.7
LPR 减点		13.1	19.1	15.6	21.5	18.7
LPR		0.3	0.1	0.8	0.3	0.6
LPR 加点	小计	78.3	78.1	81.9	74.8	71.5
	(LPR, LPR+0.5%)	7.9	8.8	8.6	9.4	10.8
	[LPR+0.5%, LPR+1.5%)	22.0	23.3	23.9	23.6	21.1
	[LPR+1.5%, LPR+3%)	22.0	21.5	19.8	19.7	18.0
	[LPR+3%, LPR+5%)	13.3	12.1	15.0	10.7	10.7
	LPR+5% 及以上	13.1	12.3	14.7	11.5	10.9

数据来源：中国人民银行广州分行。

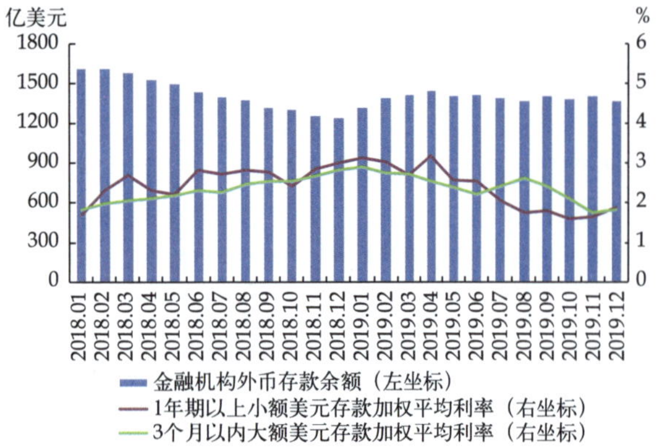

数据来源：中国人民银行广州分行。

图 4　2018~2019 年广东省金融机构外币存款余额及外币存款利率

专栏 1　中国人民银行广州分行“访百万企业 助实体经济”专项行动取得积极成效

一、主要工作举措

（一）部门联动，夯实工作基础

一是联合广东银保监局制订专项行动方案，明确行动目标、工作内容、实施步骤、组织保障等事项，会同相关部门成立省市两级专项行动领导小组，统筹协调组织专项行动开展。二是主动联系税务、市场监管、工信、科技、农业、环保等部门和相关行业协会，将其掌握的特征企业名单导入走访系统，作为企业特征信息供走访银行参考。

（二）科技赋能，实现“无缝对接”

专项行动依托广东省中小微企业信用信息和融资对接平台（简称“粤信融”）开发“广东省企业走访管理系统”，将全省工商企业名单和银行存量贷款企业客户名单对碰，形成约 250 万家未获银行授信的“待访企业列表”供银行走访对接。银行通过走访系统可查询企业信息，锁定走访企业，安排配套金融产品，在系统中记录走访和信贷发放情况。人民银行运用数据分析技术对各银行走访工作进行综合评价。

（三）督导激励，提升行动质效

一是强化督导通报和抽查回访。定期通报走访工作进程，建立专项行动工作简报制度，及时总结梳理好的经验做法和鲜活案例。组织各地市中支加强企业回访，促进提高走访质量。二是加强政策工具支持。广州分行对走访工作开展好、服务民营和小微企业家数多、信贷支持力度大的银行给予货币政策工具运用支持。三是引导金融机构加强内部考核激励。综合采取安排专项资源和明确绩效标准等措施，激发基层信贷人员的积极性。

（四）广泛宣传，营造良好氛围

一是加大媒体宣传力度。各地综合运用电视台、报刊、政府信息门户网站、政府部门微信公众号、中小企业服务平台等多种渠道加大专项行动宣传力度，提高企业接受银行走访的配合度。二是发挥银行自身宣传渠道优势。指导辖内银行机构综合运用宣传视频、宣传海报、宣传小册子、宣传二维码、举办现场对接活动等多种方式加强宣传，进一步扩大专项行动的影响和效果。

二、取得成效

（一）有力推动民营和小微企业信贷增量扩面、降成本

截至2019年末，广东省银行机构累计走访企业数量达161.81万家，新发放贷款2.66万户，贷款金额856.89亿元。在专项行动推动下，广东民营和小微企业信贷增势强劲。截至2019年末，广东民营企业贷款余额4.56万亿元，同比增长17.2%，比上年同期高5.8个百分点，占企业贷款的61.1%，占比较上年同期高4.7个百分点。普惠小微贷款余额1.5万亿元，比年初增加3848亿元，增长34.4%，高于同期企业贷款增速19.7个百分点。12月，广东（不含深圳）新发放小微企业贷款加权平均利率为5.49%，较上年同期下降0.4个百分点。

（二）有效缓解企业抵（质）押物不足难题

走访系统采集企业分散在不同部门的特征数据，缓解银企信息不对称，为增加信用贷款发放打下基础。同时，针对小微企业轻资产、少抵押特点，金融机构在走访过程中积极加强金融产品创新，注重大数据技术应用，开发推广“经营快贷”“微捷贷”“科技E贷”“结算贷”等大数据线上小额信用贷款产品和“云税贷”“税易通”“纳税E贷”等银税互动产品，减少对抵（质）押物的依赖，有力缓解企业抵押物不足的融资难题。截至2019年末，专项行动中已获贷企业中信用贷款获贷企业占比43%。

（三）“几家抬”支持企业融资发展的合力进一步增强

各地相关部门对专项行动充分肯定、大力支持，积极开展专项行动宣传，动员企业配合银行走访；税务、市场监管、工信、科技、农业、环保等主管部门和相关行业协会积极提供掌握的特征企业名单，专项行动在走访系统添加“纳税等级A、B级企业”“高新技术企业”“小升规企业”等企业特征标签超过100万条；部分地市将专项行动与优化企业信贷风险补偿工作紧密结合，珠海、肇庆等地推出了企业首贷风险补偿机制、企业征信评级补贴等工作创新，有力地发挥了“几家抬”合力。

（二）证券市场平稳发展，上市公司多渠道扩大融资规模

1. 证券机构经营总体平稳。 2019年，广东省内证券公司28家，代理股票交易额37.6万亿元，增长44.7%。基金公司35家，管理基金规模47513.9亿份，增长7.4%；基金净值同比增长14.9%。期货公司22家，全年代理交易额111.7万亿元，增长43.9%。

2.上市公司多渠道满足融资需求。 随着科创板的出台等改革措施实施，为更多高科技企业上市融资提供了新渠道，截至2019年末，广东省在国内上市公司家数达618家，比上年新增30家，市价总值11.39万亿元。2019年上市公司通过境内市场累计筹资4152亿元。其中，首次公开发行A股34只，筹资394.4亿元；股票资产再筹资（包括公开增发、定向增发、配股）453.7亿元；上市公司通过沪深交易所发行公司债、可转债筹资3277.33亿元。2019年末，全国股转系统新三板挂牌企业1319家，定向发行股票筹资38.40亿元。

表3　2019年广东省证券业基本情况

项目	数量
总部设在辖内的证券公司数（家）	28
总部设在辖内的基金公司数（家）	35
总部设在辖内的期货公司数（家）	22
年末国内上市公司数（家）	618
当年国内股票（A股）筹资（亿元）	549
当年发行H股筹资（亿元）	82
当年国内债券筹资（亿元）	4787
其中：短期融资券筹资额（亿元）	-660
中期票据筹资额（亿元）	1011

注：当年国内债券融资指非金融企业净债券融资额；当年国内股票（A股）筹资额指非金融企业境内股票融资。

数据来源：中国人民银行广州分行、广东证监局、深圳证监局。

（三）保险业业务发展加快，盈利和保障能力增强

2019年，广东省保险业实现保费收入5496亿元，规模位居全国第一，同比增长17.9%，增速较上年同期高9.5个百分点。截至2019年末，保险业总资产1.5万亿元，同比增长14.2%，增速较上年同期高6.4个百分点。居民保险意识增强，促进保险行业利润快速增长。2019年，广东省保险密度为每人4770元，保险深度5.1%，分别比2018年提高659元和0.4个百分点；保险公司实现承保利润106亿元，同比增长132.3%，增速较上年同期高168.2个百分点。2019年，广东省保险公司共支付各项赔款和给付1425亿元，增长1.6%。

表4　2019年广东省保险业基本情况

项目	数量
总部设在辖内的保险公司数（家）	34
其中：财产险经营主体（家）	14
人身险经营主体（家）	11
保险公司分支机构（家）	77
其中：财产险公司分支机构（家）	35
人身险公司分支机构（家）	42
保费收入（中外资，亿元）	5496
其中：财产险保费收入（中外资，亿元）	1480
人身险保费收入（中外资，亿元）	4016
各类赔款给付（中外资，亿元）	1425
保险密度（元/人）	4770
保险深度（%）	5.1

注：保险公司分支机构家数为省级分公司以上保险公司。

数据来源：广东银保监局、深圳银保监局。

（四）社会融资规模扩大，结构优化，助力金融市场效率提升

1. 地区社会融资规模快速增长，企业直接融资占比提高。2019年，广东新增社会融资规模2.92万亿元，比2018年多增6688亿元。其中，表外融资规模在强监管背景下持续收缩，比年初减少1989亿元；受企业融资支持政策影响，直接融资规模显著扩大，占社会融资增量的25.4%，比上年同期提高2.8个百分点。2019年，非金融企业债券融资同比多增1613亿元，股票融资同比少增430亿元，主要是受资本市场行情乏力影响。

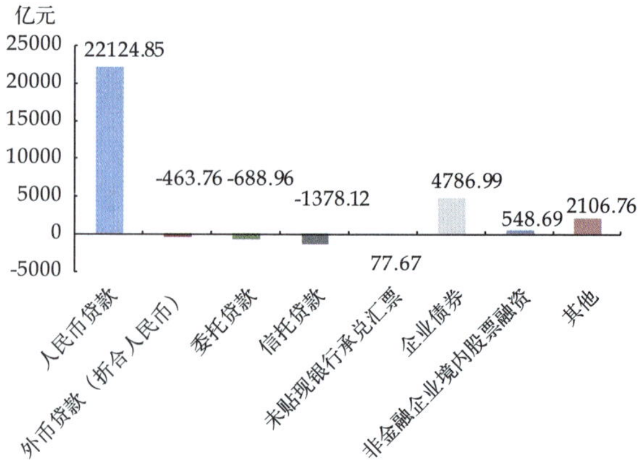

数据来源：中国人民银行广州分行。

图5　2019年广东省社会融资规模分布结构

2. 债券融资效率提升，债券发行和交易规模均增加。2019年，在政策支持以及金融机构资产负债配置需求等因素影响下，广东省在银行间市场发行各类债券1.4万亿元，居全国第2位，同比增长44.7%。其中，2019年，广东辖内金融机构在银行间市场发债融资1093亿元，同比增长172%；企业在银行间市场发债融资3701亿元，同比增长47%。各类债券加权平均发行利率3.65%，同比下降0.16个百分点。

2019年，广东省在银行间市场债券回购交易931337笔，交易金额287.4万亿元，居全国第2位，同比增长19.2%。净融入资金66.2万亿元，交易主要集中在隔夜品种。12月份，隔夜质押式回购加权平均利率1.97%，比年初下降0.06个百分点；隔夜买断式回购加权平均利率2.07%，比年初下降0.07个百分点。2019年，债券现券交易金额同比增长36.6%，占全国的19.4%，居全国首位。

3. 汇票承兑业务增速平稳，票据贴息利率保持低位。2019年，广东省银行承兑汇票承兑业务累计发生额同比增长11.3%，保持平稳增长。承兑业务增速趋稳，主要是受金融机构信贷供给增加和信用偏好增强的影响。2019年，票据市场利率在低位运行，票据市场利率趋于平缓，2019年广东省票据贴现（含转贴现）业务量同比减少18.7%。贴现加权平均利率3.4%，同比下降0.5个百分点。

表5　2019年广东省金融机构票据业务量统计

单位：亿元

季度	银行承兑汇票承兑		贴现			
			银行承兑汇票		商业承兑汇票	
	余额	累计发生额	余额	累计发生额	余额	累计发生额
1	8565.66	3942.98	4092.99	7593.63	1019.62	746.75
2	9278.36	8040.03	4547.97	15588.04	1005.91	1152.06
3	10139.46	12519.50	4145.12	22261.19	1210.96	606.76
4	9651.53	17444.79	4644.89	27598.08	1008.79	2318.26

数据来源：中国人民银行广州分行。

表6　2019年广东省金融机构票据贴现、转贴现利率

单位：%

季度	贴现		转贴现	
	银行承兑汇票	商业承兑汇票	票据买断	票据回购
1	3.4718	6.0891	3.5106	3.3926
2	3.4489	5.4175	3.3583	2.1103
3	2.9888	5.3080	3.0264	2.7711
4	2.9505	5.2827	3.0078	2.3857

数据来源：中国人民银行广州分行。

4. 跨境人民币业务继续支持粤港澳大湾区和“一带一路”建设。截至2019年末，广东省累计办理跨境人民币业务20.7万亿元，占全国业务总量的22.1%，年均增长1.7倍，业务总规模全国排名第二；占本外币跨境收支的26.2%，比全国高出2.1个百分点。2019年，粤港澳大湾区内业务量2.3万亿元，占全省业务总量的71.3%，占全国业务量的11.8%，同比增长17.3%。全省与“一带一路”国家和地区发生跨境人民币业务4125亿元，占全省业务总量的12.6%。

（五）普惠金融服务体系发力，全面支持实体经济发展

1. 金融产品服务持续创新，提升中小微企业金融服务水平。中国人民银行广州分行牵头搭建广东省中小微企业信用信息和融资对接平台（以下简称“粤信融”），形成了一个平台、两级覆盖、多功能融合的“广东模式”。截至2019年末，“粤信融”累计撮合银企融资对接6万笔、金额1.1万亿元。其中，2019年新增2.6万笔、金额2494.4亿元，同比分别增长78.1%、30.6%。

中国人民银行广州分行持续推动中征应收账款融资服务平台在广东省应用。强化政策支持，做实银企和系统对接，推广线上政府采购融资业务发展，推动供应链核心企业积极在线确认账款，帮助上游供应商融资。截至2019年末，广东省共有95条规模供应链加入平台，促成融资175亿元。2019年，广东省平台注册用户数1638家，达成融资387亿元。

2. 农村金融组织体系不断完善，金融机构支农效能持续提高。广东省已形成由政策性银行、商业银行发挥主体骨干作用，农合机构支农能力不断增强，村镇银行等新型农村金融机构不断充实的农村金融组织体系。截至2019年末，广东省涉农贷款余额1.4万亿元，同比增长12.6%；较年初新增1706亿元，同比多增439.3亿元。

2019年，中国人民银行广州分行加大金融支持力度，助推乡村振兴和扶贫攻坚。通过综合运用信贷政策支持再贷款、再贴现等货币政策工具，执行差别化存款准备金率政策，引导金融机构加强资源配置，撬动更多低成本信贷资金投向乡村振兴领域。2019年，广东（不含深圳）累计投向涉农领域的信贷支持再贷款、再贴现金额同比增长79.8%。截至2019年末，广东（不含深圳）金融机构针对相对贫困人口的金融精准扶贫贷款余额230亿元，同比增长32%，惠及扶贫企业413家、贫困人口5.3万人。

3. 持续改善农村支付环境，提升农村普惠金融服务水平。一是大力推进农村地区移动支付“十百千示范工程”及移动支付示范镇建设，加强移动支付工具研发创新，精准对接特色农业金融服务需求，促进脱贫攻坚和农村电商发展。二是不断完善农村地区支付与市场基础设施建设，实现农村地区银行网点支付清算系统100%全覆盖。同时，广泛开展银行卡助农取款综合服务示范点建设，推进银行卡助农取款服务点提质增效，不断提升农村普惠金融服务水平。截至2019年末，广东省存量助农取款服务点2.4万个，金融服务行政村覆盖率达到100%，2019年广东省共发生助农取款交易

683.3 万笔、金额 31.2 亿元。

表 7　2018~2019 年广东省支付体系建设情况

年份	支付系统直接参与方（个）	支付系统间接参与方（个）	支付清算系统覆盖率（%）	当年大额支付系统处理业务数（万笔）	同比增长（%）
2018	58.00	9070.00	—	26805.40	9.78
2019	59.00	9136.00	—	26705.55	-0.37

年份	当年大额支付系统业务金额(亿元)	同比增长（%）	当年小额支付系统处理业务数（万笔）	同比增长（%）	当年小额支付系统业务金额（亿元）	同比增长（%）
2018	9852955.35	17.19	60274.65	-26.11	111231.82	6.09
2019	11145629.62	13.12	68149.52	13.06	146330.77	31.55

数据来源：中国人民银行广州分行。

4. 深化金融广告治理，提升金融消费权益保护力度。中国人民银行广州分行加强与相关监管部门合作，共同完善金融广告治理协作机制，强化金融广告监测和违法违规线索甄别处置。截至 2019 年末，累计排查各类涉金融宣传营销信息超过 72 万条，累计甄别处置违法违规金融广告案件 1245 件。

2019 年中国人民银行广州分行进一步完善金融消费投诉管理机制，积极妥善处理消费投诉案件。截至 2019 年末，广东省累计受理投诉 5912 件，同比增长 58.5%，办结 5479 件，结案率 92.7%；受理咨询 20294 件，充分发挥了金融消费风险提示的作用。

二、经济运行情况

2019 年，广东经济运行总体保持平稳，全年实现地区生产总值 10.8 万亿元，同比增长 6.2%，在年度预期目标区间运行。新旧动能转换持续推进。2019 年，广东省新经济增加值占地区生产总值 25.3%，比上年同期提高 0.3 个百分点。民营经济同比增长 6.7%，占地区生产总值的 54.6%。

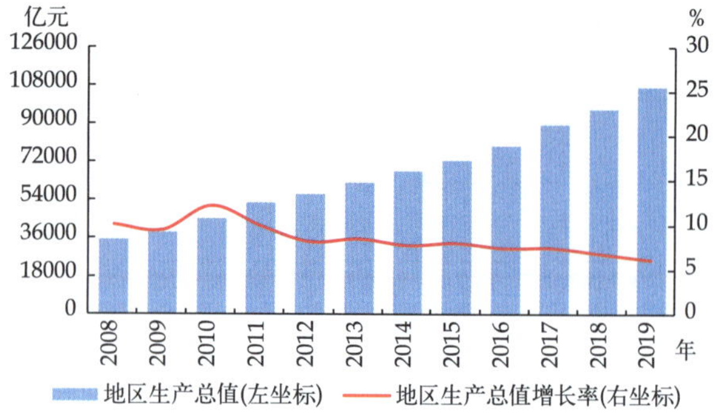

数据来源：广东省统计局。

图 6　2008~2019 年广东省地区生产总值及其增长率

（一）内需持续改善，外需增长承压

1. 基建投资拉动投资增长，工业投资增速反弹。2019 年，广东完成固定资产投资 3.9 万亿元，同比增长 11.1%，连续 18 个月保持两位数增长。其中，民间投资仍是增长主力，占固定资产投资的比重为 55.3%。分产业看，基础设施投资增长 22.3%，增速比上年加快 14.1 个百分点，是拉动固定资产投资增长的主要因素；工业投资增长 6.3%，自第三季度起恢复增长趋势，其中工业技改投资增长 12.9%，增幅创全年最高。受企业经营压力增大，以及中美贸易摩擦的影响，工业投资持续快速增长面临较大挑战。2019 年，房地产企业融资环境收紧，房地产投资继续受到监管政策限制，2019 年增长 10%，增速比上年回落 9.3 个百分点。

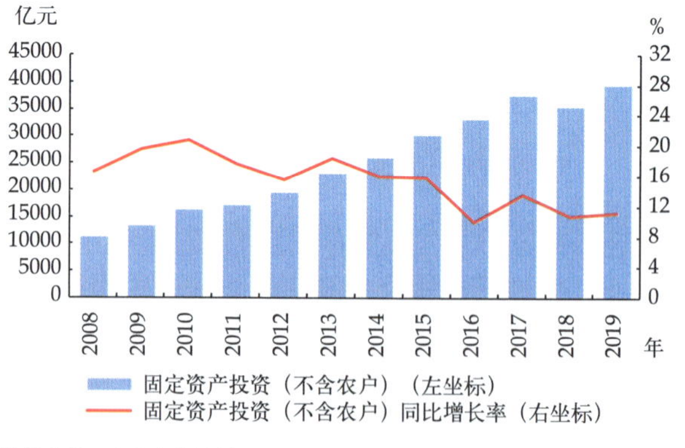

数据来源：广东省统计局。

图 7　2008~2019 年广东省固定资产投资（不含农户）及其增长率

2. 消费增速趋稳，回升乏力。2019 年，广东社会消费品零售总额 4.3 万亿元，同比增长 8%，比上年回落 0.8 个百分点。从年内走势看，第一季度消费增速降至 6.9% 的历史低位，但第二季度以来呈现逐步回升态势。消费趋稳受到服务消费增长较快，汽车购置政策调整以及消费品价格上涨等因素带动，但受整体经济增长放缓影响，消费持续回升的动力仍不强。2019 年，居民可支配收入实际增长 5.3%，比上年同期减慢 0.9 个百分点，考虑到经济增长承压和收入增长预期不确定等因素，居民消费增长仍存在放缓趋势。按经营单位所在地分，全年城镇消费品零售额 3.7 万亿元，增长 7.8%；乡村消费品零售额 5475 亿元，增长 9.8%。

数据来源：广东省统计局。

图 8　2008~2019 年广东省社会消费品零售总额及其增长率

3. 外贸增速持续回落，出口仍面临下行压力。2019 年，中美贸易摩擦对广东外贸影响逐渐显现，全年货物进出口总额 7.1 万亿元，同比下降 0.2%，比上年回落 5.3 个百分点，占全国进出口总额的比重为 22.6%。其中，出口增速比上年回落 0.4 个百分点；进口增速比上年回落 14.2 个百分点。考虑到 2019 年受加征关税影响，部分企业"抢出口"现象可能会"预支"2020 年初的出口，2020 年出口持续增长面临更大压力。

进出口结构优化，经济开发水平提升。2019 年，广东省实现贸易顺差 1.5 万亿元。其中，一般贸易进出口同比增幅快于加工贸易进出口 16.4 个百分点，占进出口总额的比重达 49%，比上年提高 2 个百分点。多渠道开拓国际市场，对欧盟、东盟进出口分别增长 11.1% 和 6.9%。加快发展外贸新业态，跨境电商进出口总额 1108 亿元，同比增长 45.8%。深度参与"一带一路"建设，对沿线国家进出口总额增长 6.3%，国际友城基本实现沿线主要国家全覆盖。中欧班列实现每周 9 列常态化运行，出口货值增长 31.2%。

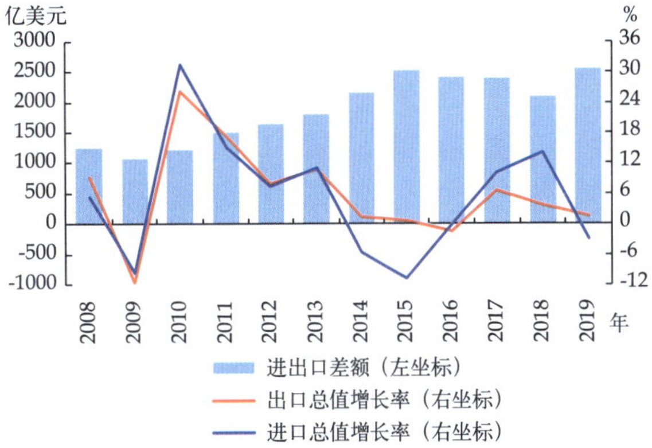

数据来源：广东省统计局。

图 9　2008~2019 年广东省外贸进出口变动情况

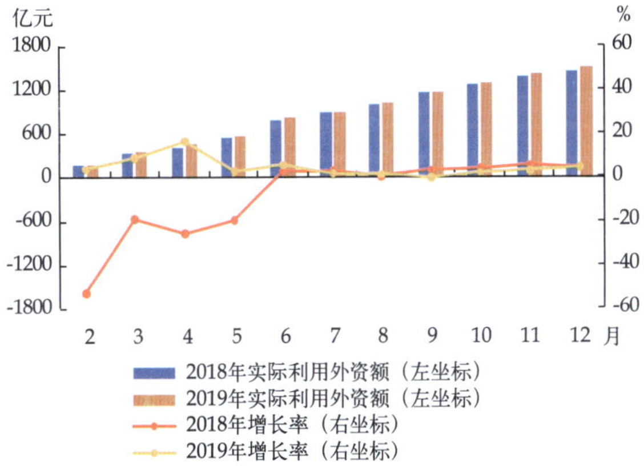

数据来源：广东省统计局。

图 10　2018~2019 年广东省实际利用外资情况

（二）供给端稳中有进，工业带动作用加强，服务业调整加快

2019 年，广东省产业结构继续优化，三次产业结构为 4.0 : 40.5 : 55.5，服务业比重比上年提高 0.7 个百分点，对地区生产总值增长的贡

献率为 63.8%。

1. 农业发展总体稳定。2019 年，随着全省乡村振兴战略和农业供给侧结构性改革的深入推进，农业发展保持平稳，第一产业增加值 4351 亿元，比上年增长 4.1%。粮食生产喜获丰收，全年粮食产量比上年增长 4%。农村一二三产融合加快发展，农产品加工业、农村电商、休闲农业等蓬勃发展，农村居民人均可支配收入 1.88 万元、增长 9.6%，增速高于城镇居民 1.1 个百分点。

乡村振兴战略取得新成效。2019 年，广东省深化农业供给侧结构性改革，建设国家级现代农业产业园 10 家、省级 119 家，园区主导产业总产值达 1300 亿元。大力发展富民兴村产业，新增国家级“一村一品”示范村镇 24 个，扶持 1000 个村发展农业特色产业。建成一批县镇村助农服务平台。现代种业加快发展，农业科技进步贡献率达 69%。

2. 工业制造业加快升级。2019 年，广东规模以上工业实现增加值 3.4 万亿元，比上年增长 4.7%。其中，规模以上民营企业增加值增长 7.6%，占规模以上工业增加值的 53.4%，比上年同期提高 3 个百分点，对全省规模以上工业增长的贡献率达 84.3%。制造业调整升级加快，截至 2019 年末，高技术制造业、先进制造业和装备制造业增加值增速分别高出规模以上工业增加值增速 2.6 个、0.4 个和 0.9 个百分点。其中，先进制造业增加值占规模以上工业的 56.3%；高技术制造业增加值占规模以上工业的 32%，比上年提高 0.5 个百分点。龙头企业带动作用增强。2019 年广东规模以上工业企业中百强企业合计实现增加值增长 8.3%，比规模以上工业平均水平高 3.6 个百分点，对全省规模以上工业增长的贡献率达 57.9%。

企业生产提质增效，经营利润平稳增长。随着生产技术升级效果显现，2019 年广东省规模以上工业企业每百元营业收入中的成本为 83.5 元，比上年减少 0.6 元；成本费用利润率 6.5%，提高 0.2 个百分点。2019 年，全员劳动生产率 26.7 万元 / 人年，比上年提高 10.5%。实现利润总额同比增长 5.6%，比上年加快 2 个百分点。其中，民营企业实现利润总额增长 10.3%。

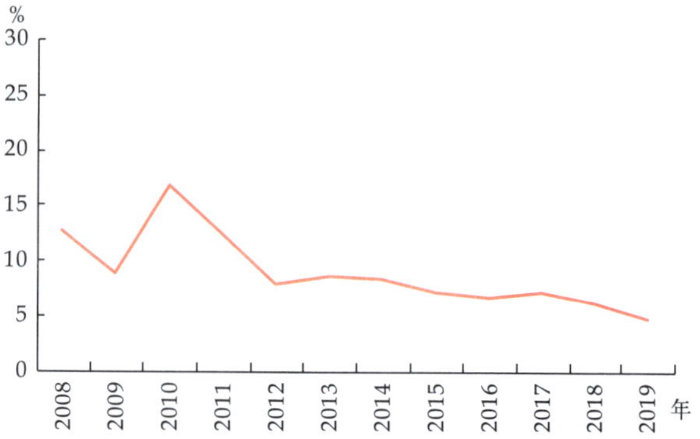

数据来源：广东省统计局。

图 11　2008~2019 年广东省规模以上工业增加值实际增长率

3. 服务业结构继续调整。2019 年，广东服务业增加值 6 万亿元，同比增长 7.5%，增速比上年回落 0.3 个百分点，比全国高 0.6 个百分点。主要服务行业增速“四升两降”，批发和零售业、住宿和餐饮业、金融业、房地产业同比增速分别为 4.9%、3.3%、9.3% 和 6.8%，增速比上年分别提高 0.4 个、0.6 个、3 个和 3.5 个百分点；交通运输仓储和邮政业、其他服务业同比增速分别比上年下降 1.6 个、3 个百分点。推进先进制造业与现代服务业深度融合发展，现代服务业增加值占服务业增加值的 63.8%，生产性服务业增加值占地区生产总值的 28.1%，分别比 2018 年提高 1.1 个和 0.1 个百分点。

4. 供给侧结构性改革深化，创新驱动发展显成效。2019 年，广东省深入落实“科技创新十二条”等政策，以制造业为主体的实体经济加快转型升级，预计全省研发经费支出 2800 亿元、占地区生产总值比重达 2.8%。区域创新综合能力保持全国第一，有效发明专利量、PCT 国际专利申请量稳居全国首位，获国家科学技术奖 50 项、中国专利金奖 9 项。高规格召开全省推动制造业高质量发展大会，出台“制造业十九条”，部署实施“六大工程”，高起点培育一批国际竞争力强的产业集群。企业创新能力不断增强，国家级高新技术企业总量超5万家，新增一批省级制造业创新中心、技术创新中心和新型研发机构，规模以上工业企业建立研发机构比例达40%。工业技改三年行动计划扎实推进，9000多家企业实现“小升规”。

（三）消费价格短期拉升，生产价格逐期走弱

1. 猪肉涨价短期推高居民消费价格，但长期走势将回落企稳。2019年，广东居民消费价格同比上涨3.4%，涨幅比上年提高1.2个百分点。其中，食品烟酒价格上涨8.1%，是主要拉动因素。2019年，广东省猪肉价格累计上涨37.6%，但进入12月后生猪供应偏紧局面有所缓解，猪肉环比价格自6月以来首次转负，下降5.1%，对长期物价走势的拉动作用将减弱。

2. 生产价格走势回落。2019年，广东工业生产者出厂价格同比上涨0.2%，涨幅比上年回落1.6个百分点。工业生产者购进价格同比下降0.8%，比上年回落3.3个百分点。

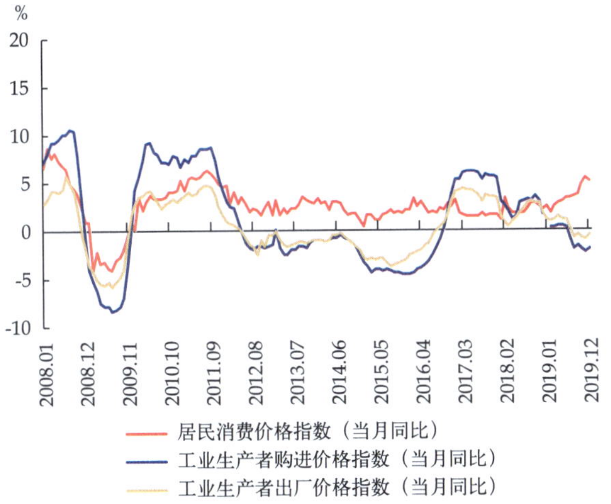

数据来源：广东省统计局。

图12　2008~2019年广东省居民消费价格指数和工业生产者价格指数变动趋势

（四）减税降费成效显现，人民生活持续改善

1. 财政收支差额扩大。2019年，广东地方一般公共预算收入1.3万亿元，同比增长4.5%，增速比上年回落3.4个百分点，其中税收收入同比增长3.3%，增速比上年回落6.5个百分点，主要受到全年新增减税降费超过3000亿元的影响。全年完成一般公共预算支出1.7万亿元，同比增长10%，增速比上年提高5.4个百分点。从财政支出和收入差距看，一般公共预算支出高于收入5.5个百分点。

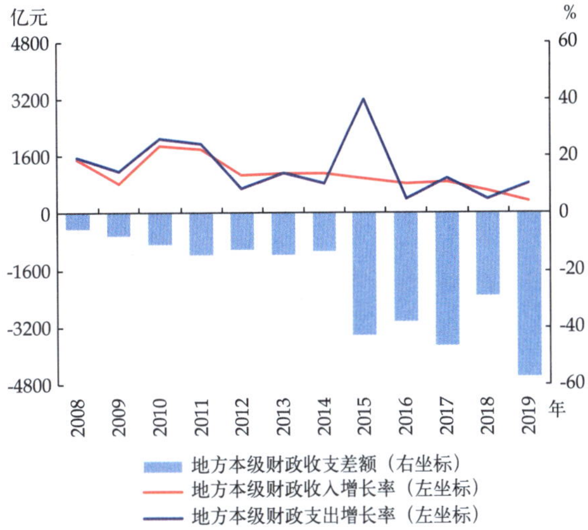

数据来源：广东省统计局。

图13　2008~2019年广东省财政收支状况

2. 市场活力增强，就业形势稳定。2019年，广东省新登记市场主体221万户、总量超1200万户，进入世界500强企业达13家。落实“促进就业九条”，城镇新增就业140万人，城镇调查失业率5%以内、城镇登记失业率2.25%。居民人均可支配收入达3.9万元，增长8.9%。

（五）房地产市场交易平稳，融资增速趋缓

1. 房地产销售增速先升后降，区域走势分化。广东省住建厅数据显示，2019年广东新建商品房销售面积、销售额、销售均价同比增速分别为-1.9%、12.1%和14.3%，分别比上年下降0.1个、提高0.6个、提高0.7个百分点。分地区看，受珠三角部分地区限购、备案价格政

策调整影响，当地新建商品房销售金额同比增长16.7%，其中珠海、深圳、广州同比涨幅较大，分别增长83.9%、20.3%和18.3%。粤东西北市场理性回调，新建商品房销售金额同比下降5.4%。

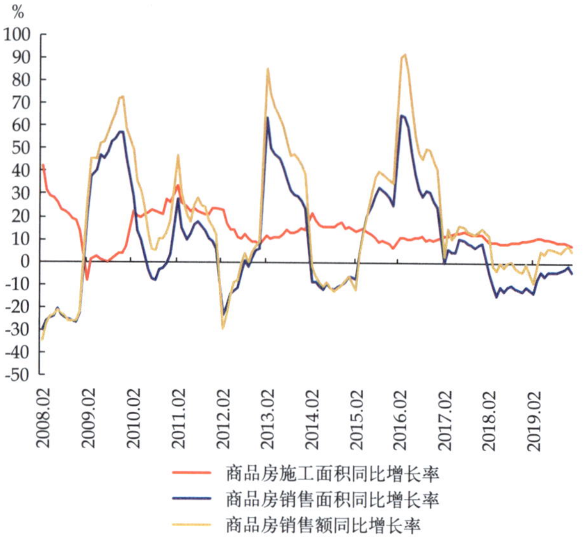

数据来源：广东省统计局。

图14　2008~2019年广东省商品房施工和销售变动趋势

2. 房地产开发投资增速回落。在房地产政策整体趋紧背景下，房企在投资和购地方面仍保持谨慎。2019年，广东房地产投资同比增长10%，比上年回落8.3个百分点，房地产企业土地购置面积同比下降37%，土地成交价款下降24.9%。

3. 房地产融资总体收紧。在坚持“房住不炒”原则的政策影响下，广东房地产融资增长明显放缓。2019年末，广东房地产贷款余额6.1万亿元，同比增长15.1%，比上年末低5.1个百分点；比年初增加8051亿元，同比少增929亿元，占各项贷款增量的36.7%，比上年下降10.8个百分点。其中，房地产开发贷款比年初增加1585亿元，同比少增960亿元；个人住房贷款比年初增加5860亿元，同比多增621亿元。

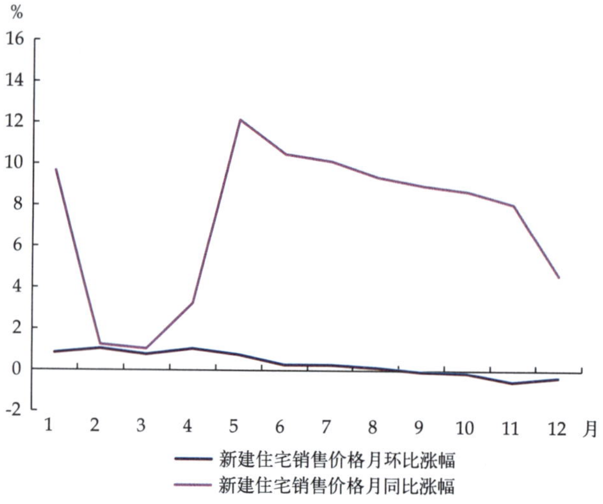

数据来源：国家统计局。

图15　2019年广州市新建住宅销售价格变动趋势

（六）粤港澳大湾区建设取得进展，深圳先行示范区建设扎实推进

2019年，广东省认真落实中央重大战略部署，细化实化各项具体举措，出台贯彻落实《粤港澳大湾区发展规划纲要》的实施意见和三年行动计划。以“湾区通”工程为抓手，大力推动三地规则衔接，境外高端紧缺人才个人所得税优惠政策全面落实，首期200亿元的粤澳合作发展基金运作顺利。推进粤港澳大湾区国际科技创新中心建设，深港科技创新合作区获批实施先行先试政策，首次实现省财政科研资金跨境港澳使用。基础设施互联互通加快推进，港珠澳大桥运营管理水平不断提升，横琴口岸旅检大楼建成，皇岗口岸重建工程启动。民生领域合作取得新进展，港澳创业者纳入内地创业补贴扶持范围，与港澳共建13家青年创新创业基地，启动建设香港科技大学（广州）。成功举办首届粤港澳大湾区媒体峰会、文化艺术节、华侨华人粤港澳大湾区大会等重大活动。出台支持深圳建设先行示范区若干重大措施，建立特事特办工作机制，赋予更大改革发展自主权，中心城市核心引擎作用进一步增强。

专栏 2 中国人民银行广州分行推动金融支持粤港澳大湾区建设取得积极成效

一、深化金融管理改革，多层次拓展金融市场双向开放

（一）推动自由贸易（FT）账户体系在南沙自贸区落地，助力大湾区建设

中国人民银行广州分行积极探索建立与自贸区、粤港澳大湾区发展相适应的账户管理体系，制定《中国（广东）自由贸易试验区南沙、横琴片区分账核算业务管理实施细则（试行）》。截至2019年12月31日，广州地区银行机构通过FT账户累计为自贸区及境外企业办理业务131笔，金额折合人民币120亿元。

（二）落实创新试点，持续推动大湾区外汇管理改革

一是全国率先开展货物贸易外汇收支便利化试点。截至2019年12月末，广州地区试点银行为试点企业办理试点业务12960笔，金额合计102.53亿美元。二是深入推进资本项目收入支付便利化改革试点。截至2019年末，广东自贸区广州南沙片区共有10家企业办理了317笔试点业务，累计金额为0.91亿美元。三是大力推广非银行债务人外债注销登记改革试点。截至2019年12月末，全辖银行共办理898笔非银行债务人外债注销登记业务。四是推动扩大QFLP政策实施范围。在广州地区正式实施QFLP政策，拓宽境外资金投资广州实体经济的渠道。五是联合国家税务总局广东省税务局打造大湾区“国际汇税通”一站式服务平台，为企业打通服务贸易跨境付汇“快速路”。

（三）推动合作共建，着力支持大湾区绿色金融创新发展

一是推进绿色金融标准建设。联合广州碳排放权交易所、香港品质保证局、澳门银行公会等单位共同起草完成《广东省广州市绿色金融改革创新试验区碳排放权抵质押融资实施方案》等多份文件，为拓展环境权益抵质押融资创新、林业碳汇业务打下基础。二是发起粤港澳大湾区环境信息披露倡议，推动建立合规、透明的环境信息披露机制，促进粤港澳大湾区产业实现绿色转型。三是推动花都区市政府引入香港品质保证局作为第三方绿色认证中介机构，开展有关绿色企业和项目认证工作。

二、坚持市场驱动，稳步推进人民币跨境使用

（一）拓宽跨境投融资渠道，缓解企业融资难题

一是大力推进全口径跨境融资业务发展。2019年1~12月，广州地区企业通过全口径跨境融资业务融入人民币资金24.70亿元。二是鼓励跨国企业集团开展人民币资金池业务。2019年1~12月，广州地区共设立跨境双向人民币资金池48个，累计办理资金池收付业务168.25亿元。

（二）深化“放管服”改革，推进跨境人民币结算服务便利化

一是鼓励结算银行在风险可控的基础上不断简化业务流程、提高服务质效，便利企业开展跨境人民币结算业务。2019年1~12月，广州市累计与港澳地区办理跨境人民币收付业务3510.04亿元。二是针对跨境居住、工作的湾区居民的生活需求，鼓励区内银行推出跨境人民币便民金融服务，为大湾区居民跨境支付收取薪酬、缴纳水电燃气等生活收支提供跨境人民币结算服务。2019年1~12月，广州地区共办理个人其他经常项下跨境人民币业务21.85亿元。

三、加强金融服务创新，支持优质生活圈建设

（一）全面优化大湾区银行账户服务，完善便利跨境金融服务

一是在全国率先实施取消企业银行账户许可工作。截至2019年末，广州地区银行共

为企业新开立基本存款账户18.68万户，企业银行账户实现即开即用，银行服务水平全面提升。二是创新推出香港代理见证开户业务。组织中国银行、中国工商银行分别于2019年3月20日、12月20日在粤港澳大湾区率先推出香港、澳门代理见证开立Ⅱ类、Ⅲ类个人银行结算账户业务试点，有效满足港澳居民在大湾区的便捷支付需求。

（二）推动移动支付工具在大湾区互通使用，切实支持优质生活圈建设

一是深入推进移动支付便民场景运用，通过智慧交通、智慧生活、智慧医疗、智慧养老等“四个智慧”推动移动支付在大湾区各地市医疗、缴费、商圈、交通、停车场等便民服务规模化发展。二是推广云闪付APP港澳持卡人服务、香港微信电子钱包跨境移动支付服务，推动支付宝香港本地钱包跨境条码支付服务实施，有效满足大湾区消费者在本地、回内地及跨境旅行中的便捷移动支付服务需求。

三、预测与展望

2020年，广东省发展仍将面临新冠肺炎疫情冲击、世界经济增长放缓、国内结构性体制性周期性问题交织等诸多挑战，经济下行压力依然较大。2020年是全面建成小康社会决战决胜之年，是“十三五”规划收官之年。广东省将鼓足干劲，迎难而上，以习近平新时代中国特色社会主义思想为指导，坚持以供给侧结构性改革为主线，坚持以改革开放为动力，以粤港澳大湾区建设为“纲”，以支持深圳建设中国特色社会主义先行示范区为牵引，坚定推动高质量发展，坚决打好三大攻坚战，全面做好“六稳”工作，保持经济社会平稳健康发展，确保全面建成小康社会和“十三五”规划圆满收官。

从经济运行看，消费和外贸需求将延续放缓态势，短期内消费受疫情影响严重，全年增速预计将减缓。基础设施建设投资会进一步拉动投资增长，地方重点项目建设将刺激工业加快生产，支持经济企稳并恢复增长。随着粤港澳大湾区建设持续推进，区域协调发展将进一步增强，新技术、新产业、新业态、新模式带来的经济效应不断显现，成为支持经济增长的新动能。战略性新兴产业、高技术制造业和现代服务业等占经济比重将进一步上升。

从物价形势看，消费者价格指数受疫情短期影响较大，中期将趋于平稳。工业生产者购进价格指数受经济增长放缓影响，将面临一定下行压力。

从金融运行看，随着货币政策应对疫情冲击和逆周期调节作用进一步增强，信贷资金总量将保持合理充裕，积极满足民营和小微企业等经济薄弱环节和重点领域的融资需求，支持地方经济高质量发展。随着各项金融改革政策逐步落实，广东省社会融资规模将保持较快增速，表外融资规模继续收缩，直接融资效率提升，支持企业平稳发展。金融风险将逐步缓释降低，金融业将总体保持平稳运行。

中国人民银行广州分行货币政策分析小组

总　纂：白鹤祥　陈玉海

统　稿：张志东　肖　跃

执　笔：胡逸闻　黄载良

提供材料的还有：陈　瑞　韦婵娜　吴国兵　陈　宇　谢青华　史　琳　叶智雯　何达之　袁鹏鹏　李　思　叶俊华　黎叶子　庄礼焕　邱全山　孙方江　戈志武　李美洲　陈亚东　梁　欢　方铭贤

附录

（一）2019 年广东省经济金融大事记

2019 年全年，中国人民银行广州分行组织深化民营和小微企业金融服务“访百万企业 助实体经济”专项行动。

1 月 15 日和 25 日，分别全面下调法人金融机构人民币法定存款准备金率 0.5 个百分点，合计释放资金 430 亿元。

4 月 1 日，联合上海票交所在广州召开“票据业务服务实体经济”宣讲会，向广东辖区金融机构宣讲票据市场最新的政策导向、要求和票据业务的新产品、新规则。

8 月 26 日，组织广东各级人民银行和所有发放贷款的金融机构，召开落实改革完善 LPR 形成机制工作电视电话会议，部署贯彻落实改革完善 LPR 形成机制工作。

9 月 16 日，普遍下调金融机构存款准备金率 0.5 个百分点（不含财务公司、租赁公司和汽车金融公司），合计释放资金 243 亿元。

9 月 18 日，组织召开广东辖区再贴现工作会议，对再贴现办理机构进行票据业务风险和再贴现操作风险提示。

9 月 25 日，广东省第十三届人民代表大会常务委员会第十四次会议修订通过《广东省促进中小企业发展条例》。

10 月 8 日起，新发放商业性个人住房贷款利率以最近一个月相应期限的贷款市场报价利率为定价基准加点形成。

10 月 22 日，在广州分行第三季度新闻通气会上，向社会公众介绍广东落实 LPR 形成机制改革完善工作进展情况，以及关系到广大群众切身利益的房贷利率定价基准转换工作开展情况。

12 月 23 日，举办华南片区（广东、海南、深圳三省市）地方法人金融机构和人民银行相关人员 LPR 培训班。

（二）2019 年广东省主要经济金融指标

表 1　2019 年广东省主要存贷款指标

		1 月	2 月	3 月	4 月	5 月	6 月	7 月	8 月	9 月	10 月	11 月	12 月
本外币	金融机构各项存款余额（亿元）	213563.29	214147.53	216647.00	218115.96	221133.85	225445.56	223139.76	223685.09	225036.59	226006.66	227004.73	232458.64
	其中：住户存款	73703.62	72776.22	74139.24	74060.34	74809.85	76407.24	76244.22	76387.18	77802.21	77246.74	77262.29	78959.14
	非金融企业存款	77745.72	76684.96	79018.56	79225.30	78832.37	82011.74	79374.06	80558.00	82484.73	81554.65	83235.19	87267.57
	各项存款余额比上月增加（亿元）	5452.85	584.24	2499.47	1468.96	3017.89	4311.71	-2305.80	545.33	1351.50	970.07	998.07	5453.92
	金融机构各项存款同比增长（%）	7.26	8.48	9.92	9.89	10.31	11.88	9.91	9.74	10.47	10.26	10.31	11.73
	金融机构各项贷款余额（亿元）	150897.22	151193.48	153296.44	154381.23	156447.41	158790.38	159851.14	161502.56	163461.57	164334.90	165931.58	167994.58
	其中：短期	39450.17	39023.01	39661.12	39543.88	40128.21	41111.42	40841.91	40744.07	41152.74	41356.55	41999.73	42219.68
	中长期	99684.98	100521.83	101925.39	103062.68	104255.58	105522.06	106735.38	108022.67	109166.74	109874.12	111019.65	113011.54
	票据融资	6172.92	6077.58	6198.47	6198.94	6190.03	6269.85	6452.68	6815.73	7262.25	7267.82	7041.62	6897.24
	各项贷款余额比上月增加（亿元）	4832.95	296.26	2102.96	1084.79	2066.18	2342.96	1060.77	1651.42	1959.01	873.33	1596.67	2063.01
	其中：短期	814.56	-427.16	638.10	-117.24	584.34	983.21	-269.52	-97.84	408.67	203.81	643.19	219.94
	中长期	3084.33	836.85	1403.56	1137.29	1192.90	1266.48	1213.32	1287.29	1144.06	707.39	1145.53	1991.89
	票据融资	954.34	-95.34	120.88	0.47	-8.91	79.83	182.83	363.05	446.52	5.57	-226.21	-144.38
	金融机构各项贷款同比增长（%）	16.47	15.93	16.50	16.42	16.79	16.18	15.24	14.75	15.09	14.95	14.77	15.72
	其中：短期	7.55	6.31	7.59	6.01	7.57	7.92	6.26	5.32	5.39	5.77	6.69	8.06
	中长期	18.19	17.86	18.09	18.63	18.46	18.11	17.66	17.69	17.95	17.62	17.47	18.58
	票据融资	78.20	81.53	82.93	87.10	82.08	60.62	58.97	44.76	50.15	48.96	37.88	32.17
	建筑业贷款余额（亿元）	3260.22	3265.51	3365.75	3397.34	3426.59	3563.17	3633.82	3654.62	3701.19	3654.61	3724.20	3772.88
	房地产业贷款余额（亿元）	14210.56	14385.16	14544.13	14752.08	14887.02	15167.16	15352.01	15558.32	15701.14	15763.80	15832.09	16055.64
	建筑业贷款同比增长（%）	13.97	11.23	15.12	15.64	17.61	18.49	20.60	18.62	20.08	17.56	18.36	23.23
	房地产业贷款同比增长（%）	27.95	26.36	23.79	23.17	22.90	22.23	20.92	21.32	20.57	20.03	19.46	18.75
人民币	金融机构各项存款余额（亿元）	204787.99	204857.18	207158.91	208417.28	211483.72	215730.36	213614.98	214018.12	215110.48	216260.34	217161.31	222962.37
	其中：住户存款	72668.33	71742.93	73103.01	73028.62	73772.19	75383.85	75230.71	75358.66	76785.37	76232.17	76249.10	77943.89
	非金融企业存款	73223.90	72013.24	74396.00	74621.75	74237.58	77432.39	74882.44	76185.76	77991.96	76969.49	78577.88	82738.79
	各项存款余额比上月增加（亿元）	5154.48	69.20	2301.72	1258.37	3066.44	4246.64	-2115.38	403.14	1092.36	1149.86	900.97	5801.06
	其中：住户存款	3423.65	-925.40	1360.07	1080.42	743.57	1611.65	-153.13	127.94	1426.71	-553.20	16.93	1694.78
	非金融企业存款	1110.28	-1210.66	2382.75	225.75	-384.17	3194.81	-2549.94	1303.31	1806.20	-1022.47	1608.39	4160.91
	各项存款同比增长（%）	8.39	9.42	10.69	10.37	10.78	12.35	10.40	10.05	10.48	10.35	10.15	11.72
	其中：住户存款	15.50	13.73	14.39	15.62	15.72	15.58	16.36	15.72	14.47	13.69	12.14	12.58
	非金融企业存款	12.78	13.50	14.59	12.39	12.19	12.66	8.85	10.22	11.38	11.32	11.69	14.47
	金融机构各项贷款余额（亿元）	144990.62	145430.06	147548.85	148773.02	150535.44	152962.75	154128.09	155724.21	157733.52	158582.51	160206.95	162378.43
	其中：个人消费贷款	54342.41	54417.08	55179.16	55696.49	56283.63	56874.23	57401.73	57959.75	58493.71	59035.02	59768.19	60445.70
	票据融资	6172.92	6077.58	6198.47	6198.94	6190.03	6269.85	6452.68	6815.73	7262.25	7267.77	7041.62	6897.24
	各项贷款余额比上月增加（亿元）	4999.33	439.45	2118.79	1224.17	1762.41	2427.31	1165.34	1596.13	2009.30	849.00	1624.44	2171.48
	其中：个人消费贷款	976.91	92.67	762.08	517.40	587.14	590.61	527.49	558.03	533.96	541.31	733.17	677.51
	票据融资	954.36	-95.34	120.88	0.47	-8.91	79.82	182.83	363.05	446.52	5.52	-226.15	-144.38
	金融机构各项贷款同比增长（%）	18.43	17.96	18.47	18.57	18.72	18.08	17.12	16.51	16.73	16.34	15.98	16.74
	其中：个人消费贷款	18.31	17.91	18.26	18.12	17.82	17.30	16.70	15.88	15.45	14.87	14.59	15.24
	票据融资	78.27	81.58	82.93	87.10	82.08	60.62	58.97	44.76	50.15	48.97	37.88	32.17
外币	金融机构外币存款余额（亿美元）	1309.26	1388.67	1409.09	1441.41	1398.73	1413.18	1383.59	1363.87	1403.40	1381.81	1400.24	1361.24
	金融机构外币存款同比增长（%）	-18.50	-13.66	-10.84	-5.27	-6.17	-1.48	-1.02	-0.63	7.17	6.91	12.37	10.23
	金融机构外币贷款余额（亿美元）	881.25	861.48	853.58	833.49	856.91	847.69	831.34	815.24	809.86	815.56	814.34	805.04
	金融机构外币贷款同比增长（%）	-21.81	-23.57	-23.78	-25.93	-23.20	-21.28	-20.43	-21.45	-19.29	-14.52	-12.34	-8.97

数据来源：中国人民银行广州分行。

表 2　2001~2019 年广东省各类价格指数

单位：%

		居民消费价格指数		农业生产资料价格指数		工业生产者购进价格指数		工业生产者出厂价格指数	
		当月同比	累计同比	当月同比	累计同比	当月同比	累计同比	当月同比	累计同比
2001		—	-0.7	—	-2.9	—	-0.9	—	-1.5
2002		—	-1.4	—	-1.6	—	-3.7	—	-3.5
2003		—	0.6	—	-0.4	—	4.1	—	-0.7
2004		—	3.0	—	9.4	—	10.6	—	1.7
2005		—	2.3	—	5.8	—	5.0	—	1.5
2006		—	1.8	—	2.6	—	3.6	—	1.4
2007		—	3.7	—	5.8	—	3.3	—	1.3
2008		—	5.6	—	14.5	—	7.9	—	3.1
2009		—	-2.3	—	-1.8	—	-6.2	—	-4.2
2010		—	3.1	—	1.7	—	7.3	—	3.2
2011		—	5.3	—	9.6	—	7.3	—	3.7
2012		—	2.8	—	4.0	—	-0.5	—	-0.5
2013		—	2.5	—	-0.3	—	-1.8	—	-1.2
2014		—	2.3	—	-0.1	—	-1.2	—	-1.1
2015		—	1.5	—	1.2	—	-4.7	—	-3.2
2016		—	2.3	—	2.0	—	-2.0	—	-0.6
2017		—	1.5	—	0.4	—	5.3	—	3.3
2018		—	2.2	—	2.5	—	2.5	—	1.8
2019		—	3.4	—	4.1	—	-0.8	—	0.2
2018	1	1.1	1.1	2.3	2.3	2.9	2.9	1.4	1.4
	2	3.3	2.2	2.4	2.4	2.5	2.7	0.7	1.1
	3	2.2	2.2	2.3	2.3	1.9	2.4	0.4	0.8
	4	1.8	2.1	2.1	2.3	1.1	2.1	0.8	0.8
	5	1.7	2.0	2.6	2.3	1.3	1.9	1.2	0.9
	6	1.8	2.0	3.1	2.5	2.7	2.1	1.7	1.0
	7	1.8	2.0	2.5	2.5	3.0	2.2	2.3	1.2
	8	2.3	2.0	2.8	2.5	3.1	2.3	2.7	1.4
	9	2.8	2.1	2.8	2.5	2.9	2.4	2.9	1.6
	10	2.7	2.1	3.0	2.6	3.4	2.5	2.8	1.7
	11	2.4	2.2	2.7	2.6	2.9	2.5	2.7	1.8
	12	2.1	2.2	1.5	2.5	1.6	2.5	1.8	1.8
2019	1	—	—	—	—	—	—	—	—
	2	1.7	2.0	0.6	0.4	0.1	0.2	0.8	0.9
	3	2.4	2.2	0.9	0.6	0.2	0.2	1.0	0.9
	4	2.7	2.3	0.5	0.6	0.3	0.2	1.3	1.0
	5	3.0	2.4	0.7	0.6	0.3	0.2	1.0	1.0
	6	3.2	2.5	1.0	0.7	0.2	0.2	1.0	1.0
	7	3.2	2.6	1.2	0.7	-0.8	0.0	0.1	0.9
	8	3.5	2.7	3.2	1.0	-2.0	-0.2	-0.8	0.7
	9	3.6	2.8	7.4	1.7	-1.7	-0.4	-0.6	0.5
	10	4.6	3.0	9.3	2.5	-2.0	-0.6	-0.9	0.4
	11	5.3	3.2	11.6	3.3	-2.4	-0.7	-1.1	0.3
	12	5.0	3.4	12.3	4.1	-2.1	-0.8	-0.5	0.2

数据来源：广东省统计局。

表3　2019年广东省主要经济指标

	1月	2月	3月	4月	5月	6月	7月	8月	9月	10月	11月	12月
	绝对值（自年初累计）											
地区生产总值（亿元）	—	—	23886.77	—	—	50501.17	—	—	77191.22	—	—	107671.07
第一产业	—	—	772.53	—	—	1689.42	—	—	2936.55	—	—	4351.26
第二产业	—	—	9492.43	—	—	20521.99	—	—	30811.55	—	—	43546.43
第三产业	—	—	13621.81	—	—	28289.76	—	—	43443.12	—	—	59773.38
工业增加值（亿元）	—	4383.76	7348.48	9937.86	12388.45	15429.03	18076.99	20816.13	24010.98	26892.15	29997.37	33616.10
固定资产投资（亿元）	—	3435.25	6523.03	9298.38	12517.24	17146.28	20155.08	23351.08	27249.67	30685.75	34660.82	39244.61
房地产开发投资	—	1561.05	2778.68	3922.38	5277.18	7255.60	8462.79	9820.94	11464.44	12811.89	14343.82	15852.16
社会消费品零售总额（亿元）	—	6783.90	10178.96	13538.85	17057.97	20680.41	24171.37	27755.14	31423.47	35105.84	38843.01	42664.46
外贸进出口总额（亿元）	—	9899.81	15481.40	21224.00	27075.30	32806.80	38855.10	45145.00	51442.60	57575.40	64124.47	71436.80
进口	—	3965.30	6221.20	8573.36	10805.02	13013.91	15305.42	17716.04	20176.92	22580.80	25195.86	28057.45
出口	—	5934.51	9260.20	12650.70	16270.30	19792.90	23549.70	27428.90	31265.70	34994.60	38928.61	43379.35
进出口差额（出口－进口）	—	1969.22	3039.00	4077.34	5465.28	6778.99	8244.28	9712.86	11088.78	12413.80	13732.75	15321.90
实际利用外资（亿元）	—	186.90	370.59	476.05	578.75	837.66	906.34	1030.03	1172.92	1302.50	1424.07	1522.00
地方财政收支差额（亿元）	—	163.98	-921.55	-993.45	-1082.28	-2145.88	-1925.73	-2172.97	-3183.80	-2968.16	-3418.57	-4662.65
地方财政收入	—	2431.63	3303.00	4453.13	5581.48	6855.93	8029.30	8783.36	9678.72	10722.52	11493.77	12651.46
地方财政支出	—	2267.65	4224.55	5446.58	6663.76	9001.80	9955.03	10956.32	12862.52	13690.68	14912.34	17314.12
城镇登记失业率（%）（季度）	—	—	4.60	—	—	4.60	—	—	4.80	—	—	4.80
	同比累计增长率（%）											
地区生产总值	—	—	6.55	—	—	6.50	—	—	6.35	—	—	6.15
第一产业	—	—	3.50	—	—	3.60	—	—	3.80	—	—	4.10
第二产业	—	—	5.98	—	—	4.88	—	—	4.63	—	—	4.70
第三产业	—	—	7.20	—	—	8.03	—	—	7.93	—	—	7.53
工业增加值	—	3.00	6.50	5.10	4.80	10.50	4.40	4.10	4.50	4.30	4.40	4.70
固定资产投资	—	11.10	11.20	11.00	10.70	10.50	10.80	10.80	11.30	11.30	11.20	11.10
房地产开发投资	—	15.27	12.85	13.32	13.32	12.41	11.26	10.73	11.36	11.17	11.03	9.99
社会消费品零售总额	—	6.40	6.86	6.68	7.00	7.68	7.60	7.50	7.78	7.77	7.90	8.01
外贸进出口总额	—	-3.40	-1.00	0.80	1.40	1.30	0.20	-0.20	-1.30	-2.00	-1.70	-0.25
进口	—	-3.42	-4.80	-1.53	-2.17	-2.52	-4.20	-5.10	-6.20	-6.64	-5.43	-2.92
出口	—	-3.39	1.80	2.40	4.00	3.90	3.30	3.20	2.10	1.20	0.90	1.56
实际利用外资	—	4.16	9.09	16.90	3.30	5.94	1.92	1.80	0.05	2.41	3.33	4.90
地方财政收入	—	7.46	6.27	5.81	4.00	5.10	4.30	4.10	4.60	4.87	4.40	4.53
地方财政支出	—	16.04	15.26	14.77	12.30	13.03	11.80	9.65	10.90	10.69	9.30	10.02

数据来源：广东省统计局。

深圳市金融运行报告（2020）

中国人民银行深圳市中心支行货币政策分析小组

[内容摘要] 2019年以来，国内外形势“稳中有变、变中有忧”。世界经济增长持续放缓、中美贸易摩擦曲折反复、全球动荡源和风险点显著增多。从国内来看，我国正处在转变发展方式、优化经济结构、转换增长动力的攻关期，结构性、体制性、周期性问题相互交织，“三期叠加”影响持续深化，经济下行压力增大。面对内外部风险挑战明显上升的复杂局面，深圳市按照党中央、国务院统一部署，坚持以习近平新时代中国特色社会主义思想为指导，全面贯彻党的十九大和十九届二中、三中、四中全会及中央经济工作会议精神，坚持稳中求进工作总基调，坚持新发展理念，坚持以供给侧结构性改革为主线，坚持以粤港澳大湾区建设为“纲”，以深圳先行示范区建设为总牵引、总要求，统筹推进稳增长、促改革、调结构、惠民生、防风险、保稳定，推动经济稳中提质。总的来看，2019年深圳经济运行总体稳健、主要经济指标表现良好。地区生产总值突破2.7万亿元，同比增长6.7%，经济总量位居全国大中城市第三。三大需求稳中有降，投资结构进一步优化，固定资产投资同比增长18.8%；互联网消费增长迅猛，社会消费品零售总额同比增长6.7%；进出口受中美贸易摩擦不利影响，进出口规模按美元计同比下降4.9%。物价水平温和上涨，居民消费价格指数（CPI）同比上涨3.4%，工业生产者出厂价格指数（PPI）同比微降0.2%。

深圳经济增长稳中提质。主要体现在：一是产业结构进一步优化。第三产业主导优势进一步扩大，2019年，第三产业增加值同比增长8.1%，以互联网、软件和信息技术服务为代表的其他服务业营业收入增速分别达到20.3%和21.9%。二是新经济对地区经济的拉动作用进一步增强。高端制造业对工业增加值的拉动作用突出，先进制造业增加值占规模以上工业增加值比重超过70%。三是经济发展中创新动能进一步壮大。财政科技专项资金同比增长超过90%，其中30%以上投向基础研究和应用研究，战略性新兴产业增加值同比增长8.8%。四是财政收入量大质优，减税降费释放红利。深圳全年一般公共预算收入3773.2亿元，同比增长6.2%；全年新增减税降费超过1100亿元，占全市地区生产总值的比重超过4%。五是多元住房供应与保障体系逐步构建。深圳继续坚持“房住不炒”的定位，住宅用地供给力度加大，住房供需结构持续优化，涉房信贷质量保持稳定。

金融运行稳中向好，金融服务实体经济的能力持续提升。2019年，深圳金融业进一步加大融资支持力度、激发微观主体活力、发挥资本市场功能，为深入实施创新驱动发展战略营造适宜的货币金融环境。在支持实体经济的过程中，金融业风险防范化解工作取得一定成效，深化区域金融改革创新和对外开放，金融生态环境建设再上新台阶，金融业继续呈现平稳发展的良好态势。

一是金融支持实体经济力度加大。2019年，中国人民银行深圳市中心支行科学把握逆周期调控，坚持把疏通货币政策传导渠道与优化金融资源配置作为落实稳健货币政策的着力点，引导机构加大信贷支持力度，充分发挥货币政策工具的结构性功能，创新操作、精准发力，引导金融机构优化融资结构，加大对民营企业、小微企业等重点领域的支持力度。年末全市金融机构本外币贷款余额5.9万亿元，同比增长13.2%，与深圳名义GDP增长率总体匹配。银行业流动性合理充裕，贷款利率明显下降。2019年12月深圳金融机构新发放贷款参考LPR定价的占比已达到89.97%，有效疏通政策传导渠道，引导贷款利率下行，12月深圳市金融机构新发生一般贷款加权平均利率为6.92%，同比下降0.30个百分点，8月以来累计下降0.54个百分点。信贷结构进一步优化，民营企业和小微企业贷款占比分别为56.0%和22.5%，同比分别提升4.2个和1.7个百分点。二是金融机构规模和效益保持平稳。2019年，银行业金融机构资产规模平稳增长，年末资产总额8.9万亿元，较年初增长11.6%；全年实现净利润小幅增长2.1%。各项存款呈现大幅增长态势，年末余额8.4万亿元，同比增长15.7%。全市证券期货业资源配置能力进一步增强，年末管理资产规模超12万亿元，占全国的1/4。证券期货业经营业绩稳中有升，法人证券公司总资产1.7万亿元，居全国第一，法人基金公司家数仅次于北京和上海，期货公司盈利能力提高。保险业持续快速发展，风险保障能力进一步增强，年末法人机构数量位居全国大中城市第三，累计实现保费收入同比增长16.2%，增速较全国高4.0个百分点。三是防范化解金融风险工作成效显著。银行资产质量总体保持稳健，重点领域风险总体可控，P2P网贷风险处置和虚拟货币交易平台专项整治等主要工作取得重大进展。四是金融市场运行平稳。表内信贷和非金融企业发债支撑社会融资规模增长，有效缓解信用收缩压力。资本市场融资平稳增长，多层次资本市场稳步发展。证券市场缩量上行，深港通交易持续活跃，外资增持境内股票热情不减。票据交易需求平稳，通过再贴现带动票据承兑、贴现业务层层放大的效应逐步显现。跨境人民币收付规模稳步增长，跨境人民币业务推进更加稳健。黄金市场交易受市场环境影响，增幅有所放缓。五是深化区域金融改革创新和对外开放助力“双区建设”。支持自贸区发展，推动更高水平贸易投资便利化试点落地前海蛇口片区，积极探索外汇管理改革试点，深入打造深港宜居宜商宜业金融生态圈，证券行业加快对外开放步伐，央行贸易金融区块链平台建设持续推进。

金融生态环境建设再上新台阶，助推营商环境持续提升。2019年，深圳充分抓住粤港澳大湾区中心城市和社会主义先行示范区“双区驱动”战略契机，推进各项金融改革举措，助推营商环境持续提升。一是优化开户服务与账户管理。扩大取消企业银行账户许可，强化支付机构备付金监管，实现“断直连”和备付金集中交存。强化支付机构备付金监管。二是持续深化移动支付便民示范工程。深圳成为首个公共交通领域金融IC卡·云闪付（NFC）全覆盖的一线城市。三是社会信用体系建设再上新台阶。市场各方的征信服务需求得到进一步满足，多部门建立信息共享失信联合惩戒工作机制，推动形成深圳市“一处违法、处处受限”诚信营商环境。四是辖区现金服务利民便民水平稳步提高。创建辖内首批现金服务示范区，全面开展现金服务标准化建设，强化现金服务基础设施建设，健全完善现金服务长效监督机制。五是扎实推进金融消费者权益保护工作。开展金融宣传教育工作，推动金融知识进校园。强化协同监管，开展违法金融广告监测处置工作，运用金融科技向消费者精准投送金融广告防骗常识。六是国库服务水平迈上新台阶。完成深圳市社保征管职能划转，实现社保费直缴入库。优化退税工作流程，让减税降费政策第一时间惠及企业。

展望2020年，深圳将进一步实施创新驱动发展战略，推动经济高质量发展，提升现代服务业发展能级，推动“深圳制造”向“深圳创造”转型，进一步强化金融中心城市的综合服务功能，大力发展绿色金融、科技金融等，开展数字货币研究和移动支付应用，大力推进金融科技发展。但也应该看到，当前深圳经济金融运行仍面临中美贸易摩擦、经济周期与金融周期叠加共振、金融风险陆续暴露、跨市场传导压力加大等新挑战。面对上述挑战，深圳将抢抓“双区驱动”的重大历史机遇，继续全面深化改革开放，聚焦做好“六稳”工作，增强投资、消费、外贸协同拉动作用。中国人民银行深圳市中心支行将全面贯彻党的十九大和十九届二中、三中、四中全会及中央经济工作会议精神，强化逆周期调节、结构调整和改革的力度，促进货币信贷、社会融资规模增长同深圳经济社会发展相适应，深化金融供给侧结构性改革，疏通货币政策传导机制，引导金融机构加大对制造业、科技创新等重点领域和薄弱环节的金融支持，促进普惠金融和绿色金融发展，坚决打好防范化解重大金融风险的攻坚战，保持房地产金融政策的连续性、一致性和稳定性，全面提升金融服务的效率和水平，进一步深化对外合作，为深圳顺利完成全面建成小康社会的各项目标任务、实现“十三五”规划圆满收官提供高效和有力的金融支持。

一、金融运行情况

2019 年，深圳金融业进一步加大融资支持力度、激发微观主体活力、发挥资本市场功能，为深入实施创新驱动发展战略营造适宜的货币金融环境。在支持实体经济的过程中，金融业风险防范化解工作取得一定成效，深化区域金融改革创新和对外开放，金融生态环境建设再上新台阶，金融业继续呈现平稳发展的良好态势。

（一）银行业保持稳健运行，支持实体经济力度加大

2019 年，深圳银行业始终围绕地区产业优势，把握好稳中求进的总基调，积极贯彻稳健的货币政策。全年各项贷款平稳增长，贷款结构持续优化，服务实体经济的效率和水平进一步提升。

1. 银行业资产规模上升，盈利能力保持稳定。2019 年末，深圳银行业资产总额 8.9 万亿元，比年初增长 11.6%。受负债难度增大、存贷利差收入收窄等因素影响，加之经济下行期资产减值准备计提力度加大，银行业利润增长有所放缓。全年深圳银行业共实现净利润 1171.2 亿元，同比增长 2.1%，比上年同期降低 1.6 个百分点。

表 1　2019 年深圳市银行业金融机构情况

机构类别	营业网点			法人机构（个）
	机构个数（个）	从业人数（人）	资产总额（亿元）	
一、大型商业银行	716	23936	31408	0
二、国家开发银行和政策性银行	3	335	4781	0

续表

机构类别	营业网点			法人机构（个）
	机构个数（个）	从业人数（人）	资产总额（亿元）	
三、股份制商业银行	573	30401	29737	2
四、城市商业银行	173	5658	6497	0
五、小型农村金融机构	221	3561	3663	1
六、财务公司	10	447	1408	10
七、信托公司	2	1071	550	2
八、邮政储蓄银行	145	1785	884	0
九、外资银行	98	5650	3960	5
十、新型农村金融机构	57	1403	426	10
十一、其他	10	6006	6070	5
合　计	2008	80253	89383	35

注：营业网点不包括国家开发银行和政策性银行、大型商业银行、股份制商业银行等金融机构总部数据；大型商业银行包括中国工商银行、中国农业银行、中国银行、中国建设银行和交通银行；小型农村金融机构包括农村商业银行、农村合作银行和农村信用社；新型农村金融机构包括村镇银行、贷款公司、农村资金互助社；“其他”包含金融租赁公司、汽车金融公司、货币经纪公司、消费金融公司等。

数据来源：深圳银保监局。

2. 各项存款增速大幅提升，企业和个人存款增幅显著。2019 年末，深圳市本外币各项存款余额 8.4 万亿元，同比增长 15.7%，增速比上年末上升 11.6 个百分点，同比多增 8648.3 亿元。从结构来看，受大型企业集团企业资金归集运作影响，非金融企业存款余额同比由降转升，增幅明显。年末，非金融企业存款余额 4.1 万亿元，同比增长 17.2%，同比多增 3766 亿元。个人存款增幅保持稳定。年末，住户存款余额 1.6 万亿元，同比增长 18.8%，同比多增 26.1 亿元。外币存款余额由降转升。年末，外币各项存款余额 629.3 亿美元，同比增长 12.1%，上年同期为下降 29.2%。

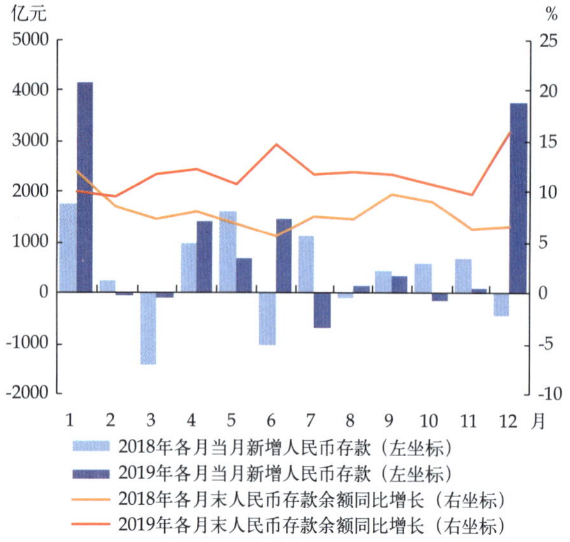

数据来源：中国人民银行深圳市中心支行。

图 1　2018~2019 年深圳市金融机构人民币存款增长变化

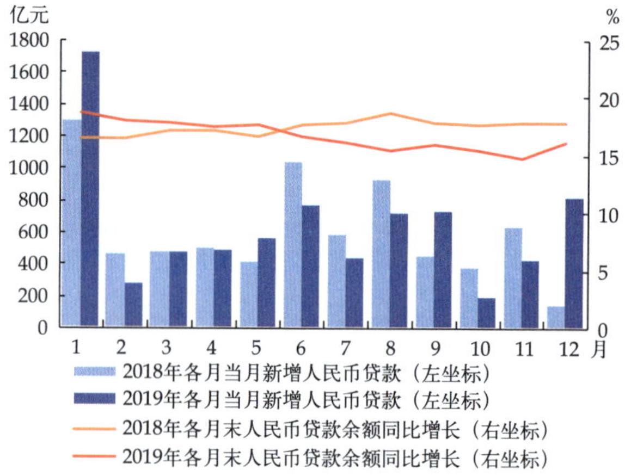

数据来源：中国人民银行深圳市中心支行。

图 2　2018~2019 年深圳市金融机构人民币贷款增长变化

3. 贷款保持中高速增长，信贷结构进一步优化。2019 年，人民银行加大逆周期调控，充分发挥货币政策的结构优化作用。年末，本外币各项贷款余额 5.9 万亿元，同比增长 13.2%。人民币各项贷款余额 5.6 万亿元，同比增长 16.0%，高于全国 3.7 个百分点。分部门来看，企业人民币贷款增长强劲，余额同比增长 18.8%；票据融资企稳回升，比年初增加 775.2 亿元，同比少增 29.9 亿元。个人贷款增长平稳，同比增长 12.4；中长期其他消费贷款增幅较上年同期下降 9.0 个百分点至 6.2%。外币各项贷款余额 496.4 亿美元，同比下降 20.0%。分期限来看，短期贷款余额 1.4 万亿元，同比增长 2.5%；中长期贷款余额 3.9 万亿元，同比增长 17.8%。2019 年，深圳持续深化对民营、小微的信贷支持。年末，全市民营企业贷款余额 1.8 万亿元，占企业贷款余额的 56.0%，比年初上升 4.2 个百分点。小微企业贷款余额 7134.5 亿元，同比增长 22.7%，较同期大、中型企业贷款增速分别高 14.8 个和 7.8 个百分点；占企业贷款比重为 22.5%，较上年同期提高 1.7 个百分点。

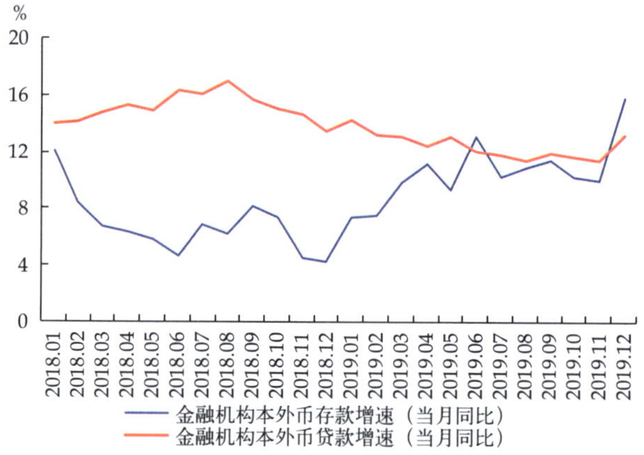

数据来源：中国人民银行深圳市中心支行。

图 3　2018~2019 年深圳市金融机构本外币存、贷款增速变化

4. 存款利率水平小幅上升，贷款利率明显下降。2019 年，大型企业中长期资金成为银行存款增长的主要来源，企业议价能力提升推高整体存款利率水平。12 月，深圳市金融机构新发生人民币活期存款加权平均利率为 0.32%，与 2018 年同期持平；定期存款加权平均利率为 2.54%，同比上升 0.17 个百分点。从全年来看，贷款利率“先升后降”。8 月改革完善贷款市场报价利率（LPR）形成机制后，2019 年 12 月深圳金融机构新发放贷款参考 LPR 定价的占比已达到89.97%，有效疏通政策传导渠道，引导贷款利率下行。12月，深圳市金融机构新发生一般贷款加权平均利率为6.92%，同比下降0.30个百分点，8月以来累计下降0.54个百分点；新发生企业贷款加权平均利率5.44%，同比下降0.25个百分点。市场利率定价自律机制发挥积极作用，推动辖内金融机构贷款明示年化利率，保护消费者合法权益。存款创新产品进一步得到规范和整顿，有利于发挥存款利率对贷款利率的“压舱石”作用。“开正门、堵偏门”积极推动地方法人机构成为全国自律机制成员，发行大额存单等市场化定价存款产品。2018年末大额存单余额419.3亿元，为2018年同期的6.7倍。

表2　2019年深圳市金融机构人民币贷款各利率区间占比

（LPR改革前）　　单位：%

月份		1月	2月	3月	4月	5月	6月	7月
合计		100.0	100.0	100.0	100.0	100.0	100.0	100.0
下浮		14.6	13.3	15.2	13.6	24.6	13.1	12.5
基准		10.3	10.4	8.5	8.1	9.3	14.6	15.2
上浮	小计	75.1	76.3	76.3	78.4	66.1	72.3	72.3
	(1.0, 1.1]	16.2	9.8	10.5	10.7	7.2	11.6	9.0
	(1.1, 1.3]	20.0	20.4	20.1	20.8	19.7	24.1	22.6
	(1.3, 1.5]	13.1	11.5	14.7	17.3	12.7	12.2	13.2
	(1.5, 2.0]	10.9	7.0	10.1	8.6	8.1	7.7	7.6
	2.0以上	14.9	27.5	20.9	20.9	18.5	16.6	20.0

（LPR改革后）

月份		8月	9月	10月	11月	12月
合计		100.0	100.0	100.0	100.0	100.0
LPR减点		10.7	15.1	11.6	17.5	16.0
LPR		0.2	0.0	0.8	0.3	0.7
LPR加点	小计	89.1	84.8	87.6	82.1	83.3
	(LPR, LPR+0.5%)	13.2	9.5	10.2	10.0	12.6
	[LPR+0.5%, LPR+1.5%)	29.1	28.3	23.3	25.9	26.2
	[LPR+1.5%, LPR+3%)	18.3	21.0	18.5	19.3	20.2
	[LPR+3%, LPR+5%)	6.7	4.9	8.3	4.6	5.3
	LPR+5%及以上	21.8	21.1	27.3	22.4	19.1

数据来源：中国人民银行深圳市中心支行。

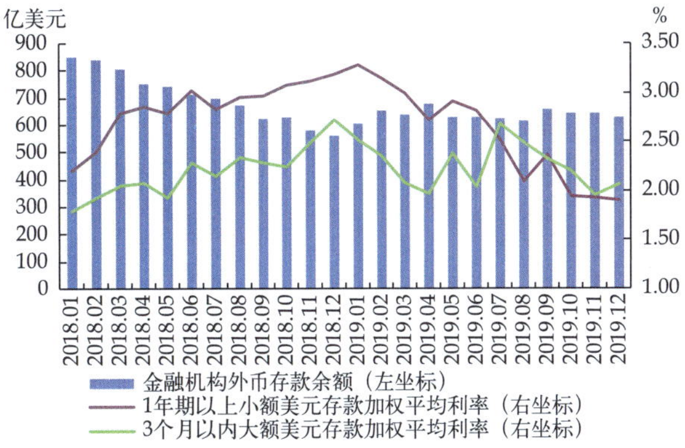

数据来源：中国人民银行深圳市中心支行。

图4　2018~2019年深圳市金融机构外币存款余额及外币存款利率

5. 银行资产质量总体保持稳健，防范化解金融风险工作扎实推进。2019年，深圳银行业始终坚守风险底线，积极应对经济下行环境下贷款质量向下迁徙压力，经营风险总体可控。年末，全市银行业不良贷款率1.26%，比年初下降0.05个百分点，比6月末下降0.30个百分点。地方法人机构经营压力有所上升，但流动性总体充裕。年末，地方法人银行资本充足率14.52%，比年初下降0.14个百分点。不良贷款率1.21%，比年初上升0.17个百分点。但总体来看，地方法人机构流动性指标进一步改善，其他地区个别中小银行流动性冲击的影响有限。年末，流动性比例为69.70%，比年初上升5.11个百分点；流动性缺口率37.57%，比年初上升13.09个百分点。

6. 重点领域风险总体可控，主要任务取得重大进展。2019年，深圳市坚持消化存量、严控增量、智慧监管、分类处置、逐步释放。妥善处置P2P网贷机构、问题私募基金等金融风险，在营P2P网贷机构的数量、借贷余额、出借人数均下降90%以上，有效规范了网贷市场秩序。扎实推进互联网资管领域清理整顿工作，基本实现深圳辖内互联网资管平台全清退。持续深化虚拟货币交易平台和ICO平台专项整治，联合公安机关、地方金融监管局等对涉嫌开展虚拟货币非法活动的企业加大处置力度，在国内率先完成对虚拟货币交易平台的行政认定意见和行政处罚。

7. 跨境人民币收付规模稳步增长，跨境人民币业务推进更加稳健。2019 年，深圳市跨境人民币收付金额合计 1.7 万亿元，同比增长 2.8%，占全国收付总额比重达 8.6%。人民币跨境流通渠道进一步拓宽，跨境人民币资金收付比为 1∶1.13。人民币在跨境投资等“一带一路”重点领域的使用取得新进展，招商局集团子公司积极使用人民币投资“一带一路”项目——中白工业园等重点项目。

（二）证券业经营总体稳健，直接融资功能持续提升

2019 年，深圳辖区证券基金期货经营机构积极发挥行业优势，服务地方经济，实现了高质量发展，总体实力稳居全国前列。

1. 机构经营总体稳健，各项指标位居全国前列。2019 年末，深圳 22 家法人证券公司总资产 1.7 万亿元，位列全国第一。实现营业收入和净利润分别为 841.9 亿元和 308.5 亿元，分别位列全国第一和第二。辖内法人基金公司 31 家，家数仅次于北京和上海，实现营业收入和净利润分别为 222.9 亿元和 52.1 亿元，同比分别增长 11.1% 和 18.6%。14 家法人期货公司总资产 877.5 亿元，实现营业收入和净利润 31.8 亿元和 11.0 亿元，同比分别增长 21.6% 和 45.8%。

2. 资本市场融资稳定增长，多层次资本市场稳步发展。至 2019 年底，深圳共有境内上市公司 299 家，上市公司总市值 7.0 万亿元，全年 15 家企业首发上市，募集资金 241.8 亿元。年内新三板挂牌企业 33 家，募集资金 11.9 亿元。全年 62 家深圳企业赴交易所发行债券，52 家企业赴银行间交易市场发行债务融资工具，累计融资金额 4695.7 亿元。

表 3　2019 年深圳市证券业基本情况

项目	数量
总部设在辖内的证券公司数（家）	22
总部设在辖内的基金公司数（家）	31
总部设在辖内的期货公司数（家）	14
年末国内上市公司数（家）	299

续表

项目	数量
当年国内股票（A 股）筹资（亿元）	321
当年发行 H 股筹资（亿元）	82
当年国内债券筹资（亿元）	5252
其中：短期融资券筹资额（亿元）	1044
中期票据筹资额（亿元）	794

数据来源：深圳证监局、中国人民银行深圳市中心支行。

3. 证券市场缩量上行，深港通呈净流入态势。2019 年，证券市场呈现“缩量上涨”态势。深证综指年末报收于 1722.95，较年初上涨 35.9%。深交所全年累计股票成交金额 36.8 万亿元，同比下降 26.4%。深港通交易活跃，外资增持境内市场股票热情不减，深港通跨境资金整体呈现净流入态势。其中，深股通全年交易额 47658.2 亿元，同比增长 137.0%；港股通全年交易额 8129.6 亿元，同比微降 4.1%；资金净流入 1135.1 亿元，较上年大幅增加 824.7 亿元。

4. 资管新规重塑行业格局，资产管理业务发展迎来新阶段。2019 年末，深圳证券期货业资产管理总规模超 12 万亿元（含券商资管、期货资管、公募基金非公募业务和私募机构资管业务），规模占全国的 1/4。其中，公募基金资产规模增长较快，余额 3.9 万亿元，同比增长 17.5%。基金子公司资管规模 1.1 万亿元，同比下降 29.3%。在中国证券投资基金业协会完成登记的深圳私募基金管理人为 4566 家，管理规模 1.8 万亿元，同比增长1.2%，规模仅次于北京、上海，居全国第三。

表 4　2019 年深圳市保险业基本情况

项目	数量
总部设在辖内的保险公司数（家）	27
其中：财产险经营主体（家）	10
人身险经营主体（家）	8
保险公司分支机构（家）	77
其中：财产险公司分支机构（家）	35
人身险公司分支机构（家）	42
保费收入（中外资，亿元）	1384
其中：财产险保费收入（中外资，亿元）	408
人身险保费收入（中外资，亿元）	975
各类赔款给付（中外资，亿元）	364
保险密度（元 / 人）	10350
保险深度（%）	5.14

数据来源：深圳银保监局。

（三）保险业务结构不断优化，风险保障能力持续增强

截至 2019 年末，深圳市场共有保险法人机构 27 家，法人机构数量位居全国大中城市第三。全年深圳保险市场累计实现保费收入 1384 亿元，同比增长 16.2%，增速较全国高 4.0 个百分点，居全国大中城市第四。其中，财产险保费 408 亿元，同比增长 7.4%；人身险保费 975 亿元，同比增长 20.2%。健康险保费收入 248 亿元，连续两年保持 30% 以上的增速，是深圳人身险市场较快增长的主要因素。

（四）社融增量反弹明显，金融市场平稳发展

2019 年，深圳社会融资增量明显反弹，辖内证券公司为企业提供多种形式的直接融资中介服务，票据业务需求平稳，黄金市场交易增幅有所放缓，企业融资环境持续优化。

1. 社会融资增量明显反弹，信用收缩压力有所缓解。2019 年，深圳社会融资规模增量 9702.4 亿元，同比多增 3220.1 亿元。从结构来看，表外融资收缩态势有所缓解，同比少降 419.1 亿元；表内贷款和直接融资新增规模大幅增长成为支撑社融增量的主要项目，在社融增量中的占比分别为 71.3% 和 29.5%。其中，本外币贷款和非金融企业发债在 2018 年实现较高增幅的基础上继续保持增长，同比分别多增 1213.0 亿元和 1120.0 亿元，进一步对冲了经济下行阶段的信用收缩压力，有效防范了经济下行与信用收缩协同共振。

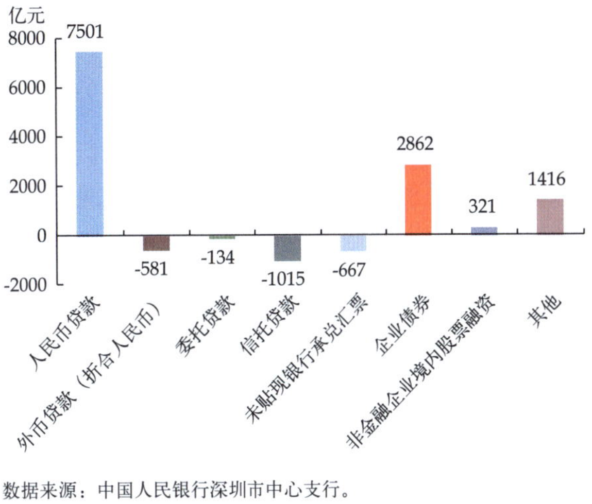

数据来源：中国人民银行深圳市中心支行。

图 5　2019 年深圳市社会融资规模分布结构

2. 发挥行业头部机构引领作用，服务深圳经济发展。2019 年，深圳证券公司为深圳企业提供多种形式的直接融资中介服务，有效降低企业融资成本，助力深圳打造国际一流营商环境。全年共服务深圳企业 IPO 项目 9 个、深圳上市公司各类再融资项目 200 个、深圳非上市企业债权融资及资产证券化项目 292 个，为深圳企业直接融资超过 4848.8 亿元。积极参与科创板注册制试点，中信证券、华泰联合证券、招商证券服务科创板公司家数分居全国第一、第三、第六。7 家期货公司通过“期货 + 保险”业务服务“三农”，2019 年累计开展“期货 + 保险”项目 28 个，出具保单金额 12.6 亿元，保费合计近 6300 万元。

表 5　2019 年深圳市金融机构票据业务量统计

单位：亿元

季度	银行承兑汇票承兑		贴现			
			银行承兑汇票		商业承兑汇票	
	余额	累计发生额	余额	累计发生额	余额	累计发生额
1	3471.75	1401.63	689.84	1234.62	107.72	90.09
2	3583.64	2847.08	737.32	2001.83	94.91	182.03
3	3536.89	4375.16	764.75	3106.67	104.96	257.51
4	3691.98	6111.14	994.89	4203.09	151.59	342.32

数据来源：中国人民银行深圳市中心支行。

3. 票据业务需求平稳，贴现利率整体下降。2019 年，人民银行深圳中支充分用好结构性货币政策工具，在上年推出“微票通”“绿票通”“科票通”再贴现业务的基础上，不断下沉服务重心，扩大业务覆盖面。全年 28 家金融机构办理 8218 笔票据再贴现，发生额 263.08 亿元，同比增长 86.42%，小微企业票据占比八成。通过央行再贴现带动票据承兑、贴现业务，层层放大的效应逐步显现。年末，银行承兑汇票余额为 3666.40 亿元，同比增长 6.89%；企业票据贴现余额 2595.15 亿元，同比增长 42.59%。市场流动性总体充裕，

票据贴现利率整体下行。2019 年 12 月，贴现利率和转贴现利率同比分别下降 0.80 个百分点和 0.55 个百分点。其中，2019 年深圳市金融机构借用人民银行资金发放的小微企业票据贴现加权平均利率为 2.83%，比运用其他资金办理的贴现加权平均利率低 0.32 个百分点。

表 6　2019 年深圳市金融机构票据贴现、转贴现利率

单位：%

季度	贴现		转贴现	
	银行承兑汇票	商业承兑汇票	票据买断	票据回购
1	3.4761	6.5238	3.4586	2.7159
2	3.4784	5.8014	3.2374	0.6531
3	2.9707	5.8572	3.0136	2.6436
4	2.8681	5.5633	2.9170	2.7524

数据来源：中国人民银行深圳市中心支行。

4. 黄金市场交易受市场环境影响，增幅有所放缓。2019 年上金所深圳会员黄金交易量 12053.4 吨，同比增长 1.8%，占上金所全部会员黄金交易量的 17.6%，占比上升 0.1 个百分点。深圳会员黄金交割量 387.1 吨，同比下降 5.3%，占上金所黄金总交割量的 21.5%，主要受黄金珠宝行业景气度下滑以及黄金代理交易业务竞争加剧影响。

专栏 1　大数据技术助力深圳商业银行信贷管理提质增效

近年来，深圳各商业银行积极布局金融科技，探索科技融合金融场景、赋能金融业务的方式，其中大数据技术已嵌入深圳商业银行信贷管理的贷前、贷中、贷后各个环节，助力信用风险管理和反欺诈，有效提升了信贷管理的精细化程度，进一步推动金融服务的下沉。

一、应用情况

通过对辖内商业银行的调研发现，辖内有 19 家传统银行（如工商银行、建设银行、招商银行等）以及微众银行不同程度地应用大数据技术进行信贷管理，主要应用于信用风险管理及申请人反欺诈。

贷前环节，一是通过挖掘存量数据建模进行初步风险评级，锁定白名单客户推送产品并预授信，有效扩大客群。如工商银行“经营快贷”基于结算数据、政务数据等产生小微企业白名单；微众银行“微粒贷”基于社交模型、学历收入模型等产生个人客户白名单。二是基于用户同质性高的特定场景迅速识别批量潜在客户，精准营销，集约化授信。如招商银行针对出口退税场景，为满足风险评级条件的企业推出“退税快贷”。

贷中环节，一是采用信息一致性核验、关联知识图谱、生物体征识别、申请信息相似度评分、财务信息勾稽比对等手段，识别并自动拦截可疑欺诈申请。如平安银行“新一贷”引入 SAS 链式反欺诈系统，并应用微表情、LBS 等技术，有效防控欺诈风险。二是基于多维数据及其衍生参数建立风控规则及量化评估模型，实现自动审批和授信核额，最快达到秒级。如江苏银行“金 e 融”基于公积金缴存和人行征信等信息实现自动审批核额；建设银行“云快贷”以大数据风险评估辅助人工授信，将授信审批时间从传统授信模式下的几天甚至几周缩短至两天以内，部分已有抵押信息的客户能够实现线上秒贷。

贷后环节，一是通过持续监测分析资金流向、贷款逾期情况及企业负面新闻等信息，部署风险预警规则。如招商银行开发“风眼系统”监控企业股票质押情况、上下游企业财务情况等，及时排查客户违约风险。二是基于客户人口特征、逾期行为特征、催收响应情况及关联知识图谱等信息设计差异化催收策略，重建失联客户关系。三是根据客户的贷后还款表现和违约数据不断优化迭代风控模型，提高模型准确性，反哺信贷管理。

二、优势特点

一是改善主要依靠财务数据和客户经理的传统贷后风险管理模式，提升贷后管理的精细度和准确度。二是简化申请流程，提高审批效率，更好契合个人和普惠客户短期、小额、高频的融资需求。三是打破信息不对称限制，探索服务“长尾”客户，进一步推动金融服务下沉。

三、相关政策建议

大数据技术助力信贷管理已取得实效，但仍存在一些问题，如法律风险、信息壁垒、监管合规问题等。为此提出以下政策建议：一是加快数据安全立法进程，明确数据采集和使用的合法边界，落实数据安全保护责任；二是建立跨地区、跨部门、跨层级的政务数据共享平台，合规合理向银行开放；三是平衡好监管与创新，调整监管理念，提高对创新的容忍度，同时做好政策研究和储备，确保业务创新风险可控。

（五）深化区域金融改革创新和对外开放，助力“双区建设”

2019年，深圳金融业深化改革创新和对外开放，积极发挥比较优势，以实际行动为深圳市高站位高质量高标准推进粤港澳大湾区和中国特色社会主义先行示范区建设作出积极贡献。

一是支持自贸区发展，推动更高水平贸易投资便利化试点落地前海蛇口片区。便利优质企业使用跨境人民币结算。坚持本币优先，稳步推进复制上海自由贸易账户体系工作。拓展业务品种，不断扩大跨境人民币资产转让试点规模，境外受让主体已覆盖16个国家和地区。二是积极探索外汇管理改革试点。2019年8月，作为外汇管理领域支持先行示范区建设的首个改革创新举措，深圳率先开展资本项目收入支付便利化试点。试点推出后已有近百家符合条件的企业办理了试点业务，利用外资金额合计12.2亿美元，有效落实了中央“稳外资”精神。三是深入打造深港宜居宜商宜业金融生态圈。2019年3月，人民银行总行批复同意试点“中银香港代理见证开立Ⅱ类、Ⅲ类个人银行结算账户业务”，满足了湾区居民经济往来和便捷移动支付的需求。截至2019年末，深圳已开立总账户8.18万户，占全部开户数量的94.6%。稳步推进港人跨境理财试点，2019年4家试点银行销售理财产品合计4.8亿元，累计赎回合计3.3亿元，为进一步探索粤港澳大湾区跨境理财通试点提供借鉴。四是证券行业加快对外开放步伐。2019年9月，中信证券和招商证券获得结售汇业务试点资格，这是继2014年后外汇局第二次批准证券公司获得这一资格，有助于机构创建国际一流投行，服务客户跨境投融资业务。五是大力支持科创企业引资引智，将深圳打造为创新创业的人才高地。人民银行深圳市中心支行率先开展境外个人参与境内上市公司股权激励业务，全年共惠及8家企业集团外籍专家近千人，为支持科技型企业发展、提升企业投融资活力、优化投资发展环境作出探索。六是央行贸易金融区块链平台建设持续推进。2019年11月，平台与香港贸易联动平台有限公司签署合作备忘录，启动两地平台互联互通。截至2019年末，平台已上线包括应收账款融资、税务备案表在内的多个应用场景，参与推广应用的金融机构44家，累计业务量突破900亿元。

（六）金融生态环境建设再上新台阶，助推营商环境持续提升

2019年，深圳持续深化金融生态环境建设，补短板、固优势，深入推进民生领域金融服务，

增强人民群众的获得感，助力营商环境持续优化。

一是优化开户服务与账户管理。2019 年，深圳市成为全国首批扩大取消企业银行账户许可的地区之一，企业开户时间由平均 3 个工作日缩短至 1 个工作日内，进一步提高企业资金周转效率。强化支付机构备付金监管，实现“断直连”和备付金集中交存，切实防范资金挪用风险。二是持续深化移动支付便民示范工程。深圳成为首个公共交通领域金融 IC 卡·云闪付（NFC）全覆盖的一线城市，助力公共交通领域降低社会成本、提升居民出行体验。三是社会信用体系建设再上新台阶。至 2019 年末，深圳地区征信系统接入机构增加至 196 家，备案的企业征信机构扩大至 6 家，深圳地区征信市场有效供给进一步增加，市场各方的征信服务需要得到进一步满足。人民银行深圳中支与深圳中院、税务局、环保局、社保局等 16 家政府和公共部门建立信息共享失信联合惩戒工作机制，推动形成深圳市“一处违法、处处受限”诚信营商环境。面向不同社会阶层开展征信宣传教育，提高信息主体征信意识。四是辖区现金服务利民便民水平稳步提高。创建辖内首批现金服务示范区，全面开展现金服务标准化建设，强化现金服务基础设施建设，健全完善现金服务长效监督机制，为群众提供更专业、更便捷、更贴心的现金服务体验。推广“环保迎新钞”工作，满足深圳地区居民用新钞发放新年“利是”的需要，带动全社会现金流通环境持续优化，提升群众对现金服务的获得感和满足感。五是扎实推进金融消费者权益保护工作。开展金融宣传教育工作，推动金融知识进校园。强化协同监管，开展违法金融广告监测处置工作，运用金融科技向消费者精准投送金融广告防骗常识。六是国库服务水平迈上新台阶。顺利完成深圳市社保征管职能划转，实现社保费直缴入库，为缴款人提供安全便捷的缴款服务。优化退税工作流程，提高退税工作效率，让减税降费政策第一时间惠及企业。

表 7　2018~2019 年深圳市支付体系建设情况

年份	支付系统直接参与方（个）	支付系统间接参与方（个）	当年大额支付系统处理业务数（万笔）	同比增长（%）	当年大额支付系统业务金额（亿元）
2018	10	1827	8705.0	9.3	532.7
2019	11	1859	8941.3	2.7	628.2
年份	同比增长（%）	当年小额支付系统处理业务数（万笔）	同比增长（%）	当年小额支付系统业务金额（亿元）	同比增长（%）
2018	26.3	2.12	-39.84	5.22	11.8
2019	17.9	2.59	21.9	6.03	15.4

数据来源：中国人民银行深圳市中心支行。

二、经济运行情况

2019 年，深圳坚持以粤港澳大湾区建设为“纲”，以深圳先行示范区建设为总牵引、总要求，有效应对了国内外风险挑战明显上升的复杂局面，推动经济稳中求进、稳中提质。据初步核算，2019 年全市地区生产总值 26927.1 亿元，按可比价计算，同比增长 6.7%，地区生产总值继续位居全国大中城市第三。产业结构持续优化，第三产业主导优势进一步扩大，三次产业结构由上年同期的 0.1：39.6：60.3 调整为 2019 年的 0.1：39.0：60.9。

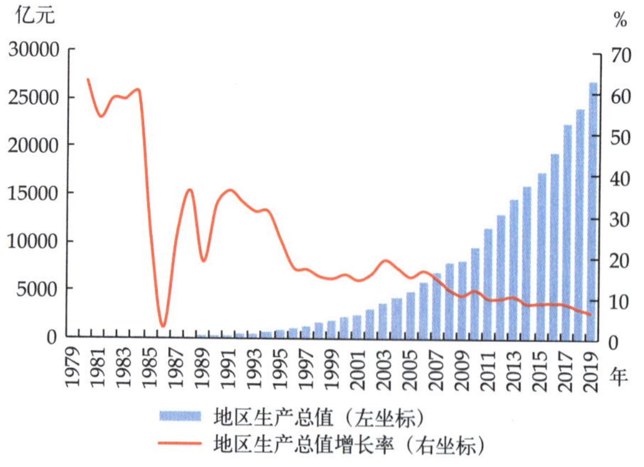

数据来源：深圳市统计局。

图 6　1979~2019 年深圳市地区生产总值及其增长率

（一）内外需增长稳中有降，经济发展步入换挡升级新阶段

2019 年，面对贸易摩擦的影响，深圳保持战略定力，践行高质量发展要求，精准施策，与企业共克时艰，保持了经济平稳健康发展，经济由高增长阶段向中高速增长阶段过渡，投资质量进一步提升，互联网消费成为拉动消费增长的来源，贸易顺差有所扩大。

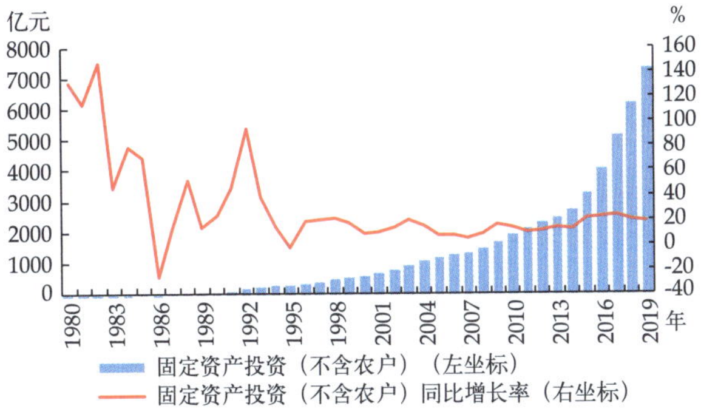

数据来源：深圳市统计局。

图 7　1980~2019 年深圳市固定资产投资（不含农户）及其增长率

1. 投资结构进一步优化，有效支持供给侧结构性改革。2019 年，全市固定资产投资 7355.6 亿元，同比增长 18.8%，比上年回落 1.8 个百分点。投资结构持续改善，投向民生工程领域的基础设施投资和工业技改投资增速分别高于全市投资增速 14.8 个和 1.9 个百分点，房地产开发投资同比增速较上年回落 1.1 个百分点。民间投资增长 9.2%，增速同比回落 3.3 个百分点。

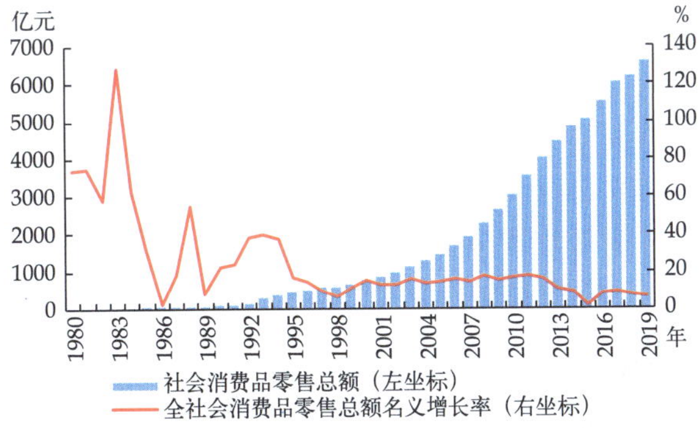

数据来源：深圳市统计局。

图 8　1980~2019 年深圳市社会消费品零售总额及其增长率

2. 消费市场增速继续放缓，互联网消费增长迅猛。2019 年，深圳市商品销售总额 35673.0 亿元，增长 7.8%，比上年回落 1.5 个百分点。其中，社会消费品零售总额 6582.9 亿元，同比增长 6.7%，比上年回落 0.9 个百分点，主要受汽车、成品油和纺织服装类零售增幅放缓影响。消费升级类商品逆势增长，通过互联网实现的商品零售额逆势大幅增长 41.4%，比上年同期上升 16.9 个百分点。

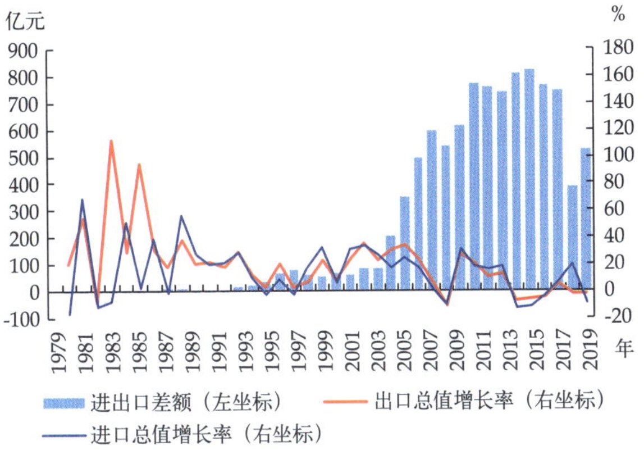

数据来源：深圳市工业和信息化局。

图 9　1979~2019 年深圳市外贸进出口变动情况

3. 进出口总额同比下降，贸易顺差被动增长。2019 年，深圳市进出口总额 4314.8 亿美元，同比下降 4.9%，增速比上年同期下降 14.5 个百分点。其中，出口总额 2421.2 亿美元，同比下降 1.5%；进口总额 1893.5 亿美元，同比下降 8.8%。从主要贸易地区来看，受中美贸易摩擦影响，深圳对美进出口总额同比下降 8.2%。为应对不利冲击，深圳企业积极参与"一带一路"建设，对沿线国家和地区全年出口额同比增长 13%。

4. 积极对外开放，利用外资继续保持较高水平。深圳积极抓住粤港澳大湾区和社会主义先行示范区"双区"建设契机，深入贯彻落实"稳外资"相关要求，全年实际利用外资 80.7 亿元，与上年同期总体持平。其中，深圳前海蛇口自贸片区实际利用外资 44.8 亿美元，同比增长 14.3%，占全市外资流入的 55.6%；新增港资企业 1336 家，实际利用港资占比 88.1%，港

企作为片区经济支柱的作用日益显现，大湾区建设“人员互通”“资金融通”的合作成效初显。

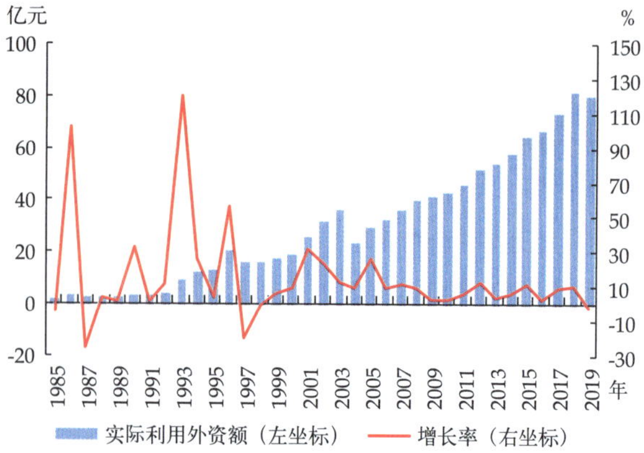

数据来源：深圳市统计局。

图 10　1985~2019 年深圳市实际利用外资额及其增长率

（二）第三产业主导优势进一步扩大，创新驱动和绿色发展理念深入践行

1. 工业增加值增速有所回落，高端制造业和新兴产业对经济拉动作用更加突出。2019 年，全市规模以上工业增加值 9165.5 亿元，同比增长 4.7%，增速比上年同期回落 4.8 个百分点。其中，高端制造业对工业增加值的拉动作用突出，先进制造业增加值占规模以上工业增加值比重超过 70%。以新一代信息技术、数字产业、海洋经济、新材料产业和生物医药产业等为代表的战略性新兴产业增加值 10155.5 亿元，同比增长 8.8%，高于全市地区生产总值增速 2.1 个百分点。

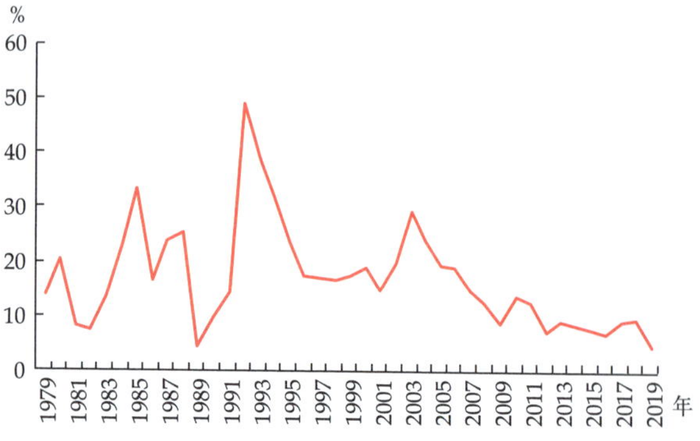

数据来源：深圳市统计局。

图 11　1979~2019 年深圳市规模以上工业增加值实际增长率

2. 服务业平稳增长，规模以上服务业效益进一步提升。2019 年，第三产业增加值 16406.1 亿元，增长 8.1%，增速同比提高 1.7 个百分点。1~11 月，规模以上服务业（不含金融、房地产开发、批零住餐等行业）营业收入 11672.3 亿元，增长 13.0%。以互联网、软件和信息技术服务为代表的其他服务业营业收入继续保持较快增长，增速分别达到 20.3% 和 21.9%，对第三产业支撑作用进一步增强。

3. 创新发展动能更加强劲，营商环境持续优化。2019 年，深圳进一步加大科研经费支出，财政科技专项资金同比增长超过 90%，其中 30% 以上投向基础研究和应用研究。PCT 国际专利申请量、有效发明专利五年以上维持率稳居全国城市首位。获批建设国家人工智能创新应用先导区，前瞻布局 5G、人工智能、4K/8K 超高清视频、集成电路、生物医药产业。新增国家高新技术企业 2700 余家，总量超过 1.7 万家，仅次于北京。创新思路服务企业发展，大力提高行政审批效率和便利化程度。深入推进数字政府和智慧城市建设，98% 的行政审批事项实现网上办理，94% 的行政许可事项实现“零跑动”。区块链电子发票引领全国，商事登记等近 200 个事项实现秒批。货物进出口通关时间分别压缩 54%、76%，通关效率位居全国前列。

4. 高标准推进城市生态建设，城市环境品质再上新台阶。水污染治理实现历史性突破，2019 年深圳基本完成全市雨污分流改造和污水管网全覆盖。159 个黑臭水体和 1467 个小微黑臭水体全面消除黑臭，再现水清岸美、鱼翔浅底的新景象。持续巩固提升空气质量，全面推广国六标准车用燃油，公共交通全面实现电动化。生活垃圾分类加快实施，回收利用率超过 30%。城中村综合治理完成 75%，环境面貌显著改善。世界著名花园城市建设取得积极进展，干净美丽、四季花开、满眼绿色的城市环境让深圳更具魅力。

（三）物价水平温和上涨，劳动力成本继续走升

1. 居民消费价格涨幅同比扩大，工业品价格总体稳定。2019 年，深圳居民消费价格指数（CPI）同比上涨 3.4%，涨幅比上年同期扩大 0.6 个百分点。受生猪供应偏紧和经营成本上升影响，全年食品烟酒价格上涨 7.5%，推动总指数上涨约 2.3 个百分点，是拉动 CPI 上涨的首要因素。其中，猪肉价格上涨 31.1%，拉动 CPI 上涨 0.8 个百分点，对 CPI 贡献率约为 22.6%。服务价格刚性上涨 2.8%，拉动 CPI 上涨 1.1 个百分点。受高新技术产品等价格总体趋降影响，工业品出厂价格指数（PPI）保持平稳运行，全年 PPI 同比微降 0.2%，比上年回落 0.3 个百分点。

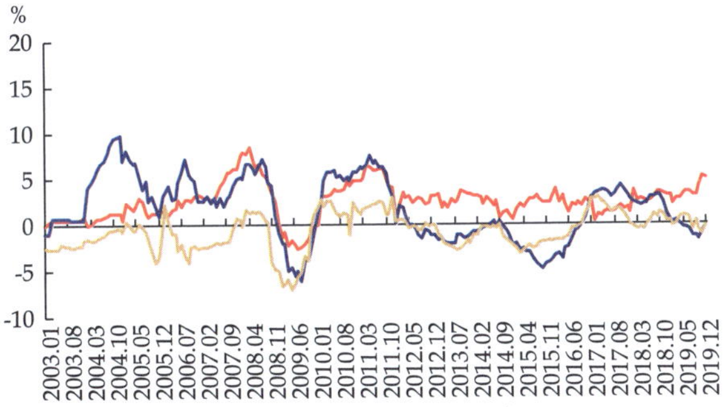

数据来源：国家统计局深圳调查队。

图 12　2003~2019 年深圳市居民消费价格指数和工业生产者价格指数变动趋势

2. 就业形势总体稳定，劳动力成本继续上升。2019 年，深圳新增就业 16.0 万人，城镇登记失业率控制在 2.4% 以内。劳动力成本继续稳步上升。全市最低工资标准 2200 元，非全日制就业劳动者最低工资标准为 20.3 元 / 小时，在岗职工月平均工资从 8348 元调整至 9309 元。居民人均可支配收入 62522 元，同比增长 8.7%。其中，工资性收入 51617 元，同比增长 8.1%。

（四）积极财政政策加力增质提效，重点领域保障有力

1. 财政收入规模大、质量优，减税降费红利进一步释放。2019 年，深圳地方一般公共预算收入完成 3773.2 亿元，同比增长 6.2%，其中税收收入同比增长 5.7%，增幅较上年回落 3.5 个百分点。财政收入质量稳居全国前列，深圳以全国约万分之二的国土面积、不到千分之一的人口，贡献了全国地方级近 4% 的财政收入，每平方公里产出财税收入规模在全国大中城市居首位。全年，深圳进一步落实更大规模的减税降费，全年新增减负超过 1100 亿元，占全市地区生产总值的比重超过 4%，释放更大红利。在中央授权范围内为企业“顶格”减税，全年新增减税额约 910 亿元，重点支持实体经济特别是制造业发展。

2. 财政支出结构不断优化，重点支出保障有力。2019 年，深圳一般公共预算支出 4551.0 亿元，同比增长 6.2%，增幅比 2018 年提高 13.0 个百分点。政府带头过“紧日子”，在一般性经费压减 10% 的基础上，切实保证公共财政资源向民生领域倾斜，更好满足人民群众日益增长的美好生活需要，九大类民生领域支出占财政支出的比重达 66.2%，比 2018 年提高 1.5 个百分点。贯彻落实《深圳市关于以更大力度支持民营经济发展的若干措施》，正式运作规模为 50 亿元的中小微企业银行贷款风险补偿资金池，通过拨付风险补偿资金，全年有效撬动新增银行贷款 1028 亿元。

3. 用好用足地方债，充分发挥政府债券对稳投资、扩内需、补短板的重要作用。2019 年，深圳发行地方政府债券 314 亿元，为近三年来最高水平。债券资金主要投向水污染治理、基础设施建设和城市更新等重点领域。

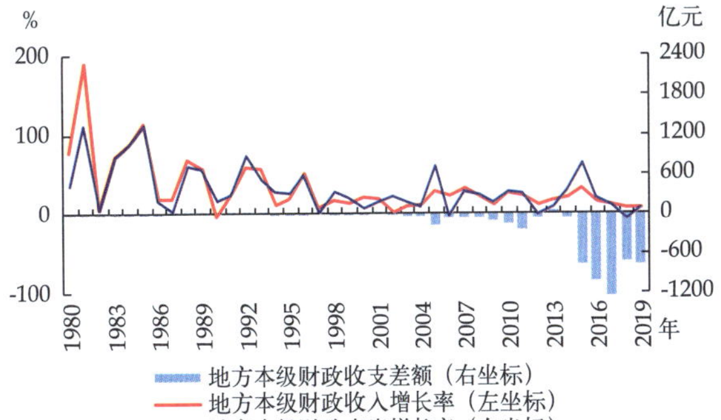

数据来源：深圳市财政局。

图 13　1980~2019 年深圳市财政收支状况

（五）房地产金融长效管理机制不断完善，房地产市场发展平稳有序

2019年，深圳坚持“房住不炒”定位，积极通过市场利率定价自律机制促进住房信贷市场有序竞争，加强个人住房贷款微观审慎和房地产贷款集中度管理，不断完善房地产金融长效管理机制。

1. 房地产开发投资增速有所回落，其中住房投资增速大幅下降。2019年，深圳市房地产开发投资完成额3059.9亿元，同比增长15.9%，增速较上年下降7.8个百分点。从构成来看，住宅投资同比增长16.5%，较上年大幅下降11.9个百分点。非住宅投资同比增长15.2%，增速较上年下降4.0个百分点。

2. 住宅用地供给力度加大，去化周期下降。2019年，深圳市共13宗住宅用地推出供应，面积40.9万平方米，较上年增加28.5万平方米。全年住宅类商品房累计批准预售456.3万平方米，较上年增加70.0万平方米。至2019年末，住宅类商品房去库存周期为9.8个月，同比下降4.5个月。

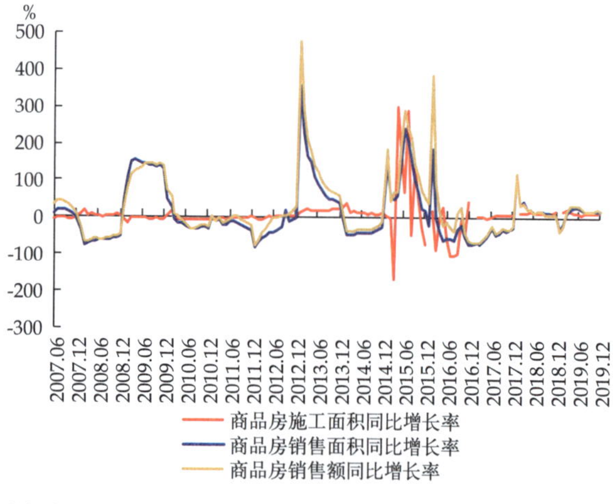

数据来源：深圳市规划和国土资源委员会。

图14　2007~2019年深圳市商品房施工和销售变动趋势

3. 住宅成交量增长。2019年，全市新建商品住宅销售面积372.2万平方米，同比增长27.4%；二手住宅成交面积648.5万平方米，同比增长24.2%。从户型分布来看，小户型和改善型是新建住宅成交的主流，成交套数和面积分别占全市新建住宅成交套数和面积的95.5%和92.3%。

4. 住宅成交均价上升。2019年，深圳市新建住宅全年均价54742元/平方米，同比微涨1.2%；12月均价为58710.5元/平方米，同比上涨8.6%。12月，深圳二手住宅成交均价62892元/平方米，同比上涨12.5%。

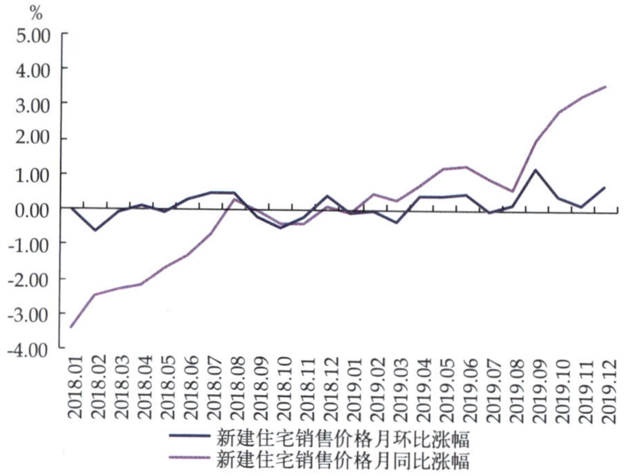

数据来源：深圳市住房建设局。

图15　2018~2019年深圳市新建住宅销售价格变动趋势

5. 房地产贷款增速和新增占比明显回落。2019年末，深圳市房地产贷款余额20093.6亿元，同比增长10.9%，较上年增速低8.8个百分点。其中，房地产开发贷款余额4932.8亿元，同比增长15.4%，增速较上年低24.9个百分点；个人住房贷款余额13230.8亿元，同比增长9.6%，增速较上年低3.1个百分点。2019年，深圳房地产贷款集中度进一步降低，增量占比为26.4%，较上年同期下降14.9个百分点。新发放住房贷款中首套房（含改善型）贷款金额占比97.68%。个人住房贷款首付比保持稳定，12月平均首付比为40.7%。

6. 涉房信贷质量保持稳定，房地产金融风险总体可控。2019年12月末，深圳房地产贷款不良率0.26%，同比下降0.05个百分点。其中，房产开发贷款不良率0.06%，同比下降0.12个

百分点。个人住房贷款不良率0.26%，同比上升0.03个百分点。总体来看，深圳住宅价格持续坚挺，购房杠杆率处于低位，房地产金融风险总体可控。

专栏2 多措并举 探索科创企业金融服务新模式

传统的银行信贷产品难以满足科创型企业的融资需求，为实施创新驱动发展战略，中国人民银行深圳市中心支行（以下简称中支）以粤港澳大湾区建设、深圳建设中国特色社会主义先行示范区的“双区驱动”为契机，以重点领域为导向，以调查研究为基础，以评估制度为支撑，探索科创企业金融服务新模式，取得一定成效。

一、主要举措及成效

一是积极运用货币政策工具，引导信贷资源投向科创领域。2018年12月，中支创新政策工具使用方式，与市科创委合作，推出“科票通”再贴现快速通道服务，将白名单内的科创企业再贴现办理时限由之前的3~5个工作日缩短至2个工作日内，实现货币政策与产业政策的有效结合。截至2019年末，“科票通”项目白名单已覆盖1.4万家高新技术企业，“科票通”业务共办理3448笔，金额89.52亿元。

二是以新思路、新方法推动知识产权融资。中支邀请国家及深圳市知识产权局、第三方服务机构领导专家面向商业银行开展专题培训，并召开银企座谈会，全面掌握知识产权融资现状和存在的问题。同时，联合龙岗区金融工作局共同举办银企对接会，邀请商业银行宣介银行间市场和知识产权证券化融资模式。在中支的推动下，2019年前三季度深圳市金融机构累计发放知识产权贷款197笔，金额86.9亿元，远高于2018年全年的88笔、金额65亿元。

三是创新推出科技型中小企业信贷政策导向评估，并纳入市有关部门财政奖补政策中予以运用。在征求参评机构和地方政府意见的基础上，中支创新推出科技型中小企业信贷政策导向效果评估体系，形成常态化评估制度，推动市有关部门以评估结果为参考实施财政奖补，同时引导金融机构将评估结果纳入业务部门绩效考核，强化政策导向。

四是围绕科创企业金融服务重点问题开展专题调研。围绕高端制造业融资机制、投贷联动开展难点、金融支持科技成果转化等多个重点问题展开专题调研，推动银行服务科创企业走深走实，为总行出台相关政策文件提供依据和深圳经验。

二、下一步工作思路

下一步，中支将持续推动完善科创企业金融服务。一是加强再贴现事后管理。密切跟踪金融机构科创企业再贴现台账、监测资金流向，确保央行资金精准用于科创企业。二是继续探索知识产权融资模式。在鼓励市场多头探索知识产权融资业务发展模式的同时，重点推广许可收益权直接质押模式和“反向授权”质物处置模式，同时引导设立知识产权证券化支持工具。三是持续改进完善科技型中小企业信贷政策导向效果评估工作。细化评估指标体系，加强评估体系的权威性，进一步加大评估结果的综合运用。

三、预测与展望

2020年是深圳经济特区建立40周年，是粤港澳大湾区和中国特色社会主义先行示范区“双区建设”全面铺开、纵深推进的关键之年，是高质量全面建成小康社会和“十三五”规划的收官之年。

展望2020年，深圳将坚持把先行示范区建设作为总牵引、总要求，进一步实施创新驱动发展战略，推动经济高质量发展，提升现代服务业发展能级，推动“深圳制造”向“深圳创造”转型，将深圳打造成为全球创新创业创意之都。进一步强化金融中心城市的综合服务功能，大力发展绿色金融、科技金融等，开展数字货币研究和移动支付应用，大力推进金融科技发展。深圳将以更具突破性的改革激发活力，以更高水平的开放抢占先机，加快形成一批可复制可推广的经验。

但也应看到，当前深圳经济金融运行仍面临世界百年未有之大变局，内外部风险交织碰头。从外部来看，全球经济增长放缓给深圳经济“稳外需”带来压力。美国作为深圳第二大出口市场，中美贸易摩擦的长期性和严峻性带来的经济下行压力仍将继续存在。从内部来看，经济增速换挡期面临旧动能与新动能转换衔接问题，制造业核心尖端技术仍高度依赖国外，自主研发能力有待进一步提升。深圳作为移民城市，2020 年初新冠肺炎疫情对制造业和服务业企业复工带来冲击，并将进一步拉低消费增速。从政策端来看，财政收支矛盾将制约财政支出持续快速增长。宏观金融调控面临经济周期与金融周期叠加共振、金融风险陆续暴露、跨市场传导压力加大等新挑战。

面对上述挑战，深圳将总结特区建立 40 年的宝贵经验和深刻启示，继续全面深化改革开放。聚焦做好“六稳”工作，推动经济高质量发展，积极应对新冠肺炎疫情对经济带来的短期影响。聚焦补链、强链、稳链，推动产业基础高级化和产业链现代化。增强投资、消费、外贸协同拉动作用，推动外贸稳增长、优结构、提质量，形成以技术、品牌、质量、服务为核心的出口新优势。抢抓“双区驱动”的重大历史机遇，加快推动形成高水平对外开放和区域合作新格局。2020 年，深圳经济社会发展目标预期达到：地区生产总值增长 6.5% 左右，一般预算收入增长 4.5%，物价水平总体平稳，城镇失业率控制在 3% 以内。

金融方面，中国人民银行深圳市中心支行将全面贯彻党的十九大和十九届二中、三中、四中全会及中央经济工作会议精神，牢固树立“四个意识”，坚定“四个自信”，做到“两个维护”，紧紧围绕服务实体经济、防范和化解金融风险、深化金融改革三项任务，服务深圳“双区建设”大局。配合总行科学稳健把握逆周期调节、结构调整和改革的力度，继续做好宏观金融调控，促进货币信贷、社会融资规模增长同深圳经济社会发展相适应。深化金融供给侧结构性改革，疏通货币政策传导机制，引导金融机构加大对制造业、科技创新等重点领域和薄弱环节的金融支持，促进普惠金融和绿色金融发展，更好地缓解民营和中小微企业融资难融资贵问题。坚决打好防范化解重大金融风险攻坚战，牢牢守住不发生系统性风险的底线，维护辖区金融稳定。保持房地产金融政策的连续性、一致性和稳定性，继续“因城施策”落实好房地产长效管理机制，促进市场平稳运行。围绕实体经济，全面提升金融服务的效率和水平，营造良好的金融生态环境。进一步深化对外合作，扩大金融业对外开放，积极推动金融领域改革在深圳先行先试。为深圳顺利完成全面建成小康社会的各项目标任务、实现“十三五”规划圆满收官提供高效和有力的金融支持。

中国人民银行深圳市中心支行货币政策分析小组

总　纂：邢毓静　曲延玲

统　稿：吴　燕　葛金锋

执　笔：庞春阳　蓝　天　黄海涛

提供材料的还有：肖　晶　张　腾　杨　璇　刘絮莹　荣　璟　吴　彬　张　婉　刘亚洲　林嘉立　姜雨杉　毛　博　杜　霏　徐珑珑

附录

（一）2019 年深圳市经济金融大事记

3 月 1 日，中国银联在深圳举行“智慧出行 一闪即付”——暨深圳市地铁全面受理金融 IC 卡·云闪付（NFC）发布仪式，总行范一飞副行长出席。

3 月 6 日，深圳经济特区金融学会正式发布《粤港澳大湾区金融融合发展研究》专题报告。

4 月 9 日，由深圳证券交易所信息公司和工信部赛迪研究院合作研发的“粤港澳大湾区创新 100 指数”正式发布。

4 月 28 日，深圳正式实施取消企业银行账户许可。

8 月 18 日，《中共中央　国务院关于支持深圳建设中国特色社会主义先行示范区的意见》正式发布。

8 月 28 日至 30 日，东亚及太平洋中央银行行长会议组织（EMEAP）第 24 届行长会暨第 8 届 EMEAP 行长与监管当局负责人非正式会议在深圳举行。

11 月 4 日，第二十七届中国国际金融展在深圳开幕。

12 月 7 日，中国人民银行深圳中心支行、深圳市前海深港现代服务业合作区管理局在前海签署合作备忘录，联合建设深圳网络金融行为监管实验室。

12 月 11 日，深圳银保监局会同深圳市地方金融监管局、中小企业局举行“百行进万企 金融暖鹏城”联合新闻发布会。

12 月 23 日，深市首只衍生品——沪深 300ETF 期权成功上市交易，标志着深交所正式迈出构建完备产品体系的重要一步。

（二）2019 年深圳市主要经济金融指标

表 1　2019 年深圳市主要存贷款指标

		1月	2月	3月	4月	5月	6月	7月	8月	9月	10月	11月	12月
本外币	金融机构各项存款余额（亿元）	76899	77150	76929	78602	79062	80498	79765	79950	80537	80292	80359	83942
	其中：住户存款	14788	14253	14637	14604	14843	15223	15240	15322	15659	15609	15574	16327
	非金融企业存款	37007	36058	36592	36957	36585	37906	37151	37730	38802	38214	38828	40640
	各项存款余额比上月增加（亿元）	4348	251	-221	1673	460	1436	-733	185	587	-245	67	3583
	金融机构各项存款同比增长（%）	7	7	10	11	9	13	10	11	11	10	10	16
	金融机构各项贷款余额（亿元）	54299	54441	54829	55193	55942	56562	56928	57664	58269	58339	58728	59461
	其中：短期	13282	13087	13162	13129	13358	13634	13474	13482	13727	13747	13855	13868
	中长期	34841	35131	35456	35741	35984	36350	36771	37208	37531	37750	38153	38854
	票据融资	2023	2072	2151	2242	2263	2255	2302	2576	2731	2709	2580	2595
	各项贷款余额比上月增加（亿元）	1759	142	388	364	750	620	366	736	605	70	389	733
	其中：短期	-241	-195	75	-32	229	276	-160	8	245	20	109	12
	中长期	1852	290	325	285	243	366	421	437	323	219	403	701
	票据融资	203	49	79	92	21	-8	48	274	155	-23	-128	15
	金融机构各项贷款同比增长（%）	14	13	13	12	13	12	12	11	12	12	11	13
	其中：短期	-5	-7	-7	-9	-7	-6	-6	-5	-3	-2	-1	3
	中长期	21	20	20	19	19	18	18	18	18	17	17	18
	票据融资	95	108	117	131	118	77	69	52	55	62	43	43
	建筑业贷款余额（亿元）	1332	1346	1387	1373	1387	1435	1455	1469	1485	1457	1467	1465
	房地产业贷款余额（亿元）	6376	6489	6531	6643	6690	6864	6918	7007	7083	7183	7242	7391
	建筑业贷款同比增长（%）	10	8	14	11	11	14	15	14	16	12	12	17
	房地产业贷款同比增长（%）	35	34	30	31	30	29	28	27	26	26	24	22
人民币	金融机构各项存款余额（亿元）	72839	72757	72623	74041	74702	76149	75461	75567	75875	75729	75804	79552
	其中：住户存款	14465	13931	14317	14286	14521	14904	14925	15002	15343	15294	15260	16011
	非金融企业存款	34971	33975	34598	34991	34634	35988	35209	35828	36803	36179	36773	38586
	各项存款余额比上月增加（亿元）	4142	-82	-134	1418	661	1447	-688	106	308	-145	74	3749
	其中：住户存款	986	-535	386	-31	236	383	20	78	341	-49	-34	750
	非金融企业存款	2251	-996	623	393	-357	1353	-779	619	974	-624	594	1814
	各项存款同比增长（%）	10	9	12	12	11	15	12	12	12	11	10	16
	其中：住户存款	30	27	27	30	30	27	31	30	24	23	19	19
	非金融企业存款	21	18	18	15	14	14	10	13	14	13	13	18
	金融机构各项贷款余额（亿元）	50206	50473	50937	51409	51963	52726	53153	53868	54588	54775	55192	55998
	其中：个人消费贷款	16364	16412	16543	16581	16676	16784	16882	16949	17053	17175	17313	17517
	票据融资	2023	2072	2151	2242	2263	2255	2302	2576	2731	2709	2580	2595
	各项贷款余额比上月增加（亿元）	1923	267	464	472	554	762	427	715	720	187	418	806
	其中：个人消费贷款	428	48	131	38	95	108	98	67	104	122	138	204
	票据融资	203	49	79	92	21	-8	48	274	155	-23	-128	15
	金融机构各项贷款同比增长（%）	19	18	18	17	18	17	16	15	16	15	15	16
	其中：个人消费贷款	13	13	13	13	13	13	12	11	10	10	9	10
	票据融资	96	108	117	131	118	77	69	52	55	62	43	43
外币	金融机构外币存款余额（亿美元）	606	657	640	678	632	633	625	618	659	647	648	629
	金融机构外币存款同比增长（%）	-29	-22	-21	-10	-15	-11	-11	-9	3	3	11	12
	金融机构外币贷款余额（亿美元）	611	593	578	562	577	558	548	536	520	505	503	496
	金融机构外币贷款同比增长（%）	-26	-28	-30	-33	-30	-30	-27	-28	-27	-26	-24	-20

数据来源：中国人民银行深圳市中心支行。

表 2　2001~2019 年深圳市各类价格指数

单位：%

		居民消费价格指数		农业生产资料价格指数		工业生产者购进价格指数		工业生产者出厂价格指数	
		当月同比	累计同比	当月同比	累计同比	当月同比	累计同比	当月同比	累计同比
2001		—	-2.2	—	—	—	—	—	-3.7
2002		—	1.2	—	—	—	-1.0	—	-6.2
2003		—	0.7	—	—	—	0.5	—	-2.3
2004		—	1.3	—	—	—	9.7	—	-0.5
2005		—	1.6	—	—	—	5.1	—	-1.3
2006		—	2.2	—	—	—	4.2	—	-1.8
2007		—	4.1	—	—	—	2.9	—	-1.6
2008		—	5.9	—	—	—	5.3	—	-0.4
2009		—	-1.3	—	—	—	-3.7	—	-4.7
2010		—	3.5	—	—	—	4.7	—	1.6
2011		—	5.4	—	—	—	5.9	—	1.8
2012		—	2.8	—	—	—	0.0	—	-0.1
2013		—	2.7	—	—	—	-1.7	—	-2.0
2014		—	2.0	—	—	—	-0.4	—	-0.9
2015		—	2.2	—	—	—	-3.5	—	-2.4
2016		—	2.0	—	—	—	-1.7	—	-0.7
2017		—	1.4	—	—	—	3.4	—	1.8
2018		—	2.8	—	—	—	2.4	—	0.2
2019		—	3.4	—	—	—	-0.6	—	0.0
2018	1	1.2	1.2	—	—	2.7	2.7	-0.1	-0.1
	2	3.7	2.4	—	—	2.3	2.5	-0.3	-0.2
	3	2.6	2.5	—	—	2.1	2.4	-0.6	-0.4
	4	2.6	2.5	—	—	1.9	2.3	-0.4	-0.4
	5	2.5	2.5	—	—	2.1	2.2	-0.6	-0.4
	6	2.3	2.5	—	—	2.2	2.2	-0.1	-0.4
	7	2.5	2.5	—	—	2.8	2.3	0.3	-0.3
	8	2.9	2.5	—	—	2.9	2.4	1.0	-0.1
	9	3.4	2.6	—	—	3.0	2.5	0.6	0.0
	10	3.4	2.7	—	—	3.0	2.5	1.2	0.1
	11	3.2	2.8	—	—	2.4	2.5	1.0	0.2
	12	3.1	2.8	—	—	1.1	2.4	0.3	0.2
2019	1	3.0	3.0	—	—	0.3	0.3	0.2	0.2
	2	2.1	2.5	—	—	0.1	0.2	-0.2	0.0
	3	2.6	2.6	—	—	0.2	0.2	0.0	0.0
	4	2.7	2.6	—	—	0.0	0.2	0.6	0.2
	5	3.2	2.7	—	—	-0.4	0.0	0.8	0.3
	6	3.5	2.9	—	—	-0.5	-0.1	0.9	0.4
	7	3.4	2.9	—	—	-0.7	-0.1	0.6	0.4
	8	3.1	3.0	—	—	-1.3	-0.3	-0.6	0.3
	9	3.1	3.0	—	—	-1.3	-4.0	0.2	0.3
	10	4.0	3.1	—	—	-1.7	-0.5	-0.7	0.2
	11	5.0	3.2	—	—	-1.0	-0.6	-1.1	0.1
	12	4.9	3.4	—	—	-0.3	-0.6	-0.2	0.0

数据来源：国家统计局深圳调查队、深圳市统计局。

表 3　2019 年深圳市主要经济指标

	1 月	2 月	3 月	4 月	5 月	6 月	7 月	8 月	9 月	10 月	11 月	12 月
	绝对值（自年初累计）											
地区生产总值（亿元）	—	—	5734.0	—	—	12133.9	—	—	18689.1	—	—	26927.1
第一产业	—	—	5.8	—	—	12.5	—	—	19.1	—	—	25.2
第二产业	—	—	2296.5	—	—	4747.8	—	—	7338.0	—	—	10495.8
第三产业	—	—	3431.7	—	—	7373.7	—	—	11332.0	—	—	16406.1
工业增加值（亿元）	—	1172.1	2012.4	2682.9	3336.3	4247.7	4914.6	5675.6	6640.2	7441.0	8371.8	9538.2
固定资产投资（亿元）	—	627.3	1105.5	1626.3	2208.7	2992.9	3549.9	4178.2	4954.2	5733.0	6530.8	7354.9
房地产开发投资	—	—	438.4	645.8	900.6	1227.6	1453.3	1718.5	2046.7	2400.1	2775.2	3060.9
社会消费品零售总额(亿元)	495.7	976.0	1433.0	1923.0	2491.1	3076.9	3624.9	4204.6	4778.4	5338.6	5924.7	6582.9
外贸进出口总额（亿元）	2639.6	4175.7	6491.3	8748.7	11034.2	13372.3	15787.5	18369.4	21140.9	23882.0	26713.3	29773.9
进口	1098.7	1785.2	2799.0	3803.9	4783.1	5800.8	6860.4	7992.6	9186.5	10361.5	11618.8	13064.9
出口	1540.9	2390.5	3692.3	4944.7	6251.1	7571.4	8927.1	10376.8	11954.4	13520.4	15094.6	16709.0
进出口差额(出口－进口)	442.3	605.3	893.3	1140.8	1467.9	1770.6	2066.7	2384.2	2767.9	3158.9	3475.8	3644.0
实际利用外资（亿美元）	4.6	10.4	14.9	18.0	24.8	43.3	45.4	50.6	62.0	65.6	71.7	80.7
地方财政收支差额（亿元）	170.6	183.1	-140.5	-51.2	-33.2	-170.4	-24.8	-61.4	-389.3	-297.8	-481.0	-777.8
地方财政收入	585.4	793.7	1038.4	1404.0	1729.0	2132.2	2520.4	2747.4	2940.0	3269.2	3470.1	3773.2
地方财政支出	414.8	610.6	1178.9	1455.3	1762.2	2302.5	2545.2	2808.8	3329.2	3567.0	3951.1	4551.0
城镇登记失业率（%）（季度）	—	—	2.1	—	—	2.3	—	—	2.2	—	—	2.2
	同比累计增长率（%）											
地区生产总值	—	—	7.6	—	—	7.4	—	—	6.6	—	—	6.7
第一产业	—	—	7.0	—	—	16.3	—	—	21.0	—	—	14.0
第二产业	—	—	8.1	—	—	7.3	—	—	5.5	—	—	4.9
第三产业	—	—	7.2	—	—	7.5	—	—	7.4	—	—	8.1
工业增加值	—	4.0	8.6	7.1	6.9	7.4	6.1	4.6	5.3	4.7	4.7	4.7
固定资产投资	—	20.4	22.7	22.0	18.3	17.6	16.2	17.2	17.9	17.0	17.8	18.8
房地产开发投资	—	11.8	12.7	12.5	10.5	11.3	9.6	11.3	11.9	13.0	15.2	15.9
社会消费品零售总额	—	5.5	7.5	6.5	6.7	7.7	7.0	6.6	6.8	6.4	6.3	6.7
外贸进出口总额	-31.9	-7.9	-4.3	-2.3	-1.5	-0.9	-1.7	-1.1	-1.8	-2.6	-2.0	-0.6
进口	-29.7	-13.7	-12.3	-8.8	-8.7	-7.8	-8.9	-8.5	-9.3	-9.9	-8.1	-4.7
出口	-33.4	-3.0	2.8	3.3	4.8	5.1	4.6	5.4	4.8	3.8	3.3	2.7
实际利用外资	—	3.6	6.5	3.5	10.3	6.9	-1.7	2.0	4.5	-2.7	-1.6	-1.6
地方财政收入	7.2	5.9	5.7	7.4	5.4	6.6	5.5	6.1	4.6	6.1	5.2	6.5
地方财政支出	54.8	18.9	10.0	9.2	7.2	10.5	9.7	7.2	8.7	7.3	2.7	6.2

数据来源：深圳市统计局、深圳市人力资源保障局。

广西壮族自治区金融运行报告（2020）

中国人民银行南宁中心支行货币政策分析小组

[内容摘要] 2019年是新中国成立70周年，是全面建成小康社会关键之年，广西金融业深入贯彻习近平新时代中国特色社会主义思想和党的十九大、十九届四中全会、中央经济工作会议精神以及“六稳”工作要求，认真落实稳健的货币政策，加强逆周期调节，发挥货币政策促进经济结构调整的作用，金融服务经济高质量发展的质效进一步提升。广西金融保持平稳较快的发展态势，表现为“三进两慢”，即地区社会融资规模进一步增加，融资结构、成本进一步优化，但存款增长慢、风险释放进展慢。

金融聚焦重点领域发展，信贷结构进一步优化。2019年，中国人民银行南宁中心支行出台金融支持“双百双新”[①]产业项目、糖业全产业链、西部陆海新通道、林业高质量发展、民营小微企业等重点领域的若干措施，创建再贷款再贴现“双示范”[②]，实施再贷款再贴现“双百亿”[③]计划，牵头召开全区金融服务实体经济暨重点领域推进会。信贷支持民营小微“百千万”[④]工程成效列入2020年广西政府工作报告。全年地区社会融资规模新增5483.5亿元。年末本外币存贷款余额首次双双突破3万亿元大关，各项贷款余额3.1万亿元，同比增长14.3%，全年新增3691.2亿元，年度增量创新高；各项存款余额3.2万亿元，同比增长6.2%，全年新增1883.2亿元。年末制造业中长期贷款、民营企业贷款、普惠小微企业贷款同比分别增长25%、15%、17.4%，均高于各项贷款增速，企业信用贷款占全部企业贷款的25.9%，高耗能中长期贷款增速回落。全年累计发放金融精准扶贫贷款672亿元，带动服务贫困人口525万人（次），有效支持乡村振兴。利率市场化改革纵深推进。贷款市场报价利率（LPR）改革推广宣传走在全国前列，农村合作金融机构提前完成目标任务。12月全区企业贷款加权平均利率5.2%，较2018年高点下降45个基点，小微企业贷款利率进一步下降。金融市场活力增强。直接融资有所提升，股票融资和国内债券融资较快增长。首单公交票款资产证券化产品、首单自治区级扶贫资产证券化产品、首单信用风险缓释凭证成功落地。绿色金融债券发行主体实现城商行全覆盖，地方政府债券柜台发行渠道顺利打通。银行、证券和保险业协同发展。银行业资产总额和利润分别增长7.9%和9.4%，保持稳健经营，渤海银行南宁分行落户广西。证券交易量保持增长，保险业增速放缓。金融风险总体可控。积极应对包商银行被接管的影响，调整再贷款再贴现、常备借贷便利限额170亿元，及时向法人机构提供流动性资金支持。银行业金融机构不良贷款“双降”，但存量余额仍处高位，金融风险隐患仍需重点关注。区域金融改革顺利升级。推出131项面向东盟的金融开放门户改革举措，57家金融机构入驻中国—东盟金融城。全年广西跨

---

①广西“双百”指投资超百亿元和产值超百亿元项目，“双新”指新产业、新技术项目。

②2019年6月，中国人民银行南宁中心支行在广西逐步开展创建再贷款、再贴现示范行、示范区“双示范”工作，对评选为“双示范”的银行，广西各级人民银行在再贷款再贴现额度、MPA、信贷政策导向效果评估等方面给予适度的优惠政策，引导扩大民营、小微企业信贷投放。

③再贷款再贴现“双百亿”计划：2019~2020年，中国人民银行南宁中心支行每年安排支小再贷款限额不低于100亿元，专门用于支持符合条件的金融机构发放民营和小微企业贷款；安排再贴现限额100亿元，专门用于民营和小微企业票据再贴现。

④运用再贷款再贴现“双百亿”资金，确保民营、小微企业信贷增量达千亿元，新增户数均不低于万户。

境人民币结算量继续在西部省份和边境省份排名第一,跨境金融区块链服务平台试点有序开展。金融生态环境持续优化。构建地方小微企业征信服务平台，广西金融综合服务平台和“桂信通”平台上线运行。云闪付用户数位列全国前列，完成全国首例支付机构业务拆分，支付体系不断完善。

在金融业稳健运行的支撑下，广西全年经济平稳运行，结构调整稳步推进，增长动能不断增强，民生事业持续改善。全年实现地区生产总值21237.1亿元，同比增长6%，同比回落0.8个百分点。投资增势缓中趋稳。全年全区固定资产投资同比增长9.5%，其中基础设施投资增速下滑，房地产开发投资增长迅速、支撑作用明显。消费市场平稳增长。社会消费品零售额同比增长7%，汽车、石油类重点产品销售下滑，体育娱乐用品等升级类消费增速较快，新增长点加速形成。进出口增势强劲。外贸进出口总额同比增长14.4%，与“一带一路”沿线国家贸易合作不断加强。转型升级步伐加快。三次产业增加值占地区生产总值的比重分别为16%、33.3%和50.7%。现代农业快速发展，传统产业“二次创业”有序推进，新兴产业加快成长，现代服务业成为重要引擎。供给侧结构性改革扎实推进。化解煤炭过剩产能154万吨，工业产成品存货与商品房待售面积双降，减税降费和电力体制改革进一步降低实体经济成本，优化营商环境7项重点指标明显提升，企业开办实现1日办结，企业银行账户许可全面取消。物价持续攀升。猪价攀升带动居民消费价格结构性上涨，工业品价格指数同比下降，居民收入稳步增长，就业保持稳定。财政持续保障民生。民生重点领域支出占80.2%，就业、医疗、住房领域保障显著提升。房地产平稳运行。开发投资增速平稳，住房供给增速下降，桂林、北海等热点城市房价涨幅收窄。区域协调发展。北钦防一体化区域地区生产总值同比增长7.4%，北部湾港货物吞吐量同比增长18%。国务院印发中国（广西）自由贸易试验区总体方案，广西自贸试验区获批试点任务120项。

2020年是全面建成小康社会和实现“十三五”规划收官之年。习近平总书记赋予广西“建设壮美广西 共圆复兴梦想”总目标总要求、“三大定位”新使命和“五个扎实”新要求，为新时代广西发展指明了前进方向。随着中国（广西）自由贸易试验区高标准建设、西部陆海新通道建设全力推进、面向东盟的金融开放门户加快打造、中国—东盟信息港扎实推进，区域内粤港澳大湾区全面对接、强首府战略和北钦防一体化发展规划出台，广西将围绕对外开放合作和区域融合发展书写“广西篇章”。在以重大项目为抓手，深入实施传统产业“二次创业”、推进新兴产业集群化发展下，产业结构将持续优化升级，新能源汽车、智能化工厂、新型发动机等新动能不断增强。在推进贸易重点项目、抓好国家服务业综合改革试点工作下，服务业将加快提质，消费升级潜力进一步释放。在推进“放管服”、国资国企和财税金融改革，健全服务民营企业体系下，微观主体活力将进一步激发，推动支持民营经济、小微企业发展壮大。同时，面对新冠肺炎疫情冲击，广西及时出台支持政策，有序快速推动企业复工复产达产，抓紧组织农业生产，大力提振三次产业和促进消费。

2020年，广西金融业将坚持稳中求进工作总基调，落实稳健的货币政策更加灵活适度，加强逆周期调节，保持信贷合理增长，推动信贷结构持续优化；为实现“六稳”“六保”和经济高质量发展营造适宜的货币金融环境。积极应对新冠肺炎疫情对广西经济金融的冲击，加大货币政策工具运用及信贷支持，切实保障疫情防控及复工复产融资需求。以民营小微企业融资服务“十六条”、“民微首贷”提升计划、金融支持“双百双新”、糖业、林业、西部陆海新通道建设等重点领域政策为引导，加大信贷投向重点领域倾斜力度。发挥好货币政策工具结构调整作用，提高首贷率、信用贷款占比率和无还本续贷占比率“三率”，切实缓解中小微企业融资难融资贵。支持产业转型升级，聚焦健康养老、旅游、科技知识产权等更多领域，紧抓系列重大开放工程和区域融合发展机遇，持续推进面向东盟的金融开放门户建设，做好“三企（央企、民企、大湾区企业）入桂”、中国（广西）自由贸易试验区金融服务。推广运用LPR，探索疏通货币政策传导梗阻，坚决打破贷款利率隐性下限，进一步降低实体经济融资成本。金融机构积极增资扩股，发行二级资本债、永续债等资本补充工具，增强支持地方经济发展实力。持续加强各类型金融风险的监测和预警，保持流动性合理充裕，推动金融市场健康发展，牢牢守住不发生系统性金融风险的底线。支持广西打赢三大攻坚战，确保全面建成小康社会。

一、金融运行情况

2019年，广西金融运行保持平稳。社会融资规模稳步增长，融资结构持续改善。LPR改革稳步推进，贷款利率总体下行。全年新增贷款创历史新高，金融支持实体经济能力不断增强。银行、证券、保险业协同发展，金融生态环境建设持续向好。

（一）银行业稳健经营，信贷较快增长

1.资产规模稳步扩张，金融主体不断丰富。 2019年末，广西银行业金融机构资产和负债总额同比分别增长7.9%和7.8%，全年实现利润444.8亿元，同比增长9.4%。渤海银行进驻广西，成为第10家全国性股份制银行。1家农村信用合作联社和1家农村合作银行改制成农村商业银行[①]。

表1　2019年广西壮族自治区银行业金融机构情况

机构类别	营业网点			法人机构（个）
	机构个数（个）	从业人数（人）	资产总额（亿元）	
一、大型商业银行	1885	36549	14164	0
二、国家开发银行和政策性银行	66	1745	5224	0
三、股份制商业银行	186	4545	3638	0
四、城市商业银行	587	9591	6510	3
五、城市信用社	0	0	0	0
六、小型农村金融机构	2347	25090	9103	95
七、财务公司	2	62	233	1
八、信托公司	0	0	0	0
九、邮政储蓄银行	973	9973	2066	0
十、外资银行	4	78	63	0
十一、新型农村金融机构	653	7956	1173	424
十二、其他	1	49	40	1
合　计	6704	95638	42213	524

续表

注：营业网点不包括国家开发银行和政策性银行、大型商业银行、股份制商业银行等金融机构总部数据；大型商业银行包括中国工商银行、中国农业银行、中国银行、中国建设银行和交通银行；小型农村金融机构包括农村商业银行、农村合作银行和农村信用社；新型农村金融机构包括村镇银行、贷款公司、农村资金互助社和小额贷款公司；“其他”包含金融租赁公司、汽车金融公司、货币经纪公司、消费金融公司等。

数据来源：广西银保监局、中国人民银行南宁中心支行、广西地方金融监管局。

2.各项存款低速增长。 2019年末，广西本外币各项存款余额3.2万亿元，同比增长6.2%，增速同比回落0.5个百分点。全年各项存款新增1883.2亿元，增量为近八年新低。年末住户存款同比增长10.8%，保持平稳增长；减税降费政策实施，一般公共服务收入下降，广义政府存款余额同比仅增长5.1%；企业利润下降，总部集团资金外流等导致企业存款余额同比下降0.9%；结构性存款业务不断规范，余额同比下降9.6%。2019年，全区法人金融机构分别发行同业存单和大额存单1765.8亿元和47.3亿元，保持稳定增长，加权平均利率分别为3.29%和3.8%，增加了低成本资金来源。

①2019年挂牌营业。

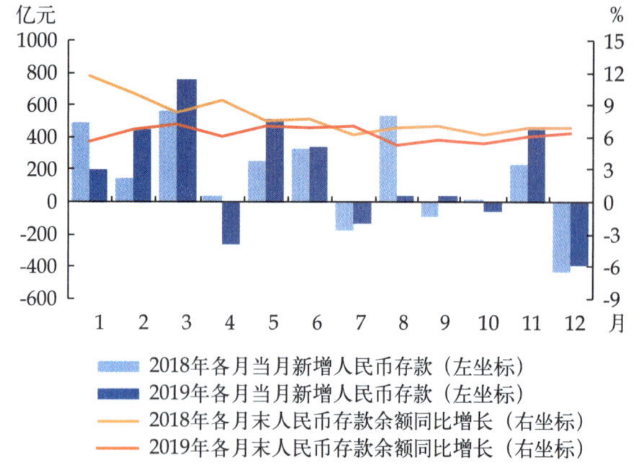

数据来源：中国人民银行南宁中心支行。

图 1　2018~2019 年广西壮族自治区金融机构人民币存款增长变化

3. 各项贷款保持较快增长。2019 年末，本外币各项贷款余额 3.1 万亿元，同比增长 14.3%，增速同比回落 0.6 个百分点。全年贷款新增 3691.2 亿元，同比多增 246 亿元，增量创历史新高。信贷结构优化，年末制造业中长期贷款余额占制造业贷款的 20.9%，同比提高 2.8 个百分点；企业贷款余额中的信用贷款占 25.9%。民营企业贷款新增 595.2 亿元，同比多增 464.9 亿元，增量占全部企业贷款的 32.8%，同比提高 20.7 个百分点。年末普惠小微企业贷款余额同比增长 17.4%，高于人民币各项贷款增速 2.7 个百分点。全年金融精准扶贫贷款累计发放 672 亿元，带动服务贫困人口 525 万人（次），有效支持乡村振兴；六大高耗能行业中长期新增贷款同比少增 10.7 亿元，年末增速同比回落 0.6 个百分点。

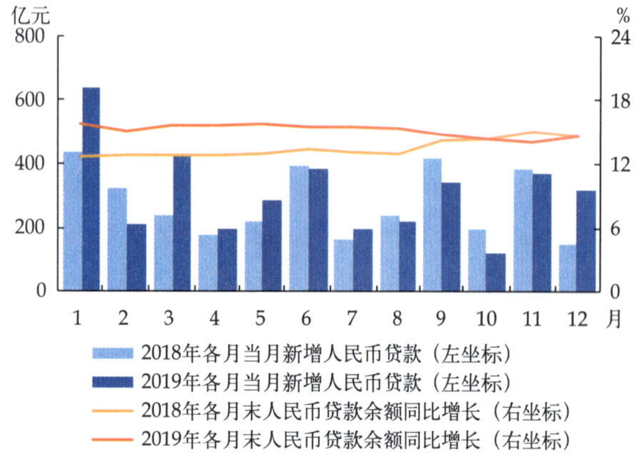

数据来源：中国人民银行南宁中心支行。

图 2　2018~2019 年广西壮族自治区金融机构人民币贷款增长变化

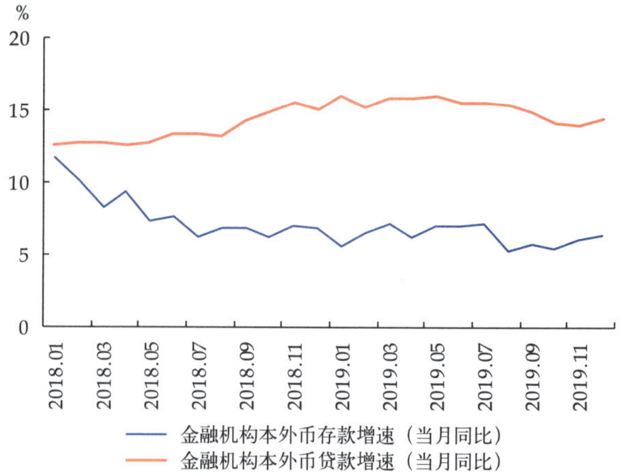

数据来源：中国人民银行南宁中心支行。

图 3　2018~2019 年广西壮族自治区金融机构本外币存、贷款增速变化

4. 表外融资明显多增，同业资产小幅回升。2019 年，广西新增表外融资 304.4 亿元，同比多增 508.9 亿元。各金融机构积极开立银行承兑汇票加大对小微企业的支持，未贴现银行承兑汇票新增 403 亿元，同比多增 420 亿元。委托贷款比年初减少 98.6 亿元。同业资产小幅回升，广西金融机构存放同业、拆放同业、买入返售三项同业资产新增 255.3 亿元。对特定目的载体投资减少 138.5 亿元。

5. 紧抓 LPR 改革契机，利率市场化不断推进。在全国首创 LPR 动漫宣传视频，率先开展 LPR 微信有奖问答。广西农村合作金融机构提前 5 个月完成新增贷款运用 LPR 占比达八成的考核目标。压降银行负债端成本，引导广西市场利率定价自律机制发挥行业自律作用，规范存款创新产品。优化地方金融监管协调机制，共同打破贷款利率隐性下限，加强结构性存款管理，避免监管真空。12 月广西企业贷款加权平均利率 5.2%，较 2018 年高点下降 45 个基点。其中，小微企业贷款加权平均利率 5.79%，低于上年高点 53 个基点。严格执行再贷款利率加点幅度政策。2019 年，广西银行业金融机构运用中国人民银行再贷款、再贴现资金办理的贷款和贴现加权平均利率为 3.91%，比其运用自有资金发放的贷款和贴现低 1.61 个百分点，为企业节约利息约 1.72 亿元。

表 2　2019 年广西壮族自治区金融机构人民币贷款各利率区间占比

（LPR 改革前）　　　　　　　　　　　　　　　　单位：%

月份		1 月	2 月	3 月	4 月	5 月	6 月	7 月
合计		100.0	100.0	100.0	100.0	100.0	100.0	100.0
下浮		7.1	7.9	9.2	10.0	5.8	5.3	9.8
基准		23.4	23.6	23.9	18.5	22.1	22.0	18.7
上浮	小计	69.4	68.5	66.9	71.5	72.1	72.8	71.6
	(1.0, 1.1]	13.1	11.7	13.2	11.7	9.7	17.0	7.7
	(1.1, 1.3]	20.4	17.8	16.8	18.6	19.0	15.6	19.2
	(1.3, 1.5]	14.2	14.7	12.8	14.1	17.4	13.8	17.7
	(1.5, 2.0]	13.7	13.6	15.6	16.8	16.1	16.7	16.3
	2.0 以上	8.1	10.7	8.6	10.4	9.9	9.8	10.8

（LPR 改革后）

月份		8 月	9 月	10 月	11 月	12 月
合计		100.0	100.0	100.0	100.0	100.0
LPR 减点		6.7	7.4	9.9	11.7	14.0
LPR		0.1	0.5	2.1	2.1	1.7
LPR 加点	小计	93.2	92.0	88.0	86.2	84.3
	(LPR, LPR+0.5%)	26.7	26.7	18.1	27.2	21.7
	[LPR+0.5%, LPR+1.5%)	21.0	21.9	26.2	21.5	23.5
	[LPR+1.5%, LPR+3%)	22.5	26.6	24.8	23.0	26.8
	[LPR+3%, LPR+5%)	11.3	8.9	8.2	7.3	7.2
	LPR+5% 及以上	11.5	8.0	10.7	7.3	5.0

数据来源：中国人民银行南宁中心支行。

6. 银行业资产质量改善，但风险压力较大。 2019 年末，广西银行业金融机构不良贷款余额 680.4 亿元，同比减少 25.6 亿元，不良贷款率 2.23%，同比下降 0.4 个百分点，其中，法人金融机构不良贷款率 5.6%，同比下降 0.9 个百分点；关注类贷款比年初减少 1.1 亿元，逾期 90 天以上贷款占不良贷款比例为 91.7%，资产质量有所

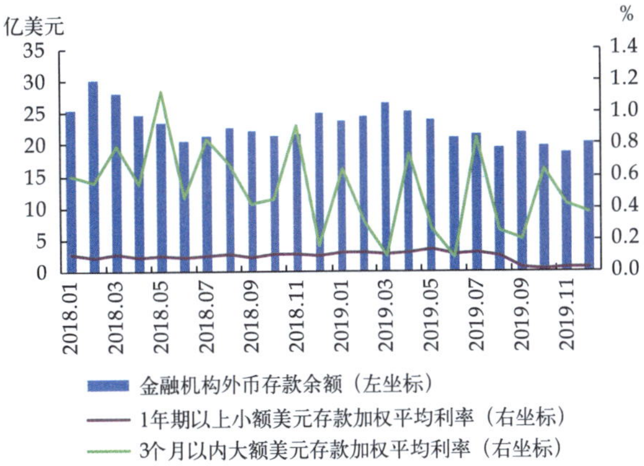

数据来源：中国人民银行南宁中心支行。

图 4　2018~2019 年广西壮族自治区金融机构外币存款余额及外币存款利率

改善。法人金融机构流动性比例 50.5%，同比上升 4.5 个百分点，整体风险可控。但不良贷款余额仍处高位，存量风险较大，存在隐性不良贷款风险。广西人民银行各分支机构做好中国人民银行金融机构评级，扩大存款保险风险核查范围，采取早期纠正措施，防范和化解金融风险。

7. 银行机构改革稳步推进，尽职免责机制有所改善。 农业银行广西区分行单独下达精准扶贫贷款、扶贫重点县贷款指令性下限计划，确保信贷优先支持脱贫攻坚。2019 年以来，广西北部湾银行、桂林银行以及广西农村合作金融机构分别增资扩股 78 亿元、19.5 亿元和 18 亿元。柳州银行、北部湾银行、农业银行、招商银行等机构民营、小微企业授信尽职免责机制有所改善。

专栏 1　广西凝聚政策合力　引领“金融活水”滴灌重点领域

2019 年以来，中国人民银行南宁中心支行联合广西银保监局、自治区发展改革委、工业和信息化厅、地方金融监管局、糖业发展办公室等部门，围绕“更好发挥货币政策工具的引导作用、更好引导金融机构创新产品服务、更好凝聚政策合力、更好保障政策措施落实落细”，首创出台“信贷支持民营小微‘百千万’工程”“‘民微首贷’提升计划”“金融服务糖业全产业链”“金融服务‘双百双新’”“金融服务西部陆海新通道”“金融支持广西林业高质量发展”等若干措施，加强对金融支持重点领域的引导。

其中，“信贷支持民营小微‘百千万’工程”成效被列入2020年广西政府工作报告。

一、政策精准到位

实施再贷款再贴现“双百亿”计划以及对糖业、林业、“双百双新”产业项目分别实施双50亿元、双20亿元和双30亿元专项额度计划，创建“双示范”工程，评选28个单位，充分用好中国人民银行支持增加的再贷款、再贴现额度，引导重点领域信贷投放，降低融资成本。量化政策目标：年度民营、小微企业信贷增量达千亿元，新增户数不低于万户；首次获得贷款企业户数、金额较大提升，中长期贷款占比明显提高。将普惠型小微企业不良贷款容忍度放宽到不高于各项贷款不良率3个百分点；对普惠小微企业贷款担保项目，政府性融资担保费率不高于1%。对优质糖业企业的中长期贷款比例达到20%以上、对涉糖企业信用贷款比重提高至50%以上。

二、配套措施跟进及时

组建金融服务糖业高质量发展指挥部、西部陆海新通道金融服务部，由中国人民银行南宁中心支行“一把手”任指挥长和部长，定期商讨糖业全产业链、西部陆海新通道融资存在的问题及解决方案。建立广西“双百双新”项目融资信息统计制度。将2019年新增的广西重大项目、“千企技改”、“双百双新”等信息纳入“融资项目库”与金融机构共享，并在中国人民银行南宁中心支行微信公众号开设融资信息服务平台，上线金融产品、案例、政策570个，打通供需两端融资信息通道。与自治区发展改革委、工业和信息化厅等建立常态化银企对接机制，全年组织举办三次大型政银企对接活动，共促成银企授信5000亿元。开展优化营商环境行动，推动企业获得信贷指标实现办理环节、申贷材料和办理时间“468”①目标。

三、实体经济收益明显

2019年末，广西支小、支农、扶贫再贷款余额170.74亿元，同比增长18.33%，全年累计发放123.97亿元，同比多放10.97亿元；累计办理再贴现642.61亿元，同比多增326.71亿元，其中，小微企业、民营企业票据再贴现占比分别为50.3%、77%。全年累计运用再贷款、再贴现分别支持糖业企业9.1亿元和61.7亿元。在系列金融服务若干措施的引导下，2019年末，广西制造业中长期贷款、民营企业贷款、普惠小微企业贷款、信用贷款余额同比分别增长25%、15%、17.4%和26%，均高于各项贷款增速。

（二）证券业稳步发展，交易量持续提高

1. 证券期货市场主体持续增加。2019年，广西新增上市公司1家，有上市公司38家，新三板挂牌公司67家，区域性股权市场挂牌企业165家，首次公开募股在审企业1家，辅导备案拟上市企业9家；证券公司1家，证券分公司29家，证券营业部187家；期货分公司3家，期货营业部30家。

2. 证券交易量保持稳步增长。2019年，广西证券交易额累计5.3万亿元，同比增长20.4%。期货成交量3050.3万手，成交金额1.8万亿元，同比增长13.3%。

3. 直接融资规模显著扩大。2019年，广西直接融资总额1119.4亿元，同比增长43.1%。其中，股票融资和国内债券融资分别为50.6亿元和1068.8亿元，同比分别增长34.9%和43.5%。

① 小微企业1000万元以下额度抵押贷款业务平均办理环节优化至4个、申贷材料精简至6项、办理时间压缩至8个工作日内。

表 3　2019 年广西壮族自治区证券业基本情况

项目	数量
总部设在辖内的证券公司数（家）	1
总部设在辖内的基金公司数（家）	1
总部设在辖内的期货公司数（家）	0
年末国内上市公司数（家）	38
当年国内股票（A 股）筹资（亿元）	50.6
当年发行 H 股筹资（亿元）	—
当年国内债券筹资（亿元）	1068.8
其中：短期融资券筹资额（亿元）	439.5
中期票据筹资额（亿元）	223.2

注：当年国内股票（A 股）筹资额指非金融企业境内股票融资。
数据来源：广西证监局、中国人民银行南宁中心支行。

（三）保险业增速放缓，保障功能较好发挥

1. 市场体系不断完善。2019 年，国富人寿广西分公司、国任财险广西分公司相继获批开业。2019 年末，广西保险市场有 2 家地方法人机构、44 家省级分公司。广西各级保险分支机构 2244 家，各级专业中介机构共计 339 家。全区保险从业人员约 19 万人。

2. 保险业务增速放缓。2019 年，广西保险业实现原保险保费收入 664.9 亿元，同比增长 5.7%，增速同比下降 5.6 个百分点。其中，财产保险保费收入 216.8 亿元，同比下降 2.4%；人身保险保费收入 448.1 亿元，同比增长 9.3%，增速同比回落 1.7 个百分点。

3. 保险风险保障功能较好发挥。2019 年，广西保险业累计赔付支出 237.9 亿元，同比增长 6.3%。其中，财产险公司支出赔款 119.2 亿元，同比增长 21.4%；人身险公司支出赔付 118.7 亿元，同比下降 5.5%。

表 4　2019 年广西壮族自治区保险业基本情况

项目	数量
总部设在辖内的保险公司数（家）	2
其中：财产险经营主体（家）	1
人身险经营主体（家）	1
保险公司分支机构（家）	2244
其中：财产险公司分支机构（家）	1221
人身险公司分支机构（家）	1023
保费收入（中外资，亿元）	664.9
其中：财产险保费收入（中外资，亿元）	216.8
人身险保费收入（中外资，亿元）	448.1
各类赔款给付（中外资，亿元）	237.9
保险密度（元 / 人）	1329.8
保险深度（%）	3.1

数据来源：广西银保监局。

（四）融资规模稳步增长，结构持续改善

1. 社会融资较快增长，直接融资有所提升。2019 年，广西社会融资规模新增 5483.5 亿元，按可比口径，同比多增 637 亿元。其中，人民币贷款、政府债券分别占社会融资规模的 67.7% 和 16.2%；未贴现银行承兑汇票、直接融资分别占 7.3% 和 4.9%，占比同比分别提高 7.7 个和 0.7 个百分点。

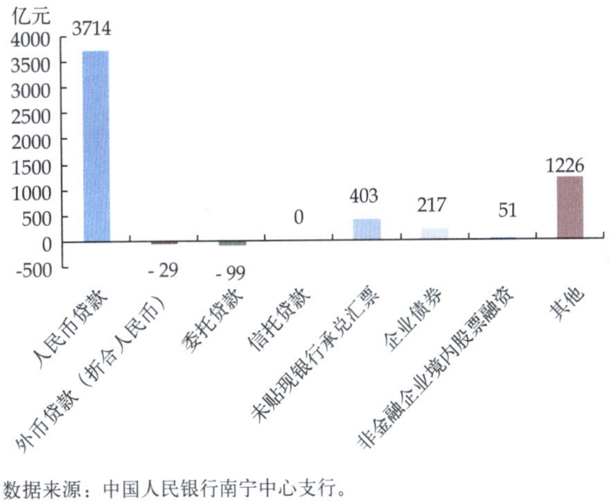

数据来源：中国人民银行南宁中心支行。

图 5　2019 年广西壮族自治区社会融资规模分布结构

2. 债券产品创新取得新突破。广西首单公交票款资产证券化、首单自治区级扶贫资产证券化产品、首单信用风险缓释凭证成功落地。法人金融机构实际发行绿色金融债 70 亿元，发行主体全覆盖广西 3 家城市商业银行。

3. 黄金市场管理进一步规范。广西各类机构黄金市场业务累计成交 246.8 吨，同比增长 71.3%，累计成交金额 799.1 亿元，同比增长

104.5%，其中，代理上海黄金交易所业务占比超过8成。

4. 票据贴现量升价降。2019年广西累计签发银行承兑汇票2824.6亿元，同比增长36.3%；累计办理票据贴现1943.4亿元，同比增长24.1%；累计发生票据转贴现12947.3亿元，同比下降2.4%。广西票据贴现和转贴现加权平均利率分别为3.35%和3.24%，同比分别下降116个和108个基点。

表5　2019年广西壮族自治区金融机构票据业务量统计

单位：亿元

季度	银行承兑汇票承兑		贴现			
			银行承兑汇票		商业承兑汇票	
	余额	累计发生额	余额	累计发生额	余额	累计发生额
1	1328.0	587.5	454.5	462.4	13.9	26.8
2	1460.7	1231.8	402.9	873.9	21.6	44.8
3	1516.8	1892.1	482.9	1327.1	25.7	59.3
4	1758.8	2824.6	502.6	1855.3	40.3	88.1

数据来源：中国人民银行南宁中心支行。

表6　2019年广西壮族自治区金融机构票据贴现、转贴现利率

单位：%

季度	贴现		转贴现	
	银行承兑汇票	商业承兑汇票	票据买断	票据回购
1	3.5	4.9	3.5	2.8
2	3.4	4.5	3.4	2.7
3	3.1	4.9	3.1	2.9
4	3.1	4.8	3.0	2.3

数据来源：中国人民银行南宁中心支行。

5. 政府债券发行工作开展顺利。2019年，地方政府发债1033.4亿元，同比下降26.4%，加权平均利率3.59%，同比下降33个基点，其中，新增债券和借新还旧债券分别发行861.1亿元和172.3亿元。同时，广西首只地方政府债在商业银行柜台成功发售，将投资者范围拓宽至中小散户，市场化发行进程不断加快。

6. 外汇交易市场有序运行，人民币汇率预期趋稳。2019年，广西银行结售汇215.5亿美元，同比增长5.3%。其中，结汇65.4亿美元，售汇150.1亿美元；全年结售汇逆差84.7亿美元，同比增长17.7%。受中美贸易摩擦持续影响，人民币汇率双向波动且对美元整体贬值，广西远期结汇合同履约额3.2亿美元，同比增长27.3%；远期售汇合同履约额25亿美元，同比下降13.4%；远期净售汇21.8亿美元，同比下降17.3%。

（五）门户开放有序推进，区域金改顺利升级

1. 面向东盟的金融开放门户建设有序推进。2019年，广西面向东盟的金融开放门户推出131项改革举措，中国—东盟金融城累计入驻金融机构57家，中银香港、中国太平保险等区域性金融机构总部入驻运营。

2. 跨境人民币业务纵深推进。2019年，广西跨境人民币结算量1570亿元，同比增长20.5%，继续在西部12省份和全国9个边境省份中排名第一。建设边境口岸互市贸易结算互联互通信息平台二期，开展跨境金融区块链服务平台试点，有效缓解中小微涉外企业融资难题。

3. 金融支持中国（广西）自由贸易试验区建设有序推进。出台《关于金融支持中国（广西）自由贸易试验区建设的若干政策措施》，推出20项改革创新政策，完成6项金融改革试点任务，复制推广20项全国试验区金融改革试点经验，广西70家优质企业试点开展跨境人民币结算便利化业务，加快构建与试验区发展相适应的金融服务体系。

（六）金融生态环境向好，信用体系日趋完善

1. 社会信用环境持续优化。2019年，广西各机构月均查询征信系统逾60万次，本人查询信用报告201万笔。构建地方小微企业征信服务平台，广西金融综合服务平台和"桂信通"平台上线运行。运用应收账款融资服务平台累计促成融资2026亿元，其中，柳州市政府采购网与平台实现对接；建成11条融资供应链，帮

助上下游企业融资 31 亿元。广西县区农户信用信息系统建成率达 100%。

2. 支付体系不断完善。移动支付便民工程全面深化，云闪付用户数位居全国前列，农村支付环境建设显著改善。完成全国首例支付机构业务拆分，支付领域风险防范化解扎实有效，支付服务市场秩序持续规范。支付清算系统和中央银行会计核算数据集中系统（ACS）持续平稳运行。

3. 金融消费权益保护工作取得新进展。2019 年，广西人民银行各分支机构共组织金融机构开展宣传活动 4145 次，发放宣传资料 216 万份，受众消费者约 236.2 万人次。12363 投诉咨询平台共受理有效金融消费投诉 624 件，季度平均办结率达到 90% 以上，接到咨询 5364 件。全年累计排查金融广告上万条，处理涉嫌违规金融广告 42 条，推动成立广西金融消费权益保护联合会，并取得调解委员会资格。

二、经济运行情况

2019 年，面对错综复杂的国内外形势和持续加大的经济下行压力，广西坚持稳中求进的工作总基调，经济运行总体平稳，结构调整稳步推进。全年实现地区生产总值 21237.1 亿元，同比增长 6%，同比回落 0.8 个百分点；人均地区生产总值 42964 元，同比增长 5.1%。

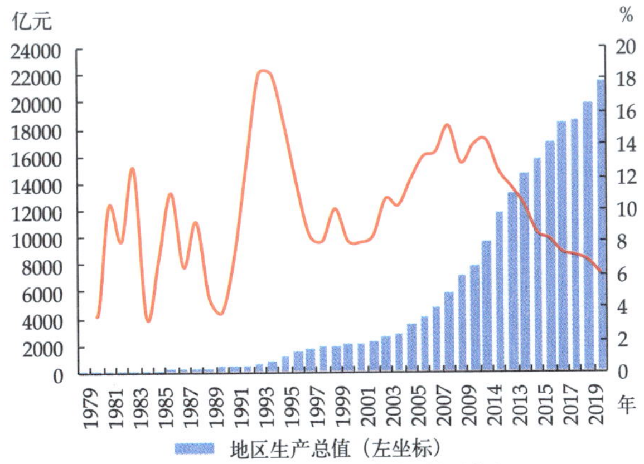

数据来源：广西壮族自治区统计局。

图 6　1979~2019 年广西壮族自治区地区生产总值及其增长率

（一）内需增长持续放缓，外需逆势上扬

1. 投资增速缓中趋稳，工业投资增速回升。2019 年，广西固定资产投资（不含农户）增速呈现前低后高态势，全年增长 9.5%，比 2019 年第一季度末提高 5.2 个百分点，但仍低于上年同期 1.3 个百分点。受项目储备不足制约，基础设施投资同比增长 2.4%，同比回落 7.4 个百分点。随着生产价格指数降幅收窄，销售回升，企业投资意愿增强，叠加一批“双百双新”项目的加快施工，工业投资增速由第一季度的 -0.1% 提高至全年的 11.1%，其中高技术产业投资同比增长 27%。房地产投资保持在 20% 以上高速增长，全年增长 27%，比上年提高 15.1 个百分点。

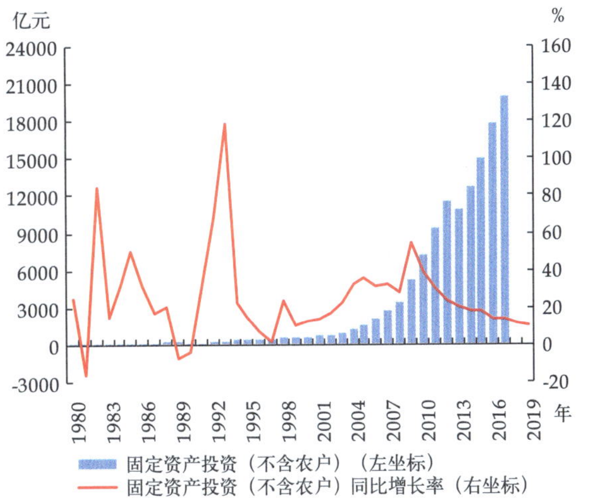

数据来源：广西壮族自治区统计局。

图 7　1980~2019 年广西壮族自治区固定资产投资（不含农户）及其增长率

2. 消费增速持续下行，升级类消费快速增长。2019 年广西社会消费品零售总额同比增长 7%，增速同比回落 2.3 个百分点。主要权重类商品增速下滑，由于增量需求趋于饱和，限额以上汽车类商品零售额同比下降 4.8%，增速同比回落 4.9 个百分点；汽车销量下滑叠加油类价格下降，石油类商品零售额同比增长 2.2%，增速同比回落 9.5 个百分点。但消费结构持续优化，升级类消费快速增长，其中体育娱乐用品类同比增长 24%，家用电器和音像器材商品同比增

长49%，增速同比分别提高16.3个和37.9个百分点。

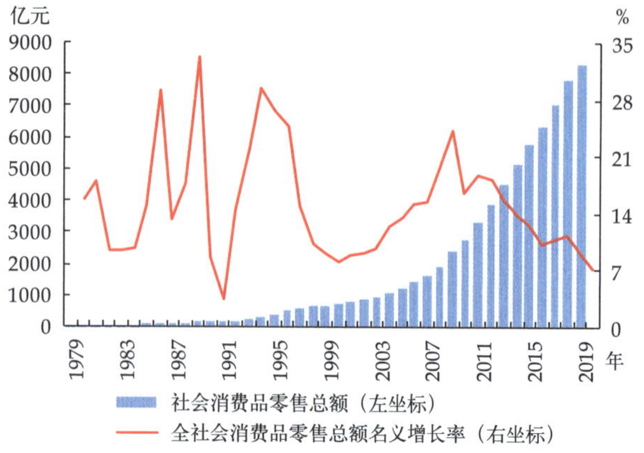

数据来源：广西壮族自治区统计局。

图8　1979~2019年广西壮族自治区社会消费品零售总额及其增长率

3. 进出口持续向好，对外投资继续深化。 2019年，广西货物进出口总额4694亿元人民币，同比增长14.4%。其中出口增长19.4%，进口增长8.7%，贸易顺差499.5亿元，外贸形势持续向好。

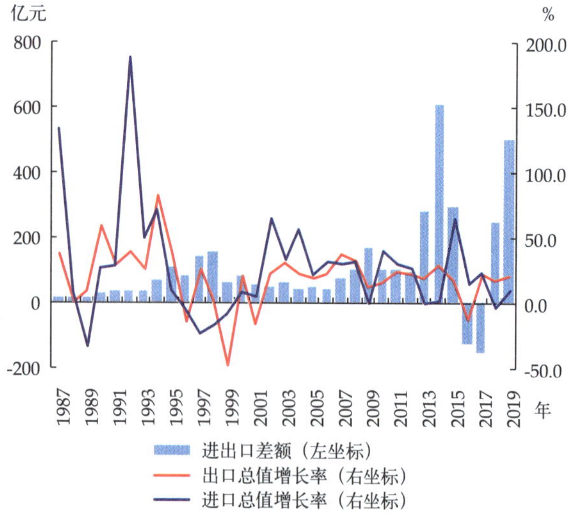

数据来源：广西壮族自治区统计局。

图9　1987~2019年广西壮族自治区外贸进出口变动情况

2019年，广西实际利用外资约11.1亿美元，同比增长142%；广西对外协议总投资额12.7亿美元，中方协议投资额9.3亿美元。其中，对东盟国家中方协议投资额5.6亿美元，对“一带一路”国家中方协议投资额5.8亿美元。对外投资行业主要涉及制造业、交通运输仓储业、批发零售业等。

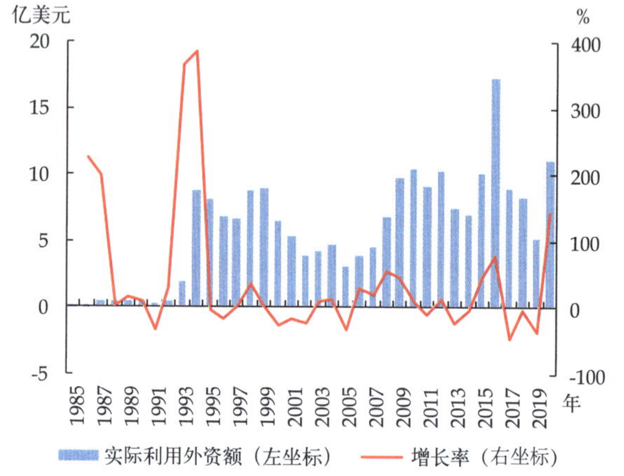

数据来源：广西壮族自治区统计局。

图10　1985~2019年广西壮族自治区实际利用外资额及其增长率

（二）三次产业比重优化，新兴动能加快培育

2019年，广西三次产业增加值分别为3387.7亿元、7077.4亿元和10772亿元，同比分别增长5.6%、5.7%和6.2%；占地区生产总值比重分别为16%、33.3%和50.7%，第一、第三产业占比同比分别提高1.2个和5.2个百分点。第三产业对经济增长贡献率达到52.3%，拉动地区生产总值增长3.1个百分点，对经济增长贡献日益突出。

1. 农业生产总体平稳，畜牧业结构性下滑。 第一产业增速与上年持平，但结构有所变化。广西加大财政扶持力度，蔬菜和水果产业丰产丰收，白糖价格回暖带动甘蔗生产实现恢复性增长。受非洲猪瘟影响，畜牧业结构性下滑，生猪出栏和存栏、猪肉产量同比分别下降27.7%、30.4%和27.2%。猪肉消费向禽蛋类转移，禽肉产量和禽蛋产量同比分别增长17.3%

和 12.4%。

2. 工业生产低位回升，重点行业生产加快。工业生产扭转了 2019 年初的负增长局面，全年广西规模以上工业增加值同比增长 4.5%，增速同比微降 0.2 个百分点。支柱产业增速回升明显，占增加值总量比重达 75% 的前十大重点行业同比增长 7.6%，其中木材加工业、有色金属冶炼和压延加工业、电力生产和供应业同比分别增长 25.5%、19.7% 和 15.2%。工业结构调整持续推进，高技术产业增加值占规模以上工业比重为 6.7%，同比提高 0.5 个百分点。

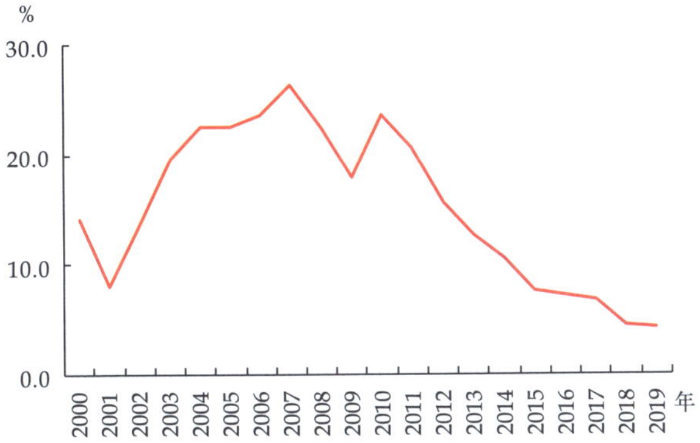

数据来源：广西壮族自治区统计局。

图 11　2000~2019 年广西壮族自治区规模以上工业增加值实际增长率

3. 传统服务业增长放缓，现代服务业发展较快。2019 年，广西第三产业增速同比下降 3.2 个百分点。广西批发零售业、住宿餐饮业保持平稳增长，但经济下行压力下交通运输业增速下降，房地产销售增速回落明显。现代服务业增长较快，规模以上租赁业营业收入同比增长 50.3%，商务服务业营业收入增长 18.9%。新兴服务业成为第三产业增长的新动力，互联网、软件等产业发展较快，信息技术产业正在由制造业向服务业渗透扩展，规模以上互联网和相关服务业、软件和信息技术服务业营业收入同比分别增长 50.4% 和 23%。

4. 供给侧结构性改革扎实推进。2019 年，广西化解煤炭过剩产能 154 万吨。去库存压力进一步缓解，11 月末，规模以上工业企业产成品存货同比下降 5.4%；年末商品房待售面积同比下降 8.1%。全年减税降费 403.6 亿元，全社会用电成本节省超 100 亿元，企业融资服务费累计减少 6900 万元。持续推进补短板，民生支出增长 9.6%。推动政务服务“简易办”，优化营商环境 7 项重点指标明显提升，市县两级实现水电气报装等重点领域“一窗受理”全覆盖，不动产登记、企业开办实现 1 个工作日办结。全面取消企业银行账户许可，账户管理和服务效率大幅提升。推进政务数据“聚通用”，基本建成“壮美广西・政务云”。

5. 生态文明建设成效显著。2019 年，广西城市环境空气质量优良天数比率 91.7%，PM2.5 平均浓度下降 2.9%。全区地表水水质优良比例达 96.2%，近岸海域水质优良比例达 90.9%，6 个设区市断面水环境质量进入全国前十，城市黑臭水体消除率超过 90%，森林覆盖率 62.5%，石漠化治理成效居全国首位。城镇生活垃圾无害化处理率达 99% 以上。

（三）价格水平“两升一降”，就业水平保持稳定

1. 居民消费价格指数明显上升。2019 年，广西居民消费价格同比上涨 3.7%，涨幅同比提高 1.4 个百分点，结构性上涨特征明显。非洲猪瘟疫情导致猪肉价格攀升，助推居民消费价格指数上涨，年内各月累计涨幅在 1.7%~5.5% 之间波动。其中，城市上涨 3.5%，农村上涨 4.1%。分类别来看，食品烟酒上涨 9.5%，其中，畜肉类价格上涨 38.4%；七大类非食品价格中，除交通及通信下降 1.9% 外，其余六类消费品价格保持平稳。

2. 工业品价格指数同比下降。2019 年，受基础化学原料、有色金属、煤炭、石油等价格涨幅回落影响，广西工业生产者出厂价格指数同比下降 0.7%，同比回落 3.9 个百分点。全年工业生产者购进价格同比下降 0.5%，同比回落 3.9 个百分点。

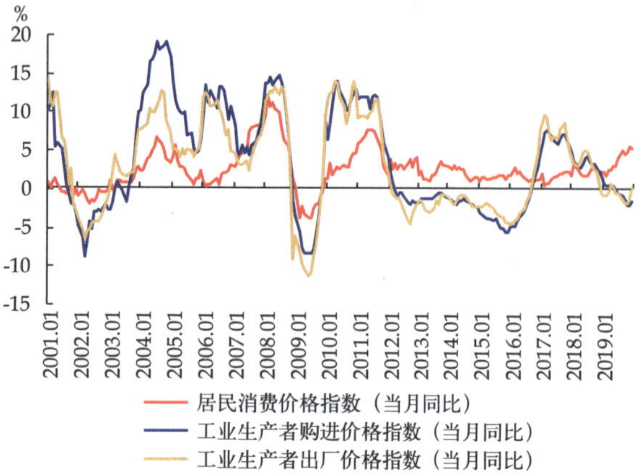

数据来源：广西壮族自治区统计局。

图 12　2001~2019 年广西壮族自治区居民消费价格指数和工业生产者价格指数变动趋势

3. 劳动力成本持续上升，就业保持稳定。 2019 年，广西居民人均可支配收入 23328 元，实际增长 4.7%。城镇居民人均可支配收入 34745 元，实际增长 3.5%；农村居民人均可支配收入 13676 元，实际增长 5.7%。2019 年全区城镇新增就业人数 41.4 万人，失业人员再就业人数 10.9 万人，就业困难人员实现就业人数 4.9 万人。城镇登记失业率 2.6%。年末全区农村外出务工劳动力总量894.2万人，月均收入3909元，同比增长 7%。

专栏 2　广西多举措助力民营和小微企业应收账款融资

为改进民营和小微企业金融服务、有效降低企业融资成本，中国人民银行南宁中心支行多措并举、精准发力，全面深入开展线上应收账款融资，加强供应链金融管理，使更多广西民营和小微企业获益。2019 年末，广西依托应收账款融资服务平台，促成融资交易 2233 笔，金额 2026 亿元，比 2018 年增加 282 亿元，其中，民营和小微企业融资占比约为 65%；累计建成 11 条融资供应链，服务上游 89 家企业，农户实现融资 31 亿元。

一、打出“六项组合拳”

中国人民银行南宁中心支行牵头在广西层面出台配套政策文件，推动应收账款融资业务发展。一是送出 1 个政策红包。联合自治区财政厅，对成功对接且带动供应链小微企业应收账款融资的核心企业，给予融资金额 1% 最高不超过 100 万元的奖励支持。二是写入 2 个重点文件。将推广应收账款融资服务平台列入《关于促进广西中小企业健康发展若干措施的通知》《关于金融服务乡村振兴的实施意见》等自治区文件的重点工作持续推进。三是纳入优化营商环境指标。联合地方金融监管局等 3 部门，将组织国有企业接入应收账款融资服务平台、确认应收账款支持上游企业融资作为各市优化营商环境获得信贷指标的重点监测事项。四是嵌入“民微首贷”提升计划。联合广西银保监局，支持和帮助信用报告中无贷款记录的民营和小微企业及个体工商户获得首笔贷款。五是签署部门备忘录。联合自治区工业和信息化厅等 6 部门，签署《广西应收账款融资业务推广工作合作备忘录》，构筑整体合力。六是组建对接工作专班。组建地方人民银行、金融机构、核心企业、平台人员四方对接工作专班，推动核心企业系统对接，降低信贷风险。

二、推动全流程在线供应链融资

中国人民银行南宁中心支行着力推动合作机构通过技术手段与应收账款融资服务平台进行系统对接，简化业务流程，提升融资效率，进一步促进金融资源向小微企业、民营企业倾斜。一是牵手财政实现线上政采贷“零突破”。推动柳州市政府政采系统与应收账款融资服务平台成功对接，打通国库集中支付系统、政府采购网与应收账款融资服务平台的信息交互渠道，实现信息的快速交互，在有效锁定回款账户，降低信贷风险的同时，大大提升应收账款质押融资业务放款效率，成为全国第五个政府采购应收账款全流程线上融资的地区。2019年末，柳州线上政采贷授信总额累计400万元，银行审批时间从原来的线下20天左右缩短至线上的7天左右，办理提速率达65%。二是推动核心企业对接应收账款融资服务平台。2019年末，广西4家核心企业与应收账款融资服务平台达成系统对接意向，其中中国—东盟信息港、博世科、利博盛等3家核心企业已经签署对接协议，启动对接开发工作。

三、提供便捷信息合作服务

中国人民银行南宁中心支行坚持以点带面的原则，将社会责任感较强、信用记录较好、贴近小微企业或农户等弱势群体的供应链企业作为切入点，组织广西各地市人民银行会同核心企业的开户行、贷款行共同走访核心企业，引导其加强供应链条管理、提高产业链上下游合作，带动上游企业、农户加入平台，形成批量化应用。如藤县鸿发木业有限公司和贵港瑞康饲料有限公司带动其上游39家小微企业、农户注册加入平台，成功应用应收账款进行批量融资共35笔，金额达1594万元，进一步帮助上下游各类企业之间的资金统筹安排，合理分散资金成本，实现供应链财务成本最小化。

（四）财政收入平稳增长，民生支出保障有力

2019年，广西一般公共预算收入1811.9亿元，同比增长7.8%，增速同比提高3.7个百分点。其中，税收收入1146.8亿元，同比增长2.2%，占一般公共预算收入的63.3%；非税收入665.1亿元，同比增长18.9%。一般公共预算支出5849亿元，同比增长10.1%，增速同比提高1.9个百分点。其中，民生领域支出4691.6亿元，占一般公共预算支出的80.2%。全年国库现金管理投放资金230亿元，收回资金330亿元，实现利息收入1.2亿元。

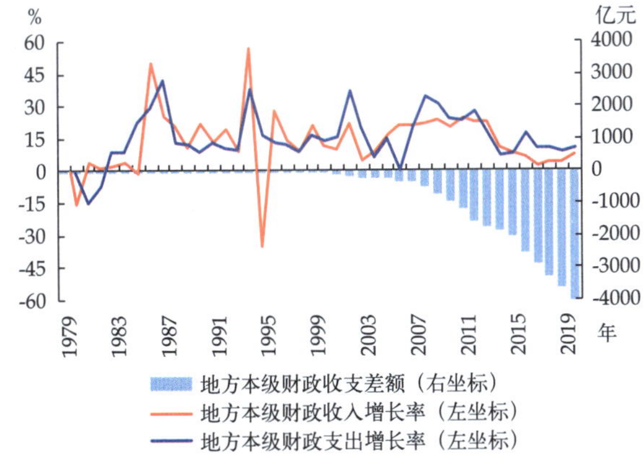

数据来源：广西壮族自治区统计局。

图13　1979~2019年广西壮族自治区财政收支状况

（五）楼市总体运行平稳，住房需求有效满足

2019年，广西积极贯彻落实信贷、财税、公积金等政策，全区房地产开发投资增速平稳，住房供给增速下降，个人住房贷款增长平稳，全区房地产市场总体平稳运行。

1. 开发投资完成额平稳增长，资金到位速度加快。2019年，全区房地产开发投资完成额3814.4亿元，同比增长27%，同比提高15.1个百分点。全部到位资金同比增长26.7%，其中，国内贷款与自筹资金较快增长，同比分别增长37.3%和33.3%。

2. 土地市场活跃度上升，住房供给同比下降。2019年，广西购置土地面积1186.9万平方米，同比增长96.9%，增速同比提高107.6个百分点；房屋竣工面积2037.9万平方米，同比下降7.1%，同比回落25.2个百分点。

3. 住房销售量增速放缓，各地市分化明显。2019年，广西商品房销售面积6711.8万平方米，同比增长8%，增速同比回落12.1个百分点。梧州、贺州住房销量同比上涨明显，分别增长45.5%、26.4%。部分地市住房销售热度略有降温，如防城港、来宾的住房销量同比分别下降19%、8.2%。

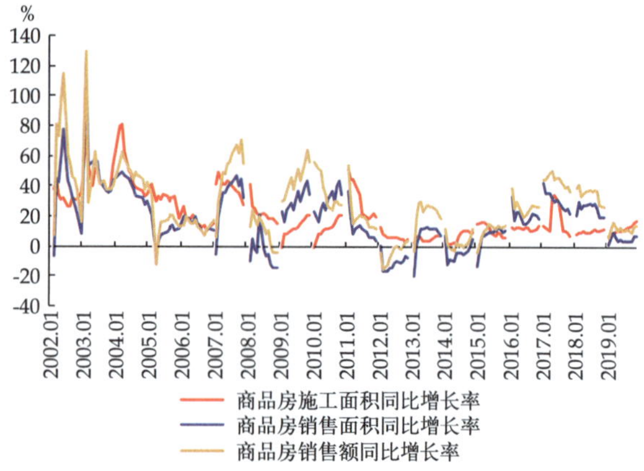

数据来源：广西壮族自治区统计局。

图 14　2002~2019 年广西壮族自治区商品房施工和销售变动趋势

4. 房价总体保持稳定，热点城市涨幅收窄。2019 年，全区商品住房价格同比上涨 5.6%，涨幅同比持平。其中，南宁、桂林和北海新建商品住宅价格同比分别上涨 12.7%、7.4% 和 7.6%，桂林和北海涨幅同比分别回落 0.8 个和 4.2 个百分点。

5. 实施差别化住房贷款政策，住房贷款增长平稳。2019 年，房地产各项贷款余额 9905.3 亿元，同比增长 20%，同比回落 0.3 个百分点。其中，个人住房贷款余额 7496.6 亿元，同比增长 23%；保障性住房开发贷款余额 747.2 亿元，同比增长 3.4%。广西市场利率定价自律机制确定南宁市二套商业性个人住房贷款利率不得低于相应期限贷款市场报价利率加 70 个基点。2019 年，全区个人住房贷款加权平均利率为 6.09%，同比提高 0.03 个百分点。

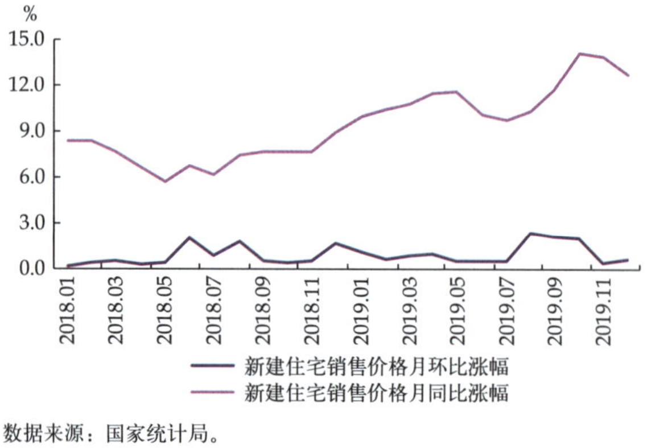

数据来源：国家统计局。

图 15　2018~2019 年南宁市新建住宅销售价格变动趋势

（六）北部湾城市群、广西自贸区联动发展

2019 年 8 月，中国（广西）自由贸易试验区获批设立，与北部湾城市群联动发展。《广西北部湾经济区北钦防一体化发展规划（2019~2025 年）》《关于实施强首府战略的若干意见》出台实施，与粤港澳大湾区、珠江—西江经济带联动加强，港口经济、园区经济、基建交通多头并进。北钦防一体化区域地区生产总值同比增长 7.4%，高于全区水平 1.4 个百分点；北部湾港货物吞吐量 2.3 亿吨，同比增长 18%，集装箱 415.7 万标箱，同比增长 28.6%；防城港国际医学开放试验区与印度企业签订 4 亿美元药品采购合作意向书；中马钦州产业园区开创“两国双园”国际产能合作新模式；南宁—防城港—钦州—北海公交化城际高铁开行。中国（广西）自由贸易试验区设立为城市群发展赋能，承载的 120 项国家改革试点任务居新设 6 个自由贸易试验区之首，其中 54 项已落实完成，区内引入新设企业 4724 家。

三、预测与展望

2020 年是全面建成小康社会和实现“十三五”规划收官之年。习近平总书记赋予广西“建设壮美广西　共圆复兴梦想”总目标总要求、“三大定位”新使命和“五个扎实”新要求，为新时代广西发展指明了前进方向。随着中国（广西）自由贸易试验区高标准建设、西部陆海新通道建设全力推进、面向东盟的金融开放门户加快打造、中国—东盟信息港扎实推进，区域内粤港澳大湾区全面对接、强首府战略和北钦防一体化发展规划出台，广西将围绕对外开放合作和区域融合发展书写“广西篇章”。在以重大项目为抓手，深入实施传统产业“二次创业”、推进新兴产业集群化发展下，产业结构将持续优化升级，新能源汽车、智能化工厂、新型发动机等新动能不断增强。在推进贸易重点项目、抓好国家服务业综合改革试点工作下，服务业将加快提质，消费升级潜力进一步释放。在推进“放管服”、国资国企和财税金融改革，健全服务民营企业体系下，微观主体活力将进一步激发，推动支持民营经济、小微企业发展壮大。同时，面对新冠肺炎疫情冲击，广西及时出台支持政策，有序快速推动企业复工复产达产，抓紧组织农业生产，大力提振三次产业和促进消费。

2020 年，广西金融业将坚持稳中求进工作总基调，落实稳健的货币政策更加灵活适度，加强逆周期调节，保持信贷合理增长，推动信贷结构持续优化；为实现“六稳”“六保”和经济高质量发展营造适宜的货币金融环境。积极应对新冠肺炎疫情对广西经济金融的冲击，加大货币政策工具运用及信贷支持，切实保障疫情防控及复工复产融资需求。以民营小微企业融资服务“十六条”、“民微首贷”提升计划、金融支持“双百双新”、糖业、林业、西部陆海新通道建设等重点领域政策为引导，加大信贷投向重点领域倾斜力度。发挥好货币政策工具结构调整作用，提高首贷率、信用贷款占比率和无还本续贷占比率“三率”，切实缓解中小微企业融资难融资贵。支持产业转型升级，聚焦健康养老、旅游、科技知识产权等更多领域，紧抓系列重大开放工程和区域融合发展机遇，持续推进面向东盟的金融开放门户建设，做好“三企（央企、民企、大湾区企业）入桂”、中国（广西）自由贸易试验区金融服务。推广运用 LPR，探索疏通货币政策传导梗阻，坚决打破贷款利率隐性下限，进一步降低实体经济融资成本。金融机构积极增资扩股，发行二级资本债、永续债等资本补充工具，增强支持地方经济发展实力。持续加强各类型金融风险的监测和预警，保持流动性合理充裕，推动金融市场健康发展，牢牢守住不发生系统性金融风险的底线。支持广西打赢三大攻坚战，确保全面建成小康社会。

中国人民银行南宁中心支行货币政策分析小组
总　纂：宋　军　苏　阳
统　稿：冼海钧　刘俊成　王东刚
执　笔：邓蒂妮　陈少敏　农丽娜　潘　玉　梁峰华　胡欢欢　覃思程　韦秋鸣　罗冬泉
提供材料的还有：周　全　刘广伟　曾　婕　何安妮　罗　斯　余永波　宁　芾　梁凯华　蒲鑫欣　方　璐　农　宇　周帼玲　郑　静　曹　玮　韦诗婷　王诗宇　丁　蒙

附录

（一）2019年广西壮族自治区经济金融大事记

2月25日，广西开展服务业和农业高质量发展银企对接活动，签约授信1425亿元。

8月2日，国务院印发中国（广西）自由贸易试验区总体方案。中国人民银行南宁中心支行等4部门于12月19日联合印发《关于金融支持中国（广西）自由贸易试验区建设的若干政策措施》（南宁银发〔2019〕338号）。

8月8日，中国人民银行南宁中心支行、中国银保监会广西监管局、广西壮族自治区财政厅、广西壮族自治区扶贫开发办公室联合印发《广西壮族自治区扶贫小额信贷管理办法》（桂开发办〔2019〕22号）。

9月20日至24日，广西举办第16届中国—东盟博览会、中国—东盟商务与投资峰会、首届东南亚人民币论坛。

10月9日，中国人民银行南宁中心支行联合自治区工业和信息化厅印发《关于金融服务广西“双百双新”产业项目建设的若干措施》（南宁银发〔2019〕279号）。

10月13日，广西等西部12省区市和海南、广东湛江市共同签署《合作共建西部陆海新通道框架协议》，11月1日，广西印发《关于金融支持西部陆海新通道建设的若干政策措施》（桂发改通道规〔2019〕1027号）。

10月29日，中国人民银行南宁中心支行联合自治区糖业发展办公室印发《关于金融服务广西糖业全产业链发展的若干措施》（南宁银发〔2019〕304号），并于12月6日成立金融服务广西糖业高质量发展指挥部。

11月4日，广西印发《广西壮族自治区绿色金融改革创新实施方案》（桂金监改〔2019〕63号）。

11月5日，中国人民银行南宁中心支行等5部门联合印发《关于进一步加大金融支持广西林业高质量发展的通知》（南宁银发〔2019〕310号）。

11月13日，中国人民银行南宁中心支行牵头举办金融服务广西实体经济高质量发展暨支持重点领域推进会，达成1277亿元授信意向。

（二）2019 年广西壮族自治区主要经济金融指标

表 1　2019 年广西壮族自治区主要存贷款指标

		1 月	2 月	3 月	4 月	5 月	6 月	7 月	8 月	9 月	10 月	11 月	12 月
本外币	金融机构各项存款余额（亿元）	29946.5	30399.1	31170.0	30897.1	31406.2	31724.9	31588.8	31619.3	31669.1	31592.7	32028.8	31646.0
	其中：住户存款	15820.2	16189.3	16412.4	16336.0	16383.9	16617.9	16560.5	16540.2	16787.4	16623.9	16666.5	16988.7
	非金融企业存款	7708.4	7562.1	7797.9	7744.8	7791.0	7999.5	7887.8	7823.4	7900.7	7922.6	8149.7	8102.5
	各项存款余额比上月增加（亿元）	183.7	452.6	770.9	-272.9	509.2	318.7	-136.2	30.5	49.8	-76.4	436.1	-382.8
	金融机构各项存款同比增长（%）	5.6	6.5	7.1	6.1	6.9	6.9	7.0	5.2	5.7	5.4	6.0	6.2
	金融机构各项贷款余额（亿元）	27417.1	27631.6	28062.2	28258.1	28557.4	28947.0	29158.6	29397.6	29753.5	29858.9	30216.3	30497.4
	其中：短期	5363.9	5342.1	5406.7	5435.3	5514.0	5602.6	5597.9	5663.3	5754.3	5731.0	5787.8	5709.6
	中长期	20733.8	20973.5	21309.8	21482.3	21691.9	22005.8	22195.0	22317.7	22542.2	22687.0	23002.4	23308.8
	票据融资	857.4	852.8	885.6	883.6	893.4	876.8	898.7	937.4	975.0	963.6	956.9	1030.3
	各项贷款余额比上月增加（亿元）	610.9	214.5	430.6	195.9	299.3	389.6	211.6	239.0	355.9	105.4	357.3	281.1
	其中：短期	156.6	-21.7	64.5	28.6	78.8	88.6	-4.7	65.4	91.0	-23.3	56.8	-78.2
	中长期	449.6	239.7	336.3	172.4	209.7	313.8	189.2	122.7	224.5	144.8	315.4	306.4
	票据融资	8.8	-4.6	32.8	-2.0	9.7	-16.6	21.9	38.7	37.7	-11.4	-6.7	73.4
	金融机构各项贷款同比增长（%）	15.9	15.1	15.7	15.7	15.8	15.5	15.4	15.2	14.8	14.1	13.8	14.3
	其中：短期	8.8	8.1	7.9	9.1	11.1	10.3	9.8	11.3	13.2	13.0	13.1	11.3
	中长期	15.6	14.9	15.4	15.0	14.8	14.8	15.3	14.9	14.1	14.1	14.2	15.1
	票据融资	90.3	96.0	113.2	125.6	110.9	101.2	78.9	58.0	47.5	31.0	18.8	21.4
	建筑业贷款余额（亿元）	663.2	656.9	671.5	683.6	693.2	722.2	720.8	711.5	726.5	723.8	717.5	709.7
	房地产业贷款余额（亿元）	1021.3	1053.2	1086.9	1098.1	1100.0	1154.6	1184.8	1209.2	1226.7	1220.3	1217.8	1244.0
	建筑业贷款同比增长（%）	29.3	23.8	22.2	21.3	21.2	21.5	21.1	20.6	21.2	21.9	15.9	12.6
	房地产业贷款同比增长（%）	30.0	29.7	32.0	30.3	34.6	39.1	41.0	39.6	38.0	39.9	33.5	30.4
人民币	金融机构各项存款余额（亿元）	29788.9	30236.3	30993.2	30728.5	31241.7	31581.1	31441.8	31481.8	31516.1	31453.8	31899.1	31505.0
	其中：住户存款	15768.7	16137.9	16360.5	16284.1	16332.0	16566.8	16510.0	16489.1	16737.1	16574.0	16616.5	16939.2
	非金融企业存款	7629.5	7477.9	7704.7	7651.8	7694.0	7922.3	7808.5	7753.5	7815.7	7848.6	8081.0	8039.0
	各项存款余额比上月增加（亿元）	196.0	447.5	756.9	-264.7	513.2	339.4	-139.3	40.1	34.3	-62.3	445.4	-394.1
	其中：住户存款	476.9	369.2	222.7	-76.4	47.9	234.8	-56.8	-20.9	247.9	-163.0	42.5	322.7
	非金融企业存款	-400.0	-151.6	226.8	-52.9	42.3	228.3	-113.8	-55.0	62.2	33.0	232.4	-42.1
	各项存款同比增长（%）	5.6	6.6	7.1	6.1	6.9	6.9	7.0	5.3	5.7	5.5	6.1	6.4
	其中：住户存款	14.1	11.3	11.3	12.8	12.4	12.2	12.0	11.3	11.3	10.6	10.3	10.8
	非金融企业存款	-6.3	-3.3	-3.6	-5.7	-4.9	-4.9	-3.0	-4.4	-3.4	-3.1	-1.0	-0.6
	金融机构各项贷款余额（亿元）	26899.7	27112.8	27538.5	27735.1	28021.1	28408.9	28606.0	28827.6	29171.2	29295.3	29668.5	29988.5
	其中：个人消费贷款	8187.8	8266.3	8439.1	8588.8	8730.9	8883.1	9003.8	9100.2	9232.1	9342.7	9514.8	9649.0
	票据融资	857.4	852.8	885.6	883.6	893.4	876.8	898.7	937.4	975.0	963.6	956.9	1030.3
	各项贷款余额比上月增加（亿元）	638.7	213.2	425.7	196.6	286.0	387.9	197.1	221.5	343.6	124.1	373.2	320.0
	其中：个人消费贷款	190.3	78.5	172.8	149.7	142.2	152.1	120.8	96.4	131.9	110.6	172.1	134.2
	票据融资	8.8	-4.6	32.8	-2.0	9.7	-16.6	21.9	38.7	37.7	-11.4	-6.7	73.4
	金融机构各项贷款同比增长（%）	15.8	15.1	15.8	15.7	15.8	15.5	15.6	15.3	14.8	14.4	14.1	14.7
	其中：个人消费贷款	31.0	30.5	30.8	30.7	30.0	28.8	27.2	25.5	23.9	22.6	22.1	22.4
	票据融资	90.3	96.0	113.2	125.6	110.9	101.2	78.9	58.0	47.5	31.0	18.8	21.4
外币	金融机构外币存款余额（亿美元）	23.5	24.3	26.3	25.1	23.9	20.9	21.4	19.4	21.6	19.7	18.4	20.2
	金融机构外币存款同比增长（%）	-7.0	-19.0	-6.3	1.9	2.1	2.3	0.9	-13.6	-1.2	-7.4	-13.8	-18.3
	金融机构外币贷款余额（亿美元）	77.2	77.5	77.8	77.7	77.7	78.3	80.3	80.4	82.3	79.9	77.9	72.9
	金融机构外币贷款同比增长（%）	11.9	8.6	7.1	10.2	8.1	6.5	6.3	5.4	13.0	-3.1	-2.7	-8.1

数据来源：中国人民银行南宁中心支行。

表2　2001~2019年广西壮族自治区各类价格指数

单位：%

		居民消费价格指数		农业生产资料价格指数		工业生产者购进价格指数		工业生产者出厂价格指数	
		当月同比	累计同比	当月同比	累计同比	当月同比	累计同比	当月同比	累计同比
2001		—	0.6	—	-2.3	—	3.7	—	6.3
2002		—	-0.9	—	-1.8	—	-4.4	—	-4.4
2003		—	1.1	—	2.4	—	1.2	—	2.8
2004		—	4.4	—	15.3	—	16.3	—	9.7
2005		—	2.4	—	10.5	—	8.2	—	4.9
2006		—	1.3	—	1.0	—	11.4	—	9.6
2007		—	6.1	—	14.4	—	6.1	—	4.5
2008		—	7.8	—	24.0	—	10.6	—	9.0
2009		—	-2.1	—	-5.8	—	-4.9	—	-6.5
2010		—	3.0	—	1.9	—	11.2	—	12.0
2011		—	5.9	—	12.2	—	10.0	—	8.5
2012		—	3.2	—	3.9	—	-0.8	—	-2.2
2013		—	2.2	—	-0.1	—	-1.1	—	-1.8
2014		—	2.1	—	-1.1	—	-1.8	—	-1.6
2015		—	1.5	—	0.9	—	-4.3	—	-3.0
2016		—	1.6	—	0.7	—	-1.6	—	-0.8
2017		—	1.6	—	1.4	—	6.5	—	7.6
2018		—	2.3	—	1.8	—	3.4	—	3.2
2019		—	3.7	—	4.6	—	-0.5	—	-0.7
2018	1	1.7	1.7	0.9	0.9	4.7	4.7	3.9	3.9
	2	3.3	2.5	0.2	0.6	3.5	4.1	3.3	3.6
	3	2.5	2.5	0.3	0.5	3.1	3.8	2.9	3.3
	4	2.1	2.4	0.5	0.5	2.8	3.5	3.7	3.4
	5	1.7	2.3	0.7	0.5	3.3	3.5	4.8	3.7
	6	1.7	2.2	1.6	0.7	4.1	3.6	4.9	3.9
	7	1.8	2.1	1.9	0.9	4.3	3.7	4.7	4.0
	8	2.3	2.1	2.3	1.1	3.6	3.7	3.9	4.0
	9	2.7	2.2	2.7	1.2	3.3	3.6	3.0	3.9
	10	3.1	2.3	3.8	1.5	3.3	3.6	2.5	3.7
	11	2.6	2.3	3.4	1.7	2.7	3.5	2.1	3.6
	12	2.3	2.3	2.9	1.8	1.6	3.4	-0.5	3.2
2019	1	2.4	2.4	1.6	1.6	0.8	0.8	-0.9	-0.9
	2	1.7	2.1	0.8	1.2	0.5	0.7	-0.9	-0.9
	3	2.5	2.2	1.6	1.3	0.4	0.6	-0.6	-0.8
	4	2.7	2.3	1.8	1.4	0.5	0.6	0.6	-0.5
	5	3.0	2.5	2.2	1.6	0.5	0.5	0.2	-0.3
	6	3.0	2.5	2.3	1.7	-0.1	0.4	-0.5	-0.4
	7	4.0	2.8	2.8	1.9	-0.6	0.3	-0.6	-0.4
	8	5.2	3.1	3.2	2.0	-0.9	0.1	-1.3	-0.5
	9	4.5	3.2	5.0	2.4	-1.3	0.0	-1.9	-0.7
	10	4.7	3.4	6.7	2.8	-2.0	-0.2	-1.8	-0.8
	11	5.5	3.6	12.6	3.7	-2.2	-0.4	-1.4	-0.8
	12	5.3	3.7	14.6	4.6	-1.6	-0.5	0.2	-0.7

数据来源：《中国经济景气月报》、广西壮族自治区统计局。

表 3　2019 年广西壮族自治区主要经济指标

	1 月	2 月	3 月	4 月	5 月	6 月	7 月	8 月	9 月	10 月	11 月	12 月
	绝对值（自年初累计）											
地区生产总值（亿元）	—	—	4225.3	—	—	8906.9	—	—	13239.7	—	—	21237.1
第一产业	—	—	371.8	—	—	881.8	—	—	—	—	—	3387.7
第二产业	—	—	1774.5	—	—	3749.8	—	—	—	—	—	7077.4
第三产业	—	—	2078.7	—	—	4275.3	—	—	—	—	—	10772.0
工业增加值（亿元）	—	—	—	—	—	—	—	—	—	—	—	—
固定资产投资（亿元）	—	—	—	—	—	—	—	—	—	—	—	—
房地产开发投资	—	284.6	657.4	958.2	1271.9	1738.3	1957.0	2265.6	2574.8	2903.6	3323.4	3814.4
社会消费品零售总额(亿元)	—	—	—	—	—	—	—	—	—	—	—	—
外贸进出口总额（亿元）	361.4	574.6	1016.0	1487.2	1911.8	2269.5	2641.4	3061.0	3464.7	3841.1	4260.2	4694.7
进口	177.1	283.2	444.9	616.3	800.0	962.7	1151.3	1357.8	1551.1	1717.4	1900.6	2097.6
出口	184.4	291.4	571.1	870.9	1111.8	1306.7	1490.2	1703.3	1913.7	2123.7	2359.5	2597.1
进出口差额(出口－进口)	7.3	8.2	126.2	254.6	311.8	344.0	338.9	345.5	362.6	406.2	458.9	499.5
实际利用外资（亿美元）	0.8	0.7	1.1	2.3	2.5	3.5	5.7	7.4	7.5	8.1	9.1	11.1
地方财政收支差额（亿元）	-113.2	-406.6	-791.5	-1013.7	-1244.9	-2019.0	-2153.6	-2370.6	-3021.9	-3113.7	-3356.7	-4037.1
地方财政收入	208.6	317.4	460.0	586.8	721.9	949.6	1096.7	1208.4	1357.6	1494.2	1603.9	1811.9
地方财政支出	321.7	724.0	1251.5	1600.5	1966.8	2968.6	3250.3	3579.0	4379.4	4607.9	4960.6	5849.0
城镇登记失业率（%）（季度）	—	—		—	—		—	—		—	—	2.6
	同比累计增长率（%）											
地区生产总值	—	—	6.4	—	—	5.9	—	—	5.5	—	—	6.0
第一产业	—	—	4.4	—	—	5.4	—	—	3.1	—	—	5.6
第二产业	—	—	6.4	—	—	4.7	—	—	4.8	—	—	5.7
第三产业	—	—	6.9	—	—	7.0	—	—	6.8	—	—	6.2
工业增加值	—	3.6	5.1	3.4	1.4	3.2	3.0	3.0	3.1	3.8	4.3	4.5
固定资产投资	—	8.8	4.3	5.7	7.9	8.6	8.8	8.4	8.6	8.9	9.3	9.5
房地产开发投资	—	21.7	28.2	27.7	27.5	27.1	25.6	28.5	28.7	26.0	26.2	27.0
社会消费品零售总额	—	—	6.5	—	—	6.8	—	—	6.9	—	—	7.0
外贸进出口总额	-2.8	0.6	16.1	28.8	28.4	24.8	23.8	21.0	18.2	12.9	12.9	14.4
进口	-3.4	-6.5	0.0	6.6	6.4	4.1	5.6	5.6	4.8	3.8	5.5	8.7
出口	-2.2	8.6	32.7	51.0	50.9	46.3	42.9	36.9	31.9	21.4	19.7	19.4
实际利用外资	-21.1	-55.5	-39.7	8.0	-1.0	29.0	75.0	118.0	115.0	114.0	114.0	142.0
地方财政收入	13.9	11.0	13.0	8.7	5.5	6.4	7.6	8.0	7.4	8.0	7.4	7.8
地方财政支出	23.9	4.0	9.8	13.7	11.8	13.2	12.1	12.5	10.3	10.5	9.5	10.1

数据来源：广西壮族自治区统计局。

海南省金融运行报告（2020）

中国人民银行海口中心支行货币政策分析小组

[内容摘要] 2019年，海南省深入贯彻落实习近平总书记“4·13”重要讲话和中央12号文件精神，坚持稳中求进工作总基调，坚持新发展理念，坚持以供给侧结构性改革为主线，高标准高质量推进海南自由贸易区（港）建设，全省经济运行总体平稳、稳中提质。全年实现地区生产总值5308.9亿元，同比增长5.8%。

海南省经济运行主要呈现以下特征：一是需求逐步企稳，结构渐趋优化。三大需求协同发展，固定资产投资降幅明显收窄，消费市场稳步发展，对外经济增势良好。投资结构持续调整，非房地产开发投资占比同比提高6.9个百分点，民间投资占总投资比重保持过半。离岛免税市场增长强劲，拉动社会消费品零售总额增长1.9个百分点。外贸发展动力平稳转换，消费品取代飞机成为主要进口商品。外部市场结构优化，对美欧日等传统贸易伙伴的依赖度下降7.1个百分点；对“一带一路”沿线国家进出口总值同比增长10.6%，占比近四成。二是产业结构转型升级，新动能培育加快。2019年，海南省三次产业增加值比重为20.3：20.7：59.0，产业结构不断优化。重点工业行业支撑有力，高技术制造业增加值同比增长10.1%。服务业提质增效，对经济增长的贡献率达75.6%，是拉动全省经济增长的主要动力。现代服务业加快发展，互联网和相关服务业、商务服务业营业收入分别同比增长244.6%和31.6%。海南省持续实施全域限购等房地产调控政策，全省房地产开发投资同比下降22.1%，其占地区生产总值的比重为24.8%，比2017年下降21.2个百分点。在此基础上，产业新动能加快培育，全省十二个重点产业（不含房地产业）增加值同比增长7.2%，高于同期地区生产总值增速1.4个百分点。三是自贸区发展势头强劲，成效逐步显现。海南省进一步完善外商投资促进机制，加大外资跟踪服务力度，全省外商直接投资同比增长106.1%。国际贸易“单一窗口”3.0版本建设加快，对企业设立流程进行优化，全流程缩减80%的审批时限和环节。市场主体规模不断扩大，全省新增市场主体24.2万户，同比增长69.8%。博鳌乐城国际医疗旅游先行区发展步入新阶段，深化极简审批改革，突出医药审批特点，注重用药用械的便利性。四是经济增长方式加快转变，绿色发展成果凸显。“三去一降一补”取得实效，全年规模以上工业企业资产负债率低于同期全国平均水平4.2个百分点，每百元营业收入中的成本低于全国平均水平6.5元。全年规模以上工业万元增加值能耗下降2.9%，降幅比上年扩大1.0个百分点。清洁能源发电规模加快提升，规模以上工业清洁能源发电同比增长16.4%，在规模以上工业发电量中的占比同比提高3.6个百分点。全省环境空气质量、城市（镇）集中式饮用水源地水质、森林覆盖率等指标继续保持全国领先水平。五是精准扶贫成效明显，民生领域保障有力。全年实现1.4万户、4.5万人脱贫，年末全省绝对贫困人口仅剩477人，贫困发生率降至0.01%。琼中、保亭2个国家扶贫开发工作重点县，600个贫困村摘帽出列。全年民生支出占地方公共财政支出的75.9%。民生领域投资较快增长，教育项目投资增长9.4%，卫生、社会保障和社会福利项目投资增长19.2%。

海南省金融业发展稳中向好，对实体经济支持力度不断增强，主要呈现以下特点：一是银行业运行平稳，地方法人机构经营稳健。2019年末，全省存款止跌回升，贷款增速小幅回升，本外币存、贷款分别同比增长1.3%和7.9%。地方法人机构改革有序推进，万宁市农村信用合作联社成功改制为海南万宁农村商业银行股份有限公司，兴福村镇银行股份有限公司正式开业。

年末全省地方法人金融机构资产总额和负债总额分别同比增长3.8%和2.9%，不良贷款实现“双降”，风险总体可控。二是信贷投放重点突出，小微企业融资成本下降。全省十二个重点产业贷款在本外币贷款余额中的占比达44.3%，民营企业贷款和用于支持贫困人口的贷款增速分别高于本外币贷款增速15.9个和29.3个百分点。2019年，全省金融机构小微企业贷款加权平均利率同比下降1.3个百分点。三是自贸区金融改革开放稳步推进，创新取得多项突破。利率市场化改革加快推进。海南自由贸易账户（FT账户）顺利上线运行，截至年末，已有10家省内各类金融机构提供海南FT账户金融服务，业务覆盖整个自贸区，账户收支金额达138.2亿元。开展进出岛资金流信息监测系统建设，全天候、实时性、交易级对每笔进出岛资金情况精准监测。推出11项外汇改革创新业务，自贸区内企业贸易、跨境投融资便利化水平进一步提升。发行全国首单土地租金资产证券化产品，设立全国首单省级人才租赁住房REITs。四是证券市场融资功能有效发挥，保险业产品创新力度加大。全年省内企业在资本市场累计融资额同比增长21.2%。海南国际能源交易中心完成组建并运营，海南国际知识产权交易中心揭牌成立。创设海南特色农产品期货品种，证监会批复同意上海期货交易所下属的国际能源交易中心上线交易20号天然橡胶期货合约。在全国率先将关税保证保险制度应用于境外游艇入境关税担保领域，天然橡胶价格（收入）保险机制也在全省范围落地实施。农业保险特色产品推广力度加强，继续探索生猪保险“政策＋商业”业务模式，稳步扩大蔬菜价格保险覆盖面，试点开展商业性百香果及棚架保险和气象指数保险等。五是金融生态环境建设深入推进，金融基础设施进一步完善。海南自贸试验区信用信息共享平台建设持续推进，截至年末累计归集1.6亿余条信用信息；推广应用“互联网＋”征信查询渠道，全省征信自助查询比例超过98%。2019年，全省非现金支付业务和移动支付业务办理笔数分别同比增长13.3%和45.1%；全省公交领域7月末在全国率先实现银联移动支付乘车全覆盖，支付便利化水平有效提升。建立金融消费权益保护监管协调机制，畅通金融消费者维权渠道，全年共受理金融消费者投诉159笔，同比增长183.9%。

2020年是全面建成小康社会和“十三五”规划的收官之年，是海南自由贸易港建设的开局之年。随着海南自由贸易港建设红利不断释放，政策扶持、制度创新和优化基础设施等多项举措将继续推动高技术制造业、互联网业、医疗健康产业、现代物流业等新兴产业保持较快增长，经济发展动能加快转换，经济内生动力持续增强，发展质量将明显提升。从不利因素看，新冠肺炎疫情将对一季度经济运行形成较大冲击。同时，受房地产调控、结构转型、地方政府债务管控等因素影响，全省经济金融增长将持续承压。

稳健的货币政策要更加灵活适度，海南省金融业将根据疫情防控和经济形势的阶段性变化，把握好政策力度、重点和节奏，促进货币信贷、社会融资规模增长同经济发展相适应。优化信贷资源配置，加大对薄弱领域和重点产业的支持，不断夯实金融服务实体经济能力。进一步深化区域金融改革，积极推动跨境贸易及投融资便利化等领域取得更大突破，全力支持海南自由贸易港建设。着力防范和化解重点领域金融风险，为海南省经济持续健康发展营造稳定的货币金融环境。

一、金融运行情况

2019年，海南省金融业运行总体稳健，信贷投放重点突出，改革创新持续深化，融资功能有效发挥，金融生态环境不断改善，金融服务水平有效提升。

（一）银行业运行平稳，支持实体经济力度加大

1.银行业从业人员小幅增加，资产规模趋稳。2019年末，海南省银行业金融机构从业人数同比增长2.8%，资产总额同比下降0.2%，

降幅比上年同期收窄7.3个百分点。其中，新型农村金融机构资产规模稳步扩大，同比增长37.5%。

2. 存款止跌回升，企业存款降幅收窄。 2019年末，海南省本外币存款余额9737.8亿元，同比增长1.3%。2019年以来，全省存款降幅持续收窄，10月起重回增长区间，第四季度存款增量占全年的83.9%，是前三季度的5.2倍。其中，非金融企业存款降幅趋缓，比上年同期收窄12.2个百分点。随着金融去杠杆政策的推进，非存款类金融机构存款余额同比下降40.5%，降幅比上年同期扩大10.2个百分点。

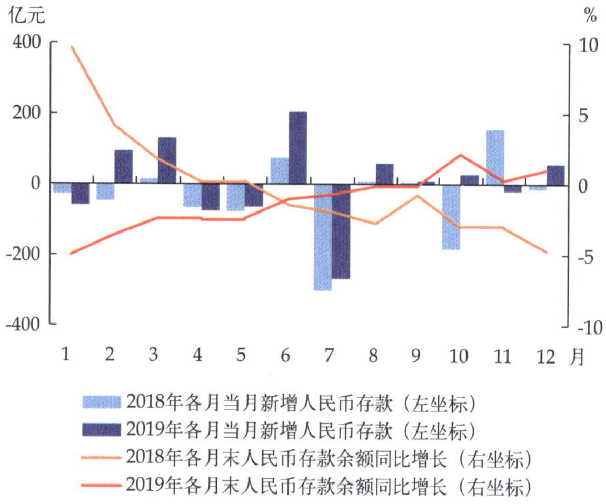

数据来源：中国人民银行海口中心支行。

图1　2018~2019年海南省金融机构人民币存款增长变化

3. 贷款增速小幅回升，投向重点突出。 2019年末，海南省金融机构本外币贷款余额9521.1亿元，同比增长7.9%，增速高于上年同期3.7个百分点。贷款增速在波动中小幅回升，但在当前经济增速放缓和经济结构转型的双重压力下，增长动力仍显不足。一方面，随着房地产调控深化，居民加杠杆冲动减弱，住户贷款增长受限；另一方面，在自贸区（港）建设初期，具备竞争性优势的新产业基础有待夯实，信贷有效需求不足问题仍然存在。

从投向看，信贷支持重点领域、薄弱环节力度加大。全省十二大重点产业贷款在本外币贷款余额中的占比达44.3%；民营企业贷款和用于支持贫困人口的贷款余额分别同比增长23.8%和37.2%，高于本外币贷款增速15.9个和29.3个百分点。

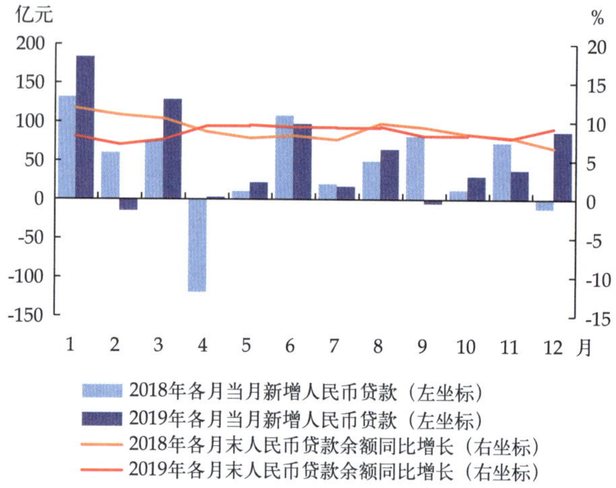

数据来源：中国人民银行海口中心支行。

图2　2018~2019年海南省金融机构人民币贷款增长变化

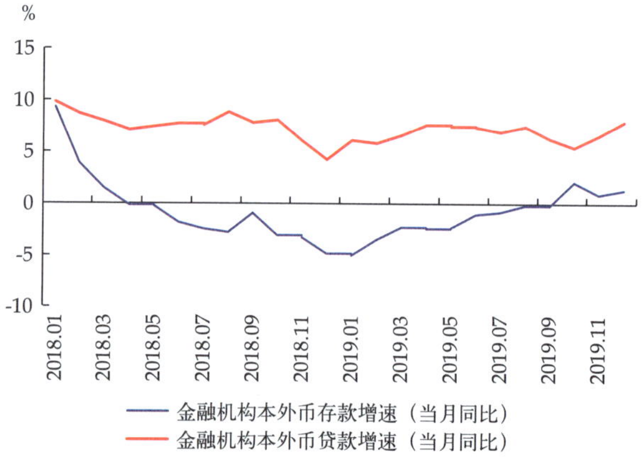

数据来源：中国人民银行海口中心支行。

图3　2018~2019年海南省金融机构本外币存、贷款增速变化

4. 表外业务稳步运行，委托投资增长较快。 2019年末，海南省表外业务同比增长13.5%。其中，承诺、表外理财和委托贷款份额较高，合计占比达72.6%。委托投资、承诺和承兑汇票分别同比增长263.9%、38.9%和37.3%；保函业务和委托贷款持续萎缩，分别同比下降36.4%和7.3%。

5. 企业融资成本下降，利率市场化改革加快推进。2019 年，海南省金融机构人民币一般贷款加权平均利率为 6.4%，同比下降 0.4 个百分点。其中，小微企业贷款加权平均利率为 5.9%，同比下降 1.3 个百分点。利率市场化改革成效显现，年末全省金融机构新增贷款 LPR 运用占比达 64.9%。海南省市场利率定价自律机制运行良好，2019 年，全省共 4 家地方法人金融机构成为全国自律机制成员单位，新增大额存单发行主体 2 家，累计发行同业存单 89.5 亿元、大额存单 6.6 亿元。

表 1　2019 年海南省金融机构人民币贷款各利率区间占比

（LPR 改革前）　　单位：%

月份		1月	2月	3月	4月	5月	6月	7月
合计		100.0	100.0	100.0	100.0	100.0	100.0	100.0
下浮		16.0	6.6	15.7	23.0	8.8	10.6	14.9
基准		20.6	5.9	25.2	18.6	8.0	32.8	12.0
上浮	小计	63.4	87.5	59.1	58.4	83.2	56.6	73.1
	(1.0, 1.1]	13.9	24.6	9.5	9.5	12.7	8.9	15.2
	(1.1, 1.3]	11.1	25.5	14.1	20.1	33.1	17.1	16.5
	(1.3, 1.5]	15.9	13.0	10.6	6.8	12.5	10.4	13.9
	(1.5, 2.0]	14.1	11.4	15.1	10.4	11.6	12.3	15.0
	2.0 以上	8.4	13.0	9.8	11.6	13.3	7.9	12.5

（LPR 改革后）

月份		8月	9月	10月	11月	12月
合计		100.0	100.0	100.0	100.0	100.0
LPR 减点		5.1	7.1	5.5	6.1	5.7
LPR		1.0	0.5	3.9	0.4	0.9
LPR 加点	小计	93.9	92.4	90.6	93.5	93.4
	(LPR, LPR+0.5%)	15.2	19.9	12.8	20.0	30.4
	[LPR+0.5%, LPR+1.5%)	35.9	27.4	32.0	29.8	28.0
	[LPR+1.5%, LPR+3%)	13.7	15.6	20.0	17.9	13.8
	[LPR+3%, LPR+5%)	17.6	16.2	10.4	11.6	13.9
	LPR+5% 及以上	11.5	13.3	15.4	14.2	7.3

数据来源：中国人民银行海口中心支行。

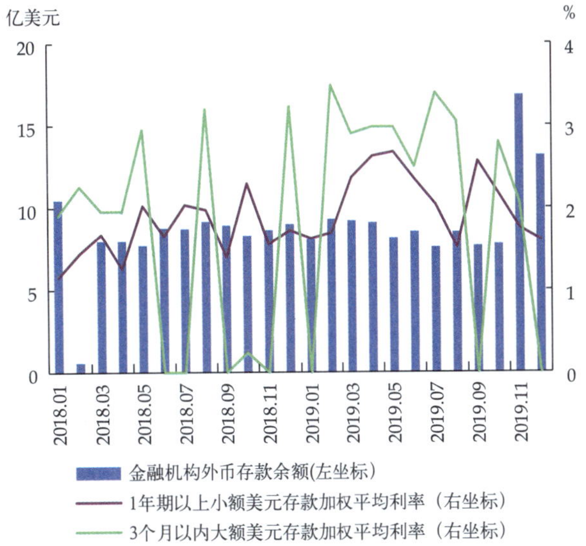

数据来源：中国人民银行海口中心支行。

图 4　2018~2019 年海南省金融机构外币存款余额及外币存款利率

6. 地方法人机构改革有序推进，经营总体稳健。2019 年，万宁市农村信用合作联社成功改制为海南万宁农村商业银行股份有限公司，兴福村镇银行股份有限公司正式开业。年末全省地方法人金融机构资产总额和负债总额分别同比增长 3.8% 和 2.9%；各项贷款余额和存款余额分别同比增长 12.7% 和 12.2%；不良贷款实现“双降”，不良贷款余额同比下降 3.0%；不良贷款率 3.6%，同比降低 0.6 个百分点。

7. 跨境人民币业务规模同比下降，市场基础不断扩大。2019 年，海南省跨境人民币结算额 281.4 亿元，同比下降 11.2%；与海南省发生跨境人民币结算的国家或地区新增 7 个，办理跨境人民币业务的企业新增 291 家，省内开办跨境人民币业务的银行业金融机构新增 1 家。受人民币对美元汇率贬值、美国宣布对中国加征关税等因素影响，省内企业使用人民币进行货物贸易结算意愿明显减弱，经常项下货物贸易跨境结算额同比下降 12.0%。文化产业跨境贸易人民币结算额同比增长 4.8%，成为推动服务贸易跨境人民币收付增长的主因。

专栏1　联手发力靶向施策　民营小微经济发展取得实效

2019年以来，海南省有关部门积极贯彻落实中央和省委省政府关于支持民营小微经济发展的部署要求，持续深化“放管服”和政务服务改革，加强投资企业的知识产权保护，扎实落实减费降税的惠企政策，将“多股绳”拧成“一股劲”，打出助小发展“组合拳”，不断优化营商环境，有力促进民营小微经济健康发展。

一、货币金融环境不断优化

中国人民银行海口中心支行积极发挥货币政策工具的精准调控功能，引导辖区银行业金融机构降低民营小微企业资金成本。2019年，累计向海南省法人金融机构发放支小再贷款5.7亿元，办理小微企业再贴现50.7亿元。督促省内银行业金融机构进一步完善成本分摊和收益分享机制，实施民营小微企业贷款内部资金转移定价等优惠政策。2019年，全省金融机构企业贷款加权平均利率同比下降43个基点，小微企业贷款加权平均利率同比下降126个基点；主要银行在结算、财务顾问、贷款及其他方面累计为民营小微企业减费让利7.3亿元。

二、风险保障机制进一步完善

海南银保监局积极引导保险机构强化小微企业生产经营保障，进一步完善“政银保”机制，持续推动出口信用保险业务。2019年，“政银保”业务累计为省内140家民营小微企业的1.5亿元银行贷款提供风险保障；出口信用保险业务累计为省内133家出口企业提供52.6亿元风险保障。

三、资本市场运用持续增加

海南省积极推动民营企业利用多层次资本市场加快发展。海南省地方金融监督管理局和海南证监局联合加强省内企业赴科创板上市的沟通和培训；先后协调呀诺达、分界洲和蜈支洲岛用地等相关问题，推动后备企业上市。截至2019年末，全省企业在资本市场累计融资达280.7亿元。

四、再分类监管制度有效构建

2019年8月，海南省发改委启动公共资源交易平台嵌入红黑名单再分类监管，在全省范围内限制严重失信黑名单企业和个人参与公共资源交易。截至2019年末，全省参与公共资源交易的3万家企业和4308名评标专家已全部进行信用核查。此项制度创新被列入中国（海南）自贸区优化营商环境10项制度创新案例（第五批）。

五、公共服务体系不断完善

海南省工信厅积极推进省中小企业公共服务平台网络建设，健全全省“1（枢纽平台）+7（市县窗口平台）+9（行业窗口平台）”中小企业公共服务平台网络体系，并不断完善平台功能，为中小企业提供更多服务。同时，以政府购买服务等形式，围绕融资对接、人才培育、创业创新、展会交流、政策解读、减负宣传等方面开展各项扶助小微企业活动。2019年，共开展扶助小微企业活动21项（约60场次），服务企业近4000家。

六、便企司法服务平台成功打造

海南省高级人民法院加快涉企案件的“立、审、执”工作，运用多元化纠纷解决机制解决涉企纠纷，提升了对民营经济的司法保护力度。在刑事审判工作中，省高院坚持慎用刑事手段调处民营企业违规违法问题的司法原则，2018年以来，认定三件涉嫌合同诈骗的案件无罪，切实保障了民营企业家的人身和财产权利。在民商事案件和执行案件中，省高院对胜诉民营企业用足强制执行措施，保障其胜诉权益及时兑现。

（二）证券市场交易量回升，融资功能有效发挥

1. 证券期货交易量上升，机构业绩明显好转。2019年末，海南省共有2家法人证券公司、30家证券分公司和55家证券营业部，2家法人期货公司、2家期货分公司和10家期货营业部。2019年，省内证券公司分支机构证券交易金额同比增长31.1%，法人期货公司累计代理交易额同比增长8.0%，扭转上年交易量下滑局面。省内证券公司分支机构和法人证券公司净利润同比分别增长3.8倍和54.4%，法人期货公司扭亏为盈。

2. 资本市场融资较快增长，交易场所建设稳步推进。2019年，海南省31家境内上市公司总股本和总市值分别同比增长1.4%和13.0%。全年省内企业在资本市场累计融资214.4亿元，同比增长21.2%。海南国际能源交易中心完成组建并运营，海南国际知识产权交易中心揭牌成立。创设海南特色农产品期货品种，证监会批复同意上海期货交易所下属的国际能源交易中心上线交易20号天然橡胶期货合约。

表2　2019年海南省证券业基本情况

项目	数量
总部设在辖内的证券公司数（家）	2
总部设在辖内的基金公司数（家）	0
总部设在辖内的期货公司数（家）	2
年末国内上市公司数（家）	31
当年国内股票（A股）筹资（亿元）	4.8
当年发行H股筹资（亿元）	0.0
当年国内债券筹资（亿元）	273.9
其中：短期融资券筹资额（亿元）	10.0
中期票据筹资额（亿元）	0.0

注：当年国内股票（A股）筹资额指非金融企业境内股票融资。
数据来源：海南证监局、中国人民银行海口中心支行。

（三）保险市场发展良好，产品创新力度加大

2019年，海南省保险业务稳步增长，资产实力进一步增强。全年保费收入和赔付支出分别同比增长10.7%和6.8%，保险公司资产总额同比增长16.1%。保险覆盖范围继续扩大，保险密度同比增加185.6元/人。全省保险业积极开展产品服务创新，在全国率先将关税保证保险制度应用于境外游艇入境关税担保领域，天然橡胶价格（收入）保险机制也在全省范围落地实施。农业保险特色产品推广力度加大，继续探索生猪保险“政策+商业”业务模式，稳步扩大蔬菜价格保险覆盖面，试点开展商业性百香果及棚架保险和气象指数保险等。

表3　2019年海南省保险业基本情况

项目	数量
总部设在辖内的保险公司数（家）	2
其中：财产险经营主体（家）	0
人身险经营主体（家）	2
保险公司分支机构（家）	274
其中：财产险公司分支机构（家）	167
人身险公司分支机构（家）	107
保费收入（中外资，亿元）	202.7
其中：财产险保费收入（中外资，亿元）	77.5
人身险保费收入（中外资，亿元）	125.2
各类赔款给付（中外资，亿元）	59.8
保险密度（元/人）	2145.3
保险深度（%）	3.8

数据来源：海南银保监局。

（四）社会融资规模较快增长，债务融资工具作用发挥

2019年，海南省社会融资规模953.9亿元，同比增长144.9%。其中，银行表内信贷在社会融资规模中的占比为63.1%，仍是社会融资主渠道；表外融资和企业债券融资规模分别下降46.2亿元和35.3亿元。根据省内民营企业实际情况，全年发行42.5亿元超短期融资券，利用直接债务融资工具的灵活性，为纾解海南民营企业融资困难问题拓展了渠道。同时，积极对接直接债务融资工具风险方案试点，为企业或有到期债务的处置积累宝贵经验。海南银行完成对绿色金融债券的立项及招投标，发行前准备工作有序推进。

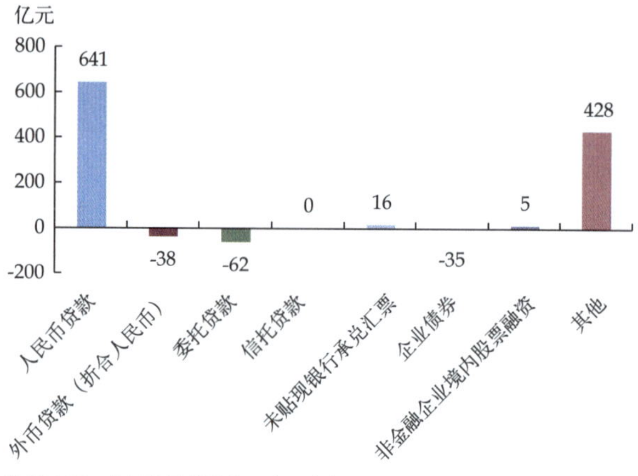

数据来源：中国人民银行海口中心支行。

图 5　2019 年海南省社会融资规模分布结构

（五）自贸区金融改革稳步推进，创新取得多项突破

2019 年，海南省自由贸易区金融改革创新亮点纷呈。一是海南自由贸易账户（FT 账户）顺利上线运行，有效提升了资金汇兑便利化水平，实现沪琼两地 FT 账户业务的合作联动及资金的互通运用。截至 2019 年末，已有 10 家省内各类金融机构提供海南 FT 账户金融服务，业务覆盖整个自贸区，账户收支金额达 138.2 亿元。二是开展进出岛资金流信息监测系统建设，全天候、实时性、交易级对每笔进出岛资金情况精准监测，通过对实时数据进行分析，预警和处置非法集资、洗钱和恐怖融资等犯罪活动，保障全省资金安全。三是制定出台《推进中国（海南）自由贸易试验区外汇管理改革试点实施细则》，及时推出 11 项外汇改革创新业务，自贸区内企业贸易、跨境投融资便利化水平进一步提升。四是拓宽资产证券化融资渠道，发行全国首单土地租金资产证券化产品，设立全国首单省级人才租赁住房 REITs。

（六）金融生态环境建设深入推进，金融基础设施进一步完善

2019 年，海南省金融生态环境建设工作扎实推进、取得实效。一是信用体系建设持续深化。海南自贸试验区信用信息共享平台建设持续推进，截至年末累计归集 1.6 亿余条信用信息。顺利完成二代征信系统上线运行，强化征信自助查询机具部署，推广应用“互联网 +”征信查询渠道，全省征信自助查询比例超过 98%。二是支付体系建设加快推进。2019 年，全省非现金支付业务办理笔数同比增长 13.3%，其中，移动支付业务笔数同比增长 45.1%。全省公交领域 7 月末在全国率先实现银联移动支付乘车全覆盖，支付便利化水平有效提升。5 月 20 日起全省实施取消企业银行账户许可，企业办理开户业务平均用时大幅缩减，营商环境持续改善。三是金融消费权益保障能力提升。建立金融消费权益保护监管协调机制，畅通金融消费者维权渠道，全年共接收金融消费者投诉 159 笔，同比增长 183.9%。建立金融广告治理机制和金融知识纳入国民教育体系协作机制。

二、经济运行情况

2019 年，海南省坚持以供给侧结构性改革为主线，扎实推进海南自由贸易区（港）建设，经济运行总体平稳、稳中向好。全年实现地区生产总值 5308.9 亿元，同比增长 5.8%。人均地区生产总值 56507 元，同比增长 4.7%。

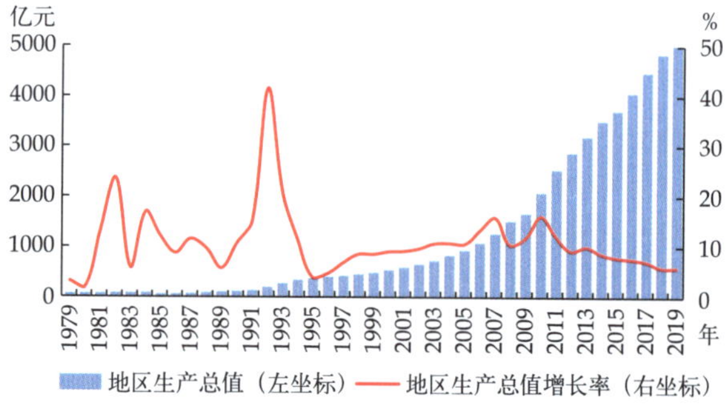

数据来源：海南省统计局。

图 6　1979~2019 年海南省地区生产总值及其增长率

（一）需求逐步企稳，结构渐趋优化

2019 年，海南省投资结构持续调整，消费市场稳步增长，对外经济增势良好，三大需求协同发展。

1. 投资降幅收窄，结构更趋优化。2019 年，海南省固定资产投资同比下降 9.2%，降幅比上

年收窄 3.3 个百分点。其中，非房地产开发投资占比为 58.4%，同比提高 6.9 个百分点，民间投资占总投资比重保持过半；租赁和商务服务业，金融业，科学研究和技术服务业，文化、体育和娱乐业等现代服务业投资较快增长，增速分别为 151.1%、129.3%、75.1% 和 22.2%；十二个重点产业投资在总投资中占比达 75.2%。

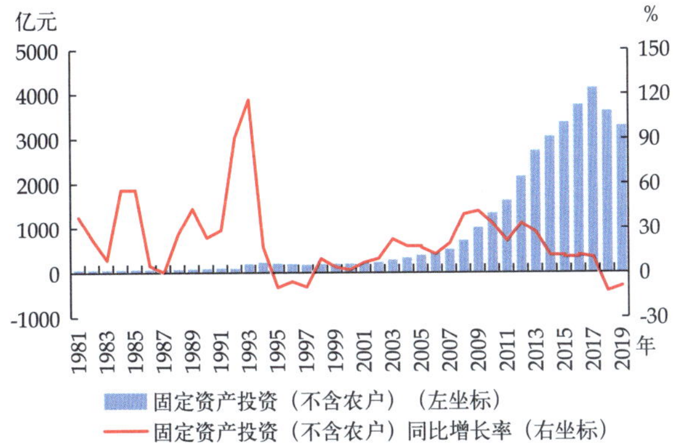

数据来源：海南省统计局。

图 7　1981~2019 年海南省固定资产投资（不含农户）及其增长率

2. 消费平稳增长，免税品持续热销。2019 年，海南省社会消费品零售总额同比增长 5.3%。受燃油小客车总量控制、清洁能源汽车分流等因素影响，石油及制品类、汽车零售类低迷，分别同比下降 4.4% 和 2.0%。离岛免税市场增长强劲，全年离岛免税品销售 1819.9 万件、销售金额 134.9 亿元，创历史新高，同比增长均超三成，拉动社会消费品零售总额提高 1.9 个百分点。

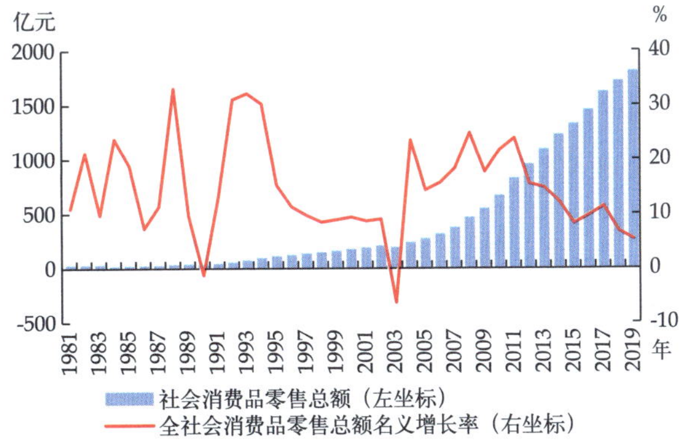

数据来源：海南省统计局。

图 8　1981~2019 年海南省社会消费品零售总额及其增长率

3. 外贸结构优化调整，利用外资较快增长。2019 年，海南省进出口总值同比增长 6.8%，高于全国增速 3.4 个百分点。外贸发展动力平稳转换，消费品进口同比增长 69.1%，取代飞机成为主要进口商品。民营企业进出口同比增长 22.0%，发展活力增强。外部市场结构优化，对美欧日等传统贸易伙伴的依赖度下降 7.1 个百分点；对“一带一路”沿线国家进出口总值同比增长 10.6%，占比近四成，其中，对东盟进出口增势良好，同比增长 42.3%。全年实际利用外资同比增长 88.3%；利用外资结构不断优化，第三产业利用外资比重达 66.6%。

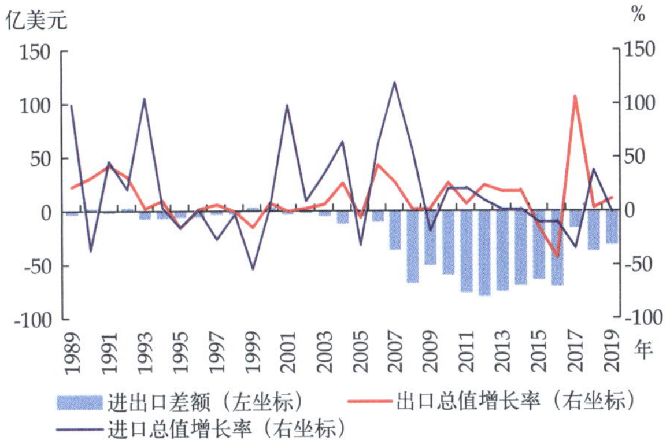

数据来源：海南省统计局、海口海关、中国人民银行工作人员计算。

图 9　1989~2019 年海南省外贸进出口变动情况

（二）产业结构转型升级，新动能培育加快

2019 年，海南省产业结构不断优化，三次产业增加值比重为 20.3∶20.7∶59.0。经济对房地产依赖下降，增长动能逐步转变，重点工业行业支撑有力，服务业对经济增长拉动作用增强。

1. 农林牧渔业增速小幅放缓，外部因素影响明显。2019 年，海南省农林牧渔业增加值同比增长 2.7%，增速较上年放缓 1.4 个百分点。一是高温少雨天气对早稻、蔬菜等农业生产影响明显，粮食产量同比下降 1.4%，蔬菜产量仅同比增长 0.1%。二是非洲猪瘟疫情对畜牧业影响明显，全省牧业增加值同比下降 7.0%，猪肉产量同比下降 35.4%。三是受渔船管理“双控”

和海洋资源总量管理影响，全省渔业增速放缓，水产品产量同比下降1.9%。

2. 工业生产保持较快增长，高技术制造业发展势头良好。2019年，海南省规模以上工业增加值同比增长4.2%。重点行业实现的增加值中，石油加工业同比增长4.2%，化学原料和化学制品制造业同比增长5.4%，医药制造业同比增长6.9%，电力、热力生产和供应业同比增长12.2%，是推动全省工业经济增长的主要动力。高技术制造业增加值同比增长10.1%，占规模以上工业比重为15.6%，占比提高1.1个百分点。

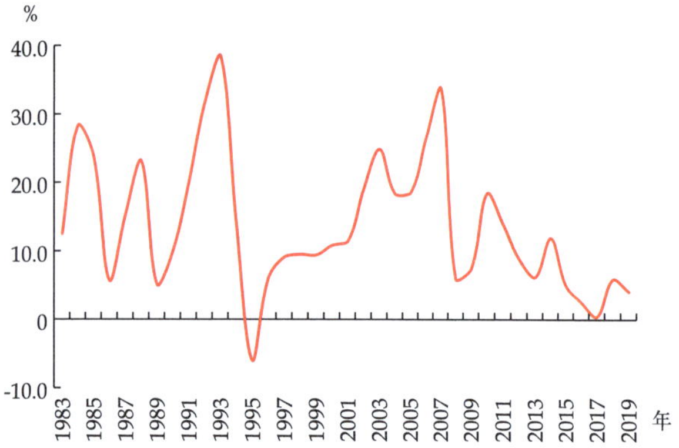

数据来源：海南省统计局。

图10　1983~2019年海南省规模以上工业增加值实际增长率

3. 服务业提质增效，现代服务业加快发展。2019年，海南省服务业增加值同比增长7.5%，增速高于上年0.7个百分点，对经济增长的贡献率达75.6%，是拉动全省经济增长的主要动力。随着新商业模式发展壮大，线上交易规模不断扩张，带动快递业务快速发展，同比增长13.3%。旅游业发展态势良好，随着海南国际旅游消费年活动启动，截至年末已举办节庆会展、体育赛事、文化演艺等各类活动逾500项，接待游客总人数和旅游总收入分别同比增长9.0%和11.3%。现代服务业营业收入增长强劲，互联网和相关服务业在映客网络、滴滴信息服务、大德共享、薪火相传科技等新增企业拉动下增长244.6%，商务服务业在海南字节跳动、爱奇艺文化传媒拉动下增长31.6%。

4. 供给侧结构性改革扎实推进，经济增长方式加快转变。一是"三去一降一补"取得实效。全年规模以上工业企业资产负债率为52.4%，低于同期全国平均水平4.2个百分点；每百元营业收入中的成本为77.6元，低于全国平均水平6.5元。二是精准扶贫成效明显。全年实现1.4万户、4.5万人脱贫，年末全省绝对贫困人口仅剩477人，贫困发生率降至0.01%。琼中、保亭2个国家扶贫开发工作重点县、600个贫困村摘帽出列。三是新旧动能加速转换。2019年，全省房地产投资与地区生产总值的比重为24.8%，比2017年低21.2个百分点，房地产一业独大局面逐步转变。同时，产业新动能加快培育。2019年，全省十二个重点产业（不含房地产业）增加值同比增长7.2%，高于同期地区生产总值增速1.4个百分点。其中，互联网产业增长18.1%、医疗健康产业增长10.3%、会展业增长10.3%，旅游产业增长10.2%。

5. 生态文明建设持续推进，绿色发展成果凸显。2019年，中共中央办公厅、国务院办公厅印发《国家生态文明试验区（海南）实施方案》，海南省主动对标生态环境质量一流国家和地区，高标准、分阶段、分步骤全面推进国家生态文明试验区建设。全省环境空气质量、城市（镇）集中式饮用水源地水质、森林覆盖率等指标继续保持全国领先水平。全年规模以上工业万元增加值能耗下降2.9%，降幅比上年扩大1.0个百分点。清洁能源发电规模加快提升，规模以上工业清洁能源发电119.9亿千瓦时，同比增长16.4%；占规模以上工业发电量的37.6%，同比提高3.6个百分点。

（三）物价水平结构性上涨，劳动力报酬提升

2019年，海南省居民消费价格结构性上涨，生产类价格涨跌互现，劳动力成本上升。

1. 食品类价格上涨较多。2019年，海南省居民消费价格同比累计上涨3.4%，高于全国平均水平0.5个百分点。全年物价结构性上涨特征

明显，食品价格同比上涨10.5%。受生猪疫情影响，畜肉类、禽肉类价格分别上涨26.4%和10.8%，是推动价格上涨的主要因素。

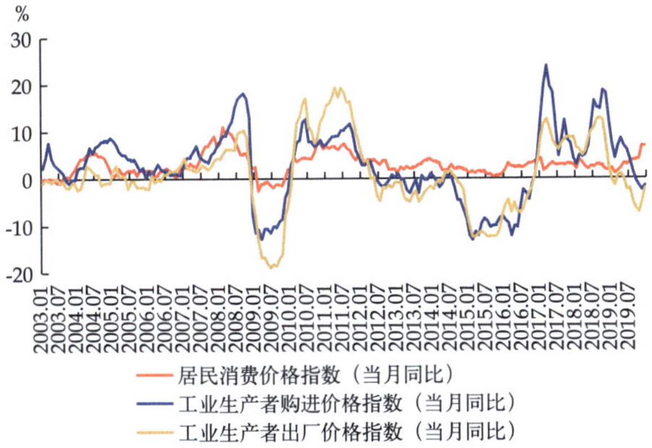

数据来源：海南省统计局。

图11 2003~2019年海南省居民消费价格指数和工业生产者价格指数变动趋势

2. 工业品出厂价格下滑。2019年，海南省农业生产资料价格同比上涨4.3%，工业生产者购进价格同比上涨3.1%。受国内石油加工、化工等主要行业产品价格下降传导、中美贸易摩擦以及省内固定资产投资下滑等因素影响，全年工业生产者出厂价格同比下降2.6%。

3. 劳动力成本呈上升态势。2019年，海南省劳动力规模继续扩大，城镇新增就业14.5万人，超出年度目标5.5万人。城镇登记失业率2.3%，保持较低水平。城镇和农村常住居民工资性收入分别同比增长7.2%和12.6%，分别高于上年1.8个和4.0个百分点。

（四）财政收支增速回落，民生领域保障有力

2019年，海南省财政收支增长稳中趋缓，地方公共财政收入和支出分别同比增长8.2%和9.9%，低于上年3.5个和6.8个百分点。认真落实国务院各项减税降费政策，全年新增减税降费超过130亿元，有效降低省内实体企业负担。全省平稳有序发行地方债433.4亿元，有效补充地方财力。全年民生支出占地方公共财政支出的75.9%。民生领域投资较快增长，教育项目投资增长9.4%，卫生、社会保障和社会福利项目投资增长19.2%。全年筹措交通基础建设资金190.6亿元，重点支持万洋、G360、G15等高速公路和环岛旅游公路、交通扶贫六大工程等重点项目建设。

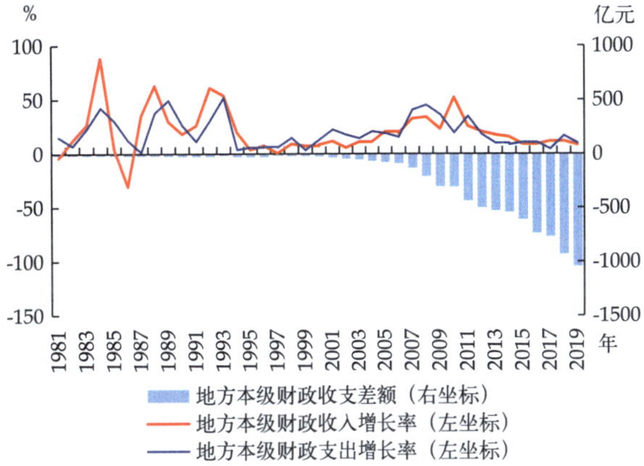

数据来源：海南省统计局。

图12 1981~2019年海南省财政收支状况

（五）房地产调控效果显现，现代物流业发展向好

1. 房地产市场持续降温，销售明显下降。2019年，海南省继续严格实施全域限购等房地产调控政策，有效遏制了房地产投机行为，以外销为主的商品房销售大幅下降，房地产市场持续降温。2019年，全省房屋累计销售面积829.3万平方米，同比下降42.1%；累计销售额1275.8亿元，同比下降38.8%。

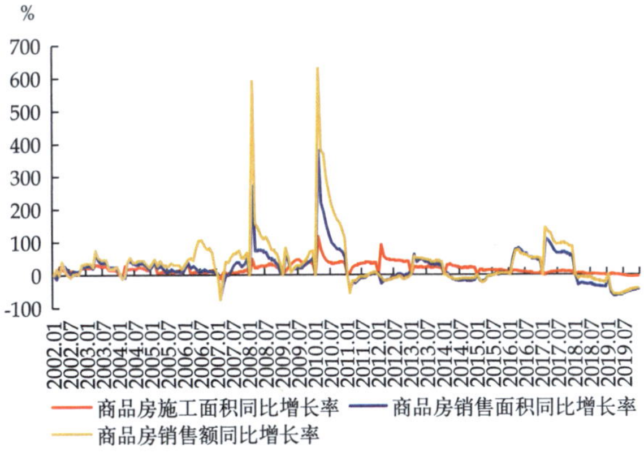

数据来源：海南省统计局。

图13 2002~2019年海南省商品房施工和销售变动趋势

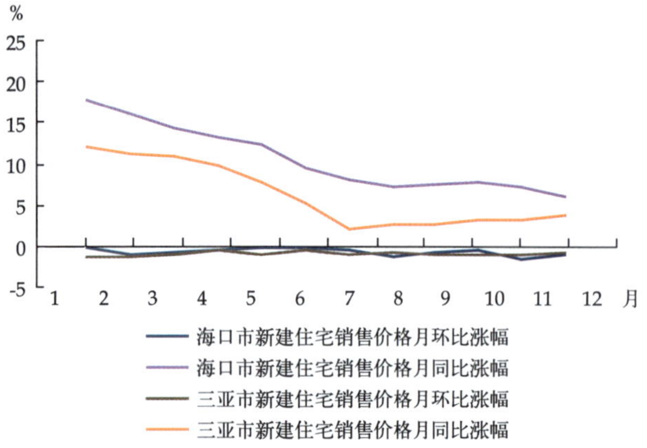

数据来源：海南省统计局。

图 14　2019 年海南省主要城市新建住宅销售价格变动趋势

房地产投资下降，经济对房地产依赖减弱。2019 年，在楼市低迷背景下，海南省重拳整治房地产违法违规现象，严格按计划报批报建，房地产开发投资规模和占比双降。2019 年，全省房地产开发投资同比下降 22.1%，其在固定资产投资总额中的占比为 41.6%，低于上年 6.9 个百分点。

房地产贷款增长趋缓，质量有所提升。受全域限购政策影响，省内银行业金融机构普遍对房地产贷款持审慎态度，投放有所收缩。2019 年末，全省房地产贷款余额同比增长 5.6%，增速低于上年同期 0.5 个百分点。其中，房地产开发贷款余额同比下降 1.8%。年末房地产贷款不良率为 0.48%，比上年末下降 0.42 个百分点，风险总体可控。

2. 现代物流业发展势头良好，经济贡献率提高。海南自由贸易区（港）建设的推进，物流新技术的快速推广与应用，为现代物流业的快速发展提供了广阔空间和有利时机。海南省以国家物流枢纽布局、西部陆海贸易新通道枢纽港建设为重点，优化物流营商环境，全面推进现代物流业的发展。现代物流业总体向好，向高质量发展阶段迈进。2019 年，全省实现社会物流总额 7885.3 亿元，同比增长 4.2%。外省流入物品物流总额同比增长 5.7%；其在全省物流总额中占比达 42.5%，同比上升 0.6 个百分点。单位与居民物品物流总额保持快速增长势头，同比增长 15.3%。

现代物流业增加值加快增长，对社会经济发展的作用逐步显现。2019 年，全省现代物流业增加值 198.6 亿元，同比增长 13.4%，增速高于上年同期 4.3 个百分点；其在地方地区生产总值中的占比为 3.7%，同比上升 0.1 个百分点。

（六）自贸区发展势头强劲，成效逐步显现

一是经济外向度不断提升。海南省进一步完善外商投资促进机制，加大外资跟踪服务力度。2019 年，全省外商直接投资同比增长 106.1%。二是市场主体规模不断扩大。随着营商环境持续改善，省内市场活力竞相迸发。2019 年，全省新增市场主体 24.2 万户，同比增长 69.8%。三是重点领域发展取得突破。国际贸易“单一窗口”3.0 版本建设加快，对企业设立流程进行优化，全流程缩减 80% 的审批时限和环节。博鳌乐城国际医疗旅游先行区步入新的发展阶段，深化极简审批改革，突出医药审批特点，注重用药用械的便利性；实行“先入仓、后检验”的海关创新监管模式，医药通关效率大幅提升；真实世界数据运用首次落地，用药审批效率得以提高；进口创新药械使用实现巨大突破，进口特许药械品种首例突破 50 例。

专栏 2　主动作为创新推进　资金流信息监测系统建设成果显现

2018 年 6 月，海南省委省政府决定建立海南自贸区（港）人流、物流和资金流信息监测系统，并将其作为自贸区（港）建设十二个先导性项目之一。作为资金流信息监

测系统（以下简称系统）建设责任单位，中国人民银行海口中心支行稳步有序推进系统建设工作，取得阶段性成果。2019年11月，国务院办公厅在《关于国务院第六次大督查发现的典型经验做法》中对海南省人流、物流、资金流系统建设工作通报表扬。

一、系统建设情况

（一）多方支持，系统建设有序开展

在省委省政府的积极推动下，省工信厅、地方金融监管局及各商业银行全力配合，系统于2018年10月1日顺利上线，并在省政府数据大厅实现可视化展示。2019年4月13日，省内22家商业银行按时完成核心系统升级改造，实现“T+0”方式实时向系统报数。

（二）攻坚克难，系统建设高效推进

中国人民银行海口中心支行主动担当，有效推进系统建设工作。一是强化组织领导，成立由行领导任组长，调查统计处、科技处等8个处室为成员单位的建设领导小组。二是规划先行，反复推敲系统建设细节，先后形成《系统可行性研究报告》《系统安全保护等级定级报告》《大数据平台选型报告》《系统建设初步设计报告》等报省工信厅和大数据局，保证项目实操可落地。三是抓重点促落实，仅用3个月时间完成了系统第一阶段建设目标，按时高质量地实现省政府的建设需求。四是高起点高标准谋划，除满足省政府提出的反恐、反走私、反非法集资等需求以外，还拓展了系统查询、监测预警、数据分析挖掘等功能。

（三）夯实基础，提升数据质量

中国人民银行海口中心支行实地调研各商业银行业务系统情况，结合工作实际，统一数据报送标准，制订行之有效的系统改造方案。同时，开发了具有“商业银行数据核对”及“人民银行数据核查”功能的系统模块，拓展系统数据清洗、整理功能，提升系统纠错能力，数据质量大幅提升，为系统后续监测预警功能的开发提供了坚实的数据基础。

（四）多措并举，筑牢数据安全防线

一是形成数据隔离仓，用户登录分权限管理。资金流系统数据库由中国人民银行海口中心支行独立管理，通过金融城域网采集数据，实现数据与外部网络的物理隔离。系统数据库查询仅中国人民银行海口中心支行拥有权限，省委省政府及其他部门通过大屏查看脱敏数据及后台数据分析结果。二是确定安保等级，做实系统安全性建设。组织召开安全保护评审会，确定系统安全保护等级为“三级”，报省公安厅备案并严格按照国家安保三级标准落实系统安全建设。

二、系统建设初步成果

（一）系统运行平稳

系统自投运以来，整体运行状况良好。监测数据显示，海南省日均进出岛交易笔数达600万~800万笔，进出岛交易总金额达500亿~800亿元，日均数据体量达3GB。

（二）系统监测分析效果初显

一是精准识别和管控进出岛“每一分钱”。按天、按月汇总进出岛资金情况，同时分币种、分区域流向、分行业流向对进出岛资金进行统计，为把握全省资金流动情况提供重要参考依据。二是大额交易管控作用初显。系统逐步形成进出岛大额异常交易数据库，初步实现对大额异常交易动态跟踪管理。

（三）系统功能不断完善

随着系统建设的深入，系统查询和展示功能不断丰富。中国人民银行海口中心支行根据决策分析需求增加了分机构展示、分币种展示和地图展示，添加了任意时段查询、大额交易明细查询等功能。

（四）系统二期建设顺利推进

目前，系统二期建设工作有序开展，大数据平台选型、初步设计方案撰写等工作已经完成，2019年底开展系统二期建设招投标工作，预计于2020年4月底系统投入试运行，6月底正式上线。

三、预测与展望

2020年是全面建成小康社会和“十三五”规划的收官之年，是海南自由贸易港建设的开局之年。随着海南自由贸易港建设红利不断释放，政策扶持、制度创新和优化基础设施等多项举措将继续推动高技术制造业、互联网业、医疗健康产业、现代物流业等新兴产业保持较快增长，经济发展动能加快转换，经济内生动力持续增强，发展质量将明显提升。从不利因素看，新冠肺炎疫情将对第一季度经济运行形成较大冲击。同时，受房地产调控、结构转型、地方政府债务管控等因素影响，全省经济金融增长将持续承压。

稳健的货币政策要更加灵活适度，海南省金融业将根据疫情防控和经济形势的阶段性变化，把握好政策力度、重点和节奏，促进货币信贷、社会融资规模增长同经济发展相适应。优化信贷资源配置，加大对薄弱领域和重点产业的支持，不断夯实金融服务实体经济能力。进一步深化区域金融改革，积极推动跨境贸易及投融资便利化等领域取得更大突破，全力支持海南自由贸易港建设。着力防范和化解重点领域金融风险，为海南省经济持续健康发展营造稳定的货币金融环境。

中国人民银行海口中心支行货币政策分析小组
总　纂：曹协和　黄　革
统　稿：邱彦华　李函晟　潘　琪
执　笔：黄邱婧　王宏杰　陈太玉　王　宇　符瑞武　郭　雁　林　昕　邓　昕　陈　婧　苗启虎
金为华　江　凯　钟贞贞　夏　凡　殷文哲　范　静　罗　琎　王　培
提供材料的还有：陈长鹏　冯沙沙　傅晓琪　黄翠玲　吴　帆　杨　净

附录

（一）2019 年海南省经济金融大事记

1 月 1 日，海南自由贸易账户体系正式上线。

3 月 26 日至 29 日，海南举办以“共同命运、共同行动、共同发展”为主题的博鳌亚洲论坛 2019 年年会。

4 月 13 日，海南出台《关于高标准高质量建设全岛自由贸易试验区 为建设中国特色自由贸易港打下坚实基础的意见》，对全岛建设自由贸易试验区（港）作出系统部署。

4 月 15 日，国债首次在三沙市销售，实现“送债入岛”目标。

5 月 20 日，海南全面取消企业银行账户许可。

7 月 1 日，海南举办首届世界新能源汽车大会，在全国率先全域推广清洁能源汽车。

7 月 1 日，海口市郊列车正式开通运营，系国内首条利用高速铁路开通的市域列车。

10 月 1 日，海南正式启动为期一年的国际旅游消费年活动。

10 月 10 日，柬埔寨王国驻海口总领事馆正式开馆，是新中国成立以来外国在海南设立的首个领事机构。

10 月 19 日，海南出台《海南省新一轮户籍制度改革实施方案（试行）》，基本取消全省（除三沙市外）落户限制。

（二）2019 年海南省主要经济金融指标

表 1　2019 年海南省主要存贷款指标

		1月	2月	3月	4月	5月	6月	7月	8月	9月	10月	11月	12月
本外币	金融机构各项存款余额（亿元）	9553.7	9649.0	9778.7	9703.0	9634.4	9843.2	9568.6	9636.0	9634.1	9662.5	9707.0	9737.8
	其中：住户存款	4365.5	4370.8	4451.3	4453.6	4444.0	4466.5	4449.9	4444.9	4483.7	4452.8	4470.9	4521.1
	非金融企业存款	2775.6	2762.1	2836.4	2691.4	2615.8	2694.6	2532.0	2563.8	2556.3	2579.0	2657.5	2776.9
	各项存款余额比上月增加（亿元）	-60.6	95.4	129.7	-75.7	-68.6	208.8	-274.6	67.4	-1.9	28.4	44.4	30.8
	金融机构各项存款同比增长（%）	-5.0	-3.5	-2.3	-2.4	-2.3	-1.0	-0.8	-0.2	-0.2	2.1	0.9	1.3
	金融机构各项贷款余额（亿元）	9041.5	9024.9	9159.7	9155.5	9200.7	9294.8	9304.9	9391.0	9380.3	9407.5	9437.6	9521.1
	其中：短期	1482.7	1461.6	1481.4	1452.2	1441.1	1456.6	1433.8	1423.0	1416.2	1410.6	1431.6	1472.0
	中长期	7024.7	7033.1	7142.6	7143.9	7205.9	7275.8	7298.5	7390.8	7394.1	7426.1	7415.9	7463.9
	票据融资	173.5	172.0	175.9	184.6	170.4	180.2	190.7	185.5	180.2	180.6	196.2	188.3
	各项贷款余额比上月增加（亿元）	154.8	-16.7	134.8	-4.2	45.2	94.1	10.1	86.1	-10.7	27.2	30.2	83.5
	其中：短期	26.8	-21.1	19.8	-29.2	-11.1	15.5	-22.8	-10.8	-6.9	-5.6	21.0	40.4
	中长期	102.9	8.4	109.6	1.3	62.0	69.9	22.6	92.4	3.2	32.1	-10.3	48.1
	票据融资	36.6	-1.5	4.0	8.7	-14.2	9.8	10.5	-5.2	-5.3	0.4	15.6	-7.9
	金融机构各项贷款同比增长（%）	6.1	5.9	6.6	7.7	7.5	7.4	7.0	7.5	6.3	5.5	6.6	7.9
	其中：短期	3.5	5.4	4.5	4.1	1.7	1.1	-0.6	-0.2	-2.9	-3.4	-2.7	3.9
	中长期	5.6	4.7	5.5	7.1	8.0	7.8	7.7	8.1	7.3	7.5	8.0	8.3
	票据融资	21.6	26.5	47.4	40.8	21.7	28.1	28.1	21.1	19.3	19.5	43.6	37.6
	建筑业贷款余额（亿元）	115.1	115.7	118.5	119.3	122.0	126.9	135.6	129.1	136.6	132.6	133.5	129.0
	房地产业贷款余额（亿元）	1210.7	1214.1	1209.4	1214.8	1218.4	1241.2	1248.7	1265.3	1208.8	1207.8	1189.6	1172.5
	建筑业贷款同比增长（%）	-9.3	-6.9	-3.8	-0.8	1.7	4.4	13.1	8.5	10.4	6.2	7.4	16.2
	房地产业贷款同比增长（%）	4.4	4.7	2.7	1.6	3.4	4.1	6.0	8.0	1.5	3.1	1.2	-0.6
人民币	金融机构各项存款余额（亿元）	9493.4	9586.6	9716.6	9641.7	9578.0	9784.4	9516.3	9575.5	9579.7	9607.6	9588.4	9645.8
	其中：住户存款	4339.5	4344.7	4425.0	4427.6	4417.8	4440.6	4424.0	4418.0	4457.5	4426.8	4445.0	4495.2
	非金融企业存款	2754.2	2740.9	2815.7	2671.4	2601.5	2678.7	2516.5	2541.4	2539.0	2561.2	2635.7	2745.0
	各项存款余额比上月增加（亿元）	-58.8	93.2	129.9	-74.9	-63.7	206.3	-268.1	59.2	4.2	27.9	-19.2	57.4
	其中：住户存款	147.6	5.3	80.3	2.6	-9.8	22.9	-16.7	-6.0	39.5	-30.7	18.2	50.3
	非金融企业存款	-214.4	-13.3	74.8	-144.3	-69.8	77.2	-162.2	24.8	-2.4	22.2	74.5	109.3
	各项存款同比增长（%）	-5.0	-3.6	-2.4	-2.5	-2.4	-1.0	-0.7	-0.1	-0.1	2.1	0.3	1.0
	其中：住户存款	14.0	9.7	9.7	10.8	10.1	9.6	10.2	10.1	9.9	9.9	8.8	7.3
	非金融企业存款	-22.9	-20.8	-18.7	-18.5	-17.2	-16.1	-14.3	-13.4	-10.4	-7.9	-10.0	-7.6
	金融机构各项贷款余额（亿元）	8120.5	8106.2	8235.1	8238.3	8260.8	8358.6	8376.2	8441.6	8439.3	8470.0	8508.6	8596.4
	其中：个人消费贷款	2006.3	2004.8	2022.6	2031.0	2048.6	2067.1	2086.1	2108.4	2137.3	2155.5	2180.1	2208.2
	票据融资	173.5	172.0	175.9	184.6	170.4	180.2	190.7	185.5	180.2	180.6	196.2	188.3
	各项贷款余额比上月增加（亿元）	183.5	-14.4	129.0	3.2	22.6	97.8	17.6	65.3	-2.2	30.7	38.6	87.8
	其中：个人消费贷款	15.9	-1.5	17.8	8.4	17.6	18.4	19.1	22.2	28.9	18.3	24.6	28.1
	票据融资	36.6	-1.5	4.0	8.7	-14.2	9.8	10.5	-5.2	-5.3	0.4	15.6	-7.9
	金融机构各项贷款同比增长（%）	8.2	7.1	7.7	9.5	9.6	9.4	9.3	9.4	8.3	8.5	7.9	9.2
	其中：个人消费贷款	26.3	23.2	20.1	17.7	16.4	14.3	13.3	13.3	13.3	14.0	14.1	14.8
	票据融资	21.6	26.5	47.4	40.8	21.7	28.1	28.1	21.1	19.3	19.5	43.6	37.6
外币	金融机构外币存款余额（亿美元）	9.0	9.3	9.2	9.1	8.2	8.6	7.6	8.5	7.7	7.8	16.9	13.2
	金融机构外币存款同比增长（%）	-14.4	8.2	15.4	14.0	5.6	-2.7	-13.1	-7.1	-14.1	-6.4	94.7	46.2
	金融机构外币贷款余额（亿美元）	137.4	137.3	137.3	136.3	136.2	136.2	134.9	133.9	133.0	132.9	132.2	132.6
	金融机构外币贷款同比增长（%）	-14.0	-9.3	-8.8	-11.9	-14.6	-10.7	-11.2	-10.6	-11.0	-16.8	-5.6	-4.2

数据来源：中国人民银行海口中心支行。

表 2　2001~2019 年海南省各类价格指数

单位：%

	居民消费价格指数		农业生产资料价格指数		工业生产者购进价格指数		工业生产者出厂价格指数	
	当月同比	累计同比	当月同比	累计同比	当月同比	累计同比	当月同比	累计同比
2001	—	-1.5	—	-0.5	—	—	—	—
2002	—	-0.5	—	1.7	—	5.0	—	0.4
2003	—	0.1	—	4.8	—	2.2	—	-0.5
2004	—	4.4	—	11.3	—	5.9	—	0.0
2005	—	1.5	—	8.9	—	4.2	—	-0.5
2006	—	1.5	—	0.7	—	1.5	—	0.8
2007	—	5.0	—	7.1	—	5.0	—	2.7
2008	—	6.9	—	14.8	—	11.6	—	4.5
2009	—	-0.7	—	-6.0	—	-14.7	—	-9.4
2010	—	4.8	—	7.3	—	10.3	—	7.7
2011	—	6.1	—	15.6	—	15.3	—	8.8
2012	—	3.2	—	4.3	—	-0.4	—	0.8
2013	—	2.8	—	1.0	—	-3.0	—	-0.5
2014	—	2.4	—	5.3	—	-1.0	—	-2.4
2015	—	1.0	—	1.6	—	-11.5	—	-10.2
2016	—	2.8	—	0.1	—	-5.2	—	-4.0
2017	—	2.8	—	-0.1	—	12.4	—	8.8
2018	—	2.5	—	2.2	—	10.8	—	8.2
2019	—	3.4	—	4.3	—	3.1	—	-2.6
2018　1	2.0	2.0	0.6	0.6	2.9	2.9	6.5	6.5
2	3.9	2.9	1.0	0.8	4.8	3.9	6.1	6.3
3	3.3	3.1	1.2	0.9	4.5	4.1	4.9	5.8
4	2.4	2.9	2.0	1.2	4.9	4.3	5.7	5.8
5	1.9	2.7	2.3	1.4	6.7	4.8	8.2	6.3
6	2.5	2.7	2.3	1.6	11.2	5.8	9.9	6.9
7	2.3	2.6	1.9	1.6	16.4	7.3	10.6	7.4
8	2.9	2.6	2.2	1.7	14.9	8.2	12.4	8.0
9	2.7	2.7	3.0	1.8	14.6	8.9	12.8	8.5
10	2.3	2.6	3.3	2.0	18.6	9.9	12.3	8.9
11	1.7	2.5	3.2	2.1	18.1	10.6	7.7	8.8
12	1.7	2.5	3.1	2.2	12.4	10.8	2.3	8.2
2019　1	2.1	2.1	—	—	7.4	7.4	-0.3	-0.3
2	1.0	1.6	1.6	1.7	4.2	5.8	-1.6	-1.0
3	1.5	1.5	2.5	1.9	6.8	6.1	0.5	-0.5
4	2.1	1.7	2.0	2.0	8.4	6.7	0.9	-0.1
5	3.1	1.9	2.9	2.1	6.8	6.7	-0.1	-0.1
6	2.8	2.1	2.6	2.2	6.0	6.6	-2.4	-0.5
7	3.4	2.3	2.1	2.2	4.0	6.2	-2.1	-0.7
8	3.8	2.5	3.4	2.3	1.5	5.6	-4.8	-1.3
9	4.0	2.6	6.7	2.8	-0.5	4.9	-6.4	-1.9
10	4.0	2.8	6.9	3.2	-1.6	4.2	-7.2	-2.4
11	6.8	3.1	9.5	3.8	-2.5	3.5	-5.1	-2.7
12	6.5	3.4	9.3	4.3	-1.6	3.1	-2.2	-2.6

数据来源：国家统计局和海南省统计局。

表 3　2019 年海南省主要经济指标

	1 月	2 月	3 月	4 月	5 月	6 月	7 月	8 月	9 月	10 月	11 月	12 月
	绝对值（自年初累计）											
地区生产总值（亿元）	—	—	1300.3	—	—	2669.0	—	—	3865.8	—	—	5308.9
第一产业	—	—	261.0	—	—	570.4	—	—	782.9	—	—	1080.4
第二产业	—	—	220.1	—	—	540.0	—	—	848.1	—	—	1099.0
第三产业	—	—	819.2	—	—	1558.6	—	—	2234.8	—	—	3129.5
工业增加值（亿元）	—	—	118.8	—	—	248.8	—	—	377.1	—	—	537.8
固定资产投资（亿元）	—	—	—	—	—	—	—	—	—	—	—	—
房地产开发投资	—	148.7	270.4	358.6	453.7	565.3	659.5	753.9	863.4	987.3	1142.0	1336.2
社会消费品零售总额（亿元）	—	328.1	456.6	596.9	747.0	884.4	1023.2	1164.6	1308.5	1468.8	1627.2	1808.3
外贸进出口总额（亿元）	95.9	161.8	249.9	322.2	383.9	455.6	541.0	599.7	669.3	734.1	809.3	905.9
进口	69.9	121.8	171.5	211.6	246.8	291.1	349.3	384.8	427.7	465.7	513.1	562.2
出口	26.0	40.0	78.4	110.5	137.0	164.5	191.7	215.0	241.6	268.5	296.2	343.7
进出口差额（出口－进口）	-43.8	-81.8	-93.1	-101.1	-109.8	-126.6	-157.7	-169.8	-186.1	-197.2	-216.8	-218.4
实际利用外资（亿美元）	—	0.6	0.7	0.9	1.3	1.6	2.8	2.9	3.1	4.3	6.4	15.2
地方财政收支差额（亿元）	—	-76.4	-177.3	-260.5	-326.4	-409.7	-483.6	-556.7	-654.3	-736.5	-822.5	-1045.0
地方财政收入	—	156.8	229.4	300.8	366.8	446.1	508.4	552.7	616.7	684.8	735.8	814.1
地方财政支出	—	233.2	406.8	561.3	693.2	855.9	992.0	1109.4	1271.0	1421.2	1558.3	1859.1
城镇登记失业率（%）（季度）	—	—	2.3	—	—	2.3	—	—	2.2	—	—	2.3
	同比累计增长率（%）											
地区生产总值	—	—	5.5	—	—	5.3	—	—	5.5	—	—	5.8
第一产业	—	—	3.5	—	—	2.8	—	—	2.6	—	—	2.5
第二产业	—	—	7.9	—	—	4.4	—	—	3.9	—	—	4.1
第三产业	—	—	5.5	—	—	6.5	—	—	7.1	—	—	7.5
工业增加值	—	13.9	11.4	9.0	7.0	4.5	4.1	3.3	3.3	3.7	4.0	4.2
固定资产投资	—	-33.0	-32.5	-32.0	-28.3	-23.0	-21.9	-20.3	-16.3	-13.4	-8.5	-9.2
房地产开发投资	—	-35.3	-34.6	-34.0	-33.0	-31.4	-31.1	-30.7	-28.1	-26.3	-25.1	-22.1
社会消费品零售总额	—	6.0	5.0	3.8	3.0	4.2	4.7	4.7	4.6	4.4	4.4	5.3
外贸进出口总额	130.9	114.9	109.2	49.9	45.6	45.6	40.3	37.4	27.7	7.5	4.7	6.8
进口	136.2	128.7	126.9	42.7	41.7	45.4	43.0	37.0	27.9	3.0	2.2	2.1
出口	117.9	81.6	78.7	66.0	53.0	46.0	38.8	38.1	27.2	16.3	9.3	15.4
实际利用外资	—	4492.3	5100.8	1728.6	2394.6	359.7	629.6	575.6	139.4	177.9	214.7	88.3
地方财政收入	—	9.6	9.2	-0.2	-5.6	-3.1	-5.2	-4.6	-0.6	1.2	3.5	8.2
地方财政支出	—	6.2	7.8	11.1	9.4	7.6	8.4	6.7	5.8	9.0	6.3	9.9

注：地方财政收入指地方财政一般预算收入，地方财政支出指地方财政一般预算支出。

数据来源：《中国经济景气月报》、海南省统计局。

重庆市金融运行报告（2020）

中国人民银行重庆营业管理部货币政策分析小组

［内容摘要］2019 年，重庆市统筹推进“五位一体”总体布局，协调推进“四个全面”战略布局，坚持稳中求进工作总基调，深入贯彻新发展理念，落实高质量发展要求，深化供给侧结构性改革，统筹推进稳增长、促改革、调结构、惠民生、防风险、保稳定。全市经济运行逐步向好，地区生产总值实现 2.36 万亿元，高质量发展态势更加明显，人民生活水平稳步提高。全市金融业坚持金融服务实体经济根本要求，深化金融供给侧改革，加强逆周期调节，着力解决融资难、融资贵问题，为全市实现“六稳”和经济高质量发展营造了适宜的货币金融环境。全年全市实现社会融资规模增量 5969.6 亿元，同比多增 441.7 亿元，信贷融资占比近八成，各项贷款增速高于全国水平。

经济运行主要呈现以下特点：一是积极应对经济下行压力，推动高质量发展，经济运行稳中有进。2019 年，全市地区生产总值同比增长 6.3%，人均地区生产总值首次突破 1 万美元。工业投资上行，高技术制造业投资增长较快，为工业转型升级奠定良好基础。基建投资总体稳健，重点支撑轨道交通、高速铁路、高速公路、桥梁水利等领域补短板需求。消费稳健增长，市场业态提质扩容，升级类消费同比增长 11.4%。进出口总体平稳，对外经贸趋于多元化，内陆开放高地建设取得成效，实际利用外资超过 100 亿美元，自贸试验区形成 240 项制度成果，西部陆海新通道枢纽作用得到充分发挥。生态优先绿色发展并重，空气优良天数、PM2.5 等主要环境指标继续改善，长江上游生态保护屏障进一步筑牢。二是产业转型升级加快推进，先进制造业、现代服务业协同发展。主要支柱产业接续发力，汽车产业加速转型，高技术制造业、战略性新兴制造业贡献加大，全市规模以上工业增加值增长 6.2%，高于上年 5.7 个百分点。全市智能产业销售收入增长 14%，支撑战略性新兴制造业增加值增长 11.6%。第三产业增加值占比进一步提高到 53.2%，信息服务业新增长点不断涌现，内陆国际物流枢纽和现代交通物流加快发展，文旅品牌效应明显，全年旅游总收入增长 32.1%。三是全市物价指数平稳运行，就业形势保持稳定。受非洲猪瘟疫情导致的食品价格上涨影响，全市居民消费价格指数（CPI）同比上涨 2.7%，高于上年 0.7 个百分点。工业及基础原材料等需求较为疲软，全市工业生产者出厂价格指数较上年由正转负，同比下降 0.2%，工业生产者购进价格指数同比上涨 0.1%，涨幅较上年回落 2.4 个百分点。全年城镇新增就业 75 万人，城镇调查失业率控制在 5.1% 的较低水平，城镇、农村常住居民人均可支配收入增速高于全国。

金融运行主要呈现以下特点：一是银行业、证券业、保险业稳健发展。银行业资产负债规模稳步增长、结构优化，信贷资产占比进一步上升，同业业务规模持续下降，地方法人银行资本补充渠道进一步丰富。金融科技应用试点获批，银行业科技赋能深入推进。证券市场交投活跃，融资功能较好发挥。上市公司数量稳步增长，证券法人机构盈利水平逐步回升。保险业保费收入持续增长，人身险续保收入增长较快。二是金融服务实体经济提质增效。民营、小微企业“首次贷款”专项行动启动，帮助企业获得首次贷款 240 亿元，普惠口径小微企业贷款较年初增长 24.1%。产业扶贫金融支持力度加大，产业扶贫贷款增长超过七成。贷款市场报价利率（LPR）运用稳步推进，贷款利率隐性下限加快打破，企业贷款加权平均利率整体下行。直接融资渠道不断拓展，非金融企业银行间市场债券融资增长近三成。深圳交易所与地方共建的资本市场服务基地落户重庆，资本市场服务实体经济基础设施更趋完善。中欧（重庆）班列货运保险基本实现应保尽保，农业保险为逾百万农户（次）提供超500亿元保障，保险服务社会民生功效发挥。三是重点领域风险防范化解成效良好。受经济下行压力加大影响，全市银行业不良贷款率略有上升，但仍处于全国较低水平。全年核销不良贷款金额约156亿元。依法完成辖区涉及包商银行大额债权收购。建立债券回购杠杆率每日监测机制，银行间债券市场风险动态预警机制进一步完善。全面取缔全市P2P网贷，防范异地非法金融输入风险，互联网金融风险进一步收敛。四是金融改革创新不断深化。自贸试验区金融改革加速推进，铁路提单信用证融资结算等12项经验和案例在全国复制推广。金融支持西部陆海新通道建设力度加大，第二届中新金融峰会成功举办，集中签约项目金额近2000亿元。长江经济带（重庆）绿色金融改革创新试验区创建推进，首家绿色银行成立，绿色信贷增长逾三成，累计采集企业环境信用信息4万余条。开展全国首批跨境金融区块链服务平台试点，节约贸易融资核验时间约90%。

2020年，重庆市将深化落实习近平总书记对重庆提出的“两点”定位、“两地”“两高”目标、发挥“三个作用”的重要指示要求，推动经济实现量的合理增长和质的稳步提升，确保全面建成小康社会和“十三五”规划圆满收官。在投资方面，先进制造、民生建设、基础设施、区域协调发展等领域重大项目将形成支撑。在消费方面，5G商用加快推进，智慧生活等新经济业态带动消费升级，将支撑消费平稳增长。在外贸方面，随着中新互联互通项目、重庆自贸试验区和西部陆海新通道建设纵深推进，重庆内陆开放高地功能进一步提升，“一带一路”项目以及新兴产业等也将对外贸增长形成支持。受新冠肺炎疫情冲击，全市经济运行短期面临一定压力，但经济长期向好、高质量增长的基本面没有变化，预计物价指数运行在合理区间。重庆市金融业将以金融供给侧结构改革为主线，稳健的货币政策更加灵活适度，加强逆周期调节、结构调整和改革力度，疏通货币政策传导，促进经济金融良性循环。扎实做好金融支持疫情防控与经济发展工作，最大程度减轻疫情对实体经济的冲击。加大对民营、小微、制造业等重点领域的融资支持。持续完善乡村振兴金融服务，深入开展金融精准扶贫。积极对接成渝地区双城经济圈建设融资需求，加强产业转型升级金融支持。有序开展存量贷款利率定价基准转换工作，推广LPR运用。积极推进重庆创建绿色金融改革创新试验区，充分运用金融科技应用试点，推动辖内金融改革创新加速发展。继续打好防范化解重大风险攻坚战，积极探索区域宏观审慎管理，落实房地产金融宏观审慎管理要求。依托重庆自贸区和中新互联互通示范项目，深化跨境投融资和结算便利化，推进区块链运用、跨境人民币业务和外汇管理等领域的改革创新。

一、金融运行情况

（一）银行业稳健发展，支持实体经济提质增效

2019年，重庆市银行业认真落实稳健的货币政策，货币信贷和社会融资规模合理增长，对实体经济支持力度加大，小微、民营等重点领域金融服务水平不断提升，LPR运用稳步推进，企业融资成本进一步下降，金融风险总体可控。

1. 资产负债稳步增长，结构持续优化。 2019年，重庆市银行业资产、负债总额同比分别增长9.1%、8.8%。信贷资产占比进一步上升，同业业务规模持续下降，主要地方法人机构对同业负债依赖度有所降低。重庆农商行成功A股上市，资本补充渠道进一步丰富。地方法人机构资本充足率、流动性比率、杠杆率均处于适度范围。机构网点布局进一步下沉。

表 1　2019 年重庆市银行业金融机构情况

机构类别	营业网点			法人机构（个）
	机构个数（个）	从业人数（人）	资产总额（亿元）	
一、大型商业银行	1329	26707	16090	0
二、国家开发银行和政策性银行	39	1259	5394	0
三、股份制商业银行	296	9129	7723	0
四、城市商业银行	280	7776	7529	2
五、城市信用社	0	0	0	0
六、小型农村金融机构	1772	15735	9977	1
七、财务公司	4	347	227	4
八、信托公司	2	157	390	2
九、邮政储蓄银行	227	4318	3224	0
十、外资银行	23	552	277	0
十一、新型农村金融机构	122	2471	331	39
十二、其他	6	3147	2544	7
合　计	4100	71598	53705	55

注：营业网点不包括国家开发银行和政策性银行、大型商业银行、股份制商业银行等金融机构总部数据；大型商业银行包括中国工商银行、中国农业银行、中国银行、中国建设银行和交通银行；小型农村金融机构包括农村商业银行、农村合作银行和农村信用社；新型农村金融机构包括村镇银行、贷款公司、农村资金互助社和小额贷款公司；“其他”包含金融租赁公司、汽车金融公司、货币经纪公司、消费金融公司等。

数据来源：重庆银保监局、中国人民银行重庆营业管理部。

2. 存款增长趋于平稳。2019 年末，全市本外币存款增长 7%，高于上年末 1.2 个百分点。理财资金分流作用减弱，住户存款保持较快增长。非金融企业存款增长明显回升，企业定期存款贡献较大。资管业务规范背景下，非银行金融机构存款增速整体处于下降趋势。受财政收入增长放缓且资金拨付进度加快影响，下半年政府存款增长有所回落。受外贸企业出口收汇和贸易融资带动，外币存款增长较快。

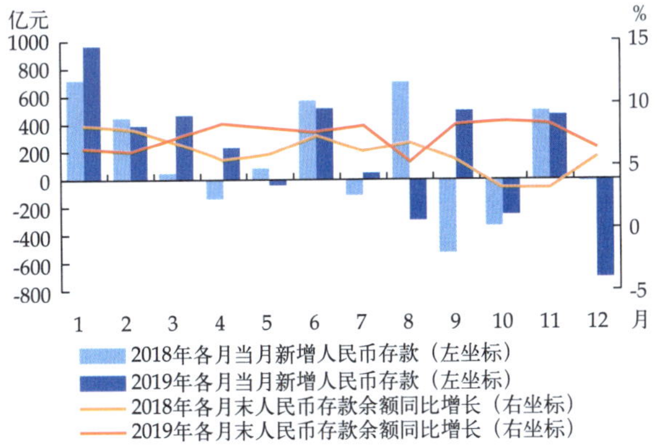

数据来源：中国人民银行重庆营业管理部。

图 1　2018~2019 年重庆市金融机构人民币存款增长变化

3. 贷款保持较快增长，重点领域金融支持力度加大。2019 年末，全市本外币贷款增速为 15.1%，分别高于上年同期和全国水平 1.6 个、3.2 个百分点。

信贷结构不断优化，民营、小微金融支持力度加大。中长期固定资产贷款增长明显，新增投放较上年多增近 3 成；中长期制造业贷款增速同比提升 24.2 个百分点，个人住房贷款增速有所回落。民营、小微企业金融服务提质增效，“首次贷款”专项行动为企业提供首次贷款 240 亿元。全年民营企业贷款余额逾 5200 亿元，普惠口径小微贷款增长 24.1%。知识价值信用贷款试点推广，惠及企业近 2000 家。商业价值信用贷款试点启动，累计为 1600 家中小企业提供授信支持。乡村振兴金融服务不断完善，全市涉农贷款增长提速。金融助推脱贫攻坚进一步聚焦产业扶贫，产业扶贫贷款增长近 70%。

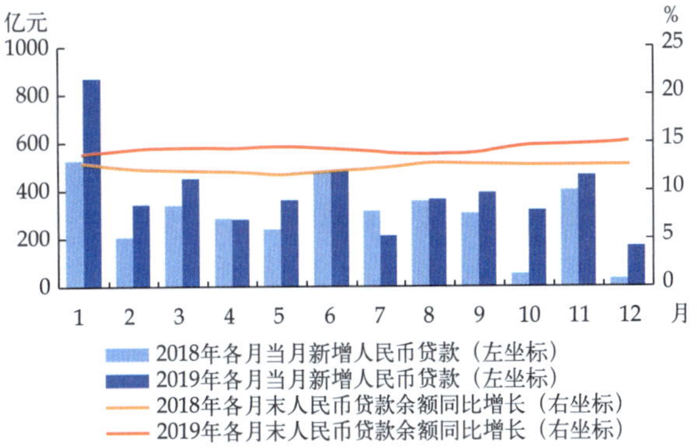

数据来源：中国人民银行重庆营业管理部。

图 2　2018~2019 年重庆市金融机构人民币贷款增长变化

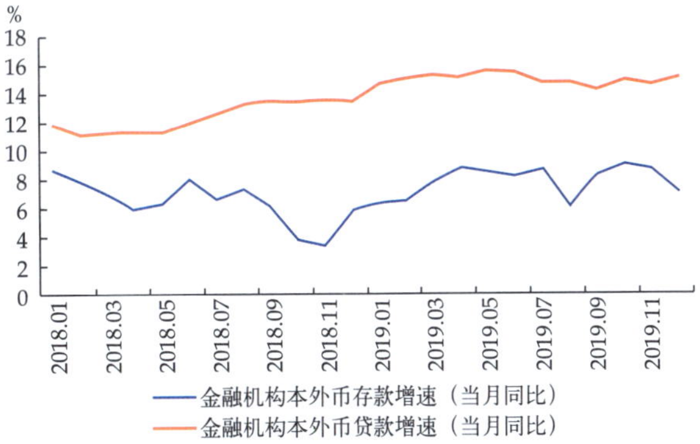

数据来源：中国人民银行重庆营业管理部。

图 3　2018~2019 年重庆市金融机构本外币存、贷款增速变化

专栏1 “首贷行动”四大举措同步发力，有效攻坚民营和小微金融服务难题

我国中小企业平均寿命为3年左右，成立3年后的小微企业正常营业的约占三分之一，而小微企业平均在成立4年零4个月后才能获得首次贷款，意味着三分之二的企业未获得贷款便消亡，而这些企业如果能够实现首贷从0到1的突破，往往可以实现从1到100的发展。为此，人行重庆营管部启动民营和小微企业“首次贷款行动”，攻坚初创期民营和小微企业首次贷款难题。

一是强化政策引导，提升专项金融服务水平。印发《关于开展首次贷款“扩面增量”行动的通知》，会同经信委、商务委等部门组织召开全辖民营、小微企业“首次贷款”启动会，引导金融机构从首次贷款客户培植、产品服务创新、服务效率提升等方面针对性开展专项行动。行动启动以来，金融机构培植首贷客户过万户，创新小微金融产品近百个，以“创业贷”为代表的首次贷款专属产品正成为首贷难企业的福音。

二是集聚政策合力，全面对接企业首贷需求。依托“渝快融”等数据信息平台，构建银企常态化对接机制，通过互联网场景引导近20万家企业线上注册，增强小微企业主动接触金融机构的意愿。将“首次贷款”行动与重庆市开展的知识价值信用贷款、商业价值信用贷款改革试点等联动，发挥各方合力，在专项改革中聚焦“首贷”。如获得知识价值信用贷款的近两千家企业中，有近30%为首次获得贷款的企业。将“首次贷款”行动与重庆营管部组织开展的小微企业“大走访”联动，与重庆银保监局“百行进万企”联动，银行走访中已完成对850户企业的贷款授信，授信总额117.18亿元，其中346户企业为首次贷款。

三是构建定向支持，用活用好货币政策工具。构建“总行统借+支行定向使用+首次贷款企业优先支持”的再贷款定向支持模式，法人银行分支行汇总小微企业实际信贷需求并汇总至法人银行总行，总行统一借用后原路返还用于小微企业信贷，并优先支持其中首次贷款企业。同时，对于“首次贷款”行动开展效果较好的金融机构在再贴现方面予以优先满足。

四是开展专项监测，督导政策措施落实到位。开展小微、民营企业“首次贷款”情况专项监测，从首贷主体培植情况、“扩面增量”情况、服务时效情况以及风险防范情况实施定向跟踪、督导落实，推动政策传导落实到位，将监测情况与小微企业信贷政策导向评估联动，及时反映问题和成效。

2019年7月专项行动启动以来，重庆全辖已累计培育未获贷民营、小微企业过万户，提供首次贷款超过240亿元，首次贷款普惠口径小微企业占同期投放小微企业贷款比例超过50%，支持初创、成长期民营和小微企业发展壮大，切实增强了实体经济获得感。

4. 理财业务平稳增长，净值型业务成主要动力。银行理财业务加快适应资管新规过渡期有关要求，全市理财产品平稳增长。在资金来源方，2019年末，理财产品余额同比增长5%，净值型业务新增资金贡献度超过400%。在资金运用方，标准化债券投资配置占比稳步提高。

5. 贷款利率明显下行，民营、小微企业融资成本进一步下降。2019年，全市企业贷款加权平均利率为5.36%，整体处于下行趋势。再贷款再贴现等低成本央行资金精准引导小微、民营企业贷款利率下降效果显现，加之贷款市场报价利率（LPR）形成机制改革以来，原有贷款利率隐性下限加快打破，促进了小微企业融资成本进一步降低，第四季度全市小微贷款利率较上半年和上年同期分别下降0.15个、0.16个百分点。12月全市运用LPR定价的新发放贷款占比达84.1%。

表 2　2019 年重庆市金融机构人民币贷款各利率区间占比

（LPR 改革前）　　　　　　　　　　　　单位：%

月份		1 月	2 月	3 月	4 月	5 月	6 月	7 月
合计		100.0	100.0	100.0	100.0	100.0	100.0	100.0
下浮		7.1	10.5	9.0	5.0	9.8	6.8	5.9
基准		16.8	14.2	17.1	16.7	15.2	18.3	12.3
上浮	小计	76.1	75.3	73.9	78.3	75.0	74.9	81.8
	(1.0, 1.1]	15.4	13.9	15.0	14.0	8.6	16.4	16.7
	(1.1, 1.3]	21.6	21.4	17.1	21.9	20.8	20.7	19.5
	(1.3, 1.5]	12.6	13.4	16.6	14.2	16.6	13.7	14.8
	(1.5, 2.0]	15.9	13.6	13.0	15.2	14.9	12.7	16.2
	2.0 以上	10.5	13.0	12.2	13.0	14.1	11.5	14.7

（LPR 改革后）

月份		8 月	9 月	10 月	11 月	12 月
合计		100.0	100.0	100.0	100.0	100.0
LPR 减点		8.2	7.6	8.8	7.4	9.5
LPR		0.3	1.7	1.3	2.6	3.4
LPR 加点	小计	91.4	90.7	89.9	89.9	87.1
	(LPR, LPR+0.5%)	20.0	21.5	16.5	22.0	18.9
	[LPR+0.5%, LPR+1.5%)	23.9	23.4	27.5	26.0	28.3
	[LPR+1.5%, LPR+3%)	24.3	23.6	23.2	20.2	22.9
	[LPR+3%, LPR+5%)	11.1	8.8	8.5	10.4	7.6
	LPR+5% 及以上	12.1	13.5	14.2	11.3	9.3

数据来源：中国人民银行重庆营业管理部。

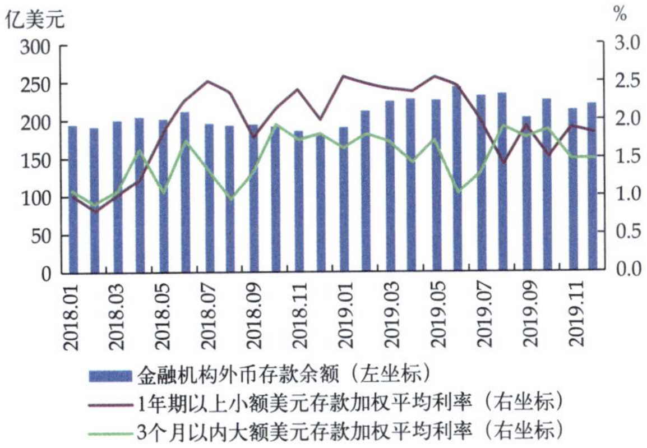

数据来源：中国人民银行重庆营业管理部。

图 4　2018~2019 年重庆市金融机构外币存款余额及外币存款利率

6. 不良贷款小幅上升，风险水平总体可控。受经济下行压力加大影响，2019 年末，全市银行业不良贷款率为 1.12%，同比小幅上升 0.03 个百分点，仍处于全国较低水平。逾期 90 天以上贷款与不良贷款之比为 77.4%。不良贷款核销金额有所下降，全年核销不良贷款金额约 156 亿元。

7. 银行业科技赋能深入推进。重庆市获批开展金融科技应用试点。银行业依托大数据开展线上业务，与政府部门共建企业融资服务大数据平台“渝快融”，与蚂蚁金服等科技企业在普惠小微、普惠消费信贷领域合作持续深化。建行重庆市分行“社保快贷”等大数据产品建设进入加速通道，富民银行“票据极速贴”为企业提供全线上贴现服务。

8. 跨境人民币业务稳步增长。2019 年，全市实际收付结算额 1098.8 亿元，同比增长 19%。与东盟国家跨境人民币结算量同比增长 60.7%，其中，与新加坡的结算量同比增长 83.7%。跨境贸易人民币结算量增长近六成。其中，与“一带一路”国家货物贸易人民币结算量增长 16.9%，与非洲货物贸易人民币结算量同比增长 1.4 倍。

（二）证券业稳健发展，市场交投趋于活跃

2019 年，重庆市证券市场交易活跃度回升，市场融资功能较好发挥，上市企业数量增多，主要法人证券公司经营调整效果显现。

1. 市场活跃度回升，上市公司市值增长。2019 年，股票市场指数回升，投资者交易活跃，全市代理证券交易额同比增长 33.4%，代理期货交易额增速同比回升 15.1 个百分点。区域板块热度增加，重庆上市公司市值同比增长逾三成。

2. 上市企业数量稳步增加，融资总量降幅收窄。全市境内上市公司数增至 54 家，4 家企业通过沪深股市 IPO。得益于市场行情较好和多层次融资体系不断完善，企业直接融资总量约 2200 亿元，同比降幅明显收窄。

3. 经营机构保持稳健经营，资本市场服务平台不断完善。2019年末，全市证券业机构达291家，法人证券和期货机构盈利水平逐步回升。西南证券经调整优化后，投行业务重新开展，首单并购新项目成功落地。深圳证券交易所与地方共建的资本市场服务基地落户重庆，通过先后与上交所、深交所共建合作，重庆域内资本市场金融服务综合平台更趋完备。

表3　2019年重庆市证券业基本情况

项目	数量
总部设在辖内的证券公司数（家）	1
总部设在辖内的基金公司数（家）	1
总部设在辖内的期货公司数（家）	4
年末国内上市公司数（家）	54
当年国内股票（A股）筹资（亿元）	148
当年发行H股筹资（亿元）	0
当年国内债券筹资（亿元）	1870
其中：短期融资券筹资额（亿元）	80
中期票据筹资额（亿元）	350

注：当年国内股票（A股）筹资额指非金融企业境内股票融资。
数据来源：重庆证监局、中国人民银行重庆营业管理部。

（三）保险业健康发展，服务实体经济质效提升

2019年，全市保险业经营发展良好，回归本源深入推进，服务实体经济和社会民生力度加大。

1. 创新业务不断扩容，机构稳健发展。2019年，全市法人保险机构5家，其中2家为外资保险机构，数量居中西部前列。巨灾保险试点区县扩大到25个。21个区县试点两种“保险+期货”业务，强化生产风险和市场风险“双保障”。保险机构保持稳健运营。法人机构偿付能力充足，资金运用规模大幅增长，资产配置趋于多元，债券等稳健型产品是配置重点。

2. 保费收入增长，业务结构优化。2019年，全市保费收入同比增长13.7%，高于全国水平1.5个百分点。业务结构进一步优化。人身险产品内涵价值提升，续期收入增长较快、占比提高，退保率低于全国水平。非车财险占比升至33.9%。健康险、寿险、农业险、责任险等重点险种增长势头良好。保险密度增速提升5.4个百分点。

3. 服务实体经济深入推进。保险业服务社会民生成效良好。支持“一带一路”建设和长江经济带重大战略，中欧班列（重庆）货运保险项目基本实现应保尽保。开展“银行+信保”业务，支持小微出口企业超过300家。深耕支农惠农领域，农业险为百万余户次农户提供逾500亿元保障，赔付支出同比较快增长，其中，应对2019年生猪疫情赔付支出增长112.5%，有效支持生猪复产复供。

表4　2019年重庆市保险业基本情况

项目	数量
总部设在辖内的保险公司数（家）	5
其中：财产险经营主体（家）	3
人身险经营主体（家）	2
保险公司分支机构（家）	1356
其中：财产险公司分支机构（家）	534
人身险公司分支机构（家）	822
保费收入（中外资，亿元）	916
其中：财产险保费收入（中外资，亿元）	262
人身险保费收入（中外资，亿元）	655
各类赔款给付（中外资，亿元）	279
保险密度（元/人）	2934
保险深度（%）	4

数据来源：重庆银保监局。

（四）融资总量平稳增长，金融市场稳健发展

1. 社会融资规模平稳增长，信贷渠道发挥资金供给主动脉作用。2019年，全市实现社会融资规模增量5969.6亿元，同比多增441.7亿元。信贷融资占主体地位，增量占比近八成。信托贷款增长放缓。银行间市场债券融资同比增长28.5%。中西部首单不对应具体项目的绿色债务融资工具、全市首单绿色债务融资工具、首单银行发起的小微企业贷款资产支持证券成功落地。全口径跨境融资业务稳步开展，企业签约和提款金额分别增长13.8%、94.5%。

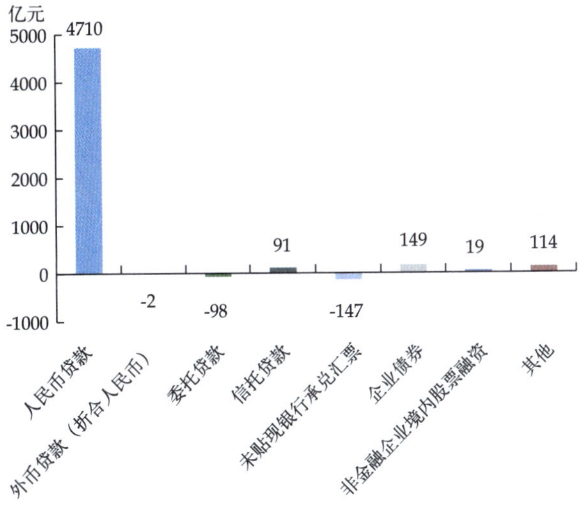

数据来源：中国人民银行重庆营业管理部。

图 5　2019 年重庆市社会融资规模分布结构

2. 货币市场活跃，市场利率趋降。2019 年，银行间市场流动性合理充裕，市场交易活跃，全市同业拆借、债券质押式回购和债券买断式回购交易量分别增长 80.1%、31.8% 和 21%。市场利率持续下降。12 月全市同业拆借、债券质押式回购和债券买断式回购加权平均利率同比分别下降 0.46 个、0.26 个和 0.29 个百分点。

3. 票据业务较快回升，贴现利率总体下行。市场利率下行，企业需求上升，推动票据业务加快回升，全市票据承兑余额同比增长 15%，较上年提速 15.3 个百分点。票据贴现余额同比增长 30.6%。票据贴现利率总体下行，12 月全市票据直贴和转贴现利率分别较上年下降 0.74 个、0.61 个百分点。

表 5　2019 年重庆市金融机构票据业务量统计

单位：亿元

季度	银行承兑汇票承兑		贴现			
			银行承兑汇票		商业承兑汇票	
	余额	累计发生额	余额	累计发生额	余额	累计发生额
1	2170	907.9	1350	5828.9	21.7	455.7
2	2248	1701.8	1401	5536.3	24.1	380.7
3	2216	2649.5	1393	7728.1	22.2	474.2
4	2321	3655.5	1479	10203.1	26.9	532.9

数据来源：中国人民银行重庆营业管理部。

表 6　2019 年重庆市金融机构票据贴现、转贴现利率

单位：%

季度	贴现		转贴现	
	银行承兑汇票	商业承兑汇票	票据买断	票据回购
1	3.49	6.19	3.40	2.85
2	3.50	5.74	3.42	2.89
3	3.05	6.25	2.99	2.79
4	3.01	5.08	2.96	2.86

数据来源：中国人民银行重庆营业管理部。

4. 结售汇总量有所回落，黄金市场表现强劲。人民币汇率双向波动，市场主体谨慎观望，结售汇意愿较低，加之套期保值方式变化，全市银行结售汇总量同比下降 9.3%。随着国际金价不断走高，黄金投资需求强劲，全市黄金交易量同比增长 52%。辖内华西黄金产业发展有限公司正式启动上海黄金交易所代理交易业务，带动全市代理金交所黄金交易增长。

5. 金融改革创新不断深化。自贸试验区金融改革推进，铁路提单信用证融资结算等 12 项经验和案例在全国复制推广，金融支持西部陆海新通道建设力度加大，第二届中新金融峰会成功举办，集中签约项目金额近 2000 亿元。长江经济带（重庆）绿色金融改革创新试验区创建推进，首家绿色银行成立，绿色信贷增长逾三成，累计采集企业环境信用信息 4 万余条。重庆农商行获批银行间市场信用风险缓释工具核心交易商资质。开展全国首批跨境金融区块链服务平台试点，节约贸易融资核验时间约 90%。

（五）风险防范化解成效良好，金融生态环境进一步优化

1. 切实防范化解重点领域金融风险。依法完成辖区涉及包商银行大额债权收购工作，全程做好风险防控和舆论引导。全面取缔辖内 P2P 网贷，防范异地非法金融风险输入，互联网金融风险进一步收敛。实施债券回购杠杆率每日监测，银行间债券市场风险动态预警机制进一步完善。

2. 基础金融服务进一步改善。全市统一农村信用信息基础数据库运行效果良好，中小企业

信用数据库及信用服务系统扩容至 36 个。“信用中国”（重庆）网站加速建设。移动支付全面落地主城轨道系统和区县公交。创新开展云闪付二维码助农取款服务试点，推动移动支付、智慧取款向惠农领域深入发展。银行业金融消费者投诉分类标准应用实施，优化 12363 电话投诉机制，受理处理金融消费者投诉共计 1253 件。

二、经济运行情况

2019 年，重庆市统筹推进稳增长、促改革、调结构、惠民生、防风险、保稳定，积极应对经济下行压力，推动经济高质量发展。地区生产总值 2.36 万亿元，同比增长 6.3%，较上年提高 0.3 个百分点，人均地区生产总值首次突破 1 万美元。

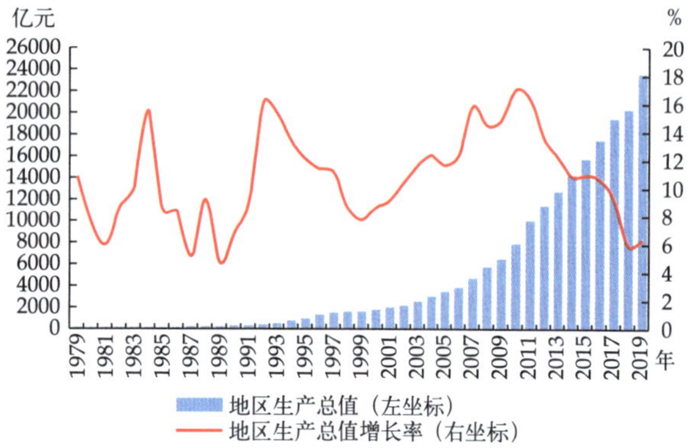

数据来源：重庆市统计局。

图 6　1979~2019 年重庆市地区生产总值及其增长率

（一）三大需求稳步发展，经济增长稳中有进

2019 年，重庆市投资、消费增长总体平稳，是拉动经济的主要力量，外贸进出口保持韧性，经济运行内生动力和发展质量不断提升。

1. 投资增长总体平稳，着力补短板领域。 2019 年，重庆市固定资产投资同比增长 5.7%，低于上年 1.3 个百分点。基建投资总体稳健，重点支撑轨道交通、高速铁路、高速公路、桥梁水利等领域补短板需求。工业投资增长 8.8%，高于上年 1.5 个百分点，结构进一步优化，高技术制造业投资增长 18%，企业技术改造投资占比 39%，工业转型升级不断加快。

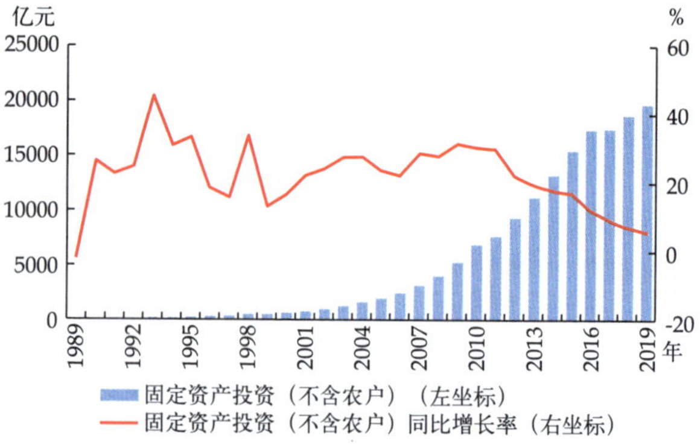

数据来源：重庆市统计局。

图 7　1989~2019 年重庆市固定资产投资（不含农户）及其增长率

2. 消费稳健增长，市场业态提质扩容。 2019 年，全市社会消费品零售总额同比增长 8.7%，增速与上年持平。升级类消费向好，同比增长 11.4%，网上零售额突破 1200 亿元。启动国际消费中心城市建设，打造智慧商圈和国际邮轮母港，建成百亿级商圈 12 个，夜经济成为消费新动力。中央商务区、区县核心商圈和乡镇（社区）便民商圈三级统筹发展，实体零售创新转型纵深推进，城市旅游热点持续升温，国庆期间接待游客数量排名全国第一。

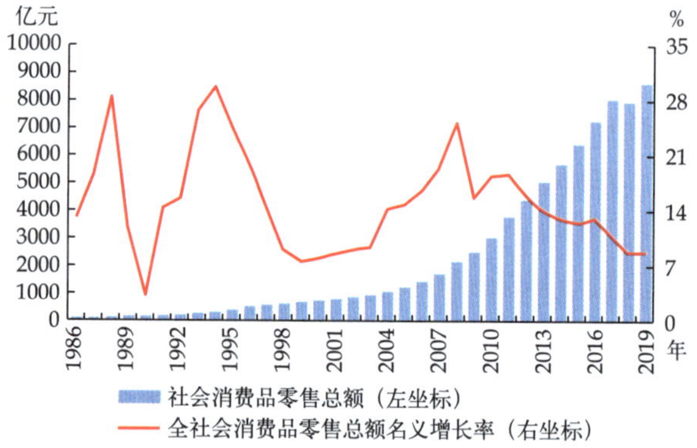

数据来源：重庆市统计局。

图 8　1986~2019 年重庆市社会消费品零售总额及其增长率

3. 进出口总体平稳，对外开放不断释放创新活力。 妥善应对中美经贸摩擦，2019 年全市货物进出口总值同比增长 11%。对外经贸趋于多元化，加工贸易进出口同比增长 13%，保税物流进出口同比增长 61.9%，对东盟、欧盟及“一带一路”沿线国家进出口分别增长 43.2%、

8.4% 和 32.1%。内陆开放高地建设取得成效，实际利用外资超过 100 亿美元，外商投资主体增至 6000 余户，自贸试验区形成 240 项制度成果。落实国家西部陆海新通道总体规划，加快推进贯通“一带一路”和长江经济带的内陆交通枢纽，铁海联运班列累计开行 923 班，中欧班列（重庆）开行超过 1500 班，中新互联互通项目累计签约超 300 亿美元。

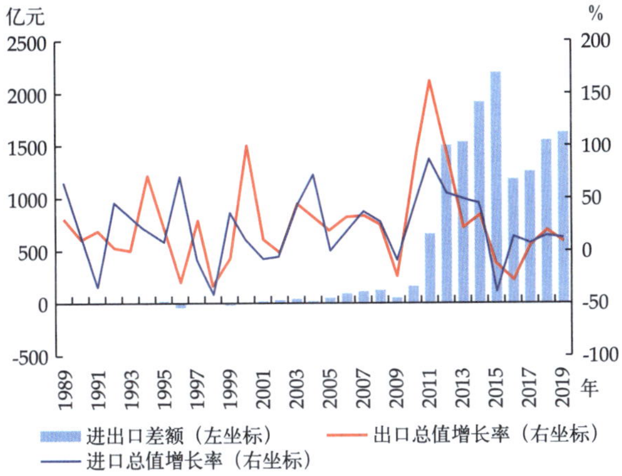

数据来源：重庆市统计局。

图 9　1989~2019 年重庆市外贸进出口变动情况

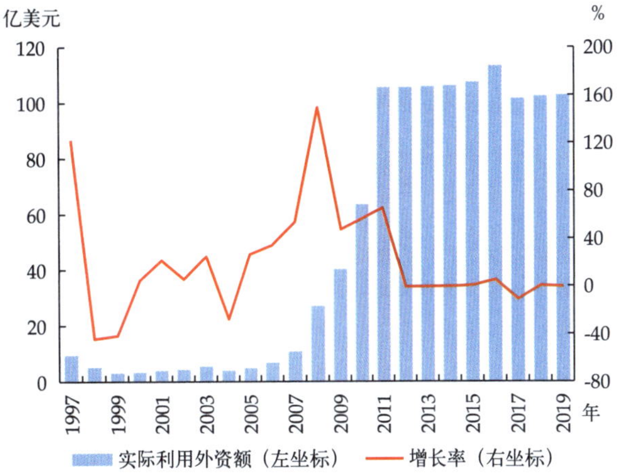

数据来源：重庆市统计局。

图 10　1997~2019 年重庆市实际利用外资额及其增长率

专栏 2　多措并举全面加快推进西部陆海新通道建设

西部陆海新通道是中新（重庆）战略性互联互通示范项目的重要组成部分，它北接丝绸之路经济带，南连 21 世纪海上丝绸之路，协同衔接长江经济带，在区域协调发展格局中具有重要战略地位。2019 年，重庆市围绕习近平总书记“高起点、高水平、创新型”重要指示精神，积极推动西部陆海新通道在深入完善物流通道建设的同时，向跨区合作、经贸融合的资源、要素大通道加速拓展。

一是依托中新互联互通项目三级合作机制，有效统领西部陆海新通道持续发展。重庆市积极发挥通道运营组织中心作用，协助外交部在渝举办中新双边合作机制会议，韩正副总理与新加坡王瑞杰副总理共同主持，指明项目发展方向。协助商务部举办联合工作委员会首次会议，推动项目有序实施。市委书记陈敏尔访新，会见新加坡总理李显龙，出席中国（重庆）—新加坡经贸论坛，见证渝新两地签署 27 项合作协议，推动项目深入合作。

二是发挥辐射带动作用，推动西部陆海新通道建设形成新格局。助推陆海新通道升级为国家战略，发改委出台《西部陆海新通道总体规划》，明确支持重庆建设内陆国际物流分拨中心，带动产业商贸资源聚集。深化协商共建共享机制，扩大区域合作，初步形成了以重庆为运营中心，以广西、贵州、甘肃、青海、新疆等西部 12 省份为关键节点，并辐射海南、广东湛江的国内合作格局。

三是加快完善物流组织建设，强化贸易通道基础服务功能。重庆持续优化“通道+枢纽+网络+平台”运行体系，创新“物流+贸易+产业”运行模式，加大口岸建设和出境通道功能挖掘，构建起铁海、铁铁、公路三种物流组织形式并常态化运行。2019年，陆海新通道三种形式班列平均增幅超过50%，冷链物流全面落地，外贸货物货值累计约5.2亿美元，内贸货物货值累计约24.9亿元人民币，目的地已覆盖全球六大洲中88个国家的213个港口，运输货物涵盖汽车整车及零配件、建筑陶瓷、化工原料及制品、轻工及医药产品、粮食、生鲜冻货等300余个品类。

四是持续搭建开放合作平台，提升金融支持陆海新通道建设力度。第二届中新金融峰会成功召开，境内外企业、金融机构、知名经济金融学者积极参与，为金融支持陆海新通建言献策，并以此为载体，撮合14家金融机构与中新南向通道（重庆）物流发展有限公司签约，加快共建陆海新通道；12家商业银行合作共建西部陆海新通道金融服务平台，支持通道物流、贸易、制造企业，给予便利化和低成本的金融服务。此外，金融支持陆海新通道建设专场对接会为沿线境内外400余家企业提供现场洽谈平台，促成签约65项、达成意向164项，切实发挥了金融支持实体经济作用。

（二）产业转型升级加快推进，先进制造业、现代服务业协同发展

2019年，重庆市三次产业增加值占比为6.6∶40.2∶53.2，第三产业增加值占比进一步提高。

1.“三农”和乡村面貌发生可喜变化。2019年，全市第一产业增加值同比增长3.6%。粮食种植面积基本稳定，新建高标准农田150万亩。重点推广100个优质良种，主要农作物良种覆盖率达97.5%。“巴味渝珍”区域公用品牌授权农产品达到431个，乡村旅游综合收入增长两成，农产品网络零售增长35%。农村“三变”改革试点和“三社”融合发展稳步推进。11.4万贫困人口脱贫，全市贫困发生率降至0.12%。农村人居环境持续改善，改造农村危房3.9万户，行政村生活垃圾有效治理率达93%。

2.传统产业迭代升级，智能产业不断壮大。2019年，装备、医药、电子等主要支柱产业接续发力，汽车产业加速转型，高技术制造业、战略性新兴制造业贡献加大，全市规模以上工业增加值增长6.2%，高于上年5.7个百分点。国家数字经济创新发展试验区获批。“芯屏器核网”全产业链不断壮大，全年实施智能化改造项目1280个，建成数字化车间和智能工厂140个，华为鲲鹏计算产业生态重庆中心等项目落地。全市智能产业销售收入增长14%，支撑战略性新兴制造业增加值增长11.6%。

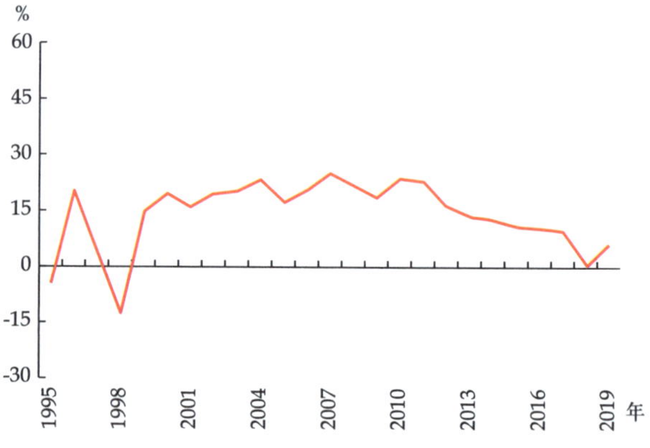

数据来源：重庆市统计局。

图11　1995~2019年重庆市规模以上工业增加值实际增长率

3.现代服务业协同发展。2019年，全市服务业增加值同比增长6.4%。信息服务业新增长点不断涌现，家政服务业提质扩容，内陆国际物流枢纽和现代交通物流加快发展，国家物流

降本增效综合改革试点获批。果园港口岸开放，涪陵综合保税区封关运行，对外开发平台共享现代供应链便利服务。城乡商贸、农村电商物流应用智能仓储、分拣、配送等新技术、新装备，配送智能化水平提高。文旅品牌效应明显，全年旅游总收入增长 32.1%，文化产业增加值增长 10% 左右。

4. 供给侧结构性改革不断深化。去产能稳步实施，关停退出煤炭产能 170 万吨。规模以上工业企业资产负债率较上年下降 0.9 个百分点。营商环境持续优化，企业减负降本 1000 亿元左右，日均新增市场主体超过 1200 户，招商引资签约项目合同额突破 1.4 万亿元，工程建设项目审批时限压缩 50% 以上。“渝快办”智慧政务服务平台投入使用。

（三）物价指数运行平稳，就业状况总体良好

1. 居民消费价格温和上涨。全市居民消费价格指数（CPI）同比上涨 2.7%，高于上年 0.7 个百分点。食品烟酒类价格上涨 6.8%，拉动 CPI 上行 2.0 个百分点，是推动物价上涨的主要力量。受非洲猪瘟疫情影响，生猪供给偏紧，猪肉价格涨幅较大。居住类价格指数同比上涨 2.0%，涨幅较上年回落 0.8 个百分点。

2. 生产价格涨幅回落。受市场需求偏低影响，全市工业生产者出厂价格指数较上年由正转负，同比下降 0.2%，工业生产者购进价格指数同比上涨 0.1%，涨幅较上年回落 2.4 个百分点。经济下行、工业及基础原材料等需求疲软，对生产资料价格影响较大。

3. 就业形势保持稳定，农民工本地创业就业增多。全年城镇新增就业 75 万人，城镇调查失业率控制在 5.1% 左右的较低水平。本地就业农民工 216.7 万人，同比增长 2.2%。人民生活水平稳步提高，城乡居民人均可支配收入分别增长 8.7%、9.8%，城镇、农村常住居民人均可支配收入增速高于全国，绝对额与全国差距进一步缩小。

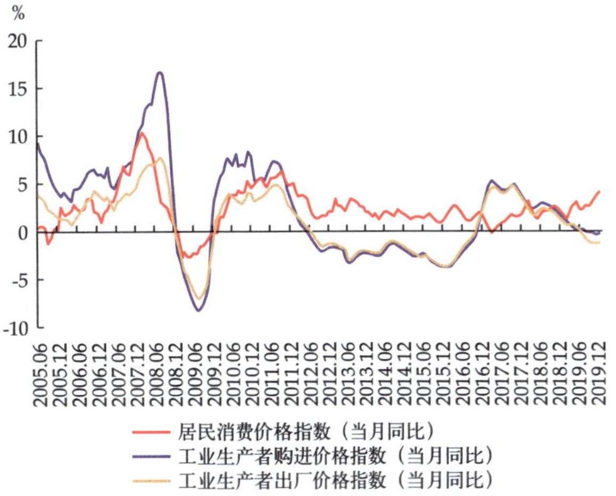

数据来源：重庆市统计局。

图 12　2005~2019 年重庆市居民消费价格指数和工业生产者价格指数变动趋势

（四）地方政府新增债券发行增加，财政支出结构优化

2019 年，随着经济下行和减税降费力度的加大，全市一般公共预算收入下降 5.8%。税收收入占比增至 72.2%。土地增值税对税收增长支撑作用较强。全年发行政府债券 1253.3 亿元，其中新增债券发行 946 亿元，增长 35.7%。教育、社保就业等民生领域支出力度保持稳固，科学技术支出同比增长 15.6%。

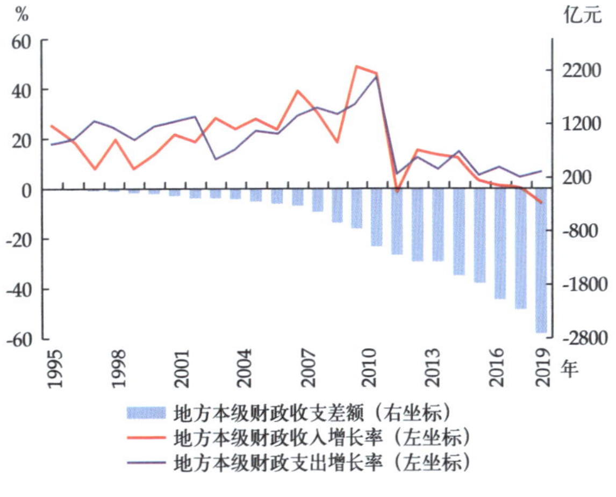

数据来源：重庆市统计局。

图 13　1995~2019 年重庆市财政收支状况

（五）生态优先引领绿色发展，山清水秀美丽之地建设加快

2019 年，全市空气优良天数达 316 天，PM2.5 平均浓度下降 5%。主城区获批“无废城市”试点，土壤、声环境质量总体稳定。长江上游重要生态屏障进一步筑牢，开展长江经济带绿色发展示范，国家山水林田湖草生态保护修复工程试点推进，“两江四岸”治理提升，实施“清水绿岸”工程，长江干流重庆段水质总体为优。全市治理水土流失面积 1426 平方公里，森林覆盖率达到 50.1%。绿色产业发展，创建绿色园区 2 个、绿色工厂 42 家、绿色矿山 101 座。

（六）主要行业分析

1. 房地产市场回归理性，房地产市场交易总体平稳。受季节性因素影响，3 月起房地产市场开始回暖，上半年市场交易量、价逐步上升，6 月交易量达到高点。7 月，中央政治局会议重申“房住不炒”，市场预期扭转，从第三季度起，市场交易量下降，价格环比增长趋于稳定。

房地产开发投资有所放缓，但商品房竣工面积大幅增长。在市场交易上升的带动下，上半年重庆市房地产开发投资增速逐步上升，住房新开工面积增速由负转正。后期，随着市场预期扭转，房地产开发投资增速有所回落，年底住房新开工面积同比下降 8.9%，但伴随房地产企业加快竣工回笼资金，全年竣工面积同比增长 24.1%。

房地产贷款增长总体平稳。受房地产市场变化影响，房地产开发贷款增速有所放缓。金融机构有效落实住房信贷政策要求，全年个人住房贷款增长基本平稳，且主要投向首套及改善性住房。房地产金融风险总体可控。

2. 电子信息产业体系不断完善，聚力打造“智造重镇”。2019 年，重庆市规模以上电子制造业增加值同比增长 14.3%，高于规模以上工业增加值增速 8.1 个百分点。重点产品笔记本电脑受贸易摩擦影响可控，产销总体平稳，出口

数据来源：重庆市统计局。

图 14　2007~2019 年重庆市商品房施工和销售变动趋势

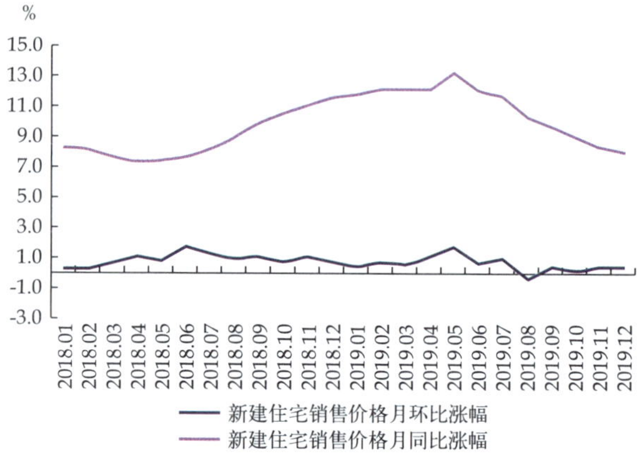

数据来源：重庆市统计局。

图 15　2018~2019 年重庆市新建住宅销售价格变动趋势

量和出口值分别达 5194 万台、1486 亿元。“芯屏器核网”智能产业补链成群，硬件制造、运营服务和系统集成“三位一体”的产业体系逐步完善，核心零部件新增长点更加突出，集成电路、智能穿戴、3D 打印设备产量大幅增长，全年生产各类智能终端 3.5 亿台。信息技术服务深入传统产业，新能源和智能网联汽车引领重庆汽车产业转型升级，建成数字重庆云平台，物联网核心企业数量达 628 家。

三、预测与展望

2020 年，重庆市将深化落实习近平总书记

对重庆提出的“两点”定位、“两地”“两高”目标、发挥“三个作用”的重要指示要求，贯彻落实党中央关于推动成渝地区双城经济圈建设的重大战略部署，坚持新发展理念，坚定不移推动高质量发展，推动经济实现量的合理增长和质的稳步提升，确保全面建成小康社会和“十三五”规划圆满收官。但在经济发展新旧动能接续过程中，支柱产业核心竞争力有待提升、战略性新兴产业支撑能力还不足，新冠肺炎疫情短期冲击影响，以及外部环境不确定等也将使经济运行面临一定压力。

在投资方面，先进制造、民生建设、基础设施、区域协调发展等领域重大项目将对投资形成支撑。但部分区县财政收支平衡压力等对投资增长形成约束。在消费方面，5G 商用加快推进，智慧生活等新经济业态带动消费升级，将支撑消费平稳增长。但居民杠杆率上升对消费的挤出、传统消费进入瓶颈期、新冠肺炎疫情对餐饮住宿等服务类消费的短期影响将加大消费平稳运行的压力。在外贸方面，随着中新互联互通项目、重庆自贸试验区和西部陆海新通道建设纵深推进，重庆内陆开放高地功能进一步提升，“一带一路”项目以及新兴产业等也将对外贸增长形成支持。但外贸新增长点仍需加快培育，以及全球经济增长可能放缓等，都将对进出口造成一定影响。

预计物价指数运行在合理区间。新冠肺炎疫情等因素可能对物价形成扰动，但随着疫情消退各地生猪产能恢复，包括猪肉价格在内的食品价格涨幅将有所收窄。在制造业补库存以及下游基础设施建设需求回暖等背景下，预计工业价格略有回升。

2020 年，重庆市金融业将以供给侧结构性改革为主线，保持稳健的货币政策灵活适度，加大逆周期调节、结构调整和改革力度，疏通货币政策传导，促进经济金融良性循环。扎实做好金融支持疫情防控与经济发展工作，最大程度减轻疫情对实体经济的冲击，保持经济运行在合理区间。加大对民营、小微、制造业等重点领域的融资支持。持续完善乡村振兴金融服务，深入开展金融精准扶贫。积极对接成渝地区双城经济圈建设，促进区域经济发展。加强传统产业转型升级金融支持。有序开展存量贷款利率定价基准转换工作，督促 LPR 推广运用。积极推进重庆创建绿色金融改革创新试验区，充分运用金融科技应用试点，推动辖内金融改革创新加速发展。继续打好防范化解重大风险攻坚战，积极探索区域宏观审慎管理，落实房地产金融宏观审慎管理要求，维护房地产市场平稳发展。依托重庆自贸区和中新互联互通示范项目，深化跨境投融资和结算便利化，推进区块链运用、跨境人民币业务和外汇管理等领域的改革创新。

中国人民银行重庆营业管理部货币政策分析小组
总　纂：马天禄　王江渝
统　稿：古　旻　冯春江
执　笔：罗　杰　王志益　郭国强　黎　齐　邓翊平　卜醉瑶　吴　斯　方少华　李艳妮　贺　涛
提供材料的还有：何海鹰　余剑科　岑　露　韩淑媛　冉小华　高曼琦　何玲枢　张　艳　周禹彤

附录

（一）2019 年重庆市经济金融大事记

4 月，习近平总书记在重庆考察时指出，重庆要更加注重从全局谋划一域、以一域服务全局，努力在推进新时代西部大开发中发挥支撑作用、在推进共建“一带一路”中发挥带动作用、在推进长江经济带绿色发展中发挥示范作用。

7 月 17 日，“首次贷款行动”启动，全市民营、小微金融服务工作推向深入。

8 月 5 日，西部陆海新通道总体规划印发。10 月 13 日，西部地区 12 个省（自治区、直辖市）和海南省、广东省湛江市在重庆签署框架协议，合作共建西部陆海新通道。

10 月 12 日，重庆市金融科技应用试点获批，为把重庆建设成为金融科技强市提供支撑。

10 月 15 日，中新双边合作机制会议在重庆召开，中新双边自贸协定升级版在 10 月 16 日正式生效。

10 月 29 日，重庆农商行 A 股上市，成为全国首家“A+H”股上市农商行、西部首家“A+H”股上市银行。

11 月 4 日至 5 日，2019 中新（重庆）战略性互联互通示范项目金融峰会成功举办，助推西部省区市与新加坡等东盟国家深入开展产融合作。

截至 2019 年底，中国（重庆）自由贸易试验区累计形成 240 余项制度创新成果，其中，铁路提单信用证融资结算、海关特殊监管区域“四自一简”、知识价值信用融资新模式、市场综合监管大数据平台等 12 项经验和案例在全国复制推广。

（二）2019 年重庆市主要经济金融指标

表 1　2019 年重庆市主要存贷款指标

		1 月	2 月	3 月	4 月	5 月	6 月	7 月	8 月	9 月	10 月	11 月	12 月
本外币	金融机构各项存款余额（亿元）	37911.0	38447.9	39006.2	39253.2	39241.8	39867.9	39838.8	39616.2	39892.9	39783.2	40153.5	39483.2
	其中：住户存款	16899.8	17399.3	17416.3	17256.8	17234.5	17428.1	17401.7	17495.1	17729.7	17606.5	17609.9	17938.3
	非金融企业存款	11123.4	10888.0	11524.8	11433.8	11615.0	11874.5	11405.3	11269.1	11380.5	11413.4	11643.3	11842.4
	各项存款余额比上月增加（亿元）	1000.9	536.9	558.3	247.0	-11.4	626.1	-29.0	-222.6	276.6	-109.6	370.3	-670.3
	金融机构各项存款同比增长（%）	6.3	6.5	7.8	8.8	8.5	8.2	8.7	6.1	8.3	9.0	8.7	7.0
	金融机构各项贷款余额（亿元）	33261.0	33604.4	34098.5	34388.7	34821.5	35350.8	35547.5	35935.8	36223.6	36502.8	36907.0	37105.0
	其中：短期	6181.1	6184.3	6363.1	6376.5	6457.9	6607.8	6627.9	6732.7	6708.5	6679.7	6770.3	6764.9
	中长期	24822.9	24985.9	25347.3	25579.4	25879.7	26285.7	26497.2	26764.1	27066.4	27241.6	27542.4	27714.2
	票据融资	1239.8	1383.7	1347.0	1375.7	1420.9	1378.3	1349.6	1376.2	1368.6	1435.6	1451.7	1469.1
	各项贷款余额比上月增加（亿元）	922.6	343.5	494.1	290.1	432.8	529.3	196.7	388.3	287.7	279.2	404.2	198.1
	其中：短期	80.5	3.1	178.8	13.5	81.3	150.0	20.1	104.8	-24.2	-28.8	90.6	-5.4
	中长期	715.6	163.0	361.4	232.1	300.3	406.0	211.5	266.8	302.3	175.3	300.7	171.9
	票据融资	115.9	143.9	-36.7	28.7	45.1	-42.6	-28.7	26.7	-7.6	67.0	16.2	17.3
	金融机构各项贷款同比增长（%）	14.7	15.1	15.3	15.1	15.6	15.5	14.8	14.8	14.3	14.9	14.6	15.1
	其中：短期	2.8	3.5	7.1	7.1	9.3	10.3	10.5	13.3	10.6	11.6	12.0	11.4
	中长期	16.1	15.4	15.7	15.5	15.6	15.6	15.0	14.8	15.0	15.4	15.4	15.3
	票据融资	60.7	88.3	67.1	69.6	66.3	50.5	44.2	29.8	24.1	22.6	13.4	30.7
	建筑业贷款余额（亿元）	1465.1	1475.8	1539.5	1533.9	1529.7	1582.9	1586.6	1605.1	1593.6	1598.3	1604.4	1583.3
	房地产业贷款余额（亿元）	2086.2	2135.0	2229.1	2262.1	2275.0	2301.5	2322.9	2330.2	2329.1	2293.6	2318.3	2274.6
	建筑业贷款同比增长（%）	5.1	4.2	6.3	3.6	2.6	5.5	6.5	7.5	7.8	8.5	7.2	4.2
	房地产业贷款同比增长（%）	23.6	25.2	28.5	27.7	27.7	26.0	23.9	23.8	19.7	18.0	16.3	14.5
人民币	金融机构各项存款余额（亿元）	36640.5	37034.1	37502.1	37730.8	37690.4	38205.6	38252.6	37958.5	38457.3	38197.9	38663.1	37953.1
	其中：住户存款	16821.4	17320.9	17337.7	17178.2	17154.9	17349.3	17323.5	17415.3	17651.6	17528.6	17532.3	17860.4
	非金融企业存款	9952.6	9572.0	10119.1	10014.0	10167.9	10320.6	9929.0	9724.5	10050.4	9933.7	10257.8	10416.7
	各项存款余额比上月增加（亿元）	966.4	393.6	468.0	228.7	-40.4	515.2	47.0	-294.0	498.8	-259.4	465.3	-710.0
	其中：住户存款	892.1	499.5	16.8	-159.5	-23.3	194.4	-25.8	91.8	236.3	-123.0	3.7	328.1
	非金融企业存款	-182.8	-380.7	547.1	-105.1	154.0	152.7	-391.6	-204.5	325.8	-116.7	324.1	158.9
	各项存款同比增长（%）	6.4	6.2	7.4	8.5	8.1	7.8	8.3	5.3	8.3	8.6	8.4	6.5
	其中：住户存款	16.3	11.3	12.0	12.6	11.9	12.3	11.9	12.3	12.6	12.7	12.0	12.3
	非金融企业存款	-6.8	-6.5	-1.9	-2.4	-2.0	-1.7	-0.9	-4.2	2.2	3.6	4.3	2.8
	金融机构各项贷款余额（亿元）	32387.9	32731.1	33183.7	33465.6	33827.3	34308.6	34520.7	34884.5	35277.6	35598.1	36065.0	36233.2
	其中：个人消费贷款	3482.1	3435.5	3506.0	3567.1	3663.1	3763.5	3848.2	3938.4	4065.5	4146.5	4315.7	4421.8
	票据融资	1239.8	1383.7	1347.0	1375.7	1420.9	1378.3	1349.6	1376.2	1368.6	1435.6	1451.7	1469.1
	各项贷款余额比上月增加（亿元）	871.7	343.3	452.5	281.9	361.7	481.4	212.1	363.9	393.0	320.5	466.9	168.2
	其中：个人消费贷款	101.9	-46.6	70.5	61.1	96.1	100.4	84.7	90.2	127.1	81.0	169.2	106.1
	票据融资	115.9	143.9	-36.7	28.7	45.1	-42.6	-28.7	26.7	-7.6	67.0	16.2	17.3
	金融机构各项贷款同比增长（%）	14.0	14.4	14.6	14.5	14.7	14.5	14.0	13.9	14.0	14.9	14.9	15.3
	其中：个人消费贷款	14.4	13.7	16.9	19.1	21.7	22.7	24.9	25.7	26.9	29.1	32.4	34.4
	票据融资	60.7	88.3	67.1	69.6	66.3	50.5	44.2	29.8	24.1	22.6	13.4	30.7
外币	金融机构外币存款余额（亿美元）	189.6	211.3	223.4	226.3	224.9	241.8	230.4	233.9	203.0	224.8	212.0	219.3
	金融机构外币存款同比增长（%）	-2.1	11.1	11.8	10.9	12.2	14.3	18.5	21.7	4.6	17.9	14.4	21.8
	金融机构外币贷款余额（亿美元）	130.3	130.5	135.9	137.2	144.1	151.6	149.2	148.3	133.8	128.3	119.8	125.0
	金融机构外币贷款同比增长（%）	40.1	41.6	37.7	38.2	44.1	52.9	45.0	49.6	21.3	15.3	3.4	4.4

数据来源：中国人民银行重庆营业管理部、重庆市统计局。

表 2　2001~2019 年重庆市各类价格指数

单位：%

		居民消费价格指数		农业生产资料价格指数		工业生产者购进价格指数		工业生产者出厂价格指数	
		当月同比	累计同比	当月同比	累计同比	当月同比	累计同比	当月同比	累计同比
2001		—	1.7	—	—	—	—	—	-1.9
2002		—	-0.4	—	—	—	-0.9	—	-2.4
2003		—	0.6	—	—	—	4.9	—	0.6
2004		—	3.7	—	—	—	12.9	—	3.9
2005		—	0.8	—	—	—	8.2	—	3.0
2006		—	2.4	—	—	—	4.8	—	2.2
2007		—	4.7	—	—	—	6.2	—	3.5
2008		—	5.6	—	—	—	12.2	—	5.8
2009		—	-1.6	—	—	—	-5.0	—	-4.5
2010		—	3.2	—	—	—	6.9	—	3.1
2011		—	5.3	—	—	—	5.7	—	3.8
2012		—	2.6	—	—	—	-0.5	—	-0.1
2013		—	2.7	—	—	—	-2.4	—	-2.0
2014		—	1.8	—	—	—	-1.9	—	-1.7
2015		—	1.3	—	—	—	-2.9	—	-2.8
2016		—	1.8	—	—	—	-1.6	—	-1.4
2017		—	1.0	—	—	—	4.4	—	4.1
2018		—	2.0	—	—	—	2.5	—	2.1
2019		—	2.7	—	—	—	0.1	—	-0.2
2018	1	1.2	3.2	—	—	3.2	3.2	3.0	3.0
	2	3.1	2.2	—	—	2.5	2.8	2.3	2.7
	3	1.9	2.1	—	—	2.3	2.7	1.9	2.4
	4	1.5	1.9	—	—	2.4	2.6	1.6	2.2
	5	1.3	1.8	—	—	2.6	2.6	2.0	2.2
	6	1.7	1.8	—	—	2.9	2.6	2.3	2.2
	7	2.2	1.8	—	—	2.8	2.7	2.4	2.2
	8	2.1	1.9	—	—	2.8	2.7	2.3	2.2
	9	2.3	1.9	—	—	2.5	2.7	2.1	2.2
	10	2.6	2.0	—	—	2.2	2.6	1.9	2.2
	11	2.4	2.0	—	—	2.0	2.5	1.7	2.1
	12	2.2	2.0	—	—	1.5	2.5	1.3	2.1
2019	1	—	—	—	—	—	—	—	—
	2	1.2	1.7	—	—	0.8	0.9	0.6	0.8
	3	2.2	1.9	—	—	0.6	0.8	0.6	0.7
	4	2.7	2.1	—	—	0.3	0.7	0.7	0.7
	5	3.1	2.3	—	—	0.0	0.6	0.5	0.7
	6	2.2	2.3	—	—	0.1	0.5	0.1	0.6
	7	2.3	2.3	—	—	0.1	0.4	-0.5	0.4
	8	2.7	2.3	—	—	-0.1	0.4	-0.9	0.2
	9	2.5	2.3	—	—	-0.2	0.3	-1.2	0.1
	10	3.3	2.4	—	—	-0.2	0.2	-1.3	-0.1
	11	3.7	2.6	—	—	-0.4	0.2	-1.3	-0.2
	12	4.0	2.7	—	—	-0.3	0.1	-1.2	-0.2

数据来源：重庆市统计局。

表 3　2019 年重庆市主要经济指标

	1 月	2 月	3 月	4 月	5 月	6 月	7 月	8 月	9 月	10 月	11 月	12 月
	绝对值（自年初累计）											
地区生产总值（亿元）	—	—	5102.3	—	—	10334.8	—	—	16073.6	—	—	23605.8
第一产业	—	—	233.1	—	—	509.6	—	—	1029.9	—	—	1551.4
第二产业	—	—	2036.6	—	—	4105.1	—	—	6312.6	—	—	9496.8
第三产业	—	—	2832.6	—	—	5720.1	—	—	8731.1	—	—	12557.5
工业增加值（亿元）	—	—	—	—	—	—	—	—	—	—	—	—
固定资产投资（亿元）	—	—	—	—	—	—	—	—	—	—	—	—
房地产开发投资	—	—	878.2	—	—	2127.9	—	—	3321.8	—	—	4439.3
社会消费品零售总额（亿元）	—	—	—	—	—	—	—	—	—	—	—	—
外贸进出口总额（亿元）	—	839.2	1315.3	1740.6	2195.1	2663.6	3131.9	3608.8	4135.2	4691.1	5253.6	5792.8
进口	—	274.8	450.1	618.1	791.6	952.4	1115.2	1304.1	1500.8	1687.7	1873.5	2079.9
出口	—	564.4	865.1	1122.5	1403.4	1711.2	2016.7	2304.6	2637.4	3380.1	3380.1	3712.9
进出口差额（出口－进口）	—	289.6	415.0	504.4	611.8	758.8	901.5	1000.5	1136.6	1692.4	1506.6	1633.0
实际利用外资（亿美元）	—	5.4	24.7	28.0	34.1	44.1	47.7	56.2	65.5	73.0	83.5	103.1
地方财政收支差额（亿元）	—	-228.8	-477.6	-486.0	-658.7	-1243.2	-1297.4	-1460.1	-1923.3	-1930.2	-2123.2	-2712.9
地方财政收入	—	373.3	596.2	842.4	1010.8	1185.9	1369.1	1489.4	1621.3	1821.2	1945.8	2134.9
地方财政支出	—	602.1	1073.8	1328.4	1669.5	2429.1	2666.5	2949.5	3544.6	3751.4	4069.0	4847.8
城镇登记失业率（%）（季度）	—	—	2.5	—	—	1.8	—	—	2.3	—	—	2.6
	同比累计增长率（%）											
地区生产总值	—	—	6.0	—	—	6.2	—	—	6.3	—	—	6.3
第一产业	—	—	3.9	—	—	4.1	—	—	3.4	—	—	3.6
第二产业	—	—	6.3	—	—	6.5	—	—	6.5	—	—	6.4
第三产业	—	—	5.8	—	—	6.1	—	—	6.4	—	—	6.4
工业增加值	—	3.0	4.3	4.3	4.8	5.0	5.1	5.2	5.4	5.6	5.9	6.2
固定资产投资	—	5.7	6.6	6.4	6.0	6.1	5.6	5.1	5.5	5.5	5.2	5.7
房地产开发投资	—	15.4	10.0	12.5	11.8	8.1	8.0	7.5	6.0	5.8	4.5	4.5
社会消费品零售总额	—	7.6	8.1	8.1	8.3	8.9	8.7	8.6	8.6	8.6	8.6	8.7
外贸进出口总额	—	17.4	21.9	20.1	18.8	16.5	14.8	13.9	12.3	10.8	10.6	11.0
进口	—	5.7	16.2	17.8	20.2	16.5	15.3	15.7	12.6	10.9	11.1	13.8
出口	—	24.0	25.1	21.3	16.3	16.5	14.5	12.9	12.1	10.8	10.3	9.4
实际利用外资	—	3.5	1.9	8.8	17.2	2.9	0.8	8.0	3.1	4.2	3.4	0.4
地方财政收入	—	-11.6	2.7	0.4	-5.3	-7.8	-7.3	-7.0	-7.2	-5.5	-5.9	-5.8
地方财政支出	—	12.4	13.8	12.5	7.4	5.8	6.0	2.7	6.6	5.4	3.7	6.8

数据来源：重庆市统计局。

四川省金融运行报告（2020）

中国人民银行成都分行货币政策分析小组

[内容摘要] 2019年，面对复杂严峻的国内外经济金融形势，四川省坚持稳中求进工作总基调，紧紧围绕供给侧结构性改革，全面做好“六稳”工作，经济运行总体平稳。全年地区生产总值4.7万亿元，同比增长7.5%，增速高于全国平均水平1.4个百分点。四川省金融业不断加大金融支持实体经济力度，切实防范各类金融风险，为供给侧结构性改革和经济高质量发展创造良好的货币金融环境。全年全省社会融资规模较年初增加9865.6亿元，同比多增893.6亿元。

从经济运行看，全省主要经济指标继续运行在合理区间。一是总需求稳步扩大。投资拉动作用明显，完成全社会固定资产投资同比增长10.2%，增速高于全国平均水平4.8个百分点；消费“稳增长”作用突出，实现消费品零售总额超过两万亿元，同比增速高于全国平均水平2.4个百分点；对外贸易提质增速，货物贸易进出口总值首次突破6000亿元关口，机电产品占全部进出口比重超八成。二是新旧动能活力持续释放。工业稳定增长，规模以上工业增加值增速比全国平均水平高2.3个百分点；高新技术制造业发展迅速，规模以上高技术产业增加值增速比规模以上工业平均增速高3.7个百分点；服务业支撑作用明显，实现增加值同比增长8.5%，比全国平均水平高1.6个百分点。三是民生领域平稳向好。城镇居民就业总体稳定并略好于全国，2019年四个季度四川城镇调查失业率分别为4.9%、4.8%、5.2%、5.3%，上半年低于全国同期水平，下半年与全国同期水平相当；猪肉等食品价格带动居民消费价格指数（CPI）同比上涨3.2%，涨幅同比上升1.5个百分点；城乡居民收入差距进一步缩小，农村居民人均可支配收入同比增长10.0%，高于城镇居民增速1.2个百分点。

从金融运行看，全省银行业、证券业和保险业运行总体稳健，金融服务实体经济效率和水平不断提升。一是金融业稳健运行。银行业本外币资产和负债总额稳步提升，分别同比增长5.7%和5.6%，增幅同比提高1.4个和1.5个百分点，不良贷款率2.1%，同比下降0.2个百分点；证券期货市场融资功能有效发挥，全年累计融资3175.5亿元，上交所西部基地在成都金融麦田正式揭牌；保险业逐步回归风险保障本源，保费收入同比增长9.7%，高于2018年增速8.7个百分点；部分中小银行流动性短缺冲击得到有效化解，互联网金融风险专项整治实现“三降”目标，网贷领域机构数量、存量业务、参与人数分别比年初下降60.6%、79.5%、87.3%。二是贷款总量保持稳定增长。2019年末本外币各项贷款余额同比增长12.8%，高于全国平均水平0.9个百分点；地方法人银行信贷支持力度加大，贷款增速高于全部金融机构贷款增速3.2个百分点，新增贷款2448.3亿元，占全省金融机构新增贷款的比例同比提高0.6个百分点。三是信贷结构继续调整优化。货币政策工具定向支持和引导撬动作用有效发挥，再贷款再贴现余额近800亿元；重点领域信贷支撑有力，全省700个重点项目贷款余额5012.5亿元；“三农”金融服务稳步提升，新增涉农贷款占全部新增贷款比重较上年提高2.5个百分点；“服务零距离·融资大畅通”等金融服务专项行动效果明显，普惠口径小微贷款增速高于各项贷款增速6.8个百分点；金融助推脱贫攻坚深入推进，金融精准扶贫贷款余额3756.2亿元，较年初增加363.1亿元。四是金融改革稳步推进。西部金融中心建设持续推进，成都农村金融服务综合改革试点成效显著；四川自贸区建设取得积极成效，自贸区资本项下人民币结算同比增速近

90%，“一带一路”沿线国家跨境人民币交易额同比增长3.7倍；银行间市场双创债发行量占全国的22%，成功发行全国首单挂钩LPR浮动利率债、四川首单双创金融债、无固定期限资本补充债券，进一步增强法人机构资本实力和服务实体经济的能力；LPR形成机制改革稳步推进，引导贷款利率整体下行，2019年12月，各金融机构非金融企业及其他部门贷款加权平均利率为5.9%，同比下降0.4个百分点。

2020年是全面建成小康社会和“十三五”规划收官之年，四川将继续坚持稳中求进工作总基调，把握新一轮西部大开发、新一轮全面创新改革试验、成渝地区双城经济圈发展、“一带一路”建设、脱贫攻坚任务全面完成等重大政策机遇和有利条件，贯彻落实中央和省委作出的重大决策部署，全面做好“六稳”“六保”工作，统筹推进稳增长、促改革、调结构、惠民生、防风险、保稳定，坚决打赢脱贫攻坚收官之战，加快推进乡村振兴战略，确保全面完成“十三五”规划目标，实现与全国同步全面建成小康社会。四川金融业将认真贯彻落实稳健货币政策更加灵活适度，加大金融服务实体经济力度，积极推进金融供给侧改革，促进四川经济金融持续健康发展。

第一部分　全省经济金融情况

一、金融运行情况

2019年，四川金融运行总体平稳，货币信贷和社会融资规模保持合理增长，融资结构继续改善，各项改革不断深化，多层次资本市场稳步发展，金融生态环境更趋优化，金融支持实体经济力度不断加大。

（一）银行业稳健运行，货币信贷平稳增长

四川银行业金融机构经营总体稳健，资产负债平稳增长，存贷款增长稳定，稳健货币政策和差异化信贷政策有效落实，民营、小微企业等薄弱领域金融服务持续加强。

1. 银行业组织体系较为完善，农合机构改革稳步推进。 2019年末，四川银行业金融机构数量共计229家，其中省外机构一级分支机构50家，法人机构179家。农合机构改革稳步推进，农村信用社改制后新成立农商行10家。全省银行机构网点1.4万个，同比减少105个，全部从业人员23.5万人。

表1　2019年四川省银行业金融机构情况

机构类别	营业网点			法人机构（个）
	机构个数（个）	从业人数（人）	资产总额（亿元）	
一、大型商业银行	3304	92386	39513	0
二、国家开发银行和政策性银行	115	4402	9004	0
三、股份制商业银行	537	11831	8268	0
四、城市商业银行	958	21773	17000	13
五、城市信用社	0	0	0	0
六、小型农村金融机构	5845	68639	18874	101
七、财务公司	—	—	1305	4
八、信托公司	—	—	243	2
九、邮政储蓄银行	3057	27847	6256	0
十、外资银行	23	774	387	0
十一、新型农村金融机构	294	4377	793	56
十二、其他	—	—	607	3
合　计	14148	235458	102248	179

注：营业网点不包括国家开发银行和政策性银行、大型商业银行、股份制商业银行等金融机构总部数据；大型商业银行包括中国工商银行、中国农业银行、中国银行、中国建设银行和交通银行；小型农村金融机构包括农村商业银行、农村合作银行和农村信用社；新型农村金融机构包括村镇银行、贷款公司、农村资金互助社；“其他”包含金融租赁公司、汽车金融公司、货币经纪公司、消费金融公司等。

数据来源：四川银保监局。

2. 银行业规模持续增长。2019 年末，四川银行业金融机构资产总额 10.2 万亿元，同比增长 5.7%，增速提高 1.4 个百分点。负债总额 9.9 万亿元，同比增长 5.6%，增速提高 1.5 个百分点。银行业金融机构盈利水平整体有所回升，机构间分化明显，2019 年四川银行业金融机构净利润同比增长 20.8%，资产利润率 0.9%，同比上升 0.1 个百分点；资本利润率 26.9%，同比上升 3.0 个百分点。其中，政策性银行、大型商业银行、城商行和村镇银行盈利增加，外资银行和非银机构盈利下滑，股份制商业银行扭亏为盈。

3. 各项存款稳定增长，增速呈现结构分化。2019 年末，四川银行业金融机构本外币各项存款余额 8.3 万亿元，较年初增加 5729.2 亿元，同比多增 1417.5 亿元；余额同比增长 7.4%，增速较上年同期上升 1.5 个百分点。分部门看，住户和非金融企业存款同比分别多增1169.2亿元、1653.6 亿元；住户存款增速较快，余额同比增速高于各项存款增速 5.0 个百分点；政府类存款略有下降，余额同比减少 1.1%；非银行业金融机构存款持续下降，余额同比下降 22.5%。分币种看，人民币各项存款余额同比增长 7.5%，外币各项存款下降 1.1%。

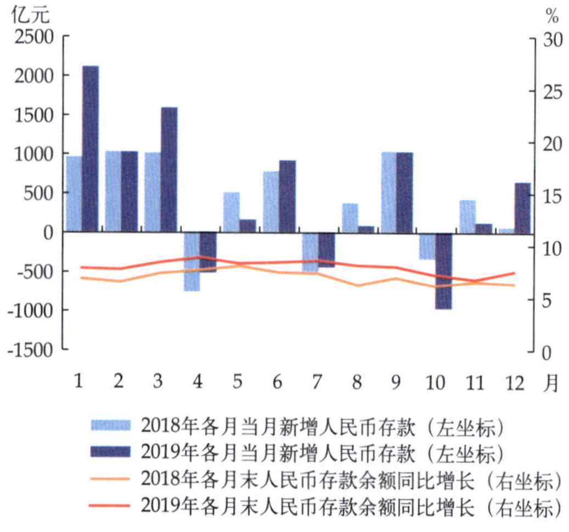

数据来源：中国人民银行成都分行。

图 1　2018~2019 年四川省金融机构人民币存款增长变化

4. 各项贷款缓中趋稳，信贷结构进一步优化。2019 年末，银行业金融机构本外币各项贷款余额 6.2 万亿元，较年初增加 6754.2 亿元；余额同比增长 12.8%，增速较上年下降 0.2 个百分点。从信贷投向看，普惠口径小微贷款余额 4785.0 亿元，较年初增加 752.7 亿元。全年新增涉农贷款 808.7 亿元，占全部新增贷款的 28.8%。重点项目保障有力，2019 年末，全省重点项目融资余额 5012.5 亿元。金融助推脱贫攻坚取得积极成效，2019 年末，全省金融精准扶贫贷款余额 3756.2 亿元，较年初增加 363.1 亿元。深入推进绿色金融创新试点，绿色信贷余额 5955.9 亿元，较年初增加 671.7 亿元，同比增长 15.3%。

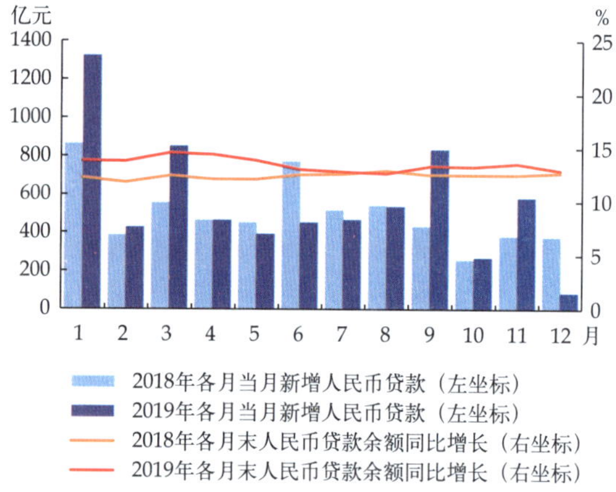

数据来源：中国人民银行成都分行。

图 2　2018~2019 年四川省金融机构人民币贷款增长变化

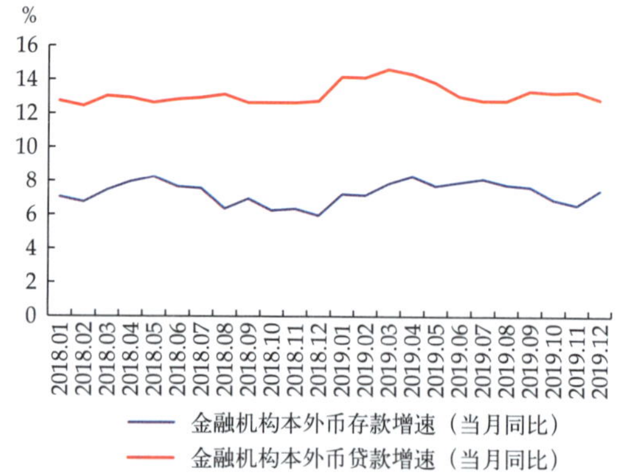

数据来源：中国人民银行成都分行。

图 3　2018~2019 年四川省金融机构本外币存、贷款增速变化

专栏 1　扎实推进深贫地区金融精准扶贫取得实效

2019 年末，四川深度贫困地区各项贷款余额 1820.6 亿元，同比增长 16%，高于全省各项贷款增速 3.1 个百分点；金融精准扶贫贷款余额 644.0 亿元，同比增长 12.4%；扶贫再贷款余额 43.6 亿元，占比高于上年同期 3.0 个百分点，实现深度贫困地区各项贷款增速高于全省平均、扶贫再贷款占比高于上年、基础金融服务全覆盖的三大目标。

一是着力牵头统筹，提升金融精准扶贫工作合力。组织召开全省金融精准扶贫工作会议7场次，制定下发金融扶贫政策文件8份，推动各项政策措施落实落地。推动省脱贫攻坚领导小组提高信贷风险防控及成效指标在政府金融扶贫成效考核中的权重，明确县级政府的风险防范主体责任，提高地方政府对金融扶贫风险防范工作的重视程度，防止片面追求覆盖率而忽视金融风险。会同四川省总工会持续开展金融精准扶贫劳动竞赛并适当向深度贫困地区倾斜，上年度共评定深度贫困地区金融扶贫先进集体 13 个、先进个人 12 人，分别占奖励总数的 17% 和 20%。

二是着力政策引导，推动金融资源向深贫地区倾斜。向深度贫困地区安排扶贫再贷款限额 61.8 亿元，余额 43.6 亿元，占四川扶贫再贷款余额的 28.1%。建立专项扶贫再贷款监督审核台账，指导农发行、农行、邮政储蓄银行积极争取并用好专项扶贫再贷款政策。规范扶贫再贷款管理，金融机构运用扶贫再贷款发放贷款的加权平均利率比其他资金低了近 3 个百分点。推动实施四川省第三轮财政金融互动政策，对银行机构在深度贫困地区发放扶贫小额信贷、采集信用信息、运营助农取款服务点、布放金融机具给予财政奖补，年内已兑现省级财政奖补金超过 1 亿元。

三是着力普惠服务，增强贫困群众金融获得感。指导金融机构针对全省金融服务空白村逐村制订工作计划，至 2019 年 8 月底，提前实现基础金融服务全覆盖工作目标。针对传统信用评级方法对贫困户不适用的问题，持续推广“重信用、轻资产”的“5221”贫困户信用评分体系，改善贫困地区信用环境。2019 年末，四川深度贫困地区评定信用乡镇 72 个、信用贫困村 169 个、信用贫困户 12.44 万户，建档立卡贫困户评级率 100%。

四是着力产业培育，激发深贫地区发展内生动力。持续推广“政担银企户”五方联动支持扶贫产业发展模式。2019 年末，该模式在甘孜、阿坝、凉山三州均已成功落地，累计向 300 户发挥扶贫带动作用的新型农业经营主体发放贷款 6.4 亿元，带动 4965 户贫困户增收。在深度贫困地区组织 4 场产业扶贫融资对接会，引导金融机构通过定点帮扶、东西协作、赤子计划等机制向深度贫困地区引入产业扶贫合作企业 32 家，投入项目资金 31.98 亿元。截至 2019 年末，四川深度贫困地区产业精准扶贫贷款余额 133.6 亿元，同比增长 37.6%，高于全省产业精准扶贫贷款平均增速 5.9 个百分点。

五是着力风险防控，促进金融扶贫工作可持续发展。推动四川深度贫困县全部建立扶贫小额信贷风险基金，基金规模 8.26 亿元，银行和风险基金按 2∶8 的比例分担风险；“政担银企户”产业扶贫贷款由政府基金、银行、担保机构按 4∶3∶3 比例分担风险；推动“三州”地区建立乡村振兴农业产业发展贷款风险补偿基金，规模达 2.3 亿元。组织开展金融精准扶贫现场评估调研，会同相关部门对发现问题的地区政府和人民银行分支机构进行约谈，指导各地各金融机构做好整改。推动出台全省扶贫小额信贷风险防控实施方案，落实各级党委政府属地责任和金融机构主体责任，有效压降扶贫小额信贷风险。2019 年末，四川深度贫困地区扶贫小额信贷不良率 0.4%，较上季度下降 0.5 个百分点。

5. 货币政策工具引导有力，薄弱领域贷款量增价减。2019年末，全省再贷款、再贴现余额分别为455.5亿元和162.7亿元，同比分别增长18.1%和18.4%。金融机构运用支小、支农和扶贫再贷款资金发放的贷款加权平均利率较其他资金发放的同类贷款利率分别低1.3个、1.7个和2.5个百分点；运用再贴现资金办理的票据贴现平均利率低于其同期同档次贴现加权平均利率0.2个百分点。2019年，中国人民银行下调存款准备金率，为四川符合条件的法人金融机构释放资金约585亿元。

6. 存款利率基本稳定，LPR改革引导贷款利率明显下行。2019年，贷款利率前三季度小幅震荡，8月人民银行改革完善LPR后，LPR对贷款利率的引导作用不断增强，第四季度贷款利率呈明显回落的趋势。2019年12月，各金融机构人民币贷款（不含个人住房贷款）加权平均利率为5.9%，同比下降0.3个百分点。其中，个人购房贷款加权平均利率为5.8%，同比上升0.1个百分点；票据贴现加权平均利率为3.5%，同比下降0.5个百分点。人民币存款利率稳中有降，地方法人银行利率定价能力逐步提高。12月，金融机构定期存款加权平均利率为2.2%，和上年同期持平。四川省存款挂牌利率上浮比例不超过基准利率的48%，地方法人银行定期存款利率平均上浮倍数为基准利率的1.4倍。2019年，四川省共有85家金融机构被评为全国利率定价自律机制基础成员，27家金融机构被评为观察成员，评估通过率为93%。

表2　2019年四川省金融机构人民币贷款各利率区间占比

（LPR改革前）　　单位：%

月份		1月	2月	3月	4月	5月	6月	7月
合计		100.0	100.0	100.0	100.0	100.0	100.0	100.0
下浮		10.1	8.1	10.9	12.8	14.3	9.7	9.9
基准		16.3	15.6	18.4	12.3	14.6	16.2	15.1
上浮	小计	73.7	76.4	70.6	74.9	71.1	74.1	75.0
	(1.0, 1.1]	11.5	14.5	13.3	11.2	8.4	12.4	10.3
	(1.1, 1.3]	19.3	17.8	17.7	19.8	20.1	19.9	20.5
	(1.3, 1.5]	13.6	11.7	12.0	12.9	13.0	14.9	14.6
	(1.5, 2.0]	24.2	24.8	21.9	22.5	22.3	20.6	21.4
	2.0以上	5.1	7.6	5.7	8.5	7.4	6.3	8.2

续表

（LPR改革后）

月份		8月	9月	10月	11月	12月
合计		100.0	100.0	100.0	100.0	100.0
LPR减点		8.3	12.5	9.5	11.2	11.0
LPR		0.5	0.5	1.0	1.5	1.6
LPR加点	小计	91.1	87.0	89.5	87.3	87.4
	(LPR, LPR+0.5%)	20.9	20.9	21.3	18.4	24.2
	[LPR+0.5%, LPR+1.5%)	27.8	26.0	24.4	22.6	20.4
	[LPR+1.5%, LPR+3%)	19.3	17.8	18.8	21.7	23.2
	[LPR+3%, LPR+5%)	15.6	15.7	16.6	18.1	14.7
	LPR+5%及以上	7.5	6.4	8.5	6.5	5.0

数据来源：中国人民银行成都分行。

7. 不良资产处置加快，金融风险有所收敛。银行业金融机构严格落实“真实反映、全面入账”要求，推动不良贷款真实入账。2019年末，全省不良贷款余额1296.8亿元，较年初增加47.8亿元，增长3.8%；关注类贷款余额2198.4亿元，较年初减少335.9亿元，下降13.3%；表外垫款余额25.9亿元，较年初减少21.6亿元，下降45.5%。银行机构加大存量不良贷款处置力度，全年累计处置不良贷款1141.3亿元。2019年末不良贷款率2.1%，较年初下降0.2个百分点；关注类贷款率3.5%，较年初下降1.1个百分点，信用风险有所收敛。建立法人银行流动性风险统筹协调和快速反应机制，完善违约风险处置机制，防范流动性风险，法人机构流动性总体稳健，2019年末流动性比例69.4%，同比上升1.2个百分点。

8. 跨境人民币业务增速与占比“双升”，业务覆盖面持续扩大。2019年，全省跨境人民币结算金额1399.97亿元，同比增长52%。全年共与40个“一带一路”沿线国家实现跨境人民币交易443.16亿元，同比增长3.69倍。人民币跨境收支额占全省本外币收支总额的16.53%，占比同比提高4.5个百分点。人民币跨境收支额排名全国第10位，比上年提升1位。业务覆盖面持续扩大，全年跨境人民币交易共涉及157个境外国家和地区、省内5929户企业主体和48家商业银行的595个分支机构。

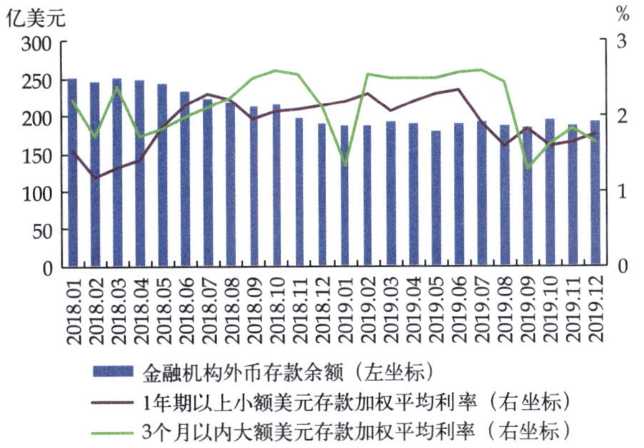

数据来源：中国人民银行成都分行。

图 4　2018~2019 年四川省金融机构外币存款余额及外币存款利率

（二）证券业稳步发展，多层次资本市场建设加快推进

2019 年，四川证券业保持平稳健康发展，资本市场直接融资规模持续增长，有力支持了四川经济发展。

1. 法人证券公司总体经营稳健。2019 年末，四川有证券公司 4 家、证券公司分公司 61 家、证券投资咨询公司 3 家、证券公司营业部 427 家。2019 年，四川法人证券机构资产规模同比增长 25.0%，净利润大幅增长 51%。

2. 资本市场直接融资持续增长。2019 年，四川资本市场实现直接融资 3175.5 亿元，同比增长 13.4%。首发上市企业 7 家，实现融资 36.6 亿元；上市公司和挂牌公司实现股权融资 109.4 亿元，其中，上市公司实现股权融资 84.9 亿元，同比下降 41.2%，新三板增发募集资金 24.5 亿元，同比下降 23.4%；全国各类私募股权基金投资四川企业 88.08 亿元，同比下降 35.9 %；各类企业通过交易所发行债券融资 1136.3 亿元，同比增长 71.4%；地方政府通过交易所发行债券融资 1804.4 亿元，同比增长 4.3%。

3. 期货业保持平稳发展。2019 年末，全省法人期货公司 3 家，期货公司营业部 51 家，期货投资者开户数 9.9 万户，同比增长 9.5%；期货公司市场交易额 9.83 万亿元，同比增长 48.6%。

表 3　2019 年四川省证券业基本情况

项目	数量
总部设在辖内的证券公司数（家）	4
总部设在辖内的基金公司数（家）	3
总部设在辖内的期货公司数（家）	3
年末国内上市公司数（家）	125
当年国内股票（A 股）筹资（亿元）	122
当年发行 H 股筹资（亿元）	25
当年国内债券筹资（亿元）	4704
其中：短期融资券筹资额（亿元）	605
中期票据筹资额（亿元）	102

注：当年国内股票（A 股）筹资额指非金融企业境内股票融资。国内债券筹资指交易所债券市场债券筹资额。

数据来源：四川证监局。

（三）保险业持续增长，风险保障功能持续发挥

1. 保险主体继续增加。2019 年末，四川省已开业保险公司 98 家（含国宝人寿总公司）。按业务性质分，产险公司 42 家、寿险公司 46 家、养老险公司 5 家和健康险公司 5 家；按资本国别分，中资公司 74 家、外资公司 24 家。全省共有保险公司法人机构 4 家。2019 年全省保险密度 2565.6 元 / 人，比上年增长 217 元 / 人，保险深度 4.6%，比上年下降 0.2 个百分点。

表 4　2019 年四川省保险业基本情况

项目	数量
总部设在辖内的保险公司数（家）	4
其中：财产险经营主体（家）	2
人身险经营主体（家）	2
保险公司分支机构（家）	98
其中：财产险公司分支机构（家）	42
人身险公司分支机构（家）	56
保费收入（中外资，亿元）	2148.7
其中：财产险保费收入（中外资，亿元）	583.6
人身险保费收入（中外资，亿元）	1565.1
各类赔款给付（中外资，亿元）	634.8
保险密度（元 / 人）	2565.6
保险深度（%）	4.6

数据来源：四川银保监局。

2. 承保业务有序增长。随着保险业回归保障本源的转型和改革逐步实施，四川保险业的业务经营和服务经济社会的能力不断提升。2019年，全省承保业务恢复有序增长势头，全省共实现原保险保费收入2148.7亿元，同比增长9.7%。其中，财产险公司实现原保费收入583.6亿元，同比增长7.6%；人身险公司实现原保费收入1565.1亿元，同比增长10.6%。全省赔付支出共计634.8亿元，同比增长0.32%。其中，财产险公司赔款支出341.65亿元，同比增长10.1%；人身险赔款及给付支出293.1亿元，同比下降9.1%。2019年末，全省保险公司总资产4118.9亿元，较年初增长11.6%，共管理保户储金及投资款1267.9亿元，较年初增长3.9%。

（四）金融市场平稳运行，直接融资较快发展

1. 融资总量稳定增长。2019年，四川省社会融资规模较年初增加9865.6亿元，同比多增893.6亿元。其中，本外币各项贷款余额占社会融资规模比重为66.0%。委托、信托贷款和未贴现银行承兑汇票等表外间接融资继续下降，较年初下降802.7亿元，同比多减137.8亿元。直接融资规模有所增加，2019年直接融资新增1711.5亿元，同比多增909.5亿元。直接融资占社会融资规模比重为17.3%，较上年同期上升8.2个百分点。

2. 银行间市场债务融资余额创新高。2019年，四川共有87家非金融企业在银行间债券市场发行220只债务融资工具，金额共计1762.8亿元，发行只数和发行量均居西部首位，余额3341.8亿元，同比增长25.1%，高于各项贷款增速。全国银行间市场首单挂钩LPR浮动利率债券、首单航空装备（军民融合）债券分别落地四川。通威股份再次运用信用风险缓释凭证（CRMW）发行债券5亿元，四川民营企业累计运用民企债券融资支持工具发债募集资金20亿元。继2018年实现首单落地以来，扶贫票据、绿色票据分别再次注册发行5亿元、20亿元。全年发行“双创”债务融资工具43.8亿元，自全国首单落地四川以来累计发行量占全国的比重达21.6%。3家法人银行机构成功发行170亿元金融债券，发行金额是2018年的8.5倍。其中成都银行发行105亿元二级资本债券，为西部地区单只金额最大的金融债，同时该行发行全省首单5亿元“双创”金融债；锦城消费金融公司发行全省首单30亿元非银机构ABS，泸州银行获批发行中西部地区首单17亿元无固定期限资本补充债券。

3. 货币市场运行总体平稳。2019年，四川货币市场成员累计成交40.3万亿元，同比增长3.9%。其中，银行间市场债券回购交易有所收缩，全年累计成交27.8万亿元，同比减少41.8%。全省法人机构债券交易正、逆回购杠杆率超标机构分别从年初的1家和6家下降至零，高杠杆风险得到有效控制。同业拆借累计成交3.5万亿元，同比增长42.9%，对回购交易形成替代效应；2019年，货币市场净融入金额4.4万亿元，同比下降8.3%。市场利率呈震荡下行态势，1~4季度全省市场成员同业拆借市场加权平均利率分别为2.38%、2.29%、2.53%和2.34%。

4. 票据规模有所增长，贴现利率趋于下降。2019年，全省金融机构累计签发银行承兑汇票3829.9亿元，同比增长295.2亿元；累计签发商业承兑汇票30.9亿元，同比减少0.2亿元。累计办理银行承兑汇票贴现5824.7亿元，同比增长740.38亿元；办理商业承兑汇票贴现359.1亿元，同比增长10.4亿元。受降准及加大公开市场操作的影响，票据贴现利率有所下降。12月金融机构贴现加权平均利率为3.5%，较年初下降48个基点。

表5　2019年四川省金融机构票据业务量统计

单位：亿元

季度	银行承兑汇票承兑		贴现			
			银行承兑汇票		商业承兑汇票	
	余额	累计发生额	余额	累计发生额	余额	累计发生额
1	2591	922.6	1364	1587.6	123.3	73.7
2	2631	1751.5	1485	3226.2	110.3	150.7
3	2804	2862.9	1621	4741.1	152.8	251.9
4	2722	3829.9	1461	5824.7	171.8	359.1

数据来源：中国人民银行成都分行。

表 6　2019 年四川省金融机构票据贴现、转贴现利率

单位：%

季度	贴现		转贴现	
	银行承兑汇票	商业承兑汇票	票据买断	票据回购
1	3.54	4.74	3.27	3.04
2	3.57	4.99	3.23	2.61
3	3.27	5.05	3.02	3.46
4	3.07	4.95	2.76	3.38

数据来源：中国人民银行成都分行。

（五）金融改革稳步推进，创新发展成效明显

1.全面创新改革试验工作向纵深持续推进。2019 年，以产业链核心龙头企业应收账款为质押的融资服务模式有序推广，专利权质押融资和中小企业商标融资机制逐渐成熟，银行间市场“双创”债务融资初具规模，金融科技工具深度运用，面向中小企业的一站式投融资信息服务平台发展蓬勃。2019 年末，全省知识产权质押贷款余额 29.7 亿元，同比增长 12.3%。全年累计通过中征平台实现应收账款融资交易 1276 笔，金额 1125.8 亿元，连续三年突破千亿元。“盈创动力”融资服务平台累计为 1.4 万家中小企业服务，实现债权融资超 457.47 亿元、股权融资 77.18 亿元。“中欧 e 单通”国际贸易融资区块链平台于 2019 年 10 月上线， 2019 年末，共 17 家企业上链，完成 100 笔融资结算单证核碰，金额 1.8 亿元人民币。“天府信用通”于 2019 年 12 月上线，已实现全省 21 个市州和 1.8 万余家银行机构网点全面接入，可共享企业不动产、公积金、电力、银联支付、法院判决、纳税信息等超过 10 亿条数据，已促成融资超百亿元。

2.成都市农村金融服务综合改革纵深发展。2019 年以来，成都市农村金融服务综合改革试点各项改革进入深水区，围绕产权改革创新金融服务，努力构建城乡金融均等化发展新格局的核心和基础，在“两权”抵押融资试点的基础上，进一步推动农村产权融资由点拓面，探索开展经济林木财产权、农业生产设施所有权、养殖水面经营权、花木仓单、集体资产股权等农村不动产、动产抵（质）押贷款。2019 年末，全市累计发放农村产权抵押贷款 214.1 亿元，余额 99.4 亿元。继续推广“农贷通”融资综合服务平台，深化金融服务下沉。2019 年末，“农贷通”平台注册用户 2.46 万户，入驻平台银行、担保、保险机构 105 家，累计通过平台申请贷款 16924 笔，金额 238.7 亿元，线上发放贷款 12153 笔、163.38 亿元。全覆盖的线下农村金融综合服务站体系初步建成。39 个试点村站开展村级服务站市场化运营试点，采集信用信息 3.26 万户，引荐实现贷款 1154 笔、52347 万元；累计开展金融知识宣传 1099 次，覆盖 3.08 万人次。积极支持现代农业产业园建设，引导金融机构助推乡村振兴发展。2019 年末，成都市建设现代农业园区 13 个，对园区 1024 户新型农业经营主体发放贷款 5.2 亿元。其中金融支持国家级天府现代种业园区建设，创新“管委会 + 专业公司 +N（种业企业、行业协会等）”运管模式，发放项目贷款逾 6 亿元，合力推动功能区建设运营。加大乡村振兴绿色信贷投放，积极推进建设国家绿色金融改革创新试验区。2019 年末，成都市绿色贷款余额 4135.21 亿元，同比增长 16.6%。探索开展农业供应链金融业务，如崇州市依托“农贷通”平台和农村社会化服务总部设立的农业产业链金融服务中心，开展供应链金融等金融创新取得明显成效。完善“政府归集 + 平台采集 + 信用评定”模式，优化农村金融生态环境，2019 年末，成都市 173 个信用乡镇、1692 个信用村、4693 家新型农业经营主体信用信息实现入库。推动整合建立乡村振兴农业产业发展风险金，市级风险资金 1.6 亿元，天府新区等 5 个区县新建县级风险资金并到位 5774 万元。推进实施 2019 年财政贴息线上申报审核工作，审核贷款 547 笔、19.8 亿元，贴息 1697 万元，较上年度增长 301%。

3.四川自贸区金融改革稳步推进。全年在自贸区内开展 8 项外汇创新业务，促进自贸区企业贸易投资便利化。取消部分外汇管理行政

许可申请材料，在自贸区内进一步优化营商环境，促进贸易投资自由化便利化。提升跨境人民币结算优质企业便利化服务，助力四川自贸区银行为40家优质企业办理跨境人民币结算提供便利化服务。继续深入推动跨国公司外汇资金集中运营管理，17家跨国公司集团累计共集中外债额度150.9亿美元，参与企业家数和运营资金规模居中西部首位。积极开展金融产品和服务创新，全国自贸试验区首个中欧班列多式联运“一单制”跨境区块链平台项目——工商银行“中欧e单通”在成都自贸试验区正式上线试运行。积极推进“互联网+政务服务”，上线运行外汇管理政务服务系统，实行外汇行政许可业务网上办理，提升外汇管理政务便利化水平。2019年四川省外债资金实际流入79.1亿美元，同比增长81.5%。

专栏2 多式联运“一单制”及区块链技术运用相关跨境人民币业务创新

中欧班列是亚欧之间陆路运输的骨干方式，客户群体主要为中小贸易企业、跨境电商、生产制造类企业。长期以来，国际铁路运单仅是运输合同凭证，不具备海运提单所有的物权属性，无法作为银行风险控制措施，制约了中欧班列每年上百亿美元进出口贸易额的融资需求。

一是多式联运“一单制”。作为我国自贸区中唯一以铁路枢纽为核心独立成片的片区，四川自贸区青白江片区坚持探索铁路运输单证物权化，推动建立基于国际铁路运输的国际贸易新规则。多式联运经营人——成都陆港运营公司通过规划货物运输、仓储、分拨、销售等环节，签发多式联运“一单制”单据，采用“一次委托、一口报价、一单到底、一票结算”模式，由青白江国际铁路港作为监管运输方，支持“国际铁路、铁+公、铁+内河、海+铁、海+公”等多种联运方式，将境外运单与国内段运输单据信息整合，并以此作为青白江铁路口岸的唯一提货凭证，降低了运输成本，提升了运输效率。

二是多式联运“一单制”融资创新。中国人民银行成都分行推动成都铁路局印发国际铁路联运“一单制”试点规则流程。成都铁路局作为进口货物的国内实际承运人，通过内部发文方式约定：采用国际信用证方式结算开展贸易时，进口企业需凭开证银行签字认可的国际铁路运单方可提货，“见人放货”在该结算方式下不适用。内部发文夯实了国际铁路运单持有人的实际控货权，较前期以无船承运人（货代公司）签发的“一单制”提单取得较大突破。2018年底以来，工行四川省分行、中行四川省分行等先后开立基于多式联运“一单制”单据的跨境人民币国际信用证，为四川中小企业进口货物提供金融支持。2019年4月，中国与俄罗斯国际铁路联运“一单制”金融结算融资规则试点被列入第二届“一带一路”高峰论坛成果清单。

三是“中欧e单通”区块链平台。目前，多式联运“一单制”单据的签发主要采用线下模式，需要由成都陆港运营公司寄送给境外出口商，境外出口商再将其作为交单单据寄送给境内客户。单据两次寄送后才能完成贸易结算，面临着单据流转慢、流程协同低效、沟通成本高等问题，难以实现与贸易金融接轨。

针对上述痛点，工行四川省分行以“一单制”单据为基础，创造性地利用区块链、影像扫描识别等多项技术推出“中欧e单通”平台。该平台主要运用于进出口信用证、托收、TT场景，通过核碰发货人、收货人、发货地、发货日期、班列号/船号、集装箱号、货描、重量等要素来核验物流真实性，核碰完成后以发货人、收货人、班列号/船号、集装箱号和起运时间作为核心5要素，赋予其区块链唯一ID标识，且不可更改。通过该平台，参与各方一是可实时透明掌握中欧班列物流和贸易各环节的最新信息，查验提单和贸易背景，从而确保单据的真实性，一定程度上解决贸易欺诈问题；二是可极大简化之前单据需要两次寄送传递的过程，实现信息实时交互，极大提高业务办理效率；三是随着平台用户的增多，贸易背景、单据信息等将汇聚成大数据，通过对大数据的提取和分析，为银行评级授信奠定基础。

2019年10月20日投产后仅1个月，工行四川省分行已通过中欧e单通区块链平台上链客户12家，业务笔数89笔，涉及金额折合人民币约17200万元，其中10月31日为成都华瀚展鸿国际贸易有限公司向俄罗斯购买木材办理了货值为351万元的跨境人民币预付款业务。

（六）金融生态环境建设不断深化，金融基础设施持续完善

1. 信用体系建设持续推进。全面提升征信系统查询服务水平，全省设置查询网点299个，布放自助查询机282台，实现县域自助查询机布放“全覆盖”，全年向银行和社会公众提供个人信用报告查询3897.1万次、企业信用报告查询56.3余万次。天府信用通平台以四川省重要金融基础设施为定位，挖掘信用数据价值，促进小微企业融资对接，接入80个53类数据查询接口、共享数据超过13亿条，平台于12月27日正式上线，2019年末，共注册企业859家，促成融资对接515户、金额48.4亿元。联合省财政厅新增应收账款融资财政奖补内容，奖补金融机构逾2500万元。全省评选金融守信红名单企业1871户，贷款余额达560.5亿元；评定信用贫困户122.3万户、信用非贫困户789.81万户、信用新型农业经营主体3.3万个、信用村1.7万个、信用乡镇1280个，信用贫困户、信用非贫困户、信用新型农业经营主体贷款余额分别达151.2亿元、1834.1亿元和208.7亿元。对全省非主观恶意失信且有生产经营能力和致富愿望的农村经济主体开展农村信用救助，锁定信用救助对象4.1万户，重新评级授信33967户，提供扶贫小额信贷9.3亿元。

2. 支付环境持续优化。2019年末，四川省支付系统直接参与者16个，间接参与者5047个。2019年四川支付系统发生业务3.1亿笔，金额166.5万亿元，同比分别增长26.8%和11.1%。移动支付业务快速发展，以云闪付为例，2019年末，四川省云闪付累计用户1201万户，全国排名第三，年内新增用户715万户，全国排名第二，云闪付新增绑卡量1150万张，全国排名第一，移动支付交易笔数2.33亿笔，较上年增长217.6%。上半年，成都市实现地铁云闪付“乘车码”扫码过闸，其中公交、地铁和BRT“一码通用”为全国首例。2019年末全省已有17个市州主城区、82个县域实现云闪付乘车。农村支付环境持续改善。2019年末，全省存量银行卡助农取款服务点为8.1万个，农村地区电子银行客户数量已达8726.7万人次，同比增长16%。积极落实“放管服”要求，顺利实施取消企业银行账户许可，企业开户时间缩短至1~2个工作日，企业账户服务进一步优化。2019年末，全省共有5家法人支付机构，42家登记备案的省外支付机构，全年共发生交易52.54亿笔，金额2.6万亿元。

3. 金融科技深入发展。四川金融机构参与的20余个项目被纳入全国金融科技应用试点范围，以点带面，不断提升四川金融服务智能化水平。金融IC卡和移动支付应用继续推进，实现四川市州19个主城区和91个县域（其中16个市州全域）公交行业对金融IC卡全开放应用。开展金融服务企业标准“领跑者”活动，制定上传46份金融服务企业标准，6家银行机构、7

份标准进入全国领跑者名单。“数字央行”大数据应用试点工作深入推进，建立了稳定高效的大数据平台，实现了对货币信贷业务板块功能的全覆盖，完成了对16家地方法人银行机构共计39个货币信贷业务明细台账的全数据采集报送测试。全国首个基于区块链的知识产权融资服务平台试运行，已完成25笔1.45亿元知识产权质押融资授信，融资满足率达91.19%。

4. 扎实推进金融消费权益保护工作。2019年，12363咨询投诉热线共受理咨询1264件，受理消费者投诉1729件，已办结1725件，投诉办结率为99.8%，及时化解纠纷。推动成都、绵阳、德阳、泸州、南充等地持续开展金融消费纠纷非诉解决机制建设，为消费者提供多元化的投诉渠道。开展银行业机构、非银行支付机构金融消费权益保护自评估与评估，对50家金融机构开展了金融消费权益保护现场检查，督促金融机构加强内控管理，依法合规经营，维护金融消费者合法权益。深入开展消费者宣传教育，开展“金融消费者权益日”“普及金融知识守住‘钱袋子’”“金融知识普及月 金融知识进万家 争做理性投资者 争做金融好网民”集中宣传活动，积极推动金融知识纳入国民教育体系，构建宣传教育立体格局，不断提升消费者金融素养。继续推动完善地方金融广告治理机制，开展多部门金融广告联合整治，做好金融广告监测、甄别和分类处置工作，2019年监测和处置违法违规金融广告线索68条。

5. 深入开展普惠金融各项工作。从推进农村金融改革创新、推进信用信息体系建设、推动农村支付服务体系建设、加强城市社区便民金融服务、发挥政策引导激励作用、加强金融知识宣传教育和金融消费权益保护等方面，继续做好国务院《推进普惠金融发展规划（2016~2020年）》的贯彻落实。积极探索发展地方普惠金融的模式和有效途径，继续开展“数字普惠金融：四川最佳实践区”建设和县域普惠金融试点，强化督察问效，督促金融机构切实做好普惠金融各项工作。

二、经济运行情况

2019年，全省经济顶住下行压力，保持稳健运行，经济规模继续扩大。全省实现地区生产总值46615.8亿元，同比增长7.5%，增速较上年回落0.5个百分点，高于全国1.4个百分点。经济运行在长期向好的同时，中短期内仍面临不确定不稳定因素，经济下行压力有所加大，物价结构性上涨等问题值得关注。

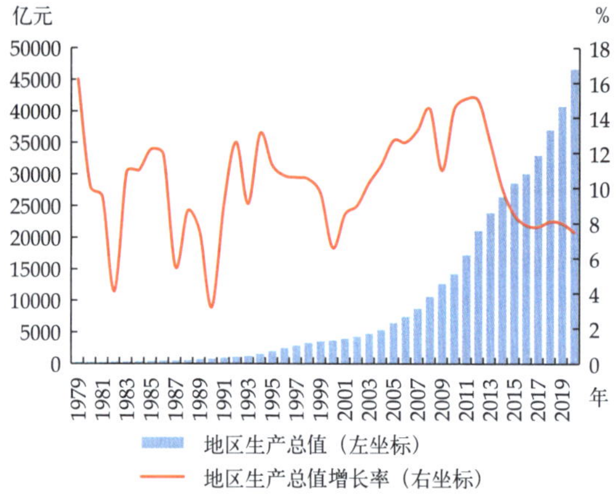

数据来源：四川省统计局。

图5　1979~2019年四川省地区生产总值及其增长率

（一）投资和消费缓中趋稳，对外贸易趋快趋优

2019年，在“六稳”政策以及深入推进“一干多支，五区协同”“四向拓展、全域开放”等重大政策支持下，四川省投资、消费需求相对稳定，对外贸易保持较快增长。

1. 投资增速持续平稳。2019年，全省全社会固定资产投资增长10.2%，增速与上年持平，各构成项趋势分化。从主要构成看，基建投资增长5.6%，同比大幅回落10.1个百分点；制造业投资增长7.2%，同比提高0.5个百分点；房地产开发投资增长15.4%，同比提高4.8个百分点，主要是建安投资保持高增速以及成都市房地产投资明显回升。从所有制情况看，民间投资增长8.6%，同比回落1.6个百分点。

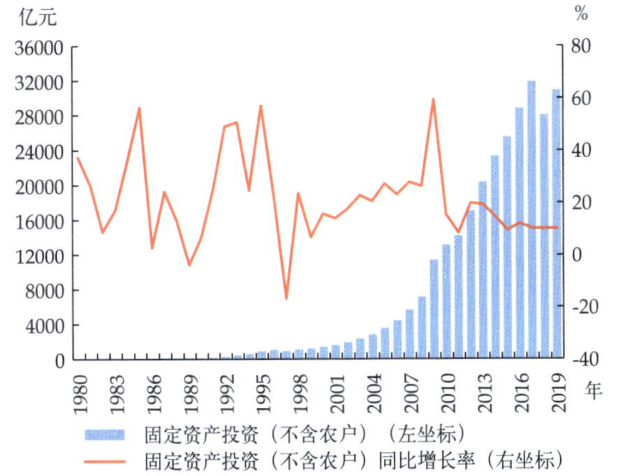

数据来源：四川省统计局。

图 6　1980~2019 年四川省固定资产投资（不含农户）及其增长率

2. 消费稳中趋缓，线上消费增长较快。 2019 年，全省社会消费品零售总额增长 10.4%，同比回落 0.7 个百分点，高于全国 2.4 个百分点。从构成看，必需品消费增速平稳，日用品消费增长 15.2%，粮油、食品、饮料、烟酒类消费增长 13.8%，均高于总体增速；消费升级相关产品增速较高，文化办公用品类增长 16.7%，家用电器消费增长 14.8%，均高于必需品消费增速；线上消费增长突出。通过互联网实现的餐饮和商品零售分别增长 27.3% 和 23.1%，大幅高于线下餐饮收入和商品零售增速。

3. 对外贸易大幅增长，结构进一步优化。 克服全球经济增速放缓叠加中美贸易摩擦的不利影响，四川外贸实现逆势快速增长，进出口值创下了历史新高。2019 年，四川省货物贸易进出口总值 6765.9 亿元，首次突破 6000 亿元关口，同比增长 13.8%，远高于同期全国 3.4% 的整体进出口增幅，进出口规模和进出口增速分别位列全国第 10 位和第 6 位。其中，出口 3892.3 亿元，增长 16.8%，远高于同期全国 5% 的整体出口增幅，出口规模和出口增速分列全国第 8 位和第 6 位；进口 2873.6 亿元，增长 9.9%，远高于同期全国 1.6% 的整体进口增幅，进口规模和进口增速分列全国第 10 位和第 11 位。贸易方式更趋优化：以一般贸易进出口 1790.8 亿元，下降 1.4%；以加工贸易方式进出口 4111.1 亿元，增长 22.7%。同期，全省对“一带一路”沿线国家进出口 1979.9 亿元，同比增长 20%，占比 29.3%，较上年提升 1.5 个百分点。进出口产品结构同步优化，机电产品出口占主导地位，进口农产品增加。出口机电产品 3197.4 亿元，增长 18%，占比提高至 82.1%；进口机电产品 2513.5 亿元，增长 8.1%，占外贸进口总值的 87.5%。出口高新技术产品 2231.9 亿元，增长 32.1%，占比提升至 66.9%；进口高新技术产品 2066.8 亿元，增长 28.5%，占比提升至 79.1%。进口农产品 56.6 亿元，增长 21.4%，占外贸进口总值的 2%。

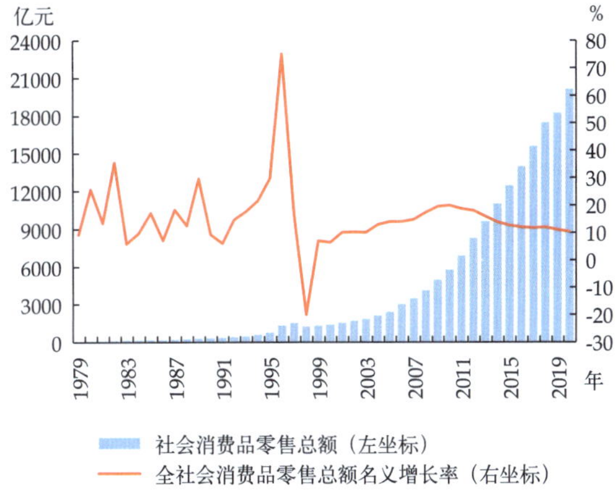

数据来源：四川省统计局。

图 7　1979~2019 年四川省社会消费品零售总额及其增长率

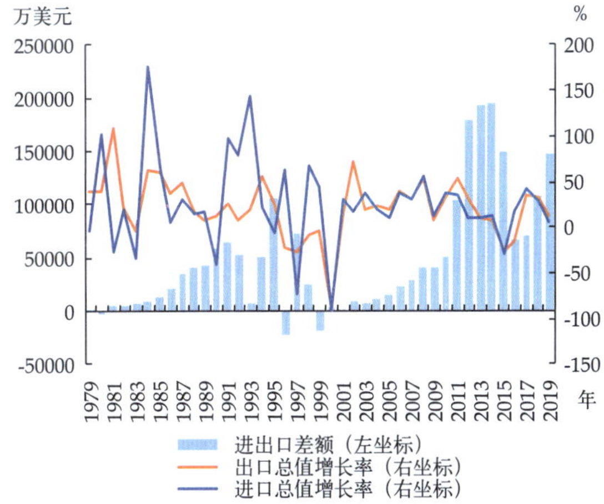

数据来源：四川省统计局。

图 8　1979~2019 年四川省进出口变动情况

数据来源：四川省统计局。

图 9　1985~2019 年四川省实际利用外资额及其增长率

（二）供给结构持续优化，服务业贡献不断增强

2019 年，四川产业结构合理优化，三次产业结构从 10.9：37.7：51.4 调整为 10.3：37.3：52.4，服务业占经济总量的比重较上年提高 1 个百分点，与全国差距持续缩小。三次产业对经济增长的贡献率分别为 4%、43.4% 和 52.6%，服务业贡献率进一步提高。战略性新兴产业继续较快增长，规模以上高技术产业增加值增长 11.7%，高于规上工业增速 3.7 个百分点。

1. 农业生产基本稳定。2019 年，四川省粮食产量 3498.5 万吨，同比增长 0.1%，实现粮食产量 13 连增。非洲猪瘟对生猪养殖影响较大，全年生猪出栏 6638.3 万头，同比下降 26.9%。猪瘟疫情影响下畜禽结构持续调整，家禽出栏数同比增长 19.2%，牛出栏数同比增长 5.6%，羊出栏数同比增长 2.3%。

2. 工业运行总体平稳。2019 年，全省工业增加值 13365.66 亿元，同比增长 7.9%，同比小幅回落 0.2 个百分点。其中规上工业企业增加值增长 8%，同比小幅回落 0.3 个百分点，高于全国 2.3 个百分点，规模以上工业企业产品销售率为 98.5%。分行业看，41 个大类行业中，37 个行业实现增长，行业增长面为 90.2%。其中电子信息制造、酒饮料精制茶制造、石油和天然气开采业、化学原料和化学制品制造业等主要行业增速均高于全省平均增速。工业企业营收利润也保持较快增长，规模以上工业企业实现营业收入和利润同比分别增长 10.1% 和 12.7%。

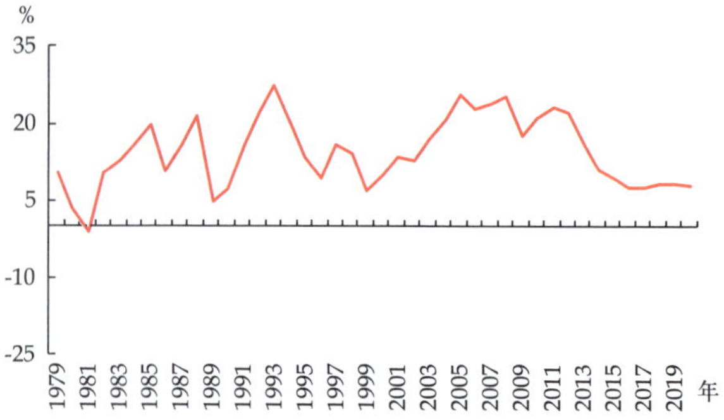

数据来源：四川省统计局。

图 10　1979~2019 年四川省规模以上工业增加值实际增长率

3. 第三产业较快增长。2019 年，第三产业实现增加值 24443.3 亿元，同比增长 8.5%，增速回落 0.9 个百分点，高于全国 1.6 个百分点。其中住宿和餐饮业增长 8.1%，交通运输、仓储和邮政业增长 7%，批发和零售业增长 6.5%，金融业增长 6.2%，房地产业增长 5.8%。从 2019 年第四次经济普查结果看，全省以大数据、云计算等现代信息技术为代表的现代服务业发展较快，单位数量和占比显著提高，2018 年末信息传输、软件和信息技术服务业，租赁和商务服务业，科学研究和技术服务业主体较 2013 年末分别增长 519.6%、265.9% 和 169%。

4. 供给侧结构性改革持续深入。2019 年，全省继续以供给侧改革为主线，主动调整产业机构，积极培育“互联网 +”产业环境，着力培育优势特色产业和战略性新兴产业。2019 年，规上航空航天及设备制造业增加值增长 29.2%，医疗仪器设备及仪器仪表制造业增长 17.2%，计算机及办公设备制造业增长 11.9%，电子及通信设备制造业增长 11.4%，均高于规上制造业平均增速。全省研究开发支出超过 830 亿元，增长 13.6%，高新技术产业实现营收 1.8 万亿元，增长 9%，科技服务业实现营业收入 2750 亿元，增长 10%，技术合同交易额达到 1200 亿元，增长 20%，科技进步贡献率达到 58%。重点领域龙头骨干企业通过重大项目提质增效，如通威太阳能（成都）有限公司“年产3.2GW高校晶体硅太阳能电池”和成都中建材光电材料有限公司“年产80兆瓦碲化隔膜太阳能电池生产线”项目取得较好的社会经济效益。京东方第6代低温多晶硅生产线等161个项目加快建设，吉利BMA乘用车平台、华大半导体MCU芯片等172个项目竣工投产。

5. 生态文明建设进一步加强。2019年，全省抓好中央环保督查及“回头看”反馈意见整改，有序推进城镇人口密集区一批危化品企业搬迁改造和“散乱污”企业整治。河流生态保护力度加大，全省12个市、41个县（市、区）水生生物保护区的退捕任务全面完成，总计退捕渔船3037艘。其中18个县（市、区）全面完成长江流域退捕任务。环境空气质量取得明显改善，遂宁、雅安、资阳、广安和内江5市成为新达标城市。

（三）物价结构性上涨，居民收入增长加快

猪肉等食品价格上涨，带动居民消费价格结构性上涨，工业生产价格运行平稳，市场供需总体平衡。

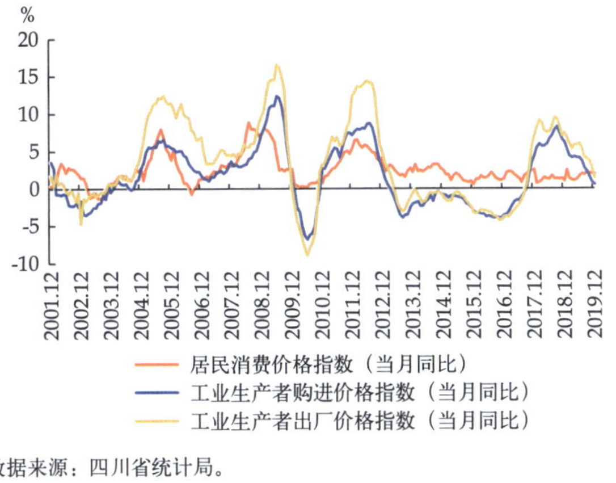

数据来源：四川省统计局。

图11　2001~2019年四川省居民消费价格指数和工业生产者价格指数变动趋势

1. 居民消费价格涨幅扩大。2019年，全省CPI累计上涨3.2%，同比提高1.5个百分点，12月当月CPI同比上涨5.4%，创近8年来新高。食品烟酒类价格同比上涨16.4%，高于上年15.1个百分点。其中猪肉受非洲猪瘟疫情影响上涨83%，拉动CPI上涨1.6个百分点。非食品烟酒类商品价格同比涨幅有限，交通和通信类价格和居住类价格同比有所下跌。

2. 工业生产价格运行平稳。2019年全省PPI累计上涨0.4%，同比回落3.2个百分点，全年PPI运行呈现先下跌后企稳态势。其中轻工业同比下降0.2%，重工业同比上升0.6%。生产资料同比上涨0.2%，生活资料同比上涨0.7%。

3. 城乡居民收入增长加快。2019年，城乡居民收入稳步提升，全省城镇居民人均可支配收入36154元，同比增长8.8%，其中人均工资性收入20479元，同比增长7.6%，增幅较上年扩大0.4个百分点。农村居民收入较快增长，农村居民人均可支配收入14670元，同比增长10.0%，其中农村人均工资性收入4662元，同比增长8.1%，增幅较上年扩大0.8个百分点。农村居民人均可支配收入增速高于城镇居民增速1.2个百分点，城乡居民收入差距进一步缩小。城镇居民就业总体稳定，2019年四个季度四川城镇调查失业率分别为4.9%、4.8%、5.2%和5.3%，上半年低于全国同期水平，下半年与全国同期水平相当。

（四）财政收入增长缓中趋稳，支出结构不断优化

1. 财政收入增长缓中趋稳。2019年，在宏观经济环境复杂多变和落实小微企业普惠性减税、个人所得税专项附加扣除和降低增值税率等减税降费措施影响下，全省实现一般公共预算收入4070.7亿元，同比增长7.7%，增速较上年同期下降1.6个百分点。此外，政府性基金收入4181.2亿元，同比增长9.4%，国有资本经营预算收入93.6亿元，同比增长37.2%。

2. 补短板支出加大。2019年，全省一般公共预算支出10349.6亿元，同比增长6.6%，同时财政支出对经济发展补短板的支持加强，科学技术支出、交通运输支出、城乡社区支出和节能环保支出同比分别增长32.9%、27%、16%和10.9%，远高于平均增速。财政支出在综合交

通运输体系建设、基础设施补短板等方面发挥坚实引领作用。

3. 严格实施债务限额管理。2019年末，全省地方政府债务余额1.06万亿元，严格控制在国务院核定的1.2万亿元债务限额内，债务风险总体可控。债务重点支持长江经济带发展、“一带一路”建设和新一轮西部大开发等重大决策部署。

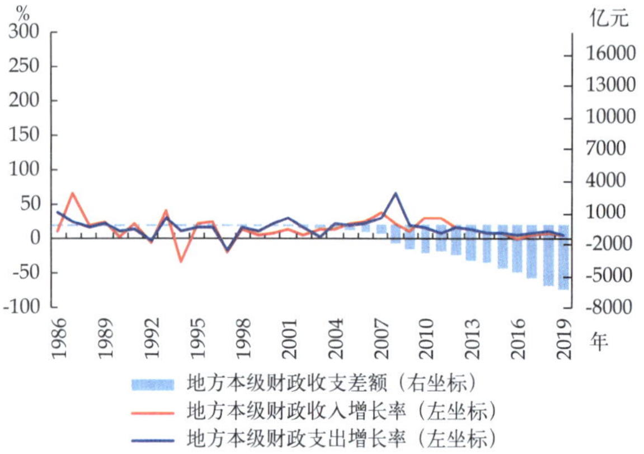

数据来源：四川省统计局。

图12 1986~2019年四川省财政收支状况

（五）房地产市场平稳发展，房地产金融合理增长

2019年省内房地产业景气度有所下降，“稳房价、稳地价、稳预期”目标基本实现，房价走势有所分化，区域住房金融和房地产市场健康平稳运行。

1. 房地产市场保持平稳健康发展。

（1）土地供应下降。2019年，全省房地产开发用地供应面积7889.98公顷，同比下降5.3%。其中，住宅用地供应面积5623.85公顷，同比下降9.9%。

（2）房地产开发投资上升。2019年，全省房地产开发投资6573.24亿元，同比增长15.4%，高于全国增速5.5个百分点，总量居全国第7位。其中住宅投资4665.3亿元，占71.0%，同比增长23.9%。

（3）新房、二手房交易分化。2019年，全省商品住宅销售面积10451.05万平方米，同比增长5.6%。二手住宅销售面积3791.57万平方米，同比下降7.0%。

2. 房地产贷款增速放缓。

（1）房地产贷款增速回落。2019年末，全省房地产贷款余额19056.1亿元，较年初增加2564.4亿元，同比增长15.7%，较上年末回落4.07个百分点，房地产贷款增量占各项贷款增量的比例较上年回落3.8个百分点。

（2）首套房贷款支持力度加大。2019年末，全省个人住房贷款余额12711.1亿元，较年初增加1900.5亿元，同比增长18.1%，较上年回落0.1个百分点。2019年，全省首套房贷款金额占比91%，较2018年提高4个百分点；首套房贷款平均首付比例38.12%，较二套房贷款低15.2个百分点；LPR改革前，贷款平均利率是基准利率的1.16倍，LPR改革后平均加点93.89个基点，较二套房低21.22个基点。

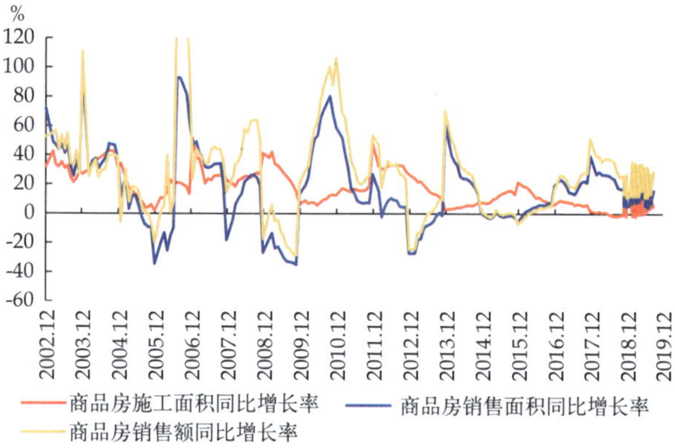

数据来源：中国人民银行成都分行。

图13 2002~2019年四川省商品房施工和销售变动趋势

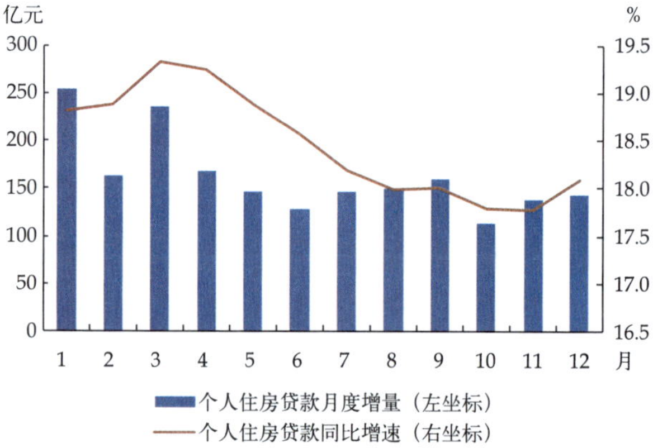

数据来源：中国人民银行成都分行。

图14 2019年四川省个人住房贷款增量和增速

专栏 3　百家小微企业调查：减税降费获得感有多强？

为了解税费调整政策对小微企业的影响，中国人民银行成都分行选取四川辖区 21 个市州 100 家企业税费调整前后的经营情况开展了调查。调查发现：小微企业总体税负下降，各行业获得感存在差异；大部分企业对社保费率下降获得感较强；小规模纳税人的认定标准应结合更多因素动态考虑。

一是各行业税负均不同程度下降，服务业对税率调整的获得感较低。样本企业平均税负率从调整前的 5.41% 下降至 4.58%，即每销售 100 元产品应交增值税从 5.41 元减少至 4.58 元，减少幅度为 15.3%。分行业看，制造业减税最明显，税负率从 5.78% 降低至 4.54%，减税幅度为 21.45%。具体到企业看，服务业企业获得感最差。调研显示，制造业中 40% 的企业税负率明显降低，平均下降 3.54 个百分点。但服务业中，60% 的企业税负率下降不足 0.5 个百分点，35% 的企业税负率反而上升，平均提高 0.86 个百分点，仅 5% 的企业税负率明显下降，平均下降 1.39 个百分点。

企业获得感存在差异的原因主要有三点。一是议价能力不同。减税的好处本质上是在产业链中各环节重新分配，议价能力较差的企业获得感更低。如某电缆公司下游客户为电力公司等大型企业，税率调整前，这些大型企业便要求该电缆公司按照 13% 的税率签订销售合同，造成该公司含税价格下降 2.59%。二是进项税和销项税下降幅度不同。进项税降幅大于销项税是减税后部分企业税负反而增加的主要原因。如，减税后某建筑公司销项税率从 10% 降至 9%，但该公司生产成本中约 60% 为水泥等施工材料，这些材料的进项税率从 16% 降至 13%，下降幅度大于销项税，导致该公司增值税率反而上升了 0.65 个百分点，相应的增值税附加上升 0.08 个百分点。另外，服务业销项税率保持不变，但进项税率可能下降，这也是部分服务业企业税负增加的原因。三是可抵扣项不同。小微企业可抵扣的成本主要有三个方面，即房租、水电气物业管理等费用以及采购货物或服务。这些成本中，相当一部分项目因无法提供增值税专用发票而不能抵扣。如小微企业采购的货物或服务大多来自小规模纳税人，这些成本本身无法抵扣。又如，大多数房东不愿意提供房租费增值税专用发票，即使提供也可能通过提高价格的方式将成本转嫁给小微企业，因此在成本中占比较高的房租费用也不能进行抵扣。

二是大部分企业对社保费率下降获得感较强。样本企业平均社保缴纳比例从调整前的 20.07% 降低至 16.74%。分行业看，制造业社保缴纳比例从 23.54% 降低至 18.62%，下降了 4.92 个百分点，服务业及其他行业下降均不超过 2 个百分点。造成社保缴费比例降低幅度差异的原因有两个方面。第一，部分企业未按照规定为职工购买社会保险。个别企业还会通过雇用临时工或已退休人员的方式减轻社保负担。第二，很多小微企业按照最低标准而不是实际工资购买社保。

三是小规模纳税人的认定标准过低可能对企业经营造成冲击。对小微企业而言，被认定为小规模纳税人“实惠”最多，如增值税税率降低至 3%、2%、1.5% 不等，免税标准由月销售额 3 万元提高至 10 万元等。小规模纳税人的认定主要以销售额为标准，并非所有的小微企业都可以被认定为小规模纳税人。实质上，受成本上升推动，多数产品价格呈上涨趋势，即使销售量不变，企业销售额也会逐年上涨，进而失去小规模纳税人资格。如，成都某酒店 2018 年为小规模纳税人，由于累计销售额超 500 万元，该酒店 2019 年被认定为一般纳税人，增值税税率由 3% 提高至 6%，加之抵扣项本身较少，在营业收入变化不大的情况下，2019 年 3 月实缴增值税由上年同期的 1.15 万元增加至 2.01 万元，这还不包括增值税附加的变化。因此，税务部门进行小规模纳税人认定时，应综合考虑成本、经济形势等多种因素，以过去连续几年平均销售额达到某个具体数值为标准来进行认定，同时设置一个缓冲时间，避免因从小规模纳税人认定为一般纳税人对企业经营造成较大冲击。

第二部分　“一干多支 五区协同”金融发展情况

2019年，在省委省政府“一干多支、五区协同”“四向拓展、全域开放”等发展新格局和全省高质量发展要求指引下，全省继续做强成都国家中心城市，大力发展环成都经济圈、川南经济区、川东北经济区、攀西经济区、川西北生态示范区的区域协同发展，通过充分发挥成都“主干”引领辐射带动作用，形成“多支”协调联动的区域发展新格局。

金融作为重要的要素保障，紧密契合对接“一干多支”重点领域，持续加大对实体经济支持力度，创新金融服务，提升金融效率，促进全省各区域协同健康发展。

一、各区域金融运行情况

（一）存款增速分化明显

分区域看，成都市本外币存款总量领先全省，2019年末成都市本外币各项存款余额3.9万亿元；从余额增速看，川南经济区各项存款同比增速领先全省，2019年同比增速达12%，其中，自贡市本外币各项存款同比增速达21%；川东北经济区和攀西经济区本外币各项存款同比增速低于其他经济区，川西北生态示范区本外币各项存款增速相对偏慢，同比增速为1.4%。

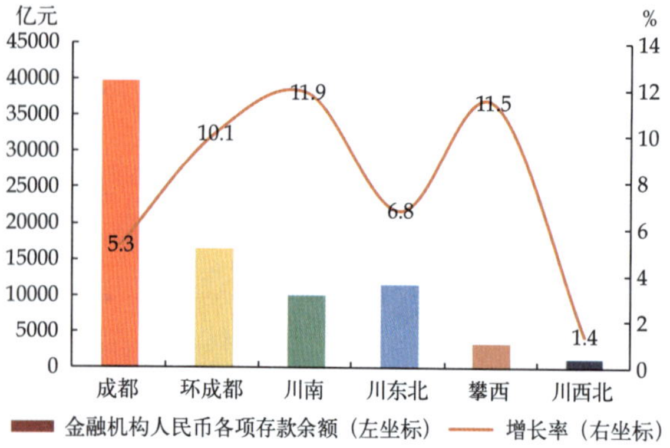

数据来源：中国人民银行成都分行。

图15　2019年末四川省各经济区存款余额及增长率

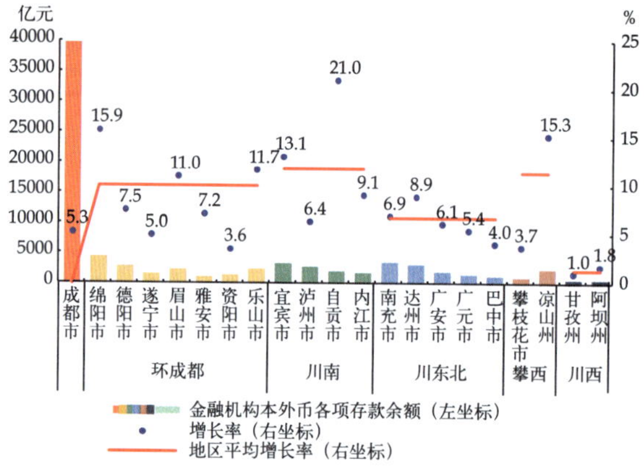

数据来源：中国人民银行成都分行。

图16　2019年末四川省各经济区金融机构本外币各项存款余额及增长率

（二）贷款对经济支持力度加大

1. 贷款总量持续增长。分区域看，成都市贷款总量领先全省，2019年末成都市本外币贷款余额3.6万亿元，促进了成都“主干”引领辐射作用发挥；从余额增速看，川南经济区本外币贷款余额增速继续领先全省，2019年末本外币贷款余额同比增长17.0%。其中，宜宾市本外币各项存款同比增速达20.3%。成都平原经济区和川西北生态示范区本外币各项贷款同比增速低于其他经济区，攀西经济区本外币各项贷款增速相对偏慢，同比增速为9.5%。

2. 信贷结构进一步优化。分区域看，各经济区对社会薄弱环节支持力度均有所加大。

成都平原区民营和小微领域贷款余额和增速领先，2019 年末，成都平原区民营和小微领域贷款余额 1.65 万亿元，同比增长 8.1%；川东北、川南经济区民营和小微领域贷款余额和增速相对较快，民营和小微领域贷款余额分别为 3276.3 亿元、2701.5 亿元，同比分别增长 6.7%、7.7%；川西北生态示范区、攀西经济区民营和小微领域贷款余额和增速较慢，贷款余额分别为 457.2 亿元、780.9 亿元，同比分别增长 5.4%、4.7%。

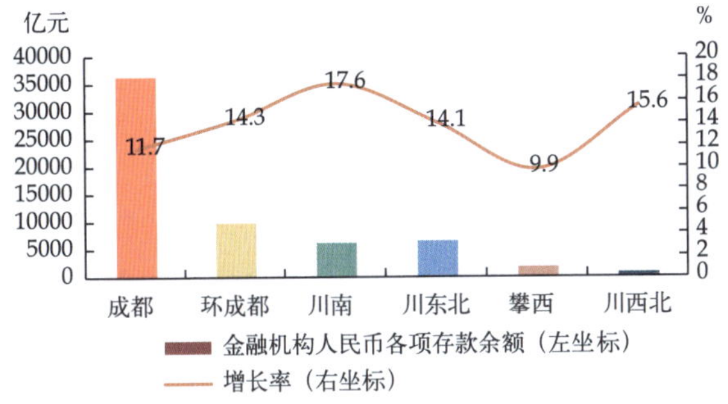

数据来源：中国人民银行成都分行。

图 17　2019 年末四川省各经济区贷款余额及增长率

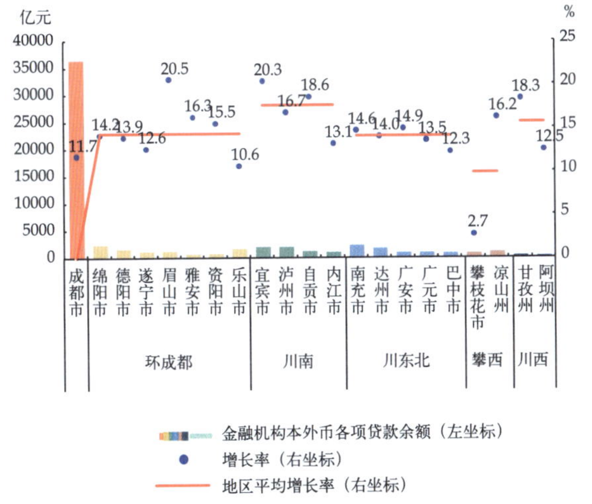

数据来源：中国人民银行成都分行。

图 18　2019 年末四川省各经济区本外币各项贷款余额及增长率

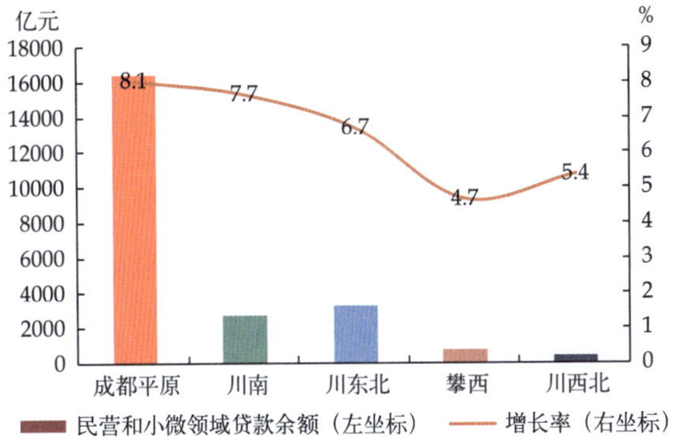

数据来源：中国人民银行成都分行。

图 19　2019 年末四川省各经济区民营和小微企业贷款余额

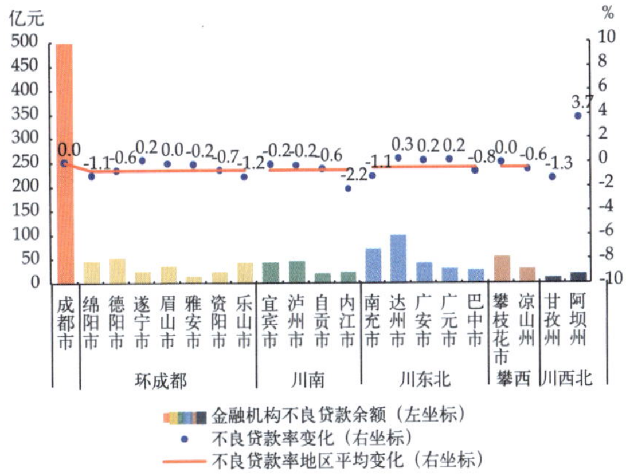

数据来源：中国人民银行成都分行。

图 20　2019 年末四川省各经济区不良贷款率及变化率

（三）资产质量下行压力有所缓解

2019 年末，全省不良贷款率 2.1%，同比下降 0.2 个百分点。分区域看，除川西北生态区不良贷款率同比上升 0.9 个百分点外，成都平原区、川南经济区、川东北经济区、攀西经济区同比分别下降 0.6%、0.6%、0.4% 和 0.4%。

二、金融支持区域协同发展情况

全省区域协同发展机制不断完善，金融支持推动成都平原城市群铁路公交化运营改造、川南区域性产业联盟组建等重大任务落实。强化“清单制 + 责任制”管理，组织制定五大片区 2019 年重点任务清单，谋划实施标志性重大项目（事项）46 项。积极推进以人为核心的新型城镇化，支持成都国家中心城市和 7 个区域中心城市加快建设。

（一）支持成都建设国家中心城市

1. 高端制造业金融支持力度逐步加大。成都制造业转型升级、关键共性技术研发和科技成果转化应用等领域金融支持力度持续加大，制造业核心竞争力不断增强。2019 年，全省金融机构在“天府融通”融资对接平台发布 1800 户“制造强省”重点工业项目、2447 户“5+1”产业、845 户“10+3”农业产业化龙头企业、216 户成都市新经济企业名单等重点项目和企业融资需求信息上万条。

2. 金融科技融合发展。2019 年末，成都市科技贷款余额 347.9 亿元，其中科技园区建设贷款余额 27.1 亿元，科技企业贷款余额 320.8 亿元。通过直接融资进一步拓展融资渠道，2019 年成都市科技企业通过短期融资券、中期票据、公司债和企业债等方式直接融资 840.3 亿元。

3. 新经济健康发展。数字经济、智能经济、绿色经济、创新经济、流量经济、共享经济等六种经济形态的新经济“双百”企业融资可获得性进一步提升。2019 年末，成都市新经济企业贷款余额 207 亿元。

4. 实体经济跨境金融服务进一步深化。推动促进自贸试验区跨境贸易和投融资便利化，支持自贸试验区实体经济发展。深化跨境金融服务，进一步简化经常项目外汇收支手续，实施全口径跨境融资宏观审慎管理，鼓励企业境外发行人民币或外币债券。支持符合条件的企业参与跨国公司外汇资金集中运营管理和跨境双向人民币资金池业务，促进跨国公司在成都设立全球或区域结算中心。推动跨境人民币业务，大力支持对外工程承包等企业融入“一带一路”建设的重点领域。2019 年，成都市跨境人民币结算量 1228.0 亿元，同比增加 446.3 亿元，增幅为 57.1%。

（二）支持成都平原经济区协同发展

全面落实省委省政府高质量发展决策部署，围绕成都“主干”作用，支持成都新经济发展，优化环成都经济圈产业布局，促进全省产业转型升级和跨区域协调联动。推动成渝地区双城经济圈建设上升为国家战略。四川成功获批首批物流降本增效综合改革试点省，成都被纳入首批陆港型国家物流枢纽。

1. 支持区域成员重点项目建设。围绕全省 700 个重点项目建设，金融机构综合运用货币政策工具、信贷政策等措施引导加大对交通运输、水利水电等项目建设的支持力度，促进基础设施互联互通。2019 年末，700 个省级重点项目共获得贷款授信总额 1.5 万亿元，贷款余额 5013 亿元，其中成都平原区轨道交通、铁路机场等基础设施项目超 2000 亿元。

2. 绵阳科技和金融结合试点持续深化。探索推进专营服务机构深化“六专”特色服务，完善财金互动、信息共建共享、企险联动、担保与再担保等融资分险五大配套机制，发展金融支持科技型企业新模式，促进科技与金融深度融合。2019 年末，绵阳市 10 家金融机构共成立科技金融及军民融合专营机构 13 个，贷款余额 352 亿元，较年初增长 10%。

3. 知识产权及应收账款抵押融资进一步推广。针对成都数字经济、德阳装备制造、绵阳军工电子设备等行业商誉高、核心技术足、产业链互动强等先天优势，深入推动知识产权质押融资及产业链核心企业应收账款融资。

（三）支持川南经济区重点领域发展

川南四市重要领域和薄弱环节的信贷投入加大。宜宾市基础设施和薄弱领域的支持力度加大，2019 年交通运输、仓储和邮政业贷款新增 28.7 亿元，全市金融机构“乡村振兴”风险补偿金撬动贷款资金 9.3 亿元，涉及竹产业、种植产业、乡村旅游等多方面，成效显著。内江市重点项目及民营企业贷款继续发力，2019

年，内江市累计向39个重点项目发放贷款65.9亿元，全市民营企业贷款177.4亿元，同比增长17.6%。自贡市重点项目、小微信贷投放快速增长，2019年，全市银行机构累计向38个重大项目发放中长期贷款76.6亿元，同比多增24.1亿元；全市小微企业贷款余额402.1亿元，较年初增加57.5亿元。

（四）支持川东北经济区和攀西经济区转型升级振兴发展

1.本地特色产业布局逐步形成。2019年以来，川东北经济区联合包装储备跨区域项目17个，涉及总投资729.2亿元。南充市出台了《实施“155发展战略”推动油气化工、丝纺服装、汽车配件行动方案》，重点打造相关产业发展，形成南充特色产业，有效弥补川东北片区相关行业竞争力偏弱局面，2019年，全市金融机构围绕五大千亿产业集群共授信245亿元，签订贷款合同168亿元。巴中市着力推进涉及巴中的八个区域性重点项目，发放重点项目贷款28.8亿元，支持恩阳机场、通万高速、江家口水库等重点项目建设。达州市打造农产品生产、加工、销售全产业链，同时开发乡村旅游资源，形成了“互联网+农业”“农业+旅游”“农业+康养”融合发展模式，着力支持“巴山大峡谷”“万源八台山”及沿线乡村休闲旅游示范项目建设融资。攀枝花市围绕“阳光康养”产业，通过借款人承建的公共基础设施BT项目所产生的应收账款为质押向重点企业提供5亿元康养项目贷款；积极参与PPP模式发放贷款5.7亿元支持大型康养综合体发展；推动设立康养产业投资基金50亿元。

2.绿色金融改革创新发展。2019年，广元市结合全市有机产品认证示范市建设，创办“金田贷”“订单贷”等20余种绿色信贷产品，为27户产业化龙头有机企业提供贷款1.8亿元。认定117户绿色企业、205个绿色项目；绿色产业储备项目2271个，项目投资10089亿元。2019年末，全市绿色贷款余额107.7亿元，较年初增加3.7亿元。

3.助力传统企业转型升级。攀枝花市金融机构积极深化攀西国家战略资源创新开发试验区建设金融服务，助推资源型城市转型升级，通过实施债转股123亿元帮助核心企业攀钢集团降本增效；优化金融资源化解过剩产能、调结构，支持传统企业转型升级贷款余额29亿元，累计办理续贷企业206户、141.6亿元，累计发放重组、并购贷款10.5亿元。

（五）加大川西北生态示范区等深度贫困地区金融精准扶贫工作力度

1.精准扶贫力度持续加大。2019年以来，以脱贫攻坚和生态保护为重点，川西北生态示范区金融精准扶贫力度不断加大，金融支持全域旅游、绿色金融持续发展。2019年末，甘孜、阿坝、凉山三州金融精准扶贫贷款余额644亿元，同比增长12.4%。其中，阿坝州加大督导力度，金融扶贫贷款量增价降，2019年末，金融扶贫贷款余额179.9亿元，较年初新增14.5亿元，同比增长5.3%，金融精准扶贫贷款加权平均利率为4.6%，低于全州同期各项贷款加权平均利率1.23个百分点；甘孜州制定年度目标考核任务并分解到县，瞄准突出问题和重点任务精准发力，实现扶贫贷款增量扩面，2019年末，金融精准扶贫贷款余额180.9亿元，较年初增加24.5亿元，同比增长18.4%，带动及服务贫困人口15万人。

2.乡村振兴稳步推进。2019年，川西北生态示范区金融服务乡村振兴工作扎实推进。阿坝州完善涉农信贷风险分担机制，推动全州12个县与阿坝农担公司签订合作协议。2019年末，阿坝州累计发放乡村振兴贷款1.6亿元，农业产业化贷款风险补偿金实际到位8362.4万元。甘孜州推动金融机构加大服务力度，引导农发行发放4.8亿元项目贷款重点支持农村基础设施建设和新型城镇化发展等领域，推动农业银行、邮政储蓄银行深化三农金融事业部改革，推动农村信用社充分发挥点多面广的优势，与全州18个县（市）签订全面合作协议，积极满足乡村振兴多元化金融需求。

第三部分　预测与展望

2020年是全面建成小康社会目标实现之年，是“十三五”规划收官之年，也是实现“两个一百年”奋斗目标的关键之年。面对脱贫攻坚任务全面完成、新一轮全面创新改革试验、成渝地区双城经济圈发展、“一带一路”建设、长江经济带建设、自贸区建设、乡村振兴等国家重大政策机遇和有利条件，在“一干多支、五区协同”“四向拓展、全域开放”等新发展理念指引下，四川向内陆开放战略高地、打造立体全面开放格局、高质量发展重要增长极的目标发展。但也要看到，国内外形势依然复杂严峻，世界经济总体延续复苏态势，全球经济不确定性因素增加，国内经济运行中仍面临不确定不稳定因素，经济下行压力有所加大，物价高位运行等问题仍需密切关注，机遇、风险与困难并存。四川经济金融运行中依然面临一些矛盾和问题，经济换挡期下，投资拉动面临瓶颈，新旧动能转换仍需时日，稳增长压力凸显；结构调整期中，现代产业发展速度与高质量发展要求仍存差距，市场主体创新欠缺，新经济动能培育不足。金融业整体水平与发达地区差距明显，资本市场相对落后，内外因素相互交织，叠加共振，可能形成的局部金融风险不容忽视。

2020年，面对复杂多变的发展形势和挑战，四川将以习近平新时代中国特色社会主义思想为指导，全面贯彻中央关于经济金融工作各项决策部署，坚持稳中求进工作总基调，扎实推进供给侧结构性改革，认真落实“六稳”要求，四川经济将继续保持平稳健康发展态势。四川金融业将始终坚持党对金融工作的领导，贯彻落实中央和省委作出的重大决策部署，继续执行稳健的货币政策，加大金融支持实体经济力度，全面做好“六稳”“六保”工作，统筹推进稳增长、促改革、调结构、惠民生、防风险、保稳定，推动经济发展再上新台阶，坚决打赢脱贫攻坚收官之战，加快推进乡村振兴战略，确保全面完成“十三五”规划目标，实现与全国同步全面建成小康社会。

中国人民银行成都分行货币政策分析小组
总　纂：周晓强　严宝玉　王永强
统　稿：黄全祥　曾　好　王鲁滨　石　慧
执　笔：霍　帅　郑敏闽　苟于国　龙阅新　李华伟　宋晓丹　王越子　李　鑫　李　昕　王大波
洪　伟　杜佳欣　杨　雪　胡文静　姚　艳　陈　银　刘贵辉　陈　杨
提供材料的还有：胡荣兴　罗大为　高　翼　龙泽越　张　朔

附录

（一）2019年四川省经济金融大事记

2月，首批100个国家农村产业融合发展示范园获得认定，四川省有五地示范园入选，数量位居全国第二。

3月25日，2019年四川省土地储备专项债券（五期）通过财政部政府债券发行系统成功发行，标志着四川省成为继宁波和浙江之后，全国第三个可以通过商业银行柜台购买地方债的地区。四川省由此成为全国首个实现国债公司、上交所和深交所发行渠道全覆盖的省份。

4月1日，成都市集中出台《关于推广交子金融“5+2”平台构建中小微企业全生命周期投融资服务体系的实施意见》《关于支持金融科技产业创新发展的若干政策措施》等四项配套文件，加速推进西部金融中心建设。

4月18日，四川国企改革ETF（交易型开放式指数基金）在深交所成功发行上市，成为全国第三只、中西部第一只国企改革ETF。

4月25日，天府科技金融加速器揭牌，国内首个新经济基金加速器在成都落地。

7月1日，《中国（四川）自由贸易试验区条例》正式施行。

7月1日，《四川省地方金融监督管理条例》正式施行，为四川首部关于地方金融监督管理的地方性法规。

11月6日，由四川研发的全国首个多式联运“一单制”跨境区块链平台“中欧e单通”在第二届中国国际进口博览会正式发布。

11月22日，成都先导在科创板首发上市申请成功过会，成为四川乃至西南地区首家科创板过会企业。

12月5日，上交所西部基地在成都金融麦田正式揭牌，至此成都同时拥有沪、深交易所和新三板三个全国性核心机构区域基地。

12月13日，四川首个地方绿色金融认定标准发布，并成立成都绿色金融智库；当月25日，绿色金融超市——“绿蓉融”上线，标志着四川绿色金融发展重要基础设施建设取得实质性进展。

12月19日，第十一期“中国金融中心指数”发布，成都上升一位排第五，仅次于上北深广。

12月27日，“天府信用通”平台正式上线，可在政府与金融机构之间共享企业基础信息、不动产、公积金等超过10亿条数据，有效推动民营、小微企业信用增值，提升四川金融服务质量和效率。

2019年，四川实现地区生产总值46615.82亿元，位居西部省份第一，继续领跑西部省份。

（二）2019 年四川省主要经济金融指标

表 1　2019 年四川省主要存贷款指标

		1 月	2 月	3 月	4 月	5 月	6 月	7 月	8 月	9 月	10 月	11 月	12 月
本外币	金融机构各项存款余额（亿元）	79440.6	80459.9	82081.5	81557.0	81676.2	82653.5	82225.0	82308.6	83304.6	82392.7	82449.1	83121.8
	其中：住户存款	40572.6	41923.0	42282.0	41908.7	42070.9	42651.9	42502.2	42665.5	43375.4	42852.7	42881.1	43434.0
	非金融企业存款	18517.6	18022.4	18699.6	18666.3	18819.7	19357.9	18791.1	19085.8	19404.5	19011.3	19378.7	20403.0
	各项存款余额比上月增加（亿元）	2048.0	1019.3	1621.6	-524.5	119.2	977.3	-428.5	83.7	996.0	-911.9	56.4	672.7
	金融机构各项存款同比增长（%）	7.2	7.1	7.8	8.2	7.7	7.9	8.1	7.7	7.6	6.9	6.5	
	金融机构各项贷款余额（亿元）	57000.9	57432.8	58337.2	58818.8	59273.2	59730.4	60201.4	60795.5	61574.3	61827.9	62380.6	62493.8
	其中：短期	10892.2	10881.8	11061.7	11060.8	11180.2	11312.6	11275.1	11358.5	11561.0	11485.0	11536.2	11437.0
	中长期	43597.9	43949.1	44616.5	44988.6	45268.1	45623.7	46011.3	46400.4	47028.1	47318.7	47737.6	47987.1
	票据融资	1793.5	1873.4	1858.6	1963.3	1983.2	1983.0	2053.2	2129.9	2177.1	2189.8	2252.4	2148.5
	各项贷款余额比上月增加（亿元）	1261.4	431.9	904.4	481.7	454.3	457.2	471.0	594.1	778.8	253.6	552.7	113.2
	其中：短期	171.0	-10.5	179.9	-0.9	119.4	132.4	-37.5	83.4	202.5	-76.0	51.2	-99.2
	中长期	1015.5	351.2	667.4	372.1	279.6	355.6	387.6	389.2	627.6	290.7	418.8	249.6
	票据融资	68.3	80.0	-14.9	104.8	19.9	-0.2	70.1	76.8	47.2	12.7	62.5	-103.8
	金融机构各项贷款同比增长（%）	13.8	14.1	14.3	14.3	13.8	13.0	12.7	12.7	13.3	13.2	13.3	12.8
	其中：短期	4.4	1.8	3.5	3.5	4.6	5.8	3.8	4.3	6.8	6.5	7.1	7.7
	中长期	17.5	14.9	14.7	15.7	16.4	17.3	12.8	12.5	12.8	13.0	12.9	13.4
	票据融资	47.6	65.0	74.2	84.5	80.1	67.1	67.6	68.6	68.5	60.4	55.7	24.5
	建筑业贷款余额（亿元）	2397.2	2416.2	2459.1	2484.1	2506.7	2512.2	2539.0	2531.6	2540.5	2541.2	2577.9	2505.3
	房地产业贷款余额（亿元）	3845.3	3880.5	3942.1	3960.5	3987.4	4018.4	4022.2	4045.3	4080.1	4093.2	4093.6	4068.0
	建筑业贷款同比增长（%）	18.6	16.9	17.6	17.6	18.7	15.0	15.5	14.0	12.3	11.2	12.1	9.8
	房地产业贷款同比增长（%）	13.6	14.1	14.0	12.6	12.4	13.6	12.2	12.6	11.5	12.0	11.1	10.0
人民币	金融机构各项存款余额（亿元）	78195.2	79214.6	80800.5	80280.0	80436.2	81349.8	80902.5	80982.1	82004.0	81023.3	81141.0	81783.7
	其中：住户存款	40349.9	41700.7	42058.6	41686.0	41844.8	42428.2	42279.6	42438.5	43153.1	42632.0	42661.0	43214.2
	非金融企业存款	17582.1	17073.1	17754.8	17682.3	17879.1	18374.2	17766.5	18042.5	18385.8	17917.2	18338.5	19337.3
	各项存款余额比上月增加（亿元）	2105.2	1019.3	1585.9	-520.5	156.2	913.6	-447.3	79.7	1021.9	-980.7	117.7	642.7
	其中：住户存款	1917.5	1350.8	357.9	-372.6	158.8	583.4	-148.5	158.9	714.6	-521.2	29.0	553.1
	非金融企业存款	-365.7	-509.0	681.7	-72.5	196.8	495.1	-607.7	276.0	343.3	-468.6	421.3	998.8
	各项存款同比增长（%）	7.8	7.7	8.4	8.8	8.3	8.4	8.5	8.1	8.0	7.2	6.7	7.5
	其中：住户存款	15.0	11.4	11.6	13.2	13.7	13.9	13.8	13.7	13.4	13.0	12.4	12.5
	非金融企业存款	-1.8	-0.4	0.1	-0.1	1.0	1.3	-0.7	1.9	4.1	2.8	4.3	6.9
	金融机构各项贷款余额（亿元）	55765.2	56189.1	57037.0	57497.5	57886.8	58336.1	58799.4	59331.0	60163.9	60429.0	61006.2	61089.0
	其中：个人消费贷款	13771.1	13894.7	14221.6	14429.6	14606.6	14773.1	14950.5	15137.7	15357.7	15467.7	15697.4	15876.4
	票据融资	1793.5	1873.4	1858.6	1963.3	1983.2	1983.0	2053.2	2129.9	2177.1	2189.8	2252.4	2148.5
	各项贷款余额比上月增加（亿元）	1320.1	423.9	847.9	460.6	389.3	449.3	463.3	531.6	832.9	265.2	577.2	82.8
	其中：个人消费贷款	258.6	123.5	326.9	207.9	177.0	166.5	177.5	187.2	220.0	110.0	229.7	179.0
	票据融资	68.3	80.0	-14.9	104.8	19.9	-0.2	70.1	76.8	47.2	12.7	62.5	-103.8
	金融机构各项贷款同比增长（%）	13.8	13.8	14.2	14.1	13.8	13.0	12.8	12.7	13.3	13.3	13.6	12.9
	其中：个人消费贷款	21.4	21.0	21.6	21.6	21.1	20.9	20.5	20.1	20.2	20.5	20.7	21.3
	票据融资	47.6	65.0	74.2	84.5	80.1	67.1	67.6	68.6	68.5	60.4	55.7	24.5
外币	金融机构外币存款余额（亿美元）	185.8	186.1	190.2	189.8	179.7	189.6	192.1	187.2	183.9	194.2	186.1	191.8
	金融机构外币存款同比增长（%）	-25.7	-24.5	-24.4	-23.1	-26.0	-18.9	-13.7	-13.6	-13.6	-9.5	-5.6	-38.0
	金融机构外币贷款余额（亿美元）	184.4	185.9	193.1	196.4	200.9	202.8	203.7	206.6	199.4	198.3	195.5	201.4
	金融机构外币贷款同比增长（%）	9.2	8.5	10.3	4.7	4.3	7.6	9.4	12.1	10.2	9.2	0.9	32.2

数据来源：中国人民银行成都分行。

表 2　2001~2019 年四川省各类价格指数

单位：%

		居民消费价格指数		农业生产资料价格指数		工业生产者购进价格指数		工业生产者出厂价格指数	
		当月同比	累计同比	当月同比	累计同比	当月同比	累计同比	当月同比	累计同比
2001		—	2.1	—	-2.2	—	0.2	—	0.4
2002		—	-0.3	—	4.1	—	-0.9	—	-2.3
2003		—	1.7	—	0.8	—	1.6	—	0.5
2004		—	4.9	—	10.9	—	10.3	—	5.4
2005		—	1.7	—	7.2	—	9.3	—	4.0
2006		—	2.3	—	3.3	—	4.3	—	1.9
2007		—	5.9	—	9.0	—	5.7	—	3.9
2008		—	5.1	—	16.6	—	12.4	—	9.3
2009		—	0.8	—	1.2	—	-4.7	—	-3.5
2010		—	3.2	—	3.6	—	6.1	—	5.0
2011		—	5.3	—	12.4	—	12.6	—	7.3
2012		—	2.5	—	4.7	—	0.0	—	-1.4
2013		—	2.8	—	1.4	—	-0.8	—	-1.3
2014		—	1.6	—	-1.2	—	-1.3	—	-1.3
2015		—	1.5	—	1.5	—	-3.3	—	-3.6
2016		—	1.9	—	3.7	—	-1.2	—	-1.1
2017		—	1.4	—	-0.2	—	8.3	—	6.5
2018		—	1.7	—	1.8	—	5.3	—	3.6
2019		—	3.2	—	9.0	—	0.6	—	0.4
2018	1	1.1	1.1	-0.8	-0.8	7.5	7.5	6.2	6.2
	2	2.6	1.8	-0.7	-0.8	6.9	7.2	5.3	5.7
	3	1.4	1.7	1.0	-0.2	6.1	6.8	4.4	5.3
	4	1.2	1.6	0.9	0.1	5.4	6.5	4.2	5.0
	5	1.1	1.5	0.9	0.2	5.9	6.3	4.3	4.9
	6	1.3	1.4	2.4	0.6	5.9	6.3	4.2	4.8
	7	1.7	1.5	3.4	1.0	6.1	6.2	4.1	4.7
	8	2.0	1.6	4.1	1.4	5.4	6.1	3.7	4.5
	9	1.9	1.6	2.6	1.5	4.3	5.9	2.8	4.3
	10	2.3	1.7	1.9	1.5	4.0	5.7	2.3	4.1
	11	2.1	1.7	2.7	1.6	3.8	5.6	1.6	3.9
	12	2.1	1.7	3.4	1.8	2.9	5.3	0.9	3.6
2019	1	2.0	2.0	4.3	4.3	1.5	1.5	0.6	0.6
	2	1.4	1.7	3.9	4.1	1.1	1.3	0.5	0.5
	3	2.1	1.8	4.4	4.2	1.0	1.2	0.7	0.6
	4	2.4	2.0	6.5	4.8	1.4	1.3	1.2	0.7
	5	2.5	2.1	7.0	5.2	1.4	1.3	1.0	0.8
	6	2.1	2.1	7.6	5.6	0.8	1.2	0.7	0.8
	7	2.3	2.1	6.9	5.8	0.3	1.1	0.5	0.7
	8	3.2	2.3	7.4	6.0	0.3	1.0	-0.2	0.6
	9	4.2	2.5	9.3	6.4	0.2	0.9	0.0	0.5
	10	5.2	2.7	3.9	7.1	-0.2	0.8	-0.1	0.5
	11	5.5	3.0	7.2	8.1	-0.4	0.7	-0.2	0.4
	12	5.4	3.2	18.6	9.0	-0.7	0.6	-0.1	0.4

数据来源：四川省统计局、《中国经济景气月报》。

表 3　2019 年四川省主要经济指标

	1 月	2 月	3 月	4 月	5 月	6 月	7 月	8 月	9 月	10 月	11 月	12 月
	绝对值（自年初累计）											
地区生产总值（亿元）	—	—	9653.2	—	—	20517.0	—	—	33893.0	—	—	46616.0
第一产业	—	—	670.7	—	—	1631.5	—	—	3675.5	—	—	4807.2
第二产业	—	—	4367.3	—	—	8421.1	—	—	12480.0	—	—	17365.0
第三产业	—	—	4615.2	—	—	10465.0	—	—	17738.0	—	—	24443.0
工业增加值（亿元）	—	—	3637.2	—	—	6843.7	—	—	10224.0	—	—	13366.0
固定资产投资（亿元）	—	3563.5	6621.8	9179.0	11939.0	—	—	—	—	—	—	—
房地产开发投资	—	823.8	1308.3	1840.7	2392.7	—	—	—	—	—	—	—
社会消费品零售总额（亿元）	—	3112.1	4702.0	6273.3	7962.3	9641.5	11266.0	12862.0	14493.0	16342.2	18189.0	20144.0
外贸进出口总额（亿元）	—	916.9	1460.2	1966.7	2473.7	3303.0	3616.0	4189.0	4814.4	5489.3	6125.6	6765.9
进口	—	407.3	650.3	880.4	1105.8	1336.6	1579.0	1807.9	2069.1	2335.5	2594.2	2873.6
出口	—	509.6	809.9	1086.3	1367.9	1696.5	2037.0	2381.1	2745.3	3153.8	3531.4	3892.3
进出口差额(出口－进口)	—	102.3	159.6	205.9	262.1	359.9	458.0	573.2	676.2	818.3	937.2	1018.7
实际利用外资（亿美元）	4.6	11.8	23.1	29.7	36.0	48.7	52.5	58.2	62.2	71.5	79.8	89.8
地方财政收支差额（亿元）	-212.6	-579.9	-1422.0	-1803.0	-2213.0	-3465.0	-3740.0	-4143.0	-4962.0	-5148.1	-5354.0	-4944.0
地方财政收入	464.7	714.3	1132.0	1468.0	1860.0	2242.0	2546.0	2768.0	3044.0	3350.1	3667.0	4071.0
地方财政支出	677.3	1294.2	2553.5	3271.6	4072.5	5707.1	6285.6	6910.4	8005.9	8498.2	9020.5	10350.0
城镇登记失业率（%）（季度）	—	—	—	—	—	—	—	—	—	—	—	—
	同比累计增长率（%）											
地区生产总值	—	—	7.8	—	—	7.9	—	—	7.8	—	—	7.5
第一产业	—	—	2.8	—	—	3.2	—	—	3.0	—	—	2.8
第二产业	—	—	7.4	—	—	7.5	—	—	7.6	—	—	7.5
第三产业	—	—	9.1	—	—	9.1	—	—	9.0	—	—	8.5
工业增加值	—	—	8.0	8.1	8.2	8.1	8.1	8.1	8.1	8.1	8.0	8.0
固定资产投资	—	9.0	9.3	8.5	7.8	10.1	10.2	10.1	10.0	10.0	10.0	10.2
房地产开发投资	—	26.2	16.2	17.2	15.8	17.2	17.5	18.3	17.2	17.5	16.1	15.4
社会消费品零售总额	—	10.0	9.9	9.7	10.0	10.5	10.3	10.3	10.3	10.2	10.3	10.4
外贸进出口总额	—	20.6	25.1	24.3	22.5	21.9	19.0	16.0	14.6	14.8	13.4	13.8
进口	—	6.2	12.4	16.5	15.1	15.7	14.0	10.4	9.5	9.2	8.3	9.9
出口	—	35.3	37.5	31.5	29.2	27.3	23.2	20.7	18.7	19.3	17.4	16.8
实际利用外资	—	13.2	1.7	10.4	2.0	-1.5	0.5	-0.4	-7.2	-3.1	-2.5	0.1
地方财政收入	9.5	8.5	8.2	8.1	7.6	6.6	6.0	6.3	6.3	6.8	7.2	7.7
地方财政支出	48.9	17.8	20.4	20.8	17.7	16.4	13.8	9.8	10.2	9.4	7.2	6.6

数据来源：四川省统计局。

贵州省金融运行报告（2020）

中国人民银行贵阳中心支行货币政策分析小组

[内容摘要] 2019年，贵州省坚持以供给侧结构性改革为主线，坚决打好“三大攻坚战”，深入实施“大扶贫、大数据、大生态”三大战略行动，加快推进三大国家级试验区建设，全面落实“六稳”部署，经济社会发展呈现出“总体平稳、稳中有进、稳中提质”的良好态势。主要经济指标平稳较快增长，全省地区生产总值达16769.3亿元，同比增长8.3%，高于全国平均水平2.2个百分点，连续9年位居全国前列。脱贫攻坚再传捷报，全面完成188万人易地扶贫搬迁任务，减少农村贫困人口124万人，贫困发生率下降至0.85%，向决胜同步小康迈出坚实的步伐。全省经济运行呈现以下特点：

一是三大需求增速有所放缓但结构趋优。固定资产投资增速放缓，同比仅增长1%，但民间投资、制造业投资和高技术产业投资等增长较快。社会消费品零售总额增速持续回落，同比增长5.2%，但消费结构逐步升级，新兴消费大幅增长，部分升级类商品消费增速较快。受外部环境影响，外贸进出口总额负增长，涉外经济下行压力较大。二是三大产业协同发展，产业结构持续优化。三次产业比重调整为13.6∶36.1∶50.3，第三产业占比首次突破50%。深入实施农村产业革命取得明显成效，农业增加值较上年增长5.7%，增速位居全国前列，12个农业特色优势产业加快发展。深入实施“双千工程”，集中力量推进十大千亿级工业产业，工业经济保持较快增长，全省规模以上工业增加值增长9.6%，高于全国平均水平3.9个百分点。深入实施“万企融合”大行动，新旧动能加快转换，核心应用“上云”企业超过1.5万家，数字经济增速连续4年居全国第一。扎实推进服务业创新发展十大工程，现代服务业快速发展，服务业增加值同比增长7.8%，旅游业持续“井喷”。三是供给侧结构性改革深入推进，“三去一降一补”成果得到有效巩固。关闭退出煤矿78处，压减产能1266万吨/年。多措并举综合降低实体经济企业成本685亿元。规模以上工业企业利润增长7.6%。全面实施“六网会战”，完成公路水路固定资产投资1207亿元，高速公路通车里程突破7000公里。四是生态文明建设取得新成效。全省森林覆盖率达到58.5%。全省县城以上城市空气质量优良天数比率98.3%，出境断面水质优良率保持100%，全省生态环境进一步优化。五是财政支出向民生领域倾斜。全省9项民生类重点支出增长17.5%，其中，农林水支出增长42.6%、节能环保支出增长45.3%。六是物价、就业保持稳定，居民收入稳步增加。居民消费价格指数同比增长2.4%，工业生产者购进价格指数同比下降0.6%。全省城镇新增就业78.49万人，比上年增加0.76万人。城镇登记失业率3.11%，比上年降低0.09个百分点。居民人均可支配收入20397元，同比增长10.7%，较上年加快0.4个百分点。

2019年，贵州省金融业紧紧围绕党中央、国务院和省委、省政府决策部署，进一步聚焦主业、回归本源，着力加强金融改革创新，优化金融资源配置，提升金融服务水平。全省金融体系逐步完善，实体经济融资渠道不断拓宽，多层次资本市场和保险市场建设扎实推进，金融市场稳健运行，金融风险防范化解工作富有成效，脱贫攻坚、民营和小微企业、“三农”等重点领域和薄弱环节的金融支持力度不断加强，为全省供给侧结构性改革和经济高质量发展提供了有力的金融支撑。全省金融运行呈现以下特点：

一是银行业服务实体经济能力持续增强。银行业资产规模稳步扩张，同比增长8%。银行体系进一步健全，浙商银行贵阳分行开业，广发银行贵阳分行获批筹建，新型农村金融机构数量比上年增加97家。全省货币信贷保持合理增长，年末全省金融机构本外币各项贷款余额

28533.3亿元，同比增长15%。货币政策工具流动性补充和引导性作用充分显现，信贷政策执行精准有效，重点领域和薄弱环节支持力度进一步增强。全年实施降准政策释放可用资金370亿元，累计分别发放再贷款、再贴现410亿元和194亿元。全省金融精准扶贫贷款余额和新增额持续位居全国前列；全省小微企业贷款户数较年初增长23%，普惠口径小微企业贷款余额同比增长14.78%；全省涉农贷款余额同比增长12.04%。贷款市场报价利率推广应用工作顺利推进，实体经济融资成本有效降低，全省一般贷款加权平均利率较上年下降12.88个基点。金融风险总体可控，年末全省金融机构不良贷款率1.37%，较上年下降0.57个百分点。二是多层次资本市场建设深入推进，市场融资功能持续发挥。年末全省有证券业金融机构135家，法人证券公司2家，证券分公司29家，累计实现证券交易额22392.7亿元。盈利能力持续增强，2家法人证券公司净利润同比增长193.31%，133家证券分支机构中，超过80%实现盈利。29家上市公司总股本293.59亿股、总市值16931.54亿元。全年证券市场融资总额962.54亿元，其中，境内上市公司股票市场累计募集资金24.5亿元；债券市场累计筹资816.28亿元，同比增长243.65%；区域性股权市场融资121.55亿元，同比增长7.91%。三是保险业服务保障能力持续增强。年末全省有保险经营主体32家，法人机构1家。全年实现保费收入489.2亿元，同比增长9.7%。保障水平不断增强，累计提供各类风险保障40.2万亿元，同比增长30.8%。财产险公司非车险业务发展较快，监管指标保持较好。人身险公司结构调整持续推进，风险总体可控。保险助推金融精准扶贫成效显著，全省开办农业保险、大病保险、“两保一孤”保险、“防贫保”等保险扶贫项目125个，共计为302万户次、628.6万人次提供风险保障2259亿元。四是地区社会融资规模同比多增，金融市场平稳运行。全年贵州省社会融资规模累计新增5366.6亿元，同比多增167.2亿元。其中，信贷融资新增占比较上年降低27.3个百分点；直接融资明显增加，同比多增367.1亿元。货币市场交易持续活跃，银行间同业拆借市场和债券市场成员分别增加5家和3家，全省银行间同业拆借交易、债券回购交易和现券交易规模同比均大幅上升。全省货币市场利率整体下行，同业拆借和债券回购交易加权平均利率分别较上年下降37.6个和39个基点。五是金融生态环境持续优化，金融基础设施不断完善。社会信用体系建设持续推进，深入开展金融生态环境测评工作，“一地一策”推进中小微企业和农村信用体系建设，实现信用与信贷有效联动，有效改善中小微企业和农村主体融资环境。金融信用信息基础数据库覆盖面不断扩大，共收录14.6万户企业组织和2699.9万自然人的信用信息，提供企业信用报告查询17.7万次，个人信用报告查询1395.2万次。支付体系服务能力进一步增强，全省第二代支付系统直接参与者3家，间接参与者4388家，支付清算系统覆盖率达100%。大小额支付系统发生业务3833.5万笔，金额339137.7亿元，同比分别增长4.5%和35.7%。农村支付服务水平进一步提升，全省助农取款点达3万个。金融消费权益保护工作高效推动，着力强化监管协调，进一步畅通金融消费维权渠道，加强投诉管理和纠纷调处工作。构建金融知识普及长效机制，推动普惠金融发展。“蒲公英”金融志愿服务行动深入推进，招募金融服务志愿者约13700名、联络员6084人，对村帮扶11568个村，实现贫困村100%全覆盖。

2020年是全面建成小康社会和“十三五”规划收官之年，是脱贫攻坚决战决胜之年，面对攻克深度贫困最后堡垒任务艰巨、投资增长下行压力加大、新冠肺炎疫情对实体经济造成冲击等问题和困难，全省经济发展机遇与挑战并存，预计仍将呈现良好发展态势。全省金融系统将切实贯彻落实好稳健的货币政策，稳步推进金融改革创新，着力提升金融管理和服务水平，继续加大对疫情防控、企业复工复产、民营和小微企业、“三农”等重点领域和薄弱环节的金融支持力度，扎实做好脱贫攻坚金融服务，着力防范化解金融风险，助力贵州全面做好“六稳”工作，为决战脱贫攻坚、决胜同步小康和经济高质量发展创造良好的货币金融环境。

一、金融运行情况

2019年，贵州省金融业运行总体平稳，货币信贷和地区社会融资规模合理增长，信贷结构进一步优化，多层次资本市场和保险市场建设稳步推进，金融基础设施建设不断深化，金融生态环境持续改善。全年金融业增加值1060.0亿元，同比增长6.2%，金融服务实体经济能力明显增强。

（一）银行业稳步发展，存贷款增长趋缓

1. 银行业资产规模持续扩张，组织体系更加完善。年末贵州省银行业资产和负债总额分别为40027.9亿元和38145.9亿元，同比分别增长9.9%和10.0%，核心资本充足率10.34%，较上年提高0.45个百分点，实现营业收入1257.0亿元，同比增长4.9%。浙商银行贵阳分行开业，广发银行贵阳分行获批筹建，银行业金融机构营业网点数量较上年增加214个，从业人员增加1872人，其中新型农村金融机构数量较上年增加97家，业务广度和深度得到进一步提升。

表1　2019年贵州省银行业金融机构情况

机构类别	营业网点			法人
	机构个数（个）	从业人数（人）	资产总额（亿元）	机构（个）
一、大型商业银行	1085	23260	10730.8	0
二、国家开发银行和政策性银行	74	1698	5608.4	0
三、股份制商业银行	121	3136	2273.9	0
四、城市商业银行	530	11359	9536.6	2
五、城市信用社	0	0	0	0
六、小型农村金融机构	2369	25389	8180.0	84
七、财务公司	5	112	1400.0	3
八、信托公司	1	385	244.2	1
九、邮政储蓄银行	964	2728	1292.9	0
十、外资银行	1	9	2.0	0
十一、新型农村金融机构	235	4967	532.2	84
十二、其他	4	222	226.9	1
合　计	5389	73265	40027.9	175

注：营业网点不包括国家开发银行和政策性银行、大型商业银行、股份制商业银行等金融机构总部数据；大型商业银行包括中国工商银行、中国农业银行、中国银行、中国建设银行和交通银行；小型农村金融机构包括农村商业银行、农村合作银行和农村信用社；新型农村金融机构包括村镇银行、贷款公司和农村资金互助社；"其他"包含金融租赁公司、汽车金融公司、货币经纪公司、消费金融公司等。

数据来源：贵州银保监局。

2. 存款增速低位运行，住户和非金融企业存款增速分化。年末全省金融机构本外币各项存款余额27221.8亿元，同比增长2.6%，增速较上年末提高1.3个百分点。其中，人民币各项存款余额27170.6亿元，同比增长2.6%。随着银行存款与理财产品利差缩小，互联网金融整治深入推进，居民资金持续往银行体系回流，住户部门存款增长较快，全省金融机构住户存款余额同比增长8.9%。受经济下行压力加大、表外融资收缩、规范地方政府债务政策效应叠加影响，非金融企业存款余额同比下降6.8%；财政性存款余额同比下降36.3%，增速低于上年26个百分点。

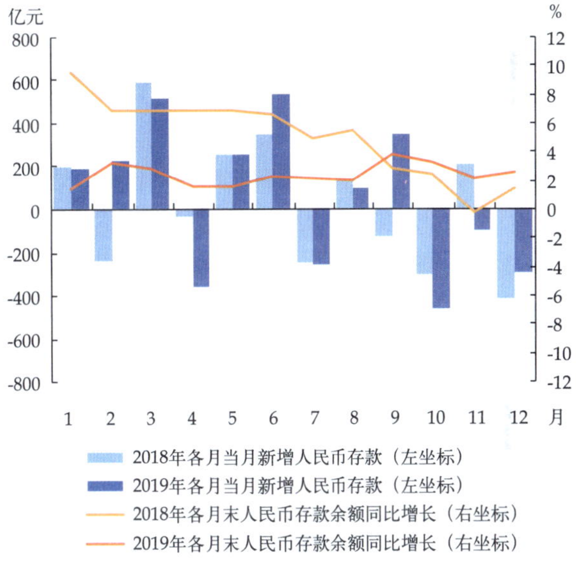

数据来源：中国人民银行贵阳中心支行。

图1　2018~2019年贵州省金融机构人民币存款增长变化

3. 贷款保持平稳增长，信贷结构进一步优化。年末全省金融机构本外币各项贷款余额28533.3亿元，同比增长15.0%。其中，人民币各项贷款余额28448.7亿元，同比增长15.1%。受个人住房消费拉动等因素影响，住户贷款余额同比增长21%，增速高于上年同期0.7个百分点；非金融企业及机关团体贷款余额同比增长12.6%，增速较上年同期小幅回落。分机构看，

地方法人金融机构和国有商业银行新增贷款合计占全省增量的七成，政策性银行、国有商业银行、股份制商业银行和地方法人金融机构当年新增贷款占全省贷款的比重分别为13.1%、39.6%、14.0%和31.7%。

货币信贷政策引导作用显现，重点领域和薄弱环节金融支持力度进一步增强。全年实施普降及定向降准政策为全省地方法人金融机构释放可用资金370亿元，累计发放再贷款、再贴现分别为410亿元、194亿元。金融对脱贫攻坚支撑作用明显，全省金融精准扶贫贷款余额4355亿元，当年累计发放1252亿元，余额和新增额位居全国前列。其中，在贫困地区大力开展农村产业革命金融支持行动，产业精准扶贫贷款余额较年初增长48%。小微企业融资难得到一定程度缓解，全省小微企业人民币贷款余额6584.6亿元，比年初增加452.3亿元；全省小微企业贷款户数3.6万户，较年初增长23.0%。普惠口径小微企业贷款余额同比增长14.8%，其中五大国有商业银行较年初增长60.2%。农村地区信贷支持力度进一步加大，全省涉农贷款余额12220.7亿元，较年初增加1271.6亿元，同比增长12.0%。

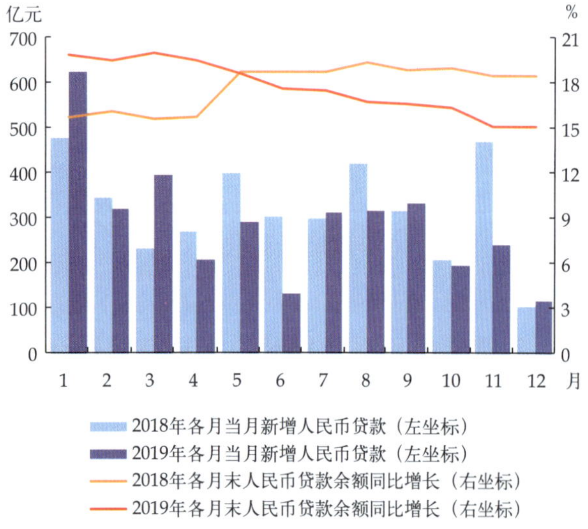

数据来源：中国人民银行贵阳中心支行。

图2　2018~2019年贵州省金融机构人民币贷款增长变化

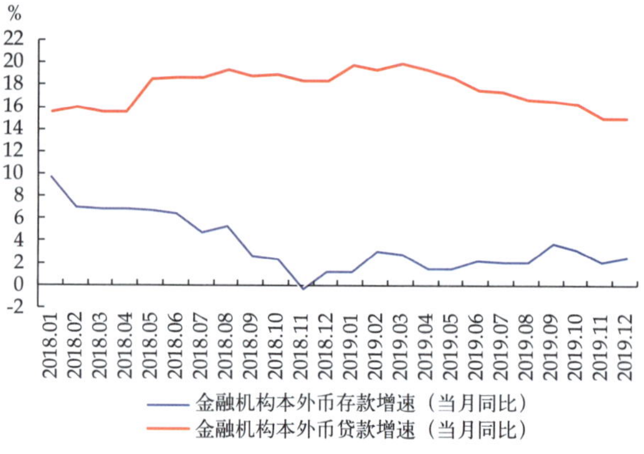

数据来源：中国人民银行贵阳中心支行。

图3　2018~2019年贵州省金融机构本外币存、贷款增速变化

4. 贷款利率有所下行。认真开展金融机构贷款市场报价利率（LPR）推广应用工作，通过改革的办法降低实体经济融资成本。2019年全省一般贷款加权平均利率6.6059%，较上年下降12.88个基点；全省小微企业和普惠小微企业贷款加权平均利率分别为6.4341%和7.4589%，较上年分别下降27个和35.5个基点。市场利率定价自律机制各项工作有序开展。积极开展合格审慎评估工作，全省地方法人金融机构中，全国自律机制成员89家，其中基础成员80家、观察成员9家。全年共发行同业存单2966.6亿元、大额存单213.6亿元。对金融机构活期创新产品、定期存款靠档计息提前支取业务进行规范，压降不合规业务规模，降低金融机构负债端成本。

表2　2019年贵州省金融机构人民币贷款各利率区间占比

（LPR改革前）　　单位：%

月份		1月	2月	3月	4月	5月	6月	7月
合计		100.0	100.0	100.0	100.0	100.0	100.0	100.0
下浮		3.8	12.7	6.7	3.3	5.4	6.7	4.0
基准		16.2	17.2	13.6	14.7	13.9	16.6	38.1
上浮	小计	80.1	70.0	79.7	82.0	80.8	76.7	57.9
	(1.0, 1.1]	10.2	6.9	9.7	9.7	7.6	9.4	7.3
	(1.1, 1.3]	23.5	13.7	17.0	16.1	13.2	22.4	15.2
	(1.3, 1.5]	13.5	7.1	8.0	8.8	8.3	9.5	6.4
	(1.5, 2.0]	19.6	24.3	26.2	26.5	33.4	21.0	17.0
	2.0以上	13.3	18.0	18.8	20.9	18.1	14.4	12.1

续表

（LPR 改革后）

月份		8月	9月	10月	11月	12月
合计		100.0	100.0	100.0	100.0	100.0
LPR 减点		2.9	2.7	2.0	3.6	2.4
LPR		0.4	0.8	0.7	3.7	2.2
LPR 加点	小计	96.7	96.5	97.2	92.7	95.4
	(LPR，LPR+0.5%)	37.1	35.4	35.9	21.5	30.9
	[LPR+0.5%，LPR+1.5%)	18.6	20.5	23.6	27.3	21.8
	[LPR+1.5%，LPR+3%)	11.7	11.1	10.2	14.1	15.6
	[LPR+3%，LPR+5%)	15.1	16.1	15.0	16.9	16.1
	LPR+5% 及以上	14.1	13.3	12.5	13.0	11.0

数据来源：中国人民银行贵阳中心支行。

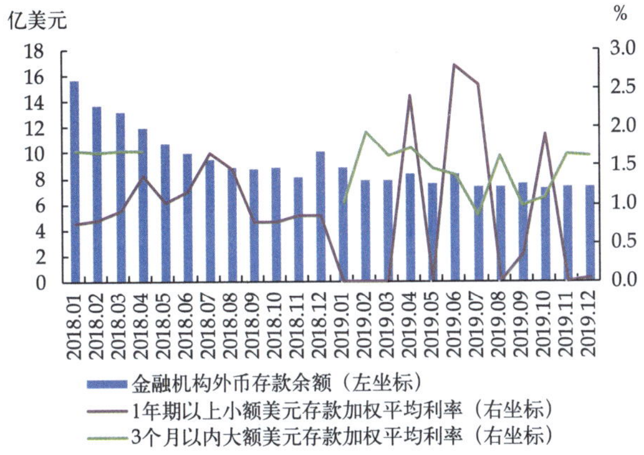

数据来源：中国人民银行贵阳中心支行。

图 4　2018~2019 年贵州省金融机构外币存款余额及外币存款利率

5. 金融风险总体可控，地方法人金融机构资产质量持续改善。年末贵州省金融机构不良贷款率为 1.37%，较上年下降 0.57 个百分点，金融风险总体可控。2017 年受隐性不良贷款集中入账影响，贵州省农村中小法人金融机构风险暴露，核心监管指标有所下滑。2019 年，全省地方法人金融机构继续加大不良贷款清收、核销力度，积极防范化解金融风险，主要监管指标持续改善，不良贷款率继续降低，资本充足水平有所提高，盈利水平基本稳定，流动性保持充裕。年末全省地方法人金融机构不良贷款率 2.79%，较上年下降 1.24 个百分点；资本充足率 12.64%，较上年提高 0.78 个百分点；资产利润率 0.94%；流动性比率 72.07%，较上年提高 9.38 个百分点。

6. 银行业金融机构改革继续推进。浙商银行贵阳分行开业，广发银行贵阳分行获批筹建。年末全省已有 18 家全国性银行、1 家外资银行、两家跨省城商行、1 家跨省农商行在贵州省设立分行。全省农村信用社改革持续推进，年末已组建农村商业银行 57 家（含获批筹建 4 家）。村镇银行 84 家，基本实现全省所有县市区村镇银行全覆盖。

7. 跨境人民币业务持续开展。全年贵州省跨境人民币结算额 211.0 亿元，占本外币跨境收付比重为 22.0%，较上年提高 1.7 个百分点，直接投资和服务贸易人民币结算额分别增长 82.4% 和 51.3%。金融支持“一带一路”建设力度明显加大，与“一带一路”沿线国家发生人民币结算往来 89.8 亿元，同比上升 51.2%。年末全省跨境人民币累计结算额突破 2000 亿元，达 2055.9 亿元，跨境人民币业务覆盖面进一步扩大，受益主体（包括企业、机关、团体等）突破千家，达 1155 家，较上年末增加 216 家。

专栏 1　中国人民银行贵阳中心支行优化外汇营商环境　助力内陆开放型经济试验区建设

2016 年 8 月，国务院批复同意设立贵州内陆开放型经济试验区。近年来，中国人民银行贵阳中心支行立足服务实体经济，紧密结合“放管服”改革持续优化外汇营商环境，积极支持贵州省内陆开放型经济试验区建设。

一、深化“放管服”改革，优化外汇管理服务

（一）积极推进“互联网 + 政务服务”

自主开发“外汇业务综合服务平台”，实现外汇业务由省到县的业务指导、信息联络、培训宣传等功能，彻底改变了县域企业必须去市州办理外汇业务的现状。上线运行“外汇管理政务服务系统”，实现外汇行政许可业务网上办理，让信息“多跑路”，企业“少跑腿”，大幅提升外汇管理政务便利化水平，2019年网上办理行政许可业务372件。

（二）搭建银企面对面沟通平台

针对贵阳综合保税区远离市区，当地金融机构较少的问题，经多方协调沟通，组织辖内外汇业务量较大的6家商业银行，每月定期入驻保税区政务大厅，开设“外汇管理服务窗口”，送外汇服务“上门”，让区内企业当面对接外汇指定银行，得到一致好评。

（三）夯实外汇服务制度基础

近年来制定支持贵州省“1+7”开放创新平台发展的工作措施、外汇管理支持贵阳综合保税区发展的意见，与贵州省商务、税务等部门联合制定加快培育外贸综合服务企业的实施意见，从制度上为服务涉外经济提供保障。

二、聚焦涉外投融资，促进贸易和投资自由化便利化

（一）打通外汇资金内部结算渠道

灵活施策，大幅减少企业资金汇兑手续。例如，针对贵州轮胎公司在越南重点投资项目的进度安排，多方协调银企对接，在外汇资金境内划转上大幅简化办理手续，降低企业财务费用，使企业4290万美元外汇资金及时归集用于对外投资。

（二）推动外汇集中管理便利企业资金周转

充分发挥外汇管理政策红利，进一步支持企业灵活摆布外汇资金。如，指导瓮福集团开展跨国公司外汇资金集中营运管理，结合宏观审慎跨境融资政策，将集团主办企业外债额度由此前的2亿美元提升至16亿美元，便利集团境内外成员公司资金管理。

（三）支持企业多渠道开展跨境融资

近年来，通过新闻通气会、银企座谈会、银行网点显示屏滚动播报等形式，向社会公众广泛宣传全口径跨境融资宏观审慎管理政策，有效利用境外资金拓宽企业融资渠道，2019年全省实现跨境融资31.1亿美元，同比增长13.5%。

三、强化监管和宣传引导并重，维护外汇市场健康运行

（一）信息互换和执法互助破解“出口不收汇”难题

“出口不收汇”是贵州省出口收汇率常年偏低的主要原因。近年来，通过主动走访、召开座谈会以及跨部门联合检查等形式向商务、海关以及税务部门寻求合作，与相关部门达成信息互换、执法互助。辖内“出口不收汇”情况逐年改善，全省出口收汇率由2015年不足30%大幅提升至2019年的81%。

（二）开展防范跨境融资诈骗专题宣传

针对个别地区出现跨境融资诈骗现象，主动向贵州省委、省政府反映情况，专报信息《县域小微企业遭受外债金融诈骗问题值得关注》获高度重视，配合公安部门在全省启动专项整治行动，对外债融资诈骗不法分子形成有力震慑。

（三）形式多样宣传普及外汇管理政策知识

近年来，采取多种人民群众喜闻乐见的方式宣传外汇管理政策。例如，通过贵州交通广播举办个人外汇管理知识普及节目，联合贵州省外汇与跨境人民币自律机制举行“外汇知识进社区”主题宣传活动，制作“阿依讲金融——个人外汇管理业务”宣传视频等，以多种方式向社会公众普及外汇管理知识。

（二）证券业市场稳健发展，资本市场改革持续深化

2019年，贵州省证券业整体运行平稳，市场融资能力持续发挥，盈利能力明显提升，全面深化资本市场改革取得较好成效。

1. 证券期货经营机构发展稳妥有序。2019年末，贵州辖区证券业金融机构135家，法人

证券公司2家，证券分公司29家，证券营业部104家，证券从业人员2244人，证券投资资金账户164.8万户，客户资产2448.8亿元，累计实现证券交易额22392.7亿元。

表3　2019年贵州省证券业基本情况

项目	数量
总部设在辖内的证券公司数（家）	2
总部设在辖内的基金公司数（家）	0
总部设在辖内的期货公司数（家）	0
年末国内上市公司数（家）	29
当年国内股票（A股）筹资（亿元）	24.5
当年发行H股筹资（亿元）	0.0
当年国内债券筹资（亿元）	816.3
其中：短期融资券筹资额（亿元）	8.0
中期票据筹资额（亿元）	90.5

注：当年国内股票（A股）筹资额指非金融企业境内股票融资。
数据来源：中国人民银行贵阳中心支行、贵州证监局、贵州省发展和改革委员会。

2. 市场融资功能持续发挥。2019年末，贵州辖内29家上市公司总股本293.6亿股、总市值16931.5亿元。新三板挂牌公司50家，总股本62.0亿股、总市值88.1亿元。全年证券市场融资总额962.54亿元，其中，境内上市公司本年股票市场累计募集资金24.5亿元，新三板公司股票市场累计募集资金0.2亿元；债券市场本年累计筹资金额816.3亿元，同比增长243.7%，其中，公司债672.1亿元，可转债25.7亿元，资产证券化产品118.5亿元；区域性股权市场融资121.6亿元，同比增长7.9%。

3. 法人证券公司及超80%的分支机构实现盈利。贵州辖区2家法人证券公司，华创证券与中天国富证券在2019年证券公司分类评价中首次同获A类A级评价。年末华创证券净资本为99.4亿元，实现营业收入21.3亿元，实现净利润3.6亿元。中天国富证券净资本为44.9亿元，实现营业收入7.9亿元，实现净利润1.9亿元。2家法人公司净利润5.5亿元，同比增长193.3%。133家证券分支机构中，超过80%实现盈利，证券分支机构实现盈利超过4亿元，亏损率由80%下降至40%。

4. 资本市场改革稳步推进。通过培育辅导拟上市企业、推动新三板企业挂牌融资，支持上市公司和挂牌公司灵活选择融资工具，推动上市公司纳入沪港通、深港通标的等方式持续建设多层次资本市场。大力推动上市公司稳健规范发展，进一步提高辖区法人公司核心竞争力。多部门合力防范化解股权质押、公司债违约等重要领域金融风险，有序压缩私募资管规范整改规模，纵深推进各类交易场所清理整顿。4月24日，贵州白山云科技股份有限公司科创板上市申请获上交所受理。12月30日，贵州银行在香港联合交易所成功上市，成为全省第1家在国际资本市场上市的金融机构。

（三）保险业服务能力持续增强，业务结构不断优化

年末贵州省保险经营主体32家，其中，法人机构1家。全省保险业发展总体平稳、保障水平不断增强，财产险公司非车险业务发展较快，人身险公司结构调整持续推进，保险助推精准扶贫成效显著。

1. 保费收入增速总体平稳，保障水平不断增强。全省保险机构实现保费收入489.3亿元，同比增长9.7%。其中，财产险业务保费收入223.4亿元，增长7.4%；人身险公司保费收入265.9亿元，增长11.8%。保险行业全年赔付支出186.6亿元，同比增长2.9%；累计提供各类风险保障40.2万亿元，同比增长30.8%，增速明显超过保费收入增速。

表4　2019年贵州省保险业基本情况

项目	数量
总部设在辖内的保险公司数（家）	1
其中：财产险经营主体（家）	0
人身险经营主体（家）	1
保险公司分支机构（家）	32
其中：财产险公司分支机构（家）	20
人身险公司分支机构（家）	12
保费收入（中外资，亿元）	489.3
其中：财产险保费收入（中外资，亿元）	223.4
人身险保费收入（中外资，亿元）	265.9
各类赔款给付（中外资，亿元）	186.6
保险密度（元／人）	1349.7
保险深度（%）	2.9

数据来源：贵州银保监局。

2. 财产险公司非车险业务发展较快，人身险公司结构调整持续推进。2019年，贵州省财产险公司监管指标总体较好，综合成本率、综合费用率、综合赔付率分别低于全国平均水平6.4个百分点、3.5个百分点和2.9个百分点。财产险公司车险业务实现保费收入172.1亿元，同比增长5.4%，增速同比下降5.8个百分点，连续六年增速下滑；非车险业务实现保费收入74.6亿元，同比增长18.9%。贵州省人身险公司结构调整取得初步成效。人寿险业务保费收入172.2亿元，同比增长6.3%，增速同比上升3个百分点；健康险业务保费收入62.6亿元，同比增长26.2%，健康险业务占比逐年上升。

3. 保险助推精准扶贫，风险保障能力不断增强。2019年，全省开办农业保险、大病保险、“两保一孤”保险、“防贫保”等保险扶贫项目125个，共计302.0万户次、628.6万人次，提供风险保障2259亿元。全省农业保险开办品种达58个，累计对9个中央政策性险种实施“降费、提标”，深度贫困地区的保险费率在全省统一下调的基础上再优惠20%。农房保险“全省覆盖”，800万农户实现“户户有保障”。机构通过免设或降低起付线、提高报销比例、取消封顶线等方式，加大大病保险对贫困人口的倾斜支付。创新开发包括意外险、寿险、医疗险的“黔惠保”产品组合，为贫困人口提供基本医保和大病保险之外保费低廉、保障适度的保险补充。

（四）贵州省社会融资规模同比多增，金融市场平稳发展

1. 贵州省社会融资规模同比多增，信贷融资占比大幅下降。贵州省社会融资规模累计新增5366.6亿元，同比多增167.2亿元。其中，信贷融资新增占比64.9%，较上年降低27.3个百分点；表外融资新增占比4.7%，较上年提高16.4个百分点（上年同期占比为负）；直接融资明显增加，全省直接融资（包括企业债券融资和非金融企业境内股票融资）规模增加382.8亿元，同比多增367.1亿元。

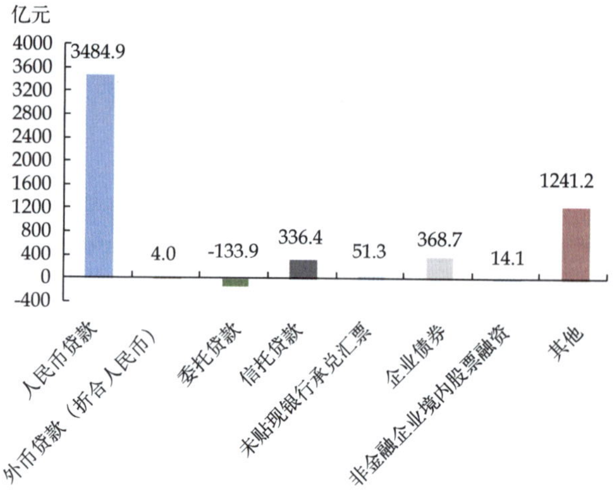

数据来源：中国人民银行贵阳中心支行、贵州省发展和改革委员会、贵州银保监局、贵州证监局。

图5　2019年贵州省社会融资规模分布结构

2. 企业债券融资大幅增长。全省企业共发行非金融企业债务融资工具155.9亿元，较上年增长201.0%。中铁集团五局有限公司发行全省首只资产支持票据，金额共计11.7亿元。

表5　2019年贵州省金融机构票据业务量统计

单位：亿元

季度	银行承兑汇票承兑		贴现			
			银行承兑汇票		商业承兑汇票	
	余额	累计发生额	余额	累计发生额	余额	累计发生额
1	1078.4	427.2	109.8	153.2	8.9	12.7
2	1224.6	474.0	169.0	228.8	7.0	9.5
3	1201.4	365.1	159.9	152.8	11.4	7.7
4	1128.2	323.3	173.1	157.0	17.1	17.0

数据来源：中国人民银行贵阳中心支行。

表6　2019年贵州省金融机构票据贴现、转贴现利率

单位：%

季度	贴现		转贴现	
	银行承兑汇票	商业承兑汇票	票据买断	票据回购
1	3.8451	6.0972	3.1673	3.4466
2	3.6558	5.8280	2.8725	—
3	3.0115	4.8432	2.7796	2.7743
4	3.2901	4.0621	2.4359	3.0000

数据来源：中国人民银行贵阳中心支行。

3. 货币市场交易持续活跃。2019 年，辖内银行间市场成员数量增长明显，银行间同业拆借市场、债券市场成员分别达 59 家和 36 家，分别较上年增加 5 家和 3 家。全省银行间同业拆借交易规模 1.7 万亿元，，是 2018 年的 2.5 倍。债券回购交易 18.7 万亿元，同比增长 55.6%。现券交易 7.2 万亿元，同比大幅增长 80.8%。从市场利率走势看，全省货币市场利率整体下行，同业拆借、债券回购交易加权平均利率较上年分别下降 37.6 个和 39 个基点。

（五）贵州省利率市场化改革稳步推进

2019 年，推进利率市场化改革是中国金融改革发展的重中之重，人民银行贵阳中心支行认真安排部署，多措并举稳妥推进全省贷款市场报价利率（LPR）推广应用工作，通过改革的办法，有效畅通货币政策传导渠道，促进贷款利率“两轨并一轨”，降低实体经济融资成本。人民银行贵阳中心支行精心组织推动，召开了全省金融机构行长联席会、金融机构优化信贷结构暨有效推进贷款利率市场化改革座谈会，着力加强窗口指导，督促和引导金融机构做好系统改造、合同文本修订等配套工作。完善激励约束机制，建立监测考核制度，按周对金融机构新增贷款参考 LPR 定价情况进行监测，并将参考 LPR 进行定价的新增贷款占比纳入季度定价行为评估。2019 年 12 月末，全省地方法人金融机构参考 LPR 发放贷款占比达 87%，提前实现阶段性进度目标任务。全省实际利率降低效果较为明显，2019 年全省人民币各项贷款加权平均利率 6.61%，较上年同期下降 12.88 个基点；全省小微企业贷款加权平均利率 6.52%，较上年同期下降 15 个基点。

（六）金融生态环境持续优化，金融基础设施不断完善

1. 社会信用体系建设持续推进。贵州省出台《贵州建设社会信用体系与大数据融合发展试点省 2019 年工作要点》等文件，为营造良好的诚信环境提供了制度保障。深入开展金融生态环境测评工作，优化区域信用环境。“一地一策”推进中小微企业和农村信用体系建设，发挥信用“助推器”作用。先后建成具有代表性的安顺市农村信用信息管理系统、安顺市中小微企业信用信息系统、兴仁农村信用信息管理平台、遵义农村资源融资信息管理系统，推进中小微企业和农村主体信息的归集，丰富贷前信息数据，有效解决“三农”和中小微企业金融服务中的信息不对称问题和风险防控问题，实现信用与信贷有效联动，有效改善中小微企业和农村主体融资环境。金融信用信息基础数据库覆盖面不断扩大。大力推进村镇银行、小额贷款公司、融资性担保公司、融资租赁公司、金融租赁公司等小微机构接入金融信用信息基础数据库，实现 P2P 等网络借贷机构接入金融信用信息基础数据库的突破。年末金融信用信息基础数据库已收录 14.6 万户企业组织和 2699.9 万自然人的信用信息，提供企业信用报告查询 17.7 万次，个人信用报告查询 1395.2 万次。

2. 支付体系服务能力进一步增强。年末全省第二代支付系统直接参与者 3 家，间接参与者 4388 家，支付清算系统覆盖率达 100%。大小额支付系统稳步运行，发生业务 3833.5 万笔，金额 339137.7 亿元，同比分别增长 4.5% 和 35.7%。在全省全面推进移动支付便民工程，全省各县级市基本实现小额免密免签闪付和二维码扫码支付乘坐公交车，商圈、街区、食堂、校车、餐饮商户、公共缴费等各大场景受理环境进一步改善。年末全省移动支付客户数 5124.6 万户，同比增长 38.8%，全年发生移动支付业务 140267.1 万笔，金额 43901.2 亿元。农村支付服务水平进一步提升，全省助农取款服务点 30005 个。全年共开立单位银行结算账户 14.2 万户、个人银行结算账户 1554.5 万户。

3. 金融消费权益保护工作高效推动。人民

银行贵阳中心支行加强监管协调，联合相关部门印发《贵州省金融消费权益保护监管合作备忘录》《关于建立金融消费纠纷诉调对接工作机制的指导意见》《关于进一步做好中小学德育工作的通知》等文件，统筹推动全省金融消费权益保护工作。进一步畅通金融消费维权渠道，加强投诉管理和纠纷调处工作，规范开展检查评估，统筹推动金融广告治理，构建金融知识普及长效机制，推动普惠金融发展。贵州省人民银行系统共受理与处理金融消费者投诉168件、咨询3876件，办结率100%，切实维护金融消费者合法权益。“蒲公英”金融志愿服务行动深入推进，招募“蒲公英”金融服务志愿者约13700名、联络员6084人，对村帮扶11568个村，实现贫困村100%全覆盖，有效推动金融知识普及常态化。

二、经济运行情况

2019年，全省经济社会发展呈现出“总体平稳、稳中有进、稳中提质”的良好态势，地区生产总值16769.3亿元，同比增长8.3%，高于全国平均水平2.2个百分点，连续9年位居全国前列。脱贫攻坚再传捷报，供给侧结构性改革深入推进，新旧动能转换进一步加快，生态环境持续向好，经济发展的质量和效益进一步提升。

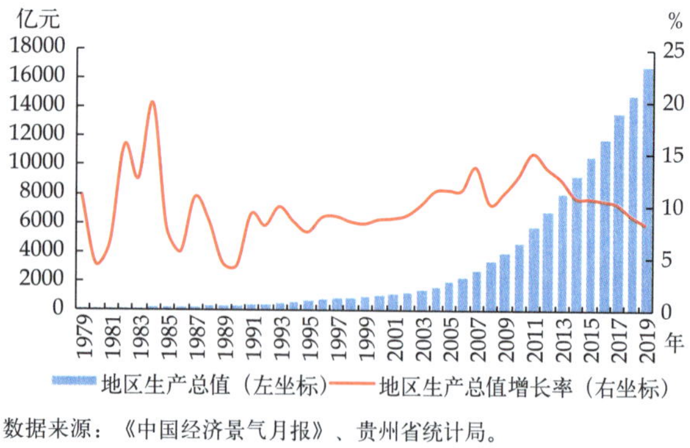

数据来源：《中国经济景气月报》、贵州省统计局。

图6　1979~2019年贵州省地区生产总值及其增长率

（一）投资、消费增速放缓，外贸负增长

1.投资增速放缓，结构持续优化。全省固定资产投资增长1.0%，2000年以来首次回落到个位数增长区间。工业、制造业和高技术产业投资分别增长32.6%、19.3%和22.7%。民间投资、房地产开发投资分别增长18.4%和27.3%。坚持传统基础设施与新型基础设施投资并举，“六网会战”完成投资2027.2亿元。重点产业投资较快增长，电力、热力、燃气及水生产和供应业投资增长51.9%，煤炭开采和洗选业投资增长51.3%，医药制造业投资增长24.7%。

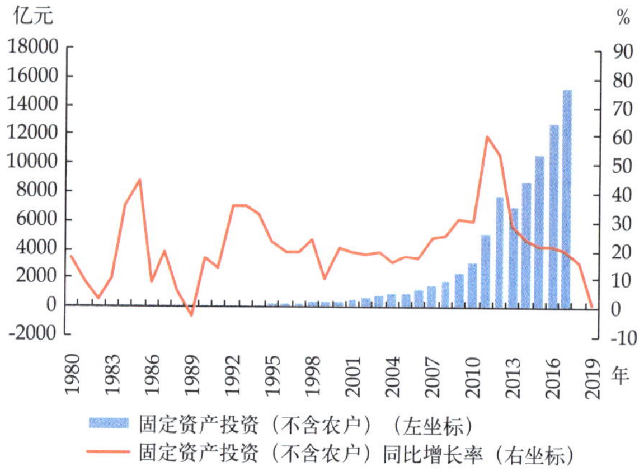

注：因从2013年起统计口径发生变化，只统计计划总投资500万元及以上的固定资产项目投资和房地产开发项目投资，因此与2012年数据不具有可比性。

数据来源：《中国经济景气月报》、贵州省统计局。

图7　1980~2019年贵州省固定资产投资（不含农户）及其增长率

2.消费增长持续下滑，新兴消费增长较快。全省社会消费品零售总额增长5.2%，较2018年进一步下滑，连续两年保持个位数增长。城乡市场继续“一增一降”，城镇限额以上消费品零售额增长2.3%，乡村限额以上消费品零售额下降1.8%。新兴消费大幅增长，新能源汽车、智能家电设备和器材、智能手机零售额分别增长148.2%、104.1%和100.7%。升级类商品消费增速较快，限额以上的通讯器材类、书报杂志类和金银珠宝类消费分别增长36.2%、26.8%和19.2%。

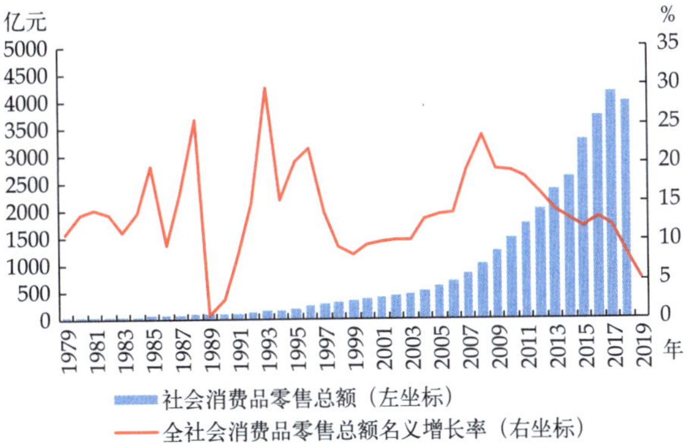

数据来源：《中国经济景气月报》、贵州省统计局。

图 8　1979~2019 年贵州省社会消费品零售总额及其增长率

3. 涉外经济发展下行压力较大。全省外贸进出口总额 453.6 亿元人民币，同比下降 9.5%。其中，出口总额 327.1 亿元，同比下降 3.1%；进口总额 126.4 亿元，同比下降 22.6%。民营企业进出口 230 亿元，同比增长 20.9%，占全省外贸总值的 50.7%；国有企业进出口 175.2 亿元，同比增长 5.3%；外商投资企业进出口 47.4 亿元，同比下降 67.2%，主因是富士康集团调整产业布局，其在贵州设立的外资企业进出口大幅萎缩。全省实际利用外资总额 6.8 亿美元，全年新设外商投资企业 91 个；中国香港和新加坡是贵州省利用外资主要来源地，分别占全省利用外资总额的 86.3% 和 11.2%；外商投资主要集中在信息传输、软件和信息技术服务业以及电力、热力、燃气及水生产和供应业，分别占全省实际利用外资总额的 52.3% 和 13.6%。

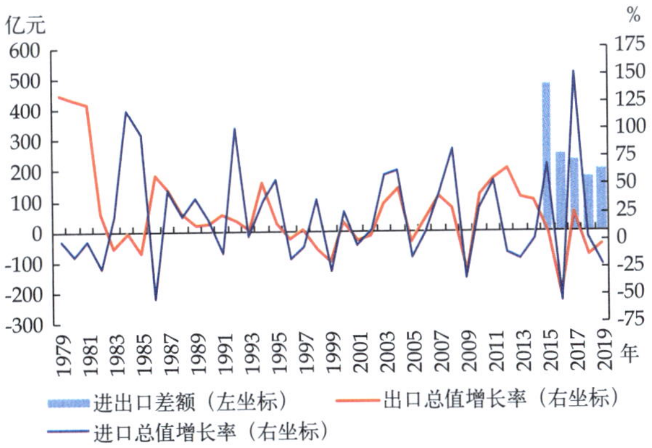

数据来源：《中国经济景气月报》、贵州省统计局。

图 9　1979~2019 年贵州省外贸进出口变动情况

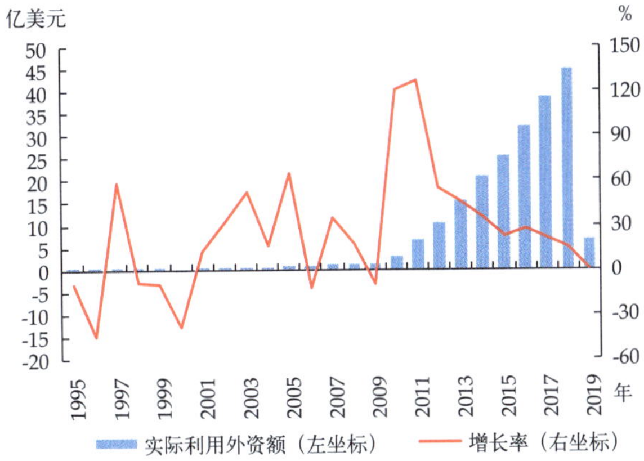

注：2019 年统计口径发生变化。

数据来源：《中国经济景气月报》、贵州省统计局。

图 10　1995~2019 年贵州省实际利用外资额及其增长率

（二）三次产业协调发展，供给侧结构性改革深入推进

贵州省产业结构进一步优化，三次产业比重调整为 13.6 : 36.1 : 50.3，第三产业占比首次突破 50%。

1. 农业结构调整深入推进，农村产业革命成果丰硕。全省聚焦“八要素”，深入实施农村产业革命，农林牧渔业增加值 2408.0 亿元，增长 5.7%，增速位居全国前列。12 个农业特色优势产业加快发展，占农业总产值比重超过 75%。种植业结构持续优化，坝区亩均产值增长 30% 以上，全省种植业实现增加值 1566.5 亿元，同比增长 8.3%。畜牧业生产有所下降，猪牛羊禽肉产量 202.5 万吨，较上年下降 3.5%，其中猪肉产量受非洲猪瘟影响下降 8.8%，牛肉、禽肉产量分别增长 8.1% 和 28.1%。得益于林下经济和生态渔业提速发展，全省林业和渔业增加值分别增长 7.8% 和 4.6%。“龙头企业 + 合作社 + 农户”组织模式加快推广，新增国家级龙头企业 10 家，总数达 35 家，农民专业合作社达 6.8 万家。大力推进“黔货出山”，销售农产品 320 亿元，同比增长 8.3%。

2. 工业基础不断巩固，经济新动能加快成长。全省深入实施“双千工程”，集中力量推进十大千亿级工业产业，工业经济保持较快增

长，全省规模以上工业增加值增长 9.6%，增速高于全国平均水平 3.9 个百分点，十大产业总产值超过 1.2 万亿元。能源工业运行新机制成效明显，电煤保障保持稳定，全省发电量增长 8.1%。国有企业战略性重组加快推进，开磷、瓮福重组后的新公司贵州磷化集团于 6 月 26 日挂牌。认真落实"定位、定向、瘦身、规范、改革"十字要求，推动茅台集团高质量发展。新旧动能转换进一步推进，全省民营经济、绿色经济和数字经济占比分别达到 57%、42% 和 20%，其中数字经济增速连续 4 年居全国第一，为经济高质量发展提供了有力支撑。深入实施"万企融合"大行动，2280 户企业与大数据融合发展，核心应用"上云"企业超过 1.5 万家，苹果、华为、腾讯等在黔项目加快推进，贵州省大数据产业发展指数位居全国第三。全省国家高新技术企业累计达到 1644 家，贵州区域创新能力由"十二五"末的全国第 22 位上升至第 16 位。"证照分离"等商事制度改革加快实施，全省各类市场主体达到 306.8 万户，同比增长 15.4%。

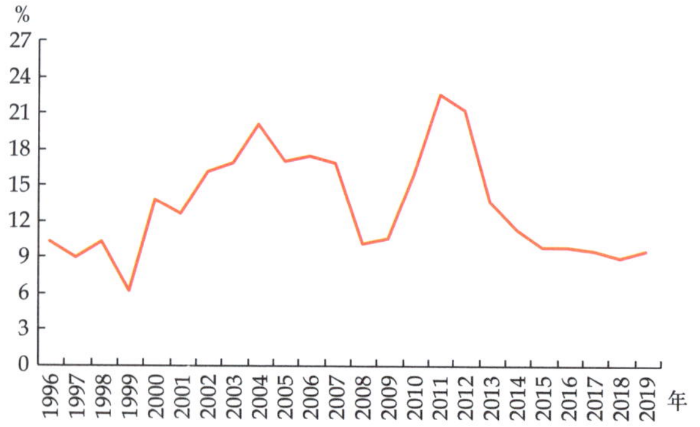

注：2013 年以后的规模以上工业统计口径为全部年主营业务收入 2000 万元及以上的工业企业，之前年度为 500 万元及以上口径。

数据来源：《中国经济景气月报》、贵州省统计局。

图 11　1996~2019 年贵州省规模以上工业增加值实际增长率

3. 现代服务业快速发展，服务消费升级趋势明显。全省扎实推进服务业创新发展十大工程，促进服务业稳定增长，全省服务业增加值增长 7.8%。旅游业持续"井喷"，接待入黔游客人次和旅游收入分别增长 17.2% 和 30.1%。交通枢纽地位更加巩固，成贵高铁建成通车，高铁运营里程达到 1432 公里，全省高铁旅客周转量 220.0 亿人公里，同比增长 21.8%。批零住餐等传统服务业增速稳定，不断夯实服务业发展基础。大力发展电子商务、现代商贸和现代仓储业，建设城乡一体化物流运输体系，提高市场配送能力，加快"黔货出山"步伐。加大对限上商贸企业发展跨境电商、新零售等业态的支持力度，强化消费扶贫，进一步培育和挖掘新的消费热点。全省邮政业务总量 76.1 亿元，同比增长 20.6%；快递业务量 2.5 亿件，同比增长 16.0%。

4. 供给侧结构性改革深入推进，"三去一降一补"成果持续巩固。进一步强化淘汰落后产能工作，关闭退出煤矿 78 处，压减产能 1266 万吨 / 年，采煤机械化率达到 80.18%，煤矸石综合利用率 79.82%。商品房销售面积增长 2.7%，房屋竣工面积减少 25.4%，销售面积达到竣工面积的 5.6 倍；工业产成品存货 330.4 亿元，同比下降 12.6%。全省规模以上工业企业资产负债率 61.3%，较上年同期下降 0.2 个百分点。减税降费深入实施，全省为实体经济企业降低用能、税费、融资、物流、制度性交易成本等共计 685 亿元。全面实施"六网会战"，全力以赴强基础补短板，全省累计完成公路水路固定资产投资 1207 亿元，全省高速公路通车里程突破 7000 公里，中型水库投运县达到 76 个。

5. 扎实推进污染防治攻坚战，环境质量向优向好。认真部署落实中央生态环境保护督察"回头看"和长江经济带生态环境突出问题整改。深入实施新一轮绿色贵州建设行动计划、森林扩面提质增效三年行动计划和十大生态修复等生态工程。突出抓好城市黑臭水体治理攻坚行动，持续深化草海、乌江、清水江、南明河等水环境综合治理。磷化工企业"以渣定产"持续推进。完成营造林 520 万亩，治理石漠化 1006 平方公里、水土流失 2720 平方公里，全省森林覆盖率达到 58.5%。全省县城以上城市空气质量优良天数比率 98.3%，出境断面水质优良率保持 100%，贵州生态优势持续巩固提升。

（三）居民消费价格指数继续上涨，工业生产者价格指数有所回落

全省物价水平总体保持稳定，居民消费价格指数全年累计同比增长 2.4%，涨幅比上年上升 0.6 个百分点，工业生产者购进价格指数、工业生产者出厂价格指数有所回落，全年同比分别下降 0.6% 和 0.2%，农业生产资料价格稳步增长，全年同比增长 3.2%。

1. 居民消费价格持续增长。全年各月居民消费同比增长总体在 1.2% 至 4.2% 之间波动，其中，2 月同比增长 1.2%，12 月同比增长 4.2%，增速同比提高 2.4 个百分点。其中，消费品价格指数、服务项目价格指数同比分别增长 6.0% 和 0.8%，食品烟酒、生活用品及服务、教育文化和娱乐、医疗保健类价格分别较上年同月上涨 12.9%、0.1%、2.2% 和 2.2%，衣着、居住、交通和通信价格分别较上年同月下降 1.2%、1.0% 和 0.4%。

2. 工业生产价格有所回落，农业生产资料价格稳步增长。工业生产者购进价格指数、工业生产者出厂价格指数增幅有所回落，全年各月呈现先升后降的趋势，1~6 月同比上升，7~12 月同比下降，其中工业生产者购进价格指数 1 月和 2 月均同比增长 1.7%，11 月同比下降 3.1%，全年较上年同期下降 0.6%；工业生产者出厂价格指数 1 月同比增长 0.7%，12 月同比下降 1.6%，全年较上年同期下降 0.2%。农业生产资料价格呈现稳步增长趋势，全年各月同比增长在 1.9% 至 5.7% 之间波动，其中 5 月同比增长 1.9%，11 月同比增长 5.7%，12 月同比增长 5.4%，增幅较上年提高 3.3 个百分点。

3. 就业形势总体向好，居民收入稳步增加。全省城镇新增就业 78.49 万人，比上年增加 0.76 万人。城镇登记失业率 3.11%，比上年降低 0.09 个百分点。居民人均可支配收入 20397 元，同比增长 10.7%，较上年加快 0.4 个百分点。其中，城镇和农村居民人均可支配收入分别为 34404 元和 10756 元，同比分别增长 8.9% 和 10.7%。

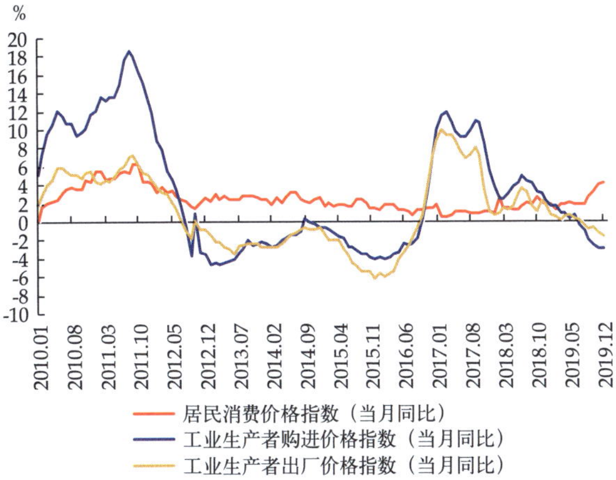

图 12　2010~2019 年贵州省居民消费价格指数和工业生产者价格指数变动趋势

4. 资源性产品价格改革纵深推进。贵州省纵深推进能源工业运行新机制，坚持战略导向、问题导向，构建利益共享的煤—电—网—用协同发展新格局，形成电量充足供应、电价具有竞争力的经济发展新优势。持续深化电力体制改革，降低一半工商业输配电价及其目录电价，电煤价格实行每大卡 7~9 分的政府指导价，水火发电权交易收益全部用于电煤储备和降低工业企业用电成本。2019 年全社会用电量稳定增长，全社会用电量 1540.68 亿千瓦时，同比增长 4%，“西电东送”创新高，同比增长 26.4%。能源产业高质量发展呈现强劲势头，新能源发展创新高，335 万千瓦光伏发电项目当年投入当年建成，位列全国第一，基础能源和清洁高效电力两大千亿级产业增加值实现两位数增长。天然气“县县通”纳入全省“六网会战”取得突破，全年新增 6 个县通天然气，贵阳市天然气价格大幅下降。

（四）地方财政总收入增速回落，支出重点向民生领域倾斜

全省地方财政总收入同比增长 8.1%，较上年回落 5.4 个百分点。地方公共预算收入完成 1767.4 亿元，同比增长 2.4%、回落 4.6 个百分点，完成年初预算的 100.4%。地方公共预算支出 5921.4 亿元，同比增支 891.7 亿元，增长 17.7%。财政支出着力保障民生支出需要，全省

9 项民生类重点支出增长 17.5%，其中，农林水支出增长 42.6%、节能环保支出增长 45.3%。地方政府债务置换工作稳步推进，全年发行地方政府债券 1346.3 亿元。

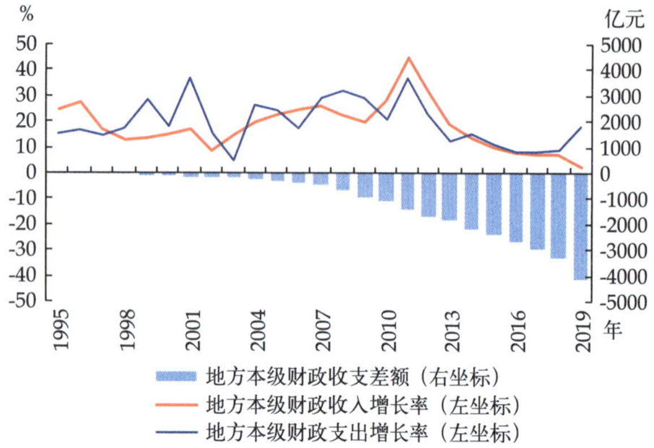

数据来源：《中国经济景气月报》、贵州省统计局。

图 13　1995~2019 年贵州省财政收支状况

（五）房地产市场总体平稳，农村产业革命成效明显

1. 房地产开发投资回升，房地产贷款增速回落。2019 年，贵州省房地产开发投资同比趋好，商品房施工面积快速增长，新建住房销售价格基本保持平稳，房地产贷款增速稳中有降。

（1）房地产开发投资增长较快。全省共完成房地产开发投资 2990.8 亿元，比上年同期增长 27.3%，继续保持快速增长态势，房地产开发投资增速分别高于全国和西部平均水平 17.4 个和 11.2 个百分点。

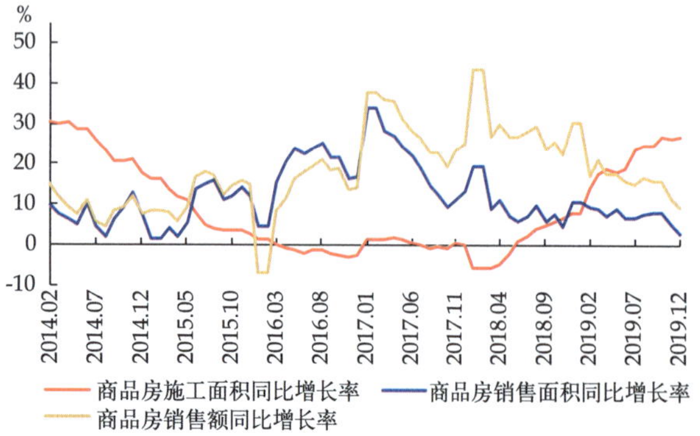

数据来源：《中国经济景气月报》、贵州省统计局。

图 14　2014~2019 年贵州省商品房施工和销售变动趋势

（2）商品房施工面积快速增长。全省商品房施工面积 27775.1 万平方米，同比增长 26.5%，增速较上年提高 18.8 个百分点，潜在供给能力提升。

（3）商品房销售和房价增速有所回落。全省新建商品房销售面积 5323.31 万平方米，同比增长 2.7%，较上年回落 7.6 个百分点。新建商品房销售额 3183.57 亿元，同比增长 9.0%，较上年下降 24.1 个百分点。全省主要城市中，贵阳、遵义新建商品住宅销售价格指数同比分别上涨 6.5% 和 4.5%，分别较上年末回落 12.3 个和 9.3 个百分点。

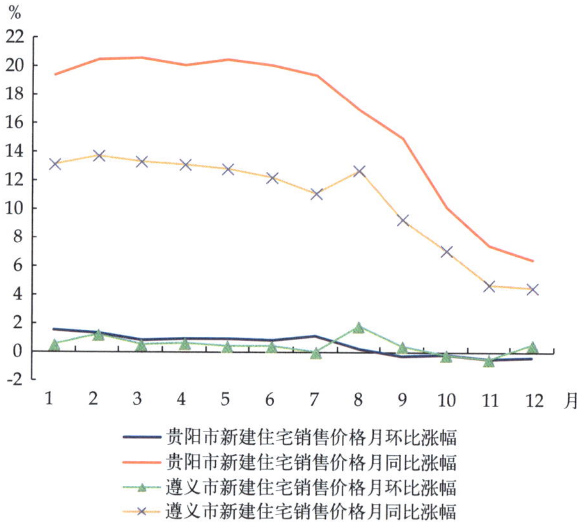

数据来源：《中国经济景气月报》、贵州省统计局。

图 15　2019 年贵州省主要城市新建住宅销售价格变动趋势

（4）房地产贷款增速回落。2019 年，全省房地产贷款余额 7574.5 亿元，同比增长 18.5%，增速较上年同期下降 17.9 个百分点。其中，房地产开发贷款余额同比下降 17.1%，上年为同比增长 53.9%；个人住房贷款余额同比增长 23.5%，增速同比回落 1.1 个百分点。受发行地方政府专项债置换保障房开发贷款影响，相关商业银行对保障性住房的信贷资金投入有所抑制，年末全省保障性住房开发贷款余额 2236.0 亿元，同比下降 12.9%，增速较上年同期下降 53.6 个百分点。

2. 深化农村经济产业革命引领农业高质量发展。近年来，贵州省纵深推进农村产业革命，立足贵州山地农业实际情况，率先开展资源变资产、资金变股金、农民变股东“三变”试点改革，推进产销结合；聚焦12大特色优势产业，调整500亩以上坝区农业产业结构；推广“龙头企业+合作社+农户”组织方式，完善利益联结机制等，初步探索出了一条符合贵州实际的山地特色高效农业发展新路，改变了以往自给自足的小农经济、传统的低效粗放发展方式，为打赢脱贫攻坚战注入了强大的力量。2019年，全省农业增加值增长5.7%，增速继续保持全国前列；坝区农业产业平均亩产增加值增长30%左右；农村居民人均可支配收入增长10.7%。同时，金融助力农村产业革命成效显著。截至12月末，全省金融机构本外币涉农贷款余额为12220.71亿元，同比增长12.04%，较年初增加1271.6亿元。

专栏2　贵州省积极探索金融支持坝区产业发展“六强六推”新途径

2019年，中国人民银行贵阳中心支行紧密结合贵州省提出的“来一场振兴农村经济的深刻的产业革命，推动产业扶贫和农村产业结构调整取得重大突破”新目标，以贫困发生率相对较高的黔南州作为试点，在12个县市组织开展了500亩以上坝区农业产业发展金融助力行动，积极探索金融支持产业“六强六推”新途径，取得较好成效。

一是强化组织协调，推动资源聚集。指导人民银行黔南州中心支行组织召开金融助力行动部署会，建立“政银企”沟通协作机制，聚集政策合力。黔南州各县市人民银行组织26家金融机构开展联合调研，摸清坝区基础设施建设以及调整种植结构和扩大生产经营的需求情况，分别出台了金融助力行动方案和子方案，形成各具特色的“一县一策”、优势互补的“一行一策”和因地制宜的“一坝一策”，并把坡度小于6度、面积500亩以上种植高效经济作物的85.55万亩、372个坝区纳入助力范围，优先支持13个省级样板坝区和87个州级达标坝区。

二是强化项目建设，推动精准滴灌。黔南州人民银行系统组织相关部门共同建立“一坝一业”产业扶贫融资项目库，将入驻坝区的254家企业、230个专业合作社、35个家庭农场和种养大户纳入项目库，并建立与产业联动的坝区农户融资“白名单”，实现了金融资源与坝区发展需求的精准对接和滴灌。2019年，各银行向坝区发放生产经营贷款25.04亿元，主要投向蔬菜、中药材等规模特色产业，共支持3432个新型农业经营主体及27045户坝区农户，带动建档立卡贫困户13077人。还成功协调省国开行将长顺县列为贵州坝区基础设施建设首期试点县，并向8个坝区标准化蔬菜基地发放基础设施建设贷款1.65亿元。

三是强化工具撬动，推动利益联结。充分发挥扶贫再贷款结构性引导作用，开启限额管理“循环资金池”模式，对10家法人金融机构单列扶贫再贷款限额并授信6亿元。实施扶贫再贷款“杠杆化”运作，并指导辖区农信机构统一创设“坝兴贷”专属优惠信贷产品。2019年，共发放“坝兴贷”6.93亿元，撬动匹配自有资金发放优惠利率贷款1.95亿元，共支持2441个新型农业经营主体及4277户坝区农户，带动建档立卡贫困户3411人。

四是强化业态拓展，推动产业融合。积极鼓励和引导金融机构在坝区产业融合上下功夫，支持坝区发展特色优势产业，拓展休闲农业，提升坝区电商及订单农业金融服务水平。如福泉市农商行运用扶贫再贷款向坝区企业发放1420万元贷款，带动打造农业休闲旅游景点，增收农户近3000人；惠水农商行向坝区多家企业发放4000万元贷款，实现线上、线下销售1.9亿元；都匀农商行向4个坝区订单农业发放3700万元贷款，为粤港澳大湾区菜篮子项目提供有力金融支持。

五是强化财政引导，推动合力并进。推动政府性融资担保机构县域全覆盖，发挥政策性融资担保机制引导作用，撬动更多信贷资金投入坝区产业建设。如龙里县政府性担保公司为坝区产业贷款提供担保35笔，支持产业经营主体获得贷款6810万元；完善坝区特色产业农业保险补贴政策，采取“以奖代补”方式给予支持，并将本级财政承担的保费补贴列入同级财政预算，为坝区经营主体获得银行更多的信贷支持提供了有利条件。

六是强化金融普惠，推动融智建设。指导农信机构创设“农村金融致富学校”和“农业产业革命坝区金融服务学校”，在坝区打造综合服务平台。组织银行和相关部门开展综合服务，通过扶贫产业政策解读，帮助经营主体明确发展方向；通过种养技术培训，促进其强化产业能力；通过金融政策和知识宣讲，使金融资金高效满足融资需求；通过电商平台推广，帮助经营主体打通产销渠道。2019年，在部分坝区开班培训7期，培训学员1312人次，培育致富能手104人，向学员发放贷款5654万元，带动贫困户就业创业456人，不仅增强了坝区“造血”功能，同时培育了大量具备可持续性的坝区产业，提升了坝区金融资源的有效承载能力。

三、预测与展望

2020年是全面建成小康社会和“十三五”规划收官之年，是脱贫攻坚决战决胜之年，也是攻坚克难的拼搏之年。农业、工业、服务业等领域改革不断深化，同时也面临攻克深度贫困最后堡垒任务艰巨、投资增长下行压力加大、新冠肺炎疫情对实体经济造成冲击等问题，全省经济发展机遇与挑战并存，预计仍将呈现良好发展态势。全省金融系统将切实贯彻落实好稳健的货币政策，稳步推进金融改革创新，着力提升金融管理和服务水平，继续加大对疫情防控、企业复工复产、民营和小微企业、“三农”等重点领域和薄弱环节的金融支持力度，扎实做好脱贫攻坚金融服务，着力防范化解金融风险，助力贵州全面做好“六稳”工作，为决战脱贫攻坚、决胜同步小康和经济高质量发展创造良好的货币金融环境。

中国人民银行贵阳中心支行货币政策分析小组

总　纂：张瑞怀　孙　涌

统　稿：王凯明　李家鸽　莫　鹍

执　笔：杨　丽　刘　爽　孔艳彦　叶　茜　颜　寅　党月婷　苏　抒　张小龙　许　熠

提供材料的还有：戎　宇　路　音　于　闯　陈文艳　李雪华　胡琪滢　石　实　张　笑　张宗刚　田　凌　何补江　王　哲　娄　燚　王　飞　孙　怡　李　媛　李　茜　余　勇　蒋　昕　赵　鑫

附录

（一）2019 年贵州省经济金融大事记

1 月，贵州省成为全国首个所有地州市实现 5G 试商用的省份。

3 月 21 日，中国人民银行贵阳中心支行、贵州银保监局、贵州证监局、省财政厅、省农业农村厅等五部门联合出台《关于金融服务乡村振兴的实施意见》。

5 月 26 日至 29 日，2019 中国国际大数据产业博览会在贵州省贵阳市举行。

6 月 10 日，贵州省取消企业银行账户许可，顺利推进“放管服”改革。

6 月 27 日，贵州茅台股价历史上首次突破千元大关，成为股改以来首只千元股。

12 月 25 日，中国银行间市场助推贵州高质量打赢脱贫攻坚战和经济高质量发展大会在贵阳举行，中国银行间市场交易商协会、贵州省地方金融监管局、人民银行贵阳中心支行三方共同签署了《新时代借助银行间市场助推贵州高质量打赢脱贫攻坚战和经济高质量发展深化合作备忘录》。

12 月 30 日，贵州银行在香港联合交易所成功上市，成为全省第一家在国际资本市场上市的金融机构。

2019 年，贵州省新增 3 座世界级大桥，累计达 50 座，成为世界级桥梁最多的省份。

2019 年，贵州省全面完成 188 万人易地扶贫搬迁任务，减少农村贫困人口 124 万人，贫困发生率下降到 0.85%。

2019 年，贵州省地区生产总值同比增长 8.3%，增速连续 9 年位居全国前列。

（二）2019 年贵州省主要经济金融指标

表 1　2019 年贵州省主要存贷款指标

		1 月	2 月	3 月	4 月	5 月	6 月	7 月	8 月	9 月	10 月	11 月	12 月
本外币	金融机构各项存款余额（亿元）	26726.3	26943.8	27459.5	27105.1	27352.7	27891.8	27624.6	27727.1	28079.3	27615.0	27513.0	27221.8
	其中：住户存款	10998.6	11383.4	11397.1	11255.0	11197.9	11313.7	11156.1	11222.1	11516.7	11236.6	11321.1	11549.0
	非金融企业存款	8541.5	8152.9	8505.7	8324.5	8465.6	8738.3	8429.1	8463.2	8594.7	8267.9	8380.8	8283.6
	各项存款余额比上月增加（亿元）	176.6	217.5	515.7	-354.4	247.6	539.1	-267.2	102.4	352.2	-464.3	-102.0	-291.2
	金融机构各项存款同比增长（%）	1.3	3.1	2.8	1.6	1.6	2.2	2.2	2.0	3.8	3.3	2.1	2.6
	金融机构各项贷款余额（亿元）	25683.7	26004.3	26394.4	26604.0	26895.9	27028.7	27342.2	27658.7	27986.7	28179.0	28417.4	28533.3
	其中：短期	4482.1	4479.6	4583.3	4653.9	4690.8	4771.9	4811.2	4860.5	4946.6	4858.7	4911.5	4878.5
	中长期	20683.9	21016.7	21281.3	21407.3	21629.2	21685.5	21970.0	22225.6	22469.8	22735.3	22898.5	23041.4
	票据融资	213.5	205.0	225.3	242.8	270.9	265.3	254.1	265.4	257.8	273.6	296.9	311.8
	各项贷款余额比上月增加（亿元）	621.1	320.6	390.1	209.6	291.9	132.7	313.5	316.6	328.0	192.3	238.4	116.0
	其中：短期	116.1	-2.6	103.8	70.6	36.9	81.1	39.4	49.3	86.1	-87.9	52.8	-33.0
	中长期	485.4	332.8	264.6	126.0	221.9	56.3	284.5	255.6	244.2	265.4	163.3	142.9
	票据融资	14.7	-8.5	20.3	17.5	28.1	-5.7	-11.2	11.3	-7.6	15.7	23.4	14.8
	金融机构各项贷款同比增长（%）	19.8	19.4	19.9	19.4	18.6	17.6	17.4	16.7	16.5	16.3	15.0	15.0
	其中：短期	14.5	14.0	15.8	16.0	16.0	15.2	15.7	16.0	17.8	14.9	14.8	13.7
	中长期	20.6	20.4	20.4	19.7	18.5	17.6	17.4	16.4	15.9	16.2	15.1	15.1
	票据融资	86.1	58.6	104.0	137.2	151.0	121.8	105.3	98.3	83.9	95.4	37.8	56.9
	建筑业贷款余额（亿元）	1360.7	1408.7	1419.7	1403.7	1425.4	1445.2	1489.5	1510.4	1540.6	1553.8	1589.0	1598.3
	房地产业贷款余额（亿元）	1164.9	1206.2	1227.3	1234.6	1266.9	1271.9	1291.9	1299.7	1308.4	1305.7	1297.2	1279.5
	建筑业贷款同比增长（%）	16.7	16.6	16.5	10.0	12.1	14.0	16.2	16.2	15.8	16.1	20.6	20.5
	房地产业贷款同比增长（%）	21.3	19.1	18.9	16.8	18.2	16.8	18.4	18.9	16.0	14.1	11.7	9.7
人民币	金融机构各项存款余额（亿元）	26667.0	26891.3	27407.1	27048.8	27300.7	27834.7	27574.1	27675.0	28025.3	27563.7	27461.3	27170.6
	其中：住户存款	10975.5	11360.5	11373.8	11231.9	11174.7	11291.5	11133.8	11199.4	11494.7	11214.9	11299.2	11527.3
	非金融企业存款	8514.2	8132.2	8483.5	8302.8	8443.2	8710.6	8405.0	8438.0	8570.0	8243.3	8356.4	8259.1
	各项存款余额比上月增加（亿元）	186.5	224.4	515.7	-358.2	251.8	534.0	-260.6	101.0	350.2	-461.5	-102.5	-290.7
	其中：住户存款	379.9	385.0	13.3	-141.9	-57.2	116.8	-157.7	65.6	295.3	-279.8	84.3	228.0
	非金融企业存款	-345.1	-382.0	351.3	-180.7	140.3	267.4	-305.6	33.0	132.1	-326.7	113.0	-97.3
	各项存款同比增长（%）	1.5	3.2	2.9	1.7	1.6	2.3	2.2	2.1	3.9	3.3	2.1	2.6
	其中：住户存款	14.4	7.5	8.1	9.3	8.9	9.4	8.6	8.4	9.9	9.0	9.3	8.9
	非金融企业存款	-14.6	-10.4	-7.6	-11.8	-10.8	-9.2	-10.7	-10.5	-5.8	-7.1	-7.4	-6.8
	金融机构各项贷款余额（亿元）	25590.4	25911.2	26305.3	26514.1	26803.5	26935.4	27248.7	27563.4	27895.9	28091.7	28333.6	28448.7
	其中：个人消费贷款	4916.6	4936.4	5049.4	5194.2	5294.7	5382.5	5471.1	5554.3	5650.2	5747.9	5833.0	5917.6
	票据融资	213.5	205.0	225.3	242.8	270.9	265.3	254.1	265.4	257.8	273.6	296.9	311.8
	各项贷款余额比上月增加（亿元）	624.3	320.8	394.1	208.8	289.4	131.9	313.3	314.8	332.5	195.8	241.9	115.1
	其中：个人消费贷款	129.5	19.8	113.0	144.8	100.5	87.8	88.7	83.2	95.9	97.7	85.1	84.6
	票据融资	14.7	-8.5	20.3	17.5	28.1	-5.7	-11.2	11.3	-7.6	15.7	23.4	14.8
	金融机构各项贷款同比增长（%）	19.9	19.5	20.0	19.5	18.7	17.7	17.5	16.7	16.6	16.4	15.1	15.1
	其中：个人消费贷款	32.7	32.1	32.5	33.8	33.9	33.0	32.1	31.3	31.3	31.5	30.1	30.6
	票据融资	86.1	58.6	104.0	137.2	151.0	121.8	105.3	98.3	83.9	95.4	37.8	56.9
外币	金融机构外币存款余额（亿美元）	8.9	7.8	7.8	8.4	7.5	8.3	7.3	7.3	7.6	7.3	7.4	7.3
	金融机构外币存款同比增长（%）	-43.6	-42.8	-40.7	-30.1	-29.2	-16.8	-21.8	-17.0	-12.8	-17.4	-8.6	-27.1
	金融机构外币贷款余额（亿美元）	13.9	13.9	13.2	13.4	13.4	13.6	13.6	13.4	12.8	12.4	11.9	12.1
	金融机构外币贷款同比增长（%）	-11.8	-11.4	-11.5	-10.0	-8.5	-7.1	-7.4	-4.9	-1.8	-9.8	-13.7	-13.6

数据来源：中国人民银行贵阳中心支行。

表 2　2001~2019 年贵州省各类价格指数

单位：%

		居民消费价格指数		农业生产资料价格指数		工业生产者购进价格指数		工业生产者出厂价格指数	
		当月同比	累计同比	当月同比	累计同比	当月同比	累计同比	当月同比	累计同比
2001		—	1.8	—	-0.6	—	0.2	—	2.2
2002		—	-1.0	—	0.6	—	-2.4	—	-1.1
2003		—	1.2	—	4.1	—	6.0	—	3.4
2004		—	4.0	—	9.0	—	12.0	—	8.0
2005		—	1.0	—	10.2	—	7.4	—	7.2
2006		—	1.7	—	5.4	—	7.3	—	4.3
2007		—	6.4	—	5.1	—	7.5	—	5.0
2008		—	7.6	—	13.4	—	12.5	—	12.4
2009		—	-1.3	—	-3.8	—	-6.5	—	-4.9
2010		—	2.9	—	1.1	—	9.8	—	4.7
2011		—	5.1	—	11.1	—	15.0	—	5.4
2012		—	2.7	—	0.7	—	2.3	—	1.0
2013		—	2.5	—	-1.0	—	-3.6	—	-2.6
2014		—	2.4	—	-1.0	—	-1.4	—	-1.7
2015		—	1.8	—	3.1	—	-2.5	—	-3.9
2016		—	1.4	—	3.0	—	-1.5	—	-2.1
2017		—	0.9	—	-1.2	—	9.7	—	7.2
2018		—	1.8	—	-1.2	—	3.4	—	1.8
2019		—	2.4	—	3.2	—	-0.6	—	-0.2
2018	1	0.9	0.9	-2.1	-2.1	3.7	3.7	0.6	0.6
	2	2.5	1.7	-3.1	-2.6	2.3	3.0	0.8	0.7
	3	1.5	1.7	-3.2	-2.8	2.4	2.8	1.5	0.9
	4	1.4	1.6	-3.1	-2.9	3.0	2.9	1.2	1.0
	5	1.3	1.5	-2.7	-2.8	3.7	3.0	1.7	1.1
	6	1.3	1.5	-1.4	-2.6	4.1	3.2	3.0	1.5
	7	1.6	1.5	-0.8	-2.3	4.8	3.4	3.5	1.7
	8	2.1	1.6	-0.6	-2.1	4.4	3.6	3.1	1.9
	9	1.9	1.6	0.0	-1.9	4.1	3.6	1.7	1.9
	10	2.5	1.7	0.4	-1.7	3.2	3.6	1.1	1.8
	11	2.0	1.7	0.8	-1.5	2.9	3.5	2.2	1.8
	12	1.8	1.8	2.1	-1.2	2.2	3.4	1.8	1.8
2019	1	1.9	1.9	2.0	2.0	1.7	1.7	0.7	0.7
	2	1.2	1.6	2.0	2.0	1.7	1.7	0.4	0.5
	3	1.9	1.7	2.3	2.1	0.8	1.4	0.0	0.4
	4	1.9	1.7	2.4	2.2	0.9	1.3	0.5	0.4
	5	2.1	1.8	1.9	2.1	0.2	1.1	0.7	0.5
	6	1.9	1.8	3.0	2.3	0.6	1.0	0.2	0.4
	7	1.9	1.8	2.9	2.4	-0.5	0.8	0.0	0.4
	8	1.8	1.8	3.1	2.4	-1.1	0.6	-0.5	0.2
	9	2.6	1.9	2.7	2.5	-2.1	0.2	-0.8	0.1
	10	3.2	2.0	5.5	2.8	-2.7	-0.1	-0.7	0.0
	11	4.0	2.2	5.7	3.0	-3.1	-0.3	-1.3	-0.1
	12	4.2	2.4	5.4	3.2	-3.0	-0.6	-1.6	-0.2

数据来源：《中国经济景气月报》、贵州省统计局。

表3　2019年贵州省主要经济指标

	1月	2月	3月	4月	5月	6月	7月	8月	9月	10月	11月	12月
	绝对值（自年初累计）											
地区生产总值（亿元）	—	—	3205.8	—	—	7212.9	—	—	11513.4	—	—	16769.3
第一产业	—	—	378.7	—	—	881.4	—	—	1664.1	—	—	2280.6
第二产业	—	—	1342.3	—	—	2880.3	—	—	4361.2	—	—	6058.5
第三产业	—	—	1484.8	—	—	3451.3	—	—	5488.1	—	—	8430.3
工业增加值（亿元）	—	—	—	—	—	—	—	—	—	—	—	—
固定资产投资（亿元）	—	—	—	—	—	—	—	—	—	—	—	—
房地产开发投资	—	275.7	562.9	778.2	1014.3	1404.3	1655.5	1937.9	2194.2	2471.9	2769.6	2990.8
社会消费品零售总额(亿元)	—	—	—	—	—	—	—	—	—	—	—	—
外贸进出口总额（亿元）	34.0	52.3	88.0	124.0	162.1	202.8	237.4	275.0	315.4	356.8	399.8	453.6
进口	8.2	15.1	25.0	34.1	46.4	59.3	69.0	77.0	88.2	102.1	111.8	126.4
出口	25.9	37.3	63.0	89.9	115.6	143.6	168.4	198.0	227.2	254.7	288.0	327.1
进出口差额(出口－进口)	17.7	22.2	38.1	55.7	69.2	84.3	99.4	121.0	139.1	152.6	176.1	200.7
实际利用外资（亿美元）	1.1	1.3	1.5	1.8	2.5	3.9	4.0	4.3	4.4	4.4	6.8	6.8
地方财政收支差额（亿元）	-229.8	-432.0	-1090.1	-1336.3	-1556.2	-2464.5	-2569.2	-2235.6	-3315.6	-3299.0	-3361.8	-4154.0
地方财政收入	192.5	312.0	461.9	611.1	741.3	915.2	1040.5	1147.7	1332.7	1490.7	1605.8	1767.4
地方财政支出	422.3	744.1	1552.0	1947.3	2297.5	3379.6	3609.7	3383.3	4648.3	4789.7	4967.6	5921.4
城镇登记失业率（%）（季度）	—	—	3.09	—	—	3.09	—	—	3.07	—	—	3.11
	同比累计增长率（%）											
地区生产总值	—	—	9.2	—	—	9.0	—	—	8.7	—	—	8.3
第一产业	—	—	5.1	—	—	5.5	—	—	5.5	—	—	5.7
第二产业	—	—	10.5	—	—	10.4	—	—	10.0	—	—	9.8
第三产业	—	—	8.6	—	—	8.5	—	—	8.5	—	—	7.8
工业增加值	—	9.4	10.1	9.0	8.6	10.0	9.8	9.4	9.6	9.5	9.2	9.6
固定资产投资	—	13.8	13.6	13.5	12.8	12.3	11.8	6.4	5.8	1.8	-0.8	1.0
房地产开发投资	—	18.0	17.3	16.1	15.4	18.7	19.3	23.0	26.9	29.0	26.1	27.3
社会消费品零售总额	—	—	3.5	—	—	4.20	—	—	4.50	—	—	5.1
外贸进出口总额	-29.8	-26.6	-23.1	-20.1	-18.2	-16.0	-15.9	-15.7	-14.1	-13.8	-13.1	-9.8
进口	-44.0	-35.4	-35.0	-31.9	-28.5	-24.0	-25.1	-28.7	-27.9	-27.4	-27.9	-23.1
出口	-23.6	-22.3	-17.0	-14.5	-13.1	-12.2	-11.5	-9.3	-7.1	-6.9	-5.6	-3.4
实际利用外资	—	—	—	—	—	—	—	—	—	—	—	—
地方财政收入	5.3	3.2	-5.2	-3.8	-5.0	-5.4	-5.2	-3.4	1.6	2.2	2.6	2.3
地方财政支出	7.3	3.7	17.5	19.2	14.6	21.4	21.5	17.0	18.7	16.9	13.0	17.7

数据来源：《中国经济景气月报》、贵州省统计局。

云南省金融运行报告（2020）

中国人民银行昆明中心支行货币政策分析小组

[内容摘要] 2019年，云南省坚持以习近平新时代中国特色社会主义思想为指导，牢固树立“四个意识”、坚定“四个自信”、做到“两个维护”，坚持稳中求进工作总基调，贯彻落实高质量发展要求，以供给侧结构性改革为主线，全面做好“六稳”工作，统筹推进稳增长、促改革、调结构、惠民生、防风险、保稳定，全省经济呈现总体平稳、转型加快、质量提升的发展态势。

2019年，云南省经济运行稳中有进，全省地区生产总值同比增长8.1%。一是重点投资领域支撑有力，消费需求稳定增长，出口保持较快增长。全年固定资产投资同比增长8.5%，其中，工业投资保持稳定，基础设施投资有所放缓，民间投资、房地产投资持续向好。社会消费品零售总额同比增长10.4%。网络零售继续保持快速增长，全省通过公共网络实现的商品零售总额同比增长28.2%。全省实现进出口总额同比增长12.8%，其中，进口总额同比增长9.5%，出口总额同比增长17.3%。对东盟进出口增长20.2%。二是农业经济平稳向好，工业增长平稳，服务业保持较快发展，支撑起经济发展“半壁江山”。全省实现农林牧渔业增加值同比增长5.5%。种植业发展态势良好，全省粮食生产再获丰收；林业、渔业和畜牧业增长平稳，牛羊禽加速出栏弥补生猪缺口，高原特色农业稳步推进。全省规模以上工业增加值同比增长8.1%，制造业增加值同比增长6.5%，其中，高技术制造业增加值增长31.1%。第三产业对全省经济增长贡献率达50.6%。启动建设大滇西旅游环线，“一部手机游云南”重构了智慧旅游、全域旅游新生态。三是供给侧结构性改革有力推进，补短板工作成效明显。全力推进高速公路“能通全通”工程，年末全省高速公路通车总里程已达6000公里，90个县（市、区）可通高速公路。脱贫攻坚深入推进，实现136.8万贫困人口净脱贫，33个贫困县申请脱贫摘帽。实施营商环境提升十大行动，为实体经济降成本1350亿元。四是物价温和上涨，就业形势总体稳定。全省居民消费价格指数同比上涨2.5%，工业生产者出厂价格指数与上年同期持平。全省实现城镇新增就业53.4万人，城镇登记失业率3.25%。全省居民人均可支配收入同比增长9.9%。五是财政收入增长放缓，支出结构持续优化。2019年，全省地方一般公共预算收入同比增长4%，较上年回落1.7个百分点；全省地方一般公共预算支出同比增长11.4%，较上年提高5.1个百分点。六是污染防治攻坚战扎实推进，生态文明建设迈出坚实步伐。九大高原湖泊水质保持稳中向好，全省清洁能源发电量占比达92%，完成营造林715万亩，治理水土流失面积5516平方公里，森林覆盖率达到62.4%。

2019年，云南省金融业运行平稳，与全省经济发展相匹配，货币信贷平稳增长，改革不断深化，创新稳步推进，金融生态环境持续优化，对实体经济支持力度不断加大，为实现“六稳”和经济高质量发展营造了适宜的货币金融环境。

2019年，云南省银行业金融机构综合实力稳步提升，服务实体经济能力持续增强。一是存款增长持续回暖，贷款增量创历年新高，信贷支持重点突出。年末，全省金融机构本外币各项存款余额32985.4亿元，同比增长7.3%，较年初增加2237.8亿元；本外币各项贷款余额31565亿元，同比增长10.8%，较年初增加2961.2亿元，创历年新高。金融机构有力支持基础设施“补短板”，对薄弱环节和民生领域的信贷支持力度加大。基础设施建设行业贷款余额同比增长12.5%，全年累计发放创业担保贷款量居全国第二。2015年以来累计发放金融精准扶贫贷款4817.5亿元。不断深化民营和小微企业金融服务，2019年末，全省小微企业贷款余额同比增长8.2%。再贴现办理量创历年新高，全省全年累计办理再贴现469.6亿元，同比增长42.1%。二是金融机构LPR应用占比明显提升，贷款利率同比下降。2019年末，接近90%的新发放贷款已经参考LPR定价。贷款市场报价利率（LPR）引导实体经济融资成本下行效果显现，12月，全省金融机构发放的企业贷款加权平均利率为5.1%，比上年同期和上年最高点分别下降23个和48个基点。三是融资结构持续改善，金融市场交易活跃。社会融资规模增量创历年新高，全年全省社会融资规模增量4926.2亿元，同比多增692亿元。直接债务融资增势强劲，全年全省共发行143只直接债务融资工具，募集资金同比增长59%。银行间市场业务交易活跃。四是金融风险总体可控。不良贷款实现"双降"，年末不良贷款余额、不良贷款率分别较年初减少133.7亿元、下降0.7个百分点。五是跨境人民币业务稳步发展。自2010年6月试点以来，全省跨境人民币累计收付金额突破五千亿元，累计参与结算企业3400余户，境外地域覆盖面扩大至95个国家或地区，其中"一带一路"沿线国家37个。六是证券业稳步发展，融资功能有效发挥。证券期货机构经营总体稳健，全年云南省证券市场累计交易额同比增长23.9%，期货市场累计交易额同比增长54.7%。全年云南省企业实现股票融资59.3亿元，全年通过公司债、资产支持证券等累计募集资金444.2亿元。七是保险服务功能持续发挥，业务创新不断发展。全年累计实现保费收入同比增长11.1%，保险密度1527.5元/人、保险深度3.2%。高原特色农业保险保障程度不断提升，出口信用保险助力云南企业"走出去"。八是金融生态环境建设不断深化，金融基础设施持续完善。农村信用体系建设稳步推进，征信服务不断改进。开展移动支付便民工程，上线运行边民信息平台，加快推动全省惠农支付服务点的发展和改造升级。深化金融广告治理，加强投诉管理，切实维护金融消费者合法权益。

当前云南省经济保持健康稳定发展的积极因素较多，传统优势产业转型升级成效显著，交通基础设施、民生保障等领域短板弱项加快补齐。但也要看到，新冠肺炎疫情对全球生产和需求造成全面冲击，云南省发展面临的困难、风险和不确定性因素明显增多，经济下行压力较大，发展不平衡不充分问题仍然突出。2020年，云南省将以习近平新时代中国特色社会主义思想为指导，深入贯彻落实习近平总书记考察云南重要讲话精神和党中央决策部署，增强"四个意识"、坚定"四个自信"、做到"两个维护"，紧扣全面脱贫、全面建成小康社会目标任务，统筹推进疫情防控和经济社会发展工作。全省金融部门将贯彻落实好稳健的货币政策，更加注重灵活适度，把支持实体经济恢复发展放到更加突出的位置，保持货币信贷、社会融资规模增长同区域经济发展相适应，积极推动金融改革，促进信贷结构优化，守住风险底线，继续为供给侧结构性改革和高质量发展营造适宜的货币金融环境。

一、金融运行情况

2019年，云南省金融业运行平稳，与全省经济发展相匹配，改革不断深化，创新稳步推进，金融生态环境持续优化，对实体经济支持力度不断加大，为全省经济高质量发展和供给侧结构性改革营造了适宜的货币金融环境。

（一）银行业稳健运行，货币信贷平稳增长

1. 综合实力稳步提升，服务实体经济能力持续增强。2019年末，云南省银行业金融机构资产、负债总额同比分别增长7.9%和7.7%，增速较上年末分别提高5.2个和5.3个百分点。

受利率市场化改革、降成本政策效应释放等因素影响，银行业金融机构净息差较上年收窄 0.1 个百分点，盈利能力基本稳定，资产利润率为 1.7%。

表 1　2019 年云南省银行业金融机构情况

机构类别	营业网点			法人机构（个）
	机构个数（个）	从业人数（人）	资产总额（亿元）	
一、大型商业银行	2420	37051	16615	0
二、国家开发银行和政策性银行	89	2134	6832	0
三、股份制商业银行	393	8296	4227	0
四、城市商业银行	226	5628	4324	3
五、城市信用社	0	0	0	0
六、小型农村金融机构	2239	23368	10262	133
七、财务公司	5	113	392	4
八、信托公司	1	112	36	1
九、外资银行	7	96	88	0
十、新型农村金融机构	168	3152	375	73
十一、其他	4	203	1002	1
合　计	5552	80153	44152	215

注：营业网点不包括国家开发银行和政策性银行、大型商业银行、股份制商业银行等金融机构总部数据；大型商业银行包括中国工商银行、中国农业银行、中国银行、中国建设银行、交通银行和中国邮政储蓄银行；小型农村金融机构包括农村商业银行、农村合作银行和农村信用社；新型农村金融机构包括村镇银行、贷款公司和农村资金互助社；“其他”包含金融租赁公司、汽车金融公司、货币经纪公司、消费金融公司等。

数据来源：云南银保监局。

2. 各项存款增长持续回暖，企业存款明显改善。2019 年末，金融机构本外币各项存款余额 32985.4 亿元，同比增长 7.3%，增速较上年末提高 5.4 个百分点，较年初增加 2237.8 亿元，同比多增 1657.6 亿元。其中，住户存款同比增长 9.8%，增速与上年末持平，非金融企业存款增长 3.5%，增速较上年末提高 13.8 个百分点。外币存款余额 23.5 亿美元，同比下降 13.6%。年末，全省结构性存款余额 757.4 亿元，同比增长 10.1%。

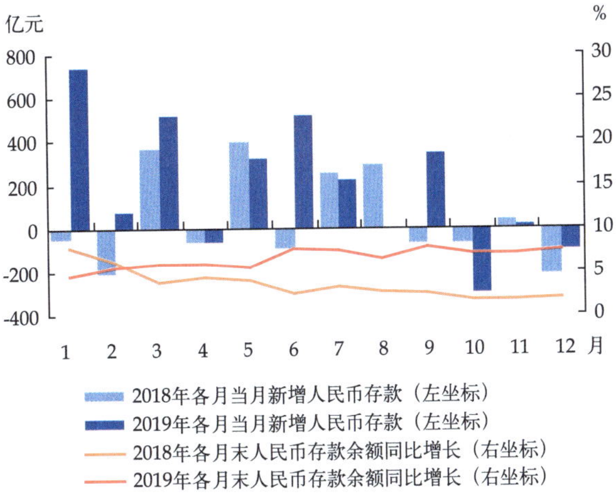

数据来源：中国人民银行昆明中心支行。

图 1　2018~2019 年云南省金融机构人民币存款增长变化

3. 各项贷款增量创历年新高，信贷支持重点突出。2019 年末，金融机构本外币各项贷款余额 31565 亿元，同比增长 10.8%，较年初增加 2961.2 亿元，创历年新高，同比多增 333.8 亿元。中长期贷款稳定增长，年末余额同比增长 12.8%，全年中长期贷款增量占同期各项贷款增量的比重为 84.4%，比上年提高 7.3 个百分点。其中，中长期个人消费贷款余额同比增长 27.3%，与住房销售加快等因素有关；六大高耗能行业[①]中长期贷款余额同比下降 2.4%。第三产业贷款平稳增长，贷款余额同比增长 9.3%。金融机构有力支持基础设施建设等“补短板”，对薄弱环节和民生领域信贷支持力度加大。年末，基础设施建设行业贷款突破万亿元，余额同比增长 12.5%；全年累计发放创业担保贷款超百亿元，居全国第二位。2015 年以来，全省金融机构累计发放金融精准扶贫贷款 4817.5 亿元，123.5 万建档立卡贫困人口、72.5 万已脱贫人口直接获得信贷支持。民营和小微企业金融服务力度加大。2019 年末，全省小微企业贷款余额 5705.9 亿元，同比增长 8.2%。金融机构

①六大高耗能行业，即非金属矿物制品业，化学原料和化学制品制造业，电力热力生产和供应业，黑色金属冶炼和压延加工业，有色金属冶炼和压延加工业，石油、煤炭及其他燃料加工业。

持续下沉重心，普惠领域小微贷款“量增、面扩”。2019 年末，全省普惠口径小微贷款余额 1722.9 亿元，较年初增长 8.4%；普惠口径小微贷款户数 58.6 万户，较年初增长 21.7%。中国人民银行昆明中心支行再贴现办理量创历年新高，全年累计办理再贴现 469.6 亿元，同比增长 42.1%，其中，涉农、小微、民营票据再贴现余额占比分别为 77.8%、46.4% 和 38.5%。年末，全省再贴现余额 175.1 亿元，全省信贷政策支持再贷款（含支农、支小、扶贫再贷款）余额 143.6 亿元。

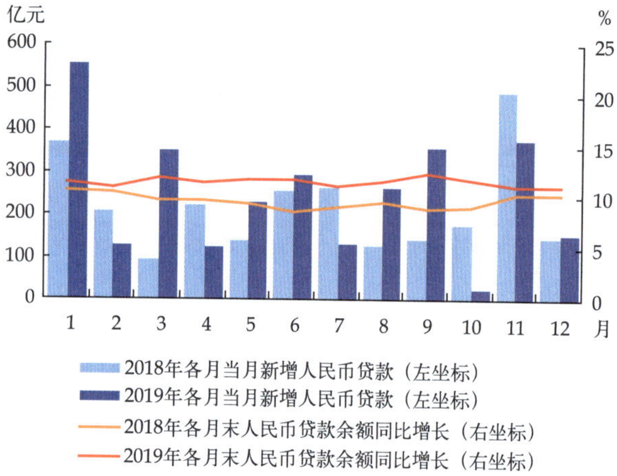

数据来源：中国人民银行昆明中心支行。

图 2 2018~2019 年云南省金融机构人民币贷款增长变化

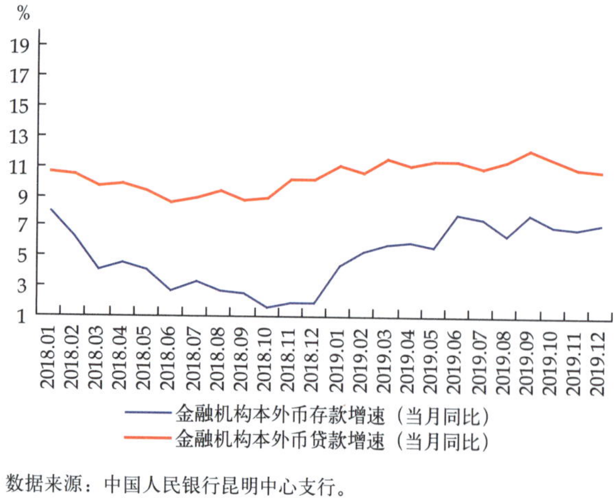

数据来源：中国人民银行昆明中心支行。

图 3 2018~2019 年云南省金融机构本外币存、贷款增速变化

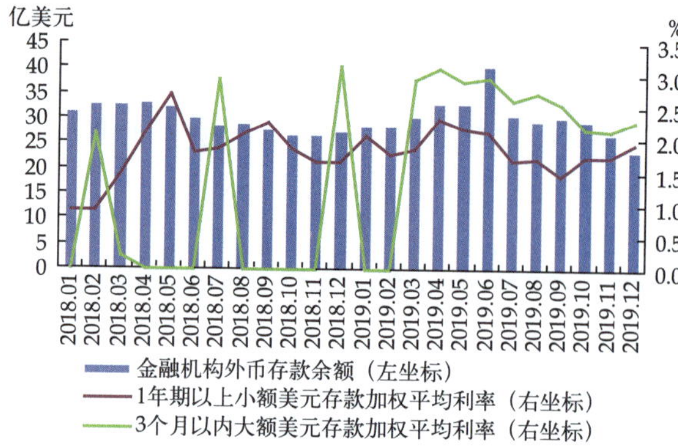

数据来源：中国人民银行昆明中心支行。

图 4 2018~2019 年云南省金融机构外币存款余额及外币存款利率

4. 表外业务增速回落。2019 年末，银行业金融机构表外理财资金余额 2831.2 亿元，同比增长 3.8%。金融机构资产管理业务更为规范，委托贷款和信托贷款主动回表，委托贷款余额 2422.5 亿元，同比下降 6%，信托贷款余额 934.5 亿元，同比增长 2.7%。全省金融机构发行的同业存单余额为 455.4 亿元，同比下降 29%。

表 2 2019 年云南省金融机构人民币贷款各利率区间占比

（LPR 改革前） 单位：%

月份		1 月	2 月	3 月	4 月	5 月	6 月	7 月
合计		100.0	100.0	100.0	100.0	100.0	100.0	100.0
下浮		13.0	3.7	11.5	13.6	9.3	13.1	8.0
基准		23.4	17.2	20.0	23.5	19.0	24.7	17.8
上浮	小计	63.6	79.2	68.5	62.9	71.7	62.3	74.1
	(1.0, 1.1]	9.6	16.1	11.2	9.0	12.1	9.3	8.8
	(1.1, 1.3]	23.4	23.8	23.3	17.5	21.2	21.2	23.1
	(1.3, 1.5]	11.1	15.6	14.3	13.7	15.6	15.1	13.9
	(1.5, 2.0]	17.5	20.9	17.0	20.2	19.8	14.7	24.2
	2.0 以上	2.0	2.8	2.8	2.5	3.0	1.8	4.1

（LPR 改革后）

月份		8 月	9 月	10 月	11 月	12 月
合计		100.0	100.0	100.0	100.0	100.0
LPR 减点		8.0	9.0	2.6	10.2	16.0
LPR		0.5	1.0	1.8	2.9	2.5
LPR 加点	小计	91.5	90.1	95.6	86.9	81.5
	(LPR, LPR+0.5%)	26.7	44.6	60.6	30.4	21.7
	[LPR+0.5%, LPR+1.5%)	25.7	18.6	13.0	22.2	23.1
	[LPR+1.5%, LPR+3%)	25.8	17.7	14.3	20.7	25.4
	[LPR+3%, LPR+5%)	11.6	7.2	6.5	10.3	8.8
	LPR+5% 及以上	1.7	2.0	1.2	3.1	2.4

数据来源：中国人民银行昆明中心支行。

5. 金融机构 LPR 应用占比明显提升，贷款利率同比下降。2019 年，云南省银行业金融机构人民币一般贷款加权平均利率为 5.63%，同比下降 0.15 个百分点。积极推进建立省内州（市）级自律联席会议制度，实现了全省各州市自律机制全覆盖。贷款市场报价利率（LPR）应用占比稳步提升，2019 年末，接近 90% 的新发放贷款已经参考 LPR 定价。LPR 引导实体经济融资成本下行效果显现，12 月，全省金融机构发放的企业贷款加权平均利率为 5.1%，比上年同期和上年最高点分别下降 23 个和 48 个基点。全年小微企业贷款加权平均利率稳中有降，其中，第四季度小微企业贷款加权平均利率为 5.51%，比第一、第二、第三季度分别下降 22 个、34 个和 2 个基点。

6. 金融风险总体可控，风险抵御能力不断增强。2019 年，云南省银行业金融机构采取有效措施防范化解金融风险，不良贷款余额和不良贷款率实现“双降”。年末不良贷款余额 698.1 亿元，较年初减少 133.7 亿元；不良贷款率 2.2%，较年初下降 0.7 个百分点。年末，银行业金融机构拨备覆盖率 182.3%，较年初提高 38 个百分点；贷款拨备率 4%，较年初下降 0.2 个百分点。

专栏 1　云南省跨境人民币业务迈上新台阶

2019 年，面对错综复杂的国内外经济金融环境变化、跨境资金流动风险和人民币汇率双向波动的压力，中国人民银行昆明中心支行切实推动和落实各项跨境人民币业务政策，立足沿边区位优势，不断研究和推动人民币在周边国家的使用，促进贸易投资结算便利化。

助力涉外经济，累计收付额突破 5000 亿元。自 2010 年 6 月云南省成为全国第二批开展跨境贸易人民币结算试点地区起，全省跨境人民币业务从无到有、规模从小到大，业务覆盖范围不断延伸，市场主体接受度明显提高，有力支持实体经济发展，助推了涉外经济发展。截至 2019 年末，全省跨境人民币累计收付 5222.9 亿元，境外覆盖至 95 个国家和地区，跨境人民币业务已覆盖全省 16 个州市、21 个对外口岸，参与企业累计达 3400 余户。

立足实体需要，提升跨境人民币业务水平。2019 年，为加快落实便利化创新政策，便利企业和个人跨境结算的需要，中国人民银行昆明中心支行积极推动全省跨境人民币业务发展，人民币在跨境结算中影响力不断提升。全年全省跨境人民币收付 627 亿元，同比增长 9.8%，在边境八省中位居第 3 位，在全国居第 18 位。人民币在周边国家使用增多，云南与毗邻的缅甸、越南、老挝跨境人民币收付分别为 212.5 亿元、135.5 亿元和 21.4 亿元，增幅分别为 5.2%、5.6% 和 2.4%。人民币收付在全省同期国际收支中的占比达 32.5%，是试点初期的 6.6 倍，在全省继续保持仅次于美元的第二大跨境结算货币地位。在自贸区开展便利化试点业务，简化优质企业跨境人民币结算流程，指导云南省跨境人民币自律组织制订实施方案并确定首批 123 户优质企业名单，于 12 月 17 日正式启动便利化试点业务。

服务“一带一路”，便利贸易和投资结算往来。围绕“一带一路”建设的重大机遇，发挥本币跨境结算优势，不断便利与周边国家的贸易和投资结算往来。在政策沟通方面，积极宣传本币跨境结算政策。2019 年 6 月组织全省商业银行开展专题宣传活动，利用网络、微信等新媒体拓宽宣传渠道，延伸宣传范围到边境口岸、边境村落、边民互市点等沿边一线，提升沿边市场主体对政策的认知度和参与度。在设施联通方面，助力互联互通项目投资结算，鼓励银行加大业务推介力度，发挥本币结算政策便利，配合“一带一路”互联互通项目建设。2019 年，中老铁路项目人民币投资汇出 1.4 亿元，中老高速公路项目人民币投资汇出2.6亿元。在贸易畅通方面，提升沿边地区业务覆盖水平，鼓励商业银行开展边民互市结算业务，满足沿边主体跨境贸易结算需要。2019年，全省边境贸易人民币结算151.9亿元，同比增长5.2%。在资金融通方面，境外项目贷款支持企业"走出去"。简化了企业办理境外融资的手续，助力中资企业在缅甸、老挝等的项目建设，2019年末，全省境外项目人民币贷款余额52亿元。在民心相通方面，推进人民币与周边国家货币兑换服务，满足云南省与周边国家人员及经贸往来的需要。2019年，全省银行开展人民币兑泰铢、老挝基普、越南盾柜台交易共计5.3亿元，同比增长40%。

7.跨境人民币业务稳步发展，辐射面持续扩大。2019年，云南省跨境人民币收付金额627亿元，同比增长9.8%。其中，经常项目跨境人民币收付金额453亿元，同比增长1.7%；资本项目跨境人民币收付金额174亿元，同比增长38.4%。云南与毗邻的缅甸、越南和老挝收付金额分别增长5.2%、5.6%和2.4%。自2010年6月试点以来，全省跨境人民币累计收付金额达5222.9亿元，累计参与结算企业3400余户，境外地域覆盖面扩大至95个国家或地区，其中"一带一路"沿线国家37个。

（二）证券业稳步发展，融资功能有效发挥

1.机构经营总体稳健，服务功能进一步提升。2019年末，云南省共有2家法人证券公司，2家法人期货公司。财务指标总体稳健，两家法人证券公司总资产同比增长8.6%，两家法人期货公司总资产同比增长36.1%。2019年，云南省证券市场累计交易额27598.2亿元，同比增长23.9%；期货市场累计交易额26361.7亿元，同比增长54.7%。

表3　2019年云南省证券业基本情况

项目	数量
总部设在辖内的证券公司数（家）	2
总部设在辖内的基金公司数（家）	0
总部设在辖内的期货公司数（家）	2
年末国内上市公司数（家）	36
当年国内股票（A股）筹资（亿元）	59
当年发行H股筹资（亿元）	0
当年国内债券筹资（亿元）	2076
其中：短期融资券筹资额（亿元）	117
中期票据筹资额（亿元）	364

数据来源：中国人民银行昆明中心支行、云南证监局。

2.融资规模持续扩大，为实体经济提供有力支持。2019年末，云南省共有上市公司36家，其中，沪市14家，深市22家；主板22家，中小板10家，创业板4家。全年云南省企业累计实现股票融资59.3亿元，其中3家次企业实现首发融资26.2亿元，3家次上市公司实现再融资33.1亿元，累计4家次上市公司实施重大资产重组，涉及交易金额549.8亿元。全年全省企业累计通过交易所市场发行公司债券35只，融资金额333.1亿元；资产证券化产品8只，融资金额111.1亿元。年末，存续公司债券126只，融资金额1153亿元；存量资产证券化产品74只，融资金额344.1亿元。

3.多层次资本市场建设稳步推进，新三板挂牌企业继续增加。2019年，云南省新增新三板挂牌公司2家。年末，全省共有新三板挂牌公司79家，其中，基础层69家、创新层10家，做市转让13家、集合竞价转让66家。累计2家次挂牌公司实现股票融资2.17亿元。

（三）保险服务功能持续发挥，业务创新不断发展

1.行业实力稳步提升，保费增速平稳。

2019年末，云南省保险行业总资产1148.8亿元，同比增长13.5%。全省共有法人保险公司1家，保险省级分公司42家。州市及以下机构2740家，实现129个县区全覆盖。全年全省保险业累计实现保费收入742.1亿元，同比增长11.1%，较上年提高2.2个百分点。保障型健康险快速发展，保费同比增长38.9%，占全省保费收入的17.1%。财产险公司车险保费同比增长5.4%。2019年，云南省保险密度1527.5元/人、保险深度3.2%。全年支付各类赔款及给付260.7亿元，同比增长4.9%，其中，健康险赔款及给付56.37亿元，同比增长25.6%。

2. 提供特色优质服务，助力保障民生。高原特色农业保险保障不断提升。结合云南省高原特色现代农业产业发展规划，农业保险险种增加，覆盖面不断扩大。2019年末，全省已开办农险险种50余个，基本覆盖深度贫困地区农业生产中主要的粮食作物、经济作物、大小牲畜和经济林木。全年全省农业保险累计提供风险保障1489.6亿元，赔款支出10.7亿元，受益农户135.4万户次。设立城乡居民大病保险服务网点，覆盖大病保险承办地区的所有县。在提升大病保险保障的同时，完善昭通民政救助补充保险、武定县“扶贫保”等特色健康保险项目运行模式，进一步提高群众的医疗保障，降低群众自费部分，防止因病致贫、返贫。

表4　2019年云南省保险业基本情况

项目	数量
总部设在辖内的保险公司数（家）	1
其中：财产险经营主体（家）	1
人身险经营主体（家）	0
保险公司分支机构（家）	42
其中：财产险公司分支机构（家）	27
人身险公司分支机构（家）	15
保费收入（中外资，亿元）	742.1
其中：财产险保费收入（中外资，亿元）	332.7
人身险保费收入（中外资，亿元）	409.4
各类赔款给付（中外资，亿元）	260.7
保险密度（元/人）	1527.5
保险深度（%）	3.2

数据来源：云南银保监局。

3. 服务实体经济，助力云南企业“走出去”。2019年，政策性出口信用保险承保云南外经贸风险金额288亿元，累计向企业支付赔款1.1亿元，同比增长180.3%。通过出口信用保险项下贸易及项目融资帮助云南企业融资19.1亿元，通过中国信保在全球建立的渠道和网络，帮助云南企业调查海外买家资信500余次。

（四）融资结构持续改善，金融市场交易活跃

1. 社会融资规模增量创历年新高，融资结构进一步优化。2019年，全省社会融资规模增量4926.2亿元，创历年新高，同比多增692亿元。分结构看，表内贷款累计新增2963.5亿元，同比多增369.8亿元；表外融资（含委托贷款、信托贷款、未贴现银行承兑汇票）累计减少255.4亿元，减幅收窄286.5亿元；直接融资（含债券和股票融资）累计新增652.4亿元，同比多增250.7亿元；政府债券累计新增1132.9亿元，同比少增124.9亿元。

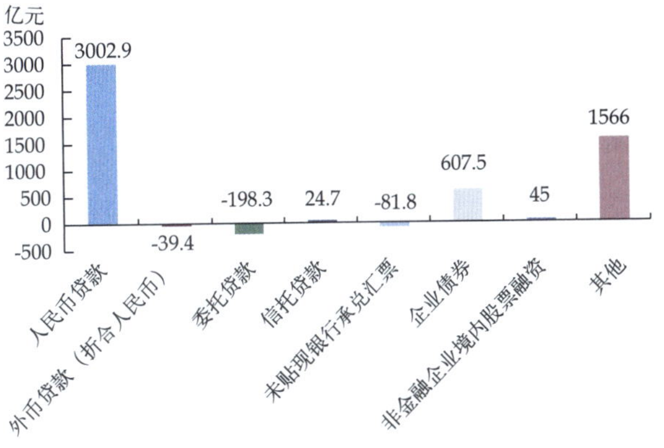

数据来源：中国人民银行昆明中心支行。

图5　2019年云南省社会融资规模分布结构

2. 直接债务融资增势强劲，当年发行规模突破千亿元。2019年，云南省非金融企业在全国银行间市场共发行143只直接债务融资工具，募集资金1528.5亿元，同比增长59%，高于全国平均增速，发行规模在全国排名第12位。2019年，债券市场资金充裕，发行成本降低，全省直接债务融资综合平均利率为4.21%，较上

年降低 106 个基点，助推企业降低融资成本。

3. 银行间市场业务交易活跃，市场利率下行。 2019 年，全省地方法人金融机构通过同业拆借、债券回购、现券买卖等方式累计成交 127798 亿元，同比增长 5.4%。其中，同业拆借累计交易 3565 亿元，债券回购交易累计成交 115551 亿元，现券买卖累计成交 8682 亿元。全年新增 65 家中小农村法人金融机构成为银行间债券市场成员，全省银行间债券市场现券交易量同比增长 296%。全年金融市场流动性合理充裕，资金价格处于较低水平，云南省市场成员通过质押式回购融入融出资金，全年 1 天隔夜品种加权平均利率为 2.09%，7 天期品种加权平均拆借利率为 2.61%。

4. 票据融资快速增长，利率水平下行。 2019 年末，全省银行承兑汇票余额同比增长 18.7%。其中，中小企业签发的银行承兑汇票余额占比 51.8%。票据融资增速放缓，年末余额同比增长 14.5%。全年票据直贴加权平均利率为 3.39%，较上年下降 1.2 个百分点。

表 5　2019 年云南省金融机构票据业务量统计

单位：亿元

季度	银行承兑汇票承兑		贴现			
			银行承兑汇票		商业承兑汇票	
	余额	累计发生额	余额	累计发生额	余额	累计发生额
1	943.9	443.8	389	314.1	57.4	25.9
2	945.3	728.1	360.8	689.3	63.7	63.1
3	926.5	1077.1	395.3	978.6	62.4	96.8
4	834.1	1331.7	365.5	1134.9	56.7	119

数据来源：中国人民银行昆明中心支行。

表 6　2019 年云南省金融机构票据贴现、转贴现利率

单位：%

季度	贴现		转贴现	
	银行承兑汇票	商业承兑汇票	票据买断	票据回购
1	3.55	4.63	3.14	2.83
2	3.50	3.98	3.08	2.91
3	3.23	4.38	2.78	2.70
4	3.00	3.81	2.46	2.56

数据来源：中国人民银行昆明中心支行。

（五）金融生态环境建设不断深化，金融基础设施持续完善

1. 社会信用环境进一步优化。 探索培育云南地方征信平台，助力解决民营和小微企业融资难题。农村信用体系建设稳步推进，2019 年末，全省农户建档数 945.8 万户，全省共组织评定信用户 727.5 万户、信用村 4397 个、信用乡镇 414 个。中国人民银行昆明中心支行以农村信用体系建设为抓手，推动“三区三州”的怒江州独龙江乡实现整乡建档，“直过民族”独龙族整族授信，怒江州独龙族成为全国首个“整乡建档、整族授信”的人口较少民族。提升个人信用报告自助查询服务。深入开展征信宣传教育，全省共组织开展征信现场宣传活动 4180 场次，全省共 378 家大中小学开设征信课程，设立诚信文化和征信知识宣传教育基地 237 个。

2. 支付系统建设稳步推进。 推动开展移动支付便民工程，2019 年末，全省特约商户总数 194.4 万户，其中，非接商户已完成改造 121.4 万户，全省移动支付（二维码 + 手机 PAY）清算交易 8775.4 万笔。上线运行边民信息平台，落实境外边民银行账户实名制。创新农村多样化支付服务发展模式，加快推动全省惠农支付服务点实现“点”到“站”的发展和改造升级，助力云南省脱贫攻坚。年末，全省建设惠农业务点 14864 个，其中包括普惠金融服务站 7021 个。

3. 消费者权益保护成效明显。 坚持以人民为中心，深化金融广告治理，加强投诉管理，持续推进金融知识宣传教育，切实维护金融消费者合法权益。2019 年，全省 12363 电话共受理咨询 3092 起、投诉 117 起。以“一带一路”为契机，在外籍人员金融消费维权机制上进行有益探索。全年通过“3・15”“普及金融知识，守住‘钱袋子’”“金融知识普及月”等重要节点开展宣传，覆盖 1312.6 万人次。

专栏 2　构建金融支持“组合拳”　助力疫情防控与复工复产

新冠肺炎疫情发生以来，中国人民银行昆明中心支行坚决贯彻党中央、国务院决策部署，落实人民银行总行、云南省委省政府的工作要求，构建强化政策指导、执行、运用“组合拳”，组织和引导金融机构加大对疫情防控和复工复产相关领域的信贷投放。

强化政策指导，推动重点保障企业融资需求向有效信贷转换。一是做好政策指引。结合全省实际,制定出台金融支持疫情防控、促进复工复产等文件，积极将金融服务融入全省疫情防控大局。二是支持做好重点企业名单管理。推动云南省发展和改革委员会、工业和信息化厅做好全国性重点企业名单申报工作，争取推荐更多省内企业进入全国性重点企业名单，享受国家优惠政策。配合省发展改革委、工业和信息化厅、农业农村厅确定省级疫情防控重点保障企业名单，及时将全国性和省级重点企业名单提供给相关金融机构，推动和促进银企信息快速对接。三是加大窗口指导。鼓励金融机构有效整合不同业务条线力量，主动对接企业融资需求，加大信贷资源倾斜,提高信贷审批投放效率，全面扩大对全国性及省级名单内企业的信贷投放，促进政策尽快落地见效。

强化政策执行，用足用好专项再贷款政策。一是建立信息共享快速对接机制。第一时间将专项再贷款政策及要求传达至9家全国性银行在滇分支机构，实时向金融机构共享各批次全国性重要企业名单，促进银企信息快速对接。二是强化信贷投放快速响应机制。指导9家全国性银行在滇分支机构构建信贷审批“绿色通道”，确保全国性重点企业开展疫情防控相关经营活动的融资需求有求必应。三是压实监督监测快速跟进机制。按日监测金融机构运用专项再贷款发放优惠利率贷款的资金、期限、利率、用途、投向，推动专项再贷款资金快速、精准、合规使用，切实将央行优惠政策传导至疫情防控相关领域。

强化政策运用，发挥结构性工具的牵引带动作用。一方面,管好用好再贷款专用额度,确保央行优惠政策及时精准传导至与疫情防控和复工复产相关领域。第一时间将再贷款专用额度铺底发放至全省符合条件的160家地方法人金融机构，组织和引导金融机构下沉服务重心，主动对接防控保供、春耕备耕、脱贫攻坚、外贸出口等领域的融资需求。另一方面，开辟再贴现抗疫“绿色通道”，支持和引导金融机构扩大对疫情防控相关领域的信贷支持。优先办理纳入全国性或全省疫情防控重点保障企业名单内的企业以及与疫情防控医疗用品和生活物资生产、运输、销售相关的企业票据再贴现申请，对申请办理再贴现业务的相关票据类型、单张票面金额、贴现利率以及贴现企业规模不设置限定条件，综合运用线上线下审批方式,提高审批效率，确保再贴现资金尽早发放到位，提高再贴现使用成效。

在全省金融机构的共同努力下，全省疫情防控金融服务工作成效逐渐显现。一是有效支持全国名单企业防控保供生产经营，截至4月末，全省金融机构共对81家全国重点企业名单内企业发放优惠利率贷款30.9亿元。二是将再贷款专用额度政策及时传导至复工复产相关领域，引导全省地方法人金融机构发放符合要求的涉农贷款39.1亿元、普惠小微贷款44.6亿元。三是再贴现支持力度进一步加大。1~4月，全省累计办理再贴现169.7亿元，同比多办理10.7亿元。4月末，全省再贴现余额161.4亿元，其中涉农票据、小微企业票据、民营企业票据再贴现余额占比分别为68.6%、41.7%和44%。四是有力支持省级重点名单企业。据统计，截至4月末，全省金融机构对省级名单（前三批，1473家）中的469家企业累计发放贷款433.1亿元。

二、经济运行情况

2019 年，云南省经济运行稳中有进，全省地区生产总值 23223.8 亿元，同比增长 8.1%，高于全国 2 个百分点。全省人均地区生产总值 47944 元，同比增长 7.4%。

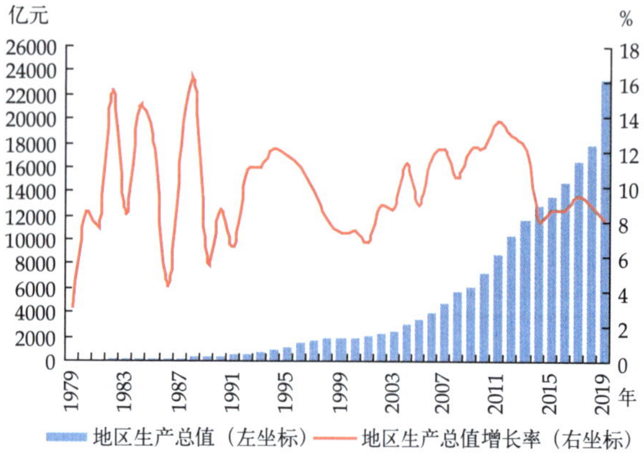

数据来源：云南省统计局。

图 6　1979~2019 年云南省地区生产总值及其增长率

（一）内需平稳，出口增长加快

1. 投资需求稳中趋缓，重点领域支撑有力。 2019 年，全省固定资产投资（不含农户）同比增长 8.5%，高于全国 3.1 个百分点。分三次产业看，全省第一、第二、第三产业投资同比分别增长 25.5%、11.8% 和 7%。从重点领域看，全省民间固定资产投资同比增长 20.3%，占全省固定资产投资的比重为 41.5%。基础设施投资同比增长 6.1%，占全省固定资产投资的比重为 40.5%。从重要行业看，工业投资同比增长 11.7%，其中，制造业投资同比增长 11.9%，采矿业投资同比增长 12.3%。交通运输、仓储及邮政业投资同比增长 15.3%。全省房地产开发投资同比增长 27.8%。

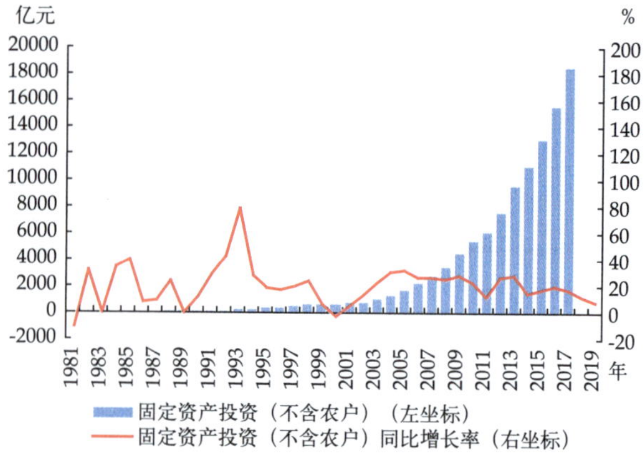

注：2018 年起云南省固定资产投资（不含农户）绝对值未公布。
数据来源：云南省统计局。

图 7　1981~2019 年云南省固定资产投资（不含农户）及其增长率

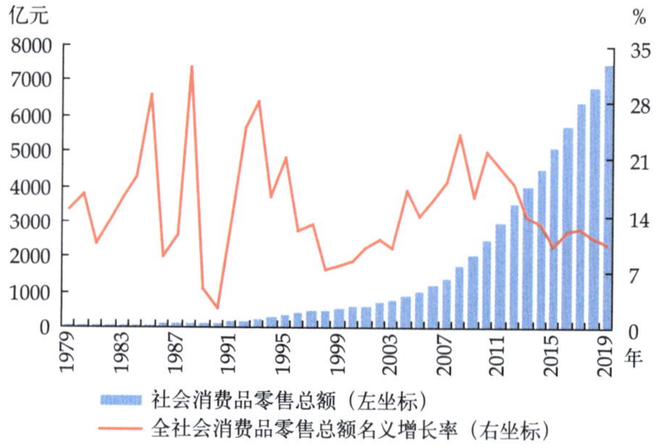

数据来源：云南省统计局。

图 8　1979~2019 年云南省社会消费品零售总额及其增长率

2. 消费需求保持稳定增长，消费结构持续优化。 2019 年，全省实现社会消费品零售总额 7539.2 亿元，同比增长 10.4%。城镇市场消费品零售额同比增长 10.4%，乡村市场零售额同比增长 10.6%；商品零售同比增长 10.4%，餐饮收入同比增长 11%。在限上商品零售类值中，全省通过公共网络实现商品零售额 42.6 亿元，同比增长 28.2%。消费升级类商品增长较快，其中，化妆品类、家具类、金银珠宝类、通讯器材类商品零售额增速分别比社会消费品零售增速高 15 个、6.2 个、5.1 个和 5 个百分点。汽车消费持续放缓，汽车类商品零售额仅增长1.6%。

3. 外贸进口增速回落，出口保持较快增长。2019年，全省外贸进出口总额336.9亿美元，同比增长12.8%。其中，出口总额150.2亿美元，同比增长17.3%。受贸易摩擦、上年同期基数高等因素影响，全省进口增速明显回落，进口总额186.7亿美元，同比增长9.5%。对欧盟进出口13.7亿美元，同比下降3.2%；对东盟进出口165.8亿美元，同比增长20.2%。2019年，云南省共批准利用外资项目236个，同比增长29.7%。合同利用外资55.5亿美元，同比下降30.2%。实际使用外商直接投资7.2亿美元。

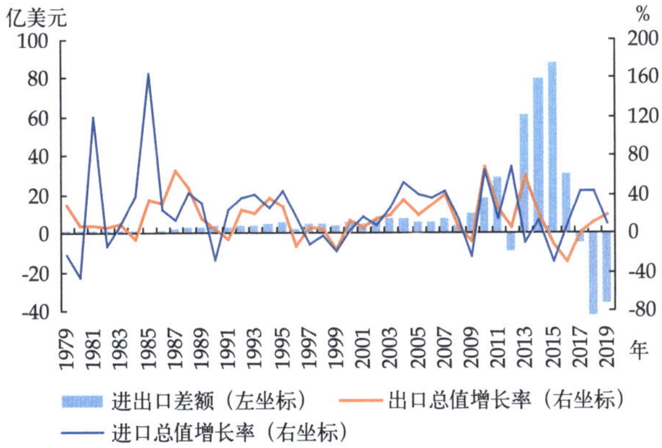

数据来源：云南省统计局、云南省商务厅。

图9　1979~2019年云南省外贸进出口变动情况

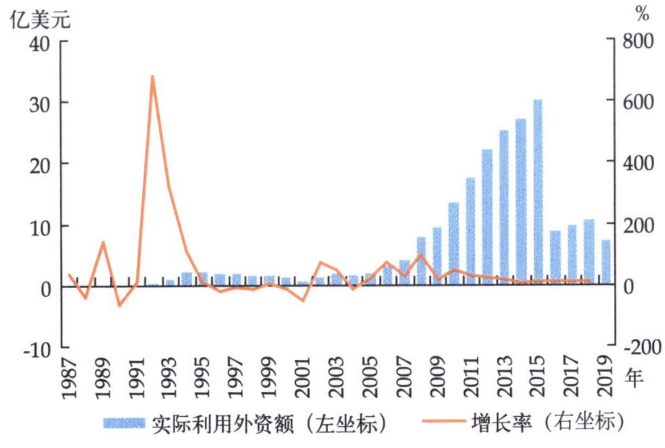

数据来源：云南省统计局、云南省商务厅。

图10　1987~2019年云南省实际利用外资额及其增长率

（二）产业结构继续优化，服务业贡献不断增强

2019年，全省三次产业增加值比重为13.1∶34.3∶52.6。其中，第一产业增加值3037.6亿元，同比增长5.5%；第二产业增加值7961.6亿元，同比增长8.6%；第三产业增加值12224.6亿元，同比增长8.3%。

1. 农业经济平稳向好，高原特色农业稳步推进。2019年，全省农业总产值4935.7亿元，同比增长5.6%，实现农林牧渔业增加值同比增长5.5%。种植业发展态势良好，全年种植业完成增加值1790亿元，同比增长8.7%。全省粮食生产再获丰收，总产量达到1870万吨。林业、渔业和畜牧业增长平稳，牛羊禽加速出栏弥补生猪缺口。重点打造茶叶、花卉、蔬菜、水果、坚果、中药材、肉牛、咖啡等优势重点特色产业。

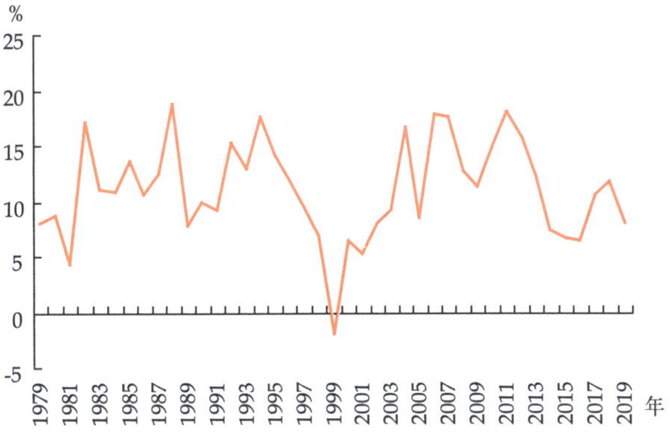

数据来源：云南省统计局。

图11　1979~2019年云南省规模以上工业增加值同比增长率

2. 工业平稳增长，高技术制造业较快增长。2019年，全省规模以上工业增加值同比增长8.1%，高于全国2.4个百分点。从三大门类看，全省采矿业增加值同比增长8.1%；制造业增加值同比增长6.5%，其中，高技术制造业增加值同比增长31.1%；电力、热力、燃气及水生产和供应业增加值同比增长12.8%。从主要行业看，39个大类行业有32个行业保持增长，其中，计算机、通信和其他电子设备制造业同比增长67%。

3. 服务业保持较快发展，支撑起经济发展“半壁江山”。第三产业对全省经济增长贡献率达 50.6%。2019 年，全省服务业企业经营持续改善，在 31 个行业大类中，生态保护和环境治理业、互联网和相关服务、装卸搬运和仓储业等 26 个行业的营业收入实现增长。云南省正由“旅游大省”向“旅游强省”迈进，全力打造世界一流“健康生活目的地牌”，启动建设大滇西旅游环线，深入推进“整治乱象、智慧旅游、提升品质”旅游革命“三部曲”，“一部手机游云南”重构了智慧旅游、全域旅游新生态，“30 天无理由退货”成为诚信云南新标志，全年实现旅游业总收入 11035.2 亿元，同比增长 22.7%。

4. 供给侧结构性改革有力推进，补短板工作成效明显。

（1）基础设施补短板力度加大。全力推进高速公路“能通全通”工程。年末，全省高速公路通车总里程已达 6000 公里，90 个县（市、区）可通高速公路，昆明国际航空枢纽、滇中引水等重大项目加快推进，渝昆高铁开工建设，中老、中缅等国际铁路建设全面提速，高铁在建项目数量、新建改建民航机场数量均居全国第一。

（2）脱贫攻坚深入推进。2019 年，云南省实现 136.8 万贫困人口净脱贫，3005 个贫困村出列，33 个贫困县申请脱贫摘帽，“两不愁三保障”突出问题基本解决，贫困发生率下降至 1.3%。

（3）重点企业杠杆率稳步回落。2019 年，省属重点企业积极落实中央“去杠杆”精神，通过混合所有制改造、债转股、资产处置等方式稳步降低企业资产负债率，优化资产负债结构，企业部门杠杆率稳步回落。年末，省属国企资产负债率下降到 70% 以内。

（4）实体经济降成本效果明显。实施营商环境提升十大行动，为实体经济降成本 1350 亿元。

（三）物价温和上涨，就业形势总体稳定

1. 居民消费价格温和上涨，食品价格涨幅明显。2019 年，全省居民消费价格指数为 102.5，同比上涨 2.5%，其中，食品价格同比上涨 9.1%。八个大类商品和服务价格“六升二降”。食品烟酒类、居住类、生活用品及服务类价格同比分别上涨 6.6%、1.5% 和 0.6%，教育文化和娱乐类、医疗保健类、其他用品和服务类价格同比分别上涨 1.9%、2% 和 2.3%，衣着类、交通和通信类价格同比分别下降 0.1% 和 1.8%。

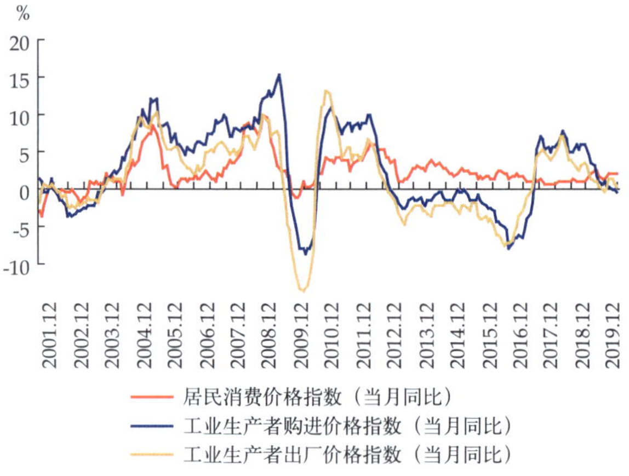

数据来源：国家统计局云南调查总队。

图 12　2001~2019 年云南省居民消费价格指数和工业生产者价格指数变动趋势

2. 工业生产者出厂价格与上年持平，农产品价格上涨。2019 年，全省工业生产者出厂价格指数同比持平，工业生产者购进价格指数同比下降 1%。农业生产资料价格同比上涨 3.9%，农产品生产者价格同比上涨 9.6%。从行业来看，支撑全年工业经济发展的烟草、电力、有色、黑色等八大产业价格呈“五升二降一持平”，其中，烟草制品业价格同比上涨 2.4%，农副食品加工业价格同比持平，电力生产和供应业、有色金属冶炼和压延加工业价格同比分别下降 2.9% 和 2.1%。全年生产资料价格同比下降 0.7%，生活资料价格同比上涨 1.5%。

3. 就业形势总体稳定，劳动力成本较快增长。2019 年，全省实现城镇新增就业 53.4 万人，较上年多增 1.5 万人；新增转移就业 125.1 万人，帮助城镇失业人员再就业 15.3 万人，就业困难人员就业 12.5 万人；扶持创业 8.5 万人，城镇

登记失业率3.25%。2019年，全省居民人均可支配收入22082元，同比增长9.9%，高于全国1个百分点。其中，城镇、农村常住居民人均可支配收入同比分别增长8.2%和10.5%，农村常住居民人均可支配收入增速连续10年快于城镇居民。全省城镇居民工资性收入同比增长8.6%，农村居民工资性收入同比增长10.5%。

（四）财政收入增长放缓，支出结构持续优化

1.减税降费力度加大，财政收入放缓。2019年，全省地方一般公共预算收入完成2073.5亿元，同比增长4%，较上年回落1.7个百分点。其中，税收收入完成1450.6亿元，同比增长1.9%，较上年回落13.4个百分点；非税收入完成622.9亿元，同比增长9.1%。在主要税收中，增值税完成606.4亿元，同比下降0.9%；企业所得税完成200.7亿元，同比增长11.1%；个人所得税完成48.9亿元，同比下降44.1%。

2.财政支出稳定增长，民生支出力度加大。2019年，全省地方一般公共预算支出完成6770.1亿元，同比增长11.4%，较上年提高5.1个百分点。其中，一般公共服务支出744.9亿元，同比增长15.8%；社会保障与就业支出934.8亿元，同比增长12%。统筹整合省级以上财政涉农资金482.5亿元，50%以上投向深度贫困县。

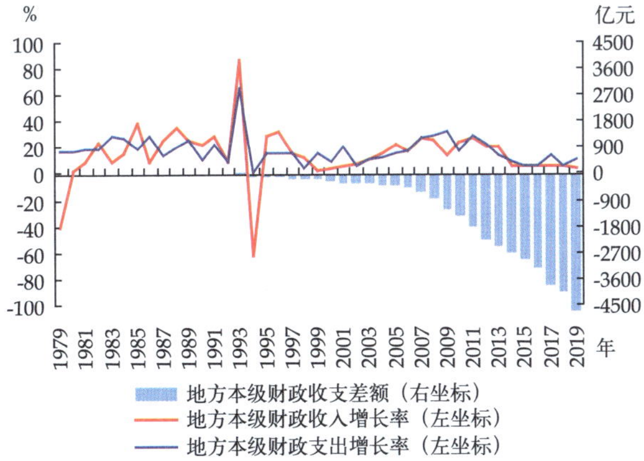

数据来源：云南省统计局、云南省财政厅。

图13　1979~2019年云南省财政收支状况

（五）污染防治攻坚战扎实推进，生态文明建设迈出坚实步伐

云南省生态环境质量不断改善。九大高原湖泊水质保持稳中向好；全省清洁能源电量占比达92%，在全国率先供应国六（B）成品油；地级城市空气质量优良天数比率达98.1%，在全国保持前列；全力打造中国最美丽省份；完成营造林715万亩；治理水土流失面积5516平方公里；森林覆盖率达62.4%，森林蓄积量、湿地保护率持续提高。

（六）房地产市场发展平稳，“绿色食品牌”建设取得成效

1.房地产市场发展平稳，房地产金融增长较快。2019年，云南省房地产投资较快增长，商品房供应加快、销售继续增长，重点城市房价涨势分化，房地产贷款较快增长。

（1）房地产开发投资较快增长。2019年，云南省房地产开发投资累计完成4151.4亿元，同比增长27.8%，较上年高11.3个百分点。开发企业资金来源同比增长26.8%，其中利用外资、个人按揭贷款、自筹资金增长较快，增速分别达18.3倍、45.6%和28.4%。全年购置土地面积同比增长52.1%。

（2）商品房供应加快，保障性住房建设任务超额完成。2019年，云南省商品房新开工面积、施工面积、竣工面积同比分别增长69.2%、20.7%和27.4%。其中，住宅新开工面积、施工面积、竣工面积同比分别增长68.2%、23.1%和17%。全年棚户区改造新开工10.6万套，基本建成7.6万套，均超额完成国家下达任务数。

（3）商品房销售继续增长。2019年，云南省商品房销售面积、销售额同比分别增长6.7%和12.9%，分别较上年高2个、低20.1个百分点，其中住宅销售面积、销售额同比分别增长11.5%和21%。年末，商品房待售面积同比下降5.9%，其中，住宅待售面积同比下降15.9%，非住宅待售面积同比增长1.7%。

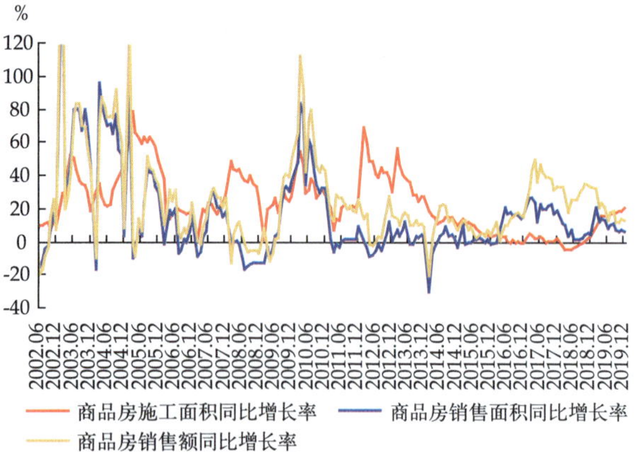

数据来源：云南省统计局。

图 14　2002~2019 年云南省商品房施工和销售变动趋势

（4）重点城市房价涨势分化。2019 年 12 月，昆明市新建商品住宅销售价格同比上涨 11.1%，环比下跌 0.3%；大理市新建商品住宅销售价格同比上涨 15.4%，环比上涨 0.6%。

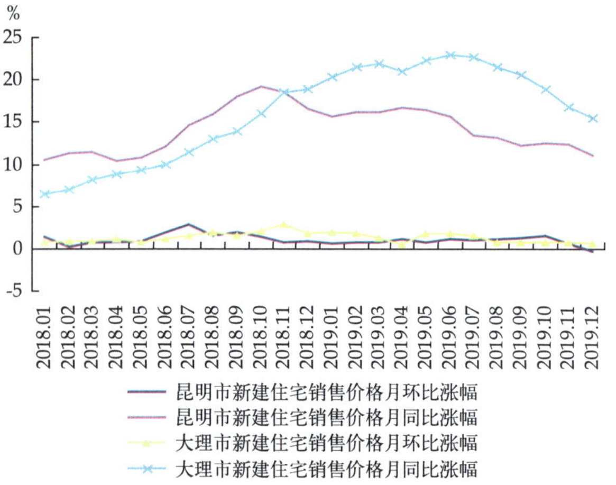

数据来源：国家统计局《中国经济景气月报》。

图 15　2018~2019 年云南省主要城市新建住宅销售价格变动趋势

（5）房地产贷款增长较快，个人住房贷款定价基准实现平稳有序转换。2019 年末，云南省房地产贷款余额同比增长 18.2%，其中，个人住房贷款余额同比增长 30.7%，保障性住房开发贷款同比下降 4.5%。差别化住房信贷政策执行情况较好。住房抵押贷款价值比（LTV）63.9%，较上年高 1.3 个百分点。

2.“绿色食品牌”建设取得成效，云系产品销量快速增长。按照全省打造世界一流“绿色食品牌”的战略部署，2019 年，全省新认证“三品一标”1525 个。全省主要农作物绿色防控覆盖率达 31%；畜禽粪污综合利用率达 76%，高于全国 6 个百分点；化肥、农药使用量连续 3 年实现负增长。全省新增国家级农业龙头企业 13 户，新增省级农业龙头企业 11 户，年末，全省农业龙头企业达 4240 户。有序推进云南特色大宗商品国际现货交易中心和中国普洱茶中心暨普洱茶博物馆项目建设；拓展“一部手机游云南”和“一部手机云品荟”平台功能，累计线上线下签单金额超 5 亿元。注重开拓国内国际市场，分别在北京、天津、上海、广州等地举办云南绿色食品产销对接会，对外重点扩大“一带一路”沿线国家市场的宣传和推广力度。2019 年，全省出口农产品 331.2 亿元，同比增长 29%，其中出口“一带一路”国家和地区 222.3 亿元，同比增长 56.5%。

三、预测与展望

当前云南省经济保持健康稳定发展的积极因素较多，传统优势产业转型升级成效显著，交通基础设施、民生保障等领域短板弱项加快补齐。但也要看到，新冠肺炎疫情对全球生产和需求造成全面冲击，云南省发展面临的困难、风险和不确定性因素明显增多，经济下行压力较大，发展不平衡不充分问题仍然突出。2020 年，云南省将以习近平新时代中国特色社会主义思想为指导，深入贯彻落实习近平总书记考察云南重要讲话精神和党中央决策部署，增强“四个意识”、坚定“四个自信”、做到“两个维护”，紧扣全面脱贫、全面建成小康社会目标任务，统筹推进疫情防控和经济社会发展工作。全省金融部门将贯彻落实好稳健的货币政策，更加注重灵活适度，把支持实体经济恢复发展放到更加突出的位置，保持货币信贷、社会融资规模增长同区域经济发展相适应，积极推动金融改革，促进信贷结构优化，守住风险底线，继续为供给侧结构性改革和高质量发展营造适宜的货币金融环境。

中国人民银行昆明中心支行货币政策分析小组
总　纂：李　波　经　纬
统　稿：雷一忠　陈　银　王怡丰
执　笔：王怡丰
提供材料的还有：和治臣　徐　蒙　戴明爽　杨信信　李红艳　李晗锐　杨　缘　郁中平　丁彩伦
刘敏丽　许黎华　刘纪飞　康晓虹　李源倍

附录

（一）2019年云南省经济金融大事记

2月20日至22日，第二届中缅经济走廊论坛在昆明举行。

6月，云南省货币鉴定中心完成建设。

7月19日至20日，2019年首届“数字云南”区块链国际论坛在昆明举行。

7月22日，云南省全面取消企业银行账户开户许可。

8月6日，中哈合作委员会金融合作分委会第十次会议在丽江召开。

8月26日，国务院印发《中国（云南）自由贸易试验区总体方案》，云南自贸试验区顺利获批。

10月24日，怒江州首个信用乡授牌仪式在独龙江乡举行，标志着“直过民族”独龙族整族授信完成。

11月29日至30日，中央金融单位定点扶贫工作研讨会在怒江召开。

12月11日，滇缅双边本币结算会谈在昆明举办。

（二）2019 年云南省主要经济金融指标

表 1　2019 年云南省主要存贷款指标

		1 月	2 月	3 月	4 月	5 月	6 月	7 月	8 月	9 月	10 月	11 月	12 月
本外币	金融机构各项存款余额（亿元）	31487.1	31562.3	32091.0	32046.0	32370.0	32936.4	33088.4	33083.8	33425.2	33117.8	33112.0	32985.4
	其中：住户存款	15007.6	15142.7	15270.8	15177.6	15256.8	15448.2	15401.2	15409.1	15799.2	15627.0	15637.8	15953.3
	非金融企业存款	7880.3	7698.4	8160.5	8031.2	8034.8	8332.6	8034.7	8080.2	8155.6	7940.5	8218.2	8178.9
	各项存款余额比上月增加（亿元）	739.5	75.2	528.7	-45.0	324.0	566.4	152.0	-4.6	341.5	-307.4	-5.8	-126.7
	金融机构各项存款同比增长（%）	4.5	5.4	5.9	5.9	5.6	7.9	7.5	6.5	7.8	7.1	7.0	7.3
	金融机构各项贷款余额（亿元）	29148.7	29279.1	29622.2	29742.7	29982.1	30290.0	30426.6	30711.0	31063.6	31082.3	31436.6	31565.0
	其中：短期	6385.1	6341.0	6430.9	6392.8	6423.6	6474.6	6351.5	6390.0	6419.2	6353.5	6316.1	6254.8
	中长期	19941.1	20067.1	20291.7	20427.9	20559.7	20803.4	20987.9	21243.9	21505.1	21611.0	21902.1	22134.8
	票据融资	1705.7	1724.8	1744.5	1760.8	1800.3	1787.9	1845.8	1821.8	1881.8	1851.5	1946.0	1868.8
	各项贷款余额比上月增加（亿元）	544.9	130.4	343.1	120.5	239.4	307.9	136.6	284.4	352.5	18.8	354.3	128.4
	其中：短期	133.2	-44.1	89.9	-38.1	30.8	51.1	-123.1	38.4	29.2	-65.7	-37.4	-61.3
	中长期	305.5	126.0	224.6	136.1	131.8	243.7	184.5	256.1	261.2	105.9	291.2	232.7
	票据融资	73.4	19.2	19.7	16.3	39.5	-12.4	57.9	-24.0	60.0	-30.3	94.5	-77.1
	金融机构各项贷款同比增长（%）	11.1	10.7	11.6	11.1	11.4	11.5	10.9	11.5	12.2	11.6	10.9	10.8
	其中：短期	1.8	1.0	1.1	-0.1	0.3	1.1	-0.2	2.0	3.1	3.3	2.5	1.8
	中长期	10.9	10.4	11.9	11.7	11.8	12.0	12.0	12.5	12.9	12.5	12.4	12.8
	票据融资	55.7	56.5	53.0	51.8	51.7	42.4	36.6	29.8	34.0	24.9	17.1	14.5
	建筑业贷款余额（亿元）	825.4	821.3	833.2	809.3	807.1	825.0	820.1	833.7	831.5	927.4	990.7	1024.5
	房地产业贷款余额（亿元）	1474.5	1474.6	1490.8	1488.6	1496.7	1515.8	1555.3	1587.8	1589.7	1592.9	1577.6	1552.8
	建筑业贷款同比增长（%）	-14.4	-13.4	-8.8	-10.1	-9.4	-5.9	-6.0	-0.9	0.2	13.3	20.7	24.1
	房地产业贷款同比增长（%）	12.9	12.1	16.2	13.8	13.8	14.0	16.3	19.2	16.6	15.8	10.3	6.8
人民币	金融机构各项存款余额（亿元）	31296.7	31370.8	31887.5	31823.7	32143.0	32659.2	32877.8	32873.4	33211.7	32910.1	32923.2	32821.3
	其中：住户存款	14939.1	15074.4	15202.4	15109.5	15188.4	15381.2	15335.5	15342.3	15733.4	15561.5	15572.2	15888.5
	非金融企业存款	7781.1	7598.9	8064.5	7936.9	7940.3	8181.2	7924.2	7973.0	8044.0	7839.2	8127.6	8108.6
	各项存款余额比上月增加（亿元）	736.0	74.0	516.7	-63.8	319.3	516.2	218.6	-4.3	338.2	-301.5	13.0	-101.9
	其中：住户存款	473.3	135.4	127.9	-92.8	78.9	192.8	-45.7	6.8	391.1	-171.9	10.6	316.3
	非金融企业存款	-29.3	-182.1	465.5	-127.6	3.4	240.9	-256.9	48.8	71.0	-204.8	288.4	-19.0
	各项存款同比增长（%）	4.5	5.5	5.9	5.9	5.6	7.6	7.5	6.5	7.8	7.1	7.0	7.4
	其中：住户存款	13.4	9.7	10.0	10.9	10.7	10.7	11.0	10.3	10.5	10.2	9.7	9.9
	非金融企业存款	-7.2	-2.8	-0.2	-1.1	-2.7	-0.3	-2.0	-1.5	2.6	2.4	3.1	3.8
	金融机构各项贷款余额（亿元）	28758.3	28886.6	29236.1	29359.1	29590.6	29886.5	30018.4	30283.4	30641.3	30668.9	31047.1	31201.0
	其中：个人消费贷款	5670.4	5706.8	5839.8	5943.7	6057.5	6163.4	6277.7	6402.2	6555.1	6665.7	6833.8	6983.5
	票据融资	1705.7	1724.8	1744.5	1760.8	1800.3	1787.9	1845.8	1821.8	1881.8	1851.5	1946.0	1868.8
	各项贷款余额比上月增加（亿元）	555.2	128.3	349.5	123.0	231.5	295.9	131.9	265.0	357.9	27.6	378.2	153.9
	其中：个人消费贷款	132.2	36.3	133.0	103.9	113.8	105.9	114.3	124.5	153.0	110.6	168.0	149.7
	票据融资	73.4	19.2	19.7	16.3	39.5	-12.4	57.9	-24.0	60.0	-30.3	94.5	-77.1
	金融机构各项贷款同比增长（%）	11.4	11.0	12.0	11.5	11.8	11.8	11.2	11.6	12.4	11.7	11.1	11.1
	其中：个人消费贷款	28.3	27.7	28.2	28.7	28.8	28.4	27.9	28.0	28.7	28.2	28.2	28.8
	票据融资	55.7	56.5	53.0	51.8	51.7	42.4	36.6	29.8	34.0	24.9	17.1	14.5
外币	金融机构外币存款余额（亿美元）	28.4	28.6	30.2	33.0	32.9	40.3	30.6	29.7	30.2	29.4	26.9	23.5
	金融机构外币存款同比增长（%）	-8.3	-12.2	-7.8	0.1	2.3	34.4	7.8	2.4	8.2	10.8	1.4	-13.6
	金融机构外币贷款余额（亿美元）	58.2	58.7	57.3	57.0	56.7	58.7	59.3	60.3	59.7	58.6	55.4	52.2
	金融机构外币贷款同比增长（%）	-14.1	-13.3	-16.5	-16.4	-15.2	-10.5	-7.8	-4.2	-2.6	-2.2	-6.2	-10.6

数据来源：中国人民银行昆明中心支行。

表 2 2001~2019 年云南省各类价格指数

单位：%

		居民消费价格指数		农业生产资料价格指数		工业生产者购进价格指数		工业生产者出厂价格指数	
		当月同比	累计同比	当月同比	累计同比	当月同比	累计同比	当月同比	累计同比
2001		—	-0.9	—	-3.4	—	-0.6	—	0.1
2002		—	-0.2	—	0.4	—	-2.4	—	-1.8
2003		—	1.2	—	1.9	—	2.7	—	1.4
2004		—	6.0	—	6.3	—	9.6	—	8.8
2005		—	1.4	—	5.9	—	6.5	—	4.5
2006		—	1.9	—	2.8	—	7.6	—	4.6
2007		—	5.9	—	7.0	—	8.2	—	5.7
2008		—	5.7	—	16.6	—	11.6	—	5.8
2009		—	0.4	—	-0.7	—	-5.0	—	-8.5
2010		—	3.7	—	1.4	—	9.0	—	8.8
2011		—	4.9	—	8.3	—	8.0	—	4.7
2012		—	2.7	—	4.6	—	-0.7	—	-2.1
2013		—	3.1	—	0.1	—	-1.2	—	-2.5
2014		—	2.4	—	-1.6	—	-1.0	—	-2.2
2015		—	1.9	—	1.1	—	-3.1	—	-5.1
2016		—	1.5	—	2.8	—	-4.1	—	-2.4
2017		—	0.9	—	0.4	—	6.2	—	5.2
2018		—	1.6	—	1.7	—	4.4	—	2.4
2019		—	2.5	—	3.9	—	-1.0	—	0
2018	1	0.9	0.9	0.7	0.7	5.1	5.1	4.1	4.1
	2	1.6	1.2	1.2	1.0	5.0	5.1	3.6	3.9
	3	1.0	1.2	1.4	1.1	6.0	5.4	2.8	3.5
	4	1.0	1.1	0.8	1.0	5.5	5.4	2.5	3.2
	5	1.0	1.1	1.0	1.0	6.0	5.5	3.1	3.2
	6	1.2	1.1	1.1	1.0	6.0	5.6	3.6	3.3
	7	1.4	1.2	1.4	1.1	5.3	5.6	3.3	3.3
	8	1.7	1.2	1.6	1.1	4.5	5.4	2.1	3.1
	9	2.2	1.3	2.5	1.3	3.7	5.2	1.4	2.9
	10	2.6	1.5	3.3	1.5	3.3	5.0	1.1	2.7
	11	2.4	1.5	2.9	1.6	1.7	4.7	0.9	2.6
	12	1.9	1.6	2.1	1.7	1.0	4.4	0.3	2.4
2019	1	1.6	1.6	1.6	1.6	0.8	0.8	-0.1	-0.1
	2	1.5	1.5	0.9	1.3	0.9	0.8	-0.2	-0.1
	3	1.9	1.7	1.1	1.2	0.5	0.7	0.3	0.0
	4	2.1	1.8	2.1	1.4	0.4	0.6	1.3	0.3
	5	2.3	1.9	2.6	1.7	0.0	0.5	1.3	0.5
	6	2.3	1.9	3.3	1.9	-0.1	0.4	0.8	0.6
	7	2.3	2.0	3.9	2.2	-0.4	0.3	0.3	0.5
	8	2.0	2.0	3.6	2.4	-1.7	0.0	-0.2	0.4
	9	2.1	2.0	4.0	2.6	-2.7	-0.3	-0.9	0.3
	10	3.0	2.1	6.1	2.9	-3.2	-0.6	-1.4	0.1
	11	4.2	2.3	8.1	3.4	-3.6	-0.8	-1.3	0.0
	12	5.1	2.5	8.9	3.9	-3.1	-1.0	-0.3	0.0

数据来源：国家统计局云南调查总队。

表 3　2019 年云南省主要经济指标

	1 月	2 月	3 月	4 月	5 月	6 月	7 月	8 月	9 月	10 月	11 月	12 月
	绝对值（自年初累计）											
地区生产总值（亿元）	—	—	3849.7	—	—	7957.4	—	—	12971.9	—	—	23223.8
第一产业	—	—	354.2	—	—	789.7	—	—	1572.3	—	—	3037.6
第二产业	—	—	1649.4	—	—	3129.1	—	—	4960.9	—	—	7961.6
第三产业	—	—	1846.1	—	—	4038.6	—	—	6438.6	—	—	12224.6
工业增加值（亿元）	—	—	—	—	—	—	—	—	—	—	—	5301.5
固定资产投资（亿元）	—	—	—	—	—	—	—	—	—	—	—	—
房地产开发投资	—	337.6	740.5	993.7	1313.4	1729.1	2043.4	2407.8	2843.9	3200.2	3658.1	4151.4
社会消费品零售总额（亿元）	—	1125.4	1731.2	2311.8	2891.5	3541.1	4161.1	4795.5	5465.7	6136.8	6807.7	7539.2
外贸进出口总额（亿元）	—	331.1	501.5	678.6	871.6	1049.4	1258.3	1466.5	1665.1	1863.9	2089.8	2323.7
进口	—	192.7	285.4	397.1	509.4	615.8	723.1	833.6	936.9	1037.5	1156.4	1286.5
出口	—	138.4	216.1	281.5	362.1	433.7	535.2	632.9	728.2	826.4	933.4	1037.2
进出口差额(出口－进口)	—	-54.3	-69.3	-115.5	-147.3	-182.1	-187.9	-200.7	-208.7	-211.1	-223	-249.3
实际利用外资（亿美元）	—	—	—	—	—	—	—	—	—	—	—	—
地方财政收支差额（亿元）	—	-748.8	-1467.8	-1729.9	-2051.4	-2791.4	-2969.6	-3259.3	-3945.3	-3975.9	-4172.9	-4696.6
地方财政收入	—	351.1	521.2	715.4	865.1	1059.3	1228.4	1358.5	1530	1723.3	1856.4	2073.5
地方财政支出	—	1100.0	1989.0	2445.3	2916.5	3850.7	4198	4617.8	5475.3	5699.2	6029.3	6770.1
城镇登记失业率（%）（季度）	—	—	3.24	—	—	3.12	—	—	3.28	—	—	3.25
	同比累计增长率（%）											
地区生产总值	—	—	9.7	—	—	9.2	—	—	8.8	—	—	8.1
第一产业	—	—	5.1	—	—	5.3	—	—	5.5	—	—	5.5
第二产业	—	—	12	—	—	11.5	—	—	10.5	—	—	8.6
第三产业	—	—	8.1	—	—	7.9	—	—	8.1	—	—	8.3
工业增加值	—	12.5	11.8	10.7	11.1	10.9	10.5	10	9.3	8.6	7.5	8.1
固定资产投资	—	10.3	11.4	5.8	5.8	9.1	7.4	11.2	9.3	5.9	6.3	8.5
房地产开发投资	—	27.2	29.5	27.4	32.8	28.8	27.8	31.4	29.7	24.2	25.5	27.8
社会消费品零售总额	—	10.9	11.1	10.9	10.8	10.9	10.7	10.4	10.2	10.2	10.1	10.4
外贸进出口总额	—	22	13.4	10.1	13.5	12.6	17.9	19.7	18	17.6	18	17.9
进口	—	7.7	2.5	1.5	5.4	7.1	11.5	12	11.1	12.7	13.3	14.6
出口	—	49.6	32	25	27.4	21.4	27.7	31.8	28.1	24.4	24.3	22.4
实际利用外资	—	—	—	—	—	—	—	—	—	—	—	—
地方财政收入	—	2.7	5.6	7.6	5.3	4.1	3.6	3.8	3.2	2.7	2.5	4
地方财政支出	—	26.3	27	28.7	22.4	21.1	19.7	17.2	17.4	15.5	14	11.4

数据来源：云南省统计局、云南省商务厅。

西藏自治区金融运行报告（2020）

中国人民银行拉萨中心支行货币政策分析小组

[内容摘要] 2019年，西藏各级各部门认真贯彻落实党中央、国务院安排部署，紧紧围绕稳中求进的工作总基调，全面落实稳健的货币政策和中央赋予西藏的特殊优惠金融政策，着力推进“服务实体经济、防范化解金融风险、深化金融改革”三大任务，全面深化西藏金融供给侧结构性改革，有力支持了西藏经济社会持续健康发展。全年经济形势稳中向好，金融体系运行平稳健康，各类风险总体可控。

从经济运行情况看，2019年，西藏各部门坚决贯彻区党委政府关于促进经济社会发展的一系列决策部署，在稳增长、促改革、调结构、惠民生、防风险、保稳定等方面做了大量富有成效的工作，全区经济社会持续健康发展。一是经济运行态势持续向好。2019年全区实现地区生产总值1697.82亿元，同比增长8.1%，高于全国经济增速2个百分点，位居全国第二。规模以上工业增加值同比增长5.1%，制造业增加值增长5%。社会消费品零售总额同比增长8.7%。二是民生福祉有力提升。2019年，西藏城乡居民人均可支配收入增长率分别为10%和13%，继续位居全国第一。全年城镇新增就业5.2万人，应届高校毕业生就业率达98.1%。教育“五个100%”① 目标基本实现。民生支出占到财政总支出的64.6%。三是产业结构持续优化。全年接待国内外游客突破4012.15万人次，增长19%，收入560亿元。文化产业产值增长15%。金融业增加值122.6亿元，各类债券融资余额增长70%以上。进出口总值超过45亿元，边境小额贸易增长21.6%。四是创业创新活力激发。2019年，财政科技投入、高新技术企业研发投入分别增长23%和19%。科技对农牧业贡献率达51%。建成9个国家级企业技术中心和工程实验室，建成各类“双创”载体131家，孵化企业2129家，吸纳就业1.54万人。五是改革开放持续深化。“放管服”改革持续深化，取消和下放行政许可事项19项。“互联网+政务服务”超额完成”“9070”目标，办件数据入库总量跃居全国前列。完成农村集体土地所有权确权登记发证和农村集体资产清产核资，农业行政审批制度改革被国家评为优秀。持续优化营商环境，全年减税降费47.1亿元，实现各类减免税201亿元。积极推进樟木口岸恢复货运功能，里孜口岸开放，阿里昆莎机场临时开放，吉隆边境经济合作区筹建和陈塘、日屋口岸开放。总的来看，全区经济继续保持在合理区间运行，呈现出总体平稳、稳中有进、稳中向好的良好态势。

从金融运行情况看，2019年，西藏金融运行总体平稳，各项金融指标在高基数背景下继续保持平稳运行，部分指标低于预期，社会融资规模小幅下降，各项贷款保持增长，资本市场稳定发展，金融服务实体经济能力稳步提升。一是社会融资规模小幅下降，融资结构相对稳定。全年全区社会融资规模呈波动性缓慢下降趋势。截至2019年末，全区社会融资规模存量为5974.46亿元，同比增长0.39%。其中，间接融资占比91.4%，直接融资占比8.6%，与上年同期基本持平。二是信贷规模合理适度增长，LPR改革稳步推进。年末全区金融机构本外币各项贷款余额4695.46亿元，同比增长3.07%，较上年末低9.6个百分点，较全国贷款平均增速低8个百分点左右。全年累计发放贷款2254.92亿元，较上年同期多投放160.6亿元。推动西藏贷款

① 五个100%：中小学双语教育普及率100%、小学数学课程开课率达到100%、中学数理化生课程计划完成率达到100%、中学理化生实验课程开出率达到100%、职业技术学校国家目录规定课程开出率达到100%。

基准利率向 LPR 平稳过渡。12 月，全区一般贷款加权平均利率为 2.56%，较 9 月下降 33 个基点。三是信贷支持重点突出，信贷结构持续优化。全年累计发放再贴现 15 批合计 269 笔、1.01 亿元。普惠口径小微贷款余额 354.82 亿元，同比增长 40.30%，占贷款总量的 7.56%。其中单户授信 1000 万元以下小微企业贷款余额为 50.15 亿元、同比增长 48.84%。涉农贷款余额 1405.15 亿元，其中，农户贷款余额 288.37 亿元，同比增长 11.82%。"双创"贷款余额 32.38 亿元，同比增长 14.17%，高于各项贷款平均增速 11.10 个百分点。制造业贷款余额 240.95 亿元，同比增长 17.65%。四是银行业组织体系持续完善，金融资源合理配置。2019 年，西藏银行业金融机构数量不断增加，组织体系日趋完善，竞争程度进一步提高。截至 2019 年 12 月，西藏银行业全融机构营业网点 723 个，从业人员 10065 人。西藏银行业金融机构资产总额 6748.17 亿元，同比减少 304.97 亿元，下降 4.32%。五是资本市场稳定发展，融资渠道逐步拓宽。2019 年末，西藏上市公司 19 家，总股本达 140 亿股，流通股本 95 亿股；总市值 1690 亿元，流通市值 870 亿元。成功推动发行第一单 5 亿元超短期融资券、15 亿元扶贫中期票据，地方法人金融机构发行 20 亿元金融债。六是保险产品结构和服务供给不断优化，保险服务实体经济能力不断提高。全民参保深入实施，2019 年各类社会保险参保达到 658 万人次。城乡居民基本养老保险基础养老金标准提高至 180 元。城乡居民基本医保财政补贴标准提高到人均 555 元，城镇居民大病保险、农牧民大病保险保费分别提高到人均 72 元和 33 元。贫困老年人、残疾人、儿童等特殊群体实现"应保尽保、应救尽救"。七是金融生态环境建设稳步推进，金融服务水平持续提升。推进信用体系建设，扩大征信服务覆盖面。截至 2019 年末，全区个人征信系统收录自然人、企业数同比分别增长 3.97% 和 44.89%。个人信用报告自助查询机县域覆盖率达 92%。完善支付服务环境，加大助农取款服务点建设。2019 年末，西藏辖区共设立助农取款服务点 5821 个，助农取款交易笔数 42.77 万笔，同比增长 72.32%，金额 5.42 亿元，同比增长 1.46 倍。不断优化人民币流通环境，多措并举，建立小面额人民币供应长效机制，满足社会公众合理的现金需求。提升国库服务基层的水平，大力推进国库直拨业务，不断拓宽国库直拨资金种类和地域覆盖面。加大金融知识普及宣传，组织开展"3·15 金融消费者权益日"宣传教育活动、"金融知识普及月"活动，依托助农取款点、驻村工作队，与"强基础、惠民生"活动相结合，开展了具有西藏地域特色的，以面向低净值人群（农民、务工人员、青少年、老年人和残疾人）、农牧区和学校等为主的藏汉双语金融知识普及宣传活动，切实保护金融消费者合法权益。

2020 年是全面建成小康社会和"十三五"规划收官之年，西藏金融系统将继续以习近平新时代中国特色社会主义思想为指导，按照党的十九大、十九届四中全会、中央经济工作会议、自治区党委九届七次全会暨区党委经济工作会议的部署和要求，增强"四个意识"、坚定"四个自信"、做到"两个维护"，坚持问题导向、目标导向、结果导向，坚持稳字当头，继续抓重点、补短板、强弱项，全面做好"六稳"工作，统筹推进稳增长、促改革、调结构、惠民生、防风险、保稳定，保持稳健的货币政策灵活适度，贯彻落实好特殊优惠金融政策，持续优化信贷结构，引导信贷资源向重点领域和薄弱环节倾斜；持续推进金融供给侧结构性改革，提高金融治理能力和治理效能，牢牢守住不发生区域性、系统性金融风险的底线，为西藏经济持续健康发展营造良好适宜的货币金融环境。

一、金融运行情况

2019 年，在面临经济下行压力情况下，西藏金融运行总体平稳，各项金融指标在高基数背景下继续保持平稳，部分指标低于预期，社会融资规模小幅下降，各项贷款保持增长，信贷结构持续优化，银行业经营稳健，资本市场稳定发展，金融服务实体经济能力稳步提升，区域金融风险总体可控。

（一）银行业稳健运行，信贷资源合理配置

2019年，西藏银行业金融机构紧紧围绕稳中求进工作总基调，全面落实稳健的货币政策和中央赋予西藏的特殊优惠金融政策，着力推进“服务实体经济、防范化解金融风险、深化金融改革”三大任务，贷款总量小幅增长，信贷结构持续优化，利率水平保持稳定，金融改革有序推进，跨境人民币业务深入开展，银行业整体保持良好的运行态势。

1. 银行业机构体系逐步扩大，持续稳健经营。2019年，西藏银行业金融机构数量不断增加，组织体系日趋完善，竞争程度进一步提高。截至2019年12月，西藏银行业金融机构营业网点723个，从业人员10065人。西藏银行业金融机构资产总额6748.17亿元，同比减少304.97亿元，下降4.32%。

2. 存款缓慢回升，季节性波动明显。截至2019年末，西藏金融机构本外币各项存款余额4979.5亿元，同比增长0.91%，高于上年同期增速1.4个百分点。从各季度末看，第一季度存款下降较多，较年初下降4.16%；第二季度降幅收窄，较年初下降1.30%；第三季度企稳回升，较年初增长2.95%；第四季度小幅回落，较年初增长0.91%，季节性波动明显。

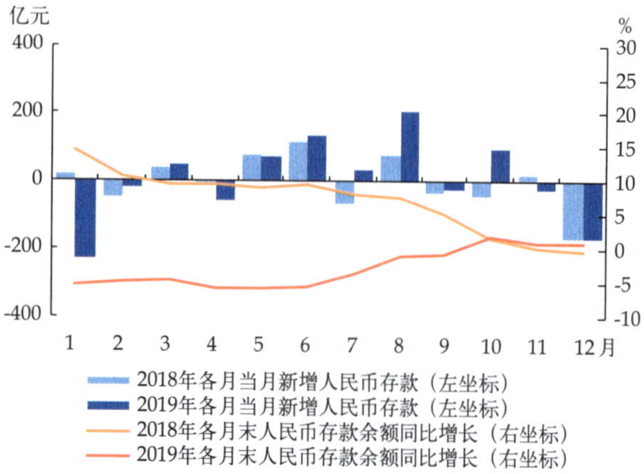

数据来源：中国人民银行拉萨中心支行《西藏自治区金融统计月报》。

图1 2018~2019年西藏自治区金融机构人民币存款增长变化

3. 贷款保持小幅增长，信贷结构持续优化。截至2019年末，西藏金融机构本外币各项贷款余额4695.46亿元，同比增长3.07%，较上年末低9.6个百分点，较全国贷款平均增速低8个百分点左右。全年累计发放贷款2254.92亿元，较上年同期多投放160.6亿元。其中，普惠口径小微贷款余额354.82亿元，同比增长40.30%。单户授信1000万元以下小微企业贷款余额50.15亿元，同比增长48.84%。农户贷款余额288.37亿元，同比增长11.82%。

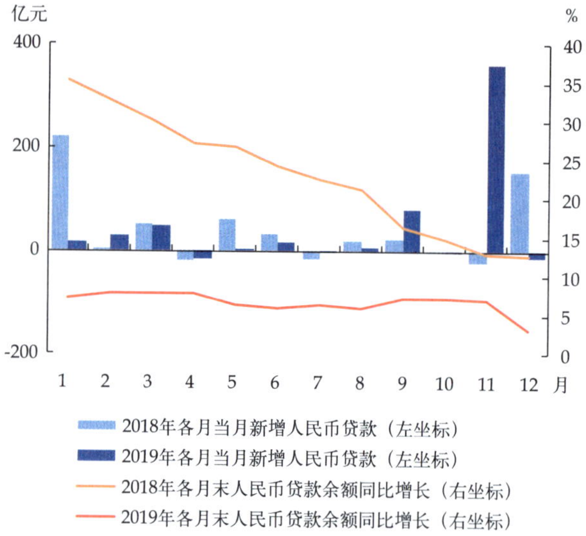

数据来源：中国人民银行拉萨中心支行《西藏自治区金融统计月报》。

图2 2018~2019年西藏自治区金融机构人民币贷款增长变化

4. 贷款市场报价利率（LPR）改革稳步推进，利率水平保持稳定。加强对再贷款、专项再贷款、常备借贷便利等工具的管理和运用，满足金融机构短期流动性需求。2019年，为兴业银行、浦发银行办理了西藏辖区第一笔再贴现业务共260万元。推动LPR利率机制与优惠贷款利率、区域差别化住房信贷政策相结合，执行西藏利率定价方案，推动西藏贷款基准利率向LPR平稳过渡。12月，全区一般贷款加权平均利率为2.56%，较9月下降33个基点。12月末，全区参考LPR利率发放的贷款金额占全

部贷款发生额的 61%。小微企业贷款加权平均利率为 2.7%，较 9 月下降 37 个基点。

民间借贷总量略有减少，利率水平趋于下行。据统计，2019 年西藏 4206 个民间借贷监测样本点民间借贷累计发生额为 1.78 亿元。从走势上看，民间借贷融资总量呈缓慢下降趋势，主要由于辖内金融机构营商环境持续改善，民众从银行融资的可获得性持续提高。民间借贷利率持续下降，加权平均利率 8.61%，较上年下降 0.63 个百分点。

表 1　2019 年西藏自治区金融机构人民币贷款各利率区间占比

（LPR 改革前）　　单位：%

月份		1 月	2 月	3 月	4 月	5 月	6 月	7 月
合计		100.0	100.0	100.0	100.0	100.0	100.0	100.0
下浮		0.0	0.0	0.0	0.0	6.7	0.8	1.5
基准		100.0	100.0	100.0	100.0	93.3	99.2	98.5
上浮	小计	0.0	0.0	0.0	0.0	0.0	0.0	0.0
	(1.0, 1.1]	0.0	0.0	0.0	0.0	0.0	0.0	0.0
	(1.1, 1.3]	0.0	0.0	0.0	0.0	0.0	0.0	0.0
	(1.3, 1.5]	0.0	0.0	0.0	0.0	0.0	0.0	0.0
	(1.5, 2.0]	0.0	0.0	0.0	0.0	0.0	0.0	0.0
	2.0 以上	0.0	0.0	0.0	0.0	0.0	0.0	0.0

（LPR 改革后）

月份		8 月	9 月	10 月	11 月	12 月
合计		4.4	34.1	44.9	72.5	71.4
LPR 减点		4.3	1.0	2.3	3.7	4.3
LPR		0.1	33.1	42.6	68.8	61.1
LPR 加点	小计	0.0	0.0	0.0	0.0	6.0
	(LPR, LPR+0.5%)	0.0	0.0	0.0	0.0	6.0
	[LPR+0.5%, LPR+1.5%)	0.0	0.0	0.0	0.0	0.0
	[LPR+1.5%, LPR+3%)	0.0	0.0	0.0	0.0	0.0
	[LPR+3%, LPR+5%)	0.0	0.0	0.0	0.0	0.0
	LPR+5% 及以上	0.0	0.0	0.0	0.0	0.0

数据来源：中国人民银行拉萨中心支行货币信贷管理处。

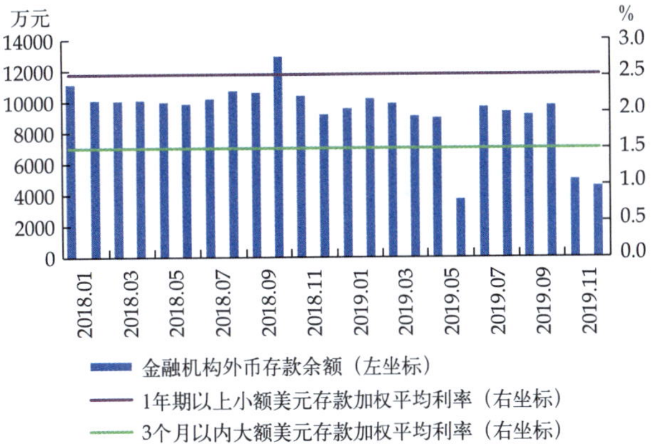

数据来源：中国人民银行拉萨中心支行统计研究处、货币信贷管理处。

图 3　2018~2019 年西藏自治区金融机构外币存款余额及外币存款利率

5. 不良贷款略有增加，金融风险总体可控。截至 2019 年末，西藏银行业机构不良贷款余额 111.28 亿元，同比增加 96 亿元，不良贷款率 2.37%，上升 2.03 个百分点。全区银行业金融机构关注类贷款余额 301.48 亿元，同比增加 266.02 亿元。

6. 地方法人银行业机构运行平稳，盈利空间略有收窄。截至 2019 年末，全区 5 家地方法人银行业机构资产总额 1061.09 亿元，同比下降 7.59%；负债总额 898.46 亿元，同比下降 8.24%；本外币各项存款余额 366.88 亿元，同比下降 11.44%；各项贷款余额 715.55 亿元，同比下降 0.30%。2019 年，全区地方法人银行业机构累计亏损 24.54 亿元，净利润同比下降 252.61%，主要受财政补贴政策调整影响。

7. 跨境人民币业务稳步推进。截至 2019 年 12 月末，西藏辖区跨境人民币业务结算累计金额为 370.07 亿元。其中，2019 年西藏跨境人民币业务结算金额为 1.10 亿元，涉及企业 45 家，业务往来的境外国家（地区）达 21 个。继续加强与尼泊尔央行、企业的沟通交流。在连续三年成功出访尼泊尔央行的基础上，2019 年 12 月 9 日至 13 日再次出访尼央行，就两国商业银行互设分支机构、尼境内商业银行开立人民币结算账户以及跨境反假币合作等事宜深入磋商。

专栏 1　金融助推西藏脱贫攻坚成效显著

脱贫攻坚战打响以来，西藏银行业金融部门紧盯60多万贫困人口、74个深度贫困县实现脱贫摘帽的目标，细化金融服务，建立金融精准扶贫“八个全覆盖”工作机制，全方位对接建档立卡户、扶贫产业、重点项目的金融服务需求，金融精准扶贫已成为西藏“六位一体”大扶贫格局中政策支持最强、资金投入最大、覆盖范围最广的重要方面，金融助推西藏脱贫攻坚成效显著。2019年12月末，自治区金融精准扶贫贷款余额1288.83亿元，2016年以来其年均增速达到22.8%，显著高于各项贷款平均增速（15.6%左右），占自治区各项贷款的比重达到27.9%。

一是精准扶贫信贷资金投入多。截至2019年12月末，自治区精准扶贫贷款余额达到1288.83亿元，较2016年同期增长3.47倍，占全区贷款总规模的25.89%，占西藏2019年地区生产总值的80%，金融信贷投入规模为全国之最。

二是贫困群众到户贷款覆盖广。截至2019年末，自治区建档立卡贫困户到户贷款余额80.41亿元，较2016年同期增长63.34%。贷款户数19.12万户，覆盖了76.05%的建档立卡贫困户，超过了全国水平30余个百分点，实现了除五保户、低保户外的建档立卡贫困户全覆盖。自2015年以来，自治区扶贫小额信贷累计发放75.38亿元，余额32.72亿元。

三是易地扶贫搬迁支持力度大。“十三五”易地扶贫搬迁贷款152.38亿元于2016年4月全额投放，为易地扶贫搬迁总投资提供了90%的资金并实现资金一次性到位。截至2019年12月末，自治区易地扶贫搬迁贷款余额74.5亿元，受益26.60万贫困人口，占贫困总人口的45%。

四是金融服务产品种类创新多。农业银行推出了“精准扶贫贷款证”；邮储银行创设了“扶贫富农贷”；工商银行研发了“藏宿贷”；西藏银行创新了“藏惠贷”；浦发银行成功承销了西藏首笔“扶贫债”，成功主承销西藏首单产业扶贫中期票据，规模10亿元，期限3年。各金融机构结合西藏精准扶贫实际，不断创新产品与服务，力度之大前所未见，为支持脱贫攻坚提供了强有力的资金保障。

五是贫困地区普惠金融辐射广。普惠金融惠及西藏自治区所有230多万农牧民群众。截至2019年12月末，自治区县域银行业金融机构家数超过80家，县域服务网点超过250家，实现县级服务网点全覆盖；乡镇网点420家，乡镇网点覆盖率达到74%。累计设立助农取款服务点5821个，覆盖乡镇684个、行政村4991个，覆盖率分别达到100%和88%。集银行网点、综合金融服务站、农牧民及中小微企业征信服务、金融消费者权益保护、农牧区保险服务等多层次有机结合的普惠金融体系在西藏全域正逐步构建完成。

六是金融助推脱贫攻坚内涵深。以实现金融服务“八个全覆盖”为西藏金融扶贫奋斗目标，渗透至血脉细梢、镌刻至思想深处，引领金融助推脱贫攻坚的方方面面，从建档立卡贫困户到扶贫产业项目，从金融宣传到政策落实，确保在西藏脱贫攻坚战中金融服务没有真空、没有死角。

（二）证券业经营稳健，资本市场活跃

2019年，西藏证券市场资源持续优化配置，证券业金融机构经营稳健，多层次资本市场健康发展，企业融资渠道进一步拓宽。

1. 证券机构日益丰富。2019年，全区共有证券期货业金融机构30家，其中证券法人机构2家。共有证券期货分支机构28家、公募基金管理公司3家、独立基金销售机构1家。已在中国证券投资基金业协会进行登记备案的各类

私募基金管理机构 223 家，其中，私募证券投资机构 64 家、私募股权机构 156 家、其他类机构 3 家。西藏辖区机构管理的基金 1221 只，管理基金净值 2643.13 亿元。全年法人机构实现营业收入 35.62 亿元，同比增长 33.55%；实现净利润 18.46 亿元，同比增长 95.81%。

2. 证券业务逐步扩大。2019 年，全区公募基金管理机构管理资产规模 670.93 亿元。其中，管理公募基金产品 28 只，管理规模 424.66 亿元；管理专户产品 21 只，专户总份额管理规模 246.27 亿元。全区 26 家证券分支机构合格资金账户数 525.29 万户，代理买卖证券款 254.58 亿元，同比增长 263.84%。累计证券交易量 99258.00 亿元，同比增长 173.81%。

3. 上市公司经营日益稳健。2019 年，西藏证券业机构持续健康发展，不断提升金融服务实体经济水平，支持自治区企业发展壮大。2019 年末，全区上市公司共 20 家，其中 A 股上市公司 19 家，较上年增加 2 家，H 股上市公司 1 家。19 家 A 股上市公司总市值 1690.22 亿元，同比增长 49.62%。西藏辖区上市公司股票市场累计募集资金 32.72 亿元，同比增长 0.21%。其中首发筹资金额 15.45 亿元，再筹资金额 17.27 亿元。

（三）保险业稳步发展，风险保障功能持续增强

1. 保险机构组织体系逐步完善。2019 年末，全区共有地方法人保险公司 1 家，省级分公司 11 家，其中，财产险分公司 8 家、人身险分公司 3 家。

2. 保险业务持续稳步发展。2019 年末，全区保险市场实现原保险保费收入 36.65 亿元，同比增长 9.58%，增速较上年同期低 9.83 个百分点，较全国平均水平低 2.59 个百分点。其中，法人保险机构实现原保费收入 5.23 亿元。全区保险机构累计赔付支出 22.58 亿元，同比增长 25.46%，较全国平均水平高 19.66 个百分点。

3. 农业保险实现全覆盖。2019 年，西藏农业保险保费收入 7.15 亿元，同比增长 27.68%；累计赔付 5.57 亿元，同比增长 16.04%，实现地域、险种、责任全覆盖。

4. 保险持续向纵深普及。2019 年末，全区保险业市场保险密度为 1065.67 元 / 人，同比增加 81.87 元 / 人，增长 8.3%；保险深度为 2.16%，同比下降 0.21 个百分点。保险市场日趋成熟。

（四）融资结构有所改善，金融市场持续发展

2019 年，西藏融资结构相对改善，社会融资规模持续增长，各项贷款保持增长，融资方式仍以间接融资为主，金融市场持续稳步发展，金融服务实体经济能力稳步提升，为西藏经济社会发展提供有力支撑。

1. 融资结构有所改善，但仍以间接融资为主。2019 年末，全区社会融资规模增量为 23.19 亿元，存量达 5974.46 亿元，同比增长 0.39%。其中，间接融资存量占比 91.4%，直接融资存量占比 8.6%，融资结构较上年有所改善，直接融资存量占比提高 1.43 个百分点。其中，人民币贷款新增 139.25 亿元，增速下降 9.66 个百分点；委托贷款新增 31.73 亿元，增速下降 1.19 个百分点；企业债券新增 68.27 亿元，增速下降 0.98 个百分点。融资结构在社会融资规模高基数下继续向好改善。

数据来源：中国人民银行拉萨中心支行。

图 4　2019 年西藏自治区社会融资规模分布结构

2. 金融市场持续发展，债券市场活跃度继续提升。2019年，西藏金融市场继续发展。年末西藏辖区上市公司19家，总股本达140亿股，流通股本95亿股；总市值1690.22亿元，较上年末增长49.6%左右。流通市值870亿元。银行间市场直接融资新突破，成功推动发行西藏第一单5亿元超短期融资券、15亿元扶贫中期票据以及20亿元金融债。

3. 涉外收支代客结售汇同步大幅下降，跨境资金流出规模明显缩小。2019年，受国内外经济金融形势、中美贸易摩擦等因素影响，西藏跨境涉外收支总额、银行结售汇与进出口总额同步大幅下降。全区涉外收支总额为4.24亿美元，同比下降46.68%。其中，少数重要企业和异地企业在本地银行的货物贸易收入大幅下降，使涉外收入同比下降53.63%，境外投资、外商投资企业利润汇出和货物贸易支出均出现较大幅度下降，使涉外支出同比下降44.58%。银行结售汇总额4.67亿美元，同比下降38.47%。其中结汇0.96亿美元，售汇3.71亿美元。

（五）金融生态环境建设稳步推进，金融服务水平持续提升

1. 社会信用体系建设全面推进。征信业务覆盖面进一步提高，征信查询渠道不断拓宽，服务水平逐步提升。截至2019年末，个人征信系统收录150.39万自然人信息，同比增长3.97%；企业征信系统入库企业11761家，同比增长44.89%。2019年，全辖布放个人信用报告自助查询机124台，遍布7个市（地）、61个县域，县域覆盖率达92%。加紧建设中小企业信用信息系统，2019年中小企业信用信息系统已录入全区55970家企业基本信息。截至2019年末，应收账款融资服务平台注册用户415个，开通用户275家，累计促成应收账款融资业务122笔、金额267.47亿元，其中促成中小微企业融资业务95笔、金额185.32亿元。

2. 支付服务能力显著提高。西藏加快建设现代化支付体系，推进支付工具本地化建设，丰富非现金支付方式，实现支付服务产品多样化，满足各类经济主体支付需要。2019年末，全辖累计发行银行卡1036.61万张，其中，在用借记卡发卡量1006.83万张、在用信用卡发卡量29.78万张，同比分别增长49.7%、50.5%和28.3%。累计布放ATM终端2386台，同比减少6.5%；布放POS机3.71万台，同比增长13%。全区所有ATM实现藏、汉、英三种操作选择界面，农业银行成功上线藏、汉双语操作界面助农POS机，在原有小额取现、转账、查询的基础上，新增公共缴费、小额贷款等金融功能。2019年末，西藏辖区共设立助农取款服务点5821个，助农取款交易笔数42.77万笔，同比增长72.32%；金额5.42亿元，同比增长1.46倍。新增12个金融综合服务站，打造“3+2”或“4+1”的“背包银行”业务模式，加强上门金融服务，填补那曲210个金融服务空白行政村的金融服务。以场景建设为抓手，探索建立“菜篮子”等便民支付场景，对减少现金使用、降低交易成本、培育社会信用、促进金融创新、方便生产生活发挥了重要作用。

3. 金融消费权益保护不断升级。2019年，西藏辖区人民银行分支机构持续深化金融消费者教育和金融知识普及工作，宣传活动覆盖300余个银行网点，并充分利用驻村点、金融综合服务站等宣传渠道，累计发放各类宣传资料1200余份，受众消费者超过14万人次，媒体报道39次，微信推送点击量共计30万余条。2019年，辖区人民银行共受理咨询投诉122起，其中投诉100起、咨询22起，办结率100%，满意率100%。

4. 反洗钱履职能力不断提升。2019年，西藏辖区人民银行分支机构合理分类、灵活运用各种监管手段，积极推动义务机构提高洗钱风险防控能力，不断加强与司法执法部门协调配合，全面提升西藏辖区反洗钱、反恐怖融资整体工作的有效性。全年启动反洗钱行政调查5起；开展案件与线索协查130起（协助公安机关破获案件7起）；协助税务部门申请跨省协查6起，涉及账户数285个，涉及金额约1573.9亿元，连续两年被总行评选为专项行动先进集体。

二、经济运行情况

2019 年，西藏经济运行总体平稳，发展质量稳步提升，重点领域改革有序推进，主要经济指标增速位居全国前列。脱贫攻坚取得决定性胜利，基础设施条件不断改善，生态持续保持良好。全区实现地区生产总值 1697.82 亿元，同比增长 8.1%，高于全国经济增速 2 个百分点，增速位居全国第二。

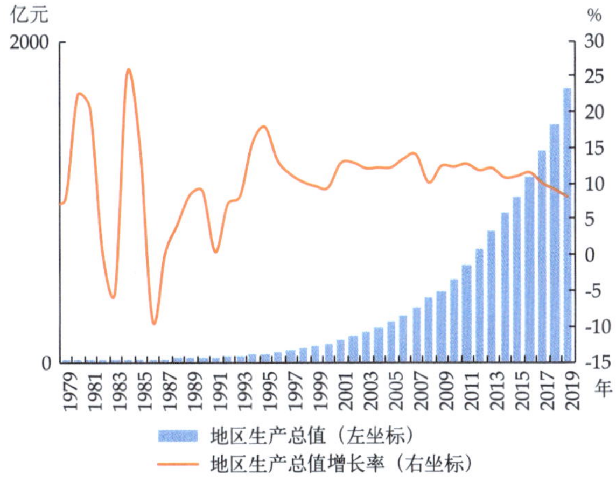

数据来源：西藏自治区统计局。

图 5　1979~2019 年西藏自治区地区生产总值及其增长率

（一）总需求结构更趋优化

2019 年，全区坚定不移补齐基础设施短板，推动重大战略性项目建设，民间投资形势向好，消费市场回暖，边境贸易发展良好。

1. 投资降幅持续收窄，民间投资形势向好。全年固定资产投资同比下降 2.1%，降幅比 1~9 月收窄 18.5 个百分点。持续优化营商环境，不断增强民间投资信心，全年民间投资同比增长 2.9%，增速由负转正，比 1~9 月提高 30.4 个百分点。招商引资项目完成固定资产投资 360 亿元，超额完成年度目标。

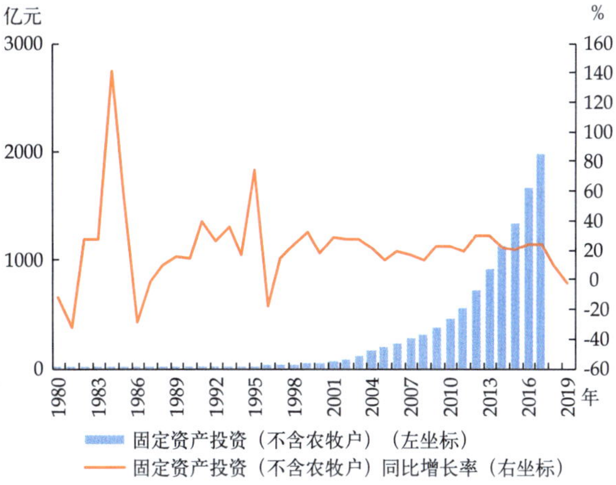

数据来源：西藏自治区统计局。

图 6　1980~2019 年西藏自治区固定资产投资（不含农牧户）及其增长率

2. 消费市场企稳回升，基本生活类商品全面增长。全年完成社会消费品零售总额 649.33 亿元，同比增长 8.7%，高于全国增速 0.7 个百分点。其中，限额以上消费品实现零售额 182.73 亿元，同比增长 8.4%，高于全国增速 4.5 个百分点。城镇完成零售额 540.80 亿元，同比增长 7.9%。乡村实现零售额 108.53 亿元，同比增长 12.8%。商品零售额与餐饮收入同比分别增长 8.4%、10.0%。

基本生活类商品全面增长。全年服装、鞋帽、针纺织品类同比增长 56.6%，日用品类同比增长 9.3%，粮油、食品类商品零售额同比增长 3.6%。汽车市场消费增速回升明显，汽车类商品实现零售额 41.97 亿元，增长 35.3%。

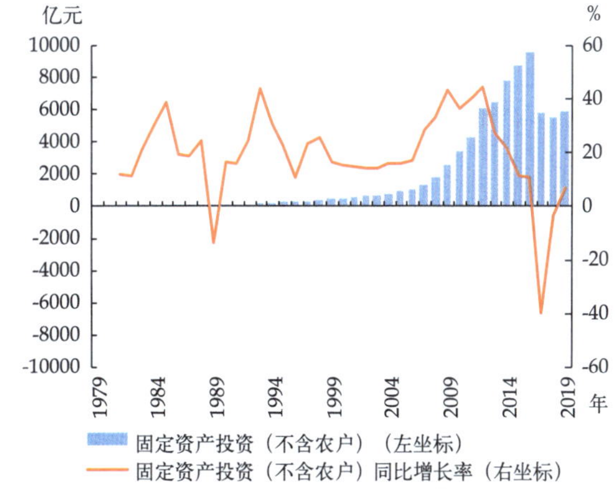

数据来源：西藏自治区统计局。

图 7　1979~2019 年西藏自治区社会消费品零售总额及其增长率

3. 进出口总额降幅收窄，边境贸易发展良好。2019 年，实现货物进出口总额 48.76 亿元，同比增长 2.6%。其中，出口 37.46 亿元，同比增长 31.09%。边境小额贸易进出口额 29.33 亿元，同比增长 21.61%，占进出口总额的 60.15%。边民互市贸易进出口额 2.15 亿元，增长 1.2 倍。

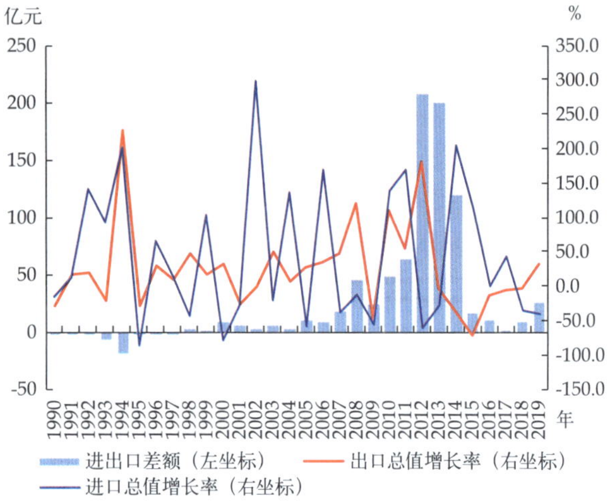

数据来源：西藏自治区统计局。

图 8　1990~2019 年西藏自治区外贸进出口变动情况

（二）产业结构持续优化，发展质量稳步提高

2019 年，自治区产业在高质量发展中实现系统优化。第一产业实现增加值 138.19 亿元，增长 4.6%；第二产业实现增加值 635.62 亿元，增长 7.0%；第三产业实现增加值 924.01 亿元，增长 9.2%。农业生产形势总体向好，工业经济平稳增长，第三产业发展态势良好。

1. 农业生产总体良好，畜牧业发展稳定。全年完成农林牧渔业总产值 212.8 亿元，同比增长 8.9%，增速较上年加快 3.4 个百分点。完成农林牧渔业增加值 142.1 亿元，同比增长 4.1%，增速较上年加快 0.5 个百分点。全年粮食产量初步统计为 105 万吨。全年牲畜存栏 1702.81 万头只；牲畜出栏 482.89 万头只；除生猪存栏、出栏有所下降外，其他牲畜基本平稳。猪牛羊肉产量 27.75 万吨，同比下降 0.2%。奶产量 46.66 万吨，同比增长 14.2%，其中，牛奶产量 42.39 万吨，同比增长 16.1%。

2. 工业经济平稳增长，营业收入增速加快。全年工业增加值完成 131.72 亿元，同比增长 5.1%，其中，制造业同比增长 5.0%，电力、热力、燃气及水生产和供应业同比增长 26.0%。从主要产品产量看，水泥产量增长 19.0%，中成药增长 17.3%，发电量增长 16.5%。全年向区外输出电量 17.29 亿千瓦时，同比增长 95.8%。2019 年，规模以上工业企业实现利润总额 5.17 亿元，比上年下降 70.3%。

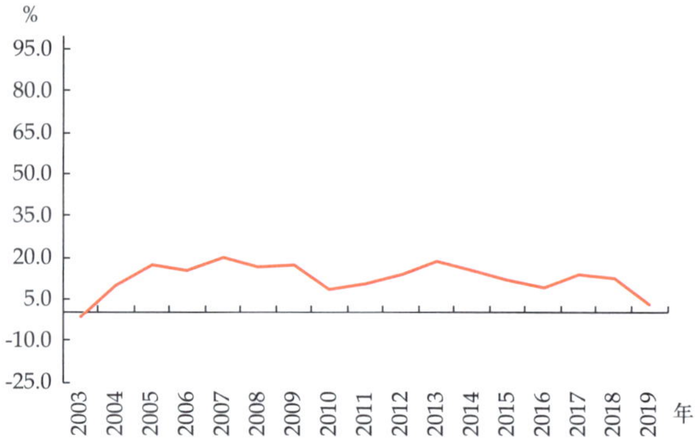

数据来源：西藏自治区统计局。

图 9　2003~2019 年西藏自治区规模以上工业增加值实际增长率

3. 服务业发展态势良好，旅游、交通业稳步发展。2019 年，西藏第三产业增加值 923.01 亿元，增长 9.2%。全年累计接待国内外游客 4012.15 万人次，同比增长 19.1%。实现旅游总收入 559.28 亿元，同比增长 14.1%。其中，旅游外汇收入 2.79 亿美元，同比增长 12.9%；国内旅游收入 540.44 亿元，同比增长 14.1%。全年完成货运量 2608.02 万吨、实现货物周转量 166.58 亿吨公里，同比分别增长 7.1% 和 10.6%，继续保持了稳定增长的态势。

4. 供给侧结构性改革持续深化，科技创新能力持续增强。加强全方位监管，规范各类融资行为，坚决遏制非法集资蔓延势头，加强风险监测预警和监管合作，妥善处理风险案件，坚决守住不发生系统性和区域性金融风险的底线。“放管服”改革持续深化，取消和下放行政许可事项19项。“互联网＋政务服务”超额完成“9070”目标，办件数据入库总量跃居全国前列。持续优化营商环境，全年预计减税降费47.1亿元，实现各类减免税201亿元，居民和一般工商业电价再降10%。企业开办时间压缩至5个工作日，平均每天新增市场主体200余家。财政科技投入、高新技术企业研发投入分别增长23%和19%。重点科技计划项目深入实施，科技对农牧业贡献率达51%。

5. 坚定不移推进美丽西藏建设，碧水蓝天更加清澈。2019年，自治区生态安全屏障保护与建设规划深入实施，生态领域投入增幅在20%以上。城镇绿色建筑面积达428.2万平方米。4058人搬出极高海拔生态保护区。全年新增造林130.7万亩。生态红线初步划定，全区45%的区域被列入最严格保护范围，西藏仍然是世界上环境质量最好的地区之一。

（三）物价总水平涨幅较低，人民生活日益改善

2019年，西藏城乡居民人均可支配收入增速分别为10%和13%，继续位居全国第一。居民消费价格总体稳定，涨幅控制在2.5%以内，就业工作取得新突破，城乡居民生活质量显著提高。

1. 居民消费价格总体稳定。全年居民消费价格同比上涨2.3%，较全国平均水平低0.6个百分点。其中，城市居民消费价格上涨2.4%，农村居民消费价格上涨2.3%。食品烟酒价格上涨3.3%、衣着价格上涨4.0%、生活用品及服务价格上涨3.7%、居住价格上涨1.9%、医疗保健价格上涨3.0%、教育文化和娱乐价格上涨0.2%、交通和通信价格下降1.3%、其他用品和服务价格上涨2.7%。

2. 工业生产者价格降幅收窄。全年工业生产者出厂价格同比下降1.1%，降幅较1~9月收窄0.4个百分点。从类别看，生活资料价格上涨1.0%，生产资料价格下降2.2%。

数据来源：西藏自治区统计局。

图10　2008~2019年西藏自治区居民消费价格指数和工业生产者价格指数变动趋势

3. 劳动力报酬持续提高，城乡居民人均收入比进一步缩小。2019年自治区居民人均可支配收入19501元，同比增长12.8%，增速高于全国平均水平3.9个百分点。其中，城镇居民人均可支配收入达到37410元，增长10.7%，高于全国平均水平2.8个百分点；农村居民人均可支配收入达到12951元，增长13.1%，高于全国平均水平3.5个百分点。城乡居民收入增速均位列全国第一。农村居民收入增速快于城镇居民2.4个百分点。城乡居民人均可支配收入比为2.89：1，较上年同期缩小0.06。

4. 就业市场有序运行，就业形势保持稳定。2019年，全年新增城镇就业5.2万人，城镇登记失业率控制在3%以内，城镇调查失业率控制在5%左右，城镇零就业家庭持续动态清零。全年完成农牧民转移就业58.47万人、113.82万人次，创收38.12亿元。建成各类“双创”载体131家，孵化企业2129家，吸纳就业1.54万人。开发高校毕业生就业岗位6万多个，实现就业2.3万人。开展“订单定向式”职业技能培训，培训各类技能人才4.6万人。自主创业成功554人。

（四）财政收支合理运行，民生支出不断扩大

全年实现一般公共预算收入222亿元，同

比下降3.6%，其中税收收入157.52亿元，同比增长1.1%。实现一般公共预算支出2180.88亿元，同比增长10.6%。其中，与民生相关的卫生健康、农林水事务、交通运输、教育、科学技术、社会保障和就业、住房保障等七项民生相关支出合计1409.33亿元，同比增长17.3%，占一般公共预算支出的64.6%。

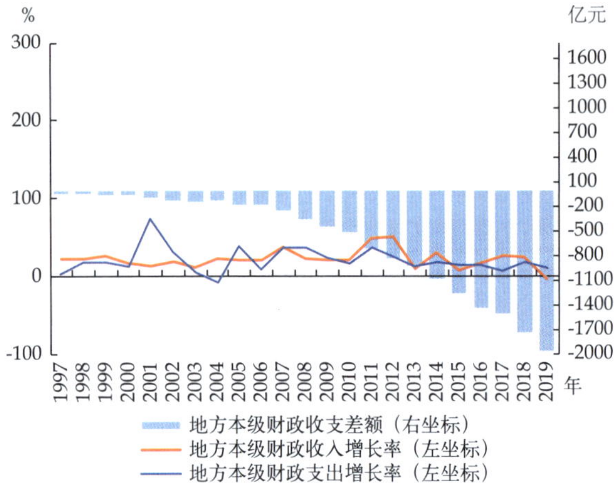

数据来源：西藏自治区统计局。

图11　1997~2019年西藏自治区地方财政收支状况

（五）房地产市场运行平稳，贷款稳步增长

2019年，西藏房地产投资规模略有下降，销售面积增长较快，市场规模依然较小。

1.房地产开发投资规模略有下降。2019年，自治区房地产开发投资累计完成额129.56亿元，比上年增长39.9%。

2.房地产新开工面积增长迅速。2019年，自治区房地产开发施工面积764.16万平方米，增长113.1%；竣工房屋面积18.87万平方米，下降62.2%。

3.新建商品房销售面积及销售额增长较快。2019年，自治区新建商品房销售面积达127.71万平方米，增长74.1%；商品房销售额96.78亿元，增长83.2%。

4.房地产贷款稳步增长。2019年，自治区房地产贷款余额260.4亿元，同比增加35.6亿元，增长16%。其中，房地产开发贷款123.9亿元，同比增加6.3亿元，增长5.4%；个人购房贷款134.9亿元，同比增加29.7亿元，增长28.2%。

专栏2　创建西藏自治区小微客户融资服务平台　优化小微客户融资服务

2019年12月18日，为切实优化小微客户融资服务，建立"全覆盖服务、全流程跟踪、全口径对接、全身心投入"的小微客户融资服务长效机制，中国人民银行拉萨中心支行在现有中小企业融资需求监测的实践基础上，多方学习，借鉴先进成熟平台模式，优化中小企业融资服务，掌握小微融资真实情况下，开发上线了"西藏自治区小微客户融资服务平台"（网址http://www.xzcredit.org.cn），实现了小微客户贷款需求"有求必应、合规授信、应贷尽贷、全程留痕"的目标要求。12月末，已有12家自治区内小微企业通过平台提出融资需求申请并获得融资，金额达3054.98万元。

一、融资服务平台的主要特点

一是做实服务手段，实现信贷档案的全覆盖。推动银行机构强化服务意识，落实主办银行责任，对所有接触到的有信贷需求或在本行开立基本账户的小微客户，全部建立信贷服务档案，主动对接信贷需求。

二是强化信贷管理，实现信贷服务的全流程跟踪。及时监测银行对接小微客户的全过程，精准把握货币信贷政策传导效果及存在的梗阻，进而提高货币政策工具运用效率，实现精细化窗口指导。

三是增加申贷渠道，实现信贷供需的全口径对接。通过融资服务平台，方便企业线上申贷，银行线下对接、线上反馈，有效提高银企对接效率，提升企业获贷率。

四是回应社会关切，促进银行机构全身心投入。金融管理部门通过及时掌握并发布企业的真实融资需求以及银行机构的办理情况，帮助社会各界客观评价银行的小微信贷服务质量，激励银行机构不断提升服务水平。

二、融资服务平台的目标要求

一是有求必应。要求金融机构对提出融资需求的企业，无论贷款申请是否符合条件、企业基本账户是否开在本行、申请方式是否在线上，都应对其建立信贷服务档案，并根据对接的不同进度，将是否受理、是否授信、是否贷款等信息在规定时限内向企业反馈并说明原因。通过有效互动和及时响应，改善银企关系，提高对接效率。

二是合规授信。小微企业金融风险较高，银行机构在受理申请时，要准确区分有效需求、潜在需求和无效需求等客户特征，精准分类，区别对待，合规授信，审慎管理。对于企业不诚信或不切实际的虚假融资需求，银行机构可据实向平台反馈，从而分清责任，减少惜贷、乱贷现象。

三是应贷尽贷。企业遵循实际需求和诚实信用原则，配合银行机构线下审批，提交充分、真实的审核材料，尽可能提高获贷率；银行充分履行社会责任，对符合信贷审批条件的合理融资需求，做到应贷尽贷，无正当理由不可随意拒贷。人民银行加强监督指导，增强货币信贷政策导向效果。

四是全程留痕。融资服务平台能够全流程记录小微客户申请对接、调查评估、评级授信、贷款发放等情况，提高融资过程的透明度，便于金融管理部门掌握小微客户融资的真实情况，及时制定或调整政策。

三、预测与展望

2020 年是全面建成小康社会和“十三五”规划收官之年，对实现第一个百年奋斗目标，为“十四五”发展和实现第二个百年奋斗目标打好基础具有重大意义。2020 年，西藏经济工作挑战与机遇并存。预计 2020 年地区生产总值增速保持在 9% 左右，地方财政收入增长 3% 左右，社会消费品零售总额、城乡居民人均可支配收入保持较快增长，居民消费价格涨幅控制在 3.5% 以内，城镇登记失业率控制在 3.6% 以内。

2020 年，自治区金融系统将坚持问题导向、目标导向、结果导向，坚持稳字当头，继续抓重点、补短板、强弱项，全面做好“六稳”工作，紧扣全面建成小康社会目标任务，坚持稳中求进、进中求好、补齐短板工作总基调，保持稳健的货币政策灵活适度。贯彻落实好特殊优惠金融政策，持续优化信贷结构，引导信贷资源向重点领域和薄弱环节倾斜；持续推进金融供给侧结构性改革，统筹推进稳增长、促改革、调结构、惠民生、防风险、保稳定，保持经济运行在合理区间，确保全面建成小康社会和“十三五”规划圆满收官。

中国人民银行拉萨中心支行货币政策分析小组

总　纂：郭振海　李玉福

统　稿：杨富彬

执　笔：申　霞

提供材料的还有：刘　涛　齐江勇　马晓宇　刘　帅　达瓦萨珍　其美玉珍　李亚宁　罗晶晶　杨　阳　伊毕热恒　王茂昌　王旭亮　丹　永　苟春华

附录

（一）2019年西藏自治区经济金融大事记

5月29日，樟木口岸恢复通车。

6月10日，全面取消企业银行账户开户许可。

7月11日，中国人民银行在拉萨召开深度贫困地区金融精准扶贫工作推进会。

8月6日，西藏自治区税务局联合中国银行西藏自治区分行首次试点推出“线上银税互动”暨“云税贷”产品。

8月9日，中国人民银行拉萨中心支行助推西藏金融租赁公司成功发行20亿元金融债。

10月18日，浦发银行牵头承销本土企业发行的第一单5亿元超短期融资券。

11月6日，中国人民银行拉萨中心支行为兴业银行、浦发银行成功办理西藏辖区第一批再贴现业务。

12月9日，中国人民银行拉萨中心支行成功出访尼泊尔中央银行。

12月18日，西藏自治区小微客户融资服务平台正式上线。

（二）2019 年西藏自治区主要经济金指标

表 1　2019 年西藏自治区主要存贷款指标

		1 月	2 月	3 月	4 月	5 月	6 月	7 月	8 月	9 月	10 月	11 月	12 月
本外币	金融机构各项存款余额（亿元）	4704.2	4683.5	4729.1	4670.8	4740.1	4870.3	4901.2	5104.2	5080.4	5174.0	5150.3	4979.5
	其中：住户存款	961.5	905.4	889.5	872.9	849.6	857.7	861.2	868.2	909.7	883.4	898.6	960.8
	非金融企业存款	1031.0	1047.9	1102.0	1057.9	1047.4	1103.4	1080.0	1068.6	1105.6	1098.1	1116.0	1154.1
	各项存款余额比上月增加（亿元）	-230.5	-20.6	45.6	-58.3	69.2	130.2	30.9	203.1	-23.8	93.6	-23.8	-170.8
	金融机构各项存款同比增长（%）	-5.5	-5.0	-4.8	-5.9	-6.0	-5.6	-3.7	-1.2	-1.0	1.6	0.9	0.9
	金融机构各项贷款余额（亿元）	4570.9	4599.2	4646.1	4629.0	4630.8	4646.6	4644.4	4649.8	4728.8	4728.4	4706.7	4695.5
	其中：短期	332.3	340.2	350.2	333.3	344.1	350.6	364.6	356.6	382.2	388.7	386.8	397.7
	中长期	3628.0	3635.1	3652.8	3635.6	3626.9	3617.2	3624.4	3625.4	3660.3	3659.3	3659.7	3612.8
	票据融资	174.6	181.9	191.5	201.9	201.9	204.6	188.0	201.1	221.7	223.0	205.6	244.2
	各项贷款余额比上月增加（亿元）	14.6	28.4	46.9	-17.2	1.8	15.9	-2.2	5.4	79.1	-0.4	-21.7	-11.2
	其中：短期	2.1	8.0	10.0	-16.9	10.8	6.5	14.0	-8.0	25.6	6.5	-1.9	10.9
	中长期	-25.1	7.1	17.7	-17.1	-8.7	-9.8	7.3	0.9	34.9	-1.0	0.4	-46.9
	票据融资	26.4	7.4	9.5	10.4	0.1	2.7	-16.6	13.1	20.6	1.3	-17.4	38.5
	金融机构各项贷款同比增长（%）	7.2	7.9	7.7	7.8	6.3	5.9	6.2	5.9	7.1	7.2	6.9	3.1
	其中：短期	-19.0	-11.2	-7.6	-14.4	-12.5	-8.8	-0.9	-2.6	4.7	12.4	12.0	20.6
	中长期	-0.6	-1.3	-1.9	-2.0	-3.7	-4.1	-3.8	-2.9	-1.8	-1.6	-1.4	-1.1
	票据融资	196.7	240.3	270.4	260.6	189.8	132.7	115.6	110.5	118.9	124.9	115.7	64.8
	建筑业贷款余额（亿元）	501.9	506.5	510.8	504.3	486.5	450.4	445.8	430.7	429.9	425.2	421.4	395.9
	房地产业贷款余额（亿元）	54.4	55.8	55.7	58.1	57.9	56.6	61.6	59.9	58.5	58.5	58.1	57.3
	建筑业贷款同比增长（%）	-28.8	-22.7	-22.0	-22.4	-24.7	-30.8	-32.0	-32.2	-30.6	-31.3	-31.3	-33.5
	房地产业贷款同比增长（%）	-60.8	-59.6	-62.9	-60.6	-61.4	-61.7	-53.1	-55.5	-56.1	-56.0	-56.0	-55.5
人民币	金融机构各项存款余额（亿元）	4698.1	4676.9	4723.8	4665.5	4734.5	4864.8	4895.8	5098.6	5074.8	5168.5	5144.8	4973.9
	其中：住户存款	960.8	904.7	888.8	872.2	848.9	857.0	860.6	867.6	909.1	882.8	898.0	960.2
	非金融企业存款	1025.7	1042.1	1097.4	1053.4	1042.6	1098.6	1075.3	1063.7	1100.7	1093.2	1111.2	1149.3
	各项存款余额比上月增加（亿元）	-230.3	-21.2	46.9	-58.3	69.0	130.2	31.0	202.8	-23.8	93.6	-23.7	-170.9
	其中：住户存款	35.5	-56.1	-15.9	-16.6	-23.3	8.1	3.5	7.0	41.5	-26.3	15.3	62.2
	非金融企业存款	-189.6	16.4	55.3	-44.0	-10.8	56.0	-23.4	-11.6	37.0	-7.5	18.0	38.1
	各项存款同比增长（%）	-5.5	-5.0	-4.8	-5.9	-6.0	-5.6	-3.7	-1.2	-1.0	1.7	0.9	0.9
	其中：住户存款	5.8	2.3	3.9	4.2	3.8	4.0	3.8	4.3	4.8	3.9	3.2	3.8
	非金融企业存款	-30.3	-26.6	-24.0	-27.1	-25.5	-22.2	-19.1	-18.1	-12.7	-13.9	-10.7	-5.4
	金融机构各项贷款余额（亿元）	4570.6	4599.0	4645.9	4628.7	4630.5	4646.4	4644.2	4649.5	4728.6	4728.2	4706.4	4695.2
	其中：个人消费贷款	334.5	334.6	341.5	347.4	352.7	357.7	364.4	369.6	375.1	383.0	392.4	399.0
	票据融资	174.6	181.9	191.5	201.9	201.9	204.6	188.0	201.1	221.7	223.0	205.6	244.2
	各项贷款余额比上月增加（亿元）	14.6	28.4	46.9	-17.2	1.8	15.9	-2.2	5.4	79.1	-0.4	-21.7	-11.2
	其中：个人消费贷款	7.6	0.1	6.9	5.9	5.3	5.0	6.7	5.2	5.5	7.9	9.4	6.6
	票据融资	26.4	7.4	9.5	10.4	0.1	2.7	-16.6	13.1	20.6	1.3	-17.4	38.5
	金融机构各项贷款同比增长（%）	7.2	7.9	7.7	7.8	6.3	5.9	6.2	5.9	7.1	7.2	6.9	3.1
	其中：个人消费贷款	29.6	28.2	26.5	25.8	24.1	22.5	20.7	19.8	19.6	20.9	21.9	22.2
	票据融资	196.7	240.3	270.4	260.6	189.8	132.7	115.6	110.5	118.9	124.9	115.7	64.8
外币	金融机构外币存款余额（亿美元）	0.9	1.0	0.8	0.8	0.8	0.8	0.8	0.8	0.8	0.8	0.8	0.8
	金融机构外币存款同比增长（%）	-18.3	-1.8	-20.9	-21.5	-18.4	-18.7	-22.8	-25.6	-25.1	-38.4	-24.4	-11.4
	金融机构外币贷款余额（亿美元）	0.0	0.0	0.0	0.0	0.0	0.0	0.0	0.0	0.0	0.0	0.0	0.0
	金融机构外币贷款同比增长（%）	-89.6	-3.5	0.6	0.2	-1.1	-4.8	-3.1	-3.5	-1.9	-4.1	-5.3	-4.6

数据来源：中国人民银行拉萨中心支行统计研究处。

表 2　2001~2019 年西藏自治区各类价格指数

单位：%

		居民消费价格指数		农业生产资料价格指数		工业生产者购进价格指数		工业生产者出厂价格指数	
		当月同比	累计同比	当月同比	累计同比	当月同比	累计同比	当月同比	累计同比
2001		—	—	—	—	—	—	—	—
2002		—	—	—	—	—	—	—	—
2003		—	—	—	—	—	—	—	—
2004		—	—	—	—	—	—	—	—
2005		—	—	—	—	—	—	—	—
2006		—	—	—	—	—	—	—	—
2007		—	—	—	—	—	—	—	—
2008		—	—	—	—	—	—	—	—
2009		—	—	—	—	—	—	—	—
2010		—	—	—	—	—	—	—	—
2011		—	—	—	—	—	—	—	—
2012		—	—	—	—	—	—	—	—
2013		—	—	—	—	—	—	—	—
2014		—	—	—	—	—	—	—	—
2015		—	2.0	—	-0.3	—	—	—	-6.8
2016		—	2.5	—	0.4	—	—	—	2.9
2017		—	1.6	—	1.6	—	—	—	10.0
2018		—	1.7	—	1.0	—	—	—	0.1
2017	1	—	—	—	—	—	—	—	—
	2	2.4	2.6	2.0	1.9	—	—	13.2	13.9
	3	2.0	2.4	1.8	1.9	—	—	15.0	14.3
	4	1.3	2.1	1.8	1.9	—	—	14.5	14.3
	5	1.2	1.9	1.6	1.8	—	—	13.4	14.1
	6	1.2	1.8	1.4	1.7	—	—	12.2	13.8
	7	1.4	1.7	1.4	1.7	—	—	9.9	13.2
	8	1.5	1.7	1.5	1.7	—	—	9.6	12.8
	9	1.7	1.7	1.7	1.7	—	—	7.9	12.2
	10	1.5	1.7	1.6	1.7	—	—	7.7	11.7
	11	1.5	1.7	1.6	1.6	—	—	4.4	11.0
	12	1.3	1.6	0.6	1.6	—	—	0.3	10.0
2018	1	1.3	1.3	0.6	0.6			0.5	0.5
	2	1.5	1.4	0.5	0.5	—	—	1.6	1.1
	3	1.5	1.4	0.7	0.6	—	—	-0.5	0.5
	4	1.6	1.5	0.8	0.6	—	—	0.2	0.4
	5	1.7	1.5	1.2	0.7	—	—	1.5	0.7
	6	1.9	1.6	1.3	0.8	—	—	1.5	0.8
	7	1.9	1.6	1.4	0.9	—	—	0.7	0.8
	8	1.9	1.7	1.4	1.0	—	—	-0.6	0.6
	9	1.6	1.7	1.3	1.0	—	—	0.3	0.6
	10	1.9	1.7	1.4	1.1	—	—	-0.3	0.5
	11	1.8	1.7	1.0	1.0	—	—	-1.6	0.3
	12	2.0	1.7	0.7	1.0	—	—	-1.4	0.1
2019	1								
	2	2.3	—	0.8	—	—	—	-2.4	—
	3	2.2	—	0.8	—	—	—	-3.6	—
	4	1.9	—	0.6	—	—	—	-2.3	—
	5	1.9	—	0.3	—	—	—	-1.3	—
	6	2.0	—	0.1	—	—	—	-0.9	—
	7	2.0	—	0.0	—	—	—	-0.1	—
	8	2.1	—	-0.1	—	—	—	-0.2	—
	9	2.4	—	-0.3	—	—	—	0.5	—
	10	2.6	—	-0.4	—	—	—	-0.6	—
	11	3.1	—	-0.2	—	—	—	0.4	—
	12	3.1	—	0.2	—	—	—	0.6	—

数据来源：《中国经济景气月报》、西藏自治区统计局。

表 3　2019 年西藏自治区主要经济指标

	1 月	2 月	3 月	4 月	5 月	6 月	7 月	8 月	9 月	10 月	11 月	12 月
	绝对值（自年初累计）											
地区生产总值（亿元）	—	—	324.1	—	—	681.7	—	—	1156.3	—	—	1697.8
第一产业	—	—	15.7	—	—	43.6	—	—	88.5	—	—	138.2
第二产业	—	—	44.3	—	—	229.5	—	—	463.0	—	—	635.6
第三产业	—	—	264.1	—	—	408.6	—	—	604.8	—	—	924.0
工业增加值（亿元）	—	8.7	14.3	22.0	32.0	42.1	52.6	—	—	—	—	—
固定资产投资（亿元）	—	—	—	—	—	—	—	—	—	—	—	—
房地产开发投资	—	—	—	—	—	—	—	—	—	—	—	—
社会消费品零售总额（亿元）	—	106.0	146.9	190.5	241.2	294.6	349.1	406.7	466.6	534.3	588.0	649.3
外贸进出口总额（亿元）	—	4.2	6.7	9.7	12.9	15.1	18.5	25.1	30.6	35.3	41.5	48.8
进口	—	0.5	0.8	1.3	1.5	1.8	2.3	4.4	5.3	6.1	7.6	11.3
出口	—	3.7	5.9	8.5	11.5	13.3	16.2	20.7	25.3	29.2	33.9	37.5
进出口差额（出口－进口）	—	3.3	5.0	7.2	10.0	11.5	14.0	16.3	20.0	23.1	26.4	26.2
实际利用外资（亿美元）	—	—	—	—	—	—	—	—	—	—	—	—
地方财政收支差额（亿元）	—	-242.1	-390.6	-508.8	-625.6	-821.7	-914.4	-1049.6	-1285.9	-1393.9	-1620.4	-1958.9
地方财政收入	—	40.5	47.4	64.9	86.3	105.5	124.3	138.5	153.0	173.1	190.0	222.0
地方财政支出	—	282.6	438.0	573.8	711.9	927.2	1038.8	1188.1	1438.9	1567.0	1810.4	2180.9
城镇登记失业率（%）（季度）	—	—	—	—	—	—	—	—	—	—	—	—
	同比累计增长率（%）											
地区生产总值	—	—	9.1	—	—	9.0	—	—	8.7	—	—	8.1
第一产业	—	—	1.5	—	—	3.7	—	—	3.3	—	—	4.6
第二产业	—	—	14.2	—	—	10.7	—	—	11.1	—	—	7.0
第三产业	—	—	8.8	—	—	8.7	—	—	7.7	—	—	9.2
工业增加值	—	1.7	3.9	4.0	5.6	5.1	7.1	6.7	6.5	5.3	4.0	3.0
固定资产投资	—	-20.5	-29.8	-31.0	-23.9	-26.3	-23.8	-24.7	-20.6	-8.3	-5.0	-2.1
房地产开发投资	—	341.4	33.7	111.0	173.5	37.6	34.7	30.3	40.9	40.1	35.3	39.9
社会消费品零售总额	—	11.1	8.0	7.0	5.9	6.7	6.7	6.6	6.8	7.2	7.7	8.7
外贸进出口总额	—	-27.4	-49.1	-55.1	-47.1	-43.3	-36.3	-18.7	-15.2	-12.6	-7.8	2.6
进口	—	-57.1	-89.3	-91.1	-90.2	-88.4	-85.8	-73.5	-70.0	-66.8	-59.8	-40.4
出口	—	-20.3	10.2	15.4	22.7	21.0	24.6	44.6	37.3	32.5	29.8	31.1
实际利用外资	—	—	—	—	—	—	—	—	—	—	—	—
地方财政收入	—	-11.9	-30.0	-22.0	-13.9	-9.9	-7.0	-5.5	-6.2	-6.2	-7.1	-3.6
地方财政支出	—	17.1	11.6	8.8	12.3	15.0	11.6	8.2	9.0	8.7	13.1	10.6

数据来源：西藏自治区统计局。

陕西省金融运行报告（2020）

中国人民银行西安分行货币政策分析小组

[内容摘要] 2019年，面对国内外风险挑战明显上升的复杂局面，陕西省坚持以习近平新时代中国特色社会主义思想为指导，坚持稳中求进工作总基调，坚持新发展理念，坚持以供给侧结构性改革为主线，紧扣“追赶超越”定位和“五个扎实”要求，统筹做好“六稳”工作，大力发展“三个经济”，全年发展呈现“经济稳中趋缓、结构持续优化、发展活力增强、高质量发展稳步推进”的良好态势。全年全省地区生产总值同比增长6.0%，投资增速有所回落，消费平稳增长，物价温和上涨，就业保持稳定。金融运行总体稳健，货币信贷规模合理增长，金融市场创新发展，金融基础设施建设日趋完善，区域金融环境不断优化，为全省经济高质量发展营造了适宜的货币金融环境。

从经济运行来看，受国内外多重因素影响，2019年陕西经济总体需求受到一定冲击，经济结构深度调整，产业结构持续优化，供给侧结构性改革稳步推进。一是投资拉动能力下降，但工业投资增长亮眼。全省固定资产投资（不含农户）同比增长2.5%，较上年回落7.9个百分点，但工业投资增长11.5%，为2014年以来最好水平。二是居民消费总体平稳，新兴消费模式带动明显。社会消费品零售总额同比增长7.4%，限额以上企业（单位）通过公共网络实现商品销售535.6亿元，同比增长19.6%。三是外贸进出口增速回落，实际利用外资持续增长。进出口总值同比增长0.1%，出口同比下降9.8%，进口同比增长14.5%。全年新设外商投资企业323家，同比增长14.1%；实际利用外资77.3亿美元，同比增长12.9%。四是产业结构持续优化，服务业保持较快增长。规模以上工业增加值增长5.2%，其中高技术产业和装备制造业分别增长11.1%和8.9%；服务业增加值增长6.5%，高于地区生产总值增速0.5个百分点。五是供给侧结构性改革稳步推进，传统企业转型升级步伐加快。工业企业技术改造力度加大，2019年工业企业技术改造投资增长19.6%，增速加快16.8个百分点。新兴产业加快发展，高技术产业和装备制造业增速分别高于规上工业增加值增速5.9个和3.7个百分点。六是减税降费效应显现，财政收入增速回落。地方财政收入2287.7亿元，同比增长2.0%，较上年下滑9.8个百分点，低于全国地方财政收入平均增速1.2个百分点，全年累计实现新增减税降费600多亿元。

金融运行总体稳健，服务实体经济能力保持稳固。一是货币信贷合理增长。本外币各项贷款余额3.4万亿元，同比增长11.7%，较年初新增3516.5亿元。全年全省非金融企业债券净融资858.8亿元，达上年的1.5倍。二是精准滴灌成效显著，信贷结构持续优化。金融对社会发展重点领域和薄弱环节的支持力度持续加大，民营企业贷款新增257.2亿元，同比多增274.5亿元，普惠小微贷款同比增长22.6%，金融精准扶贫贷款同比增长12.2%。三是利率市场化改革深入推进，实体经济融资成本进一步降低。LPR改革落地见效，金融机构利率定价能力进一步增强，人民币贷款加权平均利率为5.81%，低于上年0.1个百分点。四是金融机构改革持续深化，金融环境不断优化。地方法人金融机构总数达152家，较上年末新增4家。西安银行成功上市，成为西北地区城市商业银行“第一股”。长安银行首获银行间市场B类主承销商资格。取消企业银行账户许可，完善守信激励与失信惩戒机制，金融服务实体经济能力进一步提升。五是金融机构资产质量持续改善，金融风险有效防范。高风险机构处置取得突破，地方法人金融机构不良率同比下降0.4个百分点，资本充足率同比上升0.3个百分点；持续开展P2P网贷平台专项整治，强化债券市场风险监测，金融市场风险得到有效防控。六是证券业和保险业运行稳健，多层次资本市场健康发展。证券期货机构业务稳步推进，经营总体稳健，资本实力有所增强。保险业稳中向好，业务覆盖面拓展，服务经济社会功能有效发挥。

展望2020年，陕西正处在全面建成小康社会和完成“十三五”规划目标的关键阶段。面对突如其来的新冠肺炎疫情冲击，陕西统筹推进疫情防控和经济社会发展，疫情防控向好态势持续巩固，复工复产复市稳步推进，经济社会运行秩序加速恢复，经济社会大局保持稳定。主要经济指标有所改善，工业生产继续恢复，固定资产投资降幅收窄，市场销售有所回暖，对外贸易平稳增长。同时也要看到，当前国际疫情持续蔓延，世界经济下行风险加剧，不稳定不确定因素显著增多，给陕西疫情防控、复工复产和经济运行带来新的困难和挑战。

2020年，陕西省将坚决贯彻落实习近平总书记来陕考察重要讲话精神，坚持以供给侧结构性改革为主线，以改革开放为动力，认真践行“五个扎实”要求，全面落实“五新”战略任务，统筹推进新冠肺炎疫情防控和经济社会发展，扎实做好“六稳”工作，全面落实“六保”任务，加快推进生产生活秩序全面恢复，确保全面建成小康社会和“十三五”规划圆满收官。人民银行西安分行将认真执行稳健的货币政策更加灵活适度，全力做好金融支持疫情防控和企业复工复产工作，保持货币信贷和社会融资规模合理增长，积极推动信贷结构调整优化，进一步加大对民营、小微企业的金融支持力度，做好科技创新金融服务，加强重点领域金融支持，积极推动债券市场融资功能有效发挥，稳妥做好金融市场风险防范和处置工作，为陕西经济社会高质量发展提供有力的金融保障。

一、金融运行情况

2019年，陕西省金融业认真落实稳健货币政策，货币信贷合理增长，金融供给侧结构性改革持续推进，多层次资本市场发展取得进展，保险保障功能进一步发挥，金融服务水平稳步提升，金融生态建设成效显著。

（一）银行业经营稳健，贷款利率稳步下降

2019年，陕西省银行业认真落实稳健货币政策，不断提升金融服务水平，有效防范金融风险，扎实推进金融改革，为陕西经济转型升级和平稳发展创造了良好的货币金融环境。

1. 银行业机构运营整体稳健，资产质量持续改善。截至2019年末，陕西省银行业机构资产总额5.6万亿元，同比增长8.6%；负债总额5.4万亿元，同比增长8.6%；实现利润575.5亿元，同比增长10.9%；拨备覆盖率182.2%，同比上升24.0个百分点；法人机构平均资本充足率14.2%，同比上升0.3个百分点。不良贷款余额同比减少61.5亿元，不良贷款率同比下降0.4个百分点，2019年全年基本稳定在全国平均水平以下，资产质量持续改善。但关注类贷款余额及比例有所上升，信用风险防控压力依然较大。

表1　2019年陕西省银行业金融机情况

机构类别	营业网点			法人机构（个）
	机构个数（个）	从业人数（人）	资产总额（亿元）	
一、大型商业银行	1900	41173	19721	0
二、国家开发银行和政策性银行	84	2231	5957	0
三、股份制商业银行	448	10279	7720	0
四、城市商业银行	538	9238	7165	2
五、小型农村金融机构	2833	30893	9602	100
六、财务公司	7	359	1064	4
七、信托公司	3	1883	304	3
八、邮政储蓄银行	1245	10721	3520	0
九、外资银行	12	316	233	0
十、新型农村金融机构	31	1499	166	42
十一、其他	2	389	223	1
合　计	7103	108981	55676	152

注：营业网点不包括国家开发银行和政策性银行、大型商业银行、股份制商业银行等金融机构总部数据；大型商业银行包括中国工商银行、中国农业银行、中国银行、中国建设银行和交通银行；小型农村金融机构包括农村商业银行、农村合作银行和农村信用社；新型农村金融机构包括村镇银行、贷款公司、农村资金互助社和小额贷款公司；“其他”包含金融租赁公司、汽车金融公司、货币经纪公司、消费金融公司等。

数据来源：陕西银保监局。

2. 存款增量创历年新高，结构性存款和大额存单增长较快。截至2019年末，陕西省金融机构（含外资）本外币各项存款余额44536.7亿元，同比增长8.8%，高于上年1.5个百分点。人民币各项存款余额44225.4亿元，同比增长9.0%，高于上年1.7个百分点，全年存款新增3647.1亿元，同比多增863.7亿元，增量创历年新高。截至2019年末，结构性存款余额为1556.4亿元，全年新增104.7亿元。大额存单余额为3252.4亿元，同比增长42.7%。全年区域性中小型银行（包括法人城商行、农商行、农合行、村镇银行）存款新增862.8亿元，占存款新增额的23.7%；农村信用社存款新增249.4亿元，增量较上年同期番。

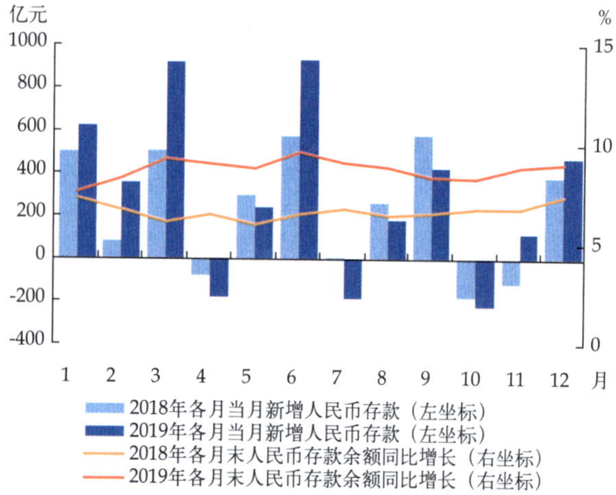

数据来源：中国人民银行西安分行。

图1　2018~2019年陕西省金融机构人民币存款增长变化

3. 各项贷款合理增长，对薄弱环节贷款投放明显改善。截至2019年末，陕西省金融机构（含外资）本外币各项贷款余额34337.1亿元，同比增长11.7%，较年初新增3516.5亿元。人民币各项贷款余额34113.2亿元，同比增长11.8%，较年初新增3521.7亿元。受个人住房贷款增长拉动，住户部门贷款增速运行维持高位。截至2019年末，住户贷款余额10028.7亿元，同比增长18.8%，高于各项贷款增速7.1个百分点。非金融企业及机关团体贷款余额24078.6亿元，同比增长9.1%，低于各项贷款增速2.6个百分点。

对社会发展薄弱环节和重点领域支持力度持续加大。截至2019年末，全省基础设施领域贷款新增873.9亿元，占所有行业贷款新增额的53.5%。民营企业贷款全年新增257.2亿元，同比多增274.5亿元，占国有企业和民营企业贷款新增额的15%，明显高于上年。小微企业贷款覆盖面扩大，全省普惠小微贷款余额较年初增长22.6%，高于各项贷款增速10.9个百分点。金融助力脱贫攻坚质效提升，金融精准扶贫贷款同比增长12.2%。其中，产业精准扶贫贷款同比增长60.2%；全年累计发放建档立卡贫困人口贷款116.9万笔，同比增长82.4%。

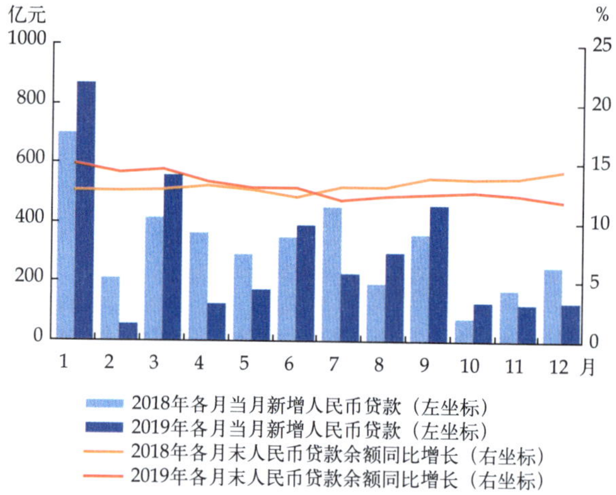

数据来源：中国人民银行西安分行。

图2　2018~2019年陕西省金融机构人民币贷款增长变化

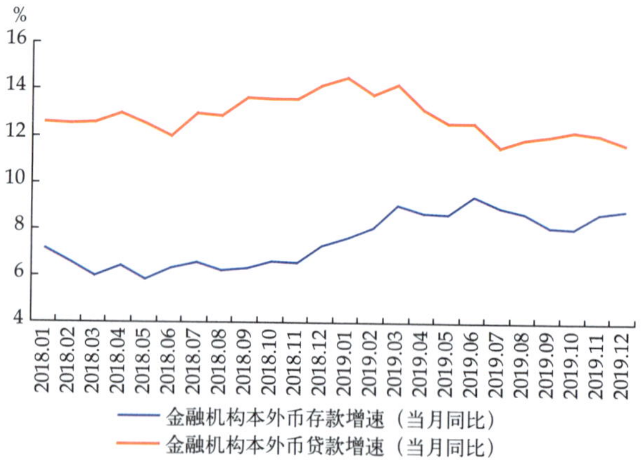

数据来源：中国人民银行西安分行。

图3　2018~2019年陕西省金融机构本外币存、贷款增速变化

4. 表外融资降幅收窄，恢复性增长态势稳固。在金融监管政策指导下，自2018年开始，全省表外融资中的委托贷款和信托贷款持续收缩。经过一年多的调整，全省金融机构存量到期规模不断缩减，并调整业务战略。2019年全省表外融资累计减少1023.8亿元，同比少减556.6亿元。其中，委托贷款新增14.6亿元，同比多增468.3亿元；未贴现银行承兑汇票减少8.7亿元，同比少减584.7亿元。

表2　2019年陕西省金融机构人民币贷款各利率区间占比

（LPR改革前）　　单位：%

月份		1月	2月	3月	4月	5月	6月	7月
合计		100.0	100.0	100.0	100.0	100.0	100.0	100.0
下浮		22.1	11.9	19.0	23.1	25.2	21.8	27.3
基准		18.7	25.8	15.7	18.4	19.5	24.5	20.2
上浮	小计	59.2	62.3	65.3	58.5	55.3	53.7	52.5
	(1.0, 1.1]	14.8	13.5	11.8	11.0	9.7	8.0	9.9
	(1.1, 1.3]	17.0	17.4	18.2	13.3	16.3	16.9	13.5
	(1.3, 1.5]	8.4	5.8	9.2	6.9	7.7	7.6	7.0
	(1.5, 2.0]	9.2	13.4	12.2	13.3	9.8	10.2	11.4
	2.0以上	9.8	12.2	13.8	14.0	11.9	11.1	10.8

（LPR改革后）

月份		8月	9月	10月	11月	12月
合计		100.0	100.0	100.0	100.0	100.0
LPR减点		19.8	25.5	21.7	29.2	24.1
LPR		2.2	2.7	3.9	1.9	5.0
LPR加点	小计	78.0	71.7	74.4	68.9	71.0
	(LPR, LPR+0.5%)	20.1	17.0	21.3	20.6	17.3
	[LPR+0.5%, LPR+1.5%)	20.9	21.9	20.8	17.6	23.9
	[LPR+1.5%, LPR+3%)	12.5	13.3	13.9	13.0	13.1
	[LPR+3%, LPR+5%)	13.9	11.3	9.2	10.3	9.7
	LPR+5%及以上	10.7	8.3	9.2	7.4	7.1

数据来源：中国人民银行西安分行。

5. 贷款加权平均利率下降，LPR改革成效明显。2019年，人民币一般贷款（不含贴现、个人住房贷款、信用卡透支和各项垫款）加权平均利率为5.81%，低于上年0.1个百分点。小微企业贷款加权平均利率为6.13%，低于上年0.2个百分点。存款市场竞争合理有序，活期存款和定期存款加权平均利率与上年基本持平。12月，全省地方法人金融机构新发放贷款（不包括特种贷款等）100%参照LPR定价，不同金融机构对优质贷款客户定价差异明显，贷款市场利率隐性下限有效打破。上半年美元存款利率稳中有降，年末略有回升。

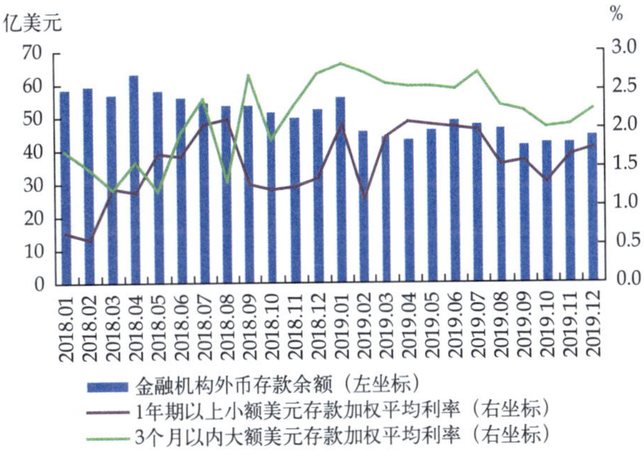

数据来源：中国人民银行西安分行。

图4　2018~2019年陕西省金融机构外币存款余额及外币存款利率

6. 金融机构资产质量持续改善，金融风险有效防范。支持辖内法人银行发行资本补充债券。2019年1月，长安银行在银行间债券市场成功发行一期15亿元二级资本债券，资本结构得到优化。截至2019年末，陕西省地方法人金融机构不良贷款率同比下降0.4个百分点，资本充足率同比上升0.3个百分点。落实“三档两优”存款准备金政策，两次定向降准对农商行、城商行等金融机构释放长期限低成本资金缓解流动性压力。持续开展P2P网贷平台专项整治，目前辖内网贷平台14家，机构数量、业务总体规模、违规业务量等连续“三降”。积极运用信用风险缓释工具有效对冲民营企业债券投资人风险，省内企业在银行间市场未发生违约风险事件。

7. 金融机构布局日趋完善，地方法人经营能力不断增强。地方法人金融机构总数达152家，较上年末新增4家村镇银行。各项存款同比增长11.7%，各项贷款同比增长11.9%，利润同比增长9.5%，经营效益稳步提升。2019年3月，西安银行成功上市，成为西北地区城市商业银行“第一股”。非银行业法人金融机构业务类型日益丰富，消费类信托、家族信托、慈善信托等创新类信托业务发展迅速，长银消费金融公司总资产突破100亿元，行业排名上升至全国前列。

8. 跨境人民币业务发展呈现良好态势，实现四项指标显著提高。2019年陕西跨境人民币实现收付金额492.8亿元，同比增长55.4%；人民币跨境收支在本外币跨境收支占比达14.8%，较上年提高4.7个百分点；跨境人民币收付企业数达1356家，同比增长21.2%；境外参加行数达713家，同比增长15.9%。自陕西2011年8月启动跨境人民币业务以来，陕西跨境人民币收付累计实现2924.6亿元，34家银行的249个分支机构参与，服务2783家企业、惠及境外参加银行1594家，交易辐射境外123个国家和地区。

专栏1　落实LPR改革，畅通货币政策传导

人民银行发布改革完善贷款市场报价利率（LPR）形成机制政策以来，西安分行积极推动LPR在陕西省金融机构中的运用，深入推进利率市场化改革，提高利率政策传导效率，降低实体经济融资成本，取得了较好成效。

一、陕西省LPR改革落实情况

（一）LPR改革有力推进，新发放贷款中LPR应用占比持续提升。

人民银行西安分行成立“陕西省贷款市场报价利率工作领导小组”，制订工作方案，分类推进、重点突破，对农村合作金融机构、村镇银行、财务公司和金融消费公司等机构开展针对性的政策解释和指导。截至2019年12月，全省地方法人金融机构全部新发放贷款（不包括特种贷款等）100%参照LPR定价，全省金融机构新发放贷款中LPR应用占比已达86.6%。

（二）LPR改革成效显现，贷款利率逐步下行

自2019年8月17日人民银行改革完善LPR形成机制以来，陕西省金融机构新发放人民币贷款加权平均利率由2019年8月的6.04%下降至2019年12月的5.58%，大幅下降46个基点，有效降低了实体经济实际融资成本；2019年12月个人住房按揭贷款加权平均利率5.70%，与上年同期基本持平；2019年第四季度银行承兑汇票贴现利率3.22%，较上年同期大幅下降260个基点。

（三）政策宣传力度加大，LPR知晓度逐步提高

人民银行方面，利用多种媒体开展政策解读。在积极利用地方纸质媒体、新媒体开展LPR政策宣传的同时，10月9日，西安分行货币信贷管理处接受陕西广播电台采访，对LPR政策进行解读。金融机构方面，外部宣传和内部培训同步进行。一方面，商业银行在官方网站显著位置公布LPR定价，在各营业网点设置LPR报价展示区，并根据人民银行西安分行制定的“LPR政策十问十答”印发宣传册，大力加强对社会公众的宣传教育。另一方面，各银行在行内组织多场培训，全面系统地培训LPR改革的背景意义、实施要求和工作安排，切实推动改革政策贯彻落实。

二、LPR改革对金融机构经营的影响

（一）贷款定价对基准利率的依赖程度降低，市场利率传导效率提升

人民银行西安分行把提升地方法人金融机构定价能力作为改善货币政策传导效率的重要途径，通过制定利率定价模板、改革金融机构定价办法、指导建立内部资金转移定价系统等方式，持续不断地提升全省法人金融机构定价能力。此外，西安银行被选为LPR报价行之后，人民银行西安分行指导西安银行积极完善LPR报价计算模板、贷款定

价方案等，切实发挥报价行的领头和示范作用，正确反映西部地区市场价格。在LPR价格引导下，全省不同期限贷款利率出现了与LPR同向下降的变化趋势，资金价格在全省金融市场资源配置中的作用显著提升。

（二）银行盈利能力面临下降压力，通过为小微企业提供更多贷款保持盈利

LPR改革后，在LPR价格引导下，银行资产端不同期限贷款利率出现下行趋势，而银行负债端成本居高不下，导致银行存贷款利差收窄，盈利能力面临下降压力。调查显示，从净利差和净息差看，被调查金融机构2019年下半年净利差和净息差较2018年和2019年上半年普遍有所下降。面对利差收窄压力，银行为保持盈利能力加大了对小微企业的贷款投放。截至2019年末，陕西省单户授信1000万元以下小微企业贷款余额775.6亿元，较年初新增115.8亿元；个体工商户和小微企业主经营贷款余额758.5亿元，较年初新增167.1亿元，同比增长28.3%。

（三）银行利率风险管理意识增强，通过优化资产负债期限结构控制利率风险

LPR改革后，商业银行与市场利率挂钩的利率风险敞口将显著扩大。面对这一挑战，各银行利率风险管理意识普遍提高，采取主动管理措施降低利率风险。一是提高挂钩市场利率基准的负债占比，降低市场利率挂钩生息资产与付息负债之间的规模错配；二是引导分行适当拉长贷款组合久期；三是视利率走势审慎调整债券投资久期；四是在符合套期会计准则的前提下，择机叙做与LPR挂钩的利率掉期。

（二）证券业平稳发展，法人机构盈利能力增强

2019年，陕西省证券期货机构业务稳步增长，经营总体稳健。上市公司平稳发展，盈利水平提升。

1.资产规模保持稳定，盈利能力显著提高。截至2019年末，陕西省共有法人证券公司、期货公司各3家，法人基金公司1家，证券分公司49家，证券营业部258家。3家法人证券公司总资产729.9亿元，同比下降2.7%；营业收入、净利润分别为55.8亿元、13.7亿元，同比分别增长55.7%和150.1%。3家法人期货公司总资产72.9亿元，同比增长27.6%；营业收入、净利润分别为3.1亿元、0.2亿元，同比分别增长5.7%、31.6%。

2.市场交易活跃度上升，上市公司经营业绩良好。2019年，陕西省累计代理证券交易额56816.1亿元，同比增长36.1%。截至2019年末，陕西省内上市公司53家，市价总值6773.1亿元，同比增长39.1%。全省上市公司股票市场融资100.1亿元，同比增长63.4%。截至9月末，上市公司总资产10042.2亿元，同比增长54.0%；净资产3917.2亿元，同比增长21.3%；实现营业收入2141.5亿元，同比增长19.0%；实现净利润176.3亿元，同比增长19.7%。

表3　2019年陕西省证券业基本情况

项目	数量
总部设在辖内的证券公司数（家）	3
总部设在辖内的基金公司数（家）	1
总部设在辖内的期货公司数（家）	3
年末国内上市公司数（家）	53
当年国内股票（A股）筹资（亿元）	100.1
当年发行H股筹资（亿元）	0.0
当年国内债券筹资（亿元）	3849.2
其中：短期融资券筹资额（亿元）	977.0
中期票据筹资额（亿元）	580.8

数据来源：陕西证监局、中国人民银行西安分行、陕西省发展改革委。

（三）保险业持续发展，服务经济社会功能有效发挥

2019年，陕西省保险市场持续深化改革，继续调整业务结构，持续优化业务品质，业务发展整体呈现不断向好的良好态势。

1.保险市场规模继续扩大，风险保障功能不断强化。2019年，陕西省拥有法人保险

业机构2家，省级分公司67家，同比增加5家。保险行业总资产2162.50亿元，同比增长14.25%。全年实现保费收入1033.5亿元，同比增长6.61%。全省保险业共提供各类风险保障52.00万亿元，支付赔款300.0亿元，同比分别增长20.39%、6.80%，风险保障功能得到有效发挥。

2. 民生保障功能不断发挥，服务经济社会能力增强。2019年，人身险保障型产品较快增长，普通寿险业务保费增长13.63%，同比提高26.16个百分点；健康险业务保费增长30.73%，同比提高9.24个百分点。2019年，全省农业保险保费收入14.2亿元，同比增长27.56%，支付农业赔款7.18亿元，同比增长27.52%。截至2019年末，保险业累计为全省装备制造企业提供首台（套）重大技术装备风险保障超过30亿元，有力地推动了陕西制造业转型升级发展。

表4　2019年陕西省保险业基本情况

项目	数量
总部设在辖内的保险公司数（家）	2
其中：财产险经营主体（家）	1
人身险经营主体（家）	1
保险公司分支机构（家）	67
其中：财产险公司分支机构（家）	32
人身险公司分支机构（家）	35
保费收入（中外资，亿元）	1033.5
其中：财产险保费收入（中外资，亿元）	217.2
人身险保费收入（中外资，亿元）	816.3
各类赔款给付（中外资，亿元）	300.0
保险密度（元／人）	2666.3
保险深度（%）	4.0

数据来源：陕西银保监局。

（四）直接融资提质增效，金融市场创新发展

2019年，陕西省金融市场运行平稳，社会融资结构不断优化。直接融资市场创新步伐加快，货币市场交易活跃度提升，债券回购及票据融资利率整体下行。

1. 社会融资规模平稳增长，直接融资占比提升。2019年，陕西省社会融资规模新增4157.7亿元，同比多增557.6亿元。表内信贷增加3511.9亿元，占社会融资规模增量的84.5%，为社会融资规模增长的主力。受委托贷款和信托贷款持续收缩影响，表外融资减少1023.8亿元，但降幅收窄，同比少减556.6亿元。直接融资新增934.9亿元，同比多增351.9亿元，直接融资占社会融资规模增量的22.5%，比上年提升6.3个百分点。地方政府专项债券新增431.0亿元，同比少增46.2亿元。

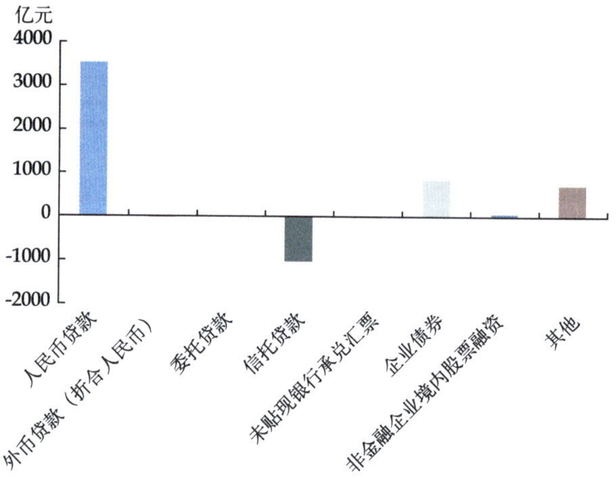

数据来源：中国人民银行西安分行。

图5　2019年陕西省社会融资规模分布结构

2. 金融市场创新发展，债券融资增量扩面。2019年，陕西省金融市场创新步伐进一步加快，西安银行登陆A股市场，长安银行首获银行间市场B类主承销商资格，陕西成立全国第三家地方性增信机构。2019年，全省非金融企业债券净融资858.8亿元，约为上年的1.5倍。纾困专项公司债券、红色文旅中期票据、绿色债务融资工具等创新品种落地陕西，民营企业东岭集团积极运用信用风险缓释工具进行债券融资。

3. 债券交易活跃度提升，同业拆借规模呈收缩态势。2019年，陕西省金融机构债券回购累计成交金额115486.7亿元，同比增长30.2%，市场整体融入17715.5亿元。同业拆借累计成交金额3527.9亿元，同比下降32.5%，市场整体融入2081.1亿元。债券回购利率呈现窄幅波动，整体有所下行。下半年以来，拆借

利率和债券市场到期收益率明显上扬。

4. 票据承兑和贴现余额增加，融资利率持续下行。2019 年，陕西省金融机构累计签发银行承兑汇票 3924.6 亿元，同比增长 22.3%；累计贴现票据金额 9071.8 亿元，同比减少 6.9%。截至 2019 年末，陕西省银行承兑汇票余额 2468.7 亿元，较上年增加 531.1 亿元。贴现余额 2389.9 亿元，较上年增加 372.9 亿元。2019 年，金融机构票据贴现和转贴现利率均呈下行趋势。

表 5　2019 年陕西省金融机构票据业务量统计

单位：亿元

季度	银行承兑汇票承兑		贴现			
			银行承兑汇票		商业承兑汇票	
	余额	累计发生额	余额	累计发生额	余额	累计发生额
1	2239.58	948.31	2190.37	2494.32	55.06	90.78
2	2404.35	991.37	2132.83	1938.18	77.81	159.93
3	2475.16	990.48	2176.52	1953.15	120.29	147.08
4	2468.67	994.39	2262.4	2169.72	127.54	118.63

数据来源：中国人民银行西安分行。

表 6　2019 年陕西省金融机构票据贴现、转贴现利率

单位：%

季度	贴现		转贴现	
	银行承兑汇票	商业承兑汇票	票据买断	票据回购
1	4.1383	5.833	4.1162	3.595
2	3.4688	5.1354	3.4715	2.7479
3	3.3096	5.0689	3.0220	2.7294
4	3.2186	4.9804	2.769	2.5988

数据来源：中国人民银行西安分行。

（五）普惠金融取得阶段性成效，自贸区金融改革有序推进

铜川市宜君县农村普惠金融综合示范区试点取得阶段性成效，宜君县实现脱贫摘帽。积极推动科技金融发展，建立高技术产业“领办行”制度。推动自贸区金融改革创新，开展资本项目外汇收入支付便利化试点、外债注销登记下放银行、外商投资企业再投资等外汇创新业务；陕西作为西北唯一省份，被确定为国家外汇管理局“跨境业务区块链服务平台”第一批试点；针对中欧班列融资需求，打造“央行·长安号票运通”政策性票据产品；全国首家商业保理公司美元融资业务成功获批并落地陕西自贸区。按季度开展陕西省银行业存款类金融机构（法人）绿色信贷业绩评价工作，评价结果纳入宏观审慎评估，引导鼓励金融机构加大绿色信贷投放。

（六）金融基础设施日趋健全，区域金融环境持续优化

1. 支付清算体系不断完善，基础金融服务能力显著增强。2019 年，陕西省加大支付体系建设力度，不断优化基础金融服务功能，完成陕西省取消企业银行账户许可改革工作，规范治理支付市场秩序，加快推进支付服务普惠进程，深入推动移动支付便民工程建设，优化服务实体经济和民生改善，陕西省支付市场健康、有序发展。

表 7　2018~2019 年陕西省支付体系建设情况

年份	支付系统直接参与方（个）	支付系统间接参与方（个）	支付清算系统覆盖率（%）	当年大额支付系统处理业务数（万笔）		同比增长（%）
2018	5	5781	97	4072.45		18.78
2019	5	5823	97	4064.00		-0.21
年份	当年大额支付系统业务金额（亿元）	同比增长（%）	当年小额支付系统处理业务数（万笔）	同比增长（%）	当年小额支付系统业务金额（亿元）	同比增长（%）
2018	651178.8	13.89	9715.98	-45.93	13008.90	-24.51
2019	753453.4	15.71	11655.46	19.96	19133.25	47.08

数据来源：中国人民银行西安分行。

2. 信用体系建设成效显现，征信服务实体经济能力增强。陕西省 26.8 万户企业和 2605 万自然人信息被纳入国家金融信用信息基础数据库，在全省建成信用报告自助查询网点 273 个，布放自助查询设备 308 台，实现了非高峰时段随到随查、服务查询网点临街化、信用报告非现金收费、异议处理满意率“四个 100%”。打造“园区 + 市场化”信用金融服务新模式，加

强小微企业和农户信用信息平台建设，引导商业银行以“征信+”、供应链融资等方式，助力小微企业和农村经济发展。开展征信市场专项治理，规范扩大征信有效供给。发挥征信查询“前置+监测”系统的“安全阀”和“警报器”作用，保障信息主体合法权益。出台《陕西省涉金融领域失信问题专项治理实施方案》等制度，推动建立守信激励失信惩戒机制。

3. 金融消费者权益保护切实加强。陕西省金融消费权益保护协调机制建设顺利推进，世界银行普惠金融全球倡议（FIGI）中国项目取得新进展，多方联动开展金融知识普及宣传教育，提升社会公众金融素养。深入贯彻金融为民理念，稳步开展金融消费者投诉受理与处理，12363投诉咨询电话运行平稳，来信、来访等投诉渠道畅通。陕西省金融纠纷多元化解机制经验在全国金融纠纷多元化解机制建设推进会上进行交流。

二、经济运行情况

2019年，受国内外多重因素影响，陕西省经济下行压力增大，经济增速放缓。全年实现地区生产总值25793.2亿元，同比增长6.0%，低于上年2.3个百分点。2019年末，全省常住人口3876.2万人，人均GDP 66649元。全省城镇新增就业46万人，城镇登记失业率3.2%，居民就业保持稳定。

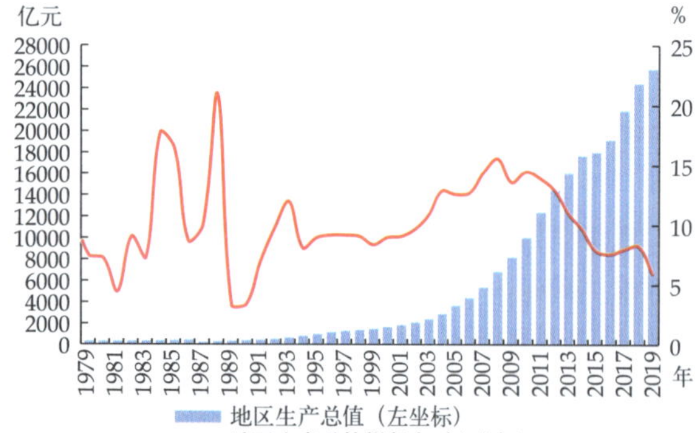

数据来源：《陕西统计年鉴》、陕西省统计局。

图6　1979~2019年陕西省地区生产总值及其增长率

（一）投资拉动能力下降，总体需求有所减缓

2019年，在经济下行压力下，陕西省需求端总体有所下滑，投资、消费、进出口不同程度呈现回落。从结构看，投资需求下降明显，增速回落幅度较大；消费需求总体平稳，新兴消费模式带动明显；外贸进出口受影响因素较多，增长低迷。

1. 固定资产投资需求下滑明显，但工业投资增长亮眼。2019年，全省固定资产投资（不含农户）同比增长2.5%，较上年回落7.9个百分点，增速呈现前高后低态势，回落幅度较大。第一产业投资增长1.4%，较上年回落43.8个百分点；第二产业投资增长11.2%，较上年加快5.7个百分点；第三产业投资下降0.4%，较上年回落10.2个百分点。从重点领域看，工业投资增长11.5%，为2014年以来最好水平；房地产开发投资增长10.4%，较上年回落3.5个百分点；民间投资增长6.0%，较上年回落16.3个百分点；基础设施投资下降1.0%。

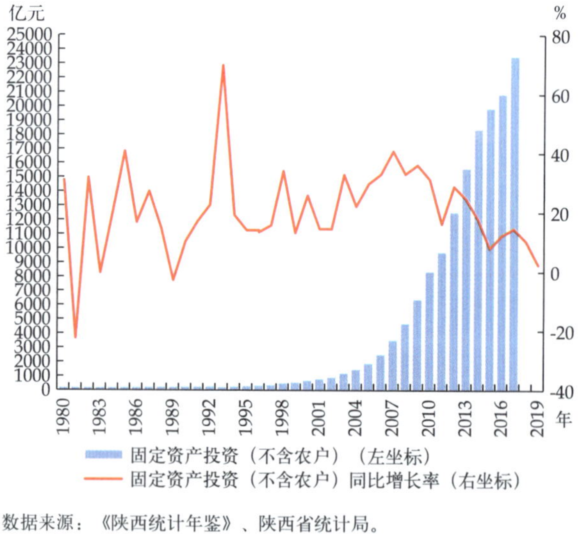

数据来源：《陕西统计年鉴》、陕西省统计局。

图7　1980~2019年陕西省固定资产投资（不含农户）及其增长率

2. 消费需求总体平稳，新兴消费模式带动明显。2019年，全省社会消费品零售总额9598.7亿元，同比增长7.4%。较上年回落2.8

个百分点。其中，限额以上企业（单位）消费品零售额4970.2亿元，同比增长3.8%。分城乡看，城镇消费品零售额8430.4亿元，同比增长7.2%；乡村1168.3亿元，同比增长9.0%。按消费形态分，餐饮收入1044.4亿元，同比增长10.3%；商品零售8554.3亿元，同比增长7.0%。新兴消费模式带动明显。2019年，限额以上企业（单位）通过公共网络实现商品销售535.6亿元，同比增长19.6%，占限额以上消费品零售额的10.8%，较上年提高3.1个百分点。

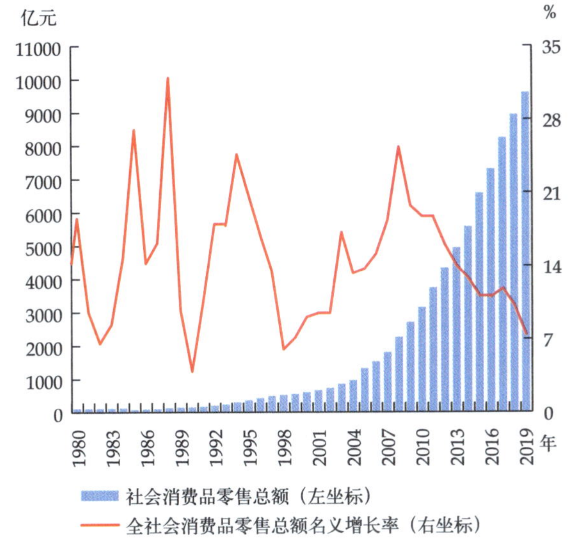

数据来源：《陕西统计年鉴》、陕西省统计局。

图8　1980~2019年陕西省社会消费品零售总额及其增长率

3.外贸进出口增长低迷，实际利用外资持续增长。在全球经济放缓及全球贸易保护主义抬头的背景下，2019年陕西省外贸进出口增势整体低迷，全年进出口总值3515.8亿元人民币，同比增长0.1%。其中，出口同比下降9.8%，进口同比增长14.5%，进出口顺差230.8亿元，仅为上年的35.9%。2019年陕西省利用外资稳中向好、持续增长，外资结构更趋合理。全年新设外商投资企业323家，同比增长14.1%；实际利用外资77.3亿美元，同比增长12.9%。

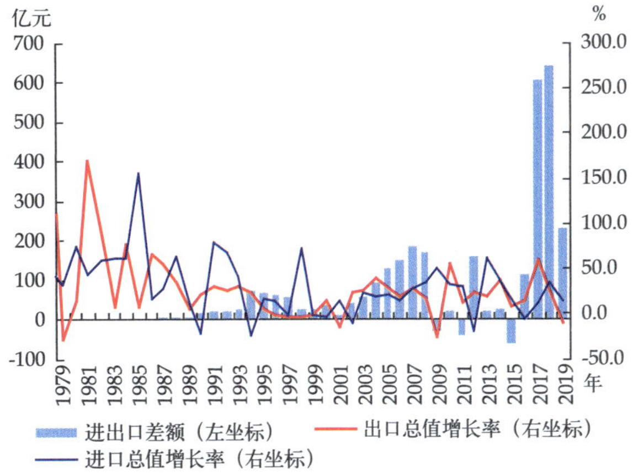

数据来源：《陕西统计年鉴》、陕西省统计局。

图9　1979~2019年陕西省外贸进出口变动情况

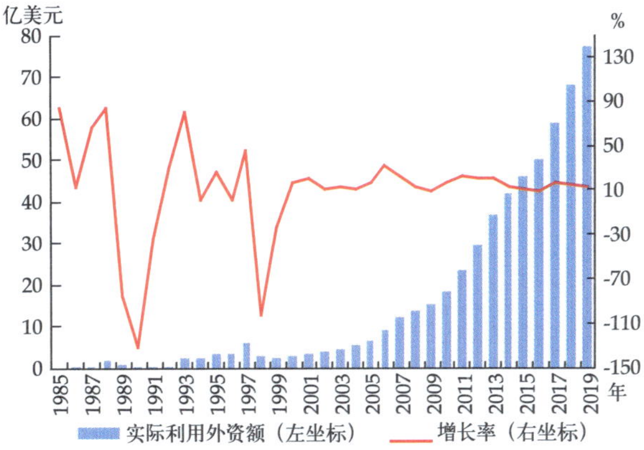

数据来源：《陕西统计年鉴》、陕西省统计局。

图10　1985~2019年陕西省实际利用外资额及其增长率

（二）产业结构持续优化，服务业较快增长

陕西省着力推进供给侧结构性改革，促进产业结构转型升级。2019年，陕西省三次产业增速分别为4.4%、5.7%和6.5%，三次产业的比重为7.7∶46.5∶45.8，第三产业占比有所提升。

1.农业生产形势稳定，粮食产量增长较快。2019年，全省粮食总产量1231.1万吨，增长0.4%，连续16年稳定在千万吨以上，其中夏粮产量420.3万吨，下降4.1%，秋粮产量810.8万吨，增长2.9%。蔬菜及食用菌产量1897.4万吨，增长4.9%；园林水果1733.4万吨，增长10.7%；猪牛羊禽肉产量108.9万吨，下降4.2%；牛奶

产量107.8万吨，下降1.8%；禽蛋产量64.1万吨，增长4.1%。

2. 工业生产同步回落，但高技术产业增长较快。2019年，全省规模以上工业总产值增长5.4%，较上年回落8.6个百分点。规上工业增加值同比增长5.2%，较上年回落4.0个百分点。其中，高技术产业增长11.1%，装备制造业增长8.9%，分别高于规上工业增加值增速5.9个和3.7个百分点。从主要行业看，规上能源工业增加值同比增长5.9%。其中，煤炭开采和洗选业增长8.0%，石油和天然气开采业增长3.7%。非能源工业增加值增长4.7%。其中，计算机、通信和其他电子设备制造业增长18.0%，仪表仪器制造业增长8.6%，电气机械和器材制造业增长6.2%。

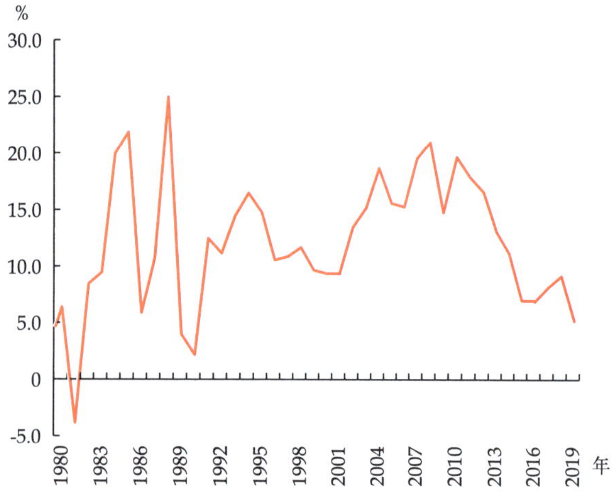

数据来源：《陕西统计年鉴》、陕西省统计局。

图11　1980~2019年陕西省规模以上工业增加值实际增长率

3. 服务业加快增长，占地区生产总值比重提升。2019年，陕西省服务业呈现加快发展势头，服务业增加值增速高于地区生产总值增速0.5个百分点，占地区生产总值的比重较上年有所提升。从构成看，以金融业为代表的现代服务业呈较快发展态势。全省金融业增加值1708.3亿元，同比增长7.1%，较上年加快1.8个百分点。

4. 供给侧结构性改革稳步推进，传统企业转型升级步伐加快。工业企业技术改造力度加大，2019年陕西工业企业技术改造投资增长19.6%，增速加快16.8个百分点。1~11月，纺织业技改投资增长11.5%，非金属矿物制品业技改投资增长31.5%，黑色金属冶炼和压延加工业技改投资增长1.5倍，通用设备制造业技改投资增长1.2倍，传统产业数字化、网络化、智能化水平持续提升。新兴产业加快发展，2019年陕西汽车制造业投资增长14.9%，半导体器件专用设备制造业投资增长77.6%，集成电路制造业投资增长53.3%，通信设备制造业投资增长25.8%。

5. 污染治理力度加大，生态环境质量持续改善。2019年中央和陕西省累计下达环保资金35.0亿元，同比增长46.6%，有力支持全省重大生态环保项目建设。2019年，全省城市环境空气质量综合指数同比改善2.0%，保持连续三年改善；平均优良天数较上年增加1.3天。西安市、渭南市退出全国空气质量排名后20位，咸阳市位列全国空气质量改善幅度第3位。水环境质量持续改善，50个国考水质断面中Ⅰ~Ⅲ类比例优于国考指标7.6个百分点；消灭劣Ⅴ类断面，优于国考指标2个百分点。地级城市集中式饮用水水源水质达标率100%。

（三）消费价格温和上涨，居民就业保持稳定

2019年，陕西省居民消费价格温和上涨，畜肉、禽肉、鸡蛋价格上涨是推动食品价格上涨的最主要因素。生产价格宽幅震荡，总体涨幅高于全国。劳动力成本有所上升，就业总体保持稳定。

1. 居民消费价格稳中有升，猪肉价格涨幅较大是主因。2019年，陕西省居民消费价格总水平较上年增长2.9%，涨幅在年初3%左右的预期目标内。扣除食品和能源价格的核心CPI上涨2.0%，与上年持平。其中，食品烟酒价格上涨5.6%，其他用品和服务价格上涨4.0%，教育文化和娱乐价格上涨2.8%，居住价格上涨2.4%。2019年下半年以来，猪肉价格涨幅不断抬升，进一步推高食品价格走高，是影响CPI上涨的主要因素。

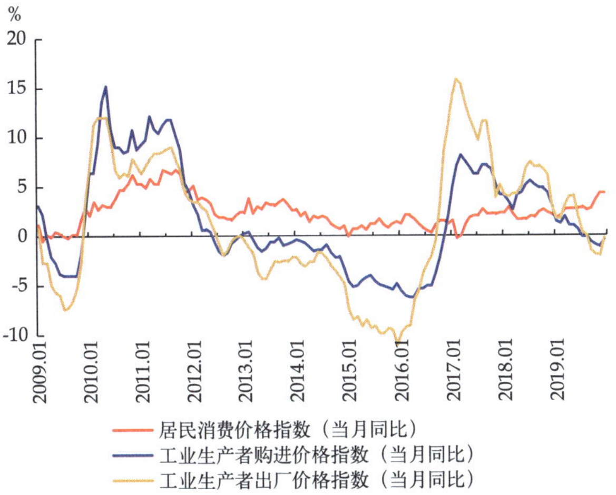

数据来源：《陕西统计年鉴》、陕西省统计局。

图 12 2009~2019 年陕西省居民消费价格指数和工业生产者价格指数变动趋势

2. 生产价格涨幅明显回落，总体涨幅高于全国。2019 年，陕西省工业生产者出厂价格同比增长 0.8%，高于全国 1.1 个百分点；工业生产者购进价格上涨 0.3%，高于全国 1.0 个百分点。年底生产价格降幅有所缩窄，12 月全省工业生产者出厂价格同比下降 0.3%，降幅较上月缩窄 1.8 个百分点；工业生产者购进价格同比下降 0.5%，降幅较上月缩窄 0.7 个百分点。

3. 劳动力成本有所上升，就业总体保持稳定。2019 年，陕西居民人均工资性收入 13309 元，同比增加 1148 元，增长 9.4%，占可支配收入的比重为 54.0%。农民工月均收入水平 3924 元，比上年增长 3.6%。全省城镇新增就业 46 万人，城镇登记失业率 3.2%，居民就业保持稳定。

专栏 2 金融精准扶贫取得长足进展

近年来，中国人民银行西安分行积极探索符合金融运行特质、发挥央行履职特点、体现陕西地域特色的金融扶贫新模式，为陕西脱贫攻坚提供了强有力的金融支撑。

一、加大重点领域支持力度

一是加大产业扶贫信贷投放。引导金融机构加大对以“3+X”为代表的特色优势产业支持力度，截至 2019 年末，全省产业精准扶贫贷款余额 336 亿元，同比增长 60.2%。持续开展“金融支持产业脱贫示范点”创建活动，其中，西安分行营管部推出的“统贷联放”产业扶贫模式，有效解决了银行与贷款主体信息不对称的难题。二是加大对深度贫困地区的政策倾斜。持续推进“省级金融机构与深度贫困县区一对一结对帮扶行动”，将帮扶成效纳入省级银行业机构金融扶贫政策效果评估。行动开展以来，帮扶机构在深度贫困县区投放贷款近 100 亿元。督促相关分支机构落实扶贫再贷款“四专”审批管理制度，满足深度贫困地区脱贫攻坚资金需求。三是以定点扶贫为助力加大帮扶力度。充分发挥“金融单位在陕定点扶贫工作协调联动机制”作用，为帮扶地区脱贫致富注入金融动力。

二、构建脱贫攻坚多元化资金来源

一是充分发挥货币政策工具引导作用。截至 2019 年末，全省累计发放扶贫再贷款达 209.2 亿元，为贫困地区节约融资成本超过 15 亿元。对 58 家新增存款一定比例用于当地贷款考核达标的县域金融机构执行更低的存款准备金率，其中涉及贫困县的 13 家，释放资金约 5.7 亿元。2019 年发放再贴现 212.4 亿元，同比增长 64.1%，支持贫困地区发展。二是大力推进贫困地区直接融资。2019 年，推动延安城投公司非公开发行全国首只革命老区红色扶贫专项公司债券，尧柏水泥、陕文投集团在银行间市场发行中期票据，支持贫困地区基础设施及革命老区红色文化旅游建设。

三、做好服务创新与风险防控同步推进

一是加强金融产品和服务模式创新。推出“苹果贷”“花椒贷”“移民搬迁贷”“搬迁就业贷”“企业吸纳就业脱贫贷”“新社区工厂贷”“乡村振兴贷”等 200 余种金融扶贫信贷产品；建立陕西跨境电子商务人民币结算服务平台，帮助扶贫企业和贫困户将特色产品推向全球市场。打造“股权投资＋龙头企业＋贫困户＋银行信贷”等扶贫模式。二是做好金融扶贫风险防范化解。开展扶贫小额信贷质量监测，并对存在风险机构进行通报，做好风险提示。多举措提升风险化解能力，推动汉中市采取“先补偿后代偿”化解不良，在延安等地试点“保险＋期货＋银行”扶贫模式。

四、注重金融扶贫与乡村振兴政策衔接

一是高度重视防返贫固脱贫工作。围绕贫困户住房安全、饮水安全、贫困村卫生设施建设等领域，加大支持力度，做好“两不愁三保障”突出问题金融服务。大力发展消费扶贫、就业扶贫、教育扶贫，提升贫困群众可持续发展能力。二是建立金融支持乡村振兴长效机制。印发《陕西省金融服务乡村振兴实施细则》，制定金融支持农业特色产业监测制度，建立金融支持乡村振兴指数、出台考核评估办法、筹建金融服务乡村振兴示范区协同推进，奏好评价、督促、激励“三部曲”。

（四）减税降费政策效应显现，地方财政收入增速回落

2019年，陕西省地方财政收入2287.7亿元，同比增长2.0%，较上年下滑9.8个百分点，低于全国地方财政收入平均增速1.2个百分点。减税降费政策效应不断显现，其中，地方税收收入1846.0亿元，同比增长4.0%，增速较上年回落15.4个百分点；非税收入441.7亿元，同比下降15.2%。全省财政支出5721.6亿元，同比增长7.9%，有效保障了各项民生政策落实到位。2019年，全省共发行地方政府债券1414.2亿元。截至2019年末，全省一般债务余额3680.1亿元，专项政府债务余额2852.4亿元，均未超过中央下达限额，债务风险总体可控。

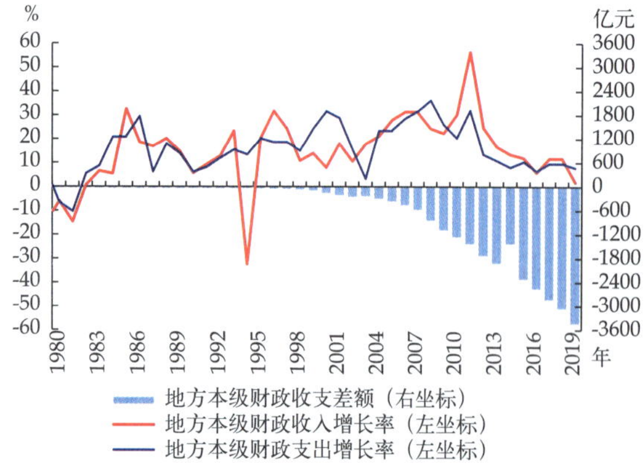

数据来源：《陕西统计年鉴》、陕西省统计局。

图13 1980~2019年陕西省财政收支状况

（五）房地产市场走势平稳，高技术产业快速发展

1. 房地产市场走势平稳，房地产信贷稳健增长。在“稳地价、稳房价、稳预期”主基调下，2019年陕西省房地产市场总体保持平稳态势。全省房地产开发投资和销售面积增速持续小幅回升，施工、新开工和竣工速度减缓，房地产开发贷款增速企稳回升，个人住房贷款保持稳健增长。

全省房地产开发投资增速在2019年8月末降至谷底，9月以来持续缓慢回升。截至2019年末，全省房地产开发企业完成投资3903.7亿元，同比增长10.4%，增速比上年同期下降3.5个百分点，但较11月末提高1.5个百分点。

房屋施工面积稳健增长，土地购置面积大幅下降。截至2019年末，全省房屋施工面积27728.4万平方米，同比增长12.6%，比上年同期提高8.4个百分点。受西安市土地购置速度减缓影响，全省土地购置面积出现大幅下降，全年土地购置面积485.1万平方米，同比下降39%，比上年同期下降80.9个百分点。

商品房销售面积增速同比上升，销售额增速同比下降。2019年商品房销售面积4401.1万平方米，同比增长6.9%，较上年回升1个百分点。商品房销售额3960.2亿元，同比增长16.2%，较上年回落11.8个百分点。

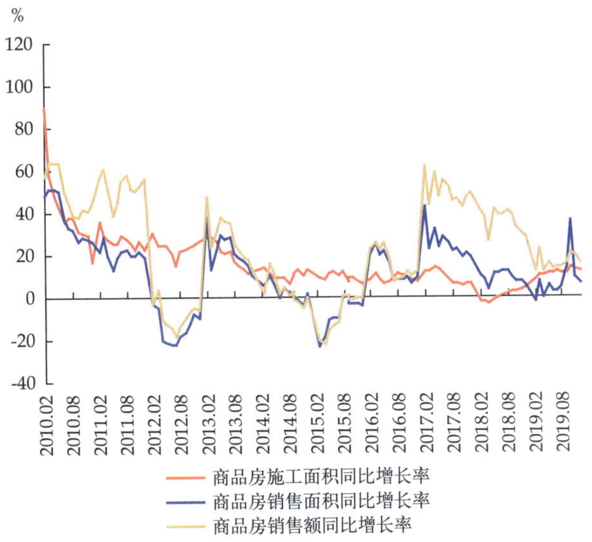

数据来源：《中国经济景气月报》、陕西省统计局。

图 14　2010~2019 年陕西省商品房施工和销售变动趋势

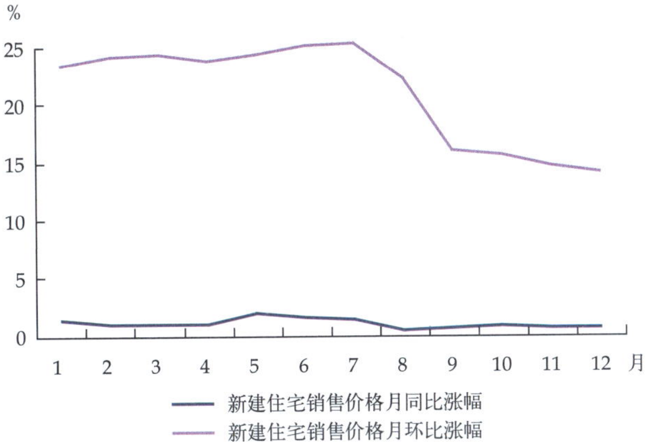

数据来源：《中国经济景气月报》、陕西省统计局。

图 15　2019 年西安市新建住宅销售价格变动趋势

房地产各项贷款稳健增长。截至 2019 年末，全省房地产人民币贷款余额 9845.2 亿元，同比增长 19.2%，高于各项贷款增速 7.4 个百分点。其中，房地产开发贷款余额 3027.2 亿元，同比增长 12.2%，较上年末上升 3.1 个百分点；购房贷款余额 6680.6 亿元，同比增长 22.1%，较上年末下降 0.8 个百分点。

2. 高技术产业发展势头良好，金融服务支撑有力。2019 年，陕西省深入实施创新驱动发展战略，以“1155”工程构建全链条技术创新体系，发展科技型中小企业，推进高新区建设发展，用“双创”推动成果转化，科技创新的支撑引领作用不断显现，高技术产业发展继续保持良好势头。2019 年全省战略性新兴产业增加值增长 8% 左右，国家科技奖获奖数量、综合科技创新水平指数、技术合同交易额继续位居全国前列。全年全省技术合同交易额达 1467.8 亿元，居全国第 6 位。全省科技型中小企业总数达 5385 家，高新技术企业总数突破 4300 家，省级以上瞪羚企业 169 家，独角兽企业 4 家。全省 54 家上市企业中，高新技术企业达 33 家。

金融服务的提升和资金投入力度的加大有力支持了高技术产业发展。陕西省科技成果转化引导基金设立运作 16 只子基金，总规模达 46.5 亿元，财政资金放大倍数 11.6 倍。建立高技术产业民营和小微企业金融服务“领办行”制度，发挥重点银行示范带动作用，以点带面，以增加制造业领域信贷投放为重点，进一步提升高技术产业金融服务质量。截至 2019 年末，陕西省金融机构高技术领域贷款企业超过 2300 家，贷款余额 514.7 亿元，其中民营、小微企业贷款户数 1988 家，贷款余额 230.0 亿元。全省建立各类孵化载体 1451 家，在孵企业 4.8 万余家，累计毕业企业超过 4000 家，服务的创业团队和初创企业超过 1.4 万家，120 余家高成长性企业在主板、中小板、新三板等挂牌上市。

三、预测与展望

展望 2020 年，陕西正处在全面建成小康社会和完成“十三五”规划目标的关键阶段。面对突如其来的新冠肺炎疫情冲击，陕西统筹推进疫情防控和经济社会发展，疫情防控向好态势持续巩固，复工复产复市稳步推进，经济社会运行秩序加速恢复，经济社会大局保持稳定。主要经济指标有所改善，工业生产继续恢复，固定资产投资降幅收窄，市场销售有所回暖，对外贸易平稳增长。同时也要看到，当前国际疫情持续蔓延，世界经济下行风险加剧，不稳定不确定因素显著增多，给陕西疫情防控、复工复产和经济运行带来新的困难和挑战。

2020年，陕西省将坚决贯彻落实习近平总书记来陕考察重要讲话重要指示精神，坚持以供给侧结构性改革为主线，以改革开放为动力，认真践行“五个扎实”要求，全面落实“五新”战略任务，统筹推进疫情防控和经济社会发展，扎实做好“六稳”工作，全面落实“六保”任务，加快推进生产生活秩序全面恢复，确保全面建成小康社会和“十三五”规划圆满收官。

聚焦重点促投资，优化供给扩消费。在投资方面，陕西将完善稳投资制度，实施稳投资计划，强化要素保障，引导资金投向先进制造、民生建设、基础设施短板等领域。消费方面，将优化供给结构和消费环境，促进消费升级，扩大电子商务进农村覆盖面。

推进制造业和服务业高质量发展，持续抓好农业稳产保供和农民增收。陕西将推动传统产业改造升级，发展壮大新兴产业，培育壮大高端装备制造业。提升科技支撑能力，培育更多“硬科技”企业。积极促进信息、软件、物联网、供应链等行业加快发展，推进文化旅游融合发展。深化农业供给侧结构性改革，加快补齐“三农”领域短板，提高农村公共服务水平，扎实推进乡村振兴。

坚决打好打赢三大攻坚战。陕西将坚决打赢脱贫攻坚战，全面解决“两不愁三保障”问题，确保剩余贫困人员全部脱贫。强化扶贫治本措施，继续发展特色优势产业，推进消费扶贫，扩大贫困人口就业。坚决打好污染防治攻坚战，围绕空气、水、土壤污染领域不断加强治理。坚决打好防范化解重大风险攻坚战，确保不发生系统性金融风险。

推进重点领域改革，推进更高水平开放。陕西将深化“放管服”改革，优化提升营商环境。分类推进国有企业上市和混合所有制改革，不断优化支持民营经济发展的市场环境、政策环境、法治环境。统筹利用两个市场、两种资源扩大对内对外开放，推进“一带一路”五大中心建设，大力发展“三个经济”，积极吸引和承接国内外产业转移。

2020年，中国人民银行西安分行将以习近平新时代中国特色社会主义思想为指导，深入贯彻落实党的十九届四中全会、中央经济工作会议精神，紧扣全面建成小康社会总目标，围绕高质量发展总要求，坚持稳中求进工作总基调，深入贯彻新发展理念，认真执行稳健的货币政策更加灵活适度，继续提升信贷政策的导向作用，增强金融风险防范化解能力，统筹推进疫情防控和经济社会发展，全力做好金融支持疫情防控和企业复工复产工作，保持货币信贷和社会融资规模合理增长，积极推动信贷结构调整优化，进一步加大对民营、小微企业的金融支持力度，做好科技创新金融服务，加强重点领域金融支持，积极推动债券市场融资功能有效发挥，稳妥做好金融市场风险防范和处置工作，为陕西经济社会高质量发展提供有力的金融保障。

中国人民银行西安分行货币政策分析小组

总　纂： 魏革军　李霄峻

统　稿： 赵小虎　张德进　李卫林　唐海涛

执　笔： 唐海涛　刘　婷　李　超　骆昭东　马　悦　陈　涛　冯　伟　常博闻　李　冕　刘　蔚　雷梦菲　孙炎炜　李　芃　刘佳珍　黄　丹　邱念坤　温秋鹏　徐　丹

提供材料的还有： 范念龙　南　雁

附录

（一）2019 年陕西省经济金融大事记

1 月 8 日，陕西省政府印发《关于大力发展“三个经济”的若干政策》（陕政发〔2019〕1 号）。

2 月 22 日，长安银行获批非金融企业债务融资工具 B 类主承销商资格。全年承销债券金额 24.6 亿元。

3 月 13 日，陕西发行首单绿色企业短期融资券——陕西省水务集团有限公司 2019 年第一期短期融资券，发行金额 6 亿元，期限 1 年，票面利率 3.5%。

5 月 10 日，中国人民银行西安分行联合陕西银保监局、陕西证监局、省财政厅、省农业农村厅和省地方金融监管局出台《陕西省金融服务乡村振兴的实施细则》（西银发〔2019〕69 号）。

8 月 14 日，陕西省政府投资引导基金注册成立。首期规模 200 亿元，采取认缴制和分期出资方式，按照“政府引导、市场运作、规范管理、滚动发展”原则运行。

9 月 2 日，陕西省与深圳证券交易所签署战略合作协议。

9 月 10 日至 12 日，2019 欧亚经济论坛在西安举行。中共中央政治局委员、国务院副总理胡春华出席开幕式并发表主旨演讲。

10 月 14 日至 15 日，中共中央政治局常委、国务院总理李克强在陕西西安、咸阳考察。

10 月 22 日至 26 日，第 26 届中国杨凌农高会在杨凌举办。

10 月 31 日，陕文投集团在全国银行间市场发行“2019 年度第一期红色文旅中期票据”。这是全国首只红色文旅债券，发行金额 4 亿元，期限 3 年，票面利率 5.98%。

（二）2019 年陕西省主要经济金融指标

表 1　2019 年陕西省主要存贷款指标

		1 月	2 月	3 月	4 月	5 月	6 月	7 月	8 月	9 月	10 月	11 月	12 月
本外币	金融机构各项存款余额（亿元）	41575.4	41859.1	42764.1	42578.2	42839.2	43788.5	43595.0	43772.3	44161.3	43942.7	44055.6	44536.7
	其中：住户存款	21838.8	22218.5	22425.5	22238.7	22292.4	22533.5	22558.2	22614.4	23009.1	22869.6	22972.5	23422.7
	非金融企业存款	11874.1	11489.9	12119.3	12043.9	12234.4	12765.1	12342.0	12369.8	12585.8	12376.8	12549.5	12993.5
	各项存款余额比上月增加（亿元）	636.9	283.7	905.0	-185.8	261.0	949.3	-193.6	177.3	389.1	-218.6	112.8	481.1
	金融机构各项存款同比增长（%）	7.6	8.1	9.0	8.7	8.6	9.4	8.9	8.7	8.1	8.1	8.7	8.8
	金融机构各项贷款余额（亿元）	31672.6	31704.9	32279.4	32401.1	32571.2	32969.4	33187.6	33494.6	33946.1	34075.8	34195.1	34337.1
	其中：短期	6138.0	6157.8	6349.7	6396.0	6486.3	6701.6	6670.9	6678.6	6797.4	6771.0	6788.6	6723.7
	中长期	23182.8	23270.2	23543.8	23568.7	23729.9	23935.3	24190.2	24450.6	24727.1	24868.0	25025.7	25130.7
	票据融资	2300.4	2225.8	2334.4	2382.9	2300.5	2273.9	2268.6	2306.6	2361.9	2374.7	2320.1	2442.6
	各项贷款余额比上月增加（亿元）	852.0	32.3	574.5	121.7	170.1	398.2	218.2	307.1	451.5	129.6	119.4	142.0
	其中：短期	91.8	19.8	191.8	46.3	90.3	215.3	-30.7	7.7	118.8	-26.3	17.6	-64.9
	中长期	527.1	87.4	273.6	24.9	161.2	205.5	254.9	260.4	276.5	141.0	157.7	104.9
	票据融资	233.3	-74.7	108.6	48.5	-82.4	-26.6	-5.3	37.9	55.3	12.8	-54.6	122.5
	金融机构各项贷款同比增长（%）	14.5	13.8	14.2	13.1	12.6	12.5	11.5	11.9	12.1	12.2	12.1	11.7
	其中：短期	7.7	9.0	11.1	11.2	11.1	11.9	11.5	12.0	11.6	12.0	12.0	12.4
	中长期	12.9	11.9	12.1	10.5	10.3	10.4	9.7	10.3	10.4	10.6	11.1	11.0
	票据融资	66.1	62.7	57.2	58.4	50.7	44.6	35.0	31.7	34.2	32.4	24.0	18.2
	建筑业贷款余额（亿元）	1032.9	1053.4	1101.3	1107.1	1119.6	1139.8	1144.9	1184.0	1218.4	1203.7	1222.1	1146.3
	房地产业贷款余额（亿元）	1854.9	1863.2	1894.6	1911.7	1932.4	1941.4	1961.8	1988.8	2009.2	2030.4	2041.0	2072.9
	建筑业贷款同比增长（%）	15.9	15.6	18.1	17.7	16.9	14.5	15.6	16.9	17.5	16.7	18.1	15.7
	房地产业贷款同比增长（%）	5.8	6.6	8.6	8.2	11.4	12.4	12.2	12.3	13.1	11.8	13.2	16.7
人民币	金融机构各项存款余额（亿元）	41198.4	41552.1	42466.8	42286.1	42521.0	43451.4	43264.2	43443.0	43865.8	43642.4	43755.7	44225.4
	其中：住户存款	21716.9	22097.3	22304.4	22117.6	22170.1	22413.8	22439.0	22493.4	22891.0	22751.7	22855.0	23305.1
	非金融企业存款	11636.8	11321.2	11960.9	11893.2	12056.5	12568.8	12148.7	12178.8	12425.9	12211.8	12384.6	12818.0
	各项存款余额比上月增加（亿元）	620.2	353.7	914.8	-180.7	235.0	930.4	-187.2	178.8	422.9	-223.4	113.3	469.7
	其中：住户存款	948.0	380.4	207.1	-186.8	52.5	243.7	25.2	54.4	397.6	-139.3	103.3	450.1
	非金融企业存款	-473.3	-315.6	639.7	-67.7	163.3	512.3	-420.2	30.1	247.1	-214.1	172.8	433.3
	各项存款同比增长（%）	7.6	8.3	9.3	9.1	8.8	9.6	9.1	8.9	3287.6	8.3	8.9	9.0
	其中：住户存款	14.9	12.3	12.0	13.6	13.9	12.8	13.3	13.2	2122.1	13.0	12.2	12.3
	非金融企业存款	-0.7	1.6	3.9	2.2	1.4	4.0	3.3	2.5	315.7	3.7	6.3	5.8
	金融机构各项贷款余额（亿元）	31457.9	31513.5	32068.8	32191.0	32360.5	32751.3	32976.4	33274.2	33730.5	33860.9	33983.9	34113.2
	其中：个人消费贷款	6608.5	6651.8	6776.0	6861.5	6963.3	7113.1	7222.0	7344.9	7472.3	7561.8	7685.0	7844.6
	票据融资	2300.4	2225.8	2334.4	2382.9	2300.5	2273.9	2268.6	2306.6	2361.9	2374.7	2320.1	2442.6
	各项贷款余额比上月增加（亿元）	866.5	55.6	555.3	122.2	169.5	390.8	225.1	297.8	456.3	130.4	122.9	129.3
	其中：个人消费贷款	248.3	43.2	124.2	85.5	101.8	149.8	108.9	122.8	127.5	89.5	123.2	159.5
	票据融资	233.3	-74.7	108.6	48.5	-82.4	-26.6	-5.3	37.9	55.3	12.8	-54.6	122.5
	金融机构各项贷款同比增长（%）	14.8	14.2	14.5	13.4	12.9	12.9	11.9	12.2	12.4	12.5	12.3	11.8
	其中：个人消费贷款	32.8	32.2	32.0	30.3	28.8	27.5	25.4	25.4	25.1	24.4	24.3	24.8
	票据融资	66.1	62.7	57.2	58.4	50.7	44.6	35.0	31.7	34.2	32.4	24.0	18.2
外币	金融机构外币存款余额（亿美元）	56.2	45.9	44.1	43.4	46.1	49.0	48.0	46.5	41.8	42.6	42.7	44.6
	金融机构外币存款同比增长（%）	-4.4	-22.8	-22.5	-31.4	-20.8	-12.8	-11.7	-13.6	-21.9	-17.7	-14.8	-15.0
	金融机构外币贷款余额（亿美元）	32.0	28.6	31.3	31.2	30.5	31.7	30.7	31.1	30.5	30.5	30.1	32.1
	金融机构外币贷款同比增长（%）	-21.4	-29.3	-18.4	-24.2	-24.7	-24.1	-27.2	-22.6	-24.2	-21.5	-14.3	-3.8

数据来源：中国人民银行西安分行。

表 2　2001~2019 年陕西省各类价格指数

单位：%

	居民消费价格指数		农业生产资料价格指数		工业生产者购进价格指数		工业生产者出厂价格指数	
	当月同比	累计同比	当月同比	累计同比	当月同比	累计同比	当月同比	累计同比
2001	—	1.0	—	1.9	—	0.5	—	0.4
2002	—	-1.1	—	0.8	—	-1.2	—	0.7
2003	—	1.7	—	2.3	—	4.8	—	5.7
2004	—	3.1	—	11.6	—	10.4	—	7.3
2005	—	1.2	—	7.2	—	7.5	—	10.4
2006	—	1.5	—	0.7	—	6.7	—	9.6
2007	—	5.1	—	8.3	—	6.3	—	2.9
2008	—	6.4	—	22.0	—	11.2	—	8.4
2009	—	0.5	—	-4.2	—	-1.6	—	-3.9
2010	—	4.0	—	5.3	—	9.7	—	8.7
2011	—	5.7	—	10.3	—	9.6	—	7.2
2012	—	2.8	—	5.4	—	0.0	—	0.7
2013	—	3.0	—	2.6	—	-0.7	—	-2.7
2014	—	1.6	—	0.9	—	-1.5	—	-2.9
2015	—	1.0	—	0.6	—	-4.8	—	-9.2
2016	—	1.3	—	-0.3	—	-4.1	—	-2.4
2017	—	1.6	—	2.1	—	6.4	—	10.8
2018	—	2.1	—	3.8	—	4.2	—	5.4
2019	—	2.9	—	—	—	0.3	—	0.8
2018　1	2.3	2.3	3.0	3.0	4.0	4.0	4.1	4.1
2	2.9	2.6	2.7	2.9	3.4	3.7	3.9	4.0
3	2.2	2.4	2.4	2.7	2.6	3.3	4.2	4.1
4	1.6	2.2	3.1	2.8	4.1	3.5	4.3	4.1
5	1.7	2.1	4.0	3.1	4.3	3.7	5.0	4.3
6	1.6	2.0	4.2	3.2	5.1	3.9	6.8	4.7
7	1.9	2.0	4.3	3.4	5.5	4.2	7.4	5.1
8	1.8	2.0	4.3	3.5	5.1	4.3	6.9	5.3
9	2.4	2.0	4.2	3.6	4.8	4.3	7.0	5.5
10	2.6	2.1	4.9	3.7	4.7	4.4	6.7	5.6
11	2.3	2.1	4.8	3.8	4.3	4.4	6.1	5.7
12	2.1	2.1	3.6	3.8	3.0	4.2	2.9	5.4
2019　1	1.8	1.8	—	—	1.4	1.4	1.7	1.7
2	2.0	1.9	—	—	1.2	1.3	1.8	1.8
3	2.6	2.1	—	—	1.9	1.5	3.1	2.2
4	2.7	2.3	—	—	1.0	1.4	3.9	2.6
5	2.7	2.3	—	—	1.0	1.3	4.0	2.9
6	2.7	2.4	—	—	0.6	1.2	1.9	2.7
7	2.9	2.5	—	—	-0.2	1.0	0.3	2.4
8	2.5	2.5	—	—	-0.1	0.8	0.0	2.1
9	2.7	2.5	—	—	-0.7	0.7	-1.6	1.7
10	3.6	2.6	—	—	-1.0	0.5	-2.0	1.3
11	4.2	2.8	—	—	-1.2	0.3	-2.1	1.1
12	4.1	2.9	—	—	-0.5	0.3	-0.3	0.8

数据来源：《中国经济景气月报》、陕西省统计局。

表 3　2019 年陕西省主要经济指标

	1 月	2 月	3 月	4 月	5 月	6 月	7 月	8 月	9 月	10 月	11 月	12 月
	绝对值（自年初累计）											
地区生产总值（亿元）	—	—	5450.3	—	—	11625.6	—	—	18319.6	—	—	25793.2
第一产业	—	—	182.3	—	—	553.2	—	—	1033.3	—	—	1990.9
第二产业	—	—	2414.6	—	—	5579.4	—	—	8801.2	—	—	11980.8
第三产业	—	—	2853.5	—	—	5493.0	—	—	8485.2	—	—	11821.5
工业增加值（亿元）	—	—	2102.0	—	—	4604.3	—	—	7144.1	—	—	9609.7
固定资产投资（亿元）	—	—	—	—	—	—	—	—	—	—	—	—
房地产开发投资	—	228.9	518.9	779.4	1129.7	1681.6	1985.1	2324.7	2788.2	3167.7	3531.7	3903.7
社会消费品零售总额(亿元）	—	—	2321.7	—	—	4524.0	—	—	6861.7	—	—	9598.7
外贸进出口总额（亿元）	—	575.1	856.1	1144.3	1450.7	1729.5	2028.5	2325.2	2597.3	2896.3	3215.6	3516.0
进口	—	250.6	380.4	507.2	635.8	761.7	904.1	1047.7	1178.4	1324.8	1486.8	1642.7
出口	—	324.4	475.7	637.1	814.9	967.8	1124.5	1277.5	1418.9	1571.5	1728.8	1873.3
进出口差额(出口－进口)	—	73.8	95.4	129.9	179.1	206.1	220.4	229.8	240.5	246.7	242.0	230.6
实际利用外资（亿美元）	—	15.4	20.3	25.7	33.3	43.9	50.4	51.8	66.6	70.7	—	77.3
地方财政收支差额（亿元）	—	—	-786.5	-934.4	-1167.8	-1792.8	-1822.1	-2025.9	-2602.9	-2613.8	-2893.9	-3433.8
地方财政收入	—	—	659.7	895.4	1080.4	1303.1	1539.9	1682.2	1848.0	2076.7	2194.0	2287.7
地方财政支出	—	—	1446.2	1829.8	2248.3	3096.0	3362.0	3708.1	4451.0	4690.6	5087.9	5721.6
城镇登记失业率（%）（季度）	—	—	3.2	—	—	3.2	—	—	3.2	—	—	3.2
	同比累计增长率（%）											
地区生产总值	—	—	6.3	—	—	5.4	—	—	5.8	—	—	6.0
第一产业	—	—	4.5	—	—	4.5	—	—	3.9	—	—	4.4
第二产业	—	—	3.5	—	—	4.2	—	—	5.3	—	—	5.7
第三产业	—	—	9.0	—	—	6.8	—	—	6.6	—	—	6.5
工业增加值	—	2.0	2.7	2.0	1.5	3.2	3.6	3.1	4.5	4.5	4.7	5.2
固定资产投资	—	9.5	9.2	7.7	3.7	2.5	1.6	0.7	1.0	0.7	1.9	2.5
房地产开发投资	—	15.8	24.5	23.5	21.4	11.1	9.2	7.6	7.7	8.7	8.9	10.4
社会消费品零售总额	—	—	7.5	—	—	7.6	—	—	7.3	—	—	7.4
外贸进出口总额	—	3.7	2.8	4.6	0.8	0.8	1.7	1.0	0.7	0.9	0.0	0.1
进口	—	17.9	16.3	18.0	14.9	16.0	17.6	18.3	16.9	16.3	15.4	14.5
出口	—	-5.1	-5.9	-4.2	-8.0	-8.6	-8.2	-9.8	-9.8	-9.2	-10.3	-9.8
实际利用外资	—	203.0	123.3	154.1	201.1	210.0	238.7	95.4	93.4	80.0	—	12.9
地方财政收入	—	—	7.6	7.7	4.7	6.0	4.5	3.9	3.9	6.0	4.7	2.0
地方财政支出	—	—	16.0	12.9	11.8	7.0	7.7	7.7	8.4	8.4	8.6	7.9

数据来源：陕西省统计局《经济要情》、陕西省商务厅。

甘肃省金融运行报告（2020）

中国人民银行兰州中心支行货币政策分析小组

[内容摘要] 2019 年，甘肃省坚持稳中求进工作总基调，坚持以供给侧结构性改革为主线，坚持新发展理念，积极推动高质量发展，全力做好“六稳”工作，全省经济运行保持总体平稳、稳中向好的发展态势。全年实现地区生产总值 8718.3 亿元，增长 6.2%。一是固定资产投资回升向好，消费市场稳中有升，对外贸易保持平稳。随着一批重大项目建设步伐的加快，固定资产投资回升向好。全年全省固定资产投资同比增长 6.6%，比上年提高 10.5 个百分点。全年全省社会消费品零售总额同比增长 7.7%，比上年提高 0.3 个百分点。全年进出口额 379.9 亿元，同比下降 3.9%。与“一带一路”沿线国家贸易继续扩大，完成进出口额 200.9 亿元，同比增长 2.8%。二是产业结构调整有序推进，质量效益持续改善。农业生产形势良好，粮食生产再获丰收，全年粮食总产量连续 7 年保持在 1100 万吨以上；农业种植结构不断优化，经济作物、饲料作物播种面积比重分别比上年上升 1.5 个和 1.3 个百分点。工业生产稳步提升，全年全省规模以上工业增加值同比增长 5.2%，比上年提高 0.6 个百分点，规模以上非公有制企业工业增加值增速高于规模以上工业 2.2 个百分点。第三产业占比持续上升，比上年提高 0.18 个百分点。其中，旅游业快速增长，接待国内外游客和实现旅游综合收入增速均在 20% 以上。绿色发展稳步推进。全年全省十大生态产业增加值 2061.9 亿元，同比增长 7.8%；全年全省规模以上工业水电、风电、太阳能发电等清洁能源发电量同比增长 7.4%；兰州新区获批绿色金融改革创新试验区，榆中生态创新城、大敦煌文化旅游经济圈加快建设。三是居民消费价格温和上涨，工业生产者价格低位运行。全年全省居民消费价格比上年上涨 2.3%。食品烟酒类价格上涨 5.4%，其中猪肉价格上涨 36.2%，鲜果价格上涨 12.8%，鲜菜价格上涨 3.6%，粮食价格上涨 0.7%。甘肃省工业生产者价格呈低位运行态势。全年工业生产者出厂价格同比下降 1.7%，工业生产者购进价格同比下降 1.0%。四是财政收支运行平稳，民生领域得到重点保障。全年全省一般公共预算收入 850.2 亿元，同比下降 2.4%；一般公共预算支出 3956.7 亿元，同比增长 4.9%。其中，教育、社保等 11 类民生支出增长 6.0%；扶贫支出 331.1 亿元，同比增长 3.9%。五是房地产市场总体运行平稳，房地产贷款增速放缓。房地产开发投资平稳增长，商品房销售增长较快。2019 年全省共完成房地产投资 1257.85 亿元，同比增长 12.7%。全年住宅施工、新开工面积、销售面积增速分别为 21.2%、49.3%、11.27%。重点城市房价温和上涨，部分地区库存压力较大。兰州市新建商品住宅价格同比上涨 4.9%。全省房地产贷款同比增长 14.29%，比上年同期下降 5.94 个百分点。甘肃个人住房贷款加权平均首付比例为 35.5%，比上年同期下降 2.5 个百分点。

2019 年，全省金融系统以服务实体经济发展为宗旨，认真贯彻执行稳健的货币政策，不断创新金融产品，积极拓宽融资渠道，努力降低融资成本，切实加强风险防控，全省金融运行呈现总体平稳、稳中有进态势，为经济社会健康发展提供了优质的金融服务。一是银行业稳健运行，服务实体经济质效提升。2019 年末，全省银行业金融机构资产负债总额分别同比增长 5.49%、5.54%，全年净利润同比增长 1.51%。本外币各项存款增速企稳回升，同比增长 5.84%。本外币各项贷款逐步回落，同比增长 6.74%。表外业务规模下降，委托贷款业务下滑明显，全年减少 56.3 亿元。2019 年，全省金融机构利率定价能力不断提升，LPR 改革任务稳步推进，利率市场运行总体平稳。全年一般贷款加权平均利率为 6.44%，同比下降 9 个基点。

跨境人民币业务覆盖面持续扩大，全省跨境人民币实际收付额189.24亿元，占本外币全部跨境收付的比例为23%。二是证券业发展平稳，资本市场健康发展。证券期货经营机构保持平稳，经营效益大幅提升。2019年，全省证券经营机构实现证券交易额同比增长28.68%；净利润同比增长123.27%。2019年末，全省共有A股上市公司33家，数量同上年持平；拟上市公司9家。三是保险业较快发展，服务保障功能不断增强。2019年末，全省保险业资产总额1021.83亿元，同比增长15.29%；全年实现保费收入444.32亿元，同比增长11.36%。全年累计发生赔付支出151.59亿元，同比增长9.04%。保险业务结构持续优化，信用保险、特殊风险保险、农业保险、健康险快速增长，增速分别达到390.21%、107.73% 、44.80%和44.37%。全省保险业在服务实体经济发展、民生保障、大灾大害方面发挥了重要作用。四是金融市场运行平稳，市场主体交投活跃。债券发行规模扩大，全省企业在银行间债券市场累计发行非金融企业债务融资工具306亿元，同比增长41.8%，其中发行绿色债务融资工具5亿元。甘肃省同业拆借市场成员成交金额1477.39亿元，同比增长10.95%。债券市场交易活跃，全省银行间债券市场成员债券成交金额127493.5亿元，同比增长39.13%。五是金融基础设施建设加快推进，生态环境持续改善。城乡支付环境持续改善，全省建成27个“云闪付之城”及135个移动云闪付示范商圈和示范街区，手机号码支付完成率高出全国平均水平68.2个百分点。征信体系建设取得新突破，在全国率先建成全省统一的“农（牧）户信用信息管理系统”，成为农村信用体系建设的“甘肃品牌”。指导建成股权交易中心中小企业信用信息服务平台，累计为4700余户挂牌企业建立了信用档案。金融消费者权益保护取得新进展，金融消费者教育纳入国民教育体系取得突破性进展，全年受理金融消费者投诉咨询电话2820件。

目前，甘肃仍处于重大发展机遇期，还处在“一带一路”建设、西部陆海新通道建设、黄河流域生态保护和高质量发展的重要节点上，国家层面对甘肃的支持力度很大，省委省政府也谋划了一系列重要的经济社会发展蓝图，发展机遇与政策机会多重叠加。此外，营商环境改善、招商引资力度加大，为全省经济发展注入了活力、带来了动力，也为全省金融运行创造了有利条件。当前，甘肃疫情防控和经济社会发展取得较好成效，经济社会秩序加快恢复，企业复工复产情况良好，但还没有达到正常的生产经营水平，特别是中小微企业受到的冲击、面临的挑战较大。下一阶段，全省金融业将以习近平新时代中国特色社会主义思想为指导，坚决贯彻落实党中央、国务院决策部署，紧扣全面建成小康社会目标任务，统筹推进金融支持疫情防控和经济社会发展工作，加大“六稳”工作力度，落实“六保”任务，把做好“六保”作为“六稳”工作的着力点，重点做好金融支持稳企业保就业工作。按照稳健的货币政策要更加灵活适度的总要求，根据疫情防控和经济形势变化，把握好政策力度、重点和节奏，加大逆周期调控力度，充分发挥货币政策工具的牵引带动作用，切实增强对实体经济特别是中小微企业的支持力度，为疫情防控、复工复产和实体经济发展提供精准金融服务，促进甘肃经济社会高质量发展。

一、金融运行情况

2019年，全省金融运行总体平稳，银行业稳健发展，保险保障功能明显增强，证券业保持平稳，融资结构更趋多元，金融支持经济转型发展能力不断增强。

（一）银行业稳健运行，服务实体经济质效提升

1. 资产负债规模稳步增长。2019年末，全省银行业金融机构资产总额28971.61亿元，同比增长5.49%；负债总额27599.35亿元，同比增长5.54%。资产业务呈现多元化发展态势，投资业

务较年初增加 801.93 亿元，同比增长 43.55%。

表 1　2019 年甘肃省金融机构情况

机构类别	营业网点			法人机构（个）
	机构个数（个）	从业人数（人）	资产总额（亿元）	
一、大型商业银行	1299	27603	7308	0
二、国家开发银行和政策性银行	47	1714	5188	0
三、股份制商业银行	112	3610	1843	0
四、城市商业银行	357	8231	6580	2
五、城市信用社	0	0	0	0
六、小型农村金融机构	2238	20538	6241	85
七、财务公司	0	89	226	3
八、信托公司	0	650	127	1
九、邮政储蓄银行	581	5893	893	0
十、外资银行	0	0	0	0
十一、新型农村金融机构	62	1181	173	27
十二、其他	0	375	507	2
合　计	4694	69824	29248	120

注：营业网点不包括国家开发银行和政策性银行、大型商业银行、股份制商业银行等金融机构总部数据；大型商业银行包括中国工商银行、中国农业银行、中国银行、中国建设银行和交通银行；小型农村金融机构包括农村商业银行、农村合作银行和农村信用社等；新型农村金融机构包括村镇银行、贷款公司、农村资金互助社；"其他"包含金融租赁公司、汽车金融公司、货币经纪公司、消费金融公司等。

数据来源：甘肃银保监局。

2. 存款增速企稳回升。2019 年末，全省金融机构各项存款余额 19768.46 亿元，同比增长 5.84%，比上年提高 0.77 个百分点。全年新增各项存款 1085.39 亿元，同比多增 184.15 亿元。住户存款拉动各项存款增长的作用较明显，同比增长 12.37%，住户存款余额占比为 56.57%，同比提高 3.15 个百分点。

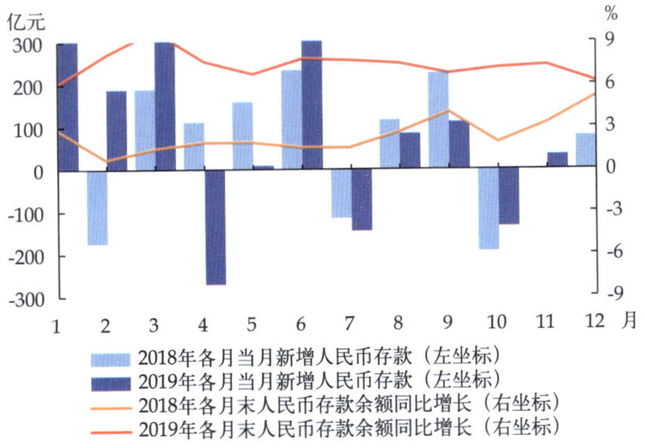

数据来源：中国人民银行兰州中心支行。

图 1　2018~2019 年甘肃省金融机构人民币存款增长变化

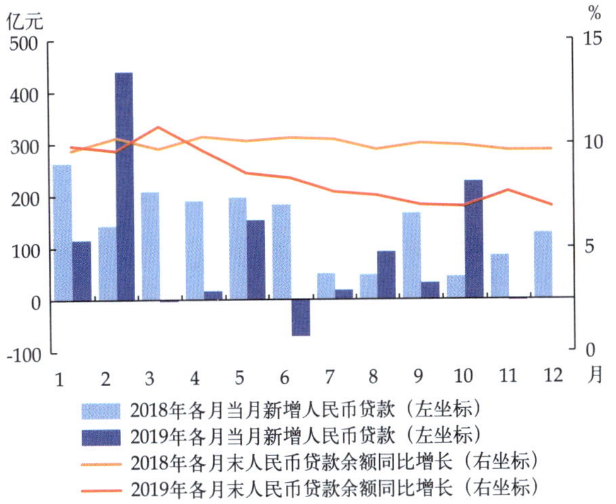

数据来源：中国人民银行兰州中心支行。

图 2　2018~2019 年甘肃省金融机构人民币贷款增长变化

3. 贷款保持适度增长。2019 年末，全省金融机构本外币各项贷款余额 20678 亿元，同比增长 6.74%。全年新增各项贷款 1226 亿元，同比少增 439 亿元。贷款投向重点突出，信贷结构持续优化。第三产业贷款同比增长 10.11%，高于各项贷款增速 3.37 个百分点；交通运输、仓储和邮政业及水利、环境和公共设施管理业贷款同比增长 14.22%，保障了补短板领域基础设施建设融资需求；科研和民生领域贷款快速增长，科学研究和技术服务业、卫生和社会工作领域贷款同比分别增长 10.42% 和 53.39%。

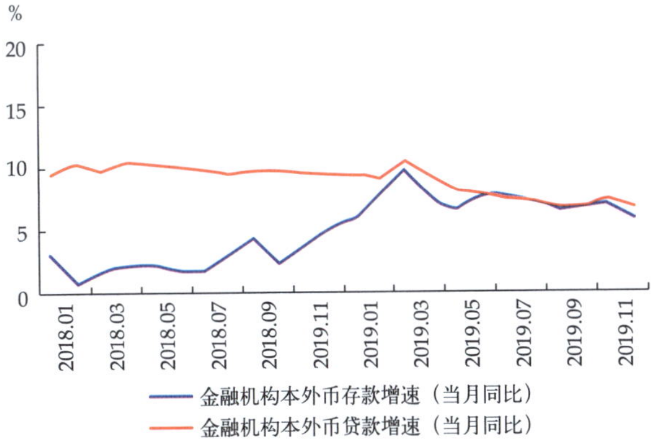

数据来源：中国人民银行兰州中心支行。

图 3　2018~2019 年甘肃省金融机构本外币存、贷款增速变化

4. 表外业务大幅缩减。金融机构资产配置结构不断调整，表外业务规模下降。2019 年，全省金融机构委托贷款业务下滑明显，全年减少 56.3 亿元；全年增加信托贷款 320.3 亿元，同比少增 415.7 亿元；未贴现银行承兑汇票增量减少 255.91 亿元。

表 2　2019 年甘肃省金融机构人民币贷款各利率区间占比

（LPR 改革前）　　单位：%

月份		1 月	2 月	3 月	4 月	5 月	6 月	7 月
合计		100.0	100.0	100.0	100.0	100.0	100.0	100.0
下浮		8.5	12.1	14.6	13.0	11.1	8.2	8.7
基准		22.9	29.6	19.1	18.6	14.3	19.0	16.4
上浮	小计	68.6	58.4	66.3	68.3	74.5	72.7	74.9
	(1.0, 1.1]	9.9	5.8	9.6	8.7	6.8	10.0	7.3
	(1.1, 1.3]	10.8	8.5	13.4	12.1	13.9	13.2	15.9
	(1.3, 1.5]	11.8	8.6	9.2	8.9	15.2	8.9	9.7
	(1.5, 2.0]	29.1	28.1	28.7	33.1	31.5	32.9	31.1
	2.0 以上	7.2	7.4	5.4	5.6	7.1	7.7	11.0

（LPR 改革后）

月份		8 月	9 月	10 月	11 月	12 月
合计		100.0	100.0	100.0	100.0	100.0
LPR 减点		13.5	7.4	10.0	6.6	9.0
LPR		0.4	0.7	0.5	3.4	1.7
LPR 加点	小计	86.1	91.9	89.5	90.0	89.2
	(LPR, LPR+0.5%)	21.1	22.8	22.4	25.8	20.2
	[LPR+0.5%, LPR+1.5%)	27.1	21.0	19.1	18.9	22.2
	[LPR+1.5%, LPR+3%)	10.3	14.9	16.8	17.2	16.5
	[LPR+3%, LPR+5%)	20.1	24.5	22.9	20.8	24.0
	LPR+5% 及以上	7.4	8.7	8.4	7.2	6.3

数据来源：中国人民银行兰州中心支行。

5. 利率市场保持平稳运行。2019 年，全省市场利率定价自律机制逐步完善，金融机构利率定价能力不断提升，贷款市场报价利率（LPR）改革任务稳步推进，利率市场运行总体平稳。全年定期存款加权平均利率为 2.06%，同比上升 17 个基点。全年一般贷款加权平均利率为 6.44%，同比下降 9 个基点。随着 LPR 改革、定向降准、再贷款等政策措施效果逐步显现，小微企业贷款利率下行，全年加权平均利率同比下降 29 个基点。

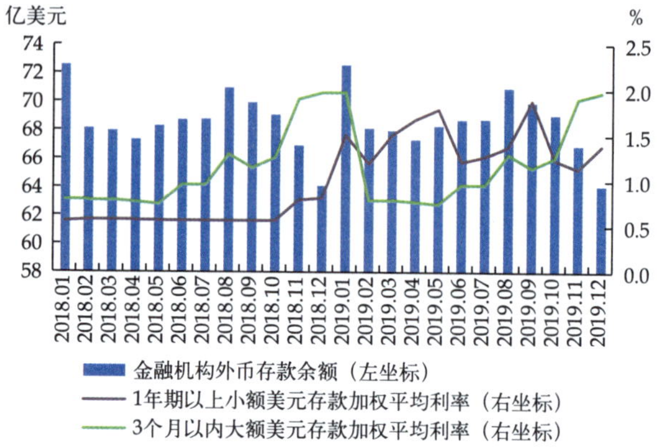

数据来源：中国人民银行兰州中心支行。

图 4　2018~2019 年甘肃省金融机构外币存款余额及外币存款利率

6. 跨境人民币业务覆盖面持续扩大。2019 年，全省跨境人民币实际收付额 189.24 亿元，占本外币全部跨境收付的比例为 23%。资本项目业务同比增长 159.25%，占跨境人民币业务总额的比例为 37.2%，其中，全年办理的全口径跨境融资同比增长 746.36%。截至 2019 年末，累计与77个境外国家（地区）发生跨境人民币交易，开展业务的企业数量累计达 843 户，全年新增企业 111 户，业务主体覆盖面持续扩大。

专栏 1　甘肃省打出深化民营和小微企业金融服务"组合拳"

2019 年以来，中国人民银行兰州中心支行紧密围绕总行关于支持小微和民营企业发展工作部署，在全省组织开展"民营和小微企业融资服务年"活动，督促引导各银行机构落实落细各项金融优惠政策，不断扩大信贷投入、积极创新信贷产品、有效降低融资成本，全省小微企业金融服务水平明显提升。

一是综合运用政策工具，切实加大倾斜

支持力度。落实“三档两优”存款准备金制度，全年通过普惠金融定向降准、县域农商行降准政策，累计释放辖内法人金融机构可用信贷资金近400亿元。累计办理支小再贷款、再贴现462亿元，有效缓解银行机构特别是法人机构的资金和成本约束。深入推动LPR形成机制改革，2019年末，甘肃省法人机构90%以上的新发放贷款已实现LPR定价。甘肃省新发放小微企业贷款加权平均利率为6.28%，较改革前的7月高点大幅下降68个基点。

二是积极搭建对接平台，“一企一策”解决融资难题。与省工商联组织召开“甘肃省民营小微银企对接会”，全省20家省级银行业金融机构分别与7家在甘商会和40家民营企业现场签订了战略合作协议，共签约授信46.78亿元，到2019年末落地率超过80%。与省文旅厅组织召开“一会一节”金融助力文旅产业发展论坛，推动19家金融机构与42家文旅企业签署战略合作协议，意向授信金额超过170亿元。组织省、市、县银行机构开展“百名行长进千企”行动，实地走访民营和小微企业3000余家。到2019年末，全省小微贷款户数达3.3万户，较年初增长近4400户，贷款余额达4735.91亿元。

三是发挥“几家抬”合力，切实完善金融服务体系。中国人民银行兰州中心支行联合省政府金融办、发改委、财政厅等八个部门制定印发了《关于金融支持小微企业发展优化营商环境的若干措施》，从货币政策、财税优惠、保险支持等14个方面作出具体安排，鼓励引导金融机构加大对民营、小微企业的金融支持力度。与省税务局等四部门签署《支持民营经济发展战略合作框架协议》，适度拓宽享受企业纳税等级范围，截至2019年末，通过“银税互动”累计发放贷款近2.2万户、1000亿元。与财政、市场监管等部门共同完善小微企业互助担保贷款实施细则，推广小微企业“政府风险担保+企业互助担保+银行信贷支持”融资模式，累计发放小微企业互助担保贷款近4500户、170亿元。

四是落实“三支箭”要求，有效拓宽企业融资渠道。持续加强银行间债券市场融资业务宣传推介，编制印发债券融资知识手册，有效提升民营企业多元化融资意识和能力。2019年，推动全省金融机构和企业在银行间债券市场累计发行债券356亿元，同比增长36.5%。指导银行机构与甘肃股权交易中心加强合作，通过股权质押等方式向托管企业提供204.3亿元融资支持。指导银行机构加强与兰白科技贷款增信基金合作，向科技型中小企业提供融资387笔、30.3亿元。引导银行机构借助专利权质押贷款财政贴息政策，办理知识产权质押贷款20笔、1.6亿元。

五是落实“放管服”改革，优化民营企业营商环境。指导银行机构建设完善小微企业信用体系，到2019年末，累计采集完善近22万户小微企业信用信息，占企业总户数的比例超过70%。受理并支持甘肃征信股份有限公司顺利备案，甘肃征信成为甘肃第1家、全国第2家获得人民银行备案的省级企业征信平台。深入贯彻落实“放管服”改革要求，6月10日起，顺利实现全省企业法人、非法人企业和个体工商户银行账户开户许可全面取消。进一步优化国库退库流程，将企业退税平均时限缩短至1~2个工作日，确保减税政策红利在小微和民营企业快速落实。

（二）证券业发展平稳，资本市场健康发展

1. 法人证券期货经营机构资产规模下降。 2019年末，全省共有法人证券公司1家，证券分支机构118家，较上年增加2家；法人期货公司1家，期货分支机构7家，数量同上年持平。法人证券公司华龙证券资产总额268.69亿元，同比下降11.82%；法人期货公司华龙期货资产总额8.86亿元，同比下降7.90%。

2. 证券经营机构效益大幅提升。2019 年，全省证券经营机构实现证券交易额 10935.51 亿元，同比增长 28.68%，实现净利润 2.36 亿元，同比增长 123.27%。其中，华龙证券全年实现净利润 3.73 亿元，同比增长 564%。

3. 多层次资本市场稳健发展。2019 年末，全省共有 A 股上市公司 33 家，H 股上市公司 1 家，拟上市公司 9 家，新三板挂牌公司 32 家。2019 年共有 4 家公司实施再融资，募集资金总额 27 亿元。

表 3　2019 年甘肃省证券业基本情况

项目	数量
总部设在辖内的证券公司数（家）	1
总部设在辖内的基金公司数（家）	0
总部设在辖内的期货公司数（家）	1
年末国内上市公司数（家）	33
当年国内股票（A 股）筹资（亿元）	29
当年发行 H 股筹资（亿元）	0
当年国内债券筹资（亿元）	183
其中：短期融资券筹资额（亿元）	-45
中期票据筹资额（亿元）	63

注：当年国内股票（A 股）筹资额指非金融企业境内股票融资。
数据来源：甘肃证监局。

（三）保险业较快发展，服务保障功能不断增强

1. 保险业运行稳中有进。2019 年末，全省共有法人保险公司 1 家，省级保险分公司 31 家，较上年增加 1 家，其中产险公司 19 家、人身险公司 12 家。2019 年末，全省保险业资产总额 1021.83 亿元，同比增长 15.29%；全年实现保费收入 444 亿元，同比增长 11.36%。其中，产险公司累计实现保费收入 155 亿元，同比增长 11.97%；人身险公司实现保费收入 290 亿元，同比增长 11.04%。全年累计发生赔付支出 152 亿元，同比增长 9.04%。

2. 保险市场发展质量稳步提升。人身险业务结构持续优化，健康险、普通寿险等保障型业务占比大幅提升。健康险实现保费收入 69.06 亿元，同比增长 40.48%；普通寿险实现保费收入 101.79 亿元，同比增长 11.81%；意外险实现保费收入 7.71 亿元，同比增长 0.66%。产险市场发展质效提升，其中，信用保险、特殊风险保险、农业保险、健康险快速增长，增速分别达到 390.21%、107.73%、44.80% 和 44.37%。

3. 服务保障功能有效发挥。2019 年，全省保险业在服务实体经济发展、民生保障等方面发挥了重要作用。农业保险呈现跨越式发展势头，2019 年末，农业保险实现保费收入 16.7 亿元，同比增长 44.8%，支付赔款 11.81 亿元，同比增长 55.88%。民生保险稳步发展，全省大病保险承保 2222.91 万人，筹资总额 20.01 亿元，赔付 58.62 万人次，补偿金额 16.15 亿元，其中为 49.21 万贫困群众支付大病保险补偿 8.49 亿元。

表 4　2019 年甘肃省保险业基本情况

项目	数量
总部设在辖内的保险公司数（家）	1
其中：财产险经营主体（家）	1
人身险经营主体（家）	0
保险公司分支机构（家）	31
其中：财产险公司分支机构（家）	19
人身险公司分支机构（家）	12
保费收入（中外资，亿元）	444
其中：财产险保费收入（中外资，亿元）	155
人身险保费收入（中外资，亿元）	290
各类赔款给付（中外资，亿元）	152
保险密度（元 / 人）	1677
保险深度（%）	5

数据来源：甘肃银保监局。

（四）金融市场运行平稳，市场主体交投活跃

1. 债券发行规模扩大。2019 年，甘肃省企业在银行间债券市场累计发行非金融企业债务融资工具 306 亿元，同比增长 41.8%，其中发行绿色债务融资工具 5 亿元。全年非金融企业债务融资工具加权平均利率为 4.59%，同比下降 61 个基点。全省有 2 家金融机构发行金融债 50

亿元，同比增长 11.11%，其中兰州银行发行绿色金融债 20 亿元。

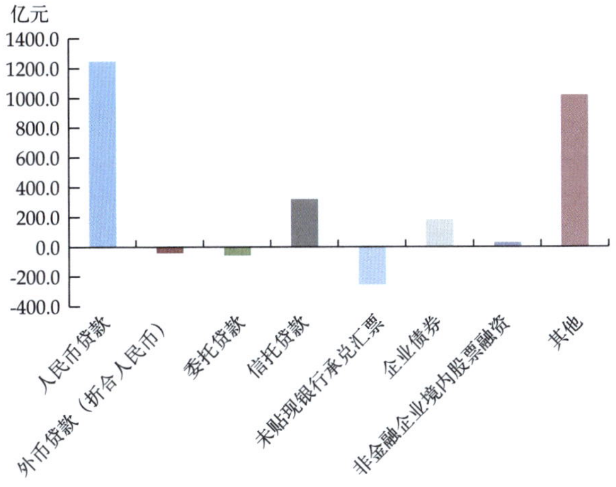

数据来源：中国人民银行兰州中心支行。

图 5　2019 年甘肃省社会融资规模分布结构

2. 同业拆借市场交易扩量。2019 年，甘肃省同业拆借市场成员累计发生同业拆借 558 笔，成交金额 1477.39 亿元，同比增长 10.95%。其中，拆入金额 1303.66 亿元，拆出金额 173.73 亿元，净融入资金 1129.93 亿元。从拆借利率看，全年各品种加权平均拆借利率 2.85%，同比下降 35 个基点。

3. 债券市场交易活跃。2019 年，甘肃省银行间债券市场成员债券交易累计成交 50040 笔，成交金额 127493.5 亿元，同比增长 39.13%。从交易结构看，回购交易累计成交 45386 笔，成交金额 117317.11 亿元，同比增长 48.05%；现券交易累计成交 4654 笔，成交金额 10176.39 亿元，同比下降 17.87%。

4. 票据业务规模有所下降。2019 年，甘肃省银行业金融机构累计签发银行承兑汇票 1161.22 亿元，同比增长 4.37%。截至 2019 年末，全省银行承兑汇票余额 746.61 亿元，同比下降 6.66%；票据贴现余额 938.08 亿元，同比增长 28.57%。票据贴现和转贴现利率同比下降，其中，票据贴现加权平均利率为 3.31%，同比下降 120 个基点；票据转贴现加权平均利率为 3.53%，同比下降 73 个基点。

表 5　2019 年甘肃省金融机构票据业务量统计

单位：亿元

季度	银行承兑汇票承兑		贴现			
			银行承兑汇票		商业承兑汇票	
	余额	累计发生额	余额	累计发生额	余额	累计发生额
1	815.4	317.2	305.1	186.6	0.5	0.1
2	793.5	606.8	325.4	385.7	0.7	1.7
3	771.4	883.9	347.5	525.6	0.8	1.9
4	746.6	1161.2	342.8	671.7	0.7	2.3

数据来源：中国人民银行兰州中心支行。

表 6　2019 年甘肃省金融机构票据贴现、转贴现利率

单位：%

季度	贴现		转贴现	
	银行承兑汇票	商业承兑汇票	票据买断	票据回购
1	3.53	3.26	3.61	—
2	3.48	4.66	3.65	—
3	3.08	4.43	3.08	—
4	3.11	3.41	3.46	3.15

数据来源：中国人民银行兰州中心支行。

（五）金融基础设施建设加快推进，生态环境持续改善

1. 城乡支付环境持续改善。全省建成 27 个“云闪付之城”及 135 个移动云闪付示范商圈和示范街区，手机号码支付完成率高出全国平均水平 68.2 个百分点。农村支付服务环境继续改善，全省农村地区设立助农取款服务点达 2.2 万个。

2. 征信体系建设取得新突破。在全国率先建成全省统一的“农（牧）户信用信息管理系统”，成为农村信用体系建设的“甘肃品牌”。指导建成股权交易中心中小企业信用信息服务平台，累计为 4700 余户挂牌企业建立了信用档案。甘肃征信股份有限公司成为全国第二家备案的省级国有控股征信机构。

3. 金融消费者权益保护取得新进展。举办“金融知识进校园”活动，金融消费者教育纳入国民教育体系取得突破性进展。对 160 家金

融机构履行金融消费者权益保护义务情况开展评估，对41家银行业金融机构和1家支付机构金融消费权益保护工作开展现场检查，全年受理金融消费者投诉咨询2820件。

二、经济运行情况

2019年，甘肃省经济运行保持总体平稳、稳中向好的发展态势。初步核算，全年全省地区生产总值8718.3亿元，增长6.2%。三次产业结构比为12.05 ∶ 32.83 ∶ 55.12。

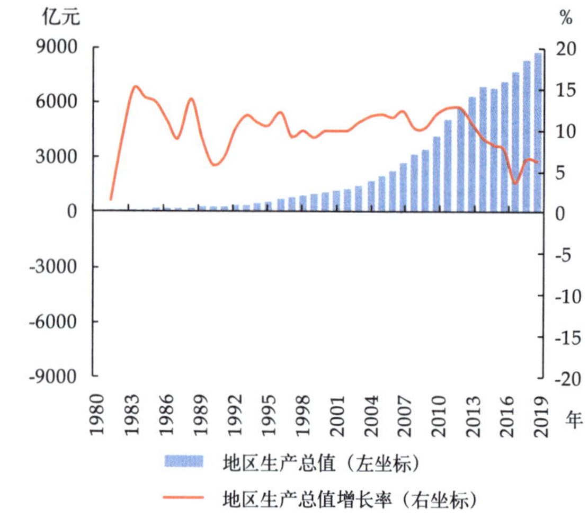

数据来源：甘肃省统计局。

图6　1980~2019年甘肃省地区生产总值及其增长率

（一）固定资产投资回升向好，消费市场稳中有升

1. 固定资产投资回升向好。随着一批重大项目建设步伐的加快，固定资产投资回升向好。全年全省固定资产投资同比增长6.6%，比上年提高10.5个百分点。投资结构进一步优化，工业投资占固定资产投资的17.4%，比上年提高2.5个百分点，高技术制造业投资增长29.7%，高于固定资产投资增速23.1个百分点。

2. 消费市场稳中有升。全年全省社会消费品零售总额同比增长7.7%，比上年提高0.3个百分点。其中，城镇消费品零售额增长7.4%，乡村消费品零售额增长9.0%。批发业销售额增长7.9%，零售业销售额增长9.7%，住宿业营业额增长8.9%，餐饮业营业额增长13.7%。

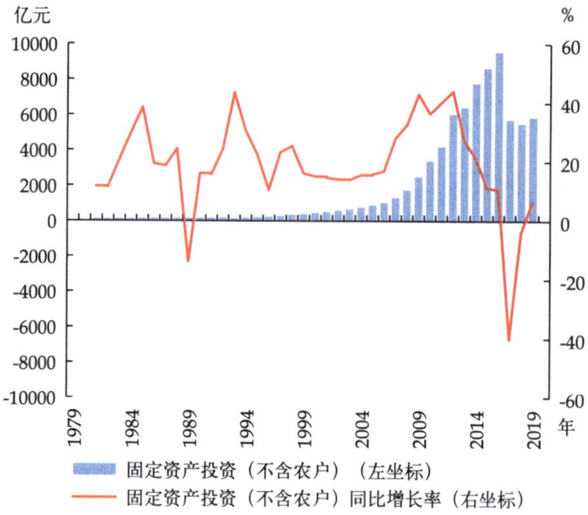

数据来源：甘肃省统计局。

图7　1979~2019年甘肃省固定资产投资（不含农户）及其增长率

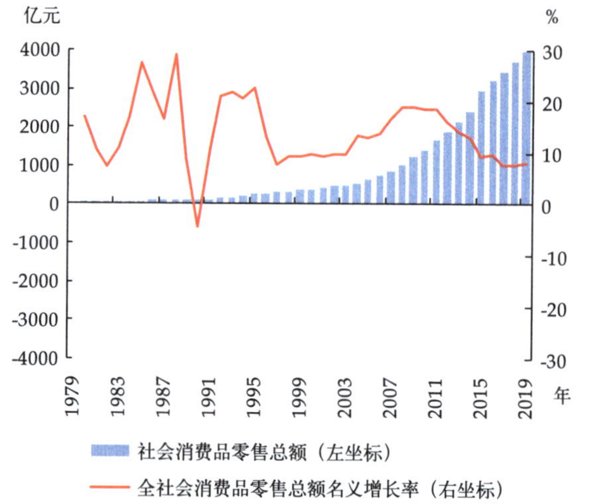

数据来源：甘肃省统计局。

图8　1979~2019年甘肃省社会消费品零售总额及其增长率

3. 对外贸易基本保持平稳。全年进出口额379.9亿元，同比下降3.9%。其中，出口额131.4亿元，同比下降10.0%；进口额248.5亿元，同比下降0.4%。与“一带一路”沿线国家贸易继续扩大，完成进出口额200.9亿元，同比增长

2.8%，高于全省进出口额增速 6.7 个百分点，占全省进出口额的 52.9%，比重比上年提高 3.5 个百分点。

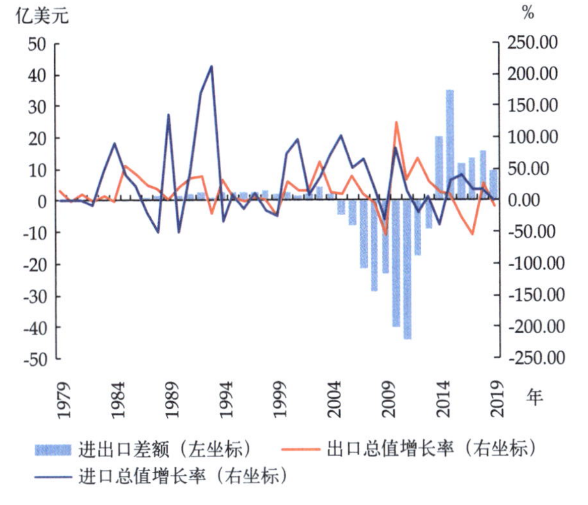

数据来源：甘肃省统计局。

图 9　1979~2019 年甘肃省外贸进出口变动情况

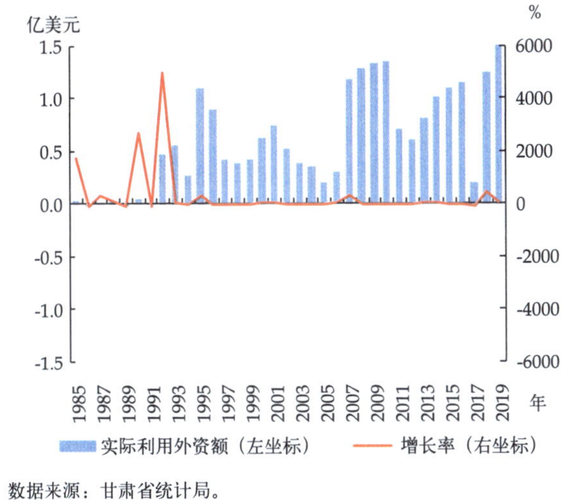

数据来源：甘肃省统计局。

图 10　1985~2019 年甘肃省实际利用外资额及其增长率

（二）产业结构调整有序推进，质量效益持续改善

1. 农业生产形势良好。全省蔬菜、水果、中药材等主要经济作物产量均保持较快增长；粮食生产再获丰收，全年粮食总产量 1162.5 万吨，连续 7 年保持在 1100 万吨以上。农业种植结构不断优化，经济作物、饲料作物播种面积比重分别比上年上升 1.5 个和 1.3 个百分点。

2. 工业生产稳步提升。全年全省规模以上工业增加值同比增长 5.2%，比上年提高 0.6 个百分点。规模以上非公有制企业工业增加值增速高于规模以上工业 2.2 个百分点。分企业类型看，中央企业增加值增长 4.2%，省属企业增长 5.2%，省以下地方企业增长 7.4%。

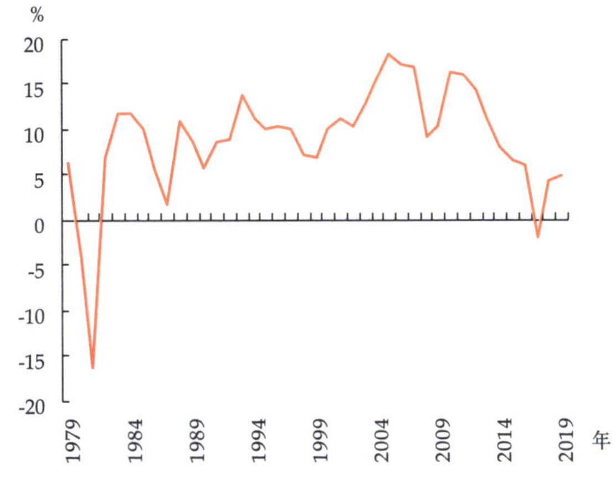

数据来源：甘肃省统计局。

图 11　1979~2019 年甘肃省规模以上工业增加值实际增长率

3. 第三产业占比持续上升。全年全省第三产业增加值比重比上年提高 0.18 个百分点。其中，旅游业快速增长，接待国内外游客和实现旅游综合收入增速均在 20% 以上。全年限额以上单位通过网络实现零售额同比增长 40.3%。

4. 绿色发展稳步推进。甘肃稳步推进绿色发展，增长动能加快转换。全年全省十大生态产业增加值 2061.9 亿元，同比增长 7.8%；占全省地区生产总值的 23.7%，比重比上年提高 5.4 个百分点。全年全省规模以上工业水电、风电、太阳能发电等清洁能源发电量同比增长 7.4%；占规模以上工业发电量的 46.9%，比重比上年提高 2.3 个百分点。兰州新区获批绿色金融改革创新试验区，榆中生态创新城、大敦煌文化旅游经济圈加快建设。

（三）居民消费价格温和上涨，工业生产者价格低位运行

1. 居民消费价格温和上涨。全年全省居民消费价格同比上涨 2.3%。全年呈现平稳上涨态势，由 1 月的 1.4% 上涨至全年的 2.3%。其中，食品烟酒类价格上涨 5.4%，主要是由于猪肉价格上涨带动，全年猪肉价格上涨 36.2%。

2. 工业生产者价格同比下降。受国内外市场需求疲软、减税降费政策红利释放、原材料价格走低等因素影响，2019 年甘肃省工业生产者价格呈低位运行态势。全年工业生产者出厂价格同比下降 1.7%，工业生产者购进价格同比下降 1.0%。

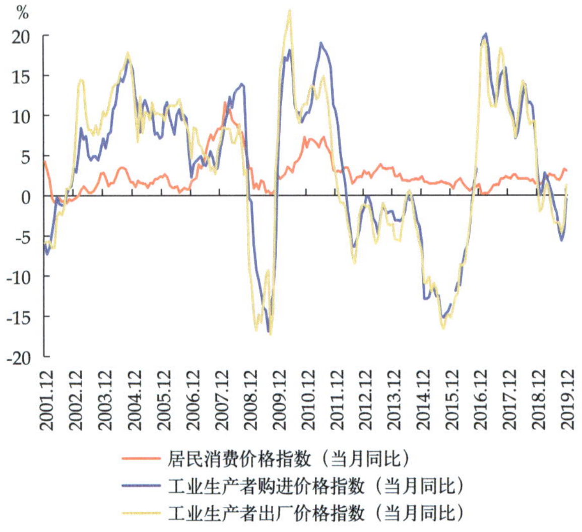

数据来源：甘肃省统计局。

图 12　2001~2019 年甘肃省居民消费价格指数和工业生产者价格指数变动趋势

（四）财政收支运行平稳，民生领域得到重点保障

全年全省一般公共预算收入 850.2 亿元，同比下降 2.4%。其中，税收收入 577.6 亿元，下降 5.4%；非税收入 272.6 亿元，增长 4.6%。一般公共预算支出 3956.7 亿元，增长 4.9%。其中，教育、社保等 11 类民生支出增长 6.0%；扶贫支出 331.1 亿元，增长 3.9%。民生保障得到加强，民生支出占财政支出的比例在 80% 以上。

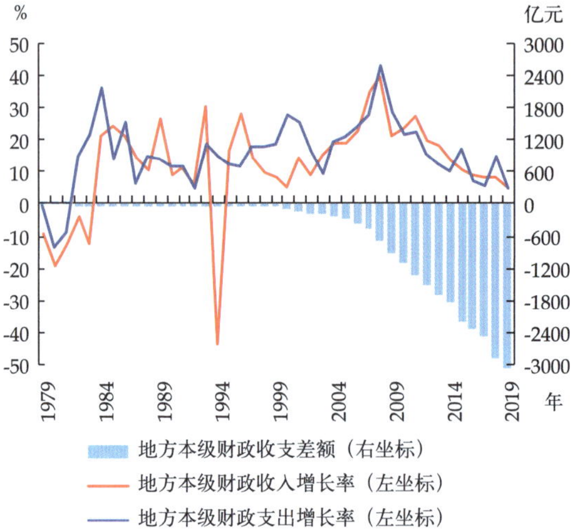

数据来源：甘肃省统计局。

图 13　1979~2019 年甘肃省财政收支状况

（五）房地产市场总体运行平稳，房地产贷款增速放缓

1. 房地产开发投资平稳增长，商品房销售增长较快。2019 年全省共完成房地产投资 1257.85 亿元，同比增长 12.7%。全年住宅施工、新开工面积增速分别达 21.2% 和 49.3%。全省商品住房实现销售 2269.24 万平方米，同比增长 11.27%，其中首套房和非首套房销售面积分别增长 9.12% 和 16.48%。兰州市新建商品住宅价格同比上涨 4.9%。

2. 房地产金融市场保持平稳，差别化信贷政策执行效果良好。2019 年末，全省房地产贷款余额 4021.52 亿元，同比增长 14.29%。其中，个人住房贷款同比增长 22.06%。辖内发放的个人住房贷款首付比例、利率水平稳中有降。2019 年，甘肃个人住房贷款加权平均首付比例为 35.5%，个人住房贷款加权平均利率为 5.4%。

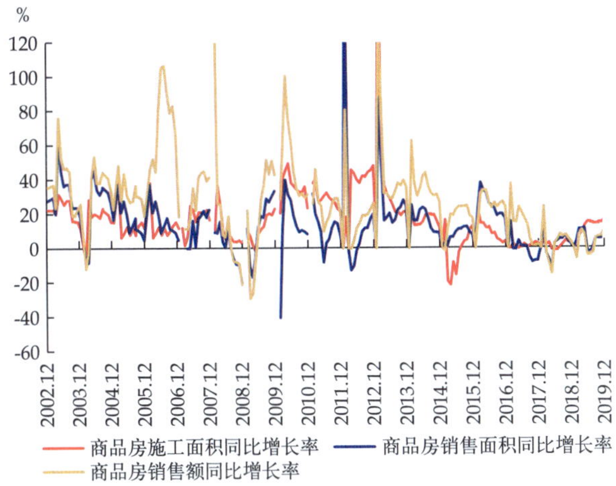

数据来源：甘肃省统计局。

图 14　2002~2019 年甘肃省商品房施工和销售变动趋势

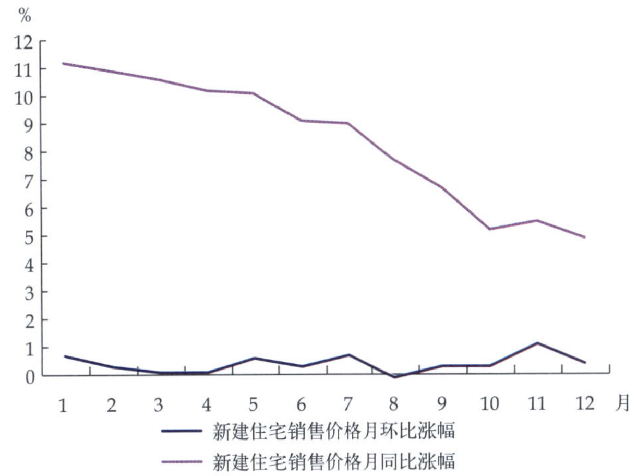

数据来源：甘肃省统计局。

图 15　2019 年兰州市新建住宅销售价格变动趋势

专栏 2　创新推进“五项措施”　助力 LPR 改革在甘肃取得实效

LPR 改革推出以来，中国人民银行兰州中心支行第一时间向辖内人民银行系统和金融机构传达改革政策要点和要求，创新推进“强组织、深调研、抓重点、建机制、重自律”五项工作措施，积极推动银行运用 LPR 定价。在甘肃金融机构贷款定价基准转换工作普遍起步晚、基础弱的背景下，通过全省人民银行系统全力推动和金融机构主动适应改革要求，LPR 改革在甘肃顺利落地、有效推广并取得初步实效。

一、主要做法

一是强化组织领导，压实改革责任。为消除传导壁垒，高效推进辖内金融机构对 LPR 推广运用，密集召开了重点金融机构座谈交流会、省级自律机制政策落实会议、全省人民银行系统条线工作会议等贯彻落实会议，从点到面，从上至下，将 LPR 形成机制改革精神全面、准确传导至辖内全省人民银行系统和各金融机构，确保改革任务顺利落地。

二是深入摸底调研，全面掌握实情。为充分掌握辖内各类型金融机构 LPR 定价的基础条件和实际困难，科学指导金融机构高效推进 LPR 推广运用，组织开展调研，重点了解了“三个情况”：配套机制情况、激励约束情况和特殊贷款利率情况，全面掌握实际情况，为下一步工作打下良好基础。

三是抓住重点机构，统筹推进改革。针对定价系统改造等“硬件”问题和金融机构对 LPR 政策认识仍普遍欠缺等“软件”问题，主要抓住两个“重点机构”。一是抓“慢机构”，组织业务人员，进入重点金融机构开展政策宣讲，并依托省级自律机制平台，与国有大行建立一对一的帮扶机制，以大带小，以强帮弱。二是抓“牵头机构”，抓住省联社这一农合机构牵头组织的“牛鼻子”，对省联社系统条线进行 LPR 改革政策培训，督促其统一进行系统改造、合同修订、人员培训、宣传解释等。

四是建立监测机制，强化督促指导。建立三项监测报告机制，一是 LPR 周运用情况。按周监测各法人机构 LPR 运用占比、贷款利率变化情况。二是 LPR 运用推广效果。与省内各银行利率定价部门人员建立了 LPR 运用推广效果报告机制。三是市场反应和社会舆情。组织全省货币信贷条线人员和金融机构一线业务人员加强上下联动、内外配合，密切关注市场反应、舆情情况，发现误导宣传，及时加以纠正。

五是注重自律引导，力保改革实效。指导省级自律机制通过印发统一的LPR问答手册，督促金融机构向客户提供各种形式的政策宣传、解释和咨询服务；承办全国自律机制西北地区LPR政策宣讲会，会议辐射西北五省区的人民银行分支机构和部分金融机构，覆盖人数超过1200人，进一步提高了LPR的认知度和接受度。同时，指导自律机制运用约谈、巡查等多种自律手段，维护好利率定价秩序，稳定银行负债端成本。

二、工作成效

通过创新推进"五项措施"，LPR运用范围不断扩大，改革效果也逐步显现。2019年12月，甘肃新发放贷款LPR运用占比达93.5%，基本实现新发放贷款主要参考LPR进行定价。同时，甘肃金融机构新发放企业贷款加权平均利率为5.55%，较改革前的7月高点下降22个基点，其中，新发放小微企业贷款加权平均利率为6.28%，较改革前的7月高点大幅下降67个基点，改革降成本作用明显。

下一步，将继续围绕LPR改革重点，按照市场化、法治化原则，持续推进LPR改革在甘肃见实效。一是指导金融机构持续推动新发放贷款LPR推广运用。二是重点推动存量贷款定价基准转换，引导金融机构积极主动联系客户，创造便利条件，为客户提供更多的政策咨询窗口和服务平台，推动存量浮动利率贷款基本完成基准转换。三是继续做好宣传解释、业务培训、监测督导工作，提升改革实效，进一步助推降低民营、小微企业融资成本，助力实体经济高质量发展。

三、预测与展望

目前，甘肃仍处于重大发展机遇期，还处在"一带一路"建设、西部陆海新通道建设、黄河流域生态保护和高质量发展的重要节点上，国家层面对甘肃的支持力度很大，省委省政府也谋划了一系列重要的经济社会发展蓝图，发展机遇与政策机会多重叠加。此外，营商环境改善、招商引资力度加大，为全省经济发展注入了活力、带来了动力，也为全省金融运行创造了有利条件。当前，甘肃疫情防控和经济社会发展取得较好成效，经济社会秩序加快恢复，企业复工复产情况良好，但还没有达到正常的生产经营水平，特别是中小微企业受到的冲击、面临的挑战较大。下一阶段，全省金融业将以习近平新时代中国特色社会主义思想为指导，坚决贯彻落实党中央、国务院决策部署，紧扣全面建成小康社会目标任务，统筹推进金融支持疫情防控和经济社会发展工作，加大"六稳"工作力度，落实"六保"任务，把做好"六保"作为"六稳"工作的着力点，重点做好金融支持稳企业保就业工作。中国人民银行兰州中心支行将继续按照稳健的货币政策要更加灵活适度的总要求，根据疫情防控和经济形势变化，把握好政策力度、重点和节奏，加强逆周期调控，充分发挥货币政策工具的牵引带动作用，切实增强对实体经济特别是中小微企业的支持力度，为疫情防控、复工复产和实体经济发展提供精准金融服务，促进甘肃经济社会高质量发展。

中国人民银行兰州中心支行货币政策分析小组

总　纂：张庆昉　谢汉阳

统　稿：聂　蕾　杨小亮　王　昊

执　笔：王文婷　杨召举　赵玉稳

提供材料的还有：马建平　王　琼　范胜申　陈　涛　冯　丽　马哲光　陈之鑫　于加鹏　李　静　谢晓娜　任墨香　王　峰　田震坤　杨晓晟　蒋文君　杨　柳

附录

（一）2019年甘肃省经济金融大事记

1月22日，甘肃省工商联、中国人民银行兰州中心支行、甘肃省地方金融监管局召开“2019年甘肃省银企对接会”，全省20家金融机构与7家在甘商会和40家民营企业现场签订战略合作协议，共签约授信42亿元。

2月23日，全省脱贫攻坚推进大会在兰州召开，安排部署了脱贫攻坚进入倒计时阶段的重点工作，强调保持斗争精神，敢于攻坚克难，从严从实坚决打赢脱贫攻坚战。

3月末，全省银行业金融机构贷款余额突破两万亿元大关，成为全省首个突破两万亿元的经济金融指标。

7月4日，第二十五届中国兰州投资贸易洽谈会开幕式暨丝绸之路合作发展高端论坛在兰州隆重举行。本届兰洽会共签约省列项目125个，投资总额903.07亿元。

7月30日，第四届丝绸之路（敦煌）国际文化博览会和第九届敦煌行丝绸之路国际旅游节在甘南州合作市隆重开幕。

8月9日，中国人民银行兰州中心支行受理甘肃征信股份有限公司企业征信机构备案申请，该公司成为甘肃省唯一正式获得人民银行公告备案的省级国有企业征信机构。

10月16日，2019年全省“金政企”项目对接会议暨现场签约仪式在兰州召开，23家金融机构和47家企业签约，签约融资额达511.61亿元。

11月28日，中国人民银行等六部委印发《甘肃省兰州新区建设绿色金融改革创新试验区总体方案》，标志着兰州新区绿色金融改革创新试验区正式获批。

12月6日，甘肃省委省政府印发《新时代甘肃融入“一带一路”建设打造文化制高点实施方案》《新时代甘肃融入“一带一路”建设打造枢纽制高点实施方案》《新时代甘肃融入“一带一路”建设打造技术制高点实施方案》《新时代甘肃融入“一带一路”建设打造信息制高点实施方案》《新时代甘肃融入“一带一路”建设打造生态制高点实施方案》等融入“一带一路”打造“五个制高点”方案。

（二）2019 年甘肃省主要经济金融指标

表 1　2019 年甘肃省主要存贷款指标

		1 月	2 月	3 月	4 月	5 月	6 月	7 月	8 月	9 月	10 月	11 月	12 月
本外币	金融机构各项存款余额（亿元）	19102.70	19287.49	19781.11	19504.70	19510.77	19963.61	19813.48	19894.94	20001.64	19872.82	19906.15	19768.46
	其中：住户存款	10371.84	10493.97	10620.41	10578.78	10571.80	10721.00	10738.81	10789.59	10978.01	10931.78	11004.64	11181.91
	非金融企业存款	4898.01	4851.38	5194.68	5074.08	5035.78	5241.80	5055.25	5012.83	5026.87	4931.46	4991.76	4940.34
	各项存款余额比上月增加（亿元）	419.63	184.79	493.62	-276.41	6.07	452.84	-150.13	81.45	106.70	-128.81	33.33	-137.69
	金融机构各项存款同比增长（%）	5.78	7.90	9.53	7.36	6.48	7.59	7.48	7.14	6.41	6.85	6.93	5.84
	金融机构各项贷款余额（亿元）	19676.73	19783.33	20220.64	20211.28	20232.01	20383.98	20312.91	20330.86	20419.16	20454.82	20675.14	20677.93
	其中：短期	5505.30	5476.59	5608.61	5507.93	5476.75	5475.81	5403.53	5380.67	5435.43	5419.95	5490.44	5445.46
	中长期	12660.77	12767.67	12966.48	13018.98	13033.98	13175.27	13166.91	13229.68	13265.77	13322.93	13482.31	13537.29
	票据融资	789.89	830.63	952.50	981.79	1010.17	1021.07	1024.91	1003.66	1010.37	994.29	984.31	982.35
	各项贷款余额比上月增加（亿元）	224.69	106.59	437.31	-9.36	20.73	151.98	-71.07	17.94	88.31	35.66	220.31	2.79
	其中：短期	3.63	-28.72	132.02	-100.68	-31.18	-0.95	-72.28	-22.86	54.76	-15.48	70.50	-44.98
	中长期	198.47	106.90	198.81	52.51	15.00	141.29	-8.36	62.77	36.09	57.17	159.37	54.99
	票据融资	33.49	40.74	121.87	29.29	28.38	10.90	3.84	-21.24	6.71	-16.08	-9.98	-1.96
	金融机构各项贷款同比增长（%）	9.57	9.23	10.45	9.23	8.20	8.00	7.45	7.32	6.87	6.80	7.50	6.74
	其中：短期	7.08	5.70	6.59	4.30	2.83	1.22	0.30	0.32	0.16	-0.05	0.65	0.19
	中长期	8.40	8.24	8.83	7.98	6.79	7.43	7.34	7.47	7.41	7.58	8.76	8.75
	票据融资	65.82	74.69	98.85	93.78	97.05	106.56	97.99	85.63	72.42	67.59	56.01	29.87
	建筑业贷款余额（亿元）	840.58	854.39	860.74	865.98	863.96	884.85	886.98	893.06	906.68	915.59	924.73	917.60
	房地产业贷款余额（亿元）	1033.53	1040.08	1078.40	1082.03	1104.19	1121.08	1125.47	1116.90	1115.34	1118.12	1131.63	1130.01
	建筑业贷款同比增长（%）	19.78	20.08	18.26	17.21	14.51	12.35	13.32	13.15	14.37	13.69	13.91	13.04
	房地产业贷款同比增长（%）	6.44	4.47	8.58	6.97	5.53	7.21	8.29	11.97	9.31	9.53	12.00	12.62
人民币	金融机构各项存款余额（亿元）	19030.05	19217.91	19725.27	19454.15	19462.71	19906.84	19760.32	19843.27	19953.55	19817.73	19850.70	19717.01
	其中：住户存款	10339.47	10461.32	10587.02	10545.23	10538.51	10688.78	10707.23	10757.33	10946.28	10899.83	10972.34	11150.22
	非金融企业存款	4862.22	4819.29	5177.25	5062.01	5026.17	5222.65	5038.62	5000.35	5016.98	4914.86	4974.71	4927.19
	各项存款余额比上月增加（亿元）	456.81	187.86	507.37	-271.12	8.56	444.13	-146.52	82.95	110.28	-135.82	32.97	-133.70
	其中：住户存款	417.12	121.86	125.70	-41.79	-6.72	150.27	18.45	50.10	188.95	-46.45	72.51	177.88
	非金融企业存款	17.54	-42.93	357.96	-115.24	-35.84	196.48	-184.03	-38.26	16.63	-102.13	59.85	-47.51
	各项存款同比增长（%）	6.02	8.13	9.82	7.64	6.75	7.81	7.70	7.48	6.78	7.17	7.35	6.18
	其中：住户存款	13.66	11.99	13.13	14.15	13.94	13.75	14.32	13.84	14.01	13.87	13.03	12.42
	非金融企业存款	-6.04	-0.23	6.20	1.86	-0.25	1.07	-0.96	-0.31	-2.42	-2.06	1.33	1.64
	金融机构各项贷款余额（亿元）	19412.88	19527.43	19965.77	19964.27	19980.17	20132.40	20061.07	20077.98	20169.16	20199.40	20425.07	20424.30
	其中：个人消费贷款	2294.50	2285.08	2342.21	2371.57	2414.40	2453.32	2479.96	2507.38	2548.90	2577.64	2644.19	2694.53
	票据融资	789.89	830.63	952.50	981.79	1010.17	1021.07	1024.91	1003.66	1010.37	994.29	984.31	982.35
	各项贷款余额比上月增加（亿元）	238.29	114.55	438.34	-1.50	15.90	152.23	-71.33	16.91	91.18	30.24	225.67	-0.78
	其中：个人消费贷款	35.28	-9.41	57.13	29.36	42.83	38.92	26.64	27.42	41.53	28.74	66.54	50.34
	票据融资	33.49	40.74	121.87	29.29	28.38	10.90	3.84	-21.24	6.71	-16.08	-9.98	-1.96
	金融机构各项贷款同比增长（%）	9.89	9.65	10.82	9.66	8.58	8.34	7.67	7.50	7.04	6.96	7.68	6.96
	其中：个人消费贷款	23.16	21.50	21.72	21.05	20.83	19.84	19.20	19.43	20.20	20.73	21.48	23.35
	票据融资	65.83	74.69	98.85	93.78	97.05	106.56	97.99	85.62	72.42	67.59	56.01	29.87
外币	金融机构外币存款余额（亿美元）	10.84	10.40	8.29	7.51	6.97	8.26	7.72	7.29	6.80	7.81	7.89	7.38
	金融机构外币存款同比增长（%）	-37.49	-34.91	-46.81	-49.25	-51.23	-39.91	-39.35	-53.51	-57.34	-49.19	-55.88	-53.89
	金融机构外币贷款余额（亿美元）	39.37	38.25	37.85	36.71	36.50	36.60	36.58	35.68	35.35	36.21	35.57	36.36
	金融机构外币贷款同比增长（%）	-14.79	-20.34	-18.40	-22.00	-21.64	-17.07	-8.51	-8.73	-8.21	-5.87	-6.55	-10.03

数据来源：中国人民银行兰州中心支行。

表 2　2001~2019 年甘肃省各类价格指数

单位：%

	居民消费价格指数		农业生产资料价格指数		工业生产者购进价格指数		工业生产者出厂价格指数	
	当月同比	累计同比	当月同比	累计同比	当月同比	累计同比	当月同比	累计同比
2001	—	4.0	—	-1.4	—	1.4	—	-1.5
2002	—	0.0	—	0.4	—	-1.6	—	-2.1
2003	—	1.1	—	1.8	—	5.6	—	10.0
2004	—	2.3	—	7.4	—	12.5	—	14.3
2005	—	1.7	—	9.0	—	9.9	—	9.6
2006	—	1.3	—	4.4	—	8.8	—	9.5
2007	—	5.5	—	7.1	—	4.3	—	5.5
2008	—	8.2	—	14.7	—	10.2	—	4.9
2009	—	1.3	—	-1.0	—	-8.9	—	-9.0
2010	—	4.1	—	1.7	—	14.4	—	15.0
2011	—	5.9	—	7.6	—	15.1	—	11.0
2012	—	2.7	—	5.2	—	-1.3	—	-3.2
2013	—	3.3	—	2.4	—	-2.0	—	-3.0
2014	—	2.1	—	2.5	—	2.4	—	3.3
2015	—	1.6	—	-1.4	—	-13.0	—	-13.0
2016	—	1.3	—	-0.1	—	-5.4	—	-5.1
2017	—	1.4	—	3.7	—	15.5	—	14.5
2018	—	2.0	—	4.2	—	9.8	—	9.5
2019	—	2.3	—	—	—	-1.0	—	-1.7
2018　1	2.1	2.1	5.0	5.0	10.9	10.9	10.2	10.2
2	2.6	2.3	4.8	4.9	10.3	10.6	9.3	9.8
3	2.6	2.4	4.8	4.9	7.1	9.4	7.2	8.9
4	2.1	2.3	4.7	4.8	7.9	9.0	9.7	9.1
5	2.1	2.3	4.6	4.8	10.1	9.3	12.5	9.7
6	2.1	2.3	3.9	4.6	12.5	9.8	14.3	10.5
7	2.1	2.2	4.0	4.5	13.8	10.4	13.6	10.9
8	2.1	2.2	4.1	4.5	11.5	10.5	10.2	10.8
9	1.8	2.2	4.3	4.5	11.6	10.6	8.8	10.6
10	2.0	2.2	4.6	4.5	11.1	10.7	9.2	10.5
11	1.5	2.1	3.6	4.4	8.0	10.4	9.1	10.3
12	1.5	2.0	2.4	4.2	3.2	9.8	1.3	9.5
2019　1	1.4	1.4	—	—	—	—	-2.0	—
2	1.6	1.5	2.2	2.1	0.6	0.4	-1.5	-1.8
3	2.1	1.7	1.4	1.9	2.8	1.2	0.7	-0.9
4	2.2	1.8	1.9	1.9	2.2	1.5	1.5	-0.3
5	2.7	2.0	2.0	1.9	1.2	1.4	0.2	-0.2
6	2.5	2.1	—	—	0.2	1.2	-2.2	-0.6
7	2.4	2.1	1.6	1.8	-1.3	0.8	-3.4	-1.0
8	2.0	2.1	-0.2	1.6	-2.2	0.4	-3.4	-1.3
9	1.9	2.1	-0.5	1.3	-4.5	-0.1	-3.5	-1.5
10	2.4	2.1	-0.7	1.1	-5.7	-0.7	-4.6	-1.9
11	3.3	2.2	0.4	1.1	-4.6	-1.1	-3.4	-2.0
12	3.1	2.3	—	—	-0.5	-1.0	1.3	-1.7

数据来源：《中国经济景气月报》、甘肃省统计局。

表 3　2019 年甘肃省主要经济指标

	1 月	2 月	3 月	4 月	5 月	6 月	7 月	8 月	9 月	10 月	11 月	12 月
	绝对值（自年初累计）											
地区生产总值（亿元）	—	—	1736.5	—	—	3771.8	—	—	6426.0	—	—	8718.3
第一产业	—	—	109.8	—	—	243.8	—	—	790.3	—	—	1050.5
第二产业	—	—	601.6	—	—	1251.3	—	—	2128.7	—	—	2862.4
第三产业	—	—	1025.1	—	—	2276.7	—	—	3507.0	—	—	4805.4
工业增加值（亿元）	—											
固定资产投资（亿元）	—	—	—	—	—	—	—	—	—	—	—	—
房地产开发投资	—	34.4	106.3	185.4	304.9	480.0	605.0	739.8	923.2	1055.7	1172.5	
社会消费品零售总额（亿元）	—	—	—	—	—	—	—	—	—	—	—	—
外贸进出口总额（亿元）	—	60.0	88.3	123.8	163.0	188.2	220.1	246.4	277.1	302.1	343.9	379.9
进口	—	38.5	53.5	75.2	104.0	120.3	141.5	159.5	181.1	196.1	225.5	248.5
出口	—	21.5	34.8	48.6	59.0	67.9	78.6	86.9	96.0	106.0	118.4	131.4
进出口差额（出口－进口）	—	-17.0	-18.7	-26.6	-45.0	-52.4	-62.9	-72.6	-85.1	-90.1	-107.1	-117.1
实际利用外资（亿美元）	—	—	—	—	—	—	—	—	—	—	—	
地方财政收支差额（亿元）	—	-494.8	-821.9	-1016.4	-1242.1	-1705.7	-1855.1	-2016.6	-2387.1	-2491.5	-2679.1	-3106.5
地方财政收入	—	142.3	218.6	288.4	363.2	442.8	512.6	563.1	624.0	695.9	768.2	850.2
地方财政支出	—	637.1	1040.4	1304.8	1605.3	2148.5	2367.6	2579.7	3011.2	3187.4	3447.2	3956.7
城镇登记失业率（%）（季度）	—	—	—	—	—	—	—	—	—	—	—	
	同比累计增长率（%）											
地区生产总值	—	—	7.9	—	—	6.0	—	—	6.1	—	—	6.2
第一产业	—	—	5.0	—	—	5.6	—	—	5.9	—	—	5.8
第二产业	—	—	8.3	—	—	5.2	—	—	5.2	—	—	4.7
第三产业	—	—	7.8	—	—	6.5	—	—	6.7	—	—	7.2
工业增加值	—	4.6	7.1	6.4	3.9	3.4	3.4	2.7	3.4	4.2	4.8	5.2
固定资产投资	—	0.7	7.5	4.3	4.1	2.4	2.7	3.6	5.5	5.4	6.2	6.6
房地产开发投资	—	19.0	19.4	10.5	13.9	4.1	5.6	6.2	8.7	9.3	11.2	12.7
社会消费品零售总额	—	7.3	7.4	7.0	7.1	7.2	7.1	7.1	7.4	7.3	7.4	7.7
外贸进出口总额	—	0.7	-9.6	-4.6	-2.2	-6.1	-6.1	-8.0	-7.5	-9.2	-6.2	-3.9
进口	—	5.6	-14.7	-10.4	-5.6	-9.7	-7.6	-8.4	-7.1	-8.0	-3.8	-0.4
出口	—	-7.1	-0.5	6.2	4.2	1.2	-3.3	-7.1	-8.3	-11.4	-10.3	-10.0
实际利用外资	—	—	—	—	—	—	—	—	—	—	—	—
地方财政收入	—	6.1	10.5	5.8	5.5	-2.0	-3.4	-3.4	-2.6	-2.0	-1.8	-2.4
地方财政支出	—	26.6	21.5	21.5	17.4	15.0	12.0	9.7	9.6	7.8	5.6	4.9

数据来源：甘肃省统计局。

青海省金融运行报告（2020）

中国人民银行西宁中心支行货币政策分析小组

[内容摘要] 2019年，青海省以习近平新时代中国特色社会主义思想为指导，以“不忘初心、牢记使命”主题教育淬炼思想、凝聚力量，深入贯彻新发展理念，认真做好“六稳”工作，全面落实“四个扎扎实实”，奋力推进“一优两高”。全年实现地区生产总值2966.0亿元，同比增长6.3%；人均地区生产总值48981元，同比增长5.4%；三次产业增加值同比分别增长4.6%、6.3%和6.5%，居民消费价格同比上涨2.5%。全省金融业认真贯彻执行稳健货币政策，助推实体经济发展和供给侧结构性改革，助力脱贫攻坚，切实防范化解各类金融风险。全年新增社会融资规模1278亿元，金融机构本外币贷款余额6690亿元，同比增长0.8%，金融机构本外币各项存款余额5858.7亿元，同比增长1.5%。

经济运行主要呈现以下特点：一是经济增长放缓。全省固定资产投资同比增长5%，增速较上年下降2.3个百分点，社会消费品零售总额880.7亿元，同比增长5.4%，增速较上年下降1个百分点；进出口总值37.2亿元，同比下降22.7%，全省贸易顺差3.2亿元，顺差规模同比下降80.5%。二是工业发展注重绿色可持续。实施“双百工程”和12项重大科技专项，制造业增加值增长8.8%，循环工业增加值占比达到60%，钾资源综合回收率提升到75%以上，新材料、新能源、装备制造业增加值分别增长30.8%、8.9%和26.5%，高性能碳纤维项目落地，IBC电池自主研发成功。清洁能源装机容量达2776万千瓦，发电量占比达86.5%，集中式光伏装机居全国首位，外送清洁电量166亿千瓦时。三是特色农牧业持续健康发展。农牧业“三区一带”发展格局形成；以乡村振兴为总抓手，以创建绿色有机农畜产品示范省为突破，以落实“一优两高”发展为战略，全面统筹推进产业提升，农业农村发展实现稳中有进、稳中向好、稳中提质，牛羊出栏数分别增长9.2%和7.5%，粮食产量105.5万吨，比上年增产2.5万吨，为近五年来最高。四是电商文旅业保持较快发展。在基础条件成熟的贫困村建成488个村级电子商务服务站点，帮助建档立卡贫困人口实现线上销售总金额432万元，增收201.1万元，“电商＋扶贫”取得实效。举办文化旅游节、央视“魅力中国城”青海节目展，祁连县入选首批国家全域旅游示范区，乌兰县泉沟吐蕃时期壁画墓入选2019年中国考古新发现目录。民航旅客吞吐量连续4年实现每年百万量级增长，旅游人次突破5000万大关，旅游总收入增长20.4%。五是深入推进供给侧结构性改革。全年减税降费61.5亿元，两次下调一般工商业电价、降低用户负担5.9亿元，拖欠民营和中小企业账款全部清零。完成60万吨煤炭去产能任务。布局国际互联网数据专用通道和根镜像服务器，建成青藏高原数据灾备中心等大数据项目，高原能效测试实验室落户青海。在52个村开展乡村振兴试点，实施牦牛青稞产业发展三年行动和牦牛藏羊原产地可追溯工程，91.3%的行政村实现集体经济破零。全面完成“十三五”易地扶贫搬迁、危旧房改造任务，1622个贫困村光伏扶贫电站全部并网发电，全省14.6万户、53.9万建档立卡贫困人口全部脱贫，绝对贫困人口如期清零。六是持续加强生态文明建设。出台“中华水塔”保护行动纲要，构建“天空地”一体化生态网络监测体系，三江源草地整体退化趋势有效遏制，水源涵养量年均增幅达6%以上。“绿电15日”再创全清洁能源供电世界纪录，自然保护区矿业权退出和补偿进展顺利，“大棚房”专项清理整治圆满收官。西宁作为唯一省会城市入选全国“无废城市”建设试点。

金融运行主要呈现以下特点：一是货币政策工具发挥精准滴灌作用。设立民营小微企业专项再贴现额度20亿元，建立“白名单制度”，名单内企业票据贴现实现见票即办再贴现。2019年末，全省信贷政策支持再贷款余额140.4亿元，同比下降5.0%；再贴现余额125.1亿元，同比增长68.9%。其中，扶贫再贷款余额103.6亿元，同比增长6.6%，“三区三州”深度贫困地区扶贫再贷款限额占全省限额的74%；民营小微企业票据再贴现占比达83%以上。再贷款再贴现资金占有央行资金支持的金融机构小微企业贷款比重达61%，较上年提高16个百分点。二是利率水平稳中有降。差异化存款定价格局逐渐形成，存款创新产品自律管理加强，银行负债端成本有效压降。贷款利率水平明显下降，12月全省新发放贷款中一般贷款利率为4.75%，处于近三年最低水平，新发放贷款中运用LPR（贷款市场报价利率）定价的占比达90%。自8月LPR改革以来，青海省新发放一般贷款加权平均利率较1~7月平均水平下降0.5个百分点，降幅大于LPR下降幅度；全省小微企业贷款加权平均利率较1~7月平均水平下降0.19个百分点，小微企业综合融资成本明显降低。三是不良贷款实现“双降”。青海省加大不良贷款处置力度，地方法人银行机构不良贷款指标有所好转。2019年末地方法人银行机构不良贷款余额33.3亿元，同比下降14.7%；不良贷款率2.76%，同比下降0.73个百分点，逾期90天以上贷款余额26.9亿元，同比下降22.5%。四是市场运行贯穿“活”字。青海企业通过多层次资本市场融资116.3亿元，西宁特钢30亿元债转股全部落地，*ST盐湖司法重整扎实推进，有效防控省投资公司累积债务可能引发的系统性风险。全省地方法人金融机构发行的涵盖绿色金融债、二级资本债等品种的金融债券余额19.2亿元，通过大额存单、同业存单募集资金余额123.1亿元；全省地方法人机构银行间市场交易量17400.6亿元，净融入416.0亿元。五是发挥保险服务保障民生作用。农业保险提供风险保障495.5亿元，同比增长22.4%，受益农牧户46.3万户，特别是对青南地区严重雪灾造成的6.8万头牲畜赔付1亿元，有效帮助当地农牧户恢复生产生活。在全国率先构建省级保险业务参与医保一体化服务格局。六是金融生态环境不断优化。全省省级信用县（区）、乡（镇）、村、户分别同比增长150%、18.3%、14.8%和9.9%。对全省4076户中小企业开展“一对一”信用培植，1531户获得信贷支持。移动支付向纵深发展，全省六州一市3000余辆公交车支持银联移动支付乘车，年支付交易3783.4万笔，新增惠农服务点1129个，累计业务量达57亿元。开展金融知识普及教育现场集中宣传活动2300余次，受理处理金融消费者投诉88起、咨询315起，办结率达100%。

2020年，青海省将继续以习近平新时代中国特色社会主义思想为指导，全面贯彻党的十九大和十九届二中、三中、四中全会及中央经济工作会议精神，坚决打赢三大攻坚战，做好“六稳”工作，深入实施“五四战略”，奋力推进“一优两高”，统筹“五个示范省”建设，提档升级绿色发展方式，保持经济持续健康发展和社会和谐稳定，确保全面建成小康社会和“十三五”规划圆满收官。青海金融机构将认真贯彻落实稳健的货币政策更加灵活适度，坚持稳中求进工作总基调，深化供给侧结构性改革，在加强金融风险防控同时，保持社会融资规模适度增长，推动青海经济金融持续健康发展。

一、金融运行情况

2019年，青海金融业认真执行稳健货币政策，以金融供给侧结构性改革为主线，以服务地方实体经济为主责，扩总量、活增量、优结构，营造了稳定适宜的货币金融环境。金融运行总体平稳，利率水平稳中有降，证券业和保险业健康发展，服务实体经济能力持续提升，助力经济社会健康发展。

（一）银行业稳健运行，金融靶向重点领域

1. 银行业资产规模收缩。2019 年末，青海银行业金融机构资产总额 8375.1 亿元，同比下降 5.3%；全省共有各类金融机构网点 1132 家，较上年减少 12 家；从业人员 18578 人，较上年增加 384 人。大型商业银行分支机构网点、从业人员和资产规模收缩；6 家农村商业银行获批开业相应回填了机构数下降局面，拉动从业人员人数增加。

表 1　2019 年青海省银行业金融机构情况

机构类别	营业网点			法人机构（个）
	机构个数（个）	从业人数（人）	资产总额（亿元）	
一、大型商业银行	423	9227	3018	0
二、国家开发银行和政策性银行	27	586	1951	0
三、股份制商业银行	36	1219	622	0
四、城市商业银行	84	1676	1033	1
五、城市信用社	0	0	0	0
六、小型农村金融机构	371	4632	1124	31
七、财务公司	1	35	136	1
八、信托公司	1	1	182	1
九、邮政储蓄银行	180	1016	295	0
十、外资银行	0	0	0	0
十一、新型农村金融机构	8	163	13	7
十二、其他	1	23	0	0
合　计	1132	18578	8375	41

注：营业网点不包括国家开发银行和政策性银行、大型商业银行、股份制商业银行等金融机构总部数据；大型商业银行包括中国工商银行、中国农业银行、中国银行、中国建设银行和交通银行；小型农村金融机构包括农村商业银行、农村合作银行和农村信用社；新型农村金融机构包括村镇银行、贷款公司、农村资金互助社；“其他”包含金融租赁公司、汽车金融公司、货币经纪公司、消费金融公司等。

数据来源：青海银保监局。

2. 存款小幅增长。2019 年末，青海金融机构本外币存款余额同比增长 1.5%，增速较上年提高 2.7 个百分点。从存款结构看，住户存款、非金融企业存款、机关团体存款占比分别为 42.2%、24.2% 和 23.9%；住户存款余额同比增长 7.3%，非金融企业存款和机关团体存款余额同比分别下降 2.1% 和 9.7%。全年新增大额存单 151.4 亿元，同比增长 51.7%。新增人民币存款有 5 个月当月为负增长，存款增长的基础尚不牢固。

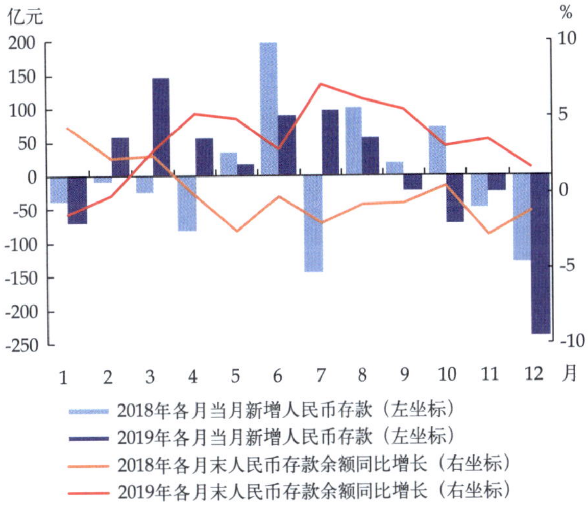

数据来源：中国人民银行西宁中心支行。

图 1　2018~2019 年青海省金融机构人民币存款增长变化

3. 货币政策工具持续发力。2019 年末，青海金融机构本外币贷款余额同比微增 0.8%，增速较上年下降 3.6 个百分点。全省绿色信贷余额 1965.1 亿元，绿色信贷覆盖率 29.4%，高于全国平均水平；普惠型小微企业贷款余额同比增加 26.1 亿元；金融精准扶贫贷款余额 751 亿元。货币政策工具发挥精准滴灌和结构引导作用，设立民营小微企业专项再贴现额度 20 亿元，建立“白名单制度”，名单内企业票据贴现实现见票即办再贴现。2019 年末，全省信贷政策支持再贷款余额 140.4 亿元，同比下降 5.0%；再贴现余额 125.1 亿元，同比增长 68.9%。其中，扶贫再贷款余额 103.6 亿元，同比增长 6.6%，“三区三州”深度贫困地区扶贫再贷款限额占全省限额的 74%；民营小微企业票据再贴现占比达 83% 以上。再贷款再贴现资金占有央行资金支持的金融机构小微企业贷款比重达 61%，较上年提高 16 个百分点。

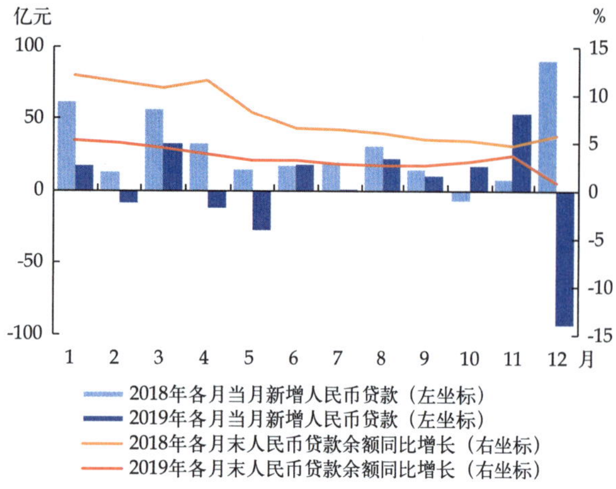

数据来源：中国人民银行西宁中心支行。

图 2　2018~2019 年青海省金融机构人民币贷款增长变化

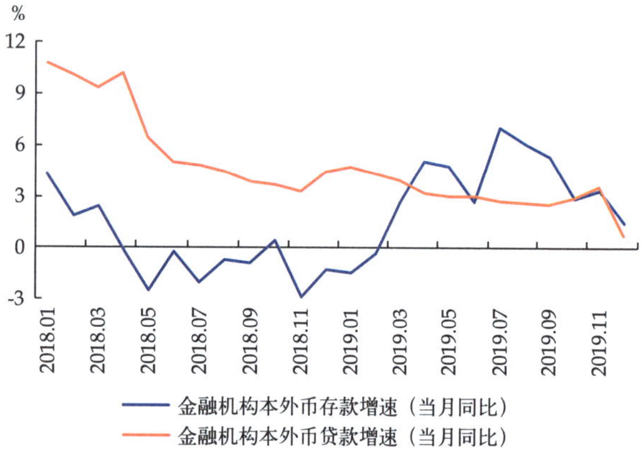

数据来源：中国人民银行西宁中心支行。

图 3　2018~2019 年青海省金融机构本外币存、贷款增速变化

4. 表外融资增加较多。2019 年末，全省银行业金融机构表外业务余额 3190.2 亿元，比年初增加 252.7 亿元，增长 8.6%。其中承诺类业务较年初增加 211.9 亿元，是表外业务增加的主要原因。随着同业业务深度调整，全省同业业务整体萎缩，2019 年末全省银行业金融机构存放同业款项同比减少 61.5%，买入返售资产同比减少 93.3%。

5. 利率水平稳中有降。存款利率保持稳定，国有商业银行、股份制商业银行及地方法人金融机构差异化存款定价格局逐渐形成，加强对活期存款创新产品、定期存款靠档计息等存款创新产品的自律管理，压降银行负债端成本，有效维护市场秩序。贷款利率水平明显下降，2019 年 12 月，全省新发放贷款中一般贷款利率为 4.75%，处于近三年最低水平，较 2018 年高点下降了 0.67 个百分点，地方法人金融机构贷款利率下降幅度达到了 1.02 个百分点。新发放贷款中运用 LPR（贷款市场报价利率）定价的占比达 90%。自 8 月 LPR 改革以来，青海省新发放一般贷款加权平均利率较 1~7 月平均水平下降 0.5 个百分点，降幅大于 LPR 下降幅度；全省小微企业贷款加权平均利率较 1~7 月平均水平下降 0.19 个百分点，小微企业综合融资成本明显降低。

表 2　2019 年青海省金融机构人民币贷款各利率区间占比

（LPR 改革前）　　单位：%

月份		1 月	2 月	3 月	4 月	5 月	6 月	7 月
合计		100.0	100.0	100.0	100.0	100.0	100.0	100.0
下浮		23.6	14.9	22.6	19.5	12.1	14.7	5.9
基准		20.0	20.7	19.2	14.8	16.5	21.7	19.2
上浮	小计	56.4	64.4	58.2	65.7	71.4	63.6	74.9
	(1.0, 1.1]	20.1	20.7	15.5	22.6	24.7	15.3	16.7
	(1.1, 1.3]	21.6	27.5	21.1	21.6	22.1	27.4	39.2
	(1.3, 1.5]	9.3	10.2	14.5	12.5	14.8	13.6	10.7
	(1.5, 2.0]	5.1	5.6	6.7	8.5	9.3	6.7	7.7
	2.0 以上	0.2	0.5	0.4	0.6	0.5	0.6	0.6

（LPR 改革后）

月份		8 月	9 月	10 月	11 月	12 月
合计		100.0	100.0	100.0	100.0	100.0
LPR 减点		27.9	12.9	28.9	34.2	32.3
LPR		0.1	0.1	2.1	1.2	0.8
LPR 加点	小计	72.0	87.0	69.0	64.6	66.9
	(LPR, LPR+0.5%)	14.0	23.4	16.5	21.7	21.7
	[LPR+0.5%, LPR+1.5%)	25.7	36.5	20.8	21.5	20.1
	[LPR+1.5%, LPR+3%)	19.7	13.2	21.6	15.2	20.5
	[LPR+3%, LPR+5%)	9.9	7.4	7.8	5.7	3.6
	LPR+5% 及以上	2.6	6.4	2.3	0.5	1.1

数据来源：中国人民银行西宁中心支行。

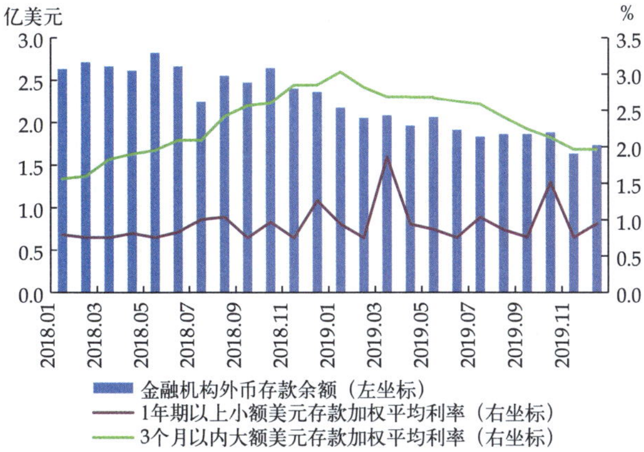

数据来源：中国人民银行西宁中心支行。

图 4　2018~2019 年青海省金融机构外币存款余额及外币存款利率

6. 不良贷款实现“双降”。2019 年，青海省加大不良贷款处置力度，地方法人银行机构不良贷款指标有所好转。截至 2019 年末，地方法人银行机构不良贷款余额 33.3 亿元，同比下降 14.7%；不良贷款率 2.76%，同比下降 0.73 个百分点，逾期 90 天以上贷款余额 26.9 亿元，同比下降 22.5%。但同时关注类贷款同比增长 71.7%。

7. 农信社改革进入收官阶段。全省 29 家农村信用社完成农村商业银行改革，全省农村合作金融机构全部退出高风险社行列。村镇银行“多县一行”试点工作顺利推进。对全省存贷比较低的 32 家县域银行实施“信贷补短”工程，全省新增县域信贷投放 50.6 亿元，存贷比较年初上升 9.6 个百分点。

8. 人民币跨境收付快速增长。全省跨境人民币收付总额 13.57 亿元，同比增长 4.2 倍。资本项下外商直接投资和跨境融资带动收付金额达 11.95 亿元，进出口贸易和境外项目贷款成为拉动全省人民币跨境交易需求的主要业务，跨境人民币服务实体经济能力不断提升。

专栏 1　农村信用体系建设在青海落地绽放

在党中央、国务院、省政府关于农村信用体系建设决策部署下，青海省厚植社会主义核心价值观，引领全社会诚实守信风尚。2009 年青海省下发农村信用体系建设指导意见，信用建设在农牧区全面推广。十年间 98.8% 的农户建立了信用档案，农村信用贷款增长 19 倍，助力全省农牧民人均可支配收入增长 3.4 倍。农村诚信意识在 72 万平方公里上燎原，信用之花在青海大地上绽放。

制度行、联动推，破冰失信行为。多年来，“失信 + 资金短缺 + 贫困”的多米诺骨牌效应，阻碍了青海省农牧业经济发展。在破冰失信行为活动中，2005 年青海省提出“信用青海”战略，以 24 家政府相关单位及当地人民银行为成员的“省、市（州）、县、乡、村”五级联动农村信用体系建设领导小组成立，主管领导逐级签订目标责任书，将农村信用体系建设纳入各级党政年度工作考核和县域经济综合考核范畴。一整套“政府主导、人行牵头、金融机构主办、乡村基层组织配合、多方联动、整体推进”的农村信用体系建设格局形成。同年，政府划拨 3.8 亿元建立支农融资担保资金和 4.5 亿元扶贫风险防控资金，农村信用体系建设在海东市试点，卓扎滩村成为创评第一个信用村。

建基点、广托面，规范信用行为。2015 年青海省制定农牧区信用评定办法，依托村领导熟悉地、人、农“三情”优势，建立信用评定基点；建立以村（乡、县）为单位，由村（乡、县）委会、金融机构、驻守干部和村民代表组成的信用初、复、终审评定小组，全面开展信用评定。各地因地制宜创新多种创评模式，海南州实行“金、银、铜”牌评定方案，大通县将十星级文明农户与信用创评有机结合，海西州建立评估、创评、授信与信贷联动的模式等。2019 年末，全省 56%

的农户被评为信用户，42个县中有10个县评为省级信用县，信用户不良贷款率由2009年的4.7%下降到0.3%，十年间，累计收回各类拖欠贷款30亿元。

普信用、强服务，铺设惠民之路。2016年中国人民银行批复设立青海省以“扶贫、网络、信用、绿色”为核心的普惠金融综合示范区试点建设，中国人民银行西宁中心支行印发“信用普惠”建设、村级信用体系建设指导意见等，以信用创评为基础，创新“信用户＋农户联保＋信用专业合作社”“一县一品一特色”等多种支农新模式。2017年中国人民银行西宁中心支行联合青海省农村信用社联合社搭建“青海省农户信用信息数据库暨惠农服务平台”，信用户贷款实现“秒贷”。2018年人民银行西宁中心支行会同六部门联合下发《信用助推农牧担保支持农牧区信用主体发展的实施意见》，青海省农牧业担保公司针对性推出纯信用、财政全额补贴担保费并按贷款基准利率贴息的“农担信易担保”产品，缓解信用等级不足主体资金需求。2019年，青海省信用户贷款余额95.15亿元，较2009年增长了19倍。

精扶持、解忧困，助力脱贫致富。按照金融精准扶贫工作要求，人民银行西宁中心支行指导、协调、配合开展相关工作。2015年制定精准扶贫信用评定办法，推行“四员、一档、一证”的“六个一”精准扶贫金融服务机制和“点、面、片”相结合三级联动机制。创新“信用评定＋扶贫贷款＋福农卡信贷支持”“两富带一穷＋信贷支持”等有代表性的金融扶贫模式；建立扶贫贷款风险补偿机制和农村小额贷款保险增信机制，推出“两权”直接抵押、组合抵押、第三方担保等形式的信贷产品。2017年，开展贫困户信用修复重建专项行动，对“三有一无”没有覆盖的贫困户，建立“谅解＋救济”贫困户信用修复机制，创新“信用采集＋信用评估＋综合培育＋融资推介＋政策扶持”融资模式。到2019年末，累计评定贫困信用户14.0万户，对3430户有不良记录贫困户进行信用修复，66%的贫困户得到修复，重新获得贷款6126万元。

（二）证券业稳步向好，促发展与防风险并重

1. 证券交易下降，期货交易回升。青海1家法人证券公司全年累计代理交易额3628.8亿元，同比下降8%；1家法人期货公司全年累计代理交易额6238.9亿元，同比增长100.9%。期货投资者838户，其中机构368户，占比达43.9%。

2. 多层次资本市场促发展与防风险并重。2019年，青海企业通过多层次资本市场融资116.3亿元，其中公司债52.3亿元、非金融企业债务融资工具64亿元，4家中小微企业利用区域性股权市场非公开发行可转换债券融资0.8亿元。重点企业改革脱困力度加大，西宁特钢30亿元债转股全部落地，*ST盐湖司法重整扎实推进，大力防控省投资公司累积债务可能引发的系统性风险。

表3　2019年青海省证券业基本情况

项目	数量
总部设在辖内的证券公司数（家）	1
总部设在辖内的基金公司数（家）	0
总部设在辖内的期货公司数（家）	1
年末国内上市公司数（家）	12
当年国内股票（A股）筹资（亿元）	0
当年发行H股筹资（亿元）	0
当年国内债券筹资（亿元）	117
其中：短期融资券筹资额（亿元）	25
中期票据筹资额（亿元）	25

注：当年国内股票（A股）筹资额指非金融企业境内股票融资。
数据来源：青海证监局。

（三）保险业较快增长，服务保障作用有效发挥

1. 保险业务保持较快发展。全省保险公司资产总额205.8亿元，同比增长17.3%。保险业累计承担风险总额5.6万亿元，累计实现原保费收入98.4亿元，同比增长12.3%，各项保险赔付支出34.8亿元，同比增长0.4%。

2. 服务保障民生作用有效发挥。农业保险提供风险保障495.5亿元，同比增长22.4%，受益农牧户46.3万户，特别是对青南地区严重雪灾造成的6.8万头牲畜赔付1亿元，有效帮助当地农牧户恢复生产生活。持续推进“基本医保+大病保险+医疗救助”模式，在全国率先构建省级保险业务参与医保一体化服务格局。全省大病保险累计报付7.7万人次，金额4亿元，其中建档立卡人口报付5400万，惠及1.3万人次。

表4　2019年青海省保险业基本情况

项目	数量
总部设在辖内的保险公司数（家）	0
其中：财产险经营主体（家）	0
人身险经营主体（家）	0
保险公司分支机构（家）	343
其中：财产险公司分支机构（家）	225
人身险公司分支机构（家）	118
保费收入（中外资，亿元）	98
其中：财产险保费收入（中外资，亿元）	42
人身险保费收入（中外资，亿元）	57
各类赔款给付（中外资，亿元）	35
保险密度（元/人）	1620
保险深度（%）	3

数据来源：青海银保监局。

（四）地区社会融资规模回升，金融市场运行效率提高

1. 地区社会融资规模回升。2019年，青海社会融资规模增量1278亿元，较上年多增1152.3亿元，恢复到2017年水平。融资结构中，信托贷款占比53.8%，地方政府债券占比29.9%，贷款核销占比9.7%。

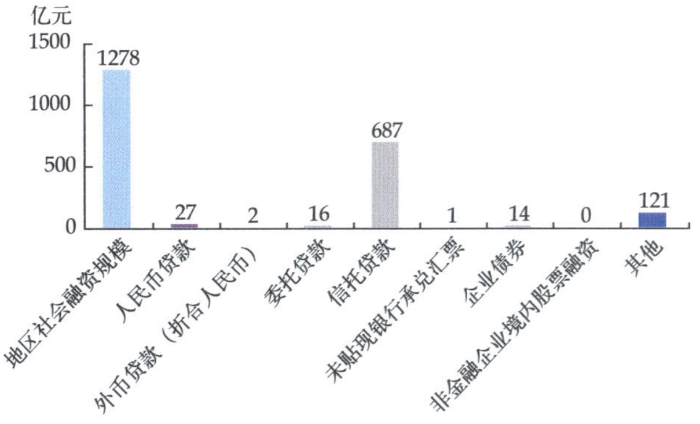

数据来源：中国人民银行西宁中心支行。

图5　2019年青海省社会融资规模分布结构

2. 银行间债券市场有力支持实体经济发展。青海银行发行15亿元绿色金融债券，支持省内绿色产业项目融资，并申请发行30亿元小微金融债券，加大对小微企业融资支持力度；省内3家企业通过发行银行间市场债务融资工具融资64亿元，同比增长10%。

3. 货币市场保持平稳。全省机构银行间市场交易量共计17400.6亿元，同比增长1.4%，净融入资金416亿元。包商银行事件后，省内中小机构参与者流动性管理压力增大，全年同业拆借、质押式回购和买断式回购累计成交金额同比分别下降56.7%、12%和64.6%；现券交易量同比增长113.2%。全省地方法人金融机构累计发行同业存单124.3亿元，同比增长8%。

4. 票据业务较快增长。全省票据融资余额939.1亿元，同比增长7%，占人民币贷款比重为16.5%，较上年同期提高3.2个百分点。金融机构累计签发银行承兑汇票265亿元，同比增加57.3亿元，其中中型企业累计签发占比40.4%，小微型企业占比22%。

表5　2019年青海省金融机构票据业务量统计

单位：亿元

季度	银行承兑汇票承兑		贴现			
			银行承兑汇票		商业承兑汇票	
	余额	累计发生额	余额	累计发生额	余额	累计发生额
1	163.95	58.52	871.84	281.57	0	0
2	176.34	112.42	870.15	276.68	0	0
3	194.07	181.16	826.06	279.77	0	0
4	207.11	264.96	939.08	330.32	0	0

数据来源：中国人民银行西宁中心支行。

表 6　2019 年青海省金融机构票据贴现、转贴现利率

单位：%

季度	贴现		转贴现	
	银行承兑汇票	商业承兑汇票	票据买断	票据回购
1	2.96	—	3.28	3.18
2	2.91	—	3.27	3.08
3	2.87	—	3.11	3.01
4	2.69	3.96	3.01	3.02

数据来源：中国人民银行西宁中心支行。

（五）金融生态环境不断改善，信用主体向外延扩张

1. 信用主体覆盖面持续扩大。2019 年末，全省累计评定省级信用县（区）10 个、信用乡（镇）207 个、信用村 2415 个、信用户 55.1 万户，同比分别增长 150%、18.3%、14.8% 和 9.9%。全省农户信用信息数据库暨惠农金融服务平台录入信用户 40.5 万户、信用村 1354 个、信用乡（镇）116 个。推动企业信用体系建设不断深入，出台 40 多条举措，各地配套制定制度 20 多项，共对 4076 户中小企业开展"一对一"信用培植，1531 户获得信贷支持。应收账款平台累计注册用户 467 家，全省累计促成应收账款 173 笔，累计融资金额 504 亿元。

2. 移动支付向纵深发展。全省六州一市 3000 余辆公交车支持银联移动支付乘车，年支付交易 3783.4 万笔，日均交易 10.4 万笔；新增云闪付 APP 注册用户 44 万户，新绑卡用户 32 万户；全省新增惠农服务点 1129 个，累计达 6016 个，累计业务量达 57 亿元。全年支付系统处理业务 2055.5 万笔，金额 7.1 万亿元，同比分别增长 27.3% 和 5.0%。

3. 消费者权益保护工作扎实推进。推进金融知识进课堂活动，5 个市州与当地教育部门联合发文，构建"校内 + 校外、课堂 + 实践"长效机制。组织开展"3、6、9"集中金融知识普及教育活动，全年共开展现场集中宣传活动 2300 余次，发放宣传资料 45000 份，受众人数约 68000 人。加强对银行业金融机构及非银支付机构的监督检查，形成"一对一问题清单"进行通报；打造青海"12363 投诉咨询电话呼叫中心"升级版，全年共受理处理金融消费者投诉 88 起、咨询 315 起，办结率达 100%。

二、经济运行情况

2019 年青海省深化供给侧结构性改革，持续推进循环经济，深入实施乡村振兴战略，以底线思维防控重大风险，推动区域协调发展共进，扩大有效需求，提升人居环境质量，经济运行平稳。全年实现地区生产总值 2966.0 亿元，按可比价格计算，同比增长 6.3%。人均地区生产总值 48981 元，同比增长 5.4%。第一、第二、第三产业增加值同比分别增长 4.6%、6.3% 和 6.5%，三次产业比重为 10.2 : 39.1 : 50.7。第三产业增加值占比提高 3.6 个百分点。

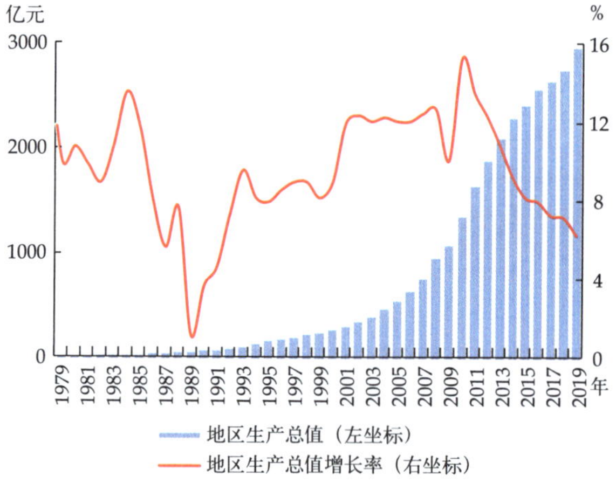

数据来源：青海省统计局。

图 6　1979~2019 年青海省地区生产总值及其增长率

（一）驱动因素增长放缓，结构调整持续推进

1. 固定资产投资增速回落。2019 年，全省固定资产投资同比增长 5.0%，较上年下降 2.3 个百分点。第一、第二、第三产业投资同比分别增长 -3.6%、21.5% 和 -1.9%，惠民生投资同比增长 6.1%，战略性新兴产业投资同比增长 26%，高技术制造业投资增长 15%，新能源产业投资增长 26%。

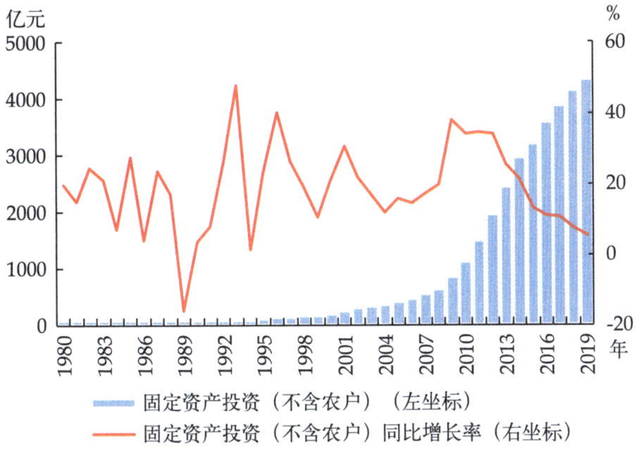

数据来源：青海省统计局。

图 7　1980~2019 年青海省固定资产投资（不含农户）及其增长率

2. 消费品市场运行平稳。2019 年，青海社会消费品零售总额 880.7 亿元，同比增长 5.4%，其中限额以上企业零售额 346 亿元，同比下降 2.5%，限额以下单位零售额 534.7 亿元，同比增长 11.2%。城镇和乡村消费品零售额同比分别增长 5.3% 和 5.8%；限额以上批发和零售业商品零售额中，通讯器材类增长 100%，计算机及其配套产品类增长 81.4%，中西药品类增长 27.7%，汽车类商品下降 7.5%。开展十大促消费行动，举办西宁特色美食节、“青海年·醉海东”等主题活动，国家电子商务进农村示范县全覆盖。

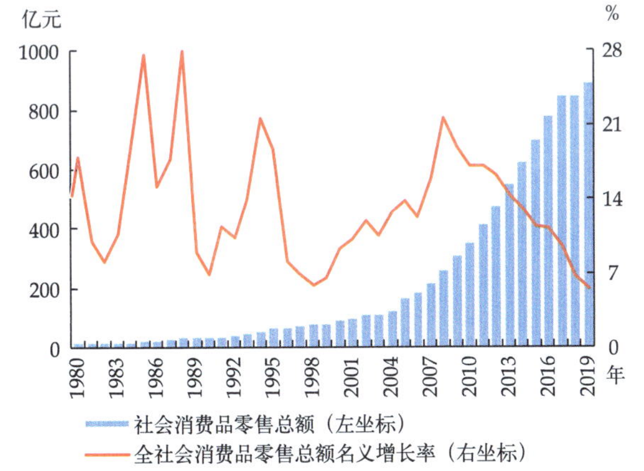

数据来源：青海省统计局。

图 8　1980~2019 年青海省社会消费品零售总额及其增长率

3. 进出口贸易双降。2019 年，青海省进出口总值 37.2 亿元，同比下降 22.7%，其中：出口 20.2 亿元，同比下降 35.1%；进口 17.0 亿元，同比下降 0.1%。对美贸易进出口同比下降 51.5%。全省贸易顺差 3.2 亿元，顺差规模同比下降 80.5%。西宁综合保税区、海东跨境电子商务综合试验区获批，签署“国际陆海贸易新通道”框架协议，继续开行铁海联运专列，境外营销网点、进口商品直销平台分别达到 19 个和 13 个，引进外资总额增长 6.8 倍。

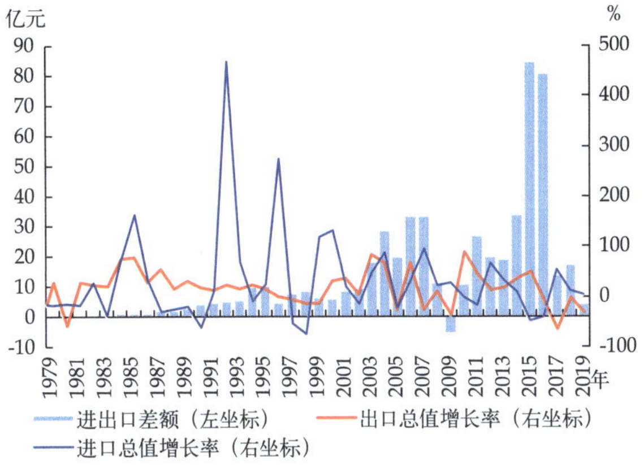

数据来源：青海省统计局。

图 9　1979~2019 年青海省外贸进出口变动情况

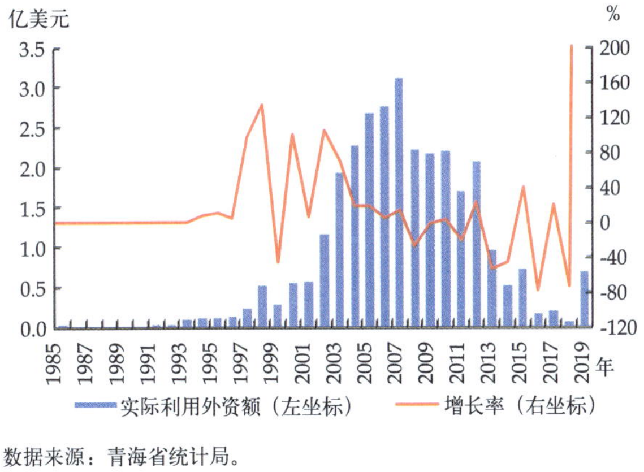

数据来源：青海省统计局。

图 10　1985~2019 年青海省实际利用外资额及其增长率

（二）供给侧改革持续深化，“三产”协调发展共进

1. 乡村振兴引领特色农牧业发展。2019 年，

青海农作物总播种面积553.5千公顷，全年粮食产量105.5万吨，为近五年来最高。91.3%的行政村实现集体经济破零。在52个村开展乡村振兴试点，实施牦牛青稞产业发展三年行动和牦牛藏羊原产地可追溯工程，畜牧业克服雪灾影响，牛羊出栏数分别增长9.2%和7.5%，肉类产量37.4万吨，同比增长2.4%。

2. 工业发展注重绿色可持续。实施“双百工程”和12项重大科技专项，规模以上工业增加值增长7%，制造业增加值增长8.8%，循环工业增加值占比达到60%，钾资源综合回收率提升到75%以上，新材料、新能源、装备制造业增加值分别增长30.8%、8.9%和26.5%，高性能碳纤维项目落地，自主研发的IBC电池打破国外垄断。两个千万千瓦级新能源基地加快建设，清洁能源装机容量达2776万千瓦，发电量占比达86.5%，集中式光伏装机居全国首位，外送清洁电量166亿千瓦时，建成青藏高原数据灾备中心等大数据项目，高原能效测试实验室落户青海。

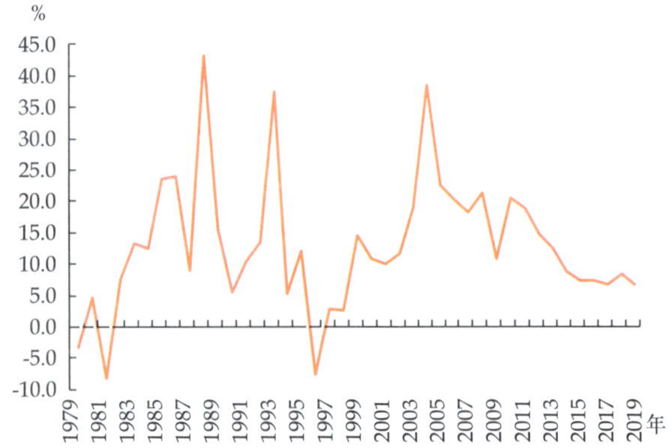

数据来源：青海省统计局。

图11　1979~2019年青海省规模以上工业增加值实际增长率

3. 电商文旅业保持较快发展。邮政业务和电信业务分别增长13.3%和49.7%。5批41个县（市、区）相继开展电子商务进农村综合示范工作，已建成20个县级电子商务服务中心、188个乡镇级电子商务综合服务站、1201个村级电子商务综合服务点。“电商+扶贫”取得一定实效，特别是在基础条件成熟的贫困村建成的488个村级电子商务服务站点，累计帮助建档立卡贫困人口实现线上销售总金额432万元，实现增收总金额201.1万元。举办文化旅游节、央视“魅力中国城”青海节目展，祁连县入选首批国家全域旅游示范区，尖扎坎布拉丹霞峰林地质公园入选世界地质公园拟推荐名单，乌兰县泉沟吐蕃时期壁画墓入选2019年中国考古新发现目录。继青海湖、茶卡盐湖之后，唐道637、西宁熊猫馆、袁家村·河湟印象等成为游客热门打卡地，民航旅客年吞吐量突破800万人次，连续4年实现每年百万量级增长，旅游人次突破5000万大关，旅游总收入增长20.4%。

4. 供给侧结构性改革深入推进。完成60万吨煤炭去产能任务。持续深化“放管服”改革，省级政务服务事项网上可办率达到98%。落实减税降费政策，全年减税降费61.5亿元，两次下调一般工商业电价，降低用户负担5.9亿元，拖欠民营和中小企业账款全部清零。着力解决“两不愁三保障”和饮水安全突出问题，全面完成“十三五”易地扶贫搬迁、危旧房改造任务，1622个贫困村光伏扶贫电站全部并网发电，“三区三州”和六盘山地区17个贫困县、170个贫困村、7.7万贫困人口符合摘帽退出标准，全省14.6万户、53.9万建档立卡贫困人口全部脱贫。

5. 生态文明建设持续加强。出台“中华水塔”保护行动纲要，构建“天空地”一体化生态网络监测体系，协同开展第二次青藏高原综合科学考察，基本完成自然保护地本底调查，三江源草地整体退化趋势有效遏制，水源涵养量年均增幅达6%以上，长江、澜沧江干流水质稳定在Ⅰ类，黄河干流水质稳定在Ⅱ类以上，湟水河出省断面Ⅳ类水质达标率100%。举办清洁能源发展国际高峰论坛，“青电入豫”工程省内段贯通，“绿电15日”再创全清洁能源供电世界纪录，114万亩农作物化肥、农药用量分别减少24.4%、21.3%，并实现丰产丰收。自然保护区矿业权退出和补偿进展顺利，历史遗留的无主矿山治理成效明显，“大棚房”专项清理整治圆满收官。西宁作为唯一省会城市入选全国“无废城市”建设试点，果洛创建全域无垃圾示范州，贵德被命名为国家级生态文明建设示范县。

（三）物价走势稳中有升，就业形势稳定

1. 消费价格在合理区间上涨。2019 年，青海居民消费价格总水平比上年上涨 2.5%，全体居民人均生活消费支出 17545 元，同比增长 6%，恩格尔系数为 29.2，其中城镇居民人均生活消费支出 23799 元，增长 3.5%，农村居民人均生活消费支出 11343 元，增长 9.6%。

2. 生产者出厂价格下降。2019 年，青海工业生产者出厂价格同比下降 1.5%，购入价格同比下降 1.8%。

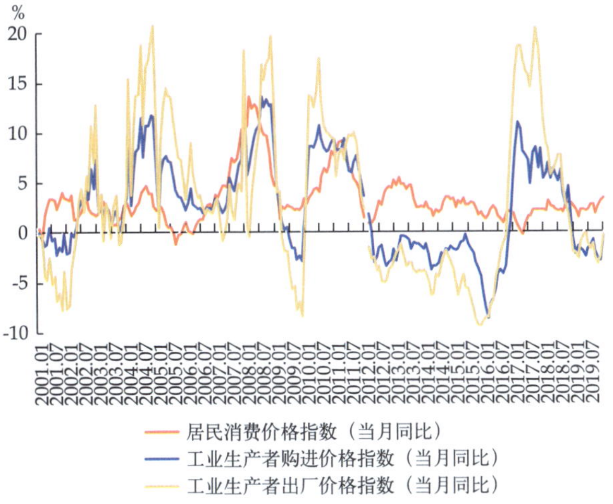

数据来源：青海省统计局。

图 12　2001~2019 年青海省居民消费价格指数和工业生产者价格指数变动趋势

3. 就业供需缓解，劳动力市场向多元化发展。城镇新增就业 6.3 万人，农牧区劳动力转移就业 113 万人次。城镇登记失业率 2.3%，同比下降 0.7 个百分点。高校毕业生总体就业率达到 89%，培训城乡劳动力超过 10 万人次。在省内外开办拉面店 3.2 万家，带动就业 19.1 万人、增收近 70 亿元，实施青绣品牌提升“八个一”工程，30 万绣娘用老手艺绣出了新生活，“舌尖上的拉面”“指尖上的青绣”成为青海的新名片。开展根治欠薪专项行动，为 9800 名农民工追发工资 1.3 亿元。

（四）减税降费成效明显，积极的财政政策持续发力

2019 年，青海省一般公共预算收入 456.9 亿元，同比增长 1.8%，增速较上年下降 7.9 个百分点。其中地方一般公共预算收入 282.1 亿元，增长 3.4%，增值税收入增长 0.9%，个人所得税及企业所得税收入同比分别下降 38.7% 和 2.4%，专项附加扣除减税成效显著。全省一般公共预算支出 1863.7 亿元，同比增长 13.1%，增速较上年提高 5.5 个百分点。其中，社会保障和就业、城乡社区、农林水等民生项目支出同比分别增长 16.3%、40.6% 和 17.3%。地方财政自给率 15.1%，为应对收支平衡压力，全年共发行 469.6 亿元地方政府债。

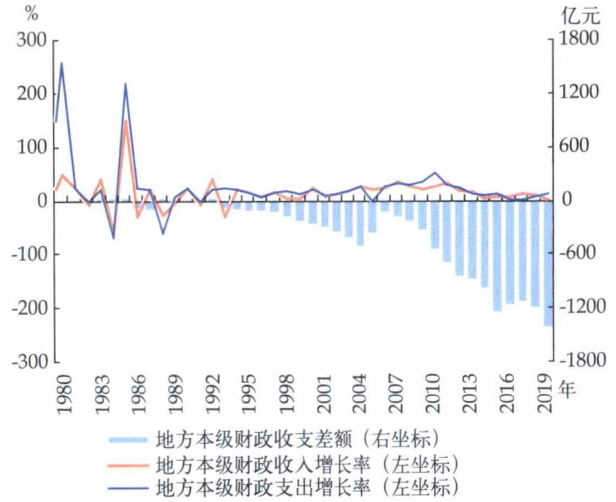

数据来源：青海省统计局。

图 13　1980~2019 年青海省财政收支状况

（五）房地产市场总体平稳，民生持续改善

1. 房地产市场总体平稳。

（1）房地产开发及商品房交易回暖。全年全省房地产开发投资完成额同比增长 15.5%，其

中商品住房投资完成额同比增长36.2%。全省新开工房屋面积同比增长68.5%，其中商品住宅新开工面积同比增长93%。全省商品房销售面积同比增长7.3%，其中住宅销售面积同比增长7.8%。西宁市新建商品住房销售价格指数同比增长13.8%，二手住房销售价格指数同比增长12.8%。

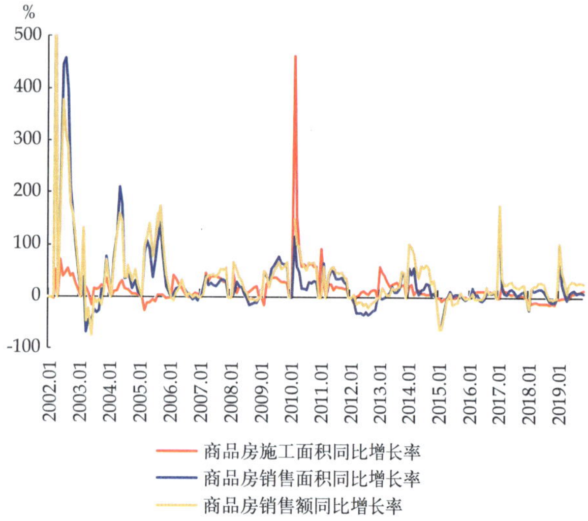

数据来源：青海省统计局。

图14　2002~2019年青海省商品房施工和销售变动趋势

（2）房地产贷款增速平稳。2019年末，青海省房地产贷款余额860.6亿元，同比增长5.4%，其中，房地产开发贷款余额483.8亿元，同比下降3.3%，个人住房贷款余额323.5亿元，同比增长24.6%。全省个人住房贷款首套房平均首付比例33.6%，首套房贷款占个人住房贷款笔数的85.7%。截至2019年末，省内各家金融机构已完成住房贷款利率基准调整工作。

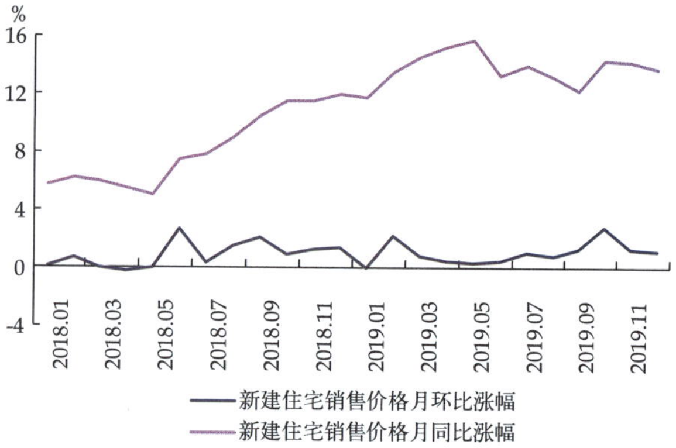

数据来源：青海省统计局。

图15　2018~2019年西宁市新建住宅销售价格变动趋势

2.民生持续改善。制定青海教育现代化2035实施方案，提前实现学前教育、高中阶段教育普及目标，职业教育校企合作获国务院嘉奖，博士后科研流动站实现零的突破。加快建设健康青海，标准化村卫生室实现全覆盖，城乡每万名居民拥有2~3名合格的全科医生，组建医联体115个，建立家庭医生团队1979个、签约310万人，免费治疗包虫病、结核病患者1.15万例。高血压、糖尿病等门诊用药纳入医保报销，集中招标采购药品平均降价四成以上。着力提升社会保障水平，完成社保提标扩面任务，企业和机关事业单位退休人员养老金人均月增213元，城乡低保标准分别提高到6960元/年和4300元/年。新开工城镇棚户区改造1万套、城镇老旧小区改造3万套、农牧民危旧房改造1.5万户、农牧民居住条件改善工程3万户。建成互助幸福院、爱老幸福食堂等一批养老服务设施，完成2500户残疾人家庭无障碍改造。各项社会事业全面发展，基本公共服务体系不断完善，人民群众获得感幸福感安全感持续增强。

专栏2　青海绿色发展一路向前

享有“中华水塔”美誉、全国清洁资源最丰富地区之一的青海省，以新发展理念为引领，立足资源优势、实施创新驱动战略，青海绿色发展一路向前。

循环经济，推动青海工业绿色高质量发展。“十三五”以来，青海立足生态资源优势，以技术进步与创新为支撑，构建了盐湖化工综合利用、铝及铝深加工、煤化工等12条循环经济产业链；锂电、光伏光热、新材料等千亿产业集群加快构建；新型盐湖化工循环经济特色产业集群、青藏高原特色生物资源与中藏药产业集群被列为国家级创新型产业集群试点；柴达木循环经济试验区、西宁经济技术开发区获批国家循环经济试点产业园区；格尔木、德令哈、大柴旦、乌兰工业园区及西宁经济技术开发区甘河、东川工业园区被国家确定为循环化改造示范试点园区；西宁市、海西蒙古族藏族自治州等15个地区被认定为省级循环经济试点地区。2019年青海循环工业增加值占比达60%。

节能减排，工业废弃物利用成效明显。青海省运用新技术、新工艺改造提升传统产业。电解铝行业，攻克异型阴极槽和阴极钢棒等节能新技术，水耗量、氟化物排放、二氧化硫实际排放指标优于国家标准；铁合金行业，攻克余热发电节能技术并推广应用，80%以上铁合金炉实现余热回收利用，能源消耗、污染物排放等技术指标国内领先；铬铁行业，攻克冶炼烟气干法净化回收技术并推广应用，除尘效率达99.99%；碳化硅行业，攻克矿热炉烟气收集除尘净化技术并推广应用，除尘效率达99.3%以上；水泥行业，推广应用余热发电和新型除尘技术，粉尘排放优于国家标准。工业废弃物综合利用领域，实现电石渣制水泥、纯碱生产废液提取氯化钙、低品位含泥钾矿资源生产钾肥、低品位铁矿资源生产熔融生铁和多晶硅副产四氯化硅生产光纤预制棒,促进了资源利用最大化。

绿色浩歌，奉献大美草原。青海省致力于草原生态文明建设，有效恢复草原植被和生产力，生态系统宏观结构局部改善，草地生态退化得到遏制,水源涵养能力明显提高。全省草原植被覆盖度提高到69.3%，牧草产量平均提高26%，草原生态系统水源涵养量增加28.4亿立方米，三江源地区水资源量增加84亿立方米，湿地面积增加104平方公里，草原生态系统水源涵养量增加28.4亿立方米，三江源头千湖奇观再现，青海湖水位连续15年上升。青海省成为全国唯一草地鼠害生物防治比例达100%、虫害生物防治比例达90%以上的省份。

高原特色，有机农牧业崛起。走进新时代，青海农牧业走出了一条具有高原特色、青海特点的现代农牧业绿色之路。“三区一带”农牧业发展格局逐步形成；有机肥替代化肥农药减量增效行动有序拉开，牦牛藏羊追溯体系建设开始启动。立足牦牛、藏羊、青稞、冷水鱼、枸杞等优势形成了主导特色产业。相继成立牦牛、三文鱼、优质农产品、青稞、油菜等产业联盟；包括牦牛、青稞、藏羊、枸杞在内的16种特色农产品被确定为青海农产品区域公用品牌。呈现出全国最大有机畜产品生产基地、全国青稞加工转化率最高、全国最大有机枸杞生产基地、全国最大冷水鱼生产基地的“四个全国之最”。全省有效使用绿色食品和绿色食品生产资料417个、有机农产品140个、地理标志农产品64个；创建马铃薯、油菜、枸杞、燕麦等全国绿色食品标准化原料基地8个，面积7.3万公顷。

普惠金融，支持绿色产业发展。2019年青海通过金融扶持推动生态产业发展，为地区绿色产业提供金融活水。绿色贷款余额1690.8亿元，占各项贷余额的25%，高出全国平均水平。2019年4月，青海银行在银行间市场公开发行规模为15亿元、3年期、票面利率3.77%的绿色金融债券，项目涉及污染防治、清洁交通、清洁能源、生态保护和适应气候变化等多个绿色领域。常态化开展排污权交易，确定首批纳入全国碳排放权交易市场的多家发电行业重点排放单位开展配额试算。环境污染责任保险向纵深发展。青海坚持稳中求进工作总基调，坚定践行新发展理念，经济社会发展平稳运行，呈现结构优化、后劲增强、质量提升、民生改善的良好态势。

三、预测与展望

2020年，青海省将以习近平新时代中国特色社会主义思想为指导，全面贯彻党的十九大和十九届二中、三中、四中全会及中央经济工作会议精神，坚决打赢三大攻坚战，做好“六稳”工作，深入实施“五四战略”，奋力推进“一优两高”，统筹“五个示范省”建设，提档升级绿色发展方式，保持经济持续健康发展和社会和谐稳定，确保全面建成小康社会和“十三五”规划圆满收官。2020年青海经济社会发展的主要预期目标是：地区生产总值增长6%~6.5%，固定资产投资增长7%，社会消费品零售总额增长7%，地方一般公共预算收入与地区生产总值同步增长。新增城镇就业6万人，农牧区劳动力转移就业105万人次，城镇登记失业率控制在3.5%以内，居民消费价格涨幅控制在3.5%左右。

青海金融机构将认真贯彻落实稳健的货币政策更加灵活适度，坚持稳中求进工作总基调，深化供给侧结构性改革，在加强金融风险防控的同时，保持社会融资规模适度增长，推动青海经济金融持续健康发展。

中国人民银行西宁中心支行货币政策分析小组

总　纂：马　骏

统　稿：贡伟宏　贾丽均

执　笔：邵　辉　江雯雯　侍晶晶

提供材料的还有：张文娟　马启军　吴金昌　李　卿　周　娜　常洪昌　莫　彬　李坤鹏　刘文苗　袁俊霞　梁　卫　毛泽强　唐莉玲　魏春飞　唐娟娟　韩志宏　王　耀　刘　涛　汪金祥　刘　丹　陈　高　李有杰

附录

（一）2019 年青海省经济金融大事记

5 月 27 日，青海省深度贫困地区脱贫攻坚现场推进会在黄南州召开，省长刘宁主持会议，住建部、财政部、北京市、天津市、山东省、浙江省及国家能源投资集团相关负责人到会并讲话。

6 月 11 日，国家公园示范省建设在西宁启动，青海作为先行先试示范省，为全国建立国家公园主体的自然保护地体系积累“青海经验”、贡献“青海智慧”、提供“青海方案”。

6 月 20 日，第二十届中国·青海绿色发展投资贸易洽谈会暨第六届环青海湖（国际）电动汽车挑战赛隆重开幕。

6 月 21 日，青海省绿色制造联盟在西宁成立，旨在引导青海各类企业在全领域、全行业整体推行绿色制造，提升青海制造业绿色发展水平。

7 月 18 日，全国人口较少民族脱贫攻坚奔小康现场推进会在海东市召开。

8 月 1 日，央企助力青海脱贫攻坚推进会在西宁召开，国务院国资委副主任洪斌主持会议，国务院国资委主任郝鹏、省委书记王建军分别讲话。

8 月 20 日，青海省金融支持实体经济政银企对接会在西宁召开，17 家金融机构与 34 家企业签约授信 42 亿元。

8 月 22 日，2019 中国民营企业 500 强峰会在西宁举办，由全国工商联、青海省人民政府共同主办的民营企业助推青海“一优两高”发展大会同期召开。

10 月 18 日，中国人民银行西宁中心支行和青海省教育厅联合举行《青少年诚信教育读本》发放仪式，诚信教育进校园工作走在全国前列。

11 月 26 日，外交部以“大美青海从三江源走向世界”为主题，打出了“青海国家公园示范省”名片，向外界表明青海建好国家公园示范省的决心和信心。

（二）2019年青海省主要经济金融指标

表1　2019年青海省主要存贷款指标

		1月	2月	3月	4月	5月	6月	7月	8月	9月	10月	11月	12月
本外币	金融机构各项存款余额（亿元）	5700.9	5757.6	5903.5	5958.4	5976.0	6064.7	6160.9	6216.5	6194.5	6123.2	6096.7	5858.7
	其中：住户存款	2394.6	2354.4	2337.1	2323.9	2324.7	2328.5	2342.1	2342.1	2400.2	2365.4	2384.9	2470.6
	非金融企业存款	1337.6	1326.4	1385.4	1418.9	1413.1	1435.6	1411.5	1389.8	1382.7	1380.7	1416.9	1418.1
	各项存款余额比上月增加（亿元）	-71.1	56.8	145.8	55.0	17.6	88.7	96.2	55.6	-22.1	-71.3	-26.4	-238.0
	金融机构各项存款同比增长（%）	-1.4	-0.3	2.7	5.1	4.8	2.8	7.1	6.1	5.4	2.9	3.3	1.5
	金融机构各项贷款余额（亿元）	6675.1	6666.4	6699.7	6685.3	6658.6	6677.2	6678.2	6702.5	6713.1	6730.5	6782.8	6690.0
	其中：短期	1195.4	1191.2	1201.9	1187.1	1184.5	1163.8	1168.7	1178.0	1191.7	1207.5	1241.5	1183.5
	中长期	4540.6	4555.4	4571.2	4563.4	4568.4	4593.0	4608.9	4624.9	4641.7	4641.5	4621.3	4514.9
	票据融资	884.3	865.1	871.8	883.8	854.3	870.2	848.4	846.7	826.1	827.9	867.7	939.1
	各项贷款余额比上月增加（亿元）	18.3	-8.7	33.3	-14.4	-26.7	18.6	1.0	24.3	10.6	17.4	52.3	-92.8
	其中：短期	-28.2	-4.2	10.7	-14.8	-2.6	-20.6	4.8	9.4	13.6	15.8	34.0	-58.0
	中长期	37.1	14.8	15.8	-7.8	5.0	24.7	15.9	16.0	16.8	-0.2	-20.1	-106.4
	票据融资	7.3	-19.2	6.7	11.9	-29.5	15.9	-21.7	-1.7	-20.7	1.8	39.8	71.4
	金融机构各项贷款同比增长（%）	4.8	4.4	4.0	3.2	3.1	3.1	2.8	2.7	2.6	3.0	3.6	0.8
	其中：短期	-9.0	-10.2	-11.1	-12.9	-12.9	-14.9	-13.0	-11.5	-8.4	-5.0	0.9	-1.7
	中长期	4.3	4.0	4.1	3.2	3.3	3.9	3.5	4.0	3.5	3.2	3.1	0.3
	票据融资	42.2	45.0	40.9	44.6	35.7	36.3	30.5	20.9	16.7	15.9	11.4	7.1
	建筑业贷款余额（亿元）	159.5	159.3	161.5	162.8	165.5	162.2	166.7	166.2	167.8	166.2	163.4	161.4
	房地产业贷款余额（亿元）	262.8	264.1	264.1	265.6	267.1	267.5	269.8	272.0	269.1	273.9	277.6	272.7
	建筑业贷款同比增长（%）	3.3	2.0	2.9	-0.9	2.3	-3.4	-0.6	0.1	-37.6	-38.5	-38.6	-37.7
	房地产业贷款同比增长（%）	3.4	0.2	-0.9	-0.2	0.7	2.0	3.1	3.3	0.4	3.8	6.4	4.9
人民币	金融机构各项存款余额（亿元）	5686.3	5743.9	5889.5	5945.2	5961.8	6051.6	6148.3	6203.3	6181.4	6109.9	6085.3	5846.6
	其中：住户存款	2387.7	2347.4	2330.0	2316.6	2317.4	2321.5	2335.4	2334.9	2393.0	2358.5	2377.8	2463.9
	非金融企业存款	1333.6	1323.2	1382.1	1416.7	1410.2	1433.1	1409.6	1388.0	1381.0	1379.1	1415.9	1416.7
	各项存款余额比上月增加（亿元）	-69.4	57.6	145.6	55.7	16.6	89.7	96.7	55.1	-22.0	-71.4	-24.6	-238.7
	其中：住户存款	90.8	-40.3	-17.4	-13.4	0.8	4.1	13.9	-0.5	58.1	-34.5	19.4	86.0
	非金融企业存款	-110.1	-10.4	58.9	34.6	-6.5	22.9	-23.5	-21.7	-7.0	-2.0	36.8	0.9
	各项存款同比增长（%）	-1.4	-0.2	2.7	5.2	4.9	2.9	7.1	6.2	5.5	3.0	3.4	1.6
	其中：住户存款	11.6	8.3	9.2	11.2	11.1	10.3	8.7	8.2	9.8	8.0	7.7	7.3
	非金融企业存款	-14.7	-11.1	-7.5	-4.7	-3.7	-4.0	-1.8	-4.7	-4.2	-4.6	-0.8	-1.9
	金融机构各项贷款余额（亿元）	6621.4	6612.9	6645.9	6634.1	6607.3	6626.0	6627.1	6649.9	6660.7	6678.2	6732.1	6639.8
	其中：个人消费贷款	478.5	486.3	510.6	533.2	561.0	572.1	580.4	591.8	606.0	610.6	617.4	620.4
	票据融资	884.3	865.1	871.8	883.8	854.3	870.2	848.4	846.7	826.1	827.9	867.7	939.1
	各项贷款余额比上月增加（亿元）	17.2	-8.6	33.0	-11.8	-26.8	18.7	1.1	22.8	10.8	17.5	54.0	-92.4
	其中：个人消费贷款	10.6	7.8	24.3	22.6	27.8	11.1	8.3	11.4	14.2	4.6	6.8	3.0
	票据融资	7.3	-19.2	6.7	11.9	-29.5	15.9	-21.7	-1.7	-20.7	1.8	39.8	71.4
	金融机构各项贷款同比增长（%）	5.3	4.9	4.5	3.8	3.1	3.1	2.8	2.7	2.6	3.0	3.7	0.9
	其中：个人消费贷款	30.5	32.0	36.6	40.0	44.5	43.7	44.6	44.8	46.3	46.1	44.8	39.4
	票据融资	42.2	45.0	40.9	44.6	35.7	36.3	30.5	20.9	16.7	15.9	11.4	7.1
外币	金融机构外币存款余额（亿美元）	2.2	2.1	2.1	2.0	2.1	1.9	1.8	1.9	1.9	1.9	1.6	1.7
	金融机构外币存款同比增长（%）	-17.5	-24.4	-21.8	-24.9	-27.0	-28.2	-18.3	-27.1	-24.7	-28.8	-32.1	-26.7
	金融机构外币贷款余额（亿美元）	8.0	8.0	8.0	7.6	7.4	7.5	7.4	7.4	7.4	7.4	7.2	7.2
	金融机构外币贷款同比增长（%）	-39.0	-39.1	-39.1	-42.0	-8.4	-6.2	-6.2	-6.0	-3.9	-3.9	-7.7	-5.9

数据来源：中国人民银行西宁中心支行。

表 2　2001~2019 年青海省各类价格指数

单位：%

	居民消费价格指数		农业生产资料价格指数		工业生产者购进价格指数		工业生产者出厂价格指数	
	当月同比	累计同比	当月同比	累计同比	当月同比	累计同比	当月同比	累计同比
2001	—	2.6	—	-0.4	—	-0.9	—	-6.3
2002	—	2.3	—	-0.2	—	2.7	—	-2.4
2003	—	2.0	—	1.1	—	1.8	—	5.5
2004	—	3.2	—	9.2	—	8.5	—	11.2
2005	—	0.8	—	6.5	—	5.3	—	10.2
2006	—	1.6	—	2.1	—	2.8	—	9.5
2007	—	6.6	—	8.1	—	4.4	—	4.2
2008	—	9.9	—	24.2	—	10.4	—	7.6
2009	—	2.6	—	0.4	—	-0.2	—	-8.7
2010	—	5.4	—	3.5	—	8.6	—	9.4
2011	—	6.1	—	12.4	—	7.0	—	7.4
2012	—	3.1	—	8.7	—	-1.4	—	-3.1
2013	—	3.9	—	4.3	—	-1.2	—	-3.0
2014	—	2.8	—	-0.2	—	-2.4	—	-3.9
2015	—	2.6	—	0.8	—	-2.3	—	-6.9
2016	—	1.8	—	1.5	—	-3.8	—	-1.5
2017	—	1.5	—	2.4	—	8.0	—	16.7
2018	—	2.5	—	2.1	—	4.5	—	4.8
2019	—	2.5	—	3.5	—	-1.8	—	-1.5
2018　1	2.2	2.2	1.2	1.2	5.9	5.9	8.9	8.9
2	3.1	2.6	1.0	1.1	7.0	6.4	8.5	8.7
3	2.7	2.7	1.2	1.1	5.4	6.1	5.8	7.7
4	2.5	2.6	1.4	1.2	6.5	6.2	6.3	7.3
5	2.2	2.5	1.8	1.3	5.8	6.1	6.9	7.2
6	2.1	2.5	2.0	1.4	5.1	6.0	7.8	7.3
7	2.2	2.4	2.8	1.6	6.3	6.0	7.8	7.4
8	2.0	2.4	2.7	1.8	3.9	5.7	4.7	7.0
9	2.8	2.4	3.4	1.9	2.8	5.4	2.9	6.6
10	3.1	2.5	4.1	2.2	4.6	5.3	1.9	6.1
11	2.9	2.5	2.7	2.2	1.2	4.9	-0.2	5.5
12	2.6	2.5	1.5	2.1	-0.6	4.5	-1.9	4.8
2019　1	2.3	2.3	1.1	1.1	-2.2	-2.2	-2.1	-2.1
2	1.5	1.9	1.3	1.2	-1.4	-1.8	-2.6	-2.3
3	2.3	2.0	1.9	1.4	-1.7	-1.8	-1.0	-1.9
4	2.2	2.1	2.3	1.6	-1.9	-1.8	-0.4	-1.5
5	2.1	2.1	2.0	1.7	-2.5	-2.0	0.1	-1.2
6	2.3	2.1	1.9	1.7	-1.7	-1.9	-1.0	-1.2
7	2.8	2.2	1.7	1.7	-1.4	-1.8	-1.7	-1.2
8	2.8	2.3	3.0	1.9	-0.8	-1.7	-1.2	-1.2
9	1.9	2.3	4.6	2.2	-1.9	-1.7	-2.5	-1.4
10	2.6	2.3	4.9	2.5	-2.6	-1.8	-3.1	-1.6
11	3.2	2.4	7.6	2.9	-2.8	-1.9	-2.4	-1.6
12	3.4	2.5	9.4	3.5	-0.4	-1.8	-0.2	-1.5

数据来源：《中国经济景气月报》、青海省统计局。

表 3　2019 年青海省主要经济指标

	1 月	2 月	3 月	4 月	5 月	6 月	7 月	8 月	9 月	10 月	11 月	12 月
	绝对值（自年初累计）											
地区生产总值（亿元）	—	—	557.09	—	—	1278.18	—	—	2046.45	—	—	2965.95
第一产业	—	—	21.99	—	—	43.66	—	—	156.18	—	—	301.9
第二产业	—	—	205.26	—	—	612.28	—	—	950.39	—	—	1159.75
第三产业	—	—	329.84	—	—	622.24	—	—	939.88	—	—	1504.3
工业增加值（亿元）	—	—	9.6	—	—		—	—		—	—	
固定资产投资（亿元）	—	—	—	—	—	—	—	—	—	—	—	
房地产开发投资	—	—	—	—	—	—	—	—	—	—	—	406.29
社会消费品零售总额（亿元）	—	130.25	196.74	257.92	333.29	403.66	481.7	561.72	640.49	727.41	796.21	880.75
外贸进出口总额（亿元）	—	7.29	11.84	14.46	16.83	19.54	22.35	25.48	29.02	31.07	33.51	37.25
进口	—	3.06	4.83	6	6.8	8.09	9.42	10.98	13.18	13.97	14.62	17.04
出口	—	4.23	7.02	8.46	10.03	11.44	12.93	14.5	15.85	17.11	18.89	20.2
进出口差额（出口 − 进口）	—	1.17	2.19	2.46	3.23	3.35	3.51	3.52	2.67	3.14	4.27	3.16
实际利用外资（亿美元）	—	—	—	—	—	—	—	—	—	—	—	0.68
地方财政收支差额（亿元）	—	132.41	311.45	403.3	516.84	702.51	804.6	924.37	1101.31	1180.72	1306.15	1581.6
地方财政收入	—	50.3	72.57	100.62	119.68	138.52	168.15	187.07	207.9	236.55	255.85	282.14
地方财政支出	—	182.71	384.02	503.92	636.52	841.03	972.75	1111.44	1309.21	1417.27	1562	1863.74
城镇登记失业率（%）（季度）	—	—	2.6	—	—	2.4	—	—	2.3	—	—	2.3
	同比累计增长率（%）											
地区生产总值	—	—	5.7	—	—	5.7	—	—	5.7	—	—	6.3
第一产业	—	—	4	—	—	4.2	—	—	3.5	—	—	4.6
第二产业	—	—	7.4	—	—	6.3	—	—	6.6	—	—	6.3
第三产业	—	—	4.4	—	—	5	—	—	4.8	—	—	6.5
工业增加值	—	5.8	7.2	6.8	5.5	6.2	6.2	6	5.8	5.7	6.2	7
固定资产投资	—	4.9	6.5	-16.2	-17.4	-9.9	-8.3	-10.6	-3	-3.6	3	5
房地产开发投资	—	-52.9	-39.9	-26.9	-22.6	-1.3	-0.7	-4.6	6.1	9.5	14.7	15.5
社会消费品零售总额	—	5.5	6.5	6.1	6	6.5	6.4	6.3	5.7	5.4	5.4	5.4
外贸进出口总额	—	27.96	55.98	30.4	10.31	-0.09	-5.7	-9.5	-8.8	-14.8	-23.33	-22.68
进口	—	106.82	154.93	108.75	44.33	20.61	10.1	17.3	23.4	13.9	-3.58	-0.11
出口	—	0.26	23.09	2.97	-4.88	-10.91	-14.6	-22.9	-25.1	-29.3	-33.82	-35.06
实际利用外资	—	—	—	—	—	—	—	—	—	—	—	1420
地方财政收入	—	-2.8	1.1	2.6	-1.6	-3.9	-2.1	-0.1	0.8	1.3	1.8	3.4
地方财政支出	—	13.5	13.3	13.4	16.3	12.5	10	7	5.9	6.1	8	13.1

数据来源：青海省统计局。

宁夏回族自治区金融运行报告（2020）

中国人民银行银川中心支行货币政策分析小组

[内容摘要]2019年，面对复杂严峻的经济形势，宁夏深入学习贯彻习近平新时代中国特色社会主义思想，坚持稳中求进总基调，坚持新发展理念，以供给侧结构性改革为主线，强化“六稳”举措，加快高质量发展，保持了经济社会持续健康发展的势头，为与全国同步建成小康社会打下了坚实基础。

宁夏经济运行保持了总体平稳、稳中有进、稳中向好的发展态势。2019年，宁夏实现地区生产总值3748.48亿元，比上年增长6.5%，增速比全国高0.4个百分点。一是投资降幅逐月收窄，投资结构不断优化。2019年，宁夏固定资产投资同比下降10.3%，降幅比上年收窄8.6个百分点，连续7个月降幅收窄，其中制造业投资占工业投资的比重由上年的53.6%提高至61.8%。二是市场消费稳定增长，网上销售增长较快。2019年，宁夏实现社会消费品零售总额同比增长5.2%，比上年加快0.4个百分点，其中网上销售商品零售额同比增长22.5%。三是对外贸易小幅下降，利用外资稳定增长。2019年，实现货物进出口总额240.6亿元，同比下降3.3%，降幅较上年收窄23.7%，实际利用外资2.51亿美元，同比增长17.2%。四是三次产业平稳发展，结构调整稳步推进。2019年，粮食总产量373.15万吨，实现“十六连丰”，规模以上工业增加值同比增长7.6%，比全国高1.9个百分点，服务业增加值同比增长6.8%，拉动经济增长3.3个百分点。五是消费价格增势平稳，生产价格小幅下降。2019年，居民消费价格同比上涨2.1%，涨幅较上年回落0.2个百分点，工业生产者出厂价格指数同比下降0.6%。六是居民收入持续增长，居民就业态势良好。2019年，宁夏居民人均可支配收入24412元，同比增长9.0%，增速比全国高0.1个百分点，城镇登记失业率为3.74%，低于年初控制目标。七是财政收入保持增长，民生支出增长较快。2019年，宁夏一般公共预算总收入同口径增长6.6%，一般公共预算支出同比增长1.4%，其中，教育、社会保障等民生领域支出分别同比增长5.8%和4.3%。八是供给侧结构性改革深入推进，转型发展步伐加快。2019年，宁夏积极落实“巩固、增强、提升、畅通”八字方针，“三去一降一补”取得积极成效，产业转型升级步伐加快，供给质量不断提高。全年淘汰电石、建材等落后产能409万吨，整治“散乱污”企业425户。住宅去库存周期为4.7个月，同比降低0.5个月。规模以上工业企业每百元主营业务收入中的成本为83.5元，比全国低0.6元。新增国家高新技术企业50家，R&D投入强度达到1.3%左右，研究和实验发展投资增长2.4倍，租赁和商务服务业投资增长31.7%。宁夏三次产业结构由上年的8.0：42.4：49.6调整为7.5：42.3：50.2。

2019年，宁夏金融系统深入贯彻落实中央经济工作会议精神，认真执行稳健的货币政策，严守风险底线，主动服务供给侧结构性改革，持续加大金融支持实体经济力度，为宁夏经济高质量发展创造了良好的货币金融环境。2019年，宁夏社会融资规模增量为800.7亿元，同比多增15亿元。

银行业运行稳健。一是用好货币政策工具，逆周期调节力度加大。总行下调金融机构存款准备金率，实施普惠金融定向降准考核，为宁夏地方法人金融机构释放长期资金86.5亿元。结构性货币政策工具精准滴灌作用有效发挥，全年累计发放信贷政策支持再贷款、再贴现85.4亿元。二是银行资产规模扩大，盈利能力总体上升。2019年末，宁夏银行业金融机构（不包括小贷公司）资产总额9751.1亿元，同比增长3.9%，资产利润率同比上升0.82个百分点。三是各项贷款平稳增长，信贷投向更趋优化。2019年末，宁夏人民币贷款余额7217亿元，同比增长6.0%。其中，住户贷款余额同比增长21.2%，中长期贷款余额同比增长7.9%，基础设施行业（不含电力、热力、燃气及水生产和供应业）贷款余额同比增长5.3%，普惠小微企业贷款余额620亿元，金融精准扶贫贷款余额559.7亿元。四是表外业务同比增长，同业业务逐步规范。2019年末，宁夏银行业金融机构担保类表外业务余额同比增长13.9%，承诺类表外业务余额同比增长14.7%，股权及其他投资余额较年初减少35.9亿元。五是加快LPR推广运用，贷款利率稳中有降。2019年12月，宁夏企业贷款加权平均利率为5.16%，同比下降0.44个百分点，其中小微企业贷款加权平均利率为5.72%，同比下降0.79个百分点。六是跨境收支实现顺差，跨境人民币业务量增长。宁夏跨境收支总额33.05亿美元，跨境收支差额由上年同期逆差2.32亿美元转为顺差1.13亿美元。跨境人民币收付额达41.9亿元，同比增长37.1%。七是货币市场交易下降，净融入资金减少。2019年，宁夏银行间市场成员债券回购成交量同比下降12.3%，净融入资金同比减少8.4%，同业拆借交易量同比下降62.2%，净融入资金同比减少66.6%。

证券、保险服务实体经济能力得到提升。一是市场体系不断完善。2019年，宁夏证券、保险机构数量持续扩容，资产规模保持增长，机构布局更趋合理。二是直接融资增加较多。2019年末，宁夏企业债券和股票净融资60.7亿元，同比多融资34.4亿元；存续私募基金58只，规模267亿元。三是保险服务领域得到拓展。“扶贫保”作用强化，全年大病补充医疗保险承保76.7万人、家庭意外伤害综合保险承保76.5万人，为6.7万户贫困户借款人提供30.6亿元的风险保障。在宁夏14个高危行业领域推行安全生产责任强制险，为宁夏783家企业提供保险保障39.6亿元。2019年，宁夏保险密度2828元/人，保险深度5%。

金融服务便捷性进一步提高。一是征信助力中小企业融资发展。扎实开展应收账款融资专项行动，推动政府采购合同线上信用融资扩面增量，拓宽中小企业融资渠道。2019年末，宁夏累计有1449户企业加入应收账款融资服务平台，累计促成融资378.0亿元。二是支付场景不断拓宽。移动支付实现宁夏公交、核心加油站和银川市大型停车场“全覆盖”，实现灵活就业人员线上自助缴纳社保费，推动村镇银行电子缴税直接入库。三是现金服务水平得到提升。建立涵盖城市街区、县域和乡镇的各类型现金服务示范区20个，小量硬币兑换和储蓄服务实现机具网络化。“源头打击、机具鉴伪、假币检测、技术研判、人员培训”五位一体的反假货币工作机制进一步完善。四是金融消费权益保护不断强化。人民银行银川中心支行、宁夏银保监局和宁夏证监局建立金融消费权益保护监管协作，深入开展违法违规金融广告治理，着力加强贫困地区金融知识普及教育。

2020年，宁夏将以习近平新时代中国特色社会主义思想为指导，坚持新发展理念，以供给侧结构性改革为主线，加快建设现代化经济体系，坚决打赢“三大攻坚战”，统筹推进疫情防控和经济社会发展工作，走出一条高质量发展的新路子，确保与全国同步建成小康社会。宁夏金融系统将抓住机遇、迎难而上，稳健货币政策更加灵活适度，落实逆周期调节各项要求，持续深化金融供给侧结构性改革，坚持金融支持疫情防控和经济发展两手抓，提升金融供给的适应性和灵活性，促进宁夏经济高质量发展。

一、金融运行情况

2019年，面对复杂严峻的国内外经济金融形势，宁夏金融机构以习近平新时代中国特色社会主义思想为指导，认真执行稳健的货币政策，落实逆周期调节各项要求，主动服务供给侧结构性改革，为宁夏经济高质量发展创造了良好的货币金融环境。

（一）银行业运行稳健，货币信贷总量保持增长

1. 银行资产规模扩大，盈利能力总体上升。 2019年末，宁夏银行业金融机构（不包括小贷公司）资产总额9751.1亿元，同比增长3.9%，其中大型商业银行同比增长6.3%；负债总额同比增长4.17%，其中城市商业银行同比增长6.3%；资产利润率同比上升0.82个百分点，其中大型商业银行资产利润率同比上升2.4个百分点。

表1　2019年宁夏回族自治区银行业金融机构情况

机构类别	营业网点			法人机构（个）
	机构个数（个）	从业人数（人）	资产总额（亿元）	
一、大型商业银行	476	10219	2973	0
二、国家开发银行和政策性银行	16	567	1854	0
三、股份制商业银行	47	1491	589	0
四、城市商业银行	149	3251	2101	2
五、城市信用社			0	
六、小型农村金融机构	382	5369	1676	20
七、财务公司	1	32	82	1
八、信托公司				
九、邮政储蓄银行	201	1158	243	
十、外资银行				
十一、新型农村金融机构	160	2565	282	104
十二、其他				
合　计	1432	24652	9800	127

注：营业网点不包括国家开发银行和政策性银行、大型商业银行、股份制银行等金融机构总部数据；大型商业银行包括中国工商银行、中国农业银行、中国银行、中国建设银行和交通银行；小型农村金融机构包括农村商业银行、农村合作银行和农村信用社；新型农村金融机构包括村镇银行、贷款公司、农村资金互助社和小额贷款公司；“其他”包含金融租赁公司、汽车金融公司、货币经纪公司、消费金融公司等。

数据来源：中国人民银行银川中心支行。

2. 各项存款增速回升，住户存款新增较多。 2019年末，宁夏本外币存款余额6460.4亿元，同比增长6.9%。其中，人民币存款余额6443.4亿元，同比增长6.9%，较上年末加快3.8个百分点；全年新增人民币存款414.0亿元，同比多增234.0亿元，是上年增量的2.3倍。分部门看，住户存款新增340.9亿元，是带动宁夏存款增长的主要因素；非金融企业存款新增35.8亿元，改变了非金融企业存款连续下降的态势；机关团体和财政性存款合计新增58.1亿元，同比少增43.7亿元。

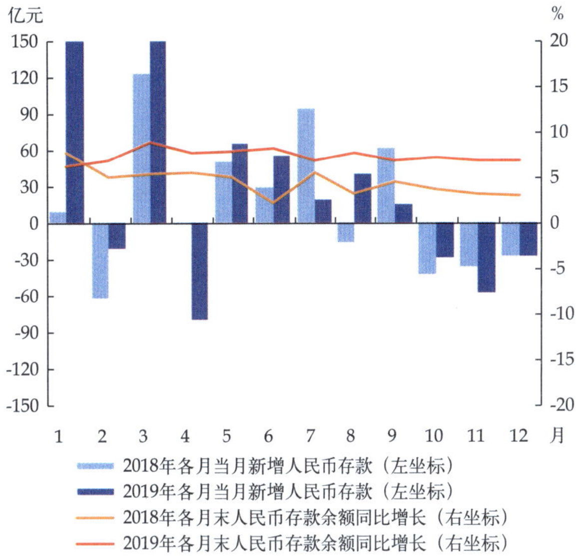

数据来源：中国人民银行银川中心支行。

图1　2018~2019年宁夏回族自治区金融机构人民币存款增长变化

3. 各项贷款平稳增长，信贷投向更趋优化。 2019年末，宁夏银行业金融机构本外币贷款余额7427.6亿元，同比增长5.5%。其中，人民币贷款余额7216.8亿元，同比增长6.0%，较上年末放缓1.5个百分点；全年新增人民币贷款379.1亿元。分部门看，住户部门贷款增长较快。2019年末，住户贷款余额2327.2亿元，同比增长21.2%，较上年末加快8.5个百分点。分期限看，中长期贷款保持稳定增长。2019年末，宁夏中长期贷款余额4564.1亿元，同比增长7.9%，高于全部贷款增速1.9个百分点；短期贷款及票据

融资同比增长 2.9%。分投向看，工业贷款小幅增长。2019 年末，宁夏工业贷款余额 2124.45 亿元，同比增长 1.3%；基础设施行业（不含电力、热力、燃气及水生产和供应业）贷款余额 832.42 亿元，同比增长 5.3%。从薄弱领域看，宁夏精准扶贫贷款余额 559.7 亿元，其中个人精准扶贫贷款（含已脱贫人口贷款）余额 115.0 亿元，产业及项目精准扶贫贷款余额 313.5 亿元。

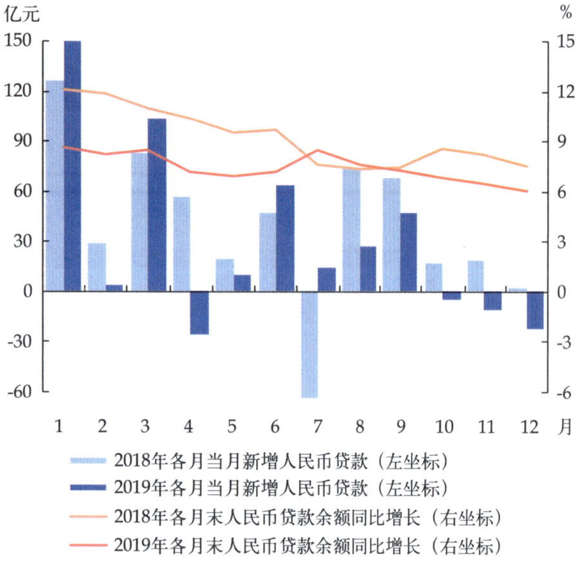

数据来源：中国人民银行银川中心支行。

图 2　2018~2019 年宁夏回族自治区金融机构人民币贷款增长变化

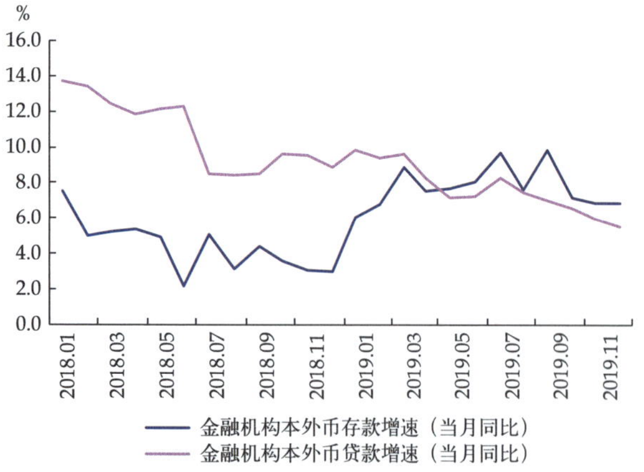

数据来源：中国人民银行银川中心支行。

图 3　2018~2019 年宁夏回族自治区金融机构本外币存、贷款增速变化

4. 表外业务同比增长，同业业务逐步规范。 2019 年末，宁夏银行业金融机构担保类表外业务余额同比增长 13.9%；承诺类表外业务余额同比增长 14.7%，其中消费未使用的信用卡授信额度同比增长 35.2%；金融资产服务类产品余额同比增长 1.31%。银行业金融机构以购买理财、信托等方式开展的同业业务继续收缩，年末宁夏银行业金融机构股权及其他投资较年初减少 35.9 亿元。

表 2　2019 年宁夏回族自治区金融机构人民币贷款各利率区间占比

（LPR 改革前）　　　　单位：%

月份		1 月	2 月	3 月	4 月	5 月	6 月	7 月
合计		100.0	100.0	100.0	100.0	100.0	100.0	100.0
下浮		17.8	5.5	11.2	13.9	5.5	14.1	9.9
基准		11.4	16.0	18.5	10.4	12.5	13.0	11.8
上浮	小计	70.8	78.5	70.3	75.8	81.9	72.9	78.3
	(1.0, 1.1]	8.0	12.0	7.9	9.5	6.0	7.6	8.9
	(1.1, 1.3]	11.8	14.1	14.5	13.1	20.5	14.8	10.7
	(1.3, 1.5]	12.5	11.1	9.7	8.7	9.2	8.5	8.7
	(1.5, 2.0]	21.7	20.9	21.4	22.7	22.2	21.4	31.6
	2.0 以上	16.9	20.4	16.7	21.7	24.0	20.5	18.3

（LPR 改革后）

月份		8 月	9 月	10 月	11 月	12 月
合计		100.0	100.0	100.0	100.0	100.0
LPR 减点		0.0	0.0	0.1	0.2	0.6
LPR		5.1	14.6	8.7	10.3	15.5
LPR 加点	小计	94.9	85.4	91.3	89.5	83.9
	(LPR, LPR+0.5%)	13.3	12.8	12.2	16.0	17.2
	[LPR+0.5%, LPR+1.5%)	15.1	20.3	18.0	14.7	17.0
	[LPR+1.5%, LPR+3%)	11.4	12.7	11.3	19.6	17.8
	[LPR+3%, LPR+5%)	23.6	16.7	20.6	16.1	13.3
	LPR+5% 及以上	31.5	22.9	29.1	23.2	18.6

数据来源：中国人民银行银川中心支行。

5. 疏通利率传导机制，贷款利率稳中有降。 加快 LPR 推广运用，在短时间完成了新增贷款利率定价基准转化工作，千方百计降低企业融资成本。2019 年 12 月，企业贷款加权平均利率为 5.16%，同比下降 0.44 个百分点，其中小微企业贷款加权平均利率为 5.72%，同比下降 0.79

个百分点。再贷款、再贴现有效引导贷款利率下行，宁夏银行业金融机构运用支农再贷款、扶贫再贷款发放贷款的平均利率分别为5.15%和4.51%，显著低于其他资金发放的同类贷款利率水平。宁夏市场利率定价自律机制有序运行，有效维护利率定价秩序。

数据来源：中国人民银行银川中心支行。

图4 2018~2019年宁夏回族自治区金融机构外币存款余额及外币存款利率

6. 银行风险总体可控，流动性合理充裕。 2019年末，宁夏银行业金融机构不良贷款处置力度加大，不良贷款余额同比减少52.7亿元，不良贷款率同比下降0.96个百分点，但部分机构、领域和行业信用风险持续暴露，风险防控压力仍然较大。宁夏地方法人金融机构资本充足率基本稳定，流动性合理充裕，2019年末超额准备金率同比提升0.76个百分点。

7. 用好货币政策工具，逆周期调节力度加大。 下调金融机构存款准备金率，实施普惠金融定向降准考核，为宁夏地方法人金融机构释放资金86.5亿元。落实“比例考核”存款准备金率调整政策，做好县级三农金融事业部执行差别化存款准备金率政策工作，扩大宁夏银行业金融机构信贷投放能力。发挥好结构性货币政策工具的精准滴灌作用，全年累计发放各类信贷政策支持再贷款、再贴现85.4亿元，引导银行业金融机构加大对薄弱环节和重点领域的支持力度。发放常备借贷便利40亿元，较好满足了地方法人银行业金融机构短期流动性需求。

8. 跨境收支实现顺差，跨境人民币业务量增长。 2019年，宁夏跨境收支总额33.1亿美元，同比下降21.1%，其中货物贸易跨境收支同比下降24.0%，是宁夏跨境收支总额下降的主要原因；跨境收支差额由上年同期逆差2.3亿美元转为顺差1.1亿美元。2019年，宁夏跨境人民币收付额41.9亿元，同比增长37.1%，与“一带一路”沿线14个国家发生跨境人民币收付金额占宁夏跨境人民币收付总额的12.8%，同比提升3.8个百分点。

专栏1 强化四项措施 推动LPR改革落地宁夏

自LPR改革以来，中国人民银行银川中心支行采取四项措施，积极推进LPR各项改革工作在宁夏落地落实。目前，宁夏银行业金融机构LPR推广运用情况较好，改革效果初步显现，小微企业贷款利率降幅明显。2019年12月，小微企业贷款加权平均利率为5.72%，同比下降0.79个百分点。

建立工作制度。中国人民银行银川中心支行结合辖区内实际情况，迅速制订宁夏推广应用贷款市场报价利率（LPR）工作实施方案，从工作原则、工作要求和工作措施三个方面对LPR工作进行详细规划和部署，为LPR推广运用打好基础。同时，建立周报监测机制，对银行业金融机构的LPR运用情况进行按周监测，及时做好政策效果评估。

加大培训督导。召开宁夏推进落实改革完善LPR形成机制工作电视电话会议，组织宁夏金融机构开展LPR专项培训，全力指导金融机构优化信贷流程，修订合同文本、改造定价系统，确保LPR全面推广运用。2019年12月，宁夏银行业金融机构新发放贷款中运用LPR定价的贷款占比为94.4%，较8月提高73.1个百分点。

推动政策落地。按照“因城施策”原则，结合宁夏个人住房贷款利率实际情况，指导宁夏市场利率定价自律机制研究制定辖区个人住房贷款利率参考LPR定价加点下限，保持改革前后个人住房贷款利率平稳运行。宁夏首套商业性个人住房贷款利率不得低于相应期限LPR，二套商业性个人住房贷款利率不得低于相应期限LPR加60个基点。商业用房购房贷款利率不得低于相应期限LPR加60个基点。2019年12月，宁夏个人住房贷款加权平均利率为5.21%，房贷利率水平基本稳定，符合政策预期。

强化宣传推广。利用金融机构“贴近一线、点多面广”的优势开展宣传，扩大LPR改革影响。部分金融机构在网点设立LPR现场咨询台，并24小时滚动播放LED宣传标语。同时，向客户发放LPR知识宣传折页，在微信公众平台发布《贷款市场报价利率（LPR）问答》，扩大宣传受众群体。通过开展形式多样的宣传活动，营造了LPR推广应用的良好市场氛围，企业和居民对LPR的认知度进一步增强。

下一步，中国人民银行银川中心支行将进一步强化政策引导，做细做实LPR改革各项工作，督促金融机构提高自主定价能力，维护好存款竞争秩序，保持银行负债端成本基本稳定，促进企业融资成本降低。

（二）证券业总体平稳，资本市场建设持续推进

1. 证券机构规模扩大，证券交易明显回暖。 2019年末，宁夏有证券分公司15家，证券营业部44家；证券机构总资产39.9亿元，同比增长16.3%。2019年，资本市场改革持续推进，资本市场对外开放不断深化，证券市场交易明显活跃。2019年末，宁夏证券投资者开立资金账户数（A、B股账户）同比增长24.5%，证券交易额（包括A股、B股、基金、债券及其他证券）同比增长42.5%，比上年加快39.3个百分点。宁夏有2家期货分公司，2家期货营业部，全年期货市场交易额7220.3亿元，同比增长80.0%。

2.IPO规模打破纪录，融资渠道不断拓宽。 2019年，宁夏积极培育多层次资本市场，加快企业培育和储备，助力企业进行直接融资。宁夏宝丰能源股份有限公司在上海证券交易所主板成功上市，公开募集资金81.6亿元，创宁夏企业上市募资规模纪录。2019年末，宁夏共有14家上市公司，总股本202.3亿股，同比增长96.4%，总市值1272.3亿元，同比增长172.9%；新三板挂牌企业54家；区域股权交易市场新挂牌企业1157家，较上年增加207家，覆盖22个市县，实现了全地域覆盖，全年共募集资金2.2亿元；存续私募基金58只，规模267亿元。

表3　2019年宁夏回族自治区证券业基本情况

项目	数量
总部设在辖内的证券公司数（家）	0
总部设在辖内的基金公司数（家）	0
总部设在辖内的期货公司数（家）	0
年末国内上市公司数（家）	14
当年国内股票（A股）筹资（亿元）	86
当年发行H股筹资（亿元）	0
当年国内债券筹资（亿元）	104
其中：短期融资券筹资额（亿元）	68
中期票据筹资额（亿元）	7

数据来源：宁夏证监局。

表4　2019年宁夏回族自治区保险业基本情况

项目	数量
总部设在辖内的保险公司数（家）	1
其中：财产险经营主体（家）	1
人身险经营主体（家）	0
保险公司分支机构（家）	22
其中：财产险公司分支机构（家）	10
人身险公司分支机构（家）	12
保费收入（中外资，亿元）	198
其中：财产险保费收入（中外资，亿元）	68
人身险保费收入（中外资，亿元）	130
各类赔款给付（中外资，亿元）	64
保险密度（元/人）	2828
保险深度（%）	5

数据来源：宁夏银保监局。

（三）保险业发展向好，服务经济能力不断增强

1. 保险机构实力增强，风险保障能力提升。 2019 年末，宁夏共有保险法人公司 1 家，财产保险省级分公司 10 家，人身保险省级分公司 12 家。保险业资产总额 479.9 亿元，较年初增长 16.6%；累计实现保费收入 198 亿元，同比增长 8.1%。其中，财产险保费收入同比增长 6.7%，人身险保费收入同比增长 8.9%。保险累计赔付支出 64 亿元，同比增长 5.1%。其中，财产险赔付支出同比增长 15.0%，人身险赔付支出同比下降 6.2%。

2. 保险产品日益丰富，保险服务领域拓展。 2019 年，宁夏保险业加快转型，保险产品不断丰富，充分发挥了经济减震器和社会稳定器的作用。“扶贫保”作用强化，全年大病补充医疗保险承保 76.7 万人、家庭意外伤害综合保险承保 76.5 万人，特色农业保险为贫困户提供 32.50 亿元的保额，为 6.7 万户贫困户借款人提供 30.6 亿元的风险保障。在宁夏 14 个高危行业领域推行安全生产责任强制险，统一“保险方案、费率机制、赔付标准、理赔流程、事故预防”，为宁夏 783 家企业提供保险保障 39.6 亿元，为 883 家次企业赔付 4151 万元。承运人责任险、校（园）方责任险、旅行社责任险、医疗责任险基本实现全覆盖，食品安全责任险、景区安全责任险宁夏统保项目落地实施。2019 年末，宁夏保险密度 2828 元 / 人，同比增长 6.4%；保险深度 5%。

（四）社会融资规模同比多增，金融市场总体平稳

1. 社融规模同比多增，直接融资占比提升。 2019 年，宁夏社会融资规模增量为 800.7 亿元，同比多增 15 亿元。其中，人民币贷款新增 370 亿元，占同期社融增量的 46.2%；宁夏地方政府专项债新增 153 亿元，同比多增 63 亿元，地方政府专项债发行明显增多；债券和股票净

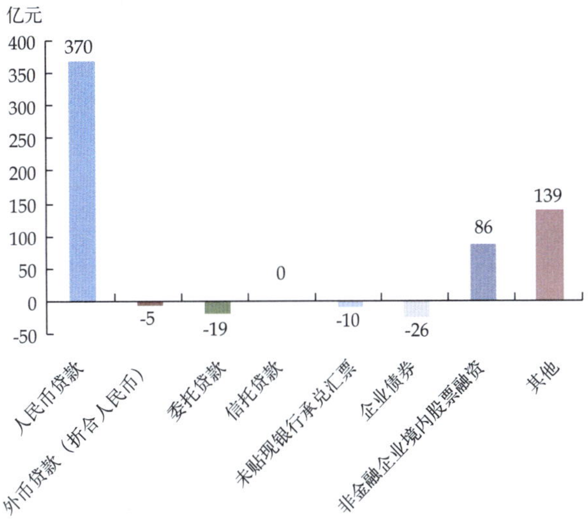

数据来源：中国人民银行银川中心支行。

图 5　2019 年宁夏回族自治区社会融资规模分布结构

融资 60.7 亿元，同比多融资 34.4 亿元，占社会融资规模的 7.6%，较上年上升 2.6 个百分点。国电电力宁夏新能源开发有限公司成功发行绿色资产支持票据 5.6 亿元，是宁夏发行的首单绿色票据。

2. 货币市场交易下降，净融入资金减少。 2019 年，宁夏银行间市场成员债券回购成交量同比下降 12.3%，净融入资金同比减少 8.4%，其中债券质押式回购占货币市场交易量的 91.1%；债券回购加权平均利率为 2.28%，同比降低 0.32 个百分点。2019 年，宁夏银行间市场成员同业拆借交易量同比下降 62.2%，净融入资金同比减少 66.6%；拆借资金加权平均利率为 2.43%，同比降低 0.2 个百分点。

3. 票据融资增速放缓，票据贴现利率走低。 2019 年，全区银行承兑汇票累计签发 763.3 亿元，年末银行承兑汇票余额 513.1 亿元，同比下降 0.2%；票据融资累计发生 2363.6 亿元，年末票据融资余额 662.3 亿元，同比增长 1.4%，较上年末回落 56.8 个百分点。2019 年，宁夏票据直贴加权平均利率为 3.62%，同比下降 1.2 个百分点；转贴现加权平均利率为 3.31%，同比下降 0.93 个百分点。

表 5　2019 年宁夏回族自治区金融机构票据业务量统计

单位：亿元

季度	银行承兑汇票承兑		贴现			
			银行承兑汇票		商业承兑汇票	
	余额	累计发生额	余额	累计发生额	余额	累计发生额
1	544.8	189.4	750.3	732.1	37.1	37.8
2	545.3	369.7	750.9	1374.7	6.8	51.3
3	520.6	531.6	733.9	1929.3	6.6	65.6
4	513.1	763.3	656.2	2288.9	6.1	74.7

数据来源：中国人民银行银川中心支行。

表 6　2019 年宁夏回族自治区金融机构票据贴现、转贴现利率

单位：%

季度	贴现		转贴现	
	银行承兑汇票	商业承兑汇票	票据买断	票据回购
1	3.65	5.29	3.28	3.15
2	3.65	4.6	3.38	3.11
3	3.45	6.62	3.11	3.81
4	3.45	5.06	3.04	3.22

数据来源：中国人民银行银川中心支行。

4. 外汇市场交易减少，黄金市场交易分化。2019 年，宁夏银行间外汇市场成员交易量同比下降 60.1%，其中卖出美元占全部交易的 97.0%。商业银行代理个人上海黄金交易所黄金交易量同比增长 2.71 倍，占商业银行全部黄金交易量的 71.3%；以人民币计价的账户金累计成交量同比下降 32.1%。

（五）金融生态建设扎实推进，金融服务水平提升

1. 推进信用体系建设，助力小微企业融资。扎实开展应收账款融资专项行动，推动政府采购合同线上信用融资扩面增量，开发上线吴忠市小微企业融资服务平台，强化小微企业信用体系建设工作成效。2019 年末，宁夏累计有 1449 户企业加入应收账款融资服务平台，累计促成融资 378.0 亿元。落实联合激励惩戒措施，推动地方社会信用体系建设。2019 年末，宁夏累计有 7.82 万户企业及其他组织、447.4 万自然人纳入金融信用信息基础数据库，全年查询征信报告 497.0 万次。

2. 支付场景不断拓宽，国库服务便利提升。农村支付服务环境建设提档升级，宁夏是西北首个实现助农取款服务点行政村 100% 覆盖的省份。移动支付便民工程在公共交通领域核心场景全面突破，移动支付实现公交、核心加油站和银川市大型停车场“全覆盖”，2019 年共发生移动支付交易笔数 3343.2 万笔。简化退税流程，确保减税政策红利在中小微企业落地落实，2019 年共办理中小微企业退税业务 17 万笔，金额 1652 万元；实现灵活就业人员线上自助缴纳社保费，提升业务办理便捷性；推动村镇银行实现电子缴税直接入库，改善农村地区纳税环境。

3. 提升现金服务水平，加大反假币力度。现金服务标准化建设深入推进，建立涵盖城市街区、县域和乡镇的各类型现金服务示范区 20 个。小量硬币兑换和储蓄服务实现机具网络化，公众取现预约服务逐步互联网智能化。“源头打击、机具鉴伪、假币检测、技术研判、人员培训”五位一体的反假货币工作机制不断完善，打击和防范假币及假币犯罪合力得到增强。加大拒收现金行为整治力度，维护人民币的法定地位。

4. 建立部门协作机制，形成金融消保合力。人民银行银川中心支行、宁夏银保监局、宁夏证监局建立金融消费权益保护监管协作机制，人民银行银川中心支行、自治区高级人民法院、宁夏银保监局建立金融纠纷多元化解机制，完善宁夏金融消费权益保护机制。深入开展违法违规金融广告治理，加强非法金融广告监测和处置，营造和谐、有序的金融消费环境。组织开展金融扶贫知识专场培训 37 场，参训人数 4100 余人，着力加强贫困地区金融知识普及教育。

二、经济运行情况

2019 年，宁夏坚定践行新发展理念，以供给侧结构性改革为主线，主动对标高质量发展

要求，宁夏经济运行呈现“总体平稳、稳中有进、稳中向好”的发展态势。全年实现地区生产总值3748.5亿元，比上年增长6.5%，比全国高0.4个百分点。

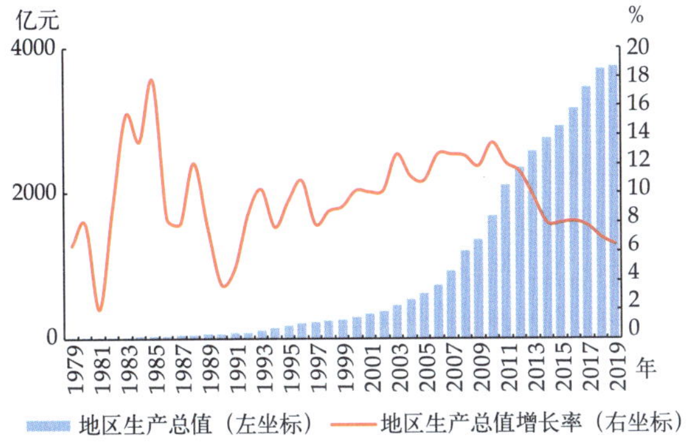

数据来源：《宁夏统计年鉴》、宁夏回族自治区统计局。

图6　1979~2019年宁夏回族自治区地区生产总值及其增长率

（一）内部需求有效释放，投资消费持续改善

2019年，宁夏投资降幅逐月收窄，市场消费稳定增长，经济增长内生动力不断释放，经济增长可持续性得到提高。

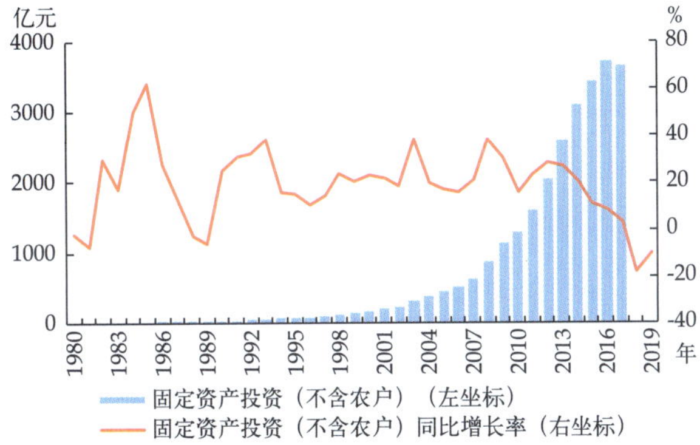

数据来源：《宁夏统计年鉴》、宁夏回族自治区统计局。

图7　1980~2019年宁夏回族自治区固定资产投资（不含农户）及其增长率

1. 投资降幅逐月收窄，投资结构不断优化。 2019年，宁夏固定资产投资同比下降10.3%，降幅比上年收窄8.6个百分点，连续7个月降幅收窄。投资结构进一步优化，制造业投资占工业投资的比重由上年的53.6%提高至61.8%，六大高耗能行业投资占工业投资的比重由上年的66.1%下降到63.4%，80个自治区重点建设项目累计完成投资597亿元，完成年度计划的117%，宁夏首条高铁银川至中卫高铁开通运营。

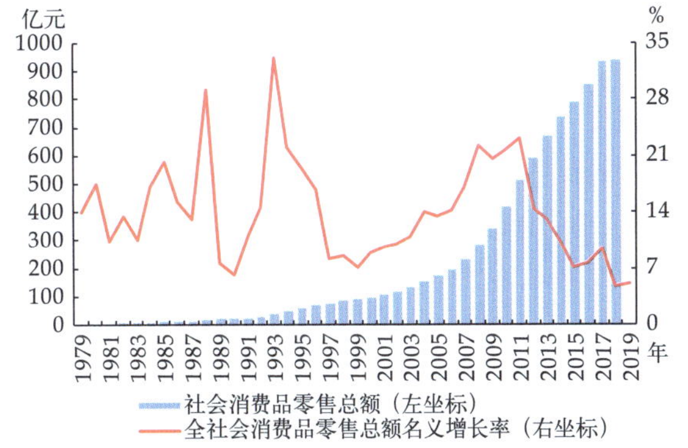

数据来源：《宁夏统计年鉴》、宁夏回族自治区统计局。

图8　1979~2019年宁夏回族自治区社会消费品零售总额及其增长率

2. 市场消费稳定增长，网上销售增长较快。 2019年，宁夏实现社会消费品零售总额同比增长5.2%，比上年加快0.4个百分点。其中，城镇消费品零售总额同比增长4.7%，乡村消费品零售额同比增长11.1%。在限额以上商品零售中，中西药品类增长24.8%，石油及其制品类增长18.9%，粮油食品类增长1.8%。传统零售业态加速转型升级，积极推进线上线下融合发展，全年实现网上销售商品零售额同比增长22.5%，比社会消费品零售总额增速快17.3个百分点。

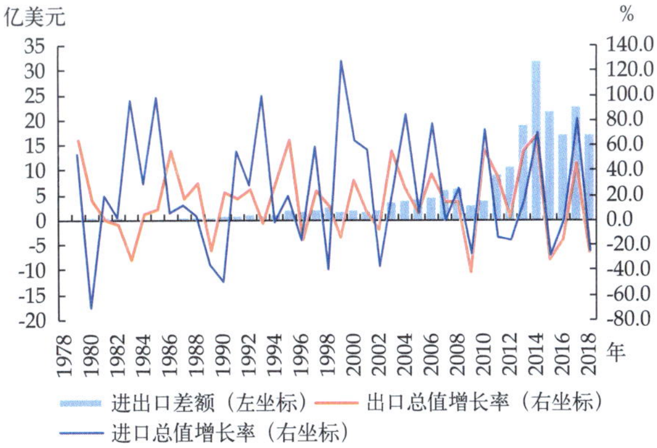

注：由于宁夏回族自治区统计局没有公布2019年数据，本图更新到2018年。

数据来源：《宁夏统计年鉴》、宁夏回族自治区统计局。

图9　1978~2019年宁夏回族自治区外贸进出口变动情况

3. 对外贸易小幅下降，利用外资稳定增长。2019 年，宁夏积极融入“一带一路”，推动内陆开放型经济试验区建设，成功举办第四届中阿博览会，着力构建全面开放新格局。全年实现货物进出口总额 240.6 亿元，同比下降 3.3%，降幅较上年收窄 23.7 个百分点，其中出口同比下降 17.3%，进口同比增长 33.4%；全年新设外商投资企业 25 户，实际利用外资 2.51 亿美元，同比增长 17.2%，其中制造业实际利用外资同比增长 47.4%。

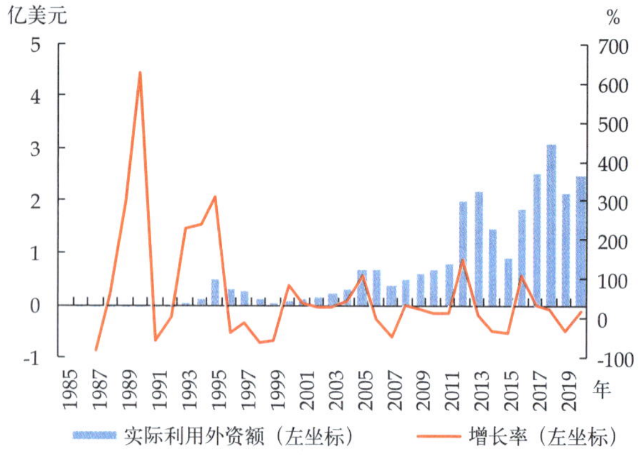

数据来源：《宁夏统计年鉴》、宁夏回族自治区统计局。

图 10　1985~2019 年宁夏回族自治区实际利用外资额及其增长率

（二）三次产业平稳发展，结构调整稳步推进

2019 年，宁夏第一、第二、第三产业分别增长 3.2%、6.7% 和 6.8%，三次产业结构由上年的 8.0 : 42.4 : 49.6 调整为 7.5 : 42.3 : 50.2，第三产业比重上升 0.6 个百分点，产业结构进一步优化。

1. 农业生产“十六连丰”，产业融合步伐加快。2019 年，宁夏围绕乡村振兴战略，深化农村集体产权制度改革，扎实开展农村“三块地”改革试点，稳步实施农村经营制度改革，积极释放乡村发展动能。全区粮食总产量 373.2 万吨，实现“十六连丰”，枸杞、草畜、酿酒葡萄、瓜菜等农业优势特色产业产值占农业总产值比重达到 87.4%，农业效益进一步提升；绿色有机及地理标志农产品达到 377 个，中宁枸杞、盐池滩羊等 8 个品牌入选全国 300 个特色农产品区域公用品牌，农业品牌影响力不断扩大；培育国家级农业产业龙头企业 24 家，自治区农业产业化联合体 72 家，农产品加工业总产值 780.6 亿元，加工转化率达 68.0%，农村一二三产业加快融合。

2. 工业生产稳中向好，企业效益稳步提升。瞄准高端化、绿色化、智能化、融合化，实施产业集群培育工程，构建多点支撑、多业并举、多元发展的产业新体系。2019 年，宁夏规模以上工业增加值同比增长 7.6%，比全国高 1.9 个百分点，其中重工业增加值同比增长 9.0%，对工业增长支撑作用明显增强。新兴动能加快成长，新培育 11 家智能化工厂、19 家数字车间，煤化工、装备制造业增加值分别增长 30.1% 和 22.2%。规模以上工业企业利润总额 218.1 亿元，同比增长 10.0%，营业收入利润率为 4.52%，比上年提高 0.52 个百分点。

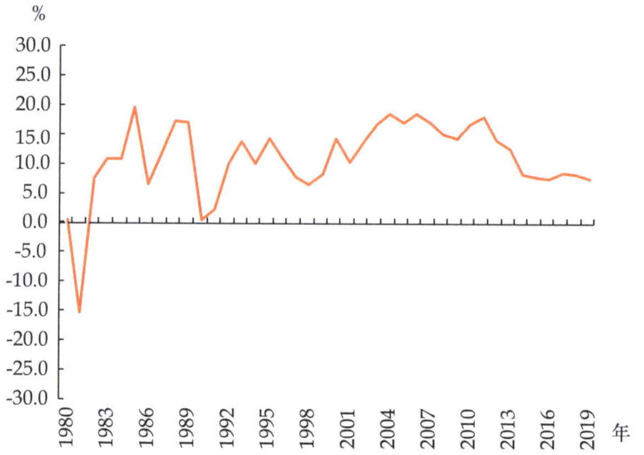

数据来源：《宁夏统计年鉴》、宁夏回族自治区统计局。

图 11　1980~2019 年宁夏回族自治区规模以上工业增加值实际增长率

3. 服务业发展态势良好，内部结构不断优化。2019 年，宁夏第三产业增加值 1883.8 亿元，同比增长 6.8%，对经济增长的贡献率为 51.4%，拉动经济增长 3.3 个百分点。其中，批发零售业增加值同比增长 4.4%，交通运输、仓储和邮政业增加值同比增长 5.3%，金融业增加值同比增长 5.3%，房地产业增加值同比增长 0.3%。以“互联网 +”为代表的新兴服务业快速发展，规模以上

互联网和信息技术服务业营业收入增长 20.3%，租赁和商务服务业营业收入增长 17.2%。

4. 供给侧结构性改革不断深化。2019 年，宁夏积极落实“巩固、增强、提升、畅通”八字方针，“三去一降一补”取得积极成效。全年淘汰电石、建材等落后产能409万吨，整治“散乱污”企业 425 户。2019 年末，住宅去库存周期为 4.7 个月，同比下降 0.5 个月。持续推进结构性去杠杆，2019 年末，宁夏规模以上工业企业资产负债率 61.0%，同比下降 1.8 个百分点。实施“创新驱动 30 条”“降成本 30 条”“稳增长 24 条”等措施，全年降低实体经济成本 130 亿元以上，规模以上工业企业每百元主营业务收入中的成本为 83.5 元，比全国低 0.6 元。进一步加大补短板力度，新增国家高新技术企业 50 家，R&D 投入强度达到 1.3%，研究和实验发展投资增长 2.4 倍，租赁和商务服务业投资增长 31.7%。

5. 生态环境明显改善，工业能耗增速回落。落实“生态立区 28 条”，继续深化蓝天碧水净土“三大行动”，扎实推进贺兰山、六盘山、罗山生态保护修复。地级城市空气质量优良天数比例为 87.9%，森林覆盖率达 15.2%。严格落实五级河（湖）长制，黄河宁夏出境断面连续两年保持Ⅱ类优水质。推行产业绿色化改造、资源循环利用、企业清洁化生产，强化能耗“双控”工作，建成国家级绿色园区 6 家、绿色工厂 9 家、绿色数据中心 1 家，宁东基地被评为全国石化行业绿色园区。2019 年，宁夏规模以上工业能耗增速较上年回落 3.2 个百分点。

（三）消费价格增势平稳，居民就业态势良好

2019 年，宁夏居民消费价格增势平稳，生产价格小幅下降，居民收入较快增长，居民就业态势良好。

1. 消费价格增势平稳，生产价格小幅下降。2019 年，宁夏居民消费价格同比上涨 2.1%，涨幅较上年回落 0.2 个百分点。其中，食品烟酒上涨 4.8%，医疗保健上涨 4.0%，居住上涨 1.1%，衣着上涨 0.4%，交通和通信下降 1.9%。宁夏工业生产者出厂价格指数同比下降 0.6%，降幅高于全国 0.3 个百分点。

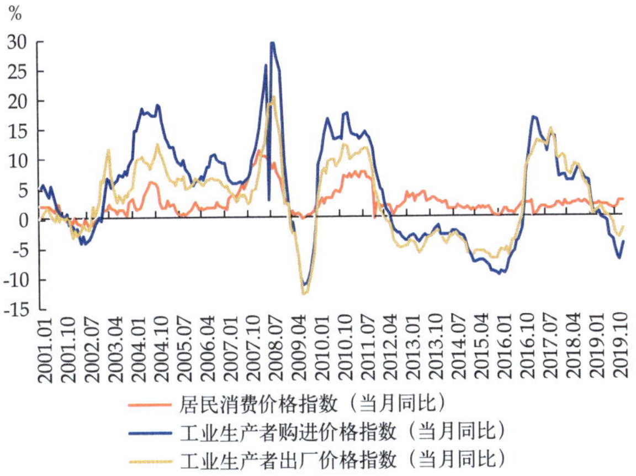

数据来源：《宁夏统计年鉴》、国家统计局宁夏调查总队。

图 12　2001~2019 年宁夏回族自治区居民消费价格指数和工业生产者价格指数变动趋势

2. 居民收入持续增长，居民就业态势良好。2019 年，宁夏居民人均可支配收入 24412 元，同比增长 9.0%，增速比全国高 0.1 个百分点。其中，城镇居民人均可支配收入增长 7.6%，农村居民人均可支配收入增长 9.8%，农村居民人均可支配收入增速连续 10 年高于城镇居民人均可支配收入。2019 年，宁夏城镇新增就业 7.8 万人，城镇登记失业率为 3.74%，低于年初控制目标；农村劳动力转移就业 79.42 万人；累计 110.3 万人脱贫，贫困发生率下降至 0.47%。

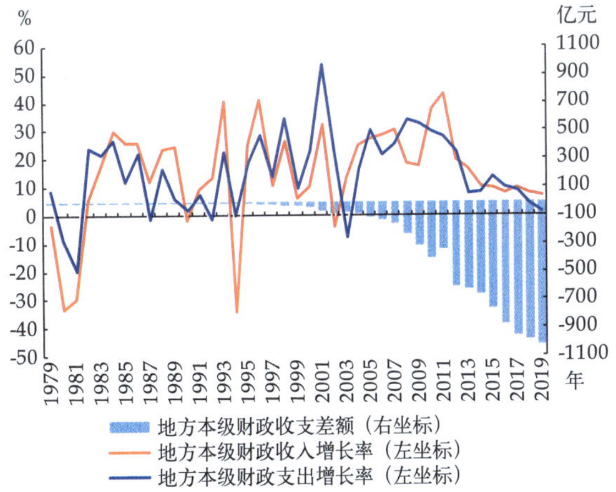

数据来源：《宁夏统计年鉴》、宁夏回族自治区统计局。

图 13　1979~2019 年宁夏回族自治区财政收支状况

(四)财政收入保持增长，民生支出增长较快

2019年，宁夏一般公共预算总收入747.8亿元，同口径增长6.6%，其中，地方一般公共预算收入423.6亿元，同口径增长7.2%。在地方一般公共预算收入中，税收收入267.5亿元，同比下降10.3%，非税收收入156.1亿元，同比增长12.9%。一般公共预算支出1438.4亿元，同比增长1.4%。其中，教育、社会保障等民生领域增支较多，分别同比增长5.8%和4.3%。

专栏2 综合施策 着力疏通小微企业融资梗阻

2019年，中国人民银行银川中心支行坚持“金融为民”理念，以问题为导向，综合施策，多措并举，着力疏通小微企业融资梗阻，缓解小微企业融资难、融资贵，小微企业信贷呈现出“量增、面扩、价降”的态势。2019年末，宁夏普惠小微贷款余额620亿元，较年初增加17亿元；普惠小微贷款户数18.1万户，较年初增长34%。12月，宁夏小微企业贷款加权平均利率为5.72%，同比下降0.79个百分点。

聚焦金融科技提效，增强小微企业线上信用融资。一是鼓励金融机构运用大数据技术整合提取信息、刻画用户特征，通过识别客户信用状况，进行差异化定价。对用户需求进行预测，开展精准营销及个性化推荐，拓展获客来源。二是针对小微企业“短、小、频、急”的融资特点，引导金融机构不断丰富金融产品。利用金融科技全流程在线、自动审批、自主支用的特点，缩短了对民营和小微企业贷款的响应时间，提高了小微企业申贷便利度和获贷速度。三是运用大数据风控系统，不断丰富数据的维度和边界，获取更为全面的风险信息，提升数据的可信度。2019年11月末，宁夏累计为民营和小微企业发放线上贷款50亿元，贷款余额16亿元。

聚焦三维合力增信，缓释小微企业融资风险。一是加强与相关部门协调联动，支持宁夏工信厅建立中小企业信用信息库，对宁夏中小企业的工商、税务、涉诉、行政处罚等信用信息进行归集、整理，并设置企业查询、分类、行业排序、风险预警以及政策信息发布等功能。目前归集了宁夏28万余户企业的信息。二是引导金融机构用好工业企业风险补偿金、纾困基金等，发挥政府基金的增信、风险分担及撬动作用。2019年末，宁夏15家合作银行运用工业企业风险补偿金累计发放贷款201.9亿元；帮助企业转贷17.3亿元，节约转贷成本800余万元。三是引导金融机构建立以“纳税信用”换“银行信用”的银税合作机制，有效缓解银企信息不对称问题。2019年11月末，宁夏税务局已与14家金融机构签署了合作协议，共为1222户纳税守信中小微企业发放信用贷款5.15亿元。

聚焦金融业务创新，破解小微企业融资抵押困境。一是联合宁夏财政厅制定政府采购合同线上信用融资管理暂行办法，成功实现政府采购平台与应收账款融资服务平台系统对接，深入推动应收账款融资扩面增量。2019年末，宁夏相关金融机构已对接政府采购供应商852户，与其中521家企业达成融资意向，实现融资6201万元。二是引导金融机构积极探索扩大养殖活体、存货、仓单等动产质押业务，拓宽民营和小微企业融资渠道。截至2019年末，宁夏民营和小微企业通过养殖活体质押融资余额3.9亿元，通过存货、知识产权、仓单等动产质押融资余额60亿元。三是引导金融机构创新推出了无还本续贷及循环贷款产品，支持正常经营的小微

企业资金周转“无缝衔接”。2019 年末，宁夏民营企业无还本续贷及循环贷款余额 107.7 亿元，小微企业无还本续贷业务及循环贷款余额 85.1 亿元。

聚焦金融政策宣传，促进小微企业融资精准对接。一是引导金融机构聚焦科技、装备制造、现代服务等领域的民营和小微企业，分批开展精准对接，营造小微企业金融服务氛围。二是指导金融机构制订了区域民营企业目标客户名单，组成营销小组，以主动拜访、一户一策等方式走访企业并开展现场调研，深入了解企业的实际需求，为企业当前经营发展中存在的问题提出实质性建议，量身打造金融服务方案，并对重点客户的需求，持续跟踪提供支持和服务。三是坚持问题导向，组织银企面对面座谈。鼓励金融机构主要从金融知识及政策的解读、信贷产品介绍等方面与企业开展交流，了解企业诉求，制订融资方案。据不完全统计，2019 年以来，宁夏银行业金融机构共进园区 710 余次，涉及企业 4600 余户；走访、调研企业近 8000 户，面对面座谈 180 余场。

（五）房地产市场保持平稳，装备制造业较快发展

1. 房地产市场保持平稳。2019 年，宁夏房地产投资降幅收窄，销售面积小幅下降，房地产贷款增速回升。

开发投资降幅收窄。2019 年，宁夏房地产开发投资完成额 403.1 亿元，同比下降 10.3%，较上年收窄 20.8 个百分点，其中住宅开发投资 281.7 亿元，同比下降 6.2%。开发企业购置土地面积同比增长 52.4%，较上年回升 64.4 个百分点。

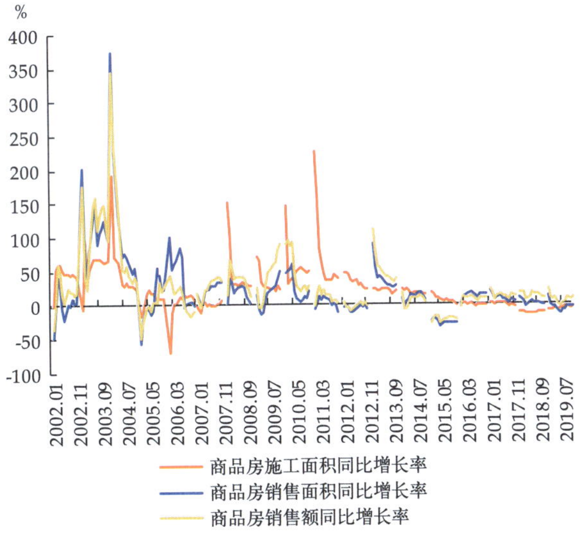

数据来源：宁夏回族自治区统计局。

图 14　2002~2019 年宁夏回族自治区商品房施工和销售变动趋势

待售面积小幅增加。2019 年，宁夏房屋新开工面积 1185.7 万平方米，同比增长 19.2%；房屋施工面积 5936.6 万平方米，同比下降 1.8%；房屋竣工面积 1001.1 万平方米，同比下降 16.7%；商品房待售面积 957.6 万平方米，同比增长 2.0%。全年新开工建设保障性安居工程 7507 套，开工率 100%。

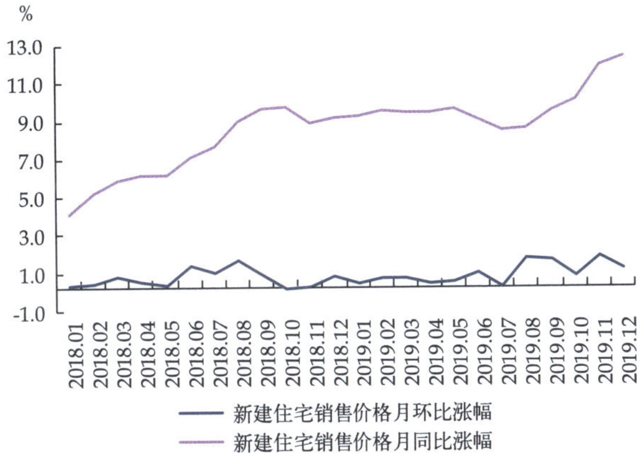

数据来源：国家统计局网站。

图 15　2018~2019 年银川市新建住宅销售价格变动趋势

销售金额同比增加。2019 年，宁夏新建商品房销售面积同比下降 1.7%；商品房销售额同比增长 10.9%，较上年放缓 0.7 个百分点。2019 年 12 月，银川市新建商品房价格同比上涨 12.3%，二手住房价格同比上涨 7.6%。

房地产贷款增速回升。2019年末，宁夏房地产贷款余额1364.2亿元，同比增长10.2%，较上年末加快9.2个百分点。其中，房地产开发贷款同比下降1.6%，个人购房贷款同比增长19.9%。2019年，宁夏发放个人商业住房贷款中执行首套住房贷款笔数占比89.2%，平均首付款比例37.9%，同比下降0.1个百分点。

2. 装备制造业较快发展。近年来，宁夏瞄准高技术产业和先进制造业，加快培育高端装备制造业等高附加值产业，夯实工业经济高质量发展的基础。建成了国内第一家数字化机床制造工厂，实现了制造、管理、产品的智能化；率先将3D打印、射芯、数字化铸造、机器人搬用等新技术成功应用到铸造领域，承制的三峡地下水轮机转轮叶片，结束了大型水轮机叶片依赖进口的现状；生产的自动调节阀门普遍供应国内石化企业；刮板输送机、转载机、大功率减速器等产品占全国煤炭机械市场份额的35%以上；高速铁路用大容量可靠性牵引变压器填补了国内空白，让我国在该产品应用方面不再全部依靠进口。2019年，宁夏规模以上装备制造业增加值占规模以上工业增加值比重同比提高0.8个百分点。人民银行银川中心支行引导辖区金融机构积极优化信贷结构，增加制造业中长期贷款，支持宁夏制造业高质量发展。2019年末，宁夏制造业中长期贷款余额284.5亿元，较年初增加20.8亿元。

三、预测与展望

2020年，是全面建成小康社会和“十三五”规划收官之年。随着新一轮西部大开发、推动黄河流域生态保护和高质量发展等一系列国家重大战略、重大政策的实施，宁夏发展将迎来难得的机遇，宁夏经济将延续稳中有进、稳中向好的态势。但宁夏产业结构调整任务艰巨，经济下行压力仍较大，影响高质量发展的深层次问题依然突出。

2020年，宁夏将以习近平新时代中国特色社会主义思想为指导，坚持新发展理念，以供给侧结构性改革为主线，加快建设现代化经济体系，坚决打赢“三大攻坚战”，统筹推进疫情防控和经济社会发展工作，走出一条高质量发展的新路子，确保与全国同步建成小康社会。2020年，宁夏地区生产总值增长目标为6.5%左右，居民消费价格涨幅控制在3%左右，城镇调查失业率控制在5.5%以内。

宁夏金融系统将抓住机遇、迎难而上，稳健货币政策更加灵活适度，落实逆周期调节各项要求，持续深化金融供给侧结构性改革，坚持金融支持疫情防控和经济发展两手抓，提升金融供给的适应性和灵活性，促进宁夏经济高质量发展，助力宁夏与全国同步建成全面小康社会。

中国人民银行银川中心支行货币政策分析小组

总　纂： 闫先东　李文靖

统　稿： 王立军　庄淑霞　冯爱华　王　龙

执　笔： 祁永忠　刘江帆　李　鹏　周金东　付　静　马明霞　韩银莹　李　响　张　彧

提供材料的还有： 王　青　王银昆　贺自孝　李海洋　马晓栋　李秀娟　牛立华　田　晨　张昀芊　王　谦　虎媛媛　李　斌　宋　渊　刘晋宁　薛丽华　毕桂琴　陈苗苗　曹洪强　白晓云　孙登云　李安家　杨俊宝　李　贺

附录

（一）2019 年宁夏回族自治区经济金融大事记

1 月 2 日，宁夏发布《关于聚焦企业关切进一步推动优化营商环境政策的通知》，明确提出优化营商环境“24 条”，促进增强企业发展信心和竞争力。

2 月 14 日，宁夏 5 家单位联合印发《自治区中小微企业转贷资金使用管理暂行办法》，推动降低转贷成本为中小微企业减负。

5 月 16 日，宁夏宝丰能源集团股份有限公司在上海证券交易所主板成功上市（股票简称宝丰能源，股票代码 600989），募集资金 81.55 亿元，刷新了宁夏企业上市募资规模纪录。

6 月 10 日，宁夏全面实施取消企业银行账户许可，进一步落实“放管服”改革举措。

7 月 19 日，宁夏再担保集团与国家融资担保基金签订合作协议，标志着宁夏正式加入国家融资担保体系。

8 月 28 日，宁夏召开市场利率定价自律机制工作会议，加快推动贷款市场报价利率（LPR）改革措施落地。

9 月 5 日，第四届中国・阿拉伯国家博览会在宁夏回族自治区首府银川市隆重开幕。

10 月 22 日，宁夏金融消费权益保护监管协作机制正式建立，进一步优化宁夏金融消费环境。

12 月 15 日，银川市获批设立跨境电商综合试验区，促进外向型经济转型升级。

12 月 29 日，宁夏银川至中卫段高铁正式开通运营，结束了宁夏没有高铁的历史。

（二）2019 年宁夏回族自治区主要经济金融指标

表 1　2019 年宁夏回族自治区主要存贷款指标

		1 月	2 月	3 月	4 月	5 月	6 月	7 月	8 月	9 月	10 月	11 月	12 月
本外币	金融机构各项存款余额（亿元）	6233.7	6213.3	6463.7	6382.3	6446.5	6500.1	6518.4	6558.2	6573.0	6547.1	6489.1	6460.4
	其中：住户存款	3244.9	3245.8	3288.1	3244.7	3244.2	3271.1	3278.2	3301.6	3384.2	3365.4	3384.0	3455.9
	非金融企业存款	1353.4	1333.9	1402.9	1360.2	1446.5	1421.8	1388.6	1388.1	1397.2	1387.0	1374.8	1381.7
	各项存款余额比上月增加（亿元）	186.5	-20.4	250.4	-81.4	64.2	53.6	18.4	39.8	14.8	-25.9	-58.1	-28.7
	金融机构各项存款同比增长（%）	6.1	6.8	8.9	7.5	7.7	8.1	6.7	7.7	6.8	7.2	6.9	6.9
	金融机构各项贷款余额（亿元）	7234.9	7236.4	7340.5	7312.6	7328.2	7390.9	7397.7	7428.0	7474.3	7463.6	7451.4	7427.6
	其中：短期	2000.0	1999.5	2009.0	1985.4	1993.2	2010.4	2009.0	2005.4	2002.6	2005.1	2028.4	2006.8
	中长期	4282.4	4287.2	4352.5	4365.6	4385.7	4429.3	4474.5	4508.8	4538.2	4549.1	4552.4	4572.0
	票据融资	758.4	758.3	787.5	771.7	754.7	757.8	724.1	719.0	740.5	720.6	681.4	662.3
	各项贷款余额比上月增加（亿元）	166.2	1.5	104.1	-27.9	15.6	62.7	6.8	30.3	46.3	-10.7	-12.2	-23.9
	其中：短期	32.2	-0.4	9.4	-23.6	7.8	17.2	-1.4	-3.6	-2.8	2.5	23.3	-21.5
	中长期	37.5	4.9	65.3	13.1	20.2	43.6	45.2	34.3	29.4	10.9	3.3	19.6
	票据融资	105.3	-0.1	29.2	-15.7	-17.1	3.1	-33.7	-5.1	21.5	-19.9	-39.1	-19.2
	金融机构各项贷款同比增长（%）	9.9	9.4	9.6	8.3	7.2	7.3	8.3	7.4	7.1	6.6	6.0	5.5
	其中：短期	-3.4	-2.6	-3.7	-4.8	-3.3	0.1	0.9	0.0	0.7	1.7	2.1	3.4
	中长期	8.4	7.4	7.8	6.5	6.4	5.7	8.1	8.2	7.7	7.3	6.9	7.8
	票据融资	68.0	66.8	72.4	70.3	59.7	50.1	42.4	32.5	28.6	24.4	17.6	1.4
	建筑业贷款余额（亿元）	85.2	85.8	87.6	86.6	88.1	87.4	86.4	86.9	84.0	83.7	82.2	79.1
	房地产业贷款余额（亿元）	409.5	411.0	408.9	415.6	413.5	411.2	418.2	-6.4	409.1	408.4	401.4	396.3
	建筑业贷款同比增长（%）	-4.1	-7.0	-6.8	-8.3	-7.3	-7.4	-7.2	410.2	-9.5	-8.7	-8.0	-6.6
	房地产业贷款同比增长（%）	-20.6	-20.7	-20.5	-19.0	-19.7	-18.6	0.3	-1.5	-3.4	-4.0	-3.5	-2.2
人民币	金融机构各项存款余额（亿元）	6216.2	6195.1	6444.7	6364.6	6429.9	6484.5	6502.7	6542.2	6556.9	6528.4	6471.3	6443.4
	其中：住户存款	3234.9	3235.8	3277.8	3234.5	3233.9	3260.8	3267.9	3291.2	3374.0	3355.5	3374.1	3446.1
	非金融企业存款	1347.5	1327.6	1396.0	1354.3	1441.5	1417.8	1384.3	1384.0	1393.6	1380.6	1370.5	1377.6
	各项存款余额比上月增加（亿元）	186.7	-21.0	249.6	-80.1	65.3	54.6	18.2	39.5	14.7	-28.4	-57.2	-27.9
	其中：住户存款	129.7	0.9	42.0	-43.3	-0.6	26.9	7.1	23.3	82.8	-18.5	18.5	72.1
	非金融企业存款	5.6	-19.8	68.3	-41.7	87.3	-23.8	-33.5	-0.3	9.7	-13.1	-10.1	7.1
	各项存款同比增长（%）	6.1	6.9	8.9	7.6	7.8	8.2	6.8	7.7	6.9	7.2	6.9	6.9
	其中：住户存款	15.6	12.8	12.5	14.0	13.2	12.1	12.3	11.9	11.7	11.8	11.2	11.0
	非金融企业存款	-11.2	-7.1	-5.9	-10.4	-5.3	-7.2	-7.4	-4.3	-3.2	-0.7	2.0	2.7
	金融机构各项贷款余额（亿元）	7012.4	7015.8	7119.4	7093.5	7103.7	7167.5	7181.8	7208.8	7255.5	7250.4	7239.0	7216.8
	其中：个人消费贷款	1088.9	1094.1	1125.6	1156.3	1182.6	1219.3	1266.7	1320.8	1345.6	1378.4	1407.0	1427.9
	票据融资	758.4	758.3	787.5	771.7	754.6	757.8	724.1	719.0	740.5	720.6	681.4	662.3
	各项贷款余额比上月增加（亿元）	174.7	3.4	103.5	-25.8	10.2	63.8	14.3	27.0	46.8	-5.2	-11.4	-22.2
	其中：个人消费贷款	34.0	5.2	31.6	30.6	26.3	36.7	47.4	54.1	24.8	32.7	28.7	20.9
	票据融资	105.3	-0.1	29.2	-15.8	-17.1	3.1	-33.7	-5.1	21.5	-19.9	-39.1	-19.2
	金融机构各项贷款同比增长（%）	8.6	8.2	8.4	7.1	6.9	7.1	8.4	7.6	7.2	6.8	6.4	6.0
	其中：个人消费贷款	30.1	30.6	31.5	32.6	33.5	35.6	39.3	42.2	39.5	39.3	38.3	39.4
	票据融资	68.0	66.8	72.4	70.3	59.7	50.1	42.3	32.5	28.6	24.4	17.6	1.4
外币	金融机构外币存款余额（亿美元）	2.6	2.7	2.8	2.6	2.4	2.3	2.3	2.3	2.3	2.7	2.5	2.4
	金融机构外币存款同比增长（%）	-14.5	-16.7	-9.0	-10.9	-21.2	-22.6	-14.1	-15.9	-8.5	9.0	5.7	-5.8
	金融机构外币贷款余额（亿美元）	33.2	33.0	32.8	32.6	32.5	32.5	31.4	30.9	30.9	30.2	30.2	30.2
	金融机构外币贷款同比增长（%）	67.7	64.8	64.1	63.9	9.4	9.4	5.6	-0.1	0.2	-1.7	-7.9	-10.2

数据来源：中国人民银行银川中心支行。

表 2　2001~2019 年宁夏回族自治区各类价格指数

单位：%

		居民消费价格指数		农业生产资料价格指数		工业生产者购进价格指数		工业生产者出厂价格指数	
		当月同比	累计同比	当月同比	累计同比	当月同比	累计同比	当月同比	累计同比
2001		—	1.6	—	2.0	—	2.5	—	0.3
2002		—	-0.6	—	3.5	—	-2.2	—	-0.3
2003		—	1.7	—	-0.6	—	6.8	—	5.6
2004		—	3.7	—	13.5	—	17.3	—	11.2
2005		—	1.5	—	9.3	—	9.7	—	6.2
2006		—	1.9	—	0.8	—	8.5	—	6.2
2007		—	5.4	—	12.2	—	7.1	—	3.7
2008		—	8.5	—	26.2	—	21.8	—	12.9
2009		—	0.7	—	-3.7	—	-5.3	—	-6.1
2010		—	4.1	—	4.4	—	14.1	—	9.1
2011		—	6.3	—	14.0	—	12.8	—	9.5
2012		—	2.0	—	7.6	—	-0.5	—	-2.6
2013		—	3.4	—	1.6	—	-3.0	—	-4.0
2014		—	1.9	—	-3.1	—	-3.0	—	-3.7
2015		—	1.1	—	-1.3	—	-7.9	—	-6.3
2016		—	1.5	—	-1.7	—	-3.1	—	-0.9
2017		—	1.6	—	3.1	—	12.9	—	12.1
2018		—	2.3	—	5.6	—	6.5	—	7.3
2019		—	2.1	—	4.0	—	-2.5	—	-0.6
2018	1	1.9	1.9	4.2	4.2	7.0	7.0	10.6	10.6
	2	2.8	2.4	4.3	4.3	6.9	7.0	10.0	10.3
	3	2.1	2.3	4.5	4.3	6.0	6.6	7.6	9.4
	4	2.2	2.2	4.7	4.4	6.2	6.5	7.1	8.8
	5	2.4	2.3	5.5	4.6	6.1	6.4	8.3	8.7
	6	2.5	2.3	6.8	5.0	6.9	6.5	8.9	8.7
	7	2.6	2.4	7.2	5.3	8.7	6.8	8.6	8.7
	8	2.4	2.4	6.4	5.4	7.8	6.9	7.6	8.6
	9	2.5	2.4	5.8	5.5	7.1	7.0	6.4	8.3
	10	2.6	2.4	6.3	5.5	6.3	6.9	5.7	8.0
	11	2.1	2.4	6.2	5.7	6.1	6.8	4.9	7.7
	12	1.9	2.3	4.8	5.6	3.1	6.5	2.3	7.3
2019	1	2.1	2.1	—	—	1.0	1.0	0.5	0.5
	2	2.0	2.1	—	—	0.4	0.7	1.0	0.7
	3	2.5	2.2	4.7	3.8	0.9	0.8	1.6	1.0
	4	2.0	2.1	5.1	4.1	-0.1	0.6	1.7	1.2
	5	2.0	2.1	4.2	4.2	-0.5	0.4	0.4	1.0
	6	2.1	2.1	2.7	3.9	-0.8	0.2	0.3	0.9
	7	1.9	2.1	2.2	3.7	-3.1	-0.3	0.2	0.8
	8	1.4	2.0	3.2	3.6	-3.7	-0.7	-0.9	0.6
	9	1.3	1.9	5.0	3.8	-5.3	-1.3	-2.5	0.3
	10	1.8	1.9	4.3	3.8	-6.6	-1.8	-3.3	-0.1
	11	2.8	2.0	5.3	3.9	-7.1	-2.3	-3.6	-0.4
	12	2.8	2.1	4.5	4.0	-4.5	-2.5	-1.9	-0.6

数据来源：国家统计局宁夏调查总队。

表 3　2019 年宁夏回族自治区主要经济指标

	1 月	2 月	3 月	4 月	5 月	6 月	7 月	8 月	9 月	10 月	11 月	12 月
	绝对值（自年初累计）											
地区生产总值（亿元）	—	—	824.9	—	—	1742.6	—	—	2996.8	—	—	3748.5
第一产业	—	—	31.6	—	—	65.4	—	—	182.1	—	—	279.9
第二产业	—	—	343.2	—	—	862.3	—	—	1474.3	—	—	1584.7
第三产业	—	—	377.6	—	—	814.9	—	—	1340.4	—	—	1883.8
工业增加值（亿元）	—	—	—	—	—	—	—	—	—	—	—	—
固定资产投资（亿元）	—	—	—	—	—	—	—	—	—	—	—	—
房地产开发投资	—	5.4	34.1	69.3	107.4	157.2	204.7	248.8	306.7	345.4	380.2	403.1
社会消费品零售总额(亿元）	—	—	234.9	306.0	378.5	454.1	537.7	624.9	713.6	807.3	899.2	—
外贸进出口总额（亿元）	—	37.8	55.2	70.7	92.8	110.8	134.1	156.4	178.6	191.6	223.2	240.6
进口	—	8.0	14.6	19.7	30.0	36.6	46.4	55.0	63.8	68.6	84.3	91.7
出口	—	29.8	40.5	51.0	62.8	74.2	87.7	101.5	114.8	123.0	138.9	148.9
进出口差额(出口－进口）	—	21.8	25.9	31.3	32.8	37.6	41.3	46.5	50.9	54.3	54.7	57.2
实际利用外资（亿美元）	_	0.1	0.1	0.1	0.4	0.7	1.3	2.5	2.5	2.5	2.5	2.5
地方财政收支差额（亿元）	—	-226.1	-334.5	-404.1	-484.1	-552.7	-614.0	-696.5	-806.4	-840.9	-901.2	-1014.9
地方财政收入	—	74.8	121.9	157.7	187.8	229.1	259.6	282.1	310.5	349.6	385.3	423.6
地方财政支出	—	300.9	456.3	561.7	672.0	781.8	873.6	978.6	1116.8	1190.5	1286.5	1438.4
城镇登记失业率（%）（季度）	—	—	3.9	—	—	3.9	—	—	3.7	—	—	3.7
	同比累计增长率（%）											
地区生产总值	—	—	7.9	—	—	6.5	—	—	6.5	—	—	6.5
第一产业	—	—	2.0	—	—	2.5	—	—	2.6	—	—	3.2
第二产业	—	—	6.0	—	—	4.8	—	—	6.1	—	—	6.7
第三产业	—	—	10.0	—	—	8.5	—	—	7.5	—	—	6.8
工业增加值	—	8.6	6.5	5.2	5.6	5.6	7.1	7.3	7.3	6.3	6.4	7.6
固定资产投资	—	-24.8	-7.4	-15.7	-18.6	-17.9	-17.4	-16.8	-11.6	-11.0	-10.8	-10.3
房地产开发投资	—	-6.7	-9.4	-20.2	-16.0	-20.7	-16.5	-14.6	-10.4	-10.8	-11.6	-10.3
社会消费品零售总额	—	3.3	3.4	5.4	6.4	5.5	5.5	5.2	5.1	5.0	5.4	5.2
外贸进出口总额	—	9.7	-9.6	-18.6	-12.1	-10.7	-6.3	-1.5	1.0	-1.6	1.2	-3.3
进口	—	-27.2	-32.0	-23.7	-3.1	2.4	14.1	21.2	27.1	25.2	37.3	33.4
出口	—	27.1	2.7	-16.4	-15.9	-16.0	-14.4	-10.5	-9.3	-12.1	-12.8	-17.3
实际利用外资	—	—	96.6	-40.0	-0.7	5.3	2.2	59.9	27.5	20.3	17.2	17.2
地方财政收入	—	6.4	9.1	7.5	6.5	6.1	6.0	6.3	6.8	7.1	7.5	7.2
地方财政支出	—	85.8	54.3	38.2	37.3	12.1	3.8	3.5	2.0	2.3	3.1	1.4

数据来源：宁夏回族自治区统计局、宁夏回族自治区人力资源和社会保障厅。

新疆维吾尔自治区金融运行报告（2020）

中国人民银行乌鲁木齐中心支行货币政策分析小组

[内容摘要] 2019年，面对严峻复杂的国内外形势和稳定发展的艰巨任务，新疆以习近平新时代中国特色社会主义思想为指导，全面贯彻落实党中央、国务院决策部署，以供给侧结构性改革为主线，着力做好“稳就业、稳金融、稳外贸、稳外资、稳投资、稳预期”的“六稳”工作。新疆经济运行呈现“总体平稳、稳中有进、进中趋好、好中调优”态势；金融运行呈现“稳中向好、结构调优、改革深化”特征。

2019年，新疆实现地区生产总值13597.1亿元，同比增长6.2%，高于上年0.1个百分点，经济内生动力在转换中增强，质量效益在转型中提升。一是经济结构持续向好，产业内部结构进一步优化。农业稳中调优，产业化步伐加快；工业经济在传统产业技术改造、新兴产业培育壮大、劳动密集型产业大力发展的三轮驱动下加快转型升级，高技术制造业、工业战略性新兴产业增速明显高于一般工业；第三产业增加值占比同比提高5.8个百分点，贡献率高于上年4.1个百分点，连续5年成为拉动经济增长的第一动力。经济总体呈现一产上水平、二产抓重点、三产大发展的特点。二是内需驱动力加大，外贸市场逆势增长。围绕新兴产业发展、基础设施保障、社会民生工程和生态环境保护等关键领域和薄弱环节，投资调优补短板力度进一步加强，2019年新疆固定资产投资同比增长2.5%，高于上年27.7个百分点，稳增长关键作用有效发挥。消费市场稳中有升，社会消费品零售总额同比增长5.5%，高于上年0.3个百分点，乡村消费增速快于城镇，绿色智能产品和网上消费快速增长。外贸逆势回升，由负转正，进出口贸易额同比增长23.8%，其中出口、进口同比分别增长14.8%和65.1%，贸易顺差859.7亿元，与上年基本持平，贸易对象呈多元化。三是供给侧结构性改革持续深入，经济内生动力增强。煤炭去产能任务全面完成，商品房待售面积同比下降6.5%。“放管服”改革持续深化，大规模减税降费促进新疆实有各类市场主体同比增长26%。交通、水利、能源等一大批重点基础设施建设项目取得突破性进展，2019年实现64.5万贫困人口脱贫、976个贫困村退出、12个贫困县摘帽，贫困发生率降至1.2%，补短板力度加大；以丝绸之路经济带创新驱动发展试验区和乌昌石国家自主创新示范区为载体开展20项科技创新试点，新动能不断激发。四是加快美丽新疆建设，生态环境持续改善。坚持绿色发展，全力打好蓝天、碧水、净土、农村人居环境整治四场标志性战役，持续实施生态保护修复工程，统筹推进能源综合开发利用和节能降耗。14个地州平均优良天数比例同比提高2.4个百分点，河流优良水质比例同比提高1.2个百分点，完成造林214.2万亩，治理沙化土地524.9万亩，清洁能源发电量增速高出总发电量2个百分点，占比上升0.8个百分点。六大高耗能行业增速放缓，能耗拉动作用明显降低，单位工业增加值能耗比上年下降0.74个百分点。五是物价总体平稳，居民收入跑赢财政增长，农村跑赢城镇。居民消费价格指数同比上涨1.9%，低于上年0.1个百分点，其中农村同比上涨2.1%，高于城市0.3个百分点。聚焦重点群体和深度贫困地区全面落实“稳就业”政策，农村居民人均可支配收入同比增长9.6%，高于城镇3.8个百分点，其中农村居民工资性收入同比增长15.8%，高于城镇10.1个百分点。城乡居民收入差距呈现加速缩小的趋势。地方财政收入同比增长0.1%，其中，一般公共预算收入占比73.2%，同比增长3%。

2019年，新疆主要金融指标运行在合理区间，直接融资和间接融资规模同步扩大，实体经济融资成本下行，金融供给侧结构性改革有序推进，金融服务新疆经济高质量发展能力水平不断提升。一是社会融资规模和货币信贷合理增长，信贷支持抓重点、补短板、强弱项力度稳固。2019年末，新疆社会融资规模存量同比增长10.6%，2019年新疆社会融资规模增量是上年的2.1倍。新疆本外币各项存、贷款余额同比分别增长4.8%和9.3%，增速均高于上年。信贷稳增长、保民生特征显著，基础设施建设贷款同比增长9%，有力支持固定资产投资落地；小微企业贷款同比增长15.9%，增量占全部企业贷款增量的47.6%，融资难问题有所缓解；全融精准扶贫贷款同比增长9.1%，南疆四地州贷款同比增长10.8%，金融支持脱贫攻坚扎实推进；涉农贷款同比增长5.7%，创业担保贷款和助学贷款惠及人数不断增多，普惠金融增量扩面。二是股票、证券等交易活跃，金融市场融资功能有效发挥。A股上市公司数领跑西北五省区，2019年新疆企业通过股权再融资、公司债券、资产支持证券、定向增发等方式实现资本市场融资492.1亿元，发行各类债券3057.8亿元，其中，非金融企业各类债务融资工具发行规模居西北五省第二。20亿元绿色金融债券、2亿元绿色中期票据、1亿元新疆首单产业扶贫票据成功发行，新疆首单资产支持票据成功注册，债券产品不断丰富。票据市场加快发展，2019年黄金业务累计发生额同比增长22.3%。三是保险业体系不断完善，风险保障能力明显加强。保险机构持续增加，市场规模不断扩大，新疆首家政策性保险机构于年内成立。2019年新疆保险业累计实现保费收入同比增速高于全国1.1个百分点，累计提供风险保障和赔付支出同比分别增长42.9%和15%，保险服务乡村振兴、中小微企业发展、重点项目建设成效显著。农险保障范围日益拓展，商车改革成果巩固，人身险改革成效初显，保险市场活力进一步激发。四是贷款市场报价利率形成机制、绿色金融、跨境人民币创新有序推进，金融改革开放持续深化。贷款市场报价利率（LPR）形成机制推广应用，以市场化改革方式促进实体经济融资成本降低，2019年末人民币贷款加权平均利率5.59%，较年初下降0.55个百分点；小微企业贷款加权平均利率4.66%，较年内最高点下降0.39个百分点。新疆首家非银行业绿色金融事业部揭牌，绿色项目库升级扩容，哈密市、昌吉州、克拉玛依市绿色金融改革创新试验区绿色贷款余额同比增长10.3%，首个绿色小额农户信贷管理系统上线，绿色金融创新取得新进展。"丝路货币区域交易信息平台"英文和俄文版本正式上线，哈萨克斯坦坚戈跨省交易平盘业务实现零突破，新疆跨境人民币收付额同比增长17.8%。五是金融服务获取便利度提升，金融生态环境不断优化。2019年企业通过中征应收账款融资服务平台达成交易额同比增长20.5%，农村信用产品助力脱贫攻坚取得成效，金融消费权益保护工作长效机制逐步建立，移动支付在公交扫码乘车、社保缴费、乡村旅游等行业实现全面突破，多层次、广覆盖、可持续的农村支付服务体系不断健全完善。

展望2020年，新冠肺炎疫情对经济造成冲击，经济发展深层次、结构性矛盾可能进一步显现，面临挑战增多，但经济运行总体平稳、稳中向好的基本面不变。新疆经济有望继续保持健康稳步发展，传统产业转型升级和新兴产业同步发展，第三产业在旅游业及文化体育、休闲娱乐等带动下有望保持平稳增长。基础设施补短板力度稳固，营商环境优化促进民间投资活力增强，投资将持续发挥稳定经济增长的关键作用；传统消费提档升级、新的消费增长点不断培育，消费需求将进一步释放；进出口贸易将随着丝绸之路经济带核心区建设的推进保持增长。2020年，新疆金融业将坚持"稳"字当头，认真执行稳健的货币政策，以金融业供给侧结构性改革为主线，以服务实体经济为根本，以防控金融风险为底线，落实推动金融改革创新，积极做好新冠肺炎疫情期间及过后的金融支持工作，保持货币信贷、社会融资规模增长同新疆经济发展相适应，促进新疆经济金融良性循环。

一、金融运行情况

2019 年，新疆金融运行稳中向好，社会融资规模合理增长，信贷支持实体经济发展力度稳固，证券、保险融资及风险保障功能有效发挥，金融供给侧结构性改革和生态环境建设有序推进，金融风险总体可控，金融服务新疆经济高质量发展能力水平不断提升。

（一）银行业发展稳中向好，服务实体经济力度稳固

1. 银行业机构增多，资产负债规模小幅增长。2019 年末，新疆银行业金融机构共有营业网点 3623 个、从业人员 63255 人，分别较上年增加 106 个、973 人，地方法人金融机构 124 个，与上年持平，年内平安银行乌鲁木齐分行正式开业。银行业资产、负债总额均同比增长 5.7%，财务、信托等非银行业金融机构及新型农村金融机构资产规模增长快于银行业平均水平。

表 1　2019 年新疆维吾尔自治区银行业金融机构情况

机构类别	营业网点			法人机构（个）
	机构个数（个）	从业人数（人）	资产总额（亿元）	
一、大型商业银行	1196	29625	12290	—
二、国家开发银行和政策性银行	75	2569	5795	—
三、股份制商业银行	105	3451	1881	—
四、城市商业银行	229	6926	6274	6
五、城市信用社	—	—	—	—
六、小型农村金融机构	1228	14261	4888	84
七、财务公司	3	74	178	2
八、信托公司	2	403	192	2
九、邮政储蓄银行	642	3257	1030	—
十、外资银行	2	56	14	—
十一、新型农村金融机构	140	2370	468	29
十二、其他	1	263	541	1
合　计	3623	63255	33550	124

数据来源：新疆银保监局。

2. 存款呈"倒 V 形"走势，总体增长好于上年。2019 年末，新疆本外币各项存款余额 2.3 万亿元，同比增长 4.8%，高于上年 1.9 个百分点，呈现上半年快速冲高、下半年增速放缓特征，月度增速波动幅度较大。其中，企业、住户存款同比分别增长 5.8%，定期存款同比增长 15.9%，存款稳定性有所增强。

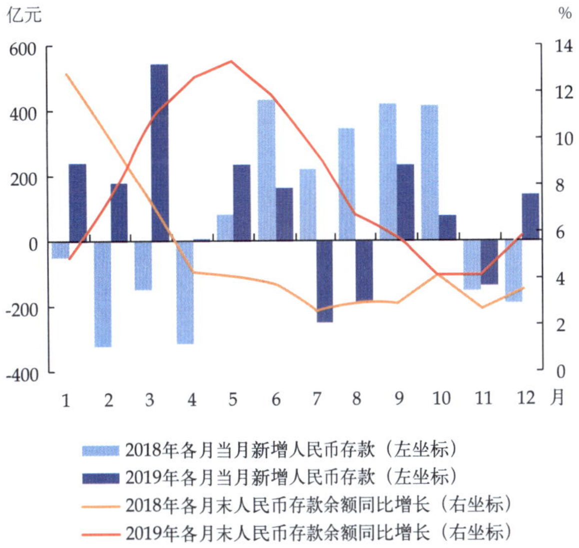

数据来源：中国人民银行乌鲁木齐中心支行。

图 1　2018~2019 年新疆维吾尔自治区金融机构人民币存款增长变化

3. 贷款余额突破 2 万亿元，有力支持实体经济发展。2019 年末，新疆本外币各项贷款余额 2.1 万亿元，同比增长 9.3%，高于上年 1.9 个百分点，增势总体平稳。其中，中长期贷款同比增长 9.8%，增量占比 64.1%，对贷款增长支撑明显；短期贷款同比增长 7.3%，高于上年 7 个百分点。

信贷助力经济稳增长、调结构、惠民生成效显著。2019 年末，新疆基础设施建设贷款同比增长 9%，增速自上年末以来连续回升。小微企业贷款同比增长 15.9%，高于企业贷款同比增速 7.3 个百分点，增量占全部企业贷款增量的 47.6%，小微企业融资难问题有所缓解。金融精准扶贫贷款同比增长 9.1%，南疆四地州贷款同比增速高于新疆平均水平 1.5 个百分点，金融精

准扶贫扎实推进。涉农贷款同比增长 5.7%，创业担保贷款和助学贷款惠及人数不断增多，普惠金融增量扩面。

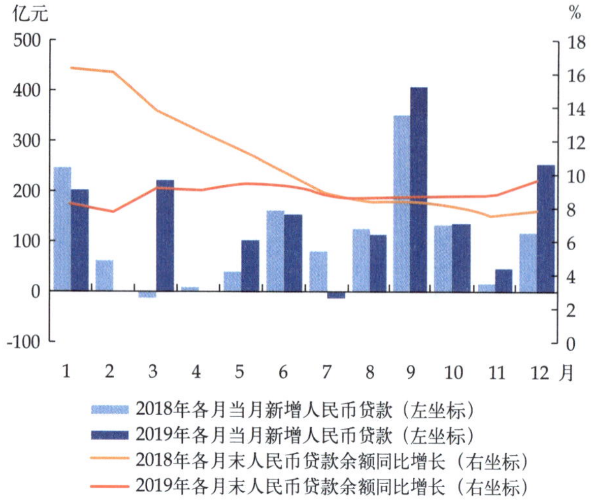

数据来源：中国人民银行乌鲁木齐中心支行。

图 2　2018~2019 年新疆维吾尔自治区金融机构人民币贷款增长变化

4. 表外业务保持增长，业务集中于国有及股份制商业银行。2019 年末，新疆银行业金融机构表外业务余额同比增长 16.4%。其中，承兑汇票交易增加带动担保类业务同比增长 34%；承诺类、金融资产服务类业务同比分别增长 23.9% 和 4.6%；金融衍生品余额是上年末的 2.6 倍。

5. 利率市场化改革稳步推进，人民币贷款利率下行。贷款市场报价利率（LPR）形成机制改革促进降低贷款实际利率效果逐步显现，12 月，新疆人民币贷款加权平均利率 5.59%，较年初下降 0.55 个百分点；小微型企业贷款加权平均利率 4.66%，较年内最高点下降 0.39 个百分点。货币政策工具引导“三农”融资成本降低，2019 年第四季度，金融机构借用支农再贷款发放的涉农贷款利率低于其自有资金发放的同类贷款利率 2.3 个百分点。市场利率定价自律机制作用进一步发挥，新疆人民币存款利率基本平稳，外汇存款余额减少，美元存款加权平均利率下行。

表 2　2019 年新疆维吾尔自治区金融机构人民币贷款各利率区间占比

（LPR 改革前）　　单位：%

月份		1 月	2 月	3 月	4 月	5 月	6 月	7 月
合计		100.0	100.0	100.0	100.0	100.0	100.0	100.0
下浮		9.1	5.9	11.4	7.8	9.3	12.2	11.4
基准		21.4	26.6	24.9	18.6	25.8	30.8	26.3
上浮	小计	69.5	67.5	63.7	73.7	64.9	57.1	62.2
	(1.0, 1.1]	16.7	18.8	13.6	16.5	22.0	17.7	20.1
	(1.1, 1.3]	21.9	12.1	19.5	21.0	17.3	15.9	14.6
	(1.3, 1.5]	6.5	8.4	6.5	6.5	5.6	6.2	6.4
	(1.5, 2.0]	12.4	13.4	12.2	17.4	12.8	11.5	14.5
	2.0 以上	12.0	14.9	11.9	12.3	7.3	5.8	6.6

（LPR 改革后）

月份		8 月	9 月	10 月	11 月	12 月
合计		100.0	100.0	100.0	100.0	100.0
LPR 减点		6.4	8.7	7.7	6.7	8.7
LPR		0.0	0.2	1.0	1.8	2.0
LPR 加点	小计	93.6	91.1	91.3	91.6	89.3
	(LPR, LPR+0.5%)	35.6	37.8	41.9	34.1	39.8
	[LPR+0.5%, LPR+1.5%)	24.5	24.9	16.2	20.8	19.1
	[LPR+1.5%, LPR+3%)	10.8	10.4	11.2	11.7	11.9
	[LPR+3%, LPR+5%)	16.4	12.5	15.3	16.8	13.3
	LPR+5% 及以上	6.3	5.5	6.7	8.2	5.2

数据来源：中国人民银行乌鲁木齐中心支行。

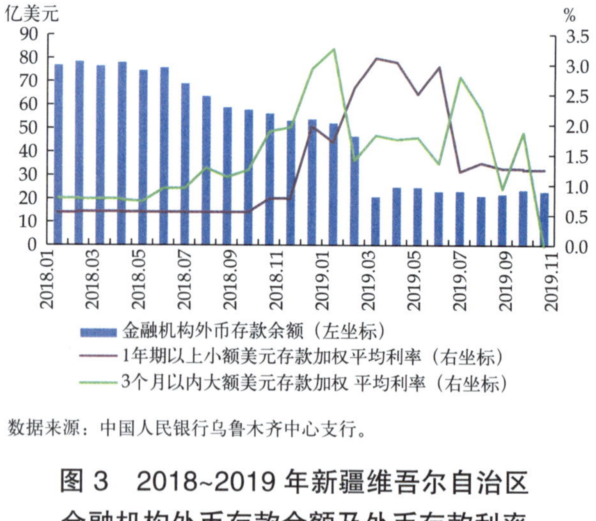

数据来源：中国人民银行乌鲁木齐中心支行。

图 3　2018~2019 年新疆维吾尔自治区金融机构外币存款余额及外币存款利率

6. 银行业资产质量压力有所缓释，风险整体可控。2019 年末，新疆银行业金融机构不良贷款率为 1.6%，逾期 90 天以上贷款占不良贷款的比重较年初下降10.8个百分点，关注类贷款余额较年初下降16.4%，隐性信贷风险有所缓解。地方法人银行业金融机构资本充足率稳中向好，平均杠杆率、不良贷款率同比分别下降0.16个和0.44个百分点，流动性较为充裕。

7. 银行业改革持续推进，农村金融机构改制成效显著。银行业金融机构普惠金融或三农事业部有序设立，精准对接农业经营主体，普惠金融服务体系不断完善。农村信用社改制在“因地制宜、分类指导、稳步推进”“成熟一家，改制一家”的原则下不断深化，年内共有5家农村信用社成功改制为农商行。

8. 聚焦丝绸之路经济带核心区建设，跨境人民币业务增量扩面。2019年，新疆跨境人民币收付额同比增长17.8%，其中，与新疆周边十国业务结算量同比增长21%。2019年末，25个国家或地区的50家境外银行在新疆开立了60个人民币同业往来账户，哈萨克斯坦坚戈跨省交易平盘业务实现零突破，区域市场支持全国中哈本币结算的积极作用有效发挥。“丝路货币区域交易信息平台”英文和俄文版本正式上线，“一带一路”沿线国家市场主体了解丝路货币区域交易信息更趋便利。

专栏1　精准施策 持续发力 新疆金融支持脱贫攻坚工作见成效

近年来，新疆金融业坚持以助推全面打赢脱贫攻坚战为目标，以南疆四地州为主战场，以扶贫小额信贷为抓手，以产业扶贫为重点，以防范风险为底线，强化政策引导、创新工作思路、探索扶贫模式，为打赢脱贫攻坚战提供了有力的金融支持。

一、健全工作机制，金融扶贫制度保障明显加强

在自治区、地州市、县三级金融支持脱贫攻坚工作领导小组的基础上，中国人民银行乌鲁木齐中心支行金融支持脱贫攻坚工作专班成功建立，《关于做好2019年金融精准扶贫工作的意见》《关于进一步规范和完善扶贫小额信贷管理的通知》《关于进一步做好创业担保贷款工作的通知》等政策指引文件相继印发，金融扶贫工作组织领导及政策支撑不断强化。

二、强化工具引导，货币政策工具资金撬动作用充分发挥

2019年末，新疆扶贫再贷款限额88.4亿元、余额73亿元，其中，深度贫困地区限额、余额占比分别为86.4%和94.4%，年内新疆首笔第三方质押扶贫再贷款成功发放，再贷款政策倾斜撬动更多信贷资金流向深度贫困地区。2019年末，新疆深度贫困地区本外币各项贷款同比增长10.8%，高于新疆平均水平1.5个百分点；累计发放易地扶贫搬迁贷款38.5亿元，支持11万贫困户实现易地搬迁。

三、聚焦产业带动，金融支持模式持续拓展

以纺织服装、特色林果加工、牛羊养殖等特色产业的龙头企业为核心，以“产业引导、金融支持、公司带动、农户致富”为原则，创新推出喀什地区麦盖提县“政府+公司+银行+保险公司+农户”五位一体闭环扶贫模式、阿克苏地区“金融+企业+农户”牛羊托养所的新型农村经营模式等一系列产业扶贫模式，2019年末，新疆产业精准扶贫贷款同比增长52.9%，年内新疆首单1亿元产业扶贫票据成功发行，金融支持产业带动脱贫致富成效明显。

四、完善基础设施，金融扶贫支农的长效机制有序构建

农村金融支付服务平台逐步搭建，农村金融线上和线下业务融合持续深入，2019年末，新疆银行卡助农取款服务点10095个，农村地区共布放各类非现金结算工具13.6万台，贫困地区支付服务环境更趋优化。“农户＋征信＋信贷”的信贷管理工作机制逐步形成，2019年末，新疆35个贫困县信用户、信用村、信用乡（镇）占比分别为41%、43%和40.6%，贫困地区农村信用体系建设日益完善。

（二）证券业运行平稳有序，资本市场融资功能有效发挥

1. 证券业机构保持稳定，证券交易额有所增加。2019年末，新疆证券分公司及以上机构30家，营业部102个，数量与上年持平。2019年证券交易金额16875.5亿元，同比增加3182亿元。2019年末，新疆证券业机构实现手续费和佣金收入同比增长33.9%，净利润同比增长281.8%。

2. A股上市公司数领跑西北五省区，资本市场融资功能有效发挥。2019年末，新疆A股、H股、新三板上市公司数量分别为55家、5家和72家，区域股权市场挂牌企业24家，其中，A股上市公司数量居西北五省区第一，总市值6106.6亿元。2019年新疆企业实现资本市场融资492.1亿元，其中，公司债券融资额、股权融资额占比分别为77%和16.1%，7家民营上市公司合计获得15.4亿元流动性支持。

表3　2019年新疆维吾尔自治区证券业基本情况

项目	数量
总部设在辖内的证券公司数（家）	2
总部设在辖内的基金公司数（家）	—
总部设在辖内的期货公司数（家）	2
年末国内上市公司数（家）	55
当年国内股票（A股）筹资（亿元）	80
当年发行H股筹资（亿元）	127
当年国内债券筹资（亿元）	196
其中：短期融资券筹资额（亿元）	53
中期票据筹资额（亿元）	52

数据来源：新疆证监局。

3. 期货营业部数量减少，经营效益有所好转。2019年末，新疆期货经营机构共11家，其中，总部设在辖内的法人期货公司2家、期货分公司3家、营业部6家，总数较上年减少2家。2019年期货累计成交额5762.2亿元。2019年新疆期货经营机构营业收入0.4亿元，净利润-0.08亿元，降幅比上年收窄0.3亿元，手续费收入0.4亿元，与上年基本持平。

（三）保险业体系不断完善，风险保障能力明显加强

1. 保险机构持续增加，市场规模不断扩大。2019年末，新疆保险主体机构、分支机构数量分别为34家、1964家，分别较上年增加2家、24家，新疆首家政策性保险机构——中国出口信用保险公司新疆分公司于年内成立。2019年新疆保险业累计实现保费收入同比增长13.3%，高于全国平均增速1.1个百分点，其中，财产险保费收入增速位居全国第一。保险深度5%，保险密度2630元／人，同比分别上升0.3个百分点和增加308.6元／人。

表4　2019年新疆维吾尔自治区保险业基本情况

项目	数量
总部设在辖内的保险公司数（家）	—
其中：财产险经营主体（家）	—
人身险经营主体（家）	—
保险公司分支机构（家）	1964
其中：财产险公司分支机构（家）	1344
人身险公司分支机构（家）	620
保费收入（中外资，亿元）	654
其中：财产险保费收入（中外资，亿元）	225
人身险保费收入（中外资，亿元）	429
各类赔款给付（中外资，亿元）	238
保险密度（元／人）	2630
保险深度（%）	5

数据来源：新疆银保监局。

2. 保险风险保障能力显著增强，服务重点领域成效突出。2019年新疆保险业提供风险保

障和赔付支出同比分别增长42.9%和15%。农业保险扩面、增品、提标持续推进，出口信用保险积极支持企业“走出去”，保险融资增信功能有效发挥，农业保险、信用保险、保证保险等险种赔付支出同比增速均超过25%。2019年累计为重点项目提供风险保障727.7亿元，有效保障重点项目建设。

3. 保险业改革持续推进，市场活力进一步激发。特色农产品保险“以奖代补”品种范围不断扩大，棉花“价格保险＋期货”试点持续推进，红枣“保险＋期货”试点及政策性稻谷、小麦和玉米三大粮食作物制种保险正式启动。商车改革成果巩固，车险业务保费收入同比增长8.3%。人身险改革成效初显，2019年累计新增保险额同比增长18.1%。

（四）融资结构持续优化，金融市场交易保持增长

1. 社会融资规模增长加快，银行信贷和政府专项债券为主要支撑。2019年末，新疆社会融资规模存量3万亿元，同比增长10.6%，2019年新疆社会融资规模增量2948.3亿元，是上年的2.1倍。其中，银行信贷、政府专项债券增量占比分别为55.4%和23%；企业债券及股票等直接融资同比多增268.3亿元；表外融资同比少减759.6亿元，负增长势头减缓。

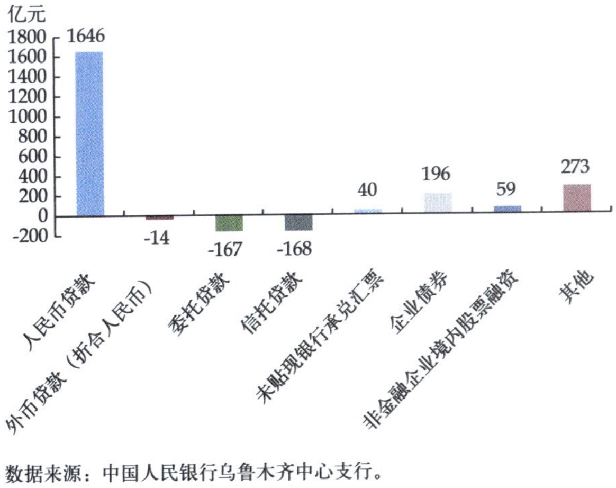

数据来源：中国人民银行乌鲁木齐中心支行。

图4　2019年新疆维吾尔自治区社会融资规模分布结构

2. 债券融资小幅放缓，债券品种不断丰富。2019年新疆发行各类债券3057.8亿元，同比下降3.5%。其中，同业拆借交易缩水超五成，债券回购、现券交易同比分别增长54.7%和33.1%，非金融企业各类债务融资工具发行额同比增长16.2%，发行规模居西北五省区第二。年内成功发行20亿元绿色金融债券、2亿元绿色中期票据及1亿元新疆首单产业扶贫票据，成功注册新疆首单资产支持票据，债券产品不断丰富。

3. 票据市场加快发展，支付及融资功能有所增强。2019年金融机构票据承兑、贴现发生额分别为3184.1亿元和5054.1亿元，同比分别增加785亿元和1994.9亿元。票据利率水平下行并保持低位，2019年转贴现、贴现加权平均利率分别为2.87%、3.84%，同比分别下降1.41个、1.04个百分点。

表5　2019年新疆维吾尔自治区金融机构票据业务量统计

单位：亿元

季度	银行承兑汇票承兑		贴现			
			银行承兑汇票		商业承兑汇票	
	余额	累计发生额	余额	累计发生额	余额	累计发生额
1	984.86	521.63	698.66	1195.62	26.03	13.67
2	1108.27	1219.14	795.04	2419.68	20.92	24.72
3	1239.22	2122.71	877.51	3628.41	23.96	40.62
4	1311.94	3184.10	982.33	4984.48	39.46	69.58

数据来源：中国人民银行乌鲁木齐中心支行。

4. 黄金市场活跃，交易额保持增长，价格延续上涨态势。在中美贸易摩擦曲折反复、市场避险情绪有所上升背景下，黄金市场交易活跃，2019年新疆累计发生黄金业务100.1吨、319.6亿元，同比分别增长10.8%和22.3%。

（五）绿色金融改革创新试验区建设取得新进展

绿色金融配套支持政策不断完善，多层次绿色专营机构建设稳步推进，2019年末，三

个绿色金融改革创新试验区[①]绿色支行、绿色事业部、绿色柜台数量分别为14家、24家和17家，新疆首家非银行业绿色金融事业部在昌吉市揭牌。绿色项目库共纳入纯绿项目384个，总投资1949.5亿元，覆盖地区由试验区扩展到伊犁等10地市。再贷款、再贴现等货币政策工具支持绿色金融作用有效发挥，绿色信贷规模持续扩大、产品体系逐步丰富。2019年末，三个绿色金融改革创新试验区绿色贷款余额419.1亿元，同比增长10.3%，其中，哈密市绿色贷款占当地贷款比重达39.3%，居全国试验区第一。绿色保险稳步发展，“环境污染强制责任保险制度”在环境高风险领域建立。

（六）金融服务获取便利度提升，金融生态环境持续优化

1. 信用环境建设助力融资成效显著。13家担保机构接入金融信用信息基础数据库，促成企业通过中征应收账款融资服务平台达成交易2436笔、1214亿元。农村信用环境不断改善，2019年末，新疆35个贫困县共评定信用户72.8万户、信用村2652个、信用乡（镇）219个。

2. 金融消费权益保护工作长效机制逐步建立。凝聚“市场＋网络”监管力量，金融广告治理长效机制探索建立。创设“马背宣讲队”“乡村金融夜校”等特色宣讲平台，将金融知识宣传教育融入“访惠聚”[②]“民族团结一家亲”[③]等干群帮扶工作，农村群众、贫困人口金融素养不断提升。

3. 支付服务普惠工程建设深入推进。二维码、手机闪付、银行APP等移动支付产品协同发展，移动支付在公交扫码乘车、社保缴费、乡村旅游等行业实现全面突破。128个助农取款服务点建成叠加自助服务、网上银行、智能POS等功能的综合金融服务站，自主开发上线新疆农村支付服务环境电子地图系统，实现农村支付数据的标准化采集和处理。2019年末，新疆银行卡助农取款服务点同比增长36.1%；农村地区共布放各类非现金结算工具同比增长19.3%，多层次、广覆盖、可持续的农村支付服务体系不断健全完善。

二、经济运行情况

2019年新疆经济运行稳中有进，发展质效不断提升。2019年地区生产总值13597.1亿元，同比增长6.2%。产业结构进一步优化，第三产业增加值占比51.6%，同比提高5.8个百分点，高于第二产业16.3个百分点。

（一）内外需双回升，需求结构持续优化

投资和出口由负转正，企稳特征明显，结构对标高质量发展，消费市场平稳，新型消费业态增长迅速，内外需总体回升向好。

1. 投资稳增长作用有效发挥，调优补短力度加大。2019年固定资产投资实现触底反弹、回正走稳，同比增长2.5%，高于上年27.7个百分点。基础设施保障、新兴产业发展、社会民生工程和生态环境保护等重点项目投资同比增长11.4%。以水利、环境和公共设施管理等关键领域和薄弱环节为重点的基础设施投资占比34.9%，成为稳投资的重要引擎。工业投资提速13.7个百分点，制造业投资降幅收窄，结构优化，装备制造业和高科技制造业投资同比分别增长22.3%和15.4%。民生、民间投资增速分别高于上年23.5个和26.1个百分点，占固定资产投资比重分别为29.5%和35.1%，高于上年1.8个和0.8个百分点。住宅投资较快增长带动房地产开发投资同比增速由负转正。

---

① 三个绿色金融改革创新试验区，分别为哈密市、昌吉州、克拉玛依市绿色金融改革创新试验区。

② “访惠聚”，即新疆维吾尔自治区开展的“访民情、惠民生、聚民心”活动。

③ “民族团结一家亲”，即习近平总书记提出的民族团结一家亲结对认亲活动。

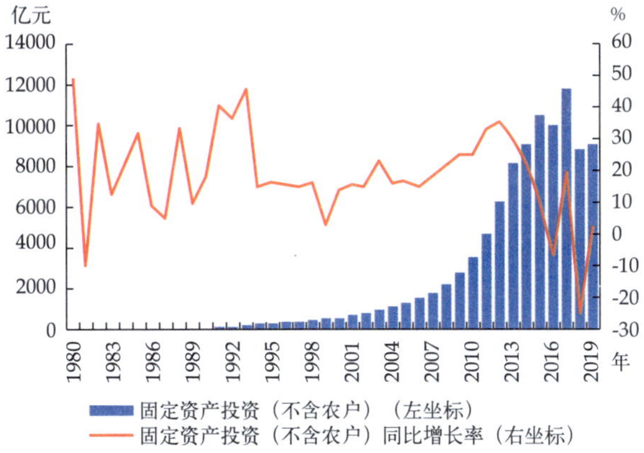

数据来源：新疆维吾尔自治区统计局。

图 5　1980~2019 年新疆维吾尔自治区固定资产投资（不含农户）及其增长率

2. 消费市场稳中有升，新型消费增长较快。2019 年实现社会消费品零售总额同比增长 5.5%，高于上年 0.3 个百分点。其中乡村消费同比增长 7.5%，高于城镇 2.2 个百分点；商品零售占比 86%，主导地位突出，但增速低于餐饮收入 3.6 个百分点。限额以上零售额增速企稳回升，其中绿色智能产品高速增长，新能源汽车同比增长 2.5 倍，穿戴类智能设备及智能家居类增速分别达 87.5% 和 97.6%。新疆企业实现网上零售额同比增长 26.5%，本地消费者通过网购实现网上零售额同比增长 35.9%，占新疆社会消费品零售总额的 29.5%，高于上年 6.9 个百分点。

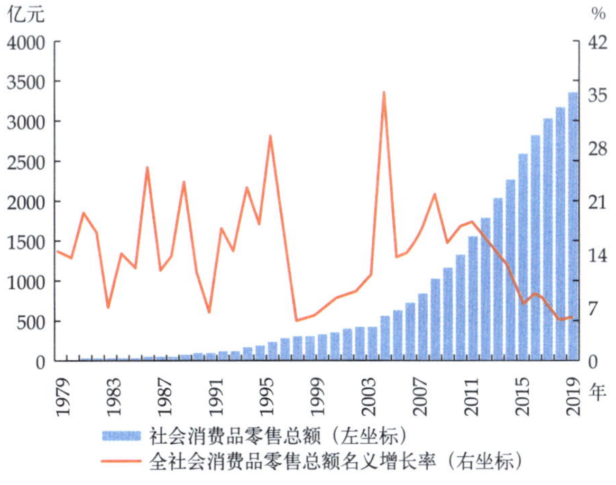

数据来源：新疆维吾尔自治区统计局。

图 6　1979~2019 年新疆维吾尔自治区社会消费品零售总额及其增长率

3. 进出口逆势双增，利用外资同比下降。口岸经济带建设加快，通关便利化水平提高，出口货物通关时间比全国同期快 3.7 小时；中欧班列开行 1102 列，同比增长 10%，营商环境改善助推民营、国有企业外贸进出口双双实现正增长。2019 年完成进出口贸易额同比增长 18.5%，其中出口、进口同比分别增长 9.9% 和 57.9%。贸易对象呈多元化，除哈萨克斯坦、吉尔吉斯斯坦、俄罗斯三大贸易伙伴外，对澳大利亚、新加坡、英国、南非、阿根廷等国家进出口明显增长。2019 年实际利用外资 0.26 亿美元，同比下降 85.8%，主要流向制造加工业、服务业和农业。

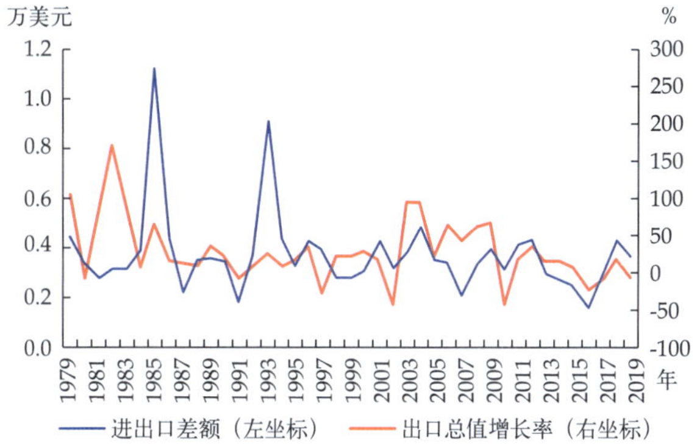

数据来源：新疆维吾尔自治区统计局。

图 7　1979~2019 年新疆维吾尔自治区外贸进出口变动情况

（二）产业融合性增强，供给结构持续升级

三次产业增加值同比分别增长 5.3%、3.7% 和 8.1%，结构比例为 13.1：35.3：51.6，第三产业对经济的贡献率 63.3%，高于上年 1 个百分点，连续 5 年成为拉动经济增长的第一动力。

1. 农业生产稳中有升，产业化经营提质增效。持续推进“稳粮、优棉、促畜、强果、兴特色”，提升农业装备和机械化水平，加快农业产业化步伐，推进特色农业向优质化发展。2019 年实现农林牧渔业总产值 3850.7 亿元，同比增长 5.4%。粮食供给能力稳中有升，棉花总产量占全国比重为 84.9%，高于上年 1.1 个百分点；畜牧业、林果业质效双升，产量稳定增长。特色农产品疆内疆外“两张网”建设和“百城千店”工程建设加快推进，林果产品托市收购政策实施促进产销衔接顺畅，南疆林果产品首次成批量走出国门，产业化发展带动力增强。兵团第一师阿拉尔市现代农业产业园获批新疆首个国家级现代农业产业园。

2. 工业经济稳中向好，转型升级步伐加快。实施石油石化等传统产业重大技术改造工程、大力发展劳动密集型产业、积极培育发展战略性新兴产业，2019 年规模以上工业企业完成增加值同比增长 4.7%，高于上年 0.6 个百分点。石油、非石油工业同步增长，同比增速分别为 4.6% 和 4.8%。战略性新兴产业和高新技术制造业增加值同比分别增长 8.4% 和 11.4%，明显高于一般工业。2019 年工业品销售产值同比增长 4%，产销衔接合理，产销率 98.9%，高于上年 0.6 个百分点。规模以上工业企业营业收入同比增长 5.4%，高于全国 1.6 个百分点。

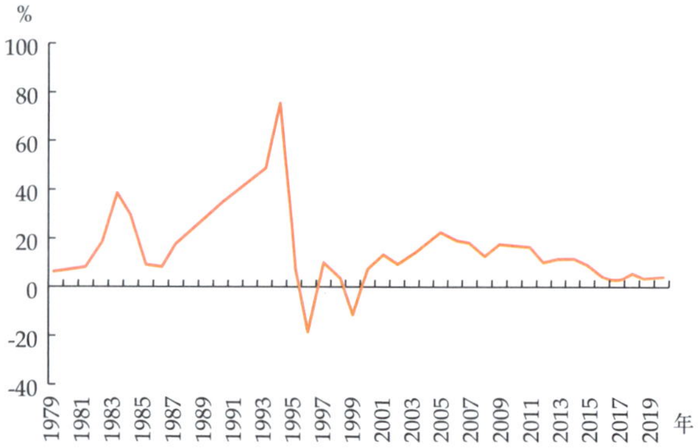

数据来源：新疆维吾尔自治区统计局。

图 8　1979~2019 年新疆维吾尔自治区规模以上工业增加值实际增长率

3. 第三产业稳中有进，新业态新模式加快发展。第三产业完成增加值同比增长 8.1%。商贸物流中心和物流园区建设加快，建成 47 个县级电商公共服务中心和物流配送中心、3000 个乡村电商服务站点，发展本土电商企业 1000 余家。育幼养老、文化体育、休闲娱乐等服务业态及商业模式活力增强。2019 年新疆规模以上服务业实现营业收入同比增长 5.6%，高于上年 1.2 个百分点，其中交通运输、仓储和邮政业同比增长 34.3%，住宿和餐饮业、金融业、其他服务业同比增速均有所加快。

4. 供给侧结构性改革持续深入，经济内生动力增强。煤炭去产能 144 万吨，全面完成去产能任务。商品房待售面积下降 6.5%。持续深化“放管服”改革，实施大规模减税降费，促进各类市场主体快速增长。涉企经营服务性收费项目缩减幅度达 45.8%，新疆实有各类市场主体同比增长 26%。基础设施建设补短板力度加大，年内 9 个机场同时开建，56 条支线互飞航线全面开通，所有地州市迈入高速公路时代，铁路实现互联互通。建立脱贫攻坚大数据平台，对扶贫对象进行精准帮扶。2019 年实现 64.5 万贫困人口脱贫、976 个贫困村退出、12 个贫困县摘帽，贫困发生率降至 1.2%。以丝绸之路经济带创新驱动发展试验区和乌昌石国家自主创新示范区为载体，开展了 20 项科技创新试点，一批高新技术项目建成投产，新动能不断激发。

5. 生态环境持续改善，绿色发展质效提升。坚持绿色发展，严禁高污染、高能耗、高排放项目，入选国家级绿色工厂 34 家，绿色工厂占规模以上工业企业比例排名全国第一。落实河长制、湖长制，打好蓝天、碧水、净土、农村人居环境整治四场标志性战役，南疆四地州“煤改电”（一期）工程完成 211 个乡镇 31.6 万户电供暖改造工程，14 个地州市平均优良天数比例同比提高 2.4 个百分点，河流优良水质比例同比提高 1.2 个百分点。持续实施生态保护修复工程，完成造林 214.2 万亩，治理沙化土地 524.9 万亩。统筹推进能源综合开发利用和节能降耗，清洁能源发电量同比增长 11.7%，高出总发电量增速 2 个百分点。六大高耗能行业增速放缓，能耗拉动作用明显降低，单位工业增加值能耗比上年下降 0.7 个百分点。

（三）消费价格稳定，工业品价格走低

1. 居民消费价格保持平稳。2019 年居民消费价格指数上涨 1.9%，低于上年 0.1 个百分点，低于全国平均水平 1 个百分点，保持在温和上

涨区间。其中城市和农村居民消费价格指数同比分别上涨 1.9% 和 2.1%。食品烟酒类、其他用品和服务居民消费价格指数分别高于平均指数 3 个和 1.3 个百分点，交通和通信、衣着类居民消费价格指数同比分别下降 1.8% 和 0.1%。

2. 生产价格指数低位变化。2019 年工业生产者出厂价格指数同比下降 1.5%，降幅大于全国 1.2 个百分点；工业生产者购进价格指数与上年持平。

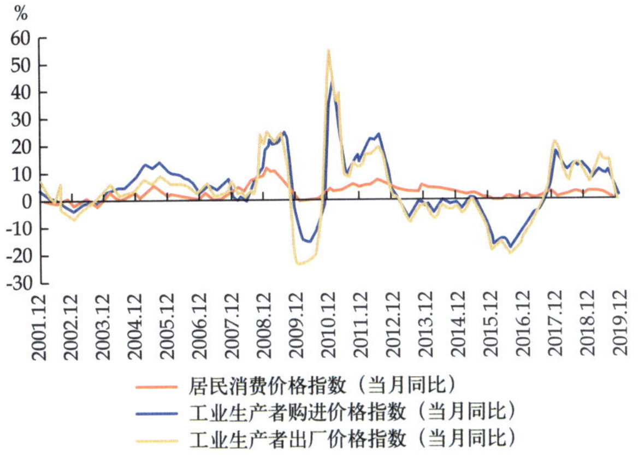

数据来源：新疆维吾尔自治区统计局。

图 9　2001~2019 年新疆维吾尔自治区居民消费价格指数和工业生产者价格指数变动趋势

3. 劳动力报酬进一步提高。城乡居民收入稳步提升，城镇、农村居民人均可支配收入同比分别增长 5.8% 和 9.6%。其中农村居民工资性收入同比增长 15.8%，高于上年 10.5 个百分点，高于城镇居民工资性收入同比增速 10.1 个百分点。农村居民收入增速连续 3 年快于城镇居民收入增速，城乡居民收入比降至 2.6，收入差距呈现出加速缩小的趋势。

4. 棉花目标价格改革向纵深推进。进一步推广“保险 + 期货”，运用市场化机制实现对棉农利益的保护与产业稳定发展的保障。加强棉花价格补贴政策落实，年内分九批次对 716 家棉花加工企业进行审查公示，并接入棉花目标价格改革信息平台，实现政策支持与管理服务的精准对接。

（四）财政收入保持增长，支撑保障作用增强

2019 年，新疆地方财政收入同比增长 0.1%，其中，一般公共预算收入占比 73.2%，同比增长 3%。减税降费带动税收收入同比下降 3.4%。地方财政支出同比增长 8.2%。其中，一般公共预算支出占比 84.4%，增长 5.6%。坚持压减一般性支出，全力落实保工资、保运转、保基本民生、保稳定支出，用于保障和改善民生的支出占比达到 70% 以上。发行地方政府债券 1038 亿元，用于脱贫攻坚、基础设施建设等重点领域、薄弱环节，财政支撑保障作用明显增强。

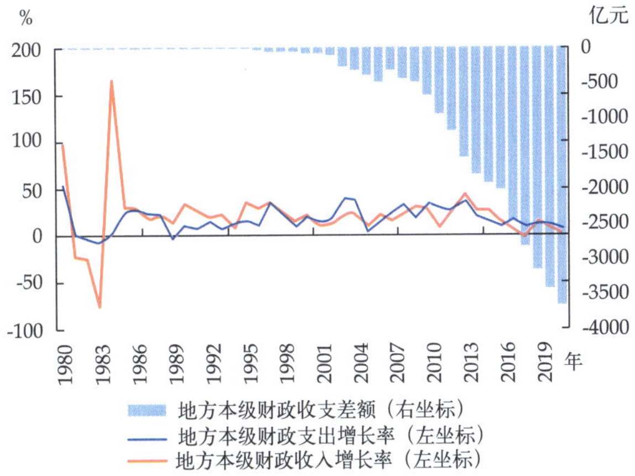

数据来源：新疆维吾尔自治区统计局。

图 10　1980~2019 年新疆维吾尔自治区财政收支状况

（五）房地产市场运行平稳，旅游业蓬勃发展

1. 房地产供需同步扩大，差别化调控政策执行良好。2019 年末，新疆房地产开发投资完成额 1074 亿元，同比增长 3.9%，高于上年同比增速 4.3 个百分点，实现平稳增长。2019 年新疆新建商品住宅面积 1511.8 万平方米，销售额 877.9 亿元，同比分别增长 26.5% 和 35.3%，销售情况有所好转。2019 年末，新疆房地产贷款余额同比增长 9.3%，同比下降 12 个百分点，但降幅较第三季度末收窄 9.1 个百分点。其中，

新疆个人住房贷款余额2038.1亿元，同比增长13.1%，增速平稳。贷款市场报价利率（LPR）改革后首套房个人住房贷款平均利率5.35%，平均首付比例为28.8%，非首套房个人住房贷款平均利率5.73%，平均首付比例37%，实现平稳过渡。

2.“旅游兴疆”战略顺利实施，旅游业保持高速增长。在“全域旅游”和“文旅融合”的带动下，新疆旅游供给补短板、提质效成效显著。2019年，新疆接待境内游客首次突破2亿人次，达2.1亿人次，实现旅游收入3632.6亿元，同比分别增长42%和40.8%。

旅游基础设施保障水平持续提升。围绕解决“三难一不畅”问题，统筹中央、自治区预算内资金4亿元，推动48个深度贫困地区县市和重点旅游景区基础设施建设项目落地建设。围绕疆内“环起来、快起来”、打造“空中公交”目标，开通航线297条，与16个国家、25个国际（地区）城市、79个国内城市通航。

特色产品活跃旅游市场。形成以线串点、结点成面穿越南北疆的全域旅游线路，独库公路旅游营销、北疆东线区域合作旅游、“乌昌吐石克”五地旅游联盟等全域旅游联盟相继建立。围绕打好旅游“四季战役”，举办不同节会、打造更具吸引力的特色产品，进一步提升新疆旅游品质。

品牌定位打造“新疆是个好地方”亮丽名片。加大旅游宣传推广力度，举办“心灵四季　美丽中国”冬游新疆等1000余项各类节庆和主题活动，与内地援疆省份签订了14万人次的旅游送客协议，疆外游客量大幅增加，旅游市场热度显著提升。

旅游富民效应显著。充分发挥旅游业的综合带动作用，2019年，新疆9个村入选全国首批乡村旅游重点村名录，进一步推进乡村振兴战略贯彻落实。通过“七个一批”举措，多渠道开发旅游就业岗位，新增就业5.4万人，完成年度目标任务的135%。

专栏2　金融服务“组合拳”发力　新疆涉外经济发展稳中提质

2019年，面临中美贸易摩擦曲折反复、风险挑战明显增多的外部环境，新疆认真贯彻落实党中央“稳外贸、稳外资”工作部署，秉持创新、服务、合作三大观念，聚焦涉外主体发展诉求，多措并举发挥金融在开创全面开放新格局和服务涉外经济发展需要方面的积极作用，确保对外贸易便利化政策落地见效、营商环境不断优化，外贸与投融资活力充分释放。

一、创新外汇管理方式和手段，涉外经济发展环境日益优化

国家外汇管理局新疆分局先后出台《金融外汇支持新疆涉外经济高质量发展的指导意见》《金融外汇支持新疆涉外民营和小微企业发展的指导意见》，从降低融资成本、便利贸易和投资、减少汇率风险和提升金融服务等方面引导市场主体合理配置金融外汇资源。建立落实“一人一企、一抓到底”常态化重点企业联系人制度及境外投资资金跨境辅导机制，实现涉外企业信息直连、金融外汇服务直通以及涉外经济有进有出的良性循环。“一站式外汇业务综合服务窗口”建设持续推进，“马上办”“一次办”“最多跑一次”制度切实履行，“政务服务网上办理”系统、国家外汇管理局“互联网+监管”系统上线运行，涉外企业营商环境持续改善。

二、完善金融外汇综合服务体系，贸易投融资便利化水平有效提升

银行加大市场布局，结售汇网点有序发展，银行外汇衍生品和业务不断培育。2019年末，新疆结售汇网点、外汇衍生品结售汇网点分别有893个、234个，有效满足企业办理外汇业务需求。外币现钞入境申报信息共享平台建设稳步推进，银行审单效率有效提高，边贸企业现钞结汇更加便利，全口径跨境融资、跨国公司跨境资金集中运营等多项贸易投融资政策在新疆落地。

三、开创多部门联合监管局面，跨境资本流动风险防范有力

国家外汇管理局新疆分局联合新疆商务、海关和税务等部门联合发布自治区进出口企业白名单，甄别优质代理企业，保障新疆涉外企业合法权益，深化与公安机关执法协作，维护良好的外汇市场秩序。新疆银行业自律机制充分发挥在释放外汇管理信号、了解市场需求、开展业务培训、回应政策咨询、合理引导市场预期等方面的作用，外汇业务发展规范程度不断深化。

综合作用下，2019年新疆外贸规模实现四年来首次回升，进出口总值同比增长24.6%，对外增资同比扩大29%，境外投资规模同比增长358%，涉外经济呈现平稳较快发展的良好态势。

三、预测与展望

2020年是重要的关口年，经济社会发展面临的形势依然严峻，加之新冠肺炎疫情的冲击，经济发展不确定性因素增多，但经济运行总体平稳，稳中向好的基本面不变，新疆经济有望继续保持健康稳步发展。

从供给端看，随着乡村振兴战略及供给侧结构性改革深入推进，第一产业将持续稳中调优；传统产业转型升级和新兴产业同步发展，第二产业将继续迈向高质量发展；第三产业在旅游业及文化体育、休闲娱乐等新业态带动下预计保持平稳增长。

从需求端看，基础设施补短板力度稳固，营商环境优化下民间投资活力增强，新疆投资将持续发挥稳定经济增长的关键作用；随着传统消费提档升级、新消费增长点不断培育、可支配收入提升，居民消费潜力将进一步激发；随着丝绸之路经济带核心区建设深入推进，乌鲁木齐国际陆港区带动作用逐步显现，霍尔果斯喀什经济开发区及出口加工基地、综合保税区和工业园区加快建设，进出口贸易有望保持增长。

2020年，新疆金融业将坚持“稳”字当头，认真执行稳健的货币政策，以供给侧结构性改革为主线，以服务实体经济为根本，以防控金融风险为底线，落实推动金融改革创新，积极做好新冠肺炎疫情期间及过后的金融支持工作，注重提升民营、小微、制造业企业及重点项目、“三农”、脱贫攻坚、经济发展新动能领域的金融服务水平，保持货币信贷、社会融资规模增长同新疆经济发展相适应，促进新疆经济金融良性循环。

中国人民银行乌鲁木齐中心支行货币政策分析小组

总　纂：王新平　岳永生　陈元富

统　稿：王　勇　张学斐

执　笔：王坤衍　谢　鹍　买金星　李嘉钰

提供材料的还有：马玉慧　汪　雨　李　媛　邹兴军　李　宁　徐晓静　左喜梅　冯怀珠　王　炜　王　娟　王　璐　张嘉威　马　红　张　瑾　马雅琼　李　聪　李玉梅　赵　强　赵　莹　姚栋梅　孔维新　马兰梅

附录

（一）2019 年新疆维吾尔自治区经济金融大事记

1 月 29 日，新疆维吾尔自治区党委和人民政府印发《关于大力促进民营经济健康发展的若干意见》，提出 28 条具体措施，全力支持新疆民营经济健康发展。

1 月 31 日，新疆 13 家企业入选全国《第三批绿色制造名单》，至此新疆绿色工厂占规模以上工业企业比例排名全国第一。

3 月 25 日，中国（新疆）丝路货币区域交易信息平台英文和俄文版开通，“一带一路”沿线国家（地区）外汇市场信息交流更趋便利。

4 月 12 日，新疆维吾尔自治区人民政府与上海证券交易所签署战略合作框架协议，依托资本市场全面助推新疆丝绸之路经济带核心区建设。

4 月 29 日，国内首个红枣“保险 + 期货”项目落地新疆若羌，为产业企业、农业专业合作组织提供套期保值工具。

6 月 17 日，新疆维吾尔自治区人民政府、新疆生产建设兵团与中国出口信用保险公司签署战略合作协议，推动新疆形成更深层次、更高水平的对外开放新格局。

7 月 9 日，全国首个“互联网 + 棉花机采”平台亮相新疆生产建设兵团，助力植棉户实现棉花“轻松采”。

11 月 27 日，第十四届新疆冬季旅游产业交易博览会成功举行，为保持新疆旅游业快速增长、持续释放稳定红利奠定良好基础。

12 月 9 日，新疆正式成为全国首批 13 个交通强国建设试点地区之一。

12 月 9 日，新疆“十三五”易地扶贫搬迁建设任务全面完成，40146 户、16.94 万贫困人口迁入新居。

（二）2019 年新疆维吾尔自治区主要经济金融指标

表 1　2019 年新疆维吾尔自治区主要存贷款指标

		1 月	2 月	3 月	4 月	5 月	6 月	7 月	8 月	9 月	10 月	11 月	12 月
本外币	金融机构各项存款余额（亿元）	22633.2	22801.7	23311.7	23145.7	23415.0	23577.1	23316.4	23137.6	23358.0	23440.7	23318.3	23454.7
	其中：住户存款	9648.9	9604.2	9616.4	9526.5	9464.8	9554.9	9580.5	9647.7	9838.9	10009.6	10061.4	10378.0
	非金融企业存款	5230.8	5196.9	5571.5	5582.0	5757.1	5765.5	5703.9	5824.3	5979.9	5812.4	5749.5	5976.7
	各项存款余额比上月增加（亿元）	237.3	168.5	510.0	-166	269.2	162.1	-260.6	-178.8	220.4	82.8	-122.5	136.4
	金融机构各项存款同比增长（%）	4.3	6.6	9.8	10.6	11.6	9.9	7.8	5.4	4.6	3.0	3.2	4.8
	金融机构各项贷款余额（亿元）	19071.7	19068.3	19286.3	19288.0	19433.83	19586.2	19566.7	19715.1	20085.2	20219.2	20269.5	20525.6
	其中：短期	5037.0	5024.6	5102.0	4971.5	4982.2	4957.1	4964.9	4928.9	5190.6	5296.9	5285.4	5375.5
	中长期	11274.0	11316.5	11488.2	11534.7	11601.9	11718.4	11830.9	11914.6	12099.3	12132.0	12184.8	12140.5
	票据融资	1669.4	1636.0	1643.1	1725.4	1772.2	1849.6	1739.6	1796.1	1766.7	1768.2	1775.5	1968.5
	各项贷款余额比上月增加（亿元）	181.2	-3.4	218.0	1.7	145.8	152.4	-19.5	148.4	370.1	134.0	50.3	256.1
	其中：短期	-53.3	-12.4	77.4	-130.5	10.7	-25.1	-10.2	-18.0	261.7	106.3	-11.5	89.9
	中长期	181.6	42.5	171.7	46.5	67.3	116.4	112.5	83.8	184.7	32.7	52.7	-44.4
	票据融资	79.2	-33.3	7.0	82.4	46.7	77.4	-110.0	56.4	-29.4	1.5	7.3	193.0
	金融机构各项贷款同比增长（%）	7.8	7.3	8.8	8.7	9.3	9.1	8.4	8.4	8.4	8.3	8.6	9.3
	其中：短期	-0.3	-1.7	-1.3	-2.4	-0.3	2.6	3.3	4.0	4.8	5.8	6.2	7.3
	中长期	9.5	9.4	11.8	12.2	11.9	9.3	9.2	9.4	10.2	10.1	10.0	9.8
	票据融资	35.5	39.5	39.0	38.4	36.2	42.4	33.2	26.5	19.3	15.8	16.4	23.8
	建筑业贷款余额（亿元）	581.6	570.5	567.6	549.1	555.0	549.2	546.8	551.0	582.7	584.7	556.1	546.2
	房地产业贷款余额（亿元）	928.0	930.7	942.6	939.6	934.3	952.9	946.6	962.3	972.1	981.4	986	978.1
	建筑业贷款同比增长（%）	9.6	5.3	5.4	3.5	6.9	4.5	-3.1	-3.2	1.1	0.6	-1.9	-2.3
	房地产业贷款同比增长（%）	25.1	19.3	16.6	10.9	5.0	2.4	1.5	2.6	3.5	4.6	5.6	10.0
人民币	金融机构各项存款余额（亿元）	22271.5	22451.6	22996.6	23004.8	23241.6	23405.4	23156.1	22971.8	23207.0	23285.2	23150.3	23293
	其中：住户存款	9610.9	9566.3	9578.0	9488.1	9426.9	9518.0	9544.2	9610.8	9802.9	9973.8	10025.5	10342.7
	非金融企业存款	5155.8	5128.5	5526.4	5540.4	5691.0	5683.8	5637.8	5760.8	5917.6	5752.3	5680.3	5903.8
	各项存款余额比上月增加（亿元）	242.3	180.0	545.1	8.1	236.8	163.8	-249.3	-184.2	235.2	78.2	-134.9	142.7
	其中：住户存款	221.1	-44.6	11.8	-89.9	-61.3	91.1	26.2	66.7	192.0	171.0	51.7	317.2
	非金融企业存款	-377.8	-27.3	398.0	14.0	150.6	-7.1	-46.0	123.0	156.8	-165.3	-71.9	223.4
	各项存款同比增长（%）	5.0	7.5	10.9	12.6	13.3	11.8	9.4	6.8	5.8	4.2	4.3	5.8
	其中：住户存款	14.0	11.4	12.1	13.8	13.6	13.2	13.3	13.2	13.7	12.2	10.5	10.3
	非金融企业存款	-15.7	-9.8	-3.2	0.4	4.5	3.1	3.9	5.0	2.2	1.9	1.8	5.9
	金融机构各项贷款余额（亿元）	18523.4	18526.6	18750.5	18750.5	18855.1	19009.7	18996.8	19110.7	19519.8	19655.8	19702.6	19960.1
	其中：个人消费贷款	2478.5	2478.1	2532.1	2565.8	2601.7	2631.3	2660.4	2712.4	2764.4	2793.0	2834.8	2872.9
	票据融资	1669.4	1636.0	1643.1	1725.4	1772.2	1849.6	1739.6	1796	1766.7	1768.2	1775.5	1968.5
	各项贷款余额比上月增加（亿元）	204.1	3.3	223.9	0.0	104.6	154.6	-12.9	113.8	409.2	136.0	46.8	257.5
	其中：个人消费贷款	26.0	-0.5	54.0	33.8	35.6	29.6	29.1	52.1	51.9	28.6	41.8	38.1
	票据融资	79.2	-33.3	7.0	82.4	46.7	77.4	-110	56.4	-29.4	1.5	7.3	193
	金融机构各项贷款同比增长（%）	8.2	7.8	9.2	9.2	9.5	9.4	8.8	8.7	8.8	8.8	8.9	9.7
	其中：个人消费贷款	14.7	14.0	14.6	15.1	15.6	15.9	16.3	17.8	18.9	19.3	20.3	21.4
	票据融资	35.5	39.5	39.0	38.4	36.2	42.4	33.2	26.5	19.3	15.8	16.4	23.8
外币	金融机构外币存款余额（亿美元）	54.0	52.3	46.8	20.95	25.1	25.0	23.3	23.4	21.4	22.1	23.9	23.2
	金融机构外币存款同比增长（%）	-30	-33.5	-39.1	-73.3	-66.5	-67.2	-66.3	-63.3	-63.8	-62	-57.6	-56.6
	金融机构外币贷款余额（亿美元）	81.8	81.0	79.6	79.88	83.9	83.9	82.8	85.3	79.9	79.9	80.6	81.1
	金融机构外币贷款同比增长（%）	-10.5	-12.6	-11.8	-10.9	-4.1	-4.6	-5.0	-2.6	-6.9	-7.8	-4.6	-2.6

数据来源：中国人民银行乌鲁木齐中心支行调查统计部门。

表 2　2001~2019 年新疆维吾尔自治区各类价格指数

单位：%

	居民消费价格指数		农业生产资料价格指数		工业生产者购进价格指数		工业生产者出厂价格指数	
	当月同比	累计同比	当月同比	累计同比	当月同比	累计同比	当月同比	累计同比
2001	—	4.0	—	3.0	—	0.0	—	-3.7
2002	—	-0.6	—	-0.4	—	-1.6	—	-2.7
2003	—	0.4	—	1.1	—	5.1	—	15.1
2004	—	2.7	—	7.3	—	12.1	—	16.4
2005	—	0.7	—	5.3	—	8.1	—	16.6
2006	—	1.3	—	2.5	—	5.1	—	14.4
2007	—	5.5	—	6.2	—	3.8	—	6.3
2008	—	8.1	—	8.1	—	17.7	—	16.4
2009	—	0.7	—	-0.4	—	-9.4	—	-14.5
2010	—	4.3	—	3.1	—	23.9	—	25.2
2011	—	5.9	—	6.6	—	18.0	—	14.9
2012	—	3.8	—	6.2	—	-2.1	—	-3.0
2013	—	3.9	—	2.7	—	-2.2	—	-3.6
2014	—	2.1	—	-2.3	—	-2.5	—	-3.8
2015	—	0.6	—	-1.4	—	-15.7	—	-17.6
2016	—	1.4	—	-1.8	—	-4.5	—	-5.5
2017	—	2.2	—	0.8	—	12.8	—	13.7
2018	—	2.0	—	4.9	—	9.2	—	11.2
2019	—	1.9	—	2.6	—	0.0	—	-1.5
2018　1	2.2	2.2	3.5	3.5	12.7	12.7	9.9	9.9
2	2.8	2.5	3.5	3.5	10.6	11.6	9.2	9.5
3	2.3	2.5	4.2	3.7	7.8	10.3	5.8	8.3
4	2.5	2.5	5.2	4.1	8.3	9.8	9.7	8.6
5	2.4	2.5	6.5	4.6	9.2	9.7	12.2	9.4
6	2.3	2.4	6.2	4.8	10	9.7	15	10.3
7	2.6	2.5	5.5	4.9	10.5	9.8	16.7	11.2
8	2.5	2.5	5.5	5.0	9.7	9.8	15.4	11.7
9	1.5	2.4	5.7	5.1	9.7	9.8	14.4	12.0
10	1.2	2.2	6.0	5.2	10.4	9.9	14.9	12.3
11	1.2	2.1	4.2	5.1	8.2	9.7	9.6	12.1
12	0.9	2.0	3.4	4.9	4.1	9.2	2.7	11.2
2019　1	0.6	0.6	3.0	3.0	1.4	1.4	-0.7	-0.7
2	0.9	0.8	2.9	2.9	0.9	1.2	-0.5	-0.6
3	1.7	1.1	1.4	2.4	1.8	1.4	3.4	0.7
4	1.6	1.2	0.4	1.9	3.1	1.8	2.7	1.2
5	1.9	1.3	0.2	1.6	1.8	1.8	2.2	1.4
6	1.8	1.4	0.7	1.4	1.2	1.7	-0.6	1.1
7	2.3	1.5	2.4	1.6	0.2	1.5	-2.2	0.6
8	2.4	1.6	2.8	1.7	-0.6	1.2	-3.1	0.1
9	2.2	1.7	3.3	1.9	-1.8	0.9	-5.4	-0.5
10	2.4	1.8	4.3	2.1	-3.7	0.4	-7.8	-1.3
11	2.8	1.9	4.8	2.4	-3.1	0.1	-5.2	-1.7
12	2.9	1.9	4.8	2.6	-1.4	0.0	-0.1	-1.5

数据来源：《中国经济景气月报》、新疆维吾尔自治区统计局。

表 3　2019 年新疆维吾尔自治区主要经济指标

	1 月	2 月	3 月	4 月	5 月	6 月	7 月	8 月	9 月	10 月	11 月	12 月
	绝对值（自年初累计）											
地区生产总值（亿元）	—	—	2177.7	—	—	5291.4	—	—	9127.1	—	—	13597.1
第一产业	—	—	96.3	—	—	392.6	—	—	1222.4	—	—	1781.8
第二产业	—	—	832.1	—	—	2075	—	—	3562.4	—	—	4795.5
第三产业	—	—	1249.3	—	—	2823.8	—	—	4342.3	—	—	7019.9
工业增加值（亿元）	—	505	800.2	—	—	—	—	—	—	—	—	—
固定资产投资（亿元）	—	—	—	—	—	—	—	—	—	—	—	—
房地产开发投资	—	12.5	31.7	78.7	154.4	253.6	400.8	539.1	702.1	896.1	1027.8	1074.0
社会消费品零售总额（亿元）	—	525.1	765.4	997.3	1262	1546.1	1817	2096.5	2376.9	2706.4	3038.5	3361.6
外贸进出口总额（亿元）	139.4	206	309.9	419.9	522.8	624.7	760.8	879.2	1104.5	1314.6	1491.7	1640.9
进口	26	50.9	77.2	104.1	138.3	173.2	215.5	250.2	281.2	313	347	390.6
出口	113.4	155.1	232.7	315.9	384.4	451.5	545.3	629.5	823.3	1001.6	1144.7	1250.3
进出口差额(出口－进口)	87.4	104.2	155.5	211.8	246.1	278.3	329.8	379.3	542.1	688.6	797.7	859.7
实际利用外资（亿美元）		0.04	0.05	0.6	0.6	0.7	0.8	0.8	0.9	0.9	3.3	3.3
地方财政收支差额（亿元）	—	-442.4	-902.4	-1226.3	-1513.6	-1803.1	-2203.2	-2753.8	-2988	-3088.5	-3295.5	-3689.7
地方财政收入	—	231.3	314	453.5	554	660.1	780.6	870.7	1003.2	1198.8	1378.7	1577.4
地方财政支出	—	673.7	1216.4	1679.8	2067.6	2463.2	2983.8	3624.5	3991.2	4287.3	4674.2	5267.1
城镇登记失业率（%）（季度）	—	—		—	—		—	—		—	—	
	同比累计增长率（%）											
地区生产总值	—	—	5.3	—	—	5.6	—	—	6.1	—	—	6.2
第一产业	—	—	3.9	—	—	4.8	—	—	5.3	—	—	5.3
第二产业	—	—	2.1	—	—	3.3	—	—	4.5	—	—	3.7
第三产业	—	—	7.7	—	—	7.4	—	—	7.5	—	—	8.1
工业增加值	—	2.7	2.6	3.3	3.5	3.8	4.4	4.6	5.0	5.2	5.0	4.7
固定资产投资	—	-6.8	-9.1	4.3	9.6	7.3	6	5.6	6.1	5.6	3.5	2.5
房地产开发投资	—	-6.1	9.2	12.2	26	4.1	5.3	3.5	8	5.2	4.5	3.9
社会消费品零售总额	—	4.3	4.3	21.5	5.1	5.6	5.8	6	5.6	5.4	5.7	5.5
外贸进出口总额	11.7	-4.4	6.7	10.5	10.8	10.7	13.3	12.1	21	28	31.1	23.8
进口	18.8	37.6	40.5	43.3	49.1	56.2	61.5	61.3	62.3	63.1	62	65.1
出口	10.2	-13.1	-1.2	2.7	1.4	-0.4	1.3	0	11.3	19.9	24	14.8
实际利用外资		-62	-81.7	21.5	32.6	3	-32.8	-43.4	-50.7	-50.1	61.6	61.3
地方财政收入	—	-0.2	-1.8	-3.8	-4.7	-3.8	-5.9	-3.4	0.5	1.9	2.2	3.0
地方财政支出	—	6.3	14.4	18.8	16.3	11.8	10.6	15.1	10.6	7.2	7.4	5.6

数据来源：新疆维吾尔自治区统计局。